D0941827

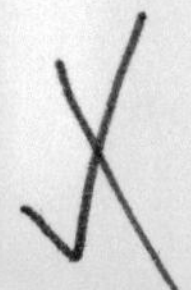

LA SPIRITUALITÉ DE BOSSUET

BIBLIOTHÈQUE FRANÇAISE ET ROMANE

publiée par le
Centre de Philologie et de Littératures romanes
de l'Université des Sciences Humaines de Strasbourg

Directeur : *Georges STRAKA*

Série C : ÉTUDES LITTÉRAIRES
XXXIX

Déjà parus :

1. — *Saint-John Perse et quelques devanciers* (*Etudes sur le poème en prose*), par Monique PARENT, 1960, 260 p., 4 pl.
2. — *L'« Ode à Charles Fourier »*, d'André BRETON, éditée avec introduction et notes par Jean GAULMIER, 1961, 100 p., 6 pl.
3. — *Lamennais, ses amis, et le mouvement des idées à l'époque romantique* (1824-1834), par Jean DERRÉ, 1962, 768 p.
4. — *Langue et techniques poétiques à l'époque romane* (XIe-XIIIe *siècles*), par Paul ZUMTHOR, 1963, 226 p.
5. — *L'humanisme de Malraux,* par J. HOFFMANN, 1963, 408 p.
6. — *Recherches claudéliennes,* par M.-F. GUYARD, 1963, 116 p.
7. — *Lumières et Romantisme, énergie et nostalgie de Rousseau à Mickiewicz,* par Jean FABRE, 1963 (en réimpression).
8. — *Amour courtois et « Fin'Amors » dans la littérature du* XIIe *siècle,* par M. LAZAR, 1964, 300 p.
9. — *Nouvelles recherches sur la littérature arthurienne,* par J. MARX, 1965 (en réimpression).
10. — *La religion de Péguy,* par P. DUPLOYÉ, O.P., 1965, 742 p.
11. — *Victor Hugo à l'œuvre : le poète en exil et en voyage,* par J.-B. BARRÈRE, 1965 (nouveau tirage 1970), 328 p., 13 pl.
12. — *Agricol Perdiguier et George Sand* (*correspondance inédite*), publiée par J. BRIQUET, 1966, 152 p., 6 pl.
13. — *Autour de Rimbaud,* par C.-A. HACKETT, 1967, 104 p., 3 pl.
14. — *Le thème de l'arbre chez P. Valéry,* par P. LAURETTE, 1967, 200 p.
15. — *L'idée de la gloire dans la tradition occidentale* (*Antiquité, Moyen Age occidental, Castille*), par M.-R. LIDA DE MALKIEL, traduit de l'espagnol (Mexico, 1952), par S. ROUBAUD, 1968, 320 p.
16. — *Paul Morand et le cosmopolitisme littéraire,* par S. SARKANY, 1968, 291 p., 3 pl.
17. — *Vercors écrivain et dessinateur,* par R. KONSTANTINOVITCH, 1969, 216 p., 16 pl.
18. — *Homère en France au* XVIIe *siècle,* par N. HEPP, 1968, 864 p., 8 pl.
19. — *Philosophie de l'art littéraire et socialisme selon Péguy,* par J. VIARD, 1969, 415 p.

Jacques LE BRUN

Agrégé des Lettres
Ancien Pensionnaire de la Fondation Thiers
Docteur ès Lettres

LA SPIRITUALITÉ DE BOSSUET

LIBRAIRIE C. KLINCKSIECK
PARIS

20. — *Rutebeuf, poète satirique,* par A. SERPER, 1969, 183 p.

21. — *Romain Rolland et Stefan Zweig,* par D. NEDELJKOVITCH, 1970, 400 p.

22. — *J.-K. Huysmans devant la critique en France,* par M. ISSACHAROFF, 1970, 207 p.

23. — *Victor Hugo publie « Les Misérables » (Correspondance avec Albert Lacroix, 1861-1862),* par B. LEUILLIOT, 1970, 426 p.

24. — *Cohérence et résonance dans le style de « Charmes » de Paul Valéry,* par Monique PARENT, 1970, 224 p.

25. — *Le destin littéraire de Paul Nizan et ses étapes successives (Contribution à l'étude du mouvement littéraire en France de 1920 à 1940),* par Jacqueline LEINER, 1970, 301, 8 pl.

26. — *Paul Valéry, linguiste dans les « Cahiers »,* par Jürgen SCHMIDT-RADEFELDT, 1970, 203 p.

27. — *Le thème de la mort chez Roger Martin du Gard,* par Melvin GALLANT, 1971, 299 p.

28. — *La poésie des Protestants de langue française, du premier synode national jusqu'à la proclamation de l'Edit de Nantes (1559-1598),* par Jacques PINEAUX, 1971, 524 p.

29. — *Traditions orphiques et tendances mystiques dans le Romantisme français (1800-1855),* par Brian JUDEN, 1971, 806 p.

30. — *La réflexion sur l'Art d'André Malraux, origines et évolution,* par Pascal SABOURIN, 1972, 240 p.

31. — *Victor Hugo et les Américains (1825-1885),* par Monique LEBRETON-SAVIGNY, 1971, 341 p.

32. — *La fantaisie de Victor Hugo, tome II (1852-1885),* par Jean-Bertrand BARRÈRE, 1972, 516 p.

33. — *Les « Christophe Colomb » de Paul Claudel,* par Jacqueline de LABRIOLLE, 1972, 247 p.

34. — *La dynamique théâtrale d'Eugène Ionesco,* par Paul VERNOIS, 1972, 319 p.

35. — *Le thème de l'Amour dans l'œuvre romanesque de Gomberville,* par S. KEVORKIAN, 1972.

36. — *Le hors-venu ou le personnage poétique de Supervielle,* par Paul VIALLANEIX, 1972.

37. — *Le théâtre et le public à Paris de 1715 à 1750,* par Henri LAGRAVE, 1972.

38. — *Musique et structure romanesque dans « La Recherche du Temps perdu »,* par Georges MATORÉ et Irène MECZ, 1972.

ISBN - 2 - 252 - 01435 - 0

A MARIE-ELISABETH

PRINCIPALES ABREVIATIONS

A.N. : Paris, Archives nationales.

B.N. : Paris, Bibliothèque nationale.

C.B. : *Correspondance* de Bossuet, pub. par Ch. Urbain et E. Levesque, « Les grands écrivains de la France ».

Denz. : Denzinger, *Enchiridion symbolorum,* éd. 31, Barcelone, Fribourg/Br., Rome, 1957.

D.H.G.E. : *Dictionnaire d'histoire et de géographie ecclésiastiques.*

D.L.F. : *Dictionnaire des lettres françaises.*

D.S. : *Dictionnaire de spiritualité.*

D.T.C. : *Dictionnaire de théologie catholique.*

E.M. : Bossuet, *Elévations sur les mystères,* éd. par M. Dréano.

fr. : manuscrit français.

LT : Bossuet, *Œuvres complètes,* pub. par F. Lachat.

M.R.C. : *Maximes et réflexions sur la comédie, L'Eglise et le théâtre,* par Ch. Urbain et E. Levesque.

ms. : manuscrit.

n.a.fr. : manuscrit nouvelle acquisition française.

N.R.T. : *Nouvelle Revue théologique.*

O.O. : Bossuet, *Œuvres oratoires,* éd. Lebarq, revue par Ch. Urbain et E. Levesque.

P.C. : Bossuet, *Principes communs de l'oraison chrétienne,* pub. par E. Levesque.

P.G. : Migne, *Patrologie grecque.*

P.L. : Migne, *Patrologie latine.*

R.A.M. : *Revue d'ascétique et de mystique.*

R.B. : *Revue Bossuet.*

R.D.M. : *Revue des Deux Mondes.*

R.H. : *Revue historique.*

R.H.E. : *Revue d'histoire ecclésiastique.*

R.H.E.F. : *Revue d'histoire de l'Eglise de France.*

R.H.L.F. : *Revue d'histoire littéraire de la France.*

R.H.R. : *Revue de l'histoire des religions.*

R.L.C. : *Revue de littérature comparée.*

R.S.R. : *Recherches de science religieuse.*

S.T.F.M. : Société des textes français modernes.

s.v. : *sub verbo.*

T.C. : Bossuet, *Traité de la concupiscence,* pub. par Ch. Urbain et E. Levesque.

INTRODUCTION

« Spirituel », « spiritualité », la notion et le mot ne sont pas étrangers à Bossuet ; le sens premier, chez lui, est le sens paulinien ; spirituel s'oppose à charnel, l'homme spirituel s'oppose à l'homme animal (1) et désigne l'homme dégagé des sens (2), l'homme parvenu à un haut degré de purification (3), mais cette opposition spirituel-charnel ne permet pas de présupposer un certain type d'expérience, une certaine forme concrète de vie, ou un système d'interprétation anthropologique (même si vie spirituelle et vie charnelle s'expriment nécessairement par des actes, des attitudes, des choix et des refus).

De ce sens premier, découlent deux significations dérivées ; l'une concerne le sens de l'Ecriture, des actes et des événements qui y sont rapportés : est spirituel (4) dans la Bible ce qui n'est pas épuisé par la littéralité du texte (5), ainsi, parmi d'autres réalités, les cérémonies des Juifs (6), les actions de Jésus-Christ (7), les noces de Joseph et de Marie (8), les comparaisons et les images que nous trouvons dans l'*Apocalypse* (9) : ville spirituelle, camp spirituel, combat spirituel (10).

Au delà du sens scripturaire, le mot « spirituel », dans l'usage de Bossuet, renvoie à toutes les réalités invisibles (11) qui ont un rapport avec Dieu et avec l'action divine dans le monde et en

(1) C.B., VI, p. 44 ; cf *1 Cor.*, II, 13-15 : πνευματικός-ψυχικός.
(2) O.O., VI, p. 284.
(3) Cf. LT, XVIII, p. 499 : selon Clément d'Alexandrie, la plus parfaite spiritualité n'est pas exempte de purification.
(4) ou « mystique », ou « mystérieux » ; sur ces termes, cf. *infra* p. 138.
(5) Déjà saint Paul emploie en ce sens πνευματικός , *1 Cor.*, X, 3, et de même saint Pierre, *1 Petr.*, II, 5.
(6) O.O., I, p. 307.
(7) O.O., I, p. 343.
(8) O.O., II, p. 124.
(9) LT, II, p. 313.
(10) LT, II, p. 562 ; l'auteur de l'*Apocalypse* emploie le mot πνευματικῶς, *spiritualiter, Apoc.*, XI, 8.
(11) En ce sens comme au précédent, il emploie aussi « mystique » ou « mystérieux ».

l'homme : le royaume de Jésus-Christ est spirituel (12), la parole de Dieu est le corps spirituel de la vérité (13), le mariage de l'âme avec Dieu est un mariage spirituel (14), la mort au monde et au péché est une mort spirituelle et mystérieuse (15), l'unité de l'Eglise est une unité invisible et spirituelle (16).

Par un nouvel élargissement du sens, la « vie spirituelle » désigne les formes prises par la vie chrétienne dans la mesure où cette dernière est fondée sur la foi et où l'Esprit l'anime (17) : Bossuet parle aussi pour renvoyer à la réalité cachée de la vie humaine, à celle que meut l'esprit, de « vie intérieure » (18) ou d' « esprit de dévotion » (19), et il loue François de Sales d'avoir fait passer parmi les gens du siècle « la vie intérieure et spirituelle » qui semblait reléguée dans les cloîtres (20). « Spirituel » a alors des rapports avec la dévotion, l'esprit d'oraison et l'esprit de retraite, et s'oppose à « dissipé » ou « épanché » (21).

Ce n'est plus n'importe quel acte ou n'importe quelle situation, où l'Esprit est à l'œuvre, c'est-à-dire où s'exerce l'action de la grâce sanctifiante, que l'on qualifiera de « spirituel », mais des formes de vivre et d'agir particulières marquées à la fois par une certaine intensité (22) et par une signification pour autrui : « les personnes spirituelles » *savent* ce qu'est la vie chrétienne ou religieuse, sont comme le pilote sur la mer et comme des guides de la volonté de Dieu (23). On voit les prolongements sociaux que pourra avoir cette conception dans la mesure où des attitudes précises, ou bien la participation à certaines activités et à certaines sociétés, « dira » le caractère spirituel de telle vie ou de telle personne. Mais, inversement, la spiritualité qui est pour ainsi dire le support ou le soutien des actes de la vie chrétienne en devient aussi le principe unificateur et la définition.

C'est ce dernier sens, implicite jusque-là, qui deviendra prépondérant dans la langue de Bossuet au temps de la querelle du quiétisme : à ce qu'il croit être une systématisation des imprévisibles

---

(12) O.O., III, p. 133.
(13) O.O., III, p. 641 : une variante intéressante, « mystique » à la place de « spirituel ».
(14) O.O., III, p. 407.
(15) O.O., II, p. 190 ; III, p. 398, 453.
(16) O.O., II, p. 73.
(17) O.O., III, p. 557.
(18) LT, VI, p. 528.
(19) O.O., III, p. 581.
(20) *Ibid.*
(21) O.O., VI, p. 367.
(22) Cf. E.M., p. 407 : âmes saintes et spirituelles.
(23) O.O., II, p. 418.

interventions de l'Esprit, Bossuet va opposer d'autres principes ; à « des spiritualités » inconnues aux Pères (24), une plus solide spiritualité (25) ; à un « extérieur » de spiritualité (26), la perfection de la spiritualité ; et c'est en ce sens que Bossuet interprétera l'œuvre de Clément d'Alexandrie : le gnostique est le spirituel, la gnose, « connaissance » ou « science » de Dieu, est la parfaite spiritualité (27).

Alors l'évolution sémantique est accomplie et la spiritualité désigne le système selon lequel est interprétée la vie du croyant, l'ensemble des principes qui permettent de la dire et de la définir, et des actions qui permettent de la vivre. La spiritualité apparaît comme la grille qui permet de lire une vie et de déchiffrer ce qui en elle peut être signe de la grâce, ce dont l'absence la prive de cohérence et risque de la conduire à des abîmes maintes fois dénoncés.

D'où les deux tendances que nous aurons à reconnaître dans les controverses de la fin du XVIIe siècle : d'une part le renvoi à une expérience dont les mots ne sauraient épuiser la richesse, et qui, soumise à une radicale critique, nie ses éléments conceptuels ou affectifs et dérobe sans cesse sa spécificité, tout en promettant un statut à ce qui paraît anormal ou extraordinaire ; ou bien, d'autre part, la recherche anxieuse d'un fondement théologique assuré, d'une autorité, d'exemples anciens, grâce auxquels on esquivera les reproches de nouveauté et d'arbitraire, et qui permettra, sans en ruiner la valeur, de réduire un extraordinaire redouté à une condition ordinaire et rassurante.

Si les notions de « spirituel » et de « spiritualité » nous permettent d'effectuer une sorte de coupe à travers le XVIIe siècle et à travers l'œuvre de Bossuet, et de distinguer, de la théologie à la pratique, des principes à l'expérience, de la prédication aux controverses, un certain nombre de niveaux, nous pensons pouvoir, sans risque d'anachronisme, faire une étude de la spiritualité de Bossuet, et, en nous fondant sur l'analyse historique que nous venons d'esquisser, nous pouvons dégager deux orientations qui guident cette étude : selon la première, la spiritualité se présente comme l'ensemble des attitudes intérieures et extérieures par lesquelles l'homme agi par le Saint-Esprit répond à l'appel de Dieu (28), ou bien comme les réactions que les objets de la croyance

---

(24) C.B., VI, p. 101 ; cf. C.B., VI, p. 314.
(25) C.B., VIII, p. 323.
(26) C.B., VIII, p. 206.
(27) LT, XVIII, p. 495, 500.
(28) Nous nous inspirons ici d'une définition donnée par H. Holstein dans *Etudes*, juillet-août 1957, p. 3.

suscitent dans la conscience religieuse (29) : attitudes, réactions, la spiritualité se situe du côté de l'homme et des formes de vie. En ce sens, étudier la spiritualité de Bossuet consisterait à déterminer quelles furent les attitudes religieuses de Bossuet, ses pratiques, ses dévotions, etc., ce qu'elles signifient vraiment chez un homme du XVIIe siècle, tout en essayant de bannir l'anachronisme de cette présentation et des jugements qu'elle suscite. Cette enquête est intéressante, difficile à mener étant donné le petit nombre des sources utilisables, décevante peut-être car elle risque de dissoudre la vie spirituelle en une poussière d'actes ou de faits dont on ne saisira pas le principe organisateur, ou de n'atteindre que la banalité des dévotions d'un homme du XVIIe siècle et non pas ce qui fonde l'originalité de Bossuet ; surtout elle aurait l'inconvénient de nous faire considérer un seul aspect de la notion de spiritualité, au point où elle ne représente que des actes, des attitudes, des mots, qui prennent d'ailleurs leur essentielle valeur.

Ainsi, sans négliger cette enquête, nous ne la pousserons pas de façon systématique, renvoyant sur tel point particulier aux travaux partiels déjà accomplis (30), et nous orienterons notre étude dans une autre direction qui nous permettra d'atteindre le fondement des actes, des attitudes et des mots, et de déterminer ce qui fait l'originalité de la spiritualité de Bossuet : nous nous demanderons *comment* Bossuet *se représentait* et *exprimait* pour soi et pour autrui l'accueil de la grâce par l'homme (en quoi nous avions défini la spiritualité), selon quels schèmes et quels principes s'organisaient en son esprit ces représentations, par quelles expériences, par quelles rencontres, par quelles lectures elles avaient pu se former en lui, se développer ou se renouveler. Ces principes, ces évidences intimes, explicites ou implicites, devront être dégagés et discutés. Ils permettront en outre d'apprécier l'originalité et les caractères propres de la direction spirituelle pratiquée par Bossuet, car au delà des qualités humaines, intellectuelles ou sensibles, ce sont les grandes tendances d'une spiritualité qui s'expriment dans la direction spirituelle. Ces expériences et ces principes nous aideront enfin à comprendre le sens de la querelle du quiétisme : nous n'avons pas l'ambition d'écrire une nouvelle histoire de cette contro-

---

(29) Cf. L. Bouyer, *Histoire de la spiritualité chrétienne,* t. I, *La spiritualité du Nouveau Testament et des Pères,* p. 10. Voir aussi une définition largement compréhensive, mais plus descriptive qu'explicative, de J. de Guibert, dans *La spiritualité de la Compagnie de Jésus,* p. XVIII : la spiritualité comprend 1°) la vie intérieure personnelle, 2°) le ministère de la direction, 3°) la doctrine formulée dans les écrits d'un saint, d'un docteur, d'un écrivain religieux.

(30) Cf. *infra*, p. 46.

verse. Nous essaierons seulement de retrouver la signification des attitudes de Bossuet ou de ses préjugés, les idées qu'il a voulu défendre, ce qu'il *ne pouvait pas* comprendre ou exprimer ; en un mot, nous tenterons de regarder la querelle du quiétisme par les yeux de Bossuet : dans un dialogue où chacun parlait son propre langage, il nous paraissait important de dégager les règles et la signification d'un de ces langages.

Il va sans dire que nos intentions ne pouvaient être réalisées qu'en organisant notre étude selon un plan chronologique : nous n'ignorons pas que la nature et la répartition chronologique des documents rendait difficile un plan de ce genre ; pour la première partie de la vie de Bossuet, ce sont essentiellement des œuvres oratoires qui sont conservées ; après l'épiscopat, ce sont des œuvres théoriques et polémiques et des lettres de direction. Ces difficultés peuvent cependant être surmontées par deux précautions : d'abord par une saine critique des textes qui les place dans leur perspective, qui dégage les intentions et la portée de chacun ; ensuite par de fréquents renvois à d'autres chapitres de cette biographie intérieure où tel thème et telle idée ont déjà été annoncés et présentés. Nous espérons ainsi rendre sensibles les évolutions et les permanences d'un homme qui estimait n'avoir jamais varié, la cohérence d'une pensée et d'une expérience et les enrichissements ou les durcissements que les lectures, les rencontres, les circonstances historiques et les événements de la vie n'ont pu manquer d'apporter à un prêtre et à un évêque situé à une époque cruciale de l'histoire du christianisme et de la pensée occidentale.

La préparation de ce travail nous a conduit à faire de longues recherches dans un grand nombre de bibliothèques et de dépôts d'archives publiques ou privées, en France et à l'étranger ; partout nous avons rencontré l'accueil le plus ouvert et toutes les facilités pour mener à bien nos enquêtes : que soient ici remerciés tous ceux qui veillent sur ces documents et rendent possible une consultation fructueuse.

Notre étude a beaucoup profité des suggestions et des remarques de nombreux collègues et amis, et en particulier de tous ceux que rassemble dans le Groupe d'Histoire religieuse un commun intérêt pour les problèmes religieux et une même conscience des exigences de l'histoire d'aujourd'hui. Par ailleurs des années de libre recherche dont nous ont permis de bénéficier la Fondation Thiers et le C.N.R.S. nous ont été précieuses et nous en sommes reconnaissant envers ceux qui dirigent ces institutions.

Parmi tous les maîtres à qui nous sommes redevable, nous voudrions remercier particulièrement ceux dont les pertinentes observations lors de la soutenance de cette thèse nous ont permis d'améliorer maints détails de notre travail et dont la bienveillance ne cesse de nous encourager : M. Gouhier, membre de l'Institut, M. Orcibal, directeur d'études à l'Ecole Pratique des Hautes Etudes, dont l'exemple et les leçons nous ont enseigné ce que doit être la recherche historique, M. Truchet et M. Mesnard, professeurs à l'Université de Paris.

Nous voudrions enfin témoigner toute notre reconnaissance à M. Pintard, professeur à la Sorbonne, qui a dirigé cette thèse : seules son attention exigeante qui nous a stimulé pendant plus de quinze ans, et l'affectueuse insistance avec laquelle il nous a soutenu dans les heures de doute et de difficulté nous ont permis de mener ce travail à son terme ; notre désir serait que l'œuvre qui lui doit tant ne soit pas trop indigne de son patronage.

Première partie

BOSSUET DANS SES ORIGINES

(1627-1652)

Chapitre I

ORIGINES

I. Enfance dijonnaise.

Jacques-Bénigne Bossuet est né le 27 septembre 1627 : dans le livre de raison où le grand-père Jacques Bossuet mentionnait la naissance de ses enfants et petits-enfants, fut inscrit ce verset du *Deutéronome : « Circumduxit eum et docuit et custodivit quasi pupillam oculi »* (1). Au moment où Jacques Bossuet (2) marquait l'entrée de son petit-fils dans la suite d'une histoire familiale, dans une chronologie, sa démarche manifestait une intention religieuse personnelle, l'entrée de l'enfant dans une histoire sainte dominée par le regard de Dieu. Ces préoccupations n'étaient pas rares en ce temps (3) et l'examen de livres de raison qui ont été conservés nous conduirait à des conclusions analogues (4) : le journal du dijonnais

---

(1) *Deut.* XXXII, 10. Le cardinal de Bausset (*Histoire de Bossuet,* éd. cit., t. I, p. 2-3) avait eu entre les mains les registres domestiques du grand-père et du père de Bossuet ; ces deux documents sont malheureusement perdus.

(2) Sur lui, J. Thomas, *Les Bossuet en Bourgogne,* p. 56 et suiv.

(3) Ph. Ariès, *L'enfant et la vie familiale...,* p. 4.

(4) N'exagérons donc pas l'originalité de la piété familiale des Bossuet : Ch. de Ribbe (*Les familles et la société en France avant la Révolution, d'après des documents originaux,* 4e éd., Tours, 1879) nous fait connaître bien des livres de raison où « Dieu [est] invoqué comme présidant à la vie domestique » (t. I, p. 43) et où des sentences tirées de la Bible sont inscrites à l'occasion des naissances, des mariages ou des décès (t. I, p. 46 et suiv.), par exemple pour des naissances : « Dieu nous la préserve en son honneur et gloire, la fasse vivre et prospérer *in felicem vitam...* », « Dieu nous préserve, s'il lui plaît, à son honneur et gloire, notre petit César, auquel je soubsigné père baille ma bénédiction », « Dieu lui donne les grâces nécessaires pour devenir un grand saint ! » (t. I, p. 57-58) ; cf. aussi ces réflexions de Pierre Boyer en 1623 pour une naissance : « Dieu lui fasse la grâce d'être homme de bien » (dans A. Vachez, *Les livres de raison dans le Lyonnais et les provinces voisines,* Lyon, 1892, p. 14-15). La famille Bossuet est l'une des nombreuses familles françaises où règnent au XVIIe siècle les vertus chrétiennes et domestiques.

Genreau (5) est aussi ponctué de citations bibliques, de prières à Dieu et à la Vierge ; l'orientation en est nettement religieuse et ascétique, mais le plus frappant c'est que tous les événements, personnels (6) ou familiaux, ceux qui touchent la province (7) ou l'Etat (8), sont insérés dans un ensemble de réflexions chrétiennes, comme si une double histoire, extérieure et intérieure, confluait en un homme (9).

L'imposition à Jacques-Bénigne Bossuet des prénoms de son grand-père et de son père (10) à son baptême était une pratique tout à fait banale ; mais, fait remarquable, le futur évêque de Meaux ignorera toujours la date exacte de son baptême : baptisé le jour même de sa naissance, le 27 septembre (11), il croira toujours l'avoir été le 29, jour de la fête de saint Michel : cette grande fête, qu'il célébrera tous les ans (12), fera écran en sa mémoire devant la véritable date, celle de la fête des obscurs Côme et Damien ! En ce temps où peu de gens savaient la date exacte de leur naissance (13), Bossuet se créera son histoire avec sa chronologie propre, celle d'une vie chrétienne inaugurée par la fête de l'Archange (14).

Sur les premières années de Bossuet nous ne pourrions que répéter ce que de bons historiens depuis un siècle ont déjà écrit (15), aussi, serons-nous fort bref. Dans la famille de Jacques et de Bénigne Bossuet on pratiquait les dévotions qui attiraient les catholi-

---

(5) Dijon, Bibl. publique, ms. 1011.

(6) Entrée dans la Congrégation de la Sainte Vierge en 1634, ms. Dijon, 1011, f° 25 v°.

(7) Mort de S. Zamet, ms. cit., f° 61 r°.

(8) Mort de Richelieu, du roi d'Angleterre, etc...

(9) Sentiments analogues, mais plus repliés sur un microcosme familial dans la « Généalogie de Messieurs du Laurens », écrite par Jeanne du Laurens à Aix en 1631, dans *Une famille au* XVIe *siècle, document original précédé d'une introduction,* par Charles de Ribbe, Paris, 1867.

(10) Le prénom de Bénigne est très populaire à Dijon : les familles dijonnaises se le transmettent (Bougaud, *Etude historique...*, p. 345 ; ainsi Bénigne Joly est né en 1644, fils de Jacques Joly et garde une dévotion personnelle à l'apôtre de Dijon : [A. Beaugendre], *La vie de* [...] *Bénigne Joly,* Paris, 1700, p. 2) et la dévotion à ce saint reste vive dans la province (Bougaud, op. cit., p. 347, et sur les processions p. 343).

(11) A. Floquet, *Etudes...*, t. I, p. 3, n. 2.

(12) Cf. *infra,* p. 707.

(13) Ph. Ariès, *L'enfant et la vie familiale...*, p. 5.

(14) Le renouvellement annuel des vœux du baptême est une pratique courante au XVIIe siècle : cf. la pratique et l'acte de rénovation de Bénigne Joly, dans *La vie de* [...] *Bénigne Joly,* par A. Beaugendre, p. 292-293.

(15) A. Floquet, *Etudes...*, t. I, p. 1 et suiv. ; F. Strowski, dans R.B., 1901, p. 86 et suiv. ; J. Truchet, *La prédication de Bossuet,* t. I, p. 92 et suiv. ; Th. Goyet, *L'humanisme de Bossuet,* t. I, p. 3 et suiv. ; etc.

ques au temps de la Contre-Réforme (16) et on s'adonnait activement aux œuvres de la charité (17), mais avec mesure et avec un certain retard par rapport au reste de la France (18). De même que la famille ne fut pas tentée de défendre le catholicisme jusqu'au point de rompre avec son roi et d'adhérer à une Sainte Ligue (19), de même l'invasion mystique, l'enthousiasme conquérant qui marquent bien des milieux dans les premières décennies du siècle lui sont étrangers : il n'y a pas de moines dans cette famille (20) et le grand-père Jacques Bossuet est attentif à empêcher les religieux de prendre dans la cité plus d'influence qu'ils n'y ont droit (21).

Justement autour de Jacques Bossuet, se rencontrent tous les noms des bourgeois et des nobles dijonnais (22) : Antoine Bretagne (23), le président Frémyot (24), Roger de Bellegarde (25),

(16) Dévotion à Marie à qui l'enfant est voué dès sa naissance (A. Floquet, *Etudes...*, t. I, p. 4-6 : promesse d'aller à N.-D. d'Etang).

(17) La mère de Bossuet sera dame distributrice des aumônes du Parlement de Metz, A. Floquet, *Etudes...*, t. I, p. 6. Elle faisait aussi partie du tiers-ordre de saint Dominique et sera enterrée dans l'église des dominicaines de Metz, A. Floquet, *Etudes...*, t. III, p. 148-149.

(18) A. Rébelliau, dans R.D.M., 15 novembre 1922, p. 372-373.

(19) J. Thomas, *Les Bossuet en Bourgogne*, p. 57-58.

(20) A. Rébelliau, *loc. cit. supra* n. 18. En revanche, des prêtres mépartistes de l'église de Seurre, un doyen du chapitre métropolitain de Besançon : J. Thomas, *Les Bossuet en Bourgogne*. p. 22, 29, 36, 46, 47, 50, 52 ; des chanoines de Saint-Etienne de Dijon, *ibid.*, p. 64-65.

(21) J. Thomas, *Les Bossuet en Bourgogne*, p. 62 ; Ch. Muteau, *Les écoles et collèges...*, p. 394 et suiv. a insisté avec un certain parti pris sur la méfiance de la bourgeoisie dijonnaise à l'égard des jésuites, mais il cite des faits intéressants ; notons toutefois avec G. Roupnel (*La ville et la campagne au* XVIIᵉ *siècle*, p. 130) le grand nombre de communautés religieuses à Dijon.

(22) Ceux du moins qui n'ont pas adhéré à la Ligue, A. Floquet, *Etudes...*, t. I, p. 27-28.

(23) Le beau-frère de Jacques Bossuet, fils de Claude Bretagne et de Denise Barjot, parrain d'Antoine Bossuet, le frère aîné du futur évêque de Meaux. Claude Bretagne figure avec ses fils, gendres et petits-fils, ainsi que sa femme et ses filles, sur un triptyque de Nicolas de Hoey peint en 1607 et conservé au Musée de Dijon (*Catalogue des peintures françaises*, Dijon, 1968, p. 24-25 ; cf. G. Blondeau, *Claude Bretagne, conseiller au parlement de Bourgogne. Son portrait et ceux de sa famille au Musée de Dijon*, dans *Annales de Bourgogne*, 1933, p. 101-128) : les donateurs du triptyque, magistrats austères, agenouillés pour la prière, évoquent l'établissement social et religieux de cette famille provinciale d'où est issu Bossuet.

(24) † 1611, père de Mᵐᵉ de Chantal ; sur son désir d'entrer en religion à la mort de sa femme et sur l'obstacle que constituait son second mariage : E. de Barthélemy, *Etude sur la vie de Jeanne-Françoise Frémyot...*, Paris, 1860, p. 9 et suiv... Le grand-père de Mᵐᵉ de Chantal avait prédit sa mort et rendit le dernier soupir au cours de la messe qu'il avait fait célébrer : *ibid.*, et la Mère de Chaugy, dans Sainte Chantal, *Sa vie et ses œuvres*, t. I, 1893, p. 5. Figures de magistrats et de croyants, proches de la famille de Bossuet.

(25) dont le P. Bacio prononcera l'éloge : Th. Goyet, *L'humanisme...*, t. I, p. 20-21 ; J. Thomas, *Les Bossuet en Bourgogne*, p. 60-61.

Christophe de Rabutin, baron de Chantal (26), Clugny (27), etc.

Or si dans ces familles « être d'Eglise » signifie autre chose qu'un choix spirituel, c'est une décision qui n'exclut pas *a priori* ce choix. De nombreux membres des familles parlementaires sont d'Eglise : cette bourgeoisie « peuple de ses enfants les couvents de la ville ; elle leur réserve surtout les bénéfices lucratifs » (28) ; les bourgeois « accomplissent comme leurs autres devoirs les devoirs religieux de leur état » (29). Certes c'est de leurs rangs que viennent quelques remarquables auteurs spirituels : un Jacques de Chevanes et un Bénigne Joly ; mais une certaine médiocrité générale a frappé les historiens : peu d'enthousiasmes démesurés (30), du bon sens et de la logique, un esprit pratique (31), et de la méfiance devant les excès, même ceux de la dévotion (32).

Que signifiait pour les Bossuet l'entrée de quelques membres de la famille dans l'Eglise ? Un frère aîné du futur évêque de Meaux, Claude Bossuet (1620-1668), fut pourvu d'une prébende canoniale à Saint-Etienne de Dijon (33) dès l'âge de dix ans et sa famille fut fort attentive à le voir toucher « sa distribution entière » ; en 1639, il permute avec un chanoine de Toul et suit ses parents en cette ville (34) ; rien ne nous permet de deviner les sentiments du jeune homme en ces circonstances. Une jeune sœur, Marguerite Bossuet (1634-1658), fut reçue professe chez les dominicaines de Toul à quatorze ans et témoigna d'une « ferveur incroyable »

---

(26) † 1611, le mari de la fondatrice de la Visitation.

(27) Sans doute le grand-père du P. de Clugny étudié par H. Bremond, *Histoire littéraire...*, t. VII, p. 279 et suiv.

(28) M. Bouchard, *De l'humanisme à l'Encyclopédie*, Paris, 1929, p. 31. La famille Bossuet semble une des plus réservées.

(29) M. Bouchard, *op. cit.*, p. 231-232.

(30) M. Bouchard, *op. cit.*, p. 57.

(31) M. Bouchard, *op. cit.*, p. 56.

(32) M. Bouchard, *op. cit.*, p. 234 : « Quand sur la fin de ses jours Taisand [le cousin de Bossuet] s'enfonça dans une dévotion déréglée, sa conversion le rendit ridicule [...]. Croyant ou non, le bourgeois dijonnais ne rend à la divinité que son dû [...] il en use avec le service de Dieu comme avec le service du roi, faisant de sa vie deux parts, employant l'une à s'acquitter de ses obligations et l'autre à son agrément ». Nous ne pensons pas que la race détermine les attitudes spirituelles : les conditions sociales, l'éducation, les formes que prend la pratique religieuse et les dévotions habituelles jouent un rôle beaucoup plus grand, mais ces descriptions permettent de définir une sorte de « moyenne » en un moment donné et en un lieu.

(33) Sur le chapitre de Saint-Etienne « annexe religieuse des cours souveraines de Dijon », cf. G. Roupnel, *La ville et la campagne au* XVIIe *siècle*, p. 198-199.

(34) J. Thomas, *Les Bossuet en Bourgogne*, p. 76-77.

qu'elle exprima par « des vers admirables » selon les mots de l'*Année dominicaine* (35).

Que le cadet, Jacques-Bénigne, soit tonsuré à huit ans (36) par l'évêque de Langres, Sébastien Zamet, ne doit pas nous étonner : le concile de Trente ne mettait comme condition à cette démarche que d'avoir reçu le sacrement de confirmation (37), d'être instruit des premiers principes de la foi, de savoir lire et écrire ; il fallait aussi qu'on eût « une conjecture probable qu'ils aient choisi ce genre de vie, pour rendre à Dieu un service fidèle, et non pour se soustraire par fraude à la juridiction séculière » (38). Dans le cas de Jacques-Bénigne Bossuet, nous ne pouvons imaginer ni quel était le niveau des connaissances religieuses, ni le sens que cette démarche pouvait prendre, mais le fait que son caractère « social » était aussi marqué que son caractère « spirituel » ne doit pas nous laisser penser que le jeune enfant (39) ne mettait aucun contenu religieux dans la réception d'un ordre mineur. En 1640, à peine âgé de treize ans, il

---

(35) Son nom de religion était Marguerite de Saint-Alexis. L'*Année dominicaine* nous la montre avide de croix, assoiffée d'humiliations ; elle aimait « mieux voir ses parents dans l'humiliation que dans une élévation dangereuse ». Sa vocation lui paraissait un gage de sa prédestination qui la faisait pâmer d'amour. Elle mourut en 1658 à 23 ans : J.-B. Feuillet, *L'Année dominicaine, Janvier*, Amiens, 1678, p. 343. Elle était liée avec la Mère Agnès de la Présentation qui partageait la même soif d'humiliations et d'abjection, dont l'attrait principal était la vie cachée et qui ne perdait jamais la présence de Dieu. La Mère Agnès de la Présentation était nourrie des leçons de Bérulle et de Condren qu'elle citait volontiers : J. Lafon, *L'Année dominicaine, Octobre*, Ire partie, Amiens, 1712, p. 226-238. Cf. aussi sur Marguerite Bossuet, A. Floquet, *Etudes...*, t. I, p. 543-545 ; J. Thomas, *Les Bossuet en Bourgogne*, p. 75, 104-105. Magdeleine Mochet (✝ 1648), une tante du futur évêque de Meaux, avait été dominicaine à Dijon et prieure des dominicaines de Chalon-sur-Saône (J.-B. Feuillet, *L'Année dominicaine, Mars*, Amiens, 1680, p. 521 : elle eut de grandes douleurs que lui avait prédites Jésus-Christ en lui présentant une couronne d'épines un jour qu'elle faisait oraison ; elle manifesta un « désir insatiable de souffrir pour l'amour de son sauveur crucifié » ; sur elle cf. aussi J. Thomas, *Les Bossuet en Bourgogne*, p. 67). Les dominicaines ont attiré plusieurs membres de la famille Bossuet (cf. *supra* p. 21 n. 17 ; et la Mère Marguerite Saumaise (✝ 1621), première professe du monastère de Dijon, était apparentée à la famille paternelle de Bossuet : sur elle, J.-B. Feuillet, *L'Année dominicaine, Janvier*, Amiens, 1678, p. 333 et suiv.) comme elles ont attiré les trois sœurs de Bénigne Joly (cf. [A. Beaugendre], *La vie de* [...] *Bénigne Joly*, p. 6).

(36) Le 6 décembre 1635, A. Floquet, *Etudes...*, t. I, p. 33.

(37) Zamet conféra sans doute à Bossuet la confirmation et l'eucharistie en même temps que la tonsure : L. Prunel, *Sébastien Zamet*, p. 373.

(38) *Le saint concile de Trente*, XXIIIe sess., Decr. de Ref., ch. IV, trad. Chanut, Paris, 1674, p. 292.

(39) Il n'avait encore jamais été au collège, bien qu'il soit en avance sur la moyenne des élèves de son temps, cf. Ph. Ariès, *L'enfant et la vie familiale...*, p. 240-243, 248 ; la carrière est organisée avant les étu-

reçut un canonicat à Metz (40) : on connaît les difficultés que rencontra le nouveau chanoine et le procès qu'il dut soutenir pour entrer en possession (41). Elève en Humanités, Jacques-Bénigne semble être resté tout à fait étranger à ces démarches (42) et nous ne savons s'il fut inquiet du poids de cette dignité ou s'il l'accepta sans en concevoir de scrupules (43).

Est-ce un signe de particulière dévotion que Bénigne Bossuet, le père du futur évêque de Meaux, « homme d'honneur et de bon sens » (44), décidât, une fois veuf, de recevoir les ordres mineurs et même le diaconat et succédât à son fils Jacques-Bénigne en la dignité de grand-archidiacre de Metz (45) ? La dignité dans l'Eglise

---

des, et commencer assez tôt, comme Jacques-Bénigne qui entre en 6e à 9 ans, est le signe de l'ambition familiale plus que de la précocité intellectuelle.

(40) En contradiction cette fois avec le concile de Trente qui exigeait l'âge de 14 ans : sess. XXIII, Decr. de Ref., ch. VI, trad. cit., p. 293-294 ; en revanche, il pouvait jouir de ce canonicat s'il était dans une école ou université « avec permission de l'évêque comme dans le chemin pour recevoir les ordres majeurs », trad. cit., p. 294.

(41) A. Floquet, *Etudes...*, t. I, p. 52 et suiv. Bossuet apparaîtra au cours de ce procès comme le champion des règles du concile de Trente sur le mode de nomination aux bénéfices, alors que son âge était, par ailleurs, en contradiction avec ces règles.

(42) A. Floquet, *Etudes...*, t. I, p. 58.

(43) Au même âge, mais vingt ans plus tard, Bénigne Joly, nommé chanoine de Saint-Etienne de Dijon par résignation de M. Milletot, refusera d'accéder à ces honneurs sinon par son mérite ([Beaugendre], *La vie de* [...] *Bénigne Joly*, p. 23 ; E. B[avard], *La vie du vénérable Bénigne Joly*, p. 31) et manifestera très vite une vive dévotion en accord avec son état ([Beaugendre], *op. cit.*, p. 24) ; nous connaissons aussi tous les scrupules qu'eut Antoine Arnauld à accepter un bénéfice et à recevoir les ordres majeurs ([Larrière], *Vie de M. Antoine Arnauld*, Paris, 1783, t. I, p. 19-20, 25, 31, 34, etc.) : rien de tel, apparemment, chez Bossuet, mais Arnauld était beaucoup plus âgé que Bossuet lorsque ces cas de conscience se posèrent à lui.

(44) Selon Charles Colbert ; les Colbert eurent des phrases assez sévères à l'égard de Bénigne Bossuet parce que ce dernier, ainsi que Jean Favier, lieutenant général au bailliage de Toul, s'opposa en 1658-1659 aux entreprises de Mazarin qui voulait dépouiller plusieurs familles en Alsace : voir l'important article de Robinet de Clery, *Bénigne Bossuet à Ensisheim*, dans *Bulletin du musée historique de Mulhouse*, 1905, p. 72-118 ; Charles Colbert modérera sa colère et acceptera de recommander Jacques-Bénigne Bossuet à son frère (3 mars 1659. art. cit., p. 114). Bénigne Bossuet avait peut-être un esprit médiocre mais possédait un vif sentiment de la famille : cf. le fragment de lettre cité par A. Floquet, *Etudes...*, t. I, p. 24 : « J'aime d'être dans ma petite famille, je me plais dans mon petit travail, je souffre d'être si longtemps privé de ces contentements et de celui de vous revoir ».

(45) A. Floquet, *Etudes...*, t. II, p. 452-453 ; t. III, p. 145-149. Nous connaissons de nombreux exemples de diacres « par humilité » à la fin du XVIIe siècle et au XVIIIe ; plusieurs refusèrent des bénéfices. Il n'est pas impossible que Bénigne Bossuet ait refusé par humilité de recevoir la prêtrise ; en tout cas il résigna son bénéfice à un âge avancé.

n'était-elle pas aux yeux de ces hommes, un président Frémyot ou un conseiller Bossuet, le seul moyen de s'acquitter de leurs devoirs religieux après s'être acquitté de leurs devoirs envers la cité, le temps n'étant pas encore venu de valoriser par une intention pieuse une action profane ? Le bénéfice ecclésiastique aurait été le signe dont ils avaient besoin pour comprendre leur insertion active dans l'Eglise : on s'expliquerait ainsi que le conseiller Bossuet ait continué à siéger au Parlement de Metz, étant clerc, diacre et prébendé.

⁂

L'évêque de Langres qui conféra à Jacques-Bénigne Bossuet la tonsure et auprès de qui ce dernier ira recevoir le sous-diaconat le 21 septembre 1648 (46) est Sébastien Zamet : la démarche était tout à fait naturelle, Dijon faisant partie de l'évêché de Langres, mais il faut remarquer que les Bossuet étaient fort liés avec l'évêque (47) qui en 1630 fut le parrain d'une sœur du futur évêque de Meaux (48). Zamet avait aussi beaucoup de relations avec toute la société pieuse de Dijon : en 1622, lors du séjour de Mme de Chantal à Dijon, l'évêque et les visitandines sont en rapports étroits (49) et, quand on sait que Zamet vécut les débuts de la Compagnie du Saint-Sacrement (50) et que la plupart des membres du Parlement de Dijon firent partie de cette association (51), on comprend que des relations fondées sur de communes orientations religieuses durent s'établir.

Or Sébastien Zamet n'est pas un personnage indifférent : si son rôle dans l'histoire des débuts du jansénisme, ses rapports avec Port-Royal, avec les Arnauld et avec Saint-Cyran, ont été étudiés, sa spiritualité reste peu connue. On y reconnaît l'influence de Bérulle sous la conduite de qui il se mit : il se forma auprès des oratoriens à la vie spirituelle (52) et Condren semble l'avoir particulièrement marqué ; Condren le conquit, selon le mot de Bremond (53) et le « dirigeait » (54). Zamet désira même avoir Condren comme coadju-

---

(46) A. Floquet, *Etudes...*, t. I, p. 124 ; si la date est exacte, il fallut à Bossuet une dispense d'âge, J. Lebarq, *Histoire critique...*, p. 122, n. 3. Sur la méditation écrite à cette occasion, cf. *infra* p. 171.

(47) L. Prunel, *Sébastien Zamet*, p. 372-375.

(48) A. Floquet, *Etudes...*, t. I, p. 33.

(49) L. Prunel, *Sébastien Zamet*, p. 159.

(50) Un demi-frère de S. Zamet joua un grand rôle dans la Compagnie, L. Prunel, *Sébastien Zamet*, p. 19 n. 3 ; voir aussi J. Orcibal, *Jean Duvergier de Hauranne...*, t. II, p. 306.

(51) L. Prunel, *Sébastien Zamet*, p. 308.

(52) L. Prunel, *Sébastien Zamet*, p. 42.

(53) H. Bremond, *Histoire littéraire...*, t. III, p. 324.

(54) H. Bremond, *op. cit.*, t. III, p. 330. Un moment, Zamet voulut quitter son évêché pour entrer à l'Oratoire (H. Bremond, *op. cit.*, t. III, p. 430), Condren l'en dissuada.

teur (55) : avec trois de ses confrères, l'oratorien alla donc à Langres en 1619 et fut nommé vicaire général (56) ; il n'y resta que quelques mois, mais son influence est sensible dans les écrits spirituels de l'évêque.

Zamet conçoit sa vie comme une « conversion » continuelle (57) : à travers ses lettres et ses conférences, nous découvrons un vif sentiment du néant de la créature, « Rien n'est que Dieu, la créature n'est que néant » (58) ; tout le monde disparaît devant sa grandeur (59), « tout est néant devant Dieu, qui, en la grandeur de sa Majesté, offusque toutes choses, et ne nous fait rien trouver de solide ni de véritable que ce qui se fait pour l'éternité » (60). Devant la transcendance divine, toutes « les occupations des hommes en la terre » deviennent ridicules et méprisables, et la vie spirituelle consiste à devenir « vides de toutes choses » pour devenir « forts de Dieu qui nous remplira de sa plénitude parce qu'il ne trouvera que lui en nous » (61).

Cet anéantissement permet la formation en l'homme d'un état et d'une vie qui soient tout entiers consacrés à « rendre honneur et hommage à la vie et aux états de l'Homme-Dieu » (62) : « Que Jésus-Christ soit par grâce en vous ce que Dieu est à Jésus-Christ et en Jésus-Christ par nature [...]. En Jésus-Christ les œuvres et les actions ont été soustraites à la propriété et personnalité de son être humain et ont été appropriées à l'être divin qui en a été le principe et la source ; il faut de même que la propriété et la source de votre être et de votre vie soit consommée et anéantie par la puissance divine en vous [...] » (63). L'influence condrénienne est évidente : elle l'est aussi lorsque Zamet esquisse dans ses lettres une spiritualité de la « victime immolée » à la grandeur de Dieu (64), lorsqu'il affirme que la créature doit être « consommée par son Dieu », « réduite en sacrifice » (65).

---

(55) P. Broutin, *La réforme pastorale en France,* t. I, p. 123-124.

(56) J. Orcibal, *Jean Duvergier de Hauranne,* t. II, p. 305 ; P. Broutin, *La réforme pastorale...,* t. I, p. 131-132.

(57) L. Prunel, *Sébastien Zamet,* p. 63.

(58) cité par L. Prunel, *Sébastien Zamet,* p. 381.

(59) Cf. *Lettres spirituelles de Sébastien Zamet,* pub. par L. N. Prunel, p. 354, 469.

(60) cité par L. Prunel, *Sébastien Zamet,* p. 381.

(61) cité par L. Prunel, *ibid...* Cf. *Lettres spirituelles de Sébastien Zamet,* p. 20, 394-395, 559, 589.

(62) *Lettres spirituelles...,* p. 349.

(63) *Ibid.,* et p. 423.

(64) *Lettres spirituelles...,* p. 428.

(65) *Lettres spirituelles...,* p. 457.

Les conséquences de ce « radicalisme » théologique (66) c'est l'oubli de soi, l'éloignement de toute réflexion (67), l'indifférence de l'homme à ses sentiments, aux consolations ou aux désolations intérieures et extérieures et aux récompenses futures (68), le renoncement à la volonté propre (69) et l'abandon à Dieu (70) ; pratiquement les voies pour réaliser cette perfection ce sont, comme il le dit dans une conférence aux religieuses de Notre-Dame de Tart, « solitude et oraison », « oraison et solitude » (71) : solitude à l'image du Fils de Dieu qui en toutes ses occupations ne voyait que son Père, n'était occupé que de lui (72), oraison « qui élève l'âme si haut qu'elle l'unit à Dieu et la transforme et l'abîme totalement en lui » (73), et silence qui est seul capable de louer « un Dieu saint, dont l'être est tout en lui-même, séparé, incommunicable, inaccessible, innommable, incompréhensible, invisible » (74).

---

(66) « Tout ou rien, c'est sa devise, parce que c'est sa condition et la nature de son essence, qui est indivisible en elle-même et en ses créatures », *Lettres spirituelles...*, p. 528.

(67) « [Un néant] ne regarde point ses fautes, il n'en demande point de pénitence, il ne pense point à l'avenir. Il n'épluche point son oraison, ni ses effets », cité par L. Prunel, *Sébastien Zamet*, p. 386 ; et cf. *Avis spirituels...*, dans *Lettres spirituelles...*, p. 36-37.

(68) cité par L. Prunel, *Sébastien Zamet*, p. 388. De fortes pages sur la « gourmandise spirituelle » (*Avis spirituels...*, dans *Lettres spirituelles...*, p. 34) et sur « la soustraction de la dévotion sensible » (*id.* p. 35 : « C'est alors que l'âme toute étonnée de ce délaissement divin, et comme perdue en la perte qu'elle pense avoir faite de ce qu'elle aime le mieux au monde, cherche Dieu au ciel et en la terre, demande de ses nouvelles à toutes les créatures, et pleine d'une sainte inquiétude ne peut s'arrêter en aucun lieu ni à chose quelconque, jusques à ce qu'elle ait retrouvé son souverain bien ». Zamet oppose à la dévotion sensible la « dévotion raisonnable » ; ailleurs il parle d'aller à Dieu « par la négation », ce qui est l'adoration « en esprit et en vérité » : voir toute une belle lettre à Angélique Arnauld (*Lettres spirituelles...*, p. 167-168) où se trouve un exposé de la théologie négative selon Denys : « caligineuse obscurité », puissance divine « que nous ignorons », assujettissement « qui demeure enfermé dans l'incompréhensibilité divine »). Voir aussi *Lettres spirituelles...*, p. 109, 111, 128, 153, 185, 266 (« Croyez-moi, votre vie ne sera point heureuse que lorsque vous aurez renoncé à tout bonheur. Nous devons vivre sans rien espérer »), 317-318, 322, 421-422. Zamet, à plusieurs reprises, montre que ces désolations sont le martyre intérieur qui succède au martyre que subirent les premiers chrétiens (*Lettres spirituelles...*, p. 390) : le thème sera souvent développé chez les spirituels (cf. *infra*, p. 223).

(69) *Avis spirituels aux âmes dévotes*, 1622, dans *Lettres spirituelles...*, pub. par L.N. Prunel, p. 16.

(70) « laisser faire à Dieu », cité L. Prunel, *Sébastien Zamet*, p. 390.

(71) S. Zamet, *Conférences spirituelles sur divers sujets...*, Dijon, 1705, p. 15.

(72) cité par L. Prunel, *Sébastien Zamet*, p. 382.

(73) S. Zamet, *Conférences spirituelles...*, p. 18 ; cf. *Avis spirituels...*, dans *Lettres spirituelles...*, p. 23.

(74) *Lettres spirituelles...*, p. 401 ; cf. p. 421, 506.

Zamet, qui sait paraphraser Denys et définir les saints dans le Ciel comme « des créatures pâtissant les choses divines » (75), ne recommande cependant pas la passivité à celles qu'il dirige ; il prêche l'effort, les perpétuels renoncements, l'action : il faut « tous les jours [...] commencer comme si nous n'avions rien fait du tout. Il me semble que les âmes se trompent beaucoup quand elles regardent la vertu dans le repos » (76).

Tel est donc l'évêque que le jeune Bossuet dut rencontrer à plusieurs reprises à Dijon avant de se rendre à Langres pour recevoir le sous-diaconat : peut-on penser qu'enfant puis jeune homme il entendit quelques conversations pieuses chez son oncle Claude Bossuet ? qu'il fut frappé par le radicalisme de l'évêque, par la netteté de ses vues, par son théocentrisme et sa conception du néant de la créature, par son aspiration à la solitude et au silence ? qu'il put recueillir auprès de lui l'écho déjà affaibli des leçons de Bérulle et de Condren ? Même si l'influence directe fut moins forte que nous pourrions croire, il n'en reste pas moins que des attitudes fondamentales sont communes à Zamet et à Bossuet.

⁂

Les enfants de la bourgeoisie dijonnaise fréquentent tous le collège des Godrans dirigé par les jésuites. Nous pouvons retracer dans ses grandes lignes l'éducation chrétienne qu'y reçut le jeune Bossuet.

Comme dans tous les collèges de la Compagnie, les régents devaient commenter au collège des Godrans à Dijon le *Catéchisme* de Pierre Canisius (77) ; c'était la base de l'enseignement religieux : au moins une fois par semaine, pendant une demi-heure, le régent le faisait réciter et le commentait ; dans les classes de grammaire il en exigeait la lettre, dans les classes plus élevées l'explication prenait la place de la récitation (78). Certes le *Parvus Catechismus Catholicorum* est un résumé assez sec de la doctrine chrétienne, mais le caractère très synthétique du texte de Pierre Canisius de-

(75) *Lettres spirituelles...*, p. 589.

(76) *Lettres spirituelles...*, p. 593-594.

(77) Sur ce catéchisme, J. C. Dhôtel, *Les origines du catéchisme moderne*, p. 65-82.

(78) C. de Rochemonteix, *Un collège de jésuites aux* XVIIe *et* XVIIIe *siècles...*, t. II, p. 105-107 ; A. Schimberg, *L'éducation morale...*, p. 182 et suiv. ; G. Dupont-Ferrier, *Du collège de Clermont...*, t. I, p. 267 ; M. J. de la Servière, *La vie de collège chez les jésuites d'Ancien Régime*, Paris, [1905], p. 21 ; H. Fouqueray, *Histoire de la Compagnie de Jésus...*, t. II, p. 697 ; F. de Dainville, *La naissance de l'humanisme...*, p. 163 ; M. Bouchard, *De l'humanisme à l'Encyclopédie*, p. 76.

vait permettre au régent des développements plus amples ; en outre, ce catéchisme n'est pas un simple exposé, il conduit « *ad insinuandam in animos, cum fidei doctrina, pietatem, quae, ut ait Apostolus, ad omnia valet* » (79) ; la vie chrétienne y est considérée comme une coopération de l'homme avec la grâce dans une action dont le cadre est la vie quotidienne et le devoir d'état (80) : l'exposé des commandements, des péchés, des bonnes œuvres, permet de parler même des devoirs envers les magistrats (81) et envers les hommes de toute condition, et d'esquisser le tableau de toute une vie guidée par la grâce (82) ; une religion où les sacrements, pénitence et eucharistie en particulier, tiennent une grande place et où la « justice chrétienne » consiste dans l'expiation des péchés et les « bonnes œuvres » (83). C'est parmi ces « bonnes œuvres », entre le jeûne et l'aumône, qu'est située l'oraison, définie comme « une élévation d'esprit en Dieu par laquelle nous prions d'échapper des maux, ou demandons choses bonnes, ou pour nous ou pour les autres ou louons et bénissons Dieu (Damas.) » (84).

Telle apparaît une foi définie par les grands enseignements de l'Ecriture et des Pères (85), une vie fidèle à la grâce et où s'épanouissent à travers une action les dons et les fruits du Saint-Esprit. Il n'y a rien dans ces leçons qui puisse conduire un homme vers des dévotions particulières et marginales ou vers des formes de mystique abstraite ou passive.

---

(79) cité par J.C. Dhôtel, *op. cit.*, p. 73.

(80) J. C. Dhôtel, *op. cit.*, p. 73-76.

(81) *Petit catéchisme pour les catholiques...*, Paris, 1610, p. 77.

(82) Ce qui est parfaitement en accord avec la fin que la *Ratio studiorum* assigne à l'enseignement : « la probité des mœurs », donner à l'élève « les mœurs dignes d'un chrétien » (cf. F. de Dainville, *La naissance...*, p. 157-158). La sanctification des conditions est un des buts de cet enseignement qui apparaît bien à la lecture du livre du P. Jacques Rinald, *Lilia seu flores Galliæ sanctæ vitas complexa S. S. Gallorum* [...] *ex omnibus ferme ordinibus tam ecclesiasticis quam laïcis,* publié à Dijon en 1643, donc après le départ de Bossuet pour Paris, mais ouvrage très caractéristique, où les saints sont classés par conditions : d'abord l' « ordre » ecclésiastique (papes, évêques, religieux, etc.), puis l'ordre des laïcs (rois, empereurs, etc. pour se terminer avec les pères et mères de famille, les épouses, enfants, esclaves et servantes), les derniers chapitres étant peu remplis. D'après les *Catalogi...*, de L. Carrez, le P. Jacques Rinald n'était pas à Dijon pendant les années de collège de Bossuet, en revanche ce dernier put le rencontrer en 1656 : L. Carrez, *Catalogi...*, t. V, p. 69.

(83) *Petit catéchisme pour les catholiques...*, éd. cit., p. 122 et suiv. ; cf. F. de Dainville, *La naissance...*, p. 191 et suiv.

(84) *Petit catéchisme...*, éd. cit., p. 146.

(85) Les subtilités scolastiques comme les chicanes de la controverse sont absentes du catéchisme : J.C. Dhôtel, *op. cit.*, p. 76, 78.

Mais sur ce schéma, les régents pouvaient mettre beaucoup de choses et nous aimerions savoir comment ils présentaient et interprétaient ces leçons ; par l'exemple et par la parole, leur influence pouvait être grande (86). Cependant nous ne pouvons que formuler sur ce point quelques hypothèses : le régent que Bossuet connut en 6e et en 5e est le Père Charles Servain (87) : sa piété envers le Christ, Marie, l'ange gardien, aurait été vive (88). Au delà des éloges conventionnels, examinons un petit livre qu'il publia en 1670, *Sacra mystarum hebdomada sive quotidiana* [...] *septenaria vero pro laicis devote communicandi Formula sacris e Litteris, Patribusque collecta a P.C.S. Societatis Jesu sacerdote* (89), et qui permet de le connaître un peu mieux ; mais en 1636 Charles Servain n'a que 21 ans (90) et nous ne savons s'il proposait à ses jeunes élèves le règlement de vie qu'il élaborera plus tard : chaque jour de la « sainte semaine » est consacré par lui aux anges (91), aux patriarches, aux apôtres, aux martyrs, aux confesseurs, aux vierges, à tous les saints, et des emblèmes et de nombreux exemples historiques (92) mettent devant les yeux du lecteur les leçons du livre : dans la double image, de l'emblème et de la vie du saint, s'incarne l'amour de l'eucharistie qu'il veut communiquer et où, en accord avec les tendances spirituelles de son temps, il voit le centre de la vie chrétienne (93). Charles Servain exposa-t-il aux

---

(86) C. de Rochemonteix, *Un collège de jésuites...*, t. II, p. 108-109 ; H. Fouqueray, *Histoire de la Compagnie de Jésus*, t. II, p. 697.

(87) 1615-1694. Il ne semble pas que Bossuet après sa sortie du collège ait gardé de rapports avec lui ; d'ailleurs, quand il retournera à Dijon en 1656, 1668 et 1674, ses anciens maîtres ne seront plus en cette ville. Cependant, il faut noter que c'est Félix Vialart qui fit imprimer le livre de Ch. Servain qu'il recommandait à ses ecclésiastiques : « M. Vialart à qui l'auteur avait communiqué son écrit, l'avait approuvé. Il le trouvait utile et plein d'onction ; et le Père Servin (*sic*) s'était trouvé si flatté de cette approbation du Prélat, qu'il fit son éloge en vers latins et le mit au commencement de son livre » ([Goujet], *La vie de messire Félix Vialart de Herse*, nouv. éd., Utrecht, 1739, p. 223).

(88) Th. Goyet, *L'humanisme de Bossuet*, t. I, p. 18-19.

(89) Châlons-sur-Marne, 1670, mais le privilège du provincial est de 1667.

(90) Les régents sont de jeunes religieux pas encore prêtres, F. de Dainville, *La naissance...*, p. 339.

(91) Nous n'avons pas retrouvé l'*Officium in honorem S. Angeli custodis* que, selon le *Supplément* de la *Bibliothèque...*, de C. Sommervogel, t. XII, il aurait composé.

(92) Saint Louis, le comte Elzéar, Marguerite de Hongrie, saint Ignace et saint François Xavier, et surtout Marie-Madeleine de Pazzi pour qui Ch. Servain a une particulière admiration : cette sainte était assez populaire en France ; elle figure sur un tableau de Tassel conservé au Musée de Dijon, peint vers 1650, après le départ de Bossuet.

(93) Cf. F. de Dainville, *La naissance...*, p. 198.

enfants de Dijon l'emblème des cœurs percés de flèches (94), celui de l'arbre taillé (95), celui de la salamandre sur le bûcher (96) ou celui du soleil sortant du nuage (97) ? Leur lut-il les phrases enflammées de Marie-Madeleine de Pazzi à la communion « *ô amor ! ô amor ! ô amor ! numquam te desistam vocare amorem nostrum* » (98), ou l'action de grâces de saint Augustin « *Gratias ago tibi illuminator et liberator meus, quoniam illuminasti me, et cognovi te. Sero te cognovi, veritas antiqua, sero te cognovi, veritas æterna. Tu eras in lumine, et ego in tenebris* » (99) ? Il faut sans doute répondre par la négative, mais il n'est pas impossible que les métaphores naturelles qui organisent tout ce livre (eau, feu, lumière, ténèbres, soleil, arbre, etc.) et que les *exempla* qu'il ordonne aient déjà été présents dans l'enseignement du P. Servain en 1636-1638 : nous y découvrons une double façon de fixer dans le monde et dans l'histoire l'enseignement de l'Evangile, et cette préoccupation correspond au projet qui s'exprime dans le *Catéchisme* de Canisius, former à la « piété », organiser une vie chrétienne dans le monde (100). Cette éducation religieuse repose en effet sur la conviction que l'image comporte une force exemplaire par sa ressemblance avec le modèle et par l'invitation à l'imiter : la pédagogie en faisait grand usage et, dans les collèges des jésuites, gravures et tableaux illustraient les leçons (101), peintures, ornements et devises étaient l'accompagnement obligé des concours et des disputes solennelles (102). De la même façon, la formation religieuse utilisait

---

(94) *Sacra mystarum hebdomada*, p. 4.
(95) *vitam e vulnere surgit : Sacra mystarum hebdomada*, p. 120.
(96) *dum pascitur ardet : ibid.*, p. 95.
(97) *collucet ab hospite : ibid.*, p. 70.
(98) *ibid.*, p. 105.
(99) *ibid.*, p. 83.
(100) Le *Grand catéchisme* de Canisius comporte, à côté des citations, des *exempla* tirés de l'Ecriture ; on a justement noté que c'était une nouveauté dans les manuels (J. C. Dhôtel, *op. cit.*, p. 76-77) : ainsi l'exposé des péchés est une galerie de portraits, Caïphe, Hérodiade, David, la femme de Job, etc.
(101) F. de Dainville, *La naissance...*, p. 140. Une œuvre est, de ce point de vue, caractéristique, c'est *La pratique de la paix de l'âme dans la vie de saint Louis* (Autun, 1642, approb. du P. Barthélemy Jacquinot, alors provincial de Champagne, du 1er mars 1642), du P. Jacques Vignier : Bossuet n'eut pas le P. Vignier pour professeur (cf. *infra* p. 36 n. 134) mais il put lire son livre. Il y aurait lu un bel avant-propos sur le « pouvoir de l'exemple » (p. 1 et suiv.), sur la façon dont l'exemple force les cœurs qui « se laissent gagner à je ne sais quel charme contagieux qu'il a » (p. 3). L'auteur justifie alors le choix des personnes souveraines dont l'exemple est le plus éclatant (p. 5). Le livre montre qu'au milieu des occupations et des difficultés le trouble n'arriva jamais « à la plus haute pointe de son Ame, où sa Tranquillité résidait » (p. 26).
(102) F. de Dainville, *La naissance...*, p. 144.

toutes les ressources de l'imagerie (103) : la chapelle du collège des Godrans était un bâtiment modeste, de style classique, à la voûte gothique et aux belles tribunes (104), consacré sous l'invocation de l'Assomption et de saint Bernard ; mais les chapelles et les galeries étaient couvertes de tableaux de la Vierge et des saints (105), plusieurs œuvres de Quantin (106) et de Jean Boucher, un triomphe de la Vierge dans le Ciel peint par R. Tassel en 1617 (107), les grandes dévotions du temps de la Contre-Réforme qu'Emile Mâle a si bien décrites (108), les tableaux de la pénitence, du martyre, de la gloire des saints, la Vierge et les grands personnages de l'histoire du christianisme, la vie de Jésus-Christ étaient sans cesse sous les yeux du jeune élève du collège et lui rendaient comme naturelle une religion active, sensible, tragique et glorieuse (109).

---

(103) F. de Dainville, *La naissance...*, p. 181-185 ; cf. G. Dupont-Ferrier, *Du collège de Clermont...*, t. I, p. 269.

(104) Cf. P. Moisy, *Les églises des jésuites...*, t. I, p. 198-199, 314, 397, 404-405 ; J. Laurent, dans P. Delattre, *Les établissements...*, t. II, col. 57-58.

(105) Une Présentation au grand mur de la tribune des orgues, P. Delattre, *op. cit.*, t. II, col. 58-59.

(106) Dont un saint Bernard écrivant, au Musée de Dijon, cf. *Catalogue des peintures françaises*, Dijon, 1968, p. 33.

(107) Musée de Dijon, cf. H. Ronot, dans *Médecine de France*, 1964, n° 158, p. 19 ; *Catalogue des peintures françaises*, Dijon, 1968, p. 35. Un martyre de saint Etienne de l'atelier de Jean Tassel (Faculté de Droit de Dijon), peint vers 1667 (cf. H. Ronot, dans *Médecine de France*, 1964, n° 158, p. 26) est postérieur au départ de Bossuet. Sur les Tassel, cf. H. Ronot, *La vie des peintres provinciaux au* XVIIe *siècle, les Tasset de Langres*, dans *Annales de Bourgogne*, 1954, p. 225-255 ; F. Gebelin, *L'époque Henri IV et Louis XIII*, Paris, 1969, p. 156-161. Richard Tassel avait beaucoup travaillé pour Sébastien Zamet et l'atelier des Tassel peignit beaucoup pour les couvents de Dijon, surtout pour les ursulines.

(108) *L'art religieux après le concile de Trente*, Paris, 1932.

(109) Le Christ en gloire ou en croix, la Vierge, les grandes scènes de l'Ancien Testament, la pénitence de la Madeleine, les saints, tels sont les sujets des tableaux religieux que l'on trouve dans la première moitié du XVIIe siècle chez les bourgeois parisiens (G. Wildenstein, dans *Gazette des Beaux-Arts*, octobre-décembre 1950, p. 155) ; de même on trouve des allégories de la mort, des tableaux emblématiques et de très nombreuses représentations de la « charité » (*ibid.*, p. 191-193). Les livres de raison de cette époque citent des exemples et des textes analogues et ce sont les mêmes traits, pénitence, martyre, miracles que nous lisons dans le livre du P. Rinald cité *supra*, p. 29. Du régent de 4°, de 3° et d'Humanités, le P. Pierre de Monchy, et de celui de Rhétorique, le P. Henri Bacio (sur lui, L. Carrez, *Catalogi* [...] *Campaniae*, t. III, p. 53, 69, 85), nous ne savons à peu près rien et les catalogues de la Compagnie ne transmettent que des éloges conventionnels (Th. Goyet, *L'humanisme de Bossuet*, t. I, p. 20) ; c'est d'autant plus regrettable que le second aurait jugé que le jeune Bossuet « serait un sujet propre pour la Société » (Ledieu, *Mémoires*, t. I, p. 13 ; l'anecdote peut être retouchée, et le désir de mettre en valeur le refus de la fa-

C'est sans doute une vision analogue qui s'impose au jeune Bossuet lorsqu'en seconde ou en rhétorique (vers 1641, à 13 ou 14 ans) il découvre une Bible latine chez son oncle Claude Bossuet (110) : en une suite d'hommes et d'actes, se déroule l'histoire sainte, déroulement d'images connues jusque-là de façon isolée mais enfin situées dans leur enchaînement. Cette découverte dont il ne faut pas minimiser l'importance (111) n'est pas surprenante en elle-même : la Bible latine est assez bien connue chez les laïcs cultivés au XVIIe siècle (112) et Claude Bossuet était un des nombreux

---

mille ne doit pas en être absent) : quel sens donner à cette démarche du régent ? Quels étaient ces « talents » (Ledieu, *loc. cit.*) qu'il découvrait en son élève ? talents littéraires ? piété ? et le P. Bacio n'était certainement pas insensible à la position sociale de son élève (Th. Goyet, *op. cit.*, t. I, p. 20). Les jésuites d'ailleurs étaient toujours tenus à l'écart de la société dijonnaise qui les méprisait un peu en utilisant leurs services (M. Bouchard, *op. cit.*, p. 73). N'oublions jamais que Jacques-Bénigne était un cadet, le 7e enfant de Bénigne Bossuet : son frère Antoine qui était en même temps que lui au collège des Godrans semble avoir retenu plus que lui l'attention de ses maîtres (Antoine Bossuet joua des pièces scolaires en 1640-1641, cf. L. Carrez, *Catalogi...*, t. IV, p. XXII), et le futur évêque de Meaux aura toujours pour son aîné une affection déférente (cf. *infra*, p. 716). Nous ne parlons pas ici du P. Barthélemy Jacquinot qui n'eut sans doute aucune influence sur Bossuet : ce n'est que par une méprise qu'on a cru que ce jésuite éminent (sur lui D.T.C., t. VIII 1, c. 314 ; L. Carrez, *Catalogi...*, t. IV, p. XVI et suiv., 33, 48, 49, 65, 81, 101, 119, 200-201 ; P. Delattre, *Les établissements...*, t. II, c. 96, 535 ; t. IV, c. 1079 n.l. ; J.-J. Surin, *Correspondance*, éd. M. de Certeau, p. 439, 448 et n. 2, 449, 451 ; R.A.M., 1965, p. 356-358, 361 ; H. Bremond, *Histoire littéraire...*, t. I, p. 330 ; II, p. 242, 488 ; V, p. 256 ; P.G. Penaud, [...] *Jeanne de Matel*, Paris, 1883, t. I, p. 73-75, 83, 115-118) avait présidé la Congrégation mariale du collège de Dijon : L. Carrez écrit en effet (*Catalogi...*, t. IV, p. XXI) « *Huic congregationi dum praesidebat P. Bartholomaeus Jacquinot, Jac. Benignus Bossuetius illustrissimus futurus Meldensis Episcopus, inter alumnos Divionenses inveniebatur Rhetoricæque sub P. Henrico Bacio operam dabat* », faisant allusion à l'assemblée (*congregatio*) des jésuites de la province au cours de laquelle étaient désignés les titulaires des charges. L'examen du curriculum vitæ du P. B. Jacquinot ne laisse aucun doute. Le P. Barthélemy Jacquinot prêcha le Carême au collège de Dijon en 1625 (cf. Ch. Muteau, *Les écoles et collèges...*, p. 443) ; nous n'avons pas trouvé mention de prédication au temps où Bossuet était élève. Nous ne parlerons pas non plus du P. Jean Jacquinot, parent du précédent, qui n'eut aucun rapport avec Bossuet (L. Carrez, *Catalogi...*, t. III et IV *passim* ; R.A.M., 1965, p. 358).

(110) Ledieu, *Mémoires*, t. I, p. 12-13 ; A. Floquet, *Etudes...*, t. I, p. 64-65.

(111) « il y trouva un goût et une sublimité qui les lui firent préférer à tout ce qu'il avait lu jusques-là. Il se souvint et raconta avec plaisir dans tout le temps de sa vie, combien il avait été touché d'abord de cette lecture. Ce moment lui était toujours présent et aussi vif que la première fois, tant son âme en avait été frappée comme de ces choses qui laissent une plus profonde impression de joie et de lumières », Ledieu, *Mémoires*, t. I, p. 13.

(112) Cf. *Histoire spirituelle de la France*, p. 228-231.

parlementaires dijonnais amis des livres (113) ; mais il est remarquable que Jacques-Bénigne la découvre à un âge déjà avancé, à la fin de ses études au collège (114) : jusqu'à cette date la connaissance qu'en avait l'élève des jésuites était indirecte, acquise à travers les sermons sur les épîtres et les évangiles du dimanche et les leçons du régent (115). Désormais se fait la synthèse entre les influences familiales, celles de l'univers des images, celles de l'enseignement du catéchisme.

Parmi les élèves des collèges des jésuites, une élite religieuse était groupée depuis la fin du XVIe siècle dans les congrégations mariales (116) : là les écoliers étaient invités à la prière, à la fréquentation des sacrements, à la pratique active des vertus, à la fuite du péché, à la charité envers les pauvres et ceux qui souffrent : l'héroïsme était proposé en exemple, une vive émulation stimulait les écoliers et très tôt toute une atmosphère de légende dorée enveloppa l'histoire des jeunes héros transmise par les annales des diverses congrégations (117) et le récit des miracles obtenus par l'intervention de Marie (118). Des livres particuliers étaient destinés aux congréganistes (119), tels le très remarquable *Manuale Sodalitatis beatæ Mariæ Virginis...*, du P. François Véron (120), le *Libellus Sodalitatis* (121) et le *De vita et laudibus Deiparæ Mariæ Virginis*

---

(113) P. Delattre, *Les établissements...*, t. II, c. 63-64.

(114) V. Baroni, *La Bible dans la vie catholique...*, Lausanne, 1955, p. 70, dit que « Bossuet avait fait sa rhétorique » quand il ouvrit la Bible ; ce n'est pas tout à fait exact.

(115) F. de Dainville, *La naissance...*, p. 175-177.

(116) Cf. un livre publié d'après le P. Crasset, *Des congrégations de Notre-Dame érigées dans les maisons des Pères de la Compagnie de Jésus par l'autorité du S. Siège, avec l'approbation de Nosseigneurs les Prélats*, Paris, 1694 ; H. Fouqueray, *Histoire de la Compagnie de Jésus*, t. II, p. 698-699 ; C. de Rochemonteix, *Un collège de jésuites...*, t. II, p. 121 et suiv. ; F. de Dainville, *La naissance...*, p. 303 et suiv. ; E. Villaret, *Les congrégations mariales*, t. I, Paris, 1947 ; pour Dijon : J. Laurent, dans P. Delattre, *Les Etablissements...*, t. II, c. 79-80.

(117) Cf. [Baiole], *Annales congregationum beatissimæ Virginis Mariæ collecti ex annalibus Societatis Jesu*, Bordeaux, 1624 ; Rod. Reuss, *Un écolier au dix-septième siècle...*, Dôle, 1901 (la vie de J.B. de Schulthaus élève des jésuites et congréganiste à Trente de 1635 à 1640 : la présentation polémique qu'en donne R. Reuss ne dégage pas du tout l'intérêt du livre étudié qui est un bon témoignage sur l'esprit des congrégations mariales). Voir aussi Ph. Ariès, *L'enfant et la vie familiale...*, p. 130-131.

(118) F. Véron, *Manuale sodalitatis...*, Lyon, 1622, tout le chapitre 1.

(119) Plus tard, on imprimera à Dijon un *Abrégé des pratiques et règlements de la congrégation des écoliers* (1683) et des *Prières à l'usage de la congrégation des écoliers de Dijon* (1684).

(120) nombreuses éditions ; nous suivons celle de Lyon, 1622.

(121) 1576, et rééditions, dont Anvers, 1587.

meditationes quinquaginta du P. François Coster (122) et les nombreux petits ouvrages de Drexelius (123). Un manuel comme celui du P. Véron apportait un enseignement et des conseils d'une richesse pratique très supérieure à celle du *Catéchisme :* manière de recevoir les sacrements et d'assister à la messe (124), conseils pour les études (125), pour la prière (126). La congrégation mariale était certainement un des plus importants moyens de formation spirituelle, et peut-être le seul moyen, s'adressant aux très jeunes gens, et non seulement aux adultes.

Or nous ne pouvons savoir avec certitude si Bossuet fit partie de la congrégation des Ecoliers du collège des Godrans (127). Plusieurs historiens affirment le fait (128), mais si l'on remonte à la source de leur information on trouve un article de F. Strowski (129) qui ne prouve rien de tel ; ni les *Mémoires* de Ledieu, ni les dépouillements de L. Carrez, ni ceux de J. Laurent (130), ni les travaux de Rébelliau ne permettent d'affirmer que Bossuet fut congréganiste. Certaines vraisemblances (131) ne sont pas des arguments solides car la congrégation mariale ne groupait qu'une petite proportion des écoliers : en 1639-1640, sur 655 élèves, seulement 195 en font partie (132) ; et nous savons que les règles d'admission étaient rigoureuses et que l'écolier n'était admis qu'après une longue probation (133).

---

(122) Anvers, 1587, et rééditions. Sur lui, D. S., t. II, c. 2416-2419, s.v. Costerus.

(123) Cf. *infra,* p. 72.

(124) Sur ce point, important chapitre exposant la façon de s'associer aux prières du prêtre : *Manuale...,* Lyon, 1622, p. 231 et suiv.

(125) Livres à lire : p. 292 et suiv., en philosophie, Boèce ; en politique, saint Ambroise ; en éloquence, saint Basile, etc.

(126) Oraison mentale et prière vocale, méditation méthodique, etc., p. 531 et suiv.

(127) Fondée en 1584, d'après E. Villaret, *op. cit.,* p. 100-101 ; érigée en 1589, d'après J. Laurent, dans P. Delattre, *op. cit.,* t. II, c. 79-80.

(128) E. Villaret, *op. cit.,* t. I, p. 554 ; C. Flachaire, *La dévotion à la Vierge...,* p. 11 et 144 ; J. Truchet, *La prédication de Bossuet,* t. I, p. 93. Th. Goyet, *L'humanisme de Bossuet,* t. I, p. 15, note plus justement que Bossuet y fut « probablement admis ».

(129) R.B., 1901, p. 91.

(130) dans P. Delattre, *op. cit.,* t. II.

(131) Bossuet fera partie à Navarre de la confrérie du Rosaire ; en 1656 à Dijon il prêchera devant la congrégation des Prêtres ou de la Visitation, O.O., II, p. 199.

(132) R.B., 1901, p. 90, n.l. Le petit nombre des élèves doit s'expliquer par les épidémies (cf. R.B., 1901, p. 94 ; en 1621, il y aurait eu au collège 1 100 élèves : J. Laurent, dans P. Delattre, *op. cit.,* t. II, c. 71 ; et Ch. Muteau, *Les écoles et collèges...,* p. 457).

(133) F. de Dainville, *La naissance...,* p. 303 et suiv.

Si le jeune Bossuet faisait partie de cette congrégation des Ecoliers, il y trouvait un cadre de vie spirituelle et des guides utiles car, malgré les règlements, l'organisation du travail et de la prière, les messes quotidiennes, les confessions régulières, les externes du collège étaient souvent d'une turbulence que nous avons peine à imaginer (134).

L'atmosphère familiale, la connaissance de Sébastien Zamet, l'éducation religieuse reçue au collège des Godrans, telles furent donc les trois grandes influences spirituelles que reçut le jeune Bossuet à Dijon. A quinze ans il gagne Paris : trouvera-t-il dans la capitale un milieu riche et ouvert qui lui permettra de développer des virtualités encore incertaines ?

II. Années d'études.

Si l'arrivée de Bossuet à Paris en 1642 constitue une rupture dans son existence, on aurait tort de considérer l'ordination sacerdotale en 1652 comme la fin d'une initiation et l'entrée dans la vie active : avant cette date et après elle, Bossuet poursuit des études de théologie, il lit les Pères, il prend des notes, il constitue ses dossiers personnels : il a prêché bien avant 1652 et il y a continuité entre les exhortations de l'étudiant à ses condisciples de Navarre et les sermons du jeune prêtre (135) ; enfin, l'ouverture sur la vie, grande déjà au collège des Godrans à Dijon, caractérise les années d'études de Bossuet : on a bien montré que le clerc qui étudie au collège de Navarre n'a rien d'un séminariste isolé du monde (136), qu'il

(134) Très nombreux témoignages sur différents collèges en France ; pour Dijon en particulier, cf. Dijon, Archives départementales de la Côte-d'Or, D 26 : blasphèmes (1638), déprédations dans le collège (1639), et, après le départ de Bossuet, en 1649, bataille, opposition à l'arrestation d'un élève, prison pour sept autres, etc. Voir aussi Ch. Muteau, *Les écoles et collèges...*, p. 451-454, 462, etc. ; J. Laurent, dans P. Delattre, *op. cit.*, t. II, c. 70 ; C. de Rochemonteix, *Un collège de jésuites...*, t. II, p. 81-96 ; Ph. Ariès, *L'enfant et la vie familiale...*, p. 352-355 ; F. de Dainville, *La naissance...*, p. 264-265. Si Bossuet a été congréganiste, il a pu aussi connaître personnellement le P. Jacques Vignier qui fut préfet de la congrégation des Ecoliers en 1637-1638 (L. Carrez, *Catalogi...*, t. III, p. 187. L. Carrez reprend Floquet qui avait affirmé à tort que les PP. Vignier et Perry avaient été les maîtres de Bossuet ; mais il commet une nouvelle inexactitude en disant que le P. Vignier était hors de Dijon pendant que Bossuet était au collège (*Catalogi...*, t. IV, p. XXII) ; en fait, comme le montrait ailleurs le même L. Carrez, le P. Jacques Vignier était à Dijon de 1636 à 1639 (*Catalogi...*, t. III, p. 167, 187 ; IV, p. 4) et n'alla à Autun qu'en septembre 1639. Bossuet aurait donc pu le connaître).

(135) Nous étudierons toutes les œuvres oratoires de Bossuet jusqu'à son épiscopat dans un prochain chapitre.

(136) Th. Goyet, *L'humanisme de Bossuet*, t. I, p. 24, 28.

s'absente souvent, que la vie des internes n'est pas d'une austérité radicale : même s'il ne faut pas appliquer aux années 1642-1652 les relâchements dont un rapport se fait l'écho un demi-siècle plus tard (137), il est certain que les étudiants du collège de Navarre disposaient d'une large liberté et que faire preuve d'une particulière piété supposait une démarche personnelle (138).

Ledieu, dans ses *Mémoires* sur l'évêque de Meaux, insiste à chaque page, sur la « piété » de son héros pendant ses années d'études, mais il nous éclaire moins sur sa vie intérieure : fidélité aux offices de l'Eglise (139), mépris des minuties (140) et des petites dévotions (141), conscience de la dignité de l'état ecclésiastique (142)... ; tout cela constitue les traits d'un portrait édifiant, mais les caractères personnels y sont rares. Ledieu cependant excelle à marquer dans quels milieux évoluait le jeune Bossuet, à indiquer les hommes qu'il fréquentait. Les rapports sociaux, les rencontres et les amitiés ont au XVIIe siècle une importance capitale, et il est certain que le secrétaire nous ouvre par ses allusions une voie qui peut nous mener à une meilleure connaissance de la spiritualité de Bossuet.

⁂

Les professeurs que Bossuet eut au collège de Navarre ne semblent pas avoir eu une personnalité suffisante pour marquer le jeune étudiant (143). Les maîtres qui occupent les chaires de théologie, Pierre Guischard (144), Jean Yon jusqu'en 1647 (145), puis

---

(137) B.N. ms. fr. 16869, f° 149 : négligence dans l'assistance aux offices, « on ne chante plus l'office aux jours ouvrables » ; f° 150 v° : « relâchement » ; f° 55 : désordres, etc.

(138) Toutefois le recteur concluait sa visite du 15 novembre 1642 en déclarant que la maison était administrée « *regie et egregie* » (Ch. Jourdain, *Histoire de l'Université de Paris au* XVIIe *et* XVIIIe *siècle*, Paris, 1862-1866, p. 144).

(139) *Mémoires*, t. I, p. 21, 28-29.

(140) *id.*, p. 28.

(141) *id.*, p. 30.

(142) *id.*, p. 34.

(143) Sur l'enseignement reçu par Bossuet : A. Floquet, *Etudes*..., t. I, p. 77-83 ; F. Strowski, dans R.B., 1901, p. 95-111 ; A.-G. Martimort, *Le gallicanisme*..., p. 146-153 ; J. Truchet, *La prédication*..., t. I, p. 84-98 ; Th. Goyet, *L'humanisme*..., t. I, p. 23-44.

(144) Sur lui B. N. ms. fr., 22846, s.v. (Drouyn, *Dictionnaire*) ; A. Floquet, *Etudes*..., t. I, p. 80.

(145) Sur lui B. N. ms. fr., 22860, s.v. ; le rôle du principal des Artiens qu'était Jean Yon était de former les étudiants à la science et à la piété ; d'après le catalogue de leurs fonctions, ils semblent avoir eu le rôle plutôt d'un surveillant que d'un maître spirituel : B. N. fr. 16869,

Jean Saussoy (146), enfin Jacques Pereyret (147), se contentent de commenter la *Somme* de saint Thomas (148), et nous les retrouverons plus tard (149), ainsi que Claude Le Feuvre (150), écrasés par le prestige de l'évêque de Meaux, leur ancien élève, et fort peu éclairés sur les matières de la spiritualité.

Ils ne semblent d'ailleurs pas être des exceptions en leur temps (151), car la crise de l'enseignement théologique (152) ne fait que refléter la crise de la théologie elle-même (153). L'idée même d'une théologie spéculative rencontrait depuis un siècle de vives résistances, et l'aristotélisme auquel la scolastique paraît avoir lié son sort est fortement contesté (154). Alors l'éternelle aspiration à

---

f° 55, cité R. B., 1901, p. 96 n. 2. Cependant d'après Launoy (*Regii Navarræ Gymnasii...*, t. II, p. 1061-1062) Jean Yon sut fort bien diriger la confrérie du Rosaire et témoigna d'une piété digne de celle des premiers chrétiens, cachant ses bonnes œuvres et se gardant sans cesse en la présence de Dieu ; son influence n'est donc pas à nier *a priori*.

(146) Sur lui B. N. fr. 22857, f° 91 et suiv., s.v. ; A. N., M 762 II, f° 107 ; A. Floquet, *Etudes...*, t. I, p. 81.

(147) B. N. fr. 22854, f° 96-98, s.v. ; Launoy (*Regii Navarrae Gymnasii...*, t. II, p. 1048-1049) note pourtant qu'il était « *acris ingenii* » et que les auditeurs se pressaient à ses cours, et J. Savaron (*Les origines de* [...] *Clermont*, p. 280) prétend qu'il était « profond et consommé théologien ».

(148) Drouyn vante les qualités de professeur de Jean Saussoy et note qu'il était « *thomista acerrimus* » et qu'il défendait la prédestination « *post prævisa merita* » (B. N. fr. 22857, f° 91) ; sur le thomisme scolaire de ces maîtres, cf. A.-G. Martimort, *Le gallicanisme...*, p. 151-152.

(149) *Infra*, p. 635.

(150) Cousin de Jean Saussoy « mais mal avec lui », écrit Drouyn, B. N. fr. 22857, f° 91.

(151) L'enseignement que reçut Bossuet ne devait pas beaucoup différer de celui que reçut Saint-Cyran à la Sorbonne quarante ans plus tôt auprès de Gamaches et d'Isambert, cf. J. Orcibal, *Jean Duvergier de Hauranne...*, t. II, p. 133-134 : commentaires de saint Thomas, absence de méthode historique, explication de la Bible par simples rapprochements de textes, etc.

(152) en France et en Europe : cf. H. Lahrkamp sur les études suivies par le contemporain de Bossuet, Ferdinand von Fürstenberg, à Cologne (*Ferdinand von Fürstenberg*, p. 309). Voir aussi J.-B. Neveux, *Vie spirituelle et vie sociale...*, p. 237-247.

(153) Cf. D.T.C., t. XV, c. 423 et suiv. (Y. Congar, s.v. *Théologie*) ; H. Gouhier, dans *Revue de théologie et de philosophie*, 1954, t. LXXXVI, p. 19-54 ; M. de Certeau, « *Mystique* » *au* XVIIe *siècle*, dans *L'homme devant Dieu*, t. II, p. 267-291.

(154) A. Rébelliau, *Bossuet historien du protestantisme*, p. 100 ; H. Busson, *La religion des classiques*, p. 301 et suiv. ; H. Gouhier, art. cit., p. 22. A la fin du siècle, la critique de la scolastique sera devenue un lieu commun : J. Steinmann, *Richard Simon*, p. 22-24 ; B. Lamy, *Entretiens sur les sciences*, 1966, p. 270-273.

une théologie « simple et efficace », « pratique », prend une nouvelle force (155) : même un théologien aussi classique que Gamaches (156) veut, dans son commentaire de la *Somme,* élaborer une « *theologia hujus vitæ* », « *practica potius quam speculativa* », et il souhaite aux théologiens « *addito pietatis et orationum præsidio, Christo duce, augeri in se reverentiam, admirationem et doctam ignorantiam* » (157) ; projet toujours repris d'une théologie qui puisse nourrir l'âme et satisfaire l'esprit et qui témoigne d'un désir d'unité : la *Théologie affective ou saint Thomas en méditations* de Louis Bail, publiée à partir de 1638 (158), essaie de rassembler en un même acte prière et réflexion théologique. Mais ces essais témoignent surtout de l'éclatement de la notion ancienne de théologie que l'on essaie en vain de reconstituer.

Depuis la Renaissance, le travail théologique s'est en effet morcelé en spécialités suivant les objets et les méthodes (159) : à côté de la théologie scolastique, et au moment où cette théologie scolastique n'a plus rempli « toutes les obligations de la fonction de sagesse » (160), s'est constituée une théologie spirituelle et mystique (161) dont les sources sont les œuvres de ceux qui ont raconté leurs expériences : carmes du XVIe siècle, Ignace de Loyola, François de Sales. Expérience, mot magique qui confère à cette discipline son autonomie et lui permet de couper les ponts avec la scolastique : ceux qui s'y adonnent s'appuient sur leur « goût », sur leur « expérience », ou sur ceux de leurs auteurs, et ils dénient toute compétence aux théologiens scolastiques (162) : cette théologie mystique

---

(155) Sur de nombreuses manifestations de ce désir au XVIIe siècle : J. Orcibal, *Jean Duvergier de Hauranne...*, t. II, p. 85 et suiv. ; J. Galy, *Le sacrifice dans l'école française de spiritualité,* p. 122-123.

(156) D. S., t. VI, col. 87. La *Summa theologica* (Paris, 1627) figurera dans la bibliothèque de Bossuet : catalogue 1742, n° 121.

(157) Cité dans D. S., t. VI, col. 87.

(158) et édition complète en un volume in-f° en 1654. Sur cette œuvre, D. S., t. I, col. 1192-1194 ; nous verrons que ce livre se trouvait dans la bibliothèque de Cornet. Nous aurons à reparler de Bail, *infra,* p. 272 et suiv.

(159) D.T.C., t. XV, col. 423.

(160) Y. Congar, dans D.T.C., t. XV, col. 423.

(161) L. Willaert, *La Restauration catholique,* p. 258-261, sur « l'humanisme affectif », et surtout M. de Certeau, « *Mystique* » *au* XVIIe *siècle, op. cit.*

(162) J.-J. Surin, *Guide spirituel,* p. 178. Ce qui suscita fort tôt la réaction des scolastiques accusant cette discipline de manquer de « sûreté » et d'efficacité : cf. les réactions de Silhon rapportées par Espinas, dans *Revue de métaphysique et de morale,* 1906, p. 271-272 : la théologie mystique n'est sûre qu'en tant qu'elle dépend de la scolastique.

tend à l'union avec Dieu (163). Ainsi des tentatives, comme celle de Louis Bail, pour fonder la théologie mystique sur l'exacte vérité de la théologie scolastique (164), ou comme celle d'Angélique d'Alègre (165), pour réduire à l'unité théologie naturelle, théologie scolastique et théologie mystique ou affective, font-elles figure d'archaïsme.

De toute façon, c'est en dehors de l'Université et de l'enseignement des écoles que se définit cette théologie mystique et qu'apparaissent ces tentatives de renouvellement. C'est aussi en dehors de l'enseignement universitaire et contre la scolastique que se développe la théologie positive depuis le XVIe siècle (166) : la positive tend à apporter un exposé bref, accessible, dépouillé des questions curieuses ou philosophiques qui encombrent les traités scolastiques ; elle cherche le sens authentique de l'Ecriture et des Pères, les sources de la vérité et cette démarche apparaît à ceux qui la prônent, plus religieuse que les démarches de la scolastique ; comme l'écrit le P. Bourgoing dans sa Préface aux *Œuvres* de Bérulle : « La Positive a pour objet l'interprétation des saintes Ecritures, qui se doit faire par le même Esprit qui les a dictées, comme l'enseigne le Prince des Apôtres : « *Omnis prophetia Scripturæ propria interpretatione non fit, sed Spiritu Sancto inspirati, locuti sunt Sancti Dei homines* » (167). En rapport avec le souci « primitiviste », très répandu au XVIIe siècle, de retour aux origines (168), le développement de l'histoire et de la théologie positive marque tous les esprits de la génération de Bossuet (169), et, dès les années de Navarre, Bossuet

---

(163) F. Bourgoing, Préface aux *Œuvres* de Bérulle, éd. 1644, p. VII : « La scholastique éclaircit les vérités de la Foi par méthode, y mêlant quelque raisonnement humain. Et la Mystique applique ces vérités, et s'en sert pour élever l'âme à Dieu ».

(164) *Théologie affective,* 1654, Préface non paginée.

(165) *Le Chrétien parfait,* Paris, 1665, p. 178-182 ; nous reviendrons *infra,* p. 272 et suiv. sur cette œuvre.

(166) Sur la positive, cf. les ouvrages indiqués dans L. Willaert, *La Restauration catholique,* p. 230-258 ; D.T.C., t. XV, col. 426-430 ; H. Gouhier, art. cit., p. 28-36.

(167) *Œuvres,* éd. 1644, p. VII ; cit. de *2 Petr.* I, 20-21.

(168) G. Tavard, *La Tradition au* XVIIe *siècle...,* surtout p. 55-78, sur Petau et Thomassin.

(169) A. Rébelliau, *Bossuet historien du protestantisme,* p. 95-100 ; A.-G. Martimort, *Le gallicanisme...,* p. 154-174 ; A. Arnauld s'enthousiasma pour la méthode de la positive par opposition à la « scholastique obscure, sèche et souvent minutieuse » ([Larrière], *Vie de* [...] *Arnauld,* Paris, 1783, p. 39) ; de même Rancé (M. L. Serrant, *L'abbé de Rancé et Bossuet,* p. 7-9), mais rien ne prouve que Bossuet, homme prudent et mesuré, ait eu, en suivant les mêmes méthodes, la même audace iconoclaste.

lui-même entreprend une lecture approfondie de l'Ecriture et des Pères (170).

Cet intérêt peut avoir des conséquences considérables dans le domaine de la spiritualité : si la vie chrétienne a pour fondement un retour en arrière, une tentative pour atteindre les sources de la foi, ne peut-on penser que les formes que prend cette vie ne sont que la répétition de celles qui ont existé il y a un millénaire ? que les chrétiens du XVIIe siècle ont pour modèle dans la vie spirituelle ceux de l'Antiquité ? que la vie qu'ont vécue Moïse, les prophètes, les apôtres et les Pères est un idéal lointain qu'il faudrait restaurer ? Et s'il y a changement, n'est-ce pas, comme le pensait A. Arnauld avec cent autres au XVIIe siècle, le signe d'une décadence (171) ? Les dogmes « sont aussi anciens que l'Eglise » et ont toujours été crus distinctement, écrit Arnauld (172), mais les formes de la vie chrétienne, la conscience que les hommes ont prise de leurs rapports avec Dieu n'ont-elles jamais changé ? A. Arnauld parlera du « sentiment » du peuple chrétien pour désigner l'impression faite à chaque époque dans la conscience par l'expression de la foi (173), mais il n'essaiera pas d'approfondir cette notion imprécise.

L'intérêt que l'on porte à la théologie positive, à l'histoire du christianisme, aux sources de la foi, a donc beaucoup plus de chances d'alimenter une conception statique de cette histoire qu'une conception dynamique ou évolutive : l'historien peut retrouver le passé dans le présent sans être sensible à la différence des temps, se désintéresser de toutes les formes prises dans les temps modernes par la vie spirituelle et rejeter comme aberrantes ou inquiétantes toutes celles qu'il estime « nouvelles ».

---

(170) Pour toutes ces études de Bossuet, voir Ledieu, *Mémoires*, t. I, p. 14-58. L'examen des catalogues de la bibliothèque du collège de Navarre (B.N. ms. lat. 9371 : catalogue établi en 1741, mais il permet avec une faible marge d'erreur de déterminer les livres qui se trouvaient à Navarre du temps de Bossuet ; sur cette bibliothèque, cf. Th. Goyet, *L'humanisme...*, t. I, p. 42-43) confirme bien ces conclusions : de très nombreux ouvrages scolastiques, mais, de plus en plus, de grands travaux de théologie positive ; quant aux auteurs spirituels modernes, nous ne trouvons que quelques grands classiques qui font partie du fonds commun de la spiritualité au XVIIe siècle (l'*Imitation*, Tauler, Lansperge, Louis de Grenade, Rodriguez, sainte Thérèse, Drexelius (nombreux titres), Bourgoing, et encore en petit nombre d'exemplaires : lat. 9371, f° 120-128. Sur ces auteurs que nous trouverons aussi dans la bibliothèque de Bossuet, cf. *infra*, p. 70 et suiv.) ; le catalogue établi en 1708 par Pierre Davolé (B. Mazarine ms. 4153-4155, pour la théologie) confirme ce qu'enseigne le catalogue de 1741.

(171) G. Tavard, *La Tradition au* XVIIe *siècle*, p. 83-87, etc.

(172) G. Tavard, *op. cit*, p. 99.

(173) G. Tavard, *op. cit*, p. 110-111.

Le grand problème pour la mystique, comme pour la positive, n'est-il pas celui de l'autorité ? une autorité qui appliquée à la vie lui conférera un sens. Selon les mystiques, cette autorité est une expérience que les schèmes dionysiens permettent d'expliquer et d'authentifier ; selon les historiens, c'est le document qui en appelle à un état primitif, originel, de la religion, et qui permet de dégager « la vérité du sens » qu'il contient, comme écrit Bourgoing (174). Dans un cas comme dans l'autre, un présent est explicité par une tradition, « mystique » ou « historique ». L'arrachement à ce primitivisme spirituel ne pourrait venir que de deux mouvements, soit du surgissement imprévisible d'actions qui n'entrent pas dans les cadres de la théologie mystique, soit de la prise de conscience par l'historien de l'hétérogénéité des temps, d'une différence des hommes, du caractère créateur de l'évolution.

A l'époque où Bossuet commence ses études théologiques, rien ne pouvait inviter un jeune étudiant à s'engager dans l'une de ces directions, sinon des influences personnelles déterminantes. Or nous trouvons trois ou quatre hommes qui ont pu exercer sur Bossuet une influence notable, ceux que Ledieu appellera ses « patrons » (175) : Nicolas Cornet, Vincent de Paul, Philippe Cospéan et Antoine Lequieu.

⁂

Si nous en croyons le secrétaire de Bossuet, « ses patrons furent des personnes graves, d'une probité connue et d'une piété sincère. Le premier de tous, Nicolas Cornet lui-même, par ses grandes lumières était connu et estimé de la ville et de la cour » (176) ; et ce

---

(174) *Œuvres* de Bérulle, 1644, Préface, p. VII.

(175) Ledieu, *Mémoires*, t. I, p. 35.

(176) Sur N. Cornet (1592-1663), voir le recueil de pièces publié à la suite de l'*Oraison funèbre* par Bossuet, Amsterdam, 1698, en particulier p. 71 et suiv., l'*Eloge de M. Nicolas Cornet*..., par Charles-François Cornet, seigneur de Coupel (J. Grandet, *Les saints prêtres*..., t. I, p. 82-88, ne fait que résumer ce texte) : E. Soyez, *Esquisse biographique. Nicolas Cornet, Grand Maître du Collège de Navarre,* Amiens, 1880 ; A.-G. Martimort, *Le gallicanisme*..., p. 147-148 ; Th. Goyet, *L'humanisme*..., t. I, p. 30-33. Le testament de N. Cornet est aux A.N. Minutier Central, ét. XI, liasse 192. La plupart des documents concernent l'ultramontanisme de Cornet et son hostilité au jansénisme : B. Sainte-Geneviève, ms. 960, f° 218 et suiv. ; B.N. ms. fr. 4191, f° 56, 151 ; ms. 500 Colbert 155, f° 71 ; Deslyons, B.N. ms. fr. 24998, *passim,* en particulier p. 23-24, 131-140, 186, 204, 276, 351, 354-355, 398, 166 (2e pagination) ; A. Arnauld, *Œuvres,* éd. Lausanne, 1778, t. XIX : *Considérations* sur son entreprise du 1er juillet 1649 ; B.N. ms. n.a.fr. 4333, f° 37 v° ; note du P. Léonard, A.N. M 762 I, f° 62 ; et une *Histoire abrégée de la vie de M. Nicolas Cornet* qui, en de rares exemplaires du t. VIII des *Œuvres* de Bossuet de l'éd. Deforis en 1778, précède (p. 587-594) le texte de

fut « sous sa conduite » que se mit le jeune étudiant dès son entrée en philosophie (177). De fait, Bossuet, à plus ou moins juste titre, passera toute sa vie pour un disciple de Cornet : les jansénistes ne se feront pas faute de le lui reprocher (178), et Fénelon lui-même verra en M. de Meaux le « disciple » de Cornet (179).

---

l'oraison funèbre (nous n'avons trouvé cette *Histoire* que dans un exemplaire conservé à la bibliothèque de la compagnie de Saint-Sulpice. Dans tous les autres exemplaires consultés, ces pages ont été supprimées et le n° de la page 586 a été transformé en 594). Sur ses grades universitaires : B.N. ms. lat. 5657 A, f° 72 ; lat. 5687, f° 15 v°. Sur le rôle du Grand Maître : B.N. ms. fr. 16869, f° 54, cité par A.-G. Martimort, *op. cit*, p. 146 n. 2. La bibliothèque de Cornet est connue par l'inventaire après décès du 4 mai 1663 (A.N. Minutier Central, ét. XI, liasse 192) : nous y trouvons toutes les grandes éditions de la Bible, des Pères grecs et latins, des historiens ecclésiastiques, des théologiens du XVIe siècle, des conciles, des œuvres d'érudition du XVIIe siècle, des œuvres de controverse, etc. Le lecteur de cet inventaire reconnaît dans cette longue liste presque tous les titres des livres qui formeront le cœur de la bibliothèque de Bossuet : de ce point de vue, Bossuet sera bien le disciple de Cornet. Seul livre inattendu, l'*Iconologie* de Ripa, mais c'était une œuvre classique à l'époque où vivait Cornet. Dans le domaine de la spiritualité : la *Théologie affective* de Bail et les œuvres de Louis de Grenade sont les seules œuvres modernes. Mais, après la liste des ouvrages de prix, on trouve mention de 280 livres in-8, in-12, in-24, en 8 lots : nous aimerions connaître quelques titres ! Nous savons que cette bibliothèque passa au neveu du Grand Maître, Antoine Cornet, puis à l'abbaye Saint-Jean des Prémontrés d'Amiens, et qu'elle se trouve aujourd'hui fondue dans la bibliothèque municipale d'Amiens (E. Soyez, *op. cit.*, p. 42), mais en cette bibliothèque, les livres ne sont pas classés par provenance et ce n'est que le hasard qui peut faire retrouver un volume ayant appartenu à Cornet : nous avons fait un sondage sur un millier de volumes antérieurs à 1663 concernant la spiritualité et le jansénisme, et nous n'avons trouvé l'ex-libris des Cornet que sur un exemplaire de Jacques de Cambolas, *Réflexions sur la diversité de la doctrine qui se voit aujourd'hui en France...*, Paris, 1651.

(177) Ledieu, *Mémoires*, t. I, p. 34. Faut-il deviner autour de Cornet la Compagnie du Saint-Sacrement (cf. les liens de Cornet avec M. Vincent : E. Soyez, [...] *Nicolas Cornet*, p. 15 ; P. Coste, *Monsieur Vincent*. t. II, p. 25, 372 ; t. III, p. 175-176 ; voir R.A.M., 1963, p. 66 : en 1650, avec J. Coqueret, Cornet approuve le *Traité de la sagesse chrétienne* de René d'Argenson) ? et l'appartenance aux mêmes milieux sociaux expliquerait-elle les rapports de Bossuet et du Grand Maître ?

(178) Cf. A. Floquet, *Etudes...*, t. II, p. 351-355 ; C. B., XII, p. 273-274 ; G. Vuillart, *Lettres* à Préfontaine, éd. R. Clark, p. 79, 351. L'auteur d'une vie manuscrite de J. B. Bossuet, évêque de Troyes, raconte une anecdote qui va dans le même sens : « M. Treuvé, théologal de Meaux, qui était si estimable et si estimé par M. Bossuet, lui parlant un jour des affaires du jansénisme, lui dit : Monseigneur, vous avez été élevé par Cornet, vous avez sucé toutes ses préventions, vous vous en êtes tenu là à ce sujet. Le prélat lui répondit : voilà mon Bourguignon, ce qui veut dire mon homme franc et naturel » (B.N., ms. fr. 11431, f° 36 v°-37). Dans des notes destinées à Colbert, Bossuet est dit la « créature » de Cornet (B.N. ms. 500 Colbert 155, f° 73 v°).

(179) Fénelon, *Œuvres*, t. III, p. 232.

L'abbé Ledieu insiste à plusieurs reprises sur la modestie, la simplicité, la vertu et la piété du Grand Maître de Navarre (180), et ce sont des qualités analogues que Bossuet met en lumière dans l'oraison funèbre de 1663 : la modestie (181), la bonté paternelle (182), l'équilibre dans les controverses du jansénisme (183), l'austérité personnelle « par un retranchement effectif de toutes les superfluités » (184) ; de la spiritualité de Nicolas Cornet les documents nous disent peu de chose : Bossuet louera sa piété, notera qu'il était fidèle aux exercices de l'oraison, attaché aux affaires du salut (185), ce qui est bien imprécis. La notice que Drouyn consacra au Grand Maître de Navarre (186) est un texte suggestif, mais, à part quelques formules trop banales, elle laisse de côté ce qui concerne la spiritualité : Nicolas Cornet y apparaît « d'une santé fort délicate » (187) et « d'une très grande piété » ; il « disait tous les jours la messe », ce qui n'était pas courant à cette époque ; sa science était grande, encore plus remarquables son jugement, son bon sens, son bon conseil et sa « modestie incroyable » ; « sa physionomie était fort douce et avantageuse » (188). Ces qualités intellectuelles et humaines étaient, avec la science et le zèle pour l'Eglise, susceptibles de séduire un jeune étudiant en philosophie. Mais nous aimerions mieux connaître cette « piété » que nous vantent les contemporains. Nicolas Cornet serait sorti de la Compagnie de Jésus, y étant novice (189), mais n'y a-t-il pas dans ce thème exploité souvent par les jansénistes une confusion avec un frère du Grand Maître, Michel Cornet, jésuite mort quatre ans après ses premiers vœux, en 1629 (190) ?

La piété mariale de Nicolas Cornet est rappelée par son neveu Cornet de Coupel (191), de même que la perfection avec laquelle il

---

(180) Ledieu, *Mémoires*, t. I, p. 24-25, 34.
(181) O. O., IV, p. 472, 486, etc.
(182) O. O., IV, p. 472.
(183) O. O., IV, p. 475 et suiv.
(184) O. O., IV, p. 481.
(185) O. O., IV, p. 488.
(186) B. N., ms. fr. 22841, f° 100-105.
(187) Au point qu'il « ne buvait jamais de vin qu'à la messe, encore ne prenait-il que de l'eau à l'ablution, et même ne versait seulement qu'une goutte d'eau sur la patène qu'il faisait couler dans le calice, tant il y mettait peu de vin qu'il abhorrait extraordinairement », B. N. fr. 22841, f° 100.
(188) B. N. fr. 22841, f° 100-101 ; Cornet de Coupel note les mêmes qualités dans son *Eloge...*, p. 82.
(189) B. N. fr. 22841, f° 100.
(190) B. N. fr. 22841, f° 105 ; Cornet de Coupel, *Eloge...*, p. 88, Michel Cornet était surnommé « le petit Ange » ; C. B., XII, p. 273, n. 4.
(191) *Eloge de M. Nicolas Cornet*, après l'édition Amst. 1698 de l'*Oraison funèbre* par Bossuet, p. 72.

possédait la doctrine de saint Augustin, de saint Thomas et des Pères (192). Rien là de bien original ; si, parmi les frères et sœurs de Nicolas (193), nous relevons, outre le jésuite, un capucin, une religieuse de Sainte-Claire, une ursuline, et une bénédictine (194), cela nous montre seulement l'éclectisme des vocations religieuses au début du XVIIe siècle.

Nous devinons bien tout un groupe mystique en Picardie autour de F. Mathon (195), et, dans ce groupe, la Mère Mathon, sa sœur, religieuse de Moreaucourt, qui pratiquait une spiritualité de la présence de Dieu, de l'abandon, de la dépendance absolue et du détachement de tout intérêt propre (196), et la Mère Marie Cornet (197), religieuse en la même maison, qui « fut sous le voile de la religion, un soleil dans un nuage » et qui « enflamma les volontés de ce feu sacré, dont son cœur était consumé » (198) ; mais il est difficile de préciser les rapports que le Grand Maître put entretenir avec sa sœur et les mystiques de son entourage (199).

Plus que ces hypothèses, l'écho des conseils de Cornet au jeune Bossuet, que nous rapporte Ledieu, est intéressant ; qu'il traduise ou non l'authentique pensée de Nicolas Cornet, il représente ce que Bossuet retint du contact assidu avec le Grand Maître. Or le conseil qui resta gravé dans l'esprit de Bossuet, c'est celui de lire la Bible, de l'avoir sans cesse dans ses mains, non seulement pour les études, mais pour en faire « le fondement de sa piété » (200), non comme sujet de recherches mais pour en pénétrer le sens, pour s'en imprégner, pour se la *naturaliser* (201).

---

(192) *Id.*, p. 73.

(193) *Id.*, p. 88 ; et B. N. fr. 22841, f° 105.

(194) Marie Cornet, religieuse et prieure de Notre-Dame de Moreaucourt.

(195) ancien élève du collège de Navarre (1618-1708).

(196) P. Postel, *La vie, l'esprit, les sentiments de piété du vrai serviteur de Dieu, M. François Mathon*, Amiens, 1710, p. 30-34.

(197) Sur elle : P. Postel, *op. cit.* ; E. Soyez, [...] *Nicolas Cornet*, p. 95 ; H. Bremond, *Histoire littéraire...*, t. VI, p. 382 ; voir aussi la lettre circulaire publiée en 1707 à l'occasion de sa mort, un exemplaire à la bibliotèque de la Société des Antiquaires de Picardie, à Amiens, Br. 121.21.

(198) P. Postel, *op. cit.*, p. 41-43.

(199) Nicolas Cornet fut un des commissaires nommés par le roi pour faire un rapport au sujet des ursulines d'Auxonne accusées de possession ; il conclut à l'origine diabolique des phénomènes observés : Jugement du 20 janvier 1662, dans *Choix de lettres inédites écrites par Nicolas Brulart* [...] *avec un discours* [...], par M. de Lacuisine, Dijon, 1859, t. I, p. 244-252. Nous n'avons conservé à peu près aucun manuscrit de N. Cornet, en tout, une lettre de lui et une lettre adressée à lui publiées dans le livre de E. Soyez.

(200) Ledieu, *Mémoires*, t. I, p. 15.

(201) A. Floquet, *Etudes...*, t. I, p. 79, 80 ; R.B., 1901, p. 102 ; J. Truchet, *La prédication...*, t. I, p. 85, 91, 96-97.

Si toute sa vie Bossuet trouva dans le Nouveau Testament lu par forme de méditation la « source de toute piété et de bonne doctrine » (202), c'est sans doute en grande partie à Cornet qu'il en est redevable : lire la parole de Dieu « était sa prière, car il la lisait en esprit de prière pour y nourrir sa piété et sa ferveur, ne pouvant s'en distraire qu'avec peine » (203). Les conseils et l'exemple de Cornet concoururent avec l'attrait de la théologie positive pour orienter le jeune Bossuet vers l'Ecriture et la tradition ; de là vient sans doute la solidité doctrinale de ses idées, mais aussi leurs limites ; tout ce qui n'est pas dans l'Ecriture et dans les Pères lui sera étranger ; l'histoire comme développement, la vie chrétienne dont la perpétuelle nouveauté est reconnaissable au cours des siècles lui paraîtront obscures ; les expériences mystiques, la vie des âmes ne lui paraîtront-elles vraies que dans la mesure où elles répéteront ce que l'Ecriture ou la tradition lui auront enseigné ?

L'exemple et l'influence de Cornet ont développé en Bossuet la régularité de vie et une solide piété mariale (204). C'est une des formes constantes de sa dévotion sur laquelle nous n'avons pas à insister ici mais qui, par ses aspects affectifs, compense des tendances intellectualistes que ses études auraient pu développer (205).

⁂

L'importance qu'eut Vincent de Paul dans la vie de Bossuet est un peu mieux connue et nous n'avons pas à montrer ici ce que le futur évêque de Meaux put gagner dans les domaines de la prédication, de la charité active et du zèle pastoral à fréquenter M. Vincent (206) : jusqu'à sa mort, l'évêque de Meaux gardera un souvenir ému du supérieur de la Mission (207).

---

(202) Ledieu, *Mémoires,* t. I, p. 46.

(203) *id.,* p. 47.

(204) Bossuet fit « de bonne heure » partie de la confrérie du Rosaire érigée à Navarre par Jean Coqueret (A. Floquet, *Etudes...,* t. I, p. 126 et suiv. ; Ledieu, *Mémoires,* t. I, p. 22 ; O.O. I, p. 100 et n. 1. Sur la confrérie, cf. J. Launoy, *Regii Navarræ Gymnasii...,* t. II, p. 1055) et en devint directeur en 1649 (A. Floquet, *Etudes...,* t. I, p. 129) ; en 1682, il fera aussi partie de la confrérie du Rosaire établie au grand couvent des dominicains de Paris (J. Lafon, *L'Année dominicaine, Octobre,* Iʳᵉ Partie. Amiens, 1712, p. LIV, LXXXIII).

(205) Sur la piété mariale de Bossuet, cf. C. Flachaire, *La dévotion à la Vierge...,* 1916, p. 141-155 ; P. Hoffer, *La dévotion à Marie...,* 1938, *passim ;* P. Angers, *La doctrine mariale de Bossuet,* dans *Maria,* t. III, p. 233-250 ; J. Truchet, *La prédication...,* t. I, p. 198-220. Il n'y a pas encore d'étude définitive sur ce point ; les textes à exploiter sont nombreux.

(206) A. Floquet, *Etudes...,* t. I, p. 104 et suiv., 163-168, 466 et suiv. ; C. B., I, p. 11 et suiv. ; A.-G. Martimort, *Le gallicanisme...,* p. 183 et suiv. ; J. Truchet, *La prédication...,* t. I, p. 29-31 ; H. Busson, *Littérature et théologie,* p. 113 ; etc.

(207) Cf. *infra,* p. 719.

Dans le domaine de la spiritualité, les choses sont moins claires et il nous sera difficile de parler d'influence décisive : certes Bossuet prit part, au début de mars 1652, à la retraite des ordinands à Saint-Lazare (208), et il fit bientôt partie de la Conférence des Mardis (209) ; M. Vincent fit en outre connaître à Bossuet M. Le Prêtre, « bon et simple ecclésiastique, mais très pieux et très élevé en Dieu » (210). Cependant ces rencontres et ces rapports ne suffisent pas à l'historien pour affirmer que la spiritualité de Bossuet dépend profondément de celle de M. Vincent : ce n'est pas pendant les deux semaines (211) de la retraite d'ordination que l'on agitait les problèmes de la vie spirituelle : la théologie morale, les sacrements, les commandements faisaient, d'après Abelly, la matière des entretiens du matin (212), et si le prêtre qui donnait la retraite parlait le premier soir de l'oraison mentale (213), c'était de façon très élémentaire, en distinguant considération, affections et pratique (214). Le but que se proposait M. Vincent était de former des prêtres zélés et réglés, de bons ecclésiastiques (215). C'était le même but que poursuivaient les prêtres de la Conférence des Mardis : honorer la vie et le sacerdoce de Jésus-Christ, son amour pour les pauvres, aider les prêtres à être de bons prêtres, les former à la mission, à la prédication, à leurs tâches sacerdotales ; cela grâce à des lectures spirituelles, à des prières, à la fréquentation des sacrements, à l'entraide spirituelle (216). Rien là de très original, serions-nous tenté de dire ; mais le fondateur de la Mission n'a pas du tout voulu être original : « il ne dit pour l'ordinaire que des choses communes pour les personnes spirituelles et les savants, mais [...] il les dit avec force », écrivait le Frère Ducourneau (217), et M. Vincent disait lui-même : « Dites-moi, je vous prie, qui est-ce qui est capable d'attirer ces messieurs

---

(208) Ledieu, *Mémoires*, t. I, p. 30-31 ; A. Floquet, *Etudes...*, t. I, p. 163 et suiv.
(209) Ledieu, *Mémoires*, t. I, p. 31.
(210) Ledieu, *ibid.*; Ledieu ajoute : « Les registres de la maison de Saint-Lazare font foi de tous ces faits. » Nous ne connaissons pas par ailleurs M. Le Prêtre (ou Leprestre) : était-ce celui qui écrivit le 31 août 1660 à M. Vincent (*Œuvres* de saint Vincent de Paul, t. VIII, p. 413) à propos de l'affaire de la supériorité sur les carmélites (cf. *ibid.*, t. VIII, p. 61, n. 1) dont il était le confesseur ?
(211) P. Coste, *Monsieur Vincent*, t. I, p. 299.
(212) P. Broutin, *La réforme pastorale...*, t. II, p. 220 ; cf. P. Coste, *Monsieur Vincent*, t. II, p. 344.
(213) P. Broutin, *op. cit.*, t. II, p. 221.
(214) Cf. la méthode pour méditer dans la retraite : Vincent de Paul, *Entretiens spirituels*, éd. Dodin, p. 108 ; voir aussi p. 210-213, 366.
(215) P. Coste, *Monsieur Vincent*, t. II, p. 344 ; P. Broutin, *op. cit.*, t. II, p. 221, 223.
(216) P. Coste, *op. cit.*, t. II, p. 299-300.
(217) Cité dans A. Dodin, *Saint Vincent de Paul et la charité*, p. 60.

de Sorbonne, par exemple, à venir ici à l'ordination ? Rien autre chose que l'humilité et simplicité avec lesquelles nous tâchons d'agir, par la miséricorde de Dieu ; ce que nous avons tâché de faire jusqu'ici » (218). M. Vincent ne méprise pas la science, mais il préfère la vertu, et il juge peu utile la scolastique (219) ; il recommande de lire l'Evangile non pas « par étude » mais pour notre avancement (220) : l'oraison n'est pas étude (221). Aussi M. Vincent ne prend-il de Bérulle, de François de Sales ou de Benoît de Canfeld que ce qui correspond aux tendances naturelles de son esprit pratique. Les belles pensées, les raisonnements, en l'oraison, éveillent en lui une instinctive méfiance et seules le satisfont les grandes et solides vérités de la foi : foi en Jésus-Christ, insistance sur l'anéantissement de l'Incarnation, est-ce ce qu'il retient de Bérulle ? conformité à la volonté de Dieu, soumission à la Providence, est-ce la seule leçon de Canfeld (222) ? Et lorsque M. Vincent prêche l'indifférence qui nous ôte tout ressentiment et tout désir (223), faut-il être sensible aux échos salésiens ? Dans tous ces cas, l'important n'est pas le fondement théologique de la doctrine ou les problèmes qu'elle soulève, mais l'expérience personnelle d'un homme qui a vécu au jour le jour l'imitation de Jésus charitable, la soumission indifférente à la Providence, l'oubli de soi. Par ailleurs tout illuminisme est suspect à M. Vincent : les phénomènes mystiques lui paraissent inutiles ou dangereux ; ce paysan qui vécut au temps de Descartes n'apprécie que le concret et la rigueur rationnelle (224). Des formes de dévotion qu'il recommande par ailleurs lui paraissent dangereuses si elles deviennent systématiques, si elles risquent de prendre le pas sur l'humble soumission à la volonté de Dieu : « La pratique de la présence de Dieu est fort bonne, mais je trouve que

(218) *Entretiens spirituels,* éd. Dodin, p. 436-437 ; voir aussi p. 868 et suiv.
(219) J. Calvet, *Saint Vincent de Paul,* Paris, 1948, p. 144-146.
(220) *Entretiens spirituels,* éd. Dodin, p. 50.
(221) *id.,* p. 210 ; voir aussi p. 361, 363. Il y a de nombreux textes en ce sens dans les œuvres du saint.
(222) Sur tous ces points cf. A. Dodin, *Saint Vincent de Paul et la charité, passim* et surtout p. 37, 64-69, 119. Sur la conformité à la volonté de Dieu et sur Canfeld, cf. Vincent de Paul, *Entretiens spirituels,* éd. Dodin, p. 567 et suiv. ; sur les humiliations de Jésus-Christ, *id.* p. 617-618.
(223) *Entretiens spirituels,* p. 645 et suiv.
(224) *Entretiens spirituels,* éd. Dodin, p. 274, 761 et suiv. ; A. Dodin, *Saint Vincent de Paul et la charité,* p. 96-97. Sur sa position pleine de bon sens vis-à-vis des illuminés de Picardie, A. Dodin, dans R.A.M., 1949, p. 445-456. Ce qui n'empêche pas que les phénomènes surnaturels tiennent une certaine place dans sa vie : A. Dodin, *Saint Vincent de Paul...,* p. 21, 42 ; dans quelle mesure sommes-nous tributaires d'un certain type d'historiographie ?

se mettre dans la pratique de faire la volonté de Dieu en toutes ses actions l'est encore plus ; car celle-ci embrasse l'autre. D'ailleurs, celui qui se maintient en la pratique de la présence de Dieu peut quelquefois ne pas faire pour cela la volonté de Dieu » (225).

Ce qu'il admire dans l'Eglise, c'est l'unanimité et l'uniformité (226), ce qu'il appelle la médiocrité (227). Ce n'est donc pas une formation spéculative, ce ne sont pas les principes abstraits de la spiritualité que Bossuet put chercher auprès de M. Vincent : retour à l'Ecriture, base d'une piété sûre et chaleureuse, fidélité au dogme et à la commune tradition de l'Eglise, méfiance des systèmes et de toute exaltation, de tout ce qui est extraordinaire ; l'exemple de M. Vincent confirmait celui qu'un homme d'étude comme Cornet avait pu lui donner.

⁂

Le troisième « patron » du jeune Bossuet fut Philippe Cospéan (228) : selon le témoignage de Ledieu, l'évêque d'Aire puis de Nantes et de Lisieux songeait à avancer les gens de lettres, et, comme il était fort respecté dans l'Université, l'abbé Bossuet lui dédia ses thèses (229). Cospéan fit ensuite prêcher le jeune homme, prédit même qu'il serait « une des plus grandes lumières de l'Eglise » (230), et continua à le soutenir même après que la disgrâce

(225) *Entretiens spirituels,* éd. Dodin, p. 276-277.

(226) *id.,* p. 676-677.

(227) *id.,* p. 176, 675.

(228) Sur lui, nombreuses notices mais peu de travaux importants : Jean de Rouen (Roennius), *Philippi Cospeani* [...] *nupera in Urbem Reversio* [...], Paris, 1607 ; René Le Mée, *Le Prélat accompli* [...] *Philippe Cospéan,* Saumur, 1647 (livre très intéressant pour connaître la vision du monde de René Le Mée, cordelier, mais moins utile pour connaître la vie et la spiritualité de Cospéan) ; Tallemant des Réaux, *Historiettes,* éd. A. Adam, t. I, p. 268, 526-527, 1156-1157 ; t. II, p. 951 ; G. Girard, *Histoire de la vie du duc d'Epernon,* Paris, 1730, t. II, p. 274-279 ; J.-N. Paquot, *Mémoires* [...] *des Pays-Bas,* 1763-1770, t. II p. 23 et suiv. ; Ch.-L. Livet, *Philippe Cospeau* [...], Paris, 1854 ; A. Floquet, *Etudes...,* t. I, p. 87-89, 99-104 ; A. Lezat, *De la prédication sous Henri IV,* Paris, [1872], p. 201-209 ; H. de Formeville, *Histoire de l'ancien évêché-comté de Lisieux,* Lisieux, 1873, t. II, p. 255-267 ; P. Feret, *La Faculté de théologie* [...], *Epoque moderne,* Paris, 1900-1907, t. IV, p. 131-139 ; Guez de Balzac, *Les premières lettres 1618-1627,* éd. crit. par H. Bibas et K.-T. Butler, S.T.F.M., 1933-1934, t. II, p. 143-146 ; A. Bachelier, *Philippe Cospeau* [...], dans *Bulletin de la Société archéologique et historique de Nantes et de la Loire-Atlantique,* 1956, p. 54-70 ; 1957, p. 76-97 ; Y. Chaussy, dans *L'abbaye royale Notre-Dame de Jouarre,* Paris, 1961, t. I, p. 195 ; Ch. Berthelot du Chesnay, *Les missions de saint Jean Eudes,* Paris, 1967, p. 330-331.

(229) Ledieu, *Mémoires,* t. I, p. 17.

(230) Ledieu, *Mémoires,* t. I, p. 19 ; *Journal,* t. I, p. 165.

l'eut contraint à se retirer dans son diocèse (231). Plus que l'influence du prédicateur et du réformateur de la chaire (232) sur l'éloquence de Bossuet, nous aimerions connaître celle du spirituel, de l'homme que Mme de Motteville appelait « le saint de la Cour » (233), de celui qui en imposait à Richelieu et qui essaya de ramener Retz à la conscience de ses devoirs et de convertir Turenne (234).

En effet, autour de Cospéan, c'est tout un milieu spirituel dont nous soupçonnons l'existence sans pouvoir en dessiner exactement les contours : est-ce que ce milieu qui porta Bossuet en ses débuts lui transmit aussi quelques grandes tendances spirituelles ? Cospéan, membre de la Compagnie du Saint-Sacrement (235), qui assista M. Vincent à la mort (236), fit partie du Conseil de conscience (237) et se signala par son opposition au jansénisme (238), est un de ces dévots groupés autour d'Anne d'Autriche, dont l'arrivée de Mazarin au ministère marqua le déclin. Ce flamand fut le condisciple, à l'Université, d'Eustache de Saint-Paul (Asseline) (239), il fréquenta le salon de Mme Acarie (240), rencontra François de Sales, conduisit au Carmel la marquise de Bréauté (Marie de Jésus), fut lié avec la Mère Madeleine de Saint-Joseph ; il fut surtout « un des plus fidèles amis de Bérulle » (241) qu'il défendit aux moments difficiles (242), et les contemporains aimaient rapprocher leurs deux

---

(231) Ledieu, *Mémoires*, t. I, p. 35.

(232) Outre les superficielles pages de A. Lezat, voir le témoignage de Léon de Saint-Jean, cité par S. M. Bouchereaux, *La réforme des carmes...*, p. 348 ; celui du biographe d'Etienne de Vilazel (J.-B. Noulleau, *Le modèle d'un grand évêque* [...], 1665, p. 15, 16, 37-38 : « Toute la France, et par elle toute l'Eglise de Dieu doit à cet aigle des orateurs, à ce père des plus grands prédicateurs, monsieur de Cospéan, d'avoir introduit dans les chaires au lieu de Plutarque et des autres auteurs profanes, un Paul prêchant, un Augustin interprétant et enseignant », etc).

(233) Cité par Ch.-L. Livet, *op. cit.*, p. 64.

(234) Cardinal de Retz, *Œuvres, Mémoires*, éd. A. Feillet, 1870, t. I, p. 182-193. Voir aussi l'éloge sincère que fait Voiture de Cospéan dans une lettre à lui adressée du 13 janvier 1639 : cf. *Les Œuvres de Monsieur de Voiture*, nouv. éd. corr., Paris, 1686, t. I, p. 222-223.

(235) P. Coste, *Monsieur Vincent*, t. III, p. 313 ; Y. Chaussy, dans *L'abbaye royale...*, t. I, p. 195. Sur son attitude envers les religieux, voir Ch. Chesneau, *Yves de Paris*, t. I, p. 11, 185 ; Guez de Balzac, *Premières lettres*, t. II, p. 112 ; Ch.-L. Livet, *op. cit.*, p. 40.

(236) P. Coste, *Monsieur Vincent*, t. III, p. 89, 97.

(237) P. Coste, *Monsieur Vincent*, t. III, p. 105.

(238) J.-N. Paquot, *op. cit.*, t. II, p. 26 ; P. Coste, *Monsieur Vincent*, t. III, p. 171.

(239) S. M. Bouchereaux, *La réforme des carmes...*, p. 60.

(240) A. Bachelier, art. cit., 1956, p. 67.

(241) J. Dagens, dans Bérulle, *Correspondance*, t. I, p. 294 n. 6.

(242) *Epître apologétique de Révérend Père en Dieu Mre Philippe Cospéan, évêque de Nantes, au très illustre cardinal Bentivole, compro-*

noms comme ceux de deux saints dignes des premiers âges de l'Eglise (243). Nous trouvons aussi Cospéan fidèlement lié avec Philippe Thibault, le réformateur du Carmel, attentif aux conversations de Jean de Saint-Samson (244), admirateur de Jeanne Absolu (245) et toujours prêt à apporter son concours aux missions de saint Jean Eudes (246).

Ces rencontres et ces faits nous laissent entrevoir une figure caractéristique de dévot assez proche des milieux mystiques : Vincent de Paul, Cornet, Cospéan nous introduisent dans des milieux analogues et ce sont ces dévots qui soutinrent le jeune Bossuet. L'étudiant de Navarre reconnut-il cependant les fondements mystiques de leur spiritualité ? Une vie régulière, le zèle apostolique, le sens de l'Eglise et de la tradition, les moyens, grâce à l'appui d'un milieu social, de réaliser en soi cet idéal, voilà ce qui dut frapper Bossuet auprès d'eux.

⁂

Ces trois patrons ne furent sans doute pas seuls et nous aimerions savoir si Bossuet a pu connaître quelque spirituel, illustre ou caché, dont il n'aurait eu à attendre ni recommandation ni place ni orientation de sa vie, mais un pur exemple de vertu et de piété. Un nom mérite encore d'être cité, car il laisse lui aussi apercevoir tout un arrière-plan de rencontres, de fréquentations, de liens sociaux et religieux, sur lequel nous ne pouvons projeter beaucoup de lumière : c'est le nom d'Antoine Lequieu, Antoine du Saint-Sacrement. Ce dominicain, réformateur d'une branche de son ordre et fondateur des religieuses du Très-Saint-Sacrement (247), aurait prédit à

---

tecteur de France, pour le Révérend Père de Bérulle, Paris, 1622 ; Bérulle, *Correspondance,* t. II, p. 139, 142, 153, 166, 267, 358 ; H. Bremond, *Histoire littéraire...,* t. III, p. 202 ; J. Orcibal, *Le cardinal de Bérulle,* p. 113 : Cospéan trouvait dans les *Grandeurs* « la foi expliquée de l'Incarnation ». Il était aussi en relations avec Saint-Cyran : J. Orcibal, *Jean Duvergier de Hauranne...,* t. II, p. 134-135.

(243) Guez de Balzac, *Premières lettres,* t. II, p. 112 ; J.-B. Noulleau, *Le modèle d'un grand évêque...,* 1665, p. 6, met côte à côte Bérulle, Cospéan, François de Sales et Condren. Bremond écrira : « ce François de Sales flamand — le meilleur des panégyristes de Henri IV, les délices de la cour et de quatre diocèses [...], ce pieux, docte et suave prélat — lequel n'avait rien de hérissé » (*Histoire littéraire...,* t. III, p. 601, n. 2).

(244) S. M. Bouchereaux, *La réforme des carmes...,* p. 60, 87, 91 : il écrit à Thibault : « Je vous servirai de mon sang en tout », 157, 437.

(245) J. Augereau, *Jeanne Absolu, une mystique du grand siècle,* Paris, 1960, p. 243-244.

(246) Ch. Berthelot du Chesnay, *op. cit.,* p. 133, 137, 177, 252 et suiv.

(247) Sur lui : Archange Gabriel de l'Annonciation, *La vie du vénérable Père Antoine du Saint-Sacrement,* Avignon, 1682, 2 vol. ; Quétif-Echard, *Scriptores ordinis Prædicatorum,* 1721, t. II, col. 663 b - 664 a ;

Bossuet qu'il était destiné à avoir part à beaucoup de bien sans qu'il le sût (248).

Une partie des œuvres du P. Lequieu a été fort négligemment publiée par le P. Potton au XIXe siècle, mais les textes révisés ou inédits donnés d'après les manuscrits par le R.P. R.L. Oechslin (249) nous permettent aujourd'hui de donner à la spiritualité du grand dominicain ses véritables dimensions : nous y percevons l'écho des grands mystiques rhéno-flamands (250) et celui du Carmel réfor-

---

Moreri, *s.v.* ; [Picot], *Essai* [...] *sur l'influence de la religion en France pendant le dix-septième siècle*, 1824, t. I, p. 391 ; A. Floquet, *Etudes...*, t. I, p. 168-169 ; *Le vénérable Père Antoine Lequieu, les religieuses du T. S. Sacrement et les confréries qui leur sont affiliées, Rapports présentés au Congrès eucharistique d'Avignon*, Avignon, 1883 ; *Œuvres choisies* du V. P. Antoine du T.-S.-Sacrement [...], pub. par M.-A. Potton, 2e éd., 1894 ; C. B., V, p. 296 n. 3 ; et surtout R. L. Oechslin, *Une aventure spirituelle, la vie du Père Antoine du Saint-Sacrement Lequieu, o.p.*, Paris-Fribourg, 1967.

(248) « Je vous dirai une parole qu'un religieux très saint, très humble et très pénitent, de l'Ordre de saint Dominique, me dit une fois avant que je fusse évêque : que Dieu m'avait destiné à avoir part à beaucoup de bien sans que je le susse. Sans examiner par quel esprit il parlait, je vous avoue que j'ai toujours été fort touché de cette manière de coopérer aux desseins de Dieu, et que je souhaite une pareille grâce à ceux que j'aime » (à Mme d'Albert, le 15 janvier 1693 ; C. B., V, p. 296-297). C'est Deforis qui donne le nom du P. Lequieu, indiquant qu'il écrivit quelques lettres à Bossuet (*Œuvres* de Bossuet, t. XII, 1778, p. 133). Bossuet dut rencontrer le dominicain, soit au début de 1645 lorsque A. Lequieu prêcha le Carême à Saint-Thomas du Louvre (R. L. Oechslin, *Une aventure spirituelle*, p. 120 ; et on sait que Bossuet allait écouter les prédicateurs en renom : O. O., I, p. 4, en 1647), soit plutôt en 1648-1650, lorsque le P. Lequieu est prieur du couvent de Saint-Honoré et qu'Anne d'Autriche va le visiter (R. L. Oechslin, *op. cit.*, p. 129-137. Le P. Lequieu fit un voyage de huit jours à Metz, en 1648, et visita le monastère des dominicaines, cf. Archange Gabriel de l'Annonciation, *La vie du vénérable Père* [...], t. I, p. 306-308 ; voir aussi p. 300 : le P. Lequieu prie la reine de faire des charités aux dominicaines de Metz réduites à une extrême pauvreté ; on sait que la famille Bossuet était attachée à cette maison, et Bossuet lui-même avait fait un séjour à Metz en août 1648 (C. B., XV, p. 432) : est-ce à ce moment qu'il rencontra le P. Lequieu ?). Il faut aussi noter que le P. Lequieu était le confesseur de Mme de Vendôme (R.L. Oechslin, *op. cit.*, p. 132) et que le duc de Vendôme était en ce temps-là fort bienveillant pour les Bossuet ; Cospéan était très lié avec eux (G. Girard, *Histoire de la vie du duc d'Epernon*, 1730, t. II, p. 274-279) et était directeur de Mme de Vendôme (Cardinal de Retz, *Mémoires*, éd. Feillet, t. I, p. 183) ; Bossuet prêcha à l'hôtel de Vendôme en 1643 (A. Floquet, *Etudes...*, t. I, p. 101 ; O. O., I, p. 2.).

(249) *Le message du P. Antoine du Saint-Sacrement*, dans *La Vie spirituelle*, août-septembre 1959, p. 204-220 ; *Discours sur les grandeurs du saint Nom de Jésus*, dans *Vie dominicaine*, Fribourg, 1960, p. 18-24, 39-43, 64-77, 101-111, 132-136, 156-159.

(250) R. L. Oechslin, *Une aventure spirituelle*, p. 6, 19-21, 25.

mé (251) ; l'influence de l'*Abrégé de la perfection* de Gagliardi (252) et celle de Benoît de Canfeld sont sensibles dans *La véritable voie pour arriver bientôt à la plus haute perfection* (253). De la société de dom Beaucousin et de Mme Acarie (254) aux spirituels dominicains comme Louis Chardon (255), au marquis de Renty (256) et aux milieux marseillais et aixois de la Compagnie du Saint-Sacrement, le P. Lequieu traverse tout le XVIIe siècle. Mais, comme dans le cas de Cospéan, on peut se demander ce que le jeune Bossuet retira de son contact avec le P. Lequieu : l'admiration pour l'austère réformateur ? la spiritualité christologique (257) ? la dévotion au Saint-Sacrement ? N'oublions pas que les textes les plus mystiques sont enfouis dans *La véritable voie :* le P. Lequieu ne devait pas prêcher à tous ceux qui le fréquentaient le dépouillement jusqu'au néant, la fuite de toutes consolations, la privation des actes de vertu et des dons de Dieu, de l'action et de la passion, le ravissement de la volonté, la divinisation « non par l'union mais par l'unité » (258), l'état de surextase, extase de la volonté, anéantie en celle de Dieu, correspondant à l'extase proprement dite qui est celle de l'entendement ! D'autant plus que le dominicain savait recommander l'action et l'oraison affective et rappeler à ceux qui en avaient besoin que « Dieu nous a donné des puissances non pas pour les lier, mais pour les employer et pour les faire travailler » (259).

⁂

Les années de jeunesse de Bossuet, studieuses et fécondes, l'ont orienté vers les recherches historiques, vers la Bible et les Pères. En même temps il a fréquenté des hommes d'action, des pasteurs, des hommes charitables, et toute sa vie il restera marqué par ces rencontres.

Nous devinons à chaque fois que les raisons sociales ou politiques, en un sens large, orientent les fréquentations de Bossuet ; c'est moins le signe d'un refus qu'une des conditions de la vie sociale et religieuse du XVIIe siècle : importance des milieux ou des clans qui sont les supports des influences spirituelles.

---

(251) *id.*, p. 6, 19, 24, 25, 45.
(252) M. Viller, dans R.A.M., 1932, p. 35, 266.
(253) *La Vie spirituelle,* août-septembre 1959, art. cit., *passim.*
(254) R.L. Oechslin, *Une aventure spirituelle,* p. 19 et suiv., 23.
(255) *id.*, p. 30.
(256) *id.*, p. 67.
(257) R.L. Oechslin, *Une aventure spirituelle,* p. 65, et *Vie dominicaine,* 1960, art. cit.
(258) *La Vie spirituelle,* art. cit., p. 219.
(259) Cité par R. L. Oechslin, *Une aventure spirituelle,* p. 25.

Or les mystiques ne sont pas présents directement dans l'initiation de Bossuet : nous ne découvrons leur trace auprès du jeune étudiant de Navarre qu'à travers la réfraction de personnalités attachantes et riches, mais où la mystique apparaît comme une survivance et non comme le principe organisateur d'une expérience, d'une pensée et d'une vie : un Vincent de Paul, un Cornet, un Cospéan n'ont-ils retenu de l'héritage des mystiques que ce qui correspondait à la forme la plus commune d'une piété fervente ? On s'explique que si Bossuet a pu un jour ou l'autre côtoyer un Antoine Lequieu, il n'ait gardé de cette rencontre qu'un souvenir ému. Son esprit ne le meut pas vers les horizons de la mystique et sa vie intellectuelle et religieuse s'organise autour d'autres pôles que l'expérience mystique.

Deuxième partie

L'ÉPOQUE DES ŒUVRES ORATOIRES

(1652-1670)

Chapitre 2

BOSSUET A L'EPOQUE DES ŒUVRES ORATOIRES. ACTIVITES, ETUDES, LECTURES.

I) Activités.

Pour connaître la spiritualité d'un écrivain, deux voies d'accès sont possibles : rechercher quelles furent ses lectures et sa formation religieuse, les influences qui se sont exercées sur lui, ou au contraire prendre ses œuvres comme la tradition nous les présente et les interpréter : conseils au jour le jour, lettres spirituelles (et les œuvres spirituelles de saint Vincent de Paul sont toutes de cette sorte), écrits polémiques où la spiritualité s'affirme et se défend. Choisir la première voie peut paraître plus naturel et permettre de suivre l'itinéraire de l'homme que l'on étudie : de ses maîtres à sa synthèse personnelle ; mais c'est déjà interpréter et poser le postulat qu'une doctrine spirituelle s'acquiert et se forme comme une discipline intellectuelle ; or le plus souvent c'est de la vie ou de l'action, du hasard des fréquentations ou des événements que jaillissent les idées personnelles.

Lorsqu'en 1652 Bossuet est ordonné prêtre, il part pour Metz dont il est chanoine depuis 1640, et prend le titre d'archidiacre de Sarrebourg (1). En 1654, il est nommé grand archidiacre de la cathédrale de Metz (2) ; fonctions honorifiques et administratives plutôt que responsabilités religieuses (3). Il en est de même de la dignité de doyen du chapitre (4) à laquelle il est élu en 1664 (5). Toutes ces

---

(1) A. Floquet, *Etudes...*, t. I, p. 196-197.

(2) A. Floquet, *op. cit.*, t. I, p. 371-373.

(3) Cf. Durand de Maillane, *Dictionnaire de droit canonique*, 2e éd., Lyon, 1770, t. I, p. 205 et suiv. Quelques détails sur les attributions et le rôle des archidiacres dans T.-J. Schmitt, *L'organisation ecclésiastique et la pratique religieuse dans l'Archidiaconé d'Autun de 1650 à 1750*, Autun, 1957, p. 5 et notes p. I-II.

(4) Durand de Maillane, *op. cit.*, t. II, p. 231.

(5) et installé en 1665, A. Floquet, *Etudes...*, t. II, p. 340, 451.

dignités ne confèrent pas au titulaire un rôle pastoral et spirituel particulier. Le jeune archidiacre, puis doyen, ne semble pas se donner tout entier à ces fonctions : il est certes dévoué au corps dont il fait partie, mais il ne se limite pas à l'horizon d'un chapitre et d'une ville de province, et les fréquents voyages qu'il fait à Paris n'ont pas pour seule raison la défense des intérêts de ses collègues (6).

Bossuet est sollicité par de nombreuses activités : docteur, il prend une part active aux travaux de la Faculté de théologie (7) ; prêtre, il se livre à la prédication (8) ; membre de la Compagnie du Saint-Sacrement, il pratique la controverse, il a le souci de la charité, il fait des missions. Les âmes qu'il a l'occasion de diriger sont les protégées de la Compagnie du Saint-Sacrement ; les grands qu'il fréquente sont ses confrères ; les missions où il se dépense sont celles qu'inspire M. Vincent et que donnent ses confrères.

La maison des Filles de la Propagation de la Foi de Metz tient alors une très grande place dans la vie de Bossuet, et c'est la seule communauté qu'il dirigea sur laquelle nous ayons quelques renseignements. L'histoire de cet établissement est encore un peu obscure (9). A partir des années qui précèdent 1645 (10), Alix Clerginet recueille des jeunes filles désirant abjurer le judaïsme. La maison eut pendant plusieurs années des difficultés surmontées par la protection du maréchal de Schomberg ; mais à la mort du maréchal les difficultés reparaissent et c'est la Compagnie du Saint-Sacrement, dont il faisait partie (11), qui permet à cet établissement d'obtenir des lettres patentes ; de Paris, Marie Lumague s'occupe de l'institution et y envoie Anne-Renée des Bordes qui fut reçue le 25 mars 1657 (12) : peu à peu la maison de Metz devient

---

(6) E. Jovy, *Etudes et recherches sur J.-B. Bossuet,* p. 63 et suiv., A.-G. Martimort, *Le gallicanisme...,* p. 202-203.

(7) A.-G. Martimort, *op. cit.,* p. 202 et suiv.

(8) J. Truchet, *La prédication de Bossuet,* t. I, p. 26 et suiv.

(9) A. Floquet, *Etudes...,* t. I, p. 295-296, 436 et suiv. ; C. B., XIV, p. 445.

(10) A. Floquet, *Etudes...,* t. I, p. 295 et n. 1 ; à une époque où nous voyons déjà M. Vincent s'intéresser à la Lorraine : P. Coste, *Monsieur Vincent,* 2e éd., Paris, 1934, t. II, p. 581-617.

(11) Entré dans la Compagnie le 27 avril 1650, introduit par son beau-frère le duc de Liancourt, R. de Voyer d'Argenson, *Annales de la Compagnie du Saint-Sacrement,* éd. Beauchet-Filleau, p. 106, 124, 161.

(12) A. Floquet, *Etudes...,* t. I, p. 439-440 ; Collin, *Vie de Marie Lumague,* Paris, 1744, p. 117-119 ; Nancy-Lehmann, *Les Dames de l'Union Chrétienne de Saint-Chaumond,* Niort, 1949, p. 152-153 ; voir aussi la *Vie d'Anne de Croze,* A. N., L 1056 - 37, copie aux archives des Dames de l'Union chrétienne, à Poitiers, p. 30, 33-34 ; Renée des Bordes est accompagnée de la sœur Sobrement et de la sœur Bailly (p. 56).

l'image de la communauté des Filles de la Providence (13) et de l'Institut de l'Union chrétienne (14).

Le renouveau de l'œuvre d'Alix Clerginet à Metz, à partir de 1656, est à situer dans une série d'entreprises analogues menées par M. Vincent et la Compagnie du Saint-Sacrement. Aux initiatives individuelles succèdent alors l'organisation et la centralisation. Ainsi la maison des Nouvelles Catholiques de Paris (15) a comme supérieure une Fille de la Providence, la sœur Garnier (16), et c'est aussi une Fille de la Providence que nous avons vu arriver à Metz en 1657. Quelques années plus tard, une maison de Sedan sera rénovée par l'arrivée de plusieurs sœurs de Metz (17). Suivant le même processus, celle qui à Metz avait présidé aux débuts difficiles de la maison de la Propagation est relayée par Renée des Bordes et s'efface devant elle (18) ; une fois la maison affermie, Renée des Bordes revient à Paris (19).

Au cours de toute cette histoire nous rencontrons l'abbé Bossuet et son action est menée selon l'esprit et suivant les directives de M. Vincent. Le jeune archidiacre est supérieur de la maison (20), y prêche plusieurs fois, et dès le 17 novembre 1652, quelques mois après son arrivée à Metz (21) ; mais son rôle ne se limite pas à la direction spirituelle ; il veille sur la vie matérielle de l'établissement par ses sollicitations à Paris. De juillet 1656 (22) à septembre 1657, il réside en effet dans la capitale (23), y prêche chez les Filles de la Providence (24) le 8 septembre 1656, pour la Nativité de la Vierge.

---

(13) dont les Constitutions furent préparées par M. Vincent en 1656, P. Coste, *Monsieur Vincent,* t. I, p. 349.

(14) Cf. *Règles et constitutions pour les Sœurs de l'Union chrétienne,* Paris, 1704, Préface : « s'employant dans celle de Metz à la conversion des personnes du sexe, engagées dans le Judaïsme, dont tout le pays est rempli. »

(15) Collin, *Vie de Marie Lumague,* p. 120 et suiv. Cette maison est une création de la Congrégation pour l'exaltation de la Sainte-Croix, P. Coste, *Monsieur Vincent,* t. I, p. 350, n. 2-3.

(16) P. Coste, *op. cit.,* t. I, p. 351.

(17) P. Coste, *op. cit.,* t. I, p. 351 ; A. Floquet, *Etudes...,* t. I, p. 441, n. 2 ; Collin, *Vie de Marie Lumague,* p. 119 ; *Vie d'Anne de Croze,* archives de l'Union chrétienne, p. 56.

(18) C. B., I, p. 31-32. Renée des Bordes reste à Metz jusqu'en 1662 (Nancy-Lehmann, *op. cit.,* p. 153).

(19) *Vie d'Anne de Croze,* archives de l'Union chrétienne, p. 34.

(20) A. Floquet, *Etudes...,* t. I, p. 435, n. 1.

(21) O.O., I, p. 216 ; Bossuet est arrivé à Metz entre le 17 et le 26 juin (C.B., XV, p. 434).

(22) A.-G. Martimort, *Le gallicanisme...,* p. 202.

(23) C.B., XV, p. 435-437.

(24) O.O., II, p. 226. Ce sermon n'a pas dû être prêché à Metz mais à Paris, car le 1er septembre Bossuet siège à la Faculté de théologie : un

Bossuet qui s'intéressait ainsi à l'œuvre de Marie Lumague eut sans doute quelque part à la décision de la fondatrice. Toujours est-il que la maison de Metz obtient en avril 1657 des lettres patentes, enregistrées enfin le 20 juillet (25). Revenu à Metz en septembre 1657, sans doute pour le voyage qu'y fit la Cour (26), il y reste jusqu'en février 1659 (27) et peut assister à la consolidation de l'œuvre qu'il suit depuis plusieurs années. Il prêche le 3 février 1658 à la consécration de la chapelle (28) ; bientôt il rédige le Règlement de la maison, fixant la doctrine qui avait présidé à la fondation (29). Le supérieur de la maison s'occupa-t-il de diriger spirituellement les Filles qu'il administrait ? Rien, ou presque rien, ne permet de l'affirmer : les lettres à une demoiselle de Metz sont trop imprécises pour permettre une réponse certaine.

Le Règlement écrit en 1658 est une œuvre engagée où une spiritualité ne se manifeste qu'à travers des conseils précis, des pratiques appropriées à un état de vie particulier. Quelle est la vie que recommande Bossuet dans ce Règlement ?

Le Séminaire des Filles de la Propagation de la Foi de Metz n'est pas une création de Bossuet : la petite communauté d'Alix Clerginet, formée de quelques pieuses filles de bonne volonté, suivait sans doute, avant l'intervention de Bossuet, des règles de vie fixées par la coutume ou par leurs directeurs : nous en ignorons tout car elles n'avaient pas à donner à de modestes conseils le moindre caractère officiel ni la moindre solennité : prière, éducation des jeunes filles qu'elles recueillent, service à la paroisse. Lorsqu'en juin 1652 Bossuet arrive à Metz et commence à s'intéresser à cette

---

rapide voyage à Metz en ces jours est fort improbable (cf. C.B., XV, p. 435).

(25) A. Floquet, *Etudes...*, t. I, p. 441. L'Institut prend seulement à ce moment, semble-t-il, le nom de Propagation de la Foi, cf. *Vie d'Anne de Croze*, copie archives de l'Union chrétienne, Poitiers, p. 33-34 : « Nous avons dit dans le chapitre précédent que la Mère Desbordes était allée à Metz par ordre de Mme de Pollalion ; elle y travailla avec succès par ses bons exemples et par les instructions qu'elle fit avec tant de fruits aux personnes du sexe. Elle fit rentrer dans le sein de l'Eglise grand nombre d'hérétiques et de Juifs dont on sait que ce pays est rempli. Toute la ville en fut si édifiée qu'elle voulut en perpétuer les bonnes œuvres par l'établissement d'une communauté du même Institut qui fut érigée sous le nom de Propagation de la Foi. » Ce nom montre bien la parenté avec la maison des Nouvelles Catholiques de Paris, œuvre de la Propagation de la Foi, dirigée par la sœur Garnier (P. Coste, *Monsieur Vincent*, t. I, p. 351) ; cf. B.N. fr. 2786, f° 51 v° et suiv.

(26) Et pour la pose de la première pierre de la nouvelle maison de la communauté rue Taison ; A. Floquet, *Etudes...*, t. I, p. 443 et suiv.

(27) C.B. XV, p. 437-438.

(28) A. Floquet, *Etudes...*, t. I, p. 445 et n. 1 ; O.O., VII, p. 633.

(29) LT, XVII, p. 305.

œuvre, il ne cherche pas à lui imposer des règlements qu'il aurait personnellement élaborés ; il attend que l'institution ait acquis sa solidité juridique pour lui donner une règle stable ; et, quand Bossuet rédige, vers 1658, ces Règlements, il y a plus d'un an que la sœur Renée des Bordes, de l'Union chrétienne, a pris la maison en main : le Règlement de Bossuet n'est donc pas original et s'inspire étroitement des Règles de l'Union chrétienne. En outre, ce Règlement est signé par Bédacier, évêque-suffragant de Metz, qui peut avoir pris une certaine part à la rédaction. Il serait donc téméraire d'attribuer au seul Bossuet toutes les dispositions de ce texte.

La comparaison avec des instituts voisins ou frères de la maison de Metz (30) permettra de voir comment cette dernière se rattache aux grandes tendances qui définissent alors les congrégations religieuses. Un article de cette Règle exprime nettement le caractère de cette maison : « XII. Ne pourra cette maison, pour quelque considération que ce soit, être changée en monastère et religion. Si quelque sœur le propose, après avoir été avertie, elle sera obligée de se retirer, en lui rendant les biens qu'elle pourrait avoir apportés, et payant de sa part pour le temps qu'elle aura demeuré dans la maison » (31). La plupart des fondations nouvelles du XVIIe siècle sont ainsi des congrégations de séculiers, non cloîtrés ; la raison n'en est pas toujours un certain discrédit, au demeurant bien relatif, des ordres religieux traditionnels, mais la conviction qu'ils ne sont pas parfaitement adaptés aux tâches nouvelles de l'Eglise ; chacun pense que la vie active permet de ne rien perdre de la qualité spirituelle que l'on voit dans les cloîtres, et que les religieuses doivent se mêler au monde : « demeurant dans l'état de séculières, sans rien perdre de leur piété et de leur application au service de Dieu, elles agissaient avec plus de facilité pour le prochain, lui donnaient un exemple plus familier et plus imitable... » (32). Ainsi naguère saint François de Sales, avec les encou-

(30) La communauté des Filles de Sainte-Geneviève ou Miramionnes, celle des Filles de la Providence, la congrégation de Notre-Dame du Refuge par exemple ont bien des ressemblances avec notre institution ; mais surtout la maison de Metz est une fondation de l'Institut de l'Union chrétienne : les deux Règles ont beaucoup de points communs. Par ailleurs nous verrons que le Règlement des Filles Charitables du diocèse de Meaux est très proche de celui du Séminaire de la Propagation de la Foi de Metz : R.B., 1905, p. 30-33.

(31) LT, XVII, p. 289.

(32) Préface des *Constitutions de la Communauté des Filles de Sainte-Geneviève,* Paris, 1683 ; cf. *Constitutions des Filles de la Providence,* Toulouse, 1717, p. 2. Les exemples des diaconesses du Moyen Age étaient dans toutes les mémoires et les communautés séculières du XVIIe siècle

ragements du cardinal Bellarmin, espérait que les visitandines ne formeraient pas un ordre religieux, prononceraient seulement des vœux simples ; seule l'opposition de l'archevêque de Lyon le contraignit à y renoncer (33). Monsieur Vincent est convaincu de la même nécessité et, avec plus de succès, suit l'exemple de saint François de Sales (34) en instituant les Filles de la Charité et la Congrégation de la Mission, qui ne sont pas des ordres religieux (35) : c'est cette forme très souple que prennent au XVIIe siècle la plupart des congrégations masculines, congégrations de prêtres séculiers, comme les oratoriens (36), les eudistes, les prêtres de Saint-Sulpice. Les vœux, dans ces congrégations, ne sont pas solennels, et l'évêque peut en dispenser : ce sont des vœux simples (37). Ainsi le Séminaire de la Propagation de la Foi de Metz se place dans un grand courant : Bossuet lui-même qui porte grand intérêt aux œuvres pastorales de saint François de Sales et de Monsieur Vincent ne donne à cette maison ni la forme d'un « monastère », ni celle d'une « religion » (38).

---

prétendent toutes renouer avec leur tradition ; elles se réclament aussi de la communauté fondée par sainte Françoise Romaine. Voir L. Willaert *Après le Concile de Trente. La Restauration catholique,* t. I, Paris, 1960, p. 127 et suiv.

(33) *Constitutions... de Sainte-Geneviève,* éd. cit., Préface, qui se réclame de son exemple. Cette préface renferme un remarquable exposé théologique et historique sur les communautés séculières et montre que les Filles de Sainte-Geneviève participent à tout un mouvement de restauration d'une forme de vie autrefois florissante ; elle cite avec éloge les Nouvelles Catholiques, les Filles de la Croix, les Filles de la Providence, les Filles de l'Union chrétienne, les Filles de Mme Le Gras, etc. Voir aussi *Constitutions des Filles de la Providence,* éd. cit., p. 2-5, et la dévotion de cette congrégation à saint François de Sales.

(34) P. Coste, *Monsieur Vincent,* t. I, p. 267 et suiv., 296 et suiv., 411 et suiv.

(35) M. Vincent présida aux débuts de l'Institut des Filles de l'Union chrétienne ; cf. *Règles et Constitutions pour les sœurs de l'Union chrétienne,* Paris, 1704, Préface.

(36) Cf. la belle page de Bossuet dans l'oraison funèbre du P. Bourgoing (O.O., IV, p. 407) : « point [...] d'autre esprit que l'esprit même de l'Eglise, ni d'autres règles que ses canons, ni d'autres supérieurs que ses évêques, ni d'autres liens que sa charité, ni d'autres vœux solennels que ceux du baptême et du sacerdoce. Là une sainte liberté fait un saint engagement... »

(37) Cf. chez les Filles de la Providence : Collin, *Vie de Marie Lumague,* Paris, 1744, p. 127. La cérémonie et la formule des vœux au Séminaire de la Propagation de Metz (LT, XVII, p. 305-306) presque semblables à celles qui ont lieu à l'Union chrétienne (cf. *Règles et Constitutions pour les sœurs de l'Union chrétienne,* éd. cit., p. 26 et suiv., 33 et suiv.).

(38) Evêque de Meaux, il donnera la même forme à la communauté des Filles Charitables de La Ferté-sous-Jouarre.

Cette forme particulière impose des rapports nouveaux avec la hiérarchie ecclésiastique (39) : ces communautés séculières non cloîtrées sont soumises à la juridiction de l'évêque, à la différence des ordres religieux traditionnels qui sont exempts (40). Saint François de Sales, saint Vincent de Paul et à leur suite les auteurs des constitutions de ces maisons insistent sur ce point : nous lisons dans celles de la communauté des Filles de Sainte-Geneviève : « Toutes vivent en commun sous l'autorité et juridiction entière de Monseigneur l'Archevêque... » (41), « Cette communauté aura toujours pour son premier et principal supérieur Monseigneur l'Archevêque de Paris, qui y fera tous actes de supériorité lorsqu'il le jugera à propos... » (42) ; et souvent M. Vincent recommande à ses missionnaires la plus grande révérence envers les évêques (43).

Soumises à leur évêque, ces communautés vivent dans la paroisse : les constitutions soulignent que ces maisons ne doivent pas rester en marge de la vie de l'Eglise ; leurs devoirs sont les mêmes que ceux des paroissiens fervents : si elles ont une chapelle intérieure, cette chapelle ne saurait remplacer l'église paroissiale où elles doivent se rendre pour assister aux offices (44).

Les Règlements des Filles de la Progagation de la Foi de Metz sont d'un esprit analogue : « Le supérieur du séminaire sera monseigneur l'Evêque, et toutes les sœurs choisiront un ecclésiastique capable et de bonnes mœurs, qu'elles lui présenteront pour être leur directeur, sous son autorité et avec son agrément [...]. Que sur toutes les choses il reçoive l'ordre dudit seigneur Evêque [...].

---

(39) Cf. *infra* p. 154 et suiv., sur la place de l'Eglise dans la spiritualité de Bossuet.

(40) Bossuet appellera en 1686 ces congrégations séculières des « troupes auxiliaires » par opposition aux troupes réglées, R.B., 1904, p. 265.

(41) *Constitutions... de Sainte-Geneviève,* éd. cit., p. 9.

(42) *ibid.,* p. 164. Nous trouverions les mêmes principes dans les *Constitutions des Filles de la Providence,* éd. cit., p. 2, 20-21, et dans celles des sœurs de l'Union chrétienne (*Règles et Constitutions...,* éd. cit., p. 21, 22-23, 195 et suiv. : « Les Sœurs seront entièrement sous la juridiction, visite et autorité de Nosseigneurs les Prélats, dans le diocèse desquels les Maisons seront établies [...]. Elles regarderont Dieu même en leurs personnes, et ne soustrairont jamais de l'obéissance qui leur est due... » p. 195-196).

(43) « Nous devons obéissance à nosseigneurs les évêques [...]. Nous autres prêtres, nous leur avons promis obéissance quand nous avons reçu le sacerdoce, non seulement à eux et à leurs successeurs mais aussi aux prélats dans les diocèses desquels nous aurons à vivre et à travailler... », *Entretiens spirituels,* éd. A. Dodin, Paris, 1960, p. 853, cf. aussi p. 990.

(44) Voir tout le chap. 4 de la Ire Partie des *Constitutions... de Sainte-Geneviève,* éd. cit., p. 38-41 ; cf. *Constitutions des Filles de la Providence,* éd. cit., p. 36 et suiv., et les règlements des Filles de la Charité, P. Coste, *Monsieur Vincent,* t. I, p. 404.

Mondit seigneur l'Evêque sera très humblement supplié de faire la visite dans le séminaire une ou deux fois l'année... » (45). Certaines sœurs pourront faire vœu de stabilité, mais vœu simple que l'évêque pourra révoquer ; le séminaire n'est pas un monastère : « Le séminaire ne pourra être composé que de douze sœurs, parmi lesquelles il est à propos qu'il y en ait quelques-unes [...] qui soient obligées à la maison par un vœu de stabilité relatif au présent règlement, lequel, pour éviter tout scrupule, déclare que ce vœu n'empêchera pas qu'elles ne puissent sortir, et être quelque temps hors de la maison avec licence et pour bonnes causes approuvées par Monseigneur l'Evêque ou ses grands vicaires, supérieurs de cette maison. Pourra même ledit Seigneur Evêque ou ses grands vicaires susdits, du consentement desdites filles, les exempter tout à fait de l'obligation portée par ce vœu... » (46). Ce respect de l'épiscopat s'étend à tout l'ordre hiérarchique et en particulier aux curés : les sœurs doivent être attentives à participer aux offices de leur paroisse, donnant aux autres le bon exemple et se soumettant aux règles de l'Eglise (47).

L'esprit de la réforme catholique apparaît dans le Règlement du Séminaire des Filles de la Propagation de la Foi de Metz ; est-ce toutefois la seule influence qui s'exerce sur son rédacteur ? La spiritualité de Bossuet s'y laisse-t-elle deviner ?

Après plusieurs années de pratique coutumière, la nécessité de règles strictes est apparue ; Bossuet en montre les raisons, faisant pour ainsi dire la théologie de la règle communautaire : nous ne trouvons dans aucune œuvre analogue au XVIIe siècle un préambule aussi pénétrant (48) : le monde et Dieu sont en lutte, l'esprit du monde est esprit de confusion, celui de Dieu est lumière et ordre ; la préface du règlement devient méditation sur le sens de l'ordre dans une communauté, participation au grand affrontement dont

---

(45) LT, XVII, p. 294-295 ; cf. aussi p. 293 sur la permission de l'évêque nécessaire pour lire l'Ecriture sainte.

(46) LT, XVII, p. 286-287.

(47) « Le dimanche quelques-unes des sœurs iront à la messe paroissiale et y conduiront quelques converties, pour rendre leur devoir à l'église, en laquelle est établi le lieu d'assemblée des fidèles, et en donner l'exemple aux autres : elles y iront par tour, suivant le nombre des filles qui seront dans la maison, et l'ordre qui leur sera donné par la supérieure.

Elles observeront le même ordre pour assister aux prédications et controverses qui se font en la grande église, aux processions et autres dévotions publiques. Elles se montreront en toutes choses humbles filles de l'Eglise : elles révéreront les curés et pasteurs ordinaires, et tout l'ordre hiérarchique » (LT, XVII, p. 292).

(48) Il sera repris presque mot pour mot en tête du règlement pour les Filles Charitables du diocèse de Meaux : R.B., 1905, p. 32.

l'univers est le théâtre et l'enjeu. Plus qu'une suite de règles minutieuses, un règlement présente les moyens de réaliser l'Ordre, c'est-à-dire d'assurer en un point du monde le triomphe de l'esprit de Dieu : « Que si elles sont fidèles à les garder, elles seront véritablement filles d'ordre, ainsi elles vivront en paix, et le Dieu de paix sera avec elles » (49). Chaque règle particulière prend son sens par rapport à une vision théologique.

La pratique des vertus tient une grande place dans le règlement : un chapitre leur est réservé, charité fraternelle, esprit de paix, patience, humilité, pauvreté, amour de la souffrance (50) ; rien là qui diffère beaucoup des constitutions des sœurs de l'Union chrétienne (51) : le règlement de Metz, comme ces constitutions, souligne que les vertus ne doivent pas être détachées des mystères qui leur donnent leur sens. Toute la vie des Filles de la Propagation est de ne chercher « que Jésus-Christ seul et les âmes pour lesquelles il a donné son sang » (52), et chaque vertu n'est qu'un moyen de rendre actuel ce regard porté sur Jésus-Christ et sur les âmes (53) ; le Règlement recommande-t-il la charité fraternelle, c'est que le séminaire est une image de l'Eglise où elle règne (54) ; demande-t-il aux sœurs de pratiquer la sainte pauvreté, c'est en souvenir « du Fils éternel de Dieu, qui étant si riche par sa nature s'est fait pauvre pour l'amour de nous » (55). Pourquoi les souffrances leur seront-elles nécessaires ? « Qu'elles songent qu'il a été dit à l'enfant

---

(49) LT, XVII, p. 285.

(50) LT, XVII, p. 289-291.

(51) *Règles et Constitutions...*, éd. cit., p. 96 et suiv.

(52) LT, XVII, p. 286.

(53) On reconnaît dans ces principes l'écho lointain des intuitions bérulliennes : cf. Lettre CXIV à un supérieur de l'Oratoire : « Regardez toujours aussi Jésus, et référez tout à lui, et mettez, s'il vous plaît, cet esprit en tous ceux que vous en jugerez capables, d'accomplir leurs actions et exercices de piété et de vertu plus par relation et hommage à Jésus-Christ notre Seigneur, que par désir de la même vertu en soi-même [...]. Il nous faut donc rechercher la vertu d'autant qu'elle nous rend semblables au Fils de Dieu, [...] et non seulement à cause qu'elle fait impression en nos âmes, et nous rend doués de sa qualité particulière. Par exemple nous devons plus aimer la patience et débonnaireté parce qu'elle nous conforme à Jésus-Christ doux et patient, que parce qu'elle nous rend doux et patients » (*Œuvres*, éd. 1644, p. 1243-1244). Sur ce problème des vertus, cf. L. Cognet, *Vertus et spiritualité française au* XVIIe *siècle*, dans *Cahiers Eudistes de Notre Vie*, 5, *Les vertus chrétiennes selon saint Jean Eudes et ses disciples*, Paris, 1960, p. 47 et suiv.

(54) LT, XVII, p. 289 ; les Règles de l'Union chrétienne ne le disaient pas aussi fortement et nous sentons là la marque de l'auteur de la 4e lettre à une demoiselle de Metz, cf. *infra*, p. 163.

(55) LT, XVII, p. 290, cit. de 2 *Cor.* VIII, 9. Cf. *Règles et constitutions... de l'Union chrétienne*, éd. cit., p. 101.

Jésus, pour lequel Dieu leur a donné une dévotion particulière « qu'il serait un signe auquel on contredirait » ; et qu'elles apprennent par cet exemple, que c'est au milieu des contradictions qu'on travaille utilement au salut des âmes » (56). Si l'on considère le nombre des citations de l'Ecriture qui nourrissent ce chapitre consacré aux vertus, on sentira combien Bossuet tient à appuyer sur des fondements théologiques solides la vie chrétienne des sœurs de la Propagation. Les pratiques de dévotion dans lesquelles s'incarnent ces vertus sont ainsi très simplifiées : chacune est un retour vers le mystère fondamental. Comme il le fera bientôt dans l'*Exposition,* Bossuet veut, non pas supprimer des pratiques éprouvées et catholiques, mais ramener chaque pratique et chaque dévotion au centre vivant de la religion auquel elles se rattachent toutes : les œuvres ne seront jamais séparées de la foi, et la Loi ne survivra pas dans le formalisme ; précautions utiles, car la maison de la Propagation forme des filles arrachées à l'hérésie et au judaïsme. « Leur principale pratique de dévotion sera d'honorer humblement les mystères de notre Dieu et unique Sauveur Jésus-Christ, lequel leur ayant donné par son Saint-Esprit un sentiment particulier de dévotion pour les mystères de son enfance, elles les célébreront avec une sainte allégresse, et la fête de la maison sera la nativité de Notre Seigneur. Elles adoreront la charité qui l'a fait sortir du sein de son Père ; elles apprendront de ce Dieu enfant à vivre elles-mêmes en Jésus-Christ comme des enfants nouvellement nés, en simplicité et en innocence, désirant, comme dit saint Pierre, le lait raisonnable et sans fraude de la charité et de la sincérité chrétienne... » (57). Si dans le conseil d'honorer les « mystères » de Jésus-Christ nous trouvons une préoccupation commune à Bossuet (58) et à tous les disciples, même lointains, de Bérulle (59), l'adoration de la Sainte Enfance tient une grande place dans la spiritualité du XVIIe siècle (60). Bossuet introduisit-il cette dévotion à la maison de Metz ? Tout prouve le contraire : ce patronage est bien antérieur à la date où il devint supérieur ; en 1652, la Règle d'Union de l'Institut de l'Union chrétienne et des Filles de la Providence (61) rappelle dès ses premières lignes leur

(56) LT, XVII, p. 291.
(57) LT, XVII, p. 291-292.
(58) Cf. *infra,* p. 138.
(59) La Règle d'Union des sœurs de l'Union chrétienne et des Filles de la Providence porte comme titre : « Pratique pour régler nos actions selon l'exemple de Notre Seigneur Jésus-Christ dans tous les états de sa vie... » (*Règles... de l'Union chrétienne,* éd. cit., p. 4).
(60) Cf. D.S., t. IV, c. 665 et suiv.
(61) *Règles... de l'Union chrétienne,* éd cit., p. 4 ; Collin, *Vie de Marie Lumague,* Paris, 1744, p. 196 ; A. Floquet, *Etudes...,* t. I, p. 447, n. 1.

dévotion particulière à l'Enfant-Jésus (62). L'Union chrétienne est en outre placée sous la protection spéciale de la Sainte Famille (63). Dans le *Règlement* du Séminaire de la Propagation de Metz, ce thème semble encore plus développé : faut-il voir dans cette insistance et cette chaleur la marque propre de la piété de Bossuet ? Le paragraphe qu'il lui consacre est un des plus longs et des plus significatifs du *Règlement* (64).

Les autres dévotions sont présentées de façon aussi large : rien ne répugne tant à l'esprit de la spiritualité de Bossuet que d'entrer dans le détail des pratiques. Le *Règlement* est aussi discret que l'*Exposition,* énonçant des principes que la piété ou les besoins de chacune pourront appliquer de la façon qui leur plaira. « La très-sainte Mère de Dieu sera leur patronne spéciale : elles réciteront tous les jours son office (65), aux heures qui seront marquées... ». Cette discrétion s'explique tout naturellement par les intentions des fondateurs de la maison : la conversion des juives et des protestantes que des dévotions particulières risqueraient de choquer. Les mêmes préoccupations expliquent la place prise par la lecture de la Bible dans les exercices spirituels des sœurs, lecture subordonnée à la permission de l'évêque et aux conseils des directeurs, et soutenue par des « conférences de personnes intelligentes mais qui aient beaucoup plus soin de les édifier à la piété que de les éclairer par la connaissance » (66). Cette lecture était habituelle à l'Union chrétienne (67) ; notons seulement que Bossuet y insiste beaucoup et l'entoure de nombre de précautions.

La répartition des occupations des sœurs selon les heures de la journée manifeste le même esprit de simplicité : l'horaire est à peu près semblable à celui de toutes les autres communautés qui

---

(62) « Ayant considéré que ce Divin Sauveur a voulu se faire Enfant pour être notre exemple de soumission au précepte de son Père céleste qui veut que nous devenions comme des enfants, si nous voulons être sauvées ; c'est-à-dire dociles et obéissantes à sa sainte Loi et à nos Supérieurs, simples, sans malice, sans duplicité, sans ambition, sans ressentiment des injures ; c'est en quoi nous nous proposons de l'imiter moyennant sa grâce et de faire régner cet esprit d'enfance dans nos communautés, et qu'elles en soient un exemple et une école » (*Règles... de l'Union chrétienne,* éd. cit., p. 4).

(63) *Règles... de l'Union chrétienne,* éd. cit., p. 78.

(64) Bossuet reviendra sur ce thème cinq ans plus tard : cf. O.O., IV, p. 513, sermon aux Carmélites de la rue du Bouloi ; cf. *infra,* p. 128 et p. 142.

(65) Cet office est récité dans la plupart des congrégations non cloîtrées au XVIIe siècle : *Constitutions... de Sainte-Geneviève,* éd. cit., p. 48 ; *Règles... de l'Union chrétienne,* éd. cit., p. 74.

(66) LT, XVII, p. 292-293.

(67) *Règles... de l'Union chrétienne,* éd. cit., p. 91.

associent vie active et vie contemplative (68). L'accent est mis sur le travail manuel et intellectuel : enseignement des nouvelles catholiques, assistance aux malades. Les prières sont celles de l'Eglise : office, messe, adoration du Saint-Sacrement, Psaumes, examen particulier, litanies de Jésus (69) et de la Sainte Vierge.

La communauté de la Propagation n'est pas la seule qui tienne une place dans la vie de Bossuet à Metz : des entreprises analogues sollicitent alors son activité, par exemple l'œuvre des Bouillons (70) dont l'histoire est parallèle à celle de la Propagation. A toutes les œuvres charitables et apostoliques, et il faut citer la grande mission de Metz en 1658, Bossuet se dévoue, mais il reste au second plan : il participe à un mouvement plus qu'il ne le crée, il ne suscite pas de grandes tendances apostoliques ou spirituelles, et cela même dans des œuvres nettement religieuses comme l'établissement à Metz de la Conférence des Mardis pour les ecclésiastiques (71), ou celui du séminaire de Sainte-Anne (72) : il sert d'intermédiaire parisien à ses amis ou parents messins (73).

Il serait intéressant de savoir si Bossuet qui est en rapports avec des communautés charitables et actives le fut aussi avec des religieuses contemplatives ; il n'attendit pas d'être évêque de Meaux pour découvrir la spiritualité monastique (74), mais sur la direction spirituelle les documents ou les lettres font presque complètement défaut pour cette période. Remarquons seulement qu'un ordre, au moins, tient une certaine place dans sa vie : les bernardines (75). Charité ou complaisance, Bossuet prêcha souvent chez elles, à Metz, à Dijon, et peut-être à Paris (76). Les vêtures, l'oraison funèbre qu'il y donna montrent qu'il connaissait quelque peu ces communautés et il serait excessif de penser que seule sa considération pour les familles des postulantes l'a poussé à prononcer ces sermons de vêture ; si la chose est possible pour une vêture

---

(68) *Règles... de l'Union chrétienne,* éd cit., p. 38 et suiv. ; *Constitutions... de Sainte-Geneviève,* éd. cit., p. 29 et suiv. ; *Constitutions... des Filles de la Providence,* éd. cit., p. 78 et suiv.

(69) Sans doute les litanies du Saint Nom de Jésus : cf. *Constitutions... de Sainte-Geneviève,* éd. cit., p. 50 ; *Constitutions... des Filles de la Providence,* éd. cit., p. 101.

(70) A. Floquet, *Etudes...,* t. I, p. 500 et suiv. ; O.O., II, p. 393, 404.

(71) P. Coste, *Monsieur Vincent,* t. II, p. 332 ; A. Floquet, *Etudes...,* t. I, p. 494-495.

(72) A. Floquet, *Etudes...,* t. I, p. 496.

(73) A. Floquet, *Etudes...,* t. I, p. 434, 455 et suiv., 466 et suiv., 495 et suiv. ; C.B., XIV, p. 259 et suiv.

(74) Cf. *infra,* p. 188.

(75) A. Floquet, *Etudes...,* t. I, p. 266 ; cf. *infra,* p. 244.

(76) O. O., II, p. 84, 213, 266 (à corriger par O. O., VII, p. 26) ; 194 ; III, p. 25.

prêchée à Dijon en 1656 (77), rien ne permet de le penser pour les autres ; en tout cas le grand ton de la plupart de ces sermons (78) adressés à de nobles dames considérées comme chanoinesses (79) ne permet pas de déceler dans quelle mesure Bossuet les dirigeait personnellement et quelle pouvait être cette direction.

C'est encore plus vrai des sermons prêchés devant les visitandines de Chaillot (80) ou de Paris (81), ou devant les carmélites (82). Il est peu certain que Bossuet ait connu ces maisons plus intimement que peut le faire un prédicateur de passage. Faute de mieux connaître les rapports que Bossuet put entretenir avec les religieuses, nous devons interroger ses lectures et les œuvres oratoires ellesmêmes.

II) Lectures.

Quelles étaient alors les lectures de Bossuet et connaissait-il les œuvres des grands auteurs spirituels ? Le témoignage de Ledieu pourrait être précieux, bien que le secrétaire n'ait connu Bossuet que tardivement. Or, sur cette période antérieure à l'épiscopat, il nous apprend qu'en théologie son maître suivait saint Thomas, interprète de la tradition (83), et lisait saint Augustin et saint Bernard. Mais Ledieu se limite aux études théologiques de son héros (84), et n'a pas une seule allusion à un auteur spirituel ; est-ce parce qu'effectivement Bossuet ne lisait pas ces auteurs, ou parce que le sujet paraissait peu important au secrétaire ? Autant d'hypothèses que nous suggère un silence, de questions auxquelles l'examen d'autres témoignages apportera un début de réponse.

a) *La bibliothèque.*

Il peut sembler intéressant d'étudier la bibliothèque de Bossuet. Ses livres familiers nous donneraient quelque idée de ses tendances et de ses préférences profondes. Or les renseignements que fournit cet examen sont minces : le simple catalogue d'une bibliothèque signifie peu de chose si l'on ne sait quel ouvrage a lu son proprié-

---

(77) O. O., II, p. 194 : si la postulante est bien la fille de Denis Brulart, ce qui est loin d'être certain.
(78) Cf. J. Truchet, *La prédication...*, t. II, p. 148.
(79) O. O., II, p. 271, n. 1 ; A. Floquet, *Etudes...*, t. I, p. 266, n. 2. Sur le haut rang des chanoinesses, cf. Durand de Maillane, *Dictionnaire de droit canonique,* 2e éd., Lyon, 1770, t. I, p. 469.
(80) O. O., III, p. 480 ; J. Truchet, *La prédication...*, t. II, p. 149.
(81) O. O., III, p. 575.
(82) J. Truchet, *La prédication...*, t. II, p. 149, qui se demande ce qui dans le sermon s'adresse aux religieuses et ce qui s'adresse au public.
(83) *Mémoires,* éd. Guettée, t. I, p. 41.
(84) *Mémoires,* éd. cit., t. I, p. 45 et suiv.

taire, quel livre il reprend volontiers, à quelle époque et dans quelle intention il se l'est procuré. Toutes ces précisions nous manquent dans le cas de Bossuet ; et il s'ajoute une difficulté qui rend téméraire toute conclusion : les seuls catalogues que nous ayons sont, d'une part l'inventaire très sommaire dressé à la mort de l'évêque de Meaux (85), et d'autre part le *Catalogue des livres de la Bibliothèque de Messieurs Bossuet, anciens évêques de Meaux et de Troyes qui se vendra à l'amiable le lundi* 3 *décembre* 1742... (86).

Très peu de livres de spiritualité figurent dans ces listes, mais nous savons qu'un ouvrage de piété est rarement un ouvrage de grande valeur marchande : les inventaires après décès ne recensent guère que les in-folio et les in-quarto, et quel libraire, au milieu du XVIIIe siècle, aurait eu l'idée d'encombrer son catalogue des petits in 12 qui sont les véhicules de la spiritualité vivante ? Par ailleurs les livres usagés, donc les plus lus, n'ont pas l'honneur d'être recensés.

Dans l'inventaire de 1704, les livres de piété sont en nombre infime : une quarantaine sur plus de 3.000 titres ; nous trouvons bien :

« Six vol. in 4° de la Mère Thérèse et autres ensemble

Dix-sept vol. in 8° de livres de contemplation et de l'oraison de quiétude

Quinze vol. in 12 des mêmes matières de contemplation » (87), mais tout cela est bien imprécis et nous verrons que nombre de ces livres ont été acquis au temps de la controverse du quiétisme (88).

Plus intéressants, quelques ouvrages des Pères ou des écrivains du Moyen Age : Denys l'Aréopagite (89), saint Jean Climaque (90), saint François d'Assise et saint Antoine de Padoue (91), l'*Imitation* (92), Louis de Blois (93), les *Exercices* de saint Ignace (94), Louis de Grenade (95), saint François de Sales (96), Alvarez de

(85) R.B., 1901, p. 140 et suiv., 149 et suiv.

(86) Paris, 1742 ; B.N., impr. Q 7804.

(87) R.B., 1901, p. 157.

(88) Cf. *infra*, p. 585 et suiv.

(89) 1742, n° 54 : *Opera*, Antverpiæ, 1634, 2 vol. ; cf. *infra*, p. 161.

(90) 1742, n° 77 : *Opera omnia*, interprete Matthaeo Radero S.J., Parisiis, 1633, fol.

(91) 1742, n° 173 : *Opera omnia*, studio Joannis de la Haye, fol.

(92) 1742, n° 174 : Paris, 1640, fol.

(93) 1742, n° 175 : *Opera*, Antverpiæ, 1632, fol.

(94) 1742, n° 176 : 1644, fol.

(95) 1742, n° 177 : *Doctrina Christiana*, in Barcelona, 1615, 3 vol. fol.

(96) 1742, nos 179, 180, 181 : 1637, 1652, 1641, fol.

Paz (97), Drexelius (98), saint Jean de la Croix (99), Louis Dupont (100), Tauler (101), Harphius (102), Gerson (103), Ruysbroeck (104).

Par ce qu'elle comporte et par ce qu'elle ne montre pas, cette liste est instructive : abondance des in-folio et des éditions savantes ; un libraire ne recense que les livres gros et coûteux ; peut-être aussi découvrons-nous ici une tendance profonde de la religion de Bossuet : il regarde ces ouvrages plutôt comme des livres de référence et d'études que comme des supports de la prière : la seule édition de l'*Imitation* recensée dans le catalogue de 1742 est un in-folio, format peu utilisable pour la méditation quotidienne ! Et les *Exercices* de saint Ignace sont dans le même format.

Parmi les ouvrages de spiritualité de cette bibliothèque, relevons quelques auteurs : Louis de Grenade, Louis de Blois, Alvarez de Paz, Dupont, Drexelius ; ils représentent une tradition très répandue au XVIIe siècle : ce sont, pour ainsi dire, les « classiques » de la spiritualité, sans surprises ni hardiesses de forme, cachant leur originalité profonde.

Louis de Grenade (105) eut sans doute des tendances nettement mystiques mais, retenu par la crainte de l'Inquisition, il évite de parler de l'oraison la plus élevée dans son *Livre de l'oraison et méditation*. Il ne développe qu'une morale ascétique dans la *Guide des pécheurs* et dans le *Mémorial de la vie chrétienne*. De ce côté, rien qui puisse conduire Bossuet plus loin que la morale commune et rien qui puisse le marquer vraiment.

De Louis de Blois l'influence aurait pu être beaucoup plus intéressante si par son intermédiaire étaient passés des thèmes de la spiritualité nordique (106). En 1699, Bossuet le citera comme une

---

(97) 1742, n° 182 : *De vita spirituali, ejusque perfectione*, Lugduni, 1633, 3 vol. fol.

(98) 1742, n° 184 : *Opera omnia*, Antverpiæ, 1643, 2 vol. fol.

(99) 1742, n° 688 : *Opera mystica... ex Hispanico idiomate in latin. translata per Andream a Jesu*, Coloniæ Agrippinæ, 1639, in-4°.
N° 689 : *Les œuvres spirituelles...*, Paris, 1652, in-4°.

(100) 1742, n° 691 : *Méditations sur tous les mystères de la Foi, avec la pratique de l'Oraison mentale*, Paris, 1614, 2 vol. in-4°.

(101) 1742, n° 699 : *Sermones*, Parisiis, 1623, in-4° ; R.B., 1901, p. 156.

(102) R.B., 1901, p. 156.

(103) 1742, n° 1461 : *Opera*, Parisiis sub nave, 1606, 2 vol. fol.

(104) R.B., 1901, p. 152.

(105) L. Cognet, *De la Dévotion moderne à la spiritualité française*, p. 28 ; *La spiritualité moderne*, t. I, p. 156 et suiv.

(106) L. Cognet, *De la Dévotion moderne...*, *op. cit.*, p. 16-17 ; *La spiritualité moderne*, t. I, p. 48 et suiv. ; *Introduction aux mystiques rhéno-flamands*, p. 336 et suiv. Voir aussi D.S., t. I, c. 1731-1738, s.v. *Blois*.

autorité (107), mais il trouvait sans doute dans son œuvre (s'il l'avait lue avant le temps de la controverse quiétiste) bien autre chose que les thèmes rhéno-flamands ; il ne devait pas dépasser ce qui dans l'œuvre de Louis de Blois est le plus apparent, la dévotion au Christ dans sa vie et sa Passion, les mystères du salut, le sentiment de la présence divine au centre de l'âme, présence qui fait naître le recueillement, la louange, l'adoration en esprit et vérité, le désir de la béatitude toujours présent même dans les voies de la contemplation. Tout cela représente un ensemble de constantes de la spiritualité de Bossuet, mais pouvait très bien lui venir d'ailleurs. Si Bossuet ne retrouve Louis de Blois que sur ce qui est du domaine commun de la dévotion de son siècle, gageons qu'il ne lui doit rien ou presque rien ; Bossuet se retrouve-t-il lui-même à travers ses lectures ?

Alvarez de Paz est très lu au XVIIe siècle (108) et ses vastes synthèses nourrissent de thèmes et d'exemples nombre d'œuvres spirituelles (109), mais les éléments proprement mystiques de son œuvre sont difficilement perceptibles si l'on n'en fait pas une lecture et une méditation approfondies. Bossuet possède (peut-être même avant 1670) le *De vita spirituali ;* rien ne permet toutefois de penser qu'il ait fait dès lors la lecture approfondie qu'exige cette œuvre complexe.

Avec Louis Dupont (Luis de la Puente) nous rencontrons encore une fois le mysticisme voilé qui anime les grands classiques de la spiritualité au XVIIe siècle (110). Ses *Méditations sur tous les mystères de la Foi, avec la Pratique de l'oraison mentale,* véritable art de la prière, développent les grandes vérités de la religion, l'histoire du christianisme, l'enseignement des évangiles ; Bossuet qui ne semble pas avoir pratiqué ces *Méditations* (pas plus que la *Vie de Balthasar Alvarez*) avant la querelle du quiétisme, ne pouvait en tout cas en recevoir qu'une influence spirituelle bien imprécise.

Si la bibliothèque de Bossuet contient les œuvres de Drexelius (111), c'est sans doute que cet auteur très fécond et sans cesse réédité le touche à bien des titres : Drexelius est un converti et Bossuet, controversiste et historien, s'intéresse aux conversions ;

---

(107) C. B., XI, p. 72, cf. *infra*, p. 588 et 686.

(108) D. S., t. I, c. 409.

(109) L. Cognet, *De la Dévotion moderne...*, p. 31 ; *La spiritualité moderne,* t. I, p. 211 et suiv. Voir aussi D. S., t. I, c. 407-409.

(110) L. Cognet, *De la Dévotion moderne...*, p. 31 ; *La spiritualité moderne,* t. I, p. 205 et suiv. ; R. Ricard, dans R.A.M., 1969, p. 409-424.

(111) D. S., t. III, c. 1714-1717 ; K. Pornbacher, *Jeremias Drexel. Leben und Werk eines Barockpredigers* (Beiträge zur altbayerischen Kirchengeschichte, XXIV, 2), Munich, 1965.

en outre, le jésuite allemand est un animateur des congrégations mariales qui diffusent généreusement ses œuvres. Bossuet qui fit peut-être partie d'une congrégation à Dijon et qui présida la confrérie du Rosaire à Navarre dut entendre parler de lui. Il est en effet très connu au XVIIe siècle (112) ; des gens de tendances proches de celles de Bossuet, un dom Luc d'Achery (113), un cardinal Bona, en font grand cas, et peut-être le jeune étudiant de Navarre a-t-il lu l'*Heliotropium* (114) qui expose la doctrine de l'abandon à la volonté de Dieu. Néanmoins, s'il l'a lu (115), c'est un très ferme ascétisme qu'il a dû en retenir : les œuvres dédiées aux congrégations de la Vierge comme l'*Horologium, Triumphata incontinentia, Trismegistus Christianus* prennent place dans la tradition morale commune du XVIIe siècle.

Il est remarquable que, dans le Règlement du Séminaire de la Propagation de la Foi de Metz, Bossuet recommande aux religieuses les grands classiques que nous venons d'énumérer : l'*Imitation,* Louis de Grenade, Jean d'Avila, saint François de Sales (116). Il est donc difficile de tirer des conclusions certaines de la présence de tel livre dans la bibliothèque de Bossuet ou des conseils de lecture qu'il donne aux Filles de la Propagation : une tradition ascétique qui masque autant qu'elle exprime une spiritualité plus élevée, des livres que chacun possède depuis que François de Sales les a recommandés à tous les chrétiens, gens du monde ou religieux (117).

---

(112) C'est l'auteur spirituel moderne le mieux représenté dans la bibliothèque du collège de Navarre avec 26 volumes différents (cf. B.N., ms. lat. 9371, f° 125-126).

(113) *Asceticorum* [...] *indiculus,* 1671, p. 82-84.

(114) 1627 ; très souvent réédité en tous formats.

(115) Mais Bossuet possède une édition in-folio alors que c'est sous la forme de minuscules in-16 ou in-32 que les œuvres de Drexelius ont exercé leur influence sur toute une élite spirituelle dans l'Europe de la Contre-Réforme.

(116) LT, XVII, p. 293. Notons que Bossuet suit ici les *Règles et Constitutions... de l'Union chrétienne ;* ces règles recommandent (éd. cit., p. 91-92) la *Vie des Saints,* l'*Imitation,* Rodriguez, Saint-Jure, Grenade, les *Entretiens* de saint François de Sales, les *Œuvres* de sainte Thérèse, les classiques de la spiritualité du XVIIe siècle. Dans la bibliothèque de Bossuet ne figure aucune édition de Jean d'Avila antérieure à 1673 (Catal. 1742, n° 178), mais, s'il l'avait lu, cet auteur proche de Louis de Grenade (L. Cognet, *De la Dévotion moderne...,* p. 28-29 ; *La spiritualité moderne,* t. I, p. 151 et suiv. ; J. Dagens, *Bibliographie chronologique...,* p. 159) n'aurait que développé sa dévotion à Jésus-Christ : chez Avila comme chez Grenade, le mysticisme n'est perceptible que par un œil attentif.

(117) *Introduction à la Vie dévote,* IIe partie, ch. XVII : saint Bonaventure, Gerson, Denys le Chartreux, Louis Blosius, Grenade, Stella, Arias, Pinelli, Dupont, Avila, le *Combat spirituel,* les *Confessions* de saint Augustin, les *Epîtres* de saint Jérôme, et semblables.

Un autre ouvrage, qui figure dans le catalogue de 1742 (118) nous permet de formuler quelques hypothèses : ce sont les *Amoris divini emblemata* d'Othon Vænius, dans l'édition originale d'Anvers 1615 (119). Ce recueil d'emblèmes est dû à un artiste de talent, Otto van Veen, le maître de Rubens, et eut un grand succès : transposant de l'amour humain à l'amour divin les images qui lui avaient servi à composer les *Amorum emblemata* (120), O. Vænius représente en Cupidon l'Enfant Jésus, *Amor divinus,* qui poursuit la jeune *Anima* ; la transformation sacrée des thèmes ovidiens était fréquente dès le Moyen Age, mais l'artiste y ajoute une note très personnelle : cadre champêtre avec des aperçus sur des chapelles solitaires, sur des retraites d'ermites, ouvertures sur les villes impures ou sur la mer dangereuse, scènes d'intérieur, nombreuses allégories, et toujours l'interprétation par les enfants des caractères de l'amour ; dans la sensibilité religieuse l'œuvre de Vænius marque un moment important : les thèmes qu'elle rend populaires seront pendant plus d'un siècle inlassablement repris et, par l'intermédiaire des *Pia Desideria* d'Hermann Hugo, serviront à illustrer des textes de Mme Guyon (121) ; comme nous le remarquerons (122), Bossuet ne sera pas toujours insensible à ces thèmes charmants si répandus dans les milieux religieux, surtout dans les couvents féminins (123).

Les textes qui accompagnent les gravures d'Othon Vænius ne sont pas dépourvus d'intérêt (124) : versets de l'Ecriture, extraits des Pères, surtout de saint Augustin, de saint Prosper et de saint

---

(118) N° 798.

(119) Redisons que les titres que mentionne le catalogue de 1742 peuvent représenter des acquisitions du neveu de Bossuet ; et l'ouvrage d'Othon Vænius, qui vaut surtout par sa qualité artistique, peut avoir séduit l'amateur d'art qu'était le futur évêque de Troyes. Néanmoins, l'étude de ce catalogue a toujours prouvé que le neveu n'avait presque rien ajouté au fonds de livres hérité de M. de Meaux, et il est impossible de démontrer que les *Amoris divini emblemata* sont un des très rares ouvrages ajoutés à ce fonds primitif.

(120) Anvers, 1608.

(121) Sur l'œuvre d'O. Vænius, voir K. L. Selig, dans D. S., t. IV, c. 606-608 ; M. Praz, *Studies in Seventeenth-Century imagery,* 2e éd., Rome, 1964, p. 99 et suiv., 134 et suiv., 526. Sur l'interprétation de l'enfant dans l'imagerie, W. Messerer, *Kinder ohne Alter,* Ratisbonne, 1962, surtout p. 14 et 57 ; D. S., t. IV, c. 663-665 (sur l'Enfant-Jésus). Sur H. Hugo, M. Praz, *op. cit.,* p. 143-144, 376-379.

(122) *Infra,* p. 712.

(123) Entre autres, voir Béatrix de la Conception, *Lettres choisies,* prés. par P. Serouet, Bruges-Paris, 1967, p. 286, sur H. Hugo.

(124) Les vers espagnols d'Alonso de Ledesma, français de Carolus Hattonius, et néerlandais de Vænius, qui suivent les textes patristiques ne sont qu'une traduction de la gravure et ont une faible valeur littéraire.

Bernard (125), éclairent une vie intérieure reposant sur un solide ascétisme et sur le combat spirituel (126), attentive aux progrès vers la perfection (127) soucieuse de se manifester par des œuvres (128). L'augustinisme très prononcé de ces textes débouche sur une exaltation du bonheur, *felicitas,* de l'amour (129), sur l'espoir de la récompense (130), sur l'aspiration à l'unité (131) qui passe par l'union de deux volontés (132) ; les *Amoris divini emblemata,* à travers l'image et le mot, transmettent quelques-uns des aspects essentiels de la spiritualité catholique au début du XVIIe siècle : si Bossuet l'a vraiment lu en ses années de jeunesse (133), le livre d'O. Vænius n'a pu que confirmer en lui des tendances latentes et contribuer à éveiller sa sensibilité religieuse (134).

b) *Les approbations.*

Bossuet, docteur en théologie, a approuvé un certain nombre de livres parmi lesquels figurent d'authentiques ouvrages de spiritualité. Est-ce le témoignage direct que nous cherchons ? Ces approbations nous feront-elles découvrir les idées et les tendances profondes de l'approbateur ?

Des remarques préalables s'imposent : quel sens donne-t-on au XVIIe siècle à l'approbation d'un livre ? Comment se font ces approbations ? Depuis 1521 (135), deux arrêts du Parlement décident que tout livre de caractère religieux devra être examiné par la Faculté de théologie, et en 1542 un nouvel arrêt interdit la mise en vente d'un livre qui n'aura pas été soumis à des examinateurs désignés. A côté de cette permission, morale ou doctrinale, les livres sont soumis à l'obligation du privilège, de caractère commercial, garantie contre la contrefaçon. En 1566, une décision royale défend d'im-

---

(125) Mais aussi une fois de Denys (*Amoris divini emblemata, op. cit.*, p. 38) et deux fois de Sénèque (p. 76, 92) mis sur le même plan que les Pères de l'Eglise.

(126) P. 10, 48, 56, 58, 60, 62, 76, 98, 112, 120.

(127) p. 10, 50, 66, 72.

(128) P. 34, 40, 60.

(129) P. 108.

(130) P. 20, cf. saint Bernard : « *ipse diligenti præmium est amplissimum* », espoir qui n'empêche pas l'amour d'être « pur » (p. 26).

(131) P. 28 : texte de saint Augustin : « *sicut omnia ab uno in multa processerunt ; sic cuncta quae ad illud unum redire conantur, necesse est exuere multitudinem* » ; cf. p. 74, 124.

(132) P. 36, 118

(133) S'il possède l'édition de 1615 est-ce parce qu'il a acquis le livre avant 1660, date de la seconde édition ?

(134) Cf. *infra* p. 247, sur le *Cantique des Cantiques ;* p. 229, sur sainte Madeleine.

(135) P. Feret, *La faculté de théologie de Paris et ses docteurs les plus célèbres,* Paris, 1900-1907, t. I, p. 31 et suiv.

primer un livre sans permission ni privilège (136). La permission est accordée par un docteur de la Faculté de théologie et ce n'est que très tardivement que furent instaurés et effectivement mis en place des censeurs royaux (137). Dans la pratique, à l'époque où Bossuet siège à la Faculté de théologie, les approbations sont données par des docteurs qui en font la demande à la Faculté ; l'initiative vient donc d'eux, en faveur des livres qu'ils ont des raisons d'estimer, et des auteurs qu'ils connaissent ou qui leur sont recommandés. Mais parfois ils ne lisent même pas le livre (138) ; ou bien des sociétés chargent leurs confrères d'approuver les ouvrages qu'elles patronnent : il n'est pas rare de trouver dans les *Annales de la Compagnie du Saint-Sacrement* mention de l'approbation par un confrère d'un ouvrage spirituel auquel elle s'intéresse (139). Il est donc possible que les approbations données par Bossuet entrent dans cette catégorie et soient moins le signe d'une conviction personnelle que de la complaisance, ou de la confiance qu'il porte à un auteur ou à ceux qui le soutiennent. D'ailleurs Bossuet ne semblera pas plus tard attribuer grande importance à une approbation (140).

---

(136) H.-J. Martin, *Dictionnaire des lettres françaises*, XVIIe *siècle*, p. 628, s.v. *Livre.*

(137) H.-J. Martin, *loc. cit.* ; Feret, *op. cit.*, t. III, p. 32 et suiv.

(138) Saint Vincent de Paul, *Correspondance*, éd. Coste, t. IV, p. 593 : « J'ai répondu à la reine qu'il était vrai que... avait signé les livres de Jansénius et *De la Fréquente Communion*, mais que c'était sans les lire, n'en ayant pas eu le loisir et qu'il était dans de bons sentiments. A quoi Sa Majesté a répliqué en demandant si on pouvait signer les livres sans les voir. Je lui ai dit que... feu Monseigneur de... m'avait assuré qu'il avait signé le livre *De la Fréquente Communion* sans le voir » (lettre du 29 mai 1653). De plus, une approbation peut se rétracter ; ainsi Courcier, le 11 septembre 1700, rétractera dans l'assemblée de Sorbonne l'approbation qu'il avait donnée au livre du P. Tellier, *Défense des nouveaux chrétiens* (Ledieu, *Journal*, t. II, p. 142).

(139) Par exemple le 17 mai 1660 Charles Mallet « l'un des plus excellents sujets de cette compagnie » approuve *Le Chrétien Intérieur* de Bernières (R. de Voyer d'Argenson, *Annales...*, pub. par Beauchet-Filleau, p. 210). La pratique des autres congrégations est comparable : on ne publie qu'après avoir soumis son livre à ses confrères (cf. dans la Congrégation de l'Exaltation de la Sainte-Croix, B.N., fr. 2786, f° 6 v° ; cette pratique occasionna même à cette congrégation des difficultés en 1638 de la part de la Faculté de théologie : Bibl. Sainte-Geneviève, ms. 960, f° 210).

(140) En 1691, parlant de livres que Mme Cornuau lui soumet : « ... Il y en a quelques-uns que je ne connais pas, qu'on peut supposer bons à cause de l'approbation, jusqu'à ce qu'on y ait reconnu quelque erreur ou quelque surprise » (C.B., IV, p. 353-354) ; et en 1693 : « Quoique j'aie approuvé le livre de M. de la Trappe, ce n'est pas à dire pour cela que j'approuve toutes ses pensées comme nécessaires ; il suffit qu'elles soient utiles pour donner lieu à l'approbation... » (C.B., VI, p. 2).

Pour la période qui nous intéresse, et en ne retenant que les titres d'ouvrages qui ont quelque rapport avec la spiritualité, voici la liste des approbations données par Bossuet (141) :

— *L'Eglise outragée par les novateurs condamnés et opiniâtres* [...] par le R.P. du Bosc, Religieux Cordelier, Paris, 1657, in-4°.

— *Catéchisme spirituel* [...], par I.D.S.F. [le P. Surin], Paris, Cramoisy, 1661, in-12 ; tome II, Paris, 1663, in-12.

— *Dieu seul, ou l'association pour l'intérêt de Dieu seul,* par Henry-Marie Boudon, Paris, Lambert, 1663, in-24.

— *Traité de saint Bernard* [...] *de l'Amour de Dieu,* traduit en français par le R.P. Antoine de Saint-Gabriel, Paris, 1667, in-12.

— *Les Fondements de la vie spirituelle, tirés du Livre de l'Imitation de Jésus-Christ,* [par le P. Surin], Paris, 1667, in-12.

— *Instruction chrétienne tirée du catéchisme du Concile de Trente,* par le P. Jacques Talon, de l'Oratoire, Paris, 1667, in-12.

— *Exercices du très-pieux dom Jean Thaulère* [...], traduits en français par le P. Jacques Talon, de l'Oratoire, Paris, 1669, in-12.

— *Testament spirituel ou Prière à Dieu pour se disposer à bien mourir,* par le P. Lalemant, Paris, 1669, in-12.

La moisson est assez ample et semble significative : Surin, Boudon, Tauler, saint Bernard ; est-ce un Bossuet « mystique » qui aurait approuvé ces ouvrages ? Reprenons chacun de ces titres et essayons, puisqu'une approbation est une démarche personnelle, de trouver les raisons qui ont poussé Bossuet à approuver ces volumes.

Tout est étonnant dans l'approbation que donne Bossuet au *Catéchisme spirituel* du P. Surin le 16 décembre 1660, et Fénelon, qui la lui reprochera, ne semble pas en avoir perçu le sens. La composition et les éditions de ce *Catéchisme* ont été récemment étudiées (142) ; le *Catéchisme* commença par circuler en manuscrit : le P. Surin, en effet, le dicta tout entier entre octobre 1651 et octobre 1655, et songea bientôt à le faire imprimer (143), mais

(141) C.B., I, p. 500-507.

(142) M. de Certeau, *Les œuvres de Jean-Joseph Surin,* dans R.A.M., 1964, p. 467-476 ; 1965, p. 55-64.

(143) Voir la correspondance entre Jeanne des Anges et Mme du Houx en 1655 et 1656 (J.-J. Surin, *Correspondance,* éd. M. de Certeau, p. 509 et suiv.) : par exemple le 20 juin 1655 : « Il [Surin] est en peine si son *Catéchisme spirituel* est imprimé ; envoyez-le nous quand il vous plaira... » (Mme du Houx à Jeanne des Anges) ; le 26 juillet 1655 : « Je vous envoie le *Catéchisme* du très cher Père Seürin et vous en recommande l'impression. Je vous prie qu'elle soit belle car il a

l'édition tarda, source d'inquiétude pour lui, et ne parut qu'en 1657 à Rennes, à petit nombre d'exemplaires, semble-t-il, et sans bruit (144), approuvée par le docteur Gilles de Gain (145) ; mais, si l'on en croit une lettre du P. Surin à son ami et dirigé Guy Lanier, abbé de Saint-Etienne de Vaux, du 25 août 1657 (146), l'auteur ne s'y reconnut pas, désolé de voir l'état dans lequel son *Catéchisme* avait été mis par « quelques personnes de piété ». Ces « personnes de piété » qui avaient procuré l'édition de 1657 étaient avant tout Mme du Houx et les dévots de Bretagne qui secondaient le zèle de Jeanne des Anges. Les responsables de l'édition parisienne de 1661 sont mieux connus et nous font comprendre le sens de l'approbation donnée par Bossuet. Dès le 1er juillet 1660, Bossuet fit demander à la Faculté l'autorisation d'approuver le *Catéchisme spirituel* sous une forme légèrement différente de la forme définitive : « *M.N. du Plessis de Gesté nomine M. Ntri Bossuet petiit ut ei liceret probare Catéchisme Spûel composé pour les contemplatifs revu et remis en ordre par le prieur de St André, pbre, cons., et aumônier du Roi* » (147).

L'édition parisienne sortit enfin chez Claude Cramoisy, le premier tome en 1661, le deuxième en 1663, portant des approbations différentes (148) : le tome I est approuvé le 16 décembre 1660 par Bossuet et par Thomas Regnoust, et porte en tête une lettre de Boudon du 14 décembre ; le second tome est approuvé le 2 juillet 1663 par Bossuet et par Guillaume de La Brunetière (149). D'autres personnages s'occupent activement de ces éditions, et avant tout

grande affection à cela » (Jeanne des Anges à Mme du Houx) ; cf. R.A.M., 1964, p. 471-472. Sur Mme du Houx et la place qu'elle tient dans la vie religieuse en Bretagne, cf. H. Bremond, *Histoire littéraire...*, t. V, p. 140-147 ; E. Catta, art. Du Houx, D.S., t. III, c. 1769 et suiv. ; et la *Correspondance* de J.-J. Surin, *passim*, surtout p. 556 et suiv.

(144) Cf. Lettre de Jeanne des Anges : le P. Surin s'inquiète de son *Catéchisme* et elle ne sait que lui en dire (*Correspondance*, p. 518). Sur les obstacles rencontrés dans la Compagnie de Jésus par ce projet d'édition. cf. R.A.M., 1964, p. 472-473, et 1965, p. 58. Description de l'édition de 1657 dans l'Appendice II des *Lettres Spirituelles* du P. Surin, édition Michel et Cavallera, t. II, p. 435-436 ; cf. D.S., t. II, c. 2204 (s.v. *Conti*), et R.A.M., 1964, p. 474, n. 119.

(145) « Prêtre, docteur en théologie de la Faculté de Paris et Maison de Sorbonne, scholastique et chanoine de Rennes, conseiller du Roi, Aumônier et servant de la Reine », membre de la Compagnie du Saint-Sacrement ; sur lui, cf. R.A.M., 1964, p. 475 ; J.-J. Surin, *Correspondance*, p. 64 n. 6, 542. Le 9 janvier 1655, il avait approuvé *Le vrai esprit du Carmel* (Rennes, 1655) de Jean de Saint-Samson.

(146) J.-J. Surin, *Correspondance*, p. 544.

(147) A.N. MM 252, f° 253 v°.

(148) Cf. R.A.M., 1965, p. 60-61.

(149) C.B., I, p. 501-502 ; R.A.M., 1965, p. 64.

autre le Prince de Conti (150) à qui est adressée une épître dédicatoire signée V.D.M. Ces initiales désignent clairement Vincent de Meur, qui n'est autre que le « prieur de Saint-André » auquel faisaient allusion en juillet 1660 les registres de la Faculté de théologie (151). Tous ces noms nous orientent vers un petit cercle d'amis qui tous sont membres de la Compagnie du Saint-Sacrement. L'édition parisienne du *Catéchisme spirituel* est une de leurs « œuvres ». C'est sans doute le Prince de Conti qui y intéressa ses confrères tout prêts à lui obéir : depuis le mois de juillet 1660, il est membre de la Compagnie (152), et se montre plein de zèle (153). Il a connu le P. Surin, admire son œuvre (154), et tient à la faire publier (155). Celui qu'il charge de l'édition est Vincent de Meur, lui aussi confrère zélé (156), un disciple du P. Bagot (157), cet « homme célèbre » écrira Bossuet en 1696 (158) : auprès de lui, Vincent de Meur séjourne à l'Hermitage du Faubourg Saint-Jacques (159) ; sur ses conseils il répand l'Aa à travers la France (160) et fait des missions en Bretagne (161). Vincent de Meur est ainsi en rapports avec tous les gens actifs qui constituent la communauté du P. Bagot et que l'on trouve à la tête des œuvres spirituelles et charitables à travers toute la France et surtout dans

---

(150) Allusion de Surin dans son *Autobiographie*, juste avant la publication du 2e tome : *Lettres spirituelles*, éd. Michel et Cavallera, t. II, p. 70.

(151) J. Grandet, *Les saints prêtres français du* XVIIe *siècle*, pub. G. Letourneau, Angers, 1897-1898, t. I, p. 136, citant la *Vie* du P. Maunoir, p. 257 : « Un docteur de Sorbonne nommé M. de Meur, supérieur du Séminaire des Missions Etrangères, et fort connu en Bretagne sous le nom de Prieur de Saint-André... ». Une note de l'éd. Letourneau précise : « Saint-André de la Bellière ». Sur tous ces personnages, consulter la *Correspondance* de J.-J. Surin.

(152) Dès 1657, il collabore avec elle (R. de Voyer d'Argenson, *Annales...*, p. 168) ; il est admis le 1er juillet 1660 (*ibid.*, p. 203).

(153) D.S., t. II, c. 2202-2205 ; R.A.M., 1948, p. 156 et suiv. ; J.-J. Surin, *Correspondance, passim.*

(154) H. Bremond, *Histoire littéraire...*, t. V, p. 150.

(155) Cf. le témoignage cité plus haut de l'*Autobiographie* du P. Surin, *Lettres spirituelles*, éd. Michel et Cavallera, t. II, p. 70 : « ... un Prince du sang qui avait procuré cela... Il m'écrivit qu'il approuvait mon obéissance à mes supérieurs, que néanmoins il croyait que Dieu serait servi en cela, désirant qu'on continuât un second volume... ». Cf. R.A.M., 1965, p. 56.

(156) R. de Voyer d'Argenson, *Annales...*, p. 234 (à la date de 1664).

(157) Sur lui : B.N., 500 Colbert 155, f° 75 v°-76 ; Deslyons, B.N. fr. 24998, f° 331, 494 ; J.-J. Surin, *Correspondance*, p. 627, 824.

(158) C.B., VII, p. 327.

(159) Cf. A. Arnauld, *Les Illusions des Jésuites*, p. 9, cité par A.-G. Martimort, *Le gallicanisme..*, p. 208-209.

(160) D.S., t. II, c. 1492.

(161) H. Bremond, *Histoire littéraire...*, t. V, p. 114, n. 1 ; J. Grandet, *Les saints prêtres...*, t. I, p. 136-137.

l'Ouest : Boudon, Fermanel, etc. (162). C'est surtout comme fondateur du Séminaire des Missions Etrangères (163) que Vincent de Meur est en rapports avec Bossuet : ce dernier en effet prêchera le 27 octobre 1663 à l'inauguration de la chapelle provisoire du Séminaire (164) et ses relations avec l'établissement ne cesseront pas (165), au point que Michel Gazil, supérieur en 1669, pourra affirmer que le « Séminaire lui est très obligé » (166). Bossuet pouvait fort bien en 1660 accorder son approbation à toute œuvre patronnée par un confrère éminent comme le Prince de Conti (167), et exécutée par Vincent de Meur avec lequel il collaborera bientôt étroitement. L'appartenance à la Compagnie du Saint-Sacrement et le dévouement à ses œuvres n'était en tout cas pas le signe d'un choix spirituel particulier pour la raison qu'il n'y a pas de spiritualité propre à la Compagnie : toutes les familles spirituelles y sont représentées et la dévotion à Jésus-Christ caché au Saint-Sacrement n'est pas alors d'une grande originalité (168).

Boudon ne nous fait pas quitter les milieux de la Compagnie du Saint-Sacrement et de ses amis (169), et il est en relations avec le P. Surin (170) ; la grande épître qu'il plaça en tête du *Catéchisme spirituel* est un témoignage accordé à la doctrine du livre (171), et nous avons l'impression que les amis du P. Surin tentent un grand effort, en intéressant à l'édition parisienne tous ceux qui ont quelque influence.

Ce qui est encore plus clair et permet de voir dans l'approbation donnée par Bossuet une démarche collective ou sociale plutôt que

---

(162) J. Grandet, *Les saints prêtres...*, t. I, p. 133-146 ; [Matthieu], *Vie* [...] *de* [...] *Boudon*, p. 33.

(163) [Matthieu], *Vie* [...] *de* [...] *Boudon*, p. 62-63.

(164) O. O., VII, p. 638.

(165) Nous trouvons, le 26 mai 1666, le nom de Bossuet à côté de ceux de Vincent de Meur et de Gazil au bas d'« Articles accordés... entre Messrs. du Séminaire des Missions Etrangères dans la Maison de Monsieur le Marquis de Fénelon... » Archives des Missions Etrangères, Copie, 2 p. in-f°.

(166) C. B., XIV, p. 372-373, et n. 2.

(167) Bossuet était aussi lié avec la Princesse de Conti : il a dû la rencontrer à Metz en 1657 (A. Floquet, *Etudes...*, t. I, p. 426 ; II, p. 177) ; le 7 août 1663, elle assiste au panégyrique de saint Gaétan de Thiène que prononce Bossuet, A. Floquet, *Etudes...*, t. II, p. 266.

(168) Cf. *Histoire spirituelle de la France*, Paris, 1964, p. 248.

(169) Ses liens avec le P. Bagot sont connus : [Matthieu], *Vie* [...] *de* [...] *Boudon*, p. 33. Cependant il n'est pas certain qu'il ait fait partie de la Compagnie du Saint-Sacrement (A. Auguste, *Les Sociétés secrètes catholiques au* XVIIe *siècle et H.-M. Boudon*, Paris, 1913).

(170) Il écrira sa *Vie* publiée en 1683, [Matthieu], *op. cit.*, p. 374-375.

(171) Cf. R.A.M., 1965, p. 61-62 ; J.-J. Surin, *Correspondance*, p. 1070-1071.

personnelle, est le caractère des deux autres approbateurs : Thomas Regnoust en 1660, et Guillaume de La Brunetière en 1663. Le docteur Regnoust est en effet confrère de la Compagnie du Saint-Sacrement qui le choisit même en 1661 comme conseiller ecclésiastique (172) et toute son activité montre qu'il s'intéresse aux œuvres qu'elle inspire : il participe à la Conférence des Mardis, remplace Abelly comme recteur de l'Hôpital général (173) ; rien qui doive nous étonner dans l'approbation qu'il donne au *Catéchisme spirituel* qui de plus en plus nous apparaît comme l' « œuvre » d'un petit groupe de dévots. Il en est de même, encore que d'autres raisons s'y ajoutent, de l'approbation donnée par Guillaume de La Brunetière en 1663. Ce dernier aussi fait partie de la Compagnie du Saint-Sacrement, est en relations avec Monsieur Vincent (174) et avec Boudon. Surtout il doit connaître le P. Surin car il est le neveu très cher de Guy Lanier, abbé de Vaux, grand vicaire du diocèse d'Angers (175), en tête de toutes les œuvres charitables ou spirituelles de son entourage (176), le correspondant et le dirigé du P. Surin (177) à qui il écrivit nombre de lettres (178). De Surin l'édition récente rapporte de belles lettres spirituelles adressées à Guy Lanier (179). En 1657, Lanier est nommé à Paris archidiacre de Brie mais fait démission de ce titre entre les mains du roi qui donne son brevet de concession à Guillaume de La Brunetière, son neveu envers qui, selon le P. Surin, il a trop de complaisance (180).

---

(172) R. de Voyer d'Argenson, *Annales...*, p. 215.

(173) P. Coste, *Monsieur Vincent*, t. II, p. 506.

(174) P. Coste, *Monsieur Vincent*, t. III, p. 460. Sur La Brunetière, notice dans A. Floquet, *Etudes...*, t. II, p. 31-33 ; J.-J. Surin, *Correspondance*, p. 64 n. 6, 529, 537.

(175) Sur Lanier, notice dans J. Grandet, *op. cit.*, t. III, p. 176-190 ; voir [Picot], *Essai* [...] *sur l'influence de la religion...*, t. I, p. 438 et suiv. ; t. II, p. 121-122 ; C.B., III, p. 333 ; J.-J. Surin, *Correspondance*, p. 528-529.

(176) Il crée la Maison des Pénitentes vers 1640 avec « plusieurs vertueux laïcs » (J. Grandet, *op. cit.*, t. III, p. 182-183), fait des conférences ecclésiastiques (*id.* p. 185), encourage la création d'une communauté pour instruire les Nouvelles Catholiques ; au demeurant assez ultramontain et antijanséniste, comme le sont les « dévots » (*id.* p. 189). Il connaît bien M. Vincent, Louis Abelly, M. Olier (*id.* p. 178, 184, et R.H.E.F., 1960, p. 142 n. 6).

(177) Depuis Loudun dont les exorcismes le convertirent, J. Grandet, *op. cit.*, t. III, p. 177.

(178) « Tant de lettres qu'il vous a plu de m'écrire », lui écrit Surin le 8 février 1657 (*Correspondance*, p. 529).

(179) 8 février 1657 (*Correspondance*, p. 528), 18 mars 1657 (*id.* p. 537), 25 août 1657 (*id.* p. 541).

(180) J. Grandet, *op. cit.*, t. III, p. 185 ; CB, III, p. 333 n. Lettre de Surin du 18 mars 1657 : « que le bien que vous faites à Messieurs vos neveux soit plutôt fondé sur la charité que sur des vues naturelles et les affections humaines... » (*Correspondance*, p. 538).

Les raisons familiales s'ajoutent à la déférence envers le Prince de Conti et Vincent de Meur pour pousser Guillaume de La Brunetière à approuver le *Catéchisme spirituel.* Or il est installé pendant ces années au Doyenné de Saint-Thomas du Louvre (181), sous le même toit que Bossuet qu'il fréquente assidûment : leurs deux noms sont alors souvent rapprochés dans les textes (182).

Dans l'entreprise du *Catéchisme spirituel,* Bossuet ne semble donc pas jouer un rôle de premier plan ; d'autres ont pris l'initiative avant lui : c'est en effet « M.N. du Plessis de Gesté » que le 1er juillet 1660 Bossuet charge de demander l'approbation du livre, et le docteur du Plessis de Gesté n'est autre que Guillaume de La Brunetière. Tout indique que Bossuet prête son nom à ses amis et à ses confrères (183). Il reste cependant qu'il a accepté de les suivre : a-t-il donc lu et étudié de près l'ouvrage qu'il recommande ? La question était importante en 1661, elle le sera encore plus trente-cinq ans plus tard. L'édition parisienne en effet, à la différence de l'édition rennaise de 1657, ne passa pas inaperçue ; elle fut attaquée dès sa publication (184) par des jésuites anti-mystiques. La cause portée à Rome auprès du Général aboutit à la confusion des accusateurs et à un jugement très favorable donné par les deux théologiens chargés d'examiner le livre : les Pères Fabri et Poussines. Le jugement très circonstancié que rendit le second (185) est intéressant car il fait intervenir (parmi d'autres arguments, plus solides) l'autorité des quatre docteurs qui ont approuvé l'ouvrage : Gilles de Gain (en 1657), Boudon, Regnoust et Bossuet (en 1660), « ... *a quatuor doctoribus, claris viris et in dignitate ecclesiastica constitutis, post severum examen probatum et laudatum...* », « ...*contra præscriptas autoritates celebrium approbatorum quos dixi quatuor...* » (186). Ne nous laissons pas éblouir par ces brillantes formules et par le « sévère examen » auquel se seraient livrés les approbateurs ; le P. Poussines ne fait que

---

(181) R.B., 1903, p. 111 ; C.B., III, p. 333 n. ; nous lisons dans le ms. B.N. 500 Colbert 155, f° 59, ces notes concernant Bossuet et adressées au ministre : « Il gouverne paisiblement le doyen de Saint-Thomas [Lamet] et Le Plessis Gesté [La Brunetière] et Thomassin le suivent volontiers » (texte de 1663).

(182) Et ils resteront liés jusqu'à la fin de leur vie, leur évolution ayant plusieurs points communs ; cf. *infra,* p. 717.

(183) Nous verrons qu'il est aussi en relations avec le marquis de Fénelon qui joue un rôle important dans le milieu de la Compagnie du Saint-Sacrement, J.-J. Surin, *Correspondance,* p. 1342-1345.

(184) Voir l'article de F. de Dainville, R.A.M., 1957, p. 62 et suiv., sur la révision romaine du *Catéchisme spirituel ;* et R.A.M., 1965, p. 61.

(185) Le 1er juillet 1661 : texte dans R.A.M., 1957, p. 67-72.

(186) R.A.M., 1957, p. 68.

traduire le texte de l'approbation portée en tête du tome 1er : « ...certifions avoir lu et sérieusement examiné le livre intitulé... », et il utilise pour défendre le P. Surin l'argument d'autorité que Fénelon retournera contre Bossuet en 1697 ; mais, dans un cas comme dans l'autre, on exagère le sens véritable d'une approbation de docteur, qui s'obtient au XVIIe siècle assez facilement si l'ouvrage ne porte pas sur des questions à l'ordre du jour de la controverse. On comprend ainsi que les explications données par Bossuet en 1697 sur le rôle qu'il joua en 1660 et 1663 soient fort embarrassées et montrent qu'il n'attribuait pas à son geste une signification profonde : « Après tout, pourquoi faire tant de bruit d'un écrit que j'ai approuvé il y a trente ans ? Quand dans un temps non suspect, et avant que les matières fussent discutées, quelques fausses propositions m'auraient échappé dans un livre qu'après tout je ne faisais pas, mais que je lisais seulement, est-ce que la bonne cause en serait blessée ? [...] n'oserais-je plus me corriger, me repentir, avouer ma faute ? Qui suis-je pour mériter que mon approbation soit comptée pour quelque chose ? [...] Mais je ne puis pas faire ce tort à la vérité ni à un saint religieux dont j'ai approuvé l'ouvrage ; je l'approuve encore, et j'en rapporterai quelques endroits » (187). Et l'évêque de Meaux entreprend de justifier les propositions du P. Surin sur lesquelles s'appuyait Fénelon. Tout cela ressemble à une échappatoire, et, même si l'on s'en tient à la lettre de la défense de Bossuet, on peut conclure que le *Catéchisme spirituel* ne lui est pas familier (188), qu'il a accordé peu d'importance à ses approbations et qu'en tout cas on ne doit pas en tirer argument pour supposer chez lui une orientation foncièrement « mystique » en 1660.

⁂

L'approbation que Bossuet donne le 18 novembre 1662 au petit volume de Boudon, *Dieu seul, ou l'association pour l'intérêt de Dieu seul* (189) s'explique à peu près de la même façon que celle du *Catéchisme spirituel,* bien que cette fois nous n'ayons pas tous les

---

(187) LT, XIX, p. 308-309.
(188) Bossuet cite le *Catéchisme spirituel* d'après une édition de 1693, la seule qui figure dans sa bibliothèque (catal. 1742, n° 1197), et non d'après l'édition qu'il a approuvée ; ne pressons pas trop cet argument : l'évêque de Meaux peut citer la dernière réédition de Surin, celle que ses lecteurs ont sans doute entre les mains.
(189) C.B., I, p. 502-503.
(190) On regrette de ne pas trouver dans les registres de la Faculté de théologie (A.N., MM 253) mention de cette approbation. Ces registres ne sont pas exhaustifs. Les mss. B.N., n.a.lat. 2456-2458 ne sont que la copie des précédents.

maillons de la chaîne (190). Boudon avait participé à l'entreprise du *Catéchisme spirituel* en envoyant une épître de recommandation et, en 1662, nous trouvons la signature de Guillaume de La Brunetière à côté de celle de Bossuet : La Brunetière a fort bien pu entraîner son ami et commensal, qui ne devait voir en Boudon qu'un ami de cette Compagnie du Saint-Sacrement qui survit aux premières interdictions officielles.

Dieu seul est en effet le premier ouvrage imprimé de Boudon (191) et Bossuet ne pouvait connaître par ailleurs la doctrine spirituelle la plus hardie de l'auteur. Pourquoi, en 1662, l'expression « pur amour » si fréquente dans le petit livre (192) l'aurait-elle effarouché ? Il devait bien plutôt en retenir l'allure apostolique, dans l'esprit de la Compagnie du Saint-Sacrement (193), le ton ascétique (194), la lutte contre l'amour-propre (195), la méditation de saint Paul (196) ; l'insistance du grand archidiacre d'Evreux sur le néant de l'homme et des choses (197) devait éveiller en lui quelque écho. A une lecture rapide, celui qui ignore l'œuvre postérieure de Boudon ne peut découvrir dans *Dieu seul* qu'un ouvrage de spiritualité attachant, mais assez commun (198).

⁂

L'approbation donnée le 24 janvier 1667 (199) à la traduction du *De diligendo Deo* de saint Bernard, par le P. Antoine de Saint-Gabriel, provincial de la Congrégation des feuillants en France (200),

---

(191) D.S., t. I, c. 1890.

(192) *Dieu seul*, p. 13, 15, et seconde pagination p. 35. La querelle qui vers 1640 fut émue sur la question du pur amour entre le P. A. Sirmond et J.-P. Camus doit avoir été ignorée par Bossuet (H. Bremond, *La querelle du pur amour au temps de Louis XIII*, Paris, 1932 ; G. Joppin, *Une querelle autour de l'amour pur, Jean-Pierre Camus*, Paris, 1938) : au temps de la querelle du quiétisme il parlera de Camus comme d'un inconnu (*infra*, p. 682) et rien ne prouve qu'il ait entendu parler de la *Défense de la vertu* d'A. Sirmond. En revanche il connaît bien et estime l'œuvre de l'oncle d'A. Sirmond, le savant P.J. Sirmond (A.-G. Martimort, *Le gallicanisme...*, p. 160-161).

(193) *Dieu seul*, p. 19, 24, 25, seconde pagin., p. 94, 104 et suiv.

(194) *Id.* seconde pagin., p. 4.

(195) *Dieu seul*, seconde pagin., p. 4, 15, 29.

(196) *Id.* seconde pagin., p. 25 : « Vous êtes morts... ».

(197) *Id.* seconde pagin., p. 15, 48, 57.

(198) Fénelon rappellera aussi cette approbation et mettra Bossuet en contradiction avec lui-même (*Œuvres*, t. III, p. 232-233) ; il soulignera que l'ouvrage fut condamné à Rome (mise à l'Index le 9 juin 1688, cf. de Guibert, *Documenta...*, p. 501).

(199) C.B., I, p. 504.

(200) D.S., t. V, c. 285. Il continuera à traduire saint Bernard, cf. card. Bona, *Lettres*, éd. Sala, p. 299. Les *Chroniques du monastère royal*

s'explique selon toute vraisemblance par la personnalité du traducteur et de celle à qui est dédié le volume. En outre les noms de Guillaume de La Brunetière et de Léonard de Lamet qui figurent à côté de celui que Bossuet nous orientent cette fois vers le Doyenné de Saint-Thomas du Louvre (201) : une approbation au XVIIe siècle ressemble beaucoup à l'entreprise commune d'un groupe d'amis. En outre les registres de la Faculté de théologie mentionnant cette intervention du 3 janvier 1667 (202) font une confusion sur le titre cité de mémoire et très approximativement par Bossuet. Nous pensons que le doyen de Metz demande d'approuver cette traduction sans bien connaître le livre, peut-être sur la recommandation de François Bossuet, très lié avec les feuillants (203), ou sur celle de la marquise de Senecey (204).

***

Avec *Les Fondements de la vie spirituelle tirés du livre de l'Imitation de Jésus-Christ, par I.D.S.F.P.* (Jean de Sainte Foy, prêtre = le P. Surin) qu'approuve Bossuet le 4 mars 1667 (205), nous trouvons encore une œuvre qui suscita des polémiques : Fénelon n'oubliera pas la démarche de son adversaire qui sera fort embarrassé pour se justifier (206). Bien des raisons poussaient Bossuet à donner cette approbation : il a déjà approuvé les deux tomes du *Catéchisme spirituel* et n'a sans doute rien su des démarches romaines d'obscurs jésuites de Bordeaux ; or ceux qui ont travaillé à la publication du *Catéchisme spirituel* s'occupent en 1667 de celle des *Fondements de la vie spirituelle :* Vincent de Meur, réalisant le vœu du Prince de Conti mort l'année précédente, donne au public la nouvelle œuvre du Père Surin et la dédie à la Princesse de Conti (207). Nous pénétrons dans le même cercle de dévots que

---

de Saint-Bernard des Feuillants le diront en 1668 « zélé contre la perverse doctrine des jansénistes » (Bibl. Mazarine, ms. 3334, p. 189).

(201) R. B., 1903, p. 110 et suiv.

(202) « *M. N. Bossuet petiit ut probaret versionem Tractatus s. Bernardi de oratione* » (A. Floquet, *Études...*, t. III, p. 112, revu sur A. N., MM 253, f° 103).

(203) Ledieu, *Mémoires,* éd. Guettée, t. I, p. 71, qui signale que François Bossuet obtint pour son parent le panégyrique de saint Joseph, à l'église des feuillants, rue Saint-Honoré, en 1660. Antoine Bossuet était aussi lié avec les feuillants et eut la chapelle qu'y avait François Bossuet : R. B., 1902, p. 121 ; et surtout Bibl. Mazarine, ms. 3334, p. 138, 150-151.

(204) A qui est dédié le volume. Bossuet la connaissait bien : cf. Ledieu, *Mémoires*, t. I, p. 71.

(205) C. B., I, p. 504.

(206) LT, XIX, p. 310-311.

(207) Cf. R.A.M., 1964, p. 445-446.

sept ans plus tôt, cercle où apparaît maintenant un homme lié avec Bossuet, le docteur Nicolas Pignay. Ce théologien de valeur (208) est proche des milieux dévots (209), rencontre souvent Bossuet à la Faculté (210) et plus encore dans les conférences qui, en 1667 justement, les réunissent chaque semaine au palais archiépiscopal de Péréfixe (211). L'approbation que donne Bossuet aux *Fondements* est-elle différente de celle du *Catéchisme spirituel ?* L'auteur avait été de longue date recommandé à Bossuet par des gens en qui il avait confiance, et les deux approbateurs se connaissent personnellement.

En tout cas Bossuet restera persuadé que l'ouvrage qu'il a approuvé est parfaitement orthodoxe. Lorsqu'en 1697 on lui fera remarquer qu'il semble avoir cautionné un livre qui favorise le « quiétisme », il pourra écrire à son neveu : « ...l'autre s'appelle *Les fondements de la vie spirituelle,* approuvé de moi étant doyen de Metz, où l'on prétend que la nouvelle spiritualité est tout du long ; mais ce n'est rien, et tout le contraire s'y trouve dans l'endroit qu'on m'oppose, chapitre V, que je vous marque à tout hasard, afin que, s'il vous tombait entre les mains vous sussiez ce que c'est » (212).

⁂

Plus claires, deux autres approbations, l'une du 2 avril 1667 de l'*Instruction chrétienne tirée du catéchisme du Concile de Trente* par le P. Jacques Talon de l'Oratoire, l'autre du 4 mai 1669 des *Exercices du très-pieux dom Jean Thaulère sur la vie et la passion de N.S.J.C.,* [...] *traduits en français par le P. Jacques Talon de l'Oratoire.*

---

(208) B.N., ms. 500 Colbert 155, f° 61, « homme de bien », théologien de médiocre qualité, attaché aux jésuites, n'ayant de crédit qu'auprès des dévots. A.-G. Martimort, *Le gallicanisme...,* p. 170.

(209) Il approuve des œuvres de saint Jean Eudes en 1651, 1653, 1662 et 1666 (cf. Ch. Berthelot du Chesnay, *Les missions de saint Jean Eudes,* Paris, 1967, p. 269, 270, 277, 282, 285 ; A.N., MM 253, f° 15 v° [4 novembre 1661]) ; en 1653, sans doute (date de la 1re édition : sur la réédition de Paris 1664, nous lisons : 1633), il approuve *L'Histoire de l'hostie miraculeuse arrivée au couvent des religieux carmes des Billettes,* de Léon de Saint-Jean, et en 1669, la seconde partie de la *Pratique facile...,* de F. Malaval (Paris, 1670). Est-ce le même que le Nicolas Pignay, doyen de Luçon, qui favorise en cette ville l'établissement de la Mission (P. Coste, *Monsieur Vincent,* t. II, p. 92) ?

(210) Voir les registres A.N., MM 252 et 253 *passim.*

(211) A. Floquet, *Etudes...,* t. III, p. 111, d'après Ph. Gourreau, B.N. ms. fr. 24083, f° 114 v°.

(212) C.B., VIII, p. 386-387, 7 octobre 1697 ; cf. aussi LT, XIX, p. 449-451, et sur toute cette affaire, *infra,* p. 663.

L'Instruction chrétienne... est approuvée par sept docteurs de la Faculté (213) ; A. Floquet écrit que Bossuet rédigea le texte de l'approbation et que les autres souscrivirent (214), mais rien ne vient soutenir cette hypothèse. Bossuet figure à l'avant-dernier rang de cette liste où les docteurs sont classés selon leur importance et leur ancienneté : Breda en tête, syndic de la Faculté, curé de Saint-André des Arts (215), puis le fameux et très influent docteur Nicolas Mazure, curé de Saint-Paul, Grenet, Nicolas Petitpied, oncle du professeur de Sorbonne adversaire des jésuites, puis P. Marlin, curé de Saint-Eustache (216), enfin Bossuet, et Omer de Champin, ancien étudiant de Navarre, depuis peu doyen de Saint-Thomas du Louvre par résignation de Léonard de Lamet (217). Bossuet prend rang parmi ses confrères sans s'en distinguer particulièrement.

Plus importants sont les rapports du P. Talon avec la famille des Conti (218) ; ils nous orientent en effet vers le cercle de relations où Bossuet fut introduit par la Compagnie du Saint-Sacrement. *L'Instruction chrétienne* est dédiée aux deux jeunes fils du Prince mort en 1666 : le Prince de Conti et le Comte de Clairmont ; et l'auteur souligne la reconnaissance que doivent à leur famille les Pères de l'Oratoire. Autre point de rencontre, le P. Talon est en rapports avec M. Pinette (219), et nous savons que Bossuet connut cet homme qui tint une certaine place dans les milieux dévots et charitables du XVIIe siècle (220).

Ce faisceau de relations communes est précisé par une lettre de septembre 1667 où le Père Talon semble bien connaître Bossuet : soit conséquence de l'approbation du mois d'avril, soit signe de

---

(213) C.B., I, p. 505. Il y avait aussi les approbations du P. Général, le P. Senault, et de trois évêques, F. Vialart, François Faure et Guillaume Leboux : le rapprochement des noms de Vialart et de Bossuet peut avoir une signification, un commun esprit de réforme catholique dans le sens du concile de Trente ; mais l'argument ne vaut pas pour le pasteur peu zélé qu'est François Faure.

(214) A. Floquet, *Etudes...*, t. III, p. 112, n. 3, d'après A. N. M 154.

(215) Sur tous ces docteurs, A.-G. Martimort, *Le gallicanisme...*, p. 223-225.

(216) A.-G. Martimort, *Le gallicanisme...*, p. 259-260 ; A. Floquet, *Etudes...*, t. II, p. 208.

(217) C. B., I, p. 11, n. 1. De Champin (ou Dechampin) est ami de Bossuet auprès de qui il habite et qu'il a dû rencontrer à la Conférence des Mardis ; il fréquente volontiers les dévots et ce n'est pas la seule fois que nous trouvons Lamet, de Champin et Bossuet approuvant ensemble des ouvrages : le 4 mai 1669, les *Exercices* de Tauler traduits par le P. Talon, C.B., I, p. 506-507 ; voir aussi C.B., II, p. 188.

(218) L. Batterel, *Mémoires domestiques...*, t. III, p. 49 et suiv.

(219) L. Batterel, *op. cit.*, t. III, p. 52.

(220) C.B., XIV, p. 445.

rapports plus étroits et plus anciens, il lui demande son avis sur une correction à apporter à la *Vie* de la Mère Madeleine de Saint-Joseph qu'il prépare (221).

La traduction par le P. Talon des *Exercices* de Tauler que Bossuet approuve deux ans plus tard (222) est dédiée à Anne-Marie de Jésus, religieuse du grand couvent des Carmélites déchaussées de Paris ; elle atteste les rapports étroits du traducteur avec cette communauté (223) où Bossuet avait en 1661 prêché un célèbre Carême (224), et en particulier avec la Sœur Anne-Marie de Jésus : celle-ci, petite-fille du duc d'Epernon (225), donc nièce du cardinal de La Valette, protecteur de l'oratorien (226), est aussi bien connue de Bossuet (227) ; le P. Talon et la carmélite pour qui sont traduits les *Exercices,* paraissent être à l'origine de l'approbation donnée par Bossuet. En tout cas, les *Exercices,* compilation attribuée alors à Tauler (228), ne sont pas une œuvre mystique : ascétique, christologique et affective, elle doit sans doute son succès à son caractère composite et à une doctrine peu tranchée. Il est notable que toutes les œuvres par lesquelles Bossuet aurait pu connaître la mystique font partie d'un fonds commun où les idées vraiment originales ne peuvent être dégagées que par une analyse historique. A la simple lecture, les *Exercices* tauleriens ne révèlent pas la lointaine parenté qu'ils ont avec la mystique germanique.

⁂

Le *Testament spirituel ou Prière à Dieu pour se disposer à bien mourir,* par le P. Lalemant, approuvé le 3 septembre 1669 (229), ne nous éclaire pas beaucoup sur les orientations spirituelles de Bossuet avant son épiscopat. Le P. Pierre Lalemant, prieur de Sainte-Geneviève et chancelier de l'Université de Paris (230), écrivit

---

(221) C. B., I, p. 188-190 ; cf. *infra,* p. 237.
(222) C. B., I, p. 506.
(223) Cf. *supra,* n. 221.
(224) O. O., III, p. 393 et suiv.
(225) L. Batterel, *op. cit.,* t. III, p. 56 ; C. B., I, p. 344, n. 5 ; et surtout *infra,* p. 120.
(226) Cf. l'Epître : « ... Je n'entre point dans les autres considérations qui m'obligent à un continuel souvenir de la Maison en laquelle vous avez pris votre illustre naissance... ».
(227) En 1675, il écrira à la Mère Agnès de Jésus-Maria (Bellefonds) : « Que ma Sœur Anne-Marie de Jésus ne m'oublie pas devant Dieu. Je vous mets toujours toutes deux ensemble... » (C. B., I, p. 344-345), cf. *infra,* p. 254.
(228) L. Cognet, *Introduction aux mystiques rhéno-flamands,* p. 117.
(229) C. B., I, p. 507.
(230) *Religiosissimi* [...] *Petri Lalemantii* [...] *Memoria,* Paris, 1679 ; [Picot], *Essai* [...] *sur l'influence* [...], t. II, p. 538-539 ; et notre article

un certain nombre d'ouvrages de préparation à la mort, parmi lesquels ce *Testament spirituel :* c'est un livre estimable (231) mais d'une assez faible originalité. Il fait partie des livres de la spiritualité moyenne qui paraissent à toute époque et sont réédités (232) à l'usage des âmes peu avancées dans les voies spirituelles. L'approbation que lui donne Bossuet est à ce titre peu significative. Elle s'explique vraisemblablement par les relations que Bossuet dut entretenir avec l'auteur, car l'un et l'autre évoluent dans les mêmes milieux : le P. Lalemant fréquente dès 1667 l'Académie Lamoignon (233) ; non qu'il pût y rencontrer l'abbé Bossuet qui ne participa que plus tard à ces réunions (234), mais il y voit les d'Ormesson, Claude Fleury, Geraud de Cordemoy, Pellisson, et tout le groupe des cartésiens (235), justement tous ceux dont alors, à son retour définitif à Paris (236), Bossuet s'approche, à la fois par affinité intellectuelle (237) et par politique : ne faut-il pas voir dans l'approbation du *Testament spirituel* une politesse à l'égard du chancelier de l'Université et un pas vers les milieux cartésiens, érudits et réformistes, et vers ceux que l'on peut, par extension, appeler le groupe de l'Académie Lamoignon (238) ?

Toutes ces approbations données entre 1657 et 1669 par Bossuet à divers ouvrages de spiritualité ne doivent pas nous faire illusion : elles ne concernent pas directement la spiritualité. Elles sont la plupart du temps en rapport avec l'appartenance de Bossuet à la Compagnie du Saint-Sacrement (239) et permettent de situer le

---

Le P. Pierre Lalemant et les débuts de l'Académie Lamoignon, R.H.L.F., 1961, p. 153-176.

(231) H. Bremond, *Histoire littéraire...,* t. IX, p. 371.

(232) Le *Testament spirituel* eut coup sur coup plusieurs rééditions.

(233) De mai à août 1667 (cf. Bibl. Sainte-Geneviève, ms. 1891, f° 12 et suiv.).

(234) A. Floquet, *Etudes...,* t. III, p. 516 ; A. Rébelliau, *Bossuet historien...,* p. 111.

(235) Bibl. Sainte-Geneviève, ms. 1891, f° 12-13.

(236) En juillet ou août 1668 (C. B., XV, p. 446).

(237) H. Busson (*La religion des classiques,* p. 386 et suiv.) pense que les tentations cartésiennes de Bossuet naissent dès 1667 et se précisent ensuite.

(238) Notons que l'approbation donnée à ce livre par F. Vinot s'explique très bien par l'amitié : F. Vinot est génovéfain et prochancelier de l'Université de Paris, cf. *Religiosissimi* [...] *Petri Lalemantii* [...] *Memoria,* Paris, 1679. Notons enfin que la Princesse de Conti fréquentait Sainte-Geneviève : le 2 juin 1664, elle dîne au réfectoire, P. Lalemant, Bibl. Sainte-Geneviève, ms. 1891, f° 60.

(239) Nous aurions pu ranger dans cette catégorie l'approbation qu'il donnait en 1657 au livre du comte de Druy (Claude Marion né en 1611 : la baronnie de Druy fut érigée en comté en 1658, cf. Moreri, s.v. Marion) : *La beauté de la valeur et la lâcheté du duel,* Paris, 1658 (C. B., I, p. 501). Le duel fut solennellement condamné par le concile de Trente

doyen de Metz dans un milieu ; elles s'expliquent en d'autres cas pas ses rapports personnels avec un auteur ou un traducteur. Au demeurant, la signification d'une approbation est au XVIIe siècle très mince et ne nous permet pas de connaître vraiment les opinions ou la spiritualité de l'approbateur.

III) ETUDES.

Si nous n'avons pu tirer argument de la liste d'ouvrages qui figure dans le *Règlement* du Séminaire de la Propagation de la Foi de Metz, il n'en va pas de même de trois écrits composés entre 1669 et 1675, pleins de conseils précis pour la formation d'un orateur et d'un théologien : nous y trouvons la liste des lectures nécessaires pour se préparer à la prédication et aux études de théologie. L'éloquence sacrée et la théologie touchent par quelque côté à la spiritualité et ces lectures peuvent nous offrir des renseignements intéressants.

Le premier de ces textes *Sur le style et la lecture des Pères de l'Eglise pour former un orateur* (240) est orienté vers la préparation oratoire, mais l'éloquence renferme à la fois le « style » et les « choses ». Ce texte nous apprend que les « choses » se trouvent toujours dans l'Ecriture et les Pères, et, parmi les Pères, dans les

---

(Sess. XXV, Decr. Ref. ch. 19 : peine d'excommunication contre les duellistes et ceux qui les assistent ou les conseillent) et les papes (Grégoire XIII : bulle *Ad tollendum*, 1582 ; Clément VIII : bulle *Illius vices*, 1592), mais il subsista en France ; la forte réaction de Richelieu fut sans lendemain ; dès 1651 commence une vaste campagne pour son abolition effective, sous les auspices de la Compagnie du Saint-Sacrement, du marquis de Fénelon, de M. Olier, de M. Vincent, des Maréchaux, du clergé de France (voir un placard de 1652 en 4 pages intitulé *La Détestation du duel par tous les Etats ;* [Passavant], *Vie de la* [...] *Mère* [...] *Gautron*, Saumur, 1690, p. 508 et suiv. ; [Picot], *Essai* [...] *sur l'influence...*, t. I, p. 355 et suiv., 549 et suiv. ; A. Floquet, *Etudes...*, t. II, p. 183 et suiv. ; P. Coste, *Monsieur Vincent*, t. III, p. 117 et suiv. Voir aussi la place que tient cette question dans les préoccupations de la Compagnie du Saint-Sacrement entre 1651 et 1658 : R. de Voyer d'Argenson, *Annales...*, *passim*. La campagne que mène Pascal dans les *Provinciales* en 1656-1657 ne semble pas en rapports avec ce mouvement). L'ouvrage du comte de Druy est accompagné d'éloges de l'Assemblée du clergé réunie à Paris, des Maréchaux de France, et de Louis XIV. Bossuet dut être très naturellement amené à prendre part à une campagne qu'animent ses confrères Schomberg et le marquis de Fénelon et qui correspond bien à ses idées personnelles : si Bossuet n'a pas prononcé de sermon sur le duel, on trouve beaucoup d'allusions dans les œuvres oratoires : par exemple, *Dissertation sur l'honneur*, prononcée lors de la Mission de Metz en 1658 (O. O., II, p. 424 et suiv.) ; voir aussi O. O., III, p. 354 (le duel y est appelé un assassinat), IV, p. 88-89, 392 ; V, p. 189-190.

(240) O. O., VII, p. 13 et suiv.

œuvres de quelques privilégiés : saint Augustin, saint Jean Chrysostome, saint Grégoire, Tertullien. Les « choses » ne se trouvent pas chez les auteurs modernes ni même chez ceux du Moyen Age, mais chez les Anciens, les Pères latins et par excellence les Pères africains. Entre les modernes, et c'est alors au « style » que Bossuet s'intéresse, nous relevons la *Vie de* [...] *Barthélemy des Martyrs* (241) et les *Provinciales* (242) ; mais si Bossuet estime le « style » de ces œuvres, peut-il faire abstraction de leur contenu ? S'il les prend pour exemples, c'est qu'il goûte aussi la morale exigeante et l'esprit de réforme catholique qui les anime ; cependant il s'agit là de morale et de pastorale plutôt que de spiritualité.

Les conseils proprement théologiques rejoignent les conseils oratoires : dans les opuscules *Traités des Pères les plus utiles pour commencer l'étude de la théologie,* écrit en 1672 (243), et *Sur les études qui doivent suivre la licence,* composé vers 1675 (244), nous ne relevons aucune référence à un ouvrage proprement spirituel : ces écrits sont orientés vers la théologie dogmatique ou positive ; nous apprenons quels Pères de l'Eglise, quels historiens doit suivre et pratiquer l'étudiant. La vie intérieure ne semble pas avoir de rapports avec ces études ; séparation radicale entre des domaines que l'on considère comme hétérogènes : les études, la spiritualité ; n'est-ce pas la marque de toute une génération qui sépare ce qui était autrefois uni dans une vision globale du monde (245) ? D'un côté il y a la science sacrée, de l'autre une vie intérieure. La science sacrée c'est l'étude positive de l'Ecriture et de la tradition, des Pères de l'Eglise et de l'histoire ecclésiastique : le programme élaboré par Bossuet dans ses deux écrits est très beau et traduit un idéal équilibré d'érudition, de réflexion sur les textes et d' « utilisation » de cette science pour la prédication et la connaissance de la « discipline ecclésiastique ». Mais si de ce plan d'un traité de théologie nous ne pouvons rien tirer pour définir une

---

(241) O. O., VII, p. 14. Traduction de Thomas du Fossé et Lemaistre de Sacy, 1663 ; 3 éditions la même année. Sur cette *Vie,* plusieurs jugements dans B. N. ms. n.a. fr. 4333 ; G. Delassault, *Le Maistre de Sacy et son temps,* Paris, 1957, p. 104-110. Sur l'influence de Barthélemy des Martyrs au XVIIe siècle, *Histoire spirituelle de la France,* p. 243-244. Cette *Vie* était jugée janséniste par les adversaires du parti (cf. en 1670, Deslyons, B. N. fr. 24998, p. 653 ; l'évêque de Condom dont il est question à cette page des journaux de Deslyons est le prédécesseur de Bossuet).

(242) Autre éloge des *Provinciales* par Bossuet au temps de l'épiscopat, LT, XIX, p. 582.

(243) LT, III, p. 581, à rectifier par R. B., 1900, p. 11-12.

(244) R. B., 1900, p. 13 et suiv.

(245) Cf. *Nouvelle Histoire de l'Eglise,* t. III, *Réforme et Contre-Réforme,* Paris, 1968, p. 425.

spiritualité, c'est que vers 1675 la dissociation entre théologie positive et théologie mystique, entre science ecclésiastique et spiritualité est un fait accompli. A lire ce beau programme, nous constatons bien que l'objet de ces laborieuses années d'études est religieux, mais nous ne sentons à aucun moment que l'acte par lequel l'homme s'engage dans ces études soit religieux. Bossuet n'est pas un isolé : tous les artisans de l'admirable renouveau des études ecclésiastiques pendant la seconde moitié du XVIIe siècle (et ce sera encore plus vrai des érudits ecclésiastiques du XVIIIe siècle) semblent partager la même évidence (246) : un Lenain de Tillemont est un homme d'une piété et d'une vertu exemplaires, c'est un historien de l'Eglise d'une probité et d'une valeur remarquables (247) : quel lien y a-t-il entre ce travail historique et la vie spirituelle ?

La remarquable érudition historique de Bossuet pourra avoir non seulement un objet religieux mais encore un but religieux, la controverse avec les protestants (248) par exemple, ou l'approfondissement de l'ecclésiologie dans le cadre des querelles du gallicanisme (249) ; or nous ne pouvons que constater que cette science théologique est *une* des activités d'un homme, mais n'est pas le mode d'expression de sa vie spirituelle.

---

(246) Cf. M. de Certeau, dans R.A.M., 1968, p. 381, à propos de Launoy, approbateur inattendu d'un opuscule mystique.

(247) B. Neveu, *Un historien à l'école de Port-Royal*, La Haye, 1966.

(248) A. Rébelliau, *Bossuet historien du protestantisme, op. cit.*

(249) A.-G. Martimort, *Le gallicanisme de Bossuet, op. cit.*

Chapitre 3

ORIENTATIONS THEOLOGIQUES

Les idées et les analyses spirituelles peuvent s'élaborer suivant deux méthodes qui définissent deux orientations : l'une que nous qualifierons d'ascendante ou de psychologique, l'autre que nous appellerons descendante ou théologique. Non que l'on puisse toujours les distinguer nettement et classer facilement un auteur dans l'une ou l'autre de ces catégories, cette division correspond néanmoins à une différence d'esprits assez remarquable. Certains auteurs spirituels partent de l'homme concret, de sa vie, de ses besoins, de ses aspirations, en cherchent la vérité et les orientent vers Dieu : ils font concourir toutes ces forces à l'ascension spirituelle ; ils voient dans la vie spirituelle une réalité qui n'est pas radicalement hétérogène à la vie psychologique, mais qui en est plutôt l'épanouissement, et de même ils ont tendance à voir dans la mystique l'épanouissement de la vie de grâce. Les autres commencent par poser à la lumière de la théologie des principes fondamentaux, et, descendant peu à peu jusqu'à l'homme, ils font coïncider les représentations psychologiques avec les réalités surnaturelles qu'ils ont posées et expliquées, et leur méthode insistera plus que la première sur la transcendance divine, sur les ruptures qui séparent les ordres, et soulignera volontiers l'incapacité radicale de l'homme, en dehors de la motion divine, à s'élever à une vie surnaturelle.

On peut situer Bossuet dans cette seconde famille spirituelle : il est théologien bien plus que psychologue ; ou plutôt sa psychologie n'est pas expérimentale : c'est la projection sur l'homme concret de concepts théologiques ou métaphysiques. Religieux, au sens où on entend ce mot au XVIIe siècle, Bossuet réfère toujours son enseignement pratique à des principes élaborés en dehors de l'expérience psychologique et qui tirent d'ailleurs leur vérité.

La spiritualité de Bossuet est donc ancrée dans une théologie, dans une certaine représentation de Dieu et de son action dans le monde. Mais pour l'époque que nous étudions maintenant, approximativement depuis le temps de Navarre jusqu'à l'épiscopat et au préceptorat (de 1648 à 1670-1675), presque les seuls documents directs que nous ayons sur la spiritualité de Bossuet sont les manuscrits des sermons (et de rares textes imprimés comme les oraisons funèbres) : ce n'est pas dans des sermons du genre de ceux que prononce Bossuet qu'un homme élabore une synthèse théologique ; il y répond au jour le jour aux besoins d'un auditoire souvent bien peu avancé dans le chemin de la vie spirituelle, il y explique un évangile ou développe un exemple de sainteté héroïque, et surtout il doit toujours suivre les traditions du genre oratoire si fortes au XVIIe siècle. Dans ces conditions, ce n'est qu'indirectement que nous pouvons découvrir tel thème révélant une parenté ou une orientation, et notre exposé présentera de façon relativement cohérente ce qui n'a jamais été, comme tel, exprimé en un discours suivi ; les *Elévations sur les mystères* et les *Méditations sur l'Evangile* sont des témoins d'une époque très postérieure de la vie et de la carrière de Bossuet.

Cependant si nous regroupons des textes dont les dates s'étendent sur l'espace d'un quart de siècle, ce n'est pas pour constituer un ensemble qui risque d'être artificiel ; c'est que nous trouvons dans cette masse de documents (1) les témoins privilégiés des permanences et de l'évolution de la pensée de Bossuet : à travers la répétition des mêmes thèmes, à travers les corrections et les précisions qu'apporte l'orateur à ses premières approximations, nous pouvons saisir la pensée en train de se construire, un homme vivant et agissant dont les mots ne sont pas seulement discours mais actes, à qui quelquefois les paroles échappent malgré les censures sociales ou psychologiques ; la rançon pour l'historien, c'est une certaine marge d'imprécision dans les sources, des tendances devinées, des zones encore obscures qu'il ne faut pas témérairement éclairer par les synthèses ou par les luttes futures.

A cette cause d'imprécision, qui vient de la nature des œuvres de Bossuet jusqu'à l'épiscopat, s'ajoute une autre cause qui contribue à diminuer la cohérence de l'armature théologique : Bossuet est, au début de la seconde moitié du XVIIe siècle, un témoin de la profonde mutation qui affecte la théologie (2) ; les dernières traces d'une théologie unificatrice reposant sur les notions de communication et d'harmonie sont encore perceptibles ; ce sont même les seuls schémas dynamiques qui animent l'ensemble de la réflexion sur la doctrine, et, sur ce plan, de lointaines influences dionysiennes

---

(1) En gros, sur les 6 volumes de texte de l'édition Lebarq-Urbain-Levesque, les 5 premiers volumes et le début du 6e.
(2) Cf. déjà *supra*, p. 38.

et néo-platoniciennes s'associent à l'héritage reconnu des Pères grecs, de saint Augustin et de saint Thomas. Mais cette théologie, qui exerça une telle influence au XVIe siècle et au début du XVIIe, ne correspond plus du tout à l'état des esprits au temps de Bossuet : de synthèse unificatrice, elle devient discipline particulière, un des éléments du champ du savoir ; ses schémas n'organisent plus les sciences du monde, de l'astronomie à la médecine ; les choses et les êtres ne se définissent plus par leur « situation » par rapport à l'ensemble ordonné d'un cosmos, par leur « rôle » dans la hiérarchie dynamique selon laquelle tout est référé à un « centre ».

Cette théologie subsiste sous forme de thèmes ou d'images littéraires, sous forme de « couches » au sens géologique du terme, enfouies et refusées. L'analyse doit les exhumer et reconstituer à partir de ces traces la construction primitive dont les ruines sont le seul soutien de l'édifice. Et notre entreprise apparaîtra justifiée lorsque nous constaterons qu'au temps des *Elévations sur les mystères,* une quarantaine d'années plus tard, en pleine crise de la conscience européenne (3), Bossuet n'a pas trouvé d'autre fondement à sa théologie : et cette lacune aura des conséquences dramatiques lorsque l'évêque de Meaux sera engagé dans la querelle du quiétisme.

I) Dieu et l'homme. L'ordre.

Centre de toutes les lignes, principe de toutes les créatures (4), Dieu apparaît au début et au terme de la méditation de Bossuet (5). Bien avant Massillon, l'orateur affirmait du haut de la chaire ces mots auxquels il reviendra en chaque période critique de sa vie (6) : « Dieu seul est tout », « Dieu seul est grand » (7), Dieu « est le seul grand » (8) ; ainsi dans l'ensemble que constitue l'univers tient-il un « rang » à part : « Dieu étant unique et incomparable dans le

(3) Cf. *infra,* p. 270.

(4) O.O., IV, p. 122. L'image du centre où convergent les lignes (= les rayons) appliquée à Dieu est courante en théologie (cf. plus tard E.M., p. 124 : Dieu développe les temps du centre immuable de son éternité), particulièrement chez les théologiens qui ont subi des influences plotiniennes ou dionysiennes : Richeôme, *L'Adieu de l'âme...,* Rouen, 1610, p. 50 v° ; L. Bail, *Théologie affective...,* Paris, 1654, p. 87, 178, 518, 539, 540, 544 ; Angélique d'Alègre, *Le Chrétien parfait...,* Paris, 1665, p. 348, 358 ; Léon de Saint-Jean cité par J.-P. Massaut, *Léon de Saint-Jean,* p. 159-160 ; cf. J. Orcibal, *Saint Jean de la Croix et les mystiques rhéno-flamands,* p. 52.

(5) Cf. notre *Bossuet,* « Les Ecrivains devant Dieu », où ces problèmes sont abordés de façon plus schématique.

(6) Cf. *infra,* p. 716.

(7) O. O., V, p. 255.

(8) O. O., V, p. 251.

rang qu'il tient, et ne voyant rien qui ne soit infiniment au-dessous de lui, ne voit rien aussi qui soit digne de son estime que ce qui le regarde, ni qui mérite d'être la fin de ses actions que lui-même. Mais, bien qu'il se considère dans tout ce qu'il fait, il n'augmentera pas pour cela ses richesses. Et si sa grandeur l'oblige à être lui seul le centre de tous ses desseins, c'est parce qu'elle fait qu'il est lui seul sa félicité » (9). Ce rang place Dieu dans une parfaite solitude, comme le dit Tertullien (10) en « une manière de parler étrange » (11) : « Le souverain Grand, qui, ne souffrant rien qui s'égale à lui, s'établit lui-même une solitude par la singularité de sa perfection » (12).

En cette solitude, la divinité paraît, pour ainsi dire, « toute resserrée en elle-même » (13), « réunie en elle-même », une et immuable : « l'unité ne donne point de prise sur elle, elle s'entretient également partout » (14) : l'unité, et par suite une immuable cohérence sont les attributs essentiels de l'être divin (15), « son essence n'est qu'une indivisible unité, qui ne reçoit rien de dehors, parce qu'elle est infiniment riche, et qu'elle enferme toutes choses en elle-même, dans sa vaste et immense simplicité » (16). Avant de contempler en Dieu la Trinité des personnes, Bossuet s'attache à la vision de

(9) O.O., I, p. 49-50.

(10) *Adv. Marcion.*, l.I, n. 4.

(11) « Mais cet homme, accoutumé aux expressions fortes, semble chercher des termes nouveaux pour parler d'une grandeur qui n'a point d'exemple » (O.O., III, p. 7). La solitude de Dieu est aussi un thème hermétiste : voir le texte de Duplessis-Mornay cité par J. Dagens, R.L.C., janvier-mars 1961, p. 9 : la série des noms de Dieu développée par Bossuet (O.O., III, p. 7 et 442-443) est à rapprocher de ce texte. Bérulle contemplait Dieu dans sa solitude : « Solitude de Dieu en soi-même, en son repos, en sa sainteté, qui le sépare, qui le détache et l'éloigne de toute créature... » (*Œuvre de piété*, XV, dans *Œuvres*, éd. 1644, p. 767), mais Bérulle ne se contentait pas de comparer l'infinie grandeur avec le néant de la créature, il contemplait Jésus seul digne de donner occupation à Dieu hors de lui-même. Zamet était sur ce point bon disciple de Bérulle (L.N. Prunel, *Sébastien Zamet*, Paris, 1912, p. 382 : « *Ego et pater unum sumus*, dit Notre Seigneur dans l'Evangile. Cette unité est entendue de son essence, et moi je l'entends de cette unité de renfermement et de solitude qui faisait que le Fils de Dieu dans ses occupations extérieures mêmes ne voyait rien que son Père, n'était occupé que de son Père, et ne possédait rien sinon avec son Père » (cf. *supra*, p. 26). Voir aussi *Lettres spirituelles* de S. Zamet, éd. cit., p. 354 : « ...Je vous dis que la solitude de Dieu est l'incommunicabilité de Dieu, par laquelle il demeure seul en sa divine essence et en son repos, séparé de tout ce qui n'est point lui... »).

(12) O.O., III, p. 7, cf. p. 442-443 ; O.O., V, p. 276-277.

(13) O.O., III, p. 443.

(14) O.O., II, p. 97.

(15) O.O., II, p. 410 ; III, p. 442.

(16) O.O., IV, p. 560.

l'unité : « nous verrons cette unité si inviolable que le nombre n'y peut apporter de division, et ce nombre si bien ordonné que l'unité n'y met pas de confusion » (17).

Nous trouvons donc l'unité au point de départ de la contemplation de Bossuet : si nous pensons souvent à de grands textes *De l'état et des grandeurs de Jésus* de Bérulle (18), ce n'est sans doute pas que le jeune orateur ait lu les œuvres du cardinal publiées en 1644 par le P. Bourgoing ; c'est plutôt que chez Bérulle nous trouvons une consciente référence à toute la tradition platonicienne (19) et que chez la plupart des théologiens du XVIIe siècle on peut lire le principe à la fois platonicien et thomiste que l'unité est inséparable de l'être et que les choses les plus parfaites sont celles qui sont le plus près de l'unité (20).

Ce Dieu parfait dans son unité est, de ce fait même (21), souverainement communicatif. C'est un des premiers textes de Bossuet, la méditation de 1648 sur la félicité des saints (22), qui l'établit avec une netteté que nous ne retrouverons plus ; l'année suivante, en 1649, le sermon pour la fête de tous les saints (23) atténue les aspects hiérarchiques de ces communications divines : Bossuet prendrait-il déjà ses distances par rapport à une métaphysique, déplacée dans un sermon ou sentie comme anachronique ?

En Dieu se trouve une véritable « affection » (24), une « passion » (25), une « émotion véhémente », une « inclinaison véhé-

---

(17) O. O., II, p. 49.

(18) *Troisième et Quatrième discours, De l'unité de Dieu en ce mystère.*

(19) Bérulle, *Œuvres,* éd. 1644, p. 198-199 ; sur l'importance de ce thème dans la spiritualité de Bérulle : L. Cognet, *La spiritualité moderne,* t. I, p. 330-331.

(20) Par exemple, outre Bérulle, saint François de Sales, *Traité de l'amour de Dieu,* I, 1, éd. Annecy, t. IV, p. 25 ; Léon de Saint-Jean, J.-P. Massaut, *Léon de Saint-Jean,* p. 160, 162 ; Angélique d'Alègre, *Le Chrétien parfait...,* p. 244 et suiv. ; l'idée remonte au moins à Denys, *Noms divins,* ch. XIII, 977 A-981 B. Voir sur ce thème, R. Arnou, dans D.T.C., XII, 2, col. 2275-2276.

(21) Le principe sera explicité plus tard : cf. *infra,* p. 272. Sur la vie qui se trouve dans l'unité, d'intéressantes remarques, du point de vue de l'ecclésiologie, dans une des lettres à une demoiselle de Metz (C. B., I, p. 71) et dans l'oraison funèbre du P. Bourgoing (O. O., IV, p. 413-414) ; cf. *infra,* p. 163.

(22) O. O., I, p. 13 et suiv.

(23) O. O., I, p. 47 et suiv.

(24) O. O., I, p. 13, 18, 29, 51, 54 : le premier sens dans la langue philosophique et dans l'usage du XVIIe siècle n'est pas un sens « affectif » ; au moins dans la méditation de 1648 (O. O., I, p. 13) le mot signifie l'ardeur qui affecte un sujet.

(25) O. O., I, p. 17, 26. Songeons que chez Descartes (*Les passions de l'âme,* 1649) la passion est liée au corps, et que chez un adversaire des

mente » (26) à se communiquer à ses créatures ; la divinité, il est vrai, est « impassible » (27), et, si nous attribuons, avec l'Ecriture, à la nature divine des affections comme pâtir et compâtir, « cette façon de parler ne peut être que figurée » (28), mais il ne s'ensuit pas que ce désir ne soit pas réel et véritable (29). Ne cherchons pas de la raison dans ce qui se caractérise par l'extravagance, l'excès et l'extraordinaire (30) : l'Incarnation révélera toute la dimension de cette passion en Dieu ; ce « n'est pas un amour ordinaire ; c'est un amour qui a du transport. Dieu a tant aimé le monde ! Voyez l'excès, voyez le transport... » (31), et Bossuet se plaît à rappeler le beau mot de saint Grégoire de Nazianze : « cette bonté infinie qui prend tant de plaisir à se répandre [...]. *Ce Dieu,* dit cet excellent théologien [*Orat.* XL, 27], *désire d'être désiré ; il a soif,* le pourriez-vous croire ? au milieu de son abondance. Mais quelle est la soif de ce premier Etre ? c'est que les hommes aient soif de lui : *Sitit sitiri* » (32). Il faudra bien qu'un jour, sur les élus, cette nature souverainement bonne se répande avec abondance, « abondance d'autant plus grande, qu'elle se sera rétrécie si longtemps durant le cours de ce temps misérable, et qu'il faudra alors qu'elle se débonde » (33).

Cette constatation nous introduit au cœur même du dynamisme divin : Dieu « veut » se répandre (34), il a « résolu » de se donner à sa créature par une éternelle communication (35) ; il nous apparaît

---

mystiques comme Chéron (*Examen de la théologie mystique,* 1657) passion et affection ont des sens vivement péjoratifs ; nous mesurerons mieux la force des textes de Bossuet.

(26) O. O., I, p. 17, 18.

(27) O. O., I, p. 87.

(28) O. O., I, p. 143.

(29) Nous percevons ici le lointain écho de thèmes dionysiens (*Noms divins,* ch. IV, n. 13 et suiv.), mais Bossuet ne qualifie jamais cet amour d' « extatique ».

(30) O. O., I, p. 17, 26, 27.

(31) O. O., II, p. 232.

(32) O. O., III, p. 10 (cf. p. 690 : texte grec) ; IV, p. 308 ; V, p. 118, n. 2 ; et au temps de l'épiscopat O. O., VI, p. 470.

(33) O. O., I, p. 19. Jean de Saint-Samson exprimait déjà en termes très forts ce désir de Dieu de se communiquer aux créatures : « Or, mon amour, toutes choses sont pleines de vous et vous êtes plein de vous-même jusques à regorger pleinement vous-même jusques à la déification du créé, à la mesure et proportion de sa capacité, et c'est en ce votre flux que consiste tout votre plaisir dehors, le voyant, dis-je, refluer de tout son appétit en sa cause originelle que vous êtes, ou en qui il est bienheureux, conformément à l'ordre de son appétit » (cité par S. Bouchereaux, *La réforme des carmes...,* p. 238, n. 1) ; bien que chez Bossuet ces thèmes soient très affaiblis, nous devinons leur commune origine.

(34) O. O., II, p. 413.

(35) O. O., V, p. 303.

comme « une source vive, qui, par la fécondité continuelle de ses eaux claires et fraîches, semble présenter à boire aux passants altérés » (36), comme le soleil qui répand ses rayons (37) ; il se communique « naturellement » (38), c'est sa première inclination, la plus naturelle, « d'autant que la nature est la racine de tout le reste » (39) : autant il est « plein de trésors infinis par sa dignité naturelle », autant il doit être « par nature, bienfaisant, libéral, magnifique » (40). Il est plus noble de donner que de recevoir (41), et surtout de donner sans aucune contrainte (42), par bonté (43).

L'histoire de l'homme et de l'univers, création, incarnation, révélation eschatologique, est l'histoire des communications « extérieures » de Dieu (44). Dieu se communique suivant une « gradation » (45), suivant un « ordre », une « hiérarchie ». Comme il est la lumière infinie, « il ramasse en l'unité simple et indivisible de son essence toutes ces diverses perfections qui sont dispersées deçà et delà dans le monde » (46) ; fontaine de vie (47), source de la beauté et de la grâce (48), il laisse tomber sur les créatures « un éclat et un rayon de soi-même », mais il ne s'est pas jeté en un seul lieu : « cette première beauté [...] s'est répandue par divers degrés, descendant peu à peu depuis les ordres supérieurs jusqu'au dernier

---

(36) O. O., III, p. 11 ; cf. O. O., I, p. 137-138 (= 441) ; III, p. 180, n. 4 ; VI, p. 470. Voir *infra,* p. 128 sur la grâce de Jésus-Christ, et p. 273 sur la source de vie ; l'image de la source appliquée à Dieu créateur avait été vivement critiquée par Guillaume d'Auvergne qui y voyait un risque de panthéisme ; elle n'en est pas moins fort répandue au XVIIe siècle : cf. C. Tresmontant, *La Métaphysique du christianisme et la crise du* XIIIe *siècle,* Paris, 1964, p. 84.

(37) O. O., I, p. 138 (= 441) ; la comparaison est tout à fait traditionnelle et était un signe de platonisme avant d'être devenue un lieu commun ; elle remonte à Plotin et à Denys, cf. J. Dagens, *Bérulle...,* p. 281. Voir O. O., II, p. 203 : Dieu soleil du siècle futur.

(38) O. O., I, p. 138, 441.

(39) O. O., I, p. 137.

(40) O. O., I, p. 441 ; cf. O. O., II, p. 101, 230, 231 ; sur les trésors de Dieu, cf. p. 178, et O.O., I, p. 87 : Jésus-Christ est la clef par laquelle sont ouverts les « coffres » du Père.

(41) O. O., I, p. 119 (= 504) ; cf. O. O., II, p. 79.

(42) O. O., II, p. 231.

(43) O. O., IV, p. 557 ; V, p. 118, n. 2.

(44) « Extérieures » ou *ad extra,* par opposition aux communications trinitaires *ad intra.*

(45) O. O., I, p. 16.

(46) O. O., I, p. 347.

(47) O. O., I, p. 283 ; II, p. 178 ; III, p. 393 ; cf. *infra,* p. 156.

(48) Le monde a été fait par le Fils de Dieu qui est raison, sagesse, entendement ; il a été tiré sur « une idée infiniment belle » (O. O., II, p. 200 ; cf. aussi O. O., I, p. 192-193). Sur les idées esthétiques de Bossuet en rapport avec sa théologie, quelques indications dans notre *Bossuet,* p. 45.

étage de la nature » (49) ; telle est la vision hiérarchique de Bossuet : les choses insensibles et inanimées au rang le plus bas ne sont pas capables de reconnaître, de remercier Dieu (50) ; la vie végétante un peu plus haut, puis le sentiment, c'est-à-dire le monde animal, « au-dessus duquel nous voyons présider la raison humaine d'une immortelle vigueur, attachée néanmoins à un corps mortel », enfin « des esprits dégagés de toute matière, qui vivent et se nourrissent d'une pure contemplation », c'est-à-dire les anges, eux-mêmes divisés en ordres et hiérarchies (51).

Plusieurs principes permettent de préciser les caractères de cette vision hiérarchique des êtres et en même temps nous montrent à quel point Bossuet est pénétré des idées qui, issues des œuvres du Pseudo-Denys et renouvelées au temps de la Renaissance, règnent au début du XVIIe siècle (52). Le premier principe : « n'est-ce pas une vérité très constante que les choses sont plus ou moins parfaites, selon qu'elles approchent plus ou moins de cette essence infinie ? » (53) est le fondement de la métaphysique dionysienne ; il permet à Bossuet de soutenir que les anges sont comblés de tous les dons naturels, que « les connaissances humaines ne sont qu'un crayon imparfait de la science de ces esprits purs », et que les animaux ne présentent qu'une ombre de l'intelligence des hommes (54) ;

---

(49) O. O., I, p. 347. « Par divers degrés » est l'expression la plus importante et peut venir de la *Cité de Dieu* (XII, 2 ; P. L., XLI, c. 350) de saint Augustin : « *Cum enim Deus summa essentia sit, hoc est summe sit, et ideo immutabilis sit ; rebus quas ex nihilo creavit, esse dedit, sed non summe esse, sicut ipse est ; et aliis dedit esse amplius, aliis minus ; atque ita naturas essentiarum gradibus ordinavit. Sicut enim ab eo quod est sapere, vocatur sapientia ; sic ab eo quod est esse, vocatur essentia...* » (il s'agissait dans ce passage de la *Cité de Dieu* de montrer que les anges sont ennemis de Dieu non par nature mais par volonté contraire, donc de prouver auparavant qu'aucune essence n'est contraire à Dieu). Cf. aussi O. O., IV, p. 560 : la pureté de Dieu se répand par degrés sur les créatures. Voir encore H. de Lubac, *Le mystère du surnaturel*, Paris, 1965, p. 44, sur saint Augustin.

(50) O. O., I, p. 14, 347.

(51) O. O., I, p. 347.

(52) Une autre énumération hiérarchique : O. O., III, p. 298 (= IV, p. 223 ; « les corps célestes qui sont immortels » ne désignent pas nécessairement les astres comme le pense Lebarq, mais peut-être les anges) ; Bossuet insiste ici sur la diversité et l'inégalité des créatures.

(53) O. O., I, p. 347. Sous une autre forme, O. O., II, p. 156 : « Plus les choses touchent de près à la providence et à la sagesse divine, plus la disposition en doit être belle. » Cf. aussi O. O., IV, p. 560 : « Cette première pureté, de laquelle toute pureté prend son origine, se répandant par degrés sur les créatures, ne trouve rien de plus proche d'elle que les intelligences célestes, qui sans doute sont d'autant plus pures qu'elles sont plus éloignées du mélange, étant séparées de toute matière ».

(54) O. O., I, p. 348.

ce texte est d'autant plus intéressant qu'il est isolé, et que généralement ce n'est pas comme chez Denys (55) sous le mode de la connaissance ou de l'illumination, mais comme chez saint Thomas sous celui de l'autorité que Bossuet se représente la hiérarchie (56) ; ainsi, développant après saint Augustin sa doctrine de l'« ordre », Bossuet la présente comme la situation d'une conséquence par rapport à sa cause : hiérarchie de causalité.

Dès 1648, il proclame que « l'ordre ne se trouve que dans la disposition des moyens et dans leur liaison avec la fin... » (57), méditation à laquelle fait écho une reprise en 1654 du sermon sur les caractères des deux Alliances : « l'ordre consiste dans l'accord de la fin avec les moyens ; et c'est de ce concert que résulte cette justesse qu'on appelle l'ordre » (58). Saint Augustin est à l'origine de ces idées (59), et Bossuet l'invoque expressément : « ... voici en quoi le docte saint Augustin reconnaît cette rectitude. La rectitude, et la juste règle, et l'ordre, sont inséparables : or, chaque chose est bien ordonnée quand elle est soumise aux causes supérieures qui doivent lui dominer par leur naturelle condition : c'est en cela que l'ordre consiste, quand chacun se range aux volontés de ceux à qui il doit être soumis. Dieu donc, dit saint Augustin, a donné ce précepte à l'homme, " de régir ses inférieurs, et d'être lui-même régi par la puissance suprême : *Regi a superiore, regere inferiorem* ". De même donc que la règle des mouvements inférieurs, c'est la juste et saine raison, ainsi la règle de la raison, c'est Dieu même ; et lorsque la raison humaine compose ses mouvements selon la volonté de son Dieu, de là résulte cet ordre admirable, de là ce juste tempérament, de là cette médiocrité raisonnable qui fait toute la beauté de nos âmes » (60).

Ne durcissons pas cependant les oppositions : hiérarchie de causalité et hiérarchie d'illumination se rejoignent ; le corps qui est régi par l'esprit devrait être lui-même, en quelque degré, spirituel : « Qui ne sait que celui qui est régi participe en quelque sorte à la

(55) *Hier. cel.* V, 196 B (Sources chrétiennes, p. 101) ; *Noms divins,* V, 5, 820 B-C (*Œuvres complètes,* trad. de Gandillac, p. 131-132).

(56) O.O., I, p. 52-53 : toutes les créatures obéissent aux bienheureux. Cf. *infra,* p. 280 où ces problèmes sont approfondis à partir de textes plus nombreux et plus explicites.

(57) O.O., I, p. 15.

(58) O.O., I, p. 481.

(59) *Enarr. in Ps. CXLV,* n. 5 ; cf. aussi saint Thomas, *S. Th.,* Ia, q. XCII, art. 2.

(60) O.O., I, p. 332-333. Le terme de « médiocrité » est un des termes clefs de la philosophie de Bossuet, et non pas seulement de sa morale ; cf. O.O., I, p. 317 ; III, p. 22 (= III, p. 478). Le lien avec l'esthétique (la « beauté ») est aussi important.

qualité du principe qui le meut et qui le gouverne, par l'impression qu'il en reçoit » (61) ?

Un autre principe organisateur de la hiérarchie est clairement exposé en 1669, donc à une date relativement tardive, c'est le principe de la continuité ou de la transition insensible : sur les « confins » des corps et de l'esprit l'âme humaine assure une sorte de médiation : « ...comme elle est dans le dernier ordre des substances intelligentes, c'est en elle que se fera l'union entre les esprits et les corps. Dieu les peut faire en divers degrés, c'est-à-dire plus ou moins parfaites ; et, en descendant toujours, on pourra enfin venir à quelqu'une qui sera si imparfaite, qu'elle se trouvera en quelque sorte aux confins des corps, et sera de nature à y être unie. Là, en descendant toujours par degrés du parfait à l'imparfait, on arrive nécessairement aux extrémités et comme aux confins où le supérieur et l'inférieur se joignent et se touchent. Car je crois qu'on peut entendre facilement que tout est disposé dans la nature comme par degrés, et que le premier principe donne l'être et se répand lui-même par cet ordre et comme de proche en proche » (62).

Chaque classe est donc référée à la classe qui lui est immédiatement supérieure : ainsi les natures insensibles sont pour les natures intelligentes, et les créatures raisonnables sont pour la possession de l'essence divine (63) : on remarquera que Bossuet, dans ce texte de 1648, « oublie » de mentionner les anges dans la hiérarchie ; c'est le signe que la continuité hiérarchique a déjà tendance à être brisée au bénéfice d'une juxtaposition : créatures inanimées — homme — Dieu, métaphysique des différences d'ordres qui tend à s'imposer sur les ruines de la métaphysique hiérarchique ; en tout cas, nous ne devons pas trop tirer d'un silence : une dizaine d'années plus tard, dans le sermon pour la fête des saints anges gardiens, Bossuet, après saint Jean, nous montrera les cieux ouverts, les anges montant et descendant : « La terre n'est plus ennemie du ciel ; le ciel n'est plus contraire à la terre : le passage de l'un à l'autre est tout couvert d'esprits bienheureux, dont la charité officieuse entretient une parfaite communication entre ce lieu de pèlerinage et notre céleste patrie » (64). Et, autre signe d'une pensée hiérarchique au sens métaphysique du terme, Bossuet affirmera encore clairement que Dieu a imprimé dans l' « ordre » des élé-

---

(61) O. O., IV, p. 162 ; l'influence peut être régressive, l'inférieur attirant le supérieur, l'esprit devenant lui-même corporel.

(62) O. O., V, p. 472-473.

(63) O. O., I, p. 14, 51 ; cf. *infra*, p. 277.

(64) O. O., III, p. 97.

ments et des causes créées une inclination, une amour comme naturelle de ceux à qui il les a destinés (65) : les choses ont une secrète inclination pour servir les prédestinés (66).

Bossuet contemple le monde où éclate si visiblement l'ordre de la Providence : mouvements éternels des cieux (67), agitations « réglées » des choses inférieures, propriétés diverses de la nature qui apparaissent dans les différentes saisons (68), ce que nous découvrons est « un accord de tous les êtres qui composent ce grand monde, pour publier jour et nuit les grandeurs de leur commun Maître » (69), la « belle structure du monde », « ce grand et superbe édifice », un concert et une « cadence si juste et si mesurée » (70) : les comparaisons avec l'architecture et avec la musique sont traditionnelles en ce domaine depuis l'Antiquité (71). « C'est un effet admirable de la providence divine, que toutes les créatures, tant vivantes qu'inanimées, portent leur loi en elles-mêmes. Et le ciel, et les astres, et les éléments, et les plantes, et les animaux, et enfin toutes les parties de ce grand monde ont reçu leurs lois particulières, qui, ayant toutes leurs secrets rapports avec la loi éternelle qui réside dans le Créateur, font que tout marche en concours et en unité, suivant l'ordre qui est prescrit par sa sagesse » (72). Ces textes des sermons annoncent déjà les belles pages des *Elévations sur les mystères* destinées à chanter l'ordre de la sagesse de Dieu dans la création et dans la suite de ses manifestations (73).

---

(65) O. O., I, p. 16.
(66) O. O., I, p. 17, 52.
(67) O. O., I, p. 15 ; cf. 67 : « Cieux, s'il est vrai que par vos immuables accords vous entreteniez l'harmonie de cet univers, entonnez sur un chant nouveau un cantique de louange. Les vertus célestes qui règlent vos mouvements vous invitent à donner quelque marque de réjouissance » ; outre une réminiscence possible du *Songe de Scipion* de Cicéron, nous trouvons l'idée que les anges règlent les mouvements des astres, idée importante dans cette vision hiérarchique du monde.
(68) O. O., I, p. 15.
(69) O. O., I, p. 51 ; Bossuet n'emploie jamais les mots « macrocosme » et « microcosme », jugés sans doute archaïques.
(70) O. O., I, p. 334 ; cf. O. O., I, p. 398 : « Cette grande machine du monde est un ouvrage si bien entendu et fait reluire de toutes parts un ordre si admirable avec une excellente raison » ; O. O., II, p. 200 : belle structure de l'univers, art, raison, disposition sage, harmonie juste, cette grande machine du monde, etc. ; O. O., VI, p. 2 : dans la création, proportion, mesure, nombre, poids.
(71) Cf. le premier chapitre du livre I du *Traité de l'amour de Dieu* de saint François de Sales, qui cite Denys, *Noms divins*, ch. IV ; un théologien nourri de la tradition dionysienne écrit : « L'ordre est l'âme de toutes les choses qui sont au monde » (Léon de Saint-Jean, *Année royale*, I, 3, cité par J.-P. Massaut, *op. cit.*, p. 154).
(72) O. O., V, p. 145-146 ; cf. O. O., IV, p. 32.
(73) E. M., p. 78, 130, 133, 145, 146, 282, 334, 440, et cf. *infra* p. 270.

Au milieu des ordres de créatures, l'homme tient une place intermédiaire : « *Minuisti eum paulo minus ab angelis* » (74) ; le premier « degré » est l'ange, « le second degré » l'homme (75) ; l'homme est situé entre l'ange et l'animal, comme le remarquait saint Bernard (76), non seulement par sa place, mais par sa dignité et son rôle dans l'univers (77) : ainsi apparaissent en lui des inclinations communes avec les animaux et d'autres par lesquelles il touche de près aux intelligences célestes (78). Par sa position d'intermédiaire, l'homme est destiné à être l' « arbitre » de la création (79), le « chef de l'univers » (80) : le second point du sermon de 1662 sur la mort établit à partir de preuves déjà présentées par les philosophes et les Pères (81) cette grandeur de l'homme que la chute n'a pu détruire.

Plus que chef, l'homme est un « médiateur » (82) et un « contemplateur » : les choses inanimées sont pour lui (83), il doit les contempler, les rassembler en lui par la vertu de son intelligence, et les référer à Dieu (84) : l'homme est seul capable d' « unifier » la

---

(74) *Ps.* VIII, 6.

(75) D'où vient le caractère extraordinaire d'une Incarnation où le Christ s'abaisse tout de suite à ce second degré, O. O., II, p. 277 en 1656, cf. O. O., V, p. 274-275, mais en 1667 nous ne trouvons plus l'allusion aux « degrés » de la hiérarchie ; de même en 1660 (O. O., III, p. 443) nous lisons : « Il ne s'est point arrêté aux anges, quoiqu'ils fussent pour ainsi dire les plus proches de son voisinage », mais, dans le passage parallèle (O. O., V, p. 277) en 1667, cette allusion aux hiérarchies angéliques à disparu.

(76) *In Cant.* V, 5. Et aussi Montaigne, *Essais,* III, 13, cf. R. Bady, *L'homme et son « institution »...,* p. 186, 364, 533.

(77) O. O., IV, p. 278 : « L'ange et la bête, en un mot, se sont trouvés tout à coup unis » ; O. O., IV, p. 562 : « Il n'y a point au monde une si étrange composition que la nôtre : une partie de nous est tellement brute, qu'elle n'a rien au-dessus des bêtes ; l'autre est si haute et si relevée, qu'elle semble nous égaler aux intelligences ».

(78) O. O., I, p. 251-252. Plus tard, en 1670, par une évolution que nous avons décelée à plusieurs reprises, la position de l'homme sera établie par Bossuet entre la nature changeante et mortelle et Dieu (« rapport intime et secrète affinité avec Dieu »), O. O., V, p. 666.

(79) O. O., I, p. 14.

(80) O. O., IV, p. 272. L'homme centre et abrégé de l'univers, c'est un thème tout à fait courant du XVe siècle au milieu du XVIIe : Ch. Chesneau, *Yves de Paris...,* t. II, p. 59-60 ; L. Bail, *Théologie affective,* p. 204 ; Angélique d'Alègre, *Le Chrétien parfait,* p. 403 ; cf. aussi E. Panofsky, *Essais d'iconologie,* Paris, 1967, p. 211.

(81) H. Busson, *La religion des classiques,* p. 401-402 ; J. Dagens, R.L.C., janvier-mars 1961, p. 13.

(82) O. O., IV, p. 294-295.

(83) O. O., I, p. 14.

(84) O. O., II, p. 95-96 : « ... Dieu ayant fait le monde avec cet admirable artifice, aussitôt il introduit l'homme, dit Philon le Juif, au milieu de ce beau théâtre, pour être le contemplateur d'un si grand ouvrage. Mais en même temps qu'il le contemple et qu'il jouit de l'in-

diversité du monde, seul capable de donner un sens à la confuse aspiration de toute la nature à honorer et adorer Dieu : « l'homme, animal divin, plein de raison et d'intelligence, et capable de connaître Dieu par lui-même et par toutes les créatures, est aussi pressé par lui-même et par toutes les créatures à lui rendre ses adorations. C'est pourquoi il est mis au milieu du monde, mystérieux abrégé du monde, afin que, contemplant l'univers entier et le ramassant en soi-même, il rapporte uniquement à Dieu et soi-même et toutes choses ; si bien qu'il n'est le contemplateur de la nature visible, qu'afin d'être l'adorateur de la nature invisible qui a tout tiré du néant par sa souveraine puissance » (85).

Bossuet retrouve le thème du « microcosme », mille fois exploité par les penseurs des générations précédentes, mais il s'appuie sur les Pères, saint Augustin et saint Grégoire de Nazianze, et non sur les « philosophes » ; nous devrions citer tout le début du premier point du sermon de Pâques 1661 : les philosophes ont appelé l'homme petit monde dans le grand monde, petit temple dans le grand temple ; saint Grégoire de Nazianze a eu raison de les corriger : l'homme est un grand monde dans le petit monde (86) « voulant nous faire comprendre que l'esprit de l'homme, étant fait pour Dieu, capable de le connaître et de le posséder, était par conséquent plus grand et plus vaste que la terre, ni que les cieux, ni que toute la nature visible » (87) ; par là l'homme est adorateur de Dieu pour tout le reste des créatures, « il n'est le contemplateur de la nature visible que pour être le prêtre et l'adorateur de la nature invisible et intellectuelle » (88).

A qui reconnaît la « dignité naturelle de notre institution » (89) et l'état où nous sommes tombés, l'homme apparaît comme « un grand abîme dans lequel on ne connaît rien », « un grand prodige »,

---

comparable beauté d'un spectacle si magnifique, il sent aussi en son propre esprit la merveilleuse vertu de l'intelligence, qui lui découvre de si grands miracles ; et ainsi, rentrant en soi-même, il y ramasse toutes ses forces pour s'élever à son Créateur et louer ses libéralités infinies. De cette sorte, l'âme raisonnable se rappelle de la multitude, pour concourir à l'unité seule ; et telle est son institution naturelle » (cit. de Philon, *Lib. de mundi opificio*, XLVI).

(85) O. O., V, p. 107. Thèmes hermétistes qui ont eu une grande fortune lors de la Renaissance et que Bossuet retrouve sans doute chez Lactance : J. Dagens, R.L.C., janvier-mars, 1961, p. 14.

(86) *Orat.* XXXVII, n. 17.

(87) O. O., IV, p. 114. Le retournement microcosme-macrocosme n'est pas propre à Bossuet : cf. Richeôme, *L'Adieu de l'âme*, éd. cit., p. 140, 149 ; Angélique d'Alègre, *Le Chrétien parfait*, Préface.

(88) O. O., IV, p. 115, repris en 1662 (O. O., IV, p. 295) et en 1666, O. O., V, p. 107.

(89) O. O., IV, p. 116 ; cf. O. O., I, p. 553.

« un amas confus de choses contraires et mal assorties » (90), « un grand énigme » (91), « un énigme inexplicable » (92) : Hermès Trismégiste, suivi par bien des penseurs au XVIIe siècle, ne l'appelait-il pas déjà *magnum miraculum* (93) ?

L'ordre est donc le mode suivant lequel Dieu se communique à ses créatures ; mais il ne se communique que pour attirer, et la hiérarchie est retour, réduction à l'origine et à l'unité (94) : chaque chose tend à retourner à son principe (95), car la créature ne possède pas l'être ; c'est « un ruisseau qui doit remonter à sa source [...] elle ne se doit chercher que dans son principe » (96). Les anges ont « deux merveilleux mouvements » dont le premier est de retourner « à leur principe d'une promptitude incroyable » et de chercher « leur perfection où ils trouvent leur origine » (97). Il en est de même de l'homme, « je ne sais quelle inspiration, dont nous ne connaissons pas l'origine, nous apprend à réclamer Dieu dans toutes les nécessités de la vie » (98), sentiment naturel, qui naît « par instinct » chez tous les peuples du monde : Bossuet a ici des formules qui vont loin et qui sont rares chez lui (99), il est vrai qu'il a Tertullien pour garant : « C'est une adoration que les païens mêmes rendent, sans y penser, au vrai Dieu ; c'est le christianisme de la nature, ou, comme l'appelle Tertullien, "le témoignage de l'âme naturellement chrétienne, *testimonium animæ*

(90) O. O., IV, p. 89.

(91) O. O., IV, p. 277.

(92) O. O., VI, p. 46.

(93) J. Dagens, R.L.C., janvier-mars 1961, p. 10, cite ce texte de J.-P. Camus : « C'est un prodigieux animal que l'homme, et l'appelait Mercure Trismégiste un grand miracle, *magnum miraculum,* pétri de deux parties quasi diamétralement opposées. »

(94) O. O., II, p. 95. *Infra,* p. 159, sur les aspects ecclésiologiques de la réduction à l'unité ; cf. O. O., IV, p. 504-505 : aspects psychologiques de cette réduction étudiés *infra,* p. 228.

(95) O. O., V, p. 666.

(96) O. O., III, p. 360 ; lointain écho d'un thème dionysien, *Hier. cel.,* c. I (cité par L. Bail, *Théologie affective,* p. 93), *Noms divins,* ch. XIII, n. 3. Cf. O. O., IV, p. 122 : « Dans cette consommation, dans cette réduction de toutes les lignes à leur centre, de toutes les créatures à leur principe. »

(97) O. O., I, p. 252 ; le second mouvement est d'entrer en société avec leurs compagnons : *infra,* p. 165.

(98) O. O., I, p. 252-253.

(99) Bérulle écrivait déjà : « ... L'homme par le mouvement de la nature qu'il ne peut anéantir, a un instinct de retourner à Dieu » (*Second discours, Du Sacrifice de la messe, Œuvres,* éd. 1644, p. 73, voir aussi *Œuvre de piété* CX, *id.,* p. 963, et surtout CXXIII, *id.,* p. 986-987, sur l'universalité du mouvement de la créature vers Dieu). L'idée de religion comme retour à Dieu est augustinienne autant que dionysienne : M. Dupuy, *Bérulle et le sacerdoce,* p. 70.

naturaliter christianæ" » (100). Et Bossuet admire la « capacité » de Dieu que conserve l'âme humaine (101) ; « qui ne sait que nous sommes faits pour nous nourrir de la vérité ? C'est d'elle que doit vivre l'âme raisonnable », affirme-t-il après Ficin (102).

La vision de l'ordre est donc fondamentale dans la pensée de Bossuet : hiérarchique et dynamique. Les prolongements en sont nombreux et nous ne pouvons les énumérer tous : l'idée d'ordre pourra prendre un sens moral et deviendra la justice, le bien, alors que le péché représente la dispersion dans la multiplicité et le désordre (103) ; elle fondera une esthétique (104), et une politique ; elle soutient la doctrine de la Providence (105). Néanmoins en son fond, la doctrine bossuétiste de l'ordre est théologique et se situe sur le plan de l'être (106) : il existe à ses yeux une hiérarchie des êtres et la première démarche de toute spiritualité est de reconnaître cette hiérarchie, de poser et de vivre les rapports et les devoirs réciproques de ces êtres.

II) Le devoir de la créature.

Les communications hiérarchiques ne sont qu'un aspect des relations de l'homme avec Dieu, et, chez Bossuet, ce n'est pas le plus apparent (107). L'essentielle condition de l'homme est la

---

(100) O.O., I, p. 253.

(101) C.B., I, p. 50 ; O.O., II, p. 21 ; VI, p. 273. Sur l'homme capable de Dieu, voir J. Truchet, *La prédication de Bossuet,* t. II, p. 117-119. La doctrine est thomiste (cf. *S. Th.,* Ia IIae, q. 109, a. 3) : le mot « capacité » est dans la *Somme :* IIIa, q. 1, art. 3, ad. 3.

(102) O.O., III, p. 14, cf. H. Busson, *La religion des classiques,* p. 402.

(103) O.O., I, p. 462-463, 553, 591 et suiv. ; II, p. 95-97 ; avec l'idée complémentaire que le châtiment rétablit l'ordre (Bossuet y reviendra plus tard LT, VI, p. 19 ; E.M., p. 180, 282), ce qui est un lieu commun de la pensée antique qui se trouve chez saint Augustin (*De quantitate animæ,* XXXVI, 80 ; Bibl. augustin. 1re série, t. V, p. 392-395) et que reprennent souvent les moralistes du XVIIe siècle (par exemple J.-F. Senault, *L'homme criminel...,* 4e éd., Paris, 1656, p. 96-97 ; Nicole, *Traité de l'oraison,* 1679. p. 314).

(104) O.O., II, p. 156, et plus tard O.O., VI, p. 104.

(105) O.O., I, p. 15 et suiv., 332 et suiv. ; II, p. 156 et suiv., etc.

(106) Les affirmations théoriques sont toutes antérieures à 1656 et, dès la méditation de 1648 sur la félicité des saints, Bossuet en possède les grandes lignes. Il ne fait ensuite que développer ces idées familières.

(107) D'autant plus que Bossuet soupçonne cette « grande idée de l'honneur de notre nature » d'être prise « dans les livres des philosophes » (O.O., IV, p. 90) : « O âme, image de Dieu, viens apprendre ta dignité à la croix » (*ibid*). Voir aussi LT, XIII, p. 131 : « Ils auraient vu que ce grand Dieu, qui de rien a fait toutes choses, a pu à la vérité distinguer ses créatures en leur donnant différents degrés de perfection ; mais que cela n'empêche pas qu'il ne les tienne toutes à son égard dans un même état de dépendance et qu'il ne se communique immédia-

condition de créature, et c'est cette dernière qu'il nous faut situer par rapport à Dieu : Dieu existe, « Dieu est tout » (108), la créature est néant (109). La méditation de 1648 sur la brièveté de la vie présentait déjà de façon dramatique cette rencontre de l'être et du néant à propos d'une réflexion sur le fait du temps : « Je ne suis rien ; ce petit intervalle n'est pas capable de me distinguer du néant où il faut que j'aille » (110).

Par essence (111), les créatures sont néant, et, si la faute n'avait pas ruiné leur dignité, elles auraient de toute façon eu une foncière capacité du néant : l'exemple des anges, si pleins de lumières, indivisibles et incorporels, aux connaissances si distinctes et aux mouvements si paisibles, nous est une preuve de cette faiblesse fondamentale ; certes le bien est primitif et il ne peut y avoir de nature mauvaise, et le mal est une corruption d'un bon fond (112), mais la faiblesse de la créature est de pouvoir tomber dans le péché par « une dépravation de sa volonté » (113), non par « un vice de sa nature » : « puisqu'il est tout, il s'ensuit très évidemment que les créatures ne sont rien d'elles-mêmes [...] le néant est leur origine, c'est l'abîme dont elles sont tirées par la seule puissance de Dieu : de sorte que ce n'est pas merveille si elles retiennent toujours quelque chose de cette basse et obscure origine, et si elles retombent aisément dans le néant par le péché qui les y précipite » (114).

Néant de nature et néant du péché sont les deux caractères d'une créature : « ... être créature, c'est bien peu de chose [...] la créature est tirée du néant ; c'est pourquoi il ne faut pas s'étonner si elle retient quelque chose de cette basse et obscure origine, ni si, étant sortie du néant, elle y retombe si facilement par le péché, qui l'y

---

tement, quoique non toujours en même degré, à toutes celles qu'il a faites capables de le connaître » (cf. *infra*, p. 303).

(108) O. O., I, p. 348, n. 1.

(109) Sur la valeur exacte de ces formules très répandues au XVIIe siècle, jugements de valeur plus que jugements d'existence, voir M. Dupuy, *Bérulle, Une spiritualité de l'adoration*, p. 55-57. Voir aussi pour l'étude de ce thème chez M. Olier, J. Galy, *Le sacrifice dans l'Ecole française de spiritualité*, p. 289-292. Jeanne de Cambry, la célèbre recluse, définissait en une belle formule, en 1631, dans *Le Flambeau mystique*, l'adoration en esprit et en vérité : « La vérité est que nous sommes le néant et que Dieu est tout » (*Œuvres*, 1665, p. 97) ; c'est ce que les spirituels ont répété tout au long du XVIIe siècle.

(110) O. O., I, p. 10.

(111) O. O., IV, p. 286 : « l'essentielle pauvreté de la créature » ; cf. O. O., V, p. 181.

(112) O. O., III, p. 240.

(113) O. O., I, p. 349 (= III, p. 240).

(114) O. O., I, p. 349 ; argumentation reprise dans le *Discours sur l'Histoire universelle* (LT, XXIV, p. 373). La pensée de Bossuet est biblique : cf. *Job*, IV, 18.

rengage de nouveau, en la séparant de la source de son être » (115). Elle est image de Dieu, mais une image est toujours imparfaite et ne peut exprimer toute la force de son original (116).

Bossuet aime reprendre le verset du psaume XXXVIII qui lui paraît fort bien peindre cet état : « *Substantia mea tanquam nihilum ante te* » (117), et, avec le radicalisme que nous admirons chez Pascal, il résume en 1664 un développement de sermon en ces simples mots : « Deux infinités : le tout, le néant » (118).

Les lettres à une demoiselle de Metz montrent comment l'âme prend peu à peu conscience de son double néant, celui de la nature et celui de la faute : « elle se méprise elle-même, ne paraissant rien à ses yeux [...] elle découvre [...] ce que le péché fait en elle, et combien il la défigure, ou plutôt combien il l'anéantit en lui ôtant cet amour [...] elle se voit moins que rien par le péché... » (119), toutes ces expressions « rien », « anéantit », « moins que rien » étant à prendre dans leur sens fondamental, métaphysique.

L'opposition, que Bossuet rappelle constamment, entre l'être et le non-être évoque une division radicale de l'univers : d'un côté la réalité, Dieu, de l'autre un monde d'apparences où l'homme se trouve plongé : « *In imagine pertransit homo* » disait David (120) que Bossuet cite volontiers ; « O fragile appui de notre être ! ô fondement ruineux de notre substance ! *In imagine pertransit homo*. Ha ! vraiment l'homme passe de même qu'une ombre, ou de même qu'une image en figure ; et comme lui-même n'est rien de solide, il ne poursuit aussi que des choses vaines, l'image du bien, et non le bien même... » (121).

Ces constatations entraînent immédiatement des devoirs pour l'homme ; c'est même le fondement de tout devoir religieux, à l'arrière-plan des pratiques de piété. Le premier devoir, le devoir essentiel d'une créature est ce que l'on appelle l'adoration. Encore peu élaborée dans les premières années de la prédication, la doctrine de Bossuet se déploie après 1660 en quelques textes capitaux : les notes sur l'oraison conservées à la Bibliothèque universitaire de Bâle et le sermon de 1666 sur le culte dû à Dieu.

Des réflexions de Bossuet dans les années précédentes nous acheminaient vers ces grandes synthèses : il a toujours aimé citer

---

(115) O. O., III, p. 223 ; cf. saint Augustin, *Cité de Dieu*, l. XIV, ch. 3.
(116) O. O., I, p. 349-350 ; III, p. 223-224.
(117) *Ps*. XXXVIII, 6 ; cité O. O., III, p. 610 ; IV, p. 267, 270 ; V, p. 660.
(118) O. O., IV, p. 576.
(119) C. B., I, p. 50 ; cf. C. B., I, p. 57 : « La créature n'est rien, et ne peut pas même recevoir la perte de notre être en elle ».
(120) *Ps*. XXXVIII, 7.
(121) O. O., IV, p. 270.

le verset de saint Jean (122) : « Les vrais adorateurs adoreront le Père en esprit et en vérité » (123), mais c'est à partir de 1663 que sa doctrine se précise ; en prêchant cette année pour l'Assomption, Bossuet définit l'amour comme « une puissance souveraine », « une force impérieuse » qui nous fait « dépendre d'autrui » et « aimer notre dépendance » ; c'est par cette inclination que l'homme doit honorer « celui à qui appartient naturellement tout empire et tout droit de souveraineté sur les cœurs », « l'amour seul est la source de l'adoration légitime que doit la créature à son créateur, et le véritable tribut par lequel elle le doit reconnaître » (124). C'est donc par la reconnaissance d'une situation « naturelle » de « dépendance » que se définit l'adoration. Le vocabulaire de l'adoration, avec ses images « sociales », droit de souveraineté, dépendance, impérieux, honorer, tribut, etc., est bien fixé à cette date et Bossuet ne cessera de l'utiliser pour définir le culte dû à Dieu.

A cet aspect que j'appelle « social », un fragment de sermon de vêture prêché le jour de l'Epiphanie 1664 ajoute des considérations aussi importantes sur les « connaissances » qu'apporte l'adoration : il contient en germe les idées du sermon de 1666 sur le culte dû à Dieu qui fera la synthèse de tous ces aspects. « La grâce du mystère de l'Epiphanie, c'est un esprit d'adoration envers Jésus-Christ, et Jésus enfant, et Jésus inconnu, Jésus dans l'abjection ;... » (125). L'adoration est reconnaissance de l'obscurité où se trouve la créature devant les réalités surnaturelles, et elle va de pair avec l'approfondissement de l'ignorance ; « Car, en effet, qu'avons-nous vu ? Qu'avons-nous connu ? Si nous le connaissons tant soit peu, tous les jours nous cessons de le connaître, nous nous enfonçons tous les jours dans le centre d'une bienheureuse ignorance, où nous n'avons de vue qu'en ne voyant rien » (126). L'adoration suppose cette ignorance, cet anéantissement de toutes lumières naturelles ; c'est un départ (127), guidé par la foi qui est l'étoile « paraissant et disparaissant suivant le plaisir de Dieu ». « Allons adorer ce Dieu, dont la gloire, dont la grandeur, c'est de nous être inconnu, jusqu'à ce qu'il nous ait mis en état de ne plus rien connaître qu'en lui » (128). L'adoration exige ce dépouillement de tout le créé, l'ab-

(122) *Jean* IV, 23.
(123) O.O., I, p. 287 ; IV, p. 565 ; etc.
(124) O.O., IV, p. 497.
(125) O.O., IV, p. 531.
(126) O.O., IV, p. 532 ; cf. IV, p. 77 : « sainte et bienheureuse ignorance ». Ailleurs (O.O., III, p. 209) Bossuet emploie la formule « la docte ignorance ». Plus tard (E.M., p. 408) il écrira : « Plongeons-nous humblement dans notre ignorance ».
(127) « Sortons donc du fond de cette ignorance comme d'un pays éloigné ».
(128) O.O., IV, p. 532.

sence de toute lumière, la simple perte des connaissances claires (129) et même ce que l'on est : péchés, lumières, connaissances, grâces, paix, agitation, néant même ; c'est la condition nécessaire pour devenir « adorateurs cachés à un Dieu caché ». Si l'adoration repose sur une vive conscience du néant de la créature et la rend effective, elle dépasse cette conscience dans un état plus profond : « O vie, ô mort, ô péché, ô grâce, ô lumière, ô ténèbres, vous n'êtes plus rien ! O néant conçu et aperçu, vous n'êtes plus rien, vous êtes perdu en Dieu ! Mais, ô Dieu connu, vous êtes vous-même perdu dans le néant ! Régnez, ô Jésus, ô Dieu inconnu, ... » (130).

Nous songeons aux admirables lignes de la quatrième lettre à une demoiselle de Metz sur la connaissance de foi au delà de toute figure : « ... la profondeur du secret de Dieu, où l'on ne voit plus rien, si ce n'est qu'on ne voit pas les choses comme elles sont » (131). Bossuet retrouve la tradition de la théologie négative, et, avant d'en faire la théorie lors de la querelle du quiétisme (132), il affirme que toute pensée sur Dieu est un obstacle à le comprendre tel qu'il est : « il est tellement au-dessus de nous, que tout ce que nous en pouvons penser de nous-mêmes nous est un obstacle invincible pour entendre ce qu'il est. C'est pourquoi ce sublime théologien, dont saint Denis Aréopagite ne désavouerait jamais la doctrine ni les sentiments, dans ce traité admirable qu'il a composé *de la Théologie mystique,* dit que nous ne sommes capables d'entendre Dieu que par une entière cessation de toute notre intelligence : Πάσης τῆς γνώσεως ἀνενεργησίᾳ [*De myst. Theol.* cap. I]. Il faut entendre, mes Frères, que tout l'effort que nous faisons de nous-mêmes pour connaître ce premier Etre, toute notre activité et notre pénétration naturelle ne sert qu'à obscurcir et confondre notre intelligence ; qu'il faut imposer silence à nos pensées, à nos discours et à notre raison, et entrer avec Moïse dans la nuée, c'est-à-dire dans les saintes ténèbres de la foi, pour connaître Dieu et ses vérités » (133).

---

(129) Pour ne plus sentir qu' « un poids tout-puissant qui nous presse à sortir de nous » (O. O., IV, p. 532) ; sur l'image du poids (cf. saint Augustin, *Conf.*, XIII, 9), voir aussi O. O., II, p. 472, dans le sens opposé du poids qui écrase.

(130) O. O., IV, p. 533.

(131) C. B., I, p. 68 ; ici Bossuet ne cite pas Denys, et le fond de ses affirmations ne serait pas désavoué par saint Thomas (*S. Th.*, Ia, q. XII, art. 7).

(132) P. C., p. 50 et suiv. ; LT, XIX, p. 22-23 ; cf. *infra,* p. 570.

(133) O. O., V, p. 234-235. L'interprétation de Bossuet « les saintes ténèbres de la foi », « connaître Dieu et ses vérités » est inexacte et rend mal compte de l'aspect essentiel de l'expérience dionysienne qui

En 1664, le schéma d'un second point de sermon sur la Présentation de la Vierge définit l'adoration perpétuelle que Bossuet recommande au chrétien, en reprenant les idées développées l'année précédente pour l'Assomption : « Adoration perpétuelle. Complaisance à la volonté du Père. Faire sa cour à Dieu, comme à son souverain. Jésus-Christ : *Ita, Pater* ... Au ciel : *Amen.* Pour faire cette adoration, aimer. L'amour veut adorer, et il ne se satisfait pas qu'il ne vive dans une dépendance absolue. C'est la nature de l'amour. Le profane même ne parle que d'hommages, que d'adoration : pour nous faire voir que pour être aimé, il faut être quelque chose de plus qu'une créature » (134). Nous avons reconnu quelques-unes des idées capitales de Bossuet : complaisance, obéissance à Dieu, respect comme envers un souverain, amour signe de cette adoration et désir de dépendance absolue, reconnaissance de la transcendance infinie de Dieu. Dieu est maître, souverain et digne objet de l'amour de la créature.

L'amour profane peut être ici invoqué « pour exprimer les effets de l'amour divin » car il « imite les propriétés de l'amour divin » (135) mais bien loin d'avoir une valeur, même provisoire (136), il n'est qu'un « vol sacrilège » (137) ; seulement par analogie, si nous

---

n'est pas seulement obscurité de l'acte de foi aboutissant à la connaissance de Dieu et de ses « vérités » : Bossuet récupère un intellectualisme à travers une expérience d'obscurité ; selon Denys au contraire (*Theol. myst.*, c. I, n. 3), « Moïse pénètre dans la Ténèbre véritablement mystique de l'inconnaissance » (trad. de Gandillac, p. 179) et fait taire tout savoir positif, « et grâce à cette inconnaissance même connaissant par delà toute intelligence » (trad. cit., p. 180) ; ces « vérités » dont parle Bossuet étaient mises par Denys dans la théologie affirmative ou dans la théologie symbolique, mais pénétrant dans la Ténèbre nous allons bien au delà, et Denys affirme que la Cause transcendante n'est ni science, ni vérité, etc. (trad. cit., p. 183), ni erreur, ni vérité (*id.*, p. 184). Voir aussi, O. O., I, p. 238 : « Quand donc je regarde l'Incompréhensible ainsi renfermé... », avec le sens étymologique d'incompréhensible ; O. O., I, p. 251 : « L'Ineffable, dont le nom est incompréhensible, daigne prendre un nom humain » ; O. O., II, p. 410 : « Si vous demandez ce qu'il est, il est impossible qu'on vous réponde ». Ces thèmes se trouvent chez saint Augustin (*Conf.*, I, 4 ; *De Doctr. Christiana*, I, 6 ; *Serm. CXVII*, 5 : « *si enim comprehendis Deum, non est Deus* »), et chez saint Jean Chrysostome qui sont aux yeux de Bossuet des autorités plus fortes que Denys. Pour étudier la tradition de l'incompréhensibilité divine, voir saint Jean Chrysostome, *Sur l'incompréhensibilité de Dieu*, Sources chrétiennes n° 28, introduction ; Bossuet suit une très longue tradition de la théologie chrétienne. Voir encore notre *Bossuet*, p. 32, et *infra*, p. 570.

(134) O. O., IV, p. 576.

(135) O. O., IV, p. 496 n. 1.

(136) Cf. O. O., II, p. 35 : comparaison de l'amour de François de Paule avec les « folles amours du siècle ».

(137) O. O., IV, p. 497.

remontons au modèle qu'il déforme, il pourra nous éclairer : l'amour profane « ne parle que d'adoration, que d'hommages, que de dépendance » (138). La démarche de l'amour des créatures est sacrilège et contradictoire et renouvelle l'idolâtrie (139).

Le cœur qui aime, explique longuement la troisième lettre à une demoiselle de Metz, désire naturellement que l'univers devienne tout amour pour lui ; mais peut-on utiliser tout l'univers pour l'amour de la créature ? « Quel monstre que le tout se transforme en la partie ! », et pourtant c'est la condition nécessaire d'un amour qui accepte ses propres exigences d'infini. Le tout de l'univers embrasse Dieu : « ... il faut que tu arraches le cœur de Dieu même, pour le donner à ce que tu aimes, avec toute l'immensité de son amour... ». « O monstre, encore une fois, et prodige de l'amour profane, qui veut rappeler et concentrer le tout dans la partie, ou plutôt le tout dans le néant ». Insensé dans sa démarche, l'amour profane ne l'est pas moins scandaleusement en son objet : « La créature n'est rien et ne peut pas même recevoir la perte de notre être en elle » (140) ; car le terme de l'amour est perte de notre être, remise et réduction volontaire, « langueur » d'amour (141), « défaillance d'un cœur qui va mourir et se perdre dans l'amour de son bien-aimé » (142).

Le seul véritable objet de l'amour est Jésus-Christ qui par la défaillance de son être soutient la défaillance de la créature : elle peut mourir en lui, se perdre en lui. Et dans une élévation finale où il cède quelque peu au vertige de l'abstraction, Bossuet s'adresse à Jésus-Christ qui a permis l'amour à ses créatures : « O Jésus, vous êtes le tout comme Dieu ; mais tout qui, pour donner prise au néant en vous, vous êtes fait vous-même néant et avez ouvert la voie au néant, non seulement de se perdre dans le tout, mais d'être le tout par transformation ». Promotion du néant à l'être, tel est le véritable amour : amour « transformant » (143).

---

(138) O. O., IV, p. 497-498, repris O. O., IV, p. 576.

(139) O. O., IV, p. 286.

(140) C. B., I, p. 56-57.

(141) Cf. *Cant.* II, 5 ; V, 82 : « *amore langueo* ».

(142) C. B., I, p. 57. Cf. à l'époque de l'épiscopat, LT, VI, p. 369 : « Dans le transport de l'amour humain, qui ne sait qu'on se mange, qu'on se dévore, qu'on voudrait s'incorporer en toutes manières, et comme disait ce poète, enlever jusqu'avec les dents ce qu'on aime pour le posséder, pour s'en nourrir, pour s'y unir, pour en vivre ? »

(143) C. B., I, p. 58-59. L'amour donne seul la véritable vie parce qu'il met en rapport avec Dieu, Bérulle l'avait dit fortement : « ... C'est chose grande d'Aimer Dieu, et de penser à Dieu pour l'Aimer. Si la créature est capable de diversité d'objets et d'actions, son plus grand objet est Dieu, son plus grand pouvoir est celui qui le porte à Dieu, et la plus

Dans la même ligne que la troisième lettre à une demoiselle de Metz se situe l'écrit intitulé « L'oraison » : il peut être attribué à Bossuet dans la mesure où ce dernier l'a écrit de sa main (144) car

---

grande de ses actions est celle qui s'exerce envers son Dieu. Entre toutes les actions que la créature peut exercer envers son Créateur, la plus grande, la plus noble, la plus digne et la plus heureuse, c'est l'action de l'Amour qu'elle doit et rend à son Dieu ; [...] c'est une action qui l'approche de Dieu et l'unit à Dieu même [...], elle met quelque proportion, et, si on l'ose dire, quelque égalité entre l'âme qui aime et Dieu qui est aimé... » (*Œuvre de piété,* CLXIII, *Œuvres,* éd. 1644, p. 1043). L'amour « transformant » de la lettre à une demoiselle de Metz évoque encore Bérulle : l'amour « vertu céleste, divinement unissante les choses qui sont le plus éloignées », nous transporte en Dieu (*Grandeurs de Jésus, Discours* IV, 1, éd. 1644, p. 212, cité par J. Dagens, *Bérulle...,* p. 345). Si Bérulle cite ici Denys l'Aréopagite (*Noms divins,* c. IV, n. 13), la doctrine de l'amour extatique, comme le remarque J. Dagens (*op. cit.,* p. 345), se trouve chez saint Thomas. Bossuet a plus de chances de suivre saint Thomas que Denys ou que Bérulle.

(144) Le seul examen du manuscrit (Bibl. univ. de Bâle, G 2 1/36) permet difficilement de le dater : la méthode orthographique de J. Lebarq qui donne des résultats intéressants pour les textes antérieurs à 1660 est beaucoup moins sûre pour une époque postérieure : l'orthographe de Bossuet tend à partir de 1660 à se fixer et à se rapprocher de l'orthographe courante de son temps. Appliquée aux notes sur l'oraison, cette méthode donne des résultats limités : notre texte ne doit pas avoir été écrit beaucoup avant 1665 ; mais l'orthographe ne permet pas de dire s'il est sûrement antérieur à 1670-1672 (Bossuet écrit « respec » comme il le fait toujours, sauf une exception en 1662, de 1651 à 1668 ; à partir de 1673 il écrit « respect » ; « thrésors » (en 1655, 2 fois « trésors ») peut être daté approximativement par comparaison avec « throne » qui remplace « trône » (sauf exception en 1658) à partir de 1665 ; « paisan » se trouve sous cette forme de 1656 à 1681 ; « atandre » ne deviendra de façon constante « attendre » que dans les années qui précèdent 1681 ; nous avons pris ainsi tous les mots qui ont permis à Lebarq d'établir ses tables orthographiques). E. Levesque ne semble tirer argument (R.B., 1906, p. 242) que de l'absence de marge (nous ne voyons pas sur quoi il s'appuie pour affirmer que l'orthographe de plusieurs mots indique une époque antérieure à 1667 : cette date est celle à laquelle change non l'orthographe de Bossuet, mais la largeur de ses marges), mais il ne remarque pas qu'en 1668 environ, dans les manuscrits *des sermons,* la marge passe de 2/5 à 1/2, or notre texte n'a pas de marge du tout, particularité qui ne se rencontre pas plus dans les sermons de 1666 que dans ceux de 1667 ou de 1668. Dans un texte qui n'est pas un sermon, l'argument des marges n'a pas une grande portée. Reste l'écriture : la forme des lettres (en particulier les e et les s), et le mouvement d'ensemble nous inviteraient à adopter une date comprise approximativement entre 1665 et 1670, sans pouvoir préciser davantage : le plus vraisemblable, étant donné que Bossuet dut connaître le carme en 1669, est donc de dater ce texte de 1669-1670 environ. Par ailleurs nous devons exclure l'hypothèse d'une simple copie d'un texte de René de Saint-Albert : plusieurs ratures prouvent que Bossuet a cherché son expression, qu'il s'est corrigé, mais des anticipations assez nombreuses prouvent aussi que Bossuet suivait une ligne tracée assez nettement dans son esprit. Les hypothèses les moins aventurées seraient les suivantes : Bossuet résume des exhortations adressées par René de Saint-Albert à des religieuses (que Bossuet ait

la substance du texte a beaucoup de chances d'être du carme René de Saint-Albert (145) ; le problème d'attribution n'est cependant pas

---

assisté aux exhortations ou qu'il ait lu un recueil manuscrit de lettres), ou bien il a rédigé ces notes pour parler ou écrire à une religieuse (« ma Fille » est la formule qui se trouve aussi dans les lettres à une demoiselle de Metz) après avoir demandé conseil à René de Saint-Albert.

(145) Lorsque Bossuet prend des notes, il met ainsi en tête le nom de l'auteur qu'il suit : par exemple lorsqu'en 1647, il résume un sermon de Jean de Lingendes (O. O., I, p. 4). Nous avons peu de renseignements sur le Père René de Saint-Albert, prieur des carmes réformés de Rennes, prieur des carmes réformés du couvent du Saint-Sacrement à Paris, professeur en théologie, provincial des carmes de la province de Touraine : la notice nécrologique du *Mercure galant* de décembre 1691 et la *Bibliotheca Carmelitana* de Côme de Villiers (t. II, c. 676 ; l'histoire des carmes, B. N. fr. 13527, f° 293 ne fait que résumer Côme de Villiers) forment l'essentiel de notre documentation qu'Urbain et Levesque ont exploitée (R. B., 1906, p. 241-244 ; C. B., III, p. 508 ; IV, p. 376). Bossuet le prit comme confesseur à une date que nous ne pouvons pas fixer, mais qui dut être postérieure à mai 1669, si nous interprétons bien la notice de Côme de Villiers ; quelques jours avant la mort du carme (1691) son pénitent était encore allé lui rendre visite (C. B., IV, p. 376). Comment fit-il sa connaissance ? En entendit-il parler par quelque dévot de Bretagne, par Guy Lanier (les Lanier avaient été les bienfaiteurs des carmes de Touraine en 1631 lorsque ces derniers fondèrent à Paris le couvent du Saint-Sacrement ou des Billettes, S. Bouchereaux, *La réforme des carmes...*, p. 411), par Guillaume de La Brunetière ou par quelque parent du carme qui l'adressèrent à lui pour l'aider à résoudre un difficile cas de direction ? René de Saint-Albert était apparenté aux Cornulier qui tenaient leur place dans les milieux dévots de Rennes (J.-J. Surin, *Correspondance*, p. 574-575 ; Tallemant des Réaux, *Historiettes*, éd. A. Adam, t. II, p. 800) ; Bossuet sera en relations avec la famille bretonne des Landes-Seré (cf. Frain, *Mémoire généalogique*, Vitré, 1884, p. 167, *Tableaux généalogiques*, Vitré, 1892, p. 112-113) : il dédicacera ses *Divers Ecrits ou Mémoires sur* [...] *Explication des Maximes des Saints* à Madame des Landes-Seré (*Bibliothèque de M.G.H.* [Hanotaux], *première série*, XVIIe *siècle, Littérature*, Paris, 1927, p. 177, 179). René de Saint-Albert connaissait bien les visitandines de Rennes : plusieurs sœurs Cornulier (recueil B. N. impr. Ld 173 2 (114), *circulaire pour la mort de Marie-Thérèse Cornulier*, p. 24) et la sœur Leduc du Petit-Bois (*Année sainte des religieuses de la Visitation*, t. I, p. 689-690 : lettre de 1681) ; il connaît aussi les visitandines de Nantes (B. N. impr. Ld 173 2 (97), circulaire de 1682 pour la mort de la sœur Agnès d'Andigné, p. 17, qui était en correspondance suivie avec Mme du Houx), ville où il fut prieur (il signe en cette qualité en 1663, cf. Orléans, Bibl. munic. ms. 688, f° 218). Par beaucoup de liens, René de Saint-Albert se rattache à des milieux marqués par l'influence de Mme du Houx et de Surin : les ouvrages de Frain (cités *supra*) permettent de comprendre les complexes rapports de parenté qui unissaient les membres de ces milieux et qui étaient le cadre des influences spirituelles. En 1688, Bossuet dira de René de Saint-Albert : « C'est un homme que je crois fort » (C. B., III, p. 509) et il écrira après la mort du religieux en 1691, une lettre au P. Marc de la Nativité que publiera en partie le *Mercure* (C. B., IV, p. 376-377) : « C'était un homme qui ne travaillait qu'à s'unir à Dieu, et à y unir tous ceux qui l'approchaient... ». Malheureusement, nous n'avons à peu près rien conservé des écrits de ce religieux qui eut sur Bossuet une influence certaine mais difficile à définir (nous

d'une importance primordiale : si Bossuet a écrit ces lignes, c'est qu'il les trouvait intéressantes, soit pour sa propre vie intérieure, soit pour diriger quelque religieuse, et qu'en tout cas il les jugeait utiles. Le plus important est de remarquer leur consonance avec les sermons de l'époque où elles furent écrites.

« Vie du chrétien. Nous dépendons de Dieu, par nature, en dépendre par volonté. Aimer cette dépendance, y adhérer, y demeurer, en aimer les effets et l'exercice... » (146). La vie chrétienne se définit donc par une « dépendance » (147), et l'acte d'adoration est la prise de conscience volontaire, l'actualisation et l'amour de cette dépendance. Attitude générale devant toutes choses, qui devient actuelle en certains cas, l'adoration prend deux formes : l'adoration habituelle et l'adoration actuelle, l'une et l'autre ayant leur fondement et leur source dans la transcendance et la souveraineté divines. L'acte fondamental, dans ces conditions, est une prise de conscience, ou plutôt une « réalisation » de la situation réciproque

---

avons en vain cherché un ms. des *Exhortations* de René de Saint-Albert, in-8°, qui avant la Révolution était dans la bibliothèque de l'Oratoire de Paris : Arsenal, ms. 6492, f° 327 ; ces *Exhortations* ne figurent pas dans la liste des mss. de l'Oratoire entrés à la B. N. : cf. B. N., n.a.fr. 5480). Les approbations données par René de Saint-Albert permettent de mieux dessiner le paysage social et spirituel dans lequel il vécut : en 1650, il approuve *La Vie et les maximes et partie des œuvres du très excellent contemplatif, le Vénérable Fr. Jan de S. Samson...*, de Donatien de Saint-Nicolas (Paris, 1651 ; 2e éd. 1656) et, contrairement à l'usage, son approbation est longue, riche de substance et personnelle, et fait allusion à l'actualité (les discussions sur la grâce) ; en 1653 il approuve les *Maximes ou sentences spirituelles tirées des œuvres et de la vie des saints* de Sébastien des Anges, et les *Méditations ferventes du Saint Amour de Dieu* de Léon de Saint-Jean ; en 1655, *la véritable dévotion du sacré scapulaire* de Mathias de Saint-Jean (Paris, 1656), en 1666 le *Directoire spirituel des actions religieuses et exercices de dévotion...*, de Hugues de Saint-François (Paris, 1667), et, avec Gilles de Gain, *La vie de l'esprit divisée en trois parties* (Rennes, 1668) de Pierre de la Résurrection (ces trois parties sont la vie intérieure, la vie spirituelle, la théologie mystique ; je n'ai eu que la première partie entre les mains). Tout cela ne nous permet pas toutefois de bien connaître le confesseur de Bossuet, et nous en sommes presque réduits à l'examen des notes sur l'oraison, en tête desquelles figure le nom de René de Saint-Albert.

(146) R.B., 1906, p. 244.

(147) Cette doctrine correspond bien à ce que Bossuet affirmait depuis longtemps : la condition de la créature se définit pour lui par la dépendance ; il l'affirmera encore fortement en 1687 (O. O., VI, p. 398-399) : la vertu est reconnaissance de cet ordre essentiel, est l'actualisation d'une condition fondamentale. **La liberté n'est donc pas indépendance** mais reconnaissance des bornes, des limites, des lois : être libre c'est dépendre de Dieu (O. O., II, p. 213 et suiv. ; III, p. 30 et suiv. ; 511 ; V, p. 4 et suiv. ; et plus tard C. B., IV, p. 39 ; E. M., p. 164) ; et sur la liberté, notre *Bossuet*, p. 59.

de l'homme et de Dieu : une action « qui ait relation avec la souveraineté de Dieu pour la reconnaître » (148).

L'adoration habituelle témoigne d'une dépendance générale envers Dieu, dépendance qui apparaît dans tous les actes de la vie, « un certain respect de Dieu, un désir de lui, soumission sous lui, repos en lui (149), complaisance vers lui, secrète satisfaction d'être à lui. Disposition intime de voir tout en lui, rapporter tout à lui, recevoir tout de lui ; révérer ce qu'il est, estimer ce qu'il veut pour toujours et en tout temps, sinon sensiblement, du moins intimement. C'est l'adoration en esprit et en vérité. Dieu est esprit vivant, subsistant sans les temps, par-dessus les temps, indépendamment et par-dessus toutes les différences du monde, haut et bas, pauvreté et richesses, vie et mort ; doit vivre, régner, subsister en nous, au-dessus de toutes nos dispositions, soit que nous y pensions, soit que nous n'y pensions pas et c'est là proprement cette première dépendance » (150). Ces lignes montrent bien la nature de l'acte d'adoration : « intimité » (151) par delà la sensibilité et la conscience, cet acte s'applique à un niveau profond de l'âme humaine ; « permanence », car cet acte subsiste en nous au delà des dispositions, est un acte essentiel, continu, hors du temps. Bossuet qui voyait dans le temps l'échec de toute démarche humaine a trouvé une réponse. La méditation de 1648 sur la brièveté de la vie cherchait une ouverture dans la référence de tous les actes à l'éternité de Dieu qui « est au-dessus du temps » (152) ; plutôt qu'une poussière d'actes de référence à Dieu, l'adoration, selon les notes sur l'oraison, permet de poser en continuité et permanence le retour vers Dieu, et suppose l'existence d'une vie de grâce au delà de la vie sensible et consciente, vie de l'homme en rapport avec l'être.

L'homme néanmoins n'est pas seulement esprit et il lui est impossible d'adopter cette attitude intime sans traduire en actes ou pratiques concrètes ses dispositions essentielles. Il faut que l'adoration habituelle s'incarne en « une pratique de religion ou de culte,

---

(148) R. B., 1906, p. 244 : la notion de souveraineté (et de royauté) de Dieu est devenue courante au XVIIe siècle ; le vocabulaire spirituel a pris une forte coloration sociale, et cela dès l'époque de Bérulle (*De l'état et des grandeurs de Jésus,* XII, 6, *Œuvres,* éd. 1644, p. 381-382 ; etc.).

(149) René de Saint-Albert insiste beaucoup dans sa lettre sur l'oraison de la sœur Leduc du Petit-Bois sur le repos de son cœur avec Dieu, *Année sainte* [...] *de la Visitation,* t. I, p. 689.

(150) R. B., 1906, p. 245.

(151) René de Saint-Albert parle d' « oraison intime » à propos de la sœur Leduc du Petit-Bois, *Année sainte* [...] *de la Visitation,* t. I, p. 689.

(152) O. O., I, p. 12.

donnant quelque temps à se tenir en respect devant Dieu. Quelque acte extérieur d'abaissement devant Dieu ; à genoux ou dans quelque autre posture de respect en intention de reconnaître le domaine de Dieu sur nous, le besoin essentiel que nous avons de lui, la vérité de son être, la force de son agir, pour n'être de notre part qu'en lui et n'agir que par lui » (153). L'intention actuelle peut certes être fort peu sensible dans l'acte extérieur : distractions, imaginations, tentations dissipent l'esprit ; mais l'acte extérieur n'est que le corps de la religion qui cache l'esprit et la grâce, la cendre qui couvre le feu ; la simple disposition suffit, que l'on « pense à Dieu » ou que l'on n'y pense pas (154), « sans s'inquiéter [...] si l'on fait bien ou mal, si l'on aime ou non, profite ou non, si l'on se remplit de Dieu ou de soi-même, si l'on s'occupe ou si l'on est oisif » (155). Et les notes définissent l'oraison comme indifférence, repos véritable, abandon (156).

L'attitude extérieure, la simple posture de notre corps et notre patience, est un exercice consistant à « rendre à Dieu ce devoir actuel de notre souveraine dépendance envers la Majesté infinie » (157), exercice qui soutient la disposition intérieure et qui à son tour reçoit son aide.

---

(153) R. B., 1906, p. 245. Bérulle, dans le second *Discours de controverse, Du sacrifice de la messe*, justifiait déjà de cette façon les pratiques : « Car encore que Dieu ne soit qu'esprit, et que l'esprit soit sinon le total, au moins le principal en l'homme ; si est-ce qu'ayant plu à Dieu revêtir notre être spirituel et invisible d'un corps matériel et visible, il veut que nos actions intérieures et spirituelles envers lui, soient aussi revêtues de cérémonies externes et corporelles... » (*Œuvres*, éd. 1644, p. 74).

(154) R. B., 1906, p. 245 ; à rapprocher de ce que Bossuet disait en 1664 pour la Présentation : « Pour la présence perpétuelle : sans gêner l'esprit, l'amour rappellera l'objet. On ne peut oublier longtemps ce qu'on aime. Quand la mémoire l'oublierait, le cœur le rappellerait, irait le graver de nouveau avec des caractères de flamme. Le cœur blessé se tourne toujours à celui d'où lui vient le trait. On ne dort pas même parmi le sommeil : *Ego dormio et cor meum vigilat* [*Cant.* V, 2]... » (O. O., IV, p. 576). Pour l'importance de ces thèmes au temps de l'épiscopat, *infra*, p. 427 et suiv.

(155) R. B., 1906, p. 246. « Se remplir de Dieu » est une tournure que Bossuet emploie très volontiers : O. O., V, p. 238 ; VI, p. 40 ; LT, VI, p. 48 ; E. M., p. 150 et suiv. ; C. B., XIV, p. 54 ; etc. Nous la trouvons aussi chez Bérulle (*Œuvre de piété* CXLIII, *Œuvres*, éd. 1644, p. 1014, 1015) et la métaphore du vide et du plein appliquée à l'oraison est fréquente au XVIIe siècle (cf. Nicole, *Traité de l'oraison*, 1679, p. 339, 350).

(156) R. B., 1906., p. 246.

(157) R. B., 1906, p. 245. C'est à peu près ce qu'à une date voisine affirme l'*Exposition de la doctrine de l'Eglise catholique :* le sacrifice est un « aveu public et une protestation solennelle de la souveraineté de Dieu et de notre dépendance absolue » (LT, XIII, p. 54).

« Devoir d'une créature », l'acte d'adoration ou de religion ne saurait remplacer les autres pratiques de la vie chrétienne ou même l'oraison ; il les suppose et les anime, et se situe sur un autre plan : ne disons donc pas qu'il vaudrait mieux songer à sortir de son péché, se confesser, etc., ce serait confondre des devoirs différents ; de même « ... il n'est point ici question de voies d'oraison, mais seulement d'adorer Dieu sans autre vue que de la justice naturelle de cette action, sans vouloir faire qu'adorer Dieu et supporter en patience et humilité le contraire, de ne l'adorer pas » ; et cette action est « la plus simple, la plus désintéressée, la plus facile à la créature », ni « embarrassée », ni « réfléchissante » (158).

Bossuet ne proposera pas de nouvelle méthode d'oraison, mais il ramène toute oraison à l'attitude intime qu'elle suppose, à une conversion plus radicale de tout l'être à Dieu, à un état de « mort à soi-même », à une entrée du cœur « dans le pur amour », sans regarder les choses comme nôtres, sans y réfléchir (159) : « adorer Dieu par foi, par soumission, par estime, par complaisance ou du moins par patience et par simple attente, sans vouloir faire autre chose, sans se soucier d'autre chose » (160). Les âmes les plus simples peuvent adorer Dieu sans méthode.

Ce n'est qu'une fois le retour vers Dieu accompli, le devoir de religion rempli, que l'on se préoccupera des sujets d'oraison, et des conseils précis, adaptés à telle situation particulière. Pour le moment la pratique de l'oraison est rattachée à un esprit : « cessation d'être, d'opérer, réduction à rien », « disposition de simple dépendance », « voie d'adoration, d'hommage, d'amour et de complaisance », voie de simplicité absolue et de détachement : « le tout seul, tout seul, Dieu, la foi », comme pourrait le comprendre le paysan grossier qui ne sait ce que Dieu est mais qu'il existe, « plus simplement, plus infailliblement, plus religieusement que le plus grand théologien » (161).

Avoir ou ne pas avoir un directeur homme d'oraison, ressentir la paix en soi-même ou ne rien ressentir, avoir ou ne pas avoir l'esprit de la grâce, ces choses sont indifférentes : la paix ni le trou-

---

(158) R. B., 1906, p. 246-247. En rapprocher ce que René de Saint-Albert dit de l'oraison de la sœur Leduc du Petit-Bois : « Rien de plus simple, rien de plus tranquille... », *Année sainte* [...] *de la Visitation,* t. I, p. 689.

(159) R. B., 1906, p. 247.

(160) *Ibid.* L'oraison « par simple attente » est un des caractères de l'indifférence salésienne : saint François de Sales, *Traité de l'amour de Dieu,* éd. Annecy, t. V, p. 158.

(161) R. B., 1906, p. 247-248. Nous reviendrons sur le thème du « simple » et de l' « idiot », très important à l'époque du quiétisme ; voir déjà M. de Certeau dans R.A.M., octobre-décembre 1968, p. 407-409.

ble « n'est pas Dieu, il faut par-dessus et l'un et l'autre, être à Dieu, parce qu'il est ce qu'il est » (162). Et, comme nous le remarquions, l'oraison ne remplace pas les sacrements et n'est pas destinée à y conduire : « que l'oraison soit oraison ; la confession, confession. Faire l'un, attendre l'autre, laisser faire Dieu : tout est dans ses trésors » (163). L'assurance même de la réprobation doit être vaincue par la paix : Dieu est au delà de ses grâces, Dieu seul suffit ; s'il ne reste « plus rien du tout », « O heureux néant ! » (164).

Connaissant les débats soulevés un quart de siècle plus tard par les thèses sous-jacentes à ces pages, nous nous étonnons de voir Bossuet aussi peu méfiant : « variations » de M. de Meaux ? ignorance vers 1670 des problèmes brûlants posés par les spirituels ? Rien ne peut nous faire penser que l'aspect « spirituel » des controverses que soulevèrent l'œuvre du P. Surin qu'il approuva, et celle du confrère de René de Saint-Albert, Maur de l'Enfant-Jésus effleura Bossuet. A-t-il entendu parler du carme Jean Chéron (165) dont l'*Examen de la théologie mystique* publié en 1657 et réédité en 1664 (166) est dirigé contre Maur de l'Enfant-Jésus, et, à travers lui, contre tous les spirituels dont les notes sur l'oraison résument la doctrine ?

René de Saint-Albert avait fait profession chez les carmes de Rennes en 1627 et S. Bouchereaux (167) a raison de rapprocher ces notes sur l'oraison des thèmes chers à l'école rennaise : Léon de

---

(162) *Ibid.* ; « Dieu est et il est par-dessus toutes ses grâces », *ibid.*, par exemple, les grâces de lumière dont bénéficia un Jean de Saint-Samson, cf. l'approbation du livre de Donatien de Saint-Nicolas par René de Saint-Albert.

(163) R. B., 1906, p. 248 ; sur les trésors de Dieu, cf. *supra*, p. 99 ; sur « laisser faire Dieu », cf. H. Watrigant, *L'école de la spiritualité simplifiée et la formule le « laisser faire Dieu »*, Lille, 1903 (l'auteur a tendance à voir du quiétisme même dans des œuvres parfaitement orthodoxes).

(164) R. B., 1906, p. 249.

(165) Sur lui : D. S., t. II, c. 821-822 ; S. Bouchereaux, *La réforme des carmes...*, p. 438, 448-450 ; M. de Certeau, *Le Père Maur de l'Enfant-Jésus*, R.A.M., 1959, p. 268-275 ; J.-J. Surin, *Guide spirituel*, éd. par M. de Certeau, p. 39 et suiv. Bossuet pouvait savoir que Chéron en 1642 avait défendu le scapulaire contre les attaques de Launoy.

(166) L'ouvrage est dédié à Mlle d'Epernon, Anne-Marie de Jésus, carmélite au Carmel de la rue Saint-Jacques. Bossuet la connaîtra bien. Sur elle, C. B., I, p. 344 et n. 5 ; XIV, p. 449 ; J. B. Eriau, *L'ancien Carmel du Faubourg Saint-Jacques*, Paris, 1929, p. 322-323 et *passim* ; J.-J. Surin, *Correspondance*, p. 595-597 ; la traduction des *Exercitia* de Tauler par le P. Talon, approuvée par Bossuet (*supra*, p. 88) lui sera dédiée. Voir aussi J.-J. Duguet, *Institution d'un Prince*, Londres, 1750, p. XLVII-XLVIII, un jugement de Bossuet sur la carmélite.

(167) *La réforme des carmes...*, p. 446-447.

Saint-Jean, Jean de Saint-Samson et Dominique de Saint-Albert (168). Moins âgé qu'eux, René de Saint-Albert apparaît bien leur disciple (169), et, en particulier, nous trouvons dans les pages que nous étudions bien des thèmes développés par Léon de Saint-Jean ; lorsque ce dernier écrit : « cette appartenance, cette dépendance sont le point essentiel de la créature » (170), lorsqu'il affirme que le « domaine » de Dieu est absolu, que l'homme, étant par nature l'esclave de Dieu, doit non seulement reconnaître cette servitude mais y consentir par amour (171), tous ces thèmes sont repris par son confrère René de Saint-Albert, et par Bossuet. De même, définissant la vie chrétienne, Léon de Saint-Jean, qui prêche la parfaite soumission à la volonté de Dieu (172) et qui n'hésite pas à recommander le pur amour (173), l'indifférence, l'abandon, le dépouillement et l'anéantissement (174), est sans doute à l'origine des pensées exprimées par René de Saint-Albert, ou bien l'un et l'autre s'inspi-

---

(168) S. Bouchereaux a noté qu'on ne trouve pas chez ces carmes non déchaussés d'influence de sainte Thérèse et de saint Jean de la Croix (*op. cit.*, p. 447), rectifiant sur ce point ce qu'écrivait E. Levesque (R.B., 1906, p. 243 ; C.B., IV, p. 180, n. 43), mais il ne faudrait pas tomber dans l'excès contraire : les *Maximes ou sentences spirituelles tirées des œuvres et de la vie des Saints* (4e éd. Paris, 1653) de Sébastien des Anges, approuvées par René de Saint-Albert, présentent nombre de textes de sainte Thérèse, de saint Jean de la Croix, de Madeleine de Saint-Joseph à côté de textes de Jean de Saint-Samson, et la *Méthode claire et facile pour bien faire oraison mentale...* (Paris, 1658) formant le 4e traité de la *Conduite spirituelle des novices* attribuée à Marc de la Nativité, cite souvent sainte Thérèse ; Chéron lui aussi invoque souvent son témoignage. Les influences qui s'exercent sur les carmes de Touraine sont assez éclectiques.

(169) Mais après avoir étudié l'*Abrégé de la vie et des œuvres spirituelles et mystiques du vénérable Père Dominique de Saint-Albert* [...] *décédé* [...] *au couvent de Nantes* [...] *le 24 janvier 1634*, de Simplicien de Saint-François (Orléans, Bibl. munic. ms. 1430), nous n'avons pas retrouvé les accents originaux des pages conservées de René de Saint-Albert. Dominique de Saint-Albert nous apparaît bon disciple de Jean de Saint-Samson.

(170) Cité par J.-P. Massaut, *Léon de Saint-Jean*, p. 555 ; cf. p. 568 : « Si on voyait Dieu, on verrait le néant de la créature [...] l'homme n'étant rien et Dieu étant tout. »

(171) *Id.*, p. 558.

(172) *Id.*, p. 569.

(173) *Id.*, p. 563 ; cf. p. 569 : « Elle [la pratique de la volonté de Dieu] n'envisage ni la beauté des vertus en elles-mêmes, ni la récompense qu'elles obtiennent dans l'éternité, ni la laideur du péché qui allume le feu dans les enfers, mais elle regarde précisément la seule volonté de Dieu. » En rapprocher ce que René de Saint-Albert dira de l'expérience de la sœur Marie-Thérèse Cornulier (B.N., impr. Ld 173 2 (114), circulaire pour la mort de M.-Th. Cornulier, p. 24) : ils se croient « dans le fond n'être dignes que des Enfers et dans un moment ils se voient élevés aux plus hauts trônes de sa gloire ».

(174) J.-P. Massaut, *op. cit.*, p. 570.

rent du même esprit, celui des carmes de la réforme de Touraine (175).

Ce qui est aussi significatif, c'est que l'influence vraisemblable de Léon de Saint-Jean sur René de Saint-Albert (ou leur participation à la même doctrine) explique fort bien le bérullisme diffus des notes sur l'oraison : depuis les beaux travaux de J.-P. Massaut, nous savons en effet que Léon de Saint-Jean est beaucoup plus

---

(175) Comparer aussi les remarques de Léon de Saint-Jean sur l'universalité de l'appel à pratiquer la volonté de Dieu en tous temps, lieux et conditions (J.-P. Massaut, *op. cit.*, p. 570 ; cf. aussi sur ce problème, S. Bouchereaux, *La réforme...*, p. 383-384) avec un passage de notre texte : « Il ne faut point alléguer les conditions de son état... » (R. B., 1906, p. 246), et comparer les notes de Bossuet avec ce que le carme Philippe Thibault écrit des « méthodes » (S. Bouchereaux, *La réforme...*, p. 377 et n. 5) et avec la façon dont ce dernier décrit l'oraison mentale (Hugues de Saint-François, *La véritable idée...*, t. II, 1665, *Maximes et instructions spirituelles*, Instr. VIII, ch. 3, p. 9 et suiv.). Toujours dans la même famille, ces notes nous font penser à certains textes de Maur de l'Enfant-Jésus (sur lui, S. Bouchereaux, *La réforme...*, p. 447-449, et surtout M. de Certeau, R.A.M., 1959, p. 266-275) : citons surtout une lettre publiée dans *Le Directeur mystique* de Bertot : « Pour votre oraison encore que si le cœur est bien à Dieu tous les temps lui soient égaux et qu'il ne fasse point de différence de celui de l'oraison et de celui des autres occupations, je vous dirai cependant qu'il faut en prendre tous les jours quelque peu pour s'appliquer plus particulièrement à cela. Ce n'est pas qu'il soit nécessaire de prendre des sujets particuliers pour s'occuper ; mais c'est pour rappeler l'esprit des occupations des sens et de l'imagination, dans lesquelles on est contraint de se laisser aller dans les actions extérieures que l'obligation et la condition de l'état veulent qu'on fasse, et pour remettre l'esprit dans son repos... » (cité R.A.M., 1959, p. 281) ; il est, par ailleurs, assez remarquable que les textes de Maur de l'Enfant-Jésus soient plus timides que les lignes écrites par Bossuet : le P. Maur est déjà pénétré par la crainte de l'antimysticisme, et ses démêlés avec Chéron semblent l'avoir rendu plus méfiant que le directeur de Bossuet qui jadis avait approuvé la *Vie* de Jean de Saint-Samson par Donatien de Saint-Nicolas (cf. R.A.M., 1959, p. 283 : pas de mépris, chez le P. Maur, des concepts et des méditations méthodiques). Enfin, je rapprocherais les notes sur l'oraison de l'Instruction X (« De l'oraison mentale, et des points principaux qu'il y faut observer ») du *Directoire spirituel des actions religieuses et exercices de dévotion qui se pratiquent dans les Monastères et au Monde en Esprit et Vérité* (Paris, 1667) de Hugues de Saint-François, approuvé par René de Saint-Albert (p. 52 et suiv., et surtout p. 54-55 : « Le Troisième point est d'adorer Dieu en *Esprit et vérité,* n'y recherchant aucune satisfaction spirituelle, ni dévotion sensible, n'ayant autre intention que de lui plaire, et s'estimant trop heureuses de pouvoir demeurer en sa sainte présence avec respect, et confusion de soi-même. L'indignité et incapacité d'avoir aucunes bonnes pensées devant accroître en elles une soumission aux conduites du S.-Esprit, qui réduit souvent les bonnes âmes en *des gémissements intérieurs,* que le texte sacré appelle *inénarrables,* pour ce qu'ils ne se peuvent exprimer par aucun discours, mais se ressentent vivement par la componction et la douleur intérieure du cœur »).

disciple de Bérulle que de Jean de Saint-Samson (176) ; la présence de thèmes bérulliens sous la plume de Bossuet, qui n'a vraisemblablement pas lu Bérulle, s'explique désormais : son directeur (ou Léon de Saint-Jean) a lu Bérulle et le suit d'assez près.

« Ce que notre très honoré Père a renouvelé en l'Eglise, autant que Dieu lui en a donné le moyen, c'est l'esprit de religion, le culte suprême d'adoration et de révérence », écrivait le P. Bourgoing en 1644 dans sa Préface aux *Œuvres* de Bérulle. La façon dont le cardinal présentait cette adoration appelle clairement les notes prises par Bossuet : « Adorer est avoir une très haute pensée de la chose que nous adorons, et une volonté rendue, soumise et abaissée à l'excellence et dignité que nous croyons ou savons être en elle » (177) ; respect, désir, tels étaient sous la plume de Bossuet les deux éléments de l'adoration habituelle. Le premier caractère de l'adoration est d'être adoration en esprit, Bérulle l'affirmait aussi : « Quelquefois cette Adoration ne subsiste qu'en l'esprit, et ne produit rien au dehors qui paraisse, et elle suffit à Dieu qui est Esprit, et doit être adoré en Esprit et vérité. Mais cela ne suffit pas à nous-mêmes ; car étant composés de corps et d'esprit, nous devons servir de corps et d'esprit à Dieu, employant vers Dieu tout ce que nous avons reçu de Dieu même ; l'adorant et par les actions intérieures de notre esprit, et quelquefois encore par les actions extérieures de notre corps » (178). Nous trouvons là le mouvement même du texte inspiré par René de Saint-Albert.

Bérulle écrivait ailleurs sur « la dépendance continuelle que l'être créé a de l'être incréé » : « Regardons cette relation, et aspirons à icelle, par une relation nouvelle et particulière que nous ferons du monde et de nous-mêmes à Dieu, correspondant par notre volonté libre à la condition nécessaire, primitive et essentielle de notre Etre, qui n'est qu'une Ombre, une Dépendance, une Capacité de l'Etre increé, à proprement parler » (179) ; il n'est pas nécessaire de multiplier les citations car il ne s'agit pas ici d'une « influence » directe (180) ; Bossuet n'a pas eu à lire Bérulle pour la subir ; le vocabulaire de l'adoration est fixé avec la doctrine

---

(176) J.-P. Massaut, *Léon de Saint-Jean,* p. 573.

(177) *Œuvre de piété* CLXIV, *Œuvres,* éd. 1644, p. 1044. Pour ces problèmes chez Bérulle, voir J. Dagens, *Bérulle*..., p. 278 et suiv., 370-371.

(178) *Œuvre de piété* CLXIV, dans *Œuvres,* éd. 1644, p. 1045, et cf. *supra,* p. 118.

(179) *Œuvre de piété* CXLVI, dans *Œuvres,* éd. 1644, p. 1023 ; à travers Bérulle nous remontons à Harphius.

(180) Voir encore pour la distinction entre adoration par état et adoration par action chez Bérulle, *Discours de l'état et des grandeurs de Jésus,* XI, 5, *Œuvres,* éd. 1644, p. 347-348 ; *Œuvre de piété* CXLVII, *id.,* p. 1024.

qu'il transmet, et nous voyons comment Bossuet reprend ce lointain héritage ; la doctrine et les mots circulent à travers le siècle en subissant, comme il est habituel, un notable affaiblissement (181) : des familles d'esprit, des courants spirituels, ici certains carmes de la réforme de Touraine, servent d'intermédiaire. L'intéressant est de constater cette diffusion et cette influence auprès d'hommes qui ne sont ni capables ni désireux d'élaborer d'aussi profondes synthèses théologiques que les grands maîtres : c'est un des modes de la vulgarisation des thèmes spirituels.

Le texte sur l'oraison de la Bibliothèque de Bâle nous paraîtra encore plus important lorsque nous aurons trouvé des idées assez proches dans le sermon de 1666 sur le culte dû à Dieu. Comment honorer Dieu, l'adorer comme son principe ? telle est la question que doit se poser tout homme et à laquelle répond le sermon de 1666 (182) : « ... contemplant l'univers entier et le ramassant en soi-même, il rapporte uniquement à Dieu et soi-même et toutes choses » (183), et ce mouvement de retour n'est autre que l'« adoration en esprit et en vérité que Jésus-Christ nous prescrit » et qui renferme « toute l'essence de la religion ».

Bossuet examine d'abord l'adoration en vérité : « L'adoration religieuse, c'est une reconnaissance en Dieu de la plus haute souveraineté, et en nous de la plus profonde dépendance ». Cette lucidité situe réciproquement Dieu et la créature et repose sur une « connaissance » : « Je dis donc encore une fois et je pose pour fondement que le principe de bien adorer, c'est de bien connaître. L'oraison, dit saint Thomas, et il faut dire le même de l'adoration, dont l'oraison, selon saint Thomas, est une partie, est un acte de la raison ; car le propre de l'adoration, c'est de mettre la créature

---

(181) Une des voies par lesquelles un bérullisme affaibli et vulgarisé a pu atteindre Bossuet est le livre du P. Bourgoing, *Les vérités et excellences de Jésus-Christ Notre Seigneur, recueillies de ses Mystères,* dont, dans son oraison funèbre, Bossuet disait : « Lisez ses Méditations, toutes pleines de lumière et de grâce. Elles sont entre les mains de tout le monde, des religieux, des séculiers, des prédicateurs, des contemplatifs, des simples et des savants » (O. O., IV, p. 409) ; mais on ne retrouve pas dans ce livre destiné à un large public la doctrine rigoureuse des notes sur l'oraison ni le vocabulaire que Bossuet y utilise : il suffit de lire la « Préface contenant vingt-quatre Directions ou Avis pour l'Oraison » qui se trouve au début du 1er tome des *Vérités et excellences* pour remarquer la différence qui sépare les deux textes : celui de Bourgoing est beaucoup plus méthodique, moral et christologique (même dans le XVIe Avis, la description des formes d'oraison « par attention », « par disposition » ou « par application ») que celui qu'écrit Bossuet après René de Saint-Albert.

(182) O. O., V, p. 105 et suiv.

(183) O. O., V, p. 107 ; cf. *supra,* p. 104, sur le rôle de l'homme dans l'univers.

dans son ordre, c'est-à-dire de l'assujettir à Dieu. Or est-il qu'il appartient à la raison d'ordonner les choses : donc la raison est le principe de l'adoration, laquelle par conséquent doit être conduite par la connaissance ». Cette connaissance permet d'épurer l'idée que nous nous formons de Dieu : forme humaine, fruit de l'imagination et des sens, images que nous nous forgeons nous-mêmes « sont autant d'idoles spirituelles que nous érigeons dans nos cœurs » et qui nous masquent le vrai Dieu, « idée si haute et si pure » (184), nature parfaite et dès là incompréhensible, souveraine et bienfaisante (185) ; trois attitudes en découlent : révérer, dépendre, adhérer.

L'adoration repose sur l'incompréhensibilité de Dieu (186) : « *Que ne peut-on dire de Dieu,* dit saint Augustin ; *mais que peut-on dire de Dieu dignement ?* Il est tout ce que nous pouvons penser de grand, et il n'est rien de ce que nous pouvons penser de plus grand ; parce que sa perfection est si éminente que nos pensées n'y peuvent atteindre, et que nous ne pouvons pas même dignement comprendre jusques à quel point il est incompréhensible » (187). Citons les définitions essentielles qui expriment les rapports fondamentaux de l'homme et de Dieu : « Nous aimons Dieu, dit saint Grégoire de Nazianze, parce que nous le connaissons ; mais nous l'adorons, poursuit-il, parce que nous ne le comprenons pas ; c'est-à-dire : ce que nous connaissons de ses perfections fait que notre cœur s'y attache comme à son souverain bien ; mais, parce que c'est un abîme impénétrable que nous ne pouvons sonder, nous nous perdons à ses yeux, nous supprimons devant lui toutes nos pensées, nous nous contentons d'admirer de loin une si haute majesté, et nous nous laissons pour ainsi dire engloutir par la grandeur de sa gloire : et c'est là adorer en vérité » (188).

---

(184) O. O., V, p. 107-109. Bossuet a dénoncé à maintes reprises dans les œuvres oratoires les idoles du cœur : les idoles des païens n'étaient que le signe de « l'étrange débordement de notre nature » (O. O., I, p. 554) ; sur l'idolâtrie intérieure, voir : O. O., II, p. 347, 351 ; III, p. 408-409 ; IV, p. 116, 286.

(185) O. O., V, p. 110 et suiv.

(186) Cf. *supra*, p. 110.

(187) O. O., V, p. 110-111 ; idée reprise dans les *Elévations*, E. M., p. 78, 376 n., et dans les *Méditations*, LT, VI, p. 184-185. Sur l'impuissance du langage et sur le rôle des comparaisons lorsque l'on parle de Dieu, Bossuet aura des développements très importants dans la 1re partie du VIe *Avertissement aux protestants* (surtout LT, XVI, p. 43 et suiv. ; cf. notre *Bossuet*, p. 33 et 113).

(188) O. O., V, p. 111, cit. de Grégoire de Nazianze, *Orat.* XXXVIII, n. 11. Cf. B. N. Rothschild, Bossuet, n° 315. Nicole (*Traité de l'oraison*, 1679, p. 161) commentera de même le texte de Grégoire de Nazianze. Les images de l'engloutissement sont fréquentes chez Bossuet : nous ne pouvons même énumérer les très nombreux emplois des expressions :

Cette nature incompréhensible est aussi souveraine, elle l'est pour avoir conféré l'être à toutes choses, pour avoir tout tiré du néant : « Son empire est établi, non sur un ordre politique, mais sur la nature des choses, dont l'être est à lui en fonds et en tout droit souverain, lui seul les ayant tirées du néant ». Adorer véritablement ne sera donc pas réduire Dieu à une idole « dont vous prétendez faire ce que vous voulez », mais laisser Dieu « faire de vous ce qu'il veut » (189), non pas abaisser Dieu à soi, mais, comme dit saint Thomas (190), « s'élever à Dieu » (191) ; certes Dieu « condescend » à la faiblesse humaine, mais c'est pour faire comme l'aigle de Moïse, pour enlever ses petits et leur faire percer les nues (192).

Troisième caractère de la divinité, la bonté est le fondement de la souveraineté puisque conférer l'être est le premier de ses bienfaits ; par suite, ayant donné l'être, il en a donné la perfection (193) et par conséquent il a rendu l'homme heureux « puisque l'idée de la perfection et celle de la félicité sont deux idées qui concourent, celui-là étant tout ensemble heureux aussi bien que parfait, à qui rien ne manque » (194).

Etant donnés ces caractères de la divinité, l'adoration sera d'abord admiration, dépendance mêlée de respect ; il s'y joindra une démarche « volontaire » de l'amour, une adhésion à lui, « un retour volontaire à sa bonté infinie, comme à celle où nous trouverons dans la perfection de notre être le terme de nos désirs et le repos de notre cœur » (195). Admiration, dépendance et adhésion sont donc les trois éléments qui constituent l'acte d'adoration (196).

Nous constatons que Bossuet, dans le sermon sur le culte dû à Dieu, définit l'oraison par l'adoration, et, s'il s'appuie sur saint

---

« se perdre, s'abîmer, se jeter, s'absorber, s'oublier, se laisser couler, s'échapper, se plonger, etc », et des images de l'abîme, l'océan, la mer infinie, l'immensité, etc, appliquées à la divinité. Plusieurs de ces images sont passées dans la langue courante (surtout depuis Bérulle qui les reprend souvent aux rhéno-flamands), mais elles nous révèlent une des tendances profondes et inconscientes de la spiritualité de Bossuet.

(189) O. O., V, p. 113-114.

(190) *S. Th.*, IIa, IIae, q. LXXXIII, a.1 : « *ascensus mentis in Deum.* »

(191) O. O., V, p. 114.

(192) *Deut.* XXXII, 11 ; O. O., V, p. 114 (texte déjà cité O. O., I, p. 17, 545). Reprise, affaiblie, d'une image qui remonte à l'Antiquité et qui, par Clément d'Alexandrie et Denys (*Hier. cel.* XV, 8, éd. Sources chrétiennes, p. 185-186), est passée chez les mystiques du XVIIe siècle.

(193) Sur ce thème, cf. *infra*, p. 276.

(194) O. O., V, p. 115 ; Bossuet s'appuie ici sur saint Thomas ; sur le bonheur, voir *infra*, p. 327 et p. 671.

(195) O. O., V, p. 116.

(196) Sur l'adoration en esprit, voir aussi *infra*, p. 386.

Thomas pour affirmer que l'une est une partie de l'autre (197), le mouvement est semblable à celui des notes sur l'oraison : l'oraison est l'expression du rapport qui lie Dieu et l'homme, ce n'est pas une pratique de piété particulière ; par elle est formé dans ce qu'il a d'essentiel le culte religieux (198) : tous les actes religieux dérivent de Dieu, y retournent et s'y terminent, Bossuet l'affirmera souvent dans la controverse avec les protestants.

L'oraison est l'actualisation de cet acte essentiel ; une autre façon d' « étreindre » le « sacré nœud » qui nous lie à Dieu ce sont les vœux religieux (199). Tout cela Bossuet le soutient après 1673 dans son écrit *Du culte dû à Dieu* composé pour défendre l'*Exposition de la doctrine de l'Eglise catholique* (200) : affirmation de la majesté de Dieu et de la condition de la créature, Dieu qui a de soi-même le fond de son être (201), qui est celui qui est (202), la créature qui a reçu l'être, qui n'a rien que par Dieu, dans l'ordre de la nature, dans l'ordre de la grâce et dans l'ordre de la gloire (203) : condition fondamentale au delà des degrés de perfection de chacune de ces créatures (204), et en même temps fondement essentiel de toute la religion (205). Le culte dû à Dieu est en sa partie « la plus essentielle » la « reconnaissance » de cette situation ; et le saint est celui qui a su retourner à Dieu toute la gloire en s'humiliant jusqu'au néant (206). Le culte extérieur n'est que le témoignage de cette reconnaissance intérieure, « le langage de tout le corps par lequel nous expliquons ce que nous sentons dans le cœur » (207) ; la forme parfaite de ce culte, celui qui seul rend à Dieu l'hommage suffisant, est le sacrifice (208).

Dans l'oraison elle-même, la démarche trinitaire de l'adoration (admiration, dépendance et adhésion) sera toujours perceptible :

---

(197) O. O., V, p. 118, 114 ; cf. B. N. Rothschild, Bossuet n° 315.

(198) Un peu plus tard, en 1686, l'évêque de Meaux présentera à des nouveaux convertis, sous cette forme, le culte intérieur et le culte extérieur (R. B., 1904, p. 161). La religion nous « lie » à Dieu, selon l'étymologie proposée par saint Augustin après Cicéron, et souvent rappelée par les théologiens (O. O., V, p. 270, 609) : rappeler cette étymologie est courant au XVIIe siècle, cf. Bérulle, *Du sacrifice de la messe, Œuvres,* éd. 1644, p. 74.

(199) Cf. O. O., VI, p. 160.

(200) LT, XIII, p. 121 et suiv.

(201) LT, XIII, p. 123.

(202) LT, XIII, p. 135.

(203) *Ibid.*

(204) LT, XIII, p. 131.

(205) LT, XIII, p. 135.

(206) LT, XIII, p. 122.

(207) LT, XIII, p. 136.

(208) LT, XIII, p. 140 et suiv. ; cf. G. Bacon, *Les dimensions du mystère de l'Eucharistie...,* p. 223 et suiv.

ainsi une esquisse pour le dimanche dans l'octave de Noël 1663 aux Carmélites de la rue du Bouloi, sur laquelle nous reviendrons (209), est un commentaire de l'admiration (210) de Marie et de Joseph (211), de l' « étonnement intime et secret des voies inconnues de Dieu et de sa sagesse cachée » ; cet étonnement sacré renferme plusieurs grâces : « un recueillement très profond, une secrète attention à ce qui se passe, une attente respectueuse de je ne sais quoi de grand qui se prépare, une dépendance absolue des desseins cachés de Dieu, un abandon aveugle à sa grande et occulte providence » (212) : nous avons reconnu les caractères de l'adoration exposés dans les notes sur l'oraison et dans le sermon de 1666. L'esquisse de 1663, de ton intime, est un modèle de cette oraison d'admiration qui sera si bien présentée dans une des plus belles *Elévations sur les mystères* (213).

III) LE CHRIST.

a) *Le Verbe.*

Dans la vie trinitaire, effusion de vie et aspiration à retourner à la source, la place du Verbe est essentielle : le Verbe est vie par essence (214), mais il est en même temps « source éternelle de vie », source qui « ne peut tarir », source « trop abondante pour pouvoir être jamais épuisée » (215), non pas vie communiquée accidentellement mais, comme disait saint Jean (216), la vie en soi (217) : « c'est pourquoi les anciens l'ont appelé la vie, la raison, la lumière, et l'intelligence du Père ; et cela est très bien fondé dans les Ecritures. Etant donc la vie par essence, c'est à lui à promettre, c'est à lui à donner la vie. L'humanité sainte qu'il a daigné prendre dans la plénitude des temps, touchant de si près à la vie, en prend tellement la vertu, qu'il en jaillit une source inépuisable d'eau vive : quiconque en boira aura la vie éternelle. Il serait impossible de

---

(209) *Infra,* p. 142.
(210) *Mirantes, Luc,* II, 33.
(211) O. O., IV, p. 513 et suiv. ; dans les lettres à une demoiselle de Metz, l'admiration était le point de départ de l'amour (C. B., I, p. 44), suivie de l'estime et du désir (C. B., I, p. 50).
(212) O. O., IV, p. 514.
(213) E. M., p. 376-378. Sur l'admiration, voir l'article « Admiration », D. S., t. I, c. 202-208.
(214) O. O., I, p. 121 ; VI, p. 61.
(215) O. O., I, p. 431. « Source de vie » est une expression biblique qui a eu une grande fortune à l'époque moderne (cf. *infra,* p. 273) : outre *Ps.* XXXV, 10 qui est le lieu essentiel, on la trouve dans les *Proverbes* (XIII, 14 ; XIV, 27 ; XVI, 22) et dans l'*Ecclésiastique* (XXI, 16).
(216) *Jean,* V, 26.
(217) O. O., I, p. 121.

vous dire les belles choses que les saints Pères ont dites sur cette matière, surtout le grand saint Cyrille d'Alexandrie » (218).

Le Verbe qui est source de vie est aussi le moteur de l'univers, aussi bien dans l'ordre de la nature que dans l'ordre de la grâce : si le premier aspect n'est pas beaucoup développé dans les œuvres oratoires (219), le second donne à Bossuet l'occasion de beaux développements en particulier à propos du mystère de la Visitation ; c'est le premier exercice de la « vertu » de Jésus-Christ incarné, et Bossuet après nombre de commentateurs médite sur les premiers mouvements suscités par Jésus-Christ : chacune des personnes en présence est en action, Elisabeth reconnaît la dignité de Marie, Jean tressaille en « des transports incroyables » et Marie exalte le saint nom de Dieu : « Ainsi toutes ces personnes agissent, et il n'y a que Jésus qui semble immobile : caché dans les entrailles de la Sainte Vierge, il ne fait aucun mouvement qui rende sa présence sensible ; et lui, qui est l'âme de tout le mystère, paraît sans action dans tout le mystère » (220).

Bérulle avait sur ce mystère écrit d'admirables œuvres de piété, mettant en valeur la « grâce de lumière et de manifestation » (221), et l'opération de Jésus, en lui-même, en sa mère, en autrui par elle (222) ; Bossuet aussi dégage bien ces deux aspects : manifestation de lumière (223), communication de mouvement : le Verbe par sa vertu est « moteur secret des cœurs » (224) encore plus qu'illuminateur des esprits (225) ; et l'orateur s'appuie sur un passage de Boèce pour caractériser cette action secrète : « Ne vous

---

(218) O. O., I, p. 121 ; allusion à Tertullien, *Adv. Prax.* n. 5, 6 ; saint Athanase, *Orat. contr. Gent.*, n. 46 ; saint Cyrille d'Alexandrie, *in Joan.* l. IV, c. II. Cette page de Bossuet nous fait souvenir d'admirables passages *De l'état et des grandeurs de Jésus*, de Bérulle (*Discours* XI, 13, éd. 1644, p. 369 ; *Discours* XII, 2, *id.*, p. 374 ; et les textes cités *infra*, p. 273) et trente ans à l'avance nous laisse pressentir les beaux développements des *Elévations sur les mystères*, en particulier les 9e et 10e Elévations de la XIe semaine (E. M., p. 280-283) intitulées : « La vie dans le Verbe : l'illumination de tous les hommes » et « Comment de toute éternité tout était vie dans le Verbe ».

(219) Cf. *infra*, p. 274 pour le temps de l'épiscopat.

(220) O. O., III, p. 2.

(221) *Œuvre de piété* XXXV, *Œuvres*, éd. 1644, p. 813.

(222) *Œuvre de piété* XXXVI, *Œuvres*, éd. 1644, p. 814-815.

(223) Sur cet aspect et ses rapports avec la théologie de l'Eglise, cf. surtout *infra*, p. 154.

(224) Cf. plus tard E. M., p. 306, dans l'élévation qui porte ce titre ; l'expression sera appliquée à Dieu dans les *Méditations sur l'Evangile*, LT, VI, p. 174.

(225) Cf. E. M., p. 309 où Bossuet développe ce que signifie le tressaillement de Jean-Baptiste : désir de parler, désir d'aller vers Jésus-Christ.

étonnez pas, Ames chrétiennes, de ce qu'il nous tient ainsi sa vertu cachée ; il a dessein de nous faire entendre qu'il est ce moteur invisible qui meut toutes choses sans se mouvoir, qui conduit tout sans montrer sa main : de sorte qu'il me sera aisé de vous convaincre que, si son action toute-puissante ne nous paraît pas aujourd'hui en elle-même dans le mystère, c'est qu'elle se découvre assez dans l'action des autres, qui n'agissent et ne se remuent que par l'impression qu'il leur donne » (226).

Le Verbe est donc médiateur dans la grâce, « médiateur général » (227) ; toute la méditation de 1648 sur la félicité des saints montre que c'est « conjointement avec Jésus-Christ » (228), « en Jésus-Christ » (229), que les élus ont communication des richesses divines : cet héritage promis à Jésus-Christ est l'héritage qui leur est réservé. Bossuet décrit alors « cette vie nouvelle que Dieu nous donne », qui réside en Jésus-Christ comme dans le chef et se répand sur les membres, mais est la même vie dans l'un et dans les autres (230) : « Nous ne sommes les enfants de Dieu que parce que

---

(226) O. O., III, p. 2 ; E. Levesque (R. B., 1903, p. 130) donne un texte pris à l'audition où se lit la citation « *immotusque manens dat cuncta moveri* » (Boèce, *Consolation...*, III, 9 : « *stabilisque manens das cuncta moveri* », la citation de Bossuet souligne l'antithèse, procédé fréquent chez l'orateur) et estime qu'il s'agit d'un premier sermon, esquisse de celui de 1659 ; ce n'est pas certain. Voir au temps de l'épiscopat de nouvelles versions des mêmes développements : O. O., VI, p. 466 ; E. M., p. 306. Sur Boèce, voir aussi LT, XXIII, p. 192 n. a (à compléter par Th. Goyet, *L'humanisme...*, t. II, p. 639), esquisse de E. M., p. 77-78. L'influence de Boèce, capitale au Moyen Age (cf. E. R. Curtius, *Europäische Literatur und lateinisches Mittelalter*, 2e éd., Berne, 1954, *passim ;* E. Garin, *Moyen Age et Renaissance*, Paris, 1969, p. 47-48 ; H. de Lubac, *Exégèse médiévale, passim ;* et aussi D. S., t. I, c 1742-1744) reste grande au XVIe siècle et dans la première moitié du XVIIe, mais n'a pas été étudiée systématiquement pour l'époque moderne. Bossuet possédait une édition bâloise des *Opera* de Boèce (1570 ?) : R. B., 1901, p. 146. L'expression « mouvement sans mouvement » vient de Denys (*Hier. cel.*, VII, 1, Sources chrétiennes, p. 107 et n. 1) et est passée au Moyen Age. Sur la forme si caractéristique de l'expression, voir M. de Certeau, dans *L'homme devant Dieu*, t. II, p. 287-288 ; et *infra*, p. 434, 487, 532. Pour le thème immobilité-mouvement, on remarquera les mots de Grégoire de Nazianze (*Orat.* XXXIV) notés par Bossuet lorsqu'il préparait son sermon pour la Visitation : « *Angeli perpetuos choros circa primam naturam agitantes* » (O O., III, p. 689).

(227) O. O., I, p. 539.

(228) O. O., I, p. 17, 19.

(229) O. O., I, p. 16.

(230) O. O., I, p. 19. Voir aussi O. O., IV, p. 474, dans l'oraison funèbre de N. Cornet : «Ce que Jésus-Christ Notre-Seigneur a été naturellement et par excellence, il veut bien que ses serviteurs le soient par écoulement de lui-même et par effusion de sa grâce. S'il est docteur du monde, ses ministres en font la fonction... » : la christologie débouche sur l'ecclésiologie : cf. *infra*, p. 159.

nous sommes un avec son Fils naturel » (231). Ces communications de la grâce du chef sur les membres du corps mystique sont présentées sous les images traditionnelles des communications du cœur aux membres, du soleil aux rayons et de la source au ruisseau : « ... tout de même que la vie du cœur ne serait pas parfaite, si elle ne se répandait sur les membres, quoiqu'elle réside principalement dans le cœur ; ainsi il manquerait quelque chose à la vie nouvelle de Jésus-Christ, si elle ne se répandait sur les élus qui sont ses membres, quoiqu'elle réside principalement en lui comme dans le chef. Sa clarté ne paraît pas dans sa grandeur, si elle ne se communique ; d'autant que ce n'est pas comme ces lumières découlées du soleil, qui ne se répandent pas plus loin ; mais c'est une lumière et une splendeur première et originelle, telle que celle qui réside dans le soleil. Vous gâtez une source, quand elle ne s'étend pas dans tout le lit du ruisseau » (232).

Cette méditation sur la félicité des saints est en fait une méditation sur le corps mystique nourrie de citations de saint Paul et de saint Jean : la gloire qui découle sur les membres est la gloire du chef et Bossuet insiste beaucoup sur la nécessité qui les unit : la gloire du chef serait imparfaite si les membres n'étaient couronnés (233), l'affection du Père passe par le Fils pour rejaillir sur l'homme (234).

---

(231) O. O., I, p. 19-20. Cf. aussi O. O., I, p. 95 n.1, 96-97.

(232) O. O., I, p. 23-24. Les images sont traditionnelles mais Bossuet les emploie de façon assez originale : la communication semble selon lui apporter un surcroît de splendeur à la splendeur première et originelle, développement de l'idée d'un Dieu souverainement communicatif (*supra*, p. 98, et voir O. O., I, p. 138 (= 441) : la bonté est naturelle à Dieu comme une source envoie ses eaux et le soleil ses rayons) ; la solution de cette difficulté est dans le *6ᵉ Avertissement aux protestants*, une des œuvres capitales de Bossuet : l'auteur montre que le soleil est plus parfait que son rayon, « mais, d'un autre côté, sans le rayon qui connaîtrait le soleil ? Qui porterait dans tout l'univers sa lumière et sa vertu ? Une même chose à divers égards est plus parfaite ou moins parfaite qu'elle-même. On est contraint de parler ainsi tant qu'on n'entend pas la vérité parfaitement et par son fond, c'est-à-dire dans tout le cours de cette vie » (LT, XVI, p. 36) : considération du point de vue et du langage humain qui justifie la relative dépendance du soleil par rapport à un rayon qui est émané de lui et lui doit tout. Voir aussi LT. XVI, p. 41-42 sur la comparaison de la source et du ruisseau, mais sans l'idée de relative dépendance de la source par rapport au ruisseau.

(233) O. O., I, p. 25 ; ailleurs il note la conséquence : le chef s'étant immolé, tous les membres doivent être aussi des hosties vivantes, O. O., IV, p. 61, 152.

(234) « A peu près comme une flèche qui, par un même coup et un même mouvement, perce la première chose qu'elle rencontre, et ne fait à ce qu'elle attrape après qu'une légère entamure ; ou comme un bon père qui regarde ses enfants et les leurs par une même amour, qui ne laisse pas d'être plus grande dans ses enfants sur lesquels se porte sa

Toute grâce passant par Jésus-Christ et venant de lui, toute prière devra être faite au nom de Jésus-Christ : avant les textes du temps de l'épiscopat (235), surtout avant ceux qui furent écrits au moment de la querelle du quiétisme, Bossuet souligne que malgré toutes les prières des hommes et des esprits bienheureux, seul Jésus est exaucé, et « tous les autres ne le sont qu'à cause de lui » (236) : c'est le sens des prières ecclésiastiques dans lesquelles « nous prions Dieu au nom de Notre Seigneur Jésus-Christ » (237) ; c'est aussi le sens de ces passages de l'*Apocalypse* (238) où l'Agneau paraît « comme le médiateur de Dieu et des hommes, comme celui qui doit recevoir les prières, qui les doit porter à Dieu dans son trône » (239).

L'homme, avons-nous remarqué avec Bossuet (240), est médiateur entre le monde et Dieu, mais la nature humaine elle-même a besoin d' « un médiateur aimant Dieu comme il est aimable, adorant Dieu autant qu'il est adorable ; afin qu'en lui et par lui nous puissions rendre à Dieu, notre Père, un hommage, un culte, une adoration, un amour digne de sa majesté » (241). L'homme prête son cœur au monde visible pour aimer son créateur, et Jésus-Christ prête à l'homme son cœur « pour aimer dignement Celui qui ne peut être dignement aimé que par un autre lui-même » (242). Avec Jésus se trouve résolue la principale difficulté de l'adoration : la radicale insuffisance de l'homme à adorer dignement. Car il y a une disproportion infinie entre la Divinité et l'homme auquel elle veut faire grâce : « d'autant que nous sommes déchus de cette première pureté qui nous égalait aux anges dans l'innocence de notre origine, étant devenus charnels et grossiers, nous ne pourrions plus soute-

---

première impétuosité ; ou plutôt comme nous aimons d'une même affection tout notre corps, quoique nous ayons plus de soin de conserver et honorer les plus nobles parties » (O. O., I, p. 25-26).

(235) LT, VI, p. 677. L'opuscule publié LT, VII, p. 499-500 est un doublet de cette page.

(236) O. O., I, p. 539. Cf. O. O., I, p. 369 : prière par Jésus-Christ, mais c'est le Saint-Esprit qui prie en nous : « Si nous ne pouvons nommer [Jésus, sinon dans le Saint-Esprit], à plus forte raison prier au nom de Jésus ».

(237) O. O., I, p. 539 ; argument souvent repris dans la controverse avec les protestants (LT, XIII, p. 391 ; XV, p. 352, 355) et avec R. Simon, et dans la querelle du quiétisme : cf. *infra*, p. 432 et 485.

(238) IV, 2 ; V, 8.

(239) O. O., I, p. 541.

(240) *Supra*, p. 104.

(241) O. O., IV, p. 295.

(242) O. O., IV, p. 295. Idées développées plus tard dans les *Elévations*, E. M., p. 374, 392 ; et encore en 1702 : O. O., VI, p. 546 : « Abrégé de toute la religion dans ces deux mots : Le parfait Adorable et le parfait Adorateur ».

nir les approches de la nature divine, si elle ne s'était premièrement rabaissée » (243) ; nous ne pourrions regarder en face ce Fils en qui tout est lumière (244), ce Fils émané du « Père des lumières » (245), lumière du monde (246), véritable soleil (247), qui, écrivait Basile de Séleucie, éclipsa à la transfiguration le soleil de la nature (248), vrai Orient (249) ; la trop grande lumière nous éblouirait (250) et le

---

(243) O. O., I, p. 285.

(244) O. O., I, p. 283 ; LT, XXIV, p. 457. Sur ce thème, cf. *infra*, p. 155.

(245) *Jacques*, I, 17 ; cité O. O., I, p. 487 ; VI, p. 329, 617 ; T. C., p. 102. L'expression est fréquemment utilisée par les spirituels, de Denys (*Hier. cel.* I, 1) à Bérulle (*De l'état et des grandeurs de Jésus*, XI, 4, *Œuvres*, éd. 1644, p. 345) et tout au long du XVIIe siècle.

(246) O. O., II, p. 199 ; LT, XXIV, p. 449 ; E. M., p. 237, d'après *Jean*, VIII, 12.

(247) Innombrables références de cette image traditionnelle si souvent exploitée : entre autres, avec divers accents (éclat, pureté, chaleur, continuité d'influence, etc.), O. O., I, p. 83, 111, 164, 167, 178, 488 ; II, p. 520 ; III, p. 55, etc. Voir pour Bérulle, J. Dagens, *Bérulle...*, p. 294-296. L'expression « soleil de justice » (cf. *Mal.* III, 20 ; *Sap.* V, 6) est très fréquente chez Bossuet comme chez les spirituels : O. O., III, p. 13, 690 ; V, p. 222 ; VI, p. 277 ; LT, VI, p. 551 ; E. M., p. 129, 324 ; cf. Denys, *Hier. cel.* II, 5, éd. Sources chrétiennes, p. 83 ; Cyrille d'Alexandrie (J. Orcibal, *Le cardinal de Bérulle*, p. 66-67 et n. 79).

(248) O. O., V, p. 637.

(249) Cf. *Zach.* III, 8 ; *Luc*, I, 78 ; O. O., III, p. 15 ; VI, p. 471 ; et plus tard E. M., p. 324, 349, 361, 416 ; l'expression est passée dans l'usage courant au XVIIe siècle et a donné à Bérulle l'occasion de beaux développements (*De l'état et des grandeurs de Jésus*, V, 6, *Œuvres*, éd. 1644, p. 235). On trouve chez Bossuet l'expression « midi éternel » pour désigner l'éternité, O. O., III, p. 505.

(250) O. O., I, p. 182 : « ... Comme nos faibles yeux, éblouis des rayons du soleil dans l'ardeur de son midi, l'attendent quelquefois pour le regarder plus à leur aise lorsqu'il penche sur son couchant... » ; O. O., II, p. 56 ; III, p. 320 : « Il se couvre d'un corps comme d'un nuage, non pour se cacher, dit saint Augustin, mais pour tempérer son éclat trop fort qui aurait ébloui notre faible vue » (cf. *In Joan. tract.* XXIV, n. 4) ; plus tard : O. O., VI, p. 471 ; E. M., p. 130, 386 ; LT, VI, p. 551 ; cette remarque n'est pas seulement une banale vérité d'expérience, mais un thème qui remonte à l'Antiquité : outre l'allégorie de la caverne dans la *République* de Platon (cf. Th. Goyet, *Bossuet, Platon et Aristote*, p. 50), il faut rappeler un passage du *De libero arbitrio*, de saint Augustin (II, XIII, 36) que Bossuet utilise à une autre fin (O. O., V, p. 326, n. 5) et qui le développe bien (cf. Bibliothèque augustinienne, t. 6, *Dialogues philosophiques*, Paris, 1952, p. 284-285, 524-525). Qu'une trop éclatante lumière obscurcit a été affirmé par Aristote, et saint Jean de la Croix s'en est inspiré (J. Baruzi, *Saint Jean de la Croix...*, 2e éd., p. 131 ; J. Orcibal, *Saint Jean de la Croix...*, p. 26, 68, n. 1. ; Fénelon notera que saint Jean de la Croix s'est inspiré d'Aristote : *Mémoire sur l'état passif* dans J.-L. Goré, *La notion d'indifférence...*, p. 210, n. 2). Le thème est devenu classique dans la littérature de spiritualité après saint Jean de la Croix, associé aux images de la chauve-souris et du hibou (M. Dupuy, *Bérulle, une spiritualité de l'adoration*, p. 277 et suiv. ; J.-J. Surin, *Correspondance*, p. 1495 ; Angélique d'Alègre, *Le Chrétien parfait*, p. 185,

soleil doit se cacher pour être vu : n'est-ce pas la mission de Jean-Baptiste de rendre témoignage à la lumière, d'habituer à la lumière les yeux fatigués des hommes ? « Jésus-Christ est la lumière, et on ne le voit pas ; Jean-Baptiste n'est pas la lumière, et non seulement on le voit, mais encore il nous découvre la lumière même ! Qui vit jamais un pareil prodige ? Quand est-ce que l'on a ouï dire qu'il fallût montrer la lumière aux hommes, et leur dire : Voilà le soleil ? N'est-ce pas la lumière qui découvre tout ? N'est-ce pas elle dont le vif éclat vient ranimer toutes les couleurs et lever le voile obscur et épais qui avait enveloppé toute la nature ? Et voici que l'Evangile nous veut enseigner que la lumière était au milieu de nous sans être aperçue, et, ce qui est beaucoup plus étrange, que Jean, qui n'est pas la lumière, est envoyé néanmoins pour nous la montrer : *Non erat ille lux* » (251).

Du point de vue divin, tout le drame, si l'on peut dire, de l'histoire du salut est le drame de l'abaissement, ou plutôt des abaissements volontaires, du Fils de Dieu. Voilà un thème très courant dans la théologie et dans la spiritualité au XVIIe siècle (252), mais Bossuet le traite avec une insistance et avec une chaleur remarquables. Ce qui est peut-être (253) le plus ancien autographe

---

489, 540, 564-565 ; Mme Guyon, *Lettres,* Londres, 1768, t. II, p. 130 ; III, p. 2, 356 ; *Justifications,* B. N., fr. 25092, f° 182). L'allégorie de la caverne qui figure dans un des textes de Bossuet que nous citions (O. O., VI, p. 471) est aussi classique (Mme Guyon, *Lettres,* éd. cit., t. II, p. 22 ; III, p. 488). Nous ne pouvons rappeler toutes les formes que prennent ces thèmes lumineux en rapport avec l'éblouissement (par exemple, le soleil abîme la lumière des autres astres (J. Orcibal, *Saint Jean de la Croix...,* p. 82 ; J.-J. Surin, *Correspondance,* p. 1268 ; Léon de Saint-Jean, cité par J. Truchet, *Bossuet panégyriste,* p. 18 ; Mme Guyon, *Moyen court,* p. 49), ou bien le soleil ne peut être vu que par réflexion sur les atomes de l'air (J. Orcibal, *Saint Jean de la Croix...,* p. 217 ; F. Malaval, *Pratique facile...,* 1673, p. 397 ; etc.), ou le soleil qui ne peut se voir que par réflexion dans l'eau (Platon, *Rep.,* 516 B ; saint Basile, *Aux jeunes gens sur la manière de tirer profit des lettres helléniques,* II), etc.). Les images qu'emploie Bossuet sont donc devenues très courantes au XVIIe siècle.

(251) O. O., III, p. 12 ; voir aussi pour Jean-Baptiste, précurseur de la lumière, O. O., III, p. 691 ; VI, p. 470-471 ; et dans les *Elévations,* E. M., p. 283, 315, 417, 457.

(252) Saint Bernard a développé ce thème, en des termes qui annoncent ceux de Bossuet, dans un de ses sermons sur le *Cantique des Cantiques* (XI, 7).

(253) Selon l'opinion de Lebarq (*Histoire critique...* 2e éd., p. 51, 118-120, 438-442) admise par Urbain et Levesque (O. O., I. p. 1-2). J. Porcher (*Catalogue des Manuscrits de Bossuet de la collection Henri de Rothschild,* p. 46, n° 313) ne reconnaît pas l'écriture de Bossuet ; mais comme nous n'avons pas d'autres autographes pour une période aussi ancienne, sa conclusion fondée sur la comparaison avec les manuscrits postérieurs est très incertaine. En tout cas les réemplois et les corrections portées sur le manuscrit prouvent que c'est un texte authentique.

conservé, écrit à l'âge de 16 ans, en 1643, et repris 22 ans plus tard dans un sermon de l'Avent du Louvre, insiste sur les « chutes » du Fils de Dieu, condition de son exaltation ultérieure : « ... en la personne du Fils de Dieu, comme la grandeur est essentielle et la bassesse étrangère, ses chutes, qui sont volontaires, sont suivies d'un état de gloire certain et d'une élévation toujours permanente [...]. Il est vrai qu'il y a des chutes : il est comme tombé du sein de son Père dans celui d'une femme mortelle, ensuite dans une étable, et de là, par divers degrés de bassesse, jusqu'à l'infamie de la croix, jusqu'à l'obscurité du tombeau. Mais c'est là qu'il commence à se relever... » (254). Voilà qui constituait un scandale pour les philosophes platoniciens : ils acceptaient que le Verbe fût lumière qui éclaire les hommes, fût source de vie qui se répand sur tout l'univers et principalement sur toutes les créatures raisonnables, mais ils étaient scandalisés qu'on leur annonçât un Verbe homme, chair, descendu si bas, né d'une femme, né dans une crèche, mort sur une croix (255) : « cette personne adorable leur devint méprisable et odieuse : méprisable, parce qu'elle s'était abaissée ; odieuse, parce qu'elle les obligeait à s'abaisser à son exemple » (256), et ils s'imaginaient qu'une « dégradation » était intervenue dans la personne du Verbe fait chair.

Or, dans cet abaissement réside aux yeux de Bossuet le miracle le plus grand du christianisme : que l'Un et le Seul puisse se communiquer, les philosophes l'ont pressenti ; qu'il puisse s'abaisser et s'incarner, il fallait la révélation chrétienne pour le leur faire imaginer : et encore saint Pierre lui-même ne le comprendra pas sans peine (257) ! « Le plus grand ouvrage de Dieu, c'est de s'unir personnellement à la créature comme il a fait dans l'Incarnation ; et sa toute-puissance, qui n'a point de bornes, ne pouvait rien faire de plus relevé que de donner au monde un Dieu-Homme. Si donc c'est là son plus grand ouvrage, c'est aussi par conséquent sa plus grande gloire. Or ce miracle si grand et si magnifique, Dieu ne le pouvait faire qu'en se rabaissant, selon ce que dit l'apôtre saint Paul, *qu'il s'est anéanti* en se faisant homme » (258). Les mystères

---

(254) O. O., I, p. 2-3, repris O. O., IV, p. 633.

(255) en 1691, O. O., VI, p. 486-487, d'après saint Augustin, *Cité de Dieu,* X, 29.

(256) O. O., VI, p. 487.

(257) O. O., IV, p. 139 : « Il ne connaît pas le mystère du Verbe fait chair, c'est-à-dire le mystère d'un Dieu abaissé... » ; et même pour l'homme moderne, Jésus-Christ reste « objet de scandale » (O. O., I, p. 449, c'est le sujet d'un sermon prêché à Metz en 1653).

(258) O. O., II, p. 12 ; cf. O. O., V, p. 143, et plus tard C. B., V, p. 23.

de Jésus-Christ sont « une chute continuelle » (259) dont les « degrés » seraient : du ciel en la terre, de son trône dans une crèche, aux misères qui ont affligé sa vie, à l'ignominie de la croix, au sépulcre et enfin aux Enfers, « terme fatal de ses chutes mystérieuses » (260) ; à chaque fois, le Verbe éternel prend un nouveau caractère, s'approprie une nouvelle qualité d'abaissement, d'où tous les visages que prend le même sauveur, un homme, un enfant, un sujet, un prisonnier, un esclave, une victime publique pour tous les pécheurs (261) : chaque moment de sa vie est marqué par un degré d'abaissement, à l'Incarnation Dieu se fait sujet et se donne un maître, se fait homme et se donne des compagnons (262) ; c'est ensuite la prison volontaire dans les entrailles de la Vierge (263), c'est la naissance à la crèche (264), ce sont les gémissements et le sang de la Circoncision (265), l'infirmité de l'enfance (266), l'abaissement d'un métier mécanique (267), l'« obscurité volontaire » des trente ans de vie cachée (268) ; l'humiliation est aussi vive dans l'acceptation des sentiments de faiblesse humaine, dans l'étrange soumission d'un Dieu à la faim, à la soif, à la crainte, à la douleur, à la pitié (269). Ces humiliations sont d'autant plus sensibles qu'il s'agit du Verbe de Dieu en qui réside toute gloire et toute lumière : « cette

(259) O. O., II, p. 312.

(260) O. O., V, p. 423 ; cf. O. O., II, p. 89, V, p. 233, 274 : trois degrés : homme, passible, pauvre et « chargé de tous les opprobres de la fortune la plus méprisable » ; et nombreux textes du temps de l'épiscopat sur les degrés d'abaissement du Verbe Incarné, LT, XXIV, p. 254-255 ; C. B., VI, p. 98 ; LT, VI, p. 324 et suiv.

(261) « Il n'y a bassesse, il n'y a servitude où il ne descende ; il s'abandonne lui-même à la volonté de son Père », O. O., III, p. 675.

(262) O. O., III, p. 435.

(263) « L'Incompréhensible ainsi renfermé, et cette immensité comme raccourcie », « mon Libérateur dans cette étroite et volontaire prison » O. O., I, p. 238 ; cf. O. O., II, p. 195, 415-416. Ces images sont assez courantes dans les élévations dévotes au XVIIe siècle (parmi bien d'autres exemples, cf. Cl. Moine, *Ma vie secrète,* éd. J. Guennou, Paris, 1968, p. 305).

(264) O. O., II, p. 89, 275-276 : « Le mystère que nous honorons, c'est l'anéantissement du Verbe incarné [...] nous sommes ici assemblés pour jouir du pieux spectacle d'un Dieu descendu pour nous relever, abaissé pour nous agrandir, appauvri volontairement pour répandre sur nous les trésors célestes » ; cf. O. O., II, p. 409 et suiv.

(265) O. O., II, p. 101.

(266) « Jamais la faiblesse n'a paru plus abandonnée, non pas même, je le dis sans crainte, dans l'ignominie de la croix », O. O., III, p. 652.

(267) E. M., p. 409, 416.

(268) O. O., II, p. 142-143.

(269) O. O., II, p. 287, 545 ; V, p. 283. Au temps de l'épiscopat, Bossuet mentionnera encore le lavement des pieds (LT, VI, p. 324 et suiv.), le mystère de l'Eucharistie (R. B., 1900, p. 184), etc.

nature infiniment abondante ne refuse pas d'aller à l'emprunt pour s'enrichir par l'humilité » (270).

Si l'on considère que Dieu est l'être par excellence, on comprendra que cet abaissement du Verbe incarné est un véritable anéantissement : l'être de Jésus est « inconnu » (271), Dieu est « perdu dans le néant » (272). Bossuet parle souvent de cet anéantissement par lequel, paradoxe, « un Dieu s'épuise et s'anéantit en prenant la forme d'esclave... » comme l'écrivait saint Paul aux Philippiens (273) : cet anéantissement est la vraie, peut-être la seule, pauvreté, « pauvreté mystérieuse » (274), pauvreté de l'être : et c'est par sa ressemblance avec la pauvreté du Verbe incarné que toute pauvreté acquiert son éminente dignité (275).

Il peut rester un doute : « les sublimes bassesses de ce Dieu-Homme » (276) ne sont-elles pas le signe d'une déficience de l'être divin ? Cette chute de l'un dans le multiple, de l'être dans le néant ne trahit-elle pas un appauvrissement fondamental et inévitable, le destin d'un Dieu condamné, de procession en procession à s'enfoncer jusqu'aux abîmes inférieurs, jusqu'au tombeau et jusqu'aux Enfers ? Bossuet prévient l'objection : si Dieu s'abaisse, c'est « volontairement pour répandre sur nous les trésors célestes » (277). Il n'y a pas de nécessité extérieure à Dieu, qui le pousserait à s'abaisser ; il s'abaisse non « par force » mais par amour et bonté, écrira Bossuet dans les *Méditations* (278) : un des traits les plus affirmés du Dieu de Bossuet est sa liberté ; Dieu n'est astreint ni aux lois de la nature ni à celles que nous formons, il « est parfai-

---

(270) O. O., III, p. 675 ; sur les « descentes » de Dieu, voir aussi O. O., I, p. 566 ; II, p. 40 ; IV, p. 286, 287 ; V, p. 254, 579.

(271) O. O., IV, p. 533.

(272) O. O., IV, p. 533, alors que par son être et par sa sainteté, il est éloigné des deux néants qui se puissent concevoir (cf. LT, VI, p. 658).

(273) *Phil.* II, 7. O. O., III, p. 674. Cf., outre les références données aux pages précédentes, O. O., III, p. 558 ; IV, p. 419, 505 ; VI, p. 703 (notes prises dans Grégoire de Nazianze, B. N. Rothschild, Bossuet, n° 314), 249 (« ... Un Jésus-Christ pauvre, un Jésus obéissant, un Jésus anéanti et humilié, un Jésus mortifié et crucifié... »). Une esquisse pour le Carême des Minimes présente très bien ces idées : « Qu'est-ce à dire ? Un Dieu anéanti et humilié : que peut-on bâtir dessus ?... » (O. O., III, p. 256, n. 3).

(274) O. O., III, p. 681.

(275) « 1° Jésus-Christ souffrant dans les pauvres ; 2° abandonné dans les pauvres ; 3° patient dans les pauvres », telle est la division très suggestive d'un sermon de charité de 1659 (O. O., II, p. 562). Nous ne pouvons développer ici la question de Bossuet et la pauvreté : nous l'avons esquissée dans *Recherches et Débats,* n° 49, décembre 1964, p. 67-79.

(276) O. O., V, p. 143.

(277) O. O., II, p. 276.

(278) LT, VI, p. 330.

tement libre en tout ce qu'il fait au dehors, corporel ou spirituel, sensible ou intelligible » (279) ; cette parfaite indépendance de Dieu nous permet de comprendre que sa « sortie » n'est pas à proprement parler une « chute », qu'elle est plutôt une « condescendance » (280) ; il « descend » pour se faire aimer (281).

Les abaissements ne sont qu'un premier mouvement et appellent un retour ; le dernier degré de bassesse est le premier degré de la gloire, « c'est de là qu'il a commencé de se relever couronné d'honneur et de gloire » (282).

b) *Mysteria et exempla* (283).

A l'époque de l'épiscopat, Bossuet distinguera à propos de l'Evangile les « mystères » et l'« histoire » (284), d'un côté la réalité profonde, éternelle, de l'Incarnation, dont les Evangiles portent témoignage, et d'un autre côté la vie de Jésus dans l'histoire, la

(279) LT, XXIII, p. 429 ; cf. E. M., p. 125-126, 162.

(280) O. O., III, p. 680 ; V, p. 276. Dans ces deux passages Bossuet s'appuie sur saint Augustin : « *Descendit ut levaret, non cecidit ut jaceret* » (*In Joan. tract.* CVII, n. 7).

(281) O. O., IV, p. 286 ; « Comme [...] il n'est descendu à nous que pour nous marquer les degrés par lesquels nous pouvons remonter à lui, tout l'ordre de sa descente fait celui de notre glorieuse élévation » (O. O., V, p. 276) ; et voir aussi O. O. V, p. 278 : « Encore qu'il soit éloigné par tous ses divins attributs, il descend, quand il lui plaît, par sa bonté, ou plutôt il nous élève. Il fait ce qu'il veut de ses ouvrages ; et comme, quand il lui plaît, il les repousse de lui jusqu'à l'infini et jusqu'au néant, il sait aussi le moyen de les associer à lui-même d'une manière incompréhensible... ». Dieu a été porté à l'Incarnation par une « bonté populaire » (O. O., III, p. 680 ; cf. saint Augustin, *contra Acad.* l. III, n. 42 ; l'aspect social de l'image est à attribuer à Bossuet, mais il paraphrase longuement un seul mot du texte de saint Augustin « *populari* » : P. L., XXXII, c. 956 : « *Non enim est ista hujus mundi philosophia, quam sacra nostra meritissime detestantur, sed alterius intelligibili ; cui animas multiformibus erroris tenebris cæcatas, et altissimis a corpore sordibus oblitas nunquam ista ratio subtilissima revocaret, nisi summus Deus populari quadam clementia divini intellectus auctoritatem usque ad ipsum corpus humanum declinaret, atque submitteret...* ». « Comme un génie extraordinaire [une variante intéressante : « un grand et sublime orateur »], plein de riches conceptions, pour se rendre populaire et intelligible, se rabaisse par un discours simple à la capacité des esprits communs ; comme un grand environné d'un éclat superbe, qui étonne le pauvre peuple et ne lui permet pas d'approcher, quitte tout ce pompeux appareil, et, par une familiarité populaire, vit à la mode de la multitude dont il se propose de gagner l'esprit : ainsi la Sagesse increée, par un conseil de condescendance, se rabaisse en prenant un corps, et se rend sensible... » (O. O., III, p. 680-681).

(282) O. O., V, p. 423 ; cf. LT, VI, p. 330-331.

(283) Rappelons que nous nous contentons de présenter les principes fondamentaux de la spiritualité de Bossuet sans développer pour elles-mêmes les « dévotions » pratiquées ou recommandées par lui.

(284) LT, VI, p. 79.

sainte Humanité telle que nous pouvons l'appréhender avec notre imagination, notre sensibilité, notre intelligence : voie théologique, voie imaginative et affective.

Dans les œuvres oratoires de Bossuet, nous rencontrons souvent le mot « mystère » : quelle que soit la longue histoire de cette notion dans le christianisme (285), le « mystère » représente pour Bossuet, comme pour saint Augustin, la réalité divine profonde contenue dans l'Ecriture. Le terme « *sacramentum* » en est à peu près synonyme (286), comme nous pouvons le lire dans l'*Histoire des variations :* « *Sacrement* dans notre usage ordinaire veut dire un signe sacré ; mais dans la langue latine, d'où ce mot nous est venu, *sacrement* veut dire souvent chose haute, chose secrète et impénétrable. C'est aussi ce que signifie le mot de *mystère*. Les Grecs n'ont point d'autre mot pour signifier sacrement que celui de *mystère ;* et les Pères latins appellent souvent le mystère de l'Incarnation, *sacrement de l'Incarnation,* et ainsi des autres » (287).

Bien que Bossuet donne à plusieurs reprises à « sacrement » et à « mystère » le mot « secret » comme équivalent (288), le sens premier de ces termes, ou celui que leur donnait saint Paul, n'est pas celui d'une « chose secrète et impénétrable » : la signification de « secret » (289) est assez secondaire (elle remonte au IVe siècle), et

(285) L. Bouyer, *Vie spirituelle, Supplément,* 1952, p. 397-412 ; A.-G. Martimort, *L'Eglise en prière,* Paris, 1961, p. 205-219 ; H. de Lubac, *Exégèse médiévale,* 1re partie, t. II, p. 396-408 ; A. Becker, *De l'instinct du bonheur à l'extase de la béatitude,* Paris, 1968, p. 229-235.

(286) Pour « *sacramentum* », outre les références précédentes, voir E. Mersch, *Le Corps mystique du Christ,* 3e éd., Paris, 1951, t. II p. 20-21.

(287) LT, XIV, p. 149-150.

(288) O. O., III, p. 631 ; IV, p. 4, 189 ; cf. *Politique,* p. 152. Cf. aussi l'interprétation du mystère de l'Incarnation comme secret que saint Joseph doit conserver : O. O., II, p. 123.

(289) Nous ne pouvons ici que rappeler les problèmes liturgiques que pose cette interprétation : la longue discussion sur le « secret des mystères », à propos de la récitation à voix basse du canon de la messe et de sa traduction en français est connue : cf. H. Bremond, *Histoire littéraire...,* t. IX, p. 164-206 ; L. Bouyer, *Eucharistie,* 2e éd., Paris, 1968, p. 353-366. Il y aurait lieu aussi de rappeler les dimensions sociologiques et culturelles du secret dans un certain nombre de milieux religieux au XVIIe siècle : nouvelle structuration d'une société religieuse, tendances d'une époque à laquelle Bossuet participe ; la Compagnie du Saint-Sacrement associe les deux dimensions : présence cachée de Jésus dans l'hostie, secret des activités de la Compagnie. Dans le *Petit catéchisme pour les catholiques* de Pierre Canisius qu'il eut entre les mains au collège des Godrans, Bossuet put lire : « Pourquoi sont ajoutées aux sacrements cérémonies solennelles et ecclésiastiques ? — Certainement pour plusieurs et grandes causes. Premièrement, afin d'admonester ceux qui considéreront l'administration des sacrements que rien ne se fait ici de profane, ainçois certaines choses secrètes et pleines de divins

c'est sur saint Jean Chrysostome que s'appuie l'auteur du Carême des Minimes pour soutenir que « Mystère signifie un secret sacré » (290). Bien plus souvent, c'est la « chose haute », pour reprendre son expression (291), que Bossuet considère : les réalités que la Bible nous présente sont « mystérieuses » dans la mesure où elles sont signifiantes (292) : ainsi la tunique que les soldats tirent au sort (293), la montagne où Jésus prononce son sermon (294), la ville de Jérusalem (295), le vin des noces de Cana (296), le grain de froment tombé en terre (297), la sueur au jardin des oliviers (298), l'étoile des mages (299) les mots inscrits sur la croix (300), et nous pourrions poursuivre considérablement cette énumération.

Plus que ces objets et ces gestes, « toutes les paroles et les actions » de Jésus-Christ « sont mystérieuses » (301) : son saint Nom (302), le testament par lequel il lègue sa mère à saint Jean (303), l'Incarnation (304), la Croix (305), et Bossuet parlera simplement des « mystères de Jésus-Christ » pour désigner ce qui en ses actions dépasse la seule réalité historique (306) ; par là les mystères ne forment pas une accumulation d'actes ou d'attitudes, mais repré-

---

mystères lesquelles requièrent singulière révérence » (*Petit catéchisme pour les catholiques,* Paris, 1610, p. 101-102).

(290) O. O., III, p. 345 ; cf. aussi le lien entre mystère et incompréhensibilité, O. O., I, p. 26 ; V, p. 347, n. 1, et plus tard O. O., VI, p. 305 ; LT, VI, p. 392, 399 ; E. M., p. 109, 112, 377, 383, etc., et dans les *Elévations* encore le lien des mystères « avec une sainte et religieuse horreur » (E. M., p. 242).

(291) LT, XIV, p. 150.

(292) En ce sens Bossuet emploie aussi très souvent le mot « mystique » ; cf. M. de Certeau, « *Mystique* » *au* XVIIe *siècle,* dans *L'homme devant Dieu,* t. II, p. 267 et suiv., surtout p. 279 : la mystique « tend à se définir comme un type de littérature » ; p. 280 : « signe d'une allégeance » ; nous dirions à peu près la même chose des emplois de « mystérieux » chez Bossuet : signe d'une réalité « religieuse », épaisseur nouvelle et particulière donnée au langage commun.

(293) O. O., I, p. 72, 304 ; II, p. 543.

(294) O. O., I, p. 202, 468 ; III, p. 125.

(295) O. O., I, p. 219.

(296) O. O., I, p. 282.

(297) O. O., I, p. 271, 437.

(298) O. O., II, p. 29.

(299) O. O., III, p. 166.

(300) O. O., I, p. 270.

(301) O. O., I, p. 90.

(302) O. O., I, p. 251 ; IV, p. 519.

(303) O. O., I, p. 75.

(304) O. O., I, p. 167. On peut aussi citer la Visitation (O. O., II, p. 208), l'Annonciation (O. O., II, p. 3), la Purification (O. O., I, p. 298, 307), la Circoncision (O. O., I, p. 255 ; II, p. 104), l'Epiphanie (O. O., IV, p. 531), l'Enfance (O. O., IV, p. 513), etc.

(305) O. O., III, p. 622.

(306) O. O., I, p. 191, 451 ; LT, XVII, p. 291 ; etc.

sentent ce qui est ordonné au « royaume de Dieu » (307), selon un « rapport merveilleux » (308), un « enchaînement admirable » (309) : Bossuet parle à ce propos d'un « nouvel ordre de choses » (310). Les mystères sont exprimés dans le temps mais leur essence est hors du temps ; l'Ancien Testament est plein de leurs « figures » (311), et le mystère étend éternellement sa vertu : dès l'éternité Marie a été choisie pour donner Jésus aux hommes, elle a été mère dans le temps, et elle reste « toujours » mère : « Dieu ayant *une fois* voulu que la volonté de la Sainte Vierge coopérât efficacement à donner Jésus-Christ aux hommes, ce premier décret ne se change plus, et *toujours* nous recevons Jésus-Christ par l'entremise de sa charité. Pour quelle raison ? c'est parce que cette charité maternelle qui fait naître, dit saint Augustin, les enfants dans l'Eglise, ayant tant contribué au salut des hommes dans l'Incarnation du Dieu Verbe, elle y contribuera *éternellement* dans toutes les opérations de la grâce, qui ne sont que des dépendances de ce mystère » (312).

Cette réalité unique qui demeure présente dans sa vertu est pour ainsi dire renouvelée à chaque fête liturgique sous un aspect particulier : c'est un thème tout à fait traditionnel dans l'Eglise au moins depuis saint Léon (313), et Bossuet note que c'est l'Eglise qui nous fait « remarquer » le mystère du jour (314). Toute la théologie des sacrements et de la liturgie est fondée sur cette permanence (315).

Par un second côté, nous voyons se rejoindre les notions de mystère et de sacrement : dans la langue courante de Bossuet, les

---

(307) O. O., I, p. 453.

(308) O. O., II, p. 52, cf. p. 6-7.

(309) O. O., III, p. 488. Et nous songeons ici à ces *Elévations sur les mystères* qu'écrira plus tard Bossuet en les appelant simplement les « Mystères » (C. B., VII, p. 120, 146).

(310) O. O., I, p. 192.

(311) O. O., I, p. 307 : « Ceux qui étaient grossiers et charnels n'en considéraient que l'extérieur, sans en pénétrer le sens. Mais les spirituels et les éclairés, à travers des ombres et des figures externes contemplaient intérieurement par une lumière céleste les mystères du Sauveur Jésus. » Cf. dans le *Discours sur l'Histoire universelle*, LT, XXIV, p. 269, 272. Avec Tertullien, Bossuet peut appeler Jésus « *l'illuminateur des antiquités* qui n'ont été établies que pour signifier ses mystères » (O. O., I, p. 305 ; cf. p. 289, et voir *supra*, p. 133).

(312) O. O., II, p. 10-11, nous soulignons ; repris sous une forme plus énergique en 1669, O. O., V, p. 604. Au début de son épiscopat, en 1687, Bossuet écrira à propos de Noël : « Tout ce qui s'accomplit dans le temps a son rapport à la vie future » (O. O., VI, p. 460).

(313) Cit. par I. H. Dalmais, dans A.-G. Martimort, *L'Eglise en prière*, *op. cit.*, p. 209.

(314) O. O., I, p. 3.

(315) Nous n'avons pas à développer ici les conséquences pour la théologie de l'Eucharistie : cf. G. Bacon, *Les dimensions du mystère de l'Eucharistie...*, *op. cit.*

« redoutables mystères » (316), les « saints mystères » (317) sont des expressions qui désignent simplement les sacrements (318) et en particulier l'Eucharistie (319).

Même s'il y a dans cette insistance sur les mystères une des lignes de force de la pensée de Bossuet et une des grandes tendances de sa prédication (320), nous voyons dans le caractère éclectique des sens qu'il donne à ce mot moins un signe d'originalité que l'accueil fait par l'orateur à toutes les richesses que lui présente la tradition, et sans doute l'absence de synthèse vraiment personnelle.

Ce qui intéresse plus directement la spiritualité, c'est le rapport actuel du croyant avec ces mystères et l'efficacité qu'ils peuvent avoir. Deux morceaux, parmi les plus spirituels, sont les esquisses de sermons prononcés aux Carmélites de la rue du Bouloi le 30 décembre 1663, dimanche dans l'octave de Noël (321), et le 1er janvier 1664 pour la Circoncision (322). Le premier porte sur les « mystères de la sainte enfance de Jésus-Christ » (323) ; leur caractère particulier est « d'imprimer dans les âmes, par leur profondeur, par leur simplicité, par leur sainteté, un étonnement intime et secret des voies inconnues de Dieu et de sa sagesse cachée » (324) : ce qu'il y a de mystérieux dans les actions de Jésus appelle l'admiration, premier pas vers l'adoration, source de l'étonnement de Marie et de Joseph : « Je ne puis vous dire, mes Sœurs, combien de grâces étaient renfermées dans cet étonnement sacré : un recueillement très profond, une secrète attention à ce qui se passe, une attente respectueuse de je ne sais quoi de grand qui se prépare, une dépen-

---

(316) O. O., I, p. 102.

(317) O. O., I, p. 133 ; et cf. C. B., III, p. 177.

(318) En un sens large, la prédication en est un : O. O., III, p. 625.

(319) Cependant au delà de la liturgie de l'Eglise, il y a toutes les formes de liturgie que l'on appelle privées : exercices et méthodes de dévotion qui sont un genre de prière florissant au XVIIe siècle : au début de son épiscopat, dans ses *Prières ecclésiastiques,* Bossuet insérera un exercice « Pour adorer tous les jours un des mystères de Notre-Seigneur » (LT, V, p. 348-350) : Jésus dans le sein de son Père, incarné, prêchant, instituant le Saint-Sacrement, crucifié, descendu aux Enfers, ressuscité et assis à la droite de Dieu (à travers ces regards sur Jésus, ce sont les grandes orientations de la piété christologique du XVIIe siècle qui apparaissent).

(320) Ledieu note que Bossuet veut prêcher les mystères de Jésus-Christ, tous les attributs divins, et que le *Catéchisme des fêtes* « contient l'explication de tous les mystères » (*Mémoires,* I, p. 112-114).

(321) O. O., IV, p. 513 et suiv.

(322) O. O., IV, p. 519 et suiv.

(323) O. O., IV, p. 513. Voir aussi O. O., IV, p. 163-164 : « Considérez cet enfant si doux, si aimable, dont le regard et le souris attendrit tous ceux qui le voient... »

(324) O.O., IV, p. 513-514.

dance absolue des desseins cachés de Dieu, un abandon aveugle à sa grande et occulte providence » (325) ; l'histoire du Dieu enfant a de « secrets rapports à l'œuvre de la rédemption de notre nature » (326) et l'orateur dégage la double perspective selon laquelle peut être envisagé tout événement de la vie de Jésus : « Mon dessein n'est pas aujourd'hui de vous parler simplement de la naissance de notre Sauveur, mais de vous représenter comme en raccourci tous les mystères de sa sainte enfance, auxquels ce temps est consacré ; afin que, contemplant d'une même vue, autant que le Saint-Esprit nous l'a révélé, tout l'ordre et l'enchaînement des desseins de Dieu sur cet enfant, nous nous perdions dans l'admiration de ses conseils et de sa sagesse : *Erant mirantes* » (327). Suivant le même esprit, deux jours plus tard, ce sont « les mystères admirables du nom de Jésus » que Bossuet développe aux Carmélites (328), et, vraisemblablement le jour de l'Epiphanie de la même année, « la grâce du mystère de l'Epiphanie » (329).

La méditation des mystères s'élève à l'adoration de la divinité ; mais le rapport exact entre la vie humaine du Christ et le mystère est rarement marqué par Bossuet : les sermons de 1663-1664 que nous venons de citer sont les plus explicites : la conception bérullienne des « états » de Jésus est étrangère à Bossuet, ou tout au moins nous n'en percevons dans son œuvre qu'un écho très affaibli (330) ; de même pour la notion si bérullienne d'« adhérence » (331).

---

(325) O. O., IV, p. 514 : la comparaison avec le ms. est instructive, B. N., n.a.fr. 5155, f° 18 v° et suiv. : les adjectifs « secrète, respectueuse, absolue » sont des additions. Cf. aussi *supra*, p. 128, et sur le sacré, notre *Bossuet*, p. 34.

(326) O. O., IV, p. 515.

(327) *Ibid.*

(328) O. O., IV, p. 519 et suiv.

(329) O. O., IV, p. 531 et suiv. ; texte commenté *supra*, p. 110.

(330) Le mot « états » appliqué à Jésus apparaît dès 1643 (?) (O. O., I, p. 3) : « Les deux états dissemblables dans lesquels il lui a plu de paraître au monde », et figure dans le sermon de 1664 (?) pour l'Epiphanie (O. O., IV, p. 531) : « Les états inconnus » de Jésus ; il est employé de façon significative dans le texte consacré à l'amour de Madeleine (O. O., VI, p. 623, cf. *infra*, p. 231) : elle l'a aimé en ses trois états, vivant, mort, ressuscité (cf. Bérulle, *Œuvres*, éd. 1644, p. 943). Voir aussi à une date plus tardive C. B., VII, p. 52 (cf. *infra*, p. 397) ; LT, VI, p. 124, 347, 450, 522, 638 ; E. M., p. 302. Cet usage du mot « états » au milieu du XVIIe siècle, usage affaibli mais largement répandu, apparaît bien dans le *Traité de l'oraison*, de Nicole (1679, p. 163-164, 265 et suiv.) et dans beaucoup d'autres œuvres.

(331) Rares emplois sans référence à Jésus-Christ : O. O., V, p. 110 ; R.B., 1906, p. 244 ; textes étudiés à propos de l'adoration (*supra*, p. 116 et 125).

La façon d'honorer les mystères est conçue par Bossuet moins comme une adhérence que comme une imitation : les deux notions sont voisines mais ne recouvrent pas les mêmes réalités. L'imitation comporte un aspect pour ainsi dire didactique (332), ce qui est déjà une interprétation du processus selon lequel s'effectue le rapport. Un fragment non daté l'expose nettement, à la suite de saint Léon : « Le grand pape saint Léon nous enseigne que les ouvrages (333) qu'un Dieu sauveur a accomplis pour notre salut ne sont pas seulement des grâces, mais des leçons ; que tout ce qui nous rachète nous parle ; enfin que tous les mystères sont des exemples, si bien que le chrétien doit imiter tout ce qu'il croit » (334) ; imiter ainsi Jésus-Christ, c'est entrer dans ses sentiments, attitude bien moins commune que d'avoir foi dans ses mystères (335). Cependant il ne faut pas considérer cette imitation en un sens purement moral : un beau passage du panégyrique de saint Pierre Nolasque expose comment l'imitation est « la manière la plus excellente d'honorer les choses divines » (336) ; « alors nous célébrons ses grandeurs, non point par nos paroles, ni par nos pensées, ni par quelques sentiments de notre cœur, mais, ce qui est bien plus relevé, par toute la suite de nos actions et par tout l'état de notre personne » (337), « en nous dévouant saintement à Dieu, non seulement pour les aimer et pour les connaître, mais encore pour les imiter, pour en porter sur nous-mêmes l'impression et le caractère, pour en recevoir en nous-mêmes la bénédiction et la grâce » (338).

---

(332) La copie d'un exemple ou l'application d'un précepte : les exemples et les préceptes sont sur le même plan, deux modes de transmission d'une vérité, mais « c'est le naturel de l'esprit humain, de recevoir les lumières plus facilement par les exemples que par les préceptes » (O. O., IV, p. 283). Cet aspect didactique est déjà présent dans les *Vérités et excellences de Jésus-Christ Notre Seigneur* du P. Bourgoing, mais moins accentué que dans les textes de Bossuet.

(333) Variante : « que les mystères de Jésus-Christ ».

(334) O. O., VI, p. 647, vers 1687.

(335) O. O., VI, p. 647-648.

(336) O. O., IV, p. 578 ; cf. O. O., V, p. 38 ; et voir un sermon de 1658, pour la vêture d'une Nouvelle Catholique (O. O., II, p. 408 et suiv.), qui a pour texte « *Induimini Dominum Jesum Christum* » (*Rom.* XIII, 14) : « Vous serez revêtus du Sauveur, quand vous serez imitateurs de sa charité. Considérons donc quels ont été les sentiments du Fils de Dieu dans le mystère de l'Incarnation, et après, imprimons les mêmes pensées en nous-mêmes ; ... » (O.O., II, p. 409).

(337) O. O., IV, p. 578.

(338) O. O., IV, p. 579. Affirmations qui ne sont pas très éloignées des expressions bérulliennes : « prier par état », « adorer par état » (voir aussi le texte de saint Jean Eudes cité D. S., t. IV, c. 1379, s.v. « Etat » : « Par état, c'est-à-dire lorsque nous honorons les mystères de Jésus non seulement par quelques actions extérieures ou quelques actes intérieurs qui sont passagers, mais lorsque nous sommes dans un état

Dans un sermon de 1660, Bossuet précise quelles sont les modalités de cette imitation, et pour cela il reprend une distinction bien connue au Moyen Age (339), la distinction entre le mystère et le précepte : il la tire d'un passage de saint Augustin (340) où elle ne se trouve qu'implicitement : « il appuie toute la vie chrétienne et la liaison des préceptes avec les mystères sur Jésus-Christ humilié et sur le mystère de sa croix » (341) ; ce sont les deux catégories fondamentales qui au temps du préceptorat soutiendront l'exégèse biblique de l'auteur de la ***Politique tirée de l'Ecriture sainte*** (342).

Les leçons dont l'Evangile est rempli reposent sur les mystères (343), non seulement les exemples mais cette réalité surnaturelle qui se manifeste dans la vie de Jésus : « Vous voyez manifestement que toutes les choses que Jésus commande ont leur fondement immuable sur celles qu'il a accomplies, et que, s'il nous prescrit dans son Evangile une vie pénitente et mortifiée, c'est à cause qu'il nous y paraît comme un Dieu anéanti et crucifié » (344). Cette liaison justifie l'insistance de Bossuet sur un des caractères du Christ : le Christ sagesse et maître de vérité. Ici encore nous rencontrons une idée qui a eu une exceptionnelle fortune au siècle de la Contre-Réforme, mais nous sentons toute son importance pour une doctrine spirituelle. « Il est la Sagesse et la Parole du Père : tous ses discours et toutes ses actions sont esprit et vie ; tout y est lumière, tout y est intelligence, tout y est raison » (345). En ce XVIIe siècle où la religion tend à apparaître comme la vraie science, la « science de Dieu » (346), la « science chrétienne » (347), la « science des saints » (348), ce visage du Christ a une importance capitale :

---

qui est stable et permanent, et qui, de soi-même, va continuellement honorant quelque état et mystère de Jésus... »).

(339) E. R. Curtius, *Europäische Literatur und lateinisches Mittelalter*, 2e éd., p. 67-70.

(340) *De Agone Christiano*, XI, 12.

(341) O. O., III, p. 257.

(342) *Politique*, p. XXVI.

(343) Cf. aussi O. O., V, p. 249, des notes prises par Bossuet en 1667 : « Pour vous, enfants de l'Eglise, pensez sérieusement que toute cette grande diversité des enseignements divins se réduit néanmoins à deux chefs : à apprendre et à observer les préceptes, à connaître et à adorer les mystères. C'est pourquoi ceux qui aiment la piété seront exacts à n'ignorer rien de tout ce qu'il faut pratiquer ; et à l'égard des divins mystères, ils travailleront avec soin à en acquérir la connaissance afin d'unir leurs esprits à Dieu par une pieuse méditation de ce qu'il a accompli pour notre salut... »

(344) O. O., III, p. 257.

(345) O. O., I, p. 283 ; cf. 343, 398 ; II, p. 200 ; III, p. 261 ; cf. LT, XXIV, p. 457.

(346) O. O., I, p. 193 ; III, p. 550 ; IV, p. 77 et suiv.

(347) O. O., III, p. 563.

(348) Voir tout le panégyrique de sainte Catherine, O. O., III, p. 549.

plus que d'expérience de Dieu ou de rencontre avec son Fils, le croyant a besoin d'une lumière, la lumière de l'Esprit, qui dissipe l'ignorance, l'incapacité de discerner le bien et le mal et d'orienter sa vie (349), et qui écarte la science présomptueuse d'où naissent toutes les hérésies (350). Certes Bossuet vante encore la docte ignorance (351), mais c'est pour se corriger immédiatement : « Mais je me trompe, Messieurs, d'appeler du nom d'ignorance la simplicité de notre foi : il est vrai que toute la science du christianisme est réduite aux deux paroles que j'ai rapportées ; mais aussi elles renferment les trésors immenses de la sagesse du ciel... » (352).

Ignorance ou bien folie, renversement de la sagesse du monde au bénéfice d'une sagesse qui est extravagance et folie, « l'unique sûreté, [...] la seule et véritable science est de s'attacher constamment à cette raison dominante » (353) qui est la Sagesse divine ; or la sagesse que prêche Jésus-Christ est folie, comme l'enseignait saint Paul : « la première et la plus grande folie, c'est-à-dire la plus haute et la plus divine sagesse que l'Evangile nous prêche, c'est l'Incarnation... » (354). En vantant saint François d'Assise, Bossuet ne cesse de chanter cette sage extravagance, ces saints égarements, cette folie sublime et céleste, divine folie (355). L'extravagance est intégrée dans le raisonnable et dans cette nouvelle science que Jésus-Christ est venu enseigner, car la foi est adhésion à une « doctrine », à une « théologie chrétienne » (356), « adhérence du cœur à la vérité éternelle, malgré tous les témoignages et des sens et de la raison » (357) ; d'où l'importance que prennent dans l'œuvre de Bossuet les schèmes didactiques : enseigner, apprendre, connaître, écouter (358), les images de la parole (359) et de l'ouïe, et cet effort jamais achevé pour cerner les vérités auxquelles il faut adhérer, pour les désigner, pour trouver dans cette « définition » une sécurité. Ecrire une *Exposition*

---

(349) O. O., I, p. 319.

(350) O. O., I, p. 296, 495 ; III, p. 199, 203 et suiv. ; LT, XIV, p. 17, 23.

(351) O. O., III, p. 209 ; la sainte et bienheureuse ignorance « qui a triomphé des vaines subtilités de la sagesse du monde », O. O., IV, p. 77. Cf. aussi O. O., IV, p. 532, cité *supra*, p. 110.

(352) O. O., IV, p. 77.

(353) O. O., I, p. 325.

(354) O. O., I, p. 190.

(355) O. O., I, p. 190 et suiv. ; VI, p. 1-2 ; cf. O. O., I, p. 476.

(356) O. O., IV, p. 78.

(357) O. O., IV, p. 427.

(358) Par exemple O. O., III, p. 243, 619 ; II, p. 199 et suiv.

(359) O. O., III, p. 242 et suiv. : 243 : « Trois paroles qu'il est nécessaire que nous écoutions : la parole de sa doctrine, qui nous enseigne ce qu'il faut croire ; la parole de ses préceptes, qui nous montre comme il faut agir ; la parole de ses promesses, qui nous apprend ce qu'il faut attendre ».

de la doctrine de l'Eglise catholique (360), rédiger des catéchismes, parcourir toute la suite des mystères, ce sont des activités qui découlent directement du désir de Bossuet, qui est aussi le désir de tout le siècle de la Contre-Réforme, de dire le *Credo* et d'exprimer la vérité en des mots consistants.

Un des mystères que l'évêque de Meaux recommandera d'honorer est celui de Jésus-Christ prêchant : écouter, entendre sont les premières dispositions du croyant (361). Ces « vérités de la foi », Jésus-Christ est venu les « enseigner » (362) : n'est-il pas l'« excellent précepteur », le « divin précepteur » (363) ? n'a-t-il pas son « école » qui est son Eglise, son académie où il nous invite à accourir (364) ? Toutes ses actions ne reluisent-elles pas la vérité, ne concourent-elles pas à le manifester comme « le maître du genre humain » (365) ?

Il s'agit moins, dans cette orientation, d'intellectualisme que de moralisme : entre une doctrine à apprendre et des préceptes à pratiquer, s'insère toute la vie chrétienne : à lire les œuvres oratoires et les *Méditations sur l'Evangile,* nous découvrons un chemin tout tracé, les seules surprises étant celles de l'itinéraire, la faiblesse de l'homme incapable de suivre son modèle et son précepteur. « Ainsi,

(360) LT, XIII, p. 1 et suiv.

(361) LT, V, p. 349.

(362) Il « s'est revêtu d'une chair humaine, afin de nous enseigner en personne les secrets célestes qu'il n'avait pas ouïs par rapport, et qu'il n'avait pas appris par étude, mais qui lui avaient été communiqués par sa naissance éternelle. Après les enseignements d'un tel maître, il ne faut plus consulter les sens, ni faire discuter la raison humaine ; il faut seulement écouter et croire » (O. O., III, p. 618-619). L'Incarnation, les abaissements du Verbe ont pour but d'apprendre à l'homme à vaincre son orgueil et son esprit d'indépendance (O. O., III, p. 674-675 ; V, p. 280-281) : c'est « le conseil de notre Dieu pour guérir l'arrogance humaine » (O. O., III, p. 675) ; ce ne serait pas beaucoup forcer ce que dit Bossuet que de soutenir que l'Incarnation a un but pédagogique.

(363) O. O., I, p. 326-327, 400, 452 ; III, p. 252.

(364) O. O., I, p. 106, 326-327 ; et plus tard LT, VI, p. 489. « L'Evangile nous a donné quelques principes, Jésus-Christ nous a appris quelque chose ; son école n'est pas une académie où chacun dispute ainsi qu'il lui plaît » (O. O., IV, p. 35).

(365) LT, XXIV, p. 448 ; cf. au temps de Meaux, O. O., VI, p. 527 : « Jésus a aimé la vérité. Engendré par la connaissance de la vérité, vérité lui-même, principe avec le Père de l'Esprit qui est appelé l'Esprit de vérité, parce qu'il procède de l'amour d'icelle, la charité a pressé Jésus de sortir du sein de son Père pour manifester la vérité, pour la rendre sensible et palpable. » A son exemple, Bossuet, docteur, orateur, évêque, consacre son existence à la défense de la vérité : sécurité d'une certitude acquise dès le premier instant (cf. O. O., I, p. 595, harangue pour le doctorat, reprise dans le panégyrique de sainte Catherine, O. O., III, p. 566). Il y a certainement dans cette conception du christianisme comme transmission d'une vérité un des fondements du sérieux avec lequel Bossuet envisage la prédication (J. Truchet, *La prédication de Bossuet...,* t. I, p. 43-54).

Chrétiens, pour vous instruire de ces vérités, le plus court serait de vous renvoyer à l'école du Saint-Esprit et à une pratique soigneuse des préceptes évangéliques. Mais, puisque la saine doctrine est un excellent préparatif à la bonne vie et que les solennités pascales, que nous avons aujourd'hui commencées, nous invitent à nous entretenir de ces choses, écoutez, non point mes pensées, mais trois admirables raisonnements du grand apôtre saint Paul... » (366) : ces mots prononcés en 1652 nous expliquent fort bien l'échange perpétuel qui se produit entre la doctrine et l'action, et nous lisons dans le panégyrique de sainte Catherine, le sermon qui exalte la vraie science, la science des saints, ces remarques qui font écho aux précédentes : « Parce que Jésus-Christ est une lumière, ils s'imaginent peut-être qu'il suffit de la contempler et de se réjouir à sa vue ; mais ils devraient penser au contraire que cette lumière n'éclaire que ceux qui la suivent, et non simplement ceux qui la regardent » (367).

Comme l'écrira l'évêque de Meaux, le critère qui permet de juger une vérité et de la distinguer d'une vaine spéculation, c'est que nous y reconnaissions une « vérité de pratique » (368), et, dans ces conditions, « tournons tout à la pratique, et ne recherchons l'intelligence qu'autant qu'il le faut pour pratiquer et agir » (369). Au terme de cette démarche, ce n'est pas la bienheureuse ignorance que nous retrouvons, mais la preuve enfin saisie, tangible et appréciable, d'une pratique qui est le lieu où s'exprime une vérité ; le danger, que le sens théologique de Bossuet lui fit éviter, était que la pratique n'épuisât cette vérité ou ne s'y substituât (370).

Nous comprenons que jamais Bossuet n'ait été tenté de ramener la vie spirituelle à une série de pratiques ou de dévotions (371) et

---

(366) O. O., I, p. 106-107.

(367) O. O., III, p. 552-553 ; cf. O. O., IV, p. 663 : « Il ne faut point deux soleils, non plus dans la religion que dans la nature, et quiconque nous est envoyé pour nous éclairer dans les mœurs, le même nous donnera la connaissance certaine des choses divines qui sont le fondement nécessaire de la bonne vie » (sur la comparaison, cf. *supra*, p. 133, et pour ce passage on pensera soit à Bérulle, soit au *Liber de Sole* de Marsile Ficin).

(368) LT, VI, p. 524.

(369) E. M., p. 409. Cf. encore en 1681 : « Les mystères du christianisme, outre le fond qui fait l'objet de notre foi, ont leurs effets salutaires, qu'il faut encore considérer pour notre instruction » (O. O., VI, p. 62), et voir la distinction capitale entre « pratique » et « principe de l'affection », E. M., p. 372-373.

(370) Un autre danger sur lequel nous reviendrons (*infra*, p. 650) réside dans les équivoques de la vérité : les relatives évidences, durcies dans la polémique, deviennent absolues, le docteur devient prophète et pense « posséder » la vérité.

(371) « Où sont ici ceux qui mettent tout le christianisme en quel-

qu'il ait toujours condamné les raffinements de la piété et de la casuistique (372) ; il fait leur place aux dévotions, même populaires, dévotion christologique ou mariale, dévotion aux saints, etc., mais la pratique, comme la morale, est pour lui une conséquence de la reconnaissance de la vérité : si cette vérité est définie et connue, les problèmes disparaissent, « la simplicité et la bonne foi sont deux grands docteurs qui laissent peu de choses indécises » (373). Nous n'avons pas à exposer ici quelles sont les dévotions pratiquées par Bossuet (374), ni quelle est sa morale (375), nous voulons seulement mettre en lumière les schèmes didactiques que révèle l'attitude de Bossuet devant la doctrine de Jésus-Christ. A ce niveau, par la mise en valeur des thèmes de la vérité et de la parole, des *exempla* et des *praecepta,* Bossuet rejoint les grandes tendances de son temps ; cependant, la grande audience qu'eurent les œuvres de Bossuet contribua à orienter le catholicisme en France dans un sens didactique et moral qui n'était ni sans équivoques ni sans dangers.

c) *Le crucifié.*

L'amour que Bossuet porte à Jésus-Christ veut être l'image de celui que Jésus-Christ a porté à l'homme, un amour réel : Jésus n'est pas une apparence d'homme, ses souffrances sont de vraies souffrances, « véritables », « effectives » (376) ; Bossuet s'attaque à toutes les formes du docétisme, à Marcion et aux Manichéens : Jésus « a pris non un corps céleste, comme disaient les Marcionites ; non une chair fantastique et un spectre d'homme, comme assuraient les Manichéens ; quoi donc ? une chair tout ainsi que nous, un sang qui avait les mêmes qualités que le nôtre... » (377) ; ses abaissements, les « *pusillitates Dei* » selon le mot de Tertullien, ne sont pas « fantastiques et illusoires » (378), le jeu d'une divinité qui ne ferait que se prêter à la condition humaine.

---

que réformation extérieure et superficielle et dans quelques petites pratiques ? » (O. O., I, p. 115).

(372) O. O., IV, p. 35-36, 479 ; V, p. 150, 243 ; cf. LT, V, p. 482 ; VI, p. 276-278.

(373) O. O., IV, p. 36.

(374) Cf. *supra,* p. 14.

(375) Pour la période des œuvres oratoires, voir J. Truchet, *La prédication de Bossuet..., op. cit.*

(376) O.O., I, p. 176.

(377) O.O., I, p. 142-143, cf. *Hebr.*, II, 14 ; voir aussi O.O., I, p. 176, 477 (sur « l'insensé Marcion » qui a nié son humanité ; cette page exposant les diverses hérésies suscitées par la personne de Jésus-Christ est importante ; reprise et développée dans les *Elévations* (E.M., p. 381-383), elle esquisse l'idée du rapport entre toutes les hérésies et la personne du Christ) ; II, p. 287 ; V. p. 283-284, repris en partie E.M., p. 402. Voir un commentaire, un peu trop restrictif, de J. Truchet, *La prédication...*, t. II, p. 14, n. 3.

(378) O. O., I, p. 189.

La méditation théologique est toujours associée à une vision réaliste des sentiments et des souffrances de Jésus, à une contemplation de son Humanité : c'est à travers des « actions » que Jésus parle, et « les anciens Pères, parlant des actions de cet homme-Dieu, les ont appelées opérations théandriques, c'est-à-dire opérations mêlées du divin et de l'humain, opérations divines et humaines tout ensemble, humaines par leur nature, divines par leur principe : d'autant que le Dieu verbe s'étant rendu propre la sainte humanité de Jésus, il en considère les actions comme siennes, et ne cesse d'y faire couler une influence de grâce et de sagesse toute divine, qui les anime et qui les relève au delà de ce que nous pouvons concevoir » (379). L'humanité unie à la personne du Verbe entre pour ainsi dire dans le dynamisme trinitaire et devient « l'objet nécessaire des complaisances du Père » (380). Et au jour de l'Ascension, c'est l'humanité en tant qu'Humanité du Verbe qui est exaltée : « la divinité de Jésus, toujours immuable dans sa grandeur, n'a jamais été abaissée ; et par conséquent ce n'est pas la Divinité qui est aujourd'hui établie en gloire, car elle n'est jamais déchue de sa dignité naturelle. Cette humanité qui a été méprisée, qui a été traitée si indignement, c'est elle qui est élevée aujourd'hui : et si Jésus est couronné en ce jour illustre, c'est notre nature qui est couronnée » (381). Nous voyons à quel niveau se situe la contemplation de l'Humanité du Christ.

Partant de l'*Epître aux Hébreux,* qu'il a très souvent méditée, comme l'ont fait ses contemporains, Bossuet insiste sur la qualité de victime qu'a prise Jésus-Christ en s'incarnant (382), et c'est dans la ligne de cette méditation qu'il considère la Passion dans le célèbre sermon du Carême des Carmélites pour le Vendredi-Saint : « ... l'heure dernière étant venue, en laquelle il avait été résolu que le Fils de Dieu se mettrait en un état de victime, il suspendit aussitôt tout l'usage de sa puissance, parce que, l'état de victime étant un état de destruction, il fallait qu'il fût exposé sans force et sans résistance à quiconque méditerait de lui faire injure... » (383).

(379) O.O., I, p. 399.
(380) O.O., I, p. 85.
(381) O.O., I, p. 524.
(382) Nous insisterons peu sur ce point qui a été analysé par M. Lepin (*L'idée du sacrifice de la messe...*, 3e éd., Paris, 1926, p. 505-513) et surtout par J. Galy (*Le sacrifice dans l'Ecole française de spiritualité*, Paris, 1951) et par G. Bacon (*Les dimensions du mystère de l'Eucharistie..., op. cit.*) ; M. Lepin exagérait l'influence directe de Condren et d'Olier sur Bossuet. Voir aussi H. Bremond, *Histoire littéraire...*, t. IX, p. 129-155, qui permet de replacer dans la théologie du XVIIe siècle les développements de Bossuet.
(383) O.O., IV, p. 82-83 ; cf. O.O., I, p. 442 ; II, p. 205 ; III, p. 676 ;

La façon dont Bossuet conçoit le sacrifice est la destruction (384), comme d'une chair détruite par le feu ou une viande mangée : « il faut que le sacrifice soit entier ; il faut que l'holocauste soit parfait, qu'il soit jeté au feu, entièrement brûlé, détruit et consumé, pour être agréable à Dieu » (385). Ces réflexions sur le sacrifice ne sont pas fort originales dans la seconde moitié du XVIIe siècle : de Condren à Quesnel, nombre de théologiens les ont pour ainsi dire fait passer dans le domaine public et il n'est pas indispensable de penser que Bossuet a lu leurs œuvres.

Bossuet ne s'en tient pas au plan de la théologie : il fonde sur elle une spiritualité de l'imitation de Jésus-Christ victime (386) et il voit dans la qualité de victime l'esprit même du sacerdoce qu'ont possédé éminemment Thomas de Cantorbéry, Charles Borromée et le P. Bourgoing (387).

Ce qui est plus significatif encore, c'est le caractère « réaliste » (plutôt que « sensible ») de la contemplation de Bossuet ; il ne cède jamais à l'abstraction, il prêche plusieurs fois sur la Croix (388), et l'Invention de la sainte Croix n'est pas pour lui une « histoire douteuse » (389) ; le crucifix qu'il contemple (390), devant lequel il

---

IV, p. 152 et de nombreux textes du temps de l'épiscopat cités dans notre *Bossuet,* p. 93. « Suspension étrange de la puissance du Fils de Dieu » (O.O., IV, p. 83), « étrange abandonnement de cette victime dévouée » (O.O., IV, p. 84) tel est l'état de Jésus qui se met à la place de toutes les victimes anciennes et se substitue à elles pour devenir la seule victime à offrir à Dieu (LT, XXIV, p. 463) : il est « pontife et hostie tout ensemble de la nouvelle alliance » (O.O., IV, p. 153). Voir aussi un commentaire du ch. IX de l'*Epître aux Hébreux* sur l'entrée du prêtre dans le sanctuaire, O.O., I, p. 531 et suiv., et aussi O.O., I, p. 145.

(384) O.O., III, p. 566, et O.O., IV, p. 83, cité à la note précédente.

(385) O.O., VI, p. 281.

(386) O.O., II, p. 576-577 ; IV, p. 664 ; VI, p .540 ; et, dans la correspondance, des commentaires de l'*Epître aux Hébreux :* C.B., VI, p. 208, 321.

(387) O.O., II, p. 577 : « ...ceux qui sont appelés aux fonctions sacrées, [...] ne participent pas comme ils doivent au sacerdoce de Jésus-Christ, s'ils ne tâchent à lui ressembler en qualité de victimes... » ; O.O., IV, p. 405 ; V, p. 433.

(388) Rappelons aussi la controverse sur l'adoration de la croix, C.B., IV, p. 191 et suiv. Voir, sur le signe de la Croix et sur la prière les bras en croix, O.O., I, p. 114.

(389) O.O., I, p. 274 ; cf. LT, XXIV, p. 340.

(390) Dans les *Méditations :* « Viens, chrétien, à ton crucifix... » (LT, VI, p. 20). Un très beau Christ de Girardon qui aurait appartenu à Bossuet a été exposé en 1955 à l'Hôtel de Rohan, *Bossuet et l'histoire,* Catalogue de l'exposition, n° 320 ; l'art de ce sculpteur, contemporain de Bossuet, nous aide dans sa « perfection calme » (B. Teyssèdre, *L'art au siècle de Louis XIV,* Paris, 1967, p. 303) et son pathétique réfléchi, à comprendre la qualité du sentiment de l'orateur ; le Christ de Girardon a les yeux levés vers son Père, cherche moins à attendrir sur ses souffrances celui qui le contemple qu'à rendre sensible le caractère sacri-

se prosterne toujours avant de monter en chaire (391), qu'il désigne du doigt à ses auditeurs (392), lui rappelle la réalité « humaine » du sacrifice du Christ (393).

S'agit-il de la faire comprendre à ceux qui l'écoutent, l'orateur fait appel à leur expérience, peu exceptionnelle, des exécutions publiques (394), et il évoque le corps déchiré par le supplice le plus effroyable, « longue mort, par laquelle la vie est arrachée peu à peu avec une violence incroyable, pendant qu'une nudité ignominieuse expose le pauvre supplicié à la risée des spectateurs inhumains » (395), toutes les parties de ce corps, yeux, bouche, mains, cœur, chacune lieu « de quelque supplice exquis » (396).

Or si Bossuet décrit la face ensanglantée, c'est pour remarquer qu'à travers tant de nuages apparaît quelque rayon de la grandeur et que sa « douleur a de la dignité » (397) ; quelques années plus tôt l'orateur était encore plus précis en évoquant la beauté du Sauveur dont les délicats détournent la vue, mais qu'admirent les croyants : « ... quoique ces membres cruellement déchirés et cette pauvre chair écorchée fasse presque soulever le cœur de ceux qui approchent de lui [...], toutefois c'est dans ces linéaments effacés, c'est dans ces yeux meurtris, c'est dans ce visage qui fait horreur, que je découvre les traits d'une incomparable beauté. Sa douleur a non seulement de la dignité, elle a de la grâce et de l'agrément » (398). Et le Vendredi-Saint, pour le Carême des Carmélites, Bossuet fait surgir devant ses auditeurs la figure de l'homme de douleurs (399) : « Contemplez Jésus à la croix : voyez tous ses

---

ficiel de son supplice : un texte de saint François de Sales cité par E. Mâle (*L'art religieux après le concile de Trente,* Paris, 1932, p. 278) correspond parfaitement à son attitude : « Il souffre extérieurement avec un grand silence ; les yeux doux et bénins regardent parfois au ciel dans le sein de la miséricorde du Père. Sa bouche n'est ouverte que pour jeter des soupirs de douceur et de patience. »

(391) Ledieu, *Mémoires,* t. I, p. 118.

(392) O.O., I, p. 112 ; il lui arrivera de prêcher, au cours d'une visite, le crucifix à la main : R.B., 1901, p. 30.

(393) Cf. aussi le commentaire de *Gal.* II, 19 : O.O., I, p. 403-404.

(394) O.O., I, p. 111.

(395) O.O., I, p. 427.

(396) O.O., I, p. 115.

(397) O.O., II, p. 143. La notion de « dignité » de la figure du Christ est très importante ; c'est un des traits par lesquels Bossuet est en parfait accord avec la sensibilité religieuse de son temps ; voir quelques notes dans notre article, *Bossuet et la pauvreté, Recherches et Débats,* n° 49, décembre 1964, p. 68-69.

(398) O.O., I, p. 267.

(399) Voir aussi le Vendredi Saint du Carême des Minimes, O.O., III, p. 380 et suiv. (« cet amas terrible de maux inouïs... Contemplez cette face, autrefois les délices, maintenant l'horreur des yeux ; regardez cet homme que Pilate vous présente... », O.O., III, p. 380-381), et celui du

membres brisés et rompus par une suspension violente ; considérez cet homme de douleurs qui, ayant les mains et les pieds percés, ne se soutient plus que sur ses blessures et tire ses mains déchirées de tout le poids de son corps affaissé et abattu, et par la perte du sang, et par un travail incroyable » (400).

Bossuet n'hésite donc pas à développer le « mystère de douleurs », mais dans la même page nous remarquons que ce qui le frappe le plus, ce qui lui paraît le plus cruel et le plus infâme, c'est l'opprobre et l'ignominie (401) ; il y a une sorte de hiérarchie dans la Passion, les supplices moraux, la dérision, sont pires que les supplices physiques, sont « la principale partie de sa Passion » (402).

L'attitude de Bossuet devant le crucifié résulte donc d'un équilibre entre la tension sensible, qui se traduit dans le style, et la réflexion théologique sur la Passion. Le sang de Jésus est évoqué en des termes qui nous semblent aujourd'hui à peine supportables mais qui étaient en ce temps peu surprenants et même assez discrets si nous les comparons à ceux qu'employaient les contemporains de Bossuet ; sur la croix le sang ruisselle à grosses gouttes, à gros bouillons (403), ce sang tout vif et tout chaud (404) qui coule des blessures « toutes fraîches et toutes vermeilles » que baisait saint Bernard (405). Mais, paradoxe de la croix, cette mort est

---

Carême du Louvre, O.O., IV, p. 380 et suiv. Cf. encore LT, V, p. 349 : « O tête couronnée d'épines, ô visage défiguré, yeux cruellement meurtris, chair de mon Sauveur toute déchirée par les coups de fouet ! ô plaies que l'amour a ouvertes ! ô sang que la miséricorde a répandu ! vous êtes ma vie, mon salut et tout l'appui de mon espérance. Que je sois votre victime, ô Jésus, ainsi que vous êtes la mienne » ; cette belle prière inspirée du *Salve caput cruentatum,* attribué à saint Bernard, est parallèle à l'admirable cantique de Paul Gerhardt *O Haupt voll Blut und Wunden* (*Dichtungen und Schriften,* hrsgb. von E. von Cranach-Sichart, Zug, 1957, p. 69), et au delà des frontières linguistiques et confessionnelles traduit la commune dévotion des hommes du XVIIe siècle à l'Humanité du Christ. Il y a chez Bossuet un autre *Ecce Homo :* T.C., p. 95.

(400) O.O., IV, p. 85-86.

(401) O.O., IV, p. 86.

(402) O.O., IV, p. 88.

(403) O.O., I, p. 87, 91, 179, 207 ; II, p. 239, 312 ; III, p. 382 ; IV, p. 51, 62 ; E.M., p. 348.

(404) O.O., II, p. 205.

(405) O.O., I, p. 402. Cf. O.O., III, p. 382 : « O plaies, que je vous adore ! flétrissures sacrées, que je vous baise ! ô sang qui découlez soit de la tête percée, soit des yeux meurtris, soit de tout le corps déchiré, ô sang précieux, que je vous recueille !... qu'il soit sur nous pour notre salut ; que je me lave de ce sang ; que je sois tout couvert de ce sang ; que le vermeil de ce beau sang empêche mes crimes de paraître devant la justice divine !

« Il n'est pas temps encore de se plonger dans ce bain salutaire ; et il faut que le sang du divin Jésus coule pour cela à plus gros bouillons. Allons à la croix, Chrétiens ; c'est là où nous pourrons nous plonger dans un déluge du sang de Jésus ; c'est là que tous les ruisseaux sont

la « plus délicieuse pensée » (406) que Jésus avait durant le cours de sa vie ; « ce goût, ce plaisir ineffable qu'il ressentait dans la considération de maux si pénibles et si étranges » (407) le poussaient à appeler cette heure. Un sermon du Carême des Carmélites, sur les souffrances, ira encore plus loin et parlera des délices de Jésus-Christ qui sont ses souffrances, du plaisir d'endurer, de l'avidité de douleurs, de l'appétit de tourments, de la volupté de souffrir : les souffrances de la Passion sont intégrées dans « la loi des souffrances » (408) ; il ne s'agit pas d'un mal nécessaire mais d'un bien désirable. Nous sommes au delà de toutes les émotions de la sensibilité.

IV) L'Eglise.

Une des lignes de force de la spiritualité de Bossuet est la méditation aimante du mystère de l'Eglise. La thèse de mineure ordinaire que soutient en 1651 le jeune étudiant de Navarre le montre déjà en possession de sa doctrine (409) : une théologie de l'Eglise s'y fait jour, contemplation du mystère appuyée sur les Pères (410), méthode non pas scolastique mais positive. L'Eglise est une et diverse, deux caractères qui se complètent sans se détruire ; Bossuet s'en enchante déjà et l'admire, il reprend les images bibliques, devine la force de l'Esprit-Saint à travers le corps, du mouvement qui conduit des fidèles aux pasteurs et jusqu'au siège de Pierre.

Les œuvres oratoires de cette époque témoignent des mêmes préoccupations et constituent un ensemble où les idées du jeune homme se précisent peu à peu et s'élaborent. La thèse de 1651 était plus juridique que spirituelle ; les sermons montrent qu'il n'y a pas rupture entre la théologie et la spiritualité. Au départ nous découvrons le mystère de la Trinité, fondement de la spiritua-

---

lâchés, et se débordent si violemment qu'ils laissent enfin la source tarie. Allons donc à la croix... ». Il est indispensable pour apprécier correctement ces textes de les rapprocher des œuvres de la spiritualité la plus commune au XVIIe siècle, et des manifestations de la piété populaire ; il n'y a pas pour la France l'équivalent du travail de G. Wagner pour la Westphalie (*Barockzeitlicher Passionskult in Westfalen*, Munster 1967) ; voir de minces renseignements dans D.S., t. II, c. 2595 et suiv.

(406) O.O., I, p. 206.

(407) O.O., I, p. 207.

(408) O.O., IV, p. 60 ; cf. J. Truchet, *La prédication...*, t. I, p. 360-361.

(409) Nous renvoyons aux excellentes pages de A.-G. Martimort, *Le gallicanisme de Bossuet*, p. 175 et suiv.

(410) Voir aussi R.B., 1900, p. 15 et suiv. : nombreuses remarques sur la lecture des Pères du point de vue de la discipline, de la police, des coutumes de l'Eglise.

lité ecclésiale. En 1654 un sermon pour la vêture d'une Nouvelle Catholique présente le mystère de l'Eglise comme une communication de lumière : « Dieu est une pure et incompréhensible lumière, de laquelle toute autre lumière prend son origine » (411) ; Dieu est le Père des lumières (412), et de lui est venu le Fils « véritable et universelle lumière *qui illumine* par ses clartés *tout homme venant au monde* » (413). A son tour le Fils communique aux apôtres sa lumière, et leur dit : « Vous êtes la lumière du monde : *Vos estis lux mundi ;* parce qu'étant éclairés des lumières de ce bon Pasteur par l'infusion de son Saint-Esprit, ils ont eux-mêmes communiqué la lumière aux peuples errants, comme l'a dit saint Paul écrivant aux Ephésiens : *Vous étiez autrefois ténèbres ; mais vous êtes maintenant lumière en Notre Seigneur* » (414). Au début la lumière s'est répandue sur peu d'hommes, puis elle a gagné toute la terre sans que la « première et originelle lumière » se soit divisée : « cette lumière a été étendue, elle n'a pas été divisée » (415), et l'orateur termine son mouvement par un texte de saint Cyprien qui reprend les images lumineuses : « L'Eglise éclairée par le Sauveur Jésus, qui est son véritable soleil [...], bien qu'elle répande ses rayons par toute la terre, n'a qu'une lumière, qui se communique partout » (416), et par cette belle définition de l'Eglise : « le lieu sacré dans lequel Jésus-Christ renferme le trésor des lumières célestes » (417).

Présenter ainsi le mystère de l'Eglise, c'est montrer la continuité d'illumination entre la Trinité et les membres de l'Eglise, c'est faire du dynamisme trinitaire le fondement de l'unité et des communications de la grâce. Nous reconnaissons une interprétation des textes bibliques qui était celle de Denys et des théologiens marqués par le platonisme (418), et qui eut une exceptionnelle fortune à partir de la Renaissance, de Ficin à Bérulle (419) et à Yves de

---

(411) O.O., I, p. 487, cf. *1 Jean* I, 5 ; quelques mois plus tard les métaphores lumineuses seront exclues de la reprise de ce passage, O.O., I, p. 589.

(412) Cf. *supra*, p. 133.

(413) O.O., I, p. 487, cf. *Jean* I, 9.

(414) O.O., I, p. 487-488, cf. *Math.* V, 14 ; *Eph.* V, 8.

(415) O.O., I, p. 488.

(416) *ibid.* ; cf. aussi O.O., I, p. 23-24, commenté *supra*, p. 131.

(417) O.O., I, p. 488.

(418) Cf. Espinas, dans *Revue de métaphysique et de morale*, 1906, p. 282, n. 1 sur les métaphores lumineuses signe de platonisme. Voir *supra*, p. 131-134 ; et Denys, *Hier. cel.*, éd. Sources chrétiennes, p. 70 et suiv. et n.

(419) Cf. *supra*, p. 98 ; J. Dagens, *Bérulle...*, p. 281, 294-295. Dans les *Exercices* attribués à Tauler, que Bossuet approuvera, se trouve (éd. 1682, p. 189 et suiv.) une *Prière à Dieu pour être éclairé dans l'âme* qui

Paris (420) ; mais Bossuet remonte jusqu'à la source, la Bible et les Pères les plus anciens, Athanase, Grégoire de Nazianze, Cyprien ; qu'il ait reçu du platonisme une orientation intellectuelle et une sensibilité à certaines images, c'est indéniable (421), mais il ne s'intéresse vraiment qu'aux thèmes traités par les Pères.

C'est le mouvement que nous retrouvons dans le beau sermon de 1655 sur le mystère de la Trinité : l'orateur y montre que l'unité et la diversité qui apparaissent dans l'Eglise ont leur modèle et leur cause première dans la Trinité et se fondent sur le mystère même de Dieu. La méthode de Bossuet est « descendante », il part de la réalité incréée pour définir la réalité créée (422) et avant de réfléchir sur la situation temporelle de l'Eglise il médite sur sa réalité surnaturelle, sur le mystère.

« ... Nous verrons le vrai Fils de Dieu sortant éternellement du sein de son Père et demeurant éternellement dans le sein du Père, [...] nous verrons le Saint-Esprit, ce torrent de flamme, procéder des embrassements mutuels que se donnent le Père et le Fils, ou plutôt qui est lui-même l'embrassement, l'amour et le baiser du Père et du Fils » (423). Le Père est source et « fontaine de divinité, ainsi que parlent les Pères grecs » (424), « un trésor de vie et d'intelligence [...] où le Fils et le Saint-Esprit ne cessent jamais de puiser » ; contemplant ses propres richesses, il produit son Verbe qui est son image, et « du Père qui est le trésor, et du Fils qui est la raison et l'intelligence, procède cet Esprit infini, qui

---

rassemble un certain nombre de thèmes lumineux interprétés dans un sens ascétique.

(420) Ch. Chesneau, *Yves de Paris,* t. II, p. 235-236.

(421) Sur sa lecture de Platon, voir le beau travail de Th. Goyet, *Bossuet, Platon et Aristote.*

(422) Une fois établis ces fondements théologiques, l'ecclésiologie sera ascendante : du peuple chrétien au pasteur suprême centre de convergence de l'unité de l'Eglise (A.-G. Martimort, *Le gallicanisme...,* op. cit., p. 179).

(423) O.O., II, p. 48-49 ; nombre sans division, unité sans confusion, cf. *supra,* p. 97, et le texte de saint Augustin (cité O.O., II, p. 57) : « *Quia tres sunt, tanquam est numerus ; si quæris quid tres, non est numerus* » (*In Joan. tract.* XXXIX, n. 4).

(424) O.O., II, p. 51, cf. Athanase, *Ep. de Synod.* n. 41-42 ; Greg .Naz. *orat.* XLV, n. 5. Il faut ajouter à ces références que suggère Lebarq celle qui est peut-être la plus importante : Denys ; cf. Bérulle, *De l'état et des grandeurs de Jésus,* VI, 2, *Œuvres,* éd. 1644, p. 246 : « En la Trinité le Père est considéré comme une Déité fontale (pour parler avec celui qu'on nomme l'Apôtre de la France)... » En effet, Athanase (P.G. XXVI, c. 766) ne parle que de « fontaine de sagesse et de vie » ; cf. O.O., II, p. 178 (Dieu « fontaine de vie ») ; III, p. 95-96, 393. Plus tard les supérieurs seront appelés « fontaines publiques », lointain écho d'un thème dionysien puis bérullien (O.O., VI, p. 248). Cf. encore *supra,* p. 99 et *infra,* p. 273.

est l'amour de l'un et de l'autre, et le terme de l'opération de l'un et de l'autre » (425).

Insistant ainsi sur les « opérations » trinitaires, Bossuet met bien en valeur le dynamisme de ces relations : ce n'est pas une simple description d'essences (426), et par le dynamisme de ces opérations est assuré le mouvement vers l'unité dans la diversité, qui est le mouvement de l'Eglise.

La Trinité se révèle à l'homme par des images, reflets d'elle-même et révélation de la nature profonde des réalités qui en dépendent. Une première image apparaît dans la création de l'homme et au cours de sa vie Bossuet la commentera souvent : suivant Tertullien, les mots *Faciamus hominem* de la *Genèse* (427) nous enseignent que dans la création de l'homme la Trinité intervient toute entière et que chaque Personne joue un rôle selon ses appropriations (428). Une trace subsiste en l'homme de cette triple intervention et le philosophe la découvre en réfléchissant sur la structure de l'âme (429) : mémoire, pensée, amour (430) ; être, intelligence, amour (431). Certes l'image divine a été obscurcie, mais l'imposition d'une nouvelle image permet de restaurer la ressemblance originelle ; cette seconde création, qui est le baptême, fait intervenir, comme la première, chacune des trois Personnes (432). Tout homme, tout baptisé est image de la Trinité par qui il a été créé, au nom de qui il a été recréé (433).

---

(425) O.O., II, p. 51.

(426) Cf. O.O., II, p. 59 : « Celui qui lui [au Fils] communique son essence, lui communique aussi son opération ».

(427) *Gen.* I, 26, O.O., II, p. 50, cf. p. 232. Voir sur ce thème, *infra*, p. 294.

(428) « Chacune de ces trois personnes doit en quelque sorte contribuer quelque chose de ce qu'elle a de propre pour l'accomplissement d'un si grand ouvrage », O.O., II, p. 50.

(429) Cf. J. Truchet, *La prédication..., op. cit.*, t. I, p. 107, et n. 3 ; et voir *infra*, p. 297.

(430) O.O., II, p. 51.

(431) O.O., II, p. 53. Ces tripartitions que Bossuet reprend aux Pères grecs et à saint Augustin ne sont pas originales au XVIIe siècle.

(432) O.O., II, p. 52. Sur les deux créations, cf. *infra*, p. 299.

(433) En 1666, Bossuet définira le baptême comme « le mystère d'illumination » (O.O., V, p. 146), après l'Apôtre (*Hébr.* VI, 4) et « toute l'Antiquité » : derrière cette formule se trouve Denys qui appelle constamment le baptême « illumination » et les baptisés « illuminés » (*Hier. eccl.*, ch. II, 392 A - 397 A ; ch. III, 425 A). Nous avons conservé les notes prises par Bossuet sur le ch. II de la *Hiérarchie ecclésiastique* : « *Illuminatio sive baptismus...* » (B.N., Rothschild, Bossuet, n° 330) : Bossuet note la significative expression de Denys définissant l'opération du baptême : « τοῦ εἶναι θείως ἡμᾶς » ; il y a aussi d'assez nombreuses notes sur les cérémonies du baptême, sur les combats et les récompenses auxquels, comme un athlète, se prépare le baptisé (cf. ch. II, § 6 et suiv.).

Il y a sur terre une meilleure image de la Trinité, qui est en même temps le moyen par lequel la Trinité se manifeste aux hommes : l'Eglise. S'appuyant sur des textes bien connus de saint Jean (434), l'orateur se plaît à découvrir en l'Eglise une unité profonde derrière la multiplicité apparente, l'unité dont l'origine est l'Esprit de Dieu : « ... afin qu'il ne fût pas permis de douter que cette mystérieuse unité, qui doit assembler le corps de l'Eglise, ne fût l'image de cette unité ineffable qui associe les trois personnes divines, Jésus-Christ l'explique en ces mots : *qu'ils soient un,* dit-il, *comme nous...* » (435). Si l'unité de l'Eglise se fonde dans la société des personnes divines, cette unité est, en un sens, plus élevée que celle qui apparaît dans les hiérarchies célestes (436) : dans ces dernières, la Trinité n'apparaît pas directement (437).

Le sermon sur la Trinité se développe alors en un sermon sur l'Eglise car une exacte correspondance unit les deux réalités : la Trinité est le modèle de l'Eglise, l'Eglise doit sans cesse se façonner sur ce modèle, les fidèles doivent prendre conscience de ce qu'ils sont et conformer leurs sentiments et leurs actes à cette réalité : le mouvement de la spiritualité de Bossuet que nous avons appelé « théologique », et qui est profondément augustinien, apparaît encore (438).

L'Eglise terrestre a pour mission de représenter la génération éternelle du Verbe (439) ; comme le Père engendre en lui-même le Fils (440), elle engendre en elle-même les fidèles, se les incorporant :

---

(434) *Jean* XVII, 11 et 21-22.

(435) O.O., II, p. 53. Bossuet reprendra cette idée dans l'oraison funèbre du P. Bourgoing (O.O., IV, p. 413). A rapprocher des beaux développements de Bérulle dans *De l'état et des grandeurs de Jésus, Discours* III et IV.

(436) En 1686 (O.O., VI, p. 353), « la sainte subordination des puissances ecclésiastiques » apparaîtra comme « image des célestes hiérarchies et lien de notre unité », mais il s'agit alors de l'aspect institutionnel de l'Eglise et non pas de sa réalité essentielle : cette réalité est supérieure en dignité à la hiérarchie ecclésiastique ; on a reconnu les thèmes dionysiens qui informent la réflexion de Bossuet. A rapprocher du thème de la supériorité des fonctions sacerdotales sur les fonctions angéliques : P. Cochois, dans R.A.M., 1961, p. 345, n. 79.

(437) O.O., II, p. 53.

(438) Ce mouvement est à rapprocher de la façon dont Bérulle présente la mission des pasteurs dans son *Discours de controverse* qui porte ce titre (*Œuvres,* éd. 1644, p. 65), mais Bérulle insiste beaucoup plus que Bossuet sur le lien qui unit procession et mission ; cf. J. Dagens, *Bérulle...,* p. 238.

(439) O.O., II, p. 53-57.

(440) « ...Et d'autant que la nature divine ne peut être ni séparée ni distraite, si le Fils sortait hors du Père, s'il était produit hors de lui, jamais il ne recevrait son essence, et il perdrait le titre de fils : de sorte que, afin qu'il soit fils, il faut que son père l'engendre en lui-même » (O.O., II, p. 55).

« Engendrer, c'est incorporer ; engendrer vos enfants, ce n'est pas les produire au dehors de vous ; c'est en faire un même corps avec vous. Et comme le Père engendrant son Fils le fait un même Dieu avec lui ; ainsi les enfants que vous engendrez, vous les faites ce que vous êtes, en formant Jésus-Christ en eux » (441). L'Eglise peut ainsi se répandre et se multiplier par toute la terre, jamais elle ne se divise, et, comme Marie qui en est la figure (442), elle est à la fois vierge et mère : Marie enfante le Fils de Dieu par nature, et l'Eglise par adoption, mais l'une et l'autre enfantent à l'image de la génération éternelle du Verbe, par « une fécondité divine » (443).

Devant ces mystères, Bossuet se laisse aller à un transport d'admiration ; étonnement et amour s'unissent en un acte qui est chez Bossuet une des démarches intimes de la spiritualité : « O Dieu ! mon esprit se confond ; je me perds, je m'abîme dans cet océan ; mes yeux faibles et languissants ne peuvent plus supporter un si grand éclat... » (444).

L'image de la Trinité s'inscrit dans l'Eglise de façon encore plus précise. Le Fils et l'Esprit reçoivent du Père son intelligence, c'est-

---

(441) O.O., II, p. 56-57 ; développements plus amples. O.O., IV, p. 414. Voir une note de Bossuet qui peut dater de cette époque : « Engendrer, à l'Eglise, c'est recevoir ses enfants dans ses entrailles ; leur mort est d'en sortir » (O.O., VI, p. 654, B.N. Rothschild, Bossuet, n° 308) ; voir encore un texte analogue : C.B., I, p. 71. C'est un thème bérullien : *De l'état et des grandeurs de Jésus,* X, 2, *Œuvres,* éd. 1644, p. 324-325 : l'Eglise engendre ses enfants de la façon dont le Père engendre éternellement le Verbe, en soi-même. Mais Bossuet, comme Bérulle, s'inspire de saint Augustin : H. de Lubac, *La Foi chrétienne,* Paris, 1969, p. 198.

(442) Cf. O.O., I, p. 587 ; II, p. 202 et suiv.

(443) O.O., II, p. 207. Il faut comparer cette doctrine avec le *Projet pour l'établissement d'un séminaire dans un diocèse,* présenté par M. Olier à l'Assemblée du clergé en 1651, M. Faillon, *Vie de M. Olier,* Paris 1873, t. III, p. 551-574 (et cf. P. Broutin, *La réforme pastorale...,* t. II, p. 251), surtout M. Faillon, p. 571 : « De même que Dieu engendre son Fils en soi en qualité de Père, et le porte encore en son sein comme s'il était sa Mère, le nourrissant de la même substance dont il l'a engendré, il en est ainsi des Prélats qui, comme Pères divins dans l'Eglise, engendrent en leur sein des enfants, et, comme Mères, les nourrissent de la fécondité de leur vie divine ». Toute influence directe sur Bossuet ne peut être exclue, mais, à moins que Bérulle ne soit la source commune d'Olier et de Bossuet, l'un et l'autre remontent à Denys, ou plutôt respirent la même atmosphère théologique : le dionysisme est au XVIIe siècle le caractère le plus constant de la théologie de l'Eglise : voir entre autres, A. Godeau, *Traité des séminaires,* p. 17-23, 28 et suiv. (cité par P. Broutin, *op. cit.,* t. II, p. 454-455) ; et P. Cochois dans R.A.M., 1961, p. 326, sur la place de Denys dans la spiritualité sacerdotale et la tradition pastorale au XVIIe siècle. Cf. aussi *Oratoriana,* mai 1969, p. 18-19, et M. Dupuy, *Bérulle et le sacerdoce,* Paris, 1969, p. 69-70.

(444) O.O., II, p. 56 ; mêmes transports d'admiration, O.O., II, p. 203 et suiv.

à-dire un enseignement (445), car engendrer et enseigner, en Dieu, sont choses semblables. La parfaite communication de la science est fondement de l'union du Fils et de l'Esprit. Les fidèles peuvent-ils eux aussi être unis dans la vie de l'intelligence ? Qu'ils regardent les esprits bienheureux (446) : leur lumière c'est le Verbe, « mais ce Verbe n'est pas une lumière qui soit allumée hors de leurs esprits ; c'est une lumière infinie qui luit intérieurement en leurs âmes. En cette lumière, ils y voient le Fils, parce que cette lumière, c'est le Fils même ; en cette lumière, ils y voient le Père, parce que c'est la splendeur du Père... » (447) : il faudrait citer toute cette belle page, paraphrase du verset de psaume (448), si souvent commenté par les théologiens et les spirituels : *In lumine tuo videbimus lumen ;* les bienheureux se contemplent eux-mêmes, ils voient les idées vivantes, les raisons des choses créées, « la multitude dans l'unité même, le visible dans l'invisible, la diversité des effets dans la cause infiniment abondante qui les a tirés du néant... », « O vue, ô vie, ô félicité ! » (449).

En un mouvement qui lui est familier, Bossuet redescend des bienheureux à l'homme : de même que la vie des bienheureux est image de la vie trinitaire, de même la vie de l'Eglise terrestre est image de réalités plus hautes. Le Verbe luit aussi dans le cœur de l'homme : lorsque l'Eglise enseigne par la voix de ses orateurs, c'est le Verbe qui parle et qui d'autre façon assure l'unité de son Eglise : « Si vous l'entendez, vous vivez, et vous vivez en ce même Verbe dans lequel les bienheureux vivent ; vous vivez en lui, vous vivez de lui, et vous vivez tous d'une même vie, parce que vous buvez tous ensemble à la même source de vie. O sainte unité des fidèles !... » (450).

Cette « admirable doctrine » serait stérile si l'Esprit ne venait insuffler la charité dans le cœur de l'homme : le Saint-Esprit,

---

(445) Ceux qui enseignent font passer « les lumières que Dieu leur donne dans l'esprit de leurs auditeurs » (O.O., II, p. 59), ils « doivent se rencontrer ensemble et s'unir dans la participation des mêmes lumières » (*ibid*) : le vocabulaire dionysien est devenu d'usage courant. Sur ces aspects pédagogiques, cf. *supra,* p. 147.

(446) Les « esprits bienheureux » désignent-ils les anges ou les élus ? ailleurs l'expression désigne les anges (O.O., I, p. 252 ; II, p. 67) comme « esprits célestes » (O.O., II, p. 67, 68) et « bienheureuses intelligences » (O.O., II, p. 68) ; mais ici l'expression est ambiguë ; en LT, XIII, p. 165-166, les « bienheureux esprits » sont les saints.

(447) O.O., II, p. 61.

(448) *Ps.* XXXV, 10.

(449) O.O., II, p. 61.

(450) O.O., II, p. 62. Sur « source de vie », cf. *infra,* p. 273.

« amour pur, qui ne souffre aucun mélange terrestre » (451), amour « infiniment désintéressé » (452), est la source de l'amour qui scelle l'unité de l'Eglise et le modèle de la charité qui doit régner entre les fidèles ; nous percevons la double valeur de cette théologie de l'image et du « modèle » (453) : le modèle éternel est non seulement l'exemplaire, mais aussi le soutien essentiel de toute réalité créée : l'unité des fidèles se modèle sur celle de Dieu, et seule l'unité de Dieu rend possible et réelle la leur (454).

Ce double mouvement de la théologie de Bossuet témoigne de l'importance de la méditation, non seulement de saint Paul, mais aussi du Pseudo-Denys : nous avons des preuves d'une lecture de ce Père bien avant que la querelle du quiétisme n'oblige Bossuet à examiner de près ses œuvres. Dès 1657 nous trouvons une allusion à Denys « le plus savant » des « sénateurs » d'Athènes, dans le panégyrique de saint Paul (455), mais c'est encore peu de choses. Un peu plus tard, dans les années 1660, Bossuet lut la *Hiérarchie ecclésiastique :* les notes qu'il prit alors sont conservées en partie (456) ; elles révèlent des préoccupations essentiellement ecclésiologiques et doivent avoir été prises en vue de la controverse avec les protestants, mais la richesse des formules qui sont notées dépasse l'intérêt immédiat d'une ecclésiologie de controverse ; ainsi sur les devoirs des prêtres : « *consecrari et consecrare, illustrari et illustrare, perfici et perficere* » (457), sur le caractère du hiérarque :

---

(451) O.O., II, p. 62.

(452) O.O., II, p. 63.

(453) *ibid. :* « Il nous donne pour modèle de notre unité l'unité même du Père et du Fils. »

(454) Bossuet établit de la même façon la société de l'homme et de l'ange parce que les uns et les autres s'unissent à Dieu : « Ceux qui puisent dans les ruisseaux et qui aiment les créatures, se partagent en des soins contraires et divisent leurs affections. Mais ceux qui vont à la source même, au principe de tous les êtres, c'est-à-dire au souverain bien, se trouvant tous en cette unité et se rassemblant à ce centre, ils y prennent un esprit de paix et un saint amour les uns pour les autres » (O.O., III, p. 95-96) : c'est parce que les hommes sont faits pour jouir de Dieu qu'ils ne composent qu'un même peuple et un même empire. Nous avons rencontré les mêmes métaphores à maintes reprises dans le cadre d'une théologie de hiérarchie et de participation. Bossuet y reviendra en commentant *Jean* XVII, 23 dans les *Prières ecclésiastiques* (LT, V, p. 354).

(455) O.O., II, p. 326.

(456) B.N. Rothschild, Bossuet, n° 330 : nous avons une feuille qui correspond aux chapitres I à IV ; une seconde feuille correspondant aux chapitres suivants est perdue. Bossuet utilise l'édition du grand érudit Cordier (Anvers 1634. Cf. Moréri, s. v. *Corder ;* A. Rébelliau, *Bossuet historien du protestantisme,* p. 96 ; Bibliothèque de Bossuet, catal. 1742, n° 54).

(457) Ch. I, § 1 ; cf. traduction de Gandillac, p. 246.

« τὸν ἔνθεόν τε καὶ θεῖον ἄνδρα » (458), sur la Trinité source de la hiérarchie, sur la déification nécessaire au salut (459), sur la connaissance de Dieu seul dans les êtres, qui les rend véritablement être (460), sur l'Eucharistie (461) ; Bossuet se doute-t-il que toute une conception des rapports de l'homme avec Dieu et avec le monde, qu'une spiritualité et une mystique peuvent prendre appui sur ces affirmations de l'Aréopagite ?

Toujours sans méfiance, il n'hésite pas à citer la *Hiérarchie ecclésiastique* en 1664 dans le panégyrique de saint Sulpice : « On reçoit le Saint-Esprit dans le saint baptême, dans une certaine mesure ; mais on en reçoit la plénitude dans l'ordination sacrée, et c'est ce que signifie l'imposition des mains de l'évêque. Car, comme dit le grand Aréopagite, ce que fait le pontife mû de Dieu, animé de Dieu, c'est l'image de ce que Dieu fait d'une manière plus forte et plus pénétrante » (462). Bossuet tire donc des écrits dionysiens une ecclésiologie de grande profondeur, mais il ne va pas jusqu'aux conséquences pour la spiritualité.

Les caractères de cette ecclésiologie sont particulièrement sensibles dans deux textes non datés, adressés à des religieuses : une esquisse sur l'Eglise, probablement assez ancienne (463), et la IVe lettre à une demoiselle de Metz. Nous trouvons dans l'une et

---

(458) Ch. I, § 3 ; trad. cit. p. 248.

(459) « *Salus fieri nequit* μὴ θεουμένων τῶν σωζομένων. Ἡ δὲ θέωσις ἐστιν ἡ πρὸς θεὸν ὡς ἐφικτὸν ἀφομοιωσίς τε καὶ ἕνωσις. *Porro hierarchiae vis continuæ ac perennis dei divinorumque caritas* ἐνθέως τε καὶ ἑνιαίως *divine et conjuncte...* » (Ch. I, § 3 ; trad. cit. p. 248).

(460) « Il a dit < cy dessus > plus [*sic*, il doit manquer : « haut »] que c'est une approche des intelligences célestes par l'imitation de leur fermeté. καὶ ἡ γνῶσις τῶν ὄντων ᾗ ὀντά ἐστιν *et quantum fieri potest communio cum uno ipsiusque conspectis intelligibiliter nutriens deumque efficiens omnem cumque ad se convertitur* » (Ch. I, § 3 ; trad. cit. p. 249).

(461) « ἱεροτελεστικωτάτη *sacra proficiens* » (Ch. II, § 7). Toutes ces notes de lecture sont tirées de Rothschild, Bossuet, n° 330.

(462) O.O., IV, p. 541. Citation de *Hier. eccl.*, ch. V ; les notes correspondant à ce chapitre sont perdues et nous ne pouvons vérifier si ce passage y avait été relevé (ce qui préciserait la date des notes). Bossuet prend encore à son compte la thèse de l'authenticité des écrits dionysiens : c'est dans les années suivantes que son opinion évoluera, à la suite d'une lecture de Launoy qui, de 1641 à 1660, accumule les opuscules sur ce sujet (1641 : *Animadversiones in Palladium Galliæ, seu Dion. Areop. Samblancati ;* 1641 : *De Areopagiticis Hilduini judicium ;* 1660 : *Varia de duobus Dionysiis opuscula*) ou plutôt de Daillé qui fait paraître en 1666 sa *Dissertation sur Denys et saint Ignace,* ouvrage attendu depuis plusieurs années (dès 1662 Ménage l'annonce à Huet, B.N. fr. 15189, f° 53), que Bossuet si proche des milieux érudits ne pouvait ignorer. En tout cas, l'admiration pour l'auteur des *Hiérarchies* reste grande et Bossuet ne parle pas encore, comme il le fera plus tard, d' « habile inconnu » (LT XIX, p. 111 ; cf. *infra*, p. 502).

(463) O.O., VI, p. 652-655.

dans l'autre la même démarche : Bossuet médite sur le fondement surnaturel de l'Eglise avant de réfléchir sur l'attitude que les hommes doivent tenir envers elle : « Je vous montrerai d'abord ce qu'elle est à Jésus-Christ et à ses enfants ; et je vous ferai voir ensuite ce qu'elle est en elle-même dans la société de ses membres. Par le premier, vous apprendrez ce que nous lui sommes ; par le second, comment et en quel esprit nous y devons vivre » ; le caractère fragmentaire de cette esquisse met en lumière le mouvement de la pensée de Bossuet : théologie puis spiritualité, la première fondant la seconde et lui donnant sa solidité. « L'Eglise c'est Jésus-Christ, mais Jésus-Christ répandu et communiqué. Jésus-Christ est à nous en deux manières : par sa foi, qu'il nous engage ; par son Esprit, qu'il nous donne. Le nom d'épouse et celui de corps sont destinés à représenter ces deux choses. L'Eglise est mère et nourrice tout ensemble... » (464).

Une fois ces principes établis, Bossuet détermine quels sont les rapports entre la société des personnes divines et l'homme, l'attitude intérieure et les devoirs qui s'imposent à l'homme ; et l'ensemble débouche sur un grand mouvement lyrique où l'enthousiasme de l'orateur, comme dans le sermon de 1655, se donne libre cours : « ... il faut aimer sa doctrine, aimer ses cérémonies : rien à dédaigner, quand on voit que le Saint-Esprit a admiré jusqu'aux franges de son habit : *In fimbriis aureis ;* que l'Epoux a été charmé même d'un de ses cheveux. Tout ce qui est dans l'Eglise respire un saint amour, qui blesse d'un pareil trait le cœur de l'Epoux. Vous êtes membres vivants ; venez à l'Epouse ; soyez épouses. Venez à l'Epouse par la foi ; soyez épouses par l'amour... » (465). « Vous êtes », « il faut », « venez », « soyez » : de façon schématique, voilà la démarche de la spiritualité ecclésiale de Bossuet.

La IVe lettre à une demoiselle de Metz est très proche de cette esquisse : fond et forme se ressemblent (466). Cette lettre est une vaste méditation sur l'unité, et, comme le sermon de 1655, elle cherche à établir le fondement de cette unité : « L'unité de l'Eglise : son modèle est l'unité des trois divines Personnes. Jésus a dit :

(464) O.O., VI, p. 652-653.

(465) O.O., VI, p. 653-654.

(466) La comparaison entre ces deux textes est éclairante : on suit phrase à phrase le développement parallèle de la pensée : cf. sur le baptême O.O., VI, p. 652 et C.B., I, p. 62. Ce qui ne prouve pas que ces deux écrits sont contemporains (Bossuet se fait des emprunts à des dates quelquefois très éloignées), cela peut en tout cas prouver l'authenticité de la IVe lettre et nous permettre de la replacer dans le cadre des conseils donnés par Bossuet à des Nouvelles Catholiques.

Qu'ils soient un comme nous. Trois sont un dans leur essence, et par conséquent un entre eux ». Le « modèle » incréé détermine la nature et la valeur de son image : unité de Jésus-Christ avec l'Eglise (il est dans tous les membres et surtout les plus faibles), présence de la Trinité dans cette unité ; ce sont des thèmes que l'orateur a déjà développés ; mais notre lettre insiste sur l'aspect dynamique de l'Eglise qui n'est pas société morte mais en croissance : « En l'unité de l'Eglise, paraît la Trinité en unité : le Père, comme le principe auquel on se réunit ; le Fils, comme le milieu dans lequel on se réunit ; le Saint-Esprit, comme le nœud par lequel on se réunit ; et tout est un. *Amen* à Dieu, ainsi soit-il » (467).

En un grand mouvement (468), Bossuet passe de la Trinité aux créatures invisibles puis aux créatures visibles ; les anges participent aussi à l'Eglise : « Toutes les créatures visibles et invisibles sont quelque chose à l'Eglise. Les anges sont ministres de son salut, et par l'Eglise se fait la recrue de leurs légions désolées par la désertion de Satan et de ses complices ; mais dans cette recrue, ce n'est pas tant nous qui sommes incorporés aux anges, que les anges qui viennent à notre unité à cause de Jésus, notre commun chef, et plus le nôtre que le leur » (469). La supériorité de l'homme sur les anges est une idée chère à Bossuet : en l'homme l'identification avec Jésus-Christ donne une dignité éminente à la condition de créature.

L'ensemble du monde concourt à l'édification de l'Eglise qui est œuvre d'unité, même en ce qui semble le plus éloigné : Dieu veut « que tout concoure à l'unité, et même le schisme, la rupture et la révolte » (470). L'Eglise est le seul moyen pour la création de louer Dieu : si tout l'univers doit louer et adorer Dieu et si l'homme doit être le médiateur de cet hommage (471), seule l'Eglise qui est un « homme universel » permet cette adoration « comme étant le temple universel où se rend à Dieu le sacrifice d'un juste hommage pour tout l'être créé, qui est délivré par l'Eglise du malheur de servir au péché, étant employé à de saints usages ». Qu'ils le veuil-

---

(467) C.B., I, p. 60-61.

(468) Cf. O.O., II, p. 53, 61.

(469) C.B., I, p. 61 (cf. *Eph.* I, 10) ; voir aussi O.O., II, p. 521 : les anges accourent en foule pour honorer la Vierge au moment de l'Incarnation. Le thème du renversement opéré par l'Incarnation dans les hiérarchies a été développé par Bérulle : P. Cochois, dans R.A.M., 1961, p. 337.

(470) C.B., I, p. 61. C'est une interprétation providentielle de l'hérésie que nous trouvons en maints endroits dans les œuvres de Bossuet (à la suite de saint Augustin et de saint Thomas) : LT, XXIV, p. 534-535 ; XV, p. 213, 223 ; IV, p. 201-203, 213 ; R.B. 1904, p. 265.

(471) Cf. *supra*, p. 104, 107 et suiv.

lent ou non, tous les hommes ont rapport à l'Eglise, même les infidèles et les hérétiques : pour eux elle gémit, elle implore Dieu et à travers elle c'est le Fils qui prie son Père, cette vérité « est sainte et apostolique ». En un premier mouvement, Bossuet découvre donc la « composition de l'Eglise, mélangée de forts et d'infirmes, de bons et de méchants, de pécheurs hypocrites et de pécheurs scandaleux : l'unité de l'Eglise enferme tout et profite de tout », tel est l'« horrible mélange », la situation actuelle de l'Eglise (472).

A cette vue statique, la lettre ajoute des perspectives dynamiques. L'« horrible mélange » n'est pas le destin éternel de l'Eglise ; bientôt le bon grain et la paille seront séparés : schismes et hérésies commencent le discernement, et une autre séparation se prépare au fond du cœur pour éclater à la fin des siècles. Bossuet aspire à cette grande confrontation où enfin le bien et le mal, la paille et le grain (473) seront discernés. La méditation sur l'Eglise rejoint ainsi la méditation de la fin des temps, la grande pensée du jugement ultime après lequel l'Eglise terrestre se transformera en une « cité vraiment sainte, vraiment triomphante, royaume de Jésus-Christ, et régnante avec Jésus-Christ » (474). En attendant, l'homme et l'Eglise soupirent, désolés, après Sion (475) ; pleins de reconnaissance et d'espoir, ils chantent les louanges divines ; les *Amen* et les *Alleluia* se multiplient en ces pages : « Je crie et je crierais sans fin ; mais il faut conclure : *Que tes tabernacles sont beaux, ô Jacob ! Que tes tentes sont admirables, ô Israël ! Que mon âme meure de la mort des justes !* C'est l'Eglise qui est sous ces tentes, toujours en guerre, toujours en marche, toujours prête à demeurer ou à partir, suivant l'ordre de la milice spirituelle, au premier clin d'œil de son chef » (476).

Telle est l'économie de l'Eglise ; tel est le regard de Bossuet sur son unité, sur la hiérarchie, issues de l'Unité et de la Trinité divines. La réalité historique suivant laquelle s'actualise cette dépendance, c'est la personne de Jésus-Christ : en cette personne la réalité ontologique, qui est la subsistance de l'Eglise, dont l'Eglise est image, devient actuelle. La théologie du « modèle » sur laquelle avait insisté le prédicateur prend ses dimensions historiques : « Vous me demandez ce que c'est que l'Eglise : l'Eglise, c'est

(472) C.B., I, p. 61-65.

(473) Même pensée et même expression en 1660 : O.O., III, p. 212 ; cf. aussi O.O., III, p. 215 sur le discernement final.

(474) C.B., I, p. 65-66.

(475) C.B., I, p. 66 ; cf. *infra*, p. 216.

(476) C.B., I, p. 67-68.

Jésus-Christ répandu et communiqué, c'est Jésus-Christ tout entier, c'est Jésus-Christ homme parfait, Jésus-Christ dans sa plénitude » (477). Il est impossible de donner du mystère une explication rationnelle, et il faut avoir recours à une connaissance par les « ressemblances sacrées », par « figures » (478), et au delà des figures, « se [...] perdre dans la profondeur du secret de Dieu où l'on ne voit plus rien, si ce n'est qu'on ne voit pas les choses comme elles sont... ».

La méditation de Bossuet s'attache à deux figures essentielles : « L'Eglise est l'épouse, l'Eglise est le corps : tout cela dit quelque chose de particulier, et néanmoins ne dit au fond que la même chose. C'est l'unité de l'Eglise avec Jésus-Christ, proposée par une manière et dans des vues différentes... ». Par la méditation de ces deux images bibliques, Bossuet découvre les richesses du mystère : dignité de l'Epouse, tendresse, fécondité, et pourtant dualité ; l'image du corps indique une unité encore plus étroite : « Le nom d'épouse nous fait voir unité par amour et par volonté, et le nom de corps nous porte à entendre unité comme naturelle : de sorte que dans l'unité du corps, il paraît quelque chose de plus intime, et dans l'unité de l'épouse quelque chose de plus sensible et de plus tendre » (479).

Les deux schémas, unité et pluralité, dominent toute la lettre en un balancement qui doit rendre sensible le mystère, et autour des deux images de l'épouse et du corps s'ordonnent les grands thèmes de la théologie de Bossuet. Il les a déjà abordés dans son sermon de 1655 sur la Trinité (480) et il montre encore une fois que l'Eglise est mère « dans son unité et par son esprit d'unité catholique et universelle », qu'elle « est féconde par son unité » (481), qu'elle en-

(477) C.B., I, p. 68. Cf. O.O., VI, p. 653, cité *supra* p. 163.

(478) C.B., I, p. 68. Cf. en 1660, O.O., III, p. 202 : la comparaison avec la maison, le navire. Sur la connaissance par images et la théologie négative, cf. notre *Bossuet,* p. 33.

(479) C.B., I, p. 68-69. Bossuet développe encore le thème de l'épouse unique dans l'oraison funèbre du P. Bourgoing, O.O., IV, p. 413. Beaucoup de personnages bibliques sont images de l'Eglise : Bossuet médite sur eux dans son sermon de 1660 : O.O., III, p. 207.

(480) O.O., II, p. 52 et suiv.

(481) C.B., I, p. 71 ; et 72 : « Il faut juger de la fécondité par l'unité. » Nous trouvons ici l'écho d'un principe dionysien qui a souvent inspiré les théologiens du XVIIe siècle (en particulier Bérulle, *De l'état et des grandeurs de Jésus, Discours* III, § 4, *Œuvres,* éd. 1644, p. 199), et selon lequel l'unité est principe de multiplicité et de fécondité (Denys, *Noms divins,* ch. XIII, n. 2-3). Dans l'oraison funèbre du P. Bourgoing, il sera encore exploité : « Toute la grâce de l'Eglise, toute l'efficace du Saint-Esprit est dans l'unité : en l'unité est le trésor, en l'unité est la vie ; hors de l'unité, est la mort certaine. L'Eglise donc est une... » (O.O., IV, p. 413-414).

gendre des fidèles en se les incorporant (482). C'est cette théologie qui soutient la vénération de Bossuet pour l'ordre épiscopal qui « enferme en soi avec plénitude l'esprit de fécondité de l'Eglise », son respect pour le successeur de saint Pierre, « pasteur qui est pour le tout » (483), sentiments qui auront une très grande importance au temps des controverses sur la primauté romaine.

Le grand mystère de l'Eglise est donc aux yeux de Bossuet celui de son unité et de la façon dont elle rend ses membres uns avec elle et avec Jésus-Christ. A chaque occasion, il reprend cette idée : en 1662 dans l'oraison funèbre du P. Bourgoing, il y insiste longuement : « ... le dessein de Dieu dans l'établissement de son Eglise est de faire éclater par toute la terre le mystère de son unité, en laquelle est ramassée toute sa grandeur ». Bossuet est très sensible aux manifestations de cette unité, dans l'évêque en particulier : « le mystère de l'unité ecclésiastique est dans la personne, dans le caractère, dans l'autorité des évêques... » ; et sa vision s'ordonne ainsi : « Un Dieu, principe de l'unité ; un Christ, médiateur de l'unité ; un évêque, marquant et représentant en la singularité de sa charge le mystère de l'unité de l'Eglise... » (484). Tout l'ordre épiscopal, pape et évêque, est pour ainsi dire le « sacrement », le signe visible de l'unité profonde de l'Eglise. Vision hiérarchique où tout est à sa place : chaque ordre de créatures a son rôle, chaque membre du corps a sa place (485) ; le devoir de l'homme est de prendre conscience de cette hiérarchie et de l'assumer ; la spiritualité s'appuie sur la théologie.

C'est la même théologie qui est développée, aux premiers temps de l'épiscopat de Bossuet, dans le grand sermon prêché en 1681 devant l'Assemblée du clergé (486), où les emprunts aux sermons antérieurs sont nombreux. Le second exorde de ce sermon est d'une parfaite clarté et illustre fort bien la méthode de Bossuet : le point de départ est la contemplation du mystère divin, le Fils regardant le Père, l'unité du Père et du Fils modèle de l'unité de l'Eglise (487) ; là se trouve la véritable beauté car « qu'est-ce que la beauté, sinon un rapport, une convenance et enfin une espèce d'unité ? » (488) :

---

(482) C.B., I, p. 71 ; O.O., IV, p. 414 ; et voir *supra* p. 159.
(483) C.B., I, p. 71 et suiv.
(484) O.O., IV, p. 413-415.
(485) Cf. O.O., IV, p. 558.
(486) Notre analyse pourra être très rapide ; A.-G. Martimort a étudié ce sermon en d'excellentes pages (*Le gallicanisme...*, p. 396-422).
(487) O.O., VI, p. 104 : et Bossuet médite encore *Jean* XVII.
(488) *ibid.* ; l'esthétique de Bossuet est fondée sur les principes complémentaires de nature et d'unité : O.O., IV, p. 273 ; V., p. 678 ; LT, XXIII, p. 175 et suiv. ; XXIV, p. 587-588 ; cf. *supra* p. 101 ; *infra* p. 270 et suiv.

beauté d'une Trinité « où le nombre même, qui ne subsiste que dans les rapports mutuels de trois personnes égales, se termine en parfaite unité », beauté de l'Eglise « où l'unité divine est représentée ». Mais comme nous sommes éblouis par la lumière qui brille en la divinité, « descendons, et considérons l'unité avec la beauté dans les chœurs des anges », armée en marche, armée avec son chef ; « que la sainte hiérarchie de votre Eglise soit formée sur celle des esprits célestes » (489) !

Si chaque chœur des anges a sa beauté particulière, cet ordre a passé du ciel à la terre et chaque Eglise a sa grâce particulière ; mais l'Eglise n'est pas la cité bienheureuse, « le péché est parmi nous », et il y a une éternelle semence de division : l'unité de l'Eglise lui offre seule « des moyens de s'y affermir quand elle est menacée de division » (490). Tel est le fond du « mystère » (491) que prêche Bossuet devant les évêques assemblés : unité au dedans par le Saint-Esprit, unité par le gouvernement ecclésiastique, ministère de saint Pierre, ordre et collège épiscopal. La vision de Bossuet se déploie en images splendides : beauté et force, attrait qu'exerce l'unité, admirable spectacle que contemple Balaam. L'amour de l'Eglise qui éclate à chaque instant fait de ce sermon toute autre chose qu'un discours officiel (492) : nous saisissons là, en rapport avec les évidences les plus profondes de la théologie de Bossuet, une des constantes de sa spiritualité, depuis les premières œuvres oratoires jusqu'à l'épiscopat.

---

(489) O.O., VI, p. 104-105. Nous trouvons ailleurs cette comparaison dont l'origine dionysienne est évidente (*Hier. cel.*, ch. XII ; *Hier. eccl.*, ch. I, etc.) et qui a été reprise par Bérulle et par Olier (cf. P. Cochois, dans R.A.M. 1961, p. 345-351) : O.O., II, p. 206 ; IV, p. 409 (avec la double fonction du prêtre, union à Dieu, annonce aux hommes de la parole, qui correspond à l'*ascendentes descendentes* des anges, selon l'entretien avec Nathanaël de *Jean* I, 51, et l'échelle de Jacob de *Gen.* XXVIII, 12, qui a fourni la substance du sermon de 1659 pour la fête des saints anges gardiens, O.O., III, p. 93 et suiv., et sur ce sermon, D.S., t. I, c. 597).

(490) O.O., VI, p. 105.

(491) O.O., VI, p. 106.

(492) Cf. A.-G. Martimort, *Le gallicanisme...*, p. 394.

Chapitre 4

LA MEDITATION FONDAMENTALE

Tous les discours ne peuvent remplacer une expérience personnelle : Bossuet écrira bientôt qu'il n'est pas nécessaire pour devenir parfait philosophe de feuilleter tant de livres ni de faire de pénibles recueils de ce qu'ont dit les philosophes (1), mais il sentait déjà en 1659 l'impuissance du langage pour faire comprendre ce qu'est en elle-même la paix de Dieu (2), la vraie liberté de la vie religieuse (3) ou les épreuves de l'amour (4) : seuls ceux qui les ont éprouvées, « une personne expérimentée » (5), par exemple saint Augustin qui a écrit ses *Confessions* comme un témoignage et non comme un livre, sont capables de nous faire pressentir ce qui est le plus important dans la vie spirituelle. Et n'est-ce pas par « cette science que l'Ecole appelle expérimentale » (6) que Jésus a connu toutes les afflictions de l'homme ?

Etudiant la spiritualité de Bossuet, nous devons aller au delà des principes et au delà des mots : ce sont des médiations nécessaires chez un théologien et chez un orateur ; elles nous conduisent à cette ultime prise de conscience de la situation de l'homme dans le monde et devant Dieu que nous appellerons « méditation fondamentale » ; non que nous supposions une influence des *Exercices* de saint Ignace sur Bossuet, mais nous voulons éviter ici toutes les équivoques du mot « mystique » trop souvent employé en un sens approximatif. Nous aurions aussi bien pu appeler cette expérience fondamentale « radicale » ou « essentielle », car Bossuet est inté-

---

(1) C.B., II, p. 152.
(2) O.O., III, p. 21.
(3) O.O., III, p. 37.
(4) O.O., IV, p. 506.
(5) O.O., III, p. 37.
(6) O.O., IV, p. 58.

ressé, et veut intéresser l'homme dans ses profondes racines, dans ce qu'il est. Ensuite les actes seront marqués par l'absolu de la méditation : un choix s'imposera entre le tout et le rien, la réalité et l'illusion, l'être et le néant, choix ultime où tout ce qui est secondaire se dissipe. Autant que les problèmes eux-mêmes, sont à ce niveau intéressants et révélateurs la manière de les aborder, le ton de Bossuet lorsqu'il les évoque, la façon dont il se sent concerné et dont il nous concerne. Cette dimension, individuelle dans son origine, est communicative ; c'est sur elle que s'appuie la force de persuasion, la vérité des leçons spirituelles ; c'est une partie du secret de la simplicité et de l'enchantement qui ne s'épuisent pas en une seule forme.

⁂

Les problèmes spirituels que, dès ses années de Navarre, aborde Bossuet sont des problèmes fondamentaux : le temps, la mort, les fins et la nature de l'homme. Ces thèmes sont peu originaux et il nous arrive de surprendre l'orateur développant des lieux communs de la morale traditionnelle (7) ; cependant, même scolaires ou abstraits, ils trouvent un écho dans l'âme du prédicateur et éveillent son expérience personnelle ; et, si ces thèmes paraissent refléter la sagesse profane des moralistes, n'oublions pas qu'ils viennent généralement à Bossuet par l'intermédiaire de la Bible : le jeune orateur est plus près de l'*Ecclésiaste* (8) et de *Job* que d'Horace et de Montaigne. La pensée et la piété de Bossuet trouvent leur expression à travers une forme, l'éloquence, et à travers des thèmes anciens : il les vivifie et leur fait traduire son expérience personnelle (9).

---

(7) O.O., I, p. 314 et suiv. (repris O.O., II, p. 85 et 554) : sur les diverses occupations des hommes (à la suite toutefois de saint Cyprien, Lettre I à Donatus, n. VI, P.L. IV, c. 204-205 : « *Atque, ut illustrius, veritate patefacta, divini muneris indicia clarescant, lucem tibi ad cognitionem dabo ; malorum caligine abstersa, operti sæculi tenebras revelabo. Paulisper te crede subduci in montis ardui verticem celsiorem, speculare inde rerum infra te jacentium facies ; et, oculis in diversa porrectis, ipse a terrenis contactibus liber fluctuantis mundi turbines intuere...* ») ; O.O., I, p. 321 ; IV, p. 326 : sur les âges de la vie (avec des réminiscences d'Horace).

(8) *Eccle.* II-III, sur les occupations des hommes ; *Eccle.* X-XII, sur les âges de la vie, etc.

(9) Bossuet insiste sur le caractère personnel de sa méditation : « ma carrière [...] ma vie [...] mon être » (O.O., I, p. 11), « ... cela passe à mon égard » (O.O., I, p. 12). On pourrait rapprocher ces textes du fragment bien connu de Pascal (*Pensées*, Br. 194) : « ... il ne s'agit pas ici de l'intérêt léger de quelque personne étrangère, pour en user de cette façon ; il s'agit de nous-mêmes, et de notre tout... ».

Deux problèmes dominent cette méditation essentielle : le temps et la mort. Bossuet liera toujours les deux réalités, éléments complémentaires et contradictoires d'un ensemble par lequel se définit la condition humaine. Le point de départ de la réflexion de Bossuet est un regard sur son existence dans le temps, et un des premiers actes par lesquels il prend conscience de sa vie spirituelle se situe à la veille du sous-diaconat, en 1648. Il ne s'agit pas au XVIIe siècle d'une démarche sociale à proprement parler, comme était l'entrée dans l'ordre du clergé qu'assurait la tonsure : la démarche du sous-diaconat est personnelle, un engagement définitif au célibat et à la prière de l'Eglise, le bréviaire. Le pas que va faire le futur sous-diacre et qui engagera tout son avenir lui impose une certaine représentation du temps humain : il est intéressant de noter que nous trouvons chez Bossuet des représentations analogues à celles qui s'imposent à tous les sous-diacres, de nos jours encore : les thèmes spirituels que fait naître une même situation sont d'une étonnante constance (10).

Les pages écrites en cette occasion sont une méditation où le temps et la mort, étroitement unis, s'expliquent l'un l'autre. Cherchant ce qu'il est, la signification de sa vie terrestre, l'homme découvre les limites qui la bornent et reconnaît qu'il est un milieu entre le temps où il « est encore à naître » et le temps « où il ne sera rien » : resserré entre ces deux suites de temps qui représentent pour lui le néant, l'homme comprend que sa vie n'a de solidité que celle du mince écran qui la sépare de ce néant : « il n'y a que le temps de ma vie qui me fait différent de ce qui ne fut jamais » (11). Dès ces premières réflexions, éclate l'ambiguïté du temps : destructeur, il nous achemine au néant ; rassurant, c'est le seul obstacle qui s'oppose au néant. La méditation nous oriente-t-elle vers un « épicurisme » dont, après bien des moralistes (12), Montaigne offrait l'exemple : « ... à mesure que la possession du vivre est plus courte, il me la faut rendre plus profonde et plus pleine... » (13) ? L'analyse impitoyable de Bossuet est plus radicale

---

(10) J. Rogé, *Le simple prêtre,* Paris, 1965, p. 163 : « Le temps, communément représenté dans les œuvres authentiquement chrétiennes, est, on le sait, un temps dramatique et progressif ; dans les consciences de ces sous-diacres, ce même temps est vu d'abord en raccourci (brièveté de la vie) et aussi en étroit enlacement avec les grâces divines (engagement de la vie dans un contrat qui lie les deux parties) ». Notons encore que c'est au moment du sous-diaconat que Bossuet renonce à aller au théâtre qu'il fréquentait volontiers auparavant (Ledieu, *Mémoires,* I, p. 24).

(11) O.O., I, p. 9.

(12) Pour Bossuet, le premier des moralistes est Salomon (*Eccle.* III, 22 ; V, 17-19).

(13) *Essais,* III, 13.

encore : il exténue le temps, le désintègre, et montre tout ce qui le rend illusoire ; le néant s'y mêle à l'être et le mine, prive le temps de consistance et d'épaisseur ; d'autre part le temps n'est pas absolu, il est tout orienté vers sa fin, dominé par elle. La nature propre du temps et son abolition dans la mort donnent son sens à la vie en elle-même et dans son terme.

« Ma vie est de quatre-vingts ans tout au plus ; prenons-en cent : qu'il y a eu de temps où je n'étais pas ! qu'il y en a où je ne serai point ! et que j'occupe peu de place dans ce grand abîme de temps ! Je ne suis rien ; ce petit intervalle n'est pas capable de me distinguer du néant où il faut que j'aille » (14). L'espace qu'occupe l'homme dans la suite des siècles (15) est infime : en une opposition oratoire que bientôt Pascal établira de son côté, Bossuet compare le nombre limité et dérisoire de nos années aux grands abîmes des temps. Le néant l'enserre, mais ce court espace, si court soit-il, résiste par sa seule présence, défi porté par l'homme à une durée qui l'écrase. Ce temps existe-t-il donc « réellement » ? L'homme vit-il également chaque instant, ou seulement les instants de bonheur ? demande Bossuet en 1648 : ne comptons ni le temps du sommeil, ni celui de la maladie, de l'inquiétude, de l'enfance, d'une partie de l'adolescence, tous ces moments où l'homme est près de la bête (16), ne comptons que le temps du bonheur, le seul vraiment vécu (17), nous obtenons une série de moments fragmentaires, une suite d'insaisissables molécules, mais point une durée (18) : « ... Combien ce temps est-il clairsemé dans ma vie ? c'est comme des clous attachés à une longue muraille, dans quelque distance ; vous diriez que cela occupe bien de la place ; amassez-les, il n'y en a pas pour emplir la main [...]. Que je prenne maintenant tout le temps où j'ai eu quelque contentement ou quelque honneur, à quoi

(14) O.O., I, p. 10. Les « quatre-vingts ans » sont un souvenir de *Ps.* LXXXIX, 10.

(15) L' « abîme immense du temps » (O.O., IV, p. 269).

(16) O.O., I, p. 11. On reconnaît un thème bérullien (J. Dagens, *Bérulle...*, p. 286-287) ; Bossuet le développera encore en 1686, O.O., VI, p. 363. Il y a de nombreux textes de Bossuet où se manifeste le mépris de l'enfance : O.O., II, p. 526 ; IV, p. 268, 552 ; V. p. 16 ; E.M., p. 197-198, 397, etc. D'où la signification particulière en ce siècle des textes sur l'esprit d'enfance et sur Jésus-Enfant ; cf. notre *Bossuet,* p. 89.

(17) Et même en ce cas l'homme ne parvient pas à saisir une durée : « ... sa vie passée dans le luxe, dans le plaisir du commandement et dans une abondance royale, ne lui faisait presque point sentir sa durée, tant elle coulait doucement » (O.O., II, p. 387).

(18) Le temps apparaît ainsi sans « consistance » (O.O., II, p. 270 ; V, p. 561). L'insistance sur le bonheur, seul moment vraiment vécu, est un thème sapientiel : la méditation de 1648 est nourrie des *Proverbes*, de l'*Ecclésiaste*, de *Job*.

cela va-t-il ? Mais ces contentements, les ai-je eus tous ensemble ? les ai-je eus autrement que par parcelles ?... » (19). Le temps de la vie se dissout dans le discontinu ; il perd la durée que l'on voulait découvrir sous la suite des instants. La réflexion presque éléatique de Bossuet (20) considère, au delà d'une durée qu'il déclare imaginaire, une succession ponctuelle de moments isolés sans liaison avec les précédents : « Tout mon être tient à *un* moment ; voilà ce qui me sépare du rien : *celui-là* s'écoule, j'en prends *un autre ;* ils se passent *les uns après les autres ; les uns après les autres* je les joins, tâchant de m'assurer » (21). « J'en prends », « je les joins », « tâchant » : c'est l'homme seul qui introduit un enchaînement entre les atomes qui constituent le temps (22) ; comme le dira cinq ans plus tard Bossuet : « cette vie, que nous ne possédons jamais que par diverses parcelles qui nous échappent sans cesse, se nourrit et s'entretient d'espérance » (23).

Le grand sermon de 1662 sur la mort donne de la vie humaine la même image discontinue et fragmentaire : « Encore, si nous voulons discuter les choses dans une considération plus subtile, ce n'est pas toute l'étendue de notre vie qui nous distingue du néant ; et vous savez, Chrétiens, qu'il n'y a jamais qu'un moment qui nous en sépare. Maintenant nous en tenons un ; maintenant il périt ; et avec lui nous péririons tous, si, promptement et sans perdre temps, nous n'en saisissions un autre semblable, jusqu'à ce qu'enfin il en viendra

---

(19) O.O., I, p. 11 ; cf. I, p. 407 où l'image est reprise plus discrètement.

(20) Il suit de près l'*Ecclésiaste* (« un temps pour enfanter, et un temps pour mourir... » *Eccle. III*) qu'il dut relire avant d'écrire sa méditation : images, thèmes et mouvements des phrases sont semblables.

(21) O.O., I, p. 11 ; nous soulignons.

(22) Ces remarques sont de ton très augustinien : le livre XI des *Confessions* insiste longuement sur le rôle de l'esprit qui au delà de l'instant peut rassembler présent et avenir, et grâce à la mémoire construire pour ainsi dire le temps. De nombreux spirituels ont eu une expérience analogue à celle de Bossuet du temps fragmentaire et insaisissable ; par exemple saint François de Sales : « Elles passent donc, ces années temporelles, Monsieur mon Frère ; leurs mois se réduisent en semaines, les semaines en jours, les jours en heures et les heures en moments, qui sont ceux-là seuls que nous possédons, mais que nous ne possédons qu'à mesure qu'ils périssent et rendent notre durée périssable, laquelle pourtant nous en doit être plus aimable » (Lettre au prés. Favre, 31 déc. 1610, éd. Annecy, t. XIV, p. 395). Nous trouvons chez Saint-Cyran des textes qui rendent un son analogue : G. Poulet (*Mesure de l'instant,* Paris, 1968, p. 33-54) met bien en valeur d'un côté « une multiplicité discontinue de naissances et d'anéantissements », de l'autre « par le renouvellement de la force divine et la reviviscence des mouvements du cœur, [...] une sorte de permanence » (p . 54) ; voir dans le même livre de G. Poulet (p. 79 et suiv.) certains thèmes analogues chez Fénelon.

(23) O.O., I, p. 339.

un auquel nous ne pourrons arriver, quelque effort que nous fassions pour nous y étendre... » (24). L'effort de l'homme, qui d'instant en instant construit une vie, achoppe sur la mort ; l'on ne peut « s'étendre » sur un instant : sa nature est d'être un point, il exclut la durée que seul l'homme peut lui apporter. Et, à la mort, tout s'effondre. La plus grande illusion est sans doute l'espérance, c'est un remède à l'angoisse du discontinu, mais un remède trompeur : elle projette dans un imaginaire avenir l'homme qu'elle prive de l'instant où il vit : « *Le laboureur,* dit l'apôtre saint Jacques, *attend le fruit de la terre :* sa vie est une espérance continuelle, il laboure dans l'espérance de recueillir, il recueille dans l'espérance de vendre, et toujours il recommence de même. Il en est ainsi de toutes les autres professions... » (25). Vie au futur, malheur de l'homme qui passe son existence en projet : le thème était cher aux moralistes (26), mais Bossuet tire la leçon d'un verset de l'*Epître* de saint Jacques et sa réflexion reste toujours religieuse (27).

Un signe évident du manque de cohérence du temps est la possibilité qu'a l'homme de le mesurer : dès qu'apparaît la mesure, il n'y a plus permanence, il n'y a plus solidité ; l'être véritable exclut toute mesure, car mesurer c'est diviser. Déficience aussi dans le seul fait de changer : changer c'est participer à la mort car toute évolution est ruineuse. Le jeune Bossuet aime insister sur ces thèmes, à la suite de saint Bernard (28) : la vie est « peu de chose parce qu'elle passe » (29), dit la méditation de 1648 ; toute réalité qui change est comparable aux fleuves de Babylone, « ce qui passe et qui n'est pas », bien différente « de ce qui subsiste et qui est » (30). Les meilleures images de cette réalité trompeuse sont l'eau, le

---

(24) O.O., IV, p. 269-270.
(25) O.O., I, p. 339.
(26) Montaigne, *Essais,* I, 3 ; III, 13 ; et après lui Pascal, *Pensées,* Br. 109, 172.
(27) *Jac.* V, 7. Notons la curieuse interprétation, peu littérale, du texte de Jacques qui, dans son *Epître,* ne fait pas du tout un tableau de la vie en projet mais exhorte seulement à la patience : cette dernière interprétation sera ailleurs celle de Bossuet, O.O., III, p. 589 et IV, p. 412, à propos des directeurs spirituels qui doivent savoir attendre, comme François de Sales ou Bourgoing.
(28) *In Cant.,* LXXXI, 5 : saint Bernard souligne que changer c'est mourir à ce qui a précédé, donc que l'être parfait ne peut souffrir le changement qui serait sa propre négation.
(29) O.O., I, p. 12. Ce sont aussi des thèmes très anciens : Grégoire de Nysse avait déjà remarqué que la vie matérielle s'écoule dans le mouvement (*Création de l'homme,* 165 A, Sources chrétiennes, p. 135) et qu'elle n'a de consistance que dans le changement (id. 184 C, éd. cit. p 158).
(30) Cf. C.B., I, p. 66 (*supra* p. 165). Mais dans le verbe « subsiste » nous trouvons la « subsistance » des scolastiques ; cf. aussi O.O., II, p. 269.

fleuve (31), le torrent (32), le songe (33), le chemin sur lequel il faut avancer toujours (34) : l'obsession de la fixité est une des constantes de la spiritualité de Bossuet (35).

Les deux déficiences du temps, celle qui vient de la mesure et celle qui vient du changement, sont associées en 1655 (36) dans la première partie, au ton très philosophique, de l'oraison funèbre de Yolande de Monterby : « ... en tant qu'il se mesure en lui-même par heures, par jours, par mois, par années, [...] je soutiens que le temps n'est rien parce qu'il n'a ni forme ni subsistance ; que tout son être n'est que de couler, c'est-à-dire que tout son être n'est que de périr, et partant que tout son être n'est rien. C'est ce qui fait dire au Psalmiste, retiré profondément en lui-même, dans la considération du néant de l'homme : *Ecce mensurabiles posuisti dies :* Vous avez, dit-il, établi le cours de ma vie pour être mesuré par le temps ; et c'est ce qui lui fait dire aussitôt après : *Et substantia mea tanquam nihilum ante te :* Et ma substance est comme rien devant vous, parce que tout mon être dépendant du temps, dont la nature est de n'être jamais que dans un moment qui s'enfuit d'une course précipitée et irrévocable, il s'ensuit que ma substance n'est rien, étant inséparablement attachée à cette vapeur légère et volage, qui ne se forme qu'en se dissipant, et qui entraîne perpétuellement mon être avec elle d'une manière si étrange et si nécessaire, que, si je ne suis le temps, je me perds, parce que ma vie demeure arrêtée ; et d'autre part, si je suis le temps, qui se perd et coule toujours, je me perds nécessairement avec lui : *Ecce mensurabiles posuisti dies meos, etc. ;* d'où passant plus outre il conclut : *In imagine pertransit homo :* l'homme passe comme ces vaines images, que la fantaisie forme en elle-même dans l'illusion de nos songes, sans corps, sans solidité et sans consistance » (37).

---

(31) Toutes ces images sont bibliques et nombreuses dans les livres de sagesse : cf. O.O., II, p. 516, 527 ; V, p. 655.

(32) O.O., II, p. 203.

(33) O.O., I, p. 10 ; V, p. 654.

(34) O.O., VI, p. 238 (au temps de l'épiscopat).

(35) Cf. B. Hüppi, *Versuch über den Stil Bossuets,* Fribourg, 1950, p. 19 et suiv.

(36) Sur cette date, O.O., VII, p. 26.

(37) O.O., II, p. 269-270. Le vocabulaire de cette page est scolastique : forme, subsistance, être, nature, substance..., mais c'est la Bible qui inspire Bossuet, et le rappel des notions scolastiques nous montre que l'orateur ne se laisse pas entraîner par son lyrisme : la philosophie (« les véritables principes », O.O., II, p. 269) est médiation de la spiritualité. Cette page est reprise et ramassée en 1661 (O.O., III, p. 610) : Bossuet ne parlera plus, au début du texte, de « subsistance » mais de « consistance ».

Par nature, le temps nous entraîne (38) et corrompt tout ce qui lui est soumis ; notre être n'existe pas vraiment : « O fragile appui de notre être ! ô fondement ruineux de notre substance ! *In imagine pertransit homo.* Ha ! vraiment l'homme passe de même qu'une ombre, ou de même qu'une image en figure ; et comme lui-même n'est rien de solide, il ne poursuit aussi que des choses vaines, l'image du bien, et non le bien même... » (39).

Avec le temps, la mort se glisse « insensiblement » (40) dans la vie : le terme de la vie est présent dès l'origine, pèse sur elle et ruine à l'avance l'existence précaire qu'elle pouvait avoir. « Les philosophes enseignent que la naissance et la mort conviennent aux mêmes sujets. Tout ce qui meurt prend naissance, tout ce qui prend naissance peut mourir : c'est la mort qui nous ôte ce que la naissance nous donne... » (41) ; vie et mort ne sont pas dissemblables, la mort n'est qu'une vie qui s'achève et l'on tombe de celle-ci en celle-là « par une chute insensible » (42).

Dès qu'une chose a une fin, la considération de cette fin devient prépondérante : « C'est bien peu de chose que l'homme, et tout ce qui a fin est bien peu de chose » ; cette constatation de saint Augustin (43) sert de canevas à la méditation de 1648 (44) et l'oraison funèbre de Yolande de Monterby la développe sous forme de raisonnement : « Et premièrement, je dénie que la vie de l'homme puisse être longue ; de sorte que souhaiter une longue vie c'est n'entendre pas ses propres désirs. Je me fonde sur ce principe de saint Augustin : *Nihil est longum quod aliquando finitur :* tout ce qui a fin ne peut être long. Et la raison en est évidente ; car tout ce qui est sujet à finir s'efface nécessairement au dernier moment, et on ne peut compter de longueur en ce qui est entièrement effacé... » (45). Nous avons présentes à l'esprit les paroles du sermon

(38) Cf. O.O., I, p. 408 : « ... notre vie est toujours emportée par le temps qui ne cesse de nous échapper... ».

(39) O.O., IV, p. 270. Dans tout le début de ce sermon sur la mort, Bossuet essaie de définir sa substance derrière les accidents qui l'affectent.

(40) O.O., V, p. 562, n. 2.

(41) O.O., I, p. 110.

(42) O.O., IV, p. 194, avec, ici, la considération qualitative : d'une bonne vie à une bonne mort, d'une mauvaise vie à une mauvaise mort de façon « presque inévitable » (cf. O.O., IV, p. 194, n. 2).

(43) *In Joan tract.* XXXII, n. 9 : P. L. XXXV, c. 1647.

(44) O.O., I, p. 9. Cette méditation est méthodique : c'est un commentaire du texte de saint Augustin, nourri par la lecture de la Bible. Bossuet aime paraphraser ainsi un verset ou une phrase ; voir par exemple les *Sentiments du chrétien sur la vie et la mort, tirés du chap. 5e de la IIde Epître aux Corinthiens,* O.O., III, p. 149 et suiv.

(45) O.O., II, p. 268. Cf. aussi O.O., V, p. 678 ; VI, 363. Le thème apparaît avant Bossuet dans la prédication et ce texte a été maintes fois

sur la mort de 1662 où l'orateur évoque l'effondrement du château de cartes qu'est la vie, et la rature qui en un instant efface tout ce que l'homme a été (46). « Qu'est-ce que cent ans, qu'est-ce que mille ans, puisqu'un seul moment les efface ? » (47).

Ainsi la vie « ne tient à rien, [...] fait autant de pas à sa fin qu'elle ajoute de moments à sa durée, et [...] nous manquera tout à coup comme un faux ami, lorsqu'elle semblera nous promettre plus de repos » (48). A une représentation de la mort comme un événement situé hors du temps, une brusque rupture de la durée, Bossuet nous invite à substituer une vision plus large : la mort est présente en l'homme dès le premier instant de sa vie ; c'est une « loi » à laquelle l'homme ne peut échapper : « J'entre dans la vie avec la loi d'en sortir... » (49), lisions-nous dans la *méditation sur la brièveté de la vie* de 1648, et bientôt l'orateur développera, après Tertullien (50), de mystérieuses correspondances entre la naissance et la mort, entre le berceau et la tombe, les langes et le linceul : « ... ne paraît-il pas un certain rapport entre les langes et les draps de la sépulture ? On enveloppe presque de même façon ceux qui naissent et ceux qui sont morts, le berceau a quelque idée

---

commenté ; par exemple le P. Nouet dans son oraison funèbre du prince de Condé, cité par J. Truchet dans Bossuet, *Oraisons funèbres*, p. XI.

(46) O.O., IV, p. 268 ; cf. O.O., IV, p. 10 : « Ne croyez donc pas, Chrétiens, qu'on puisse jamais trouver du pouvoir où règne la mortalité : *Nam quanta potentia potest esse mortalium ?* » ; et au temps du préceptorat, LT, XXIV, p. 615.

(47) O.O., IV, p. 267.

(48) O.O., I, p. 61.

(49) O.O., I, p. 9. Sur la mort quotidienne (le lieu biblique est *1 Cor.* XV, 31 : *Quotidie morior*), voir aussi O.O., II, p. 541 ; III, p. 150 (les ans qui nous enlèvent continuellement quelque chose, avec réminiscence d'Horace, la vie « ombre de mort ») ; et plus tard O.O., VI, p. 201-202 ; LT, VI, p. 430. On peut sentir ici le lointain écho d'un thème bérullien (« ... notre premier pas à la vie est le premier pas à la mort... », *Œuvre de piété* CLXX, *Œuvres*, éd. 1644, p. 1054) qui, par Montaigne (*Essais* I, 20), vient de Sénèque (cf. R. Bady, *L'homme et son institution...*, p. 494 ; c'est un thème très répandu : Du Plessis Mornay, Chassignet (textes cités dans *Studi francesi*, 1962, p. 277), Richeôme (*L'adieu de l'âme...*, Rouen, 1610, p. 46 v°), Yves de Paris (Ch. Chesneau, *Yves de Paris...*, t. II, p. 121), Ch. Drelincourt (*Les consolations de l'âme fidèle...*, Amsterdam, 1699, p. 10), etc.) et a aussi une origine augustinienne (*Cité de Dieu*, XIII, 10 ; cité par Richeôme, *L'adieu de l'âme...*, p. 3, 47 et suiv.) ; chez Bérulle comme chez Bossuet (O.O., IV, p. 195, 269 ; VI, p. 159), on trouve la comparaison classique du monde et d'un théâtre (J. Dagens, *Bérulle...*, p. 287). L'alliance du berceau et du cercueil est un thème fréquent dans la sensibilité et l'art du XVIIe siècle (E. Mâle, *L'art religieux après le concile de Trente*, p. 213). Cf. encore Ronsard, *Hymne de la Mort* : « Car naissans, nous mourons... » (*Œuvres complètes*, bibl. Pléiade, II, p. 288). Et, voir enfin pour la mort quotidienne, H. Friedrich, *Montaigne*, Paris 1968, p. 282, 411.

(50) *Adv. Marcion.*, IV, 21.

d'un sépulcre, et c'est la marque de notre mortalité qu'on nous ensevelisse en naissant... » (51).

Si la mort peut ainsi pénétrer les instants de la vie et s'y dissimuler au point d'échapper facilement à l'homme qui ne réfléchit pas, c'est à la faveur de l'illusion d'un temps substantiel (52) : or Bossuet a montré, après saint Augustin, que seul l'homme donnait au temps une réalité.

⁂

En l'homme, et même en toute créature vivante, est solidement ancrée « l'horreur de la mort » (53) : n'est-ce pas que nous étions nés pour ne mourir pas ? ne haïssons-nous pas d'autant plus la mort qu'elle est plus contraire à notre nature (54) ? Bien que notre nature soit déformée depuis la chute, nous sentons que nous étions nés pour être immortels (55) et tout ce que nous offre cette « ombre de mort » qu'est la vie ne peut nous satisfaire : c'est une « idée d'immortalité », un instinct, un désir, qui ne peut venir que de Dieu : « Peut-il ne pas contenter un désir qu'il inspire, et ne veut-il que nous tourmenter par une vue stérile d'immortalité ? » (56). S'il y a en l'homme un « bienheureux fond » (57), où reste ancrée l'idée de l'immortalité, c'est que le temps qui n'a pas de réalité en lui-même, pas de consistance, pas de subsistance propre, a pour nature d'être image (imparfaite, mais quand même image) de l'éternité. Bossuet cherche dans la seule réalité, dans la réalité surnaturelle l'original des réalités terrestres : le temps trouve son explication hors de lui-même. Ainsi les choses sont par rapport à Dieu avant d'être pour l'homme : « ... elles sont à Dieu devant moi, elles dépendent de Dieu devant que du temps ; le temps ne les peut tirer de son empire, il est au-dessus du temps : à son égard cela demeure, cela entre dans ses trésors » (58). Bien loin d'être une

---

(51) O.O., II, p. 286 ; repris en 1667, O.O., V, p. 283.

(52) Les « vaines et téméraires préoccupations dont notre raison est toute obscurcie par l'illusion de nos sens », O.O., II, p. 269.

(53) O.O., IV, p. 154 ; cf. O.O., I, p. 438 : « ce fantôme hideux qui est l'horreur de toute la nature » ; V, p. 210 : « horreur naturelle de la mort et des tourments ».

(54) O.O., IV, p. 155.

(55) O.O., III, p. 150.

(56) O.O., VI, p. 68-69.

(57) O.O., VI, p. 69.

(58) O.O., I, p. 12. L'expression « trésors de Dieu » est fréquemment employée par Bossuet et désigne l'abîme infini de l'essence et des richesses divines (O.O., I, p. 14, 22 ; II, p. 51, 230-231, 236, 237 ; III, p. 360 (« Dieu est le trésor de l'être », dit un ancien), 533 ; IV, p. 452). L'expression a une valeur théologique avant d'avoir l'éclat d'une figure de style (cf. *supra* p. 99).

extension infinie du temps, ou, inversement, la disparition du temps, l'éternité est la réalité subsistante et primitive ; et le temps, comme dit saint Augustin (59) n'en est qu' « une faible imitation » (60).

C'est une tendance naturelle à Bossuet que de contempler l'éternité, lieu de la consistance, de l'homogène et du continu : Dieu « ne connaît en soi-même aucune différence de temps [...] l'éternité fait régner une consistance toujours uniforme [...] *Uniformem statum temporum dirigit æternitas ipsa* », affirme l'orateur après Tertullien (61) : attrait de la stabilité, de la fixité, de l'égalité, c'est l'attrait qu'exerce l'éternité sur Bossuet, et il ne cesse d'appeler de ses vœux la « sainte paix de Sion », la « Sainte Sion, où toutes choses sont stables ! » (62). En 1656, un sermon prononcé à Dijon pour la fête de la Visitation présente une méditation sur l'éternité à travers une interprétation spirituelle de la rencontre de Marie et d'Elisabeth, de l'Eglise et de la Synagogue : « Les choses éternelles ont cela de propre, qu'elles ne vieillissent jamais ; au contraire, ce qui doit périr ne cesse jamais de tendre à sa fin, et par conséquent il vieillit toujours. C'est pourquoi l'Apôtre, parlant de la Loi ; *Ce qui vieillit,* dit-il, *est presque aboli.* Ainsi la Synagogue vieillissait toujours, parce qu'elle devait être un jour abolie. L'Eglise chrétienne ne vieillit jamais, parce qu'elle doit durer éternellement » (63). La tyrannie du temps et de la mort s'exerce aussi bien sur les sociétés que sur les individus et la loi de l'histoire est pour elles aussi contraignante que l'est pour l'homme la loi de la vie. L'Eglise, comme le fidèle, aspire au repos de l'éternité, présent

---

(59) *Enarr. in Ps.* IX, n. 7 (P.L. XXXVI, c. 120) : « *Vicissitudo* [...] *temporum sibi succedentium* [...] *æternitatis quædam imitatio est* ». *De Musica,* 1, VI, n. 29 (P.L. XXXII, c. 179) : « *tempora* [...] *æternitatem imitantia* ». Voir aussi sur les rapports entre le temps et l'éternité *Conf.* XI, ch. 13 et suiv. Saint Augustin, tant pour le fond des idées que pour l'expression et les images est la source de nos textes de Bossuet sur la priorité essentielle de l'éternité sur le temps et la dépendance de ce dernier par rapport à son modèle éternel.

(60) O.O., III, p. 611 ; V, p. 561. Les versions de ce texte ne sont pas semblables en leur forme et mériteraient un examen approfondi : le texte de 1661 (O.O., III, p. 611 et suiv.) est déjà une seconde rédaction (cf. O.O., III, p. 611, n. 2) : Bossuet veut inviter les hommes à la pénitence et montre combien ils perdent le temps qui lui est réservé ; il développe les impostures du temps, ses ruses pour tromper le pécheur. Le texte de 1669 (O.O., V, p. 561 et suiv.) insiste moins sur les impostures du temps que sur l'aveuglement des hommes, et, avec une grande vivacité, se moque des prétentions humaines si mal soutenues.

(61) O.O., I, p. 239 ; Tertullien, *adv. Marcion.,* l. III, n. 5.

(62) O.O., I, p. 224 ; II, p. 586 ; VI, p. 75. Sur l'immobile repos, le sabbat des bienheureux, O.O., I, p. 340 ; IV, p. 526 ; V, p. 314 et suiv., 503.

(63) O.O., II, p. 202-203.

immobile et immuable, horizon où le soleil ne disparaît jamais, car le soleil y est Dieu même (64). La phrase de Bossuet devient lyrique pour chanter l'Eglise qui « fixée immuablement dans l'éternité, sera toujours dans la nouveauté », la « sainte Sion où toutes choses sont stables et éternellement permanentes ! » (65), le « règne de la vérité, où nous sommes affranchis de la loi des changements » (66).

L'imagination humaine projette sur ce qui change les caractères de l'éternité, et confond la faible imitation avec le modèle : « ce que le temps ne peut égaler par sa consistance, il tâche de l'égaler par la succession. S'il nous dérobe un jour, il en rend subtilement un autre semblable, qui nous empêche de regretter celui que nous venons de perdre. C'est ainsi que le temps nous joue et nous cache sa rapidité... » (67).

S'il a rapport à l'éternité comme l'image grossière à son modèle, le temps lui est aussi relié en un sens plus existentiel. Là se noue l'énigme qu'il pose à la réflexion du théologien : « Chose étrange, âmes saintes, le temps n'est rien, et cependant on perd tout quand on perd le temps. Qui nous développera cette énigme ? » (68). La valeur attachée au temps est relative à l'homme et à son salut, donc, d'une nouvelle façon, à l'éternité : « ...ce temps, qui n'est rien, a été établi de Dieu pour servir de passage à l'éternité [...]. C'est le bon usage du temps qui nous donne droit à ce qui est au-dessus du temps ; et je ne m'étonne pas, âmes saintes, si vos règles ont tant de soin de vous faire ménager le temps avec une économie scrupuleuse : c'est à cause que tous ces moments, qui étant pris en eux-mêmes sont moins qu'une vapeur et qu'une ombre, en tant qu'ils aboutissent à l'éternité deviennent, dit saint Paul, d'un poids infini, et qu'il n'est rien par conséquent de plus criminel que de recevoir

---

(64) « ... l'éternité n'aura qu'un seul jour, parce que, dans l'éternité, rien ne passe ; ce n'est qu'une présence continuée, une présence qui ne coule point [...]. Pourquoi les choses d'ici-bas périssent-elles sinon parce qu'elles sont sujettes au temps qui se perd toujours et qui entraîne avec soi, ainsi qu'un torrent, tout ce qui lui est attaché, tout ce qui est dans sa dépendance ? Le soleil qui nous éclaire fait en même temps et défait les jours ; il fait tout ensemble et défait le temps par la rapidité de son mouvement. Mais le soleil qui éclairera le siècle futur, ce sera Dieu même. Ce soleil ne porte pas sa lumière d'un lieu en un autre par la rapidité de sa course ; il est tout à tous, il est éternellement devant tous, il éclaire toujours et demeure toujours immobile » (O.O., II, p. 203). Comparaison reprise LT, VI, p. 257.

(65) O.O., II, p. 203-204.

(66) O.O., V, p. 672. Le thème sera repris au temps de l'épiscopat : E.M., p. 100-101, 128-129, 286 ; C.B., VI, p. 57 ; VII, p. 21, etc.

(67) O.O., V, p. 561 (esquissé en 1661, O.O., III, p. 612).

(68) O.O., III, p. 610.

en vain une telle grâce » (69). Néant et être à la fois, le temps est susceptible d'un bon usage ; il peut même être le lieu du salut. La valeur du temps, comme sa réalité, est donc dépendante de l'homme : il n'a pas une nature, il est ce que l'usage en fait (70). Bossuet insistera donc souvent sur l'endurcissement, sur les retardements de la pénitence, sur l'utilisation du temps pour la conversion personnelle. L'oraison funèbre de Yolande de Monterby, le texte capital auquel nous revenons toujours (71), avait déjà en 1655 admirablement exposé cette ambivalence. L'orateur de vingt-huit ans, à l'éloquence un peu sèche, témoigne d'une grande netteté de pensée : « ... cette présence immuable de l'éternité, toujours fixe, toujours permanente, enfermant en l'infinité de son étendue toutes les différences des temps, il s'ensuit manifestement que le temps peut entrer en quelque sorte dans l'éternité [...]. Et de cette distinction importante du temps considéré en lui-même, et du temps par rapport à l'éternité, je tire cette conséquence infaillible : si le temps n'est rien par lui-même, il s'ensuit que tout le temps est perdu auquel nous n'aurons point attaché quelque chose de plus immuable que lui, quelque chose qui puisse passer à la bienheureuse éternité » (72). Faire entrer en quelque sorte le temps dans l'éternité, telle est la tâche de l'homme qui fait pénitence, ramenant le temps à sa source et le valorisant. Attacher au temps « quelque chose qui nous demeure » (73), saint Bernard, comme beaucoup d'autres, a décidé de le faire, et cette préoccupation paraît à Bossuet l'orientation fondamentale de toute vie spirituelle : l'homme doit se convertir sans délais, et, s'il croit gagner du temps en différant, il laisse passer l'occasion de donner au temps sa véritable valeur (74).

La mort prend alors une importance capitale : c'est en elle que se dénoue le temps et que s'exprime l'homme ; elle permet de révéler ce que l'homme a fait du temps. Le tombeau est le « plus véritable interprète [et le] plus fidèle miroir des choses humaines ». La mort explique la nature du « composé » humain : « Je ne crains

---

(69) O.O., III, p. 610.

(70) Mais on ne trouve pas chez Bossuet de valorisation de l'instant par son intensité mystique (pour ces tendances mystiques, cf. E. Dermenghem, *L' « instant » chez les mystiques et quelques poètes*, dans *Mesures*, 15 juillet 1938, n° 3).

(71) Nous y voyons clairement les fondements de la spiritualité de Bossuet : l'inexpérience et le caractère de brouillon du manuscrit l'empêchent de les dissimuler sous l'éloquence.

(72) O.O., II, p. 270.

(73) O.O., I, p. 409.

(74) Références dans J. Truchet, *La doctrine de la Pénitence de Bossuet*, dans *Revue d'Histoire de la Philosophie...*, juillet-septembre 1943, p. 193 et suiv.

point d'assurer que c'est du sein de la mort et de ses ombres épaisses que sort une lumière immortelle pour éclairer nos esprits touchant l'état de notre nature [...] venez voir dans un même objet la fin de vos desseins et le commencement de vos espérances ; venez voir tout ensemble la dissolution et le renouvellement de votre être ; venez voir le triomphe de la vie dans la victoire de la mort » (75).

Si le temps est une illusion qui masque la vraie nature de l'homme, la mort remet les choses en leur place ; même si cela répugne à la nature, la tâche du prédicateur est de l'annoncer. L'oraison funèbre de Yolande de Monterby commentait le verset *Ecce mensurabiles posuisti dies meos, et substantia mea tanquam nihilum ante te* (76) en réfléchissant sur la nature du temps dont l'être n'est que non-être (77), mais elle n'expliquait pas encore la signification de la mort. Le sermon de 1662 voit dans la mort la déchéance fondamentale de la vie : « Non, ma substance n'est rien devant vous, et tout l'être qui se mesure n'est rien, parce que ce qui se mesure a son terme, et lorsqu'on est venu à ce terme, un dernier point détruit tout, comme si jamais il n'avait été. Qu'est-ce que cent ans, qu'est-ce que mille ans puisqu'un seul moment les efface ? » (78). Mais inversement, et c'est le second mouvement du sermon, par là l'homme est exalté en sa « divine ressemblance » (79) ; la mort est le moyen pour l'homme de récupérer son héritage, de retrouver sa vraie grandeur : « O conduite miséricordieuse de celui qui pourvoit à nos besoins ! Il a dessein, dit excellemment saint Jean Chrysostome, de réparer la maison qu'il nous a donnée ; pendant qu'il la détruit et qu'il la renverse pour la refaire toute neuve, il est nécessaire que nous délogions. Et lui-même nous offre son palais ; il nous donne un appartement, pour nous faire attendre en repos l'entière réparation de notre ancien édifice » (80). Comme le disait déjà Bossuet le jour de Pâques 1654, « Dieu commence déjà dans nos corps l'ouvrage de leur bienheureuse immortalité [...]. Dieu habitant en nos âmes a pris possession de nos corps : par conséquent, ô mort, tu ne les lui saurais enlever » (81).

⁂

(75) O.O., IV, p. 265.
(76) *Ps.* XXXVIII, 6.
(77) O.O., II, p. 269-270.
(78) O.O., IV, p. 267.
(79) O.O., IV, p. 275.
(80) O.O., IV, p. 281.
(81) O.O., I, p. 516-517.

Puisque toute l'éternité dépend de l'instant de la mort, de ce court moment où les médecins et les anges consultant au chevet du mourant décident du sort du corps et du sort de l'âme (82), la préparation à la mort constitue un des éléments les plus importants de la vie spirituelle : parce qu'il a su s'y préparer, François de Paule présente à la mort un visage riant (83) : elle va enfin le délivrer de ce corps dont il essayait de se décharger depuis quatre-vingts ans ! Ainsi « un homme de bien, que les douleurs de la pénitence ont détaché de bonne foi des joies sensuelles, n'aura rien à perdre en ce jour » (84) : un Bourgoing (85), une Henriette d'Angleterre, un Le Tellier (86) se sont longtemps préparés à la mort, ils sont morts de la mort des justes (87) : c'est qu'ils ont vécu comme des justes, ou se sont convertis à temps. Comme la plupart de ses contemporains, Bossuet voit dans la mort un stimulant de la conversion et l'ultime discrimination ; nous comprenons que la « préparation à la mort » soit une des pratiques les plus répandues dans la spiritualité du XVIIe siècle.

La mort qui s'insinue avec le temps « ternit le lustre de toutes choses » (88) et affirme le néant de l'homme : « Qu'est-ce que l'homme, ô grand Dieu ! que vous en faites état et que vous en avez souvenance ? » aime à redire Bossuet (89). Comment vivre, comment se conduire, comment juger les hommes lorsqu'on a été saisi par l'évidence de la mort ? Les Sages de l'Ancien Testament répondaient par l'ironie et l'amertume : ils possèdent la vérité et se rient de la folie des hommes qui l'ignorent. Familier des *Psaumes*, de l'*Ecclésiaste* et des livres de sagesse (90), Bossuet adopte bien souvent cette attitude et ce ton : les choses ne sont pas solides, le monde n'est que vanité, néant et folie ; et l'orateur se met à la place des bienheureux pour considérer les occupations du monde : « O ! que la terre leur paraîtra petite ! comme ils se riront des folles joies de ce monde ! » (91). L'indignation qui s'élève est dirigée plus contre

---

(82) O.O., III, p. 113-114.
(83) O.O., II, p. 34, repris O.O., III, p. 458-459 (cf. Bossuet, *Oraisons funèbres*, éd. J. Truchet, p. 61, n. 1).
(84) O.O., V, p. 84.
(85) O.O., IV, p. 420.
(86) O.O., VI, p. 357-360.
(87) Cf. l'approbation donnée par Bossuet au livre du P. Lalemant, *supra* p. 88.
(88) O.O., III, p. 454
(89) *Ps.* VIII, 5, cité O.O., I, p. 319 ; II, p. 85 ; III, p. 8.
(90) O.O., I, p. 325 : « le Sage que je ne me lasse point de vous alléguer en cette matière » ; O.O., IV, p. 186 : « un habile homme », pour désigner l'auteur de l'*Ecclésiastique ;* etc.
(91) O.O., I, p. 59 ; IV, p. 259 ; Dieu se rit ainsi d'Adam après sa chute (E.M., p. 185-186) ou des projets des grands de la terre (E.M., p. 358).

la folie des hommes que contre leur malice : « L'homme insensé ne veut point de ces grandeurs ; il embrasse avec autant d'ardeur des plaisirs mortels que s'il n'était pas né pour une gloire éternelle [...]. Encore si cette vie avait quelques charmes qui fussent capables de le contenter, sa folie serait en quelque façon pardonnable ! [...] Jugez par là ce que c'est que cette vie. Il faut de l'adresse et de l'artifice pour nous en cacher les misères ; et toutefois, ô aveuglement de l'esprit humain ! c'est elle qui nous séduit, elle qui n'est que trouble et qu'agitation [...]. A quoi est-ce que nous pensons ? Où est cette générosité du christianisme, qui faisait estimer aux premiers fidèles moins que de la fange toute la pompe du monde : *Arbitror ut stercora...* » (92). Bossuet utilise toutes les ressources de la rhétorique et joue sur la répétition des mots de vanité et de folie ; tantôt les Sages, tantôt saint Cyprien (93) suggèrent cette ironie qui semble trouver chez l'orateur une grande complicité (94). Le prédicateur adopte le ton du moraliste qui méprise le monde et la vie, le siècle et son iniquité, « l'impiété, le désordre, le luxe, les molles délices, l'avarice, l'ambition, et enfin toute sorte de crime » : « Souhaitez-vous des richesses ? vous n'en aurez jamais plus que Crésus ; les délices ? Sardanapale ; le pouvoir ? Néron, Caligula, ces monstres du genre humain, et néanmoins les maîtres du monde. Où est-ce que l'éloquence, la sagesse mondaine, le crédit, les bonnes arts ont été plus grands que dans l'empire romain ? C'étaient des idolâtres... » (95).

Quelles que soient les occupations des hommes, le moraliste, s'il sait prendre du recul, n'y découvre que « tracas », « mélange de choses », « étrange confusion » ; nul n'est « de loisir » (96) et tous cherchent leur « divertissement » (97), ils choisissent toujours le pire et veulent toujours l'impossible (98). Est-ce Bossuet, est-ce

---

(92) O.O., I, p. 60-61. Nombreux textes sur la folie des hommes, O.O., I, p. 104 (= 498), 316 (= II, p. 86, 555) ; II, p. 95 ; 498 ; III, p. 312 ; IV, p. 259.

(93) O.O., I, p. 314, cf. *supra* p. 170.

(94) Cf. O.O., I, p. 338 : Bossuet fait ici le portrait de l'homme de bien dont se rit le mondain.

(95) O.O., I, p. 223-224.

(96) O.O., I, p. 314 (repris O.O., II, p. 85 et 554).

(97) O.O., I, p. 315 ; cf. I, p. 34 : « regarder avec mépris les mouvements éternels qui agitent la vie humaine » ; II, p. 90 : « nos divertissements nous attachent continuellement aux choses externes et qui ne tiennent pas à ce que nous sommes » (reprise, avec des précisions, de O.O., I, p. 331) ; I, p. 322 : « les plus sages, après que cette première ardeur qui donne l'agrément aux choses du monde est un peu tempérée par le temps, s'étonnent le plus souvent de s'être si fort travaillés pour rien » (repris O.O., I, p. 340 et 407).

(98) O.O., IV, p. 156, n. 3.

l'*Ecclésiaste* qui écrit : « ... l'un amasse et l'autre dépense. [...] la mer n'a pas plus de vagues quand elle est agitée par les vents, qu'il naît de diverses pensées de cet abîme sans fond, de ce secret impénétrable du cœur de l'homme... » (99) ? En l'homme l'entendement et la volonté sont blessés, l'un par l'ignorance, l'autre par le dérèglement : l'incohérence règne (100), « chaque âge n'a-t-il pas ses erreurs et sa folie ? » (101) ; « Que ferai-je ? Où me tournerai-je? » (102). Une seule constatation s'impose : Vanité, tout est vanité ; les joies sensuelles après lesquelles courent les libertins en sont l'image. L'orateur commente l'*Ecclésiaste :* Salomon « s'éveille, il se reconnaît, et *il a trouvé,* dit-il, *que tout cela était vanité et affliction d'esprit.* Pesez ces deux mots. Vanité, parce qu'il n'y a point de corps : tout le prix vient de la faiblesse de la raison ; et c'est alors qu'il dit : *Risum reputavi errorem, et gaudio dixi : Quid frustra deciperis ?* Preuve, que tous ces grands divertissements touchent plus les enfants que tous les autres. Etre paré et courir deçà et delà, se déguiser, se masquer, etc. Nous nous rions de leurs badineries ; et les nôtres, d'autant plus ridicules que nous y mêlons plus de sérieux ; car il n'y a rien de plus ridicule que le sérieux dans les niaiseries. L'amour de tous ces divertissements, c'est donc un reste d'enfance. Bien plus, c'est une folie [...]. Dégoût, appétit, encore dégoût, puis renouvellement d'ardeur ; c'est ce qui arrive dans tous les plaisirs. C'est donc une disposition déraisonnable à cause du changement ; et par conséquent vanité, faiblesse de raison [...]. O ! l'homme n'est que vanité, et aussi ne poursuit-il que des choses vaines... » (103).

Si la réflexion sur le monde est un thème important de la prédication de Bossuet (104), c'est aussi un des grands mouvements de sa spiritualité. Le monde représente dans la vision de Bossuet l'ensemble des forces qui, en l'homme ou autour de l'homme, s'opposent au règne de Jésus-Christ ; l'univers est le théâtre d'une grande lutte entre le bien et le mal, la vérité et l'erreur, le monde et Jésus-Christ, « le monde d'un côté, Jésus-Christ de l'autre [...].

---

(99) O.O., I, p. 316 ; cf. O.O., I, p. 244 ; IV, p. 89, 182, 264.

(100) O.O., I, p. 317-318.

(101) O.O., I, p. 321.

(102) O.O., I, p. 316.

(103) O.O., IV, p. 552-553, cf. *Eccle.* II, 2. Le jeu est une des occupations où éclate le mieux la vanité : O.O., I, p. 315, 321 ; III, p. 217, 313, 324 ; IV, p. 125, 468 ; V. p. 166, 219-220, 417. « De toutes les passions, la plus pleine d'illusion c'est la joie ; et le Sage n'a jamais parlé avec plus de sens que quand il a dit dans l'*Ecclésiaste* qu'il « estimait le ris une erreur et la joie une tromperie »... » (O.O., V, p. 497 : cf. *Eccle.*, II, 2).

(104) J. Truchet, *La prédication de Bossuet,* t. I, p. 244-248 ; II, p. 175-215, etc.

L'un a Dieu pour lui, et l'autre a les hommes... » (105) ; en une large fresque historique (106), Bossuet étend déjà, en 1664, cette opposition à toute la suite des siècles ; c'est la grande répartition des êtres et des civilisations : « selon l'Ecriture, il n'y a que deux genres d'hommes, dont les uns composent le monde, et les autres la société des enfants de Dieu. Cette solennelle division est venue, dit saint Augustin, de ce que l'homme n'a que deux parties principales : la partie animale et la raisonnable... » (107), et l'orateur développe l'opposition classique depuis saint Augustin entre les deux races, les deux cités, entre Caïn et Seth, Babylone et Jérusalem, opposition inscrite dans le cœur même de l'homme où s'affrontent le monde et l'image divine (108).

Les oppositions terme à terme sont chères à Bossuet qui aime à se représenter les choses sous forme d'antithèses. Le dynamisme du monde et l'établissement du règne de Dieu reposent sur « cette étrange opposition » : « Tout ce que Dieu élève, le monde se plaît de le rabaisser ; tout ce que le monde estime, Dieu se plaît de le détruire et de le confondre : c'est pourquoi Tertullien disait si éloquemment qu'il y avait entre eux de l'émulation : *Est æmulatio divinæ rei et humanæ* » (109). Toutefois cette opposition, pour dramatique qu'elle soit, n'est pas invincible : le monde est moins fort que ceux qui s'opposent à lui : « Le monde doit perdre sa cause en tout et partout, car jamais il n'en fut de plus déplorée... » (110). Malgré toutes ses « subtilités » (111), il peut être vaincu par l'homme qui suit le conseil de saint Jean « N'aimez donc pas le monde ni ce qui est dans le monde » (112).

Comment vivra un homme pénétré de ces vérités ? Il commencera par ne pas s'installer dans le monde : c'est un lieu de pèlerinage, comme les spirituels l'on dit souvent après l'*Ecclésiaste* (113), lieu de pèlerinage misérable (114) ; le croyant doit faire comme les

---

(105) O.O., II, p. 295 (= V, p. 291).

(106) Que le *Discours sur l'Histoire universelle* développera encore : LT, XXIV, p. 466, l'Egypte et Babylone représentent le monde et ses plaisirs par opposition à la cité sainte.

(107) O.O., IV, p. 538. Sur les deux cités, voir aussi O.O., I, p. 219 et suiv. ; III, p. 423 et suiv.

(108) Cf. O.O., V, p. 641 : c'est de l'homme que les maximes du monde tirent leur origine et leur force : « elles ont toutes leur fondement sur nos inclinations corrompues ».

(109) O.O., III, p. 22. Cf. aussi LT, XVII, p. 285.

(110) O.O., V, p. 649. Cf. aussi O.O., III, p. 23.

(111) O.O., IV, p. 178.

(112) *1 Jean,* II, 15, texte commenté O.O., V, p. 646 et suiv.

(113) *Eccle.* VII, 1, cité O.O., I, p. 320.

(114) O.O., II, p. 49, 62.

Mages, partir on ne sait où (115), aller et marcher toujours, comme saint Joseph, n'avoir jamais de demeure fixe (116) ; qui s'arrête ou croit être arrivé recule et perd cette qualité de « voyageur » (117), « c'est pourquoi saint Augustin a dit ces beaux mots, qui méritent bien d'être médités : " *Qui non gemit peregrinus, non gaudebit civis :* celui qui ne gémit pas comme voyageur, ne se réjouira pas comme citoyen " ; c'est-à-dire, si nous l'entendons, il ne sera jamais habitant du ciel, parce qu'il a voulu l'être de la terre ; puisqu'il refuse le travail du voyage, il n'aura pas le repos de la patrie ; et s'arrêtant où il faut marcher, il n'arrivera pas où il faut parvenir : *Qui non gemit peregrinus, non gaudebit civis* » (118).

La devise de la vie chrétienne pourrait être ce simple mot « *Egredere,* sors » par lequel Dieu appela Abraham (119) et dont Bossuet fait le texte et le thème de son panégyrique de saint Benoît, un simple mot qui définit comme « un long et infini voyage » « toute la doctrine de l'Evangile, toute la discipline chrétienne, toute la perfection monastique » (120). En ses ultimes conséquences cet esprit de pèlerinage implique une absolue séparation : être vis-à-vis du monde comme un mort à l'égard d'un mort (121), sortir de cette prison en brisant les chaînes qui nous y attachent, comme disait Tertullien des martyrs (122). La Vierge Marie est sans doute pour les hommes le plus bel exemple de cette nécessaire « séparation », l'image de ce que Dieu fait pour son peuple en le tirant « de la masse de perdition et de la contagion générale » et en lui imprimant « sur le front le caractère sacré du baptême » (123) : comment le chrétien qui est un « séparé » actualisera-t-il cette séparation, sinon en essayant de s'éloigner du monde ?

C'est ce que Bossuet dès sa jeunesse a souvent affirmé, car l'obsession de l'éloignement du monde est une des dimensions essentielles de sa spiritualité : l'ironie, le sarcasme ne suffisent pas, il faut se

(115) E.M., p. 349, texte plus tardif.

(116) O.O., III, p. 659.

(117) O.O., I, p. 317 ; II, p. 381 ; VI, p. 545 ; et surtout O.O., III, p. 151-154, de très beaux textes sur l'esprit de pèlerinage, sur les biens de la terre qui ne sont que rafraîchissement durant le voyage, bâton pour nous soutenir dans le travail, maison de passage où l'on se délasse. Cf. aussi E.M., p. 245.

(118) O.O., II, p. 381-382, cit. de *Enarr. in Ps.* CXLVIII, n. 4, reprise O.O., III, p. 497 ; V. p. 333.

(119) *Gen.* XII, 1.

(120) O.O., IV, p. 618.

(121) O.O., I, p. 412.

(122) O.O., II, p. 213 (= III, p. 27) ; cf. O.O., III, p. 105 : tous les hommes sont des prisonniers.

(123) O.O., II, p. 257.

retirer dans la solitude, condition préalable de toute vie spirituelle, conversion qui est un retournement radical, un véritable bouleversement (124). La dimension moraliste prend alors un sens plus élevé : devient-elle en quelque sorte monastique ? « Sauvez-nous, sauvez-nous, Seigneur, de la contagion de ce siècle : sauvez-nous, disait le Prophète, parce qu'il n'y a plus de saints sur la terre, et que les vérités ont été diminuées par la malice des enfants des hommes » (125).

L'idéal de l'orateur n'est plus le sage qui de loin juge les occupations des hommes, c'est le moine qui lutte contre le monde et la nature, et le grand modèle de Bossuet est ici saint Bernard (126). L'exemple du saint, sa personnalité ont fait impression sur l'orateur encore plus que son œuvre n'a marqué son intelligence (127). Le premier effet de la conversion c'est le sérieux de la vie, l'amour de la solitude : « Et, en effet, le voyez-vous, Chrétiens, comme il est rêveur et pensif ? de quelle sorte il fuit le grand monde, devenu extraordinairement amoureux du secret et de la solitude ? Là il s'entretient doucement de telles ou de semblables pensées : Bernard, que prétends-tu dans le monde ? Y vois-tu quelque chose qui te satisfasse ? ». Le beau morceau qui suit est dans toutes les mémoires : « Bernard, Bernard [...] cette verte jeunesse ne durera pas toujours... ». Bernard veut disparaître et se cacher, « il ne songe plus qu'à chercher un lieu de retraite et de pénitence. Mais comme il ne désire que la rigueur et l'humilité, il ne se jette point dans les fameux monastères, que leur réputation ou leur abondance rend illustres par toute la terre... ». « La sainteté de vie, l'extrême rigueur de la pénitence et l'obscurité », tel est l'idéal de Bernard et de l'orateur qui fait son éloge. Le monde est mort pour lui, il est mort au monde (128), il s'est « dégagé » du siècle (129).

Dès 1653, Bossuet prononce, avec ce panégyrique, un éloge du détachement et de l'ascèse ; la doctrine qu'il présentera trente ans plus tard aux religieuses du diocèse de Meaux montrera bien la ligne continue de ses orientations spirituelles. Cîteaux est une des

---

(124) « Il faut se changer jusqu'au fond. » (O.O., I, p. 415).

(125) O.O., IV, p. 180 (= III, p. 261) ; cf. *Ps.* XI, 2.

(126) Saint Sulpice présente à Bossuet les mêmes leçons : O.O., IV, p. 535 et suiv.

(127) Nous verrons que ce panégyrique repose sur la *Vie de saint Bernard* de Guillaume de Saint-Thierry et que l'on n'y trouve pas de rappel précis des œuvres du saint. Cependant le panégyrique est un genre littéraire qui possède ses règles et ses habitudes (cf. J. Truchet, *Bossuet panégyriste*) : ce n'est pas l'exposé d'une doctrine spirituelle.

(128) Cf. *Gal.* VI, 14.

(129) O.O., I, p. 407-411.

premières incarnations de cette Thébaïde à laquelle aspire Bossuet comme nombre de ses contemporains (130).

Cependant, si nous parlons de spiritualité « monastique », n'attendons pas de Bossuet une apologie de ceux qu'on appelait au XVIIe siècle les « moines », et dont la fidélité à Rome a souvent irrité les susceptibilités gallicanes ; l'éloge qu'il fait de la vie monastique s'inscrit dans le grand mouvement de renouvellement spirituel du siècle : esprit de « réforme », admiration pour l'ascèse héroïque des Pères du Désert et des anciens solitaires, parfois même goût d'un certain « primitivisme ». Alors que les religieux se tournent vers leurs origines en un souci de fidélité à leur fondateur, les érudits publient et traduisent les *Vies* des Pères du Désert, les œuvres de Jean Climaque et de Cassien (131). Bossuet est marqué par ce mouvement et il restera toujours fidèle aux admirations de sa jeunesse.

Lui qui exalte la « première vigueur des mœurs chrétiennes » (132), la générosité des premiers fidèles (133), et la vie de « nos premiers pères » (134), il affirme que les cloîtres font revivre toutes les vertus de la primitive Eglise : « C'est dans vos saintes sociétés que l'on voit encore une image de cette communauté chrétienne que le Saint-Esprit avait opérée : c'est pourquoi vos maisons ressemblent au ciel ; et comme la pureté que vous professez vous égale en quelque sorte aux saints anges, de même ce qui unit vos esprits, c'est ce qui unit aussi les esprits célestes, c'est-à-dire un désir ardent de servir votre commun Maître. Vous n'avez toutes qu'un même intérêt ; tout est commun entre vous ; et ce mot si froid de mien et de tien, qui a fait naître toutes les querelles et tous les procès, est exclu de votre unité » (135).

---

(130) Cf. aux Ursulines de Meaux (O.O., VI, p. 260, 277 : « les misères du monde et les difficultés de s'y sauver [...] la religion où vous ferez votre salut avec plus de paix, de repos, et avec moins d'inquiétude que dans le monde »), aux Visitandines de Meaux (O.O., VI, p. 541 : l'état religieux « port assuré, arche sacrée qui vous abrite, pendant qu'un déluge universel entraîne tous les hommes dans une ruine presque infaillible »), etc.

(131) Cf. A.-G. Martimort, *Le gallicanisme de Bossuet,* p. 154 et suiv.

(132) O.O., I, p. 114 ; cf. O.O., V, p. 307.

(133) O.O., I, p. 61.

(134) O.O., I, p. 423, 447 ; II, p. 506 ; cf. plus tard dans les *Méditations sur l'Evangile* l'évocation de l'Eglise primitive, LT, VI, p. 489, 510 et suiv., 513.

(135) O.O., II, p. 514 ; le sermon est sans doute adressé aux Bernardines du Petit-Clairvaux de Metz. La comparaison des religieux avec les anges est traditionnelle : Bossuet la reprendra (O.O., VI, p. 280) mais dans un sens purement moral. Sur la communauté des biens dans l'Eglise primitive, un thème qui touche beaucoup la sensibilité des hommes du XVIIe siècle, cf. *Politique,* p. 19-20, 29, 293 ; LT, XXIV, p. 266 ; voir

Le cloître est selon Bossuet l'abri de la pénitence (136), l'école de la véritable sagesse (137), et en même temps un lieu préservé : c'est le refuge de ceux qui ont méprisé le siècle (138) ; l'orateur insiste à plusieurs reprises sur la liberté que donne cette vie (139), vie « la plus calme et la plus tranquille de toutes pour celles qui sont bien appelées » (140) ; voilà sans doute « de grands avantages » (141), mais l'appel à la perfection n'est pas seulement pour les moines !

Saint Benoît fut un « moine digne de ce nom » parce qu'il fut « un parfait chrétien » (142), et Bossuet qui pense qu'il n'y a pas de spiritualité différente pour les religieux et pour les autres chrétiens (143) soutient après saint François de Sales que l'on peut être dévot dans le monde (144) : regardons autour de nous, combien de magistrats savent posséder comme ne possédant pas, user du monde comme n'en usant pas (145) !

Il en va de même de l'exigence de fuir le monde et de se retirer dans la solitude : saint François de Paule nous montre qu'on peut obéir à ce conseil au milieu même de la Cour ; à vrai dire c'est « son plus grand miracle, d'avoir été si solitaire et si recueilli au milieu des faveurs des rois et dans les applaudissements de toute leur cour », plus grand miracle que d'avoir traversé les « flammes sans en avoir été offensé ». Que fait donc François de Paule ? Il ne se laisse pas toucher : « la douce méditation des choses divines et

---

aussi les *Mœurs des Chrétiens* de C. Fleury. Sur le droit de propriété, texte essentiel dans le panégyrique de saint François d'Assise en 1652 (O.O., I, p. 199) : la citation de saint Jean Chrysostome (*Hom. de Beato Philogonio,* n. 1), « ce mot de mien et de tien » (O.O., I, p. 199, repris O.O., II, p. 63), est un lieu capital de la réflexion sur le droit de propriété.

(136) O.O., II, p. 41, 581 ; III, p. 215.

(137) O.O., II, p. 87.

(138) O.O., III, p. 22, repris III, p. 478 : la vie religieuse est définie par rapport à l' « étrange opposition de Dieu et du monde », sur la vie religieuse, voir aussi O.O., III, p. 510 et suiv.

(139) O.O., II, p. 195, 217.

(140) O.O., II, p. 418 : la pointe de la pensée porte sur l'authenticité de la vocation.

(141) O.O., III, p. 47.

(142) O.O., IV, p. 619 : « telle est la vie chrétienne, et telle est par conséquent la vie monastique ».

(143) O.O., V, p. 243, sur l'universalité de l'appel à porter sa croix, et voir pour une période plus tardive, C.B., IV, p. 365 : le *Discours sur l'acte d'abandon* s'adresse à tous sans exception. Sur l'importance de ces principes lors de la querelle du quiétisme, cf. *infra* p. 510.

(144) O.O., III, p. 581.

(145) O.O., III, p. 215 : il est intéressant de noter que les trois catégories qui viennent à l'esprit de Bossuet lorsqu'il veut évoquer la sainteté de vie sont les prêtres charitables, les saints pénitents, les magistrats ; après ce mot, Bossuet ajoute « etc. » ; à cette date (1660) il doit penser à l'un des nombreux magistrats qui font partie de la Compagnie du Saint-Sacrement. Voir aussi O.O., III, p. 572.

cette sainte union avec Jésus-Christ, l'ont désabusé pour jamais de tout ce qui éclate dans le monde. Doux attraits de la cour, combien avez-vous corrompu d'innocents ! ». La solitude est une attitude spirituelle : en apparence François de Paule vit dans le monde, en réalité il « est solitaire jusque dans la cour, et toujours recueilli en Dieu parmi ce tumulte ». Quelles que soient les obligations du monde, il est uni avec Dieu, enfermé avec lui « dans de secrètes communications [...] l'amour divin, qui a occupé tous ses sens par le ravissement de l'esprit, ne lui permet pas d'entendre autre chose que ce que Dieu lui dit au fond de son cœur dans un saint et admirable silence » (146).

L'exemple de François de Paule peut être proposé à chacun : Bossuet prêche aux gens du monde les bienfaits de la solitude, solitude partielle, passagère, utile néanmoins à la vie spirituelle : « Sainte familiarité avec Jésus-Christ, oraison, prière, méditation, entretiens sacrés de l'âme avec Dieu, que ne savons-nous goûter vos douceurs ! Pour les goûter, mes Frères, il faut se retirer quelquefois du bruit et du tumulte du monde, afin d'écouter Jésus en secret. "Il est malaisé, dit saint Augustin, de trouver Jésus-Christ dans le grand monde ; il faut pour cela une solitude [...]". Faisons-nous une solitude, rentrons en nous-mêmes pour penser à Dieu ; ramassons tout notre esprit en cette haute partie de notre âme, pour nous exciter à louer Dieu ; ne permettons pas, Chrétiens, qu'aucune autre pensée nous vienne troubler » (147). La solitude est la condition fondamentale de l'homme devant Dieu, l'état de l'âme devant son juge, « solitude effroyable de l'âme devant Jésus-Christ, pour lui rendre compte » (148), solitude que l'âme trouve dans la mort et qu'elle s'habitue dès cette vie à connaître en se tenant dans la retraite.

Le schéma d'un sermon de 1664 sur la Présentation de la Sainte Vierge le dit de façon frappante : « Retraite perpétuelle ; adoration perpétuelle ; renouvellement perpétuel ». La première disposition est la séparation du monde, le silence : « Retraite perpétuelle. Le monde 1° corrompt [...] ; 2° dissipe l'esprit et étourdit, empêche d'écouter Dieu. Silence de l'âme, et de toutes les passions, et de toutes les facultés pour écouter Dieu.

---

(146) O.O., III, p. 462-463.

(147) O.O., III, p. 464, cit. de saint Augustin, *In Joan. tract.* XVII, n. 11 : « *Difficile est in turba videre Christum. Solitudo quædam necessaria est* » P.L., XXXV, c. 1533. Bossuet emploie à plusieurs reprises l'expression « se faire une solitude » : O.O., II, p. 258 ; III, p. 45, 663 ; V, p. 406 ; E.M., p. 327.

(148) O.O., IV, p. 546 ; et tout le troisième point de ce panégyrique de saint Sulpice.

« [...] Fontaine scellée par la retraite. Eaux également corrompues, soit que la fontaine s'écoule en la mer, soit que la mer coule dans la fontaine. Ainsi, soit que vous vous jetiez dans le monde, soit que le monde pénètre au dedans...

« (Entrée au premier point. « *Egredere :* sors » : sortir du monde ; sortir de ses sens ; sortir de ses passions. Toujours Dieu nous dit : *Egredere de cognatione tua,* de toutes les choses qui te touchent) » (149). Ce sermon fut prêché devant des religieuses (l'adjectif « perpétuel » nous le rappelle), mais devant un auditoire laïc, les conseils seront presque semblables.

A suivre la carrière oratoire de Bossuet, nous remarquons que l'aspiration à la retraite et au silence se précise : peu à peu l'orateur réfléchit sur les fondements de l'attitude qu'il recommande et de plus en plus il a l'expérience du monde et des mondains. Car il tient à dissiper une équivoque : dans le sermon de vêture de mademoiselle de Beauvais en 1667, il constate que les gens du monde recherchent eux aussi la retraite (150). Y aurait-il une bonne et une moins bonne retraite ? L'une qui n'est qu'un subtil moyen de satisfaire le monde, l'autre qui est sa négation. La distinction n'est pas artificielle en ce milieu du XVIIe siècle, tant est vif chez nombre de contemporains de Bossuet le désir de fuir le monde. Il faut citer cette page capitale : « Il a été assez ordinaire aux sages du monde de rechercher la retraite, et de se soustraire à la vue des hommes : ils y ont été engagés par des motifs fort divers. Quelques-uns se sont retirés pour vaquer à la contemplation, et à l'étude de la sagesse ; d'autres ont cherché dans la solitude la liberté et l'indépendance, d'autres, la tranquillité et le repos ; d'autres, l'oisiveté et le loisir. Plusieurs s'y sont jetés par orgueil : ils n'ont pas tant voulu se séparer que se distinguer des autres par une superbe singularité ; et leur dessein n'a pas tant été d'être solitaires que d'être extraordinaires et singuliers [...]. Il s'en est vu un assez grand nombre à qui le monde n'a pas plu, parce qu'ils n'ont pas assez plu au monde. Ils l'ont méprisé tout à fait, parce qu'il ne les a pas assez honorés au gré de leur ambition ; et enfin ils ont mieux aimé tout refuser de sa main que de sembler trop faciles en se contentant de peu » (151).

---

(149) O.O., IV, p. 575-576 (les points de suspension non encadrés sont dans le texte).

(150) En 1653, il avait remarqué que l'orgueil avait retiré bien des philosophes du milieu de la multitude : O.O. I, p. 332 ; et il notera plus tard que Cicéron vantait la solitude : O.O., VI, p. 163.

(151) O.O., V, p. 252.

Le mépris du monde peut être un raffinement d'amour-propre (152) et Bossuet décèle les contradictions du pessimisme areligieux qui pousse souvent les mondains à la retraite : le zèle masque le triomphe de l'amour-propre. La véritable retraite, la véritable solitude ne sont pas affectation : « ... vous aimez mieux qu'il vous oublie, ou même qu'il vous méprise, s'il veut, que de tirer parade et vanité du mépris que vous avez pour lui ; enfin, vous cherchez l'abaissement et l'abjection dans la maison de votre Dieu : c'est ce que les sages du monde n'ont pas conçu ; c'est la propre vertu du christianisme » (153). La retraite est humilité plutôt que lassitude à vivre : c'est ce qui donne toute sa dimension au ton désabusé des aspirations à la solitude.

Rechercher la retraite, le « désert », est condition nécessaire de toute conversion : la première partie du sermon sur la véritable conversion, de l'Avent de Saint-Thomas du Louvre, en 1668, le proclame : « *Ego vox clamantis in deserto* », « la voix qui nous invite à la pénitence se plaît à se faire entendre dans le désert. Il faut quitter le grand monde et les compagnies ; il faut aimer la retraite, le silence et la solitude, pour écouter cette voix qui ne veut point être étourdie par le bruit et le tumulte des hommes ». La pénitence exige le désert intérieur, l'occupation totale de l'âme par le repentir, le souvenir de la faute : « Un pénitent est un homme pensif et attentif à son âme [...]. Un pénitent est un homme dégoûté et de lui-même et du monde [...]. Un pénitent est un homme qui veut soupirer, qui veut gémir [...]. Un tel homme veut être seul, veut avoir des heures particulières ; le monde l'importune et lui est à charge » (154). Toutes ces maximes sont soutenues par des versets de *Psaumes* qui leur donnent leur vrai sens.

La pénitence dans l'Antiquité était publique et rigoureuse : prière continuelle, isolement, « ils ne sortaient en public que pour aller se confondre à la face de l'Eglise et implorer aux pieds de leurs frères le secours de leurs prières charitables ; tant ils esti-

---

(152) Le moraliste qui accuse les solitaires qui suivent la mode songe-t-il en 1667 aux Solitaires de Port-Royal ou à ces mondains dédaigneux, à l'orgueil blessé, comme La Rochefoucauld dont les *Maximes* sont récentes et que Bossuet connaît bien ? Les mots de Bossuet sont à peu près les mêmes que ceux de Godeau devant la retraite de M. Le Maître : « bizarre », « zèle inconsidéré » (à Chapelain, *Lettres,* éd. Tamizey de Larroque, t. I, p. 206, cité par J. Orcibal, *Jean Duvergier de Hauranne...,* p. 542, n. 5) ; similitude des réactions de deux hommes pieux mais également hostiles à tout zèle théâtral et exalté.

(153) O.O., V, p. 252-253.

(154) O.O., V, p. 397-398. Les *Elévations sur les mystères* (E.M., p. 284, 286, 349, 374) et les lettres de direction insisteront sur le rôle du dégoût dans la conversion.

maient la retraite et la solitude nécessaire ! » (155). La conversion est un retour sur soi (156), un renversement de la pente qui entraîne l'homme vers le monde : « Hommes errants, hommes vagabonds, déserteurs de votre âme et fugitifs de vous-mêmes, " *redite, prævaricatores, ad cor,* retournez au cœur " : commencez à réfléchir, et à entendre la voix qui vous rappelle au dedans [...] il faut qu'un recueillement salutaire commence votre guérison [...] il faut vous mettre à l'écart, il faut vous donner du repos » (157). Cette rupture est une sorte de mort : l'homme qui se convertit doit « couper jusqu'au vif », « porter le couteau » jusqu'à ses inclinations les plus chères (158) ; rompre avec le monde n'est pas un épisode de la vie spirituelle, mais une nouvelle naissance (159), une entreprise pénible.

Ce changement du cœur se manifeste dans des attitudes nouvelles ; le converti fuit le monde par une sorte d'instinct : « ... le premier instinct que ressent un homme touché de Dieu est celui de se séquestrer du grand monde » (160). Le dégoût de soi et du monde apparaît tout au long des *Psaumes* que cite Bossuet : David est le meilleur exemple de la pénitence. Le désert est son cadre approprié : l'amour, innocent ou pénitent, aime la solitude dans la nature ; « l'Epouse du saint Cantique aime la campagne et la solitude [...]. L'Epoux appelle sa bien-aimée, non plus des jardins et des prairies, mais du milieu des rochers et des déserts les plus effroyables » (161). Là, les pénitents voient l'image de leurs fautes : « Toutes les histoires ecclésiastiques sont pleines de saints pénitents, qu'une douleur immense de leurs péchés a poussés dans les déserts les plus reculés [...]. Ils allaient chercher les lieux solitaires pour donner un cours plus libre à leur douleur. On les entendait, non gémir, mais hurler et rugir dans les déserts : *Rugiebam.* Je n'ajoute rien à l'histoire : il semblait qu'ils prenaient plaisir à ne voir plus que des objets qui eussent quelque chose d'affreux et de sauvage, et qui leur fussent comme une image de l'effroyable déso-

---

(155) O.O., V, p. 398. Bossuet parle à plusieurs reprises de l'ancienne discipline de la pénitence, accordée une fois, non renouvelée : O.O., I, p. 129 (=II, p. 191), 422-423 ; II, p. 182 et suiv. ; V, p. 307 ; VI, p. 88, 296.

(156) Cf. O.O., I, p. 331-332.

(157) O.O., V, p. 399.

(158) O.O., II, p. 190 ; III, p. 398-399.

(159) O.O., III, p. 608. Sur la pénitence second baptême, O.O., II, p. 190, 459 ; III, p. 283.

(160) O.O., V, p. 401-402.

(161) O.O., V, p. 404 ; cf. *infra* p. 232.

lation où leurs péchés les avaient réduits » (162). Est-il illusoire de prêcher une pénitence radicale, d'inviter à « déserter le monde » ? L'essentiel est que le cœur soit brisé ; le désert peut être intérieur, temporaire ou partiel, « du moins ne nous livrons pas tout à fait au monde, ayons des temps de retraite [...]. Faisons-nous une solitude par notre attention, par notre recueillement... » (163). Ainsi faisait la reine Marie-Thérèse, « ainsi nous la voyions courir aux autels, pour y goûter avec David un humble repos, et s'enfoncer dans son oratoire, où, malgré le tumulte de la Cour, elle trouvait le Carmel d'Elie, le désert de Jean et la montagne si souvent témoin des gémissements de Jésus » (164).

⁂

La méditation continuelle de l'Ecriture, des livres de sagesse, des *Psaumes,* de saint Paul et de saint Jean orientait Bossuet vers la considération d'un monde hostile au chrétien, funeste à celui qui s'y livre sans méfiance, et elle l'invitait à la retraite, à la séparation, au silence. Le désir de la pénitence est nourri par l'exemple des saints, des Pères du Désert, de saint Augustin, de saint Benoît, de saint Bernard, de tous ceux qui ont su résister à la tentation mondaine. Pénétré par leurs leçons, Bossuet s'insère dans une tradition spirituelle particulièrement vivante au XVIIe siècle. En ce siècle en effet, dans les milieux où il a vécu, cette vision « pessimiste » du monde, cette façon de sentir le christianisme, ce sérieux et cette austérité sont, comme nous l'avons dit ailleurs (165), assez courants. Après l'enthousiasme des humanistes qui espéraient, méditant sur la beauté de la créature et sur l'image du Créateur qui s'y manifeste, réconcilier l'homme et le monde, le XVIIe siècle est profondément marqué par un augustinisme austère (166) : de la première orien-

---

(162) O.O., V, p. 405. Voir aussi sur les Pères du Désert O.O., III, p. 411, et, au temps de l'épiscopat (montrant en particulier qu'ils sont les continuateurs de Jean-Baptiste), LT, XXIV, p. 478 ; LT, I, p. 604 ; E.M., p. 325-326 ; LT, XXVI, p. 80. En 1686 une méditation sur le silence chez les ursulines de Meaux commente une phrase d' « un grave auteur » (O.O., VI, p. 365) qui doit être saint Arsène (cf. E.M., p. 325 ; la maxime *Fuge, tace, quiesce* est un lieu commun de la littérature spirituelle ; Moréri, s.v. *Arsène ;* J.-J. Surin, *Poésies spirituelles suivies des contrats spirituels,* par E. Catta, p. 154).

(163) O.O., V, p. 406.

(164) O.O., VI, p. 190.

(165) *Histoire spirituelle de la France,* p. 240-241 ; *Nouvelle Histoire de l'Eglise,* t. 3, p. 422-423.

(166) J. Dagens, *Le* XVIIe *siècle, siècle de saint Augustin,* dans *Cahiers de l'association internationale des études françaises,* n°s 3-4-5, 1953, p. 31 et suiv. ; et surtout Ph. Sellier, *Pascal et saint Augustin,* Paris, 1970.

tation seules des traces subsistent dans l'œuvre de Bossuet alors que ce « pessimisme » s'impose à lui. Les guerres de Religion, le spectacle peu édifiant de la société, et surtout l'élaboration d'une société « laïque », d'une politique reposant sur la raison d'Etat, d'une cosmologie et d'une anthropologie de moins en moins religieuses (167), conduisent les hommes à chercher des raisons de vivre : le salut pour une âme vraiment chrétienne ne peut être qu'hors de ce monde profane, dans une vie d'esprit monastique, même hors d'un cloître. L'on se met à relire l'*Imitation de Jésus-Christ* qui représente pour tous les fidèles la forme la plus directement accessible de cet idéal (168). La sensibilité religieuse, trouvant difficilement possibilité de s'exprimer dans une vie mondaine (vie d'un clerc comme vie d'un laïc), cherche un ailleurs pour s'exprimer ; chez certains elle éclate de façon plus ou moins trouble ou aberrante : sorcellerie, occultisme, superstitions deviennent des moyens d'affirmer tout ce que masque l'homme social ; chez tous ce sentiment se traduit par une obsession, un puissant attrait : où trouver une vie qui remplisse tout le besoin de religieux que porte l'homme ? Si les réformes monastiques se multiplient depuis le concile de Trente, les ordres trop relâchés ne peuvent apporter à ceux qui aspirent à la perfection un cadre qui les satisfasse. D'où l'importance des petits groupes de dévots, d'où chez d'autres le désir de réformer leur ordre religieux ou leur couvent (comme Angélique Arnauld, Marguerite d'Arbouze et cent autres depuis sainte Thérèse), d'où l'attrait qu'exerce sur d'autres le seul ordre qui ait conservé dans toute sa pureté sa ferveur primitive, les chartreux ; déjà au XVIe siècle, les chartreux attiraient saint Jean de la Croix et au XVIIe nombre d'âmes intérieures aspirent à les rejoindre : influence de dom Beaucousin (169), attrait de la Chartreuse auprès de Bérulle, de Condren (170), de Saint-Cyran (171), d'Olier, d'Antoine Le Maître (172), de son frère Le Maître de Séri-

(167) Sur la théologie qui n'est plus langage unifiant en un unique geste religieux, cf. *supra* p. 38-42 et 92. L. Goldmann a montré que cette crise avait d'importants aspects sociaux, mais l'interprétation par une idéologie étrangère au XVIIe siècle risque d'en donner une définition anachronique.

(168) *Dictionnaire des lettres françaises*, XVIIe *siècle*, s.v. *Imitation de Jésus-Christ*.

(169) J. Dagens, *Bérulle...*, p. 115 et suiv. ; J. P. van Schoote, dans R.A.M., 1961, p. 61 et suiv.

(170) H. Bremond, *Histoire littéraire...*, t. III, p. 320-321.

(171) P. Pascal, dans R.H., 1941, p. 232-248 ; J. Orcibal, *Jean Duvergier de Hauranne...*, p. 407.

(172) J. Orcibal, *op. cit.*, p. 535 et suiv.

court (173), et de beaucoup d'autres (174) tout au long du siècle, surtout en sa première moitié ; il y a dans ce mouvement plus qu'une mode spirituelle : ces vocations dont les motivations ne sont pas toujours claires trahissent une orientation de la piété. Ceux que le cloître ne retient pas organisent leur vie pour en faire une Chartreuse : sans aller jusqu'à l'idéal que constitue pour beaucoup la vie d'ermite (175), ils se retirent en une solitude à la fois littéraire comme celle de Balzac (176), de Tristan, de Théophile, de Saint-Amant, de La Fontaine (177), et spirituelle comme celle de Brébeuf (178) ; les plus illustres d'entre eux, les Solitaires de Port-Royal ne sont pas isolés en leur siècle : toute une partie de la société ressent cette aspiration à une Thébaïde où le recueillement, la retraite, l'étude et la pénitence soient assurés.

Bossuet n'apparaît donc pas isolé : ce n'est pas seulement par son action apostolique au sein des groupes secrets ou officiels de dévots qu'il est un homme de son temps, c'est aussi par cette observation du néant, de la vanité du monde, par la recherche du salut et d'une inaccessible sécurité, par l'attrait du désert et de la vie monastique ; les thèmes éternels du christianisme sont revécus avec une intensité qu'explique seul le bouleversement d'un séculaire équilibre, intellectuel, affectif et social. Les *Entretiens solitaires* de Brébeuf rendent bien souvent le même son que les sermons de Bossuet (179). Les sermons sont en conformité non seulement avec

---

(173) Sainte-Beuve, *Port-Royal,* bibl. de la Pléiade, t. I, p. 419 ; P. Pascal, *art. cit.*, p. 239.

(174) César de Bus (R.A.M., 1958, p. 194), Ph. Thibault (S. Bouchereaux, *La réforme des carmes...*, p. 46), C.J. Fournet (*Bulletin de la Société d'émulation du Bourbonnais,* 1961, p. 408), etc.

(175) L'érémitisme est vivant dans les faits et dans l'imagination religieuse : D.S., t. IV, c. 971 (s.v. *Erémitisme*) ; [Picot], *Essai* [...] *sur l'influence de la religion...*, t. I, p. 132 et suiv., 317, t. II, p. 370-378 ; Bremond, *Histoire littéraire...*, t. I, p. 336 et n. 2 ; *Histoire spirituelle de la France,* p. 241. Nombreux cas cités dans les journaux : B.N., fr. 23499, f° 140, 236, 351, 336-339 ; fr. 23500, f° 195 v°, 210 v° ; n.a. fr. 1732, f° 40, etc. Et parmi une abondante littérature, textes tardifs : *La vie du vénérable frère Sébastien Sicler...*, Lyon 1698 ; [J. Grandet], *La vie d'un solitaire inconnu,* Paris, 1699. Evêque de Meaux, Bossuet aimera se retirer dans son ermitage dans les jardins de Germigny (cf. H. Busson, *La religion des classiques,* p. 285 et n. 2).

(176) Bremond, *Histoire littéraire...*, t. I, p. 333 et suiv.

(177) J. Dagens, *Bérulle...*, p. 347 ; H. Busson, *La religion des classiques*, p. 284 et suiv.

(178) Les *Entretiens solitaires* sont de 1656. Cf. H. Bremond, *Histoire littéraire...*, t. I, p. 340 ; R. Harmand, *Essai sur la vie et les œuvres de Georges de Brébeuf,* p. 81-82, 255 et suiv.

(179) Nous verrons la spiritualité du Maréchal de Bellefonds se former à partir des leçons de Brébeuf et de Bossuet.

toute la tradition de l'Eglise mais aussi avec les aspirations propres du XVIIe siècle (180).

Bossuet, cet homme d'action, ce politique, fuit-il le champ de bataille ? Fuir le monde et y agir ne sont pas au XVIIe siècle des attitudes incompatibles (181) : le temps révèle le néant du monde ; que l'homme s'éloigne de ce monde ; imparfait et pécheur, il ne saurait lui résister et, tôt ou tard, il se laisserait prendre à ses charmes perfides ; qu'il retrouve dans la solidarité avec les dévots, et, au delà, avec tout le corps mystique, cette société idéale que le siècle a ruinée ; alors il pourra travailler sans risques à améliorer le monde, mais l'appel à la conversion est pour tous : *Egredere*.

(180) Il faudrait faire ici une place aux « Vanités » dans l'art du XVIIe siècle comme expression de ces tendances très profondes, cf. B. Teyssèdre, *L'art au siècle de Louis XIV*, Paris, 1967, p. 316-319.

(181) Cf. M. de Certeau, *Politique et mystique. René d'Argenson (1596-1651)*, dans R.A.M., 1963, p. 45-82 : le cas de ce « magistrat » (cf. *supra* p. 190) paraît exemplaire d'une classe sociale et d'un esprit religieux.

CHAPITRE 5

LE FONDEMENT PSYCHOLOGIQUE DE LA SPIRITUALITE.

La spiritualité qui représente les modalités de la réponse de l'homme à un appel divin, participe à plusieurs ordres de réalités ; une anthropologie la fonde toujours, au moins implicite, et correspond à une théologie ; regard sur l'homme qui répond, et regard sur la nature de l'appel divin. Un saint Jean de la Croix, un Bérulle (1), tous les grands spirituels, possèdent ainsi une anthropologie plus ou moins cohérente, et c'est à partir de cette définition de l'homme qu'ils répondent aux questions fondamentales de la spiritualité.

Quel rôle l'homme a-t-il dans la vie spirituelle ? A quelle faculté s'applique et comment se développe la vie de la grâce ? Et toute une chaîne de questions se greffe sur ces interrogations : cette faculté est-elle située dans une zone où peut atteindre l'intelligence ? La vie de la grâce est-elle consciente et sensible, et de quelle sensibilité ? Questions préalables à toute étude de la vie spirituelle et de la vie mystique, essais pour expliciter la structure de l'âme humaine en sa réalité la plus intime, au point d'insertion des grâces divines (2).

Le caractère des œuvres de Bossuet à l'époque que nous étudions ne nous permet qu'une approche indirecte : un orateur n'a pas à élaborer de synthèse de psychologie spirituelle. Cependant un vocabulaire est révélateur et certains schémas, suivant lesquels est spontanément exprimée la spiritualité, nous permettent de voir où vont les tendances profondes d'un auteur.

Les métaphores désignant telle faculté ou tel aspect de l'âme humaine, même si leur utilisation ne semble pas répondre à une

---

(1) J. Dagens, *Bérulle...*, p. 254-264.
(2) Sur la structure de l'âme chez les mystiques, cf. L. Reypens, *Ame*, dans D.S., t. I, c. 435 et suiv.

intention précise, sont particulièrement significatives. Il n'est pas indifférent de trouver presque à chaque ligne des lettres à une demoiselle de Metz la métaphore, bien connue mais suggestive, du cœur (3) : l'étude de ses emplois permet de mieux comprendre la psychologie spirituelle de Bossuet, la nature de l'amour divin et les modalités de son exercice. La première lettre à une demoiselle de Metz utilise 16 fois le mot *cœur* et une seule fois le mot *âme ;* la seconde 8 fois *cœur* et 24 fois *âme ;* la troisième 26 fois *cœur* et 5 fois *âme.* Pour un ensemble de seize pages dont le sujet est l'amour divin, le choix des termes n'est pas sans signification.

Ame et *cœur* sont des termes traditionnels dont le sens au XVIIe siècle est en pleine évolution (4) ; les sens bibliques ne sont pas complètement perdus de vue : selon la Bible en effet, le cœur, *lêv* (5), est le centre de la vie psychologique et morale, de la vie intérieure, le lieu de l'intelligence, de la mémoire et de l'attention ; la personne elle-même s'identifie avec le cœur qui en est la partie la plus secrète, qui est le siège de la vie morale et religieuse. Cette psychologie ne considère pas l'individu de façon abstraite, comme simple possibilité d'action ou de réaction, mais de façon concrète, en action ; le cœur représente ainsi l'individu en tant qu'il pense, veut et accessoirement sent ; l'âme, au contraire, ressent des appétits, attend et aspire, aime ou hait, elle représente l'homme passif et subissant, tandis que le cœur représente l'homme réfléchissant, voulant et réagissant. La conscience morale et l'activité spirituelle sont donc du domaine du cœur.

Au XVIIe siècle, l'anthropologie biblique est lointaine : des glissements et des influences extérieures se sont produits dès le temps des Septante et de la Vulgate qui ont tendance à voir dans l'âme « l'élément spirituel et immortel du composé humain » (6) : ni saint Paul, ni saint Jean ne font du cœur un élément de leur anthropologie.

---

(3) Sur le cœur chez les spirituels, voir D.S., t. III, c. 2278-2307, s.v. *Cor* (A. Lefèvre, A. Guillaumont, J. Chatillon, L. Cognet) ; J. Lhermet, *Pascal et la Bible,* Paris, 1931, p. 301 et suiv. ; *Etudes carmélitaines, Le Cœur,* Paris, 1950 (surtout les contributions de A. Guillaumont, M.-D. Chenu, G. Bazin, P. Debongnie, A. Hoog, L. Cognet) ; J. Laporte, *Le cœur et la raison selon Pascal,* Paris, 1950 ; L. Lafuma, *L'ordre de l'esprit et l'ordre du cœur selon Pascal,* R.S.R., 1958, p. 416 et suiv. ; G. Delassault, *Le Maistre de Sacy et son temps,* Paris, 1957, p. 98 et suiv. ; Lucy Tinsley, *The French Expressions for Spirituality and Devotion, A semantic Study,* Washington, 1953 (utile mais très insuffisant ; voir surtout p. 223 et suiv.).

(4) L. Cognet, D.S., t. III, c. 2300-2307.

(5) Cf. A. Guillaumont, dans *Le Cœur,* p. 41 et suiv. ; C. Tresmontant, *Essai sur la pensée hébraïque,* 2e éd., Paris 1956, p. 119 et suiv.

(6) D.S., t. III, c. 2279-2281.

Par son influence au XVIIe siècle, l'œuvre de saint Augustin prend une importance capitale dans cette histoire de l'anthropologie spirituelle (7) : nous y retrouvons les catégories bibliques, mais l'essentiel est cette réalité intérieure, cette individualité profonde qu'exprime le cœur : « *Cor meum, ubi ego sum quicumque sum* » (8) ; le cœur est attention profonde de l'âme, conscience qui discerne le bien et le mal (9), et la démarche spirituelle peut être résumée dans cet appel souvent lancé : « *redi ad cor* », source intime d'une joie inconnue (10).

Au Moyen Age, le glissement de la métaphore du cœur vers un sens affectif est déjà perceptible et l'on a pu appeler le XIIe siècle le « siècle des *affectus* » (11), mais nous observons un décalage entre la spiritualité et le vocabulaire dans lequel elle s'exprime ; les termes *cor* et *affectus* sont volontiers rapprochés ; saint Bernard en distinguant une contemplation qui s'accomplit dans l'*intellectus* et une contemplation dans l'*affectus* ouvre la voie à une théorie affective de l'union mystique qui aura une grande fortune (12) et qui s'épanouira chez Gerson (13) ; mais si nous considérons le vocabulaire spirituel, c'est saint Thomas qui semble être à l'origine du sens moderne de la métaphore du cœur : il prend à la lettre les mots « *Diliges Dominum Deum tuum ex toto corde tuo* » du *Deutéronome* (14) et de saint Mathieu (15), et il fait du cœur « le siège de la volonté, de l'amour ou des appétits » (16) ; rompant avec la tradition augustinienne qui a vu dans le cœur le lieu des « pensées » et de l'intelligence, et revenant au vocabulaire de l'Ecriture, il renouvelle la langue de la spiritualité : le cœur est défini par la volonté : « *Sicut cor corporale est principium omnium corporalium motuum, ita etiam voluntas, et maxime quantum ad intentionem finis ultimi qui est objectum caritatis, est principium omnium spiritualium motuum* » (17).

---

(7) Sur saint Augustin, *Le Cœur,* p. 72-74 ; A. Becker, *De l'instinct du bonheur à l'extase de la béatitude,* Paris, 1968, p. 152-164.

(8) *Confes.*, X, 3.

(9) A. Becker, *op. cit.*, p. 154.

(10) A. Becker, *op. cit.*, p. 158.

(11) D.S., t. III, c. 2291.

(12) D.S., t. III, c. 2292-2293.

(13) D.S., t. III, c. 2299 ; et cf. *De mystica theologia, consid.* 2, éd. A. Combes, p. 8 : « *Theologia mystica innititur ad sui doctrinam experientiis habitis ad intra in cordibus animorum devotorum...* ».

(14) *Deut.* VI, 5.

(15) *Mat.* XXII, 37.

(16) D.S., t. III, c. 2297 ; cf. M.-D. Chenu, dans *Le Cœur,* p. 126.

(17) IIa IIae, q.44, a.5, cit. M.-D. Chenu, dans *Le Cœur,* p. 126.

Par la large vulgarisation des catégories thomistes et leur adoption par les mystiques (18), le XVIIe siècle hérite du Moyen Age une conception affective de la théologie spirituelle et un vocabulaire qui donne au cœur une place de choix dans la vie spirituelle. Mais, rançon de son succès, ce vocabulaire devient imprécis : retour aux sens primitifs, contamination par la psychologie profane, très large diffusion de la littérature spirituelle, nous ne pouvons attendre beaucoup de rigueur dans l'emploi de ces termes, surtout chez ceux qui ne sont pas des théoriciens, et dans la seconde moitié du siècle, lorsque le brassage des influences aura abouti à un syncrétisme linguistique.

En résumé, le XVIIe siècle fait du cœur l'élément central de la personnalité (19) : tout ce qui ne relève pas de la pure intelligence est de son domaine et il enveloppe même des éléments intellectuels : c'est qu'au début du siècle encore, la division de la vie psychologique se fait moins entre l'intelligence et la sensibilité que sur la ligne de la volonté : la racine de l'amour est dans la volonté, stoïcisme latent qui retrouve ici saint Thomas et explique le caractère volontariste que présente la métaphore du cœur (20). Mais comme la volonté ne s'exerce que jointe à l'intelligence, on conçoit que dans le cœur les deux éléments puissent s'unir. Ainsi saint François de Sales attribue au cœur un sens volontariste et affectif : le cœur use de l'intelligence (21), mais il ne procède pas par discours ; il est l'élément dynamique et volontaire de la personnalité. Reprenant la distinction que nous avons déjà rencontrée et que Bossuet exploitera dans ses lettres à une demoiselle de Metz, il ne confond pas le cœur et l'âme : l'âme est la partie du composé humain formée à l'image de Dieu, et le cœur la faculté qui lui permet de se tourner vers son modèle : « O cœur de mon âme qui es créé pour aimer le bien infini [...] ô âme de mon cœur... », ces formules un peu rhétoriques du *Traité de l'amour de Dieu* (22) montrent bien où se situe la distinction.

---

(18) Comme Harphius qui reprend la définition thomiste du cœur : J. Dagens, *Bérulle...*, p. 260-261 et n.1.

(19) L. Cognet, D.S., t. III, c. 2300 et suiv.

(20) D.S., t. III, c. 2301-2302.

(21) « La volonté, certes, ne s'aperçoit pas du bien que par l'entremise de l'entendement, mais l'ayant une fois aperçu elle n'a plus besoin de l'entendement pour pratiquer l'amour [...] la connaissance du bien donne la naissance à l'amour, mais non pas la mesure » (*Traité de l'amour de Dieu*, l. VI, c. 4, éd. Annecy, t. IV, p. 315-316).

(22) l. XII, c. 2, « Qu'il faut avoir un désir continuel d'aimer », éd. Annecy, t. V, p. 321. Nombreux textes analogues : « Il ne se dit rien entre Dieu et l'âme que de cœur à cœur » (cité dans Maupas du Tour, *Abrégé de l'esprit intérieur...*, Rouen, 1696, p. 88).

Au milieu du siècle, les spirituels enseignent la même doctrine et continuent à employer la métaphore du cœur bien que les savants aient démontré que le cœur est un organe comme les autres, une machine, et en aient conclu « que le siège des passions n'est pas dans le cœur » (23). Le cœur est pour les spirituels le centre de l'âme, le fond de la volonté, le point de la plus profonde intériorité (24) où s'insère la grâce, et c'est un lieu commun que d'opposer le cœur à l'esprit comme s'oppose la pratique à la pure spéculation. Cependant, de plus en plus, une anthropologie où sensibilité s'oppose à intelligence tend à réduire le cœur à la sensibilité et à l'opposer purement et simplement à l'esprit : c'est en ce sens qu'un moraliste comme La Bruyère parlera du cœur ; c'est le terme d'une longue évolution.

Bossuet dans les écrits de la période de Metz est fort proche, malgré quelques imprécisions, pour l'usage des termes, des spirituels du début du siècle. Les premiers emplois des mots *cœur* et *esprit,* dans la méditation de 1648 sur la félicité des saints, se trouvent au milieu de paraphrases de saint Paul, mais déjà nous constatons que Bossuet ne s'astreint pas à suivre le vocabulaire de l'apôtre : traduisant largement, il rend « *nec in cor hominis ascendit quæ præparavit Deus* » (25) par : « l'esprit, à qui Dieu n'a point donné de bornes dans ses pensées, [...] ne saurait se figurer rien de semblable » (26). La paraphrase de l'*Epître aux Ephésiens,* qui suit quelques lignes plus loin, permet à Bossuet de parler du cœur et de l'âme nouvelle que Dieu nous a donnés « pour porter notre esprit à des choses tout autres que celles que nous voyons en ce monde » (27) ; mais s'il reprend les expressions traditionnelles de « cœur nouveau » et d'« âme nouvelle » en en faisant la source des

---

(23) Descartes, *Les passions de l'âme,* XXXIII. Cela n'empêche pas les orateurs qui prononcent l'oraison funèbre du cœur des grands personnages de pousser loin le symbolisme : par exemple P. Lalemant devant le cœur d'Henriette d'Angleterre, bibl. Sainte-Geneviève, ms. 278, 63-64.

(24) Saint-Cyran, D.S., t. III, c. 2304 ; A. Piny, dans *Le Cœur,* p. 78-79 ; D.S., t. III, c. 2297 ; H.M. Boudon, *Dieu seul,* 1663, p. 22-23 : « Cette prière que mon âme vous présente du plus profond de son cœur ». Pascal est un bon témoin de cette évolution du vocabulaire et de l'anthropologie spirituelle : retour au vocabulaire de saint Paul, distinction du cœur et de la raison, de l'âme et du cœur (cf. J. Lhermet, *Pascal et la Bible,* p. 301 et suiv. ; J. Laporte, *op. cit. supra* p. 200, n. 3). Sur Port-Royal : G. Delassault, *Le Maistre de Sacy...,* p. 98 et suiv. ; H. Flasche, *Die Erfahrung des Herzens bei Le Maître de Sacy zur Einordnung der Erkenntnislehre Pascals, Sacris erudiri,* 1949, p. 367-380 ; sur Nicole : D.S., t. III, c. 2305-2306.

(25) *I Cor.* II, 9.

(26) O.O., I, p. 28.

(27) O.O., I, p. 29, cf. *Eph.* I, 18.

mouvements de l'esprit, il hésite à traduire saint Paul mot à mot et à écrire « les yeux du cœur » (28).

Dans une première rédaction supprimée du panégyrique de saint Gorgon en 1649 (29), l'orateur compare les effets de l'amour et ceux de la crainte : « Toute la force de la crainte consiste à retenir ou à troubler l'âme [...] elle étouffe les sentiments de l'âme [...]. L'amour [...] tient la clef de l'âme [...] l'ouvre [...] la dilate pour y faire entrer les objets », et il poursuit avec une citation de la *Seconde Epître aux Corinthiens* (30) : « *Os nostrum patet ad vos, ô Corinthii, cor nostrum dilatatum est :* Pour vous, ô Corinthiens, j'ouvre ma bouche et mon cœur », « la crainte n'a point d'accès au dedans de l'âme [...] la loi nouvelle est gravée dans le fond du cœur... » (31). Bossuet suit exactement la terminologie de saint Paul : le cœur est l'intérieur de l'âme et le fond du cœur désigne, de façon presque pléonastique, le plus intime de l'homme (32). Le mot *âme* dans les lignes que nous citions plus haut est fort général : Bossuet parle des « sentiments » de l'âme en alliant deux termes assez imprécis, le sentiment désignant toutes les dispositions intérieures devant un objet (33), et l'âme tout ce qui en nous n'est pas le corps.

Bossuet qui supprime tout ce passage dans sa rédaction de 1649, l'exploitera, en le transformant, quatre ans plus tard. Le sermon pour la Circoncision en 1653 donne au cœur sa valeur dynamique et fondamentale que nous voyions poindre en 1649 : « je ne sais quel mouvement de mon cœur m'incite à parler du nom de Jésus... » (34), « deux inclinations qui ont pris dans le cœur de l'homme de plus profondes racines... » (35) ; c'est aussi le cœur qui est le siège de l'amour divin : « Le roi Jésus se plaît de régner dans les cœurs » (36). Traduisant à la suite de saint Augustin le *psaume* XLIV (37), Bossuet peut écrire : « les flèches de mon Maître

---

(28) L'année suivante, pour la Toussaint, il traduit largement ce verset par « illuminez nos yeux » (O.O., I, p. 60), reculant encore devant une expression que Pascal n'hésitera pas à employer dans ses *Pensées* (Br. 793).

(29) O.O., I, p. 34, n. 6.

(30) *II Cor.*, VI, 11.

(31) *II Cor.* III, 3.

(32) « le fond du cœur » est une explication de l'original : « *in tabulis cordis carnalibus* ».

(33) Bossuet écrira quarante-cinq ans plus tard : « Dans l'usage du langage humain, souvent sentir et voir c'est la même chose » (T.C., p. 23).

(34) O.O., I, p. 251.

(35) O.O., I, p. 254.

(36) O.O., I, p. 268.

(37) *Ps.* XLIV, 6 : « *in corda inimicorum regis* » ; cf. saint Augustin, *Enarr. in Ps. XLIV*, n. 16.

ont percé le cœur de ses ennemis [...] il les a blessés de son saint amour » (38) ; l'image biblique se développe et des flèches passe aux traits du saint amour qui frappent le cœur (39). Le cœur est le lieu de l'amour comme il l'est de l'adoration (40), centre de la personnalité, élément vital en l'homme. L'âme se situe sur un autre plan, opposée au corps (41), elle est ce qui regarde vers Dieu, capable de se laisser influencer ou troubler par le cœur : le désir naît dans le cœur et atteint la pure disponibilité de l'âme.

La doctrine de Bossuet est peu systématique : deux pages du sermon « sur les caractères des deux Alliances » développent le mécanisme psychologique de l'amour (42). L'orateur, étudiant les « deux sortes d'opérations » exercées par Dieu sur nos âmes, soutient que « l'amour entre au plus secret de nos cœurs », il « en a la clef » (43), il modère les « mouvements » de ce cœur, il redresse ses « méchantes inclinations », ses « affections déréglées » ; élément dynamique, à la fois volonté et affectivité, en lui s'exerce l'amour, et par son intermédiaire « l'âme sera tout autre » (44), car l'âme est ce qui en l'homme peut recevoir l'empreinte de Jésus-Christ : elle n'est pas une faculté, mais se situe au delà des facultés : « Il [le Sauveur Jésus] est dans nos volontés toutes transportées de son saint amour ; il est dans la mémoire, car on ne peut oublier ce

---

(38) O.O., I, p. 273.

(39) L'image traditionnelle de la flèche qui perce le cœur est reprise et développée dans le passage correspondant à celui-ci, pour la Circoncision de 1656 (O.O., II, p. 113-114). L'image se trouve chez de très nombreux spirituels (sainte Gertrude, sainte Thérèse, saint Jean de la Croix, saint François de Sales, Surin, etc.) et est à l'origine d'une abondante iconographie. Il est étonnant de voir que Bossuet n'y fait aucune allusion quand il prononce le panégyrique de sainte Thérèse. Ailleurs, paraphrasant l'*Epître aux Hébreux* (IV, 12), Bossuet voit dans la parole de Dieu un trait de flamme qui perce le cœur et va jusqu'au principe de la maladie (O.O., III, p. 635) : une première rédaction développait après saint Augustin la comparaison avec la médecine : la parole de Dieu ne se contente pas de tâter le pouls mais sonde le cœur (O.O., III, p. 635, n. 3) ; en tout cas l'interprétation du « glaive tranchant » en « trait enflammé » est traditionnelle et passée dans la langue courante, même celle de la galanterie : « trait enflammé » (qui se retrouvera souvent dans la correspondance de Bossuet et qui est une allusion à l'éclair) ne permet pas de supposer une lecture de saint Jean de la Croix. En 1664 Bossuet emploie l'image en parlant des plaisirs des sens : « ôtez le regard avant que le cœur soit percé » (O.O., IV, p. 551).

(40) O.O., I, p. 251.

(41) O.O., I, p. 252.

(42) O.O., I, p. 292-293 ; c'est le développement de la première rédaction d'un passage du panégyrique de saint Gorgon que nous citions (O.O., I, p. 34, n. 6) ; repris sous une autre forme l'année suivante O.O., I, p. 561-564.

(43) Et non plus la clef de l'âme, comme Bossuet l'écrivait dans le passage parallèle en 1649.

(44) O.O., I, p. 293.

qu'on aime ; il est dans l'entendement, car l'amour curieux et diligent n'a point d'autre satisfaction que celle de contempler les perfections du bien-aimé qui l'attire » (45). Bossuet identifie implicitement le cœur et la volonté, en faisant de l'un et de l'autre la faculté transportée par l'amour divin, faculté qui peut être cachée, le point, même inconscient, où se forme la décision, où vivent les tendances non-avouées : « le secret du cœur » (46), le fond de l'homme (47).

La contemplation, d'après le sermon « sur les caractères des deux Alliances », est du domaine de l'entendement (48) ; non pas intellectualisme : Bossuet ne s'interroge pas sur la nature de la contemplation, et il n'avait pas à le faire dans un sermon : cette page ne fait qu'appliquer encore sommairement des schémas augustiniens (49) et fait sans doute écho aux thèses thomistes selon lesquelles la contemplation infuse se fait avant tout par le don de sagesse qui a son siège dans l'intelligence (50).

Jusqu'à l'époque probable où furent écrites les lettres à une demoiselle de Metz, la distinction entre le cœur et l'âme se précise : en 1654 (51), l'orateur reprend un développement de son sermon sur les deux Alliances et remplace par souci d'exactitude *âme* par *cœur* lorsqu'il s'agit de montrer les effets de la crainte en l'homme. L'âme est le versant spirituel en l'homme, ce que Jésus-Christ est venu sauver ; il ne peut cependant la sauver que si un mouvement proche de la volonté naît dans la personne, accepte de se soumettre à sa volonté, l'archidiacre de Metz dira bientôt, reprenant encore une fois les mêmes thèmes, de « se perdre » en sa volonté ; « le Sauveur des âmes devait principalement subjuguer les cœurs [...]. C'est le cœur qui s'enfle au dedans, c'est lui qui murmure, c'est lui qui résiste : [...] la rebellion est donc dans le cœur » (52), et Bossuet cite encore l'*Enarratio in Psalmum* XLIV de saint Augustin : « C'est dans le cœur qu'ils s'élevaient contre lui, c'est dans le cœur qu'il les abaisse et les fait tomber » (53).

---

(45) O.O., I, p. 293. De la même façon Bossuet peut parler un peu plus loin de « l'affection de nos âmes » (O.O., I, p. 295).

(46) O.O., I, p. 562.

(47) Cf. O.O., I, p. 146 : la profondeur impénétrable du cœur de l'homme.

(48) O.O., I, p. 293.

(49) Cf. D.S., t. I, c. 437-440.

(50) D.S., t. I, c. 447.

(51) O.O., I, p. 561-563.

(52) O.O., II, p. 112-113.

(53) O.O., II, p. 113. Cf. O.O., II, p. 257-258 : « C'est par le cœur que nous sommes chrétiens : *Corde creditur* [*Rom.* X, 10] ; c'est le cœur qu'il faut séparer ».

Le cœur est le principe vital : lorsque nous lisons dans le *psaume* XXXII que « Dieu forme en particulier tous les cœurs des hommes » (54), ne nous persuadons pas « que David regarde le cœur comme un simple organe du corps (55), que Dieu forme par sa puissance comme toutes les autres parties qui composent l'homme. Il veut dire quelque chose de singulier : il considère le cœur en ce lieu comme principe de l'inclination ; et il le regarde dans les mains de Dieu comme une terre molle et humide... » (56) ; Dieu fait dans les fidèles un cœur d'enfant, il fait dans les apôtres un cœur tout nouveau, il change le cœur de Saül par son onction, et, touchant le cœur des Israélites, il fait en eux un cœur de sujet pour qu'ils reconnaissent leur souverain ; de même il fait en Joseph un cœur de père et en Jésus un cœur de fils, il fait couleur dans le sein de Joseph quelque rayon ou quelque étincelle de son amour et le juste Joseph « sent en lui-même un cœur paternel formé tout à coup par la main de Dieu » (57).

Cette valeur vitale de la métaphore du cœur permet à Bossuet de parler du « cœur de l'Eglise » (58) alors que les théologiens parlent en général de l'âme de l'Eglise par opposition à son corps : « Le cœur de l'Eglise, c'est la charité : c'est là qu'est le principe de vie ; c'est de là que se répand la chaleur vitale... » (59).

Nous remarquerons aussi dans le panégyrique de saint Jean de belles pages (60) sur le cœur de Jésus, source de la charité, consumé par des ardeurs dont l'apôtre sent la force en s'en approchant : « C'est moi, qui ai un cœur amoureux, qui dévoue mon corps et mon âme à toutes sortes de tourments [...]. Ayons [...] un cœur de Jésus-Christ, un cœur étendu... » (61). Ce n'est pas un texte isolé : la dévotion de Bossuet envers le cœur de Jésus s'affirme à

---

(54) O.O., II, p. 136, cf. *Ps.* XXXII. 15.

(55) Une variante donne : « instrument de la vie ».

(56) O.O., II, p. 136.

(57) O.O., II, p. 137. Les spirituels, surtout à la suite de sainte Catherine de Gênes, emploient pour évoquer ces communications de cœur à cœur les images de la corde, du tuyau, du canal (cf. J.-J. Surin, *Correspondance,* p. 809, 1549). Les images de Bossuet sont toujours beaucoup moins réalistes. Des spirituels ont eu une dévotion au cœur de saint Joseph : L. Lallemant, *Doctrine spirituelle,* éd. Courel, p. 54 ; *Le Cœur,* p. 344, n. 2, et fig. 19.

(58) O.O., II, p. 74.

(59) O.O., II, p. 74 : et Bossuet ajoute que, si l'homme séparé du cœur de l'Eglise s'assemble avec les fidèles, son corps seul s'en approche, son âme (= ce qui est image de Dieu et que Jésus est venu sauver) en est infiniment éloignée ; s'éloigner du cœur signifie à peu près « perdre la vie » (cf. O.O., II, p. 74).

(60) O.O., II, p. 548-551.

(61) O.O., II, p. 550.

plusieurs reprises le Vendredi Saint : « ô cœur du divin Jésus, accablé par l'infinité de nos péchés [...] pauvre cœur, où avez-vous pu trouver place à tant de douleurs qui vous percent, à tant de regrets qui vous déchirent ? » (62). Nous la retrouverons au temps de l'épiscopat ; Bossuet n'est pas étranger à cette dévotion qui se répand alors dans tous les milieux et qui bientôt, par les révélations faites à Marguerite-Marie, prendra dans la piété catholique une importance exceptionnelle.

Le Nouveau Testament, quelques *Psaumes,* saint Augustin et un vocabulaire psychologique déjà courant au milieu du XVIIe siècle, nous paraissent être les sources de l'anthropologie de Bossuet et de l'usage qu'il fait de la métaphore du cœur vers 1650-1659 ; mais cet orateur est moins désireux de faire une description psychologique précise que d'évoquer pour ses auditeurs ce niveau de l'intériorité auquel peu accèdent et dont il veut leur donner la nostalgie.

Les seize fois que Bossuet utilise le mot *cœur* dans la première lettre à une demoiselle de Metz nous montrent qu'il voit dans le cœur la source des aspirations affectives et volontaires, au plus profond de l'homme ; l'amour et le désir y ont leur origine : « un commencement du saint amour qui ouvre et qui dilate le cœur » (63), texte de saint Paul cher à Bossuet (64). Le désir, les commencements, ce qui est élan, projet, tension, voilà le domaine du cœur. Ainsi l'admiration, première blessure du saint amour, ce « trait » qui vient par le regard (65), atteint le cœur qui, éperdu, invite l'âme au silence : l'âme tout entière se tait alors, suspend ses activités, même la prière ou les bonnes œuvres. Le cœur, absorbé par son admiration, où seul règne Jésus-Christ, se détourne avec dégoût de tout autre objet, désire se perdre en Lui (66), tendant vers l'infini (67). Chaque fois, il veut recommencer (68), pense ne pas avoir assez de cœur et s'épuise lui-même (69).

La seconde lettre nous montre l'intervention de l'âme : elle est jusqu'ici restée en silence, possédée par l'admiration du cœur. Elle sort enfin de son silence pour chercher le bien-aimé de son cœur, mais « insensiblement » (70), car c'est dans le cœur que l'affectivité

---

(62) O.O., III, p. 376, Carême des Minimes, repris O.O., IV, p. 105, Carême des Carmélites. Cf. aussi O.O., IV, p. 466 sur l' « étendue » du cœur de Jésus.
(63) C.B., I, p. 43.
(64) *II Cor.*, VI, 11 ; cf. O.O., I, p. 35 n., O.O., I, p. 293, 563.
(65) C.B., I, p. 44 Cf. *supra* p. 205.
(66) C.B., I, p. 45.
(67) C.B., I, p. 47.
(68) C.B., I, p. 43-44.
(69) C.B., I, p. 47.
(70) C.B., I, p. 48.

a son siège. L'âme agit selon son mode propre : elle rappelle ses puissances pour s'occuper des beautés de Jésus-Christ ; son « occupation » est intellectuelle, elle appelle les créatures, puis, devant leur faiblesse, elle *prie* Jésus-Christ de lui *parler* seul à seul. L'âme communique avec Jésus-Christ par l'intermédiaire de la parole et de la prière, mais cet intermédiaire est lui-même caduc : Jésus doit non seulement parler à l'âme, mais aussi exercer une action profonde et intime : s'imprimer au fond du cœur (71). De ce centre seul, il pourra efficacement attirer à lui les puissances de l'âme ; le cœur est un intermédiaire nécessaire, ou plutôt, car il n'est pas *entre* l'âme et Jésus-Christ, la modalité suivant laquelle s'exerce cette action. La prière la plus sûre que puisse formuler l'âme est donc cet appel à Jésus-Christ : « ô mon cher amour, vivez et régnez dans mon cœur ! » (72).

Le mode d'action de l'âme est, peut-on dire, intellectuel et religieux : elle estime le bien-aimé et ses perfections, elle s'estime elle-même comme capacité d'aimer ; le cœur désirait aimer et se perdre en Jésus-Christ, en une démarche affective, et en des rapports personnels et directs (73) ; l'âme au contraire veut se perdre dans « la vue des beautés » (74). Tandis que le cœur représentait l'intériorité, l'âme s'élargit, s'étend à tous les êtres rachetés : créées à l'image de Dieu, rachetées par Jésus-Christ, toutes les âmes s'unissent dans l'amour, et l'amour qui n'était qu'« un trait pour gagner son cœur » devient « un torrent rapide qui se déborde sur toutes les âmes et qui les entraîne après elle » (75).

Essayant dans la troisième lettre de préciser la nature intime de l'amour, Bossuet insiste de nouveau sur le rôle du cœur. C'est un centre affectif et en lui se forment désirs et regrets (76), un centre intellectuel et il suscite pensée (77) et attention (78).

Un exemple datant de 1659, à peu près du temps des lettres à une demoiselle de Metz, rassemblera les principaux termes par lesquels s'exprime l'anthropologie de Bossuet : « Jésus recherchait le cœur, et ils l'ont arrêté au corps, où il ne voulait que passer ; ils ont empêché cet époux céleste d'aller achever dans l'esprit la

---

(71) C.B., I, p. 49.
(72) C.B., I, p. 50.
(73) C.B., I, p. 45.
(74) C.B., I, p. 51.
(75) C.B., I, p. 52.
(76) C.B., I, p. 58.
(77) C.B., I, p. 55 : « la première pensée du cœur lorsqu'il va penser un désir ».
(78) C.B., I, p. 55. Bossuet va jusqu'à parler du « cœur de Dieu même » pour désigner la profondeur, « l'immensité de son amour » (C.B., I, p. 57).

chaste union où il aspirait ; ils l'ont contraint de retenir le cours impétueux de ses grâces, dont il voulait inonder leur âme » (79) : peu de passages illustrent mieux les caractères et les limites de ce langage ; les distinctions que nous élaborions entre le cœur, l'âme et l'esprit sont pratiquement estompées dans le discours : quelques lignes plus haut (80), l'orateur affirmait que Jésus-Christ cherche l'âme, désormais il dit que Jésus-Christ recherche le cœur, que l'esprit est le lieu de l'union et que les grâces inondent l'âme : sens paulinien d'« esprit » ? affaiblissement du sens précis de chaque terme ? plus que d'analyser rigoureusement, Bossuet n'a-t-il pas le souci d'évoquer en l'homme une dualité : l'extérieur et l'intérieur, l'intériorité pouvant prendre un certain nombre d'aspects suivant la fonction qu'elle exerce, âme, esprit, cœur ? S'agit-il de parler de l'amour qui est le Saint-Esprit, Bossuet dit qu'il est « sincère, parce qu'il procède du fond du cœur » et il ajoute, expression synonyme, « du fond même de l'essence » (81). Ce que l'expérience de la prédication et la réflexion sur son rôle de prédicateur ont appris à Bossuet (82), c'est que le discours ne touche l'homme de façon efficace que s'il l'atteint non dans son esprit mais dans son cœur, au lieu « où se prennent les résolutions », « quelque endroit encore plus profond et plus retiré, où se tienne le conseil du cœur, où se déterminent tous ses desseins, où l'on donne le branle à ses mouvements » (83).

L'image du fond (84), celle du centre (85), celle de l'intérieur (86), ou inversement celle de la haute partie de l'âme (87) relaient la métaphore du cœur et évoquent approximativement la même réalité : cet au-delà de la claire conscience, cet intime du moi où se replie l'essentiel de l'homme ; au moment de la mort, le sang, dit-

(79) O.O., III, p. 67, à propos de la communion.

(80) O.O., III, p. 66.

(81) O.O., II, p. 63.

(82) Cf. J. Truchet, *La prédication...*, t. I, p. 45-46.

(83) O.O., IV, p. 189, reprise d'un passage d'un sermon du Carême des Carmélites, O.O., III, p. 634-635.

(84) Opposé aux puissances, O.O., IV, p. 532 ; voir aussi O.O., I, p. 26, 55 ; III, p. 387 ; IV, p. 102, 500 ; le fond du cœur : O.O., III, p. 463 ; V, p. 399.

(85) O.O., III, p. 387 ; IV, p. 103 ; image appliquée au cœur : la surface et le centre du cœur, O.O., III, p. 634, n. 7 ; IV, p. 311, n. 3, 554. Jésus-Christ appelé centre des cœurs : O.O., IV, p. 505. L'image du centre nous renvoie à saint Jean de la Croix (D.S., t. I, c. 461-462) et est passée dans l'usage courant au XVIIe siècle (cf. L. Lallemant, *Doctrine spirituelle,* éd. Courel, p. 81 ; nombreux textes de Camus, Olier, Marie de l'Incarnation dans D.S., t. I, c. 465-466).

(86) O.O., I, p. 321, 331-332 ; II, p. 46, 91.

(87) O.O., III, p. 464 ; V, p. 122.

on, reflue tout entier vers le cœur (88), de même la divinité de Jésus-Christ sur la croix se retire « en elle-même », ou bien ne fait « sentir sa présence que dans une certaine partie de l'âme (89) ce qui n'est pas impossible à Dieu, qui va aux divisions les plus délicates, *divisionem animæ ac spiritus...* » (90). Le mouvement de la spiritualité sera un retour à l'intériorité, mouvement inspiré à Bossuet par la méditation de saint Augustin, « *redite* [...] *ad cor* [...] commencez à réfléchir, et à entendre la voix qui vous rappelle au dedans » (91).

C'est en cette zone mystérieuse que Dieu parle « dans un saint et admirable silence » (92), que la vérité se fait entendre (93) : d'où l'importance des termes désignant la transmission par la parole d'une vérité : langage du cœur (94), bouche du cœur (95), oreille du cœur (96) ; d'où aussi l'importance de l'attention dans la vie spirituelle (97) ; faute de cette attention, « une âme se met à l'abandon » (98) : « Cette attention n'est pas difficile : c'est une attention du cœur, non de l'imagination. Il ne faut pas dire à une mère qu'elle pense à son fils ; à une femme, à un mari qui lui est cher. Elle ne fatigue pas son cerveau pour rappeler cette pensée à sa mémoire ; son cœur le fait assez ; et cette pensée ne la fatigue pas, mais la délecte et la soulage » (99) : attention perpétuelle au delà des facultés intellectuelles, au delà même de la conscience, fondement de cet amour continuel dont parlent les mystiques, qui subsiste même pendant le sommeil (100), de cette prière d'attention dont un Thomassin ou un Malebranche feront la théorie ; et l'exemple de la femme qui pense à son mari sans avoir à le lui répéter n'a-t-il pas été bien illustré dans la *Pratique facile pour élever l'âme à la contemplation* de Malaval (101) ?

---

(88) O.O., III, p. 376-377. Cf. *Réflexions sur l'agonie de Jésus-Christ*, LT, VII, p. 59 (texte d'authenticité peu probable : voir nos *Opuscules spirituels de Bossuet*, p. 98-100).

(89) Variante : « dans la plus haute pointe ».

(90) O.O., III, p. 388.

(91) O.O., V, p. 399 ; cf. *supra* p. 201.

(92) O.O., III, p. 463.

(93) LT, XXIV, p. 454.

(94) O.O., I, p. 160 : les œuvres sont le langage du cœur. Cf. O.O., IV, p. 318 : ouvrir les cœurs à la voix de Jésus-Christ.

(95) O.O., III, p. 621, 630.

(96) O.O., III, p. 464, 621, 631 ; cf. LT, IV, p. 468.

(97) Cf. *infra* p. 423.

(98) O.O., V, p. 376.

(99) O.O., V, p. 377.

(100) Bossuet parle de cet amour que n'interrompt pas le sommeil, O.O., IV, p. 576 ; cf. *infra* p. 427.

(101) Cf. *infra* p. 424.

La conception d'un intérieur, le cœur, au delà de la conscience et des facultés (102), lieu où l'on s'attache insensiblement à son objet, aurait-elle pu conduire Bossuet à une spiritualité proche de celle des mystiques ? Mais la distinction, fréquente chez les hommes du second Port-Royal, Lancelot, Pascal, Nicole (103) entre le cœur et l'esprit, opposition entre la sensibilité et l'intelligence, conduira Bossuet dans d'autres chemins : conception de l'attrait (104) qui gagne le cœur par ses charmes, glissement de la signification volontariste et vitale de la métaphore du cœur à une signification purement sensible. Il conviendra d'étudier la place et les limites de la sensibilité dans cette démarche spirituelle.

---

(102) Les ressorts « les plus secrets » (O.O., IV, p. 285) ; « certains nœuds secrets qui engagent le cœur insensiblement dans l'amour des choses présentes ; et cet engagement est plus dangereux en ce qu'il est ordinairement plus imperceptible » (O.O., II, p. 168, repris O.O., III, p. 82).

(103) Cf. D.S., t. III, c. 2305-2306 ; et H. Flasche, *art. cit.*, p. 372-374.

(104) Cf. O.O., IV, p. 311.

Chapitre 6

CARACTERES DE LA SPIRITUALITE DE BOSSUET

L'importance donnée au cœur dans la personnalité, et la conception d'un attrait s'appliquant au fond de l'être, sinon à la surface de la sensibilité, donnent à la spiritualité de Bossuet un sens volontariste et dynamique. Ce dynamisme semble prendre deux formes selon que Bossuet prêche à la Cour la conversion des pécheurs ou qu'il recommande à une religieuse la conversion plus profonde qu'est la voie de l'amour divin. Néanmoins, à cette époque, Bossuet considère que les deux démarches sont parallèles : la conversion ou la montée de l'âme aimante vers Dieu se présentent de la même façon : la spiritualité du Carême du Louvre n'est pas différente de celle des lettres à une demoiselle de Metz et du sermon de 1663 sur l'Assomption de la Vierge.

Marie-Madeleine est la figure qui domine les trois sermons de 1662 sur la pénitence : son efficacité, son ardeur, son intégrité ; et le portrait intérieur de cette sainte, si souvent dressé par les spirituels du XVIIe siècle, permet d'esquisser un tableau psychologique de la pénitence (1). Le premier mouvement de l'amour lorsque l'attrait frappe le cœur est « une lumière soudaine et pénétrante » (2) ; à cette lumière qui brille aux yeux de Madeleine, succède le feu ; « une flamme toute pure et toute céleste commence à s'allumer dans son cœur ; une voix s'élève au fond de son âme, qui l'appelle, par plusieurs cris redoublés, aux larmes, aux regrets, à la pénitence » : les yeux, le cœur, le fond de l'âme ; la lumière, le feu, la voix, tels sont les trois niveaux, les trois opérations de l'attrait. A cette motion positive, succède un mouvement de résistance du cœur : « elle est troublée et inquiète ; [...] ses anciens attache-

(1) Cf. Bérulle, nombreux textes cités dans H. Bremond, *Histoire littéraire...*, t. III, p. 100 et suiv.
(2) O.O., IV, p. 317.

ments lui reviennent et semblent se plaindre en secret... ». Une lutte va se livrer dans le cœur, mais seul Jésus-Christ pourra se faire entendre au pécheur, le vaincre par « les douceurs de son amour attirant, et les menaces pressantes de son amour méprisé » (3). Le pécheur fuit, le Pasteur le cherche, le trouve et le soutient (4). D'un côté la conscience parle, suscitant une honte et une douleur salutaires (5), de l'autre la volonté se dissipe elle-même, entraînant une impuissance extrême (6). Le problème de la conversion est un problème de la volonté : « N'avez-vous pas ressenti souvent certaines volontés fortes, desquelles si vous suiviez l'instinct généreux, rien ne vous serait impossible ? ». Le désir d'aimer ce qui est le plus aimable est la source de l'amour. « Si tu as une âme éclairée d'un rayon de l'intelligence divine, si, en suivant ce petit rayon, tu peux remonter jusques au principe, jusques à la source du bien, jusques à Dieu même, si tu peux connaître qu'il est, et qu'il est infiniment beau, infiniment bon, et qu'il est toute beauté et toute bonté, comment peux-tu vivre et ne l'aimer pas ? » (7).

Les retards et les hésitations de la conversion ne viennent pas directement d'une défaillance de l'intelligence ou de l'attrait divin, mais de la résistance de la volonté ; se convertir est trouver le vrai bien et se diriger vers lui : la connaissance de Dieu et de ses attributs n'est qu'un premier pas vers l'amour qui est un acte de la volonté. La vie du pécheur sur la voie de la conversion présente donc comme une alternance de reconnaissance et de refus du véritable bien, mouvement de va-et-vient qui n'est pas foncièrement progrès : se convertir est moins un premier pas dans l'amour qu'une condition préalable.

Pour les âmes déjà converties, l'itinéraire spirituel est infiniment plus complexe. Les termes de *voyage,* de *pèlerinage,* d'*itinéraire,* de *marche,* de *montée,* annoncent des thèmes tout à fait traditionnels dans la spiritualité chrétienne, et ils nous rappellent toutes les montées, tous les itinéraires jalonnés, depuis saint Jean Climaque jusqu'aux mystiques espagnols et français, par les auteurs spiri-

(3) O.O., IV, p. 317-318.

(4) O.O., IV, p. 319 et suiv.

(5) O.O., IV, p. 323.

(6) O.O., IV, p. 324 : « ... il n'y a rien sur la terre de plus misérablement partagé que le cœur de l'homme : Toujours, dit saint Augustin, une partie qui marche et une partie qui se traîne ; toujours une ardeur qui presse avec un poids qui accable ; toujours aimer et haïr, vouloir et ne vouloir pas, craindre et désirer la même chose [...]. La volonté commande et elle-même qui commande ne s'obéit pas, éternel obstacle à ses désirs propres... ». Toute cette page est une paraphrase de saint Augustin, *Confes.* l. VIII, c. 8-10.

(7) O.O., IV, p. 324-325.

tuels : ils nous font découvrir le chemin que suit l'âme mue par Dieu vers l'union parfaite avec Lui.

Or les développements de Bossuet, dans ses lettres à une demoiselle de Metz ou dans ses sermons, ne se situent pas dans la ligne de cette tradition mystique ; il ne fait ni une description psychologique, ni une étude mystique, mais une analyse théologique : la psychologie n'est pour lui que l'application de ces principes théologiques, leur projection dans une expérience humaine ; d'où le caractère objectif et même abstrait de ces textes spirituels. Bossuet étudie les conditions théoriques de l'acte d'amour, sa structure fondamentale ; c'est une démarche intellectuelle qui nous étonnerait chez cet homme d'une trentaine d'années dont les sermons et l'activité montrent un contact réel avec la vie, si nous n'en comprenions pas le sens ; cette abstraction n'est pas pur jeu intellectuel : certes, Bossuet, à cette époque, est très sensible au mouvement des idées et au rythme de l'expression, mais il pense que l'expérience est seconde par rapport à la théologie ; chez lui, comme dans certaines peintures de l'amour profane, il s'agit d'élaborer, si l'on peut dire, une « psychologie théorique », de montrer quelles sont les structures de tout acte d'amour divin, et cela, en s'appuyant non sur les mots de ceux qui racontent leur expérience, mais sur les mots de la théologie ou sur ceux que l'Esprit a prononcés dans les Ecritures. Raffinement intellectuel ? Non, la prière n'est pas exclue de ces élévations abstraites et intellectuelles ; la prière a pour ainsi dire besoin de ce support pour s'affirmer, car la sensibilité de Bossuet vibre sous la motion de l'intelligence et de l'exposé théologique. Oubliant un des termes de sa démarche, la montée en prière qui naît de l'intellectualité, ou bien les bases conceptuelles de la prière, l'on fausse toute interprétation de sa doctrine et de sa spiritualité ; les lettres à une demoiselle de Metz deviennent simple jeu verbal, comme le pensait le chanoine Davin qui en soulignait « le style quintessencié », « les images passionnées de rhétorique », « l'affectation de langage » (8). D'autres voient en Bossuet un « mystique » (9) en donnant à ce mot une extension qui risque de lui faire perdre toute valeur précise.

L'amour, avons-nous remarqué (10), a pour point d'application le cœur ; son apparition est le désir, le « commencement du saint amour », mais dès son premier acte, la vie spirituelle s'ouvre sur l'infini car le désir est illimité : « Quand l'amour aurait fait, s'il

---

(8) Versailles, bibl. mun., ms. *Vie de Bossuet,* t. I, p. 234.

(9) Bremond emploie souvent ce mot, en particulier dans *Bossuet, maître d'oraison,* p. XXXIV-XXXV.

(10) Cf. tout le chapitre précédent.

se peut, son dernier effort, c'est dans son extrémité qu'il voudrait recommencer tout ; et pour cela il ne cesse jamais d'appeler le désir à son secours » (11). A chacun des stades de l'ascension spirituelle, toute la montée se trouve virtuellement, en tant que tension vers l'infini. Nul besoin de fixer les étapes et de les définir, de briser l'élan qui entraîne : c'est arbitrairement que l'on distingue des degrés, l'itinéraire vaut « tant pour les commençants que pour les parfaits, lesquels, dans le mystère de l'amour, se considèrent toujours comme commençants » (12). Il serait facile, anticipant sur les controverses à venir, de soupçonner dès 1659 Bossuet d'hostilité à l'égard des méthodes d'oraison qui distinguent « parfaits » et « commençants ». Mais c'est que, plus qu'une occasionnelle controverse, la querelle du quiétisme sera le grand révélateur des orientations de la spiritualité de Bossuet : dès l'époque de Metz, il tend à dépasser les conditions et les limitations, pour présenter les caractères généraux de la piété chrétienne.

L'essence de l'acte d'amour est désir et tension : « recommencer », « ne pas cesser », « qui commence toujours et qui ne finit jamais et qui ne peut souffrir aucunes limites » (13), ces expressions sont révélatrices. La métaphore du cœur exprime ce mouvement, mais l'âme elle-même y participe : elle sort du repos et du silence pour chercher le bien-aimé ; elle rappelle ses puissances et tout ce qui est en elle, et « par une sainte impatience » elle presse toutes les créatures : « L'on veut... l'on désire... l'on tend... » ces termes qui reviennent avec insistance disent que la vie spirituelle est en son essence activité.

Si l'âme tend vers Jésus-Christ, c'est qu'il est « tout désirable » (14). Le désir est un des schèmes fondamentaux de cette spiritualité : comme le disait Bossuet en 1652 à propos de Marie, en citant saint Thomas (15), la jouissance va à proportion des désirs : « Comme une flèche qui part d'un arc bandé avec plus de violence, prenant son vol au milieu des airs avec une plus grande roideur, entre aussi plus profondément au but où elle est adressée ; de même l'âme fidèle pénétrera plus avant dans l'abîme de l'essence

(11) C.B., I, p. 42-44.

(12) C.B., I, p. 44. Cette idée est commune dans la *Devotio moderna*, cf. Lansperge le Chartreux, *Discours en forme de lettre de N.-S. Jésus-Christ à l'âme dévote*, 8e éd., Paris 1674, p. 56. Voir aussi la fin du 4e sermon de Tauler pour l'Ascension, *Sermons*, éd. Hugueny, Théry, Corin, Paris 1927, t. I, p. 358 ; J.A. Bizet, *Jean Tauler, Paris*, 1968, p. 98 ; H. de Lubac, *Sur les chemins de Dieu*, Paris, 1956, p. 191-192, 335-336.

(13) C.B., I, p. 44.

(14) C.B., I, p. 59.

(15) *S. Th.* Ia, q.XII, 6.

divine, le seul terme de ses espérances, quand elle s'y sera élancée par une plus grande impétuosité de désirs » (16). Le désir est moins l'attente d'une réalisation précise que la perpétuelle ouverture sur une récompense infinie : depuis sa jeunesse Bossuet ne cesse de le répéter : « si la perfection du christianisme n'est pas dans un degré déterminé, il s'ensuit qu'elle consiste à monter toujours » (17) : l'amour ne peut avoir de bornes.

Ce continuel élan de la volonté n'est pas une exaltation des facultés humaines : la volonté ne se livre au désir que pour se perdre. A une phase d'ouverture et d'extension (18) succède une phase d'abandon : « ... pour s'y abandonner sans réserve, pour se donner tout entier à lui, jusqu'à s'y perdre, pour n'être plus qu'un avec lui » (19). Tout aboutit à « se perdre en Jésus-Christ » (20) et au silence, « silence qui fait tellement taire toutes choses, qu'il fait taire même le saint amour ; c'est-à-dire qu'il ne lui permet pas de dire : J'aime, ni, Je désire d'aimer, de peur qu'il ne s'étourdisse lui-même en parlant de lui-même » (21). Poursuite inquiète du bien-aimé et impossibilité d'entrer en communion avec lui, désir et abandon, cette attitude contradictoire du cœur et de l'âme a son origine dans la double nature de l'amour divin.

Le volontarisme profond qui s'exprime dans nos lettres s'apparente à la spiritualité de saint François de Sales (22) et en particulier à certaines pages du *Traité de l'amour de Dieu :* « Qu'il faut avoir un désir continuel d'aimer » est le titre d'un chapitre de ce livre (23) où nous trouvons des aspirations et un mouvement parallèles à ceux des première et troisième lettres à une demoiselle de Metz : « O cœur de mon âme, qui es créé pour aimer le bien infini, quel amour peux-tu désirer sinon cet amour qui est le plus désirable de tous les amours ? Hélas, ô âme de mon cœur, quel désir peux-tu aimer sinon le plus aimable de tous les désirs ? [...] à mesure que ce désir va croissant, l'amour aussi va s'augmentant. Qui désire ardemment l'amour aimera bientôt avec ardeur. O Dieu, qui nous fera la grâce, Théotime, que nous brûlions de ce désir, qui est *le désir des pauvres* et *la préparation de leur cœur,* que Dieu

(16) O.O., I, p. 174 (repris O.O., IV, p. 509, pour l'Assomption de la Sainte Vierge, en 1663 : sur ce sermon, *infra* p. 226).
(17) O.O., II, p. 574, repris O.O., IV, p. 628 et O.O., VI, p. 162-163.
(18) « ... le saint amour qui ouvre et qui dilate le cœur... » (C.B., I, p. 43).
(19) *ibid.*
(20) C.B., I, p. 45.
(21) C.B., I, p. 44.
(22) Cf. L. Cognet, *Crépuscule des mystiques,* p. 23 ; *De la Dévotion moderne à la spiritualité française,* p. 55-56 ; D.S., t. II, c. 2303.
(23) l. XII, ch. 2, éd. Annecy, t. V, p. 321.

exauce volontiers. [...] O amour céleste, quand comblerez-vous mon âme ? » (24).

Faut-il encore trouver une ressemblance entre l'appel aux créatures que lance l'âme dans la seconde lettre : « on semble presser toutes les créatures pour parler hautement de ce bien-aimé... » (25), et des descriptions analogues au Ve livre du *Traité de l'amour de Dieu* (26) : « Le cœur atteint et pressé du désir de louer plus qu'il ne peut la divine Bonté, après divers efforts sort maintefois de soi-même pour convier toutes les créatures à le secourir en son dessein... » ?

En 1660 Bossuet a dû lire au moins quelques passages du *Traité de l'amour de Dieu* (27), mais leur influence sur les lettres à une demoiselle de Metz ne peut être précisée : des idées salésiennes Bossuet semble ne prendre que quelques aspects, en omettant tout ce qui, au Ve livre du *Traité,* est essentiel : le désir de la mort pour s'associer à la louange des bienheureux (28). L'œuvre de saint François de Sales est au plus l'excitateur qui permet à Bossuet de fixer sa propre pensée. Nous dirons souvent la même chose : il est impossible de découvrir la source précise de tel thème ou de telle idée de Bossuet, mais sans contact avec la tradition spirituelle aurait-il su être lui-même ? En tout cas, la façon dont les deux hommes expriment un mouvement assez semblable est différente. Bossuet ajoute flamme et même violence : les images de saint François de Sales, toujours discrètes mais précises, deviennent insistantes et abstraites lorsque nous les retrouvons chez Bossuet qui, comme l'on fait en chaire, affirme et souligne ses affirmations sans reculer devant le pléonasme : « Quiconque aime

---

(24) Ed. Annecy, t. V, p. 321-322.

(25) C.B., I, p. 49.

(26) l. V, ch. 9, éd. Annecy, t. IV, p. 286.

(27) J. Orcibal, *Jean Duvergier de Hauranne...*, p. 56 n., remarque une similitude d'expression entre le *Traité de l'amour de Dieu* (éd. Annecy, t. V, p. 308) et un passage du panégyrique (O.O., III, p. 581) : dans ce panégyrique, Bossuet cite un peu plus loin (O.O., III, p. 587, n. 4) la Préface du *Traité,* mais peut-être de seconde main (J. Truchet, *Bossuet panégyriste,* p. 91-92). Ce panégyrique présente surtout l'activité sacerdotale de François de Sales et associe l'évêque de Genève à Charles Borromée (O.O., III, p. 580-581) ; les œuvres ne sont presque pas mentionnées, et les œuvres spirituelles en tant que telles ne retiennent pas l'attention du panégyriste ; cela ne veut pas dire que Bossuet ne met pas en lumière une des grandes qualités de l'œuvre de saint François de Sales, avoir « ramené la dévotion au milieu du monde » (O.O., III, p. 581), et un des caractères de sa direction qui deviendra presque un cliché, source de faux-sens, sa « douceur ».

(28) En revanche il mettra ce thème fort bien en lumière à peu près à la même époque (O.O., III, p. 149-150) en méditant sur la *IIde Epître aux Corinthiens.*

Jésus-Christ commence toujours à l'aimer... » (29). Les exemples concrets disparaissent ; Bossuet parle du cœur et de l'âme, en général, ne fait aucune allusion aux grands saints « les Xaviers, les Berzees, les Anthoines ; cette multitude de Jésuites, de Capucins et de religieux, et autres ecclésiastiques de toutes sortes [...]. Cette passion sainte [...] qui fait veiller, travailler et mourir tant de serviteurs de Dieu entre les flammes du zèle qui les consume et dévore » (30). Avec cette évocation par François de Sales des saints religieux des temps modernes nous sommes dans un univers presque étranger à la spiritualité de Bossuet : deux formes de sensibilité religieuse difficilement compatibles.

⁂

Il peut paraître étonnant que devant un auditoire de laïcs, Bossuet ait développé des thèmes spirituels aussi élevés que l'itinéraire de l'amour divin alors qu'il était urgent de prêcher la conversion et la pénitence. Cependant il faut remarquer que l'orateur évoque la vie profonde de l'amour, non pas en invitant immédiatement ses auditeurs à la vivre, mais en leur en donnant le désir par la description qu'il en fait chez quelques âmes privilégiées : Marie, Madeleine, sainte Thérèse et quelques autres saints (31).

En 1657, Bossuet décrit dans le panégyrique de sainte Thérèse (32) les formes et l'évolution de l'amour divin ; tableau fort significatif car il met en valeur, à partir d'une interprétation de l'expérience thérésienne, quelques-uns des grands thèmes de la spiritualité du panégyriste.

---

(29) C.B., I, p. 43-44.

(30) *Traité de l'amour de Dieu*, l. V, ch. 9, éd. Annecy, t. IV, p. 288.

(31) Saint François de Paule : « Quelles douceurs, quelle affection, quelle familiarité particulière Dieu réserve à ces innocents, c'est un secret de sa grâce que je n'entreprends pas de pénétrer. Je sais seulement... » (O.O., III, p. 461). Saint Pierre : O.O., IV, p. 136 : « le progrès de l'amour de Dieu dans les âmes » est le sujet du panégyrique, qui, à vrai dire, ne développe que la pénitence.

(32) Sur ce panégyrique, l'article important de R. Ricard (R.A.M., 1964, p. 31-44) nous dispensera d'insister sur le problème de la relative fidélité de Bossuet à sainte Thérèse. Nous sommes en complet accord avec ce que R. Ricard écrit du caractère de généralité un peu vague, de majestueuse abstraction, de détachement un peu lointain qui se trouve dans ce panégyrique (R.A.M., 1964, p. 33, 36, 40, 42) ; en revanche nous ne partageons pas tout à fait sa sévérité (p. 43) à l'égard des traductions de Brétigny qui ont un accent qui manque bien à celles d'Arnauld d'Andilly ; mais il est vrai que si Bossuet lut la traduction Brétigny de la *Vie de la Mère Térèse de Jésus* par Ribera, nous ne savons pas si le style de cette traduction faite en 1601 ne lui parut pas déjà démodé en 1657.

« *Nostra autem conversatio in cælis est* » (33), telle est la meilleure définition de l'amour de Thérèse ; Dieu « ouvre son paradis par avance » et laisse tomber sur les âmes de son choix « tant de lumières et tant de douceurs » qu'elles ont déjà « leur demeure [...] au ciel et leur société avec les anges » (34). Cet amour, lien entre « l'Eglise qui règne au ciel et celle qui gémit sur la terre », est la charité, anticipation du paradis et dialogue entre les fidèles et les saints. Bossuet entreprend donc de décrire en « la vie admirable de sainte Thérèse » (35) la parfaite charité ; interprétation, fidèle sans doute au départ, de l'amour thérésien, mais interprétation quand même : ne saisissons-nous pas déjà un glissement dans l'explication ? L'amour mystique devient la vertu théologale de charité. Un glissement, et non pas une dégradation, car les deux notions ne sont pas sur le même plan ; c'est plutôt une vue partielle, une explication qui élimine, en l'omettant, le caractère proprement « mystique » de l'expérience thérésienne (36). La mystique possède un caractère « expérimental » et descriptif qui n'est pas du tout le point de vue de Bossuet dans ce panégyrique : l'orateur en effet se place tout de suite, sans même paraître soupçonner l'autre niveau, sur le terrain de la théologie. L'auteur reconstruit une psychologie à partir de principes théologiques incontestables, mais en perpétuel décalage par rapport à l'expérience. Faut-il faire la part du genre littéraire et du respect d'un auditoire peu élevé dans les voies de la contemplation ? Il ne le semble pas car dans des circonstances analogues les contemporains de Bossuet n'hésitent pas à parler des extases et des révélations, auxquelles le P. Ribera a fait une large place dans sa *Vie de la Mère Térèse de Jésus*, et à développer certains thèmes que l'iconographie a rendus familiers à tous les auditeurs (37) ; et Bossuet, dans des œuvres personnelles, des instructions à des religieuses ou des lettres de direction, fait subir à la spiritualité une inflexion analogue ; ce « glissement théologique » lui est naturel et fait pressentir dès 1657 certaines de ses prises de position lors de la controverse du quiétisme.

---

(33) *Phil.* III, 20.

(34) O.O., II, p. 369.

(35) O.O., II, p. 370.

(36) J. Truchet (*Bossuet panégyriste*, p. 118) a bien mis en lumière l'importance des expressions « elle croit être », « elle paraît », « elle semble », dans ce panégyrique ; signe de la distance prise par Bossuet par rapport à ces expériences.

(37) Cf. J. Truchet, *Bossuet panégyriste*, p. 117-118. Ajoutons que cette méfiance de Bossuet envers les phénomènes extraordinaires est partagée par beaucoup en ces années où l'antimysticisme prend une cer-

Le panégyrique de sainte Thérèse présente donc de façon assez abstraite le schéma d'une ascension spirituelle qui coïncide avec le mouvement de la charité, vertu théologale. Selon Bossuet, la charité consiste à « tendre toujours aux choses célestes » en dépassant tous les obstacles, « le poids de ce corps mortel, [...] les liens de la chair et du sang... » (38). L'itinéraire de l'amour sera la suite des étapes par lesquelles « une âme enflammée et touchée de l'amour de Dieu se déprend de ce corps de mort » ; et elle s'en déprend par l'espérance, le désir, l'amour des souffrances, qui forment les trois points du panégyrique. Ici nous apparaît un second glissement dans l'interprétation que donne Bossuet de la spiritualité thérésienne. Cette psychologie spirituelle que reconstruit l'orateur sur les bases de la théologie culmine dans un ascétisme : le sommet de l'amour de Thérèse est de « briser les liens de sa chair mortelle », une « sainte guerre » (39). Par l'espérance, le désir, les souffrances, la sainte meurt au monde et à soi-même en une parfaite victoire sur l'amour-propre (40).

Le premier pas de l'amour de Thérèse est ici-bas la recherche de Dieu, l'espérance du bonheur. L'espérance « nous met par avance en possession du bonheur que l'on nous propose et [...] elle fait un commencement de la jouissance » (41), car, fondée sur Dieu, elle est ferme et immuable. Et, après un très long détour où il développe des sujets déjà abordés dans des sermons antérieurs (42), l'orateur revient à sainte Thérèse : elle a jeté au ciel l'ancre sacrée de l'espérance ; le monde peut s'irriter, la contredire, la déchirer, par ses calomnies, « qu'on la traîne à l'Inquisition comme une femme qui donne la vogue à des visions dangereuses » (43), « qu'elle entende même les prédicateurs tonner publiquement contre sa conduite (car cela lui est arrivé, sa compagne en tremblant d'ef-

---

taine extension : c'est justement en 1657 que J. Chéron publie son *Examen de la théologie mystique.*

(38) O.O., II, p. 371.

(39) O.O., II, p. 372-373.

(40) Nul doute qu'ici la spiritualité de l'homme du XVIIe siècle et de l'augustinien austère ne fasse écran devant celle de la carmélite espagnole (cf. R. Ricard, dans R.A.M. 1964, p. 42).

(41) O.O., II, p. 374.

(42) Cf. O.O., II, p. 171.

(43) O.O., II, p. 379 : cf. Ribera, *Vie de la Mère Térèse...*, trad. Brétigny, Lyon, 1620, p. 326, 500-501, 574. Il peut paraître étonnant de voir Bossuet rappeler ce trait, lui qui se montrera si méfiant à l'égard des femmes qui ont des visions, qui verra dans les *alumbrados* les ancêtres directs des quiétistes, et qui insistera beaucoup sur la parfaite orthodoxie des saints canonisés ; cela prouve surtout qu'il n'est pas averti des controverses qui agitent alors les milieux spirituels, et qu'il partage le mépris traditionnel des « bons français » pour l'Inquisition.

froi)... » (44), elle demeure tranquille au milieu de la tempête. Comme un voyageur pressé, qui ne s'arrête pas, ne bâtit pas, elle craint de rien posséder, veut être pauvre « dans nos maisons et dans nos habits », « ne veut rien dans ses monastères qui ne sente la pauvreté de Jésus » (45). C'est alors que Bossuet cite, en les appliquant à l'espérance, les mots célèbres de la sainte, « ... ce sacré cantique que l'amour divin lui met à la bouche. Je vis, dit-elle, sans vivre en moi ; et j'espère une vie si haute, que je meurs de ne mourir pas » (46). L'espérance l'a enlevée, lui a permis de connaître des « transports inconnus au monde », « des douceurs ravissantes » (47), une des rares allusions aux extases. Thérèse ne peut encore rejoindre son Epoux, mais l'espérance anticipe sur l'avenir bienheureux.

A cette espérance, succède le désir (48) : si la jouissance est accordée au ciel, elle a dû être précédée du désir, « c'est une loi de la Providence » (49) ; « *Qui non gemit peregrinus, non gaudebit civis* » a dit saint Augustin (50). Les pleurs, les désirs sont le lot de ce monde et la condition nécessaire des jouissances de l'autre ; lié à la douleur, le désir d'amour a pour résultat un approfondissement de la douleur : « Pourquoi ne voulez-vous pas qu'elle pleure, éloignée de ce qu'elle cherche et exposée au milieu de ce qu'elle

---

(44) O.O., II, p. 379 ; J. Truchet, *Bossuet panégyriste*, p. 129 ; Ribera, *Vie...*, trad. cit., p. 137.

(45) O.O., II, p. 380 ; cf. Ribera, *Vie...*, trad. cit., p. 167 (pour la pauvreté des maisons et des habits), 174 (conseil de Jésus), 249-250 (grands qui offrent des richesses à Thérèse), et nombreux autres passages sur le désir de ne pas avoir de rentes.

(46) O.O., II, p. 380. Glose bien connue (cf. R. Ricard, R.A.M., 1964, p. 41 et n. 21) : Bossuet n'avait pas besoin de lire de près les œuvres de la sainte pour la connaître ; s'il avait déjà lu le *Traité de l'amour de Dieu* de saint François de Sales, il aurait pu l'y trouver (éd. Annecy, t. IV., p. 346) ; mais il faut noter que ce qui dut frapper Bossuet, c'est non seulement l'antithèse, procédé stylistique qu'il affectionne particulièrement, mais aussi l'écho de saint Paul (*Gal.* II, 20) dont la doctrine est partout présente dans ce panégyrique. Le rapprochement avec saint Paul était fait explicitement par saint François de Sales à l'endroit que nous venons de citer. Peut-être est-ce Ribera, si facile à consulter grâce à ses titres, sous-titres et tables, qui a mis Bossuet sur la voie de ce texte ; dans un chapitre sur l'espérance et la charité nous lisons : « ... elle mourait tous les jours voyant qu'elle vivait, et qu'il n'était pas possible de le voir si cette mort ne venait premièrement [...]. Et ainsi elle mourait pour ce qu'elle ne mourait pas et ne pouvait durer avec la vie et faisait beaucoup de l'endurer... ». (Ribera, *Vie...*, trad. cit., p. 505).

(47) O.O., II, p. 380.

(48) *Succède* au sens logique et par abstraction, car le désir est dans l'expérience intimement lié à l'espérance.

(49) O.O., II, p. 381.

(50) *Enarr. in Ps. CXLVIII*, n. 4 ; O.O., II, p. 381-382, cf. *supra* p. 187, et *infra* p. 226.

fuit ? » (51) ; ambiguïté de l'amour qui est à la fois possession en espérance et privation, tension vers un objet absent. Thérèse est animée de « transports célestes » (52), son amour croît et l'absence de ce qu'elle aime le rend insupportable.

Pour définir la nature de la charité, Bossuet aura recours aux Ecritures et à l'expérience de saint Paul (53), puis il appliquera à Thérèse ce qu'elles lui auront appris : « c'est ce feu divin et céleste qui, détenu contre sa nature dans un corps mortel, tâche de s'ouvrir par force un passage ; et frappant de toutes parts avec violence, par des désirs ardents et impétueux il ébranle tous les fondements de la prison qui l'enserre. De là ces pleurs, de là ces sanglots, de là ces douleurs excessives, qui mettraient sans doute Thérèse au tombeau, si Dieu, par un secret de sa providence, ne la voulait conserver encore pour la rendre plus digne de son amour » (54).

L'amour divin est ainsi un nouveau genre de martyre, le martyre de la charité (55) : l'homme se tend vers son objet, et Dieu recule,

---

(51) O.O., II, p. 382.

(52) O.O., II, p. 383. « Disons néanmoins, comme nous pourrons, ce que son histoire raconte ; disons que l'admirable Thérèse, nuit et jour, sans aucun repos ni trêve, soupirait après son divin Epoux ; disons que, son amour s'augmentant toujours, elle ne pouvait plus supporter la vie, qu'elle déchirait sa poitrine par des cris et par des sanglots, et que cette douleur l'agitait de sorte qu'il semblait à chaque moment qu'elle allait rendre les derniers soupirs » (O.O., II, p. 383) : Bossuet doit ici encore s'inspirer de Ribera, mais il amplifie sa source de façon bien oratoire et l'interprète avec faux-sens : « ... Car auparavant la peine n'arrivait pas jusques à me faire sortir de moi, et étant intolérable, et moi en tous mes sens elle me faisait jeter de grands cris, sans les pouvoir éviter. Maintenant comme elle m'est augmentée et accrue, la chose est arrivée jusques aux termes de ce trépas [...]. Je désire encore de le voir, quelque effort que je fasse d'y résister, je ne puis [...]. Il ne se pouvait imaginer personne si amoureuse d'une autre et laquelle ne peut endurer un petit moment sans elle, comme elle l'était de Notre Seigneur, se consolant avec lui, parlant toujours à lui [...]. Souventesfois il lui venait des assauts si grands de l'amour de Dieu, qu'elle fondait et s'anéantissait, et n'avait point de moyen de se prévaloir et garantir, et ne pouvait durer en soi-même, mais il semblait que sa vie prît fin... » (Ribera, *Vie...*, trad. cit., p. 506-508). Bossuet pouvait aussi trouver dans Ribera nombre d'autres pages sur le désir de la gloire de Dieu et de voir le bien-aimé (Ribera, *Vie...*, p. 504-505), de servir Dieu (p. 630), de faire de grandes choses (p. 510).

(53) « Malheureux homme que je suis ! Qui me délivrera de ce corps de mort ? » (*Rom.*, VII, 24 ; O.O., II, p. 383).

(54) O.O., II, p. 384. Ce trait doit venir de Ribera, *Vie...*, p. 508 ; cf. aussi p. 672 : il n'y eut pas « une autre occasion de sa mort, sinon qu'un assaut et impétuosité de l'amour de Dieu, qui lui vint si fort que le naturel ne le put supporter ».

(55) Le martyre de l'amour est un thème qui a eu une grande fortune au XVIIe siècle : bien avant Mme Guyon, sainte Chantal (sainte Chantal, *Sa vie et ses œuvres*, t. I, Paris, 1893, p. 354-358 ; H. Bremond, *Histoire litté-*

« Dieu l'attire, et Dieu la retient ». Thérèse ressent la contradiction crucifiante et la conduite impénétrable de Dieu ; « si vous inspirez ces désirs, pourquoi refusez-vous de les satisfaire ? » (56). L'orateur en des pages éloquentes (57) développe ces antithèses, mais cette fois encore il s'attache moins à peindre l'état de Thérèse que la condition nécessaire de tout amour, et la citation qui vient sous sa plume est un texte de saint Paul, « *quotidie morior* » de la 1re *Epître aux Corinthiens* (58).

La clef de ce mystère, Bossuet la trouve dans la finalité de cet état crucifiant : l'amour sépare l'âme de ce qui est corporel et terrestre, « ... dans ces combats, dans ces mystérieuses contrariétés, il s'allume un feu dans les âmes qui les rend tous les jours plus pures... ». Ainsi sont intimement unis l'amour et la mort : Thérèse en aimant meurt chaque jour, « par un secret merveilleux, elle se détache d'autant plus du corps qu'elle a plus de peine à s'en détacher ; et [...], dans l'effort qu'elle fait pour s'en séparer tout entière, elle le fuit d'autant plus qu'elle s'y sent plus lontemps et plus violemment retenue » (59).

L'amour de Thérèse est une forme de l'ascèse, de la mortification, du détachement du corps et de tout le créé ; et l'amour débouche sur la mort, seule issue à ses ardeurs : « cette divine maladie d'amour prenant tous les jours de nouvelles forces, elle ne peut plus supporter la vie » (60). Seules les afflictions et les souffrances lui feront trouver goût et consolation dans la vie : « ou souffrir ou

---

raire..., t. I, p. 217), Bernières (*Le Chrétien intérieur*, t. I, 2e partie, Paris, 1689, p. 79 et suiv. ; il part de Clément d'Alexandrie et cite ensuite, p. 81, le « ou souffrir ou mourir » de sainte Thérèse) ont parlé du martyre de l'amour ; Molinos (au moins d'après la proposition qui lui est attribuée) l'infléchissait dans le sens du martyre qu'infligent les démons (*Denz.* 1263). Dans les sermons de Bossuet, nous trouvons le thème sous la forme du martyre de la Providence (O.O., I, p. 44), de la pénitence (O.O., II, p. 29-30 ; V, p. 352), de la résignation (O.O., II, p. 116 ; IV, p. 62), et du martyre d'amour de Marie associée à la croix de son Fils (O.O., II, p. 468).

(56) O.O., II, p. 384.

(57) O.O., II, p. 384-385.

(58) XV, 31.

(59) O.O., II, p. 385 ; Bossuet ajoute : « ... comme un oiseau qui, battant des ailes, secoue l'humidité qui les rend pesantes, ou dissipe le froid qui les engourdit... », ce qui me paraît être une amplification oratoire inspirée du *Phèdre* de Platon (cf. *Phèdre*, 246 A et suiv. ; pour la conversation avec les anges : 246 D ; et pour les efforts des âmes qui aspirent à monter : 248 A-B). Bossuet interprète d'ailleurs toute cette expérience en un sens assez platonicien.

(60) O.O., II, p. 385. Sur les rapports de l'amour et de la mort, voir le beau livre de G. Gargam, *L'amour et la mort*, Paris, 1959 ; pour les thèmes platoniciens, p. 158 et suiv. ; pour le martyre, p. 281 et suiv. ; pour sainte Thérèse, p. 318 et suiv.

mourir », cette devise est le thème du troisième point de ce panégyrique (61). Les « inclinations » de Thérèse « si contraires à la nature » (62) viennent de son désir de vivre selon Jésus-Christ, qui retarde l'instant de sa mort par simple désir de continuer à souffrir (63).

Cette interprétation assez lointaine et générale de l'amour thérésien permet au prédicateur de développer de grandes leçons morales devant son auditoire : que tous acceptent afflictions et maladies, que les riches, selon leurs possibilités, suivent la route qu'a parcourue Thérèse, se détachant de leurs biens et les donnant aux pauvres.

En 1657, Bossuet présente donc un tableau de l'amour divin qui ne rend qu'imparfaitement compte de l'expérience thérésienne. Les principes et la méthode qui se manifestent alors ne changeront pas, et si, quelques années plus tard, il approfondit ses analyses, jamais il ne mettra en question la démarche « théologique » qui apparaît tout au long de ce panégyrique.

⁂

D'autres analyses des progrès de l'amour se trouvent dans deux sermons sur l'Assomption en 1660 et 1663 ; Marie est en effet un des êtres qui ont le mieux connu l'amour et qui l'ont vécu jusqu'en ses ultimes développements.

Le premier point du sermon de 1660 (64) montre comment l'amour divin a tiré Marie de « ce corps de mort ». Marie a subi la loi commune de la mort, mais elle ne l'a pas subie « d'une façon ordinaire » : « Tout est surnaturel en Marie » (65). Le « principe » de sa mort (66), c'est l'amour divin associé à l'amour maternel, grâce et nature mêlées ensemble ; mais dans le cas de Marie il y a plus : la source de cet amour est « dans le sein même du Père

---

(61) Sur cette devise qui est devenue un lieu commun, voir R. Ricard, R.A.M., 1964, p. 41 et n. 21 ; et *infra* p. 369. Pour ce troisième point qui abandonne très vite sainte Thérèse pour développer des généralités en antithèses sur la nature et la grâce, et sur la nécessité de la pénitence, Bossuet peut s'inspirer, de loin, de Ribera, mais du vocabulaire de la traduction Brétigny (le mot « endurer » qui y revient souvent, entre autres, Ribera, *Vie...*, trad. cit., p. 576 : « ou mourir ou endurer », 636, 647, 648, etc.), de la prière de Thérèse pour ne pas être sans douleur (Ribera, *ibid.*, p. 567), et des développements sur sa patience (Ribera, *ibid.*, p. 564 et suiv.), le texte de Bossuet ne garde presque aucune trace.

(62) O.O., II, p. 387.

(63) O.O., II, p. 388-389.

(64) Le second et le troisième portant sur la virginité et l'humilité.

(65) O.O., III, p. 491 : « surnaturel » immédiatement précisé par les mots : miracle, merveilles, divine.

(66) O.O., III, p. 491.

éternel », le fils dont elle est mère lui est commun avec Dieu, elle « est associée à la génération éternelle » (67) ; il s'ensuit que son amour a quelque étincelle de l'amour du Père pour le Fils : entre elle et son fils il y a « quelque chose de cette parfaite unité qui est entre le Père et le Fils » (68) ; d'où sa force, sa véhémence, ses mouvements et ses transports, ses efforts pour se réunir à Jésus : c'est la seule cause de sa mort : « cet amour étant si ardent, si fort et si enflammé, il ne poussait pas un seul soupir qui ne dût rompre tous les liens de ce corps mortel [...]. La mort n'est pas le miracle ; c'en est plutôt la cessation : le miracle continuel, c'était que Marie pût vivre séparée de son bien-aimé » (69). S'augmentant sans cesse, cet amour vint à une telle perfection que la terre ne put le contenir « ainsi mourut la divine Vierge par un élan de l'amour divin », et ce sont les désirs de Marie qui l'ont conduite à son bien-aimé, *qui non gemit peregrinus, non gaudebit civis* (70). Nous reconnaissons à travers le thème traditionnel de la mort d'amour de Marie (71) l'itinéraire tracé trois ans plus tôt dans le panégyrique de sainte Thérèse.

Le second sermon pour l'Assomption, prêché en 1663, au Val-de-Grâce devant Anne d'Autriche, présente de façon plus psychologique la montée de l'amour divin : il fait un plus grand appel aux comparaisons prises de l'amour humain, au risque d'apparaître parfois comme une reconstitution. Partant du *Cantique des Cantiques* (72), Bossuet entreprend de décrire les « douceurs et [les] caresses réciproques de l'Epoux et de l'Epouse », « le mystère du saint amour », les « délices », les « chastes impatiences » et les « dou-

---

(67) O.O., III, p. 493, reprise de 1651, O.O., I, p. 86.

(68) O.O., III, p. 494.

(69) O.O., III, p. 494-495.

(70) O.O., III, p. 495-497.

(71) Bossuet a déjà abordé ce thème, plus sommairement ou par simples allusions, dès 1650 : O.O., I, p. 65, 69-70, 174 ; III, p. 390 ; et il y reviendra encore un peu plus tard dans un poème, LT, XXVI, p. 90. J. Truchet (*La prédication...*, t. I, p. 215-218) cite plusieurs orateurs sacrés, Le Jeune, Bourzéis, Fromentières, qui prêchent à l'occasion de l'Assomption sur la mort d'amour de Marie. On pourrait y ajouter de nombreux spirituels du XVIIe siècle : saint François de Sales (*Traité de l'amour de Dieu*, éd. Annecy, t. V, p. 49-57 ; cf. E.J. Lajeunie, *Saint François de Sales*, Paris 1966, t. II, p. 208, 332-334), Gibieuf (Ch. Flachaire, *La dévotion à la Vierge...*, Paris 1916, p. 75-76), Jean de Saint-Samson (S. Bouchereaux, *La réforme des carmes...*, p. 263), J.-P. Camus (sur son homélie de la mort d'amour, v. J. Dagens, dans *Studi Francesi*, 1958, p. 390), Léon de Saint-Jean (*Méditations ferventes du Saint-Amour de Dieu*, 5e éd., Paris, 1653, p. 68-74), etc. Cette tradition ne sera pas incontestée (cf. P. Hoffer, *La dévotion à Marie...*, p. 38 ; H. Busson, *La religion des classiques*, p. 310).

(72) « *Dilectus meus mihi, et ego illi* » (*Cant.* II, 16).

ceurs ravissantes de l'amour divin » (73). L'amour de Marie aurait dû la faire mourir quand elle vit expirer son fils ; la douleur lui fut un glaive tranchant, qui « devait à chaque instant lui donner la mort » si son amour ne « la faisait vivre » (74). L'amour donne la vie, donne « au cœur une vie nouvelle qui est toute pour l'objet aimé » (75).

Ce sont les contradictions que subit l'Epouse du *Cantique :* l'Epoux lui est présent « nuit et jour », elle a « même pendant son sommeil, une certaine attention sur lui », et néanmoins elle cherche en vain à l'approcher. « Elle s'était mise en son lit pour y goûter du repos ; la vie de l'amour ne le permet pas. Elle cherche en son lit, et, ne trouvant pas son bien-aimé, elle n'y peut plus demeurer : elle se lève, elle court, elle se fatigue ; elle tourne de tous côtés, troublée, inquiète, incapable de s'arrêter jusqu'à ce qu'elle le rencontre. Elle veut que toutes les créatures lui en parlent ; elle veut que toutes les créatures se taisent. Elle veut en parler : elle ne peut souffrir ce qui s'en dit, ni ce qu'elle en dit elle-même ; et l'amour qui la fait parler lui rend insupportable tout ce qu'elle dit, comme indigne de son bien-aimé » (76). L'amour vient à son secours et soutient sa vie languissante : quel est ce soutien ? « les fleurs du Calvaire » et « les fruits de la croix » (77), des épines et des peines.

Cruauté nouvelle de l'Epoux : il ne se donne que pour disparaître. « O ! le cruel, [...] ô ! l'impitoyable ! [...] il l'avait épousée, prenant sa pauvreté et son dépouillement pour sa dot. Aussitôt après l'avoir épousée, il meurt ; et s'il ressuscite, c'est pour retourner d'où il est venu... » (78). Pour l'âme qui aime, la communion est un secours, mais bien trompeur, « C'est là notre unique soutien. Mais, ô soutien accablant ! la communion irrite l'amour plutôt qu'elle ne l'assouvit » (79). A travers Marie, nous comprenons toutes les âmes péné-

---

(73) O.O., IV, p. 495.
(74) O.O., IV, p. 498.
(75) O.O., IV, p. 499 ; « douleur tuante et crucifiante, et, au milieu de cette douleur, je ne sais quoi de vivifiant par le moyen de l'amour » (O.O., IV, p. 499).
(76) O.O., IV, p. 499 ; passage parallèle dans la seconde lettre à une demoiselle de Metz, C.B., I, p. 49.
(77) O.O., IV, p. 500.
(78) O.O., IV, p. 501-502. Cf. O.O., IV, p. 132-133 sur les artifices incroyables de l'Epoux : « il a des fuites mystérieuses pour nous engager davantage, il a des éloignements qui nous approchent... » (Bossuet s'adresse aux carmélites et parle des épreuves que Dieu envoie). Une allusion en 1669 à propos des noces de Cana : Marie « connaît les délais miséricordieux, les favorables refus, les fuites mystérieuses de l'Epoux sacré. Elle sait les secrets par lesquels son amour ingénieux éprouve les âmes fidèles, et sait qu'il nous rebute souvent... » (O.O., V, p. 606).
(79) O.O., IV, p. 503.

trées de l'amour divin, et dans le sermon de Bossuet se mêlent théologie et spiritualité : l'expérience de l'amour divin permet-elle à Bossuet de peindre l'âme de Marie ? ou projette-t-il dans la spiritualité ce que la théologie et la tradition lui enseignent sur Marie ?

L'amour de Dieu est à la fois doux et terrible : « l'amour divin emporte avec soi un dépouillement et une solitude effroyable, que la nature n'est pas capable de porter ; une si horrible destruction de l'homme tout entier, et un anéantissement si profond de tout le créé en nous-mêmes, que tous les sens en sont accablés » (80). Bossuet décrit « la délicatesse » de la jalousie d'un Dieu « exact et incompatible » (81), la solitude effroyable qu'il exige en l'homme où il veut régner seul, tout en se dérobant, démarche de foi obscure. « Il veut qu'on détruise, qu'on ravage, qu'on anéantisse tout ce qui n'est pas lui ; et pour ce qui est de lui-même, il se cache cependant, et ne donne presque point de prise sur lui-même, tellement que l'âme, d'un côté détachée de tout, et de l'autre ne trouvant pas de moyen de posséder Dieu effectivement, tombe dans des faiblesses, dans des langueurs, dans des défaillances inconcevables ; et lorsque l'amour est dans sa perfection, la défaillance va jusqu'à la mort, et la rigueur jusqu'à perdre l'être » (82).

L'amour est son propre bourreau : il a dépouillé l'être de tout ce qui charme les sens et l'âme, pour ne laisser qu'une simple unité, « une solitude affreuse », « un désert effroyable ». Privée de tout, l'âme ne peut même approcher celui qu'elle aime et elle « se meurt d'ennui » (83). « Elle ne le voit que par la foi, c'est-à-dire qu'elle ne le voit pas ; elle ne l'embrasse qu'au milieu des ombres et à travers des nuages, c'est-à-dire qu'elle ne trouve aucune prise » (84). L'amour est inséparable de la mort parce qu'il est inséparable de la croix : il ne se révèle qu'en disparaissant, et il s'anéantit lui-même avec l'âme aimante. Le « mystère d'unité » (85) entre les âmes et leur Epoux ne s'opère que par cet anéantissement, car l'unité est « détruisante » (86) : « O ! quel renversement ! ô ! quelle

(80) O.O., IV, p. 503.
(81) O.O., IV, p. 503.
(82) O.O., IV, p. 504.
(83) *ibid.*
(84) O.O., IV, p. 505.
(85) O.O., IV, p. 506.
(86) « O union de deux cœurs, qui ne veulent plus être qu'un ! O cœurs soupirants après l'unité ! Ce n'est pas en vous-mêmes que vous la pouvez trouver. Venez, ô centre des cœurs, ô source d'unité, ô unité même ; mais venez, ô unité, avec votre simplicité, plus souveraine et plus détruisante que tous les foudres et tous les tourments dont votre puissance s'arme. Venez et ravagez tout, en rappelant tout à vous, en

violence ! ô ! que le travail de cet enfantement est horrible !... » (87).

Bossuet s'attarde à cette description : expérience personnelle des ravages de l'amour divin ? Lui-même avoue ne pouvoir parler en son nom (88) ; son seul but est de faire comprendre l'amour de Marie et sa mort d'amour. L'intérêt de ces longues pages qui montrent l'ambiguïté de l'amour divin est de nous placer à une des sources de la spiritualité de Bossuet, et d'éclairer la genèse de thèmes qui seront repris dans les lettres de direction : Bossuet construit une psychologie de l'amour divin, puis, oubliant peu à peu son cadre primitif, il expose pour elles-mêmes les idées qu'il a esquissées. L'on ne peut parler d'une expérience, on ne peut non plus juger ces développements artificiels ; dogmatique et traditionnelle, la source de ces textes est dans la théologie de la charité et dans la tradition de l'Eglise. Le thème de la montée de l'amour à travers douceurs et peines, que Bossuet reprendra lorsqu'il dirigera des religieuses, est en germe dans le sermon de 1663 sur l'Assomption.

⁂

Nous rapprocherons de ce sermon sur l'Assomption l'opuscule « L'amour de Madeleine » découvert au début du XXe siècle à Saint-Pétersbourg par l'abbé Joseph Bonnet, et attribué à juste titre à Bossuet par Ch. Urbain et E. Levesque. La date que ces derniers proposent « vers 1694 » ne nous paraît toutefois pas s'imposer. Cet opuscule se trouvait dans un recueil de sermons pris à l'audition (89) datant des années 1660-1670 (90) : il aurait été étonnant qu'un texte datant de 1694 figurât dans un recueil de sermons bien plus anciens ; d'autre part, si la critique interne impose une date postérieure à 1668 (91), les rapprochements avec *Le Saint Amour,*

---

anéantissant tout en vous ; afin que vous seule soyez, et viviez, et régniez sur les cœurs unis, dont l'unité est votre trône, votre temple, votre autel, et comme le corps que vous animez ! » (O.O., IV, p. 505).

(87) O.O., IV, p. 506.

(88) *ibid.*

(89) R.B., 1909, p. 3.

(90) Les sermons de Bossuet qui y figurent datent de 1661, 1666 et 1669.

(91) L'opuscule utilise trois sermons : *Sur l'efficacité de la pénitence* du Carême du Louvre (1662), *Sur l'Assomption* (1663), *Sur la véritable conversion* de l'Avent de Saint-Thomas du Louvre (1668), mais plusieurs rapprochements indiqués par Urbain et Levesque ne reposent que sur des citations du *Cantique des Cantiques ;* les seuls emprunts certains ou vraisemblables sont les suivants : O.O., VI, p. 623 et O.O., IV, p. 298 (le thème général : Madeleine aux pieds de Jésus) ; O.O., VI, p. 627-629 et O.O., IV, p. 307 (les galanteries de l'amour divin : les parfums, les cheveux, les yeux, les larmes, les métaphores militaires) ; O.O., VI, p. 630 et O.O., IV, p. 503-505 (résumé du sermon de 1663 puis reprise de deux

ou endroits choisis du Cantique des Cantiques et avec le commentaire de 1693 risquent d'être très extérieurs (92).

Comme le sermon sur l'Assomption, l'opuscule « L'amour de Madeleine » n'est pas, comme l'élévation bien connue de Bérulle, une tentative d'approfondissement théologique du mystère de Jésus à travers sa conduite sur sainte Madeleine : si le début de l'opuscule de Bossuet rappelle un petit texte bérullien : « Autre sur la participation de Marie-Madeleine à l'Incarnation, à la Croix et à la Résurrection de Jésus » (93), il en est très différent par l'intention : Madeleine n'est pour ainsi dire qu'un prétexte à la peinture de l'amour, comme en témoigne la comparaison avec les textes parallèles qui se rapportent à sainte Thérèse ou à Marie. Bossuet décrit l'amour divin et ses contradictions, mais, si nous sommes loin de l'élévation bérullienne, nous somme aussi loin de la peinture d'une expérience : l'âme de Madeleine, telle que Bossuet la peint, est une sorte de reconstitution, un schéma psycho-

---

pages sur la jalousie de Dieu) ; O.O., VI, p. 633 et O.O., IV, p. 501-502 (l'Église et la Synagogue) ; O.O., VI, p. 634 et O.O., IV, p. 507 (la séparation) ; O.O., VI, p. 635-636 et O.O., V, p. 404-405 (les deux solitudes), ces trois derniers emprunts étant presque textuels, les différences pouvant s'expliquer par des défaillances des copistes ou de ceux qui prenaient à l'audition les paroles de l'orateur. Ces emprunts ont laissé des traces encore perceptibles : des notes au crayon ajoutées sur le manuscrit de 1662 témoignent d'une lecture postérieure : en haut de la p. 11 du manuscrit, Bossuet écrit « *Magd.* » et cette page porte une variante au crayon qui semble avoir été utilisée dans l'opuscule (O.O., VI, p. 628, et cette variante : O.O., IV, p. 307, n. 7) ; même signe d'une relecture avec des traits au crayon et le mot « *Magd.* » à la page VI du même manuscrit (O.O., IV, p. 312, n. 2 et 3, p. 313, n. 12). On peut attribuer à la même préparation une addition marginale du sermon de 1668 : « Dans le cantique, solitudes agréables et solitudes affreuses » (O.O., V, p. 404, n. 5) qui donne le plan de deux pages de l'opuscule.

(92) Le problème recevrait une solution plus certaine si nous avions la copie éditée par l'abbé Bonnet en 1909 : à la suite d'échanges de lettres avec les bibliothèques publique de Léningrad et universitaire de Varsovie, nous avons appris les tribulations de ce manuscrit qui a été détruit pendant la dernière guerre. Il fut pris à Varsovie et déposé à Saint-Pétersbourg au XIXe siècle, mais en vertu du traité de Riga il aurait dû être restitué à la Pologne et déposé à la bibliothèque universitaire (plus tard à la bibliothèque nationale) de Varsovie. Cependant un accord polono-russe de 1922 excluait de la restitution prévue à Riga 1 400 manuscrits théologiques qui, à première vue, n'avaient pas de rapports avec la culture polonaise. Notre manuscrit Lat. Q. I. 14 en faisait partie (*Sigla codicum manuscriptorum qui olim in Bibliotheca Publica Leninopolitana exstantes nunc in Bibliotheca Universitatis Varsoviensis asservantur*, Krakow, 1928, p. 68). Mais des manuscrits furent ultérieurement transférés en Pologne en vertu de nouveaux accords et le Lat. Q. I. 14 revint en 1934 à la bibliothèque nationale de Varsovie. La plupart des collections ont été détruites ou dispersées pendant la guerre et le recueil Lat. Q. I. 14 est considéré comme perdu.

(93) Bérulle, *Œuvres*, 1644, p. 943, et cf. *supra* p. 213.

logique, élaboré de façon extérieure, à partir des données scripturaires, du *Cantique des Cantiques* surtout ; l'amour de présence, l'amour devant la mort, l'amour délaissé évoquent moins pour Bossuet trois regards de Jésus sur Madeleine que les conditions de tout amour divin : les règles et les lois de l'amour, sa méthode, sa conduite ordinaire (94) ; de l'amour vivant et présent il dira par exemple : « l'amour ne sait point se borner, ses désirs sont sa règle, ses transports sont sa loi, ses excès sont sa mesure » (95), et il introduira chacune de ses propositions par un « il faut » au dogmatisme tranchant : les schèmes nuptiaux du *Cantique,* la mort et la vie, la présence et l'absence, la fuite et l'appel, la joie et la désolation, l'amoureuse solitude et le désert abandonné, ont valeur de modèles, suscitent sa réflexion, exaltent le lyrisme : la sensibilité de Bossuet a besoin de ces points de départ et de ces soutiens, mais à partir d'eux il « se représente » (96) ce que fut la vie de Madeleine et ce qu'est celle de l'homme touché par l'amour.

Les contradictions de l'amour et ses obstacles viennent avant tout du péché et Madeleine est figure de la pénitence ; or l'amour pénitent est ambigu et unit la hardiesse et la crainte, l'avidité et la réserve, les larmes, les sanglots et le « silence mélodieux » ; amour imparfait mais déjà amour : tout amour comporte les embrassements de l'Epoux et ses aimables douceurs, ces larmes et ces désirs. Le refus de l'amour et l'humilité qui en éloigne sont les meilleurs chemins vers lui : « Il s'approche en se retirant et la captivité qu'il s'impose lui donne la liberté », « admirables et [...] mystérieux détours » (97). L'amour concilie des incompatibles, le zèle de la justice et l'impétuosité du désir, d'où toutes « les saintes galanteries de l'amour pénitent » (98), ces larmes, ces chaînes qui lient comme mutuels captifs l'amant et l'aimée, ces baisers, ces soupirs ; cet amour où la sensibilité tient encore grande place triomphe de toutes les mondanités, et de toutes les délicatesses de l'amour profane, mais Jésus répond à Madeleine et la comble de bontés, l'accable et l'anéantit par les bienfaits. La douleur n'est pas sans consolation ni sans joie (99) ; dialectique de la mort et de la vie, « à chaque moment, elle meurt, et va reprendre à chaque moment, en baisant les pieds de Jésus, une vie nouvelle, pour l'immoler aus-

---

(94) O.O., VI, p. 631.
(95) O.O., VI, p. 623.
(96) L'expression revient souvent ; cf. aussi O.O., VI, p. 636 : « Je pense que tel était à peu près l'état de Marie-Madeleine... »
(97) O.O., VI, p. 625.
(98) O.O., VI, p. 627.
(99) O.O., VI, p. 628.

sitôt après » (100) : le lyrisme des formules masque mais dévoile la réalité de l'expérience, double et indéfinissable, ce qui comble est ce qui détruit. Le schéma est le même que celui du sermon sur l'Assomption : elle désire l'unité, la simplicité, mais « cette unité est tuante », c'est « une solitude et [...] un dépouillement insupportables à la nature », et, toute multiplicité de désirs renversée et consumée, il ne reste « dans ce cœur qu'une simple tendance à son principe ». Enlevé « par son centre », il n'a plus qu'à se « perdre en lui totalement » (101). L'expérience de l'amour, expérience de simplicité et d'unité, est mortifiante et « tuante » en un degré plus éminent encore : le cœur perdu en Jésus et lié à lui ne rencontre qu'absence car Jésus « se retire, il se dérobe, il les exerce par des fuites et des privations horribles », il « se rit de leurs plaintes », « il ôte peu à peu ce qu'il a donné » : Madeleine va au tombeau et les anges « ne lui rendent pas un mot de consolation » et le Jésus qu'elle découvre est un Jésus « inconnu » ; les seules réponses que le cœur trouve auprès de lui sont ses refus et des tourments, *Noli me tangere.* « Je me représente facilement que ces paroles de Jésus firent un effet horrible dans le cœur de Madeleine, car elle voit que Jésus s'en va, et que c'est dans le temps de cette absence qu'il veut attirer les cœurs plus violemment que jamais » (102). C'est la condition de l'amour de Jésus, c'est la condition de l'Eglise ; Madeleine est dans un désert, dans la solitude des lieux affreux et les retraites des bêtes farouches (103), et Jésus la laisse dans un désert intérieur : « privée du soutient de ses sacrements, de la communion de son sacré corps, de la consolation de ses saints apôtres qui le représentaient sur la terre, de la vue de sa sainte mère... » (104). Cet abandon est mystérieusement union : « il nous unit à lui plus intimement dans le temps même que tous nos sens n'éprouvent qu'éloignement et séparation ». C'est tout le sens du *Cantique des Cantiques :* le bien-aimé passe vite et « il n'y a presque jamais un moment de jouissance », mais il se communique en se cachant, « ses fuites sont des attraits, ses délais des impatiences, ses refus des dons, ses dédains des caresses ; [...] elle ne le

(100) O.O., VI, p. 629. Bérulle avait écrit à propos de Madeleine de belles pages sur la Vie et l'Amour, « Mort vivante et vie mourante » (*Œuvres,* éd. 1644, p. 588).

(101) O.O., VI, p. 630. Cf. en 1663 : « ô centre des cœurs... » (O.O., IV, p. 505).

(102) O.O., VI, p. 631-632.

(103) O.O., VI, p. 635-636 ; voir *supra* p. 194, le premier état de ce texte. Le désert apparaissait déjà en 1663, O.O., IV, p. 504 ; sur le désert, voir *supra* p. 187.

(104) O.O., VI, p. 636.

possède jamais mieux que lorsqu'elle semble le perdre » ; *Fuge dilecte mi,* lui crie-t-elle maintenant « dans le temps qu'il la caresse plus tendrement que jamais ». Bizarrerie étrange et incompréhensible, « elle aime mieux ses privations que ses dons mêmes et ses faveurs » (105). Les ardeurs et les transports ne sont que le commencement de l'amour : sa consommation se fait dans la Nuit du *Noli me tangere :* toute âme doit y aspirer et fuir les consolations.

S'il y a progrès de l'opuscule par rapport à ses sources oratoires, c'est surtout dans la netteté de l'affirmation et dans l'approfondissement du paradoxe de l'amour : sent-on l'ébauche d'un changement de perspectives ? Sent-on le contact personnel d'un directeur avec des âmes qui ont éprouvé le dédain et l'absence de l'Epoux ? La démarche de Bossuet est fondamentalement la même : Thérèse, Marie, Madeleine, trois exemples qui illustrent bien la « psychologie abstraite » qui est celle de Bossuet. S'il fallait repousser la rédaction de « L'amour de Madeleine » jusqu'à l'époque de l'épiscopat, la fidélité de Bossuet à lui-même, la distance entre l'expérience et sa traduction, en un temps où Bossuet a effectivement dirigé des âmes aux prises avec les noirceurs de l'amour, seraient encore plus remarquables.

⁂

Le terme de l'amour, le but visé à travers douceurs et anéantissements, est l'union : le sermon de 1663 que nous venons d'étudier l'affirme : « O union de deux cœurs, qui ne veulent plus être qu'un ! O cœurs soupirants après l'unité ! [...] Venez, ô centre des cœurs, ô source d'unité, ô unité même ;... » (106). Les œuvres oratoires sont jalonnées de pages lyriques qui évoquent la félicité des saints, union avec Dieu : dès 1648 c'est la méditation prononcée au collège de Navarre, chaleureuse, construite suivant une solide architecture théologique et christologique ; elle essaye à peine d'évoquer, non pas de décrire, cette inexprimable félicité : « ... Il ira chercher dans le fond de l'âme l'endroit par où elle sera plus capable de félicité. La joie y entrera avec trop d'abondance pour y passer par les canaux ordinaires ; il faudra ouvrir les entrées, et lui donner une capacité extraordinaire... », mais Bossuet avoue que l'on ne peut parler de cette joie que par approximation : « ...lorsqu'il décrit les douceurs du paradis, ce n'est que par des mystères, pour nous en témoigner l'incompréhensibilité... » (107) ; et même saint

(105) O.O., VI. p. 637-639.
(106) O.O., IV, p. 505, cf. *supra* p. 228.
(107) O.O., I, p. 26.

Paul est incapable de décrire le lieu où il fut ravi : « il en parle comme un homme qui a vu quelque chose d'extraordinaire, qui ne nous en fait la description qu'en méprisant tout ce que vous lui pouvez apporter au prix de ce qu'il a vu, ou bien en avouant qu'il ne saurait l'expliquer. Il en marque quelques conditions générales, qui nous laissent dans la même ignorance où il nous a trouvés... » (108). La nature des récompenses éternelles n'est suggérée que sommairement à la fin de la méditation : « opération surnaturelle et toute-puissante », connaissance de ses desseins et de son amour, extension « sur nous des miracles et des grandeurs qu'il a opérés en Jésus-Christ » (109) : Bossuet paraphrase les deux premiers chapitres de l'*Epître aux Ephésiens* sur le triomphe du Christ et la participation de l'homme au salut.

L'année suivante, pour la même occasion, le sermon prononcé en la chapelle de Navarre insiste un peu plus sur les « grandeurs du ciel » (110), « la joie abondante » (111) dans laquelle vivent les bienheureux : c'est l'objet d'un troisième point qui complète le schéma théologie — christologie de 1648. Certes nous ne devons pas nous représenter le royaume céleste « à la façon de ces choses basses qui frappent nos sens, ou de ces plaisirs périssables qui trompent plutôt notre imagination qu'ils ne la contentent » (112) ; « joie d'avoir trouvé un bien infini, une beauté accomplie, un objet qui s'empare si doucement de sa liberté, qui arrête à jamais toutes ses affections, sans que son bonheur puisse être troublé ou interrompu par le moindre désir ! » (113), beauté, joie, possession, congratulations perpétuelles, les images sensibles se pressent sous la plume de Bossuet dès qu'il veut évoquer la récompense des bienheureux, le torrent de délices dont Dieu les enivrera (114), et jusqu'à sa mort ces perspectives susciteront en lui le même élan.

Tout homme veut être heureux, c'est le cri secret de nos cœurs (115), mais le seul homme vraiment heureux, heureux de façon stable par la suppression de tout désir, c'est l'élu : « Nos

---

(108) O.O., I, p. 27.
(109) O.O., I, p. 29.
(110) O.O., I, p. 47.
(111) O.O., I, p. 49.
(112) O.O., I, p. 58.
(113) O.O., I, p. 59.
(114) *Ps.*, XXXV, 9, souvent cité ou suggéré : O.O., I, p. 61 ; II, p. 67, 396 ; III, p. 101, 687 (et 711) ; IV, p. 421 ; et plus tard dans les *Méditations sur l'Evangile* LT, VI, p. 12, 432, 468.
(115) O.O., V, p. 323, sermon pour la Toussaint de 1668 : ce n'est pas un hasard si Bossuet prêche régulièrement sur le bonheur du chrétien à l'occasion de cette fête ; voir aussi le sermon de 1669, O.O., V, p. 486 et suiv. ; nous développons ce thème du bonheur, *infra* p. 327 et suiv.

véritables plaisirs ne sont pas de ce monde ; nous en pouvons prendre quelque avant-goût par une fidèle attente ; mais la jouissance en est réservée pour la vie future » (116). Cette tension vers la récompense, cette affirmation du caractère sensible de la récompense est négation du caractère suffisant de toute expérience spirituelle en ce monde : le monde est le domaine du passager et de l'instable, la vie future, de la stabilité et de la jouissance assurée ; en cette vie la concupiscence règne, dans la vie future, ayant déposé le fardeau du corps, l'âme « sent une merveilleuse conspiration de tous ses mouvements à la même fin » : « possédée uniquement de cet esprit de vie dont elle expérimente la présence, elle s'y laisse si doucement attirer, elle y jouit d'une paix si profonde, qu'à peine est-elle capable de comprendre elle-même son propre bonheur » ; état qui sera encore dépassé lorsque, la « félicité [...] achevée » (117), le corps ressuscitera et la mort sera vaincue. Bossuet ne pourrait que s'opposer fermement à ceux qui tendraient à interpréter comme suffisante leur expérience ici-bas ou à ceux qui se désintéresseraient de ce pôle de toute vie spirituelle qu'est la récompense espérée : la jouissance future donne, pour lui, son sens à tout l'itinéraire, révèle la destinée de l'homme.

En 1653, à propos des noces de Cana, Bossuet développe « quelques vérités chrétiennes merveilleusement pieuses » (118), les communications particulières de Dieu aux créatures intelligentes. Il se plaît à rappeler, même si c'est un secret incompréhensible et ineffable, « comment la nature divine s'unit aux esprits purs par de chastes embrassements », ce qui est « la vérité du mystère » de ce jour (119) ; vérité qui n'est pas située au niveau de la psychologie, mais à celui de la réalité profonde, du mystère. Cette union est purifiante et féconde, car Dieu est fontaine de vie (120) et douce rosée ; elle est dévorante comme le feu qui épure l'or dans une fournaise (121), son contact est nourrissant, c'est le pain des anges qui est devenu le pain des hommes (122). La comparaison la plus

(116) O.O., I, p. 118.
(117) O.O., I, p. 125.
(118) O.O., I, p. 283.
(119) O.O., I, p. 283.
(120) Cf. *supra* p. 99.
(121) O.O., I, p. 284. L'image de l'or dans la fournaise est traditionnelle : *Deut.* IV, 24, *Sap.* III, 6, *Job* XXIII, 10 ; on la trouve chez Bossuet sous différentes formes : O.O., I, p. 42 ; II, p. 172 ; IV, p. 66, 74, 424 ; et à des dates plus tardives LT, XXIV, p. 493 ; LT, VI, p. 11 ; E.M., p. 359-360. L'image est fréquemment employée par les mystiques (sainte Catherine de Gênes, sainte Thérèse, saint Jean de la Croix, etc.) mais ce n'est pas chez eux que Bossuet a dû la découvrir.
(122) O.O., I, p. 284, cf. *Ps.* LXXVII, 25.

adéquate est celle du mariage mystique : « ... notre grand Dieu est comparé à un chaste époux qui, par un sentiment de miséricorde, épris de l'amour de nos âmes, après mille amoureuses caresses, après mille recherches de ses saintes inspirations, s'unit enfin à elles par des embrassements ineffables ; et, les ravissant d'une certaine douceur que le monde ne peut entendre, les remplit d'un germe divin qui fructifie en bonnes œuvres pour la vie éternelle » (123). En cette union avec Dieu se trouve le repos, et le repos naît de l'unité ; en effet, selon saint Augustin, « le véritable mouvement de l'âme c'est de rappeler ses esprits des objets extérieurs au dedans de soi, et de soi-même s'élever à Dieu » (124) ; par la simple approche de Dieu, l'âme correspond à ses tendances fondamentales, à sa nature, réalise la « seule opération nécessaire, qui est de suivre uniquement cet un nécessaire » (125). Et Marie, ici encore, est le meilleur exemple d'une créature établie dans le repos de la paix ; paix qui vient du regard de Dieu : « l'heureuse Marie, toute pleine de cette paix admirable, ne s'occupe plus qu'à louer son Dieu dans les marques de sa faveur, dans les assurances de sa protection » (126), paix fondée sur l'anéantissement et la croix : « O ! détruisez donc, anéantissez les âmes que vous avez rachetées ! anéantissez-les par le mystère de votre croix, afin de les rendre dignes d'être anéanties par le mystère de votre gloire, lorsque Dieu, qui est maintenant en vous, *se réconciliant toutes choses,* sera en vous consommant très parfaitement en un toutes choses » (127).

En 1664, pour la Circoncision, aux Carmélites de la rue du Bouloi, Bossuet évite encore toute « particularité » (128) et ne fait qu'évoquer le repos immuable, l'« heureuse nécessité de ne pouvoir plus être soumis au péché ; [...] assurance infaillible de ne déchoir jamais, aux siècles des siècles, de la grâce ni de la justice » (129). L'orateur aspire à ce repos plus solide que les promesses de cette vie, « le dernier repos et l'assurance parfaite, où nous serons assurés de Dieu et

(123) O.O., I, p. 284.
(124) O.O., II, p. 95.
(125) O.O., II, p. 97.
(126) O.O., III, p. 477.
(127) O.O., IV, p. 506. Le plan du panégyrique de saint Joseph du 19 mars 1661 est un bon résumé de l'itinéraire spirituel, marche vers la jouissance : « Joseph, homme simple, a cherché Dieu ; Joseph, homme détaché, a trouvé Dieu ; Joseph, homme retiré, a joui de Dieu » (O.O., III, p. 646-647) ; de la même façon il serait facile de montrer dans la structure d'un Carême un exercice spirituel : ainsi pour le Carême des Minimes, la lutte contre les démons et la soumission à Jésus-Christ, le combat spirituel, la mort, la résurrection, et la paix.
(128) O.O., I, p. 27.
(129) O.O., IV, p. 526.

non moins assurés de nous » (130), changement radical, fruit de « la pleine participation du bien immuable » (131), comme dit saint Augustin, qui nous établira dans la joie du Seigneur, « l'amour de la vérité et la chaste délectation de la justice » (132).

En cette vie, la joie entre en nous, dans l'autre, nous entrerons dans la joie, selon la parole de saint Augustin (133) : ici nous ne pouvons qu'exprimer de tous objets la joie qu'ils nous offrent, dangereuses douceurs, fausses tendresses et fausse douceur (134) ; la joie du ciel descend cependant, « une soudaine illumination du Saint-Esprit, un essai de la claire vue dans la foi, un avant-goût de la possession dans une douce espérance. [...] l'amour de la vérité et la chaste délectation de la justice » (135) ; mais ce n'est encore que mélange : là-bas, dans le ciel, l'âme entrera tout entière dans la joie, « elle en sera pénétrée, elle en sera possédée ; tout ce qui est de mortel sera englouti par la vie, comme dit l'apôtre saint Paul » (136). La conclusion vient immédiatement : « Il faut travailler » (137) ; le tableau de cette félicité est espérance, attrait, but qui reste inaccessible tant que la concupiscence n'est pas éteinte et tous les faux plaisirs vaincus (138). Alors retentira l'éternel *Alleluia* (139).

⁂

Nous devons poser ici une question très importante qui, à vrai dire, a déjà été abordée dans notre analyse de quelques panégyriques et de quelques sermons : dans quelle mesure cette joie et cette douceur, cette félicité et ces délices espérées et déjà goûtées en

---

(130) O.O., IV, p. 527.

(131) O.O., IV, p. 528.

(132) O.O., IV, p. 528, 529 : définition de la vie bienheureuse comme *gaudium de veritate* (saint Augustin, *Confes*. X, 23) ; sur ce thème (repris O.O., V, p. 319, 500, et souvent par la suite), cf. *infra* p. 331.

(133) O.O., IV, p. 529 ; V, p. 316-318 ; VI, p. 412 ; repris encore LT, VI, p. 270.

(134) O.O., V, p. 317 ; cf. O.O., V, p. 454.

(135) O.O., V, p. 318.

(136) *ibid.*, cf. *II Cor.* V, 4.

(137) O.O., V, p. 319.

(138) En un cas, en 1667, nous voyons Bossuet accepter facilement un passage de *la Vie de la Mère Magdeleine de Saint-Joseph* que le P. Jacques Talon lui avait soumis. Ce texte faisait allusion à un privilège fait par le Fils de Dieu à certaines âmes choisies de les traiter dès le pèlerinage comme il les traitera un jour dans le Ciel ; Bossuet répond au P. Talon : « il est vrai que l'état de certaines âmes épurées tient de celui de la patrie et en cette sorte on leur peut appliquer ce qui est écrit des bienheureux. Je ne trouve en cela aucune difficulté » (C.B., I, p. 190) ; exemple de ces heureuses inconséquences qui assouplissent ce que la doctrine de Bossuet pourrait avoir de trop rigide.

(139) O.O., IV, p. 122-123.

espérance pendant cette vie sont-elles des plaisirs analogues aux plaisirs terrestres ? Est-ce que nos sens y ont accès, est-ce que cette rencontre se situe à un niveau tel qu'aucune sensibilité n'y pénètre et que nous ne parlons de joie et de délices que par une lointaine analogie ? La question trouvera au temps de la querelle du quiétisme une réponse assez précise.

Au temps des œuvres oratoires, les textes de Bossuet ne permettent pas de trancher le débat : à aucun moment l'orateur ne se pose les problèmes spirituels en ces termes, à aucun moment il n'a essayé d'élaborer un système ou une théorie de la vie spirituelle.

Pour illustrer ces délices spirituelles et l'attrait qu'elles exercent sur l'homme, les passages des sermons se présentent nombreux : l'espoir de la vie future est un charme puissant, « l'appât d'une douce vie » (140) où ne seront que joie et félicité (141), jouissance (142). L'amour, dès cette vie, est peint en termes de sensibilité : il faudrait relire le beau cantique de l'amour que prononce l'orateur dans le panégyrique de saint François de Paule : « C'est par l'amour qu'on aime [...]. Aimant elle sent qu'elle aime, elle s'en réjouit, elle en triomphe de joie, elle commence à s'aimer elle-même, non pas pour elle-même, mais elle s'aime de ce qu'elle aime Dieu : *Cælestem illum ac plane beatum amantes amorem...* » (143). Il y a des textes encore plus explicites : s'agit-il de vanter devant une religieuse les charmes de la vie religieuse, c'est par ses « plaisirs » que l'orateur définit cette vie, affirmant une similitude de nature, sinon d'objet, entre les plaisirs du monde et ceux de Dieu : « Et que l'on ne croie pas qu'en quittant le monde, vous ayez aussi quitté les plaisirs. Vous ne les quittez pas, mais vous les changez. Ce n'est pas les perdre, ma Sœur, que de les porter du corps à l'esprit, et des sens dans la conscience » (144).

---

(140) O.O., I, p. 121, Bossuet s'appuie sur un passage du *Pédagogue* de Clément d'Alexandrie.

(141) O.O., I, p. 120.

(142) O.O., I, p. 118 ; cf. aussi la description des embrassements « d'une ravissante douceur » (O.O., I, p. 175) de Marie et de Jésus au milieu de la cour céleste. Voir aussi O.O., III, p. 17 et suiv. « les chastes délices » de la paix qui réjouissent la Sainte Vierge, « les incomparables douceurs », paraphrase du *Magnificat.*

(143) O.O., II, p. 36, avec l'expression de la doctrine augustinienne que Bossuet soutiendra pendant la querelle du quiétisme : cet amour qu'elle sent est désintéressé parce qu'elle n'est pas elle-même le terme de son amour. Cf. aussi O.O., III, p. 463 sur les douceurs de l'oraison de François de Paule ; et nombreux autres textes sur ces douceurs O.O., III, p. 18, 20, 36, 37, 198, 237.

(144) O.O., II, p. 197 : c'est une traduction libre d'un texte de saint Bernard, *de Vita solitaria : « Voluptates non perdimus, sed mutamus : de corpore ad animum, a sensibus ad conscientiam »*, cité un peu plus tard O.O., II, p. 225, n. 4.

Tout le second point du sermon du Carême du Louvre pour la Purification de la Sainte Vierge est une élévation sur le « véritable plaisir qui fortifie le cœur de l'homme », « plaisirs réels, lesquels certes quiconque a goûtés, il ne peut presque plus goûter autre chose, tant le goût en est délicat, tant la douceur en est ravissante » (145) ; le malheur de l'homme est de ne pas savoir reconnaître le véritable plaisir, de se contenter des plaisirs sensibles ; que doit-il faire ? Puisque nous ne pouvons vivre « sans plaisir », il faut le transporter du corps à l'esprit, savoir goûter le « plaisir sublime » qui naît de la paix de l'âme : « Que ce plaisir est délicat ! » (146).

C'est par l'attrait que la grâce exerce son action sur l'homme : doctrine de la délectation qui sera plus tard longuement exposée (147), mais qui soutient dès l'époque des œuvres oratoires la spiritualité de Bossuet : à l'attrait de la convoitise vient s'opposer la « chaste délectation des biens éternels » (148), « une chaste délectation, par une sainte et ravissante douceur » (149). Voilà comment l'orateur nous présente l'action de la grâce en l'homme ; paraphrasant les *Psaumes,* il affirme que l'attrait de Jésus-Christ est à la fois tout-puissant et doux : « Il combat par amour, il combat par bienfaits, par des attraits tout-puissants, par des charmes invincibles » (150), « ... il est vrai, mon Sauveur Jésus, que si vous ne me parlez puissamment au cœur, si vous ne m'entraînez à vous par vos doux attraits, ni votre vie quoique très innocente, ni votre doctrine quoique très sainte, ni vos miracles quoique très grands, ne dompteront pas mon opiniâtre rébellion » (151). Et c'est sur saint Augustin que s'appuie Bossuet lorsqu'il illustre ce combat des deux attraits en l'homme : « ... s'il ne vous avait attirée de cette manière forte et puissante, à laquelle, dit saint Augustin, nulle dureté ne résiste, par combien de vaines délices le monde vous aurait-il amollie ? [...] Mais l'étoile de Jésus-Christ, je veux dire son inspiration et sa grâce, a eu un éclat plus fort et une lumière plus attirante » (152).

---

(145) O.O., IV, p. 161.
(146) O.O., IV, p. 165.
(147) *infra* p. 339 et suiv.
(148) O.O., I, p. 510, 561.
(149) O.O., I, p. 292, cf. O.O., I, p. 563.
(150) O.O., I, p. 265.
(151) O.O., I, p. 476. Il faut noter l'origine scripturaire de la « douceur » du Seigneur : *I Petr.* II, 3, cité O.O., III, p. 636.
(152) O.O., III, p. 167-168, cit. de *De Prædest. Sanct.* ch. VIII, n. 13. En rapprocher les lettres à une demoiselle de Metz : C.B., I, p. 44 : se laisser « attirer aux charmes de Jésus-Christ », 45, 47, 49.

En 1662, le Carême du Louvre, dans les grands sermons sur la pénitence, développe encore cette doctrine en s'appuyant sur saint Augustin. Dieu « a dessein de se faire aimer », proclame l'orateur le jour de l'Annonciation, et, par l'amour, « le dieu du cœur », il fera « remuer toutes les inclinations et les ressorts du cœur les plus secrets » (153). Tel est le principe général ; et le jour de la Passion, Bossuet en montre les aspects psychologiques. L'homme ne peut agir, même s'il en la faculté matérielle, que si l'objet de son action lui plaît : « J'ai appris de saint Augustin qu'afin qu'une entreprise soit possible à l'homme, deux choses lui sont nécessaires : il faut premièrement qu'il ait en lui-même une puissance, une faculté, une vertu proportionnée à l'exécution ; et il faut secondement que l'objet lui plaise : à cause que le cœur de l'homme ne pouvant agir sans quelque attrait, on peut dire, en un certain sens, que ce qui ne lui plaît pas lui est impossible » (154). La grâce est non seulement forte, mais suave, « sa force, dit le même Père, est dans sa douceur et dans une suavité céleste qui surpasse tous les plaisirs que le monde vante » (155).

Le second point du sermon montre quelle est cette suavité qui attire même le pécheur, quelles sont ces « délices spirituelles qui surpassent les fausses douceurs de nos sens et toute leur flatterie » (156). Suivant toujours saint Augustin (157), Bossuet développe sa doctrine de la grâce : « une chaste délectation et un agrément céleste qui gagne les cœurs : car puisque Jésus-Christ a dessein de plaire, il ne doit pas venir sans son attrait » (158). Charmes, appas, douceur, félicité, plaisir, en une page lyrique, Bossuet chante « cette fontaine si claire et si vive qui arrose, qui rafraîchit, qui enivre la Jérusalem céleste », « la liesse et le transport, les chants, les acclamations, les ravissements de cette cité triomphante », et il décrit le « plaisir intime » « qui ne chatouille pas le cœur dans sa surface, mais qui l'attire tout entier à Dieu par son centre » (159). La question que nous posions devient plus précise : le plaisir intime

---

(153) O.O., IV, p. 284-285.

(154) O.O., IV, p. 301, cf. saint Augustin, *de Spiritu et litt.* c. III, n. 5.

(155) O.O., IV, p. 301, cf. saint Augustin, *ibid.*, c. XXIX, n. 51.

(156) O.O., IV, p. 310.

(157) « *De Spirit. et litt.*, cap. XXVIII, n. 49 ; *de Grat. Chr.*, cap. XXXV, n. 38, *et alibi* », note de Deforis, O.O., IV, p. 311, n. 2.

(158) O.O., IV, p. 311.

(159) O.O., IV, p. 311-312. Voir aussi toute la suite de ce sermon O.O., IV, p. 312 et suiv., « l'amertume est plus douce que tous les plaisirs » (O.O., IV, p. 312), l'âme se « réjouit parmi ses larmes » (O.O., IV, p. 313), « les regrets mêmes ont leurs plaisirs » (O.O., IV, p. 313, cf. saint Augustin, *Enarr. in Ps. CXLV : « Ubi et fletus sine gaudio non est »*), « les douceurs de son amour attirant » (O.O., IV, p. 318).

qui attire le cœur par son centre est-il en son fond analogue à celui de notre sensibilité naturelle ? La différence de leurs objets entraîne-t-elle au contraire une différence radicale de nature entre ces deux « sensibilités » ?

A regarder les textes de plus près, nous devons nuancer les conclusions que la présence de ces thèmes sensibles nous ferait tirer : le « panhédonisme », comme dirait Bremond, n'est peut-être pas le caractère unique de la spiritualité de Bossuet à cette époque. Sans minimiser l'importance de la doctrine de la délectation, les aspects sensibles de l'espérance, ou les plaisirs de la vie chrétienne, nous pouvons deviner certains accents, qui révèlent d'autres orientations, plus ou moins contradictoires avec les précédentes. Retenons d'abord cette idée que le Saint-Esprit est un « amour pur », que le parfait amour, celui du Père et du Fils, est « infiniment désintéressé » et que, pour l'imiter, les affections de l'homme doivent aussi être « entièrement désintéressées » (160) ; ce qui laisse supposer que, si la sensibilité se mêle à cet amour, c'est une sensibilité dont l'homme doit se détacher autant que possible.

Certaines allusions nous font comprendre que cet attrait doux et puissant peut être insensible : juste avant de citer le texte si caractéristique de saint Augustin que nous rappelions plus haut (161), Bossuet disait à la religieuse dont il prêchait la profession : « Que si peut-être il est arrivé que vous n'ayez pas senti si distinctement tous ces mouvements admirables, mais, ma Sœur, connaissez votre époux, et sachez qu'il agit en nous d'une manière si délicate que souvent le cœur est gagné avant même qu'il s'en aperçoive » (162). Cette sensibilité est-elle donc insensible ?

A peu près à la même époque Bossuet prend des notes dans un auteur ancien (163) sur l'*Acedia* (164), cette forme de profond désespoir dont ont souvent parlé les spirituels : « Notez l'âme tournée à elle-même en amertume : toute la douceur ôtée ; elle est à charge à soi-même, elle se pèse : de là l'ennui. Plus d'action, parce que plus de plaisir » ; cela confirme le schéma que nous dégagions plus haut : pas de délectation, pas de grâce ; mais Bossuet continue sa lecture : « Arrive quelquefois à ceux qui possèdent Dieu ; mais alors il les pousse par des voies occultes, et par une délectation intérieure si haute que les sens n'en ont aucun soupçon » (165). Cette délectation dont les sens n'ont aucun soupçon

---

(160) O.O., II, p. 62-63 ; cf. *supra* p. 161.
(161) *De Praedest. Sanct.*, c. VIII, n. 13, cf. *supra* p. 239.
(162) O.O., III, p. 167.
(163) O.O., VI, p. 682, B.N. ms. Rothschild, Bossuet, n° 308.
(164) sur l'*Acedia*, D.S., t. I, c. 166-169.
(165) O.O., VI, p. 682.

n'est pas mieux définie, mais c'est la solution à laquelle se ralliera Bossuet au temps de l'épiscopat lorsque, directeur de religieuses, il se trouvera devant les véritables problèmes de la spiritualité ; il est intéressant de remarquer que dès 1660 environ, il trouvait dans un texte ancien, longtemps attribué à saint Augustin, cette solution (166).

Lorsque Bossuet définissait l'adoration en esprit, il le faisait comme un dégagement des sens, une attention et un recueillement dans la haute partie de nous-mêmes. « Saint Grégoire de Nazianze dit que l'oraison est une espèce de mort, parce que premièrement elle sépare les sens d'avec les objets externes ; et ensuite, pour consommer cette mort mystique, elle sépare encore l'esprit d'avec les sens, pour le réunir à Dieu qui est son principe » (167). Cette tendance à une adoration essentielle au delà des sens est la négation de tout hédonisme, mais pourquoi ne trouvons-nous qu'exceptionnellement des textes de cette qualité dans les œuvres de cette époque ? Bossuet serait-il ramené en des voies moins arides par les exigences de sa sensibilité et l'incompréhension de ses auditeurs ?

A une date un peu postérieure, en 1675, le prédicateur de la profession de la duchesse de La Vallière expose les différentes étapes de l'amour divin et les attraits par lesquels il gagne les cœurs : l'âme commence par s'abandonner « sans réserve aux douces jalousies d'un Dieu bienfaisant, qui ne veut avoir les cœurs que pour les remplir des douceurs célestes » ; elle s'est retrouvée elle-même « pour s'élever au-dessus d'elle et se donner tout à fait à Dieu » ; cette découverte de l'amour divin n'est pas possession de soi, n'est pas accueil de plaisirs surnaturels, mais oubli de soi-même : alors « on a ce merveilleux avantage d'être heureux par le même objet qui fait la félicité de Dieu ». Ce bonheur est pur et désin-

---

(166) On peut rapprocher cette solution de ce que Bossuet exposait quelque temps auparavant dans le deuxième point d'un sermon pour la Compassion de la Sainte Vierge : les trois manières dont on peut surmonter les afflictions : 1°) lorsqu'on dissipe toute sa tristesse et qu'on en perd tout le sentiment, 2°) lorsque l'âme encore agitée et troublée du mal qu'elle sent ne laisse pas de le supporter avec patience, 3°) lorsqu'on ressent toute la douleur et qu'on n'en ressent aucun trouble, O.O., II, p. 474 et suiv.

(167) O.O., V, p. 122 ; cf. B.N.ms. Rothschild, Bossuet, n° 315, notes sur Grégoire de Nazianze. Voir O.O., III, p. 566 : le culte dû à la vérité exige que nous nous préparions tous les jours « à nous détruire pour elle ». Et aussi R.B., 1906, p. 245 : adoration en esprit « au-dessus de toutes nos dispositions », p. 248 : « comme ni cette paix ni le trouble qui lui est opposé n'est pas Dieu, il faut par-dessus l'un et l'autre être à Dieu », et p. 249 : la paix malgré l'assurance de sa réprobation, mais Bossuet parle de « la suavité de cette paix » ; sur ces notes, *supra* p. 114 et suiv.

téressé puisque ce n'est pas pour soi mais pour Dieu que l'âme le reçoit, telle était la doctrine augustinienne que Bossuet exposait autrefois et qu'il rappelle ici. Or ce n'est pas encore « la dernière perfection de l'amour de Dieu » (168) : « il faudrait vous montrer cette âme détachée encore des chastes douceurs qui l'on attirée à Dieu, et possédée seulement de ce qu'elle découvre en Dieu même, c'est-à-dire de ses perfections infinies. Là se verrait l'union de l'âme avec un Jésus délaissé ; là s'entendrait la dernière consommation de l'amour divin dans un endroit de l'âme si profond et si retiré que les sens n'en soupçonnent rien, tant il est éloigné de leur région ; mais, pour expliquer cette matière, il faudrait tenir un langage que le monde n'entendrait pas » (169). Tout ce que Bossuet écrivait sur les douceurs de l'amour divin était peut-être le prélude de ce détachement ultime (170), mais les sermons sont en général prononcés devant des auditoires de mondains : là c'est le combat spirituel, l'extinction de la concupiscence, les aspects moraux de l'union à Dieu qu'il faut développer, tout en faisant désirer la récompense éternelle et son avant-goût ici-bas. Mais jusqu'à quel point Bossuet est-il prêt à insister sur ces dépouillements radicaux auxquels il fait allusion en 1675 ? Sa propre expérience le conduit-elle vers ces régions profondes et retirées où ne règnent que la nuit et la mort mystique ? Il devine leur importance, il sent qu'il y a un au-delà des sens, un endroit qu'il faut atteindre pour être dans la perfection de l'amour. Pouvait-il aller plus loin dans des œuvres oratoires ? Voulait-il aller plus loin ?

⁂

A plusieurs reprises, nous avons noté que saint Augustin est un des inspirateurs les plus importants de Bossuet ; à côté de lui il faut réserver une place à saint Bernard. Nous avons en effet des témoignages directs de la lecture de ses œuvres par Bossuet, et des traces dans les très nombreuses citations qui jalonnent les sermons : le tableau qu'en donnent Lebarq, Urbain et Levesque (171), pour incomplet qu'il soit, est significatif : une colonne entière de références (172).

---

(168) O.O., VI, p. 51-53.
(169) O.O., VI, p. 53-54.
(170) Avec, cependant, un reste d'intellectualisme dans la contemplation des « perfections » de Dieu ; mais le dépouillement est parfait au niveau de la sensibilité.
(171) O.O., VII, p. 323.
(172) En revanche à cette époque saint Jean Climaque n'est jamais cité ; Clément d'Alexandrie n'est invoqué que deux fois (O.O., I, p. 121 ; V, p. 376) et de façon peu significative : Bossuet renvoie à Clément pour

L'abbé Ledieu nous confirme que cette lecture eut lieu à l'époque de Metz (173) : Bossuet considère alors saint Bernard comme un des grands docteurs de l'Eglise après saint Augustin, comme le vrai disciple de l'évêque d'Hippone et très attaché à ses principes, « un de ceux auxquels il s'appliqua davantage pour la conformité de la doctrine [...]. Il louait fort l'élévation de son esprit, mais surtout son onction et sa piété ». Il est notable qu'en saint Bernard (comme d'ailleurs en saint Thomas) Bossuet estime surtout le disciple de saint Augustin (174) : la théologie du Moyen Age ne ferait que balbutier ou répéter saint Augustin.

Cette estime pour saint Bernard, Bossuet l'avoue encore quelque trente ans plus tard, écrivant en juillet 1695 à Mme d'Albert à propos d'une récente lecture : « ... elle me donne une nouvelle vénération pour lui, par-dessus celle que j'ai toujours eue très grande pour sa très pure et paternelle charité » (175) ; et cette lettre nous montre bien ce qui intéressait Bossuet au temps du panégyrique de saint Bernard : la forte personnalité du saint l'attire plus que sa spiritualité (176) ; nous trouvons dans le panégyrique de constantes références à la *Vie* de saint Bernard par Guillaume de Saint-Thierry, sans rappel précis des œuvres (177), sans citation du *De diligendo Deo* ou des sermons sur le *Cantique*. Encore moins que le panégyrique de saint François de Sales, le panégyrique de saint Bernard nous permet de découvrir une influence spirituelle.

Même si l'on passe sous silence la commune ascendance bourguignonne chère à nombre d'historiens, l'influence de saint Bernard a pu prendre diverses voies : la fréquentation de Bossuet avec les religieuses bernardines (178) put lui faire connaître concrètement

---

excuser l'expression « garder les sens » (O.O., V, p. 376) qui est un lieu commun des auteurs ascétiques chrétiens (D.S., t. III, c. 2285-2286).

(173) *Mémoires,* éd. Guettée, t. I, p. 57.

(174) Cf. *infra* p. 579.

(175) C.B., VII, p. 170.

(176) O.O., I, p. 395 et suiv. ; cf. J. Truchet, *Bossuet panégyriste,* p. 53-54.

(177) J. Truchet, *Bossuet panégyriste,* p. 74, 81, 90. Cette absence des œuvres de saint Bernard dans le discours de Bossuet s'explique par le fait que ce dernier a toujours tendance à envisager une doctrine spirituelle de façon abstraite, indépendamment de celui qui la professe : d'un côté un exemple de vertu héroïque, de l'autre une doctrine qui n'est qu'une explicitation du message de l'Evangile, éternel, immuable, universel, jamais susceptible de changement suivant les interprétations d'un homme. Les citations de saint Bernard viennent naturellement sous la plume de Bossuet à propos de telle explication théologique, mais Bossuet ne pourrait imaginer qu'il y ait une « théologie de saint Bernard », pas plus qu'il n'y a une « théologie de saint Thomas » ou de n'importe quel autre saint.

(178) Cf. *supra* p. 68.

quelques principes spirituels de leur instituteur ; mais prêcher un sermon de vêture n'est pas la preuve que l'on ait pénétré et vécu l'esprit d'un ordre religieux : Bossuet a bien souvent prêché à la Visitation et au Carmel !

Les seuls éléments sûrs dont nous disposions, à côté du témoignage de Ledieu et de l'approbation donnée en 1667 à une traduction du *De diligendo Deo* (179), sont les citations de saint Bernard que nous lisons dans les œuvres oratoires. Que cherche Bossuet dans l'œuvre du saint ? Avant tout sa doctrine mariale, nombre de citations le prouvent (180), et l'orateur applique même à Marie des textes de portée plus grande (181). D'autres citations sont ce que l'on pourrait appeler des citations rhétoriques : ornements du style ou formules frappantes que l'orateur se plaît à développer pour elles-mêmes, hors de leur contexte : le Saint-Esprit est *osculum Patris et Filii* (182), le nom du Sauveur est miel à notre bouche, lumière à nos yeux, flamme à notre cœur (183), etc. (184). Tout cela reste encore à la surface d'une spiritualité.

Bien plus intéressante est la présence des sermons de saint Bernard sur le *Cantique des Cantiques* dans le sermon pour l'Assomption de 1663 que nous avons étudié : pour illustrer les sentiments d'impatience qui animent l'âme aimante en l'absence de son bien-aimé, Bossuet a recours au sermon LI sur le *Cantique* (185), mais il ne le fait explicitement qu'en une note du manuscrit sans renvoi précis, simple rappel d'une doctrine qui soutient tous les développements sur l'inquiétude de l'âme : « elle tourne de tous côtés, troublée, inquiète, incapable de s'arrêter jusqu'à ce qu'elle le rencontre » (186). Un peu plus loin, pour commenter le *Revertere* de l'Epouse, un long passage du sermon LXXIII de saint Bernard apparaît sous la plume de l'orateur (187), et s'il veut expliquer ce qu'est l'ombre de l'Epoux, *sub umbra illius* [...] (188), il fait appel

(179) Cf. *supra* p. 84.

(180) Cf. J. Truchet, *La prédication...*, t. I, p. 198 et suiv.

(181) Par exemple : *In Cant. serm.* XXIX, n. 8 appliqué à Marie O.O., I, p. 79, 171 : sur le cœur virginal qui plus qu'un autre est embrasé de l'amour. De même le sermon XII sur le *Qui habitat* fournit à Bossuet les éléments d'une angélologie, O.O., III, p. 93, 97.

(182) O.O., I, p. 370, développé O.O., II, p. 38.

(183) O.O., I, p. 173, 451.

(184) O.O., II, p. 579 ; O.O., II, p. 36 : « *Qui amat amat* » ; III, p. 551.

(185) O.O., IV, p. 500, n. 2 : « ... *tædium quoddam impatientis desiderii quo necesse est affici mentem vehementer amantis absente quem amat, dum totus in exspectatione, quantamlibet festinationem reputat tarditatem* ».

(186) O.O., IV, p. 499.

(187) O.O., IV, p. 501.

(188) *Cant.* II, 3.

au sermon XLVIII : « Son ombre [...] c'est sa chair ; son ombre c'est la foi [...]. L'Epouse désire, avec raison, d'être couverte de l'ombre de celui dont elle doit recevoir, en même temps, le rafraîchissement et la nourriture. Les autres arbres des forêts, quoiqu'ils consolent par leur ombre, ne donnent cependant point la nourriture, qui fait le soutien de la vie, et ne produisent point ces fruits perpétuels de salut... » (189) ; ces citations, que nous pourrions multiplier, soutiennent la doctrine spirituelle du sermon. Bossuet a alors tous ces textes présents à l'esprit : s'il peint les douleurs de la vie d'union à l'Epoux, les perpétuelles dérobades de l'aimé aux recherches de l'Epouse, cette sorte de jeu tragique où l'Epoux ne se donne qu'en se retirant, nous songeons au sermon XXXII sur le *Cantique des Cantiques :* « ... Et, s'il accourt à de nouveaux pleurs, à de nouvelles instances, il se laissera saisir, mais non retenir, et s'envolera encore des mains qui tentèrent de se refermer sur lui. Que l'âme pieuse s'adonne une fois de plus aux supplications et aux larmes, il reviendra, pour ne pas frustrer ses lèvres implorantes, mais ce sera pour disparaître à nouveau et ne se montrer que dans le moment où l'âme l'appellera encore de toute l'ardeur de son désir... » (190). La doctrine spirituelle de Bossuet, la peinture de l'itinéraire de l'amour aussi bien que celle de son terme, sont inspirées par saint Bernard.

Néanmoins la place de ces rappels est très significative et permet de comprendre ce que Bossuet demande aux sermons sur le *Cantique :* un commentaire de l'Ecriture, un moyen de mettre en valeur les thèmes scripturaires. La place de saint Bernard dans la réflexion de Bossuet nous ramène au problème de la place de la Bible dans ses analyses spirituelles.

⁂

Plus que l'influence de saint François de Sales ou celle de saint Bernard, nous devons retenir l'importance de la Bible : la Bible a façonné la spiritualité de Bossuet, elle en est la véritable source ; Bossuet va y chercher non seulement des arguments ou des textes, mais les articulations générales de sa spiritualité et le mouvement qui l'anime, et une expression qui permet de traduire toute expérience spirituelle.

Toute la Bible n'est cependant pas située sur le même plan, et il y a entre les différents livres une hiérarchie. J. Vilnet (191) a bien

---

(189) O.O., IV, p. 502-503.

(190) *In Cant. Serm.* XXXII, n. 2, trad. A. Béguin, p. 385.

(191) *Bible et Mystique chez saint Jean de la Croix,* Paris, 1949, p. 93 et suiv.

noté, chez saint Jean de la Croix, une série de niveaux successifs des influences bibliques : les Sapientiaux, les *Psaumes,* le *Cantique des Cantiques,* saint Jean et saint Paul. Schéma et répartition qui n'ont rien de nécessaire : au XVIIe siècle un Condren, par exemple, se plaira à méditer et à commenter le *Lévitique* et le *Deutéronome* qui paraissent assez pauvres à l'observateur superficiel (192). Dresser une carte des sources bibliques d'un auteur familier avec l'Ecriture est ainsi dessiner les grandes lignes de sa spiritualité. Quel est donc l'horizon biblique de Bossuet à l'époque de Metz ?

Chacune des grandes orientations que nous avons dégagées repose sur un champ scripturaire bien délimité qui correspond à des lectures et des méditations de Bossuet. Les *Psaumes* sont invoqués comme les *Proverbes* ou l'*Ecclésiaste* pour affirmer la transcendance divine et le néant de l'homme, le dégoût du monde et le désir de la solitude. Les textes historiques et les prophètes fondent la doctrine de la Providence. Nous avons aussi remarqué ce qu'il y a de biblique dans l'anthropologie de Bossuet. Sa christologie et sa méditation des mystères du Nouveau Testament ne sont que le développement des Ecritures.

Or la vie spirituelle dans ses éléments fondamentaux, la marche et le sommet de l'amour, reposent sur une méditation du *Cantique des Cantiques* qui dès 1659 est à la base des lettres de direction et des sermons les plus « spirituels » de Bossuet. Le *Cantique* est en effet, selon une exégèse typologique qui remonte au moins à Origène, une peinture de l'amour de l'âme avec son Epoux. La tradition mystique l'a commenté mille fois et nous avons remarqué que Bossuet s'inspire des sermons que saint Bernard lui a consacrés. L'auteur des lettres à une demoiselle de Metz utilise presque exclusivement le *Cantique :* le chanoine Davin s'en scandalisait et dénonçait le caractère artificiel de cette utilisation qu'il soupçonnait d'être un signe de jansénisme (193). Il nous semble au contraire que la présence continuelle des thèmes nuptiaux du *Cantique* est une garantie de valeur pour ces élévations d'« un abbé de trente quatre ans » (194).

Le *Cantique* donne à Bossuet le cadre de ses lettres, dialogue entre l'Epoux et l'Epouse, et dialogue dramatique. Dès l'abord, à la suite sans doute de saint Bernard, il comprend le *Cantique des*

---

(192) J. Galy, *Le sacrifice dans l'Ecole française de spiritualité,* p. 109 et suiv.

(193) *Vie de Bossuet,* ms. Bibl. Munic. de Versailles, t. I, p. 234 : « Cette manie de faire de la direction en mettant en avant [...] incessamment à tort ou à raison le *Cantique des Cantiques* était trop celle des Jansénistes, apôtres hypocrites et pleins de corruption de la charité ».

(194) Davin, *ibid.*

Cantiques comme un drame à deux personnages : les sentiments de ces personnages et leur évolution, sa psychologie spirituelle, marquent ces lettres à une demoiselle de Metz : le trait du regard, l'admiration du bien-aimé et de ses beautés, « Ah ! que vous êtes beau, mon bien-aimé, que vous êtes beau et agréable ! » (195), suivis du silence où ne se manifeste qu'un cri d'admiration. Lorsque tout s'efface dans le cœur, seules les exclamations des *Psaumes* et du *Cantique* peuvent nourrir la prière : « *Magnus Dominus* » (196). La Bible se présente à l'âme quand devient insuffisante toute autre expression, concepts ou prière. Les exclamations permettent au cœur de répondre « sans parler » (197), « sans aucune multiplicité de paroles » (198). Retrouvant les mots du psalmiste ou de l'auteur du *Cantique,* l'Epouse est directement en rapport avec le bien-aimé, union avec Jésus-Christ où le silence est la plus adéquate louange (199). Pour occuper ce silence, seules des formules rythment l'expression et sous des formes différentes redisent la même admiration : « il est beau [...], il est beau [...], il est beau... » (200), formes fondamentales de la prière où le cœur se pâme (201) et ne peut dire que le « O » des *Psaumes* (202).

La pure admiration pour les beautés de l'Epoux évolue alors vers le respect pour la grandeur du roi de gloire (203) en son entrée triomphale : la péripétie est suggérée et dénouée par l'Ecriture où Bossuet retrouve tous les mystères de l'amour divin.

Le second mouvement de l'amour que nous peignent les lettres à une demoiselle de Metz est celui de la recherche inquiète : il trouve dans les versets du *Cantique* son expression : « *quæsivi* [...] *vocavi* [...] *adjuro vos* ... » (204). La méditation prend la forme d'une libre paraphrase de ces textes, d'un décalque des mots mêmes de la Vulgate : « je me meurs, je me languis » (205). Les impatiences et les contradictions de l'amour, Bossuet les trouve dans le *Cantique.* Les thèmes et les livres se mêlent : les *Psaumes* disaient eux aussi que les créatures chantent la gloire de Dieu et en même

---

(195) C.B., I, p. 44, cf. *Cant.* IV, 1.
(196) *Ps.* XLVII, 2.
(197) C.B., I, p. 44.
(198) C.B., I, p. 48.
(199) C.B., I, p. 44.
(200) C.B., I, p. 45-46.
(201) C.B., I, p. 47.
(202) C.B., I, p. 46-47 *passim.* Sur les « O » de Bérulle, de Bourgoing et de Bossuet, voir H. Bremond, *Histoire littéraire...,* t. III, p. 125, et notre *Bossuet,* p. 36 et 116.
(203) C.B., I, p. 46, cf. *Ps.* XXIII, 9.
(204) *Cant.* V, 6, 8.
(205) C.B., I, p. 48, cf. *Cant.* V, 8.

temps que seul le silence Le loue dignement (206). Ce double mouvement, le *Cantique des Cantiques* le met en valeur dans la quête anxieuse de l'Epouse et dans son désir de plaire, « un empressement de se parer de toutes sortes d'ornements pour plaire à ses yeux, un regard continuel sur son miroir intérieur » (207).

La péripétie qui coupe la seconde lettre, la présence de l'Epoux, « le roi Salomon avec le diadème dont sa mère l'a couronné » (208), repose elle aussi sur une interprétation tout à fait traditionnelle de l'Ecriture (209) qui considère le *Cantique* en un sens spirituel et l'applique au Christ et à l'Eglise. Jésus-Christ tout couronné d'âmes, le thème apostolique et ecclésial permet d'élargir l'amour et de donner son sens plein au « *Trahe me* [...] *recti diligunt te...* » du *Cantique* (210).

C'est encore le *Cantique* qui anime la troisième lettre : le sujet en est donné par le verset 8 du chapitre V : « Je vous conjure, filles de Jérusalem, si vous rencontrez mon bien-aimé, de lui rapporter que je languis d'amour » (211). Nous avons ici presqu'un sermon sur le *Cantique ;* le texte posé en tête est commenté par Bossuet qui en élargit peu à peu le sens. Il ne suit plus le texte pas à pas, sa lettre n'est plus paraphrase mais réflexion personnelle à partir de la Bible. La chute des paragraphes est souvent un verset du *Cantique* (212) et la Bible est présente à chaque articulation de la pensée.

De grands schèmes, l'armature de la pensée, les grandes lignes du dialogue de l'Epoux et de l'Epouse, et, dans une certaine mesure, la présentation dramatique de ce dialogue, tel est l'apport de l'Ecriture, surtout du *Cantique* et des *Psaumes* dans ces lettres du jeune Bossuet. Les œuvres oratoires permettent de reconnaître encore cette médiation de la spiritualité. Le grand sermon de 1663 sur l'Assomption de la Sainte Vierge où nous avons relevé d'importants thèmes spirituels donne à l'Ecriture la même place que les lettres à une demoiselle de Metz : le *Cantique* apporte le fond de la description, « *Dilectus meus mihi et ego illi* » (213) servira à peindre le

---

(206) *Ps.* XVIII ; Ps. LXIV, 1, trad. de saint Jérôme selon l'hébreu. Sur ces thèmes cf. *supra* p. 111 et notre *Bossuet* p. 34.

(207) C.B., I, p. 50-51.

(208) *Cant.* III, 11 ; C.B., I, p. 51.

(209) Cf. D.S., t. II, c. 93 et suiv. En 1693 l'évêque de Meaux commentera le *Cantique* selon la même exégèse (LT, I, p. 589).

(210) *Cant.* I, 3 ; C.B., I, p. 53.

(211) C.B., I, p. 54.

(212) « son cœur est toujours veillant », *Cant.* V, 2 ; C.B., I, p. 55. « mon bien-aimé, dit l'Epouse, est tout désirable », *Cant.* V, 16 ; C.B., I, p. 59.

(213) *Cant.* II, 16 ; O.O., IV, p. 495.

sommet de l'amour divin : la liaison de Jésus et de Marie qui s'exprime dans ce verset est le modèle de celle qui existe entre Jésus et l'âme (214). Le silence de l'âme pendant le sommeil s'accompagne de la veille du cœur :« *Ego dormio et cor meum vigilat* » (215), qui lui permet d'être attentive à la voix du bien-aimé. La hâte, les impatiences de l'amour inquiet : « ... Elle cherche en son lit, et, ne trouvant pas son bien-aimé, elle n'y peut plus demeurer... » (216), toute la quête anxieuse que dépeignaient les lettres à une demoiselle de Metz se trouvent évoquées à propos de l'Assomption, et les thèmes nuptiaux du *Cantique* se développent soutenant la peinture des souffrances de l'amour « *Fulcite me floribus...* » (217). Parallèlement encore à la troisième lettre, c'est du *Cantique* que l'orateur tire le thème qui lui est cher : « *Revertere* » (218).

Le *Cantique des Cantiques* selon Bossuet forme donc la base des descriptions de l'amour dans les textes les plus spirituels ; spontanément ou sous l'influence de saint Bernard, Bossuet pense cet amour avec les schèmes du *Cantique.* C'est une expression courante depuis les Pères, mais, chez Bossuet, la familiarité avec la Bible donne l'impression que là se trouve l'origine de l'expérience spirituelle. Il faut moins y voir un symbole ou une image en quelque sorte secondaires que l'archétype de la démarche religieuse, la réalité primitive où elle prend son sens et qui la définit. Dans les lettres à une demoiselle de Metz et dans le sermon sur l'Assomption, Bossuet n'illustre pas une doctrine par des ornements bibliques ; il fait au contraire de cette référence le fondement théologique de sa spiritualité et le seul moyen de traduire une expérience. Nous avons vu comment l'orateur essayait de faire comprendre l'union de Dieu avec l'âme : fontaine de vie, douce rosée, feu consumant, nourriture admirable, chaste époux ; peu à peu la pensée de Bossuet prend forme à travers les approximations scripturaires, les rappels des *Psaumes,* d'*Isaïe,* du *Deutéronome,* « les comparaisons dont se servent les Ecritures pour nous faire en quelque sorte comprendre cette sainte union de la nature divine avec les âmes élues » (219). La Bible est aux yeux de Bossuet antérieure à toute expérience personnelle, antérieure à toute expérience que peuvent nous rapporter les saints : pourquoi, demanderait-il, aller ailleurs chercher des témoignages sur la vie spirituelle ?

---

(214) O.O., IV, p. 498.
(215) *Cant.* V, 2 ; O.O., IV, p. 499.
(216) O.O., IV, p. 499.
(217) *Cant.* II, 5 ; O.O., IV, p. 500.
(218) *Cant.* II, 17 ; O.O., IV, p. 501.
(219) O.O., I, p. 284.

Troisième partie

BOSSUET A LA COUR

(1670-1681)

CHAPITRE 7

LA COUR

I. LE MILIEU SPIRITUEL.

Les années du préceptorat furent fécondes pour Bossuet de deux points de vue : socialement par ses relations avec le roi et les courtisans, et intellectuellement à cause du gros travail qu'il fournit et de l'élaboration de ses ouvrages de philosophie, d'histoire et de politique (1). Sur le plan de la spiritualité, c'est une période qui paraît creuse, entre la riche floraison du temps des œuvres oratoires et les activités du temps de l'épiscopat. Le petit nombre des documents qui pourraient nous révéler la spiritualité du précepteur du Dauphin est en partie responsable de cette impression, car ceux qui subsistent, lettres et témoignages extérieurs, révèlent la continuité dans les grandes orientations. Il nous permettent aussi, pour la première fois, de sentir les intimes contradictions de l'homme et de son action.

Le premier fruit de ces années est la connaissance profonde d'un milieu riche mais inquiétant : les préoccupations religieuses des courtisans, les rapports qu'ils entretiennent avec certaines personnes de piété, religieuses, confesseurs, font de ce monde étrange, de ce pays dangereux, un idéal champ d'observation et un des lieux où invisiblement s'affrontent le bien et le mal : l'âme de chaque courtisan, comme celle de Bossuet et comme toute cette société d'apparence brillante, est partagée.

Le premier nom qui s'impose à nous quand nous parlons de la piété à la Cour est celui du maréchal de Bellefonds (2) : son père

---

(1) A. Floquet, *Bossuet précepteur du Dauphin,* et surtout Th. Goyet, *L'humanisme de Bossuet.*

(2) Sur lui, voir C.B., I, p. 236-237 ; Moréri, *s.v. Gigault ;* Mme de Sévigné, *Lettres,* éd. Gérard-Gailly, t. I, p. 228, 448, 453-454, 533, et *passim ;* Saint-Simon, *Mémoires,* t. I, p. 476-479 ; P. Clément, *Réflexions sur la*

fut « l'intime ami et le disciple fidèle » de M. de Renty (3) et parmi ses huit tantes trois furent d'éminentes religieuses : Laurence de Bellefonds, dont le Père Bouhours publiera la *Vie* en 1686 (4), disciple de la Mère de Budos à la Trinité de Caen, fut la fondatrice de l'abbaye Notre-Dame des Anges de Rouen ; elle écrivit des *Œuvres spirituelles* (5) que Bossuet approuvera en 1688 ; Léonor de Bellefonds sera abbesse de Montivilliers et la troisième, Judith de Bellefonds, fut la Mère Agnès de Jésus-Maria, carmélite au Carmel du faubourg Saint-Jacques (6) : disciple de la Mère Madeleine de Saint-Joseph, la Mère Agnès de Jésus-Maria contribua à faire du Carmel un centre d'influence religieuse ; la reine d'Angleterre, le chancelier Le Tellier et cent autres la consultèrent (7) ; Bossuet entretint avec elle une vaste correspondance aujourd'hui perdue (8). Laurence de Bellefonds avait confié l'éducation de son neveu, le futur maréchal, orphelin assez jeune, à Georges de Brébeuf (9) : c'est moins la fréquentation des milieux précieux par le traducteur de la *Pharsale* ou ses rapports avec l'entourage du président de Lamoignon qui nous intéressent ici (10), que sa place dans l'histoire de la spiritualité et les grandes orientations de sa pensée religieuse,

---

miséricorde de Dieu par la duchesse de La Vallière, Paris, 1860, t. II, p. 249-259 ; C. Sommervogel, dans *Etudes,* 1862, p. 480 et suiv., 1878, 2, p. 161 et suiv. ; J. Lair, *Louise de La Vallière,* 4e éd., Paris, 1907, p. 283 et suiv. ; J.-B. Eriau, *L'ancien Carmel...,* p. 210-211, 330 et suiv.

(3) D. Bouhours, *La Vie de Madame de Bellefont,* Paris, 1686, p. 34.

(4) Outre cette *Vie,* voir : R. Harmand, *Essai sur* [...] *Brébeuf,* p. 21 et suiv. ; R. Rapin, *Mémoires,* éd. Aubineau, t. III, p. 332-333 ; D.S., t. I, c. 1354 ; D.L.F. XVIIe *siècle,* p. 146 ; A. Stegmann, *L'héroïsme cornélien,* t. I, p. 163 ; t. II, p. 204.

(5) Voir *infra* p. 361.

(6) Sur elle voir : abrégé de sa vie à la fin de la *Vie de la Vénérable Sœur de Foix de la Valette d'Epernon,* Paris 1774, de l'abbé de Montis, p. 255 et suiv. ; Mme de Sévigné, *Lettres,* éd. Gérard-Gailly, t. II, p. 555 ; t. III, p. 253, etc. ; V. Cousin, *La jeunesse de Mme de Longueville,* p. 95-98, 346-348, 498-503 ; P. Clément, *Réflexions..., op. cit., passim,* et surtout t. II, p. 241-248 ; J.-B. Eriau, *L'ancien Carmel...,* p. 317-323 ; C.B., t. I, p. 235, 343 et suiv. Sur sa mort, B.N., ms. fr. 23501, f° 129 v°-130 ; C.B., IV, p. 313-315 ; P. Clément, *Réflexions..., op. cit.* t. I, p. 231-235 (pas toujours sûr dans le détail).

(7) Par exemple le futur cardinal Le Camus, sur la prière au Carmel, lettre à Pontchâteau ; Sainte-Beuve, *Port-Royal,* t. II, p. 1001 ; *Lettres* du cardinal Le Camus, éd. Ingold, Paris, 1892, p. 11-13.

(8) P. Clément, *Réflexions..., op. cit.,* t. II, p. 243 ; il était très lié avec les religieuses du couvent du faubourg Saint-Jacques : A. Floquet, *Etudes...,* t. III, p. 154 et suiv. ; F. Ledieu, *Mémoires,* t. I, p. 85-91 ; et surtout C.B., I, p. 344-345.

(9) Sur lui voir : G. Harmand, *Essai sur la vie et les œuvres de Georges de Brébeuf,* Paris, 1897 ; et sur ce préceptorat, p. 19-30 ; voir aussi sur Brébeuf, D.S., t. I, c. 1927, et A. Stegmann, *L'héroïsme cornélien,* t. I, p. 151.

(10) Encore que Bossuet ait fréquenté les mêmes milieux et ait connu Lamoignon et Mlle de Scudéry, cf. *infra* p. 265, n. 103.

qui apparaissent dans ses lettres et dans les *Entretiens solitaires.* Brébeuf donna à son élève une éducation toute ecclésiastique et lui apprit à redouter le monde, ce « pays où le vice triomphe et où la vertu n'est point connue » (11), et à craindre les succès qui sont souvent les signes de la colère de Dieu (12). Les disgrâces que le maréchal encourra à plusieurs reprises (13) lui permettront d'appliquer ces leçons qui rejoindront celles de Bossuet ; désir de s'avancer et fuite du monde, disgrâces et rentrées en grâces, grandes dépenses et désir de payer ses dettes, Bellefonds restera longtemps hésitant et sa piété apparaîtra à un bon observateur « plus remuante que profonde » (14) ; l'influence de Rancé (15), celle de Le Camus (16) et bientôt celle du Père Le Valois (17) conduisirent le maréchal dans la double voie de la conversion : cultiver les sciences chrétiennes (18) et fuir le monde et la Cour, se faisant une sorte de couvent domestique (19), refusant même, par dévotion la faveur d'un Marly (20).

Ces désirs de conversion et de retraite sont alors partagés par beaucoup : peu sont capables de suivre l'exemple d'un Rancé, d'un Le Camus, d'une Anne-Marie de Jésus (21), d'une duchesse de La

---

(11) Brébeuf, *Œuvres,* IIe Partie, Paris, 1664, p. 74.
(12) *id.* p. 77.
(13) Outre les ouvrages cités *supra* p. 253, n. 2, voir Mme de Sévigné, *Lettres, passim ;* Saint-Simon, *Mémoires,* t. I, p. 132 ; t. X, p. 331, etc. ; B.N. ms. fr. 23510, f° 292 v°-293 (en 1684) ; et surtout les lettres de Bossuet que nous citerons *infra* p. 258. Selon La Rochefoucauld, Bellefonds n'avait « point de jointures dans l'esprit » (d'après Mme de Sévigné, *Lettres,* éd. Gérard-Gailly, t. I, p. 533) ; il avait hérité le « désir de paraître », la « fierté » (D. Bouhours, *Vie de Madame de Bellefont,* p. 32), le « grand air » (*id.* p. 90) de son père et de sa tante Laurence.
(14) H. Bremond, dans Bossuet, *Textes choisis et commentés,* t. II, p. 146.
(15) Mme de Sévigné, *Lettres,* t. I, p. 228 ; et en 1689, B.N., ms, fr. 23499, f° 241 ; fr. 23500, f° 288 v° ; J. Lair, *Louise de La Vallière,* p. 284, etc.
(16) P. Clément, *Réflexions..., op. cit.,* t. I, p. 225, 230.
(17) L. Le Valois, *Œuvres spirituelles,* Paris, 1758, t. I, p. 327, 339 et suiv., 351 et suiv. ; H. Hillenaar, *Fénelon et les Jésuites,* p. 31.
(18) il est un des Pères laïcs du « petit Concile », C.B., II, p. 103.
(19) Il demandera à l'archevêque de Paris de lire le bréviaire français en famille, B.N., ms. n. a. fr. 1732, f° 10 (en 1688).
(20) B.N., ms. fr. 23499, f° 304 (en 1689). L'attitude de Bellefonds qui n'était pas dépourvue d'ostentation faisait murmurer (en 1678, Bussy : « Les ministres et la maîtresse haïssent ces espèces de philosophes chrétiens qui se sont fait une longue habitude de mépriser les vanités de la Cour », cité par P. Clément, *Réflexions..., op. cit.,* t. II, p. 256).
(21) Mademoiselle d'Epernon : nous avons rencontré son nom à plusieurs reprises, *supra* p. 88 et p. 120. A sa *Vie* par l'abbé de Montis (Paris, 1774), ajouter P. Clément, *Réflexions...,* t. I, *passim* (mais des erreurs de détail) ; J. Mesnard, *Pascal et les Roannez,* p. 549-550 ; B. Neveu, *Sébastien-Joseph du Cambout de Pontchâteau,* Paris, 1969, p. 53-54.

Vallière, mais nombreux sont ceux qui essaient, dans la mesure de leurs forces, de rompre avec le monde : en 1661, Mme de Longueville tente de se convertir (22) et ses motifs sont exactement ceux qu'invoquera une dizaine d'années plus tard la duchesse de La Vallière ; Troisville, cet « ancien ami » de Bossuet (23), ce Père laïc du « petit Concile » (24), illustre bien, par les équivoques de sa vie et son peu de persévérance, les difficultés de ces conversions qui exigent une énergie peu commune (25).

Le meilleur fruit de ces aspirations multiples est sans doute la conversion de Louise de La Vallière (26) : liée avec Bellefonds, Rancé, Le Camus, Bossuet, Bourdaloue et Fromentières, avec les carmélites du faubourg Saint-Jacques, la Mère Agnès de Jésus-Maria et la Mère Anne-Marie de Jésus, et avec le duc de Beauvillier (27), dirigée par le carme César du Saint-Sacrement (28), la duchesse de La Vallière est au point de rencontre de toutes les influences : la plus illustre convertie cherche son salut à la Cour, puis en fuyant la Cour ; et en elle une certaine conception du salut et de la vie religieuse trouve sa meilleure expression : les mille liens de la société, les retardements qui viennent de la sensibilité et de l'émotion, cèdent peu à peu devant une volonté qui a peine à s'affirmer (29) mais qui par petits coups rompt ses entraves ; les conversions, rarement spectaculaires, sont une suite de menues victoires et l'historien ne connaissant souvent que les points de départ et d'arrivée risque d'ignorer ces étapes et ces retours.

Les *Réflexions sur la miséricorde de Dieu* peuvent apparaître comme une des meilleures expressions des tendances du milieu

---

(22) J. Lair, *Louise de La Vallière...*, p. 79-80.

(23) C.B., IV, p. 293.

(24) C.B., II, p. 103.

(25) Il est l'« Arsène » des *Caractères* de La Bruyère. Sur lui : Saint-Simon, *Mémoires*, t. XII, p. 112-116 ; A. Floquet, *Etudes...*, t. III, p. 430-431 ; C.B., I, p. 241, 255, 293 ; P. Clément, *Réflexions...*, *op. cit.*, t. I, p. 142 ; et surtout J. Mesnard, *Pascal et les Roannez*, p. 874-875 et les références, 895, 664, 665, 903 ; voir aussi *infra*, p. 264, n. 102.

(26) A. Floquet, *Bossuet précepteur du Dauphin*, p. 458-481 ; P. Clément, *Réflexions...*, *op. cit.* ; O.O., VI, p. 32 et suiv. ; et surtout J. Lair, *Louise de La Vallière*, 4e éd., Paris, 1907.

(27) J. Lair, *Louise de La Vallière*, p. 296 ; M. Langlois, *Beauvillier, Pensées intimes*, Paris, 1925 ; id., *Louis XIV et la Cour*, Paris, 1926, p. 77 et suiv.

(28) J. Lair, *op. cit.*, p. 286 ; D.S., t. II, c. 433-434. Cet auteur d'ouvrages estimables, grand directeur des courtisans, formé lui-même à la spiritualité du Désert, est un bon exemple de ces auteurs de second rang, qui passent trop inaperçus et dont l'importance est considérable pour apprécier la spiritualité moyenne d'une époque et l'influence réelle de la religion sur la vie.

(25) P. Clément, *Réflexions...*, t. I, p. 116, 124, 125 ; C.B., I, p. 300, 304, 312.

dévot de la Cour (30) ; le principe fondamental de leur spiritualité est l'opposition entre le monde et Dieu : le monde passe, seul Dieu est « solide et éternel » (31), le monde est vanité (32), petitesse et néant (33), néant et fragilité (34) : les leçons des philosophes, les vertus païennes, les vertus morales sont sans utilité et sans mérite (35), tout ce qui enchante le cœur n'est qu'illusion (36), ce ne sont qu'« Idoles de terre » (37) ; tout cela est sans consistance (38), et ne fait que passer (39) ; « car le moyen d'établir un vrai contentement sur des biens qui s'échappent lorsque nous croyons en être les plus assurés, ni quelque chose de solide sur une créature changeante et périssable et sur des moments qui ne font que couler ? » (40). Vanité, mais aussi corruption (41), d'où ce dégoût pour tout ce qui est créé (42), la recherche de la pureté (43), le désir de réparer (44) et de se conformer à Jésus-Christ (45). Ce regard sur le péché débouche sur le pur amour de Dieu : « Que je ne considère pas tant le péché par la crainte de vos châtiments et par un pur rapport envers moi-même que par mon amour envers vous, c'est-à-dire, Seigneur, beaucoup plus parce qu'il vous blesse que parce qu'il me damne » (46).

---

(30) Il est à peu près prouvé que Bossuet n'a rien à voir avec les corrections de l'exemplaire qui était avant 1871 dans la bibliothèque du Louvre. Nous suivrons le texte des *Réflexions* donné par F. Daulnoy, *Prières et réflexions sur la miséricorde de Dieu et sur notre misère après une grande maladie,* Paris, 1927, d'après une copie manuscrite. L'introduction de F. Daulnoy conclut trop hâtivement que cette copie représente le texte original : l'examen des deux versions nous conduit à penser qu'elles sont secondaires et parallèles ; mais nous suivrons le texte publié par F. Daulnoy presque toujours meilleur que celui de l'imprimé de 1680.

(31) *Prières et réflexions...,* éd. Daulnoy, p. 36.

(32) *id.* p. 33.

(33) *id.* p. 37.

(34) *id. p.* 75.

(35) *id.* p. 40-42.

(36) *id.* p. 45-46.

(37) *id.* p. 61.

(38) *id.* p. 54.

(39) *id.* p. 68.

(40) *id.* p. 76.

(41) *id.* p. 38.

(42) *id.* p. 68 ; et cf. lettre de la duchesse à Bellefonds, 29 novembre 1673, P. Clément, *Réflexions...,* t. I, p. 114.

(43) *Prières et réflexions...,* éd. Daulnoy, p. 32. C'est un des thèmes du sermon de vêture prononcé par Fromentières : il est difficile de faire son salut dans le monde, l'air de la Cour est contagieux, il ne faut pas y demeurer (P. Clément, *Réflexions...,* t. II, p. 71 et suiv.).

(44) *Prières et réflexions...,* éd. Daulnoy, p. 61.

(45) *id.,* p. 36.

(46) *id.* p. 63-64. Cet amour pur trouve peut-être un écho même dans le sermon de profession prononcé par Bossuet, O.O., VI, p. 54 : l'âme est détachée des chastes douceurs qui l'ont attirée à Dieu, cf. *supra*

⁂

II. Bossuet.

Toutes ces tendances sont bien proches de celles qui s'expriment dans la spiritualité de Bossuet au temps du préceptorat (47). Et les rapprochements avec les textes de Bellefonds, de la duchesse de La Vallière, de Fromentières sont d'autant plus intéressants qu'ils nous montrent comment les thèmes communs sont sentis personnellement par Bossuet. Car l'importance de ces années pour l'étude de la spiritualité de Bossuet vient moins de découvertes théologiques ou philosophiques que de la façon dont Bossuet réagit devant des faits qui l'atteignent lui-même (48). Il ne chante plus la foi et les mystères de Dieu et de Jésus-Christ, il se situe personnellement devant des êtres vivants par qui les événements lui parlent : Bellefonds, Louise de La Vallière, le roi, Bremond a bien vu que pour Bossuet ces trois rencontres furent « trois émotions » et « trois secousses » (49).

Les réactions du croyant se situent à plusieurs niveaux : devant les coups de fortune, les retournements de la faveur, le conseiller invite son correspondant à adorer les dispositions cachées de la Providence et applique au destin individuel les grandes leçons que

---

p. 243. Il ne faudrait cependant pas croire que la spiritualité, en ces milieux de religieuses ou de pieux laïcs, soit favorable aux mystiques : Laurence de Bellefonds (ou son biographe ?) leur était hostile (cf. *infra* p. 445), de même Anne-Marie de Jésus (d'Epernon) : cf. *supra* p. 120, sur Chéron, et voir sa *Vie* par l'abbé de Montis, Paris, 1774, p. 143-144 : « éloignement pour la fausse mysticité », pour les spéculations stériles et dangereuses qui consistent à dépasser l'Humanité du Christ ou à faire des suppositions impossibles : « .. je n'ai jamais rien vu dans son Evangile qui pût me persuader que la perfection de l'amour fût un acte de désespoir et qui pût me faire porter le désintéressement jusqu'à l'indifférence sur ma damnation... ».

(47) Le meilleur portrait intérieur qui ait été fait du précepteur du Dauphin est celui que H. Bremond présente dans ses *Textes choisis et commentés* de Bossuet, t. II, p. 139-204 : une fois pour toutes nous renvoyons à ces pages justes et brillantes ; tout y est dit et de la meilleure façon.

(48) Nous parlerons ici assez peu du sermon pour la profession de la duchesse de La Vallière : c'est un grand sermon théologique sur la « nouveauté » de la vie chrétienne (*Ecce nova facio omnia, Apoc.* XXI, 5 en est le texte) qui présente un certain nombre d'idées spirituelles intéressantes ; nous l'avons commenté avec les œuvres oratoires antérieures à l'épiscopat (*supra* p. 243) : il en est la suite naturelle.

(49) Nous devons ajouter d'autres faits aussi durs pour Bossuet : la mort de Madame en 1670, celle de La Rochefoucauld en 1680 (A. Floquet, *Bossuet précepteur du Dauphin,* p. 518-521 ; E. Grisette, *De munere pastorali...,* p. 32), et à un moindre degré celle de Patru (A. Floquet, *Bossuet précepteur du Dauphin,* p. 521-523).

lui inspire sa vision de l'histoire (50) : qui reconnaît ces « conduites de Dieu » sur soi doit s'« abandonner à sa bonté » (51) ; ce sont des « épreuves » (52) par lesquelles il fait sentir son empire et montre que tout lui appartient : la chute des républiques, des victorieux et des conquérants n'est-elle pas le meilleur exemple de sa puissance ?

La leçon peut paraître banale ou facile et imposer sur les faits la lumière extérieure d'une interprétation. Et Bossuet, en un moment privilégié de sa vie où il n'est pas devant un auditoire mais devant un homme qu'il écoute, cherche à déterminer par quelles voies s'insinue la parole de Dieu qui interprète l'événement : « Lisez l'Evangile, si vous me croyez ; et écoutez Dieu en le lisant. Il vous parlera au fond du cœur, et une lumière secrète de son saint esprit vous conduira dans toutes vos voies » (53). Ce qu'il faut, c'est « trouver son cœur » (54) ; et alors, dans ce repos du dedans qui laisse libre l'action du dehors (55), prêtant l'oreille, les yeux de l'esprit tournés et attachés à la lumière intérieure, « l'on voit que Dieu est tout et que tout le reste n'est rien » (56).

C'est « l'esprit du monde » que Dieu renverse (57) quand il envoie des épreuves, car dans le monde il n'y a que misères et vanités, « le monde est mauvais et consiste tout en malignité, comme dit l'apôtre saint Jean » (58) : « le monde, le monde, le monde, les plaisirs, les mauvais conseils, les mauvais exemples ! Sauvez-nous, Seigneur, sauvez-nous » (59). Dans la correspondance avec le maréchal de Bellefonds, dans les lettres qui évoquent la progressive conversion de la duchesse de La Vallière, Bossuet chante le néant

---

(50) C.B., I, p. 235, 237-238, 242-243, 320, 322, 390. Sur la place que tient la Providence dans la théologie de Bossuet, voir G. Terstegge, *Providence as Idée-Maîtresse in the works of Bossuet (theme and stylistic motif)*, Washington, 1948 ; J. Truchet, *La prédication de Bossuet*, t. I, p. 114-122, 188-189, etc. ; Th. Goyet, *L'humanisme de Bossuet*, t. II, *passim ;* et quelques remarques dans notre *Bossuet* p. 53.

(51) C.B., I, p. 240-241.

(52) C.B., I, p. 364.

(53) C.B., I, p. 242. Sur Bellefonds et l'Ecriture, cf. C.B., II, p. 34, 102. Etudier la position de Bossuet devant le problème de la lecture de la Bible, même en langue vulgaire, nous écarterait de notre propos : cf. les conférences aux carmélites en 1668, le « petit Concile », les notes de Ledieu conservées aux Archives de Seine-et-Marne (42 Z 39 ; J. Hubert, *Manuscrits de J.-B. Bossuet...*, p. 9-11) ; le livre de R. de La Broise, *Bossuet et la Bible*, Paris, 1891, reste solide.

(54) C.B., I, p. 326.

(55) C.B., I, p. 301, cf. p. 305.

(56) C.B., I, p. 390.

(57) C.B., I, p. 242.

(58) C.B., I, p. 322.

(59) C.B., I, p. 257.

de tout (60), les dangers de la gloire (61), le dégoût qu'inspire le monde (62).

Dans le cœur humain, au lieu de la sainte simplicité (63), nous ne trouvons que fausseté, au lieu de la vérité de l'être, des apparences, au lieu de la vertu, l'hypocrisie : en deux pages Bossuet fait un tableau de l'esprit humain entraîné par l'humeur et non par la raison, que ne désavouerait pas l'auteur des *Maximes* (64) : « Nous ne cherchons ni la raison ni le vrai en rien : mais, après que nous avons choisi quelque chose par notre humeur, ou plutôt que nous nous y sommes laissé entraîner, nous trouvons des raisons pour appuyer notre choix. Nous voulons nous persuader que nous faisons par modération ce que nous faisons par paresse. Nous appelons souvent retenue ce qui en effet est timidité, ou courage ce qui est orgueil et présomption, ou prudence et circonspection ce qui n'est qu'une basse complaisance... » (65).

Il faut donc fuir, se « dégager » (66), vivre caché en Dieu (67), dans la retraite et la solitude (68). Il semble que nous retrouvions ici des thèmes anciens, ceux de l'éloquente méditation de 1648, vingt fois répétés (69) ; et pourtant tout est différent : le sous-diacre de 1648 avait besoin de la médiation de l'éloquence et de la rhétorique, de l'écriture et de la composition, sa sincérité était de forme oratoire et dans son dialogue avec Dieu il adoptait un style. En 1672-1675, l'interlocuteur est un homme exigeant, qui a son franc-parler, un homme que Bossuet estime, dont il apprécie et désire l'amitié, si rare en ce « pays » étrange et dangereux (70). Le « je » qui s'exprime alors révèle un besoin de confiance et de confidence tout à fait exceptionnel chez Bossuet.

---

(60) C.B., I, p. 305.
(61) C.B., I, p. 244.
(62) C.B. I, p. 243. Ces tendances ont été bien relevées dans les sermons de ces années par J. Truchet, *La prédication de Bossuet,* t. II, 205-210, et dans l'ensemble des œuvres du préceptorat, par Th. Goyet, *L'humanisme de Bossuet,* t. II, p. 389 et suiv.
(63) C.B., I, p. 245.
(64) L'hôtel qu'il habite à Versailles est juste à côté du logement de M. de Condom (R.B., 1902, p. 106) et bientôt La Rochefoucauld mourra « entre [ses] mains » (Mme de Sévigné, *Lettres,* éd. Gérard-Gailly, t. II, p. 647, au 17 mars 1680). Sur les rapprochements entre Bossuet et La Rochefoucauld, voir O.O., V, p. 167-168 (et J. Truchet, *La prédication de Bossuet,* t. II, p. 180-181) ; C.B., XIII, p. 83 ; peut-être aussi C.B., VII, p. 271-272 s'il ne s'agissait pas d'un lieu commun de moraliste.
(65) C.B., I, p. 312.
(66) C.B., I, p. 244.
(67) C.B., II, p. 52.
(68) C.B., I, p. 322, 326, 328.
(69) Cf. *supra* p. 171.
(70) C.B., I, p. 235-236.

Tout commença sans doute par la lettre du 28 août 1672 où Bellefonds s'étonnait que M. de Condom eût accepté l'abbaye de Saint-Lucien-lès-Beauvais, en échange de l'évêché de Condom, mais en conservant les prieurés de Gassicourt-lès-Mantes et du Plessis-Grimoult : n'était-ce pas une infraction aux règles du concile de Trente sur le cumul des bénéfices (71) ? Atteint directement, Bossuet essaie de rassurer son correspondant ou de se rassurer soi-même, car la question soulève un flux de doute ; le prédicateur est mis en cause par sa parole de toujours (72) : les richesses tissent « des liens invisibles, dont nos cœurs ne se peuvent déprendre », affirmait vingt ans plus tôt le panégyriste de saint François d'Assise (73) ; « il se fait certains nœuds secrets qui engagent le cœur insensiblement dans l'amour des choses présentes, et cet engagement est plus dangereux, en ce qu'il est ordinairement plus imperceptible [...] on s'y endort, on ne le sent pas » (74). Dangereuse insensibilité : on peut être « un digne personnage » (75) et tomber dans « des filets invisibles où le cœur se prend insensiblement » (76) ; liens invisibles des richesses, liens invisibles des passions « qui tiennent nos volontés asservies » (77) ; « Il est vrai, je sens quelque chose en moi-même qui voudrait, à mon avis, s'élever à Dieu : mais je sens aussitôt comme un poids de cupidités opposées qui m'entraînent et me captivent » (78). La question de Bellefonds révèle à l'orateur un « pour soi » dans le « pour autrui » des thèmes éternels de la morale et de la prédication chrétiennes.

Alors, dès qu'il reçoit la lettre de Bellefonds, le 9 septembre, M. de Condom répond ; il promet : sa table sera frugale, sa dépense modérée, il paiera ses dettes, n'enrichira pas sa famille, se passera de beaucoup de commodités (79), mais comment trouver tout le nécessaire en n'ayant précisément que le nécessaire ? « Je perdrais

---

(71) Sess. XXIV, ch. XVII : interdiction du cumul, mais « si pourtant ce Bénéfice n'est pas suffisant pour l'entretien honnête de celui à qui il est conféré, il sera permis de lui conférer un autre bénéfice simple suffisant, pourvu que l'un et l'autre ne requière pas résidence personnelle » (trad. Chanut, Paris, 1674, p. 367) ; dans le cas de Bossuet le problème était double : comment évaluer ce revenu « suffisant » et « l'entretien honnête » ? Comment tirer du texte du concile la tolérance d'un troisième bénéfice ?

(72) Cf. notre article *Bossuet et la pauvreté,* dans *Recherches et Débats,* n° 49, 1964, p. 67-79.

(73) O.O., I, p. 214.

(74) O.O., II, p. 168-169 ; repris O.O., III, p. 82-83 et IV, p. 68.

(75) Guy Patin, sur Bossuet, lettre du 13 décembre 1669, éd. Reveillé-Parise, t. III, p. 721.

(76) O.O., II, p. 169.

(77) O.O., II, p. 216.

(78) O.O., I, p. 244-245.

(79) C.B., I, p. 254.

plus de la moitié de mon esprit, si j'étais à l'étroit dans mon domestique » (80).

La question de Bellefonds ouvre la voie aux confidences : peur du mal, doutes devant l'ingrate tâche de l'éducation du Dauphin « [son] enfant »... « Je ne finirais pas si je ne me retenais. Je ne parle point ici ; il faut donc bien que j'écrive, et que j'écrive, et que j'écrive » (81) ; et la banale formule « Priez [...] pour moi » qui clôt la lettre prend un sens tout nouveau, comme l'allusion de Bossuet à ses péchés (82), à cette corruption de la Cour dans laquelle il lui semble baigner et que chacun, même malgré soi, inspire. « Voilà ce qui s'appelle la contagion du siècle » (83), non plus réflexion désabusée du moraliste mais recul du croyant anxieux du salut.

La lutte entre le bien et le mal, le salut et la corruption, est toute proche, le précepteur du Dauphin y participe, il le doit ; madame de La Vallière l' « a obligé » de parler à madame de Montespan (84), et il a trouvé le courage de le faire, d'attendre une réponse du roi et de supporter son silence (85) ; Bremond a bien vu ce qu'a d'exceptionnel cette période de la vie de Bossuet.

Tension de l'être, exaltation, Bossuet connaît lui aussi ces « désirs jusqu'alors inconnus », dont il parlera à la profession de la duchesse de La Vallière (86) ; espoirs de « merveilleux [...] changements » (87) ? nouveauté des conversions ? les mots sont faibles et manquent à celui qui savait si bien en jouer ; le silence n'est plus figure de rhétorique : « Je conçois un état que je ne puis presque exprimer : je le vois de loin pour la pratique, bien que j'en sente la vérité dans la spéculation » (88) ; « Je dis beaucoup de paroles parce que je ne suis pas encore au fond que je cherche : il ne faudrait qu'un seul mot pour expliquer » (89) ! Tant de paroles peuvent-elles trouver au fond du cœur « le principe secret » qu'elles cherchent (90) ?

Rencontrant la duchesse de La Vallière (91), travaillant à sa conversion, Bossuet est obligé de faire retour sur soi ; le contact

(80) C.B., I, p. 255.
(81) C.B., I, p. 258.
(82) C.B., I, p. 294, 307.
(83) C.B., I, p. 302.
(84) C.B., I, p. 300.
(85) C.B., I, p. 301.
(86) O.O., VI, p. 34.
(87) *ibid.*
(88) C.B., I, p. 304.
(89) C.B., I, p. 306.
(90) C.B., I, p. 306-307.
(91) Comme l'ont bien montré P. Clément et J. Lair, Bossuet ne fut jamais le directeur de la duchesse.

de cet être marqué par la grâce impose la comparaison. Le dialogue avec Bellefonds s'enchaîne donc de mois en mois ; en mars 1674, plus d'un an et demi après la lettre où le maréchal lui posait de gênantes questions, M. de Condom se justifie encore, ou plutôt se sent plongé dans la mauvaise foi ; il ne s'agit plus de la corruption de la nature et des déréglements de l'esprit humain, il s'agit d'une peur, d'une « horreur » de soi-même, et de ses involontaires défaites : « Je tremble, dans la vérité, jusque dans la moelle des os, quand je considère le peu de fond que je trouve en moi : cet examen me fait peur ; et cependant sorti de là, si quelqu'un va trouver que je n'aie point raison en quelque chose, me voilà plein aussitôt de raisonnements et de justifications. Cette horreur que j'avais de moi-même s'est évanouie, je ressens l'amour-propre, ou plutôt je montre que je ne m'en étais pas défait un seul moment. Oh ! Quand sera-ce que je songerai à être en effet, sans me mettre en peine de paraître ni à moi ni aux autres ?... » (92). L'être et le paraître, les choses et les mots, n'est-ce pas la condamnation de l'éloquence, de l'effort pour convertir, de la parole et de l'écrit ? « C'est bien l'éloquence même qui est humiliée et vaincue », répondra Bremond (93). La duchesse de La Vallière « va exécuter le dessein que le Saint-Esprit lui avait mis dans le cœur », mais ce désir de pénitence, cette tranquillité et cette joie, Bossuet les devine et pressent qu'ils lui sont aussi insufflés : « Cela me ravit et me confond : je parle, et elle fait ; j'ai les discours, elle a les œuvres. Quand je considère ces choses, j'entre dans le désir de me taire et de me cacher, et je ne prononce pas un seul mot où je ne croie prononcer ma condamnation » (94).

Il s'agit ici de quelque chose de plus profond que la muette et lyrique admiration de l'orateur, il s'agit du « secret le plus intime de Bossuet » (95) ; pour une fois, les mots manquent réellement et une présence devient plus nécessaire que cet enchantement que le poète goûte en soi-même et qui le laisse seul devant le mystère ou devant l'absence : « Que je vous ai souhaité souvent parmi toutes les choses qui se sont passées, et qu'une demi-heure de conversation avec vous m'aurait été d'un grand secours ! J'ai eu cent fois envie de vous écrire : mais, outre qu'on craint toujours pour ce qu'on expose au hasard que courent les lettres, on s'explique toujours trop imparfaitement par cette voie » (96). Entre la

(92) C.B., I, p. 313-314.
(93) Bossuet, *Textes choisis...*, t. II, p. 154.
(94) C.B., I, p. 315.
(95) H. Bremond, Bossuet, *Textes choisis...*, t. II, p. 145.
(96) C.B., I, p. 365.

perfection d'un saint Ambroise, d' « un vrai homme de Dieu », d' « un homme de l'autre vie » (97), et la réalité de son existence, Bossuet sent une distance et de cette prise de conscience naissent les accents les plus spirituels de son œuvre.

En ces années, la conversion de la duchesse de La Vallière, les négociations avec Louis XIV et avec Madame de Montespan imposent à Bossuet un grand rôle qu'il peut à peine soutenir (98) : il s'élève pour un temps au-dessus de lui-même.

Ce n'est pas une conversion, qui change toute une vie : Bossuet prend conscience d'un désir et d'une faiblesse : le résultat, c'est une nouvelle admiration pour les hommes qui ont fait le pas, comme Le Camus ou Rancé (99) ; quelques années plus tard, à partir de 1682 (100), il prendra l'habitude de faire retraite à la Trappe, moyen d'entretenir ses désirs et de garder toujours ouverte une possibilité. Nous devrons conserver présent à l'esprit cet au-delà des mots de Bossuet : d'un côté les mots et les images, l'admiration et le frémissement intime devant les actes héroïques ou les œuvres remplies de « piété » et de « beaux sentiments » (101), d'un autre côté ce qui ne peut être dit, les désirs et les regrets, l'élan indéfinissable et les compromissions. Une partie de l'angoisse de Bossuet vint de ce qu'un instant il a pris conscience de ses possibilités et de ses contradictions.

Si l'historien s'étonne de ces faiblesses et de ces retours (102), Bossuet lui-même les a reconnus et s'en est tenu à cette médio-

---

(97) C.B., I, p. 366.

(98) « Ce petit maître d'école du Dauphin » dira l'abbesse de Jouarre, Henriette de Lorraine (*L'abbaye royale Notre-Dame de Jouarre,* t. I, p. 257), jugement qui dut être celui de bien des courtisans, et qui explique ce qu'a d'extraordinaire l'influence de Bossuet pendant quelques mois au moment de la conversion de la duchesse de La Vallière et des velléités de conversion de Louis XIV : Bremond avait fort bien senti cela.

(99) Cf. C.B., II, p. 104 : le 22 janvier 1679 à Bellefonds : « Je vous prie, quand vous le [Rancé] verrez, de le prier de redoubler ses prières pour moi et de demander à Dieu ma conversion. C'est une étrange chose d'estimer tant la vertu et de n'en avoir point. Prions les uns pour les autres ».

(100) Sur les relations de Bossuet avec Rancé dans les années qui précédent 1682, voir M.L. Serrant, *L'abbé de Rancé et Bossuet,* p. 104 et suiv. ; la date du premier voyage de Bossuet est octobre 1682 : Serrant, *op. cit.*, p. 188.

(101) Ce sont les mots qu'emploie Bossuet vers 1675 pour définir les *Confessions* de saint Augustin et les œuvres de saint Grégoire le Grand, R.B., 1900, p. 17-18.

(102) A Bossuet qui jugeait que Troisville « est un homme tout d'une pièce » et « n'a point de jointures », ce dernier répondait : « Et lui, il n'a point d'os » (cf. Sainte-Beuve, *Port-Royal,* t. III, p. 416 n.), propos féroce qui illustre bien la différence du tempérament des deux hommes : cf. *supra* p. 255, n. 13, La Rochefoucauld sur Bellefonds.

crité qui est le terrain où une action devient possible. Contradictions de M. de Condom ; dans les mois mêmes où il médite sur la vanité et la corruption du monde, il goûte les plaisirs de la vie et les charmes de la société ; il régale à Saint-Germain ses hôtes La Broue, Cordemoy et Regnier-Desmarais, et l'on agite « une grande question touchant les légumes » ! Il fait lire des vers de Mlle de La Vigne par le lecteur du roi, badinage de beaux esprits, visite du cabinet du roi rempli de petits dieux et de petits lutins, cartésianisme mondain et galanterie... (103). Désir d'austérité, poids des relations familiales et mondaines (104), faiblesse, souci de convertir le roi et Mme de Montespan, attitudes ambiguës ; seule une exceptionnelle force de caractère pourrait les concilier. Mme de La Vallière l'a très bien compris : « Pour M. de Condom, c'est un homme admirable par son esprit, sa bonté et son amour pour Dieu. Je ne manquerai pas de l'engager à continuer de vous écrire ; de votre côté, exhortez-le aussi à n'avoir que le moins de commerce qu'il pourra avec ces gens dangereux... vous m'entendez bien. Ses intentions seront toujours de la dernière pureté, mais il faudrait en avoir autant que lui pour en juger équitablement. C'est le voyage qu'il va faire, qui me fait parler ainsi » (105).

---

(103) A. Fabre, *La jeunesse de Fléchier,* Paris, 1882, t. II, p. 104-107, sans doute en 1673 (la n. 1 de la p. 105 est inexacte). Sur ces dîners à Saint-Germain où la chère était, dit-on, médiocre, voir Ledieu, *Mémoires,* t. I, p. 134 ; [J. de Guijon], *Longueruana,* Berlin, 1754, t. I, p. 69-71. Bossuet était en rapports avec Mlle du Pré, Mlle de La Vigne, Mlle Descartes (sur elles A. Adam, *Histoire de la littérature française au* XVIIe *siècle,* t. III, p. 19) : ces relations ainsi que celles qu'il entretint avec les milieux « précieux » en général n'ont pas été assez étudiées : la correspondance contient des renseignements à utiliser.

(104) Il faudrait étudier la personnalité et l'influence de Mme Bossuet et de Mlle Bossuet, belle-sœur et sœur de M. de Condom : cf. surtout Ch. Urbain, *Un cousin de Bossuet, Pierre Taisand,* dans *Bulletin du Bibliophile,* 1905, p. 425 et suiv., 491 et suiv., 552 et suiv., et L'*Eglise et le théâtre* par Ch. Urbain et E. Levesque, p. 184, n. 4.

(105) Lettre à Bellefonds du 19 mars 1674, avant le voyage de la Cour en Bourgogne ; P. Clément, *Réflexions...,* t. I, p. 134. Les points de suspension sont dans le texte.

Quatrième partie

LA SPIRITUALITÉ DE L'ÉVÊQUE DE MEAUX

(1681-1704)

CHAPITRE 8

L'HOMME A L'IMAGE

Pendant les années 1650-1675, l'œuvre de Bossuet était essentiellement constituée par des sermons, et, si nous avons pu analyser les grandes tendances spirituelles qui s'y manifestent, c'est, derrière les thèmes traditionnels des œuvres oratoires, les conseils moraux et les exposés théologiques, en décelant certaines façons de vivre le christianisme et de se représenter la vie de la grâce en l'homme. Les écrits que nous allons étudier maintenant et qui datent approximativement de la fin du préceptorat à la mort de l'évêque de Meaux, sont d'un caractère tout différent (1) : en dehors de quelques grandes oraisons funèbres et des écrits historiques ou philosophiques rédigés pour l'instruction du Dauphin, nous possédons plusieurs œuvres spirituelles de grande ampleur et une abondante correspondance. Les œuvres spirituelles, *Méditations sur l'Evangile* rédigées entre 1693 et 1695 (2), et *Elévations sur les mystères* commencées en 1695 (3), sont parmi les textes les plus célèbres de l'évêque de Meaux, mais nous devrons les lire à la lumière de la spiritualité du temps où elles ont été écrites, et exposer les grands principes qui font leur cohérence et qui leur donnent une place spéciale dans la spiritualité de Bossuet. Les lettres (4) sont les témoins d'une autre inspiration : l'évêque de Meaux s'y adresse au jour le jour à des religieuses qu'il guide à travers leurs difficultés ; obstacles du tempérament, problèmes de

---

(1) Voir la chronologie des œuvres de cette époque dans notre *Bossuet,* p. 9-11.

(2) publiées en 1730-1731.

(3) édition partielle en 1711, rapidement supprimée ; édition complète en 1727 ; nous exposerons ailleurs et avec les détails nécessaires l'histoire de cette difficile publication.

(4) Surtout lettres à Mme Cornuau, à partir du 15 octobre 1689, et lettres à Mme d'Albert à partir du 10 mars 1690.

la vie en communauté, écho assourdi des luttes qui divisent l'Eglise et des controverses religieuses, la spiritualité n'y apparaît pas comme l'élaboration de synthèses abstraites mais comme les réponses quotidiennes d'hommes et de femmes sur les chemins de Dieu.

Or à cette époque commencent à se poser avec acuité les grands débats de ce qu'on a appelé à partir de 1682 le « quiétisme » ; Bossuet prendra une part active à ces luttes. Même si on ne doit pas mettre de barrière entre les écrits et la direction spirituels, d'une part, et les œuvres polémiques écrites lors de la querelle, d'autre part, nous estimons nécessaire de traiter séparément ces deux groupes de textes ; cette distinction nous permettra de laisser aux œuvres spirituelles tout leur caractère positif et de montrer qu'elles sont, même en dehors de toute référence à la polémique, des témoins d'une spiritualité aux caractères assez bien tracés. La querelle du quiétisme pourra ensuite être présentée, suivant la chronologie des faits et des écrits ; ses caractères accidentels ou nécessaires nous apparaîtront mieux.

⁂

La philosophie qui soutient l'anthropologie spirituelle de Bossuet ne peut se définir en fonction d'un seul système ; catégories bibliques, platonisme chrétien, thomisme où ce disciple de Platon et de saint Augustin croit retrouver la doctrine de ses maîtres, cartésianisme séduisant pour un esprit qui sans être scientifique pressent l'importance de la science et aime les idées claires, des métaphysiques différentes se mêlent sans se fondre en une synthèse : les contradictions de Bossuet sont celles d'un orateur, d'un spirituel, d'un homme d'action qui n'avait pas le tempérament d'un philosophe (5).

Le point central de sa réflexion sur l'homme c'est la condition paradoxale de la créature qui est participation à l'être, mais n'est pas être elle-même. La faute originelle qui a altéré ses relations avec Dieu a introduit en elle un néant plus grave que celui de la nature et a rendu nécessaire une restauration pour lui permettre de parvenir à la glorification, terme de son histoire. L'anthropologie, selon ce schéma classique au XVIIe siècle, est ainsi l'histoire des rapports de Dieu et de l'homme.

Bien que la création n'ait en aucune façon été faite à partir de la substance divine (6), elle a tissé entre le créateur et sa créature

---

(5) « Je suis assez indifférent sur ces matières » (C.B., V, p. 184, cf. *Leibniz, aspects de l'homme et de l'œuvre,* Paris, 1968, p. 92, n. 3) ; « pour le pur philosophique, j'en fais bon marché » (C.B., XIII, p. 49).
(6) Cf. E.M., p. 155.

un réseau de rapports mutuels qui n'a pas été complètement rompu par le péché : rapports logiques qui unissent la cause et l'effet, rapports historiques connus par l'Ecriture, liens ontologiques enfin ; ces liens permettent à la créature d'accéder d'une certaine façon à son créateur, de le connaître naturellement : la créature est son reflet ; elle a en Lui sa cause et son modèle : Dieu « entend tout en lui-même, parce que tout ce qui est et n'est pas lui, est en lui comme dans sa cause.

« Mais c'est une cause intelligente qui fait tout par raison et par art, qui par conséquent a en elle-même ou plutôt qui est elle-même l'idée ou la raison primitive de tout ce qui est.

« Et les choses qui sont hors de lui n'ont leur être ni leur vérité, que par rapport à cette idée éternelle et primitive. Car les ouvrages de l'art n'ont leur être et leur vérité parfaite, que par le rapport qu'ils ont avec l'idée de l'artisan.

« L'architecte a dessiné dans son esprit un palais ou un temple, avant que d'en avoir mis le plan sur le papier : et cette idée intérieure de l'architecte est le vrai plan et le vrai modèle de ce palais ou de ce temple.

« Ce palais ou ce temple seront le vrai palais ou le vrai temple que l'architecte a voulu faire, quand ils répondront parfaitement à cette idée intérieure qu'il en a formée [...]. Ainsi tout est vrai dans les créatures de Dieu, parce que tout répond à l'idée de cet architecte éternel, qui fait tout ce qu'il veut et comme il veut » (7).

Quinze ou vingt ans plus tard, dans les *Elévations sur les mystères,* c'est sous la même forme que la théorie des Idées permettra à Bossuet de comprendre le rapport de création : « J'ai mon art, j'ai mes règles, mes principes, que je réduis autant que je puis à un premier principe qui est un, et c'est par là que je suis fécond. Avec cette règle primitive et ce principe fécond qui fait mon art, j'enfante au dedans de moi un tableau, une statue, un édifice qui dans sa simplicité est la forme, l'original, le modèle immatériel de ce que j'exécuterai sur la pierre, sur le marbre, sur le bois, sur une toile où j'arrangerai toutes couleurs.

« [...] Et quand il faudra produire au dehors cette peinture ou cet édifice, l'art et l'idée et l'amour y concourront également et en unité parfaite, en sorte que ce bel ouvrage se ressentira également de l'art, de l'idée et de l'amour ou de la secrète complaisance qu'on aura pour elle » (8).

---

(7) LT, XXIII, p. 194. Cette comparaison avec l'art peut avoir son origine dans le *De beatitudine* de Grégoire de Nysse (*Orat.* I) : Bossuet commentera ce texte quelques années plus tard : P.C., p. 236.

(8) E.M., p. 112-113.

Cette idée simple qu'enfante l'artiste et qui sera son modèle immatériel, en Dieu c'est le Verbe, la Sagesse, idée que Dieu a en lui-même ou plutôt qui est lui-même (9). Dans l'unité parfaite de Dieu réside le principe de la multiplicité, de la Trinité des personnes et de la multiplicité des créatures : « même dans les choses naturelles, l'unité est un principe de multiplicité en elle-même, et [...] l'unité et la multiplicité ne sont pas autant incompatibles qu'on le pense » (10). Ces remarques très platoniciennes qu'ont inspirées à Bossuet Grégoire de Nysse (11), Denys (12) ou un des nombreux théologiens qui les ont imités de l'Antiquité au XVIIe siècle (13), lui permettent de montrer comment chacune des personnes de la Trinité coopère en une création dont la création artistique, fruit de l'art, de l'idée et de l'amour, est l'image imparfaite et

---

(9) Cf. *supra*, LT, XXIII, p. 194. Voir aussi LT, XVI, p. 39, la discussion de l'hérésie des noétiens et des sabelliens ; et LT, XVI, p. 74, 83.

(10) E.M., p. 111. Cf. cette remarque de la *Politique :* les hommes viennent tous d'un seul homme et même Eve vient d'Adam ; les autres animaux ne sortent pas de la même tige (*Politique,* p. 7). Voir aussi les textes du *VIe Avertissement aux Protestants* sur la Trinité (LT, XVI, p. 42 : « Par là se voit la puissance et la force de l'unité à laquelle tout se réduit naturellement, puisque selon la remarque de saint Athanase, non seulement Dieu est un par l'unité de son essence, mais encore que la distinction qui se trouve entre les Personnes se rapporte à un seul principe qui est le Père, et même de ce côté-là se résout finalement à l'unité pure... »). Inversement la variété aboutit toute à l'unité (O.O., VI, p. 198).

(11) *Création de l'homme,* trad. Sources chrétiennes, 133 c, p. 92 ; 136 a, p. 93.

(12) *Noms divins,* XIII, 2-3.

(13) Arnou, *Platonisme des Pères,* in D.T.C., XII2, c. 2275-2277 (réf. à saint Thomas et saint Bonaventure) ; Ch. Chesneau la retrouve chez Yves de Paris (*op. cit.*, t. II, p. 78 : Yves de Paris s'appuie ici sur saint Thomas, Ia, q. 15, a I, bien qu'il se rattache foncièrement à Marsile Ficin et à la pensée bonaventurienne) et J.-P. Massaut chez Léon de Saint-Jean (*op. cit.* p. 155-156) ; cf. aussi L. Bail, *Théologie affective,* Nouv. éd., 1654, p. 34-35 ; « Des Idées de Dieu » : ces Idées selon Bail sont à envisager de deux points de vue ; de l'un il n'y a d'Idée de Dieu que l'essence même de Dieu, de l'autre elles s'entendent de la connaissance qu'a Dieu des possibles comme l'Architecte qui pour construire un édifice en conçoit le dessein et l'image en soi-même (voir aussi p. 207-209). Ce thème est très développé dans l'œuvre d'Angélique d'Alègre, théologien nourri de Platon, de Denys et des Pères grecs et un des derniers représentants de la tradition hermétique et ficinienne au XVIIe siècle : sa théologie semble très éloignée du courant « augustinien » mais la comparaison avec Bossuet nous permettra souvent de comprendre où penche naturellement la pensée de ce dernier et sur quels refus ou sur quels silences elle s'établit. Pour la théorie des idées cf. *Le Chrétien parfait, ou le portrait des perfections divines tiré en l'Homme sur son original,* Paris 1665, p. 310-311 (le tableau vivant dans l'idée du peintre), p. 244 et suiv. (l'unité), p. 556. L'ouvrage est dédié à Mme de Senecey qui, dans l'entourage d'Anne d'Autriche, protégea les débuts parisiens de Bossuet.

grossière (14). Bossuet définit donc le Fils « l'idée de ce divin ouvrier qui précède tous ses ouvrages, le bouillonnement pour ainsi dire ou la première effusion de son cœur... », sagesse engendrée, produite dans le sein de Dieu par cette « sagesse essentielle qui étant primitivement et originairement dans le Père le rend fécond » (15), sagesse qui est « l'idée ouvrière de ce grand artisan et le modèle primitif de toute son architecture » (16). L'on voit comment la doctrine de la création annonce la christologie : à partir de l'explication de deux versets de saint Jean, Bossuet précise la place et le rôle du Verbe : « Comme il est source de vie, il a donné à son Fils d'être une source de vie (17). Aussi cette vie de l'intelligence est *la lumière qui éclaire tous les hommes.* C'est de la vie de l'intelligence, de la lumière du Verbe, qu'est sortie toute intelligence et toute lumière » (18) ; puis, modifiant comme les commentateurs font traditionnellement depuis les Pères (19), la ponctuation de ces versets, il lit *Quod factum est in ipso vita erat :* « Nous voyons ici que tout, et même les choses inanimées qui n'ont point de vie en elles-mêmes, étaient vie dans le Verbe divin, par son idée et par sa pensée éternelle. Ainsi un temple, un palais, qui n'est qu'un amas de bois et de pierres où rien n'est vivant, est quelque chose de vivant dans l'idée et dans le dessein de son architecte. Tout

---

(14) E.M., p. 113.
(15) E.M.., p. **114.**
(16) E.M.., p. 132.
(17) Cf. *Jean,* I, 3-4 ; V, 26. Vie et source de vie est un thème dionysien (*Noms divins,* ch. VI, § 3) fréquent au XVIIe siècle : Bérulle, *Grandeurs,* Disc. XI, n. 13, p. 369 : « Vie source de Vie en toute éternité » ; *Œuvres de piété,* XXXI, p. 798 et suiv. ; XXV, p. 783 ; LIX, p. 867 ; CLXVI, p. 1049 ; L. Bail, très bérullien sur ce point, *Théologie affective,* éd. cit., p. 34 (« ce qui a été fait était vie en lui »), p. 38 ; Léon de Saint-Jean, *Portrait de la sagesse universelle,* Paris, 1655, t. I, p. 435 ; *Année Royale,* t. I, p. 658-659 (avec cit. de *Ps.* XXXV, 10) ; Angélique d'Alègre, *op. cit.,* p. 307 et suiv. ; Mme Guyon, *Moyen court,* Lyon, 1686, p. 89 ; *Lettres,* Londres, 1768, t. II, p. 578. Bossuet (voir aussi *supra* p. 128 et O.O., VI, p. 61-62 ; LT, VI, p. 326-327 ; O.O. VI, p. 624 : l'être et la source de l'être) peut songer au verset de psaume « *Apud te est fons vitæ* » (*Ps.,* XXXV, 10) souvent commenté (cf. saint Augustin, *Conf.,* IX, 10, dans le récit de l'extase d'Ostie). La suite du développement de Bossuet laisse supposer une inspiration thomiste : *S. Th.,* Ia, q. 18, a.4 : « *Vivere Dei est ejus intelligere ; in Deo autem est idem intellectus et quod intelligitur, et ipsum intelligere ejus ; unde quidquid est in Deo ut intellectum est ipsum vivere, vel vita ejus. Unde cum omnia quæ facta sunt a Deo, sint in ipso ut intellecta sequitur quod omnia in ipso sunt sicut vita divina* ». Ce texte était cité par Angélique d'Alègre, *op. cit.,* p. 310-311.
(18) E.M., p. 280.
(19) J.A. Bizet, *Henri Suso et le déclin de la scolastique, Paris,* 1946, p. 338, n. 5. Sur l'exemplarisme et les rapports du Créateur aux créatures, J.A. Bizet, *id.,* p. 338-349. Voir aussi J. Lebreton, *Les origines du dogme de la Trinité,* 4e éd., Paris, 1919, p. 587.

est donc vie dans le Verbe, qui est l'idée sur laquelle le grand Architecte a fait le monde. Tout y est vie, parce que tout y est sagesse ; tout y est sagesse, parce que tout y est ordonné et mis en son rang. L'ordre est une espèce de vie de l'univers ; cette vie est répandue sur toutes ses parties, et leur correspondance mutuelle entre elles, et dans tout leur tout, est comme l'âme et la vie du monde matériel, qui porte l'empreinte de la vie et de la sagesse de Dieu » (20). Ces thèmes dont la lointaine origine platonicienne (21) est évidente ne sont pas très originaux au XVIIe siècle : on pense à Bérulle (22), aux carmes Jean de Saint-Samson (23) et Léon de Saint-Jean (24), ou au capucin Angélique d'Alègre (25) et au delà de ces

---

(20) E.M., p. 282. A la même époque, Bossuet précise la portée de la comparaison de Dieu avec un architecte : « Les noétiens et les sabelliens voulaient croire que Dieu agissait par son Verbe, comme un architecte agit par son art : mais comme l'art dans un architecte n'est pas une personne subsistante et n'est qu'un mode, ou un accident ou une annexe de l'âme, comme on voudra l'appeler, ces hérétiques croyaient que le Verbe était la sagesse, ou l'idée et l'art de Dieu, de la même sorte, sans être une personne distinguée. Les orthodoxes les rejetaient, en faisant de cette sagesse divine un ministre... » (LT, XVI, p. 39-40).

(21) cf. O.O., VI, p. 486 (en 1691) : « Dieu fait tout par son Verbe, par sa parole, par sa raison. Les philosophes platoniciens, dit saint Augustin, admiraient cette parole, et ils y trouvaient de la grandeur. Que le Verbe fût la lumière qui éclairait tous les hommes qui venaient au monde ; que la vie fût en lui *comme dans sa source, d'où elle se répandait sur tout l'univers et principalement* sur toutes les créatures raisonnables : ils étaient prêts à écrire en caractères d'or ces beaux commencements de l'évangile de saint Jean. » Le texte de saint Augustin est *Cité de Dieu* X, XXIX. Nous soulignons les mots essentiels.

(22) *Grandeurs,* IX, p. 308-309 « Dieu demeurant dans son trône, les choses connues y sont élevées par la puissance de son intellect, qui leur donne une sorte d'être spirituel et divin en l'idée en laquelle il les connaît ». Bien d'autres textes mystiques du cardinal proclament que tout est vie en Dieu.

(23) S. Bouchereaux, *op. cit.,* p. 273, qui souligne que Jean de Saint-Samson recueille la théorie platonicienne et augustinienne de l'existence individuelle dans les Idées divines de tous les êtres créés. A la suite de Ruysbroeck, Jean de Saint-Samson la développe dans un sens qui aurait fait hésiter Bossuet « ... cet être ou cette vie que nous possédons éternellement et que nous sommes dans la Sagesse éternelle de Dieu est identique à Dieu... » ; cf. aussi p. 185-186. Bossuet en outre n'accepte pas généralement la doctrine de la préexistence des âmes (cf. J.-P. Massaut, *op. cit.,* p. 166, n. 64) : en 1693 il écrit pourtant à Mme Cornuau ces lignes conformes à l'enseignement des mystiques par une commune interprétation du platonisme : « Laissez-vous écouler en ce grand tout qui est Dieu ; en sorte que vous-même vous ne soyez rien qu'en lui seul. Vous étiez en lui avant tous les temps, dans son idée et dans son décret éternel ; vous en êtes sortie pour ainsi dire par son amour, qui vous a tirée du néant. Retournez à cette idée, à ce décret, à ce principe et à cet amour » (C.B., V, p. 372)

(24) J.-P. Massaut, *op. cit.,* p. 145-146, cite ce texte de Léon de Saint-Jean très proche de ceux des *Elévations sur les mystères :* « Comprenons bien avec l'Auguste saint Augustin que nous avons deux vies.

modernes aux grandes œuvres qui les inspirent tous : les *Institutions* tauleriennes (26), Harphius, la *Perle Evangélique* (27) ; Bossuet est un dernier témoin de cette tradition, inconsciemment, sans essayer d'élaborer une synthèse avec les catégories bibliques dont il reconnaît l'héritage. Les deux mouvements se juxtaposent : préexistence des idées en Dieu ou création *ex nihilo* (28) ? Il résout l'antinomie, mais sur le seul plan de la logique : « il n'y avait qu'une pure possibilité de la créature que vous vouliez faire, et cette possibilité ne subsistait que dans votre toute-puissance. Vous êtes donc éternellement, et parce que vous êtes parfait, vous pouvez tout ce que vous voulez ; et parce que vous pouvez tout ce que vous voulez, tout vous est possible ; et il n'est possible radicalement et originairement que parce que vous le pouvez » (29).

Idée de la création, la sagesse divine reluit dans l'univers par l'ordre qui « est comme l'âme et la vie du monde » (30). De nombreux textes de la maturité et de la vieillesse de Bossuet nous montrent qu'il ne répudie pas la conception hiérarchique de l'univers qui était celle de sa jeunesse ; bien au contraire, en un temps où cette conception de l'ordre du monde paraît singulièrement anachronique, il lui donne ses plus beaux développements ; la continuité est sensible entre la théologie des œuvres oratoires (31) et celle des *Elévations sur les mystères*.

L'une en nous-mêmes, l'autre en l'Idée de Dieu, c'est-à-dire dans la connaissance du Verbe divin, *quod factum est in ipso vita erat* (*Jean,* I, 3-4). Comme une église a un être matériel, le bâtiment, et un être spirituel, l'idée de cette église dans l'esprit de l'architecte — ô merveille ! L'idée de notre vie naturelle, c'est le Verbe éternel et incréé. Et l'exemplaire de notre vie surnaturelle, c'est ce même Verbe incarné, mort et ressuscité » (*Année Royale,* t. I, p. 663). Une commune source augustinienne (*Tract. I in Joan.*) peut expliquer la parenté de ces lignes avec les textes de Bossuet ; on aura remarqué l'exégèse semblable de *Jean,* I, 3-4.

(25) *op. cit.* p. 310-311 : exégèse de « *quod factum est, in ipso vita erat* ». Chez Bossuet (O.O., VI, p. 62) on trouve une fois une exégèse un peu différente : tout est vie en Jésus-Christ = en lui il n'y a pas de place pour la mort : exégèse plus historique.

(26) Les idées que les créatures ont dans l'entendement divin, éd. cit., ch. XXXIX, p. 427 ; dans les *Sermons* de Tauler, moins connus alors, nous trouvons l'interprétation de *Jean,* I, 3-4 qui sera celle de Bossuet : Tout ce qui a été fait était vie en lui (Serm. pour la Nativité de St Jean Bapt., Trad. Hugueny, Théry, Corin, t. II, p. 255) et qui était aussi celle de saint Thomas.

(27) citée par S. Bouchereaux, *op. cit.,* p. 275.

(28) cf. *supra,* p. 98.

(29) E.M., p. 125. Cf. E.M., p. 129 : avant la création Dieu portait tout en sa toute-puissance.

(30) E.M., p. 282, cité *supra.*

(31) Cf. *supra* IIe Partie, ch. 3.

L'ordre, la règle, le bien sont primitifs, sont antérieurs à toute déchéance, à toute imperfection (32), et c'est cet ordre qui confère à la création sa bonté : les choses sont bonnes (33), mais leur « assemblage » est très bon ; l'acte du créateur et sa satisfaction sont pour ainsi dire doubles : « il ne se contente pas d'approuver tout son ouvrage après l'avoir achevé, en disant *qu'il était très beau et très bon ;* mais il distingue chaque ouvrage en particulier, en remarquant que chacun est bon et beau en soi-même ; il nous montre donc que chaque chose est bonne en particulier, et que l'assemblage est très bon. Car c'est ainsi qu'il distingue la beauté du tout d'avec celle des êtres particuliers ; pour nous faire entendre que si toutes choses sont bonnes en elles-mêmes, elles reçoivent une beauté et bonté nouvelle par leur ordre, par leur assemblage, par leur parfait assortissement et ajustement les unes avec les autres, et le secours admirable qu'elles s'entre-donnent » (34). Cet « ajustement » des choses les unes avec les autres, Bossuet l'appelait ailleurs l'architecture du monde (35), ou son économie (36). La vision de l'ordre du monde par Bossuet reflète de curieuses traces de la conception hiérarchique des humanistes platoniciens de la Renaissance et du XVIIe siècle, mais chez lui cette conception côtoie une métaphysique plus biblique des différences d'ordres : la juxtaposition des deux mentalités crée certaines incohérences qui ne nous étonnent pas. Suivant saint Augustin (37) et saint Thomas (38), Bossuet montre dans les êtres

---

(32) E.M., p. 178 ; cf. LT, XXIII, p. 192.

(33) Bossuet soulignera plusieurs fois qu'aucune chose n'est mauvaise par sa nature : le mal, le péché viennent du mauvais usage que l'homme ou l'ange font de choses bonnes en elles-mêmes, E.M., p. 173, 135, 238 (cf. saint Augustin, *Cité de Dieu,* XII, 2, P.L. XLI, c. 350, et XIV, 3, cité *supra* p. 109. L. Bail, *op. cit.*, p. 35 ; en Dieu il n'y a pas d'Idée du péché ; Angélique d'Alègre, *op. cit.*, p. 1-2). Les conséquences de cette doctrine sont grandes dans la morale et dans la vie spirituelle.

(34) E.M., p. 128. Cette exégèse de *Gen.* I, 25, 31 nous fait penser à Denys (*Hiér. céleste,* XIII, 4, Trad. Sources chrétiennes, p. 157) : « l'être et le bien être » ; Bossuet écrit ailleurs (LT, XXIII, p. 193), reprenant l'expression de Denys, « le même qui a donné l'être à la créature raisonnable lui a donné le bien être ». Ce thème est volontiers développé par les théologiens disciples de Denys : le Bien Etre est l'Etre surnaturel (cf. Angélique d'Alègre, *op. cit.* p. 160).

(35) E.M., p. 146.

(36) E.M., p. 194 à propos de l'empire de la raison sur le corps. Bossuet emploie fréquemment le mot d'économie : E.M., p. 283, 288, 290, 405, LT, VI, p. 73. Comparer ces développements de Bossuet avec ceux de Léon de Saint-Jean (on lit dans l'*Année Royale* (t. I, p. 3) : « L'ordre est l'âme de toutes les choses qui sont au monde »), et en rapprocher le thème de la *Concordia discors* (cf. H. Friedrich, *Montaigne,* Paris, 1968, p. 324, 414).

(37) *Cité de Dieu,* XII, 2 ; *Enarr.* in Ps. CXLV, n. 5, etc.

(38) *S. Th.* Ia, q. XCII, art. 2, q. CVIII, art. I.

différents degrés, depuis les créatures inanimées jusqu'à Dieu, mais nous ne trouvons jamais chez lui de grandes constructions métaphysiques comme chez Yves de Paris (39) ou chez Léon de Saint-Jean (40) : au détour d'une élévation ou d'une méditation quelques mots seulement témoignent de la permanence d'une sorte de platonisme honteux : au moment où Bossuet affirme que le Fils est vie et source de vie (41), que les choses inanimées elles-mêmes étaient vie dans le Verbe divin (42), il nous montre que seule la vie de l'être raisonnable est la véritable vie : la vie des plantes est « morte » (43) ; « voir, goûter, sentir, aller deçà et delà comme on est poussé » s'appelle vie mais c'est une vie « animale et muette », seul l'homme porte le reflet de la vie du Verbe, affirmation qui contredit celle des pages suivantes selon lesquelles l'ordre du monde « porte l'empreinte de la vie et de la sagesse de Dieu » (44). De même, si Bossuet semble donner aux animaux une place privilégiée entre l'homme et les choses, y trouver une certaine image du Créateur plus vive que dans les objets inanimés, cette image du Créateur ne leur est pas essentielle mais relative à l'homme : l'animal « est fait non pour être ce qu'il nous paraît, mais pour nous en rappeler le souvenir » (45) ; en lui reluit « la sagesse de celui qui les a construits avec tant d'art, qu'ils semblent

---

(39) Ch. Chesneau, *op. cit.*, t. II.

(40) J.-P. Massaut, *op. cit.*, p. 149 et suiv.

(41) E.M., p. 280.

(42) C'est une idée dionysienne que même les choses inanimées portent la trace du Créateur (*Hiér. céleste,* Sources chrétiennes, p. 83, n. 1). La hiérarchie des différents modes de vie dans l'élévation de Bossuet que nous citons (cf. aussi O.O., VI, p. 399 : ce qui est, ce qui vit, ce qui entend) doit être rapprochée mais bien distinguée de la division ternaire qui apparaît chez Denys (*Hiér. cél.* IV, 2, éd. cit. p. 94 ; X, 2, p. 140, n. 1) à la suite de Plotin (*En.*, VI, 7, 23) : les choses qui sont seulement qui n'ont que le mouvement vital, les vivants sans raison êtres doués de sensibilité, enfin ceux qui raisonnent à notre manière, qui tendent vers la déité par mode de savoir. Chez Bossuet l'accent n'est pas mis sur la commune et inégale participation (au contraire Léon de Saint-Jean, *Année Royale,* t. I, p. 658-659), mais sur la discontinuité des groupes d'êtres. Au demeurant la théorie des trois degrés de vie est classique en théologie : Grégoire de Nysse, *Créat. de l'homme,* 144 d-145 a (Sources chrétiennes, p. 108) ; saint Augustin, *De Lib. arbitr.* II, III, 7 et suiv. ; saint Thomas, *S. Th.*, Ia, q. 18, a 1 et 2 ; et au XVIIe siècle : Richeôme, *Adieu de l'âme...*, Rouen, 1610, p. 151 v° ; L. Bail, *Théologie affective,* p. 208 ; Angélique d'Alègre, *op. cit.*, p. 308 (qui reprend la division dionysienne).

(43) Bossuet n'emploie jamais l'expression « vie vivante » (au sens mystique) de saint Bernard et de Ruysbroeck (cf. S. Bouchereaux, *La réforme des carmes...*, p. 170, 239).

(44) E.M., p. 282, cit. *supra.*

(45) LT, XXIII, p. 233.

même agir avec art » (46). Si les animaux gardent un « vestige » (47) et une « impression » de l'amour paternel (48), si l'on voit en eux une « apparence » et une « ombre » de sagesse (49), c'est pour nous faire connaître les merveilles de la sagesse de Dieu et nous servir d'exemples ; conception pédagogique, morale, non pas hiérarchique.

Cette conception hiérarchique, nous pouvons en trouver des traces ailleurs, dans l'angélologie et dans l'ecclésiologie. N'oublions pas en mettant en vedette ces thèmes de couleur platonicienne la très solide orthodoxie de la doctrine théologique de Bossuet, sa conviction de l'absolue transcendance du surnaturel (50) : ses préoccupations de controversiste lui en font une obligation, il doit non seulement défendre cette orthodoxie mais éviter tout ce qui pourrait la faire soupçonner (51) : les thèmes les plus originaux se trouvent dans les *Elévations sur les mystères,* un manuscrit inachevé.

Il y a « différents degrés de perfection » entre les créatures (52)

---

(46) LT, XXIII, p. 234.

(47) La théologie distingue bien ici le vestige et l'image : saint Thomas, *S. Th.*, Ia, d. 3, q. 2, aI ; Bail, *op. cit.*, p. 204, 208, etc. Léon de Saint-Jean, *Œconomie de la vraie religion...*, t. I, p. 382-383 ; Angélique d'Alègre, *op. cit.*, p. 253, 256.

(48) E.M., p. 191, cf. LT, XXIII, p. 233.

(49) E.M., p. 157. Dès 1648, O.O., I, p. 14 : l'homme « arbitre », les natures inférieures faites pour les créatures raisonnables, les créatures raisonnables faites pour la possession de la propre essence de Dieu.

(50) cf. LT, XIII, p. 131 : contre l'hérésie des Angéliques, Bossuet pose bien ces deux thèses nullement contradictoires : « ... ce grand Dieu qui de rien a fait toutes choses, a pu à la vérité distinguer ses créatures en leur donnant différents degrés de perfection ; mais [...] cela n'empêche pas qu'il ne les tienne toutes à son égard dans un même état de dépendance et qu'il ne se communique *immédiatement, quoique non toujours en même degré, à toutes celles qu'il a faites capables de le connaître* ». Nous soulignons le passage essentiel où l'on aura reconnu le principe platonicien puis scolastique : *quiquid recipitur ad modum recipientis recipitur.*

cf. aussi LT, II, p. 339 : Dieu n'est pas un Dieu « qui ait besoin d'être soulagé par des subalternes ».

(51) cf. LT, XIII, p. 126 : les erreurs des ariens viennent de ce qu'ils « avaient pris une grande partie de leurs opinions dans les écrits des platoniciens, qui ne connaissant qu'à demi la vérité, l'avaient mêlée de mille erreurs. Les ariens trop charmés de l'éloquence de ces philosophes et de quelques-uns de leurs sentiments, beaux à la vérité mais mal soutenus... » On remarquera la modération de ces critiques de Bossuet qui d'ailleurs utilise des textes platoniciens de saint Athanase dans le *VIe Avertissement aux Protestants* (LT, XVI, p. 42 et suiv.) Dans le *Traité de la concupiscence* en revanche, la condamnation de Platon est sans appel (T.C., p. 59). Dans l'*Eclaircissement sur le reproche d'idolâtrie* Bossuet critique les platoniciens « aussi mauvais philosophes que mauvais chrétiens » et leur doctrine des natures médiatrices et des esprits médiateurs (LT, XV, p. 359).

(52) LT, XIII, p. 131.

et dans cette hiérarchie les anges ont une place éminente : « Quand Dieu créa les purs esprits, autant qu'il leur donna de part à son intelligence, autant leur en donna-t-il à son pouvoir ; et en les soumettant à sa volonté, il voulut pour l'ordre du monde, que les natures corporelles et inférieures fussent soumises à la leur, selon les bornes qu'il avait prescrites.

« Ainsi le monde sensible fut assujetti à sa manière au monde spirituel et intellectuel ; et Dieu fit ce pacte avec la nature corporelle, qu'elle serait mue à la volonté des anges, autant que la volonté des anges, en cela conforme à celle de Dieu, la déterminerait à certains effets.

« Concevons donc que Dieu, moteur souverain de toute la nature corporelle, ou la meut ou la contient dans une certaine étendue à la volonté de ses anges. Parmi les esprits bienheureux, il y en a qui sont appelés des Vertus dont il est écrit : *Anges du Seigneur, louez Dieu ;* louez *Dieu,* vous qu'il appelle *ses Vertus ou ses Puissances ;* et encore : *Anges du Seigneur, bénissez le Seigneur ; Vertus du Seigneur, bénissez le Seigneur.* C'est peut-être de ces Vertus ou de ces Puissances qu'il est écrit : *Dieu sous qui se courbent ceux qui portent le monde.* Et quoi qu'il en soit, nous voyons dans toutes ces paroles une espèce de présidence de la nature spirituelle sur la corporelle.

« Combien la force des anges prévaut à celle des hommes et des animaux et quelle domination elle est capable d'exercer sur eux, sous l'ordre de Dieu, il l'a lui-même déclaré par le carnage effroyable que fit un seul ange dans toute l'Egypte... » (53).

Bossuet explique le pouvoir qu'ont sur l'homme les démons en montrant que Dieu ne leur a pas retiré « tous les avantages naturels » (54) qu'ils avaient : plus que l'explication pédagogique qu'ajoute Bossuet (le mauvais usage qu'on peut faire des dons de Dieu) c'est sa conception hiérarchique du monde et la « présidence » qu'il donne à la nature spirituelle sur la corporelle qui nous intéresse. De façon indirecte, à travers saint Thomas, Bossuet rejoint Denys : Dieu meut les anges, les anges meuvent les hommes, le schéma est classique au Moyen Age (55). Mais Bossuet évacue de

(53) Ce développement explique le pouvoir qu'ont naturellement les démons sur les hommes (E.M., p. 440 ; le même thème était sommairement exposé, LT, XXIV, p. 374) ; dans la suite de l'Elévation, on glisse de l'explication par l'ordre hiérarchique à une explication pédagogique : Dieu leur a conservé leur pouvoir pour « faire voir », « faire servir », « apprendre », etc. (E.M., p. 441).

(54) E.M., p. 441. Déjà dans le *Discours sur l'Histoire universelle,* LT, XXIV, p. 374.

(55) Les créatures intellectuelles sont « *medium inter Deum et creaturas corporeas* » (saint Thomas, *S. Th.,* Ia, q. L, art. 2). La place des

la hiérarchie dionysienne presque tout ce qui la fait illumination et révélation, il n'en garde que la rapide affirmation : « *autant qu'il leur donna de part à son intelligence,* autant leur en donna-t-il à son pouvoir » (56) et cette remarque au début du sermon sur l'unité de l'Eglise : l'unité est le « modèle » de toute unité et de toute beauté, mais « une si grande lumière nous éblouirait : descendons et considérons l'unité avec la beauté dans les chœurs des anges. La lumière s'y distribue sans se diviser : elle passe d'un ordre à un autre, d'un chœur à un autre avec une parfaite correspondance, parce qu'il y a une parfaite subordination. Les anges ne dédaignent pas de se soumettre aux archanges, ni les archanges de reconnaître les puissances supérieures. C'est une armée où tout marche avec ordre » (57).

Les esprits célestes, selon Bossuet, sont avant tout moteurs des natures qui leur sont inférieures (58), et les rapports entre les hiérarchies ont tendance à être posés en termes de « volonté » et de « pouvoir » (59) : parmi les chœurs célestes Bossuet ne mentionne que les Vertus, ou les Puissances, les Vertus dont la fonction est justement selon saint Thomas de permettre l'accomplissement des prescriptions venant de l'ordre supérieur, *praebere facultatem*

---

anges est essentielle dans la métaphysique thomiste : il n'y a pas de discontinuité entre les êtres, E. Gilson, *Le thomisme,* 5e éd., 1947, p. 229-230.

(56) E.M., p. 440, nous soulignons. Lorsque Bossuet écrit E.M., p. 144 : « l'homme n'est pas heureux par la participation d'un autre bonheur que de celui des anges », cette participation n'est pas hiérarchique ; « bonheur » signifie ici « objet du bonheur ».

(57) O.O., VI, p. 104 ; cf. Denys, *Hiér. cél.* I, Sources chrétiennes, p. 70-73 ; III, 1-2, *id.,* p. 87-88, etc. Pour la théorie des illuminations hiérarchiques courante au XVIIe siècle, cf. Yves de Paris, *Théologie naturelle,* texte cité par Ch. Chesneau, *op. cit.,* t. II, p. 235-236 ; cf. Bail, *op. cit.,* p. 170. Pour l'éblouissement par la lumière qui oblige l'homme à user d'intermédiaires, cf. saint Jean Chrysostome, *Sur l'incompréhensibilité de Dieu,* 723d, Sources chrétiennes, p. 185 et suiv. ; saint Grégoire de Nazianze, *Or. 2 de Trinitate ;* Bail, *op. cit.,* préface non pag. ; Angélique d'Alègre, *op. cit.,* p. 87, 185 ; l'idée est platonicienne : Platon, *Rep.* VII, 532 c. Sur le thème de la lumière chez Bossuet, cf. *supra,* p. 155.

(58) Ils les « meuvent » : Denys, *Hiér. cél.,* X, 2, Sources chrétiennes, p. 140.

(59) Cf. LT, XIII, p. 58 : « étant établis par ordre de Dieu esprits administrateurs pour concourir à l'œuvre de notre salut ». Déjà chez saint Thomas on trouve cette vue quasi administrative, *S. Th.,* Ia, q. 92, a.2 (E. Gilson, *Le thomisme,* éd. cit., p. 230), alors que chez Denys le commandement a moins d'importance que la participation à la théarchie, *Hiér. cél.* IX, 1, éd. cit., p. 128-129. Dans le sermon sur l'unité de l'Eglise (O.O., VI, p. 104) on passe très vite de la « distribution » de la lumière à la « subordination » et à la « soumission » et aux métaphores militaires.

ad implendum (60) et qui « ont puissance sur la nature corporelle » (61).

Ces anges sont innombrables (62), mais Bossuet, à la suite de l'Ecriture « qui ne ment jamais et ne dit rien d'inutile » (63), se contente de nommer leurs neuf chœurs sans entrer plus avant dans leurs mystères : « qui entreprendra d'expliquer ces noms augustes ou de dire les propriétés et les excellences de ces belles créatures » (64) ? Très vite, sans doute sous l'influence de saint Jean Chrysostome, Bossuet insiste sur l'infinie transcendance de Dieu par rapport aux plus hauts ordres célestes : métaphysique des différences d'ordres et non plus pensée hiérarchique.

Seules quelques paroles de l'Ecriture permettent de connaître les créatures célestes ; aussi Bossuet reste très discret. Mais dans la hiérarchie des êtres l'homme tient une place spéciale : c'est le chef d'œuvre de Dieu, l' « abrégé de son grand ouvrage » (65), c'est pourquoi « Dieu le crée après tout le reste et l'introduit dans l'univers, comme on introduit dans la salle du festin celui pour qui il est fait » (66). De même qu'il y a des corps sans esprits et des

---

(60) *S. Th.*, Ia, q. 108, a.6 cité dans la n. 4, p. 121 de l'éd. Sources chrétiennes de la *Hiér. cél.* de Denys ; cf. même éd. p. 127, n. 1, et p. 128, n. 2.

(61) Saint Thomas, *S. Th.*, Ia, q. 108, a.6, éd. cit. de la *Hiér. cél.* de Denys, p. 129. A l'art 5, saint Thomas parle de *fortitudo,* ce qui nous renvoie au texte de Bossuet. Notons aussi que Denys (et saint Thomas) remarque que l'on donne le nom de Vertus à toutes les essences angéliques et s'interroge sur cette dénomination, *Hiér. cél.*, XI, 1, éd. cit., p. 142 et suiv. Sur l' « espèce de médiation » des saints anges, où il n'y a rien qui blesse la médiation de Jésus-Christ, voir LT, II, p. 337-340 ; l'action de Dieu peut s'étendre à tout et il n'a pas « besoin d'être soulagé par des subalternes » (LT, II, p. 339) ; cf. aussi LT, XXIV, p. 530, où, s'opposant aux platoniciens, Bossuet montre que les anges et les démons ne sont pas des médiateurs.

(62) E.M., p. 136. Sur le nombre des anges Bossuet suit Jean Chrysostome, *Sur l'incompréhensibilité de Dieu,* éd. cit., p. 137-138, 215, Denys, *Hiér. cél.,* XIV, éd. cit., p. 162-163, et surtout saint Thomas : on retrouve chez Bossuet son application du principe de « perfection » au nombre des anges (*excessus secundum multitudinem, S. Th.,* Ia, q.L., art. 3) : « ce qu'il a de plus beau c'est pour ainsi dire ce qu'il prodigue le plus ». Cf. Gilson, *Le thomisme,* p. 237 ; Ch. Chesneau souligne l'aspect platonisant de cette thèse, *Yves de Paris,* t. II, p. 78 et 80.

(63) E.M., p. 136.

(64) *ibid.*

(65) C.B., IV, p. 38.

(66) E.M., p. 145. Idée courante chez les penseurs platoniciens (Cicéron, *De Nat. Deor.* 53, 133) et chez les Pères : Philon, *De op.* 25 ; Méthode d'Olympe, *De Res.* I, 34 ; Grégoire de Nazianze, *Orat.* 38, P.G., XXXVI, c. 612 b ; Jean Chrysost., P.G., LIII, c. 71-72 ; Grégoire de Nysse, *Créat. de l'homme,* 132 c et suiv. (Sources chrét., p. 89 et suiv.). Cf. J. Dagens, R.L.C., janvier-mars 1961, p. 14 ; et *Studi francesi,* 1958, p. 381 (à propos de J.-P. Camus). Rappelons que les théo-

esprits sans corps, l'homme est un esprit qui a un corps (67). Ainsi « ... de tous les ouvrages de la nature celui où le dessein est le plus suivi est sans doute l'homme. Et déjà il est d'un beau dessein d'avoir voulu faire de toutes sortes d'êtres : des êtres qui n'eussent que l'étendue avec tout ce qui lui appartient, figure, mouvement, repos, tout ce qui dépend de la proportion ou disproportion de ces choses : des êtres qui n'eussent que l'intelligence et tout ce qui convient à une si noble opération, sagesse, raison, prévoyance, volonté, liberté, vertu : enfin des êtres où tout fût uni, et où une âme intelligente se trouvât jointe à un corps » (68). De cette façon l'on comprend l'insistance de Bossuet sur le thème de l'infériorité relative de l'homme et de l'ange : *Minuisti eum paulo minus ab angelis* (69) en est une première variation ; inversement une autre variation proclame la supériorité de l'homme du fait de l'ordre, de l'union des contraires qui est en lui : comme la justesse, la convenance, le concert, la proportion, en un mot l'ordre (70), éclatent dans toute la nature, ils apparaissent particulièrement dans l'homme et déjà dans son corps et dans la liaison entre le corps et l'âme. Bossuet admire longuement l'union et le concours entre les opérations intellectuelles et les opérations sensitives, ce qu'il appelle « le tout » (71), puis il s'attache à la beauté de chaque partie, à la proportion qui règne dans le corps et dans les organes du

---

logiens des XVIe et XVIIe siècles reprennent souvent cette idée : L. Bail, *op. cit.* p. 198-199 donne les différentes explications possibles de cette création tardive de l'homme. Nous trouvons le thème au XVIe siècle chez du Bartas, *cf. Die Schöpfungswoche des du Bartas,* von K. Reichenberger, Tübingen, 1963, t. II, p. 242-243.

(67) E.M., p. 135 : « O Dieu, soyez loué à jamais dans la merveilleuse diversité de vos ouvrages. Vous qui êtes esprit, vous avez créé des esprits ; et en faisant ce qu'il y a de plus parfait, vous n'avez pas dénié l'être à ce qu'il y a de plus imparfait. Vous avez donc fait également et les esprits et les corps : et comme vous avez fait des esprits séparés des corps et des corps qui n'ont aucun esprit ; vous avez aussi voulu faire des esprits qui eussent des corps ; et c'est ce qui a donné lieu à la création de la race humaine ». Cette justification se trouve déjà sous la même forme en 1626 dans les *Deux vérités* de Silhon, p. 289 (cité par Espinas, *Revue de métaphysique et de morale,* 1906, p.288) qui appelle l'homme, comme le font « les Platoniciens, l'horizon de l'univers et l'abrégé de ses perfections ». Dans le sermon de 1653 sur les démons, Bossuet présentait l'argument de façon inverse : « ... notre grand Dieu, pour achever l'univers, après avoir fait sur la terre une âme spirituelle dans des organes matériels, il a créé aussi dans le ciel des esprits dégagés de toute matière... » (O.O., I, p. 347).

(68) LT, XXIII, p. 176.

(69) *Ps.* VIII, 6. E.M., p. 144, 169-170. Cf. Jean Chrysostome, *Sur l'incompréhensibilité de Dieu,* 740 c, Sources chrétiennes, p. 273.

(70) ou l'art : LT, XXIII, p. 176 : « il y a tant d'art dans la nature que l'art même ne consiste qu'à la bien entendre et à l'imiter ».

(71) LT, XXIII, p. 178 ; E.M., p. 153.

corps. La sagesse de l'auteur de cette machine, de l'architecte (72), y éclate partout. « Tout cela est d'une économie, et s'il est permis d'user de ce mot, d'une mécanique si admirable, qu'on ne la peut voir sans ravissement, ni assez admirer la sagesse qui en a établi les règles » (73) ; « on passe toute sa vie dans des miracles continuels qu'on ne remarque même pas » (74). « Quelle merveille ! [...] Quelle perfection de l'homme » (75) !

Il est un point où plus excellemment paraît la sagesse du Créateur et son attention particulière à l'homme : « c'est parmi les animaux le seul qui est droit ; le seul tourné vers le ciel ; le seul où reluit par une si belle et si singulière situation, l'inclination naturelle de la nature raisonnable aux autres choses hautes. C'est de là aussi qu'est venue à l'homme cette singulière beauté sur le visage, dans les yeux, dans tout le corps. D'autres animaux montrent plus de force ; d'autres plus de vitesse et plus de légèreté, et ainsi du reste ; l'excellence de la beauté appartient à l'homme ; et c'est comme un admirable rejaillissement de l'image de Dieu sur sa face » (76). On a reconnu dans ces lignes de Bossuet un lieu commun de l'Antiquité profane et patristique (77) souvent repris par les

---

(72) LT, XXIII, p. 181.

(73) LT, XXIII, p. 179.

(74) E.M., p. 152.

(75) E.M., p. 166. Cet enthousiasme devant la beauté de l'homme (cf. aussi LT, VI, p. 653 : « Que l'élévation de l'homme est un grand mystère ! » ; LT, VI, p. 179 : « Quelle dignité de l'homme ! » ; C.B., IV, p. 38) est un dernier écho de l'enthousiasme des humanistes platonisants de la Renaissance : l'homme est un *magnum miraculum,* proclament-ils après Hermès Trismégiste (J. Dagens, R.L.C., janvier-mars 1961, p. 10). Voir aussi Richeôme, *L'Adieu de l'âme,* éd. cit., p. 123 v°-124 : « La quotidienne expérience nous ôte l'admiration des choses admirables » (allusion à saint Augustin, *Tract. 24 in Joan*), et p. 149 (cit. de Trismégiste, *Asclép.* c. 3, et de Platon, *Leg.* I). Mais n'oublions pas que ce thème est constamment présent dans le *De creatione hominis* de Grégoire de Nysse (128 a, trad. cit. p. 81, etc.) et que Richeôme dans son *Adieu de l'âme* suit pas à pas le traité de Grégoire. L'idée se retrouve chez Bail, *op. cit.*, p. 204. Sur le rôle de l'homme dans la hiérarchie des êtres : il use des créatures, les sanctifie par cet usage, les réfère à Dieu, C.B., IV, p. 38-39. Sur la « *dignitas* », voir H. Friedrich, *Montaigne,* Paris, 1968, p. 132 et suiv., 398.

(76) E.M., p. 154.

(77) Deux traditions anciennes sont ici parallèles : l'une fait de la stature droite le signe de l'aptitude de l'homme à la contemplation (Platon, *Timée,* 90 a-b ; Cicéron, *De Nat. Deor.* II, 56 ; Aristote, *De Part. animal.* II, 10 ; Ovide, *Met.*, I, 84 ; Lactance, 34 a : *Deus hominem « ad coeli contemplationem rigidum erexit » ;* saint Bernard, *In Cant.* XXIV, 6 ; saint Thomas, *S. Th.* Ia q.91, a.3 ; du Bartas, *La sepmaine,* 6e jour, v. 493-498 (cf. *Die Schöpfungswoche des du Bartas,* von K. Reichenberger, t. II, p. 245-246) ; Le Caron, cité par R. Bady, *L'homme et son institution...,* Paris, 1964, p. 107 ; Le Poulchre, cité *ibid.*, p. 189 ; R. Le Mée, *Le Prélat accompli* [...] *Philippe Cospéan,* Saumur, 1647, p. 24 (avec

apologistes du XVIIe siècle (78) après saint Thomas (79) ; pour Bossuet toutefois ce n'est qu'un argument secondaire sur lequel on passe vite (80) pour insister sur la plus noble partie de l'homme, sur l'âme. A une vision globale de l'homme à la fois corps et âme, Bossuet substitue la distinction traditionnelle et de surcroît très cartésienne : le dualisme du corps et de l'âme (81) ; reprenant le thème d'une correspondance chère à toute pensée hiérarchique, Bossuet se plaît à souligner que l'empire de l'âme sur le corps est l'image ou plutôt l' « expression » de l'empire de Dieu sur la création (82).

Qu'est-ce donc cette âme par laquelle s'affirme la grandeur de l'homme ? Les réponses que donne Bossuet à cette question sont toujours de caractère théologique et se ramènent au fond à l'affirmation d'un rapport essentiel de ressemblance entre Dieu et l'homme ; suivant les textes, tel ou tel aspect de ce rapport est développé, variations en termes parfois très modernes sur le thème biblique et patristique de « l'homme à l'image ».

---

comparaison avec l'héliotrope) ; Angélique d'Alègre, *op. cit.* p. 184, 192) ; l'autre y voit la marque de sa dignité royale et de son autorité sur la création (Grégoire de Nysse, *Création de l'homme,* 144 b, trad. cit., p. 106 et suiv., et cf. P.G., XLIV, c. 294 ; Denys, *Hiér. cél.,* éd. cit., p. 171-172 ; Charron, cité par R. Bady, *op. cit.,* p. 283 ; L. Bail, *op. cit.,* p. 204).

(78) Richeôme par exemple unit les deux traditions : la figure haute et droite est séante à l'homme en tant que créature de raison et en qualité de Roi, *Adieu de l'âme,* éd. cit. p. 85-88, cf. Bremond, *Histoire littéraire...,* t. I, p. 53. Richeôme insiste beaucoup sur la beauté de l'homme, *op. cit. passim.* « l'homme et non l'âme de l'homme seulement a été fait à l'image et semblance de Dieu » (p. 94 v°) ; sur la beauté du visage (p. 108, 115 v° et suiv.) ; sur les yeux (p. 109 v° et suiv.). Selon Richeôme le visage est l'image de l'âme comme l'âme est image de Dieu, les yeux sont image de l'entendement, les oreilles de la mémoire, etc. Bossuet substitue à ces correspondances des remarques générales fondées sur une vue plus esthétique que philosophique du corps humain.

(79) Ia, q.91, a.3 : « *Ideo habet faciem erectam, ut per sensus qui vigent in facie, et præcipue per visum, libere possit ex omni parte sensibilia et terrena, et cælestia cognoscere ; ac ex omnibus intelligibilem colligere veritatem* ».

(80) Bossuet est ici et en LT, XXIV, p. 371-372, plus proche de Platon, de Cicéron, de Lactance, de saint Bernard et de saint Thomas que de Grégoire de Nysse. Notons que Montaigne (*Essais,* II, 12 ; suivi par Cyrano de Bergerac, cité par A. Adam, *Les libertins au* XVIIe *siècle,* 1964, p. 169-170) s'était déjà gaussé de cet argument. Voir aussi sur le thème de l'homme qui regarde vers le haut, H. Friedrich, *Montaigne,* Paris, 1968, p. 132-133.

(81) Cf. LT, VI, p. 605.

(82) E.M., p. 152-154. Cf. E.M., p. 194 : dans l'état de nature le corps obéissait à l'âme comme l'âme à Dieu. Le thème est classique au XVIIe siècle : cf. Mersenne, cité par Espinas, *Revue de métaphysique et de morale,* 1906, p. 280 ; L. Bail, *op. cit.,* p. 208.

En 1679, dans le *Traité de la connaissance de Dieu et de soi-même* Bossuet commence par établir philosophiquement l'existence de Dieu à partir de la vérité éternelle, de l'idée de perfection, de l'idée de bonheur, de l'idée d'être (83), puis il abandonne la démarche philosophique pour adopter une démarche théologique mieux en accord avec ses aspirations : l'âme « est capable de connaître et d'aimer Dieu. Elle sent par là qu'elle est née pour lui » (84) ; on ne peut donc parler positivement et indépendamment de « nature » de l'âme ; la nature de l'âme vient de son rapport à Dieu, comme son existence et sa perfection découlent des modalités de ce rapport : « *L'âme connaît sa nature en connaissant qu'elle est faite à l'image de Dieu.* Je commence ici à me connaître mieux que je n'avais jamais fait, en me considérant par rapport à celui dont je tiens l'être. Moïse qui m'a dit que j'étais fait à l'image et ressemblance de Dieu, en ce seul mot m'a mieux appris quelle est ma nature que ne peuvent faire tous les livres et tous les discours des philosophes.

« J'entends et Dieu entend ; Dieu entend qu'il est, j'entends que Dieu est et j'entends que je suis. Voilà déjà un trait de cette divine ressemblance... » (85). C'est dans un sens intellectuel que Bossuet développe l'idée que l'homme est fait à l'image de Dieu : Il a créé des natures intelligentes capables d'entendre et son ouvrage et Lui-même, capables d'entendre les choses comme elles sont, c'est-à-dire d'avoir des pensées conformes aux choses, vraies : « Voilà donc quelle est ma nature : pouvoir être conforme à tout, c'est-à-dire pouvoir recevoir l'impression de la vérité ; en un mot pouvoir l'entendre. [...] En cela donc je me reconnais fait à son image : non son image parfaite, car je serais comme lui la vérité même ; mais fait à son image, capable de recevoir l'impression de la vérité » (86). Et si actuellement l'homme trouve la vérité, c'est

---

(83) LT, XXIII, p. 187-192.

(84) LT, XXIII, p. 193.

(85) *ibid.* Il est impossible de ne pas voir dans cette page une critique implicite de Descartes à travers celle des « discours des philosophes », ou tout au moins la transposition du schéma cartésien du plan de la philosophie à celui de la théologie : nous voyons les limites du cartésianisme de Bossuet au moment même où Bossuet semble le mieux en appliquer la méthode : les termes (nature, âme, considérer, entendre, connaître) sont cartésiens ainsi que les tours de phrases : cf. 2e *Médit.* (éd. Bridoux, p. 279) : « ... Je commence à connaître quel je suis, avec un peu plus de lumière et de distinction que ci-devant... »

(86) LT, XXIII, p. 195. Sur cette distinction entre « l'image » et « l'être à l'image », cf. saint Augustin, *De Div. Quaest.* 83 qu.51 et la note dans *De Trinitate, Œuvres* de saint Augustin, t. 15, Desclée de Brouwer, p. 589-591, et H.G. Graeff, *L'image de Dieu et la structure de l'âme d'après les Pères Grecs, Vie spirituelle, Supplément* 1952, p. 331, 333 ; mais les considérations de Bossuet dans le *Traité de la connaissance de Dieu et*

que Dieu l'éclaire, le rend conforme à Lui : c'est Lui qui imprime en nous l'idée du cercle et du triangle, les règles de la logique et de la morale, l'idée de la vérité : non que l'âme conserve comme la marque d'un cachet sur la cire l'impression de Dieu, « il faut [...] entendre que l'âme faite à l'image de Dieu, capable d'entendre la vérité qui est Dieu même, se tourne actuellement vers son original, c'est-à-dire vers Dieu, où la vérité lui paraît autant que Dieu la lui veut faire paraître », « cherchant la vérité, nous le cherchons ; [...] la trouvant, nous le trouvons, et lui devenons conformes ». Se tourner vers Dieu « toujours et partout invisiblement présent » (87) est l'acte d'une volonté droite, exercice où s'achève la conformité de l'âme avec Dieu dans les opérations de la connaissance et de l'amour ; « par là je reconnais que tout néant que je suis de moi-même devant Dieu, je suis fait toutefois à son image, puisque je trouve ma perfection et mon bonheur dans le même objet que lui, c'est-à-dire dans lui-même, et dans de semblables opérations, c'est-à-dire en connaissant et en aimant » (88). On voit en quoi Bossuet se rapproche beaucoup mais diffère du Descartes de la 2e *Méditation* qui affirmait que l'essence de l'âme est la pensée (89) : selon l'auteur du *Traité de la connaissance de Dieu et de soi-même,* l'âme est capable de recevoir l'impression de la vérité, définie par son objet et ses opérations, par le « pouvoir » d'entendre l'ouvrage de Dieu et Dieu lui-même ; l'essence de l'homme n'est pas la pensée, mais la référence à Dieu, à Dieu conçu comme intelligence parfaitement adaptée à son objet, qui est donc vérité, selon la définition des scolastiques *adæquatio mentis et rei.* La notion théologique de l'image de Dieu domine et infléchit l'argumentation de tout ce Traité ; l'idée générale qu'en donne la lettre de mars 1679 à Innocent XI le souligne bien : « ... *idque omnino agimus, ut cum homo sibi sit præsentissimus, tum sibi in omnibus præsentissimum contempletur Deum, sine quo illi nec motus, nec spiritus, nec vita, nec ratio constet ; juxta illam sententiam maxime philosophicam Apostoli Athenis, hoc est, in*

---

de soi-même sur l'intelligence de la vérité sont loin de la pensée des Pères. En revanche, dans les *Elévations* et les *Méditations* (E.M., p. 163 ; LT, VI, p. 161), nous trouvons l'authentique distinction patristique : l'être à l'image est capable de péché, la véritable image de Dieu est Jésus-Christ. La distinction entre image et être à l'image est familière aux théologiens du Moyen Age (saint Bernard, *In Cant.* LXXX2-LXXXI) et à ceux du XVIIe siècle (Richeôme, *Adieu de l'âme,* éd. cit. p. 95 ; Angélique d'Alègre, *op. cit.,* p. 83-85). Sur la distinction entre l'image et la ressemblance, H. de Lubac, *Le mystère du surnaturel,* Paris, 1965, p. 55.

(87) LT, XXIII, p. 197.

(88) LT, XXIII, p. 199.

(89) Nicole est ici meilleur disciple de Descartes : cf. *Traité de l'oraison,* 1679, p. 307.

ipsa philosophiæ arce disputantis : Non longe est ab unoquoque nostrum ; in ipso enim vivimus et movemur et sumus : et iterum : Cum ipse det omnibus vitam, et inspirationem, et omnia » (90).

C'est la même démarche théologique et spirituelle que nous trouvons dans la réponse faite par Bossuet en 1692 aux questions anxieuses posées par Mme Cornuau sur la nature de l'âme (91). « L'âme est une chose faite à l'image et à la ressemblance de Dieu : c'est là sa nature, c'est là sa substance » (92) : dès les premières lignes de sa réponse, Bossuet définit l'âme, sa nature et sa substance (93), par son rapport à Dieu : « Voilà sa vie, voilà sa nature, voilà le fond de son être » (94). Les idées directrices de la spiritualité sont parallèles aux principes ontologiques : la fin de la vie spirituelle est la possession de Dieu par la connaissance et par l'amour, par la sortie de l'âme hors d'elle-même, « l'âme ne peut être heureuse que par un transport » (95) : transport, ravissement, entraînement, oubli de soi-même dans l'admiration, sortie de soi pour se référer à Dieu « unique [...] objet » (96), seules conditions du bonheur de la créature et en même temps de la plénitude de son existence (97).

---

(90) C.B., II, p. 127. La traduction française que Bossuet donne de ce passage de sa lettre est légèrement infidèle : nous « faisons voir qu'un homme qui *sait se rendre* présent à lui-même, *trouve* Dieu plus présent que toute autre chose... » nous soulignons les mots que Bossuet ajoute au texte latin et qui traduisent un volontarisme absent de l'original.

(91) Nous donnons les références à l'édition de la Correspondance par Urbain et Levesque (C.B.), mais nous corrigeons le texte d'après une copie sur laquelle se trouve la suscription autographe de Bossuet : « 1692, L'âme toute spirituelle, comment assujettie aux faiblesses du corps » (Arch. de Seine-et-Marne, 42 Z 12), cf. J. Hubert, *Manuscrits de* [...] *Bossuet...*, p. 2-3. Notons toutefois que *1692* peut ne pas représenter la date de la composition, mais la date à laquelle Bossuet a fait faire ou a revu la copie.

(92) C.B., IV, p. 317.

(93) Ces termes se trouvent associés dans la *IIde Méditation* de Descartes, mais Bossuet leur donne un sens biblique ou spirituel plutôt qu'une valeur rigoureusement philosophique : cf. l'explication de *substantia* dans *Fides sperandarum substantia rerum* (*Hebr.* XI, 1) dans l'oraison funèbre de Marie-Thérèse (O.O., VI, p. 187 : solide fondement, stabilité, ferme soutien, consistance, corps, au sens de « donner un corps à une ombre »). Voir aussi O.O., I, p. 110 : « le péché et ses mauvaises inclinations s'attachent, pour ainsi dire, à la substance de l'âme ». En 1653, Bossuet parlait aussi de l'essence de l'âme « image de l'essence même de Dieu » (O.O., I, p. 459).

(94) C.B., IV, p. 317. Cf. LT, VII, p. 535 : « c'est tout le fond de l'homme, toute sa substance, tout son être ».

(95) C.B., IV, p. 317. Le terme de « transport » a effrayé l'éditeur de 1746 qui l'a remplacé par « en sortant d'elle-même ». Pour l'idée, cf. *supra* cit. de LT, XXIII, p. 199, et LT, VI, p. 180.

(96) C.B., IV, p. 317.

(97) Voir *infra*, p. 327, sur le bonheur selon Bossuet.

Après nous être ainsi placés dans les perspectives de la relation à Dieu et avoir défini l'âme par des catégories bibliques et existentielles, nous méprisons un peu les définitions des philosophes ; mais en rejetant ces définitions approximatives, Bossuet suit curieusement le mouvement de la démarche cartésienne, il peut même s'inspirer de la partie critique de la *Seconde Méditation* de Descartes : « Il ne faut donc pas, ma Fille, que vous demandiez davantage de quoi l'âme est composée : ce n'est ni un souffle, ni une vapeur, ni un feu subtil et continuellement mouvant. Ni l'air, ni le vent, ni la flamme, quelque déliée qu'on l'imagine, ne porte l'empreinte de Dieu » (98) ; ces éléments tiennent trop à la matière : « l'âme n'est point composée ; elle n'a ni étendue ni figure » (99). Ici s'arrête la transposition du cartésianisme dans cet opuscule : Bossuet ne cherche pas à tirer de la démonstration cartésienne de la spiritualité de l'âme l'affirmation que l'homme est « une chose qui pense » (100), mais, renversant les perspectives, il montre que l'affirmation de la spiritualité de l'âme n'est que la conséquence de la théologie de l'image et de la ressemblance : l'âme « ne peut être qu'un esprit puisqu'elle est née, comme dit saint Paul, pour être un même esprit avec Dieu (*1 Cor.* VI, 17), par une parfaite conformité à sa volonté » (101).

---

(98) C.B., IV, p. 317-318 ; cf. Descartes, *IIe Méditation,* éd. Bridoux, p. 276-277 : « j'imaginais qu'elle était quelque chose extrêmement rare et subtile, comme un vent, une flamme ou un air très délié, qui était insinué et répandu dans mes plus grossières parties [...] je ne suis point un air délié et pénétrant, répandu dans tous ces membres ; je ne suis point un vent, un souffle, une vapeur, ni rien de tout ce que je puis feindre et imaginer... ». L'un et l'autre peuvent suivre saint Augustin, *De Gen. ad. Litt.,* l. VII, c. 12-21 (ce texte est cité par Bossuet en 1695, P.C., p. 68), ou bien *De Trin.,* l.X, c. VII, n. 9 (cité par Bossuet en 1695, LT, XVIII, p. 470). En 1653, Bossuet employait déjà la même image de la « flamme toute pure et toute céleste dont les intelligences ont été formées » (O.O., I, p. 459). Et un passage du sermon pour la profession de Mme de La Vallière en 1675 annonçait la lettre de 1692 à Mme Cornuau : « Elle [l'âme] dit : Je suis une vapeur, je suis un souffle, je suis un air délié, ou un feu subtil ; sans doute une vapeur qui aime Dieu ! un feu qui connaît Dieu ! un air fait à son image ! ô âme voilà le comble de tes maux : en te cherchant tu t'es perdue... » (O.O., VI, p. 47 ; quelques lignes plus haut, Bossuet citait le *De Trinitate,* l. X, c. VIII, n. 11). Voir un autre exposé du même thème, LT, XXIV, p. 372-373. La comparaison de l'âme avec une flamme très ténue et très subtile a été développée par Gassendi et La Fontaine la reprend dans le *Discours à Mme de La Sablière,* cf. *Fables,* éd. Couton, Paris, 1962, p. 271, 516.

(99) C.B., IV, p. 318 ; cf. *IIe Méditation,* éd. cit., p. 276 : le corps est défini « machine *composée* d'os et de chair... » et Descartes ajoute : « par le corps j'entends tout ce qui peut être terminé par quelque *figure ;* qui peut être *compris en quelque lieu,* et *remplir un espace...* ». Nous soulignons les expressions qui ont inspiré Bossuet.

(100) *IIe Méditation, loc. cit.*

(101) C.B., IV, p. 318.

La vraie demeure de Dieu ne peut être dans la matière, elle « est dans l'âme qu'il a faite à sa ressemblance, qu'il éclaire de sa lumière, et qu'il remplit de sa gloire : en sorte que, qui verrait une âme où il est (ce qui ne peut être vu que par les yeux de l'esprit) croirait en quelque sorte voir Dieu, comme on voit en quelque sorte un second soleil dans un beau cristal, où il entre pour ainsi dire avec ses rayons » (102). La présence de Dieu en l'âme se réalise sous le triple mode de l'être, de la grâce et de la gloire (103), mais Bossuet n'insiste pas sur la présence essentielle, infléchit sa réflexion dans le sens d'un ascétisme de la purification du cœur (104) et d'un dialogue intérieur, et c'est de cette infusion de grâce qu'il s'agit lorsque Bossuet ajoute : « plus intérieur à l'âme que l'âme même, il l'inspire, il la gouverne, il l'anime bien plus efficacement et intimement qu'elle n'anime le corps » (105).

---

(102) C.B., IV, p. 318. L'image du cristal et celle du miroir sont courantes dans la littérature d'inspiration platonicienne, mais elles sont fréquentes chez les Pères et dans la littérature spirituelle des XVIe et XVIIe siècles ; Denys, *Hiér. cél.*, éd. cit., p. 71, n. 3 ; Grégoire de Nysse, *Lib. de Beatit.*, que Bossuet semble suivre en ces pages. Cf. Angélique d'Alègre, *op. cit.* préface, p. 64 (dans ces deux textes il s'inspire d'Hermès Trismégiste), 340-341 (contempler Dieu dès cette vie dans son cœur comme en un miroir très pur qui représente à plein le soleil incréé). Cf. aussi Saint-Jure, *Vie de Monsieur de Renty,* 1651, p. 135-136.

(103) On songe à Harphius, I, c. 14, f° 43 v° : *Anima « triplicem in se gerit imaginem, scilicet naturæ, gratiæ, et gloriæ »*.

(104) C'est le seul aspect qui soit développé peu après dans les *Méditations sur l'Evangile* à propos de la 6e Béatitude : « Qu'elle est belle, qu'elle est ravissante cette fontaine incorruptible d'un cœur pur ! Dieu se plaît à s'y voir lui-même comme dans un beau miroir : il s'y imprime lui-même dans toute sa beauté. Ce beau miroir devient un soleil par les rayons qui le pénètrent : il est tout resplendissant. La pureté de Dieu se joint à la nôtre » (LT, VI, p. 11-12). Si Bossuet s'inspire de textes de Bérulle, il en affaiblit singulièrement la portée : cf. *Grandeurs* VI, 6, éd. 1644, p. 250 : « il est plus intimement en chaque chose que la lumière n'est dans les corps diaphanes qu'elle pénètre et illumine, et que l'esprit n'est dans le corps qu'il régit et anime » ; sur ce second thème cf. *infra* n. 105 ; *Grandeurs* VIII, 2. p. 281-282 : « rien ne peut peindre naïvement le Soleil que le Soleil même. [...] en lui exposant seulement une glace polie, il fait en un moment la vraie et vive image de soi-même en cette glace ». La christologie qui tient une si grande place dans ces textes de Bérulle est absente de l'opuscule de Bossuet mais est très développée par ailleurs, cf. *infra* p. 301. Toutefois le thème du miroir reparaît à propos de la génération éternelle du Verbe (E.M., p. 104) : le parallélisme des deux passages suggère une comparaison entre l'illumination de l'âme et la naissance du Verbe sagesse. La pensée de Bossuet doit remonter directement à Grégoire de Nysse.

(105) C.B., IV, p. 319 : deux thèmes augustiniens repris par Bossuet : *interior intimo meo* (*Conf.* III, 6, 11 ; LT, VI, p. 174, 660, etc.) et *vita corporis anima est, vita animæ Deus est* (*Serm.* CLXI, n. 6 ; O.O., I, p. 119, 504 ; III, p. 395, etc.). Ces thèmes font au XVIIe siècle partie du domaine commun de la spiritualité : notons que Bossuet ne les développe pas sur un plan essentiel (au contraire, Bérulle, *Œuvre de piété,*

A ces considérations sur la nature de l'âme image et ressemblance et sur la présence de Dieu sont jointes, à l'usage de Mme Cornuau, deux preuves de l'immortalité, d'allure cartésienne : « une telle créature voit clairement et distinctement l'éternité... » (106), une preuve par l'idée et le désir de l'éternité (107), l'autre, qui semble cartésienne mais est platonicienne et vient peut-être de la *Théologie affective* de Louis Bail (108), par la convenance qu'il y a en Dieu à ne pas détruire son ouvrage (109), preuve que Bossuet a déjà exposée dans le *Traité de la connaissance de Dieu et de soi-même* (110).

Même sommairement développée, car il s'agit d'une simple lettre de direction en réponse à des questions précises, la théologie de l'âme comme image et ressemblance est le fondement de la direction spirituelle : le directeur « ne connaît rien de grand parmi les hommes que cette empreinte divine dans le fond de leur âme... » (111), le fondement du combat contre la chair, le corps, le mal du péché qui s'est joint au bon fonds de la nature (112). Seules sont présentement utiles à Bossuet les perspectives morales de sa doctrine : « il n'est pas besoin d'approfondir ceci davantage ; il faut seulement se souvenir que Dieu a fait l'homme à son image ; que ce n'est point par le corps, mais par l'âme qu'il a cet honneur, que c'est dans l'âme qu'il a mis ces traits immortels de son immuable éternité, et que c'est cela qu'on appelle le souffle de Dieu, par lequel il est écrit que l'âme est vivante (*Genes.* II, 7). Il ne faut point demander comment Dieu l'a faite ; car il fait tout par sa seule volonté... » (113).

Bossuet approfondira bientôt cette doctrine et la développera dans toute son ampleur dans les *Elévations sur les mystères.* Déjà le *Discours sur l'Histoire universelle* en avait en quelques pages exprimé l'essentiel en reprenant des thèmes augustiniens classiques

---

CXXII, p. 983). Nombreuses références ; signalons seulement deux ouvrages approuvés par Bossuet : Boudon, *Dieu seul,* p. 22 ; Eschius, dans Tauler, *Exercices,* trad. J. Talon, 2e éd., 1682, p. 508.

(106) C.B., IV, p. 319.

(107) H. Busson, *La religion des classiques,* p. 404.

(108) *op. cit.* p. 211. Le même argument se trouve aussi chez Richeôme et chez Silhon, cf. Espinas, *Revue de métaphysique et de morale,* 1906, p. 265 n. et 289 ; sur son origine platonicienne (*Timée* 41 a), cf. Arnou, *Platonisme des Pères,* D.T.C., XII2, *c.* 2303.

(109) H. Busson, *op. cit.,* p. 402-403 ; cf. O.O., V, p. 115, 472.

(110) LT, XXIII, p. 243-244, 248.

(111) C.B., IV, p. 320.

(112) La « nature » de l'homme comme Bossuet l'a exposé plus haut est d'être image et ressemblance de Dieu : il peut donc affirmer que nous sommes « bons par notre nature et mauvais par notre péché » (C.B., IV, p. 322). Nul développement ici sur le néant de la créature : la faiblesse vient du péché ; Bossuet veut avant tout rassurer Mme Cornuau.

(113) C.B., IV, p. 322-323.

depuis longtemps (114) : « ... Ainsi nous sont révélés les deux principaux mystères, celui de la Trinité et celui de l'Incarnation. Mais celui qui nous les a révélés, nous en fait trouver l'image en nous-mêmes, afin qu'ils nous soient toujours présents, et que nous reconnaissions la dignité de notre nature.

« En effet si nous imposons silence à nos sens, et que nous nous renfermions pour un peu de temps au fond de notre âme, c'est-à-dire dans cette partie où la vérité se fait entendre, nous y verrons quelque image de la Trinité que nous adorons... » (115) : l'esprit, la pensée qui naît de l'esprit et l'amour « qui est le fruit de l'un et de l'autre, qui les unit, qui s'unit à eux, et ne fait avec eux qu'une même vie » (116), sont les trois termes de la Trinité créée qu'est l'âme humaine, Trinité en laquelle, comme dans son modèle, règne la parfaite unité de l'être, de l'intelligence, de l'amour ; de ces trois choses aucune n'est meilleure que l'autre « puisque chacune enferme le tout, et que dans les trois consiste la félicité et la dignité de la nature raisonnable » (117). Parallèlement l'on découvre en l'homme l'image de l'Incarnation, l'image de l'union hypostatique des deux natures en Jésus-Christ : en l'homme une nature spirituelle et un corps corruptible s'unissent pour former un tout, de même le Verbe divin s'unit ou plutôt devient lui-même Jésus-Christ (118). Tel est donc « le fond de notre nature » (119), mais « il n'est pas donné à tous de bien entendre ces sublimes vérités, ni de voir parfaitement en lui-même cette merveilleuse image des choses divines, que saint Augustin et les autres Pères ont crue si certaine », une véritable conversion est nécessaire pour supporter « une lumière si pure » qui nous élève « au-dessus de tout » (120) et qui fonde l'admiration que l'on doit avoir pour l'âme humaine : « ... Non, nous n'estimons pas assez nos âmes ! Vous devez donc reconnaître votre noblesse. O noblesse de l'âme ! Elle est capable de Dieu, de Dieu le Père, de Dieu le Fils, de Dieu le Saint-Esprit ! Une âme remplie de Dieu, capable de Dieu ! Quelle capacité ! Quelle

---

(114) *De Trinit.* l. IX-X ; *In Joan. Ev. tr.* I ; *De Civ. Dei* l. IX, c. 26-29. Sur ces citations du *De Civitate Dei* cf. G. Hardy, *Le De Civitate Dei source principale du Discours sur l'Histoire universelle,* p. 53-61 : néanmoins G. Hardy fausse les perspectives en n'étudiant sur ce point que les textes du *De Civ. Dei* alors que la source essentielle de Bossuet est ici le *De Trinitate.*

(115) LT, XXIV, p. 454.

(116) LT, XXIV, p. 455.

(117) LT, XXIV, p. 456.

(118) *ibid.*

(119) LT, XXIV, p. 457. cf. LT, XXIV, p. 459 : l'âme « était faite à son image et par son souffle, afin qu'elle entendît à qui elle tient par son fond... ».

(120) LT, XXIV, p. 457.

grandeur ! Capable de Dieu dans l'éternité !... » (121). Quinze ans plus tard, Bossuet n'aura plus qu'à remplir ce cadre augustinien et à préciser les traits de ce tableau.

Le mouvement de la théologie de Bossuet est double car l'image est ambivalente : de l'homme, de sa nature et de sa création, nous pouvons remonter à Dieu, inversement pour connaître l'homme, commençons par contempler Dieu en qui seul sa nature se comprend. Dans les élévations sur Dieu et dans les élévations sur l'homme, nous trouvons les mêmes thèmes traités suivant l'un ou l'autre point de vue (122). Le récit de la *Genèse* dit comment Dieu a formé l'homme : il « fait sortir chaque chose de ses principes » ; c'est de la terre que viennent les plantes et les animaux qui n'ont qu'une vie terrestre et purement animale ; « mais la vie de l'homme est tirée d'un autre principe qui est Dieu. C'est ce que veut dire ce souffle de vie que Dieu tire de sa bouche pour animer l'homme. Ce qui est fait à la ressemblance de Dieu ne sort point des choses matérielles » (123).

L'homme ayant deux « principes », selon le corps vient de la terre, selon l'âme vient de Dieu. Ecartant le panthéisme latent de toute philosophie néo-platonicienne qui nie la création, Bossuet souligne que l'homme n'est pas « en Dieu en substance » et qu'il n'en sort pas (124) mais qu'il est en Dieu comme dans son seul principe et sa seule cause. L'âme humaine est seule à ne pas avoir été tirée des éléments (125).

---

(121) Aux visitandines de Meaux, 1685, O.O., VI, p. 273 ; voir aussi aux mêmes visitandines, O.O., VI, p. 462-463 : Dieu « a découvert en elle au travers de ces ombres, quelques restes des traits de sa première forme ». Voir pour le fond des idées : saint Bernard, *lib. Medit.* c. 3.

(122) Faut-il distinguer l'image et la ressemblance ? Tantôt Bossuet pense que l'image est dans « le fond » de la nature humaine et la ressemblance par la conformité des opérations de l'homme avec l'opération divine éternelle et indivisible (E.M., p. 105) : ce qui rejoint la distinction entre la substance de l'âme et ses attributs, ou plutôt la distinction patristique de l'image en tant que partie constitutive de l'humanité, et la ressemblance impliquant la perfection spirituelle (cf. Irénée, Clém. Alex., Jean Damasc. cités par H.G. Graeff, art. cit. p. 335) ; tantôt Bossuet juge la distinction trop subtile et, plus fidèle au style biblique, il écrit : « s'il faut distinguer ici l'image et la ressemblance ; ou si c'est, comme on vient de le proposer, pour inculquer davantage cette vérité, que Dieu emploie ces deux mots à peu près de même force, je ne sais si on le peut décider » (E.M., p. 147). Sur cette distinction, voir S. Bouchereaux, *La réforme...*, p. 277.

(123) E.M., p. 155.

(124) *ibid.*

(125) C'est le fondement de l'immortalité de l'âme : l'âme se définit par un double rapport : au corps et à Dieu : « si le corps se dissout et n'est plus animé de l'âme, Dieu pour qui l'âme a été faite et qui porte son empreinte, demeure toujours. Ainsi les amis de Dieu subsistent toujours par le rapport qu'ils ont à Dieu », mais c'est aussi la preuve

Puisqu'il a ainsi reçu de Dieu son esprit, l'homme avant la chute connaissait directement son auteur et sa propre nature : « la première pensée qui venait à l'homme dans tous les ouvrages et dans tous les mouvements qu'il voyait ou au dedans ou au dehors, c'est que Dieu en était le parfait auteur. Par là il connaissait son âme comme faite à l'image de Dieu et entièrement pour lui ; et au lieu que nous avons tant de peine à la trouver, et que nous la confondons avec toutes les images que nos sens nous apportent, alors on la démêlait d'abord d'avec tout ce qui n'était pas elle » (126). Il ne lui était pas difficile alors de découvrir cette origine dans « toutes les beautés de la nature raisonnable et à la fois toutes les richesses qu'il lui a données par sa grâce : entendement, volonté, droiture, innocence, claire connaissance de Dieu, amour infus de ce premier être, assurance de jouir avec lui d'une même félicité, si on eût persévéré dans la justice où l'on avait été créé » (127). En cet être à qui Dieu a donné son esprit, les ressemblances avec le Créateur sont nombreuses : il commande aux animaux, c'est-à-dire à ses passions (128) ; par l'effet d'un secret concert entre ses volontés et les mouvements de son corps, son âme se fait obéir par son corps (129) et ainsi nous donne l'idée de la volonté divine qui meut tout et fait tout (130). Surtout, « le libre arbitre est un des endroits de l'homme où l'image de Dieu paraît davantage. [...] un trait admirable et une admirable participation de l'être divin. Je ne suis rien, mais parce qu'il a plu me faire à son image, et imprimer dans mon fond une ressemblance quoique faible de son libre arbitre, je veux que ma main se lève, que mon bras

---

de la résurrection des corps car l'âme a été faite *pour* le corps, elle ne peut donc en être séparée éternellement (LT, VI, p. 167). Cf. LT, VI, p. 605 : l'âme est la partie immortelle et intelligente où est l'image de Dieu.

(126) E.M., p. 193-194.

(127) E.M., p. 147.

(128) L'exégèse est traditionnelle. E.M., 149-150 : « Ce sera dompter des lions que d'assujettir notre impétueuse colère... ». Que l'homme soit Image de Dieu surtout par sa domination est une idée commune chez les P.P. d'Antioche (Diodore de Tarse, Jean Chrysostome, Théodoret) : H.G. Graeff, art. cit., p. 322. Au XVIIe siècle : cf. Angélique d'Alègre, *op. cit.* p. 412-413.

(129) « Elle y est donc, non point comme dans un vaisseau qui la contient, ni comme dans une maison où elle loge, ni comme dans un lieu qu'elle occupe : elle y est par son empire, par sa présidence, pour ainsi parler, par son action » (E.M., p. 153) : la définition est strictement thomiste, l'âme forme du corps, cf. H. Busson, *La religion des classiques*, p. 404, n. 4.

(130) Comparaison entre la présence de l'âme dans le corps et la présence de Dieu dans le monde, avec renvoi à *Actes* XVII 27-28 : *In ipso vivimus et movemur et sumus*. Cf. E.M., p. 153-154, E.M., p. 194, LT, XXIII, p. 197-198.

s'étende, que ma tête, que mon corps se tourne, cela se fait ; je cesse de le vouloir et je veux que tout se tourne d'un autre côté, cela se fait de même. Tout cela m'est indifférent... » (131). Telle serait en tous ses actes une image parfaite ; or l'homme est seulement fait à l'image de Dieu, n'a que quelques traits de son modèle (132) : imperfection, multiplicité, variabilité (133) et péché sont les conséquences de cette insuffisance et contribuent encore à ternir l'image sans pouvoir l'effacer (134).

De façon beaucoup plus précise, c'est le Dieu personnel qui a inscrit son image dans sa création ; Bossuet revient encore une fois au récit de la *Genèse* et à ces mots « Faisons l'homme à notre image et ressemblance » ; Dieu a créé l'homme, « non point comme le reste des créatures par une parole de commandement : *fiat,* mais par un parole de conseil : *faciamus,* faisons » (135). Cet autre lui-même que Dieu consulte en lui-même et qu'il appelle en quelque manière à son secours, c'est « son Fils et son éternelle Sagesse,

---

(131) E.M., p. 162. Cf. LT, XXIII, p. 428-429. Cette image de la liberté est déjà chez Richeôme, *Adieu de l'âme,* Rouen, 1610, p. 97 v° et suiv. (cf. Bremond, *Histoire littéraire...,* t. I, p. 54-55) : le franc arbitre est la faculté en qui « reluit principalement l'image de Dieu » et Richeôme, dans cet éloge du libre mouvement de la volonté qui agit sans être ni contrainte ni forcée, invoque l'exemple de la main et du bras (104 v°-105) exactement comme le fera Bossuet : l'un et l'autre suivent Grégoire de Nysse, *Création de l'homme,* 136 c, Sources chrétiennes, p. 94 et suiv., cf. H.G. Graeff, art. cit. p. 334, 337 ; voir aussi, à propos de J.-P. Camus, J. Dagens, dans *Studi francesi,* 1958, p. 381. Bossuet fait la synthèse de plusieurs traditions. A l'augustinisme qui met la ressemblance de l'homme avec Dieu essentiellement dans l'intelligence, il unit la tradition qui, avec Grégoire de Nysse, Scot Erigène, saint Bernard et Descartes (E. Gilson, *La liberté chez Descartes et la théologie,* p. 193 ; Descartes, *Médit.* IV, éd. Bridoux, p. 305 : « il n'y a que la seule volonté, que j'expérimente en moi être si grande, que je ne conçois point l'idée d'aucune autre plus ample et plus étendue : en sorte que c'est elle principalement qui me fait connaître que je porte l'image et la ressemblance de Dieu » ; cf. *Entr. avec Burman,* ibid. p. 1372), fait consister cette ressemblance dans la liberté : mais la critique de la liberté d'indifférence par Descartes n'a pas son équivalent chez Bossuet qui semble y voir au contraire le sommet de la liberté. Il serait possible de multiplier les exemple d'images de Dieu : nous en trouverions dans la morale sociale de Bossuet : le roi est image de Dieu (O.O., IV, p. 361-362) et son pouvoir est l'image la plus excellente de la puissance divine (E.M., p. 125), la justice humaine est image de la justice de Dieu (E.M., p. 192), etc.

(132) E.M., p. 163 ; cf. *supra,* p. 104.

(133) Grégoire de Nysse, *Créat. hom.* 165 a (trad. cit. p. 135), 184 d (p. 158). Selon Grégoire de Nysse, le changement est le caractère essentiel qui distingue l'homme de Dieu ; Bossuet, comme les théologiens du XVIIe siècle (Angélique d'Alègre, *op. cit.,* p. 532 et suiv., 542 et suiv.), sera sensible à cette leçon ; cf. *supra* p. 41 et p. 171.

(134) E.M., p. 163. Cf. de façon assez restrictive O.O., VI p. 160.

(135) E.M., p. 146.

engendrée éternellement dans son sein, par laquelle et avec laquelle il avait à la vérité fait toute chose, mais qu'il déclare plus expressément en faisant l'homme » (136). Suivant ce conseil particulier, rien dans les affaires humaines n'est « hasard, fortune ou aventure », tout « est soumis aux dispositions d'une sagesse occulte et particulière » (137) ; bien plus, l'intervention du Fils ne pouvant être sans objet ou sans effet, on devra en trouver la marque dans l'âme humaine : le Verbe est lumière (138) et « éclaire jusqu'aux enfants qui viennent au monde, en leur communiquant la raison » (139) ; il est vie et tout en lui prend vie, « tout aussi est vie en nous à notre manière ; les choses inanimées que nous voyons, lorsque nous les concevons, deviennent vie dans notre intelligence. C'est vous qui l'avez imprimée en nous ; et c'est un des traits de votre divine ressemblance, votre image à laquelle vous nous avez faits » (140) ; il est pensée, en un mot (141), et c'est dans la pensée que se trouve en l'homme sa plus adéquate image, dans l'acte même de penser et non pas seulement dans l'objet de la pensée (142), dans la référence de l'esprit au vrai. Trouver dans l'acte de penser l'image de la génération éternelle du Fils de Dieu, ce n'est nullement, malgré les apparences, sacrifier au cartésianisme : la pensée n'est pas l'essence de l'âme, mais, comme Bossuet l'expliquera bientôt, une de ses activités, une de ses modifications (143). Dans les

---

(136) *ibid.* L'exégèse est traditionnelle : Tertullien, *lib. II adv. Marcion.* cap. IV, P.L., II, 288 ; *adv. Praxeam* cap. XII. P.L., II, 167-168 ; saint Augustin, *de Trinitate* VII, VI, 12 (*Œuvres* de saint Augustin, Desclée de Brouwer, t. XV, p. 551) ; Grégoire de Nysse, *Créat. de l'homme,* 133 c (trad. Sources chrétiennes p. 92), 140 b (p. 100) ; Justin, *Dial.* 62 ; Irénée, *adv. Haeres,* IV, 35 ; Pseudo-Grég. de Nysse : P.G., XLIV, 259-260 (*In Scripturæ verba Faciamus hominem...) ;* Jean Chrysostome, P.G., LIII, 71-72. A l'époque moderne c'est encore un lieu commun : du Bartas, *La Sepmaine,* 6ᵉ jour, v. 463-466 (cf. *Die Schöpfungswoche des du Bartas* von K. Reichenberger, t. II, p. 244) ; Richeôme, *Adieu* de l'âme, éd. cit., p. 85 ; L. Bail, *op. cit.,* p. 198, 218 ; Angélique d'Alègre, *op. cit.,* p. 65-66. Bossuet y revient souvent, après O.O., II, p. 50-52 et O.O., II, p. 232 (cf. *supra* p. 157), voir LT, XXIII, p. 481 ; XXIV, p. 370-371 ; XVI, p. 38 (avec réf. à Tertullien, *adv. Prax.) ;* VI p. 532, 588 ; E.M., p. 104, 146. Sur le Fils Sagesse, cf. *supra* p. 147.

(137) E.M., p. 146.

(138) Sur le Verbe Lumière, cf. *supra* p. 133.

(139) E.M., p. 287.

(140) E.M., p. 282-283. Cf. Richeôme *op. cit.,* p. 142 v°-144, sur l'être qu'ont en l'entendement humain les perfections de la nature.

(141) E.M., p. 276, 279.

(142) Point qui était presque exclusivement développé dans le *Traité de la connaissance de Dieu et de soi-même,* LT, XXIII, p. 195.

(143) Cf. E.M., p. 382 : « Qu'est-ce que la pensée, sinon notre âme en tant qu'elle pense ? » A la différence du Verbe qui est en Dieu, notre pensée n'est rien de substantiel ni de subsistant.

Elévations, les catégories sont bibliques et augustiniennes. « Dieu a fait une image plus vive (144) de son éternelle et pure génération ; et, afin qu'elle nous fût plus connue, c'est en nous-mêmes qu'il l'a faite » (145), « c'est par l'effet de cette parole : *Faisons l'homme à notre image,* que l'homme pense ; et penser c'est concevoir : toute pensée est conception et expression de quelque chose : toute pensée est l'expression et par là une conception de celui qui pense, si celui qui pense pense à lui-même et s'entend lui-même ; et c'en serait une conception et expression parfaite, éternelle, substantielle, si celui qui pense était parfait, éternel, et s'il était par sa nature tout substance, sans rien avoir d'accidentel en lui-même, ni rien qui puisse être surajouté à sa pure et inaltérable substance » (146). Ainsi, remontant de notre pensée imparfaite à la pensée substantielle, parfaite et éternelle de Dieu, nous sommes capables de sentir sinon de comprendre le mystère de la génération du Fils : le Fils est le Verbe, « parole qui est en lui une personne subsistente, coopératrice, concréatrice... » (147). L'analogie entre l'homme et la Trinité ne repose pas sur une réflexion scientifique ou philosophique mais sur les données de la Révélation : « ... sous la conduite de la foi nous avons osé y porter notre pensée » (148), et le mouvement ascendant qui nous porte à concevoir la fécondité divine d'après celle de l'esprit humain n'est pas entaché d'anthropomorphisme parce que l'homme est réellement et fondamentalement image de Dieu : « Ne trouvons point incroyable que Dieu ait révélé le mystère de son éternelle génération à ceux qu'il avait faits à sa ressemblance, en qui il avait imprimé une faible image de cette éternelle et parfaite production. Soyons attentifs à nous-mêmes, à notre conception, à notre pensée ; nous y trouverons une idée de cette immatérielle, incorporelle, pure et spirituelle génération que l'Evangile nous a révélée. Sans cette révélation, qui oserait porter ses yeux sur cet admirable secret de Dieu ? Mais après la foi, nous osons non seulement le contempler, mais encore en voir en nous une image ; nous osons en quelque sorte transporter en Dieu cette conception de notre esprit et la dépouillant de toute altération, de tout changement, de toute imperfection, il ne nous

---

(144) que les images du rayon de soleil, du cachet sur la cire, de la statue ou du miroir.

(145) E.M., p. 104.

(146) E.M., p. 105.

(147) *ibid.*

(148) E.M., p. 105. cf. E.M., p. 113 : à partir « de là aidé de la foi je m'élève et je prends mon vol et cette contemplation de ce que Dieu a mis dans mon âme, quand il l'a créée à sa ressemblance, m'aide à faire mon premier essor ». Voir aussi LT, XVI, p. 44.

reste que la pure, que la parfaite, l'incorporelle, l'intellectuelle naissance du Fils de Dieu... » (149).

Allant plus loin, nous ne découvrons pas seulement en l'homme l'image de la génération éternelle du Verbe, nous y découvrons aussi, comme le *Discours sur l'Histoire universelle* l'avait suggéré (150), une Trinité créée : être, entendement ou intelligence, volonté ou amour, mystérieuse et incompréhensible union de trois facultés qui bien réglées feraient le bonheur de l'âme et ne pourraient se séparer sans perdre l'âme tout entière avec tout son bonheur (151) ; bien que ces trois facultés puissent être distinguées en l'âme, elles ne sont pas « subtantiellement différentes » (152) : la réflexion de Bossuet devient alors philosophique (153) : derrière ce que Bossuet appelle les manières d'être (154) ou les accidents (155), reste toujours présente l'unité de la substance (156) ou « le fond de mon être » (157) ; connaissance et volonté ne sont que la substance de l'âme « affectée, diversifiée, modifiée de différentes manières, mais dans son fond toujours la même » (158), comme la pensée n'est que l'âme qui pense (159). Cependant « dans toute la nature » (160), la même structure apparaît : que sont le mouvement ou le repos sinon le même corps agité ou immobile ? « Et tout cela est distinct et un : un en substance, distinct en manières ; et ces manières quoique différentes n'ont toutes qu'un même sujet, un

---

(149) E.M., p. 106. Bossuet souligne ensuite qu'il n'y a rien dans la nature qui représente la procession du Saint-Esprit : « c'est un secret réservé à la vision bienheureuse » (E.M., p. 107).

(150) LT, XXIV, p. 454-456, et cf. *supra* p. 157. En 1675, parlant de la manière dont l'âme est image de Dieu, Bossuet ne faisait pas intervenir le schème trinitaire : il se contentait de nommer la connaissance et l'amour (O.O., VI, p. 38-39).

(151) E.M., p. 109.

(152) E.M., p. 110.

(153) Dans ces pages, le vocabulaire philosophique de Bossuet n'a pas toujours la rigueur que l'on attendrait : d'une part, comme saint Thomas, c'est plus en métaphysicien et en théologien qu'en mystique ou en psychologue qu'il s'intéresse à la structure de l'âme : la « *memoria* » du schéma augustinien classique devient chez Bossuet l' « être » (au contraire E.M., p. 432 : mémoire, intelligence, amour) ; d'autre part, à la suite de saint Augustin et avec tous les augustiniens, il souligne l'identité de l'âme avec ses puissances, parallèle à celle de l'Essence et des Personnes dans la Trinité (cf. L. Reypens, *Ame. Structure d'après les mystiques*, D.S., t. I, c. 433-469).

(154) E.M., p. 110-111.

(155) E.M., p. 111.

(156) E.M., p. 110-112.

(157) E.M., p. 110-111, 113, 117, 162, 185.

(158) E.M., p. 110.

(159) E.M., p. 382.

(160) E.M., p. 110.

même fond, une seule et même substance. Je ne sais qui se peut vanter d'entendre cela parfaitement ; ni qui pourra se bien expliquer à soi-même ce que les manières d'être ajoutent à l'être ; ni d'où vient leur distinction dans l'unité et identité qu'elles ont avec l'être même ; ni comment elles sont des choses, ni comment elles n'en sont pas. Ce sont des choses, puisque si c'était un pur néant, on ne pourrait véritablement ni les affirmer ni les nier ; ce n'en sont, puisque en elles-mêmes elles ne subsistent pas. Tout cela ne s'entend pas bien et tout cela est pourtant chose véritable ; et tout cela nous est une preuve que même dans les choses naturelles, l'unité est un principe de multiplicité en elle-même, et que l'unité et la multiplicité ne sont pas autant incompatibles qu'on le pense » (161). La perfection de l'homme, sa béatitude sont d'entendre et de vouloir toujours la même chose mais la connaissance et l'amour ne sont pas en lui substantiels et subsistant : il n'y a que Dieu qui soit « une nature incapable de tout accident survenu à sa substance » (162) et l'homme est « un crayon imparfait de cette unique substance » (163).

Le détail des thèses de l'Ecole intéresse toutefois moins Bossuet que le principe fondamental qu'elles illustrent (164) : à la Trinité de l'être, de l'intelligence et de l'amour (165) peuvent s'ajouter bien d'autres Trinités : chaque opération de l'âme reflète le schème trinitaire, mais « tout cela dans le fond, c'est mon esprit même et n'a point d'autre substance » (166). Ainsi la création artistique (167), ainsi la sagesse humaine, ainsi la béatitude de l'âme où s'associent

---

(161) E.M., p. 110-111. Sur ce principe néo-platonicien puis scolastique, cf. *supra* p. 97 et 166. Ces développements sont la transposition philosophique du thème patristique de l'unité et de la Trinité de l'âme : Grégoire de Nysse, *Créat. hom.* 137 b-140 a (trad. cit. p. 97-99) ; saint Thomas, *S. Th.*, Ia, q. 93, a. 7. Cf. Jean de Saint-Samson, dans S. Bouchereaux, *La réforme des carmes...*, p. 252-253 ; L. Bail, *op. cit.*, p. 208, 212 ; Angélique d'Alègre, *op. cit.*, p. 578.

(162) E.M., p. 111.

(163) E.M., p. 112. Bossuet dans cette élévation, définissant la substance sur le modèle du sujet servant de base aux déterminations représentées par les prédicats, demeurant derrière les attributs à la manière d'un support, semblable « dans son fond » bien qu'elle « entre toute entière dans toutes ces manières d'être si différentes » (E.M., p. 110), est bien loin de Descartes : ces pages permettront d'éclairer les réticences de Bossuet devant les explications cartésiennes de l'Eucharistie.

(164) Il se refuse à les approfondir (E.M. p. 110-111), se réfugie dans l'incompréhensibilité du mystère (E.M., p. 112) : c'est d'ailleurs un thème traditionnel que l'homme est incompréhensible, à l'image du Dieu incompréhensible (cf. saint Augustin, cité dans H. de Lubac, *Sur les chemins de Dieu,* Paris 1956, p. 259).

(165) Cf. aussi E.M., p. 148-149.

(166) E.M., p. 113.

(167) cf. *supra,* p. 271.

le sujet, l'idée et le désir (168). Se connaissant parfaitement soi-même et s'aimant de la manière qu'il faut (169), l'homme atteint le bonheur (170) par la parfaite unification avec soi-même, avec ses facultés et ses opérations et avec Dieu : « Heureuse créature et parfaitement semblable si elle s'occupe uniquement de lui [...]. Dieu devient la perfection de son être, la nourriture immortelle de son intelligence et la vie de son amour » (171), tel est le bonheur de la créature qui a réalisé ce qu'elle est, ce qu'elle est par nature, ce qui a été relevé par la grâce et montré par la gloire (172), retour à l'« origine » de l'homme (173). Dans la béatitude éternelle cette restauration sera parfaite et l'homme réalisera sa vraie nature : « alors [...] nous serons réduits à la parfaite unité et simplicité ; mais dans cette simplicité, nous porterons la parfaite image de la Trinité ; puisque Dieu uni au fond de notre être et se manifestant lui-même, produira en nous la vision bienheureuse qui sera en un sens Dieu même, lui seul en étant l'objet comme la cause. Et par cette vision bienheureuse, il produira un éternel et insatiable amour qui ne sera encore autre chose en un certain sens que Dieu même vu et possédé ; et *Dieu sera tout en tous ;* et il sera tout en nous-mêmes : un seul Dieu uni à notre fonds, se produisant en nous par la vision et se consommant en un avec nous par un éternel et parfait amour » (174).

En attendant cette béatitude, la vie de l'homme nouveau, du nouvel Adam, selon saint Paul, est aussi trinitaire, car le baptême du chrétien comme celui de Jésus-Christ se fait au nom de la Trinité et chaque faculté de l'âme y est consacrée dans ses opérations. Nouvelle création, le baptême porte la marque des Trois Personnes et imprime cette marque à l'âme humaine : « ... en la personne de Jésus-Christ toute l'Eglise est baptisée, et le nouvel Adam consacré dans ses trois puissances où consiste l'image de Dieu, ou si l'on veut, dans ses trois actes principaux, la mémoire, l'intelligence et l'amour. La mémoire ou le souvenir, est comme le trésor, la source et le réservoir des pensées ; l'intelligence est la pensée intellectuelle elle-même ; l'amour est l'union de notre âme avec la vérité qui est son objet. La vérité, c'est Dieu même... » (175).

---

(168) E.M., p. 114-118.
(169) E.M., p. 109.
(170) E.M., p. 117.
(171) E.M., p. 148-149.
(172) *ibid.*
(173) Sur ce retour à l' « origine », dans notre patrie, à l'Orient, etc., qui est un des mouvements fondamentaux de la spiritualité de Bossuet, cf. E.M., p. 149, 161, 184, 361.
(174) E.M., p. 117.
(175) E.M., p. 432. Cf. LT, VI, p. 158. Voir aussi C.B., VII, p. 71, 28 avril

La vie spirituelle, dans ces perspectives, est pour l'homme de s'élever à son modèle, d'imiter Dieu (176). S'il conserve quelques marques de son origine, il doit achever le portrait, imprimer tous les traits de la divine ressemblance (177). En deux très belles « journées » des *Méditations sur l'Evangile* (178), Bossuet développe en un sens dynamique sa théologie de l'image (179) : nous vivons de « la vie de Dieu » (180) « lorsque nous l'imitons, en nous estimant heureux par sa connaissance et son amour », « en portant l'image et en faisant les œuvres de notre Père » (181). C'est là la condition même : comme son être est en autrui, sa vie est aussi en son modèle et dans la perfection de son imitation : « Si une image pouvait sentir, s'il lui venait un esprit de vie et d'intelligence, elle ne cesserait de se rapporter elle-même à son original : trait à trait, partie à partie, membre à membre, elle irait sans cesse se réunissant à lui [...]. Nuit et jour elle ne serait occupée que du désir de lui ressembler : car c'est là son être : elle n'aurait point d'autre gloire que celle de le faire connaître : elle ne pourrait souffrir qu'on terminât son amour en elle, mais elle ferait tout passer à son original : surtout si son original était en même temps son auteur parce qu'elle lui devrait l'être en deux manières : elle le devrait à sa main et à son art qui l'aurait formée : elle le devrait à sa forme primitive et originale, dont toute sa ressemblance serait dérivée et ne subsisterait que par ce double emprunt.

« Si les portraits de nos peintres étaient animés, ils seraient étrangement partagés entre le peintre qui est leur auteur et le Roi ou quelque autre objet qui est leur modèle et qu'ils ont à représenter. Car à qui aller ? Je suis toute à celui qui m'a fait, et il n'y a trait que je ne lui doive : je suis toute à celui que je représente, et il n'y a trait que je ne lui doive d'une autre manière. La pauvre image, pour ainsi dire, se mettrait en pièces et ne saurait à qui se donner, étant attirée des deux côtés avec une égale force. Mais en nous les deux forces concourent ensemble : celui qui nous a faits

---

1695, réponse aux doutes de Mme Cornuau sur la Trinité avec allusion aux anciennes cérémonies du baptême qui était primitivement célébré au nom de chaque Personne successivement, ce qui dénotait que l'homme nouveau était consacré distinctement au Père, au Fils et au Saint-Esprit ; cf. aussi sur la Trinité dans le baptême, LT, XVI, p. 43. Le thème est patristique : cf. Cyrille d'Alexandrie, Didyme, etc. cités par H. G. Graeff, art. cit., p. 334.

(176) E.M., p. 147, 283.
(177) LT, VI, p. 624.
(178) LT, VI, p. 158-161.
(179) à partir de *Math.* XXII, 20-21 : « De qui est cette image ? [...] A Dieu ce qui est à Dieu. »
(180) cf. *Ephes.* IV, 18.
(181) LT, VI, p. 159.

nous a faits à sa ressemblance : il est notre original et notre principe (182). Quel effort ne devons-nous donc pas faire pour nous réunir à lui » (183) ? Il n'y a qu'une image qui ait parfaitement réalisé le devoir ou plutôt la nature (184) de l'image : il n'y a qu'une image parfaite : c'est le Fils de Dieu, « image engendrée du sein et de la substance du Père » (185). La théologie de l'image débouche sur la christologie : avec Jésus-Christ, nous avons une image qui est à la fois modèle formel et moteur effectif (186), l'exemplaire et la source de vie qui rend possible l'imitation : « Nous devons à notre manière imparfaite et faible imiter notre modèle qui est Jésus-Christ » (187). Et cette imitation, qui est aussi participation, est le fondement de l'unité des fidèles : « l'enchaînement consiste en ce que, le Père étant dans le Fils, et le Fils dans les fidèles, tout est fait un par ce moyen avec la proportion qui peut être entre la source et les ruisseaux, entre le modèle et l'imitation, entre l'exemplaire ou l'original et les copies tirées dessus » (188).

(182) Dieu origine et original de l'homme : cf. Angélique d'Alègre, *op. cit.*, p. 63-64, 66.

(183) LT, VI, p. 160-161. Une première esquisse de cette page dans le sermon pour la profession de Mme de La Vallière, O.O., VI, p. 37. Pour l'aspiration au retour, cf. *supra* p. 242. Voir aussi l'*Œuvre de piété* CXII de Bérulle (éd. 1644, p. 967-968) et de belles pages sur ce thème dans R. Le Mée, *Le Prélat accompli* [...] *Philippe Cospéan,* Saumur, 1647, p. 24-26, 59, etc.

(184) L'expression est de Bossuet, importante car elle nous montre que nous sommes sur le plan de l'ontologie et non de la morale. Cf. LT, VII, p. 535 : « Crains Dieu et observe ses commandements ; car c'est là tout l'homme. Tout le reste lui est étranger ; cela seul lui appartient comme une chose qui lui est propre : c'est tout le fond de l'homme, toute sa substance, tout son être ». Cf. Angélique d'Alègre, *op. cit.*, p. 285 : il n'y a pas un seul vrai homme, tous « ne sont tels qu'en apparence et extérieurement, n'en ayant pas la véritable essence qui consiste en l'union avec Dieu ». Voir aussi le texte de saint Bonaventure cité par H. de Lubac (*Sur les chemins de Dieu,* Paris, 1956, p. 262) : « *Esse imaginem Dei non est homini accidens, sed potius substantiale.* »

(185) LT, VI, p. 161.

(186) Cf. Angélique d'Alègre, *op. cit.*, p. 82 et suiv.

(187) LT, VI, p. 161.

(188) LT, V, p. 354 (les images qu'emploie ici Bossuet sont courantes : Angélique d'Alègre, *op. cit.*, p. 28, etc.). Pour l'ecclésiologie, cf. *supra* p. 158 ; voir O.O., VI, p. 104-105, 353 ; LT, VI, p. 668 ; LT, VI, p. 179, 624, 640 ; LT, XXIII, p. 203, 479 ; E.M., p. 117, 189-190 ; etc.

CHAPITRE 9

LE NEANT DE LA CREATURE

Au temps où, précepteur du Dauphin, Bossuet publiait l'*Exposition de la doctrine de l'Eglise catholique* et rédigeait les longs écrits qui devaient en être la suite, un de ses plus forts arguments contre les réformés était la foi du catholicisme à l'absolue transcendance divine ; il montrait aussi quel est le véritable culte dû à Dieu (1), et l'étude de la philosophie lui permettait d'arriver à des conclusions semblables dans le *Traité de la connaissance de Dieu et de soi-même* et dans le *Traité du libre arbitre* (2). Désormais Bossuet n'éprouve plus le besoin d'établir ces vérités de façon aussi ample : la controverse se développe dans d'autres directions (3), et il s'intéresse moins à la philosophie qu'à la théologie et à l'application de cette théologie à la vie des âmes. Dans les *Méditations* et les *Elévations,* et au jour le jour dans les lettres de direction, nous retrouvons les affirmations fondamentales : celle de la création est la première ; ce n'est pas un hasard si l'explication des premiers chapitres de la *Genèse* tient une place considérable dans les *Elévations sur les mystères :* en ces pages centrales de la théologie de Bossuet, nous découvrons « ce grand secret de la véritable philosophie, qu'en Dieu seul réside la fécondité et la puissance absolue » (4).

Dieu est créateur, il a fait l'univers de rien (5), il a créé la matière

(1) Cf. *supra* p. 107 et suiv.

(2) LT, XXIII, p. 193, 199, 453, 454, 461, 474.

(3) En 1689, néanmoins, l'*Eclaircissement sur le reproche d'idolâtrie* (LT, XV, p. 331 et suiv.) reprend les idées des écrits relatifs à l'*Exposition,* alors inédits.

(4) LT, XXIV, p. 370.

(5) E.M., p. 120.

et la forme (6), le temps et le lieu (7). Dieu ayant tout créé du néant, rien en face de Lui ne possède d'être véritable, toutes choses n'ont qu'un être par participation ; et Bossuet rappelle les textes d'*Isaïe* (8), du psaume XXXVIII et de l'*Epître aux Romains* (9) : « *Tout est devant lui comme n'étant point : tout est réputé comme un néant,* comme un vide, comme une pure inanité, parce qu'il est celui qui est, qui voit tout, qui sait tout, qui fait tout, qui ordonne tout et *qui appelle ce qui n'est pas comme ce qui est* » (10).

Encore une fois (11), Bossuet souligne qu'entre Dieu et l'être créé il y a un abîme, et cela quelle que soit l'éminence de la créature : tout ce que le premier être produit au dehors « dégénère jusqu'à l'infini, parce qu'au fond, il vient du néant et ne peut perdre la bassesse de cette origine » (12). Les Séraphins de la vision d'Isaïe se voilent, indignes de paraître devant Dieu, et reconnaissent en eux « plus de non-être que d'être », « plus de non-amour que d'amour » (13) : tirés du néant comme les autres créatures, ils sont peccables « par leur nature » (14).

---

(6) E.M., p. 121 ; LT, XXIV, p. 368-370 ; les « Philosophes » contre qui Bossuet affirme si fort la création *ex nihilo* sont ceux de l'Antiquité, cet Hermogène auquel s'opposait Tertullien (Cl. Tresmontant, *La métaphysique du christianisme et la naissance de la philosophie chrétienne,* Paris, 1961, p. 119-128), les Manichéens que combattait saint Augustin (Cl. Tresmontant, *op. cit.*, p. 145-147) : qu'à travers eux il ait en vue des libertins modernes, la chose est possible, mais il ne les réfute qu'en projetant sur leurs négations les hérésies anciennes.

(7) E.M., p. 123-125.

(8) *Is.* XL, 17, 22, 23.

(9) *Rom.* IV, 17.

(10) E.M., p. 81 ; cf. LT, VII, p. 535.

(11) Cf. *supra* p. 95.

(12) E.M., p. 106-107 ; cf. p. 80 : « Tout ce qui n'est pas le parfait dégénère de la perfection » ; c'est un principe platonicien que Bossuet corrige en opposant à ces productions *ad extra* la génération du Fils et la procession du Saint-Esprit qui se font dans l'égalité (E.M., p. 107). Cf. LT, VI, p. 515 : « ce qui est produit dans le temps n'est pas toujours et peut n'être point du tout. Il est donc tiré du néant : il est néant lui-même ». Ce glissement au néant de tous les êtres créés a été affirmé en termes saisissants mais tout augustiniens par Jansenius dans son *Discours de la réformation de l'homme intérieur* (trad. Arnauld d'Andilly, Paris, 1659, p. 3-6) : « ... tout ce qui naît de la terre, se va rejoindre à la terre, d'où il a été tiré ; [...] tous les fleuves rentrent dans la mer d'où il sont sortis ; [...] tout ce qui est composé des éléments se résout en ces mêmes éléments... » (p. 3-4).

(13) LT, VI, p. 659.

(14) E.M., p. 135 ; cf. E.M., p. 138 : « tout ce qui est tiré du néant en tient toujours » ; E.M., p. 140 : « Créature, quelle que tu sois et si parfaite que tu te croies, songe que tu as été tirée du néant : que de toi-même tu n'es rien : c'est du côté de cette basse origine que tu peux toujours devenir pécheresse et dès là éternellement et infiniment mal-

L'origine de l'homme est de la même façon cause de sa chute : « quoiqu'on ait peine à connaître par où le péché a pu pénétrer, c'est assez qu'il ait été tiré du néant pour en porter la capacité dans son fond » (15). Même si Bossuet insiste aussi volontiers sur le péché que sur l'insuffisance originelle de l'homme, il n'en rappelle pas moins que la condition de créature est la cause essentielle du péché : « il ne reste plus à l'homme que le néant et le péché : pour tout fonds, le néant ; pour toute acquisition, le péché » (16), et saint Pierre pouvait dire avec raison : « "Retirez-vous de moi, Seigneur ; car je suis un homme pécheur" un homme, un mortel, un néant : mais ce qui est encore pis, un pécheur » (17). Le thème est classique au XVIIe siècle (18) et il revient souvent dans les œuvres de l'évêque de Meaux : l'intérêt en cette fin de siècle se porte vers la morale plus que vers la métaphysique, vers l'analyse de la condition du pécheur plus que vers sa définition ontologique (19), mais Bossuet ne sépare jamais les deux réalités. Le néant du péché frappe peut-être plus vivement, plus intimement que le néant de l'être, que l'insuffisance ontologique de l'homme, mais il est surtout une conséquence : « Dieu est celui qui est, et par son être il est infiniment éloigné du néant : il est saint et par sa sainteté il est encore plus infiniment, si on peut parler ainsi, éloigné d'un autre néant plus vil et plus haïssable qui est celui du péché » (20).

Ces considérations déterminent des attitudes spirituelles dont de nombreuses lettres, plusieurs opuscules, les *Elévations* et les *Méditations* nous présentent l'image. Le premier mouvement est une prise de conscience : dès l'époque des œuvres oratoires, Bossuet faisait de l'adoration le fondement de la religion, la reconnaissance d'une situation ontologique. Nous n'avons pas de peine à retrouver au fil de la correspondance du temps de Meaux la même préoccupation qui est un des mouvements essentiels de la

---

heureuse. » Cf. Jansenius, *op. cit.* p. 4 : « ce grand poids qui entraîne toutes les créatures à la destruction de leur être... ». Nous citons Jansenius, mais c'est la commune doctrine des augustiniens au XVIIe siècle.

(15) E.M., p. 177.

(16) O.O., VI, p. 319-320.

(17) LT, VI, p. 333 ; cf. O.O., VI, p. 467 : un néant et un néant qui lui est opposé par le péché.

(18) Cf. *supra* p. 108-109.

(19) On en trouvera la marque dès 1644 dans J.F. Senault, *L'homme criminel ou la corruption de la nature par le péché selon les sentiments de saint Augustin* (4e éd. en 1656).

(20) LT, VI, p. 658 ; cf. E.M., p. 118 : « ne voyant en moi que péché, imperfection et néant, je vois en même temps, au-dessus de moi, une nature heureuse et parfaite ». Sur le néant de la créature, voir encore LT, VI, p. 515 ; E.M., p. 126, 162.

spiritualité de Bossuet : Dieu seul est puissant, « tout le reste n'est qu'impuissance » affirme l'évêque de Meaux à Mme Cornuau dans la première lettre qu'il lui écrit (21) ; s'il n'y a de grand que ce que Dieu fait, il ne reste à la créature qu'à s'abandonner à lui « afin qu'il fasse en nous selon sa puissance et selon sa miséricorde, et ensuite lui être fidèle » (22) : l'abandon est, si l'on peut dire, l'aspect « pratique » de l'adoration, l'une place la créature dans son ordre et reconnaît « le droit suprême » qu'a Dieu « par la création et la rédemption » (23), l'autre laisse agir Dieu dans la vie de l'homme, et « se tient toujours en état de tout recevoir par une pure et gratuite libéralité et par une continuelle et miséricordieuse création » (24) ; l'abandon est réalisation de cette dépendance (25). La situation ontologique peut s'actualiser dans l'état de certaines âmes par « une expérience réelle et sensible de la dépendance où nous sommes à l'égard de Dieu » (26) : toujours suspendue entre le consentement au péché et l'ardeur de l'amour, leur volonté n'est pas fixée dans une direction unique et elles doivent s'attacher à Dieu « par un entier et perpétuel abandon à ses volontés » (27) ; expérience perpétuellement recommencée : la lumière « ne dure pas toute seule comme d'elle-même dans l'air pour y avoir été une fois introduite par le soleil, mais [...] y doit être continuellement entretenue » (28) ; la justification n'est pas faite une fois pour toutes, mais se produit « à chaque moment » (29) et « de moment à moment » (30). Du côté de la créature, ce sont moins des efforts

---

(21) En 1689, C.B., IV, p. 37, cf. *Luc* I, 49, *1 Tim.* VI, 15.

(22) C.B., IV, p. 38.

(23) C.B., IV, p. 113.

(24) C.B., IV, p. 151. Le mot « création » est remplacé par « opération » dans l'éd. 1746 des *Lettres spirituelles* mais nous paraît la bonne leçon : Bossuet parle ailleurs de la création continuée, O.O., V, p. 503 ; E.M., p. 86 (« moi qui te crée, qui te tire du néant à chaque moment » : *Is.* XLIV, 2, mais c'est une interprétation du latin de la Vulgate comme du grec des LXX ; Bossuet rejoint aussi le thème paulinien de la « nouvelle créature » *Gal.* VI, 15 ; cf. C.B., V, p. 324, 369, etc.).

(25) Voir *infra* p. 414 et suiv. l'analyse des caractères de l' « acte » d'abandon.

(26) C.B., IV, p. 328.

(27) C.B., IV, p. 329.

(28) *ibid.* ; cf. O.O., VI, p. 53 ; E.M., p. 129 ; LT, VI, p. 551 : l'image vient de saint Augustin ; Bérulle l'avait magnifiquement développée (*De l'Etat et des Grandeurs de Jésus, disc.* VI, 6, éd. 1644, p. 250-251 ; cf. R. Bellemare, *Le sens de la créature dans la doctrine de Bérulle*, Paris, 1959, p. 45 et suiv.). Saint Thomas avait utilisé la même image pour expliquer la création continuée (Cl. Tresmontant, *La métaphysique du christianisme et la crise du* XIIIe *siècle*, Paris, 1964, p. 183).

(29) C.B., IV, p. 329, 330.

(30) C.B., IV, p. 330.

qui sont demandés que la disposition de « simple et pur abandon, de moment à moment, à la main de Dieu » ; les austérités peuvent même être une forme subtile de l'amour-propre qui voudrait se dire à soi-même : « Je fais ceci et cela » (31) ; l'abandon est un remède plus simple qui « contient en soi la vertu de tous les remèdes » (32).

L'attitude d'abandon est inséparable de l'humilité : la créature se compte pour rien (33), rentre dans son néant (34) : devant la grâce divine qui la crée et la recrée, quelle est sa grandeur ? Pourquoi ses fautes l'étonnent-elles ? elles sont la meilleure preuve de son néant (35).

« Tout n'est rien en effet : tout ce qu'on pense de Dieu est un songe à comparaison de ce qu'on voudrait et penser et faire pour célébrer sa grandeur. Offrez-lui le néant de vos pensées, qui se perdent et s'évanouissent devant la plénitude de sa perfection et de son être » (36). L'état de l'homme et l'abandon qu'il exige pourraient se résumer en cette formule énergique : « vous êtes, et je ne suis pas ; faites-moi donc être ce que vous voulez que je sois » (37).

En 1702 encore, c'est sur le fait de la création que s'appuie Bossuet pour mettre le péché à sa vraie place : « Dieu seul est, hors de lui le pur néant ; si l'on peut mettre ou devant ou après, ou dedans ou dehors ce qui n'est rien. Dieu a voulu faire le monde, et lui donner le commencement que lui seul connaît. Le monde ne change pas pour cela de nature et il demeure un pur néant en lui-même, et ne subsiste que par son rapport à Dieu qui

---

(31) *ibid.*

(32) C.B., IV, p. 331 ; toutes les lettres que nous citons depuis le début de ce chapitre sont adressées à Mme Cornuau. Cf. aussi C.B., V, p. 318.

(33) C.B., V, p. 302, 423 ; VII, p. 65-66 ; XIV, p. 53.

(34) C.B., V, p. 166. Une belle élévation sur l'humilité, à propos de Jean-Baptiste qui « déclare qu'il n'était rien de ce qu'on pensait » (E.M., p. 445-446) ; voir aussi O.O., VI, p. 542.

(35) C.B., VII, p. 273.

(36) C.B., VI, p. 70, donné une seconde fois par erreur C.B., XIV, p. 54. Cf. *infra* p. 403 et suiv., sur la place de l'intelligence dans la vie spirituelle. Sur l'être de Dieu et le néant de la créature, voir encore C.B., VI, p. 97, 288, et sur la valeur de cette mise en situation, C.B., VI, p. 307 (donné une seconde fois par erreur C.B., VII, p. 154).

(37) C.B., VII, p. 367. Cf. le texte de saint François de Sales que Mme de La Maisonfort présente à Bossuet : « fermons-nous en la simple vue du tout de Dieu et de notre néant » (C.B., VII, p. 341) ; mais cette lettre est de 1696, en pleine querelle du quiétisme, et Bossuet en donne une interprétation assez restrictive, même en retrait par rapport à ce qu'il affirme ailleurs. Cf. encore C.B., VIII, p. 182 : « nous sommes tout néant ».

lui donne l'être [...]. Le péché [...] permis seulement et non voulu, n'est rien en soi. Tout n'est donc rien excepté Dieu » (38).

— *Le Discours sur la vie cachée en Dieu.*

Tout n'est rien, excepté Dieu. Et le monde qui semble avoir l'être n'a que le paraître. C'est la leçon du *Discours sur la vie cachée en Dieu* écrit vers 1690 (39) : la vie cachée est une vie affranchie des apparences et des jugements humains ; « l'homme se veut mêler d'être créateur, il me veut donner un être dans son opinion ou dans celle des autres ; mais cet être qu'il me veut donner est un néant » (40) ; à cette illusion, cette ombre, cette apparence, ces opinions et cet amusement inutile (41), il convient de substituer un jugement véritable, fixe, constant, seule condition pour que l'homme soit heureux et tranquille (42) ; ce jugement véritable ne peut être qu'une référence à un être extérieur au monde inconstant, une référence à Dieu : « Que suis-je, si je ne suis rien que par rapport aux autres hommes aussi indigents que moi ? » (43). Entre la vérité et les vanités se fait la discrimination par laquelle se définit la vie chrétienne (44) et c'est à la lumière de cette vérité que l'homme se découvre « terre et cendre dans le corps, quelque beau, quelque sain qu'il soit ; encore plus terre et cendre au dedans de l'âme, c'est-à-dire un pur néant, plein d'ignorance, d'imprudence, de légèreté, de témérité, de corruption, de faiblesse, de vanité, d'orgueil, de jalousie, de lâcheté, de men-

---

(38) C.B., XIV, p. 29-30. Cf. aussi une lettre importante de 1693 à Mme Cornuau où nous percevons le lointain écho des thèmes développés au chapitre précédent : « Laissez évanouir le monde et tout son éclat, tout ce qui le compose ; et quand tout sera mis en pièces et en morceaux, et détruit, vous ne resterez plus que seule avec Dieu, environnée de ce débris et de ce vaste néant. Laissez-vous écouler en ce grand tout qui est Dieu ; en sorte que vous-même vous ne soyez rien qu'en lui seul. Vous étiez en lui avant tous les temps, dans son idée et dans son décret éternel ; vous en êtes sortie pour ainsi dire par son amour, qui vous a tirée du néant. Retournez à cette idée, à ce décret, à ce principe et à cet amour » (C.B., V, p. 371-372).

(39) O.O., VI, p. 603-621. C'est en réalité un commentaire de versets du Nouveau Testament (*Col.* III, 3-4) comme l'étaient les *Sentiments du chrétien sur la vie et la mort* (O.O. III, p. 149-154, cf. *2 Cor.* V) et comme le sera le *Traité de la concupiscence* (cf. *1 Jean* II, 15-17).

(40) O.O., VI, p. 604.

(41) O.O., VI, p. 604-605. Le *Traité de la concupiscence* (T.C., p. 53-55, 60-62) reprendra et développera cette analyse de la gloire, forme de l'orgueil, avec le même exemple, bien banal, d'Alexandre (O.O., VI, p. 607 et T.C., p. 60).

(42) O.O., VI, p. 608 : « la vérité et non l'apparence [...] être parfait et heureux et non [...] le paraître aux autres ».

(43) O.O., VI, p. 607.

(44) O.O., VI, p. 610.

songe, d'infidélité, de toute sorte de misères » (45). Mystère de la vie cachée et véritable, en attendant la manifestation de la gloire lorsque Jésus-Christ reviendra, que la vérité apparaîtra en triomphe, que le monde sera définitivement abaissé. Jusqu'à ce jour, il faut fuir, être indifférent et ne rien posséder, se passer des biens du monde « parce que moins nous avons des biens que le monde donne, plus nous possédons Dieu, qui est tout. Fuyons, fuyons le monde et tout ce qui est dans le monde ; car ce n'est que corruption : *Vanité des vanités,* dit l'Ecclésiaste, *vanité des vanités et tout est vanité. Crains Dieu et garde ses commandements, car c'est là tout l'homme ;* ou, comme d'autres traduisent, *c'est le tout de l'homme* » (46).

Dès lors Bossuet va développer des thèmes sapientiels et johanniques avec une insistance remarquable : déjà âgé (il a une soixantaine d'années, ce qui est au XVIIe siècle la vieillesse), il réfléchit sur le monde, ses vanités et ses corruptions avec une amertume croissante, et vers 1694, comme l'avaient bien remarqué Rébelliau puis Urbain et Levesque (47), se produit un tournant dans sa pensée et sa sensibilité (48) : conviction de l'inutilité des efforts pour réformer les hommes, perte des illusions, irritation devant les controverses renaissantes, non plus hors de l'Eglise mais dans l'Eglise, non plus des protestants, des libertins, d'un Jurieu ou d'un Spinoza, mais des fils de l'Eglise, de Richard Simon, de Malebranche, d'Ellies du Pin, bientôt d'un disciple, Fénelon, erreurs subtiles devant lesquelles la science se révèle courte et qui se dérobent aux analyses trop claires du théologien. Il y a de tout cela dans cette amertume : la Jérusalem céleste est loin et le croyant soupire aux bords de Babylone.

Mais Bossuet n'a pu exprimer en une forme définitive ce qu'il ressent, l'étendue de son amertume et de son espoir : les répétitions, la reprise des mêmes thèmes, l'exagération même trahis-

---

(45) O.O., VI, p. 609 ; cf. C.B., IV, p. 105.

(46) O.O., VI, p. 620 ; cf. *Eccle.* I, 2 ; XII, 13. Voir l'utilisation de ce dernier verset vingt ans plus tôt dans l'oraison funèbre d'Henriette d'Angleterre, O.O., V, p. 654, 668, et le commentaire en 1693 dans les *Libri Salomonis,* LT, I, p. 568 : « *Deum time : hoc est omnis homo :* ut alia, quibus se homo torquet, ne ad hominem quidem spectent. Clara ergo conclusio, quo omnia hujus libri dicta collimant, ut quando omnia vana sunt sub sole, ad id convertamur quod sit æternum » ; ni l'hébreu ni les LXX ne sont ici plus clairs que la Vulgate.

(47) T.C., p. XVII.

(48) *Méditations sur l'Evangile, Maximes et réflexions sur la comédie, Traité de la concupiscence, Elévations sur les mystères :* série d'œuvres où les mêmes thèmes « pessimistes » sont repris et approfondis.

sent l'irritation et l'impossibilité de laisser une œuvre qui satisfasse son auteur. Essais inachevés ou non publiés, réservés à quelques disciples ou enfouis dans les cartons d'œuvres à reprendre ; seul l'écrit dirigé contre le P. Caffaro fut publié « pour des raisons restées obscures » (49). Bossuet écrit pour lui-même ou pour quelques âmes choisies et il se laisse aller à détruire tout ce qui aurait pu le tenter et tout ce qui a pu un jour le toucher : si ces textes sont écrits pour soi ou pour des religieuses qui par vœu ont renoncé au monde et à tous ses prestiges, il s'agit moins de provocation que d'ultime justification.

— *Méditations et Elévations*

Les *Méditations sur l'Evangile* paraphrasent longuement l'Evangile de Jean (50) : le monde est néant, il n'a pas de « solidité » : les hommes croient que la seule réalité est ce qui se sent et se touche, « au contraire ce qu'on sent, ce qu'on touche, c'est ce qui échappe continuellement des mains qui le serrent. Plus on serre les choses glissantes, plus elles échappent : la nature du monde est de glisser, de passer vite, d'aller en fumée, en néant » (51), et les plaisirs qu'il donne ne sont qu'illusion (52).

Les *Elévations sur les mystères* reprennent les mêmes images que déjà, après saint Paul, utilisaient les œuvres oratoires : le monde « n'est rien de réel, c'est une figure creuse ; et secondement, c'est une figure qui passe, une ombre qui se dissipe » (53) ; comme l'écrivait Bossuet dans le *Discours sur la vie cachée en Dieu,* seule l'opinion met le prix des biens qu'offre le monde (54).

A la vanité le monde joint la corruption : dans cette « mer agitée de flots et de tempêtes [...] tout est à craindre pour le salut » (55) affirmera l'évêque de Meaux en 1700 devant les visitandines de

---

(49) M.R.C., p. 38.

(50) Le monde sera jugé en jugeant Jésus-Christ (LT, VI, p. 116-117 ; 580-581 ; cf. *Jean* XII, 31) ; le monde juge les chrétiens (LT, VI, p. 568) ; et surtout les méditations sur *Jean* XVII (LT, VI, p. 599-671).

(51) LT, VI, p. 527 ; cf. aussi LT, VI, p. 633 : « ce sont comme des torrents qui passent avec grand bruit, mais qui passent ; qui se jettent les uns dans les autres, mais qui passent et autant celui qui reçoit que celui qui vient de s'y perdre ». La richesse des images est remarquable lorsque Bossuet évoque le monde : mouvement ou stabilité, vanité ou solidité, fumée ou consistance, glissement ou préhension, etc. Sur ce point la meilleure étude, qui mériterait d'être poursuivie, est celle de B. Hüppi, *Versuch über den Stil Bossuets.*

(52) LT, VI, p. 591.

(53) E.M., p. 225.

(54) E.M., p. 346 ; nombreux textes sur les illusions de la vie : E.M., p. 375, 415, etc.

(55) O.O., VI, p. 541.

Meaux ; mais depuis une dizaine d'années il ne cesse de répéter ces leçons : le démon « en un certain sens [...] est le maître de l'univers » (56). Dans le monde tout « est mauvais, tout y consiste en malignité », corruption et péché d'où Dieu retire ses élus (57), « monde plein de haine, de jalousie, de dissimulation, de tromperie ; [...] monde dont les maximes sont toutes contraires à la vérité, à la piété, à la sincérité, à l'humilité, à la paix » (58). Et c'est en toute justice que Dieu « l'abandonnant à sa corruption, dont il ne veut pas sortir et ne le peut de soi-même » (59) le laisse privé de sa connaissance.

Cet empire du mal sur le monde et sur l'homme, Bossuet l'appelle, après saint Jean (60) et saint Augustin (61), la concupiscence (62) : dès 1654, dans un sermon pour le jour de Pâques, l'orateur faisait allusion au combat contre la concupiscence, non pas une « passion particulière, mais plutôt toutes les passions assemblées, que l'Ecriture a coutume d'appeler d'un nom général la concupiscence et la chair », et, à la suite de saint Augustin, il la définissait « un attrait qui nous fait incliner à la créature au préjudice du Créateur, qui nous pousse aux choses sensibles au préjudice des biens éternels » (63).

Cependant nous trouvons dans les œuvres oratoires relativement peu d'allusions à la doctrine de la concupiscence proprement dite : à l'époque de l'épiscopat (64) et surtout après 1690, les grands textes johanniques sont sans cesse commentés : « Qu'est-ce que le monde, sinon la " concupiscence de la chair, la concupiscence des yeux, et l'orgueil de la vie ? " La concupiscence de la chair nous livre à des plaisirs qui nous aveuglent : la concupiscence des yeux, l'esprit de curiosité nous mène à des connaissances, à des épreuves inutiles ; on cherche toujours, et on ne trouve jamais, ou bien on trouve le mal : l'orgueil de la vie, qui dans les hommes du monde en fait tout le soutien, nous impose par de pompeuses vanités. Le faux

(56) E.M., p. 439 ; cf. E.M., p. 284 : le monde est une mer de corruption.

(57) LT, VI, p. 611 ; cf. p. 591.

(58) LT, VI, p. 620.

(59) LT, VI, p. 653.

(60) *1 Jean,* II, 15-17.

(61) *Conf.* X, 30 et suiv. ; *De div quæst. ad Simplicianum,* I.I.

(62) Voir sur la notion de concupiscence dans la spiritualité un article un peu sommaire, D.S., t. II, c. 1343 et suiv. ; et J. Laporte, *La doctrine de Port-Royal,* t. II, I, *Les vérités de la grâce,* Paris, 1923, p. 61 et suiv.

(63) O.O., I, p. 509.

(64) cf. O.O., VI, p. 154.

est partout dans le monde, et l'Esprit de vérité n'y peut entrer. On est pris par la vanité : on ne peut ouvrir les yeux à la vérité » (65).

— *Le Traité de la concupiscence*

Le texte où apparaît le mieux la tentative de ruiner le monde et tous ses prestiges est l'opuscule qui depuis 1731 porte le titre assez mal choisi de *Traité de la concupiscence :* il s'agit non pas d'un « traité » mais de *Considérations sur ces paroles de saint Jean : N'aimez pas le monde, etc.*, comme le neveu de Bossuet l'a écrit sur l'autographe laissé sans titre par son oncle (66) ; Bossuet n'y effleure même pas les complexes problèmes théologiques posés par la concupiscence : les thèses de Luther, celles de Baïus et de Jansenius, et les réfutations qui leur ont été opposées ont en effet divisé les théologiens, et la question de la grâce est au cœur des controverses théologiques au XVIIe siècle. Bossuet s'abstient de toute réflexion proprement théologique lorsqu'il écrit ce *Traité de la concupiscence :* secrète complaisance pour les thèses protestantes ou baïanistes sur le péché originel (67) ? tour d'esprit incompatible avec les grandes synthèses doctrinales où apparaît toujours quelque chose de scolastique ? Peut-être aussi Bossuet envisage-t-il un grand traité sur la grâce dont la *Défense de la Tradition et des Saints Pères,* œuvre de circonstance, inachevée, et publiée seulement en 1753, n'est qu'un fragment (68).

Nous n'avons pas à développer ici pour eux-mêmes ces problèmes théologiques : nous ne les aborderons que dans la mesure où leur solution a des conséquences pour la spiritualité. Or le *Traité de la concupiscence* (69) présente un tableau assez complet des hantises et des aspirations de Bossuet en ces années capitales : une spiritualité s'y dessine, cernant toutes les formes de sensualité, d'amour-propre et d'orgueil, les traquant dans toutes leurs retraites avec un

---

(65)LT, VI, p. 526. Un autre bel exposé de la triple concupiscence, paraphrase de *Jean* XVII, 16 et de *1 Jean* II, 15-16 : LT, VI, p. 632-633 : « .. la concupiscence de la chair et l'amour des plaisirs des sens, où le cœur s'aveugle, s'épaissit, se corrompt, se perd : et la concupiscence des yeux, les beaux meubles, l'or et l'argent, les pierreries... ». Le texte de la *1re Epître* de Jean sert de thème au *Discours de la réformation de l'homme intérieur* de Jansenius.

(66) T.C., p. VIII, ou bien selon le sous-titre de 1731 *Exposition de ces paroles de saint Jean : N'aimez pas le Monde ni ce qui est dans le Monde, etc. 1 Joan. II, 15-16, 17.*

(67) H. Bremond, *Autour de l'humanisme,* p. 138-139.

(68) Une édition critique de ce livre s'imposerait, préalable à toute étude sur la théologie de la grâce de Bossuet ; voir les nombreuses allusions de C.B., du *Journal* de Ledieu, et les versions manuscrites, autographe et copies, qui sont conservées en plusieurs bibliothèques.

(69) Sur ce traité, voir surtout l'excellente édition de Urbain et Levesque (T.C.), et H. Bremond, *Autour de l'humanisme,* p. 153-166.

radicalisme qui ne s'était encore jamais exprimé chez lui aussi fortement. Chaque élément peut avoir été exprimé dans les sermons, la construction qui veut enserrer toute la réalité est nouvelle, et à travers cette énergique synthèse, tous les grands thèmes des œuvres spirituelles des années 1690-1696 apparaissent.

La clef qui donne l'explication du monde, c'est la corruption (70) que M. de Meaux découvre partout. Les sources de cette corruption, ce sont les trois concupiscences dont parle la *première Epître* de saint Jean (71), qui donnent le plan du traité et qui sont devenues classiques au XVIIe siècle (72).

1° Le premier point, celui que les modernes auraient tendance à juger fondamental, c'est la *concupiscence de la chair,* c'est-à-dire « l'amour des plaisirs des sens » (73); là se marque le poids du corps, joug accablant, cause de la servitude et des faiblesses de l'homme (74). Le chapitre XL de l'*Ecclésiastique* expose tous ces maux, le tumulte des passions, les troubles du corps et du sang, les terreurs de la conscience qui se joignent aux infirmités de la nature (75) : ces misères et ces passions viennent du corps mortel (76). Certes Bossuet ne tombe jamais dans le dualisme manichéen qui voit dans le corps la créature du principe mauvais et dans l'âme celle de Dieu (77) : le corps est aussi l'œuvre de Dieu (78) ; ce n'est pas pour la punir de quelque faute antérieure que Dieu a attaché l'âme à ce corps pesant (79), et Bossuet n'oublie pas qu'il a vanté jadis la beauté du corps humain ; cependant son anthropologie a bien des caractères dualistes : il y a, affirmait-il en 1658, « deux sources » (80) : les parents ne nous donnent que notre corps, Dieu nous donne notre âme « qu'aucune cause naturelle ne [...] peut produire » (81), d'un côté de la boue, de l'autre l'âme faite à l'image de Dieu, idées peu originales dans la tradition chrétienne (82), mais

(70) T.C., p. 3.
(71) *1 Jean,* II, 16.
(72) Cf. à la suite de saint Augustin, Jansenius, *Discours de la réformation de l'homme intérieur ; Augustinus ;* Pascal, *Pensées,* Br. 458, etc.
(73) T.C., p. 4.
(74) T.C., p. 4-5.
(75) T.C., p. 6-7; cf. LT, II, p. 188-189, et surtout E.M., p. 196-198 : commentaires du chapitre XL de l'*Ecclésiastique.*
(76) Sur le sens péjoratif de la « passion », cf. *supra* p. 97, n. 25.
(77) J.F. Senault, *L'homme criminel...,* 4e éd., 1656, p. 41-42, souligne beaucoup plus que Bossuet le rôle néfaste du corps.
(78) O.O., III, p. 294, n. 4.
(79) R.B., 1900, p. 151.
(80) O.O., II, p. 517.
(81) *ibid.*
(82) et les tendances cartésiennes de la philosophie de Bossuet ne pouvaient que confirmer cette anthropologie.

radicalement différentes de la tradition unitaire dont nous avons étudié quelques aspects dans le chapitre précédent (83).

Le combat entre la chair et l'esprit est dans ces conditions une « guerre perpétuelle » (84) que les œuvres oratoires ont souvent évoquée. Les *Elévations sur les mystères,* peu après le *Traité de la concupiscence,* commentent des versets de la *Sagesse* (85) sur la pesanteur qu'exerce sur l'âme « le corps qui se corrompt » (86) : « ... ce corps mortel m'accable ; il émousse toutes mes pensées, toute la vivacité de mon esprit ; je retombe dans mes sens ; et replongé dans les images dont ils me remplissent, je ne puis retrouver mon cœur qui s'égare et mon esprit qui se dissipe... » (87) ; sous la plume de Bossuet reviennent les images platoniciennes : le corps est une prison, un cadavre (88) ; et les philosophes ont fait la dure expérience de son joug pesant. Si le croyant prend aussi conscience de la puissance du démon sur l'homme, de la possibilité qu'a ce pur esprit d'agir sur les hiérarchies inférieures à la sienne (89), de « chatouiller les sens » et d'« agiter les humeurs » (90), il comprendra quelle tempête s'élève dans son intérieur qui risque de l'entraîner à tous les consentements (91).

C'est au cœur même de l'homme que se situe le mal, « attaché à nos entrailles d'une étrange sorte » (92) ; entre l'usage et l'excès (93), entre la nécessité et la convoitise (94), l'équilibre est rare : plaisir de la nourriture qui entraîne au delà des justes bornes, « attachement à la fragile et trompeuse beauté des corps », « amour déréglé du plaisir des sens qui corrompt également les deux sexes », « concupiscence qui lie l'âme aux corps par des liens

---

(83) En outre Bossuet ne s'attache pas à l'hypothèse augustinienne de la production de l'âme par la génération : J.F. Senault, qui ne retient pas cette hypothèse, l'expose cependant (*L'homme criminel...,* 4e éd., 1656, p. 37).

(84) Déjà en 1652 le thème était développé à la suite d'Hermès Trismégiste et de Tertullien, O.O., VI, p. 558.

(85) *Sap.* IX, 15-16.

(86) E.M., p. 198.

(87) E.M., p. 199.

(88) avec le rappel du supplice que « ce tyran faisait souffrir à ses ennemis, qu'il attachait tout vivants avec des corps morts à demi pourris » E.M., p. 199.

(89) E.M., p. 440-441 ; cf. *supra* p. 279.

(90) E.M., p. 443.

(91) Nombreux autres passages des *Elévations* sur les plaisirs des sens, séducteurs de la vie humaine (E.M., p. 208, 237, 238, 393, 434), première attaque du monde (E.M., p. 436). Cf. aussi E.M., p. 380 : les hommes sont charnels, sensuels, vicieux, corrompus.

(92) T.C., p. 9.

(93) *ibid.*

(94) T.C., p. 10.

si tendres et si violents dont on a tant de peine à se déprendre » (95) ; tous les sens conspirent à jeter en l'homme ce poison : les yeux et les oreilles (96), les parfums, une sorte de mollesse répandue dans tout le corps : les *Maximes et réflexions sur la comédie,* presque contemporaines du *Traité de la concupiscence,* montrent qu'au delà des désordres caractérisés, il y a toute une atmosphère corruptrice, « des choses qui, sans avoir des effets marqués, mettent dans les âmes de secrètes dispositions très mauvaises, quoique leur malignité ne se déclare pas toujours d'abord » (97) : « les sens se prêtent la main mutuellement » (98) ; peu à peu se produit un affaiblissement, commencement de la chute (99).

Il faut même considérer le soin excessif de la santé comme une disposition à la concupiscence : «un saint Bernard craignait la santé parfaite dans ses religieux » (100) ; les maladies aident l'homme à se souvenir de la mort (101) et lui permettent de goûter « l'amertume qui vient troubler [...] la joie des sens et y réveiller le goût de Dieu » (102). L'homme est donc livré au corps et en reste esclave, et même ceux qui essaient d'en dégager leur âme s'y replongent toujours : les peuples sauvages « n'ont d'esprit que pour leur corps » et en eux « ce qu'il y a de plus pur est de respirer » (103), mais les peuples les plus civilisés et les plus polis, et même les chrétiens, s'en dégagent-ils ?

La concupiscence vient du péché originel : avant la faute, l'homme n'avait point de honte ; la désobéissance de l'esprit entraîna celle du corps ; ce que signifie la « ceinture de feuilles de

---

(95) T.C., p. 11.

(96) Jansenius dans le *Discours de la réformation de l'homme intérieur,* éd. cit., p. 37, avait finement relevé l'amour-propre des âmes religieuses qui sont émues de dévotion et de piété en entendant chanter un psaume alors qu'elles ne sont touchées que de la douceur et de l'harmonie des sons et des voix. Les moralistes du XVIIe siècle se plaisent à poursuivre ainsi l'amour-propre dans ses ultimes retraites et Bossuet, en ces pages du *Traité de la concupiscence,* n'est pas profondément original.

(97) M.R.C., p. 194 ; cf. T.C., p. 18 : « secrète disposition » au péché qui risque de masquer le péché lui-même.

(98) M.R.C., p. 195.

(99) M.R.C., p. 197.

(100) T.C., p. 15 ; cf. saint Bernard, *In Cant.* XXX, 11-12. Une idée voisine se trouve chez Malebranche : cf. P. Blanchard, *L'attention à Dieu selon Malebranche,* Paris, 1956, p. 104 et n. 2 ; c'est un lieu commun de moraliste au XVII siècle : cf. [N. de Melicque], *Le caractère des vrais chrétiens,* Paris, 1714, p. 266 et suiv.

(101) E.M., p. 187.

(102) E.M., p. 362.

(103) T.C., p. 22.

figuier » (104) dont dut se vêtir Adam (105) : « Tout le désordre vient de la chair et de l'empire des sens, qui toujours prévalaient sur la raison. Ce désordre a commencé dans nos premiers parents : nous en naissons, et cette ardeur démesurée est devenue le principe de notre naissance et de notre corruption tout ensemble » (106) : « la raison est opprimée et comme éteinte dans ceux qui nous produisent » (107) ; est-il étonnant qu'ensuite tous les vices et les dérèglements se déclarent peu à peu ? Dans cette explication du mode de transmission de la concupiscence par la génération, nous découvrons une des idées les plus constantes de Bossuet, qu'il partage avec nombre d'esprits de son temps (108) : les conséquences en sont grandes pour la spiritualité. Bossuet y reconnaît la doctrine de saint Augustin, et même « une des parties les plus essentielles » de sa doctrine : le péché originel se propage par la concupiscence d'où tous les hommes sont nés, sauf Jésus-Christ (109). L'auteur de la *Défense de la Tradition et des Saints Pères* accumule les références pour prouver que tous les Pères enseignent que le péché originel

---

(104) *Gen.* III, 7,

(105) T.C., p. 20 ; cf. le commentaire des textes de saint Augustin contre Julien dans la *Défense de la Tradition et des Saints Pères,* LT, IV, p. 248-252 : sur les περιζώματα de *Gen.* III, 7, sur les *inhonesta nostra* de *1 Cor.* XII, 23, et sur πάθος ἐπιθυμίας de *1 Thess.* IV, 5.

(106) T.C., p. 21 ; cf. aussi dès 1651 (O.O., I, p. 83 : « La concupiscence [...] qui se mêle, comme vous savez, dans les générations communes, corrompt tellement la matière qui se ramasse pour former nos corps, que la chair qui en est composée en contracte une corruption nécessaire... », d'après saint Augustin), et 1652 (O.O., I, p. 109, repris et développé p. 231 ; cf. O.O., I, p. 177 : « les ordures » de la génération, et p. 299), et dans les *Elévations :* E.M., p. 195-196, 203, 266 ; en E.M., p. 272, c'est pour Bossuet une des preuves de la naissance virginale de Jésus : « si la concupiscence qui depuis le péché originel est inséparablement attachée à la conception des hommes, lorsqu'elle se fait à la manière ordinaire, s'était trouvée en celle-ci, Jésus-Christ aurait dû naturellement contracter cette souillure primitive, lui qui venait pour l'effacer ».

(107) T.C., p. 21. Malebranche de même a affirmé avec force que l'union sexuelle est une « action brutale » « dans laquelle [l'homme] ne sait ce qu'il fait », « action de laquelle ont doit rougir... » (textes du *Traité de Morale* cités dans P. Blanchard, *L'attention à Dieu selon Malebranche,* p. 104, n. 4).

(108) Cf. le texte cité par H. Bremond, *Histoire littéraire...,* t. IX, p. 304-305. C'est une thèse soutenue par une longue tradition : cf. J. Laporte, *La doctrine de Port-Royal,* t. II, I, *Les vérités de la grâce,* p. 38, n. 28 ; 65, n. 13 *in fine ;* et surtout p. 103-104. Mais des augustiniens austères comme J.F. Senault ne reprennent pas cette thèse : selon Senault la voie selon laquelle se propage le péché originel « est extrêmement inconnue » (*L'homme criminel...,* éd. cit., p. 35) et saint Augustin lui-même ne l' « a pas entendu » (p. 43).

(109) LT, IV, p. 304.

est un vrai péché, transmis par la concupiscence ; « tous les Pères, qui ont marqué (et tous l'ont fait), tous ceux, dis-je, qui ont marqué la propagation du péché originel par le sang impur et rempli de la corruption du péché d'où nous naissons, ont enseigné en même temps que ce péché passait en nous par la concupiscence, qui seule infecte le sang d'où nous sortons : en sorte que la maladie que nous contractons en naissant et qui nous donne la mort vient de celle, qui non seulement demeure toujours dans nos pères, mais encore qui agit en eux lorsqu'ils nous mettent au monde » (110).

Un « désordre honteux » infecte du péché originel « notre naissance et notre conception » (111) ; et pour cela, sous l'ancienne Loi, les mères « étaient comme excommuniées par leur propre fécondité ; tant la naissance des hommes était malheureuse et sujette à une malédiction inévitable » (112) : une purification était nécessaire (113). Il est alors évident que pour Bossuet « le mariage sent la nature » bien qu'il soit sacré et honorable (114), et la chair et le sang se mêlent dans les affections les plus légitimes (115) ; une preuve supplémentaire en est que le mariage, qui est saint, ne l'est pas encore assez « pour ceux qui doivent consacrer la chair de l'Agneau » (116).

L'amour conjugal est, selon la doctrine paulinienne, un remède (117), mais c'est aux yeux de Bossuet un remède qui « fait voir encore la grandeur du mal, puisqu'il se mêle tant d'excès dans

---

(110) LT, IV, p. 305-306.

(111) E.M., p. 176.

(112) E.M., p. 363.

(113) Bossuet distingue « l'impureté des conceptions ordinaires » (E.M., p. 365, par opposition à la conception virginale de Jésus et l'impureté « du sang et des autres suites des vulgaires enfantements » (*ibid*).

(114) O.O., II, p. 206, cf. *Hebr.* XIII, 4 ; affirmation reprise dans les *Elévations :* le mariage est saint puisque Jésus-Christ « a voulu paraître au monde sous sa couverture » (E.M., p. 333) ; en 1694, Bossuet a encore besoin d'affirmer à Mme Cornuau, qui vient de lire les *Maximes et réflexions sur la comédie,* que le mariage est saint (C.B., VI, p. 419 ; cf. encore dans le commentaire du *Cantique des Cantiques,* LT, I, p. 610). Voir aussi sur l'apparence « du moins honnête » du mariage de Marie, C.B., XIV, p. 119. En 1665, Bossuet prononçait un éloge du mariage qu'il semble avoir un peu oublié trente ans plus tard (O.O., IV, p. 665-666). Pour une première approche de ces problèmes au XVIIe siècle, voir Heinrich Klomps, *Ehemoral und Jansenismus, Ein Beitrag zur Uberwindung des sexualethischen Rigorismus,* Cologne, 1964.

(115) O.O., III, p. 82 ; IV, p. 68.

(116) LT, VI, p. 370, avec la justification du célibat ecclésiastique établi par l'Eglise « partout où elle a pu, et d'une manière plus particulière dans l'Eglise d'Occident et dans celle de Rome spécialement » (*ibid.) ;* écho de la controverse avec les protestants : cf. divers passages de l'*Histoire des variations* et C.B., IV, p. 300.

(117) T.C., p. 11.

l'usage de ce remède sacré » : le mariage est un frein à la licence, mais « que de peine n'a pas la faiblesse humaine à se tenir dans les bornes de la liaison conjugale exprimées dans le contrat même du mariage ! C'est ce qui fait dire à saint Augustin qu'il s'en trouve plus qui gardent une perpétuelle et inviolable continence qu'il ne s'en trouve qui demeurent dans les lois de la chasteté conjugale : un amour désordonné pour sa propre femme étant souvent, selon le même Père, un attrait secret à en aimer d'autres. O faiblesse de la misérable humanité, qu'on ne peut assez déplorer ! » (118). Le démon d'impudicité « attaque les enfants d'Adam, même dans la sainteté du mariage » (119) et, depuis la chute originelle, l'union d'Adam et d'Eve « qui devait être toujours honnête, s'ils eussent persévéré dans leur innocence, eut quelque chose dont la pudeur et l'honnêteté fut offensée » (120).

Bossuet, dans les *Maximes et réflexions sur la comédie,* développe les mêmes idées et affirme après Nicole (121) que « le mariage présuppose la concupiscence » (122) : c'est la raison pour laquelle « la passion de l'amour, même par rapport au licite » (123) ne doit pas être représentée au théâtre (124).

Que fera l'homme devant un tel empire de la concupiscence ? A la suite de saint Augustin, Bossuet dégage trois hypothèses : « les chastes mariés usent bien de ce mal » qu'est la concupiscence, « les intempérants en usent mal, les continents perpétuels n'en usent point du tout » (125), mais tous devront abattre la chair rebelle (126) : ceux qui sont amis de Jésus-Christ « vierge, fils d'une vierge, ami des vierges et le chaste époux des vierges » (127), eux qui vivent dans la continence, sont « plus courageux comme plus heureux que tous les autres » (128) ; comme le disait l'orateur vers 1660,

---

(118) T.C., p. 12.
(119) E.M., p. 144
(120) E.M., p. 175.
(121) *Essais de morale,* Paris 1733, t. III, p. 237 : « encore que le mariage fasse un bon usage de la concupiscence, elle est néanmoins en soi toujours mauvaise et déréglée [...]. On doit toujours la regarder comme le honteux effet du péché, comme une source de poison capable de nous infecter à tous moments, si Dieu n'en arrêtait les mauvais effets... », et p. 238 : « le mariage règle la concupiscence, mais il ne la rend pas réglée. Elle retient toujours quelque chose du dérèglement qui lui est propre... ».
(122) M.R.C., p. 188.
(123) *ibid.*
(124) voir aussi p. 189.
(125) T.C., p. 12-13, et M.R.C., p. 188.
(126) T.C., p. 13.
(127) Cf. O.O., VI, p. 385.
(128) T.C., p. 13.

toujours après saint Augustin, ces hommes privilégiés sont une espèce de milieu entre les esprits et les corps et participent de la vie des anges (129) : que les gens mariés vivent dans une continence parfaite comme ces personnages d'Auvergne dont parle Grégoire de Tours et auxquels faisait allusion en 1656 le panégyrique de saint Joseph (130) ; que les veuves vivent dans la sainte désolation, la modestie et la simplicité (131) ; que tous « en ce qui regarde la chasteté » craignent « jusqu'à un regard » (132), et veillent sur les moindres choses (133).

Tout est apparemment austère et même sombre : les aspects pénitentiels ont-ils masqué à Bossuet les réalités théologiques exprimées dans les états de vie et de perfection ? Les textes conservés sont d'une extrême rigueur (134) : seul un passage d'une lettre à Mme Cornuau ouvre des perspectives un peu différentes ; Bossuet les développait-il oralement ? estimait-il inutile de les exposer à des âmes qu'il fallait avant tout éloigner du péché ? « ... les vierges honorent par leur état la pureté de l'Eglise ; les femmes mariées sa fécondité ; les veuves sa viduité, qui est l'état où Jésus-Christ l'a laissée en se retirant. Voilà la réponse au fond » (135) : par quelle impuissance, commune à la plupart des hommes de sa géné-

---

(129) O.O., III, p. 170, et voir les nombreux textes où il est fait allusion à la virginité de Marie, par exemple E.M., p. 271, 272.

(130) O.O., II, p. 129-130 : Bossuet peut s'inspirer de Coeffeteau qui rapporte l'anecdote. Il y a beaucoup d'*exempla* sur ce point dans les vies des saints, imitation du mariage de saint Joseph : par exemple saint Henri et saint Edouard dont parle le P. Surin (*Guide spirituel*, éd. M. de Certeau, p. 232), et les exemples donnés par H. Busson, *La religion des classiques*, p. 283, à propos de *La captivité de saint Malc* de La Fontaine.

(131) C.B., VII, p. 420, 431 ; cf. O.O., VI, p. 295.

(132) LT, VI, p. 27.

(133) LT, VI, p. 28.

(134) Bremond (*Histoire littéraire...*, t. IX, p. 289 et suiv.) tente de montrer que dans son ensemble le XVIIe siècle a été plus fidèle aux intuitions de saint François de Sales : aux peu nombreux textes qu'il cite, et textes parfois un peu sollicités, on pourrait ajouter Héliodore de Paris, *Discours sur les sujets les plus ordinaires des désordres du monde*, Ire partie, *Des plaisirs*, Paris, 1684, p. 168 et suiv., 219 et suiv. : l'auteur est un « prédicateur capucin ». On distingue assez bien en ce temps les directeurs et les docteurs, les premiers sont plus proches des fidèles que les seconds, moins aveuglés par un augustinisme rigide. Un bon résumé de la spiritualité courante à la fin du siècle : l'ouvrage de Girard de Villethierry, *La vie des gens mariés*, Paris, 1695 et rééd. ; l'austérité est grande, mais moins systématique et tendue que celle de Bossuet. Très austère aussi est Jean Pontas qui dédie à Bossuet ses *Exhortations pour le baptême, les fiançailles, le mariage et la bénédiction du lit nuptial...*, Paris, 1691 : il insiste sur les périls du mariage, ses afflictions, les tribulations de la chair qui en sont inséparables : c'est « un des plus dangereux états de la vie » (p. 72).

(135) C.B., VI, p. 431.

ration, n'a-t-il pas mieux montré ce qu'il fallait tirer de ce « fond » ? En tout cas deux choses sont sûres : Bossuet, quoi qu'en ait dit un de ses commentateurs (136), ne renouvelle pas, même à son insu, les vieilles erreurs des encratites et laisse ouverte, au moins de façon théorique, la possibilité d'une sainteté du mariage ; et par ailleurs nous allons montrer que la concupiscence de la chair, la plus évidente, n'est pas à ses yeux la plus grave : le péché originel n'est pas essentiellement un péché de la chair. Ce qui nous frappe toutefois, c'est l'impuissance de Bossuet à adopter dans ses œuvres un langage conforme à ce qu'il devine lorsqu'il prêche ou lorsqu'il dirige : la logique des mots l'emporte sur les nuances, la rigueur de la construction tourne au système. Dans leur passion pour les organisations unitaires et les déductions radicales, les hommes du XVIIe siècle sont fascinés par le tout ou rien des attitudes spirituelles.

2° *La concupiscence des yeux.*

D'après le *Traité de la concupiscence,* la concupiscence des yeux est double : la curiosité et « le plaisir des yeux, lorsqu'on les repaît des objets d'un certain éclat capable de les éblouir ou de les séduire » (137), l'une et l'autre replongeant l'homme dans la concupiscence de la chair et faisant rechercher de nouveaux plaisirs (138). Il est peu d'activités qui trouvent alors grâce devant le moraliste : l'histoire ? curiosité, si ce n'est « pour en tirer quelque exemple utile à la vie humaine » (139). Les sciences ? souvent mauvaises, vaines et frivoles, comme l'astrologie, la physiognomonie, la chiromancie pour ne pas parler de la sorcellerie (140). Et les véritables sciences ? on s'y adonne souvent avec intempérance, dérèglement de l'esprit et dessèchement du cœur (141). La recherche des choses divines et des mystères de la religion ? combien sont tombés dans l'abîme à trop vouloir méditer les secrets de la prédestination et de la grâce, et concilier la liberté avec les décrets de Dieu (142) ! Et que dire du goût des collections, pierreries, tableaux, livres ? amusement et ostentation qui « sèche la source des aumônes » (143).

---

(136) H. Bremond, *Autour de l'humanisme,* p. 163.
(137) T.C., p. 23.
(138) T.C., p. 24.
(139) *ibid.*
(140) T.C., p. 25 ; cf. *Politique* p. 171 et n. 1 ; et notre *Bossuet* p. 63.
(141) T.C., p. 25-26.
(142) T.C., p. 26.
(143) T.C., p. 27. Sur la curiosité, l'affectation de la science, voir aussi de nombreux passages des *Elévations,* E.M., p. 165, 171, 173, 174, 281.

Et Bossuet poursuit toutes les vanités, la grandeur et l'argent : le moraliste accumule les textes de l'Ancien Testament, oppose la vérité à l'illusion, l'humilité des solitaires qui « se délectent dans la nudité de leur petite cellule » (144) à tout le somptueux appareil du monde ! Alors, suscitée par l'occasion, la colère de Bossuet se porte contre le théâtre (145) : lui qui le fréquenta jadis avant son sous-diaconat (146), et qui assista aux représentations d'*Esther,* lui qui admirera l'*Electre* de Longepierre (147) et la *Pénélope* de l'abbé Genest (148), il condamne aujourd'hui sans aucune réserve : le théâtre est un lieu qui appartient au diable, dira-t-il en 1698 (149) ; les *Maximes et réflexions sur la comédie* en portent la conviction ; le théâtre implique une complicité du spectateur dans les passions qui sont représentées (150) et, même à son insu, le croyant est corrompu.

Opéra, comédie, tragédie même (151) sont condamnés. Mais c'est à la comédie que le moraliste s'en prend avec le plus de violence et à travers elle il attaque toute une conception de la vie chrétienne et toute une spiritualité : le chrétien doit être sérieux, doit résister à toutes les joies du monde, à tout ce qui donne de la joie : le voyageur doit gémir tant qu'il n'a pas atteint le repos de la Jérusalem céleste (152), la joie des sens nous fait oublier Dieu (153). Argument qu'il croit solide, Bossuet accepte la légende rapportée par saint Jean Chrysostome (154) selon laquelle Jésus qui a tant pleuré n'a jamais ri (155). Ainsi Bossuet vante l'incompréhensible

---

327, 350, 353, 408-409, 434, etc. ; voir les passages de Malebranche qui en sont rapprochés T.C., p. 112-114.

(144) T.C., p. 33.

(145) Cf. le remarquable ouvrage de Urbain et Levesque, *L'Eglise et le théâtre* (M.R.C.), auquel nous renvoyons une fois pour toutes.

(146) Ledieu, *Mémoires,* t. I, p. 24.

(147) Ledieu, *Journal,* éd. Urbain et Levesque, t. I, p. 281-282 : « il n'y a aucune intrigue d'amour, tout se soutient par la terreur ».

(148) Ledieu, *ibid,* t. I, p. 284.

(149) O.O., VI, p. 537.

(150) Cf. encore T.C., p. 31.

(151) Cf. LT, XXIV, p. 264 : le *Discours sur l'Histoire universelle* voit dans le meurtre d'Abel la première action tragique.

(152) *Supra* p. 179, et E.M., p. 228.

(153) E.M., p. 362 ; cf. aussi E.M., p. 264 sur l'ivresse des sens, et M.R.C., p. 206 : « les éclats de rire qui font oublier et la présence de Dieu et le compte qu'il lui faut rendre de ses moindres actions et de ses moindres paroles, et enfin tout le sérieux de la vie chrétienne ». Déjà dans les œuvres oratoires nous trouvons ici ou là cette condamnation du rire, à la suite des Sages de l'Ancien Testament : O.O., II, p. 150 (cf. *Eccle.* II, 2) ; O.O., V, p. 499 (cf. *Eccli.* XXI, 23), mais elle n'avait pas du tout l'ampleur qu'elle prendra en 1694.

(154) *In Matth. hom.* VI, 6.

(155) M.R.C., p. 258 et n. 1 ; C.B., VI, p. 403 (le 13 septembre 1694) ;

sérieux de la vie chrétienne, « le maintien austère de la vertu chrétienne » (156) : saint Ambroise et saint Jérôme ont proscrit toute sorte de plaisanterie (157) et saint Basile affirme « qu'il n'est permis de rire *en aucune sorte* » (158) : conseils donnés à des moines ? non, à tout chrétien, car « un moine n'est autre chose qu'un chrétien qui s'est retiré du monde pour accomplir tous les devoirs de la religion chrétienne » (159).

L'eutrapélie vantée par Aristote et par saint Thomas n'est-elle donc pas une vertu ? Ce n'est pas la dernière fois que nous verrons M. de Meaux faire assez bon marché de l'autorité de saint Thomas, théologien « qui n'était pas attentif au grec » (160), dont « il ne faut pas toujours attendre [...] une si exacte interprétation des passages des saints Pères, surtout quand il entreprend de les accorder avec Aristote » (161) !

3° *L'orgueil de la vie,* la troisième sorte de concupiscence à laquelle fait allusion saint Jean, est la dépravation la plus profonde (162) : « l'homme, livré à lui-même, se regarde lui-même

---

cf. C.B., XV, p. IX. Bien des hommes au XVIIe siècle rapportent la légende qui, dans la mesure où elle est devenue un lieu commun, permet d'apprécier l'esprit du temps : Cf. Cl. Fleury, *Les Mœurs des Chrétiens,* éd. cit., p. 162 ; même le P. Hercule, homme peu compassé qui amusait Bremond, la reprend (mais il ajoute que Jésus était dans une joie continuelle, *L'abbaye royale Notre-Dame de Jouarre,* Paris, 1961, t. I, p. 213), et le P. Chéron opposait ce trait aux mystiques trop soumis, selon lui, aux passions et aux délectations (*Examen de la théologie mystique,* Paris, 1657, p. 132) ; nous ne sommes pas étonnés de la rencontrer sous la plume de Rancé.

(156) M.R.C., p. 263.

(157) M.R.C., p. 257 et suiv.

(158) M.R.C., p. 262. Nombreux passages de la correspondance qui, en ces mois de 1694, vont dans le même sens (C.B., VI, p. 403, 407, 409, etc.). Dans le *Discours sur l'Histoire universelle,* c'était surtout pour leur « sérieux » que Bossuet admirait les Egyptiens (LT, XXIV, p. 579-580).

(159) M.R.C., p. 264. Cf. en 1692, à propos de la *Réponse au Traité des Etudes monastiques* de Rancé : « le vrai moine, c'est-à-dire le parfait chrétien y est caractérisé d'une manière incomparable » (C.B., V, p. 154-155).

(160) M.R.C., p. 254, cf. p. 300 et suiv.

(161) M.R.C., p. 259 ; cf. p. 261 : « l'autorité d'Aristote, dont on avait peine à se départir en son temps ». Nous concevons l'irritation de Bremond devant ces pages : un agréable chapitre du 1er tome de l'*Histoire littéraire du sentiment religieux* (t. I, p. 308 et suiv.), intitulé « Le rire et les jeux », était consacré à la vertu d'eutrapélie ! Mais dans les ouvrages des moralistes chrétiens de la fin du XVIIe siècle, nous trouvons d'innombrables mises en garde contre les dangers de la joie ; les plus libéraux tolèrent une joie modérée, accompagnée de l'humiliation d'avoir besoin d'un tel délassement : cf. [N. de Melicque], *Le caractère des vrais chrétiens,* nouv. éd., Paris, 1714, p. 253 et suiv. (1re éd. 1693 ; sur l'auteur, cousin de Mlle de Mauléon, C.B., XIV, p. 408).

(162) T.C., p. 35 ; cf. LT, IV, p. 337 : l'orgueil et l'amour-propre sont

comme son Dieu par l'excès de son amour-propre » (163) ; c'est une atteinte à l'ordre et à la justice (164) car la beauté de l'homme est « relative à celle de Dieu », « dépendante de son principe » (165).

Bossuet reprend alors les affirmations essentielles sur l'être de Dieu et le « vide infini » (166), le néant de la créature : « il est *celui qui est,* et le reste n'est rien devant lui » (167) ; et ce néant ne peut s'accroître par le nombre ou la multiplication : « plus vous mettez ensemble d'êtres créés, plus le néant y paraît » (168) ; en amassant du non-être, on ne peut faire que du non-être. L'amour-propre apparaît ainsi à Bossuet, comme il apparaissait à Pascal (169), comme une « injustice », un « égarement » (170), une transgression de « la loi de Dieu » (171), de l'ordre. Telle est la nature de la faute originelle (172), un péché d'orgueil. De là sont issus tous les maux, car l'homme qui se cherchait lui-même et qui a perdu Dieu n'a conservé « que ce qu'il peut avoir sans Dieu, c'est-à-dire l'erreur, le mensonge, l'illusion, le péché, le désordre de ses passions, sa propre révolte contre la raison, la tromperie de son espérance, les horreurs de son désespoir affreux, des colères, des jalousies, des aigreurs envenimées... » (173).

Bossuet développe longuement, assez laborieusement, toutes les conséquences de la chute, toutes les formes que prend l'esprit d'orgueil ; et dans ces longues pages nous perdons trop souvent de vue la spiritualité pour élaborer des « maximes » ou développer des « caractères » comme aimaient tant le faire les hommes du

---

« la source la plus profonde de nos maux héréditaires ». Les trois concupiscences dans le texte de saint Jean sont présentées par ordre d'importance : D.S., t. II, c. 1350. Sur l'amour-propre, voir D.S., t. I, c. 533-544 (étude déjà ancienne), et A.J. Krailsheimer, *Studies in Self-Interest from Descartes to La Bruyère,* Oxford, 1962, dont le chapitre consacré à Bossuet (p. 173-195) n'est pas pleinement satisfaisant. Que le péché originel soit essentiellement un péché d'orgueil est une idée courante : *Eccli.,* X, 15 ; *Tob.* IV, 14 ; saint Augustin, *Cité de Dieu,* l. XIV, c. 13 ; et au XVIIe siècle, J.F. Senault, *L'homme criminel...,* éd. cit., p. 26 et suiv., entre autres.

(163) T.C., p. 35.

(164) T.C., p. 37.

(165) *ibid.;* cf. E.M., p. 454 : « L'homme ne peut rien avoir qui ne lui soit donné du Ciel... » (cf. *Jean,* III, 27).

(166) C.B., VI, p. 417.

(167) T.C., p. 40.

(168) T.C., p. 41.

(169) *Pensées,* Br., 492 : « si opposé à la justice et à la vérité » ; 477 : « cela est contre tout ordre » ; voir aussi toutes les pensées que Brunschvicg a groupées dans sa section VII.

(170) T.C., p. 42, 43.

(171) T.C., p. 44.

(172) T.C., p. 46, 78.

(173) T.C., p. 38-39 ; cf. E.M., p. 389.

XVIIe siècle (174) : types scolaires ou abstraits, Jézabel et Cléopâtre (175), Alexandre le Grand (176), l'homme qui aime les louanges et la femme qui veut se croire belle (177), le bel esprit, le philosophe (178), etc. Il s'agit moins de spiritualité que de moralisme psychologique (179), de l'élaboration de portraits subtils ou pleins d'une éloquence amère ou emportée, où Bossuet condamne tout ce qui peut flatter l'homme : Socrate et Platon (180), Homère, le divin Homère « comme ils l'appelaient » (181), Boileau (182) et Montaigne, Virgile même (183) dont M. de Meaux emporte toujours les œuvres à la campagne (184) et dont il goûte tant la douceur (185), les écrivains et les artistes, les conquérants et les héros, tous sont renvoyés à leur néant et à la vanité de leur gloire. Et que dire des païens (186), que dire des pharisiens pleins d'eux-mêmes et de leur mérite ou de ceux qui se font gloire de leurs vertus (187) ?

Après ces longs développements nous revenons à notre point de départ : l'homme est un néant et « la chose du monde la plus difficile à ce néant, c'est de dire véritablement : Je suis un néant » (188). « Vraiment toute créature n'est rien » (189). Il ne reste plus qu'à accabler de malédictions un être aussi égaré : « Malheur, malheur, encore une fois, et cent fois malheur à la créature qui ne veut pas se voir en Dieu, et, se fixant en elle-même, se sépare de la source de son être, qui l'est aussi par conséquent de sa perfection et de son

---

(174) Cf. dans la *Politique,* les caractères des souverains si longuement décrits. Bossuet se place ainsi entre ses deux amis, La Rochefoucauld (cf. *supra* p. 258) et La Bruyère. C'est aussi de façon purement psychologique et morale, et fort peu théologique, que Nicole écrit son Traité *de la charité et de l'amour-propre* (*Essais de morale,* Paris, 1733, t. 3, p. 131-188). Le *Traité de la concupiscence* au contraire manifeste toujours, au moins à l'arrière-plan, les préoccupations théologiques : situer Dieu et l'homme dans leur vérité.

(175) T.C., p. 51.

(176) T.C., p. 60.

(177) T.C., p. 53.

(178) T.C., p. 56.

(179) Cf. *Histoire spirituelle de la France,* p. 260-262.

(180) T.C., p. 57-58, 59.

(181) M.R.C., p. 219 ; T.C., p. 57, 61.

(182) T.C., p. 58.

(183) T.C., p. 62.

(184) Ledieu, *Mémoires,* t. I, p. 144.

(185) *ibid.* t. I, p. 15.

(186) L'attaque contre les stoïciens est depuis longtemps l'inévitable lieu commun du moraliste chrétien.

(187) Cf. O.O., VI, p. 154 et suiv. : l'amour-propre se sert contre nous de la vertu même ; E.M., p. 413, 415 (« la vanité mène quelquefois au désert aussi bien que la vérité... ») ; La Rochefoucauld écrivait des choses analogues (*Maxime* n° 563, supprimée).

(188) T.C., p. 72.

(189) T.C., p. 73.

bonheur » (190) ! Bossuet a entrepris de décrire une « infinité de péchés » (191), de faire définitivement le procès de l'homme. Mais est-ce là une attitude qui fonde une spiritualité ? Bossuet échappe à la malédiction du moraliste en contemplant la lumière divine (192), et il appelle le croyant à pratiquer « le saint et pur amour de Dieu » (193).

Le théocentrisme affirmé avec autant de force semble donc devoir conduire le croyant à se séparer du monde, à se retirer au désert. Et nous retrouvons chez Bossuet, de plus en plus vive, la hantise de la retraite qui l'animait dès sa jeunesse : conseils aux religieuses (194), admiration pour le personnage de Jean-Baptiste dont l'esprit s'est perpétué chez tous les solitaires (195), chaleureuses élévations sur la retraite et la tentation de Jésus-Christ dans le désert (196), grand éloge des Pères du Désert dont la Vie est « un livre également saint et délicieux » (197). « A ces maux dont le monde est plein, et qui en font comme la substance, il faut opposer la retraite et nous faire comme un désert par un saint détachement de notre cœur. [...] S'il nous appelle plus haut et qu'il nous attire non pas simplement au renoncement par le cœur, mais encore à un délaissement effectif du monde, heureux d'aller jeûner avec Jésus-Christ, faisons notre félicité de son désert » (198).

La vision de l'homme et du monde qui s'impose à Bossuet en ces années décisives, entre l'âge mûr et la vieillesse, semble devoir

---

(190) T.C., p. 74.
(191) T.C., p. 84.
(192) T.C., p. 101 ; cf. notre *Bossuet,* p. 48.
(193) T.C., p. 100, 103.
(194) C.B., VII, p. 194 : « Aimez Dieu et le désert avec Jésus-Christ, avec ses anges et avec les bêtes sauvages. »
(195) E.M., p. 325-327.
(196) E.M., p. 433 et suiv.
(197) C.B., VII, p. 88 ; cf. p. 416 ; XII, p. 379 ; et aussi LT, XXIV, p. 478 ; XXVI, p. 80.
(198) E.M., p. 434. C'est l'époque où Bossuet continue à faire régulièrement visite à la Trappe : nous n'avons pas à reprendre ici l'histoire des rapports de Bossuet et de Rancé qui ne se situent pas seulement sur le plan de la spiritualité et sur lesquels le livre de M.L. Serrant reste, en général, solide. On notera cependant les nuances du sentiment que Bossuet manifeste à la Trappe : adaptation à la vie monastique (Ledieu, *Mémoires,* t. I, p. 198-199), émotion religieuse déjà « romantique » : ce n'est pas Chateaubriand mais Ledieu qui rapporte : « il trouvait un charme particulier dans la manière dont on y célébrait l'office divin. Le chant des *Psaumes,* qui venait seul troubler le silence de cette vaste solitude, les longues pauses des Complies, les sons doux, tendres et perçants du *Salve Regina,* lui inspiraient une sorte de mélancolie religieuse, et alors de ses yeux coulaient en abondance ces pleurs qu'il est si doux de répandre » (cité par M.L. Serrant, *L'abbé de Rancé et Bossuet,* p. 193 ; n'ayant pas vu le manuscrit autographe de ce fragment, je ne puis en garantir l'exactitude littérale).

conduire encore plus loin sa spiritualité ; elle nous fait aborder les questions essentielles : le refus des joies, même légitimes, l'esprit de sérieux, la crainte du sensible, tout cela conduira-t-il Bossuet jusqu'au refus des joies spirituelles ou à leur dépassement ? Et la poursuite de l'amour-propre jusqu'en ses dernières retraites, l'absolu détachement de soi vont-ils déboucher sur un pur amour, sur le refus de toute récompense, sur le service de Dieu sans retour sur soi ? Les prochains chapitres essaieront de répondre à ces questions, mais ils nous conduiront directement à la querelle du quiétisme.

Chapitre 10

DE L'ONTOLOGIE A LA PSYCHOLOGIE.

I. Le bonheur.

Le même dynamisme anime toute la spiritualité de Bossuet : une pensée hiérarchique et une théologie de l'image et de la ressemblance complètent les schèmes augustiniens ; pensée moins avouée que la réflexion sur le néant de la créature, mais aussi profonde, déjà anachronique à la fin du XVIIe siècle. Il nous faut maintenant comprendre de quelle façon ces principes s'incarnent dans une psychologie, comment en l'homme se réalise effectivement le rapport avec le créateur et le modèle, ce qui est proprement la démarche de la spiritualité.

Bossuet ne veut pas élaborer de système : de même qu'il ne croit pas aux schémas rigides qui fixent à l'avance les étapes d'une vie spirituelle, de même sa psychologie spirituelle n'a nullement la richesse et la précision de celle des mystiques rhéno-flamands ou espagnols ou de leurs disciples ; plus proche en cela de sainte Thérèse qui avoue ne pas entrer dans les subtiles distinctions de la théologie mystique (1), il commente ainsi dans les *Méditations sur l'Evangile* (2) le grand précepte de la Loi (3) : « Ecoute Israël : le Seigneur ton Dieu est le seul Dieu, le seul Seigneur : Tu aimeras le Seigneur ton Dieu de tout ton cœur, et de toute ton âme, et de toute ta force : c'est ainsi que nous lisons dans la Loi ; et l'Evangile interprète : « de tout ton esprit, de toute ton intelligence, de toute ta pensée, de toute ta puissance ». Il ne se faut pas tourmenter l'esprit à distinguer la vertu de chacune de ces paroles, ni à distinguer par exemple le cœur d'avec l'âme, ni l'un ni l'autre d'avec l'esprit

---

(1) *Vie,* ch. XVIII : intelligence, esprit, âme lui paraissent être une même chose.

(2) LT, VI, p. 172-173.

(3) *Deut.* VI, 4, 5, 10.

et l'intelligence, ni tout cela d'avec la force de l'âme, ni la force d'avec la puissance : encore que tout cela se trouve expliqué par des paroles expresses et distinguées : mais il faut seulement entendre que le langage humain étant trop faible pour expliquer l'obligation d'aimer Dieu, le Saint-Esprit a ramassé tout ce qu'il y a de plus fort pour nous faire entendre qu'il ne reste plus rien à l'homme qu'il puisse se réserver pour lui-même, mais que tout ce qu'il a d'amour et de force pour aimer se doit réunir en Dieu ».

A l'inutilité des trop minutieuses distinctions aux yeux d'un directeur qui ne paraît pas curieux des voies de Dieu dans les âmes, s'ajoute la vanité, l'impossibilité même de parler avec clarté, précision, « dignité » de ces réalités intérieures : on ne peut en faire l'objet d'une science, d'une étude méthodique, car toute science exige un langage et « le langage humain commence par les sens » (4). Il en va de la science de l'âme comme de celle de Dieu : l'on ne parle jamais de Dieu de façon adéquate (5), cependant « parlez-en [...] en attendant comme vous pourrez, et résolvez-vous à dire toujours quelque chose qui ne porte pas où vous tendez, c'est-à-dire au plus parfait... » (6). Le langage le moins imparfait est celui des comparaisons : « Pour ce qui regarde les similitudes tirées des choses humaines, si on s'étonne de les trouver si fréquemment usitées en cette matière, puisqu'on avoue qu'elles sont si défectueuses, il faut entendre que la faiblesse de notre discours ne peut soutenir longtemps la simplicité si abstraite des choses spirituelles. Le langage humain commence par les sens. Lorsque l'homme s'élève à l'esprit comme à la seconde région, il y transporte quelque chose de son premier langage ; ainsi l'attention de l'esprit est tirée d'un arc tendu ; ainsi la compréhension est tirée d'une main qui serre et qui embrasse ce qu'elle tient. Quand de cette seconde région nous passons à la suprême, qui est celle des choses divines, d'autant plus qu'elle est épurée et que notre esprit est embarrassé à y trouver prise, d'autant plus est-il contraint d'y porter le faible langage des sens pour se soutenir, et c'est pourquoi les expressions tirées des choses sensibles y sont plus fréquentes... » (7).

Ce rappel de l'insuffisance du langage est aussi important pour la spiritualité que pour la théologie et nous devrons l'avoir présent à l'esprit pour interpréter les textes par lesquels Bossuet veut traduire une expérience surnaturelle : que mettait-il derrière ses mots ? jusqu'à quel point donnait-il aux métaphores, aux images,

---

(4) LT, XVI, p. 44.
(5) Cf. *supra*, p. 111.
(6) LT, XVI, p. 40, cf. saint Augustin, *lib. 2 Quæst. Evang.*, q. 39.
(7) LT, XVI, p. 43-44.

aux expressions qu'il est obligé d'employer une valeur psychologique ? La sensibilité se trouve-t-elle au niveau de l'expérience ou au niveau du verbe ? L'intelligence discursive est-elle méthode d'explication ou condition de la vie spirituelle ? Pour ne pas être dupe des mots et trop vite affirmer que le fond de la spiritualité de Bossuet est un panhédonisme janséniste ou proche du jansénisme (8), il faut déterminer quelle fin il assigne à la vie humaine, les voies par lesquelles l'homme atteint sa fin, les secours dont il dispose dans cette marche.

« Tout le but de l'homme est d'être heureux. Jésus-Christ n'est venu que pour nous en donner le moyen. Mettre le bonheur où il faut, c'est la source de tout le bien ; et la source de tout mal, est de le mettre où il ne faut pas. Disons donc : Je veux être heureux. Voyons comment : voyons la fin où consiste le bonheur : voyons les moyens pour y parvenir. La fin est à chacune des huit béatitudes ; car c'est partout la félicité éternelle sous divers noms [...] ;

---

(8) H. Bremond, *Histoire littéraire...*, t. IV, p. 565 et suiv. Sur Nicole, voir aussi J. Leclercq, *Jansénisme et doctrine de la prière chez Pierre Nicole,* dans *Revue diocésaine de Tournai,* 1951, t. VI, p. 97-116. Il y a beaucoup d'équivoque dans ces notions, et la spiritualité janséniste n'est pas l'exacte image de la théologie janséniste. Ainsi Bossuet a peut-être lu un petit livre anonyme qu'il avait dans sa bibliothèque (catalogue 1742, n° 1219) : *L'image d'une religieuse parfaite et d'une imparfaite avec les occupations intérieures pour toute la journée* (Paris, 1665 ; sur ce livre, B. Neveu, *Sébastien Joseph du Cambout de Pontchâteau...,* Paris, 1969, p. 377, 381) de la Mère Agnès Arnauld (Bossuet dut acquérir ce livre lorsqu'il fut en rapport avec les religieuses de Port-Royal : il accompagna Péréfixe le 29 juin 1665, et l'achevé d'imprimer du livre est du 20 janvier ; C.B., I, p. 84 et suiv. ; J. Orcibal, *Port-Royal entre le miracle et l'obéissance,* p. 66, 174. Notons que la Mère Agnès fut abbesse du monastère du Tart à Dijon, de 1630 à 1635) : je ne trouve dans ce livre de qualité, ni spiritualité « janséniste », ni « panhédonisme » ; au contraire, ce sont les tendances « mystiques » du premier Port-Royal qui s'y expriment : la religieuse note que la voie de privation est souvent une meilleure marque qu'une âme cherche Dieu en vérité, et que dans le délaissement intérieur elle aime davantage en Dieu ce qu'il est en lui-même que ce qu'il est au regard d'elle (*L'image d'une religieuse...,* p. 15) ; si elle désire que Dieu se rapproche d'elle « c'est plutôt par la crainte de ne lui être pas fidèle, sachant que toute sa force vient de sa sainte présence, que par aucun désir de goûter la douceur qui est enfermée dans l'effet de cette promesse que Dieu fait aux âmes... » (p. 15-16) ; il faut noter aussi ce que dit la Mère Agnès sur la « pauvreté intérieure » (p. 103-104), sur la grâce toute spirituelle (l'âme « ne s'aperçoit pas si elle la possède », p. 103) ; c'est une religieuse imparfaite qui cherche « des douceurs spirituelles » (p. 108. Voir sur les tendances d'anéantissement, sur la théologie négative chez la Mère Agnès, sur l'influence sur elle de la théorie sacrificielle de Condren, J. Orcibal, *Jean Duvergier de Hauranne...,* t. II, p. 310-311). Sur le désir du bonheur dans la théologie d'Arnauld, voir J. Laporte, *La doctrine de Port-Royal,* t. II, I, *Les vérités de la grâce,* Paris, 1923, p. 49 et suiv., 82 et suiv.

mais comme il y a plusieurs moyens, chaque béatitude en propose un ; et tous ensemble rendent l'homme heureux » (9), telles sont les premières lignes des *Méditations sur l'Evangile* ; elles nous frappent moins par leur originalité (on y a reconnu un des lieux communs de la pensée antique, profane ou sacrée), moins aussi par leur nouveauté dans l'œuvre de Bossuet (le sermon pour la Toussaint de l'Avent de Saint-Thomas du Louvre en 1668 abordait déjà le problème de la félicité sous la forme sous laquelle il était débattu dans les écoles : « nous voulons tous être heureux ; et il n'y a rien en nous ni de plus intime, ni de plus fort, ni de plus naturel que ce désir » (10)), que par l'accent que leur donne Bossuet et par la façon dont elles ouvrent ces *Méditations,* énonçant un des thèmes essentiels : le *Sermon sur la Montagne* est l'abrégé de la doctrine et les Béatitudes sont l'abrégé du sermon (11), « un abrégé agréable parce que la récompense est jointe au précepte ; le royaume des cieux, sous plusieurs noms admirables, à la justice ; la félicité à la pratique » (12) : la béatitude devient « félicité » (13) ; surnaturelle, elle s'applique à la nature intelligente qu'est l'homme et devient récompense éternelle ; glissement de la béatitude à la félicité qui peut être cause de bien des équivoques : ce bonheur de l'homme est-il de la nature de la sensibilité ? dépasse-t-il au contraire infiniment les sens en une différence qui n'est pas de force ou de grandeur mais de nature, question fondamentale de la spiritualité du XVIIe siècle, en même temps point le plus controversé et le plus difficile à atteindre de la spiritualité de Bossuet ; car lorsqu'il écrit les *Méditations sur l'Evangile,* sa méfiance à l'égard de la mystique et de toutes les formes de vie spirituelle qui pourraient lui ressembler est depuis au moins deux ans alertée (14): sa spontanéité est donc

---

(9) LT, VI, p. 1. Cf. LT, VI, p. 16 : « Toute la doctrine des mœurs tend uniquement à nous rendre heureux. Le Maître céleste commence par là. Apprenons donc de lui le chemin du vrai et éternel bonheur ». Voir aussi LT, V, p. 97 et LT, XXIII, p. 74. Sur la preuve de Dieu par le désir du bonheur, voir P. Boury, *La preuve de Dieu chez Bossuet,* dans N.R.T., juillet-août 1937, p. 767 et suiv.

(10) O.O., V, p. 323 (Bossuet suit saint Augustin, *Civ. Dei* lib. XIX, c. 1 ; *De trinitate* l. XIII, c. IV, 7 ; l. XIII, c. VIII, 11 ; et *Conf.* l. X, c. 21) ; cf. *supra,* p. 237, et *infra,* p. 671.

(11) LT, VI, p. 2.

(12) LT, VI, p. 3.

(13) On songe au passage augustinien de la *vita beata* au *gaudium* (*Conf.* l. X, c. 23) ; mais tout le problème est de savoir si chez Bossuet cette distinction n'implique pas autre chose que chez saint Augustin. Voir O.O., V, p. 323 : « Qu'y a-t-il de meilleur que de souhaiter le bien, c'est-à-dire la félicité ? ». Sur la renaissance de la problématique antique du « souverain bien » à la fin du XVIIe siècle, voir *infra,* p. 679-681.

(14) Les *Méditations* furent commencées en 1693 ou dès l'automne 1692 (J. Hubert, *Manuscrits de* [...] *Bossuet,* p. 11 ; C.B., V, p. 258).

moindre (15), il peut souligner certains traits ou en taire d'autres, durcir involontairement sa pensée. L'insistance de Bossuet sur la félicité du chrétien tire peut-être sa force de ces circonstances, elle s'enracine pourtant profondément dans sa spiritualité, et cela de deux façons, l'une théologique, l'autre pour ainsi dire intime, expérimentale. Saint Thomas avait souligné que la béatitude est la perfection d'une nature intellectuelle : « *Nihil aliud sub nomine Beatitudinis intelligitur nisi bonum perfectum intellectualis naturæ, cujus est sufficientiam suam cognoscere in bono quod habet, et cui competit ut sit suarum operationum Domina* » (16), et que Dieu qui se connaît dans cet état est souverainement heureux tandis que les bienheureux ne le sont que par participation : «*Attribuenda est Deo Beatitudo secundum intellectum, sicut et aliis Beatis, qui per assimilationem ad Beatitudinem ipsius Beati dicuntur* » (17). Nous rejoignons sur un autre plan le thème augustinien du « *gaudium de veritate* » (18) dont nos *Méditations sur l'Evangile* sont assez proches.

Si dans le cœur de l'homme l'orateur de 1668 découvrait « une secrète avidité d'une jouissance éternelle » (19), et si cette tendance lui paraissait naturelle (20), et même raisonnable (21), c'est que Dieu, souverainement bon et bienfaisant a non seulement voulu nous donner l'être mais « aussi nous en donner la perfection, et par conséquent nous rendre heureux, puisque l'idée de la perfection et celle de la félicité sont deux idées qui concourent, celui-là étant tout ensemble heureux aussi bien que parfait à qui rien ne manque » (22). Les *Méditations sur l'Evangile* (23) développent les mêmes thèmes

(15) En septembre 1692, s'agissant du pur amour et de l'oraison, Bossuet écrit que c'est « une matière dont il faut moins parler par son propre esprit que de toutes les autres de la vie spirituelle » (C. B., V, p. 243), ce qui ne veut pas dire : parler de façon impersonnelle.

(16) *S. Th.*, Ia, q. 26 a. 1.

(17) *Ibid.*, a. 2.

(18) *Conf.* l. X, c. 23, qui repose sur *1 Cor.* XIII, 6. « *Quid enim petis amplius quam ut beatus sis et quid beatius eo qui fruitur inconcussa et incommutabili et excellentissima veritate ?* » (*lib. 2 de lib. arb.* c. 13, Bibl. augustinienne, t. 6, p. 283-287).

(19) O. O., V, p. 304.

(20) O. O., V, p. 303, 323.

(21) O. O., V, p. 323.

(22) O. O., V, p. 115.

(23) Dans le sermon de Pâques 1681 : Jésus-Christ vivant et toujours heureux (O. O., VI, p. 61), de même dans celui de Pâques 1685 (O. O., VI, p. 235) : « Dieu est une nature bienheureuse ; mais il est bienheureux parce qu'il est saint. Là donc est la source de la joie. » En 1689, dans le discours aux visitandines de Meaux pour la mort de M. Mutel, nous trouvons le même mouvement : « Je fais mon bonheur de ce que vous êtes : c'est ma béatitude anticipée ; c'est mon paradis à présent et ce sera mon paradis dans le paradis » (O.O., VI, p. 477).

qui sont thomistes au départ ; suivant la théologie de l'image qui tient une si grande place chez Bossuet, le bonheur du chrétien est ancré dans celui de Dieu : la béatitude de l'âme est, en un mouvement à la fois très platonicien et très clasique en théologie (24), l'image de la béatitude divine (25) : « D'où vient notre joie ? De notre bonheur. Quand donc nous mettrons notre bonheur dans un bien qui ne pourra nous être ravi, notre joie ne pourra aussi nous être ôtée (26). Qu'est-ce qui doit faire notre bonheur ? C'est que Dieu que nous aimons soit heureux et le seul puissant : *Beatus et solus potens,* comme dit saint Paul. Si nous aimons Dieu de tout notre cœur, de toute notre intelligence, de toutes nos forces, comme nous ne pouvons rien contribuer à son bonheur, notre partage est de nous en réjouir. Réjouissons-nous de la gloire de Dieu, de sa perfection, de son bonheur, de la naissance éternelle de son Verbe, de l'éternelle procession de son Saint-Esprit [...]. Dieu est une nature heureuse et parfaite, et en même temps une nature bienfaisante et béatifiante : l'aimer c'est vivre, c'est être juste, c'est être véritable, c'est être heureux, c'est être parfait autant que le peut être ce qui n'est pas Dieu. Mais Dieu nous apprend qu'il nous fait dieux, un même esprit avec lui, participant, associés à la nature divine, à la sagesse, à la vie, à l'éternité, à la félicité de Dieu. Lui qui est son bonheur, devient le nôtre : notre bonheur est par conséquent le bonheur de Dieu » (27). Désormais Bossuet ne fait que développer ces principes, répéter, parfois dans les mêmes termes, que le bonheur est essentiel en Dieu et que l'homme est heureux en connaissant et aimant Dieu et Jésus-Chrit ; « nous sommes heureux, non point en nous, mais en Dieu » (28).

Demandera-t-on « ce qu'est Jésus-Christ par rapport à nous. Il est, comme son Père, notre bonheur : " Connaître son Père et lui, c'est pour nous la vie éternelle ". C'est pourquoi il dit : " Celui qui m'aime sera aimé de mon Père, et je l'aimerai et je me manifesterai à lui ". C'est là le grand effet de mon amour : c'est par là que je rends les hommes éternellement heureux » (29). Voir la gloire de

---

(24) Cf. le texte cité de saint Thomas : « *per assimilationem ad Beatitudinem ipsius* ».

(25) De même, les anges sont « bienheureux en connaissant et aimant ce premier être comme il est heureux en se connaissant et aimant luimême » (E. M., p. 135).

(26) Bossuet, au début de ce texte, suit de très près saint Augustin. *Conf.* l. X, c. 23 : *beata vita est gaudium de veritate... ;* ensuite, il est plus près de saint Thomas.

(27) LT, VI, p. 592-593.

(28) LT, VI, p. 525.

(29) LT, VI, p. 667. Cf. LT, VI, p. 41 : Dieu notre bien, notre récompense.

Jésus-Christ « c'est en jouir : qui voit la gloire de Jésus-Christ dans le sein de son Père, il est heureux : heureux premièrement du bonheur de la gloire de Jésus-Christ qui fait la leur ; et heureux ensuite en eux-mêmes, parce que cette bienheureuse vision de la gloire de Jésus-Christ nous transforme en elle-même... » (30).

A cette époque, c'est à chaque instant que Bossuet insiste sur le fondement du bonheur qu'attend l'homme, sur Dieu « bienfaisant et béatifiant » (31) : en 1692, pour rassurer Mme Cornuau et apaiser ses doutes, son directeur a souci de fonder en Dieu le bonheur qu'il lui promet et qu'elle attend avec anxiété. L'opuscule qu'il lui adresse (32) est autant qu'une réflexion sur la nature de l'âme une méditation sur le bonheur et par là plus propre à toucher cette femme : « Dieu est heureux ; l'âme peut être heureuse. Dieu est heureux en se possédant lui-même, l'âme est heureuse en possédant Dieu [...]. Ravie de la perfection infinie de Dieu, elle se laisse entraîner par une telle beauté, et, s'oubliant elle-même dans l'admiration où elle est de cet unique et incomparable objet, elle ne s'estime heureuse que parce qu'elle sait que Dieu est heureux, et qu'il ne peut cesser de l'être, ce qui fait que le sujet de son bonheur ne peut cesser. Voilà sa vie, voilà sa nature, voilà le fond de son être » (33). En Dieu le bonheur coïncide avec la vérité et avec l'être (34) et c'est le but vers lequel le directeur tourne l'âme qu'il guide : « O Dieu, soyez heureux éternellement ; je m'en réjouis : c'est en cela que je mets tout mon bonheur » lisons-nous dans le *Discours sur l'acte d'abandon* (35), et, le 31 octobre 1693, Bossuet écrit à Mme d'Albert : « Je suis ravi de vous voir ravie de la divinité et de la grandeur de Jésus-Christ. Soyez-la encore de sa béatitude ; soyez-la de celle de Dieu, qui est heureux et le seul puissant, comme l'appelle saint Paul. Réjouissez-vous de ce que Dieu est une nature heureuse et bienfaisante, et bienfaisante parce qu'elle est heureuse ; heureuse et béatifiante, qui fait ses délices de sa bonté qui se dégorge sur tout ce qu'il aime et à qui il communique son amour conformément à cette parole : *Mes délices sont de converser avec les enfants des hommes* » (36).

---

(30) LT, VI, p. 651. Voir aussi, de l'époque de l'épiscopat, les textes de saint Augustin rassemblés par Bossuet en vue d'un sermon sur l'Ascension, O.O., VI, p. 591.

(31) Cf. C.B., VII, p. 236. Voir *infra*, p. 573, sur la place du bonheur, de la béatitude, dans les *Principes communs de l'oraison chrétienne*.

(32) Cf. *supra*, p. 287.

(33) C.B., IV, p. 317.

(34) C.B., IV, p. 320.

(35) LT, VII, p. 537.

(36) C.B., VI, p. 55. Cf. C.B., VI, p. 330 : « Quelle joie de savoir qu'il est, et qu'il est heureux ! »

Les *Elévations sur les mystères,* écrites en un temps où les développements de la querelle du quiétisme ont rendu Bossuet plus sensible encore à ces aspects de sa théologie, reviennent à maintes reprises sur la béatitude du chrétien, sur ses fondements, sur sa nécessité, d'ordre ontologique encore plus que d'ordre psychologique. « Ce qui est parfait est heureux, car il connaît sa perfection, puisque connaître sa perfection est une partie trop essentielle de la perfection pour manquer à l'être parfait. O Dieu, vous êtes bienheureux ! O Dieu, je me réjouis de votre éternelle félicité ! Toute *l'Ecriture* nous prêche que *l'homme qui espère en vous est heureux.* A plus forte raison, êtes-vous heureux, vous-même, ô Dieu en qui on espère. Aussi saint Paul vous appelle-t-il expressément bienheureux lorsqu'il a dit à Timothée : (I. I. 11. [VI.] 16. 15) *je vous annonce ces choses selon le glorieux Evangile de Dieu bienheureux ;* et encore : *C'est ce que vous montrera en son temps celui qui est bienheureux et le seul puissant : Roy des Rois et seigneur des seigneurs, qui seul possède l'immortalité et habite une lumière inaccessible, à qui appartient la gloire et un empire éternel. Amen.* O Dieu bienheureux, je vous adore dans votre bonheur. Soyez loué à jamais de me faire connaître et savoir que vous êtes éternellement et immuablement bienheureux. Il n'y a d'heureux que vous seul et ceux qui, connaissant votre éternelle félicité, y mettent la leur. Amen. Amen » (37).

De la béatitude divine l'on peut redescendre au bonheur de l'homme suivant le mouvement descendant qui est le mouvement théologique de Bossuet : « Quand Dieu m'a fait à son image et ressemblance, il m'a fait pour être heureux comme lui, autant qu'il peut convenir à une créature ; et c'est pourquoi il me fait trouver en moi ces trois choses, moi-même qui suis fait pour être heureux, l'idée de mon bonheur et l'amour ou le désir du même bonheur : trois choses que je trouve inséparables en moi-même, puisque je ne suis jamais sans être une chose qui est faite pour être heureuse ; et par conséquent qui porte en soi-même et l'idée de son bonheur et le désir d'en jouir, provenant nécessairement de cette idée... » (38). Le bonheur m'est essentiel et je ne puis vouloir le perdre « puisque

---

(37) E. M., p. 80. La première phrase reproduit le principe de saint Thomas à partir duquel se développe l'Elévation de Bossuet. Cf. E. M., p. 119 : Dieu « nature heureuse et parfaite » ; E. M., p. 120 : « votre parfaite et bienheureuse essence ». L'on remarque que la réflexion de Bossuet s'appuie toujours sur les deux ou trois mêmes textes de l'Ecriture, en particulier le passage de l'*Epître à Timothée* cité déjà LT, VI, p. 592. Cf. *supra,* p. 332.

(38) E.M., p. 114-115.

sans bonheur, il vaudrait mieux pour moi que je ne fusse pas... » (39). Or l'idée et l'amour du bonheur ont « toujours été avec moi-même » (40), « ce sentiment commence à paraître dès l'enfance et comme on l'apporte en venant au monde, on doit l'avoir eu, quoique plus obscurément et plus sourdement, jusque dans le sein de sa mère.

« Voilà donc une idée qui naît en nous avec nous, et un sentiment qui nous vient avec cette idée ; et tout cela est en nous avant tout raisonnement et toute réflexion.

« Quand la raison commence à poindre, elle ne fait autre chose que de chercher les moyens bons ou mauvais de nous rendre heureux ; ce qui montre que cette idée et cet amour du bonheur est dans le fond de notre raison » (41). Idée innée, inséparable de notre être, l'idée du bonheur et le « sentiment qui nous le fait aimer, font de tout temps notre seule idée et notre seul sentiment » (42) ; accompagnée du désir, cette idée exprime le dynamisme profond de la nature humaine, dynamisme encore « confus » (43) et secret qui doit devenir connaissance distincte et possession actuelle, connaissance du plus parfait, c'est-à-dire de Dieu, et possession de ce qui ne laisse rien à désirer. Le mouvement du désir (44) ne peut prendre fin que dans la vision de Dieu face à face : même alors, la connaissance étant parfaite, l'unité et la simplicité auxquelles nous serons réduits, et l'union au fond de notre être de Dieu objet et cause de la vision bienheureuse produiront « un éternel et insatiable amour », assomption et élargissement infini du dynamisme inscrit au fond de notre nature (45). La vraie vie est ainsi de « vouloir être heureux » en Dieu, de « l'être par sa jouissance » (46) ; la béatitude consiste dans la parfaite similitude de la créature avec la Trinité (47), elle est attachée à la foi : « Croyons donc et nous serons bienheureux comme Marie ; croyons comme elle au règne de Jésus et aux promesses de Dieu. Disons avec foi : *Que votre règne arrive.* Crions avec tout le peuple : *Béni soit celui qui est venu au nom du Seigneur ; et béni le règne de notre père, David.*

« La béatitude est attachée à la foi : *Vous êtes bienheureuse d'avoir cru : vous êtes bienheureux, Simon, parce que ce n'est point*

(39) E. M., p. 115.
(40) *Ibid.*
(41) E. M., p. 115.
(42) *Ibid.*
(43) E. M., p. 116.
(44) Cf. *supra*, p. 215.
(45) E.M., p. 116-117. Sur cette dialectique de l'amour, cf. *supra*, p. 231.
(46) E.M., p. 280.
(47) E. M., p. 148.

la chair et le sang qui vous ont révélé la foi que vous devez annoncer, *mais que c'est mon Père céleste.* Et où est cette béatitude de la foi ? *Bienheureuse d'avoir cru : ce qui vous a été dit s'accomplira :* vous avez cru, vous verrez ; vous vous êtes fié aux promesses, vous recevrez les récompenses ; vous avez cherché Dieu par la foi, vous le trouverez par la jouissance.

« Mettons donc tout notre bonheur dans la foi : ne soyons point insensibles à cette béatitude ; c'est Jésus-Christ lui-même qui nous la propose : la gloire de Dieu et sa volonté se trouvent dans notre béatitude » (48) : il est impossible de ne pas voir quelque allusion dans ceux qui sont « insensibles à cette béatitude », surtout si nous rapprochons cette page de la lettre du 31 octobre 1693, à Mme d'Albert, qui traite du problème de la foi nue (49) ; l'aspiration au bonheur qui correspond au plus intime de la spiritualité de Bossuet est affirmée et prouvée : nouveauté par rapport aux œuvres oratoires, non pas sur le plan de la théologie mais dans le besoin de justification et d'affirmation. Bossuet en s'opposant prend conscience de ses tendances profondes. Comprenons toutefois que cette surveillance, cette prise de conscience de soi ne diminue en rien la sincérité : ce qui nous paraît thèse, propositions durcies sous l'effet de la polémique, opinions de circonstance prend son sens par le rapport qu'il entretient avec des tendances constantes de la spiritualité de Bossuet, au point que la polémique s'éclaire par des œuvres très antérieures et en même temps révèle Bossuet à lui-même : si ces pages des *Elévations,* écrites vers 1695, sont presque contemporaines du *Second Traité* de l'*Instruction sur les états d'oraison* (51), on en trouve l'esquisse et plus que l'esquisse dans les sermons de 1668 que nous avons cités et dans un passage du *Traité de la connaissance de Dieu et de soi-même* écrit plus de dix ans avant la querelle : « La nature intelligente aspire à être heureuse ; elle a l'idée du bonheur, elle le cherche ; elle a l'idée du malheur, elle l'évite ; c'est à cela qu'elle rapporte tout ce qu'elle fait, et il semble que c'est là son fond. Mais sur quoi doit être fondée la vie heureuse, si ce n'est sur la connaissance de la vérité ? Mais on n'est pas heureux simplement pour la connaître : il faut l'aimer, il faut la vouloir : il y a de la contradiction de dire qu'on soit heureux sans aimer son bonheur et ce qui le fait. Il faut donc, pour être heureux, et connaître le bien et l'aimer ; et le bien de la nature intelligente, c'est la vérité ; c'est là ce qui la nourrit et la

---

(48) E. M., p. 308.
(49) Cf. *infra,* p. 391.
(50) Ed. E. Levesque, 1897, Introduction, p. XV.

vivifie » (51). Le « fond » de la nature intelligente est donc l'aspiration au bonheur, à la vérité connue et aimée ; mais comme l'homme n'est pas seulement une nature intelligente mais est aussi un corps, son bonheur consiste aussi dans le bon état de ce corps et dans la liaison par les sensations entre le corps et l'âme (52).

Le précepteur du Dauphin était déjà familiarisé avec les thèses augustiniennes, tendance de l'homme au bonheur conçu comme « *gaudium de veritate* » (53), aspiration à la vision de Dieu (54).

Autant qu'à la théologie c'est à l'expérience, à la sensibilité personnelle que nous sommes redevables de ces développements : le fond de notre nature, cette idée innée du bonheur que l'homme porte en lui et qui l'entraîne, sont certes *assimilatio ad Beatitudinem Dei*, mais ils sont, au delà des concepts, au delà de la formulation théologique, mouvement intime et secret de l'être. Sans doute cet augustinisme cède la place à une théologie plus explicite lors de la querelle du quiétisme, mais il ne disparaît pas : les *Méditations sur l'Evangile* offrent à chaque instant des exemples de cette aspiration et de cette tendance : « ... nous ne sommes pas chrétiens, si nous ne disons sincèrement avec saint Philippe : " Montrez-nous le Père, et il nous suffit ". C'est donc le fond de la foi qui dit cette parole ; c'est en quelque façon le fond même de la nature : car il y a un fond dans la nature qui sent qu'elle a besoin de posséder Dieu ; et que, lui seul étant capable de la rassasier, elle ne peut que s'inquiéter et se tourmenter elle-même loin de lui. Quand donc au milieu des autres biens nous sentons ce vide inévitable, et que

---

(51) LT, XXIII, p. 177.

(52) LT, XXIII, p. 177-178.

(53) Le thème apparaît dès 1664 dans les œuvres oratoires : O. O., IV, p. 529 ; V, p. 319, 500. Il est repris en septembre 1692 dans une lettre à Mme d'Albert : « Quant au pur amour, je suis tout à fait de votre sentiment ; et tout ce que vous dites de l'amour de Dieu est très véritable. Ceux qui font les abstractions dont vous me parlez, ne songent pas assez à ce commandement de l'Apôtre : *Réjouissez-vous ; je vous le dis encore une fois, réjouissez-vous ;* ni à celui de Jésus-Christ même : *Réjouissez-vous, et soyez transportés de joie, de ce que vos noms sont écrits dans le ciel.* Ce n'est donc pas une imperfection de l'amour, mais une pratique commandée. Ce mot de saint Augustin décide tout : « Qu'est-ce, dit-il, que la béatitude ? » *Gaudium de veritate.* Jésus-Christ veut qu'on souhaite d'être heureux ; il donne partout ce goût ; partout il inspire ce désir ; et l'amour est pur quand on est heureux du bonheur de Dieu qu'on aime plus que soi-même » (C. B., V, p. 238-239). Mais à cette date Bossuet s'oppose déjà aux mystiques.

(54) Cf. LT, XXIII, p. 197 : « Il est maître de se montrer autant qu'il veut ; et quand il se montre pleinement, l'homme est heureux » ; le bonheur suppose entendre et aimer parfaitement la vérité ; Dieu s'entend et s'aime parfaitement lui-même, et par là est heureux ; la perfection de l'homme et sa béatitude sont de connaître et d'aimer Dieu (LT, XXIII, p. 198-199).

quelque chose nous dit que nous sommes malheureux, c'est le fond de la nature qui crie en quelque façon : " Montrez-nous le Père, et il nous suffit ". Mais que sert au malade de désirer la santé, pendant que tous les remèdes lui manquent, et que souvent même il a la mort dans le sein, sans le sentir ? Tel est l'état de toute la nature humaine [...]. L'homme depuis le péché est né pour être malheureux » (55).

Les œuvres oratoires (56) développaient déjà ces idées augustiniennes à propos de la conversion du pécheur et du désir de Dieu : la conversion est la prise de conscience par l'homme d'un besoin (57) et d'un désir : désir de vivre, de jouir (58). C'est l'Eucharistie qui répond à ce besoin et comble ces désirs : « le désir de toute la nature humaine, ou plutôt de toute la nature intelligente : elle veut vivre éternellement : elle veut ne manquer de rien : en un mot, elle veut être heureuse. [...] la nature humaine veut être heureuse : elle ne veut avoir ni faim ni soif : elle ne veut avoir aucun besoin, aucun désir à remplir, aucun travail, aucune fatigue : et cela qu'est-ce autre chose, sinon être heureuse ? voilà ce que veut la nature humaine : voilà son fond » (59). Sur ce fond de nature agit la grâce qui coopère avec elle : pour approcher du pain qui rend heureux, il faut être aimé de Dieu, tiré, mais cet appel va dans le sens de celui de la nature, sans la contredire : laissée à elle-même, la nature peut se tromper « dans les moyens » (60), elle ne saurait se tromper dans le but qu'elle cherche à atteindre.

Si l'homme se dirige vers sa fin, c'est que Dieu l'y entraîne, mais les moyens dont se sert Dieu pour le « tirer » sont-ils de nature psychologique, du domaine de la sensibilité ? Y a-t-il un lien entre la vie de la grâce, surnaturelle, et les manifestations affectives, sensations ou sentiments, dont peut être marquée la vie psychologique de l'homme ? La question est d'importance car il en va de toute l'interprétation de la spiritualité de Bossuet et du sens à donner à la controverse du quiétisme.

Dès l'époque de Metz, nous avons vu Bossuet parler volontiers de délectation, d'attrait, d'une action de Dieu sur le cœur de l'homme, accumuler les métaphores affectives et commenter le *Cantique des Cantiques* pour chanter la conversion et l'union. Les sermons semblaient nous inviter à affirmer que Bossuet interprétait l'action de

---

(55) LT, VI, p. 509.
(56) Cf. *supra*, p. 186.
(57) LT, VI, p. 384.
(58) LT, VI, p. 382.
(59) LT, VI, p. 382-383.
(60) LT, VI, p. 383.

la grâce dans un sens affectif : l'orateur n'entrait dans aucun détail mais l'exposition des thèses augustiniennes favorisait cette explication « panhédoniste ». Les lettres de direction et les œuvres spirituelles en précisant ces allusions permettront de leur donner leur vrai sens et rétrospectivement de les éclairer. Sur ce problème encore, c'est des principes théologiques que nous devrons partir, car Bossuet n'est pas d'abord disciple de l'expérience. Cette théologie, saint Augustin et ses interprètes la lui transmettent comme au temps de Metz et de Paris : il l'a mieux assimilée, il en a fait le cadre de sa pensée et il essaie de faire entrer les leçons de l'expérience dans ce cadre en une synthèse instable, aux difficultés renaissantes, plus satisfaisante peut-être dans ses contradictions qu'un système bien construit, car ses imperfections dévoilent la complexité de l'âme et de l'esprit de Bossuet et révèlent quelques-uns des secrets de sa spiritualité.

II. Une doctrine de la délectation.

La doctrine augustinienne de la délectation, au moins dans le cadre de la controverse antipélagienne, semble claire et bien proche de celle de Bossuet : la vie morale consiste dans la droiture de la volonté aimant le vrai bien ; cette volonté de bonheur est inscrite au fond de l'être humain dans le libre arbitre, « soif de vérité » (61) : la grâce vient libérer le libre arbitre et lui permettre d'atteindre le terme de ses désirs : elle agit par une « délectation » qui renforce notre volonté c'est-à-dire notre désir du bien en lui donnant d'atteindre effectivement ce qu'elle désire, de l'exprimer dans un amour. On comprend, dans ce cadre, l'insistance de saint Augustin sur la délectation : « *Non* [...] *amatur nisi quod delectat* » (62). Dieu est le bien dont l'homme se « délecte », qu'on envisage ce bien comme un terme dont l'homme ne perçoit que les prémices, ou que l'amour de la justice soit semblable à l'amour de Dieu. Et saint Augustin définit la charité comme une « délectation » dans le souverain bien, exclusive de tout autre objet : « *Bonum* [...] *boni spiritualis delectatione faciamus* » (63). Maints textes augustiniens offrent des formules analogues (64), mais posent, au niveau même de leur exégèse,

(61) *Conf.*, l. X, c. 23.

(62) *Serm.* 159, 3, cité par le R.P. de Broglie, *De Gratia,* cours polycopié, Inst. cath. de Paris, p. 67.

(63) *In Ps. 118, serm.* 22, 7, cité *ibid.*

(64) Cf. l'expression augustinienne « *delectatio victrix* » (*De pecc. mer. et rem.*, II, 19, 32-33), et le texte des *Div. Quæst. ad Simpl.* cité par Bossuet (LT, IV, p. 550) : « Qui est celui qui embrasse dans son esprit

un problème semblable à celui que nous posent les textes de Bossuet : de quelle façon l'homme expérimente-t-il cette « délectation » qui le meut vers le bien ? Cette « délectation » est-elle antérieure au choix humain, déterminant l'appétit et le mouvant comme en une relation de cause à effet ? Interpréter aussi rapidement la doctrine augustinienne est dangereux ; en effet saint Augustin n'affirme pas que la délectation précède l'acte de la libre volonté mais l'accompagne ; or on ne peut séparer la connaissance du bien et l'amour que l'homme a pour lui : les deux choses vont de pair : « *Quis* [...] *potest nosse quantum sit bonum quo non fruitur ?* » (65). La « délectation » du bien n'est donc sentie par l'homme que de façon très imparfaite, à l'état de virtualité pour ainsi dire, tant que son amour n'est pas parfait. En nous plaçant dans l'univers augustinien, nous ne pouvons parler de « délectation victorieuse » si nous donnons à cette expression un sens psychologique : la délectation n'est aucunement, selon l'évêque d'Hippone, un obstacle à la liberté : les deux réalités sont d'ordres tout différents. D'autre part, saint Augustin précise bien que la délectation n'est pas sentie par la sensibilité vulgaire (66) : son point d'application est l'« *apex voluntatis spiritualis* » (67) et elle peut accompagner le trouble et la tristesse des sens. Ce ne sera pas une réflexion psychologique qui déterminera l'existence ou l'absence de la grâce, de la justice ; de même la considération des mobiles apparents d'un acte, comme la crainte, ne peut faire conclure que nulle « délectation » du bien ne se trouve à son origine. Selon saint Augustin, le problème que nous agitons n'en serait pas un : la grâce n'est pas sensible, n'intéresse pas l'affectivité mais la volonté.

---

ce qui ne le délecte pas, et qui a en son pouvoir qu'il se présente à son esprit quelque chose qui le délecte ou qu'il en soit délecté après qu'il lui a été présenté ? » ; la délectation est antérieure à la foi, est la grâce intérieure dont les secrètes insinuations sont nécessaires pour que la volonté « soit émue à croire » (*ibid.*). Il n'y a pas volonté s'il n'y a pas délectation : la délectation est liée à la volonté : volontarisme et non hédonisme.

(65) *De div. Quæst.*, 35, 1, cité Broglie, *op. cit.*, p. 67. Et saint Augustin oppose ce *frui* à un *uti* (*De Doctr. Christ.* I, 3 et 4 ; III, X, 16) : « *Quod amatur ut "fruendum" non ut "utendum"* », cf. aussi *Epist. LII ad Maced.* cité O. O., VI, p. 591. Voir Bossuet, P. C., p. 89 et suiv., étudié *infra*, p. 573. Sur *uti* et *frui*, cf. A. Becker, *De l'instinct du bonheur à l'extase de la béatitude*, p. 65-66.

(66) La délectation vient nous donner le goût (*sapere*) de Dieu, le « sens » de Dieu, mais c'est le « *sensus veritatis* », bien distingué du « *sensus corporis* ». Il faudrait beaucoup nuancer ce que Bremond (*Histoire littéraire...*, t. III, p. 25) dit, après le P. Rousselot, de l' « eudémonisme » de saint Augustin. Cf. aussi M. Huftier, *La charité dans l'enseignement de saint Augustin*, Tournai-Paris, s.d. [1959].

(67) De Broglie, *op. cit.*, p. 67-68.

Cette doctrine de la délectation qui, chez saint Augustin, reste assez limitée, en liaison avec la doctrine de la volonté et de la liberté, prendra une place de plus en plus grande dans l'histoire de l'augustinisme (68). C'est sur elle qu'insiste Jansenius (69) suivi par Pascal dans les *Ecrits sur la grâce :* « La grâce de Jésus-Christ, qui n'est autre chose qu'une suavité et une délectation dans la loi de Dieu, répandue dans le cœur par le Saint-Esprit, qui non seulement égalant, mais surpassant encore la concupiscence de la chair, remplit la volonté d'une plus grande délectation dans le bien, que la concupiscence ne lui en offre dans le mal, et qu'ainsi le libre arbitre, charmé par les douceurs et par les plaisirs que le Saint-Esprit lui inspire, plus que par les attraits du péché, choisit infailliblement lui-même la loi de Dieu par cette seule raison qu'il y trouve plus de satisfaction et qu'il y sent sa béatitude et sa félicité... » (70). « Il est maintenant esclave de la délectation ; ce qui le délecte davantage l'attire infailliblement : ce qui est un principe si clair, et dans le sens commun et dans saint Augustin, qu'on ne peut le nier sans renoncer à l'un et à l'autre.

« Car qu'y a-t-il de plus clair que cette proposition, que l'on fait toujours ce qui délecte le plus ? Puisque ce n'est autre chose que de dire que l'on fait toujours ce qui plaît le mieux, c'est-à-dire que l'on veut toujours ce qui plaît, c'est-à-dire qu'on veut toujours ce que l'on veut, et que dans l'état où est aujourd'hui notre âme réduite, il est inconcevable qu'elle veuille autre chose que ce qu'il lui plaît vouloir, c'est-à-dire ce qui la délecte le plus. Et qu'on ne prétende pas subtiliser en disant que la volonté, pour marquer sa puissance, choisira quelquefois ce qui lui plaît le moins ; car alors

---

(68) E. Gilson, *Introduction à l'étude de saint Augustin,* 1943, p. 174 n., 210-211.

(69) *Augustinus,* lib. IV *De Grat. Christi,* c. 1 et suiv. : la définition fondamentale de la grâce se tire de la notion de délectation indélibérée. Il semble y avoir plus d'intellectualisme chez Arnauld qui n'insiste jamais, qui exclut même ce caractère « indélibéré », « vital », d' « enthousiasme » de la délectation de la grâce (J. Laporte, *La doctrine de Port-Royal,* t. III, *Les vérités de la grâce,* p. 364, n. 25, 412, n. 3, 422-423, 429, n. 43, 429-432 ; *La morale...,* t. I, p. 182 et suiv.). Selon lui, cette délectation appartenant à la faculté de désirer, au « vouloir » et non pas au libre arbitre, au « consentir » (J. Laporte, *Les vérités de la grâce,* p. 72 et n. 26) serait un *tertium quid* inutile (car la volonté de Dieu selon Arnauld n'a pas besoin d'instrument) et risquerait de ruiner la liberté. Ici Arnauld serait plus proche de saint Thomas et d'Estius (J. Laporte, *op. cit.,* p. 422) qui soutiennent que la grâce n'est autre que la volonté de Dieu mouvant celle de l'homme directement, sans l'intermédiaire d'une délectation. Sur Jansénius, voir aussi J. Orcibal, dans R.H.E.F., 1957, n° 140, p. 215-219.

(70) *Œuvres complètes,* éd. J. Chevalier [2], Bibl. de la Pléiade, p. 966-967.

il lui plaira davantage de marquer sa puissance que de vouloir le bien qu'elle quitte, de sorte que, quand elle s'efforce de fuir ce qu'il lui plaît, ce n'est que pour faire ce qu'il lui plaît, étant impossible qu'elle veuille autre chose que ce qu'il lui plaît de vouloir.

« Et c'est ce qui a fait établir à saint Augustin cette maxime, pour fondement de la manière dont la volonté agit : *Quod amplius delectat, secundum id operemur necesse est.* C'est une nécessité que nous opérions selon ce qui nous délecte davantage. Et c'est de là que naissent tous ces discours » (71).

L'exposé pascalien très rigoureux et très clair montre que c'est la volonté qui exprime la délectation : « ce qui plaît » est chez lui synonyme de « ce que l'on veut », et en cela c'est la doctrine augustinienne qu'il présente dans la mesure où sa doctrine de la volonté est celle de saint Augustin. Mais l'interprétation de ces formules risque d'être ambiguë, et, à une époque où l'anthropologie subit une véritable mutation, le glissement de l'ontologie à la psychologie est facile ; ce glissement s'est opéré aussi bien chez des jansénistes ou des augustiniens que chez leurs adversaires (72). En spiritualité, nous rencontrons le même glissement : Nicole, bon représentant de la psychologie, sinon de la théologie, janséniste a toujours tendance à prendre la ferveur, la vivacité du sentiment pour critère de la présence de la grâce (73) : plus la foi est vive, plus les chrétiens trouvent de consolation et de joie dans la prière (74) ; « l'amour est toujours accompagné de quelque plaisir et de quelque joie ou sensible ou spirituelle, ce qui fait qu'il est appelé même du nom de *délectation* » (75), et Nicole de citer saint Augustin et saint Paul, et de soutenir contre Guilloré que les sécheresses intérieures sont le signe de l'absence de la grâce (76), de la colère de Dieu (77), type

(71) *Œuvres complètes,* éd. cit. p. 1003. Le texte de saint Augustin est de l'*Exposit. Ep. ad Galat.*

(72) Ainsi un adversaire du jansénisme comme le P. Annat (*Augustinus a Baianis vindicatus,* Paris, 1652, p. 697 et suiv. : *Quæritur unde sit necessitas victricis delectationis ad bene volendum et bene operandum*). Le P. Deschamps conçoit aussi la grâce comme une sainte délectation (cf. Laporte, *Les vérités de la grâce,* p. 422 et n. 7) ; de même Malebranche (*Traité de la nature et de la grâce,* éd. G. Dreyfus, Paris, 1958, IIe Partie, n° 30, p. 260, notes p. 327 ; Y. de Montcheuil, *Malebranche et le quiétisme,* p. 206). Le P. Leporcq (*Les sentiments de saint Augustin sur la grâce opposés à ceux de Jansénius,* Paris, 1682, p. 634 et suiv.) essaie de prouver que chez saint Augustin toute grâce n'est pas une délectation ; l'embarras de la démonstration est une preuve de la difficulté d'exprimer à cette époque l'anthropologie augustinienne.

(73) Cf. Bremond, *Histoire littéraire...,* t. IV, p. 565 et suiv.

(74) *Traité de l'oraison,* 1679, p. 8.

(75) *Id.,* p. 450.

(76) *Id.,* p. 467, 488.

(77) *Id.,* p. 451.

même de ce que Bremond appelle le « panhédonisme ». Nicole toutefois est trop fin moraliste pour ne pas sentir les dangers, au moins pratiques, de cette assimilation de la grâce et du sentiment religieux : il dénonce l'amour-propre qui risque de se glisser dans l'attachement aux goûts intérieurs, dont on « tire des conséquences favorables pour l'état de son âme » (78), il distingue les légers ébranlements de l'âme et les mouvements efficaces de la grâce (79), surtout il essaie de résoudre la contradiction de son système abstrait en affirmant que cette douceur « souvent » est insensible, que ce goût ne se goûte pas, que les sens n'ont point de part à cette joie et à cette ferveur (80) ; Nicole reprend d'une main ce qu'il a accordé de l'autre, veut à la fois sauver l'augustinisme jansénisant dont les catégories ont modelé son esprit, et tenir compte de l'expérience des âmes, dans la mesure où il la connaît (81). La synthèse risque d'être purement verbale et pleine d'équivoques car elle veut associer des éléments hétérogènes, transposer sur le plan de la psychologie des principes théologiques : un vocabulaire commun mais imparfait, celui de la « délectation » ne suffit pas à justifier cette synthèse. Ce sera une des grandes difficultés de la spiritualité de Bossuet.

A plusieurs reprises, Bossuet a exposé sa doctrine de la grâce et du mode d'action de Dieu en l'homme. En 1677, il examine cette question à partir d'une réflexion sur le libre arbitre : comme nous l'avons montré, le *Traité* de Bossuet part d'une double préoccupation : sauver le libre arbitre senti clairement et distinctement par l'homme (82), et l'action de la Providence sur les créatures qui en sont continuellement dépendantes en tant que créatures (83). Sans chercher à percer les secrets de Dieu, Bossuet se réfugie dans la contemplation du mystère dont il se contente de tenir les deux bouts de la chaîne (84), attitude cartésienne (85) et augustinienne (86). Il n'empêche qu'un essai de conciliation s'impose au théologien, qu'il

(78) *Id.*, p. 14.

(79) *Id.*, p. 110, 454.

(80) *Id.*, p. 69, 70, 99, 100, 110, 334, 451.

(81) Dans ces concessions de Nicole, il y a moins soumission à l'expérience que conception pédagogique et « miraculeuse » : Dieu, contrairement à l'ordre, obscurcit ses grâces pour humilier l'homme (*op. cit.*, p. 100, 455-465, 469).

(82) LT, XXIII, p. 430, 467.

(83) LT, XXIII, p. 434-435, 436-453, 463-464, 471-475.

(84) LT, XXIII, p. 451.

(85) *Principes*, I, 40-41 ; II, 35.

(86) *Œuvres* de saint Augustin, Desclée de Brouwer, t. 24, *Aux Moines d'Adrumète et de Provence*, p. 781-783. Voir pour une époque plus moderne, M. Lépée, *Bañez et sainte Thérèse*, Paris, 1947, p. 56 et n. 1.

doit chercher comment s'exerce l'action divine : repoussant la thèse qui met dans le volontaire l'essence de la liberté (87) et l'opinion moliniste de la science moyenne (88), il présente les thèses de « la contempération et la suavité ou la délectation qu'on appelle victorieuse » : Dieu « donnera à notre âme une pente douce d'un côté plutôt que d'un autre » (89). « Quand on voudrait supposer que l'homme lui résisterait une fois, il reviendrait à la charge, disent ces auteurs, et tant de fois, et si vivement, que l'homme qui par faiblesse et à force d'être importuné se laisse aller si souvent, même à des choses fâcheuses, ne résistera point à celles que Dieu aura entrepris de lui rendre agréables. [...] il fait [...] que nous choisissons, par les préparations et par les attraits qu'on vient de voir, qui nous mettent en de certaines dispositions, nous inclinent aussi doucement qu'efficacement à une chose plutôt qu'à l'autre. Voilà ce qu'on appelle l'opinion de la contempération, qui en cela ne diffère pas beaucoup, ou qui enferme en elle-même celle qui met l'efficace des secours divins dans une certaine suavité qu'on appelle victorieuse. Cette suavité est un plaisir qui prévient toute détermination de la volonté : et comme de deux plaisirs qui attirent, celui-là, dit-on, l'emporte toujours dont l'attrait est supérieur et plus abondant, il n'est pas malaisé à Dieu de faire prévaloir le plaisir du côté d'où il a dessein de nous attirer. Alors ce plaisir victorieux de l'autre engagera par sa douceur notre volonté, qui ne manque jamais de suivre ce qui lui plaît davantage » (90). Que la volonté puisse résister à l'attrait (contempération), ou qu'elle ne puisse pas (suavité victorieuse), l'action divine s'exerce suivant le même mode, par un intermédiaire, environnant la volonté humaine et ne la pénétrant pas (91). Aussi Bossuet préfère-t-il l'opinion de la prémotion physique, et le *Traité du libre arbitre* réserve de nombreuses pages à l'exposé et à la défense de cette opinion : elle ne pouvait que le séduire (92) par son fondement métaphysique, faisant appel à la

---

(87) LT, XXIII, p. 451-454. S'appuyant sur saint Bernard (*Ubi voluntas, ibi libertas*), Arnauld la fera sienne dans une lettre à Bossuet de juillet 1693, C. B., V, p. 408.

(88) LT, XXIII, p. 455-456.

(89) LT, XXIII, p. 457.

(90) LT, XXIII, p. 458.

(91) LT, XXIII, p. 459. Dans un poème, et sans s'astreindre à une grande rigueur, Bossuet écrit :

« Jésus change les cœurs par la secrète atteinte
D'une volupté sainte,
Et de ma volonté, d'un délicat effort
Fait mouvoir le ressort » (LT, XXVI, p. 75).

(92) Notons toutefois que Bossuet soutient ici l'opinion thomiste authentique (cf. LT, XXIII, p. 465) du *concursus prævius* (cf. de Broglie,

théologie plus qu'à la philosophie. Mais il a laissé sans réfutation véritable l'opinion de la contempération — et même celle de la suavité victorieuse — qu'il a écartées. En réalité il récupère ce qu'il a jugé solide dans ces opinions : l'opinion de la contempération et celle de la suavité victorieuse ne sont pas « fausses » à proprement parler, mais insuffisantes ; *en fait*, dans l'état de péché où se trouve l'homme, Dieu doit apporter un remède à l'homme mais cette intervention ne constitue pas le fond de la collaboration divine à l'acte humain : elle n'en est que la préparation ; l'attrait est un remède qui reste à la surface de l'âme, n'est pas essentiel : « il opère non seulement par les attraits qui le précèdent mais encore dans ce qu'il a de plus intime. [...] Il y a plusieurs actions libres, comme il a été remarqué, où nous ne sentons aucun plaisir, ni aucune suavité, ni enfin aucune autre raison qui nous y porte que notre seule volonté » (93). La suavité n'étant ainsi qu'une préparation, l'opinion de la contempération est insuffisante ; néanmoins depuis le péché qui a introduit en l'homme un attrait vers le plaisir sensible, Dieu doit d'abord vaincre cet attrait par un attrait plus fort : « Le changement le plus essentiel que le péché ait fait dans notre âme, c'est qu'un attrait indélibéré du plaisir sensible prévient tous les actes de nos volontés. C'est en cela que consiste notre langueur et notre faiblesse, dont nous ne serons jamais guéris que Dieu ne nous ôte cet attrait sensible, ou du moins ne le modère par un autre attrait indélibéré du plaisir intellectuel. Alors si par la douceur du premier attrait, notre âme est portée au plaisir sensible : par le moyen du second elle sera rappelée à son véritable bien, et disposée à se rendre à celui de ces deux attraits qui sera supérieur. Elle n'avait pas besoin, quand elle était saine, de cet attrait prévenant, qui avant toute délibération de la volonté, l'incline au bien véritable, parce qu'elle ne sentait pas cet autre attrait qui avant toute délibération l'incline toujours au bien apparent » (94). La contradiction avec le texte cité précédemment (95) est seulement apparente : on aura remarqué les atténuations que Bossuet apporte à

---

op. cit., p. 125, avec cette réserve que Bañez semble ici plus proche de saint Thomas — et de Bossuet — que ne le dit le R.P. de Broglie, cf. M. Lépée, *Bañez et sainte Thérèse*, p. 53 et suiv.).

(93) LT, XXIII, p. 465. Cf. p. 431 : « Nous sommes libres même à l'égard du bien véritable qui est la vertu parce que, quelque bien que nous y voyions selon la raison, nous ne sentons pas toujours un plaisir actuel en la suivant... »

(94) LT, XXIII, p. 473.

(95) LT, XXIII, p. 458 : plaisir qui prévient toute détermination de la volonté ; LT, XXIII, p. 473 : plaisir qui prévient tous les actes de nos volontés.

l'exposé de cette nouvelle thèse qui ne reproduit pas exactement celle de la suavité victorieuse puisqu'elle se situe sur un autre plan ; Bossuet n'essaie pas d'expliquer par l'attrait le rôle de Dieu en l'homme : par l'attrait l'âme n'est que « disposée à se rendre », est « inclinée au bien véritable » (96) ; c'est le premier niveau de la libération de l'homme et de la vie de la grâce, la suppression des obstacles extérieurs et accidentels, nullement ontologiques : tout attrait est exclu de l'état de l'homme avant la chute ; d'autre part il ne faudrait pas interpréter en un sens psychologique cette douceur qui attire l'âme : Bossuet a précisé que le plaisir ne suit pas toujours la vertu. Néanmoins sur la nature exacte de cet attrait il se montre très discret, le *Traité du libre arbitre* n'est pas un traité *de gratia*.

Quelques années plus tard, Bossuet expose dans la *Défense de la Tradition et des Saints Pères* ce qu'il entend par l'attrait. Œuvre de circonstance, cette défense de saint Augustin a tendance à se transformer en un ouvrage sur la grâce (97) ; la problématique est cependant celle des rapports de la grâce et du libre arbitre et non celle des conditions psychologiques de la vie de grâce : « La doctrine de la grâce qui atterre tout orgueil humain et réduit l'homme à son néant aura toujours des contradicteurs ; et ce qui fait que quelquefois elle en a trouvé même dans de saints personnages, c'est la difficulté de la concilier avec le libre arbitre, dont la créance est si nécessaire. De là donc il est arrivé que la doctrine de saint Augustin a souvent été l'occasion de grands démêlés dans l'Eglise : les uns l'ayant affaiblie, les autres l'ayant outrée, et tout cela étant l'effet naturel de sa sublimité » (98). Puisque l'action de Dieu et le libre arbitre coopèrent dans l'acte méritoire, Bossuet défend la doctrine augustinienne et montre comment s'exerce cette coopération. L'homme n'est pas *entièrement* maître de ses actions, contrairement à ce qu'affirmaient les pélagiens, « car pour être *entièrement maître de ses actions* [...] il faudrait pouvoir aimer et haïr, se plaire et se dégoûter de ce que l'on veut ; ce qui n'est pas, comme saint Augustin le dit souvent et que l'expérience le fait assez voir ; et c'est aussi à cet égard que saint Ambroise disait que l'homme "n'a pas son cœur en sa puissance" : *non est in nostra potestate cor nostrum ;* ce que tout homme de bien et rempli, dit saint Augustin, d'une humble et sincère piété éprouve très véritable ; car on a des inclinations dont on n'est pas le maître, en sorte, dit saint Ambroise,

(96) LT, XXIII, p. 473.
(97) C'est ainsi que Bossuet l'appelait lui-même, d'après le témoignage de Ledieu.
(98) LT, IV, p. 185.

que l'homme ne se tourne pas comme il veut... » (99). Le thème augustinien de l'impuissance radicale de l'homme et des servitudes qui pèsent sur son libre arbitre n'est sans doute pas original en cette fin du XVIIe siècle ; les conséquences qu'en tire Bossuet pour établir sa doctrine de la grâce méritent toutefois d'être remarquées : « ses sentiments, poursuit-il [saint Ambroise], le dominent, sans que souvent il s'en puisse dépouiller ; c'est aussi par là qu'on le prend pour le mener où l'on veut par sa propre pente ; et si les hommes le savent faire en tant de rencontres, Dieu ne pourra-t-il pas le faire autant qu'il voudra, lui qui connaît tous ses penchants, et sait outre cela toucher l'homme par des endroits encore plus intimes et plus délicats ; car il connaît les plus secrets ressorts par où une âme peut être ébranlée : lui seul les sait manier avec une dextérité et une puissance inconcevable ; ce qui fait conclure au même saint Ambroise, à l'occasion de saint Pierre, que tous ceux que Jésus regarde pleurent leurs péchés, qu'il leur inspire une tendresse à laquelle ils ne résistent pas... » (100). Bossuet (101) se plaît à relever chez saint Ambroise (102) une ébauche des doctrines augustiniennes et on aura pressenti à travers cette « tendresse à laquelle ils ne résistent pas » la délectation victorieuse. D'ailleurs le détail des thèses des théologiens intéresse moins Bossuet que le « fond » de la doctrine de la grâce : l'action efficace de Dieu sur les volontés : « On dispute bien dans l'Ecole de la manière dont Dieu touche l'homme de telle sorte qu'il lui persuade ce qu'il veut, et des moyens de concilier la grâce avec le libre arbitre ; et c'est sur quoi saint Augustin même n'a peut-être rien voulu déterminer, du moins fixement, content au reste de tous les moyens par lesquels on établirait le suprême empire de Dieu sur tous les cœurs. Pour le fond, qui consiste à dire que Dieu meut efficacement les volontés comme il lui plaît, tous les docteurs sont d'accord qu'on ne peut nier cette vérité, sans nier la toute-puissance de Dieu et lui ôter le gouvernement absolu des choses humaines » (103). Commentant la prière « *et ad te nostras etiam rebelles compelle propitius voluntates* », Bossuet distingue avec saint Augustin la contrainte, violence qui nous fait faire le bien malgré nous et l'action divine qui est « une toute-puissante facilité de faire que de non voulant nous soyons

(99) LT, IV, p. 363-364. Ce texte est une paraphrase de saint Augustin, *De Dono perseverantiæ*, VIII, 19 où se trouve la citation de saint Ambroise.
(100) LT, IV, p. 364.
(101) Après saint Augustin, *De Dono perseverantiæ*, XIX, 49 : Bossuet complète les citations d'Ambroise que donne saint Augustin.
(102) *In Luc.*
(103) LT, IV, p. 367.

faits voulant » (104) : toute-puissante facilité qui a certains caractères de la délectation victorieuse qui est intérieure à l'homme, qui n'est pas un *tertium quid* par l'intermédiaire duquel agirait Dieu (105).

A plusieurs reprises la *Défense de la Tradition et des Saints Pères* affirme cette action sur le libre arbitre sans en fixer les modalités : le libre arbitre « peut être fléchi, ébranlé, persuadé par celui qui l'ayant créé le tient toujours sous sa main » (106). Les seules allusions, fugitives, rappellent les thèmes exposés plus haut : « tant est tendre, tant est efficace cet esprit de gémissement, de prière et de componction que Dieu répandit sur son peuple... » (107). Lorsqu'au livre XIII de la seconde partie Bossuet traite expressément du problème de la grâce et expose les différents systèmes théologiques en présence, son intention est de montrer que tous ces systèmes soutiennent la doctrine augustinienne de la préférence gratuite, et enseignent en même temps la volonté générale en Dieu de sauver tous les hommes : les thomistes qui comme Alvarez soutiennent la thèse de la prémotion ou prédétermination physique (108), ceux qui comme Henriquez et plus récemment Isambert enseignent la prémotion ou détermination morale (109), ceux même qui avec Bellarmin, Suarez ou Molina défendent la science moyenne (110). Selon une méthode qui lui était chère dans la controverse avec les protestants, Bossuet va à l'essentiel de son propos, montre que chacun établit la grâce de distinction ou de préférence, sans examiner le fort ou le faible des doctrines. Néanmoins ces pages permettent de préciser les thèses qu'il rejette ou accepte dans le *Traité du libre arbitre ;* ainsi Bossuet réserve une large place à l'exposé du système d'Isambert « professeur fameux de nos jours dans la Sorbonne » (111) et cet exposé de la doctrine de la prémotion ou

---

(104) LT, IV, p. 372-373.

(105) Cf. LT, IV, p. 389-390 : Bossuet expliquant *Romains* VIII, 26 : « L'esprit prie pour nous avec des gémissements inexplicables » ne prend pas parti entre les diverses interprétations : « Qu'on l'entende comme on voudra, ou avec saint Augustin et les autres Pères, du Saint-Esprit, dont l'Apôtre venait de dire « L'Esprit aide notre faiblesse », ou d'une certaine disposition que le Saint-Esprit met dans les cœurs, à quoi saint Chrysostome semble pencher... ». Nouvelle preuve du peu d'intérêt que porte Bossuet à l'aspect psychologique et anthropologique de la vie de grâce.

(106) LT, IV, p. 388.

(107) LT, IV, p. 389.

(108) LT, IV, p. 490-492 : l'on sait que c'est la position adoptée par Bossuet dans le *Traité du libre arbitre.*

(109) LT, IV, p. 492-494.

(110) LT, IV, p. 494 et suiv.

(111) LT, IV, p. 492.

détermination morale correspond bien à celui de la délectation victorieuse ou contempération du *Traité du libre arbitre.* Nous pouvons mieux éclairer le problème posé par l'ambivalence des schèmes augustiniens et expliquer le refus de la doctrine de la délectation dans le *Traité* et sa récupération sous la forme d'une théorie de l'attrait. Isambert s'affirmait thomiste (112) et suivait saint Augustin dans les matières de la grâce sans admettre toutefois pour tous les hommes la prédestination absolue indépendante de la prévision des mérites (113). Comment la volonté donne-t-elle à Dieu son consentement ? Par quelle contempération ou par quelle convenance ? Bossuet cite longuement Isambert : « ... il suffit que, parmi toutes les grâces actuelles, il donne celle qu'il sait être la plus puissante et la plus convenable à vaincre notre volonté obstinée, et que par la douceur et la suavité de cette grâce, il l'attire de telle sorte à donner son consentement, qu'encore qu'absolument parlant elle puisse le refuser, toutefois et en effet, étant attirée de cette sorte, son consentement soit inévitable, *consentiat indeclinabiliter* » (114). Bossuet continue la citation d'Isambert : « La singulière efficace de la grâce prévenante consiste précisément et formellement dans une convenance et contempération particulière, *in speciali aptatione et contemperatione,* avec la volonté de celui qui est appelé et avec les circonstances de sa vocation et le soin particulier d'éloigner les empêchements par la grâce de la protection extérieure de Dieu... » (115) ; « il ajoute que cette efficace consiste dans des inductions, délectations, terreurs et autres affections, *suasionibus, delectationibus, terroribus vel aliis ejusmodi affectionibus ;* et confirme toute sa doctrine par des passages célèbres de saint Augustin, tirés des livres *à Simplicien...* » (116) ; Dieu donc, selon Isambert, tire toutes les volontés créées « où il lui plaît, sans blesser leur libre arbitre, par la suavité de l'objet et par une délectation victorieuse de tous les obstacles » (117).

Telle est donc expliquée avec plus de précision, dans un ouvrage qui devait être plus ample que le *Traité du libre arbitre,* la doctrine de la délectation victorieuse : on voit d'une part qu'il ne faut pas la confondre avec un panhédonisme « janséniste », car Isambert

---

(112) Cf. J. Orcibal, *Jean Duvergier de Hauranne...,* t. III, p. 77.

(113) Bossuet le souligne LT, IV, p. 492 ; cf. le texte d'Isambert cité par J. Orcibal, *op. cit.,* t. III, p. 77, n. 6.

(114) LT, IV, p. 492.

(115) LT, IV, p. 492-493.

(116) LT, IV, p. 493. Cf. ces textes de saint Augustin cités LT, IV, p. 550.

(117) LT, IV, p. 493 : toutes les citations d'Isambert sont extraites de *Ia, IIæ Quæst. CXII,* disp. III et IV, et *Quæst. III,* disp. VII, VIII, IX.

défend la grâce générale, et d'autre part que Bossuet ne la prend à son compte pas plus que dans le *Traité du libre arbitre :* cette conception d'un intermédiaire entre l'action divine et l'homme, d'un *tertium quid* qui serait la délectation ne lui paraît pas fondamentalement vraie : elle reste incomplète. En outre la doctrine de la délectation à ses yeux comme dans l'œuvre de saint Augustin est liée à une doctrine volontariste et non pas affective de la vie spirituelle : le texte cité des *Questions diverses à Simplicien* (118) le montre nettement et rattache la délectation au « cœur » (119). Ce volontarisme, Bossuet le découvre chez saint Augustin lorsque dans la *Défense de la Tradition et des Saints Pères* il montre que le saint reconnaît « un certain pouvoir de faire le bien, qui ne consiste en autre chose que dans le vouloir ardent que nous en avons [...]. Lorsque Dieu nous donne une forte volonté ou, pour nous faire mieux entendre, un fort et ardent vouloir, il nous donne en même temps et le pouvoir et le vouloir et le faire, puisque le pouvoir comme le faire se trouve dans le vouloir même, quand il est fort et ardent [...]. Lorsque le vouloir est fort, l'exécution est infaillible » (120).

Tous ces derniers chapitres de la *Défense de la Tradition* qui exposent la doctrine augustinienne insistent sur les mêmes thèmes : la grâce « qui fléchit les cœurs de cette manière aussi douce qu'invincible » (121), « Dieu la répand dans l'intérieur avec une suavité ineffable ; en sorte que, non seulement il montre la vérité, mais encore il en inspire l'amour » (122) ; « l'illumination et l'inspiration du Saint-Esprit qui donne à l'homme la suavité à consentir et à croire » (123). En ce pouvoir qui n'est qu'une volonté ardente et forte d'accomplir le bien, consiste donc le fruit de la grâce de prédilection et de préférence maintes fois défendue par saint Augustin.

Dans quelle mesure Bossuet soutient-il une doctrine de la délectation ? dans la mesure où il ne s'agit pas d'une délectation victorieuse qui viendrait supprimer tous les obstacles, adaptation de l'action divine aux conditions de l'acte humain, mais où il s'agit d'un attrait qui au sens augustinien rend fortes et ardentes les

---

(118) LT, IV, p. 550.

(119) Après avoir rappelé le texte de saint Augustin, *De Div. Qæst. ad Simpl. :* « ... qui est celui qui embrasse dans son esprit ce qui ne le délecte pas... ? », Bossuet conclut : « C'est donc par là qu'il explique la grâce intérieure et le besoin qu'on a au dedans du cœur de ses secrètes insinuations... » LT, IV, p. 550.

(120) LT, IV, p. 587-588.

(121) LT, IV, p. 599.

(122) LT, IV, p. 602 ; cit. de saint Augustin, *De Grat. Christi,* cap. XIII, n. 14.

(123) LT, IV, p. 613.

volontés de l'homme et les conduit à l'effet, transforme un simple pouvoir en vouloir et en acte.

III. Les deux niveaux de l'ame.

Rejoignant la doctrine augustinienne de la délectation qui n'est pas catégorie affective mais volontariste ou « fondamentale », la psychologie spirituelle de Bossuet se révèle à travers les métaphores qui lui sont familières : des façons de parler et d'écrire, des formules dont Bossuet ignore l'origine et qui ont une longue histoire permettent mieux que de véritables définitions de la comprendre ; par elles les parentés de son esprit apparaissent presque malgré lui.

Dès l'époque des sermons, avons-nous souligné (124), Bossuet emploie la métaphore du « cœur » en ne lui donnant pas avant tout et exclusivement une valeur affective : le cœur est le foyer vivant de la volonté et de l'intériorité (125) ; désormais, grâce à la pratique de la direction spirituelle, grâce à des lectures ou tout au moins par le contact avec des âmes qui ont pratiqué les grandes œuvres spirituelles, ces métaphores se multiplient mais le schéma fondamental reste le même : l'homme est double ; en une dualité plus profonde et plus essentielle que celle du corps et de l'âme, l'âme elle-même est double : d'un côté ce qui est superficiel, de l'autre ce qui est profond, inversement la partie inférieure et la suprême et sublime partie, ou encore les deux zones de l'âme : le centre et la circonférence, l'intérieur et l'extérieur. La dualité qui se manifeste par ces séries d'images reparaît dans l'analyse du cœur distingué de l'âme et de l'esprit (126), et même, schème exemplaire, se reproduit à l'infini à l'intérieur même du cœur (127). Le mouvement de la spiritualité de Bossuet, même si les métaphores s'accumulent et ne sont pas toujours cohérentes les unes avec les autres, est, avons-nous dit, un retour à ce par quoi l'homme est homme, image de Dieu. C'est la parabole d'*animus* et d'*anima* que commentait Bremond (128) après Claudel. Chez Bossuet ce mouvement de

(124) Cf. *supra*, p. 200.

(125) Cf. le texte cité *supra*, p. 350, LT, IV, p. 550, sur la conception volontariste du cœur que Bossuet trouve chez saint Augustin. Voir R.B., 1904, p. 133 : « Dieu de son cœur ».

(126) C.B., VII, p. 108.

(127) O.O., VI, p. 628 (le centre du cœur), LT, VII, p. 533, 545 (l'intime du cœur), O.O., VI, p. 315, 379, 491, E.M., p. 368, 455 (le fond du cœur). Cf. le même schème à l'époque des œuvres oratoires, *supra*, p. 210.

(128) *Prière et poésie*, p. 112 et suiv. ; *Histoire littéraire...*, t. VII, p. 48 et suiv.

concentration, de retour en soi-même, écho très affaibli de l'introversion des mystiques, est le premier pas dans l'approche de Dieu : ainsi le *Discours sur l'acte d'abandon* est un commentaire du passage de saint Luc relatif à Marthe et Marie (129) que plusieurs fois l'orateur avait appliqué à la vie religieuse (130). La part de Marie, sa conversation avec Jésus, ne se trouve pas au milieu des agitations mais « dans l'intime secret du cœur » (131) : « il faut [...] lui prêter ces oreilles intérieures dont il est écrit : " Vous avez, Seigneur, ouvert l'oreille à votre serviteur " » (132) ; les paroles divines s'entendent « dans la haute partie de notre âme » (133), sorte de ciel (134) où se fait le silence ; cette partie est le cabinet dont on ferme la porte (135), où l'on demeure enfermé ; l'on entre « en soi-même » (136) à l'endroit où l'on est vraiment soi-même. C'est là que résident le Père et le Fils, c'est là qu'ils ont imprimé leur image (137). « Qui nous dira quelle est cette secrète partie de notre âme dont le Père et le Fils font leur temple et leur sanctuaire ? Qui nous dira combien intimement ils y habitent, comme ils la dilatent comme pour s'y promener et de ce fond intime de l'âme se répandre partout, occuper toutes les puissances, animer toutes les actions ? Qui nous apprendra ce secret, pour nous y retirer sans cesse et y trouver le Père et le Fils ?

« Ce n'est pas là cette présence dont saint Paul dit : " il n'est pas loin de nous : car nous vivons, nous nous mouvons et nous sommes en lui et par lui ". Car cette présence nous est commune avec tous les hommes, et même en un certain sens avec tout ce qui vit et qui respire (138) ; mais l'union que Jésus-Christ nous promet ici, est une union qu'il ne promet qu'à ses amis. Qu'elle est profonde ! Qu'elle est intime ! Qu'elle est éloignée de la région des sens !

« Quand Dieu nous a faits à son image, il a créé en nous pour ainsi parler ce secret endroit où il se plaît d'habiter. Car il entre

---

(129) *Luc,* X, p. 38 et suiv.

(130) O. O., II, p. 84-99 en particulier.

(131) LT, VII, p. 533.

(132) *Ibid.*

(133) LT, VII, p. 534.

(134) Comparaison traditionnelle esquissée seulement par Bossuet : cf. Harphius, *Theol. mystica,* Cologne, 1556, f° 187, cité D. S., t. I, c. 458, où l'on trouve *supremum cælum.*

(135) LT, VII, p. 534, cit. de *Mat.* VI, 6 : la fortune de cette image est grande au Moyen Age (saint Bernard) et à l'époque classique, surtout d'après saint Augustin, *Conf.* VIII, 19 (éd. Belles Lettres, t. I, p. 191) : *domus* et *cubiculum,* l'âme et le cœur.

(136) *Ibid.,* et E. M., p. 78, 79, 402, etc.

(137) E. M., p. 185.

(138) Sur cette présence, cf. *supra,* p. 293, avec cit. de E. M., p. 153.

intimement dans la créature faite à son image : il s'unit à elle par l'endroit qu'il a fait à son image, où il a mis sa ressemblance. L'homme ne lui est pas étranger, puisqu'il l'a fait, comme lui, intelligent, raisonnable, capable de le désirer, de jouir de lui ; et lui aussi il jouit de l'homme : il entre dans son fond d'où il possède le reste : il en fait son sanctuaire. O homme ne comprendras-tu jamais ce que ton Dieu t'a fait ? Nettoie à Dieu ton temple... » (139). Ce sont les pages où Bossuet a le plus nettement abordé le problème qui nous occupe (140) et pourtant elles nous paraissent trop courtes : Bossuet sent plus qu'il n'explique, le lyrisme l'emporte sur l'analyse : il y a en l'homme une région secrète (141), intérieure (142) qui est le fond de l'âme, la substance même de son être (143), de sa nature (144) ; cette région qu'au temps de son épiscopat (145) Bossuet se plaît à nommer le fond de l'âme, utilisant sans le savoir une expression traditionnelle passée dans la langue courante de la spiritualité (146), est celle où Jésus habite (147) : en ce qui est « en nous de plus intime » (148), dans l'intime de notre intime (149), il fait sa demeure (150) ; il n'y a que le cœur où l'Epoux soit présent par une

(139) LT, VI, p. 531-532.

(140) Ce ne sont pas les premières : en 1681 (O. O., VI, p. 69) : « Votre cœur [...] ce bienheureux fond que Dieu mit dans votre âme pour la rappeler à lui quand il la fit à son image, que le péché vous avait fait perdre et que Jésus-Christ ressuscité vient renouveler ».

(141) LT, VI, p. 81, 409-410 ; E. M., p. 357, 389, 458.

(142) LT, VI, p. 424, 535 ; LT, VII, p. 543.

(143) LT, VII, p. 535 ; E. M., p. 110, 111, 113, 117.

(144) LT, XXIV, p. 457.

(145) On trouve quelques emplois dès l'époque des œuvres oratoires : O. O., I, p. 5, 26 ; IV, p. 500, 532 ; V, p. 399 ; C. B., I, p. 48. Cf. *supra*, p. 210.

(146) Cf. D. S., t. I, c. 433-469 : *Ame* (*Structure chez les mystiques*), par L. Reypens, et D. S., t. V, c. 650-666, sur le fond de l'âme selon Eckhart et Marie de l'Incarnation. Le « fond » de l'âme est une expression de saint Augustin (*Conf.* VIII, 28), d'Eckhart, de Ruysbroeck, de Tauler (H. Bremond, *Histoire littéraire...*, t. VII, p. 49, n. 1), qui se trouve fréquemment dans les *Institutions* taulériennes si lues au XVIIe siècle (trad. 1665, ch. XXVIII, p. 322 ; ch. XXXIV, p. 378-379), chez Louis de Blois, chez sainte Thérèse même, chez Antoine de Rojas (textes cités par Bremond, *Prière et poésie*, p. 115 et suiv.), chez bien d'autres (cf. M. Sandaeus, *Pro Theologia mystica clavis*, p. 219) et couramment dans la langue de la spiritualité du XVIIe siècle (Marie de l'Incarnation, saint François de Sales (*Œuvres*, t. V, p. 389, 413, cf. H. Lemaire, *Les images...*, p. 234), Bérulle (J. Dagens, *Bérulle...*, p. 259 et suiv.), Olier, Rigoleuc, Surin (*Catéchisme spirituel*, 2e éd., 1667, t. I, p. 435-443), L. Bail (*Théologie affective*, 1654, p. 214), pour ne citer que quelques noms).

(147) C. B., VIII, p. 181.

(148) E. M., p. 279 ; LT, XXIII, p. 465 ; O. O., VI, p. 279.

(149) E. M., p. 291.

(150) C. B., VI, p. 501.

union plus intime (151), où il règne (152) et qu'il emplisse (153). C'est là, dans ce fond, que la vérité se fait entendre (154) : « *Ecoute Israël :* écoute dans ton fond : n'écoute pas à l'endroit où se forgent les fantômes : écoute à l'endroit où la vérité se fait entendre, où se recueillent les pures et simples idées : écoute là, Israël : et là, dans ce secret de ton cœur où la vérité se fait entendre, là retentira sans bruit cette parole : *Le Seigneur ton Dieu est un seul Dieu...* » (155). Cette secrète région est le point d'application de la grâce qui de là se répand en tout l'homme, car le fond de l'homme est la volonté : « Entrez donc au dedans de moi, ô Seigneur ; saisissez-vous du secret et profond ressort d'où partent mes résolutions et mes volontés : remuez, excitez, animez tout ; et du dedans de mon cœur, de cette intime partie de moi-même, si je puis parler de cette sorte, qui ébranle tout le reste [...] répandez la charité dans le fond de mon cœur comme un baume et comme une huile céleste. Que de là elle aille, elle pénètre, et qu'elle remplisse tout au dedans et au dehors... » (156). Le volontarisme caractérisait déjà la spiritualité de Bossuet à l'époque des œuvres oratoires (157), désormais il s'épanouit dans le sens d'un mystère ou d'un secret que la grâce vient exorciser en lui donnant une direction conforme à la volonté divine. Dieu agit dans le tréfonds mystérieux de l'être (158) et c'est là que l'hom-

---

(151) C. B., VI, p. 409.

(152) E. M., p. 270.

(153) E. M., p. 288.

(154) LT, XXIV, p. 454 ; O. O., VI, p. 240-241, 242 ; C. B., III, p. 76 ; VII, p. 273, 274 ; LT, VI, p. 208, 380, 386, 535, 613, 630, 669 ; E. M., p. 239-240, 286, 349, 386, 392, 455.

(155) E. M., p. 81 ; cf. O. O., VI, p. 61 : le dedans et le dehors, les replis les plus cachés de la conscience.

(156) LT, VI, p. 184. Cf. O. O., VI, p. 217 : « La grâce est, selon la théologie, une qualité spirituelle que Jésus-Christ répand dans nos âmes, laquelle pénètre le plus intime de notre substance, qui s'imprime dans le plus secret de nous-mêmes, et qui se répand dans toutes les puissances et les facultés de l'âme qui la possède intérieurement... » (peut-être faut-il lire : « ... l'âme, qui la... »). Le cœur est le lieu où s'applique la grâce, au plus intime de l'homme (LT, VII, p. 533, 534, 545) : « Je remets ma volonté entre vos mains [...]. Faites-moi selon votre cœur ; et " créez en moi un cœur pur ", un cœur docile et obéissant [...] Faites-moi donc droit, ô mon Dieu, afin que je vous aime de tout mon cœur, de ce cœur que vous formez en moi par votre grâce. Je vous ai tout livré ; je n'ai plus rien : c'est là tout l'homme » (LT, VII, p. 535-536).

(157) Cf. *supra*, p. 217.

(158) C. B., VII, p. 57 : fond obscur et profond ; C. B., VII, p. 122-123 : fond obscur et impénétrable ; LT, VI, p. 635 : ce qui est le plus caché ; LT, VII, p. 533 : intime secret ; E. M., p. 369 : impulsion secrète ; E. M., p. 455 : voix secrète et intérieure ; etc.

me le trouve : *Deus interior intimo meo,* redit Bossuet après saint Augustin (159).

La métaphore inverse, celle du sommet de l'âme, qui dans la tradition avait une valeur assez différente (160), se trouve à la même époque associée aux précédentes dans les œuvres de Bossuet : la partie sublime de l'âme (161), la haute (162), ou suprême partie (163) s'opposent à la partie inférieure (164), à ce qui est « au-dessous de soi » (165). La lumière de la grâce se répand de cette partie haute sur tout le reste, de ces « lieux hauts » auxquels fait allusion le cantique des anges : « Voilà donc ce que c'est que l'Evangile : c'est en apprenant l'heureuse nouvelle de la délivrance de l'homme, se réjouir d'y voir la plus haute gloire de Dieu. Elevons-nous aux lieux hauts, à la plus sublime partie de nous-mêmes ; élevons-nous au-dessus de nous et cherchons Dieu en lui-même pour nous réjouir avec les anges de sa grande gloire » (166).

---

(159) C. B., IV, p. 319 ; LT, VI, p. 533, 660 ; avec la variante : Dieu plus présent à moi-même que moi-même : C. B., II, p. 127 ; LT, VI, p. 174. Au fond de soi-même l'homme trouve Dieu (autres références sur le « fond » de l'âme : C. B., I, p. 313 ; IV, p. 112, 311, 319 ; V, p. 137, 295 ; VI, p. 92, 111, 311, 409 ; VII, p. 57, 150, 189, 368, 376 ; IX, p. 226 ; LT, VI, p. 184, 347, 509, 602 ; E. M., p. 162, 177, 193, 263, 368, 404 ; O. O., VI, p. 159, 229). Autres expressions analogues : intime silence et secret de l'âme, C. B., IV, p. 152 ; intime infinité du cœur, C. B., V, p. 197.

(160) Les principaux auteurs qui ont pu marquer le vocabulaire du XVIIe siècle : Harphius (cf. D. S., t. I, c. 458), Louis de Blois (*ibid.*) surtout saint François de Sales (*id.,* c. 463-464, et H. Bremond, *Histoire littéraire...,* t. VII, p. 48 et suiv., *Prière et poésie,* p. 116-117) et à sa suite J.-P. Camus (Bremond, *op. cit.,* t. VII, p. 56). Sainte Chantal emploie la même expression (cf. Maupas du Tour, *Abrégé de l'esprit intérieur...,* éd. cit., p. 114 et suiv. ; cf. LT, XVIII, p. 569, 576), ainsi que Bérulle dans le *Bref discours...* (cf. J. Dagens, *op. cit.,* p. 259), Yves de Paris (Ch. Chesneau, *Yves de Paris...,* t. II, p. 165, 173), L. Bail (*Théologie affective,* 1654, p. 214), etc.

(161) C. B., IV, p. 223.

(162) LT, VI, p. 257 ; VII, p. 533.

(163) C. B., VII, p. 302 ; dans une citation de saint François de Sales, la partie supérieure : C. B., VII, p. 326.

(164) C. B., VI, p. 135.

(165) C. B., IX, p. 226.

(166) E. M., p. 344. La métaphore du « centre » était celle qu'employaient le plus volontiers sainte Thérèse (D. S., t. I, c. 460-461) et saint Jean de la Croix (*id.,* c. 461-463), et au XVIIe siècle, elle est fréquente chez sainte Chantal et saint François de Sales (Maupas, *Abrégé...,* p. 114 et suiv.), Camus (Ch. Chesneau, *op. cit.,* t. II, p. 228), Bérulle (cf. J. Dagens, *op. cit.,* p. 259 et suiv.), Marie de l'Incarnation, Olier, etc. Dans les œuvres de Bossuet de l'époque de l'épiscopat, nous ne l'avons guère trouvée qu'une fois : elle figure certes dans l'opuscule *De l'amour de Madeleine* (O. O., VI, p. 628, 630) mais cette œuvre est vraisemblablement plus ancienne (cf. *supra,* p. 229). On la trouve une fois dans la traduction en vers du *Cantique des Cantiques :* le « bienheureux centre » de l'âme (LT, XXVI, p. 47). Sans doute, dans les documents qui

Les spéculations des mystiques du Moyen Age et des spirituels du début du XVIIe siècle sont bien loin : sommet de l'âme ou fond de l'âme, ces métaphores en passant dans le langage de tous les jours ont perdu presque toute leur valeur primitive ; leur force s'est émoussée et si elles gardent une certaine vie dans l'œuvre de Bossuet, c'est souvent en vertu d'un glissement de sens : du « fond » on glisse à l'obscurité ou à l'intimité, catégories psychologiques plutôt que proprement spirituelles ; du « sommet » on tendra toujours à donner une interprétation morale qui en est une singulière limitation. L'évolution du langage est reflet de l'évolution de la spiritualité. Ainsi l'emploi de ces métaphores semble suggérer que la vie spirituelle se situe dans un au-delà de la psychologie où sensibilité et affectivité (167) sont abolies ou transfigurées, mais il n'impose pas cette interprétation : Bossuet n'a pas explicitement développé une conception du « fond » ou du « sommet » de l'âme qui pût nous permettre d'écarter dès l'abord toute interprétation panhédoniste de sa spiritualité. Nous devrons étudier de quelle façon il applique ces principes assez incertains, pour tirer des conclusions.

IV. Des principes a l'expérience.

1) *Les œuvres oratoires.*

Les principes doctrinaux et l'étude de la psychologie spirituelle nous aident à comprendre la place que tiennent les schèmes affectifs dans la direction et les œuvres spirituelles de Bossuet à l'époque de son épiscopat. Nous éviterons les explications trop rapides par le « panhédonisme » et par la « mystique » ; mais la réponse n'est pas simple parce que la vie de la grâce ne peut se définir, ne peut se mettre en formules et que Bossuet se méfie des systèmes : non pas un traité de la vie spirituelle mais des lettres de direction c'est-à-dire un dialogue avec la dirigée, l'accueil au jour le jour des événements, des dispositions propres à chaque âme. Ainsi ce que nous jugerions trop vite contradiction a toutes chances d'être disponibilité et ouverture à la grâce et ce n'est pas un des moindres sujets d'étonnement que de découvrir ce directeur, embarrassé dans ses partis pris et dans sa théologie, accueillir pratiquement ce qu'il refuse bruyamment sous d'autres noms. Déjà le schéma de la montée de l'amour divin chez sainte Thérèse, chez la Vierge Marie,

---

nous restent de cette période, Bossuet se surveille déjà et la métaphore du « centre » dut lui paraître trop exclusivement « mystique ».

(167) Et démarches conceptuelles, dirons-nous plus loin, p. 403.

ou chez Madeleine mettait en lumière les contradictions d'un amour qui se révèle sous le double signe de l'attrait et du refus, de la douceur et de la souffrance, de la lumière et des ténèbres : thèmes traditionnels chez les orateurs sacrés, qui vont servir de cadre à la direction spirituelle de Bossuet. Ainsi muni de principes théologiques et anthropologiques simples, d'un schéma, juste sans doute mais très sommaire, de spiritualité, l'évêque de Meaux devra élaborer sa doctrine, ou plutôt, car il s'agit peu de doctrine, les réponses qu'il adresse à celles qui se confient à lui, et cela dans les pires conditions, la querelle du quiétisme venant affaiblir la liberté de son esprit (168).

Déjà dans certains passages des œuvres oratoires de cette époque (169) apparaît un tableau de la vie chrétienne qui n'est pas très différent de celui qu'offriront les lettres de l'évêque de Meaux. L'économie de la grâce se découvre plutôt à travers la conversion du pécheur qu'à travers la marche vers la perfection, différence d'auditoire, de genre littéraire qui n'atteint pas le mouvement profond de la spiritualité. Cette vie chrétienne dont l'orateur veut donner le goût ne peut être dominée par la crainte : « il est temps d'ouvrir votre cœur aux chastes douceurs de l'amour de Dieu, sans lequel il n'y a point de christianisme. [...] car aussi comment peut-on être chrétien si on n'aime et si on ne goûte ce bien infini ? » (170), et ici, à Saint-Germain, Bossuet ne cherche qu'à faire désirer Dieu et à dégoûter ses auditeurs du plaisir sensible, mais il n'insiste pas, très discret, en retrait même par rapport aux sermons qu'il prononçait quelque vingt ans plus tôt : Bossuet a-t-il perdu ses illusions sur les attraits que peut offrir aux mondains la vie chrétienne ? Le petit nombre des œuvres conservées interdit de répondre de façon affirmative, mais même les « ardeurs » du cœur de Marie-Thérèse « blessé de l'amour divin », « ces torrents de larmes que la Reine versait » dans son oraison sont « les pleurs et les amertumes de la pénitence » (171) : telle était la délicatesse d'une âme innocente comme la sienne ; l'orateur passe sur les « plaisirs

---

(168) Notons, une fois pour toutes, que la plupart des lettres sont postérieures à l'automne 1691, et un très grand nombre à l'automne 1692, dates auxquelles l'attention de Bossuet s'est portée respectivement sur les problèmes de la passivité mystique et du pur amour qui feront l'objet de la querelle du quiétisme.

(169) A partir de 1681. Nous englobons dans cette période les sermons de 1681 car la répartition des œuvres oratoires conservées laisse apparaître un trou de six années entre 1675 et 1681. La coupure est plus naturelle entre ces deux dates qu'en 1682.

(170) O. O., VI, p. 73-74.

(171) O. O., VI, p. 191.

célestes » (172), sur la nature de la ferveur (173), de l'ardeur (174), qu'elle apportait aux actes de la religion et surtout à la communion (175). Bossuet veut faire de cette oraison funèbre une leçon et surtout une leçon au Dauphin : la pénitence, les sacrements, les actes de la vie chrétienne y ont plus de place que l'itinéraire et les modes de l'amour divin.

Le sermon de Pâques 1685 montre dans la joie « l'acte le plus parfait d'un amour heureux et jouissant » (176), mais c'est pour rapporter à Dieu bienheureux et saint toute joie, pour détourner l'homme de la séduction des joies sensibles (177) : ascèse, méfiance de la nature, inconsistance de joies qui toutes débouchent sur la mort, l'orateur esquisse à peine le tableau opposé de la joie chrétienne, car si le véritable bonheur suppose l'innocence et la foi, ce n'est que dans la Jérusalem céleste que le chrétien pourra le goûter dans sa pureté : c'est un au-delà des travaux de la vie, un lendemain qui, sans être imagination ou rêve, est une incertaine récompense et échappe à l'expérience (178). Même un texte aussi significatif que le 3e point du sermon pour la Circoncision de 1687 apporte peu d'éléments nouveaux à ce tableau, quelques nuances seulement qui trahissent une évolution de la sensibilité de l'orateur : comme dans les sermons dont celui de 1687 est la reprise (179), le bonheur des bienheureux, la joie de la Nouvelle Jérusalem sont définis par l'impossibilité où sont les élus de commettre aucun péché, stabilité de la volonté fixée dans le bien ; mais alors qu'en 1664 et 1668 c'est le seul sujet traité, en 1687 Bossuet, après avoir résumé en une page vigoureuse les sermons précédents, amorce une description lyrique de cette joie montrant comment elle se prépare ici-bas : « ... on ne vient pas à un si grand bien sans en avoir désiré la jouissance ; il faut goûter par avance ces saintes douceurs. C'est pourquoi Dieu nous a donné, dès cette vie même (présent admirable envoyé du ciel !) un écoulement de la gloire dans la grâce, un essai de la claire vue dans la foi, un avant-goût de la possession dans l'espérance, une étincelle de la charité consommée dans la charité com-

(172) O. O., VI, p. 198.
(173) O. O., VI, p. 200, 201.
(174) *Ibid.*
(175) O. O., VI, p. 199-200.
(176) O. O., VI, p. 235.
(177) O. O., VI, p. 237-238.
(178) « Joie de Jésus-Christ ressuscité, qui dégoûte des joies qui passent, et qui donnera la joie éternelle » (O. O., VI, p. 239) : résumé de tout ce sermon de Pâques : entre le dégoût et l'attente quelles sont les joies propres à la vie de grâce ?
(179) O. O., IV, p. 526 et suiv., O. O., V, p. 314 et suiv., O. O., V, p. 453 et suiv. Sur ces sermons cf. *supra*, p. 234.

mencée. Commençons donc à goûter et à voir *combien le Seigneur est doux* » (180). Nous attendons que l'orateur nous présente et nous fasse goûter ces douceurs, mais son mouvement tourne court : « Mais quoi ! on ne m'entend plus ; tu m'échappes à ce coup, auditeur distrait ! [...] Quand nous venons à ce qui fait l'homme intérieur, c'est-à-dire à ce qui fait le chrétien, à ces désirs du règne de Dieu, à ces tendres gémissements d'un cœur dégoûté du monde et touché des biens éternels, c'est une langue inconnue. Je ne m'en étonne pas : ce cantique des joies célestes que je commençais à chanter, c'est le cantique de Jérusalem... » (181). Et le prédicateur parle au milieu d'une Babylone prompte à la critique, où les secrets de la vie spirituelle sont ignorés et méprisés : comment parler des joies célestes à des mondains que les exercices de piété, les oraisons, les lectures font languir jusqu'à mourir (182), sinon en leur montrant des épreuves dans les abattements, les ennuis, les détresses et la tristesse (183) ? Timide tentative pour expliquer ces peines dans une vie chrétienne où devrait se manifester seul le goût des « saintes douceurs » auxquelles elle tend.

Les textes destinés à des religieuses devraient avoir un accent différent ; là l'orateur peut évoquer sans réticences le bonheur (184) et les douceurs de la solitude (185), les délices du silence intérieur (186), l'action de Dieu dans l'âme qui est toute à lui : « Dieu, qui prend une secrète possession d'une âme qu'il trouve fidèle à se séparer des vaines joies et des vains amusements de la terre, et qui la comble de délices en lui faisant part de sa même joie ; Dieu, qui lui ouvre des sentiers admirables de paix, de consolation et de douceur, quand il la trouve à l'écart, seule avec lui, séparée des objets créés et fuyant tout engagement avec les créatures ! » (187) ; il peut suggérer la douceur des secrètes paroles de l'Esprit de Jésus-Christ, ses inspirations, ses vocations intérieures, ses attraits, ses touches secrètes, ses impressions amoureuses, ses grâces prévenantes (188) : il « n'entre jamais dans un cœur au milieu des tempêtes, des orages, et de ces vents furieux qui ne sont propres qu'à déraciner les cèdres

---

(180) O.O., VI, p. 412-413.

(181) O.O., VI, p. 413.

(182) O.O., VI, p. 416.

(183) O.O., VI, p. 417. C'est par une conversion que vient ce goût : ainsi chez Condé (O.O., VI, p. 448, 456) ; pour Anne de Gonzague, cf. *infra*, p. 363.

(184) O.O., VI, p. 231.

(185) O.O., VI, p. 163.

(186) O.O., VI, p. 232.

(187) O.O., VI, p. 229-230.

(188) O.O., VI, p. 241, cf. O.O., VI, p. 232, 269.

du Liban : il y veut venir avec une paix amoureuse et dans un agréable et doux zéphyr, dont parle l'Ecriture sainte, qui anime une âme et qui la remplisse d'une véritable joie par la douceur des grâces qui lui sont données, et que cet Esprit de sainteté lui communique en se venant insinuer en elle suavement, bénignement, parce qu'il la trouve dans la paix et dans le silence » (189). En 1685, il parlera aux visitandines d' « une âme qui possède le goût de Dieu » (190), et en 1688 il les invitera « à goûter les charmes secrets de la liberté d'esprit » (191).

Le 2 juillet, pour la fête de la Visitation, Bossuet reprend devant le même auditoire un sermon déjà prêché en 1658, 1659, 1660 (192) : les attitudes d'Elisabeth, de Jean-Baptiste et de Marie représentent les trois dispositions de l'âme qui rencontre Jésus : l'humilité, l'ardeur du désir, l'excès de joie qui s'exprime dans le *Magnificat*. Si Bossuet ajoute très peu à son texte primitif (193), il en accepte les conclusions, le dynamisme exaltant et plein de joie (194) qui réduit les « salutaires ténèbres où Dieu s'unit » à l'âme (195) au fonds de corruption et aux imperfections que découvre en elle-même l'âme qui approfondit la Loi de Dieu.

Tout dans ces pages suggère donc une vie d'union avec Dieu où la sensibilité tient une grande place : bonheur, douceur, délices,

---

(189) O. O., VI, p. 241-242 ; un peu plus loin : « Il fera sentir sa présence à votre intérieur. »

(190) O. O., VI, p. 273. Cette orientation affective constitue si bien aux yeux de Bossuet la « dévotion » essentielle du catholicisme et son originalité propre qu'en 1686, il en fait, pour les Nouvelles Catholiques, la seule pratique : « Surtout qu'elles connaissent que nous savons goûter Dieu et Jésus--Christ, et qu'elles ressentent que parmi nous, on s'unit à Dieu par Jésus-Christ et ses saints mystères, et surtout par celui de la communion plus intimement et par des voies plus pénétrantes qu'elles ne l'ont appris dans leur première religion » (C. B., III, p. 176-177).

(191) O. O., VI, p. 463.

(192) O.O., VI, p. 465 et suiv. Cf. *supra*, p. 129. Ce sermon de 1688 nous parvient pris à l'audition par une religieuse : on ne peut être sûr du détail des paroles ; l'identification même de ce texte donné sans notice par Deforis est probable mais n'est pas certaine.

(193) Il insiste seulement un peu plus sur les dispositions à apporter à la communion où l'on goûte que le Seigneur est doux (O. O., VI, p. 468), sur les grâces accordées dans la vie spirituelle (« si dans la suite vous vous êtes élevées au-dessus des dégoûts et des difficultés de la vie spirituelle, *unde hoc* ? S'il a plu à Dieu de vous gratifier de quelque grâce extraordinaire, *unde hoc* ? », O. O., VI, p. 469). On remarque aussi que la trame théologique et philosophique du 1er point n'apparaît plus : faut-il attribuer cet affaiblissement à Bossuet ou à la religieuse qui a pris les notes ?

(194) « Vos transports, vos joies, vos jubilations, votre exultation, votre paix, votre triomphe » O. O., VI, p. 472.

(195) O. O., VI, p. 472.

goûts (196), et où la Nuit est accident ou imperfection. Cependant Bossuet, devant des religieuses comme devant des laïcs, ne fait presque pas appel à l'expérience (197) : tantôt, comme trente ans auparavant, il aborde ces sujets par le biais de la théologie (198),

---

(196) Le 10 juillet 1688, Bossuet approuve les *Œuvres spirituelles* de Mme de Bellefonds (cf. *supra*, p. 254) : ce n'est pas un ouvrage très original et l'approbation s'explique sans doute par des raisons sociales. Mais l'évêque de Meaux pouvait retrouver dans ces instructions bien des thèmes qu'il développait lui-même dans ses entretiens ou ses œuvres de piété : invitation à la pénitence, rappel des « délices des âmes saintes et fidèles » (p. 41), des « douceurs sensibles de l'amour divin » (p. 42 ; cf. p. 378-379), de la joie qui suit la mort spirituelle (p. 441-442) : Dieu, avant la conversion, « n'entre point encore dans leur âme par ses douceurs charmantes qui chassent celles de la nature avec tant de facilité, et qui les remplacent avec tant d'avantage » (p. 44). La religieuse fait large place au désir par lequel nous aspirons « sans cesse à notre souveraine félicité » (p. 100) : plus la béatitude est relevée, plus « la passion du désir est puissante et violente » (*ibid.*). Notons aussi cet exposé de psychologie spirituelle en consonance avec ce que Bossuet vit : « Or, cependant que nos désirs tendent à leur fin, quoiqu'ils ne l'aient pas encore atteinte, ils anticipent déjà le plaisir qu'ils auront d'y arriver : ils ne reposent pas encore en leur centre, mais ils sont dans le mouvement naturel qui les y porte : de sorte qu'une âme qui n'aspire qu'à Dieu, quoiqu'elle ne le possède pas encore, et que ses désirs lui donnent pour cet objet souverain des ardeurs nompareilles ; au lieu d'en être tourmentée, elle en est satisfaite ; au lieu d'en être gênée, elle en est ravie ; et après la jouissance de son souverain bien, elle ne connaît d'autre plaisir que l'attente et le désir qu'elle en a ; tous ses ennuis sont charmants, toutes ses impatiences sont paisibles » (p. 100-101) : Mme de Bellefonds ajoute de longues pages sur les saints qui ont eu ces vifs désirs (saint Ignace, martyr, par exemple, p. 116), sur le « bonheur [...] ineffable » de celui qui ne désire rien de terrestre (p. 128), sur la victoire sur les désirs terrestres obtenue par les désirs célestes (p. 139-140), sur les plaisirs et consolations de l'éternité (p. 196 et suiv.). Ajoutons que la mortification et le détachement personnels de Mme de Bellefonds ne sont pas ici en cause et peuvent très bien accompagner une psychologie spirituelle où le désir du bonheur tient une place prépondérante (cf. D. Bouhours, *La vie de Madame de Bellefont*, Paris, 1686, p. 296 et suiv.). Ces *Œuvres spirituelles* rejoignent aussi la spiritualité de Bossuet (cf. *infra*, p. 403) par l'aspect très conceptuel et presque didactique de la façon dont elles présentent la foi (p. 339 et suiv.) et l'oraison (p. 382, 445 et suiv.) : « connaître les vérités » (p. 343), appliquer notre esprit aux mystères (p. 382), penser, faire des réflexions, connaître, considérer, etc.

(197) Seulement en passant : O. O., VI, p. 379 (aux ursulines : dans les afflictions Jésus-Christ « fait goûter des douceurs intérieures, au fond du cœur, à une âme un peu courageuse, qui, pour son amour, rejette et abandonne toutes celles qu'elle pourrait trouver dans les créatures. Cela est inexplicable ; il n'y a que ceux qui l'expérimentent qui en puissent parler dignement ». Texte isolé à cette époque, mais la doctrine est celle de notes de 1662 sur l'*acedia* prises dans le *Supplementum* des *Sermons* de saint Augustin, B. N., Rothschild, n° 308 ; O. O., VI, p. 682, cf. *supra*, p. 241) et O. O., VI, p. 469 (cf. *supra*, n. 193).

(198) O. O., VI, p. 465 et suiv. ; voir aussi O. O., VI, p. 481-482 où on retrouve le thème d'un sermon pour la Circoncision de 1653 exaltant

tantôt il suggère la douceur de la vie chrétienne par contraste et comme en négatif pour inviter au dégagement des créatures (199), à l'espoir « de jouir de Dieu dans l'éternité » (200) : ainsi les passages qui la chantent restent-ils rares (201) et schématiques, une allusion au *Cantique des Cantiques* ou à l'apparition de Dieu à Elie du *Livre des Rois* interprétés dans un sens affectif (202). L'orateur ne semble pas supposer que son schéma rend bien mal compte des conditions réelles dans lesquelles se vit l'expérience spirituelle : il en dit trop ou trop peu.

En quelques cas pourtant, Bossuet entre dans de plus grandes précisions et analyse avec plus de finesse le rôle de la sensibilité dans la vie spirituelle ; c'est d'abord dans l'oraison funèbre d'Anne de Gonzague, mais cette exception confirme ce que nous venons de remarquer car Bossuet prononce son discours d'après les lettres de la Princesse et le récit de sa conversion (203) que lui ont communiqués Rancé, l'abbé Louis Lefebvre (204) ou le curé de Saint-Sulpice La Barmondière (205) ; il dispose donc de documents relatant avec précision le travail de la grâce et les étapes qui ont conduit Anne de Gonzague à la foi, et il se contente de paraphraser ses sources : le tableau qu'il trace de la vie spirituelle prend de ce contact avec l'expérience (206) une vérité particulière. Certes l'âme de la Princesse n'est pas simple : l'exaltation de la sensibilité (207) poussée jusqu'au romanesque le plus extravagant (208), une éducation à Faremoutiers bien mal adaptée à son âge (209), une ten-

---

la suavité et la force de la grâce (cf. *supra*, p. 204) : « L'attrait [...] Le Conquérant du monde [...] Ce parfum et ce baume [...] suavité, chaste délectation, attrait immortel, plaisir céleste et sublime ».

(199) O. O., VI. p. 242.

(200) O. O., VI, p. 273.

(201) Notons que la visite pastorale de 1685 chez les ursulines était surtout destinée à redresser une maison relâchée : l'orateur devait insister sur la discipline, la mortification, la pénitence, le silence.

(202) Et conceptuel, cf. *infra*, p. 403.

(203) Publié pour la première fois en 1719 par Le Nain dans sa *Vie de Rancé*.

(204) Selon O. O., VI, p. 313, n. 3.

(205) Selon *Oraisons funèbres*, éd. Rébelliau, p. 358 et O. O., VI, p. 316, 321. Voir aussi *Oraisons funèbres*, éd. J. Truchet, p. 248.

(206) Cf. O. O., VI, p. 316-317 : « les expériences de cette princesse ».

(207) Bossuet note cette sensibilité, O. O., VI, p. 314.

(208) Cf. Tallemant, *Historiettes*, éd. A. Adam, t. I, p. 591-592 et n. p. 1198-1200, et Rébelliau, éd. cit., p. 270-271.

(209) Cf. *Sainte Fare et Faremoutiers*, 1956, p. 87 : le témoignage de la Mère de Blémur sur cette éducation rude et austère, toute destinée à briser la nature, qui laissait ouverte la porte aux imaginations d'une enfant exaltée, fervente et naïve, comme en témoigne le jeu de la fuite au désert.

dresse blessée (210) par la mort précoce de sa mère, par la négligence d'un père qui la « précipite » « dans le bien » alors qu'il eût fallu l'y conduire (211), par la mort à vingt ans de sa sœur l'abbesse d'Avenay : le désir du bonheur lui fait accepter l'humilité de la vie religieuse, où elle peut se croire attirée (212), ou la pousse à la dissipation et à tous les plaisirs mondains. Soif de vivre et obsession de la mort, son imagination est sombre (213), et, au dire de Saint-Simon, le prélude de sa conversion fut un songe qui lui représenta une sinistre danse macabre (214). Son mariage hâtif avec un prince que Tallemant (215) nous montre « tout farouche », vivant « toujours tout seul », atteint d' « une espèce de folie » qui le fit presque « demeurer hors du sens » ne pouvait redresser sa vie. Il y a plus qu'une formule d'orateur dans les mots de Bossuet : « Pendant qu'elle contentait le monde et se contentait elle-même, la princesse Palatine n'était pas heureuse, et le vide des choses humaines se faisait sentir à son cœur » (216). Les sens et l'imagination auront grande part dans une conversion ainsi préparée : elle n'attend la foi que d'un miracle (217) et cette touche de Dieu (218) s'applique à son imagination sous la forme de songes (219) et de paroles intérieures (220) ; alors, Anne de Gonzague, par une sorte de mimé-

---

(210) O. O., VI, p. 294 : « Le cœur tendre de la princesse Anne » ; cf. l'impression de Marolles (*Mémoires*, Amst. 1755, t. I, p. 128-129) : « Une tendresse et quelque sorte de petit ennui » rapportée par Rébelliau, éd. cit., p. 271.

(211) O. O., VI, p. 294. D'ailleurs son père mourut tôt.

(212) *Ibid.*

(213) Cf. l'anecdote aux conséquences tragiques racontée par Tallemant, éd. cit., p. 591 : l'anecdote date de la jeunesse d'Anne, du temps d'Avenay.

(214) Saint-Simon, *Ecrits inédits*, cit. par Rébelliau, *op. cit.*, p. 297 : « ... qu'à chaque tour il en tombait un dans un gouffre qui ne faisait que s'ouvrir, puis se refermer tantôt sous l'un tantôt sous l'autre, et que les deux voisins de la personne disparue de la sorte ne faisaient que se donner la main et continuaient la danse comme s'il ne fût rien arrivé... »

(215) Ed. cit., p. 592.

(216) O. O., VI, p. 300-301.

(217) O. O., VI, p. 306, *Ecrit*, p. 379 : nous citons ainsi l'écrit rédigé par Anne de Gonzague sur l'ordre de Rancé (M. L. Serrant, *L'abbé de Rancé et Bossuet*, p. 136), et nous donnons les références aux pages de l'édition des *Oraisons funèbres* où Rébelliau l'a de nouveau publié.

(218) O. O., VI, p. 306 : l'expression est fréquente chez Bossuet, cf. *infra*, p. 370 ; Rébelliau, éd. cit., p. 345, n. 4 donne peu de références à la littérature de spiritualité où l'expression a un sens technique et traduit le latin *tactus* et le castillan *toccas* de sainte Thérèse (cf. M. Sandaeus, *Pro Theol. myst. Clavis*, p. 345-350).

(219) « Songe qui tient de l'extase », O. O., VI, p. 308.

(220) O. O., VI, p. 289.

tisme fréquent dans la vie spirituelle (221), retrouve Dieu comme saint Augustin le découvrit à Milan (222). Le songe n'éclaire pas seulement son esprit : elle est « transportée de la joie d'avoir trouvé ce qu'elle cherchait depuis si longtemps » (223), c'est « une joie si douce et une foi si sensible qu'il n'y a point de paroles capables de l'exprimer » (224), une « tendresse » qui se manifeste par des larmes, par une activité extraordinaire, par une nouvelle sensibilité aux lectures pieuses et à la messe (225). Ces dispositions bienheureuses (226) mais éprouvantes ne durent que peu de temps (227) après quoi la santé d'Anne de Gonzague s'effondre (228) la livrant aux sécheresses et à l'obscurité : elle se croit réprouvée, presque sans espérance de salut (229). La paix qui se mêle à ces épreuves est d'un autre ordre et « surpasse toute intelligence » (230) ; la délicatesse de sa conscience, l'excès de son amour lui font craindre continuellement de déplaire à Dieu, lui font découvrir l'horreur du péché et en chacune de ses actions l'amour-propre déguisé en vertu (231) ; « s'il eût plu à Dieu de lui conserver ce goût sensible de la piété qu'il avait renouvelé dans son cœur au commencement de sa pénitence ! » (232). Mais Dieu la détache de cette première sensibilité encore imparfaite : la communion la

(221) Un cas analogue chez Mme Cornuau : C. B., VII, p. 447.

(222) De même qu'après avoir entendu *Tolle lege*, Augustin va consulter le livre de l'Apôtre avec Alype, de même à son réveil, Anne consulte avec ses amies les *Confessions* et retrouve (l. VIII, c. 6) dans le récit d'une visite des amis de Ponticianus à un solitaire, l'archétype de son rêve ; Bossuet n'a pas repris ce passage, sans doute pour s'en tenir à un certain niveau de généralité. On rapprochera aussi les larmes d'Anne de Gonzague et *Conf.* VIII, 11, 12 ; sa joie et *Conf.* VIII, 12 ; sa maladie et *Conf.* V, 9.

(223) O. O., VI, p. 308, *Ecrit*, p. 380.

(224) O. O., VI, p. 308, *Ecrit*, p. 380. Le terme « sensible » ne doit pas faire conclure au caractère purement affectif de cette foi : il signifie que cette foi est *éprouvée, expérimentée* en une démarche où l'illumination de l'intelligence a autant de part que l'ébranlement de l'affectivité. Cf. *Ecrit*, p. 330 : « Cette foi tendre et sensible », et O. O., VI, p. 315 : « Goût sensible de la piété », expressions qui permettent de comprendre que l'affectivité est dans la tendresse et le goût, que la « sensibilité » est sur un autre plan. Voir aussi Rébelliau, éd. cit., p. 240 n. 1, 347, n. 5, 349, n. 6.

(225) O. O., VI, p. 308, *Ecrit*, p. 380 : « Il me semblait sentir la présence réelle de Notre Seigneur à peu près comme l'on sent les choses visibles et dont l'on ne peut douter ».

(226) O. O., VI, p. 309.

(227) *Ibid.*, l'*Ecrit*, p. 380 porte : « plus de quatre ou cinq mois ».

(228) O.O., VI, p. 309-310, 314, *Ecrit*, p. 381.

(229) O. O., VI, p. 310, *Ecrit*, p. 381.

(230) O. O., VI, p. 311.

(231) O. O., VI, p. 315-316.

(232) O. O., VI, p. 315.

remplit de terreurs (233) que Bossuet interprète comme « l'ordre secret de sa justice sur ceux qui ont manqué de fidélité aux grâces de la pénitence » (234), explication un peu courte que l'orateur redresse lui-même en citant les mots d'Anne de Gonzague : « je commence à m'apercevoir que je cherche le paradis terrestre à la suite de Jésus-Christ au lieu de chercher la montagne des Olives et le Calvaire, par où il est entré dans sa gloire » (235), et en les paraphrasant : « elle aimait mieux vivre et mourir sans consolation que d'en chercher hors de Dieu » (236). Elle se détache au point de ne pas craindre l'enfer par rapport à elle-même et aux peines qui l'y attendent mais à cause de la séparation de Dieu (237), « Le voilà, mes chères sœurs, dit alors Bossuet aux carmélites, vous le connaissez, le voilà, ce pur amour que Dieu lui-même répand dans les cœurs avec toutes ses délicatesses et dans toute sa vérité » (238). L'exaltation de la sensibilité aux débuts de la conversion a fait place à l'expérience de la Nuit : Bossuet retenu par des préjugés « panhédonistes » l'a-t-il compris ? A-t-il refusé, hors l'apostrophe aux carmélites, de le dire plus clairement à son auditoire ? La leçon qu'il adresse aux libertins qu'il veut séduire, c'est l'amour sensible de Dieu : « la foi nous paraîtra douce en la prenant par un endroit si tendre » (239). L'expérience d'Anne de Gonzague permettait-elle pareille simplification ?

Un texte plus tardif et plus intime, proche des lettres de direction, témoigne moins d'un enrichissement de la spiritualité de Bossuet que d'une continuité : c'est le discours adressé aux visitandines de Meaux en 1689 à l'occasion de la mort de M. Mutel : nous y trouvons la substance même de l'écrit sur l'oraison de la Bibliothèque de Bâle (240) et du sermon de 1666 « sur le culte dû à Dieu » (241) : un acte d'adhésion à la vérité de l'être de Dieu qui subsiste malgré distractions, sécheresses et aridités. Par sa nature, cet acte est au delà de la sensibilité, Bossuet et les maîtres qu'il suit l'ont dit maintes fois (242) ; mais comment exprimer la

---

(233) O.O., VI, p. 316.
(234) *Ibid.*
(235) O.O., VI, p. 319.
(236) *Ibid.*
(237) O.O., VI, p. 309, *Ecrit,* p. 381.
(238) O.O., VI, p. 309-310.
(239) O.O., VI, p. 318.
(240) Cf. *supra,* p. 114.
(241) Cf. *supra,* p. 124.
(242) Cf. le commentaire de Bremond, *Histoire littéraire...,* t. VII, p. 65, n. 1. Voir aussi O.O., VI, p. 472 : « Elle commence à entrer en de salutaires ténèbres où Dieu s'unit à elle et, le possédant, elle ne peut

profondeur de ce « retour de tout le cœur vers Dieu » (243) ? « Il doit être — je cherche un terme pour m'expliquer — il doit être affectueux, tendre, sensible. Me comprenez-vous ? mais me comprends-je bien moi-même ? Car c'est un certain mouvement du cœur, qui n'est point sensible de la sensibilité humaine, mais qui naît de cette joie pure de l'Esprit, de cette joie du Seigneur qu'on ne peut exprimer.

« Et partant réjouissez-vous... » (244) .Nous sommes au centre des problèmes posés par la spiritualité de Bossuet : « me comprends-je bien moi-même ? » L'appel à la joie qui termine ce discours est-il bien conséquent ? Cette coïncidence entre la psychologie et l'ontologie, que Bossuet sent en lui, en laquelle il fait un véritable acte de foi, a-t-elle valeur exemplaire ? signe ou illusion ? C'est le problème posé sans cesse à cette époque où les méditations et les lettres de direction relaient les œuvres oratoires.

2) *Les œuvres spirituelles.*
(Commentaire du *Cantique des Cantiques, Méditations sur l'Evangile, Elévations sur les mystères*)

Il est traditionnel depuis Origène de voir dans le *Cantique des Cantiques* une peinture de l'amour de Jésus-Christ et des âmes saintes (245) et c'est sur ce livre que s'appuyait Bossuet dans l'opuscule « De l'amour de Madeleine » (246) pour développer les conditions de cet amour divin. Son commentaire de 1693 (247), analyse minutieuse de chaque étape de l'amour, procède de façon moins abstraite et permet de définir l'alliance contradictoire de la joie et de la souffrance dans la contemplation : opposition de

---

contenir sa joie » : la contradiction entre les ténèbres et la joie est simplement affirmée sans que Bossuet essaie de la résoudre.

(243) O. O., VI, p. 477.

(244) *Ibid.*

(245) Indépendamment de la question de savoir si ce sens spirituel s'ajoute à un sens littéral réel. Renan loue Bossuet d'avoir fait du sens littéral un véritable sens, commenté pour lui-même (*Œuvres complètes,* t. VII, p. 471, 490-491, et voir D. S., t. II, c. 107), mais Bossuet appelle le sens spirituel *verus sensus* (comment. de *Cant.* I, 9 ; LT, I, p. 581), ou l'ensemble des sens, moral, spirituel, allégorique, *veri sensus* (comment. de *Cant.* V, 1 ; LT, I, p. 592 ; de *Cant.* VI, 8 ; LT, I, p. 597) ; vérité de l'histoire (LT, I, p. 571 « *vera historia* »), mais vérité ordonnée. Sur l'influence du commentaire du *Cantique* par Origène sur le commentaire de Bossuet, voir Ledieu, *Mémoires,* t. I, p. 49.

(246) Cf. *supra,* p. 229.

(247) Nous en rapprocherons « Le Saint Amour, ou endroits choisis du *Cantique des Cantiques,* avec des réflexions pour les bien entendre » (LT, XXVI, p. 46 et suiv.) que Bossuet écrivit en vers. La poésie en est bien médiocre, mais à travers la médiocrité de la forme apparaît çà et là un thème intéressant.

l'attente et de la possession, des soupirs et des délices (248). L'amour de Jésus-Christ est suavité, délectation et ivresse : « *Habet Christi amor omnia quibus animæ capiantur, inest gustus velut sapor vini, inest vis delectans et inebrians animas, inest fragrantia a longinquo etiam alliciens, qui verus est christianæ gratiæ fructus, ut longe licet positi, et extra nos rapti, ad Dominum trahamur* » (249). La suavité et la douceur ne sont pas accidentelles mais essentielles à la grâce dont Jésus-Christ se sert pour attirer les âmes (250) : « *Christus nos trahit nominis sui fama, ac dulcedine* » (251), exerçant son attrait sur l'intelligence et sur la sensibilité (252). Les images qui expriment cette douceur surgissent dans le commentaire de chaque verset (253) : *beati amplexus* (254), *gaudii redundantia* (255), *deliciarum sedes* (256), *beatissimus somnus, suavissimus somnus* (257), *amplexus suavissimus* (258), *suavissimum amoris canticum* (259), etc., et les baisers, les parfums, la nature champêtre et les mœurs pastorales, la description des corps et des parures sont autant d'images de ces joies (260).

A ce tableau le *Cantique* superpose toutefois quelques ombres : Bossuet, moins par science exégétique que par la finesse et la sûreté de son goût littéraire, a bien vu que le *Cantique* était un drame (261) : ce drame il le projette sur la rencontre de l'âme et de son Epoux. La dialectique de l'absence et de la présence, de la mort et de la vie du panégyrique de sainte Thérèse de 1657, du sermon pour l'Assomption de 1663, de l'opuscule de l'amour de Madeleine trouve sa justification dans les versets du *Cantique :* le livre raconte « *miras amoris vicissitudines* » (262) : « ... *alibi absentiæ tœdio desolata, exclamet anima : Revertere* [...], *hic castarum deliciarum torrente inundata, nec sese ipsa capiens, clamare coga-*

---

(248) LT, I, p. 571. Cf. LT, XXVI, p. 70, le poème « L'amour insatiable ».
(249) LT, I, p. 578 ; *suavitas :* LT, I, p. 579, 587, 593, 594, 604, 607, 608, etc.
(250) LT, I, p. 578, 581, 584, 599 ; XXVI, p. 49-50, 67-68.
(251) LT, I, p. 581.
(252) Cf. saint Bernard, *In Cant.* VIII, 6.
(253) Bossuet ici encore doit suivre saint Bernard, *In Cant., passim.*
(254) LT, I, p. 579.
(255) *Ibid.*
(256) LT, I, p. 583.
(257) LT, I, p. 584.
(258) LT, I, p. 604.
(259) LT, I, p. 607.
(260) C'est cette douceur et cette « tendresse » que Bossuet appréciait dans le commentaire du *Cantique* d'Origène, Ledieu, *Mémoires*, t. I, p. 49.
(261) Cf. Renan, *loc. cit.*
(262) LT, I, p. 607 ; cf. XXVI, p. 52-53, 61-63.

tur : Fuge... » (263). Car les joies de l'amour divin risquent d'être ces fleurs ou ces fruits dont se satisfont les commençants, « *quibus [floribus et malis] designantur amori deficienti adhibita a Christo solatia quæ nos sensibilis devotionis vocamus. His abundat anima in ipsis vitæ perfectioris initiis, eaque undecumque conquirit* » (264). La purgation des fautes est nécessaire à chaque étape de la vie spirituelle (265) mais les souffrances les plus vives ne sont pas celles du repentir : les âmes les plus avancées connaissent des désolations plus grandes (266), exercice plus violent et plus dur qu'au début de leur marche (267), tourment qui a pour effet d'augmenter leur désir, d'éprouver leur attachement et de leur faire sentir toutes les peines de l'amour (268) : « *quæsivi illum et non inveni* », c'est cette souffrance de l'amour qui accablait et exaltait Madeleine, ce sont ces blessures que l'on préfère aux baisers (269).

Les roches du désert ne sont pas loin des agréables solitudes champêtres : « *Testatur autem non modo voluptate perfusam, sed miris etiam excruciatam curis, quod eam non de locis modo uberibus, amœnisque, sed etiam asperis evocat, ferarumque cubilibus* » (270). La plus forte ardeur de l'amour et ses plus grands tourments sont en cette vie inséparables (271), car il reste toujours entre l'Epouse et l'Epoux une distance jamais franchie (272) : ce n'est que dans l'état le plus parfait de la charité (273), dans la plus haute contemplation (274) que l'âme goûte le repos, ce *quies* (275), ce *suavissimum sabbatum* (276) vers lesquels elle tend. Et même à ce

---

(263) *Ibid.*

(264) LT, I, p. 584 (Bossuet résume en quelques mots un long développement de saint Bernard, *In Cant.* LI), cf. p. 587, 607. Quand l'âme est encore inquiète « *blanditias adhuc quærit* », LT, I, p. 587. Voir LT, XXVI, p. 69 : « Et craint pour son amour qu'il ne se glorifie / Des dons et des vertus. »

(265) LT, I, p. 587, 607-608.

(266) « *Sæpe piæ ac sublimes animæ desolatæ ad tempus relinquuntur* » LT, I, p. 588.

(267) LT, I, p. 597, 608.

(268) LT, I, p. 597-598, d'ap. saint Bernard, *In Cant.* LXXV ; cf. LT, XXVI, p. 70-71 :

> « Content et jamais content,
> Je possède et je désire :
> Plus mon bonheur est constant,
> Plus je chante mon martyre... »

(269) Cf. *Prov.* XXVII, 6 ; LT, I, p. 598 ; XXVI, p. 84-85.

(270) Comment. de *Cant.* IV, 8, LT, I, p. 593.

(271) LT, I, p. 607.

(272) *Ibid.*

(273) LT, I, p. 606.

(274) LT, I, p. 604.

(275) LT, I, p. 604, 608.

(276) *Ibid.*

point, sa condition charnelle l'empêche de se reposer : elle est vaincue par la délectation de l'amour, n'en peut supporter le poids « *quemadmodum ille dicebat : " Satis est, Domine, satis est " : et illa : " Aut pati aut mori "* » (277). Il faut ainsi à partir du *Cantique* nuancer les affirmations auxquelles nous conduisait l'examen des œuvres oratoires : ce *Cantique* est aux yeux de Bossuet un document psychologique auquel sa présence dans le Canon de l'Ecriture confère une valeur exceptionnelle ; on comprend dès lors que les schèmes affectifs, délectation, suavité..., soient à ses yeux des conditions nécessaires de toute expérience religieuse. Et s'il s'y mêle toujours en cette vie une douleur crucifiante, c'est imperfection de la créature, distance infranchissable de l'Epouse à l'Epoux. On ne peut donc parler de « panhédonisme » que dans la mesure où, même négative, l'affectivité est le mode selon lequel est vécue cette rencontre. L'Epoux et l'Epouse du *Cantique* sont pour Bossuet des modèles et des exemples, lui apportent le témoignage d'une expérience bien préférable à celle des modernes. Avant de condamner une utilisation de l'Ecriture qui tient peu compte des conditions de rédaction de textes aussi littéraires, il faut comprendre que la lecture de Bossuet est nourrie de l'expérience et de la doctrine d'Origène et de saint Bernard qu'il suit de près (278) : de cette façon, le *Cantique* apporte à Bossuet infiniment plus qu'une psychologie arbitraire et justifie les développements que trente ans plus tôt il consacrait dans ses sermons à l'amour divin. Affaiblie sans doute, jointe à des préoccupations historiques, sociologiques ou littéraires bien étrangères à Origène ou à Bernard, la tradition des spirituels affleure donc quand même dans le commentaire de Bossuet.

Les *Méditations sur l'Evangile* et les *Elévations sur les mystères* sont dans la ligne des œuvres oratoires, certaines même sont la

---

(277) LT, I, p. 607 ; XXVI, p. 63 (« Et toi, de l'Orient apôtre infatigable... ») : allusions à saint François Xavier (cf. J.-J. Surin, *Correspondance,* éd. M. de Certeau, Paris, 1966, p. 703) et à sainte Thérèse ; les deux citations sont déjà associées par le P. Surin dans une lettre de 1659 (*id.*, p. 875) ; ce sont des lieux communs de la littérature spirituelle (cf. parmi bien d'autres textes, F. Lamy, *Sentiments de piété,* 4e éd., 1697, p. 129-130).

(278) L'esprit de Bossuet est plus proche d'Origène, mais à saint Bernard, il prend l'essentiel, les conclusions, en négligeant le détail des sens spirituels et des allégories : ainsi les sermons sur le *Cantique* sont à chaque instant présents à l'esprit de Bossuet, bien que les citations véritables ne soient pas très nombreuses. En outre, Bossuet suit saint Bernard surtout dans les premières pages de son commentaire, ce qui n'est pas pour étonner, car saint Bernard n'a prononcé des sermons que sur le début du *Cantique* et n'explique les chapitres suivants que par anticipation.

reprise de causeries antérieures prononcées devant des religieuses de Meaux ou de sermons très anciens. Ainsi on retrouve dans les *Elévations* 2 à 4 de la 13e Semaine (279) la substance et les termes mêmes du discours prononcé à la Visitation de Meaux le 2 juillet 1688, qui lui-même reprend des sermons de 1659 (280) : « ces trois divines opérations de Jésus-Christ dans les âmes : dans Elisabeth, l'humble étonnement d'une âme de qui il approche ; dans Jean-Baptiste, le saint transport d'une âme qu'il attire ; et dans Marie l'ineffable paix d'une âme qui le possède » (281) : c'est le plan des sermons. La description de ces trois dispositions est, elle aussi, parallèle à celle des sermons et, comme elle, repose sur l'élargissement psychologique des textes scripturaires : joie d'Elisabeth, « doux » sentiment, « elle sent que c'est le Seigneur qui vient lui-même » (282) comme Jean-Baptiste le sent et tressaille ; son tressaillement est l'expression muette des sentiments qui pressent l'âme dont Dieu s'approche : l'élévation essaie de décrire ce qui n'est que mouvement, sens du sacré, action immanente de Dieu qui agit inconnu au fond de l'homme : l'expression en est affective : « Quand l'âme dans son ignorance et ses ténèbres ressent les premières touches (283) de la divine présence, après ce premier étonnement par lequel elle semble s'éloigner, rassurée par sa bonté, elle se livre à la confiance et à l'amour. Elle sent je ne sais quels mouvements, souvent encore confus et peu expliqués ; ce sont des transports vers Dieu et des efforts pour sortir de l'obscurité où l'on est, et rompre tous les liens qui nous y retiennent. C'est ce que veut faire saint Jean : saisi d'une sainte joie, il voudrait parler, mais il ne sait comment expliquer son transport. Jésus-Christ qui en est l'auteur, en connaît la force ; et quoiqu'en apparence, il ne fasse rien, il se fait sentir au dedans par un subit ravissement qu'il inspire à l'âme. Ame qui te sens saisie d'un si doux sentiment, s'il ne t'est pas encore permis de parler, il t'est permis de tressaillir.

« Venez, Seigneur, venez me toucher d'un saint et inopiné désir d'aller à vous. Que ce désir s'élève en moi aujourd'hui à la voix de votre Mère ; faites-moi dire avec Elisabeth : *D'où me vient ceci ?* Faites-moi dire : *Elle est heureuse d'avoir cru,* et je veux imiter sa foi. Faites-moi tressaillir comme Jean-Baptiste ; et enfant encore dans la piété, recevez mes innocents transports [...] c'est à vous seul

---

(279) E. M., p. 306-309.
(280) Ou 1658, cf. O. O., III, p. 1 et suiv. ; R. B., 1903, p. 129 et suiv.
(281) E. M., p. 306-307.
(282) E. M., p. 307.
(283) Sur ce terme, cf. *supra,* p. 363.

que j'aspire et je ne puis exprimer ce que votre grâce inspire à mon cœur » (284).

Bossuet excelle à traduire les premières touches de la grâce, cette émotion religieuse par laquelle il semble que Dieu soulève l'âme, émotion plutôt que sentiment, sens du sacré où le corporel se mêle au spirituel : c'est d'abord négativement un certain dégoût du monde, une « profonde mélancolie où je suis jeté, je ne sais comment » (285) et qui précède l'attrait céleste ; ce peuvent être la maladie, l'épreuve, l'amertume qui viennent troubler la joie des sens et y réveiller le goût de Dieu (286) ; la théologie de la grâce donne le sens de ces mouvements : la chaste délectation l'emporte sur le goût des joies du monde (287). Elle est une douceur qui séduit non seulement l'intelligence mais aussi le cœur : « Ma volonté n'est-elle pas aussi malade par un secret et invincible attachement au bien sensible, que mon entendement malade par une ignorance profonde de vos vérités ? Entrez donc au dedans de moi, ô Seigneur : saisissez-vous du secret et profond ressort d'où partent mes résolutions et mes volontés : remuez, excitez, animez tout ; et du dedans de mon cœur, de cette intime partie de moi-même, si je puis parler de cette sorte, qui ébranle tout le reste, inspirez-moi cette chaste et puissante délectation, qui fait l'amour ou qui l'est... » (288) formule ambiguë que l'on doit rapprocher des exposés du *Traité du libre arbitre* et de la *Défense de la Tradition et des Saints Pères* (289) : Bossuet ne prend pas parti ici sur les problèmes théologiques de la délectation : cause et préparation de l'amour ou essence de l'amour ? Il pencherait pour la première hypothèse, mais, indépendamment de toute référence aux controverses de la grâce, c'est sous la forme de la délectation, dilection invincible et victorieuse (290), grâce puissante et douce (291), que Bossuet décrit toujours l'attrait : « L'attrait : *Sic Deus dilexit mundum.* Le conquérant du monde : *traham ad meipsum. — nisi Pater ... traxerit eum.* Ce parfum et ce baume : *Trahe me, ... curremus in odorem :* suavité, chaste délectation, attrait immortel, plaisir céleste et sublime... » (292), « doux parfum qui s'exhale pour attirer tous les

(284) E. M., p. 309.
(285) E. M., p. 284.
(286) E. M., p. 362.
(287) LT, VI, p. 324, E. M., p. 349.
(288) LT, VI, p. 184.
(289) Cf. *supra*, p. 343.
(290) E. M., p. 141.
(291) E. M., p. 237.
(292) O. O., VI, p. 481-482, dans le second point d'un sermon sur la Croix, postérieur à 1691.

cœurs » (293), « charme d'un plaisir céleste », « douceurs cachées que personne ne sait que ceux qui les ont expérimentées » (294).

L'attrait est le signe d'un particulier regard de Dieu sur le bienheureux nombre de ceux qu'il a choisis : Dieu va « chercher dans le cœur ceux à qui il veut spécialement se faire entendre » (295), il « sait le nom de ceux à qui il veut se faire sentir » (296). S'ils reconnaissent « Vous êtes le Christ », « c'est que votre Père les avait tirés au dedans. [...] c'est qu'ils étaient [...] de ce bienheureux tout dont vous prononcez " tout ce que mon Père me donne vient à moi " c'est-à-dire tous ceux qu'il tire de cette manière secrète qui fait qu'on vient : tous ceux à qui il donne de venir : voilà ce tout bienheureux qui vous est donné par votre Père : tous ceux-là viennent à vous ; et comme vous ajoutez : " Vous ne les mettez point dehors ", vous les admettez à votre intime secret, à vos intimes douceurs. Vous leur dites encore ici secrètement, comme vous fîtes autrefois à saint Pierre : " vous êtes heureux, Simon fils de Jonas, parce que ce n'est pas la chair et le sang qui vous l'a révélé, mais mon Père qui est dans les cieux ". Réjouissez-vous, peuple béni : réjouissez-vous " petit troupeau, parce qu'il a plu à votre Père de vous donner son royaume ", de vous révéler son secret, de vous tirer à son Fils » (297). C'est à cette « céleste délectation de l'accomplissement de la volonté de Dieu » (298) que se reconnaît la véritable joie, celle de la charité (299).

Les voies que peut prendre cet attrait et les façons dont il peut devenir sensible sont infinies, car il est lié à la complexion de chacun (300), mais c'est toujours le sentiment d'une présence : en bon théologien, Bossuet sait que cette présence est dans la Parole et dans les sacrements ; aussi ces signes de Dieu sont-ils les moyens privilégiés pour toucher les âmes de l'attrait. Dès l'Ancien Testament se manifestent « la bonté de Dieu et son amour envers les siens » : « c'est un père, c'est une mère, c'est une nourrice. [...] il joint à la nourriture les tendresses et les caresses. [...] plus que tout cela c'est un amant passionné, c'est un tendre époux [...]. Comblée

(293) LT, VI, p. 118, cf. « Tirez-moi de cette puissante et douce manière » (*ibid.*).
(294) LT, VI, p. 119.
(295) E. M., p. 386.
(296) E. M., p. 458.
(297) LT, VI, p. 410. Cf. E. M., p. 284 : « Les siens qu'il avait touchés d'un certain instinct de grâce l'ont reçu ».
(298) E.M., p. 372.
(299) Bossuet ici glose de façon « panhédoniste » le texte de saint Paul *I Cor.* XIII 2-3 en traduisant *nihil mihi prodest* par : « ne seraient pas dépourvus de quelque joie » (E.M., p. 372).
(300) O.O., VI, p. 411.

de sa gloire et de ses délices, qu'avais-tu à désirer, âme chrétienne, pour connaître toutes les bontés et tout l'amour de cet époux bienfaisant ? » (301).

Toutes les leçons qu'est venu donner Jésus-Christ sont elles aussi empreintes de « tendresse » (302) et les *Méditations sur l'Evangile* s'attachent à la rendre sensible : « venons à Jésus : écoutons avec tendresse son dernier discours, avec tendresse ce qu'il dit si tendrement » (303). Elle nourrit et soutient toutes les pratiques qui sans elle restent sèches et languissantes : « Jésus-Christ est la vérité. Le tenir entre ses bras, c'est comprendre ses vérités, se les incorporer, se les unir, n'en laisser écouler aucune, les goûter, les repasser dans son cœur, s'y affectionner, en faire sa nourriture et sa force ; ce qui en donne le goût et les fait mettre en pratique. [...] Pour aimer l'Evangile, il faut primitivement aimer Jésus-Christ, le serrer entre ses bras, dire avec l'épouse : *je le tiens et ne le quitterai pas.* Une pratique sèche ne peut pas durer, une affection vague se dissipe en l'air, il faut par une forte affection en venir à une solide pratique » (304). Ces sentiments, le Saint-Esprit les insinue dans le cœur, « il y répand la douceur céleste qui fait ressentir, qui fait aimer les consolations de Jésus-Christ » (305), qui les fait goûter (306), et de l'amour de la personne il nous fait passer à l'amour de la doctrine (307). En l'Eucharistie, comme dans la rémission des péchés (308), se manifeste aussi cette présence de douceur que Bossuet voulait naguère rendre sensible aux Nouvelles Converties (309) ; « Quoi donc ! vous ne sentez rien ! » (310), « vous êtes insensible ! » (311), s'exclame-t-il (312) : tout l'homme n'est-il pas

(301) E.M., p. 87-89.

(302) LT, VI, p. 217, 280, 323, 486, 499, 502.

(303) LT, VI, p. 489. Cf. aussi E.M., p. 279.

(304) E. M., p. 372-373. Cf. LT, VI, p. 524-525 : « Ne vous attachez néanmoins pas à une pratique sèche et sans amour. [...] l'amour de la personne vous fera aimer la doctrine : et l'amour de la doctrine vous mènera doucement et fortement tout ensemble à la pratique ».

(305) LT, VI, p. 526.

(306) LT, VI, p. 324, 503, 452, 629, 666. E.M., p. 454. Cf. LT, VI, p. 379 : « la douce et toute-puissante insinuation et inspiration de sa vérité ».

(307) LT, VI, p. 525.

(308) E.M., p. 375.

(309) C.B., III, p. 176-177 ; cf. *supra* p. 360.

(310) LT, VI, p. 458.

(311) LT, VI, p. 459.

(312) Sur le goût de l'Eucharistie, cf. aussi LT, VI, p. 382, 399, 423-424 : la disposition où l'on *ressent* que le Saint-Esprit nous veut mettre ; LT, VI, p. 366-368 : mystère de la jouissance ; LT, VI, p. 454. Ces méditations sur la communion accumulent les termes de jouissance. Voir encore LT, XXVI, p. 11.

tendu vers Dieu et ne désire-t-il pas le posséder ? la nature (313) et la grâce (314). Les voies qui paraissent humaines, saintes amitiés et saintes conversations (315), prières (316), pratiques (317) sont des moyens, des circonstances et des signes. Le Verbe qui a établi sa demeure au milieu de nous, « dans ce qu'il y a en nous de plus intime » (318), s'y fait sentir (319). Ce qu'on ressent est inexplicable mais sensible (320) : on est frappé, attendri, touché (321) sans qu'il soit possible de définir la nature de ce mouvement : la présence de Jésus est je ne sais quoi de doux, de tendre et de souverain (322) ; « on ne sait d'où il vient ni où il va : il vous inspire de nouveaux désirs inconnus aux sens : vous ne savez où il vous mène : il vous dégoûte de tout et ne se fait pas toujours sentir d'abord : on sent seulement qu'on n'est pas bien et on désire d'être mieux » (323). C'est l' « impulsion aussi vive que secrète » qui presse Siméon d'aller au Temple, avec la simple et forte conviction, indistincte peut-être, que ses désirs vont être satisfaits (324) : il n'est plus dans le vide de l'attente mais sait par expérience qu'il entre dans une nouvelle vie (325) : il désirait les sentiments que Jésus présent inspire dans les cœurs (326) et son attente est comblée (327). Cette nouvelle naissance vient de Dieu, de sa parole, « non de celle qui frappe les oreilles, mais de celle qui s'insinue secrètement dans les cœurs. Ouvrons-nous donc à cette parole ; dès qu'elle commence à se faire sentir, dès qu'une suavité, une vérité, un goût, un instinct céleste commence en nous, et que nous sentons quelque chose qui veut être supérieur au monde, et nous inspirer tout ensemble et le dégoût de ce qui passe et qui n'est pas, avec le goût de ce qui ne passe point et qui est toujours ; laissons-nous conduire, secondons ce doux effort que

---

(313) LT, VI, p. 509.

(314) LT, IV, p. 30 : le baptême donne « une tendance secrète à cette viande céleste et une intime disposition à la désirer ».

(315) E.M., p. 306.

(316) E.M., p. 263.

(317) E.M., p. 372.

(318) E.M., p. 279.

(319) LT, VI, p. 533 ; E.M., p. 392 ; LT, VI, p. 507 (quelque chose de grand, d'intime, de tendre) ; E.M., p. 263 (la confiance « fait ressentir Dieu »).

(320) E.M., p. 429.

(321) LT, VI, p. 383, 453, 507 ; E.M., p. 286, 305, 309.

(322) E.M., p. 258.

(323) LT, VI, p. 528.

(324) E.M., p. 369.

(325) E.M., p. 368.

(326) E.M., p. 392

(327) Sur l'attente et l'attention, cf. *infra*, p. 422.

Dieu fait en nous pour nous attirer à lui » (328). L'union avec Jésus-Christ et par lui avec Dieu devient mystérieusement perceptible. « Je ne sais quoi me dit dans le cœur que vous avez commencé de me faire cette grâce. Je commence à sentir par une douce confiance que je lui suis donné de votre main. Heureux de lui être donné d'une main si chère ! » (329). Alors l'âme se recueille en elle-même pour goûter à loisir la grâce qui lui est faite (330), goûter seule avec Dieu, dans le secret et le silence « ce que Dieu fait » (331) ; toute tristesse est changée en joie (332) et cela dès cette vie ; la joie de la vie chrétienne n'est pas dans les *Méditations* repoussée dans le futur de la gloire : « dès le siècle présent la joie de Jésus-Christ triomphera dans notre cœur ; et c'est de ce fond de joie que goûtera au dedans un cœur attaché à Jésus-Christ, que sortira ce dégoût des plaisirs du monde, qui ne sont qu'illusion, tentation et corruption. " Goûtez et voyez combien le Seigneur est doux ", combien est douce la vérité, la justice, la bonne espérance, le chaste désir de le posséder... » (333). Ces *Méditations* qui s'ouvraient sur les larmes de joie des Béatitudes (334) se ferment sur les joies de l'union à Jésus-Christ, sur ces joies que goûte le petit troupeau des prédestinés sur qui Dieu a jeté en particulier un regard de bonté : « Entrez dans la joie de votre Seigneur. La joie entre en nous, lorsqu'elle est médiocre : mais nous entrons dans la joie, dit saint Augustin, quand elle surmonte la capacité de notre âme, qu'elle nous inonde, qu'elle regorge, et que nous en sommes absorbés : qui est la parfaite félicité des saints » (335). Et les versets de l'Evangile où se manifeste cette joie sont ceux que Bossuet développe le plus volontiers : « afin que ma joie demeure en vous et que votre joie soit accomplie » (336).

---

(328) E.M., p. 286.
(329) E.M., p. 459.
(330) E.M., p. 266.
(331) E.M., p. 346.
(332) LT, VI, p. 7-8.
(333) LT, VI, p. 591 ; sur la joie d'être uni à Jésus-Christ, voir aussi LT, VI, p. 544, 629.
(334) LT, VI, p. 8 : « Mais ceux qui pleurent d'amour et de tendresse, qu'en dirons-nous ? Heureux, mille fois heureux ! Leur cœur se fond en eux-mêmes, comme parle l'Ecriture, et semble vouloir s'écouler par leurs yeux. Qui me dira la cause de ces larmes ? Qui me la dira ? Ceux qui les ont expérimentées, souvent ne la peuvent dire, ni expliquer ce qui les touche. C'est tantôt la bonté d'un père : c'est tantôt la condescendance d'un roi : c'est tantôt l'absence d'un époux : tantôt l'obscurité qu'il laisse dans l'âme lorsqu'il s'éloigne : et tantôt sa tendre voix, lorsqu'il se rapproche et qu'il appelle sa fidèle épouse : mais le plus souvent, c'est je ne sais quoi qu'on ne peut dire ».
(335) LT, VI, p. 270-271.
(336) Cit. LT, VI, p. 558 : toute la méditation est un hymne à la joie qui naît de l'amour.

Une spiritualité aussi lumineuse où la joie est présente non seulement comme récompense (337), mais comme guide et comme signe risque de laisser dans l'embarras celui qui est plongé dans les sécheresses et dans l'acédie : identifiant plus ou moins explicitement la joie et la grâce, le progrès de la joie et le progrès de la sainteté, l'auteur des *Méditations sur l'Evangile* paraîtrait avoir peu d'expérience de la direction spirituelle si l'on ne savait que depuis au moins une dizaine d'années il a connu directement des religieuses ; illusion volontaire alors, en un temps où il commencerait à se méfier de la prétendue insensibilité des mystiques ? Bien plutôt, parce que dans les *Méditations sur l'Evangile* il se livre lui-même avec spontanéité sans faire la théorie d'expériences personnelles ou étrangères : il est difficile de nier que cette insistance sur la joie chrétienne soit son premier mouvement et le plus avoué. Aussi les *Méditations sur l'Evangile* suppriment-elles à peu près le problème, comme le niait l'oraison funèbre d'Anne de Gonzague, en faisant de la tristesse une forme de la pénitence et de la componction (338), ce qui est vrai mais insuffisant, et en recommandant l'obéissance : « Tout ce qu'on fait dans cet esprit porte grâce : tel qui entend dire que la sécheresse est quelquefois une épreuve et un exercice, prendra sa langueur pour une grâce. Tel aussi s'imaginera être de ces tièdes que Jésus-Christ vomit de sa bouche, quand il ne sentira pas son goût et que ce goût se sera pour ainsi dire retiré bien avant dans son intérieur. Qui est le sage, encore un coup, qui discernera ces choses ? » (339) ; refus de prendre parti, d'examiner pour lui-même un problème jugé secondaire (340).

Les *Elévations sur les mystères* témoignent d'un progrès ; faut-il parler d'une découverte ? Bossuet, peut-être mieux averti de l'état réel des âmes (341), accorde une plus grande place dans la vie spirituelle à l'absence des goûts sensibles. Il affirme bien qu' « une pratique sèche ne peut pas durer » (342), mais il n'assimile plus cette sécheresse avec une imperfection ou un défaut de la grâce, bien au contraire c'est l'effet d'une intention divine ; le repas pascal

(337) Sur le bonheur, cf. *supra*, p. 327.
(338) LT, VI, p. 424.
(339) LT, VI, p. 424. Nicole dans le *Traité de l'oraison* dénonçait déjà ceux qui prennent leur langueur pour une grâce, cf. H. Bremond, *Histoire littéraire...*, t. IV, p. 568-570.
(340) En un endroit (LT, VI, p. 62, 65), lorsqu'il parle de la prière d'indigence, d'état, de volonté, comme celle de la terre désséchée et entr'ouverte, Bossuet frôle la solution : humiliation des sécheresses, exercice et non punition, prière essentielle et non sensible, mais il passe vite.
(341) En particulier en dirigeant Mme d'Albert, cf. *infra*, p. 379.
(342) E.M., p. 373.

est l'image de la dévotion : « N'y cherchez point des douceurs sensibles ; cet Agneau doit être mangé avec des herbes amères et sauvages : avec un dégoût du monde et de ses plaisirs ; et même, si Dieu le veut, sans ce goût sensible de dévotion qui est encore impur et charnel » (343) ; la manne représente les biens spirituels et invisibles, elle n'est ni palpable, ni sensible, ni corporelle (344), et ne ressemble pas à ces cailles que Dieu envoya dans le désert pour tenter les Israélites ; cependant l'on peut « perdre durant quelque temps le goût de cette céleste nourriture ; car Dieu le permet souvent pour nous exercer et éprouver notre foi ; n'en revenons pourtant pas aux désirs charnels, mais en attendant que Dieu réveille ce goût céleste, demeurons en humilité et en patience » (345).

L'attachement aux joies est au fond une forme subtile d'amour-propre qui atteint les dévots les « plus spirituels » : « Ce sont les Apôtres qui semblent se réjouir en Jésus-Christ même, et qui touchés de sa douce conversation ne peuvent se résoudre à le voir partir. Ce sont de faibles amis qui aiment leur joie plus que la gloire de celui qu'ils aiment. Ils quitteront l'oraison pour peu qu'elle cesse à leur apporter ces délectations sensibles. Ce sont ceux que Jésus-Christ appelle, *disciples pour un temps, qui reçoivent d'abord la parole avec joie, mais à la première tentation l'abandonnent* (*Luc* VIII. 13). La vérité ne les règle pas, mais leur goût passager et spirituel » (346). Bossuet va plus loin et fait expressément la distinction qui s'impose entre « le fond de la grâce » et « le sentiment » de la grâce (347) : perdre le fond de la grâce est une punition et la conséquence de quelque péché, mais en perdre le goût est une humiliation, un exercice, une stimulation à retrouver ces douceurs ; encore cette recherche doit-elle être exempte d' « un empressement trop humain » (348) : « Ames saintes et spirituelles, quand il vous échappe, quand il retire ses suavités, modérez un empressement souvent trop sensible ; quelquefois, il veut revenir tout seul ; et s'il le faut chercher, ce doit être doucement et sans des mouvements inquiets » (349).

Bossuet retrouve le théocentrisme (350) qu'une conception trop affective de la vie spirituelle risquait de lui faire perdre : ne disait-il

(343) E. M., p. 233.
(344) E. M., p. 236.
(345) E. M., p. 238.
(346) E. M., p. 371.
(347) E. M., p. 404.
(348) E. M., p. 407.
(349) *Ibid.*
(350) Cf. *supra*, p. 95.

pas aux ursulines de Meaux que Dieu ferait sentir sa présence à leur intérieur (351) ? Huit ou dix ans plus tard, et dès les *Méditations sur l'Evangile,* il affirme : « nous sommes heureux, non point en nous, mais en Dieu » (352), et surtout : « ne nous réjouissons pas de cette paix, à cause qu'elle se fait sentir à nous dans nos cœurs, mais à cause qu'elle glorifie Dieu dans le haut trône de sa gloire : élevons-nous aux lieux hauts, à la plus grande hauteur du trône de Dieu pour le glorifier en lui-même et n'aimer ce qu'il fait en nous que par rapport à lui » (353). Cette joie qu'atteint l'homme est « comme insensible » (354), cachée (355), secrète (356), éloignée des sens (357), plaisir céleste et sublime (358).

Avec toute la tradition des spirituels, Bossuet compare l'état d'une âme perdue en Dieu au délaissement de Jésus-Christ : « Qui nous donnera ici d'entendre l'état d'une âme qui n'a que Dieu : d'une âme destituée de tout appui, de toute consolation humaine ? Quelle détresse d'un côté, quelle joie de l'autre, lorsqu'on a d'autant plus Dieu qu'on n'a que lui ! C'est l'état où va entrer Jésus-Christ ; et il y faut ajouter ce dernier trait, qui met le comble à un état si désolant, qu'on a Dieu sans sentir qu'on l'a, puisqu'il semble s'être retiré jusqu'à réduire Jésus-Christ à dire : " Mon Dieu, mon Dieu, pourquoi m'avez-vous délaissé ? "

« O âmes qui participez à cette désolation de Jésus-Christ, qui vous enfoncez d'abîme en abîme, si loin de Dieu, ce vous semble, et tellement séparées de lui par ce grand chaos que votre voix ne peut parvenir à ses oreilles, comme si vous étiez dans l'enfer, je vous remets entre les mains de Jésus-Christ, qui vous donne son fiel à manger, son vinaigre à boire, sa désolation à porter. Il est avec vous ; et s'il ne veut pas se faire sentir, c'est là votre épreuve. Dites avec lui

---

(351) O. O., VI, p. 242.

(352) LT, VI, p. 525 : le texte, à vrai dire, semble polémique, insistant sur l'amour explicite de Jésus-Christ, sur la pratique des vertus théologales.

(353) E. M., p. 341. Cf. la fin du *Traité de la concupiscence :* « Que je ne me délecte qu'en vous, en qui seul je veux trouver mon bonheur et ma vie, maintenant et aux siècles des siècles » (T. C., p. 103).

(354) E. M., p. 368 ; LT, VI, p. 509, 594 (« La joie qu'il leur promet ici n'est pas une joie sensible : c'est une joie dans la foi ; c'est une joie dans la croix »).

(355) LT, VI, p. 118-119.

(356) E. M., p. 368, 369.

(357) LT, VI, p. 532-533 (il ne se fait pas sentir bien clairement ni avec certitude) ; E. M., p. 310 (paix qui passe les sens), 342 (élevé au-dessus des sens) ; LT, VI, p. 119 (il ne s'en aperçoit pour ainsi dire pas). Cf. *supra,* p. 210, sur la région secrète, éloignée de la sensibilité, où se fait la rencontre avec Dieu.

(358) O. O., VI, p. 482, cf. LT, VI, p. 118.

dans ce creux, dans cet abîme profond : " En espérance contre l'espérance ", je me meurs, je vais expirer : " Mon Père, je recommande, je remets mon esprit entre vos mains ". Je vous remets ma vie, mon salut, mon libre arbitre avec tout son exercice. Après cela, taisez-vous, et attendez en silence votre délivrance. *Amen, amen* » (359). C'est « votre épreuve », Bossuet ne dit plus que ce soit une « pénitence » : que reste-t-il de son « panhédonisme » après cette description des épreuves de l'âme ? L'assurance qu'elles sont rares, qu'elles sont passagères, même si ce passage est une vie ; la conviction aussi qu'il peut y avoir une sensibilité insensible et secrète dont témoigne la joie non sensible de la foi ; mais la résolution de cette dernière antinomie risque d'être verbale et de ne pas résister à l'épreuve des faits, car Bossuet a peu développé dans les *Méditations* et dans les *Elévations* l'anthropologie spirituelle fondée à la fois sur la tradition et sur l'expérience qui lui aurait permis de la résoudre. La distinction du fond et de la surface de l'âme lui permet seulement de montrer comment « des âmes saintes, au milieu du trouble des sens et parmi des angoisses inexplicables, jouissent dans un certain fond d'un imperturbable repos, où elles sont dans la jouissance autant qu'on y peut être en cette vie » (360) ; Job, ce modèle du spirituel délaissé, en est un bon exemple : Dieu remplit son esprit d'objets affreux tandis que dans le fond de sa conscience il jouit du repos des justes (361).

Dans une certaine mesure, la pratique de la direction spirituelle palliera ces manques : Bossuet ne pourra pas se réfugier dans l'abstraction et les solutions verbales : dans les œuvres oratoires, dans les commentaires scripturaires ou les livres de méditations, l'interlocuteur est lointain. Dans l'échange de lettres, dans le commerce avec une personne tourmentée, la réalité s'impose avec urgence et le directeur doit autant écouter sa correspondante que lui parler ou l'enseigner ; soumission au fait qui enrichit une doctrine à condition de suivre les faits et de ne pas les plier aux préjugés. Il en va de toute la valeur d'une direction spirituelle.

3) *La direction spirituelle*

Madame d'Albert est une âme éprise de perfection en proie à de grandes difficultés : dans son oraison elle ne « sent » rien ; bien plus, sa vie se passe dans une tristesse et des noirceurs qui lui font craindre d'être réprouvée : ces sécheresses, cette révolte, cette

---

(359) LT, VI, p. 597-598.
(360) LT, VI, p. 347.
(361) LT, VI, p. 347-348.

absence de ferveur ne sont-elles pas signes que la grâce s'est retirée d'elle ? De là pour cette âme scrupuleuse à soupçonner que ses confessions sont imparfaites, ses fautes mal expiées et à se tourmenter dans des remords sans fin, il n'y a qu'un pas. Cercle infernal, le scrupule tarit la joie qu'elle cherche et les sécheresses alimentent les scrupules. Lui prêcher la joie de la vie chrétienne, chanter le bonheur du croyant, n'est-ce pas vaine cruauté ? son mal ne vient-il pas d'une assimilation implicite de la grâce et de ses effets, de Dieu et de ses dons ? Ces difficultés, bien d'autres dirigées de Bossuet les éprouvent : la sœur André, Mme Cornuau, encore que le tempérament plus exalté de cette dernière lui permette de trouver en soi plus de ressources pour les vaincre. Perpétuellement renaissantes, ces questions et ces angoisses sont l'épreuve de la direction spirituelle de Bossuet : saura-t-il s'adapter ? Comment pliera-t-il son allégresse spontanée, ses principes simples, trop simples dans leur clarté, à la réalité ? Il le fera jour après jour, non sans contradictions : écoute-t-il, il comprend et exprime admirablement la vérité de l'état intérieur de celle qui a recours à lui ; parle-t-il au contraire, alors, en une sorte de monologue, c'est lui qui s'exprime au risque de mal consoler.

Dès août 1690, les deux mouvements sont unis : la sœur André est dans la peine : « dites-lui que, plus l'obscurité est grande, plus elle marche en foi et en soumission [...]. Quand on fait ces actes d'abandon que je demande, je ne prétends pas qu'on doive sentir qu'on les fait, ni même qu'on le puisse savoir. [...] les rebuts de Dieu sont souvent des grâces, et de très grandes grâces... » (362) ; et parallèlement l'appel à la joie, à la ferveur : « ... goûter la joie de renaître [...] de Dieu. [...] Jésus est le seul Epoux de son Eglise et de toutes les âmes saintes, se réjouir à sa voix. [...] si tu savais ce que c'est que de l'aimer, et de le goûter jusqu'à se dégoûter de soi-même ! [...] Jésus qui s'offre de rassasier tous ceux qui ont soif de lui [...] Jésus nous parle tous les jours : doux entretiens, entretiens nécessaires, d'où viennent toutes nos lumières. Sans cela que sommes-nous ? ténèbres, obscurité, ignorance, dérèglement, libertinage » (363). N'y a-t-il d'autre obscurité que celle de l'ignorance et du dérèglement ? Même contradiction un peu plus tard : « Tout ce qui unit à Dieu, tout ce qui fait qu'on le goûte, qu'on se plaît en lui, qu'on se réjouit de sa gloire et de sa félicité et qu'on l'aime si purement qu'on en fait la sienne [...] tout cela est bon, tout cela est la vraie oraison [...]. S'il reste quelque goût sensible, on

(362) C. B., IV, p. 100-101.
(363) C. B., IV, p. 101-105 ; cf. C. B., IV, p. 107, 152-153, 217.

le peut prendre en passant et sans s'en repaître, et aussi, sans le rejeter avec tant d'effort, le laisser couler, et s'écouler soi-même en Dieu et en son éternelle vérité par le fond de l'âme, aimant Dieu et non pas le goût qu'on en a, et sa vérité, et non pas le plaisir qu'elle nous donne » (364). A Mme d'Albert Bossuet répète que les actions accomplies dans la sécheresse sont d'autant plus agréables à Dieu (365), que les chagrins viennent du tempérament et sont la suite de maladies organiques (366), que Dieu utilise le tempérament (367) et qu'on ne doit pas considérer ces peines comme des punitions mais comme des épreuves (368) ; en bref il n'y a pas de rapport entre les grâces sensibles données gratuitement par Dieu et la perfection : « Il faut toujours avoir dans le cœur que Dieu ne donne pas de tels attraits selon nos mérites, mais selon ses grandes bontés... » (369). Dans les découragements, il suffit de « se soutenir par la seule foi » (370), et Bossuet trouve des formules d'un théocentrisme qui aurait dû séduire l'abbé Bremond : « Au reste, je n'oublie point de prier pour obtenir la délivrance de ce noir chagrin ; mais je ne veux point que votre repos dépende de là, puisque Dieu seul et l'abandon à sa volonté en doit être l'immuable fondement. C'est l'ordre de Dieu ; et ni je ne puis le changer, puisque c'est l'annexe inséparable de sa souveraineté ; ni je ne le veux, parce qu'il n'y a rien de plus aimable ni de meilleur que cet ordre, dans lequel consiste toute la subordination de la créature envers Dieu » (371). Jésus-Christ, Job, saint Paul ont été tourmentés semblablement (372) ; Dieu peut donc être présent dans une âme sans

---

(364) C. B., IV, p. 112. Ce texte pose des problèmes de critique et peut avoir été adressé à Mme d'Albert ; cf. nos *Opuscules spirituels de Bossuet*, p. 105, 121.

(365) C. B., IV, p. 172, 178 (« priez dans la tristesse ») ; V, p. 16 (« à proportion que la crainte augmente, on doit faire surnager la confiance »).

(366) C. B., IV, p. 171-172, 176, 177.

(367) C. B., V, p. 78 : « Ne regardez pas tellement ces noirceurs comme une suite de votre complexion mélancolique, que vous oubliiez cependant qu'il y a une main suprême et invisible qui conduit tout et se sert du tempérament qu'il a donné à chacun, pour nous mener où il veut. » Cf. C. B., V, p. 145.

(368) C. B., IV, p. 247, 283 ; V, p. 7, 145.

(369) C. B., IV, p. 295 ; cf. C. B., IV, p. 340 : « Ne dites pas que votre état nuise à votre perfection [...] il n'y a nul état qui empêche d'aimer Dieu, que celui du péché mortel. » Cf. C. B., V, p. 302, 320, 331.

(370) C. B., IV, p. 176. Cf. C. B., IV, p. 283 : expliquant un passage du *Catéchisme* (LT, V, p. 96-97) sur la disposition à aimer Dieu à toute heure et à tout moment plus que toutes choses : « Il n'est pas nécessaire qu'on sente cette préférence... »

(371) C. B., IV, p. 351.

(372) C. B., V, p. 143-144 : « Il n'est pas vrai que la tristesse ne puisse pas venir de Dieu : témoin celle de l'âme sainte de Notre Seigneur.

que cessent les peines et les tristesses (373) : ce sont choses différentes ; reprenant des thèmes que depuis longtemps il développe volontiers (374), Bossuet sait très bien parler à Mme Cornuau (375) de l'amour détruisant, du « poids écrasant de l'amour de Dieu, qui veut briser jusqu'aux os, afin que l'Epoux règne seul » (376), et lui enseigner que l'amour ne peut ni se définir ni se sentir : « le propre de cet amour, c'est de se cacher soi-même à soi-même : quand on le sent, ordinairement on ne l'a pas ; quand on l'a, on ne sait pas ce que c'est... » (377). Le *Cantique des Cantiques* est-il un chant d'amour comblé ? N'est-il pas plutôt le drame de l'absence (378) ? « c'est l'Epouse qui dit : *Je l'ai cherché, et je ne l'ai pas trouvé ; je l'ai appelé, et il ne m'a pas répondu.* C'est cette Epouse qui est frappée, blessée, dépouillée par les gardes de la ville. Tout le secret qu'elle y sait, c'est, malgré l'éloignement de l'Epoux, de retourner toujours à lui avec la même familiarité et liberté » (379).

L'ennui où l'évangéliste confesse qu'elle fut plongée, ne différait point en substance de ce qu'on appelle chagrin. N'alla-t-il pas jusqu'à l'angoisse, jusqu'à l'abattement ? Et n'était-ce pas une agitation, que de dire : *Mon âme est troublée,* et que ferai-je ? dirai-je à mon Père : *Mon Père, sauvez-moi de cette heure ?* N'y avait-il pas même une espèce d'inquiétude, d'aller par trois fois à ses apôtres, et de revenir par trois fois à son Père ? [...] La chose a été poussée bien plus loin dans ses serviteurs, puisque Job a été poussé jusqu'à dire : *Je suis au désespoir ;* et ailleurs : *J'en suis réduit au cordeau...* ». Cf. aussi C. B., V, p. 205, et sur Job : C. B., IV, p. 212, 345 ; V, p. 317 ; VI, p. 358 ; LT, I, p. 4.

(373) C. B., V, p. 27.

(374) Cf. *De l'amour de Madeleine,* O. O., VI, p. 636, *supra,* p. 229.

(375) Ce texte s'adresse peut-être à Mme d'Albert. Contemporain de ces lettres, le très beau sermon pour l'ouverture de la mission de 1692, présente l'itinéraire de l'amour (celui des « mercenaires », puis celui des âmes imparfaites « qui commencent à servir Dieu et qui le font encore par quelque espèce d'intérêt », enfin celui des « parfaits » « qui le servent par un pur amour », O. O., VI, p. 503-504), comme un perpétuel dépassement des « sensibles douceurs » par les « épreuves », par l'imitation de plus en plus grande des « délaissements », de la « souffrance », de la « sécheresse » de Jésus-Christ (O. O., VI p. 504), terme « toujours infiniment éloigné » (O. O., VI, p. 505-506) auquel on ne sera jamais arrivé parfaitement en cette vie. Quelques années plus tard, Bossuet n'emploierait pas le même vocabulaire, mais ces schèmes dynamiques et la conception de la perfection comme perpétuelle remise en cause et mouvement sans repos reviendront tout au long de la querelle du quiétisme. Sur le pur amour que Bossuet n'aurait pas hésité à soutenir avant la querelle, cf. *infra,* p. 681.

(376) C. B., V, p. 68. Cf. la « rudesse mystique » du *qu'y a-t-il entre vous et moi ?* de *Jean* II, 5 : Dieu exerce les âmes et leur fait « sentir par quelque chose de fort ce que Dieu est au-dessus de la créature la plus haute » (C. B., V, p. 71) ; sur la jalousie de Dieu et pour Dieu : C. B., V, p. 86, 206 n. 7, 340.

(377) C. B., V, p. 84.

(378) Cf. *supra* p. 229 sur l'amour de Madeleine, et p. 366 sur le commentaire du *Cantique des Cantiques* de 1693.

(379) C. B., V, p. 198.

Bossuet ne peut pousser au bout ses conclusions : arrivé là, il paraphrase le *Cantique* en des termes d'une sensibilité brûlante, chantant « la douceur et la force » de la grâce, « les caresses intérieures » que l'âme fait à l'Epoux, les désirs, les baisers, les embrassements (380) ; il ne saurait réduire la joie à n'être qu'un accident dans la vie spirituelle, une récompense gratuite, voire une forme subtile de l'amour-propre : cet amour détruisant que nous voyions il y a un instant si « dur à porter » « a sa douceur foncière » (381). Même à Mme d'Albert, il rappelle à chaque lettre l' « éternel *Alleluia,* qui retentit du ciel jusqu'à la terre, par l'écoulement qui se fait en nous de la joie du ciel, dont notre foi et notre espérance renferment un commencement. C'est aussi pour cette raison que saint Paul nous avertit si souvent que nous devons être en joie » (382). Il lui fait espérer des consolations : optimisme, confiance naturelle chez lui, illusion peut-être ; la direction du P. Toquet est plus forte et il nous semble aller à la racine du mal : « le P. Toquet vous fait espérer de grandes désolations : moi j'espère que Dieu vous consolera » (383), deux types de direction et sans doute deux tempéraments. A vrai dire, quand Bossuet parle de joies et de consolations, c'est pour ajouter tout de suite : « il n'est pas nécessaire que cette joie soit sensible ; elle est souvent renfermée dans des actes imperceptibles au sens » (384) : Mme d'Albert peut lui répondre que la mélancolie est incompatible avec la joie, il soutient, alléguant les exemples de Job et de Jésus-Christ

---

(380) C. B., V, p. 112-113, 319, 465-466.

(381) C. B., V, p. 68. C'est le mouvement du dernier chapitre des *Maximes et réflexions sur la comédie :* après avoir montré quels sont le sérieux et l'austérité de la vie chrétienne, Bossuet développe les « agréments » de Jésus, sa « douceur » : « C'est de là que naît dans les âmes pieuses, par la consolation du Saint-Esprit, l'effusion d'une joie divine, un plaisir sublime que le monde ne peut entendre, par le mépris de celui qui flatte les sens, un inaltérable repos dans la paix de la conscience et dans la douce espérance de posséder Dieu : nul récit, nulle musique, nul chant ne tient devant ce plaisir... » (*L'Eglise et le théâtre,* p. 274), toute la page serait à citer.

(382) C. B., IV, p. 215 ; cf. IV, p. 214 ; V, p. 3, 16, 21, 87.

(383) C. B., V, p. 63 : après avoir écrit ces mots, Bossuet se corrige de façon curieuse : « Le P. Toquet vous fait espérer de grandes désolations : souvenez-vous-en, et ne me les imputez pas ; car pour moi j'espère que Dieu vous consolera » (*British Museum,* add. mss. 24421). Cf. C. B., V, p. 295 : admiration et réticences de Bossuet devant le P. Toquet ; de même C. B., V, p. 321, mais Bossuet « révère ses sentiments comme ceux d'un saint » C. B., V, p. 457, cf. C. B., V, p. 448 ; V, p. 27 ; VI, p. 475-476 ; VI, p. 405 (« Le P. Toquet est un saint ») ; jugement de Bossuet sur son *Traité de l'oraison :* C. B., VI, p. 395, 397. Encore en 1698, la même opposition entre la démarche de Bossuet et celle du P. Toquet : C. B., IX, p. 103.

(384) C. B., IV, p. 215.

que les tristesses ne font que couvrir secrètement un « fond de joie » (385). L'équivoque va se poursuivre : qu'est-ce que cette sensibilité insensible ? le « fond » (386) où elle se manifeste est-il le lieu d'une expérience affective ? Bossuet essaiera de le préciser, mais, comme celle de Nicole (387), son anthropologie spirituelle est courte : il se contente des formules approximatives que lui fournissent quelques versets bibliques : « il serait bien plus doux de parler de cette paix qui surmonte tout sentiment, [...] et qui jamais n'est plus parfaite que, lorsque rentrée dans le fond, elle y règne sans être sentie » (388). Le fond est au delà de la sensibilité (389), mais des larmes en viennent, « pas toutes si superficielles et si sensibles » que pensent les spirituels (390), et Bossuet récupère sous une autre forme ce qu'il avait concédé.

En septembre 1692, Bossuet aborde le problème de l'affectivité dans la vie spirituelle d'un point de vue théologique : non pas de lui-même, mais sur une question ou un doute de Mme d'Albert ; apparition d'une problématique inspirée par les débats précédant le quiétisme : Mme d'Albert a lu un ouvrage traitant du pur amour (391) et des doutes s'élèvent en elle : si la joie est imperfection de l'amour, quel sens donner à la direction spirituelle de Bossuet ? Depuis deux ans il lui fait espérer le bonheur et tente de concilier un panhédonisme théorique avec une expérience qui le nie ; si le terme visé est la jubilation d'un *Alleluia* (392) à la fois sensible et spirituel, c'est que ceux qui écrivent sur le pur amour ont tort. Conclusion que tire Mme d'Albert et que Bossuet fait sienne appliquant à l'expérience spirituelle cette doctrine du bonheur à laquelle nous l'avons vu si attaché ; glissement de la spiritualité à la théologie : Bossuet répond-il à Mme d'Albert ? L'incapacité où nous voyons Bossuet de se détacher de catégories théologiques, indépendamment de leur valeur propre, marquera bientôt la controverse avec Fénelon ; dès maintenant elle est grosse d'équivoques et de pénibles incompréhensions : cette prise de conscience théolo-

(385) C. B., IV, p. 345. Cf. aussi C. B., IV, p. 293 avec les exemples de Jérémie et du *Psaume* LXXXVII.

(386) Sur le « fond » de l'âme, cf. *supra*, p. 210.

(387) Cf. *supra*, p. 342.

(388) C. B., V, p. 137, cf. *Phil.* IV, 7, cité déjà C. B., IV, p. 215, 226.

(389) Comme il est au delà de l'intelligence. Cf. C. B., V, p. 197 : « Il est bon quelquefois de ne rien dire et de ne rien sentir, afin que tout rentre dans l'intime infinité du cœur, si l'on peut parler ainsi ».

(390) C. B., V, p. 255.

(391) Le P. Toquet fut-il ici l'intermédiaire ?

(392) Bossuet, dans la même lettre, avoue qu'on ne devrait parler du pur amour qu' « avec transport » C. B., V, p. 239-240.

gique serait-elle reniement des intuitions et des découvertes qu'il a faites depuis qu'il dirige des âmes ? « Quant au pur amour, je suis tout à fait de votre sentiment ; et tout ce que vous dites de l'amour de Dieu est très véritable. Ceux qui font les abstractions dont vous me parlez, ne songent pas assez à ce commandement de l'Apôtre : *Réjouissez-vous ; je vous le dis encore une fois, réjouissez-vous* (393) ; ni à celui de Jésus-Christ même : *Réjouissez-vous, et soyez transportés de joie, de ce que vos noms sont écrits dans le ciel.* Ce n'est donc pas une imperfection de l'amour, mais une pratique commandée. Ce mot de saint Augustin décide tout : " Qu'est-ce, dit-il, que la béatitude ? " *Gaudium de veritate.* Jésus-Christ veut qu'on souhaite d'être heureux ; il donne partout ce goût ; partout il inspire ce désir ; et l'amour est pur quand on est heureux du bonheur de Dieu, qu'on aime plus que soi-même. Il ne laisse pas d'être véritable que l'homme, comme fait à son image, voudrait s'anéantir, si c'était sa volonté ou sa gloire. L'amour peut faire quelquefois de ces précisions ; mais la charité ne consiste pas dans ces sentiments abstraits, quoiqu'on s'en serve quelquefois pour en exprimer la force » (394). Pendant plusieurs mois la direction de Bossuet prend, sans doute de cette prise de conscience, une couleur affective plus prononcée : il conseille à Mme d'Albert de goûter à la communion combien le Seigneur est doux (395) et ne trouve rien dans ses dispositions des illusions de la dévotion sensible que font craindre les spirituels (396) : qu'elle soit persuadée que la lumière sortira des ténèbres (397), la joie de la tristesse (398), qu'elle n'hésite pas à s'abandonner à la douceur des larmes tant décriées par les spirituels (399) : larmes insensibles, lumières sombres et confuses (400), Bossuet reprend les notions ambiguës d'une

---

(393) *Phil.* IV, 4 : On aura remarqué que Bossuet ne cite plus le v. 7 : *Pax Dei, quæ exsuperat omnem sensum*, cf. *supra*, n. 388.

(394) C. B., V, p. 238-239.

(395) C. B., V, p. 242 : « ... Ce goût spirituel de Jésus-Christ [...] n'est autre chose que le pur amour, quand on ne goûte que lui et qu'on l'aime mieux que tous ses dons, mais non pas mieux que lui-même, puisque lui-même c'est lui-même, et que c'est lui purement qu'on veut goûter ». Encore un texte où se manifeste l'essentialisme de Bossuet et la confusion de l'objet et du mode d'appréhension de cet objet. Cf. C. B., V, p. 303.

(396) C. B., V, p. 251.

(397) C. B., V, p. 294.

(398) Le chagrin n'empêche pas les touches du ciel, C. B., V, p. 254, 258-259.

(399) C. B., V, p. 255. Cf. à Mme Dumans, C. B., V, p. 331 : la douceur des larmes de Madeleine.

(400) C.B., V, p. 259.

sensibilité insensible et d'un fond où se cache et s'exerce l'action divine (401).

Parallèlement à cette tendance spontanée à ramener la vie spirituelle à des mouvements de sensibilité ou tout au moins à exprimer en termes de sensibilité l'amour divin, Bossuet reste, avec quelque inconséquence sans doute, fidèle au théocentrisme absolu du sermon de 1666 sur le culte dû à Dieu et des notes sur l'oraison (402) : à certains moments (403), il dépasse la problématique affective de la sensibilité insensible et de la douceur du « fond » pour recommander une adoration en esprit et en vérité qui retrouve l'enseignement des grands mystiques ; mais s'il retrouve cet enseignement, c'est indirectement, par la voie de la théologie, de la méditation sur les attributs de Dieu : Bossuet serait-il plus sensible à la façon de poser un problème qu'au problème lui-même ? Et les attitudes spirituelles seraient-elles déterminées par l'enseignement théologique ? Le bonheur est un attribut de Dieu et fonde le bonheur humain ; mais Dieu est aussi esprit donc au delà de « tous nos sens » et de « toutes nos pensées » : « Pour ce qui est de l'obligation d'adorer Dieu en esprit et en vérité, il y a tant de vérités enfermées en ce peu de mots que je m'y perds. Tout ce que j'y vois de plus certain, c'est qu'adorer Dieu en esprit, c'est l'adorer et l'aimer avec un entier détachement de tous nos sens ; détachement, au reste, que je ne me sens pas capable d'exprimer, tant il est haut, tant il est simple, tant il est intime, tant il est universel. Il faut aller avec saint Paul à la division de l'âme d'avec l'esprit, et à un si grand épurement de nos pensées que je ne sais si nos âmes le peuvent soutenir en cette vie. Ce détachement induit aussi à une si haute et si parfaite mortification de nos sens qu'on ne la peut regarder sans frayeur, quoiqu'on ne puisse d'ailleurs la regarder sans amour. Mais adorer Dieu en vérité, c'est encore quelque chose de plus haut ; car cela emporte une si parfaite conformité avec la volonté de Dieu qu'il n'y a rien au-dessus, ni rien à laisser à notre volonté propre : autrement la vérité n'est point en nous, puisque la vérité qui y doit être, c'est d'être entièrement conformes à ce que Dieu demande de nous, quelque inconnu qu'il nous soit... » (404). La dualité profonde de la spiritualité de Bossuet, son inconséquence même, viennent donc non seule-

---

(401) C. B., V, p. 255, 295, 318 ; C. B., VI, p. 46, 66, 70. Le mouvement de la spiritualité est ainsi de passer de l'acte à l'habitude puis de ramasser l'amour dans le fond (C. B., V, p. 466, cf. C. B., VI, p. 24).

(402) R. B., 1906, p. 245.

(403) Cf. C. B., IV, p. 351, cité *supra*, p. 381.

(404) C. B., V, p. 365-366 : cf. esquisse C. B., IV, p. 104 ; cf. quatre jours plus tard : « Vous ne resterez plus que seule avec Dieu [...] Laissez-vous

ment de l'opposition en lui d'un tempérament sensible et du vertige de l'abstraction, mais d'une fidélité à des principes théologiques qu'il applique tels quels à la vie spirituelle.

Cependant l'expérience de Bossuet « dans les voies spirituelles » va plus loin et pour Mme d'Albert, inquiète sur son état, en quête de signes, il distingue « la voie où l'on marche et l'état où l'on parvient par cette voie. La première doit être sûre, parce qu'elle dépend de l'attrait, et la seconde non, parce qu' [...] elle dépend de la fidélité et de la correspondance » (405). « Dieu veut qu'on marche en obscurité sur son état durant cette vie. J'avoue bien qu'on sent quelquefois, comme dit saint Jean, une certaine confiance, lorsque notre cœur ne nous reprend pas ; mais toutes les âmes ne sont pas appelées à ce genre de confiance. Il y en a qui ne trouvent dans leur cœur que des ténèbres par rapport à leur état. Leur confiance doit être fondée sur la pure bonté de Dieu ; et si Dieu veut qu'elles aient quelque sorte d'assurance, il faut que Dieu la donne par ce secret langage que lui seul sait faire entendre, et non pas les hommes » (406). Quelle que soit la nature de « l'attrait de la grâce » — et Bossuet ici en fait presque une forme de l'obéissance, la fidélité au devoir d'état —, il reste très extérieur à la vie de grâce qui est la conformité à l'attrait, inconnue aux hommes, et pleine de ténèbres. Une page aussi forte est la négation de tout panhédonisme. Mme d'Albert le comprend si bien qu'à la suite des spirituels dont elle lit alors les œuvres, elle interprète cette forme de vie spirituelle dans le sens de « la voie de la foi » prônée par plusieurs religieuses de Jouarre (407) : erreur, pense Bossuet, mais en même temps vérité : l'erreur étant de donner à la démarche spirituelle la forme d'une « voie », donc d'un système : « j'avoue qu'il peut arriver qu'on soit quelquefois plus touché du goût sensible qu'on a de Dieu, que de Dieu même. Dieu se sert aussi quelquefois des sécheresses pour nous détacher de ce goût ; c'est à lui à le faire, et non pas à nous à rien désirer » (408) ; la vérité c'est l'expérience sur laquelle repose cette voie de la foi : sans le mot Bossuet accepte la chose : la vie intérieure est au-dessus, ou au-dessous de toute sensibilité (409). Et Mme d'Albert répond en suivant

---

écouler en ce grand tout qui est Dieu, en sorte que vous-même vous ne soyez rien qu'en lui seul » (C. B., V, p. 371-372).

(405) C. B., V, p. 381.

(406) C. B., V, p. 380-381 ; reprise des mêmes idées quelques jours plus tard, C. B., V, p. 393. Cf. aussi C. B., VI, p. 5.

(407) Sur ces religieuses, cf. aussi C. B., V, p. 423.

(408) C. B., V, p. 398-399. Cf. C. B., V, p. 404 : même conseil à Mme Dumans.

(409) C. B., V, p. 399 : « Il y a un état où Dieu met les âmes au-dessus des privations et des grâces, au-dessus des sécheresses et des goûts ;

admirablement la pensée de son directeur : « Je ne sais point distinguer le goût de Dieu, de Dieu même. Il me semble que le goût de Dieu que j'éprouve n'est qu'un amour de Dieu qui unit à lui et qui le fait posséder ; car je ne veux de douceurs que par rapport à lui ; et ce n'est, ce me semble, que parce que je l'aime, que je prends du plaisir à l'aimer ; et enfin ce n'est point le plaisir que je veux, je veux seulement aimer » (410) : tout cela Bossuet l'accepte, tout cela mais pas plus : sa dirigée n'a-t-elle pas trop bien suivi ses leçons, reproduisant, inconsciemment sans doute, la doctrine qu'il lui a prêchée ? Subtil gauchissement qui ne pouvait que pousser Bossuet à s'en tenir à des principes si bien illustrés, croyait-il, par la vie intérieure de Mme d'Albert.

Celles qui suivent la voie de foi (411) découvrent de l'amour-propre dans l'affectivité et le goût sensible de Dieu, Bossuet, au contraire dans le retour sur soi, dans le désir d'orienter soi-même sa vie intérieure qu'il croit inséparable de tout refus de l'affectivité : le dialogue est impossible (412) car d'un côté et de l'autre on ne se fait pas de ce refus la même idée : est-ce nécessairement une démarche discursive, comme le pense Bossuet ? est-ce au contraire la négation du discours ? Ainsi au moment où Bossuet condamne tout retour sur soi (413), il peut recommander à Mme d'Albert de jouir de la présence de Dieu et de le goûter (414), car dans les dons de Dieu, c'est Dieu que l'on regarde (415).

---

ou plutôt il les met au-dessous de tout cela, par l'abandon à sa volonté. C'est la voie où il faut entrer ; car, pour souhaiter les attraits (texte peu sûr : peut-être *pour s'ôter les attraits*) ou demander à Dieu qu'il les ôte, il y aurait en cela trop de péril. » Cf. C. B., VI, p. 308.

(410) Cité par Bossuet, C. B., V, p. 419. Le surlendemain, Bossuet répond semblablement « sur le sujet de l'attachement que quelques-unes craignent pour le goût qu'on ressent de Dieu » (C. B., V, p. 423) : la séparation de l'âme d'avec soi-même peut être conçue comme « un céleste enivrement » ; ce vocabulaire affectif recouvre un néantisme profond : « On apprend par ce moyen à se compter pour rien et, en quelque sorte, à n'être plus. » Cf. C. B., VI, p. 132 : Dieu est seul.

(411) Mme de Baradat, lectrice de Malaval, est sans doute l'une d'elles, C. B., VI, p. 42, 64.

(412) Notons que nous sommes juste au moment où l'on fait appel à Bossuet pour servir de caution à Mme Guyon : le moment ne pouvait être plus mal choisi (L. Cognet, *Crépuscule...*, p. 165-167).

(413) Il reproche à Malaval de substituer des pensées humaines aux mouvements du Saint-Esprit, C. B., VI, p. 65. Cf. C. B., VI, p. 103, 111.

(414) C. B., V, p. 465-466 (Bossuet avance l'autorité de sainte Thérèse), C. B., VI, p. 65 (communier par attrait, par obéissance et par goût), C. B., VI, p. 67 (rassasiement dans la sainte communion), C. B., VI, p. 93 (communion banquet de délices).

(415) C. B., VI, p. 11, cf. C. B., VI, p. 66 ; on ne peut distinguer oraison de présence et oraison d'amour : la présence de Dieu dans le cœur est « la véritable matière de l'amour jouissant ». Cf. C. B., VI, p. 313 :

En octobre 1693, éclate l'irritation de Bossuet devant les raffinements des directeurs, irritation qui perçait dans toutes les lettres que nous venons de citer : « Je ne comprends plus rien aux directeurs ; et, à force de raffiner sur les goûts, sur les sensibilités, sur les larmes, on met les âmes tellement à l'étroit, qu'elles n'osent recevoir aucun don de Dieu. Celui des larmes est à chaque page dans saint Augustin ; mais dans David, mais dans saint Paul, mais dans Jésus-Christ. Pleurez, pleurez, fondez en larmes quand Dieu frappera la pierre. J'appelle ainsi votre cœur, non point à raison de la dureté, mais de la stérilité naturelle pour les larmes de dévotion et de tendresse. Modérez-les quand la tête en est troublée : quand il n'y a que le cœur qui se fond, je veux qu'on pleure ; et si vous avez trop de ces larmes, envoyez-en-moi ; je les recevrai, surtout celles que Dieu envoie sans nous ; ce sont les bonnes » (416) ; et Bossuet poursuit, s'opposant encore aux nouveaux directeurs : « J'approuve aussi le goût de la communion tel que vous me le représentez » (417).

Désormais la direction spirituelle de Bossuet est dominée par ses réactions vis-à-vis des mystiques : ce n'est pas entièrement une nouveauté ; depuis l'année précédente Mme d'Albert a soumis à son directeur des questions qui témoignent de la pénétration à Jouarre d'ouvrages mystiques ; d'autre part les idées de Bossuet sont arrêtées, ou au moins sa façon d'aborder les problèmes de la vie spirituelle : une spiritualité affective, un théocentrisme certain, peu d'intérêt pour l'expérience, et le recours exclusif à l'Ecriture (418) et à la théologie (419) et aux reconstructions psychologiques abstraites : Bossuet ne veut pas entrer dans les applications des principes qu'il expose : « la vérité éternelle » lui suffit (420) ;

« Vous pouvez désirez ces saintes délectations... » Cf. aussi C. B., VII, p. 15.

(416) C. B., VI, p. 16. Sur le don des larmes, cf. C. B., VI, p. 18, 67, 99 (Mme d'Albert), 107 (Mme Dumans), 202-203 (d'Albert), 223, 403 (Mme Cornuau), 426-427, 429, 453 (d'Albert), 457 (d'Albert, sur saint Jean Climaque et les larmes) ; VII, p. 172-173, 232 ; VIII, p. 273 (d'Albert) ; IX, p. 104 (Dumans) : « Pleurer au sermon ou dans la lecture des pieux écrits est une grâce qu'il ne faut pas rejeter quand elle vient » ; X, p. 21 (Mme d'Albert pour Mme Cornuau), 23 (Cornuau). Bossuet ne s'oppose qu'aux larmes de pure sensibilité, C. B., VI, p. 95, 99, 107, 322 ; VII, p. 19 ; X, p. 23. Cf. aussi LT, XIX, p. 40 (voir *infra*, p. 522).

(417) C. B., VI, p. 16.

(418) C. B., VI, p. 181.

(419) C'est-à-dire considérer « le fond de la grâce » plus que ses manifestations : l'homme ne se connaît pas soi-même, ignore les opérations de Dieu, comment décrire, expliquer ces manifestations (C. B., VI, p. 111) ?

(420) C. B., VI, p. 68.

méfiance de la parole humaine toujours insuffisante. Mais c'est risquer de ne pas être entendu par Mme d'Albert et de ne pas exactement répondre à ses questions : « Vous vous faites souvent de la peine, en disant que je ne vous réponds pas à certaines choses auxquelles je sens que je réponds, parce que je donne un principe par lequel on se répond à soi-même, qui est une manière de répondre qu'il faut souvent pratiquer, parce qu'elle apprend à l'âme à consulter en soi-même la vie éternelle, c'est-à-dire à s'y rendre attentif... » (421).

Plus précisément, Bossuet qui connaît peu les mystiques (422) et qui veut se constituer une documentation au moment où il examine les manuscrits de Mme Guyon (423), invite Mme d'Albert à écrire sur l'oraison (424)et à rassembler un dossier sur ses difficultés à l'égard des mystiques (425) : double détermination, du côté du directeur et du côté de la dirigée, chacun adopte vis-à-vis de la tradition mystique une attitude de méfiance mais non d'hostilité systématique (426). Mme d'Albert soumet d'abord à Bossuet (427) ses réflexions sur un ouvrage que l'on a identifié avec la *Pratique de l'oraison de foi* du prémontré Michel Laronde, disciple d'Epiphane Louis abbé d'Estival (428) : Bossuet conteste violemment les vues de l'auteur sur la

---

(421) C. B., VI, p. 56 ; cf. C. B., VI, p. 311.

(422) Phelipeaux, bon témoin, l'avoue (*Relation...*, t. I, p. 70), et Bossuet connaît mal même le *Traité de l'amour de Dieu* de saint François de Sales (C. B., VI, p. 69, et peut-être p. 246 qui serait un fragment de lettre à Mme d'Albert antérieur au 14 décembre 1693 ; cf. C. B., VI, p. 99). Voir aussi H. Sanson, *Saint Jean de la Croix entre Bossuet et Fénelon*, p. 26 et suiv.

(423) L. Cognet, *Crépuscule...*, p. 172, 183. Du 5 octobre 1693 (date rectifiée sur l'autographe, B. N., n.a.fr. 16313, f° 46) date la première lettre de Mme Guyon à Bossuet (C. B., VI, p. 5), et le 22 octobre, Mme Guyon lui transmet la lettre d'une personne tentée de désespoir (C. B., VI, p. 27 n. 11).

(424) Le 16 octobre, C. B., VI, p. 18.

(425) C. B., VI, p. 47, 57, 65. Mme d'Albert lit alors (en octobre-décembre 1693) Laronde (C. B., VI, p. 51, 57 ; cf. *infra*, n. 428, discussion de cette hypothèse), Malaval (C. B., VI, p. 42, 63, 65, 69), Guilloré (C. B., VI, p. 71), saint François de Sales (C. B., VI, p. 69), Bona (C. B., VI, p. 104). Cf. C. B., VI, p. 99 : le grand écrit, 101 : le grand livre (105, 110), 114 : les papiers, où Mme d'Albert a rassemblé les résultats de son enquête, mais sans indiquer les références des citations. Mme d'Albert chargea Mlle Cornuau de recopier certains textes : C. B., VI, p. 247.

(426) C. B., VI, p. 101, 104, 105. En juin 1694, encore : C. B., VI, p. 314.

(427) C. B., VI, p. 51.

(428) Sur Laronde, cf. Calmet, *Bibliothèque lorraine*, c. 839-840. L. Cognet, *Crépuscule...*, p. 179, pense que l'auteur auquel il est fait allusion dans la lettre du 30 octobre 1693 (C. B., VI, p. 51) est Laronde. Cette hypothèse est confirmée par l'examen des réponses et des critiques de Bossuet : la passivité (C. B., VI, p. 52), cf. *Pratique de l'oraison de foi*, 1684, p. 32, 34, 37-38, 205 et suiv., 223-225 interprétées à contre-

passivité (429) encore qu'il accepte la réalité de la disposition de foi nue : « j'appelle la foi nue, une foi qui demeure dans son obscurité et sans soutien ; j'appelle désolation la disposition d'une âme qui ne reçoit aucun secours aperçu » (430), « purgatoire mystique » (431) qui implique « dégagement de tout » (432) et n'a d'autre raison que la toute-puissante et libre volonté de Dieu (433). « Malgré nos infidélités, Dieu veut toujours donner de nouvelles grâces : il les donne au-dessus de tout mérite ; il les donne sans qu'on le sente, sans qu'on le sache, souvent même sans qu'on le soupçonne : il se tait lui-même, et c'est à lui à qui il faut tout

sens par Bossuet ou par Mme d'Albert ; le repos (C. B., VI, p. 53), cf. *Pratique...*, p. 257, 270 ; le raisonnement (C. B., VI, p. 53), cf. *Pratique...*, préface ; les règles à donner à Dieu (C. B., VI, p. 53-54), cf. *Pratique...*, p. 21 ; la présence de Dieu (C. B., VI, p. 54), cf. *Pratique...*, p. 19, 39, 88 ; le recueillement (C. B., VI, p. 54), cf. *Pratique...*, p. 204-205 ; la divinité et la grandeur (C. B., VI, p. 55), cf. *Pratique...*, p. 6-7 ; la pureté (C. B., VI, p. 55), cf. *Pratique...*, p. 79-80, 111, 121 interprétées à faux-sens. Il n'est pas exclu que le florilège présenté par Mme d'Albert à Bossuet renferme des textes de divers auteurs, en particulier de Malaval : la présence de Dieu, la pureté, le recueillement sont des thèmes développés dans la *Pratique facile pour élever l'âme à la contemplation*. D'autre part, doit-on penser que Bossuet renvoie au même livre dans la lettre du 10 octobre 1694 (C. B., VI, p. 424-426) ? Dans l'affirmative, les quatre degrés que mentionne Bossuet (C. B., VI, p. 425-426) seraient les quatre degrés qui disposent à l'oraison de foi (Laronde, *Pratique...*, p. 16-18), citation de Jean de Saint-Samson faite par Laronde (Notons cependant que p. 75, Laronde ne donne que trois degrés de l'oraison) ; le « rayon » (C. B., VI, p. 426) serait une allusion à la p. 184 du livre de Laronde : « Le chemin dans lequel marche l'homme spirituel est continuellement éclairé des rayons célestes » ; que la foi nue nous élève jusqu'à l'état ou conversation des bienheureux (C. B., VI, p. 426) renverrait à la p. 224 de Laronde, interprétation à contresens par Mme d'Albert ou Bossuet d'une citation que Laronde fait de Marie de l'Incarnation. Tout cela est assez conjectural car Mme d'Albert n'avait présenté à Bossuet qu'un recueil de citations sans références. Les allusions ne renvoient sans doute pas toutes au même livre : ainsi à propos du « rayon », bien plus qu'à Laronde, nous pensons à la *Pratique facile pour élever l'âme à la contemplation* de Malaval (2e éd., Paris, 1673), p. 143 : « Quand Dieu se communique à l'âme avec ce rayon de foi qui l'élève au-dessus des sens » ; p. 155, 165 : « rayon de foi » ; p. 181 : Dieu communique un rayon qui passe ; p. 398 : l'âme reçoit un rayon de la divinité ; ce « rayon » est une expression caractéristique de la langue de Malaval. Heureuse inadvertance, Bossuet, le 31 octobre 1693, emploie la même expression : « S'il sort quelque rayon de la profondeur de la nue » (C. B., VI, p. 59 ; cf. aussi C. B., VI, p. 316).

(429) Cf. *infra*, p. 516.

(430) C. B., VI, p. 51, cf. 57 : Dieu sait se servir de « ce noir chagrin », mais il ne faut ni désirer ni refuser ces dispositions (cf. aussi C. B., VI, p. 105, 106), reprise à propos de la voie de la foi des conseils donnés en juillet : C. B., V, p. 398-399.

(431) C. B., VI, p. 67.

(432) C. B., VI, p. 70.

(433) C. B., VI, p. 69, 307, 321.

remettre » (434). La transcendance du surnaturel interdit de penser que l'on puisse « sentir » la grâce puisqu'il faut transgresser tout le créé pour s'arrêter en Dieu seul : « On profite en se dépouillant de plus en plus de l'attachement à ce qu'on est et à ce qu'on a, pour s'attacher à celui d'où tout vient et en qui tout demeure. C'est là cette parfaite purification, par laquelle l'amour s'épure peu à peu, et n'est plus qu'un pur encens qui n'a pas plus tôt touché au feu, qui est Dieu, qu'il s'exhale tout entier vers le ciel en pure et douce vapeur » (435).

Une distinction entre les deux niveaux de l'âme, la surface et le fond, permet toujours à Bossuet comme en 1692 d'insérer des schèmes affectifs dans une spiritualité aussi dépouillée : « Il y a des sensibilités de plusieurs degrés ; celles qu'on craint tant sont fort superficielles. Il y a un sens intérieur bien profond, et ce qui s'y passe n'a rien de suspect » (436). Cette distinction est bien utile à Bossuet pour résoudre les contradictions de sa doctrine et pour s'opposer aux mystiques ; mais elle reste floue : sa définition ne s'est pas beaucoup enrichie depuis qu'en avril 1691 (437) il l'appuyait sur un seul verset de saint Paul. Différence de degré entre les deux niveaux de sensibilité : toute la question est de savoir si cette différence de degré n'implique pas de différence de nature et si on peut encore parler de sensibilité : Bossuet ne pose pas clairement le problème, et se contente d'affirmer les deux termes de l'antithèse : « Il n'est pas nécessaire de renoncer à ces délectables dispositions de l'amour de Dieu, mais de les perdre et les retrouver dans quelque

(434) C. B., VI, p. 92, corrigé par C. B., XIV, p. 488. Cf. C. B., VI, p. 247-248, 300 (Dieu est au-dessus de tous ses dons), 329, 358, 387 (« Je le prie de vous rendre sa sainte présence, mais je ne le prie pas de vous la faire toujours sentir »). Cf. les conseils donnés à Mme Cornuau, C. B., VI, p. 137, 223 (« Dieu cache ses dons comme il lui plaît »), 246-247, 254. Cf. aussi la réponse, à vrai dire assez brusque et facile, au désespoir de Mme Dumans, C. B., VI, p. 211-212. Voir aussi C. B., VI, p. 508.

(435) C. B., VI, p. 309. En toutes ces pages, Bossuet rejoint sans le reconnaître l'enseignement des mystiques sur l'obscurité et les sécheresses, cf. Malaval, *Pratique facile...*, 1673, p. 273. Malaval dit avec une grande netteté (p. 276) : « Notre Seigneur a quelquefois de coutume de gagner les faibles par des délectations victorieuses et souveraines ; mais [...] il ne faut pas qu'ils prennent ces douceurs pour la possession de la grâce même », lumineuse résolution de notre problème. Cf. aussi Laronde, *Pratique de l'oraison de foi*, 1684, p. 120.

(436) C. B., VI, p. 104. Cf. C. B., V, p. 426-427 : les peines « couverture », « enveloppe » de l'attrait et du goût de l'amour divin ; cf. C. B., V, p. 449, C. B., VI, p. 92, 125, la joie dans les humiliations, pas toujours une joie sensible. Bossuet défend seulement à Mme Cornuau « ce qui serait trop sensible » C. B., VI, p. 223 (dans le même sens : C. B., VI, p. 314, 501).

(437) C. B., IV, p. 215.

chose de plus nu, qui est la simple volonté de Dieu » (438). Or Nicole, le seul maître qu'en ces questions Bossuet puisse suivre (439), ne lui apporte pas les moyens de sortir de contradictions qui sont aussi les siennes (440).

Les controverses du quiétisme obligent donc Bossuet à prendre parti avant qu'il ait pu avec sérénité se faire une opinion, et lient, comme elles sont liées dans la réalité, des questions qui séparément heurteraient moins Bossuet. Ainsi une lettre de Mme Guyon, écrite vers le 10 février 1694 (441), commence par souligner l'impuissance de certaines âmes à faire des actes discursifs, des actes distincts et en particulier à exprimer des désirs (442), puis montre que dans la contemplation « la pente sensible ou même l'aperçue, qui est bien moins que sensible » (443) devient « insensible et imperceptible, en sorte qu'il est vrai de dire en un sens qu'il n'y en a plus » (444) : l'impétuosité du penchant est un défaut, au contraire quand Dieu s'est uni l'âme, l'âme trouve le repos : « Ce n'est point un repos dans la paix goûtée, dans la douceur et dans la suavité d'une présence de Dieu aperçue, mais c'est un repos en Dieu même... » (445). Alors l'âme perd sa consistance propre, ne sent que sa nature simple, pure et sans impression singulière (446).

Il est indéniable que cette description correspond à certaines expériences de Mme d'Albert que Bossuet n'a cessé d'approuver, correspond même à l'une des deux tendances de la spiritualité de Bossuet : l'état de pure foi, l'adoration en esprit et en vérité, le dégagement de tout. L'abîme qui sépare sur ce point Bossuet de Mme Guyon n'a pas pour origine une discussion sur la réalité d'une expérience de la nuit que l'une a peut-être vécue et que

(438) C. B., VI, p. 289. Cf. aussi C. B., VI, p. 409, 470 : la jouissance « est faite sans qu'on le sache », 501 : « Ne demandez point de jouissance ; c'est souvent en cette vie une jouissance que de ne pas jouir ». Le rôle du langage et sa place dans la spiritualité sont très grands : Malaval parle de goûts et de délectation (*Pratique facile...*, éd. cit, 1673, p. 137-138, 372), comme Bossuet, comme Nicole : faut-il prendre ces termes au pied de la lettre ou les considérer comme des approximations, en quelque sorte comme des images ?

(439) Cf. *infra*, p. 426 sur l'utilisation par Bossuet du *Traité de l'oraison* de Nicole en 1691.

(440) Cf. *supra*, p. 243.

(441) C. B., VI, p. 146 et suiv.

(442) Sur ce problème, cf. *infra*, p. 477.

(443) C. B., VI, p. 149.

(444) C. B., VI, p. 149.

(445) C. B., VI, p. 149-150.

(446) C. B., VI, p. 151.

l'autre a pressentie ; aussi bien dans sa réponse du 4 mars, Bossuet critique Mme Guyon sur le seul chapitre de la suppression des actes discursifs et des désirs (447). Mais de cette expérience d'insensibilité, Mme Guyon tire la conclusion qu'il n'y a plus de sensibilité, qu'en un certain sens l'âme n'a plus de consistance, qu'elle n'est plus ; Bossuet au contraire postule l'existence d'une sensibilité insensible : la vie mystique ne peut que reproduire, sur un autre plan, les conditions de la vie psychologique (448), triomphe d'une anthropologie systématique sur les balbutiantes approximations du langage mystique. Bossuet essaie ensuite d'approfondir son anthropologie et de résoudre le paradoxe de cette sensibilité insensible ; la diminution à l'infini de la sensibilité est l' « acte » même du détachement : « il y a beaucoup d'équivoque dans ce mot *sensible ;* car le sensible peut diminuer jusqu'à l'infini, aussi bien que les sécheresses. Il y en a de plus profondes les unes que les autres : elles n'éteignent pas les actes d'amour, mais elles les concentrent souvent. Je crois que M. Olier, comme les autres bons spirituels, ne craint qu'un certain sensible superficiel et grossier : à prendre leurs termes précis, il serait souvent difficile de les accorder avec eux-mêmes. La grande règle est de prendre ce que Dieu donne. Il est certain qu'on ne peut être uni à Dieu que par des dons qui ne sont pas lui-même ; mais les anciens, comme les modernes, veulent qu'on craigne de s'attacher à ces dons pour se les approprier, par ces mots : *Qu'avez-vous que vous n'ayez reçu ?* et encore : *Afin que celui qui se glorifie, se glorifie en Notre Seigneur.* Sur ce pied, on se peut détacher jusqu'à l'infini des dons de Dieu ; et c'est le cas de s'unir à Dieu immédiatement, au sens des mystiques, c'est-à-dire de s'y unir par ses dons au-dessus de tous les dons » (449). L'insistance sur l'acte du détachement et le mouvement à l'infini (450) qui sépare l'homme des dons de Dieu montre bien que pour Bossuet l'opposition essentielle avec les mystiques se fait sur la question de l'activité (451), mais il reste bien des difficultés dans l'hypothèse de Bossuet des « dons au-dessus de tous les dons ». Car une théologie envahissante contribue à épaissir les équivoques ; ce n'est pas que Bossuet soit incapable de comprendre ou au moins de sentir la réalité de la vie spirituelle de ses dirigées : les nombreux textes que nous avons cités, auxquels on pourrait ajouter

(447) C. B., VI, p. 165.

(448) Comme l'intention est le fond des actes aperçus ou non aperçus C. B., VI, p. 185, cf. *infra*, p. 429, 484.

(449) C. B., VII, p. 46.

(450) Cf. encore à Mme de La Maisonfort, C. B., VII, p. 340.

(451) Cf. *infra*, p. 516.

bien des lettres à Mme d'Albert (452) ou à Mme de La Guillaumie (453) montrent que pratiquement il savait guider et apaiser celles qui se confiaient à lui, et cela avec sûreté et avec une véritable docilité aux événements. Quand il faut faire la synthèse de ces expériences, il en va différemment, car selon lui toute « méthode » tout schéma tiré de l'expérience, sont incertains et nuisibles. Ainsi la pure foi, la foi nue dont Bossuet entretient souvent Mme d'Albert d'août à octobre 1694, reprenant l'examen des textes qu'il critiquait l'année précédente, n'est pas exactement la foi nue des mystiques : « La foi nue est la foi sans aucun soutien sensible, contente de son obscurité, et ne cherchant point d'autre certitude que la sienne, avec un simple abandon » (454) ; Bossuet s'applique là à définir la foi, vertu théologale et à décrire les conditions psychologiques de l'acte de foi ; c'est se placer sur un plan tout différent de celui où se plaçaient Malaval ou Laronde et s'interdire de comprendre qu'un auteur puisse mettre la foi nue au-dessus du mariage mystique (455). La foi nue selon Bossuet est le premier pas de la contemplation puisqu'elle est suppression des lumières et des goûts et que le mariage mystique, la « transformation, déification, perte en Dieu, union parfaite » (456) suppose accomplissement et assomption dans la lumière et l'amour : la mystique de Bossuet est nuptiale (457) et le tableau qu'envoie Mme Cornuau à son directeur de son ascension spirituelle (458) en est une bonne illustration.

(452) C. B., VI, p. 398-399 : « Il veut quelquefois qu'on entre dans ses desseins comme dans une certaine obscurité douce, où l'on acquiesce à sa volonté sans en voir et sans en vouloir voir le fond ».

(453) En juin 1694 : « Ce n'est point par goût, et encore moins par raison ou par effort, que vous serez soulagée ; c'est par la seule foi obscure et nue [...] plus Dieu vous plongera dans l'abîme, plus il vous tiendra secrètement par la main » (C. B., VI, p. 315-316), et en septembre : « Sur le sujet de vos sécheresses, songez seulement que l'ouvrier invisible sait agir sans qu'il y paraisse, et que le tout est de lui abandonner secrètement son cœur pour y faire ce qu'il sait, et de ne perdre jamais la confiance, non plus que la régularité aux exercices prescrits de l'oraison et de la communion, sans avoir égard au goût ou au dégoût qu'on y ressent, mais dans une ferme foi de son efficace cachée » (C. B., VI, p. 407, ces deux textes ayant été incorporés par Mme Cornuau à une de ses lettres, C. B., VI, p. 290).

(454) C. B., VI, p. 396. C. B., VI, p. 507 (avec réf. à *Phil.* IV, 7, cf. *supra* p. 384, n. 388). Les sécheresses et l'obscurité sont la condition essentielle d'un acte de foi qui ne se fonde pas sur l'homme mais sur Dieu, C. B., VII, p. 143.

(455) C. B., VI, p. 424-425.

(456) *Ibid.* et C. B., VI, p. 427.

(457) C. B., VI, p. 469 : « Elle ne doit ni recevoir ni donner de bornes à son amour et à ses transports », 487 : « Confiance, dilatation, délectation en Dieu par Jésus-Christ » ; VII, p. 18.

(458) C. B., VI, p. 432 et suiv.

Ainsi, interprétant en un sens purement théologique la foi nue des mystiques, en l'expliquant par les principes de saint Paul (459), Bossuet montre « ce qui constitue le chrétien » (460) mais qui de toute façon n'est pas contesté : de même qu'il ne voit dans la suppression du discours que la soumission de la raison dans l'acte de foi (461), par la même raison il exclut les goûts et les douceurs parce que ces goûts ne sauraient être des motifs de crédibilité (462) : ce sont « des attraits à l'amour » (463) qui n'en diminuent pas la liberté (464). La douceur ou la sécheresse sont des voies pour aller à Dieu car il n'y a pas *une* voie mais des circonstances et des situations. Mme d'Albert peut trouver quelque chose de « peu suivi » (465) dans les conseils de son directeur : ne prêche-t-il pas tantôt la foi nue (466), tantôt les saintes délectations nourriture ou flammes de l'amour (467) ? elle peut aussi trouver qu'il ne répond pas à tous ses doutes (468) ; c'est qu'il veut, sans s'attarder à l'infinie complication des états, chercher « l'unité » de l'action de Dieu : cette action de Dieu, sa grâce, ses attributs l'intéressent plus que les dispositions humaines : « Ne désirez ni la foi nue, ni la foi plus consolante : tout est égal... » (469), « ... et en sécheresse et en jouissance, on doit demeurer égal et comme indifférent... » (470). Que l'on appelle « si l'on veut » cette foi la foi nue, elle est soumission à la sagesse de Dieu et à ses intentions : Dieu choisit la voie qu'il veut : « sans vous attacher à une seule, ayez la foi en celui qui en a mille pour nous attirer » (471). La grandeur de Bossuet est de dépasser les conditions psychologiques pour se porter aux principes mais un tour d'esprit exclusivement théologique lui rend difficile l'approche des réalités spirituelles.

---

(459) C. B., VI, p. 429, 443 et suiv., 466-467.
(460) C. B., VI, p. 444.
(461) Cf. *infra*, p. 472 et suiv.
(462) C. B., VI, p. 445.
(463) C. B., VI, p. 446.
(464) C. B., VI, p. 418.
(465) C. B., VI, p. 446.
(466) Encore en avril 1695, à Mme de La Guillaumie : se réduire à la simple obscurité de la foi, s'enfoncer dans son pur néant où l'on trouve Dieu. C. B., VII, p. 66.
(467) C. B., VI, p. 430.
(468) C. B., VI, p. 456.
(469) C. B., VI, p. 453.
(470) C. B., VI, p. 445. Cf aussi C. B., VI, p. 460, 466 ; C. B., VII, p. 3 (vivre « en espérance sans désirer de la sentir »). Mme d'Albert relève le mot dont s'est servi Bossuet : « indifférence » et Bossuet précise nettement qu'il s'agit moins d'indifférence que de résignation. C. B., VII, p. 29. Cf. *infra*, p. 497.
(471) C. B., VII, p. 28.

En tant que vertu théologale, la foi ne peut qu'apporter douceur et consolation, puisqu'elle est soutien de l'homme : « Sa consolation est de croire et d'attendre ; ses désirs sont ardents, mais soumis. [...] ses châtiments mêmes sont des caresses cachées... » (472). « Au reste, il est certain que l'espérance et la charité portent en elles-mêmes consolation et douceur ; et une telle douceur, que, si la foi est bien vive, c'est comme un commencement de la vie future. La foi même est consolante et soutenante dans son obscurité. Car qu'y a-t-il de plus soutenant que de se tenir à Dieu sans y rien voir, lorsque, perdu dans sa vérité, on entre dans l'inconnu et l'incompréhensible de sa perfection ?... » (473) : L'assimilation de la foi nue des mystiques avec la vertu de foi conduit Bossuet à revaloriser les schèmes affectifs grâce à la notion de « soutien » : ce soutien prend chez lui spontanément la forme d'une consolation de caractère plus ou moins sensible.

Bossuet sent-il que ce détour est une réponse imparfaite au « mystère » de l'absence de l'Epoux ? « Je l'appelai et il ne me répondit point » (474) ? Un autre détour consiste à « tout rapporter à la jouissance de la vie future » (475) ; « J'approuve un état dont le fond nous attache et nous transporte à ce dernier terme. Dieu en donne tel avant-goût, tel pressentiment qu'il lui plaît ; mais je trouve communément que les âmes qu'on appelle grandes, et qui en cela sont bien petites, font trop de cas des jouissances et des unions de cette vie... » (476). L'anticipation du bonheur des bienheureux par l'attente et l'espérance permet à Bossuet de résoudre l'antinomie posée entre la foi nue et insensible et l'affectivité (477). Toutefois nous ne découvrons encore rien ici de systématique : en ces mois où ont lieu les entretiens d'Issy, Bossuet, sans doute au prix de quelque inconséquence, peut souscrire un article — le 33e d'Issy — comportant l'abandon conditionnel du salut, moins susceptible sur ce point qu'un Lenain de Tillemont (478) ou qu'un

---

(472) C. B., VI, p. 467.
(473) C. B., VI, p. 446.
(474) C. B., VI, p. 474 ; cf. C. B., VI, p. 502-503 : description de cet état de nuit, « secrète communication de la tristesse et de l'agonie du Sauveur ». Voir aussi C. B., VII, p. 54-55.
(475) C. B., VI, p. 507.
(476) *Ibid.* On aura remarqué le contresens commis par Bossuet à propos de l'oraison des mystiques : jouissances et unions de cette vie ; curieux contresens car Bossuet leur reproche ailleurs de mépriser les délectations. C'est qu'il assimile mystique et états extraordinaires et qu'il interprète ces états en termes de sensibilité : l'incohérence serait selon lui, chez des mystiques attachés d'un côté à des états sensibles et méprisant de l'autre toute récompense.
(477) C. B., VI, p. 505 ; C. B., VII, p. 5 : entre le désir et la jouissance.
(478) C. B., VII, p. 59 ; L. Cognet, *Crépuscule...*, p. 312 n.

La Broue (479), malgré les mises en garde qu'il adresse bientôt à Mme d'Albert (480) et à Mme Cornuau (481).

Le pôle de la spiritualité de Bossuet désormais se déplace : avec les entretiens d'Issy, la rédaction des articles, Bossuet donne la première place à l'exposé systématique d'une doctrine spirituelle. C'est en tant que doctrine que nous l'étudierons : à ses dirigées, il envoie les œuvres qu'il fait imprimer, il répond à leurs questions, développe et précise ses idées en commentant ses textes. L'importance de ce dialogue est grande pour l'élaboration de cette doctrine et il ne faut pas minimiser le rôle de Mme d'Albert — bien que celui de Lenain de Tillemont et de La Broue soit plus voyant — dans le durcissement des thèses soutenues par Bossuet entre l'*Ordonnance sur les états d'oraison* et les deux *Instructions sur les états d'oraison* quelques mois plus tard. Cette dominante nous laisse percevoir l'écho de thèmes maintes fois repris depuis que Bossuet dirige des religieuses : préférer une oraison humble à une oraison délectable (482), sans toujours rejeter les délectations célestes (483), jouir en paix (484) mais ne pas faire dépendre la vie de grâce de l'onction qui peut y être jointe (485), découvrir la douceur cachée sous les crucifiantes impatiences d'amour (486), accepter d'être unie aux délaissements de Jésus-Christ (487), enfin savoir distinguer de la sensibilité superficielle le sensible profond et intime (488) : « On peut souhaiter l'attrait, comme on peut souhaiter l'amour où il porte ; on peut souhaiter la délectation comme une suite et comme un motif de l'amour, et un moyen de l'exercer avec plus de persévérance. Quand Dieu retire ses délectations au sensible, il ne fait que les enfoncer plus avant, et ne laisse non

---

(479) C. B., VII, p. 101.

(480) C. B., VII, p. 83, 86-87.

(481) C. B., VII, p. 91.

(482) C. B., VII, p. 108, 185, 249, 274 (aimer Dieu sans sentir pourquoi), 292, 367-368, 430.

(483) C. B., VII, p. 98, 214, 250, 338 ; C. B., VIII, p. 273, 355.

(484) C. B., VII, p. 276, 299 ; C. B., VIII, p. 43 ; C. B., XIV, p. 37.

(485) C. B., VII, p. 169, 246, 271, 380 n. 7, 448, 449. Cf. O. O., VI, p. 538-539 (Sermon pour la profession de Mme Cornuau).

(486) C. B., VII, p. 160.

(487) C. B., VII, p. 210.

(488) C. B., VII, p. 173, 177, 189, 212, 274 (la distinction du goût sensible et du vrai goût de Dieu chez sainte Catherine de Gênes), 302 (« la sécheresse est fort bonne dans les actes de piété car ils sont dans la suprême partie et fort au-dessus des sens »), 326 (sur saint François de Sales), 340 (« un sensible plus grossier se perd dans un sensible plus simple et plus simple encore, et ainsi toujours ») ; VIII, p. 183 ; X, p. 20 ; XIII, p. 208 (sur les grâces de douceur et de sensibilité), 278 (« Dieu sait se faire goûter dans un intérieur où le sens ne pénètre pas ») ; XIV, p. 37 (« sentir »).

plus les âmes saintes sans cet attrait que sans amour... » (489) : les délectations sont un des moyens que Dieu utilise pour attirer les âmes, problème plus vaste que celui de l'affectivité : c'est celui des moyens de l'action divine : on ne peut agir sans attraits (490) ; sur la nature de cet attrait en particulier sur son caractère affectif et psychologique, Bossuet reste très réservé : de même qu'il refusait d'accepter entièrement la doctrine de la délectation victorieuse, de même dans la pratique il ne veut pas se limiter : « tout se réduit en la dernière simplicité » (491). Sous l'influence des controverses du quiétisme, Bossuet donne une allure polémique à cette doctrine de la délectation, forçant sa propre pensée au risque de mal répondre aux difficultés de Mme Cornuau : après avoir souligné que les dispositions de Jésus dans l'Eucharistie « sont des dispositions d'union, de jouissance, d'amour » (492), Bossuet justifie les délectations (493) à l'aide d'une théologie augustinienne et de citations de l'Ecriture : « les mystiques se trompent ou ne s'entendent pas eux-mêmes, quand ils croient que les saintes délectations que Dieu répand dans les âmes soient un état de faiblesse [...]. La source du mérite, c'est la charité, c'est l'amour ; et d'imaginer un amour qui ne porte point de délectation, c'est imaginer un amour sans amour, et une union avec Dieu sans goûter en lui le souverain bien, qui fait le fond de son être et de sa substance. [...] c'est par ses dons qu'on l'aime, qu'on s'y unit, qu'on jouit de lui ; et s'imaginer des états où l'on jouisse de Dieu par autre chose que par un don spécial de Dieu lui-même, c'est se repaître l'esprit de chimères et d'illusions » (494).

---

(489) C. B., VII, p. 215.

(490) C. B., VII, p. 28, 274.

(491) C. B., VII, p. 216.

(492) C. B., VII, p. 231 ; il légitime les manifestations sensibles qui accompagnent la communion : « Je ne m'étonne donc pas si en recevant dans l'Eucharistie par la sainte chair de Jésus et par son humanité unie au Verbe, cette divine vertu, on fond en larmes. Cette vertu émeut, attendrit, amollit le cœur qu'elle touche, et en fait couler comme le sang par les yeux. Ne vous arrêtez point à ceux qui accusent ces larmes de faiblesse : il y a des larmes semblables à celles d'un David, à celles d'un Paul, à celles de Jésus-Christ même ; et s'opposer au cours de telles larmes, c'est s'opposer à la doctrine de tous les saints. C'est bien fait alors, avec l'Epouse sacrée, de tirer l'Epoux dans le désert, dans la maison de notre Mère, dans le secret des instructions de l'Eglise et de ses pasteurs, et de boire en sûreté sous leur conduite ces enivrantes douceurs », C. B., VII, p. 232 : Bossuet, comme tout au long de cette lettre, reprend ici presque mot pour mot et développe des passages de lettres d'octobre 1963 à Mme d'Albert : C.B., VI, p. 16, 55, 67.

(493) Sans doute contre le P. Toquet : C. B., VII, p. 234 : « Qui que ce soit qui vous le dise » ; et rapprocher de C. B., IX, p. 103.

(494) C. B., VII, p. 234-235.

Ce schéma (495) semble cohérent au niveau d'une théologie augustinienne qui ne sépare pas les dons de Dieu, de Dieu bienfaisant et béatifiant ; mais si cette fois l'exposé en est poussé loin, Bossuet se trouve devant la difficulté de toute direction spirituelle panhédoniste : comment rendre compte de l'affliction où concrètement sont plongées certaines âmes (496) ? Bossuet comprend-il que jusqu'ici ses réponses ont été insuffisantes ? Cette fois-ci il accumule trois, et même cinq réponses, certaines aussi peu satisfaisantes pour la théologie que pour l'expérience spirituelle ; mieux vaudrait poser différemment ce problème, mais la pensée de Bossuet ancré dans ses principes par la controverse du quiétisme n'est plus susceptible de renouvellement : « Ce qu'on souffre dans l'opération où Dieu délecte les âmes, vient de l'un de ces trois principes : l'un, que les délectations ne sont pas pleines, et que l'amour qu'elles inspirent n'est pas jouissant ; l'autre que l'âme y est trop poussée au-dessus d'elle-même, ce qui n'est pas sans une secrète souffrance de la difficulté qu'on trouve à les suivre ; le dernier, qu'elles sont détruisantes, crucifiantes, anéantissantes, tendant, comme dit saint Paul, à la division de l'âme avec l'esprit, jusqu'aux dernières jointures et à la moelle des os. Il s'y mêle encore d'autres causes, comme sont le poids de la grâce même, et la conviction qu'elle porte de l'ingratitude de l'âme ; mais, en même temps que la grâce pèse, la grâce soutient aussi, et Dieu, qui la donne d'en haut, est en nous pour y soutenir ses propres efforts » (497). Bossuet ne peut se détacher des schèmes affectifs « délectation », « jouissance », « douceur », « tendresse », encore que pratiquement ces délectations détruisantes, crucifiantes, anéantissantes (498) n'aient plus de délec-

---

(495) En septembre 1697, Bossuet développe les mêmes thèmes pour Mme d'Albert : « Pourquoi vous étonnez-vous que, sous la main de Dieu, vous aimez mieux que lorsqu'il se retire pour vous faire sentir ce que vous êtes ? Au reste, il ne faut pas se plaindre des célestes délectations : l'état d'innocence, où l'amour eût été si pur, n'en aurait pas été privé. Si c'était une chose dont il fallût songer à se détacher, saint Paul dirait-il si souvent : *Réjouissez-vous* ? Saint Jean n'a-t-il pas tressailli de joie avant que de naître ? Qu'est-ce qui a fait dire à la Sainte Vierge : *Exultavit Spiritus meus* ? Et n'est-il pas écrit de Jésus-Christ même : *Exultavit in Spiritu sancto* ? Je voudrais bien demander à nos nouveaux raffineurs si Jésus-Christ a jamais abdiqué les célestes délectations, s'il a cru qu'elles fussent un obstacle à l'amour, s'il a souhaité que Dieu l'en privât pour l'aimer plus parfaitement et plus purement », C.B., VIII, p. 355-356. Voir aussi LT, XIX, p. 289-292, analysé *infra*, p. 667.

(496) Cf. C.B., XIII, p. 278.

(497) C.B., VII, p. 237.

(498) Cf. C.B., XIII, p. 354 : « Son esprit détruisant qui ravage tout aux environs... »

tation que le nom : mais Bossuet tient à ces noms qui symbolisent la doctrine augustinienne de la grâce : « une douce inclination ou impulsion qui veut être aidée par un simple et doux effort du libre arbitre coopérant » (499), « une céleste et victorieuse et foncière délectation, dans laquelle consistent la grâce et la charité, et s'en détacher, c'est se détacher de la charité et de la grâce, c'est-à-dire de Dieu même » (500).

Partant de ces prémisses, Bossuet ne peut comprendre les « abstractions » des mystiques, et la pensée de Fénelon, et même les raisons profondes de la direction donnée aux religieuses de Jouarre par le P. Toquet (501).

Le détachement du « plaisir qui nous [...] revient » (502) des dons de Dieu s'arrête à la délectation foncière de la grâce : cette transposition sur le plan psychologique d'une notion théologique n'est-elle pas un des traits les plus caractéristiques de la spiritualité de Bossuet ?

---

(499) C. B., VII, p. 379.
(500) C. B., XI, p. 311.
(501) C. B., IX, p. 103 : « Le P. Toquet m'a dit [...] qu'il faudrait demander à Dieu d'être privée des douceurs et consolations spirituelles... »
(502) C. B., XI, p. 311.

Chapitre 11

LA PLACE DE L'INTELLIGENCE

Toutes les difficultés que nous venons de rencontrer en essayant de préciser avec Bossuet la place de l'affectivité dans la vie spirituelle, nous risquons de les retrouver en définissant le rôle de l'intelligence et celui de l'activité. Les deux problèmes en effet sont étroitement liés, et qui se représente et traduit l'expérience spirituelle et la prière sous une forme sensible est conduit en bonne logique à leur donner aussi une forme conceptuelle et dynamique : intelligence, sensibilité et activité seraient ainsi les modes proprement humains selon lesquels se fait la rencontre avec Dieu. Ainsi que ce soit une façon de rendre compte des réalités de la vie intérieure ou une façon de les expérimenter, l'intelligence, la sensibilité et l'activité imposeraient leurs catégories à ceux qui parlent de l'expérience et peut-être même à ceux qui la vivent. Ce parallélisme établi entre l'action et la ferveur de l'homme d'une part, et la présence ou l'approche de Dieu de l'autre, est toutefois bien ambigu : risque d'anthropocentrisme, risque de ne pas sauvegarder l'originalité foncière du surnaturel, risque de cette déformation que, faute d'autre mot, nous appelions « ontologisme » et qui consiste à partir d'une donnée ontologique pour faire la théorie et la description de toute expérience possible, en un mot risque de mépriser l'expérience au nom du système. Ces risques, les spirituels « intellectualistes » comme les spirituels « panhédonistes », et ce sont souvent les mêmes, les courent : seuls peuvent les sauver un manque ultime de logique, leur curiosité pour la vie des âmes ou simplement la nécessité de répondre au jour le jour aux multiples problèmes posés par la direction de conscience : ce double mouvement, cette incohérence au niveau du système qui est fidélité à la vie, les trouverons-nous dans les œuvres et les lettres spirituelles de Bossuet ?

I. La vérité

Il n'est pas impossible que l'habitude de l'éloquence, que la pratique de la controverse avec les réformés et de l'enseignement auprès du Dauphin, que le fait enfin de s'être consacré à des travaux d'histoire aient imprimé à l'esprit de Bossuet un tour pédagogique qui le porte à traduire la vie chrétienne en forme de leçons, de vérités à apprendre et à vivre, de connaissances à acquérir pour de là se porter à l'amour. L'art oratoire, les tâches pastorales comme la pratique de l'enseignement ont pour but de faire « comprendre » à autrui la vérité, de la faire « concevoir » en un acte qui n'est pas seulement intellectuel mais qui est au départ un acte de l'intelligence requérant attention, docilité de l'esprit, découverte et assimilation de la vérité. Ce tour didactique, cette déformation pourra-t-on dire si l'on estime que c'est une limitation des aptitudes de l'esprit, n'est pas sans rapports avec la doctrine de la prédication dont Bossuet est profondément pénétré : à travers l'orateur, c'est Jésus-Christ qui enseigne les fidèles ; la Parole de Dieu telle qu'elle se manifeste dans l'Ecriture, la Parole intime qui parle en l'âme de celui qui écoute le prédicateur et qui n'est autre que celle de Jésus-Christ « Prédicateur des cœurs » (1) se servent d'intermédiaires humains : l'orateur, l'intelligence de celui qui l'écoute. Or, bien que la prédication ou la pastorale ne soient pas la spiritualité, cette rencontre de l'homme avec la Parole de Dieu est déjà une forme de la vie spirituelle.

C'est bien ainsi, sous la forme de Parole de vérité, que Bossuet aime représenter Jésus-Christ. Théologiquement ce thème n'est pas particulièrement original dans le christianisme, mais au XVIIe siècle la redécouverte de l'Ecriture, le développement d'une religion de l'intériorité et la controverse avec les réformés ont contribué à le mettre en valeur.

Déjà, en 1685, l'évêque de Meaux, faisant la visite du couvent des ursulines de sa ville épiscopale, aimait à rappeler aux religieuses que Dieu se manifeste « en qualité de docteur et de maître » (2) et

---

(1) O. O., VI, p. 152 ; sur ces questions, cf. J. Truchet, *La prédication de Bossuet*, t. I, p. 45-48.

(2) O. O., VI, p. 241 ; en 1691 encore, la considération de Jésus-Christ docteur sera le sommet de la méditation de la Croix (O. O., VI, p. 482). Rapprochons-en la façon dont Bossuet conseille aux Filles Charitables de La Ferté-sous-Jouarre la lecture de l'Ecriture : il faut y prendre les « préceptes moraux », les « instructions » (cf. sur le moralisme, *supra*, p. 323) ; dans l'Ancien Testament l'on préférera les Livres Sapientiaux et surtout l'*Ecclésiaste* où l'on « apprend » beaucoup de choses, de même, dans *Tobie, Judith, Esther, Job*, et les *Macchabées* ; le

répand dans les âmes le don de sa sagesse et de sa grâce (3), et quelques années plus tard, dans les *Méditations* et les *Elévations,* un des noms de Jésus les plus souvent évoqués est celui de vérité, « la vérité même ; par conséquent le soutien, la nourriture et la vie de tout ce qui entend... » (4), un nom qui suggère à Bossuet une magnifique Méditation sur Jésus-Christ lumière : « la vérité est plus lumière que la lumière : rien ne nous peut amener à la vérité qu'elle-même » (5). Le Saint-Esprit, esprit de vérité, rend témoignage à Jésus-Christ en permettant à l'homme de le recevoir, en insinuant en lui la vérité : c'est le seul maître intérieur que l'on doive consulter (6), c'est une « école intérieure, qui se tient dans le fond du cœur. Outre les enseignements du dehors, il fallait un maître intérieur qui fît deux choses : l'une, de nous faire entendre au dedans ce qu'on nous avait enseigné au dehors ; l'autre, de nous en faire souvenir et d'empêcher qu'il ne nous échappât jamais » (7), enseignement intérieur qui, au delà de toute vaine curiosité, et de toute tentation (8), permet à l'entendement et à la mémoire de s'appliquer à la vérité (9). Le mouvement de cette pédagogie resterait bien intellectuel (10) si Bossuet ne précisait tout de suite qu'elle est attribuée à l'Esprit-Saint « pour la même raison que l'infusion de la charité lui est attribuée » (11) ; « Qu'est-ce donc qu'enseigner au Saint-Esprit, si ce n'est faire aimer la vérité que Jésus-Christ nous a annoncée [...] ? Et qu'est-ce que nous faire ressouvenir de ce que Jésus-Christ nous aura dit, sinon le tenir toujours présent à notre esprit par l'attachement que nous y aurons au fond du cœur ? C'est-à-dire que le Saint-Esprit nous inspire non tant la science que l'amour... » (12). Nulle distinction au demeurant

---

Pentateuque et les *Prophètes* viennent après, mais toujours cette lecture nous fera « voir », « remarquer », « observer »... (LT, I, p. 3-7).

(3) O. O., VI, p. 241.

(4) LT, VI, p. 504.

(5) LT, VI, p. 505

(6) LT, VI, p. 208.

(7) LT, VI, p. 535, cf. LT, VI, p. 582.

(8) LT, VI, p. 171.

(9) Cf. LT, VI, p. 119 : des moyens par lesquels Jésus-Christ nous tire à lui le premier est la manifestation de sa vérité. Cf. LT, VI, p. 183 : Dieu éclaire l'intelligence en montrant ses attraits avant de saisir la volonté.

(10) « Nous suggérer », « rappeler en notre mémoire », « nous faire entendre », « nous apprendre » LT, VI, p. 582.

(11) LT, VI, p. 535.

(12) LT, VI, p. 535-536. Voir aussi C. B., VI, p. 306 : « S'unir à Dieu parfaitement comme à la souveraine vérité, c'est, ma Fille, le voir tel qu'il est et face à face. Voilà le dernier effet que fera en nous l'esprit de vérité ; et en attendant, pendant le temps de cette privation, pendant

entre les leçons du Fils et celles de l'Esprit : Jésus-Christ est « la parole intérieure du Père » (13) : le Saint-Esprit lui donne efficace, mais quand le Fils « s'était revêtu de notre nature, pour exercer au dehors le ministère de la parole, il n'avait pas perdu pour cela cette qualité de parole intérieure qui demeurait dans le sein du Père, mais qui aussi s'insinuait dans tous les cœurs " en illuminant tout homme qui vient au monde " ; et parlant à qui il lui plaît, sans que personne puisse entendre la vérité qu'autant que le Verbe lui parle de la manière qu'il sait ; ni en particulier les vérités du salut qu'autant qu'il lui insinue dans le fond du cœur ce nom secret de son Père, qui veut devenir le leur en les donnant à son Fils... » (14).

Le terme de cette démarche, son accomplissement, en un mot la contemplation, est selon Bossuet plus « visuel » qu'affectif : le bonheur du cœur pur c'est de « voir » Dieu car le voir et l'aimer c'est la même chose : « il verra Dieu : il verra toute beauté, toute bonté, toute perfection, le bien, la source de tout bien, tout le bien uni... » (15) : en un sens cette contemplation est le fondement du « torrent des délices » des bienheureux : vers cette vision est tendue l'espérance de Bossuet ; « principe d'où naît tout ce qui suit » (16), voir Jésus-Christ c'est voir son Père, c'est anticiper la contemplation de la Trinité qui est l'occupation des bienheureux : « Quand sera-ce, ô Seigneur, que vous m'admettrez à ce secret, à cette vue intime et parfaite de votre Père et de vous ? [...] Quand vous verrai-je, ô Dieu qui sortez de Dieu... ? » (17). En attendant cette parfaite manifestation, le Père apparaît à travers les paroles du Fils qui révèlent les secrets de la vie divine : « Parlez donc, parlez, ô Jésus, parlez, vous qui êtes la parole même. Je vous vois dans vos paroles, parce qu'elles me font voir et sentir en quelque façon que vous êtes un Dieu : mais j'y vois aussi votre Père, parce qu'elles me font connaître que vous êtes un Dieu sorti d'un Dieu, " le Verbe et le Fils de Dieu " » (18).

---

que l'éternelle et souveraine vérité ne nous paraît qu'à travers des ombres et que nous en sommes privés, le même esprit se tourne en nous en esprit de gémissement, en esprit d'enfantement et de travail, en nous faisant déplorer notre privation et notre exil, et attendre avec patience la révélation des enfants de Dieu. »

(13) LT, VI, p. 613.

(14) *Ibid.* et cf. O. O., VI, p. 527.

(15) LT, VI, p. 12.

(16) LT, VI, p. 511.

(17) LT, VI, p. 512. Cf. LT, VI, p. 283 : le royaume de Dieu, c'est la vérité régnante sur les esprits.

(18) LT, VI, p. 517. Cf. LT, VI, p. 519 : « Je vois : je verrai : qui peut m'ôter mon bonheur ? »

II. Amour et connaissance.

Dans la découverte de la Parole, il entre moins de science que d'amour, ce qui illustre bien la position de Bossuet vis-à-vis d'un problème classique de la spiritualité, celui des fondements de l'amour et de ses rapports avec l'intelligence. En 1666 l'orateur du Carême de Saint-Germain affirmait avec saint Thomas que l'oraison, partie de l'adoration, est un acte de la raison et doit avoir son fondement dans la connaissance (19) ; tradition intellectualiste affirmant le primat d'une connaissance rationnelle de Dieu même lorsque la raison insuffisante est relayée par la foi ; le primat ou plutôt l'antériorité logique de la connaissance par rapport à l'amour : saint Augustin lui-même associe les deux choses en montrant que la grâce découvre à l'homme la vérité et le porte à l'aimer, « non seulement en lui inspirant ce qu'il doit faire, mais aussi en lui inspirant l'amour par lequel il fasse ce qu'il connaît devoir faire » (20) ; un disciple de saint Augustin comme Arnauld peut affirmer que la connaissance précède nécessairement l'amour mais qu'elle n'en est pas nécessairement suivie (21), s'opposant par là à toute définition de la grâce comme délectation indélibérée (22). Cependant il faut définir la nature de cette connaissance et se demander si pendant la vie terrestre elle n'est pas trop imparfaite pour embrasser son objet : la connaissance, dit saint Thomas (23), est à la mesure de ce que peut connaître le sujet connaissant ; l'amour au contraire est à la mesure de son inclination, du mouvement qui le porte vers l'objet de son amour. Cette doctrine, comme le remarque J. Dagens (24), est commune chez les scolastiques et c'est sur elle que s'appuiera Bérulle en faisant de l'amour le principe de la déification et de la connaissance des mystères ; tradition de la théologie affective qui par saint Bonaventure, Hugues de Balma (25) et Thomas de Verceil passera aux spirituels du XVIIe siècle et s'épanouira magnifiquement chez Benoît de Canfeld et ses disciples (26). C'est aussi un lieu commun au XVIIe siècle que d'opposer à la théologie scolastique la théologie mystique plus pratique

---

(19) O. O., V, p. 108, cit. de *S. Th.* IIa IIae, q. LXXXIII, a. 1. Cf. *supra*, p. 124.

(20) Saint Augustin, suivi par Arnauld, cité par J. Laporte, *Les vérités de la grâce*, p. 364. Cf. le texte de Bossuet cité *supra*, p. 405, n. 12.

(21) J. Laporte, *ibid.*

(22) Cf. *supra*, p. 347.

(23) *S. Th.*, Ia, q. 16, a. 1.

(24) *Bérulle...*, p. 262.

(25) R.A.M., 1964, p. 161 et suiv. (art. de J. Krynen).

(26) J. Dagens, *op. cit.*, p. 263-264. Cf. entre autres, Constantin de Barbanson : L. Cognet, *La spiritualité moderne*, t. I, p. 269.

et plus affective (27), et les adversaires de la mystique comme le carme Chéron renverront les spirituels à l'étude d'Aristote et de saint Thomas (28).

Devant ce problème, la position de Bossuet est ambiguë : il associe toujours la connaissance et l'amour (29) dans le bonheur de l'homme, et spontanément il se défie des connaissances qui sont de pure curiosité (30), qui ne sont qu'intellectuelles ; il ne cesse de mettre en garde contre elles, et de prêcher une spiritualité où l'effectif, c'est-à-dire l'amour, serait uni aux lumières de l'intelligence. « Que la connaissance de Dieu ne soit pas en nous une simple curiosité, ni une sèche méditation de ses perfections : qu'elle tende à établir en nous son amour : nous vivrons de la vie de Dieu et nous rétablirons en nous son image.

« Unissons-nous à la vie de Dieu, à la connaissance et à l'amour qu'il a pour lui-même : lui seul se connaît et s'aime dignement. Unissons-nous autant que nous pouvons à l'incompréhensible connaissance qu'il a de lui-même ; et consentons de tout notre cœur aux louanges dont il est digne, que lui seul connaît [...]. Tout ce que nous connaissons de Dieu, transportons-le en nous... » (31). C'est dans le même sens que Bossuet commente le texte de l'Evangile (32) : « La vie éternelle est de connaître Dieu et Jésus-Christ » : la vie éternelle « est dans la partie immortelle et intelligente où est l'image de Dieu, dont la principale opération et la source de toutes les autres, c'est la connaissance » (33). Cette affirmation toutefois ne définit pas nécessairement un intellectualisme, car la connaissance ne s'arrête pas à elle-même mais s'ouvre sur l'amour. Bossuet fait sien le principe augustinien dans toute son étendue : « ... " On n'aime point ce qu'on ignore, dit saint Augustin (34). Mais quand on

(27) Cf. *supra*, p. 39.

(28) Chéron, *Examen de la théologie mystique*, Paris, 1657 ; le carme insiste longuement sur le fait qu'il ne peut y avoir d'amour sans connaissance (surtout p. 26, 76-80, 118 et suiv., 127 et suiv., 139, etc.), mais il interprète ce principe en un sens très intellectualiste : la contemplation, comme l'amour, est, selon lui, « essentiellement » connaissance (p. 139, 224, 226), s'exerce suivant le mode de la pensée (p. 80, 261), s'adresse à des objets « particuliers » (p. 91, 153, 223) ; « qui a jamais entendu qu'il y ait des connaissances sans objet, et des notices de Dieu, qui ne sont point intellectuelles ? » (p. 146).

(29) C.B., IV, p. 317.

(30) Cf. LT, VI, p. 171.

(31) LT, VI, p. 159.

(32) *Jean*, XVII, 3.

(33) LT, VI, p. 605.

(34) *Tract. XCVI, In Joan.*, n. 4. Cf. Pascal qui, dans l'opuscule *De l'esprit géométrique*, utilise le même texte, en opposant connaissance des choses humaines et connaissance des choses divines (*Pensées et opuscules*, éd. Brunschvicg, minor, p. 185).

aime ce qu'on a commencé à connaître un peu, l'amour fait qu'on le conçoit plus parfaitement", et ensuite qu'on l'aime davantage. La connaissance dont parle ici Jésus-Christ, est une connaissance tendre et affectueuse qui porte à aimer, parce qu'elle fait entendre et sentir combien est aimable celui qu'on connaît si bien [...]. La connaissance véritable et parfaite est une source d'amour : il ne faut point regarder ces deux opérations de l'âme, connaître et aimer, comme séparées et indépendantes l'une de l'autre, mais comme s'excitant et perfectionnant l'une l'autre [...]. Nous connaissons Dieu véritablement, quand nous l'aimons ; une connaissance spéculative et purement curieuse n'est pas celle dont Jésus-Christ dit qu'en elle consiste la vie... » (35). Ces lignes qui semblent pure spiritualité sont plus polémiques qu'il ne paraît. Elles furent écrites en novembre 1693 (36) c'est-à-dire au moment même où leur auteur, sur la demande de Mme d'Albert, s'occupe beaucoup de la question de la foi nue, des problèmes de la nuit mystique, de la nature de l'oraison. Aussi lisons-nous, à la fin de la méditation sur la connaissance de Dieu dont nous citions quelques lignes, une justification des mystiques qui est en réalité une annexion : « Il ne faut donc pas exclure la connaissance : à Dieu ne plaise ! Et les mystiques, qui semblent la vouloir exclure, ne veulent exclure que la connaissance curieuse et spéculative, qui se repaît d'elle-même : la connaissance doit pour ainsi dire se fondre tout entière en amour. Il faut entendre de même ceux qui excluent les lumières : car ou ils entendent les lumières sèches et sans onction, ou en tout cas ils veulent dire que les lumières de cette vie ont quelque chose de sombre et de ténébreux, parce que plus on avance à connaître Dieu, plus on voit pour ainsi parler qu'on n'y connaît rien qui soit digne de lui ; et en s'élevant au-dessus de tout ce qu'on en a jamais pensé, ou qu'on en pourrait penser dans toute l'éternité, on le loue dans sa vérité incompréhensible et on se perd dans cette louange ; et on tâche de réparer en aimant ce qui manque à la connaissance, quoique tout cela soit une espèce de connaissance et une lumière d'autant plus grande, que son propre effet est d'allumer un saint et éternel amour » (37). L'interprétation qui réduit l'expérience mystique à des normes ordinaires et communes est un des lieux

(35) LT, VI, p. 605-606.

(36) Le 30 décembre, Bossuet écrit, en effet, à Mme d'Albert : « Il y a déjà, ma Fille, plus de cinq cents pages des miennes dans la continuation de la Cène ; il n'y a plus que quatre versets à expliquer, avec une récapitulation de la prière de Notre Seigneur » (C. B., VI, p. 110) ; ce qui fait à peu près la LXIe Journée (LT, VI, p. 649).

(37) LT, VI, p. 607-608.

communs de l'antimysticisme : les mystiques excluent-ils les connaissances de la contemplation, on affirmera qu'il ne s'agit que de la vaine curiosité ; Nicole dans son *Traité de l'oraison* défend ainsi saint Jean de la Croix (38) pour mieux accabler Bernières. Que la connaissance précède l'amour mais doive s'ouvrir à l'amour, sans rester purement rationnelle, sèche et stérile, Nicole l'avait aussi soutenu avant Bossuet : une connaissance, une « idée », est nécessaire : « Pour l'aimer il le faut connaître, il faut avoir quelque idée de sa grandeur et de sa bonté infinie ; puisqu'on ne saurait aimer ce qu'on ne connaît point. Quelque imparfaite que soit cette idée, *Dieu s'en sert,* dit saint Grégoire de Nazianze, *pour exciter notre espérance. Ce que nous concevons de Dieu nous attire. Ce que nous n'en concevons pas excite notre admiration, et cette admiration excitant le désir de Dieu, ce désir nous purifie et nous rend semblables à lui* » (39). Mais la croissance en lumières n'est pas la suite de la multiplication des connaissances : elle vient de l'augmentation de l'amour qui permet de tirer plus de nourriture des mêmes vérités, et Nicole de citer le texte de saint Augustin que reprendra Bossuet (40) : « On ne saurait aimer ce qu'on ignore absolument. Mais quand on aime ce qu'on connaît d'une manière imparfaite, cet amour même fait que nous la concevons plus pleinement et plus parfaitement » (41). Aussi Nicole n'est-il pas en contradiction avec lui-même quand il soutient que « le lieu de la vérité n'est pas l'esprit mais le cœur » (42), que la connaissance est du judaïsme, l'amour du christianisme (43).

Bossuet toutefois, comme Nicole, n'envisage qu'une connaissance et des lumières intellectuelles, des « pensées » (44) : c'est dans cette mesure qu'il ne peut supprimer toute connaissance, tout exercice de la pensée dans l'oraison. Nicole défend contre Barcos la méditation discursive et contre Bernières les lumières de l'oraison parce que

---

(38) *Traité de l'oraison,* éd. 1679, p. 518.

(39) *Traité de l'oraison,* éd. cit., p. 161.

(40) *Tract. XCVI, In Joan.*

(41) *Traité de l'oraison,* éd. cit., p. 133.

(42) *Traité de l'oraison,* éd. cit., p. 278.

(43) *Ibid.*

(44) LT, VI, p. 608. Nulle part, Bossuet ne le dit plus clairement que dans l'*Histoire des variations* où il s'en prend à Calvin qui opposait union à Jésus-Christ par la foi et union par la pensée : « ...Par une idée aussi bizarre qu'elle est nouvelle, il ne veut pas que ce qui nous est uni par la foi, nous soit uni simplement par la pensée, comme si la foi était autre chose qu'une pensée ou une appréhension de notre esprit, divine à la vérité et surnaturelle, que le Père céleste peut inspirer seul, mais enfin toujours une pensée » (LT, XIV, p. 368 ; cf. p. 400-401).

selon lui l'activité de l'esprit et du cœur repose sur des pensées, sur des idées, et qu'un amour sans connaissance est un non-sens. Bossuet ne peut concevoir un amour sans connaissance, un amour dont des connaissances, même implicites, ne soient la base, puisque aimer Dieu suppose d'abord une certaine pensée sur Dieu, sur ses qualités, sur la nature du sujet qui aime et sur son amour.

Ces principes que Bossuet admet spontanément, il les affirme avec une force nouvelle dès les débuts de la controverse du quiétisme (45) : le recueillement n'est pas retour sur soi, n'est pas non plus retour sur la simple présence de Dieu, mais vers la présence de Dieu comme bonté, vérité, sainteté (46) : « Toute vérité, quelle qu'elle soit, aperçue ou non aperçue distinctement, est l'objet de l'union avec Dieu, qui est toute vérité ; et aussi réciproquement, toute vérité est Dieu, parce que c'est en Dieu que tout est vrai immuablement et éternellement » (47). Ainsi sont justifiées la contemplation des attributs divins et la contemplation de l'Humanité du Christ et est affirmée l'indissociable union de la connaissance et de l'amour dans cette contemplation : la connaissance est primitive mais ne peut rien sans l'amour : « Les auteurs dont vous parlez ne me paraissent pas distinguer la voie de la foi nue d'avec celle du pur amour. Il n'y a rien de si certain que ce principe, que l'amour présuppose quelque connaissance et qu'il l'augmente. Une lumière plus sombre est changée par l'amour en une lumière plus claire, une lumière plus variable en une lumière plus fixe, une lumière plus resserrée en une lumière plus étendue, et ainsi du reste ; et cette nouvelle lumière qui vient par l'amour l'augmente encore, et ainsi jusqu'à l'infini » (48).

Amour et connaissance sont donc indissociablement liés dans la contemplation de la vérité et un amour sans motivation conceptuelle est aussi étranger à la pensée de Bossuet qu'une connaissance qui

---

(45) Sur la question des attributs de Dieu et de la nudité de foi par rapport à la controverse du quiétisme, cf. *infra*, p. 468 et suiv.

(46) C. B., VI, p. 54.

(47) C. B., VI, p. 55.

(48) C. B., VI, p. 58 ; cf. 104 : « Je persiste à dire qu'on ne peut aimer sans connaître ; mais quoique connaître et aimer soient deux opérations très différentes, il est très possible et très commun qu'on ne les distingue pas ; et souvent l'amour semble prévenir, parce qu'on le sent davantage. Au reste, tout cela n'importe à rien, pourvu qu'on ne déroge pas à la parole de Notre Seigneur qui dit : *La vie éternelle est de vous connaître.* » A Mme Cornuau toutefois, trop attachée aux intermédiaires créés, Bossuet en 1694 déclarera : « Ce n'est plus le temps de chercher à venir par la connaissance à l'amour de Dieu, mais de venir par un plus grand amour de Dieu à une plus intime connaissance, selon ce que dit saint Jean : *l'onction vous enseignera toutes choses* » (C.B., VI, p. 309).

ne s'épanouit pas en amour et que ne nourrit pas l'amour. Par là s'explique l'ambivalence de l'acte par lequel l'homme se tourne vers cette vérité, de l'attention. Certes Jésus-Christ a bien des moyens de parler à l'homme ; l'évêque de Meaux l'enseigne aux ursulines : Jésus crie par la bouche des prédicateurs et des prêtres, dans la liturgie et ses mystères, directement aussi par des aspirations dans les cœurs (49). Toute efficace qu'elle soit, cette parole exige attente, accueil, attention pour être reçue ; attention qui est suppression des obstacles, qui est silence intérieur et extérieur, éloignement des occasions de dissipation (50), effort pour se rendre digne (51) de « s'entretenir » avec lui (52). L'attention est ainsi le premier mouvement de la conversion car Bossuet, comme Malebranche, encore que dans un sens un peu différent (53), distingue dans la grâce et dans l'action divine un double mouvement : occupation de l'esprit par l'infusion de la lumière, parallèle à la possession du cœur par la délectation (54). L'attente (55) n'est pas passive mais prédispose à l'oraison : l'Epouse fidèle est prête à s'éveiller à la première approche de l'Epoux (56), elle est tendue au fond d'elle-même vers ce qui se passe en elle (57) ; l'attente n'est pas excitation faite à soi-même (58), n'est pas réflexion ou retour sur soi (59), elle est disponibilité au mystère (60), admiration indistincte (61), spontanée mais volontaire (62). L'attention et déjà l'attente (63) ne sont pas oisives : l'homme attentif *tend* à réunir en Dieu toutes ses *puissances* intérieures et ses *opérations* extérieures (64), produit

---

(49) O.O., VI, p. 215 ; cf. O.O., VI, p. 245.
(50) O.O., VI, p. 227.
(51) O.O., VI, p. 225.
(52) Cf. O.O., VI, p. 227.
(53) Cf. P. Blanchard, *L'attention à Dieu selon Malebranche,* p. 81, 82.
(54) Cf. *supra,* p. 397, et O.O., VI, p. 241-242 et 228, 230 ; E.M., p. 373.
(55) Cf. C.B., VI, p. 469, 471.
(56) C.B., IV, p. 177.
(57) C.B., VII, p. 24.
(58) C.B., VII, p. 318.
(59) Cf. *infra,* p. 621, sur la connaissance de soi et la réflexion.
(60) C.B., VI, p. 325 ; E.M., p. 357, 452.
(61) C.B., VI, p. 53.
(62) C.B., VI, p. 66.
(63) Cf. C.B., VII, p. 29, et le thème « attendre en attendant » : C.B., VI, p. 505, etc. ; E.M., p. 368 ; sur cet aspect dynamique de l'attente, cf. C.B., VI, p. 92, 248, 313, 460, 469 ; VII, p. 130, 317-318, 349, 377, 394, 435.
(64) O.O., VI, p. 242.

« des actes intérieurs de toutes manières qui [le] disposeront à l'oraison » (65). L'oraison telle qu'elle s'engage reposera donc moins sur un effacement des activités de l'esprit que sur une pénétration par la grâce de « toutes les puissances et les facultés de l'âme » (66) : l'intelligence, l'activité servent de médiation dans la rencontre avec Dieu, médiation (67) ou condition nécessaire à toute démarche spirituelle, problème qu'il faudra aborder ; en tout cas la place de l'attention dans la préparation à l'oraison nous invite déjà à pressentir le caractère intellectuel et conceptuel de cette démarche. Dès 1691, Bossuet nous paraît bien définir cette oraison et en marquer nettement les caractères : « Quand il trouve notre âme seule, dégagée des créatures et retirée avec lui tout seul, il la visite, il lui envoie ses lumières, il répand en elle ses grâces, il lui découvre ses vérités : c'est là où il nous remplit de la connaissance de nous-mêmes, et de la contrition de nos fautes. En ce saint silence, si nous avons besoin d'humilité, nous recevons des impressions qui nous anéantissent : nous sommes occupés au dedans de notre âme de l'esprit d'une componction intime ; Dieu nous remplit de cette sainte horreur de nous-mêmes, à la vue de nos indignités ; il opère en notre intérieur de secrètes, mais puissantes convictions de nos iniquités ; il nous abaisse et nous écrase comme des vers ; enfin, mes Filles, sa bonté prend ce temps de retraite et il l'attend pour nous occuper, pour nous éclairer, pour nous purifier et nous changer par tous ces effets de sa grâce. Dans ce saint commerce avec Dieu, vous formerez des résolutions efficaces pour la pratique des œuvres de la perfection du christianisme, qui fait la principale de vos obligations » (68) : *lumières, vérités, connaissance, contrition, occuper, remplir, vue, opérer, résolutions*... tous ces termes définissent une oraison où les opérations de Dieu sont impression des vertus de foi et d'humilité, de la contrition et des résolutions, développement lumineux mais secret de la connaissance de soi (69) : il suffit d'« entendre parler Dieu en vous-mêmes » (70) ; le saint commerce avec Dieu et cette occupation intérieure cesseront-ils dans une étape ultérieure ? après l'activité, ou au delà d'elle, l'abandon réalise-t-il un mode d'union à Dieu détaché de l'activité intellectuelle et volontaire ?

---

(65) O. O., VI, p. 232.
(66) O. O., VI, p. 217.
(67) « Actes intérieurs qui *disposeront* à l'oraison ».
(68) O. O., VI, p. 227-228.
(69) A rapprocher de Nicole, *Traité de l'oraison*, éd. 1679, p. 58 et *passim*.
(70) O. O., VI, p. 228-229.

III. L'ACTE D'ABANDON.

Le *Discours sur l'acte d'abandon* rédigé en 1691 (71) donne une très claire réponse et dans l'œuvre de Bossuet prend une valeur exemplaire : première ébauche de ce que seront bientôt les *Méditations* et les *Elévations*. Le prélude à l'acte d'abandon, à toute prière puisque cet acte en est le sommet, est une lecture attentive (72) d'un chapitre de l'Evangile à travers lequel on entend la parole de Jésus-Christ : « Jésus parle encore tous les jours dans son Evangile ; mais il parle d'une manière admirable dans l'intime secret du cœur [...]. Il faut donc lui prêter ces oreilles intérieures dont il est écrit : Vous avez, Seigneur, ouvert l'oreille à votre serviteur » (73). Tenir l'oreille attentive, faire silence « dans le ciel, dans la haute partie de notre âme » (74), c'est tout ce que l'on doit faire, l'oraison est faite du côté de l'homme (75), le reste appartient à Dieu (76). Or cette prière est échange et échange de paroles : « parole pour parole : pour la parole par laquelle vous l'aurez prié de vous instruire, la parole par laquelle il vous fera entendre ce qu'il veut de vous, et son éternelle vérité » (77). Il ne reste que Dieu et l'homme : tout le monde est oublié ou rejeté, mais l'homme reste avec tout lui-même. Alors s'engage le dialogue entre la créature et son créateur, la seule chose nécessaire : « Comme Dieu est seul et que l'homme se considère comme seul devant lui, il faut trouver quelque chose en l'homme qui soit parfaitement un, un acte qui renferme tout dans son unité, qui d'un côté renferme tout ce qui est dans l'homme, et d'autre côté réponde à tout ce qui est en Dieu » (78). Cet un nécessaire, sommet de la prière, est donc un « acte » par lequel l'homme livre à Dieu « son âme, son corps en général et en particulier, toutes ses pensées, tous ses sentiments, tous ses désirs, tous ses membres, toutes ses veines avec tout le sang qu'elles renferment, tous ses nerfs jusqu'aux moindres linéaments, tous ses os, et jusqu'à l'intérieur et jusqu'à la moelle, toutes ses entrailles, tout ce qui est au dedans et au dehors » (79). L'accu-

(71) Cf. nos *Opuscules spirituels de Bossuet,* p. 64-67.

(72) LT, VII, p. 533.

(73) *Ibid.*

(74) LT, VII, p. 534.

(75) *Ibid.*

(76) Cf. C.B., V, p. 465 : impression simple d'une vérité sans considérations, avec un trait de lance dans le cœur, l'oraison est faite (peut-être allusion à sainte Thérèse).

(77) LT, VII, p. 534.

(78) LT, VII, p. 535.

(79) *Ibid.*

mulation des termes et le lyrisme de la phrase essaient de traduire cet abandon total de l'homme à Dieu, cependant ils montrent que c'est encore dans l'exercice de ses puissances qu'il s'abandonne : l'abandon est activité et non passivité, affirmation du sujet et de l'objet de l'abandon : « Je vous abandonne ma vie [...] ma vie dans l'éternité. Je vous abandonne mon salut [...]. Faites-moi selon votre cœur [...]. Faites-moi donc droit, ô mon Dieu, afin que je vous aime de tout mon cœur... » (80) ; affirmation des attributs du Dieu à qui l'homme se livre : « Je m'abandonne à vous, ô mon Dieu ; à votre unité, pour être fait un avec vous ; à votre infinité et à votre immensité incompréhensible [...] à votre sagesse infinie [...] à votre justice... » (81). On sent combien reste conceptuelle cette méditation sur les attributs de Dieu ; Bossuet toutefois comprend que cette approche de Dieu est insuffisante : multiplier les pensées n'est que multiplier l'activité humaine. Il semblerait que Bossuet envisage de dépasser ces pensées, ces concepts par lesquels l'homme dans la prière tente d'atteindre Dieu ; or c'est à la multiplicité des pensées que s'attaque Bossuet, et non au fait même de penser ; la chose est significative et permet de bien situer sa spiritualité : « Enfin, ô Dieu, unité parfaite, que je ne puis égaler ni comprendre par la multiplicité, quelle qu'elle soit, de mes pensées, et au contraire dont je m'éloigne d'autant plus que je multiplie mes pensées ; je vous en demande une, si vous le voulez, où je ramasse en un, autant qu'il est permis à ma faiblesse, toutes vos infinies perfections, ou plutôt cette perfection seule et infinie qui fait que vous êtes Dieu... » (82). Cette pensée c'est l'abandon à Dieu, grand et incompréhensible, abandon à la vie et à la mort, dans le temps et dans l'éternité (83) ; c'est l'acte le plus parfait et le plus simple de tous les actes (84), un acte qu'il faut « bien faire » pour qu'il ait « tout son effet » (85).

Bossuet n'insiste pas sur la simplicité de cet acte d'abandon : il lui paraît beaucoup plus important de souligner en quoi il est acte, comment il respecte la liberté de celui qui le fait, comment il n'entraîne aucune oisiveté (86) mais « nous met, pour ainsi parler, tout

(80) LT, VII, p. 535-536.
(81) LT, VII, p. 536.
(82) LT, VII, p. 537, cf. LT, VII, p. 542, 543.
(83) Cf. LT, VII, p. 537.
(84) LT, VII, p. 538. Cf. C. B., V, p. 466 : acte très libre et très réel.
(85) LT, VII, p. 538.
(86) LT, VII, p. 538-539 : critique de « quelques-uns » qui s'imaginent « qu'on tombe par cet abandon dans une inaction ou dans une espèce d'oisiveté ».

en action pour Dieu » (87). L'acte d'abandon, pour simple que Bossuet le conçoive, renferme tous les actes de la vie chrétienne, l'obéissance aux préceptes, le désir des sacrements (88), les demandes et les actions de grâces (89), le renouvellement des promesses du baptême et de celles de la profession religieuse (90), la pénitence et le renoncement (91), le désir de la vie bienheureuse (92). L'originalité de l'acte d'abandon de Bossuet est donc moins dans sa matière que dans sa forme : abandon de la vie et de l'éternité, abandon de tout ce qui est en l'homme, mais abandon sous forme d'une « pensée », d'un « acte » (93). C'est par la transfiguration de ses puissances sous l'effet de la grâce et non par leur effacement que l'homme s'abandonne à Dieu : l'acte d'abandon est un acte, un discours, une parole. Dans cette mesure il nous aide à définir ce que la spiritualité de Bossuet a d'original, mais nous voyons en quoi cet acte d'abandon est différent de l'abandon fénelonien ou de celui que le P. de Caussade au XVIIIe siècle mettra sous le patronage de l'évêque de Meaux.

IV. Les Méditations et les Elévations.

Les *Méditations sur l'Evangile* et les *Elévations sur les mystères* illustrent avec plus d'ampleur l'attitude de Bossuet. L'oraison est une soumission aux vérités exprimées dans l'Ecriture et aux idées que Dieu a inscrites dans l'esprit de chacun ; elle repose donc sur une certaine *lectio divina* et sur la connaissance de soi (94). Or dans cette « lecture » les *Méditations* ne s'attachent qu'à une partie de l'Evangile, celle qui paraît à Bossuet la plus importante : les « sermons » de Jésus-Christ. Sa personne, ses miracles, sa vie ou sa passion retiennent moins Bossuet dans ce premier ouvrage que sa doctrine et les leçons éternellement actuelles qu'il adresse aux hommes. L'autre recueil, les *Elévations sur les mystères*, présente la réalité cachée subsistante derrière les actes et les événements, ce que révèlent les faits rapportés par l'Ecriture.

---

(87) LT, VII, p. 539. A la Sœur Cornuau, Bossuet précise que cet abandon n'est pas fait une fois pour toutes, mais de moment à moment, C. B., IV, p. 329-330.

(88) LT, VII, p. 539.

(89) LT, VII, p. 539-540.

(90) LT, VII, p. 540.

(91) LT, VII, p. 541.

(92) LT, VII, p. 543.

(93) Cf. aussi C. B., IV, p. 295, à la même époque Bossuet présente l'abandon comme un « acte ».

(94) Cf. *supra*, p. 138.

Du point de vue de la méthode, les Avertissements de chacun des recueils sont de précieux documents : « De tous les sermons de Jésus-Christ, les plus remarquables par les circonstances du temps sont : premièrement, celui qu'il a fait sur la montagne au commencement de sa prédication, où sont compris *les principaux préceptes de la loi nouvelle et où l'on voit quel en est l'esprit ;* secondement, ceux qu'il a faits sur la fin de sa vie... » (95). A ces préceptes l'oraison fait adhérer l'homme dans un acte qui est le développement même de l'acte de foi : « A chaque vérité qui sera proposée, il faut s'arrêter un peu en faisant un acte de foi : " Je crois, cela est vrai, celui qui le dit est la vérité même ".

« Il faut aussi regarder cette vérité particulière qu'il a révélée, comme une parcelle de la vérité qui est Jésus-Christ même ; c'est-à-dire qui est Dieu même, mais Dieu s'approchant de nous, se communiquant et s'unissant à nous. Car voilà ce que c'est que Jésus-Christ.

« Il faut donc considérer cette vérité particulière qu'il a révélée de sa propre bouche, s'y attacher par le cœur, l'aimer, parce qu'elle nous unit à Dieu par Jésus-Christ qui nous l'a enseignée, et qui nous a dit qu'il était " la voie, la vérité et la vie " » (96). La méditation repose donc sur la « considération » des vérités révélées par Jésus-Christ, considération qui à son tour fonde l'amour.

Des leçons (97) se dégagent de la vie de Jésus-Christ et confèrent à ses paroles un caractère didactique : mais n'est-ce pas aux yeux de Bossuet l'intention même de Jésus-Christ, et sa vie n'a-t-elle pas été vécue pour « instruire » les générations futures de leurs devoirs ? Conception morale à laquelle Bossuet ne restreint pas les Evangiles mais à laquelle il donne une grande place : si Jésus va devant et monte à Jérusalem, c'est pour nous encourager, pour nous apprendre à vaincre nos faiblesses (98) ; si les ennemis intriguent contre lui, c'est pour nous permettre de contempler les effets de la jalousie (99) ; s'il se cache, c'est pour apprendre à ses disciples les précautions et la prudence (100) ; s'il se trouble, c'est pour nous fortifier par son exemple (101), et on pourrait multiplier

(95) LT, VI, p. XIII. Nous soulignons.

(96) LT. VI, p. XIII-XIV. Cf. LT, VI, p. 423 : « Goûter la parole de Jésus-Christ, c'est la marque qu'on le goûte lui-même et la meilleure préparation à le goûter ».

(97) Le mot « lecture » revient souvent dans les *Méditations :* « Toutes ces lectures nous apprendront... » (LT, VI, p. 91).

(98) LT, VI, p. 70.

(99) LT, VI, p. 106-107.

(100) LT, VI, p. 102.

(101) LT, VI, p. 112-113.

les exemples de cette interprétation classique dans l'histoire de l'exégèse, mais très largement développée par Bossuet (102).

Les *Elévations sur les mystères* présentent le même mouvement : Bossuet espère grâce à elles rendre les lecteurs attentifs à connaître Dieu et Jésus-Christ (103) ; connaître non plus exactement un enseignement verbal et didactique, mais le mystère des personnes divines (104), « nous rendre attentifs à votre divinité unie à nous par le mystère de l'Incarnation » (105) ; cette connaissance de Dieu et de Jésus-Christ devient le fondement de l'amour : « C'est donc uniquement pour vous aimer que je veux vous connaître et c'est pour m'attacher à faire votre volonté que je veux vous connaître et vous aimer, persuadé qu'on ne peut vous bien connaître sans s'unir à vous par un chaste et pur amour.

« Pour vous bien connaître, ô mon Dieu et cher Sauveur, je veux, toujours avec votre grâce vous considérer dans tous vos mystères et connaître avec vous en même temps votre Père qui vous a donné à nous et le Saint-Esprit que vous nous avez donné tous deux ; et toute ma connaissance ne consistera qu'à [me] réveiller et à me rendre attentif aux simples et pures idées que je trouverai en moi-même, dans les lumières de la foi, ou peut-être dans celles de la raison, aidée et dirigée par la foi même : car c'est ainsi que j'espère parvenir à vous aimer, puisque le propre de la foi, selon ce que dit saint Paul, c'est d'être *opérante et agissante par amour.* Amen » (106).

La connaissance de ces vérités est à portée de l'homme attentif : il trouve en lui des idées innées simples, pures et immortelles (107). Pour les découvrir, l'attention est essentielle : Bossuet n'écrit-il pas comme Malebranche (108) que si les nations ne connaissent pas Dieu c'est par un défaut d'attention (109) ?

Cette considération des vérités serait-elle déjà une prière véritable ? Les visitandines à qui Bossuet adresse en 1691 les *Méditations sur l'Evangile* savent en quoi elle consiste : ce n'est pas une recherche intellectuelle mais une forme de l'adoration, c'est la

---

(102) Cf. aussi LT, VI, p. 243.

(103) E. M., p. 75.

(104) Dans l'insistance des *Elévations sur les mystères* sur la personne du Verbe et sur l'Humanité Sainte, il faut évidemment voir un reflet des controverses du quiétisme.

(105) E. M., p. 75.

(106) E. M., p. 76. Cf. aussi E. M., p. 116.

(107) E. M., p. 76, 79. Cf. en un sens un peu différent, Malebranche au début de la *Recherche de la Vérité :* « Il ne faut pas s'imaginer qu'il y ait beaucoup à souffrir dans la recherche de la vérité ; il ne faut que se rendre attentif aux idées claires que chacun trouve en soi... »

(108) *Entretiens de métaphysique,* III, 103.

(109) E. M., p. 78.

secrète opération de Dieu dans les âmes (110), l'entretien secret qu'il opère dans les cœurs et « qui les élève à la plus intime communication » (111). Bossuet reprend le thème central de ses notes sur l'oraison (112) et montre en 1689, à l'occasion de la mort de M. Mutel, confesseur des visitandines, que l'adoration ne consiste « qu'à consentir et à adhérer à la vérité de l'être de Dieu. Consentir à la vérité, cet acte seul suffit. Prenez garde que je dis consentir à la vérité, car Dieu seul est le seul être vrai. Adhérer à la vérité, consentir à la vérité, c'est adhérer à Dieu, c'est mettre Dieu en possession du droit qu'il a sur nous. Cet acte seul comprend tous les actes ; c'est le plus grand, c'est le plus élevé que nous puissions faire » (113), et il poursuit : « Cet acte est grand, il est parfait ; mais en même temps je dis qu'il doit être fait fort simplement. Il n'y a rien de si simple que cet acte... » (114). L'adoration est donc un acte ; simple, sans effort elle est le fruit d'une activité de l'homme, une réponse personnelle que Bossuet traduit en termes d'intelligence et de volonté. Cependant c'est une activité si profonde qu'elle subsiste même lorsqu'à l'oraison l'esprit se trouve « rempli de mille fantômes, sans aucun arrêt, ne pouvant assujettir l'imagination, cette folle de l'âme, comme l'appelle sainte Thérèse » (115), et inversement lorsqu'il se trouve sec et aride « sans pouvoir produire une seule bonne pensée (116), comme une souche, comme une bête devant Dieu : qu'importe ?... » (117). La vie de la grâce est transcendante par rapport aux opérations de l'esprit mais elle s'appuie sur ces opérations : l'imagination, cette « vagabonde » (118), peut à la surface de l'âme faire rouler des images séduisantes, ce n'est pas là que s'engage véritablement l'homme (119). Méditer une vérité, en d'autres termes faire oraison, c'est exercer sa raison. Bossuet ici encore nous paraît bon disciple de Nicole qui, interprétant saint Augustin, affirmait que les réflexions que l'on fait sur les vérités chrétiennes sont des pensées accompagnées de prières, pensées non

---

(110) O. O., VI, p. 466.
(111) O. O., VI, p. 466.
(112) Cf. *supra*, p. 114.
(113) O. O., VI, p. 476.
(114) O. O., VI, p. 477.
(115) O. O., VI, p. 476.
(116) Le ms. B. N., fr. 12841, qui vient de la Visitation, porte : « sans une seule pensée » ; c'est la leçon la plus courte, mais peut-être pour le sens *lectio difficilior*, qui risquait de choquer les lecteurs lorsque ce texte a été publié en 1748. Cf. nos *Opuscules spirituels de Bossuet*, p. 96.
(117) O. O., VI, p. 476.
(118) E. M., p. 151 ; C. B., VII, p. 155.
(119) Cf. C. B., VI, p. 349.

pas froides ou stériles mais vives, animées, efficaces (120) : s'appliquer à des vérités qu'on trouve dans sa mémoire, s'en servir pour régler ses mœurs, désirer qu'elles s'impriment dans le cœur, se résoudre à les suivre, voilà l'oraison mentale, « une prière appuyée sur des pensées intérieures » (121) ; les pensées ne sont pas la prière qui selon le mot de Nicole consiste dans le désir du cœur (122), mais elles en sont la condition et la préparation indispensable. C'est bien ce que comprend Bossuet qui expose la vraie doctrine du *Traité de l'oraison* contre ceux qui ne voient dans ces pensées qu'une pénible application de la raison raisonnante : « Si méditer, c'est faire des raisonnements dans son esprit avec un effort de la tête, M. Nicole n'aura pas raison de vouloir qu'on en revienne toujours à la méditation. S'il appelle raisonner, contempler une vérité révélée de Dieu, y être attentif, l'admirer, s'y unir par un acte de foi, par la même foi en contempler la liaison avec d'autres vérités également révélées, et la liaison révélée aussi, je le veux bien, et en tout cela c'est le cœur qui fixe l'esprit ; et s'il y a un raisonnement, comme en effet il y en a un, c'est un raisonnement dont la foi, qui opère en amour, fait toute la liaison des principes et des conséquences. La tête y a peu ou point de part : tout consiste principalement dans une attention paisible de l'âme sur ce qu'elle aime, et l'attention de cette sorte est un effet de l'amour » (123). Mais cette « attention vient d'un acte de la volonté qui la fixe » (124). Tout est donc acte, affirme Bossuet dans cette lettre à Mme d'Albert (125), durcissant, pour faire pièce aux mystiques qu'il commence à reprendre, à Malaval en particulier (126), une anthropologie bien parente de celle de Nicole : « Ne dites point que vous aimez et que vous admirez sans acte, car tout cela sont des actes : dites sans acte marqué et sans paroles expresses, et vous direz bien. Je sais aussi que c'est cela que vous

---

(120) *Traité de l'oraison,* éd. 1679, p. 60-61.

(121) *Id.,* p. 62 ; cf. p. 89.

(122) *Id.,* p. 101.

(123) C. B., VI, p. 66, cf. p. 95 : « La considération est bonne, l'attention, l'admiration ; ce n'est point une perte de temps. » Cf. C. B., VI, p. 53 : « Pour ce qui est du raisonnement exprès et méthodique, j'avoue qu'il me peine dans la communication ; mais cette simple attention avec cette admiration de la vérité est bien loin de là ; et loin de nuire à la contemplation, elle en fait une des plus belles parties, puisque rien ne dispose tant à aimer, qui est le but et l'essence de la contemplation ». Sur l'admiration, voir aussi E.M., p. 377-378, avec une intention antiquiétiste.

(124) C. B., VI, p. 66-67.

(125) 3 novembre 1693.

(126) Cf. *infra,* p. 474.

entendez » (127). Tout cela en effet aux yeux de Bossuet ne peut pas ne pas être actes : « il y a toujours un acte très libre et très paisible, aussi bien que très intime de la volonté, et un libre consentement, sans quoi l'oraison ne pourrait avoir ce mérite chrétien, qui est tout ensemble notre mérite et un don de Dieu » (128). La démarche de l'esprit est toujours constituée d'actes discursifs, de raisonnements, même quand ces raisonnements n'ont pas la forme méthodique que leur donne la logique. De même une faculté ne peut rester sans objet, sans s'appliquer à quelque chose : si nous devons rétablir en nous « l'empire de la raison », contenir « les vives saillies de nos pensées vagabondes » (129), ce ne sera pas par un anéantissement purement négatif mais par une substitution d'objet (130) : rien n'est plus à craindre en nous que « ce qu'il y a d'animal, de volage, de rampant » (131) ; pour éviter cette application de l'imagination qui risque d'entraîner avec elle celle de l'esprit et du cœur, on remplacera ces funestes objets par d'autres images possédant la même force d'attraction mais entraînant avec elles pieuses pensées et pieux désirs. La défiance de l'imagination suscite tout un art d'utiliser l'imagination : « S'il se faut servir de notre imagination, que ce soit en l'épurant de toutes pensées corporelles et terrestres : et l'occupant saintement des mystères de Jésus-Christ, des exemples des saints, et de toutes les pieuses représentations qui nous sont offertes par l'*Ecriture :* non pour nous y arrêter, mais pour nous élever plus haut après en avoir tiré le suc, c'est-à-dire les instructions dont nos âmes se doivent nourrir : par exemple, des mystères de la vie et de la passion de Notre Seigneur, l'esprit de pauvreté, de douceur, d'humilité et de patience » (132). Et Bossuet montre par quel mécanisme intellectuel se fait cette substitution, comment l'esprit « se remplit » des pieuses pensées et par là échappe à sa tendance vers l'irrationnel et vers le mal : « Pour donc corriger l'abus et l'égarement de notre imagination vagabonde et dissipée, il la faut remplir d'images saintes. Quand notre mémoire en sera pleine, elle ne nous ramè-

---

(127) C. B., VI, p. 67. Mais dès septembre 1690, si la lettre est bien datée, Bossuet écrivait à Mme Cornuau : « Lorsqu'on dit qu'on est sans actes, il faut bien prendre garde à ce qu'on entend par acte ; car assurément, quand on parle ainsi, le plus souvent on ne sait ce qu'on dit », C. B., IV, p. 113.
(128) C. B., VI, p. 52.
(129) E. M., p. 150.
(130) Cf. LT, VI, p. 121 : l'âme ne peut rester sans objet comme elle ne peut rester sans mouvement, sans finalité : l'on va, même si l'on ne sait où l'on va.
(131) E. M., p. 150.
(132) E. M., p. 150-151.

nera que ces pieuses idées. La roue agitée par le cours d'une rivière va toujours, mais elle n'emporte que les eaux qu'elle trouve en son chemin : si elles sont pures, elle ne portera rien que de pur ; mais si elles sont impures, tout le contraire arrivera. Ainsi, si notre mémoire se remplit de pures idées, la circonvolution, pour ainsi dire, de notre imagination agitée ne puisera dans ce fond et ne nous ramènera que des pensées saintes. La meule d'un moulin va toujours, mais elle ne moudra que le grain qu'on aura mis dessus : si c'est de l'orge, on aura de l'orge moulu : si c'est du blé et du pur froment, on en aura la farine. Mettons donc dans notre mémoire tout ce qu'il y a de saintes et pures images, et quelle que soit l'agitation de notre imagination, il ne nous reviendra du moins ordinairement dans l'esprit que la fine et pure substance des objets dont nous serons remplis » (133). La pratique de la méditation est ainsi l'art de « donner plus d'un objet à nos sens » (134) : chaque sainte idée contribue à cette invasion de l'imagination et de la mémoire, à cet exorcisme d'une puissance mal contrôlée qui risque toujours de se consumer elle-même par son propre feu et d'offusquer les pures lumières de l'intelligence (135). La métaphore du vide et du plein permet à Bossuet (136), comme à Nicole (137), de rendre sensible la pénétration de l'esprit par la vérité : parole et silence : « dans quel silence faut-il être pour ne perdre pas la moindre de ses paroles ? » (138) ; dégagement et attention, « c'est au dedans que nous parle notre Docteur » (139).

V. L'unité d'intention.

Que l'imagination doive se remplir de pieuses pensées qui limitent son vagabondage ne signifie pas que l'esprit doive multiplier les considérations (140) : la méditation est plus approfondissement d'une vérité que juxtaposition de vérités, regroupement des forces de l'esprit et non pas dispersion dans un grand nombre de paroles,

---

(133) E. M., p. 151.

(134) *Ibid.*

(135) E. M., p. 152.

(136) Cf. LT, VI, p. 47 : l'esprit doit être rempli de pensées. Et O. O., VI, p. 219, avec l'image des eaux de la grâce.

(137) *Traité de l'oraison,* éd. 1679, p. 107 : présenter à Dieu son cœur comme un vase vide afin qu'il le remplisse. La métaphore est traditionnelle, mais les mystiques (Tauler, par exemple, J. A. Bizet, *Jean Tauler,* p. 104-106) insistent plus sur le vide nécessaire pour l'opération du Saint-Esprit.

(138) LT, VI, p. 209.

(139) LT, VI, p. 536 ; cf. LT, VI, p. 613-614.

(140) Cf. Nicole, *Traité de l'oraison,* 1679, p. 131 et suiv.

car l'occupation de l'imagination n'est que le prélude et l'accompagnement de l'oraison. L'oraison est application à « une » pensée comme l'abandon était simplification de l'esprit réduit à une seule pensée. Selon Bossuet, la prière devient acte surnaturel par cette simplification et cet approfondissement ; le langage du cœur est langage mais refuse toute « surabondance de paroles inconsidérées » (141) : « Ne multipliez pas vos pensées : car c'est ainsi qu'on s'étourdit et qu'on se dissipe soi-même. Arrêtez vos regards sur quelque importante vérité qui aura saisi votre esprit et votre cœur. Considérez : pesez : goûtez : ruminez : jouissez. La vérité est le pain de l'âme. Il ne faut pas engloutir d'abord, pour ainsi parler, chaque morceau : il ne faut pas sans cesse passer d'une pensée à une autre, d'une vérité à une autre : tenez-en une : serrez-la jusqu'à vous l'incorporer : attachez-y votre cœur plutôt que votre esprit : tirez-en pour ainsi dire tout le suc à force de la presser par votre attention » (142). Nicole déjà soulignait que la véritable prière ne consiste pas dans l'abondance des pensées mais dans le désir du cœur (143), inversement que ce désir du cœur repose sur une pensée préalable et que les pensées suscitent l'esprit d'oraison (144). Application en profondeur de l'esprit au cœur, plutôt qu'extension à une multitude d'objets. C'est la simplicité que Jésus-Christ prêche dans l'Evangile : l'esprit est limité, il ne peut se partager en plusieurs objets et doit se concentrer sur un seul : de même que l'œil ne regarde fixement qu'un seul point, de même ce regard de l'âme qu'est l'intention ne peut se fixer que sur un seul bien (145).

La spiritualité de Bossuet, attention aux vérités, est aussi intention arrêtée sur le bien. L'attention est le versant psychologique de l'oraison, l'intention en est pour ainsi dire le côté ontologique ; la distinction est fidèle à la doctrine de saint Thomas (146) mais Bossuet, à la différence de Malebranche (147), n'explique pas clairement le rapport entre les deux : l'attention psychologique implique-t-elle ébauche ou image de l'intention surnaturelle ? Bossuet n'est pas assez psychologue pour s'intéresser à la question ; il aurait plutôt tendance à prendre le problème inversement et à chercher comment s'incarne dans la réalité psychologique une intention fondamentale.

---

(141) LT, VI, p. 38,
(142) LT, VI, p. 38.
(143) *Traité de l'oraison,* 1679, p. 101, 131 et suiv., 156, 278.
(144) *Op. cit.*, p. 52, 53, 58, 62, 66.
(145) LT, VI, p. 48.
(146) Ia IIae q. 77, a.1.
(147) P. Blanchard, *L'attention à Dieu selon Malebranche,* p. 58-59.

« La bonne intention sanctifie toutes les actions de l'âme, comme le regard arrêté assure et éclaire tous les pas du corps.

« C'est cette bonne intention qu'il faut renouveler souvent pendant le jour, et continuellement prier Dieu de la fortifier. Il faut sans cesse se redresser et se réduire tout entier à un regard simple » (148). Pratiquement la question angoissante pour les âmes scrupuleuses est de savoir dans quelle mesure cette intention peut et doit être actuelle, si les actes de la volonté qu'elle suppose doivent être explicites et si l'intention peut subsister en dehors de la conscience que l'homme en prend. La question est si importante pour la vie spirituelle que Bossuet y revient à plusieurs reprises, mais il le fait à la suite de nombre de théologiens et d'auteurs spirituels de son siècle : toute une tradition volontariste a affirmé au XVIIe siècle que l'homme n'est pleinement responsable que des actes où s'exprime sa volonté profonde, qu'aucun acte n'est vraiment personnel sans une intention qui l'anime (149). Ainsi Arnauld dans la *Fréquente Communion* s'élève contre la récitation mécanique des actes de contrition et d'amour de Dieu (150), et Pascal dans les *Provinciales* s'oppose à toute restriction mentale, affirmant l'un et l'autre l'unité de l'homme acte ou parole et intention profonde.

Les spirituels, en apparence, ne disent pas autre chose : le ressouvenir de Dieu, selon Malaval (151), est l'« intention éminente » qui comprend en soi tous les actes de foi, d'humilité et de charité : une « intention virtuelle », pour reprendre le langage des théologiens, n'y suffit pas, car le sommeil et l'oisiveté rompent la contemplation : il faut que l'intention soit éminente (152), souvenir de Dieu présent que l'on doit souvent sentir actuellement en tout temps et en tout lieu, tantôt plus, tantôt moins (153) ; que l'on prenne garde aux mots par lesquels Malaval essaie de traduire son expérience : il ne s'agit pas d'une pensée, mais d'un souvenir subsistant parmi les soins et les distractions du monde (154), quelque chose de plus que l'intention virtuelle, de plus fort tout en n'étant pas conceptuel ; c'est ainsi qu'un homme se met en marche pour aller en un lieu et que sa volonté persévère bien qu'il ne l'exprime pas par des

---

(148) LT, VI, p. 48.

(149) Cf. D.S., s.v. *Cor.*, t. 2, col. 2302.

(150) *Fréquente Communion,* 1644, 2e partie, ch. 12, p. 350 et suiv., cité par Nicole, *Traité de l'oraison,* 1679, p. 22 et suiv.

(151) *Pratique facile...,* 2e éd., 1673, p. 29.

(152) Malaval, *op. cit.,* p. 31.

(153) Malaval, *op. cit.,* p. 64.

(154) Malaval, *op. cit.,* p. 62-63.

mots et par une pensée (155), expérience qui est du domaine de l'action et non du concept.

Avec le *Traité de l'oraison* de Nicole, nous avons un essai d'explication systématique du rôle de l'intention dans la vie spirituelle. Nicole veut y dissiper l'illusion qui consiste à « prendre les pensées de l'esprit pour des mouvements de la volonté » (156), les « prières par lesquelles on demande à Dieu une bonne intention pour cette intention intime qui sanctifie nos actions » (157), et il poursuit en rappelant la doctrine de saint Augustin (158) que Bossuet développera : « Il est certain en général que rien n'est plus considérable dans nos actions que la bonne ou la mauvaise intention, et que c'est, selon la doctrine des Pères, cet œil dont parle l'Evangile, qui rend nos actions toutes lumineuses ou toutes ténébreuses selon qu'il est lui-même lumineux ou ténébreux » (159). Répudiant pour un instant son intellectualisme, Nicole soutient que l'intention n'est pas une pensée (160) car la pensée tient trop de l'homme et risque d'être confondue avec son objet ; c'est un mouvement du cœur qui se porte vers sa fin et le *Traité de l'oraison* identifie ce mouvement du cœur avec l'intention virtuelle des théologiens (161) : l'homme n'a pas besoin de penser toujours actuellement à Dieu « comme il n'est pas besoin qu'un homme qui entreprend un voyage pense toujours actuellement au terme de son voyage » (162) : l'intention est une « vue secrète », un « amour caché » que des paroles peuvent traduire mais qui reste foncièrement indépendant des paroles : vue et amour, c'est de façon psychologique et intellectualiste que Nicole explique la nature de l'intention : Malaval, qui voulait exposer le mystère de la contemplation et non pas élaborer une théorie de l'acte personnel, sentait par avance les insuffisances d'une application de la doctrine de l'intention virtuelle à la contemplation.

L'intention selon Bossuet, ce regard de l'âme (163) qui la fixe sur l'unique objet qu'est le bien, est proche du mouvement personnel engageant la responsabilité, qu'ont défini Arnauld, Pascal et Nicole,

---

(155) *Ibid.* On trouve la même doctrine chez Molinos, *Guide spirituelle,* p. 15, 65, 66, cité LT, XVIII, p. 400.
(156) *Traité de l'oraison,* 1679, p. 29.
(157) *Ibid.*
(158) *De Serm. Dom. in Monte,* l. II, c. 13.
(159) *Traité de l'oraison,* éd. cit., p. 29.
(160) *Op. cit.,* p. 30.
(161) Nicole cite ici, p. 32, Bellarmin, *De Just.* l. V, c. 14 : *Tunc enim dicuntur opera virtute in Deum relata, cum intentio præcedens est vera causa operum quæ postea fiunt.*
(162) *Traité de l'oraison,* 1679, p. 32.
(163) Cf. *supra,* p. 209.

transcription sur le plan psychologique de ce qu'est la responsabilité sur le plan moral et la charité sur le plan théologique. Bossuet au demeurant connaît bien la place que tient le problème de l'intention dans la controverse, problème des rapports entre l'aspect surnaturel d'un sacrement, sa validité, et l'intention du ministre (164). En bon théologien et en lecteur de saint Thomas, il sait aussi et il écrit en 1687 à Antoine Lefèvre d'Ormesson que la charité habituelle est la forme de toutes les vertus, le motif qui rend méritoire leur exercice (165), mais il ajoute, et c'est où l'explication théologique peut l'entraîner à une conception très intellectualiste de la vie spirituelle, que la charité n'influe pas dans les bonnes œuvres sans qu'on y pense (166), qu'elle ne fait rien dans ceux qui n'y pensent pas (167) : cette concession faite, Bossuet en limite les conséquences pratiques grâce à la doctrine de l'intention virtuelle : « il ne s'agit pas ici d'avoir toujours l'esprit actuellement tendu pour penser à Dieu ; vous savez trop ce que c'est que l'intention virtuelle, pour vous arrêter à une si légère difficulté » (168). Difficulté légère pour le théologien, plus lourde pour une âme tourmentée comme Mme d'Albert : comment l'intention peut-elle subsister à travers les actes de la vie ? Mme d'Albert qui, à cette date, en 1691, a peut-être déjà lu Malaval attend une réponse qui non seulement tienne compte des exigences de la théologie mais aussi réponde aux aspirations profondes de sa vie intérieure.

La définition de l'intention « un acte de notre esprit par lequel nous le dirigeons à une certaine fin que la raison nous présente et que la volonté suit » (169) est bien claire, trop sans doute, car cet intellectualisme rendra difficile la solution des difficultés soulevées par Mme d'Albert : il est facile à Bossuet de dire après saint Augustin et après Nicole (170) que l'intention est l'« œil de notre âme, lequel, quand il est simple, c'est-à-dire quand il est droit, tout est éclairé en nous ; et, au contraire, s'il est mauvais ou malicieux, tout est couvert de ténèbres selon la parole de Notre Seigneur » (171) ; il lui est moins aisé de « faire entendre comment cette intention subsiste en vertu, lorsque l'acte en est passé et qu'il semble qu'on n'y pense plus » (172). Cette vertu n'est pas comme

(164) LT, XVII, p. 409-410, 441.
(165) C.B., III p. 440-442.
(166) C.B., III, p. 440.
(167) C.B., III, p. 443.
(168) *Ibid.*
(169) C.B., IV, p. 306.
(170) Cf. *supra*, n. 159.
(171) C.B., IV, p. 306.
(172) *Ibid.*

l'acte quelque chose d'exprès et de formel, et Bossuet développe avec éloquence les quelques lignes où Nicole en 1679 introduisait l'image du voyageur : « On s'avance, on marche, et on ne fait pas une démarche ni un mouvement qui ne tende à cette fin ; mais néanmoins on n'y songe pas toujours, ou du moins on n'y songe pas aussi vivement qu'on avait fait la première fois, lorsqu'on avait pris sa résolution. On ne laisse pas néanmoins d'aller toujours... » (173). Il reste quelque chose dans l'esprit et « ce qui reste c'est l'acte même, mais plus obscur et plus sourd, parce qu'on n'y a pas la même attention » (174). Indépendamment de la réflexion, l'acte demeure donc comme subsiste l'impulsion donnée à un trait ou à une pierre (175) ; cet acte cesse de deux façons : par une révocation actuelle et certaine de son intention ou « par une longue interruption de la réflexion qu'on y fait » (176). Une des plus graves difficultés apparaît lorsque l'on veut déterminer cette interruption qui emporte la vertu de l'acte primitif. Bossuet ici reprend ce qu'il vient d'accorder et fixe quelques règles : le sommeil interrompt un acte libre et l'on doit renouveler ses résolutions en s'éveillant ; une grande occupation de l'esprit cause la même interruption (177) : il faut donc là encore de temps en temps renouveler ses bonnes résolutions. L'acte ne subsiste que quelques heures ou quelques journées et ce serait une erreur que de penser qu'il puisse subsister à travers le sommeil et les occupations pendant plusieurs années (178). Ces affirmations de Bossuet sont d'importance, car il va bientôt les développer contre le quiétisme (179) : un acte ne peut être continu car il est contradictoire qu'il soit fort et qu'on n'y pense pas ; Malaval ne disait pas autre chose, hormis l'assimilation de cet acte avec une pensée et la conception pour ainsi dire « chosiste » de la vie intérieure (180).

---

(173) C.B., IV, p. 307. Bossuet reprendra cette image en 1695 : P.C., p. 248, ce qui ne l'empêchera pas de la critiquer quand il la trouvera chez Molinos : cf. *infra*, p. 616. En 1698 encore (LT, XIX, p. 671-672), Bossuet reprendra l'image traditionnelle du voyageur.

(174) C.B., IV, p. 307.

(175) C.B., IV, p. 308-309.

(176) C.B., IV, p. 309.

(177) C.B., IV, p. 309-310.

(178) Evidemment cet acte est aussi révoqué par le péché mortel (cf. C.B., IV, p. 319).

(179) Nous verrons que la question de l'intention est une des premières à être débattues entre Bossuet et Mme Guyon (C.B., VI, p. 185). Cf. aussi LT, XIX, p. 56 : l'intention et l'acte virtuels ne sont que la suite d'un acte formel qui subsiste dans son état ; voir *infra*, p. 482, et p. 615.

(180) Malaval, *Pratique facile...*, éd. cit., p. 64, 66.

Pour Bossuet comme pour Nicole, il n'y a pas d'intention générale en dehors d'un acte et d'une pensée appliqués à un objet : les « protestations », les « conventions » si courantes chez les mystiques, ne sont aux yeux de Nicole que rêveries de l'imagination (181) puisqu'elles ne sont pas relation à un objet présent, acte de l'intelligence et de la volonté appliqué à cet objet. Et Bossuet opposera à l'acte continu qu'il attribuera aux mystiques la répétition des actes explicites qui renouvellent l'intention primitive.

Dans la direction spirituelle, une telle doctrine de l'intention risque de conduire bien des âmes au désespoir et au scrupule, à la recherche angoissée de signes de Dieu : toute distraction, dissipation de l'attention ne l'est-elle pas de l'intention primitive qui seule sanctifie et fait la valeur de l'action ? La confusion entre l'ontologie et la psychologie reparaît à ce niveau. Alors que Malaval demandait de dépasser la pensée, Nicole est logique avec lui-même en recommandant au chrétien de penser continuellement à Dieu (182), d'être continuellement vigilant (183), de considérer les distractions dans l'oraison comme une suite de la corruption de l'homme dont on doit se lamenter, qui doit exciter en nous gémissements et douleurs (184). Inutile de souligner, après Bremond, combien la psychologie spirituelle de Nicole et son expérience de la direction paraissent courtes, mais Bossuet dans les *Méditations sur l'Evangile* est bien proche de lui : « Si j'aime Dieu de toute ma pensée, et de toute mon intelligence, d'où vient que j'y pense si peu ? Peut-on ne pas penser à ce qu'on aime ? Ce qu'on aime ne revient-il pas continuellement et naturellement à l'esprit ? Faut-il se tourmenter pour s'en souvenir ? mais du moins peut-il échapper, quand on se met exprès en sa présence, et pour avoir avec lui une douce communication ? O mon Dieu ! Comment donc suis-je si distrait dans la prière ? » (185).

Toutefois Bossuet se laisse moins que Nicole emporter par la logique de son système : il sait ce que sont les scrupules d'une âme désolée comme celle de Mme d'Albert et, dans la longue lettre de septembre 1691 sur l'intention, il se garde bien d'ajouter encore à ces scrupules en demandant à sa dirigée de multiplier des actes qu'elle ne fait que trop : il préfère aux minuties l'affirmation de la conscience spontanée que l'on trouve en soi-même, « première et droite impression » que ce mot d'intention fait dans l'esprit et qui

(181) Cf. *Traité de l'oraison*, 1679, p. 35, 45, etc.
(182) *Traité de l'oraison*, 1679, p. 79-80.
(183) Cette vigilance n'est autre chose selon lui que ce que l'on appelle l'exercice de la présence de Dieu, *op. cit.*, p. 139.
(184) *Op. cit.*, p. 335-351.
(185) LT, VI, p. 181 ; cf. aussi C. B., VI, p. 66 cité *supra*, p. 420.

serait brouillée si l'on se tourmentait et l'on s'alambiquait (186). Cette fuite des distinctions stériles est un mouvement aussi naturel à Bossuet que le système intellectualiste qu'il développait après Nicole : « Allons simplement avec Dieu : quand notre conscience ne nous dicte point que nous ayons changé de pensée ou de sentiment, croyons que cette même pensée et ce même sentiment subsiste toujours. Les actes qu'on aperçoit vivement ne sont *pas toujours* les meilleurs. Ce qui naît *comme naturellement* dans le fond de l'âme, *presque sans qu'on y pense,* c'est ce qu'elle a de plus véritable et de plus intime ; et ces intentions expresses qu'on fait venir dans son esprit comme par force *ne sont souvent* autre chose que des imaginations, ou des paroles prises dans notre mémoire comme dans un livre » (187). Bossuet affirme encore une fois l'universalité des actes de la pensée même s'il la masque par les expressions *comme naturellement, presque sans qu'on y pense :* mais, une fois cela concédé, il insiste sur ce qui vient du « fond de l'âme », ce qui est « véritable » et « intime » par opposition aux actes extérieurs perçus vivement. Toutefois ce retour à l'intériorité dont nous mesurerons la portée, cet appel à l'expérience personnelle et à la conscience spontanée que l'homme prend de ses intentions, reste encore conforme à l'anthropologie de Nicole : dans son *Traité de l'oraison,* Nicole ne faisait que mettre en garde contre les séductions de l'imagination (188), contre les paroles extérieures auxquelles ne correspond pas un engagement de toute la personne (189), et essayait de bien distinguer les mouvements et les créations de l'esprit et ceux du cœur, les premiers superficiels, les seconds engageant toute la personnalité et étant la source de la véritable prière (190), mais indissociables : pas de mouvement du cœur sans pensée, pas de bonne et véritable pensée sans le mouvement du cœur. Hantise de l'illusion qui conduit le moraliste à raffiner sans fin et risque de conduire son disciple à l'impuissance et au scrupule ; Bossuet y échappe au prix d'imprécision dans les formules : former des « actes qui naissent comme de source » (191), « comme naturellement » (192), « comme d'eux-mêmes et presque sans qu'on les sente, du moins sans qu'on y réfléchis-

---

(186) C. B., IV, p. 310.
(187) C. B., IV, p. 311, nous soulignons.
(188) *Traité de l'oraison,* 1679, p. 40 et suiv., 123, 126, 130, 140, 251, 335 et suiv., 441, 443, 447, 480, 506, 511-516.
(189) *Op. cit.,* p. 8-9, 13, 29, 36-37, 49, 94, 110, 391.
(190) *Op. cit.,* p. 10, 12, 30, 49, 55-56, 74, 101, 134, 156, 238, 241, 278, 318, 322, 332, 443.
(191) C. B., IV, p. 312.
(192) C. B., IV, p. 311.

se » (193) ; et pratiquement il laisse toute liberté à celle qu'il dirige (194) : mesure-t-il néanmoins la portée de ses concessions ? C'est toute l'interprétation de la vie spirituelle et du rôle de la pensée qui y est en jeu : dans quelle mesure ces actes sont-ils encore des actes ? Avant la querelle du quiétisme, Bossuet n'a pas encore répondu nettement à cette question : il n'est pas sûr que la controverse lui permette d'élaborer une doctrine cohérente.

C'est d'ailleurs en parfaite fidélité avec les conseils apaisants donnés à Mme d'Albert en 1691 que Bossuet dans les *Méditations sur l'Evangile* décrit la prière perpétuelle : ce n'est pas penser continuellement à Dieu, comme le demandait Nicole dans son *Traité de l'oraison ;* c'est une forme de prière beaucoup plus proche de la prière pure, finement analysée par Bremond dans l'œuvre de Thomassin, de la prière de l'esprit qu'est pour Malebranche l'attention à Dieu, de la prière pure que Nicole lui-même, au prix d'une contradiction (et il y a plus d'une subtile contradiction dans sa doctrine de la prière), a pressentie en parlant de l'esprit de prière (195). Nous lisons dans les *Méditations sur l'Evangile :* « " Il faut prier toujours, et ne cesser jamais ". Cette prière perpétuelle ne consiste pas en une perpétuelle tension de l'esprit, qui ne ferait qu'épuiser les forces et dont on ne viendrait peut-être pas à bout. Cette prière perpétuelle se fait, lorsqu'ayant prié à ses heures, on recueille de sa prière et de sa lecture quelque vérité ou quelque mot qu'on conserve dans son cœur et qu'on rappelle sans effort de temps en temps, en se tenant le plus qu'on peut dans un état de dépendance envers Dieu, en lui exposant son besoin, c'est-à-dire en l'y remettant devant les yeux sans rien dire. Alors comme la terre entr'ouverte et desséchée semble demander la pluie seulement en exposant au ciel sa sécheresse, ainsi l'âme, en exposant ses besoins à Dieu. Et c'est ce que dit David : " Mon âme, ô Seigneur, est devant vous comme une terre desséchée ". Seigneur, je n'ai pas besoin de vous prier : mon besoin vous prie... » (196). « On prie sans prier, et Dieu entend ce langage » (197). En d'autres termes, « on

(193) C. B., IV, p. 390. Cf. C. B., VI, p. 117 : les actes formels ne sont rien moins que de vrais actes ; mais Bossuet ajoute que l'on doit dire dans le langage du cœur : J'aime... je désavoue... Cf. aussi C. B., VI, p. 69.

(194) Même ambiguïté en décembre 1692 ; Bossuet écrit à Mme d'Albert : « Ce que dit M. de la Trappe de l'attention continuelle qu'on doit avoir aux jugements de Dieu est vrai pour l'ordinaire, mais non pas universellement... » (C. B., V, p. 274).

(195) *Traité de l'oraison,* 1679, p. 82.

(196) LT, VI, p. 61-62.

(197) *Ibid.,* cf. LT, VI, p. 80 : la meilleure manière de prier, prier sans rien demander.

prie [...] par état, par disposition, par volonté » (198) ; prière essentielle ou, comme dit Bossuet rejoignant Nicole, « esprit de prière » (199) : les attitudes extérieures suffisent à en assurer la permanence (200). Des sécheresses et des distractions il suffit de s'humilier (201).

Cette analyse de la prière de recueillement fait partie d'une suite de méditations destinées à établir la véritable doctrine de la prière face aux déformations des nouveaux spirituels (202) : les actes, les demandes sont continuellement recommandés, mais Bossuet est trop sensible à ce que la prière a d'ineffable pour en rester à une définition de la prière comme activité conceptuelle : cette prière où l'on ne prie pas, dont il fait la meilleure forme de la prière, reste prière de demande dans la mesure où elle est adressée à un Dieu dont les attributs sont clairement reconnus ; en un mot, comme le dit Bossuet, elle reste un « langage » (203). Concession à une anthropologie exigeante et, inversement, soumission à l'expérience : prier sans demander, en exposant sans empressement les besoins de ceux qui prient (204), dans une prière de pauvres ou de mendiants qu'après nombre de spirituels recommandait Nicole en l'une de ses meilleures pages (205) ; on voit la complexité et les contradictions de la spiritualité de Bossuet : tantôt ce sera l'une des tendances qui l'emportera, et tantôt l'autre. Rien ne l'illustre mieux que la doctrine et la pratique de Bossuet relativement à la place des attributs divins et de l'Humanité du Christ dans l'oraison. Bossuet consacre tout le début de ses *Elévations sur les mystères* à déduire de l'Idée d'Etre les attributs divins, et par ce moyen à révéler l'homme à lui-même, son ignorance, sa mutabilité, sa vocation à la félicité... Sur ce plan Bossuet sera aussi intransigeant à proclamer la nécessité d'une contemplation des attributs divins qu'à protester contre l'exclusion de l'oraison de l'Humanité du Christ : il y a « beaucoup de faiblesse à tant distinguer l'essence et les attributs de Dieu » (206). L'expérience ne semble-t-elle pas prouver que ce par quoi Dieu attire l'âme et la séduit d'une invin-

(198) LT, VI, p. 65.
(199) *Ibid.*
(200) Mêmes principes chez Nicole : on acquiert l'humilité en s'abaissant... (*Traité de l'oraison*, 1679, p. 97) ; on pense à la « machine » dont parle Pascal : Nicole développe beaucoup ce thème dans son *Traité*.
(201) LT, VI, p. 65 : on peut comparer la discrétion de Bossuet avec les longs développements de Nicole sur les distractions.
(202) Cf. *infra*, p. 470.
(203) LT, VI, p. 62.
(204) Cf. LT, VI, p. 80.
(205) *Traité de l'oraison*, 1679, p. 141.
(206) C.B., IV, p. 112.

cible douceur (207) est sa bonté, sa beauté, sa sainteté et sa justice (208), attributs dont la puissance est si grande qu'ils sont chez celui qui s'en pénètre source de larmes (209) ? En fait, tant que Bossuet n'est pas engagé dans la controverse du quiétisme, ses conseils sont assez souples : « la foi explicite de certains articles est nécessaire mais non en tout temps ; et très souvent il est mieux de se contenter simplement d'un acte de soumission envers l'Eglise » (210) ; au fond les mystiques disent-ils autre chose ? Cet aveu, à une date, juin 1691, où Bossuet n'est pas encore absorbé par la controverse anti-mystique, montre que *pratiquement* il est prêt à toutes les concessions. Même plus tard, dans la direction spirituelle quotidienne, il sait assouplir la rigidité des principes : une lettre de 1693, polémique certes puisqu'elle veut détourner Mme de Baradat lectrice de Malaval de ses maîtres préférés, nous montre bien quelle est au fond la position de Bossuet ; à travers un jugement très nuancé, c'est toute une attitude spirituelle et une conception de la spiritualité qui se révèlent : « La méditation de Jésus-Christ en qualité d'homme n'oblige pas toujours à le regarder selon son humanité. La contemplation de la Divinité n'est pas une oraison abstraite mais épurée ; c'est la première vérité » (211) ; en apparence c'est encore une concession de Bossuet aux mystiques les plus hardis, en réalité le directeur introduit ici une distinction qui lui est familière entre le fond des choses et leur manifestation, distinction qui nous rappelle les notions ambiguës de la sensibilité insensible et de l'intention virtuelle ; Bossuet refuse l'abstractions pure et simple qui serait négation de l'Humanité du Christ mais accepte une purification qui a pour effet de réduire tout ce qui n'est pas le pur mystère de cette Sainte Humanité, tout ce qui est construction humaine imaginative, intellectuelle ou sensible. Ainsi réduit à son essence, le mystère de l'Humanité divine dévoile toutes ses richesses et à travers lui on retourne à Dieu : de l'Humanité à la Divinité et de la Divinité à l'Humanité le passage est incessant et nécessaire (212). Toute exclusion est donc blâmable.

Lisons la suite de la lettre de 1693 : « Mais la vue de Jésus-Christ ne peut pas en détourner ; au contraire, Jésus-Christ en tant qu'homme a été en tout et partout guidé par le Verbe, animé du Verbe : il n'a pas fait une action, il n'a pas prononcé une parole,

---

(207) Cf. *supra*, p. 347.
(208) C.B., IV, p. 217.
(209) LT, VI, p. 8.
(210) C.B., IV, p. 233.
(211) C.B., VI, p. 42-43.
(212) Cf. aussi E.M., p. 279 et suiv.

il n'a pas fait un clin d'œil qui ne soit plein de cette Sagesse incréée que le Père engendre dans son sein. Ainsi, pour concilier toutes choses, il ne faut point séparer sa nature humaine de la divine. C'est un effet de sa bonté infinie que de s'être si étroitement uni à l'homme. Tout ce qui reluit de divin dans l'homme Jésus-Christ retourne à Dieu : quand nous y sommes, on peut s'y tenir avec un secret retour sur Jésus-Christ, qu'on ne perd guère de vue quand on aime Dieu. Après tout c'est l'attrait qu'il faut suivre dans les objets où tout est bon, et il n'y a qu'à marcher avec une entière liberté » (213). Autant que l'invitation à suivre l'attrait, les atténuations : « *secret* retour », « on ne perd *guère* de vue » marquent bien la difficulté que rencontre toujours Bossuet à passer du plan de la théologie où sa position est inattaquable à celui de la spiritualité où les principes doivent se plier à l'expérience.

Mêmes ambiguïtés à propos de la place dans l'oraison de la méditation explicite des attributs divins : concessions apparentes de Bossuet mais attachement au schème intellectualiste : même non aperçus, les attributs de Dieu sont objets de la contemplation (214), et la fermeté à tenir les principes permet d'autant mieux de faire des concessions de forme : qu'est-ce qu'une vue obscure ? Et la transcendance au-dessus des attributs particuliers est-elle découverte d'un nouvel attribut divin où l'on récupère ceux qui s'effacent, découverte de l'Incompréhensibilité de Dieu ? « Il est vrai que Dieu est quelque chose de si caché, qu'on ne peut s'unir à lui que quand il y appelle et avec une certaine transcendance au-dessus des vues particulières : la marque qu'il y appelle, c'est quand on commence à le pratiquer. En cela on ne quitte point les attributs de Dieu, mais on entre dans l'obscurité, c'est-à-dire en d'autres paroles, dans la profondeur et dans l'incompréhensibilité de l'Etre divin. C'est là sans doute un attribut divin, et des plus augustes. On ne sort donc jamais tellement des attributs de Dieu qu'on n'y rentre d'un autre côté, et peut-être plus profondément » (215). Ainsi « l'âme attentive » qui se tient en Dieu ne peut pas ne pas retrouver en Dieu le « centre de tous les mystères » (216) et l'obscurité même est moyen d'entrer dans l'incompréhensibilité divine : « alors comme toute la vue semble être réduite à bien voir qu'on ne voit rien, parce qu'on ne voit rien qui soit digne de lui, cela paraît

---

(213) C. B., VI, p. 43 ; cf. aussi C. B., VI, p. 298.
(214) Cf. LT, VI, p. 662.
(215) C. B., VI, p. 43-44.
(216) C. B., VI, p. 44.

un songe à l'homme animal, mais cependant l'homme spirituel se nourrit » (217).

On ne doit donc pas confondre la vue de l'Incompréhensible, la simplification à l'infini des concepts, avec la suppression des vues et des concepts : l'impossibilité d'exprimer par des paroles la rencontre avec Dieu n'implique pas pour Bossuet qu'elle ne soit pas conceptuelle, qu'elle ne soit pas un « langage » ; mépris de l'expérience, ou plutôt subordination de l'expérience aux principes préconçus d'une anthropologie intellectualiste, impossibilité de penser un rapport personnel en dehors d'une pensée et d'idées (comme en dehors de schèmes affectifs), c'est la limite et en même temps la richesse de la spiritualité de Bossuet ; car cette psychologie devra multiplier les nuances et au prix de mille subtilités essayer de plier l'expérience au système. La simplification à l'infini des concepts aboutit à l'élaboration de concepts approximatifs, de notions imparfaites ou contradictoires comme la pensée sans pensée, la sensibilité insensible, ou même à transposer le langage des mystiques d'un plan ontologique à un plan psychologique et vice versa : nous avons vu cette violence faite à la notion de fond de l'âme qui glisse peu à peu d'un plan essentiel à un plan affectif. La notion de fond de l'âme semble légèrement faussée lorsque Bossuet en donne une interprétation intellectualiste : jusqu'à quel point pousse-t-il cette interprétation lorsqu'il écrit, dans le *Discours sur l'Histoire universelle,* que le fond de notre âme est la partie où la *vérité* se fait *entendre* (218) ; de même quand il écrit, dans les *Méditations sur l'Evangile,* que le Saint-Esprit se fait *entendre* dans le fond, le *remplit,* y *agit* (219) ? N'est-ce pas dans le fond de l'âme que l'homme entend la parole de Dieu ? Parole qui retentit sans bruit, lieu où demeurent les idées innées, toujours paroles et idées, jusqu'à quel point les métaphores bibliques sont-elles acceptées comme métaphores ? « *Ecoute Israël :* écoute dans ton fond : n'écoute pas à l'endroit où se forgent les fantômes : écoute à l'endroit où la vérité se fait entendre, où se recueillent les pures et simples idées : écoute là, Israël : et là, dans ce secret de ton

---

(217) *Ibid.* On rapprochera de ces textes une strophe du poème *Les trois amantes :*

« Pleine de l'Etre pur, immortel, invisible,
Seul incompréhensible,
Je m'écoule et me perds dans ce fonds inconnu
Où tout est contenu » (LT, XXVI, p. 74).

(218) LT, XXIV, p. 454.

(219) LT, VI, p. 669.

cœur où la vérité se fait entendre, là retentira sans bruit cette parole : *Le Seigneur ton Dieu est un seul Dieu* » (220).

Autre exemple de pseudo-concept très caractéristique de la pensée et de la langue de Bossuet comme de celles des écrivains que nous appelons classiques (221), le « je ne sais quoi » : Furetière appliquait cette formule aux « choses dont on ne peut pas trouver la vraie expression » (222), donc à celles que la défaillance du langage ne permet pas de définir mais qui ne sont pas inconcevables ; cependant le « je ne sais quoi » chez les écrivains est un moyen d'approcher l'irrationnel, de donner un statut approximatif à ce qui est inexprimable et mystérieux, en particulier au monde des sentiments, de l'amour, des raisons du cœur, de la beauté, du divin ; et dans leur recherche de la perfection du concept et de l'expression, les écrivains classiques, malgré leur formation rationaliste, sentent que cette perfection ne peut être achevée et définitive si elle est rendue par des moyens humains, donc qu'elle reste dans le domaine de l'approximation et de l'ineffable : comme l'écrit très bien V. Jankélévitch, « l'homme moderne découvre au XVIIe siècle des totalités complexes ouvertes, comme les ports de mer du Lorrain, sur l'horizon infini » (223). Le problème qui se pose alors au niveau de l'épistémologie et de l'esthétique est de savoir si ce « je ne sais quoi » reste dans le domaine de la raison, même épurée à l'infini (224), ou bien s'il est un refus de l'absolutisme de la raison, s'il est de l'ordre du savoir ou de celui du non-savoir (225).

Ce sont des questions analogues que posent les œuvres de Bossuet, « un grand spécialiste du je ne sais quoi », selon P.-H. Simon (226), et ce sont sans doute ces tendances que nous découvrons ici qui permettent le mieux de parler à son propos de « classicisme religieux ». A force d'exténuer une idée en la simplifiant, Bossuet,

---

(220) E. M., p. 81.

(221) Cf. P.-H. Simon, *Le « je ne sais quoi » devant la raison classique*, dans *Cahiers de l'Association internationale des études françaises*, mai 1959, p. 104-117.

(222) Cité par P.-H. Simon, art. cit., p. 105.

(223) *Le Je-ne-sais-quoi et le Presque rien*, Paris, 1957, p. 37-38.

(224) Mais demeurant une *Ordnungsgrösse*, comme l'écrit E. Haase, *Zur Bedeutung von « Je ne sais quoi » im 17. Jahrhundert*, dans *Zeitschrift für französische Sprache und Literatur*, LXVII, 1956, Heft 1., p. 59.

(225) « Il y a quelque chose et c'est mon savoir seul qui est en défaut, encore que ce déficit de savoir soit mille fois plus savant que la nescience pure et simple [...] Je sais le je-ne-sais-quoi par une science nesciente qui est prescience, une science moyenne ou dépareillée, toute semblable à la *docta ignorantia* de la théologie négative ; je sais ce que je ne sais pas et j'ignore ce que je pressens, je sais avant de savoir » (V. Jankélévitch, *op. cit*, p. 52-53).

(226) Art. cit., p. 108.

emporté par son mouvement, ne peut qu'affirmer l'existence d'une réalité, le « je ne sais quoi » ; échec de l'explication claire, fuite dans l'obscur, mais en même temps proclamation d'une continuité : *des* pensées à *une* pensée et à la simplification de cette pensée, et à ce « je ne sais quoi » qui n'est pas négation du concept en un ultime dépouillement, mais qui est purification par laquelle est paradoxalement exaltée l'activité conceptuelle dans sa simplicité. Ce « je ne sais quoi » parle secrètement, dans l'intime silence de notre cœur (227) ; c'est une voix qui conseille ou qui blâme, qui montre secrètement le chemin (228), c'est la parole qui dans le cœur annonce la grâce (229). Signe d'une présence (230), le « je ne sais quoi » peut parfois s'identifier à Dieu même (231), Dieu conçu non selon un de ses attributs, mais au delà de ses attributs dans le mystère du « je ne sais quoi qu'on ne peut dire » (232) : on rentre en soi-même (233), on sent venir des larmes (234), on est attendri et frappé (235). Les frontières, il faut avouer, sont ici peu marquées et certains textes imposent moins que d'autres une interprétation intellectualiste ou affective : telle cette allocution de mai 1700 à la Visitation de Meaux sur l'exercice de la présence de Dieu, sur le « je ne sais quoi qu'on ne peut expliquer », qui est l'union de Dieu à notre nature, allocution où se manifeste le mieux l'aspiration de Bossuet à une union intime dépassant le discours (236). Néanmoins ce sont des exceptions : que l'on ne puisse pas « bien expliquer » (237) un fait, que des mouvements nous paraissent « confus

(227) LT, VI, p. 40 ; cf. p. 533.

(228) E. M., p. 237. Cf. V. Jankélévitch, *op. cit.*, p. 102 : « L'entrevision tendant vers la vision. »

(229) E. M., p. 459.

(230) E. M., p. 258.

(231) C. B., VI, p. 503 ; cf. E. M., p. 346.

(232) LT, VI, p. 8.

(233) E. M., p. 402.

(234) LT, VI, p. 8. Sur ce texte, cf. V. Jankélévitch, *op. cit.*, p. 100.

(235) LT, VI, p. 453.

(236) Notons que ce texte a été remanié par les auditrices et les copistes. « Ce recueillement, cet exercice de la présence de Dieu ne consiste pas [...] dans les grandes et magnifiques pensées sur Dieu et sur les mystères, car l'esprit se porte naturellement à ce qu'il y a de plus élevé [...]. C'est quelque chose d'intime et se secret ; c'est un je ne sais quoi qu'on ne peut expliquer ; c'est l'union du Seigneur à ce qu'il y a de plus foncier en vous. Dieu se fait comme le soutien de votre être » (O. O., VI, p. 541) ; et Bossuet d'ajouter : « L'intention qu'il faut avoir en cet exercice de la présence de Dieu, du silence et du recueillement, c'est de respecter en nous et dans les autres ces divines opérations et de ne pas les troubler par des discours inutiles » (O. O., VI, p. 542).

(237) LT, VI, p. 602.

et peu expliqués » (238), il ne s'ensuit pas que la pensée démissionne devant eux. Il y a une façon de concevoir l'obscurité comme un prolongement de la claire conscience qui est une sorte d'hommage à la raison, non pas la raison raisonnante, mais une raison ouverte sur le mystère, à la fois « apaisant » et « principe d'inquiétude et d'excitante incomplétude » (239). C'est bien ainsi que souvent dans l'œuvre de Bossuet l'obscurité est interprétée (240).

Ces problèmes nous ont conduit au seuil de la controverse du quiétisme : la place des attributs de Dieu et de l'Humanité du Christ dans la contemplation, l'acte d'abandon, l'intention, la pure foi seront au centre de la querelle. Cette querelle aura pour effet d'obliger Bossuet à prendre conscience des motivations profondes des principes dynamiques de sa spiritualité et en même temps des difficultés que la pratique de la direction permet de résoudre au jour le jour, mais que la réflexion révèle plus grandes qu'on ne croyait.

---

(238) E. M., p. 309.

(239) V. Jankélévitch, *op. cit.*, p. 102.

(240) Cf. C. B., IV, p. 104 : « Il faut savoir ce qu'on adore et en connaître le prix ; [...] toutefois, avec cela, il faut l'ignorer et se perdre dans son incompréhensible perfection. » C. B., IV, p. 176 : quelque chose de grand et de souverain mais obscur..., se soutenir par la seule foi..., se donner garde de vouloir trop voir ; C. B., IV, p. 105 : pour s'unir à Dieu, il faut anéantir les sens, la chair, le sang, le raisonnement, la volonté propre. Voir aussi C. B., IV, p. 163-164. Et cf. V. Jankélévitch, *op. cit.*, p. 38, sur la notion « claire » mais « confuse ».

Cinquième partie

LA QUERELLE DU QUIÉTISME

(1685-1699)

CHAPITRE 12

AUX DEBUTS DE LA CONTROVERSE DU QUIETISME INTELLIGENCE ET ACTIVITE

I. APPARITION DU « QUIÉTISME ».

La publication de la *Guia espiritual* de Molinos à Rome en 1675, sa traduction en italien (1), la condamnation de l'auteur après un long procès ne sont qu'un épisode de l'histoire de la mystique au XVIIe siècle : l'œuvre est moins originale que l'on put penser et s'insère dans la longue tradition de tout un siècle de spiritualité, et les mesures qui frappèrent le livre et l'auteur peuvent à bien des égards paraître banales ; leur retentissement ne le fut pas, mais on ne peut le comprendre qu'en le replaçant dans un cadre plus large. Le rappel de quelques noms et de quelques dates nous permettra de mieux connaître la réaction d'un homme dans la situation de Bossuet.

En ces années 1670-1690, une sorte de convergence ou d'osmose semble se produire entre les différents courants spirituels, et, dans une large mesure, mystique et antimysticisme deviennent des phénomènes européens : à Paris comme à Hambourg, à Verceil comme à Rome, à Séville comme à Naples apparaissent de grandes tendances : mouvements d'opinion ? écoles théologiques ? plutôt un besoin de chaleur et d'expérience spirituelles qui se heurte aux traditions philosophiques, théologiques et ecclésiologiques des individus et des Eglises ; ce phénomène, par le jeu des traductions, a

(1) Rome, 1677 ; Rome, 1681 ; Venise, 1685. Notons dès maintenant sa traduction en français par J. Cornand de la Croze, publiée en 1688 à Amsterdam dans un *Recueil de diverses pièces concernant le quiétisme*, et sa traduction en latin par August Hermann Francke, *Manuductio spiritualis...*, Leipzig, 1687 ; nous reviendrons sur ces deux traductions. P. Dudon, *Le Quiétiste espagnol Michel Molinos*, Paris, 1921, malgré ses insuffisances, reste l'ouvrage essentiel ; voir aussi J. E. Beascoechea, *Reaccion española contra las ideas de Miguel de Molinos*, Bilbao, 1956.

beaucoup favorisé la diffusion et l'audience des œuvres ; il pouvait cependant être dangereux dans la mesure où un triomphe même partiel de l'antimysticisme atteindrait par une sorte de réaction en chaîne toute la spiritualité occidentale.

Les spirituels espagnols (et, par sa présence à Rome, Molinos forme un des nombreux liens qui unissent les deux péninsules) tiennent encore une place estimable : les œuvres de Juan Falconi (2) sont très tôt traduites en italien et en français et leurs nombreuses éditions témoignent de l'audience qu'elles trouvèrent : le texte qui, de façon plus ou moins justifiée, aura le plus de retentissement, la *Carta 1* (Madrid 1657), fut traduit en italien par N. Balducci (3) et publié à Rome en 1667 (4) ; de cette version italienne on fit une traduction française fort répandue (5) ; le traité écrit en faveur de la communion fréquente, *Notre pain quotidien,* fut presque aussi répandu en France (6). Quelques indications nous font entrevoir que les milieux qui s'intéressaient à ces œuvres étaient les milieux « dévots » : l'approbateur de l'édition parisienne de 1668 de la *Lettre du serviteur de Dieu* est M. Grandin, docteur de Sorbonne, supérieur général des carmélites de France de 1655 à 1657, membre de la Compagnie du Saint-Sacrement, en rapports avec le milieu où l'on trouve le P. Surin, Vincent de Meur, Gilles de Gain et le jeune Bossuet (7). Après l'Avis au lecteur de la 4e édition (8) de cette lettre, nous lisons : « On est redevable de cette Lettre à M. l'évêque de Metellopolis, Vicaire Apostolique de Siam », allusion à Mgr Louis Laneau (9) : lui aussi fait partie de ce groupe de « dé-

---

(2) Sur lui : Elias Gomez, *Teologo y asceta, fr. Juan Falconi de Bustamente,* Madrid, 1955 ; et D.S., s.v. Falconi.

(3) Sur lui : D.S., s.v. *Balducci ;* il était en relations avec Petrucci, Malaval, Molinos.

(4) Rééd., Venise, 1675.

(5) *Lettre du serviteur de Dieu...,* Paris 1668, Grenoble 1685, Lyon 1686 (à la fin du *Moyen court* de Mme Guyon), Paris 1688, Paris 1690, Paris 1691.

(6) Rennes 1663, Paris 1671, Paris 1672, Paris 1677.

(7) Sur Grandin : C.B., XIII, p. 541, n. 5 ; B.N. fr. 24998, p. 392, 402 ; 23499, f° 308 v° ; 500 Colbert 155, f° 52, 71 ; J.-B. Eriau, *L'Ancien Carmel du Faubourg Saint-Jacques,* Paris, 1929, p. 372, 492 ; J.-J. Surin, *Correspondance,* Paris, 1966, p. 542. Sur son rôle à la Faculté de Théologie en 1663 où il se montra dévoué à Rome, cf. A.-G. Martimort, *Le gallicanisme...,* p. 216 et suiv. et surtout 225 et suiv. En 1656, il approuve *Le Cantique des Cantiques* de Desmarets de Saint-Sorlin et, en 1657, son *Cantique des Degrés.* Nous ne quittons pas le même milieu dévot ; et nous retrouverons plus loin Desmarets, une des premières cibles des antiquiétistes jansénistes.

(8) Paris 1691, et seulement dans cette édition.

(9) Parti en 1662 pour l'Orient avec Mgr Pallu ; vicaire apostolique en 1674 ; cf. J. Guennou, *Les Missions Etrangères,* Paris, 1963, p. 74, 142, 181-185, et *passim ;* il est auteur d'un important *De Deificatione Justo-*

vots » qui présida à la naissance des Missions Etrangères et que connaissait bien Bossuet. Justement c'était un des familiers de ce groupe, Gilles de Gain, qui approuvait le 23 juin 1662 la première traduction française de *Notre pain quotidien...* (10). Au delà des frontières les dévots et les spirituels savent découvrir et faire connaître leurs œuvres préférées.

Autre auteur spirituel qui fait le lien entre des pays de langues différentes et qui sera aussi un signe de contradiction, François Malaval (11) : il publia anonymement en 1664 à Paris (12) sa *Pratique facile pour élever l'âme à la contemplation* ; puis, devant le succès, il réédita l'ouvrage en 1670 en y ajoutant une seconde partie et en indiquant ses initiales F.M. : l'un des approbateurs de cette réédition était Nicolas Pignay, le théologien qui en 1667 avait approuvé avec Bossuet *Les Fondements de la vie spirituelle du* P. Surin (13) ; encore rééditée en français avec le nom de l'auteur (14), l'œuvre fut traduite en italien par Nicolas Balducci (15) et eut en cette langue un grand succès, s'il faut en croire l'avis de l'imprimeur en tête de l'édition de 1687 : « ... depuis quatorze ans qu'il a été traduit en italien, on l'a imprimé à Rome diverses fois, à Venise [en 1675], à Bologne et en d'autres villes d'Italie [à Gênes en 1674] que je ne sais pas... ». Le cardinal Bona, le P. Guilloré, beaucoup d'autres en France et en Italie l'apprécièrent sans y remarquer d'hérésies.

---

rum per Jesum Christum, publié à Hong-Kong en 1887. Claude Fleury écrivit pour lui un *Mémoire pour les études des Missions orientales*, que Bossuet, « le premier théologien de notre siècle », examina (cf. Cl. Fleury, *Traité du choix et de la méthode des études*, nouv. éd... avec un supplément, Nîmes-Paris, 1784, p. 272 ; le *Mémoire* est aux pages 273-354).

(10) Rennes, Pierre Coupard, 1663 ; dédié à Charles François de la Vieuville, évêque de Rennes. Gilles de Gain avait approuvé le *Catéchisme spirituel* du P. Surin ; cf. *supra*, p. 78.

(11) Pas de travaux vraiment satisfaisants sur lui, sur la formation de sa spiritualité, sur son influence. Voir C.B., VI, p. 63 ; IX, p. 456-458 ; J. Bremond, *Le quiétisme de Malaval*, R.A.M., oct.-déc. 1955, p. 399-418 ; A. Vander Perre, *L'œuvre de François Malaval*, R.H.E., 1961, p. 44-62.

(12) Onze ans avant la *Guia espiritual* de Molinos, dont il ne saurait être le disciple !

(13) Cf. *supra*, p. 86.

(14) Paris 1673, Paris 1687.

(15) Cf. *supra*, n. 3 ; 1re partie, Rome, 1669 ; 2e partie, Rome, 1672. La traduction italienne de 1669 aurait été faite à l'instigation du cardinal d'Estrées, très lié autrefois avec Launoy, ennemi comme lui des superstitions, travaillant à ramener la piété à l'essentiel ; son retournement lorsqu'il s'opposa à Molinos aurait eu des causes politiques : cf. [J. Cornand de la Croze], *Trois Lettres touchant l'état présent de l'Italie...*, Cologne, 1688, p. 28, 31, 48 (témoignage à discuter).

Il semble en aller de même de la spiritualité italienne : depuis un siècle, à juger par le nombre d'œuvres publiées et par l'attrait pour l'oraison et la contemplation qu'elles suscitent, elle semble florissante : les influences rhéno-flamandes y sont fortes et se conjuguent avec celle des spirituels de la péninsule : Catherine de Gênes, Marie-Madeleine de Pazzi et Gagliardi ; mais ce n'est qu'en projetant sur le passé les controverses à venir que l'on peut trouver çà et là les thèmes inquiétants qui seront identifiés comme « quiétistes » (16). Par des intermédiaires comme la Mère Bon, ursuline de Saint-Marcellin (17), comme l'intéressant milieu spirituel de Verceil (18) que fréquentèrent au printemps de 1683 le barnabite Lacombe et Mme Guyon (19) et où l'évêque Mgr V. A. Ripa publia en 1686 *L'oratione del cuore facilitata*, se fait le lien entre la spiritualité italienne et la spiritualité française ; bien des thèmes guyoniens ont leur origine dans les œuvres italiennes.

Jeu d'influences, échanges, enrichissement mutuel des spiritualités, au risque d'aboutir à une sorte d'éclectisme, à une « vulgate » où les thèmes mille fois répétés semblent prendre le pas sur le contact avec l'expérience vécue ; le phénomène d'amplification que nous évoquions plus haut, les traductions, les multiples contacts, un certain prosélytisme tendent à donner aux œuvres un éclairage et une audience qui les dépasse : jetés sur la place publique, analysés par les théologiens, les philosophes ou les libertins, que peuvent devenir des opuscules conçus dans la chaleur de l'expérience religieuse ? C'est de la même façon que les rencontres entre dévots risquent d'être interprétées comme sectes ou cabales (20).

Nous ne raconterons pas ici la première défaite des mystiques : intrigues, manœuvres politiques et réflexions théologiques commencent à être connues (21). Nous voudrions seulement montrer

---

(16) L'ouvrage de M. Petrocchi, *Il quietismo italiano del Seicento*, Rome, 1948, est important, mais l'auteur reste prisonnier de la problématique quiétisme-orthodoxie et ne juge pas de façon assez positive le mouvement qu'il étudie.

(17) J. Maillard, *La Vie de la Mère Marie Bon*, Paris, 1686 ; H. Bremond, *Histoire littéraire...*, t. V, p. 342, n. 1 ; D.S., s.v. *Bon ;* M. Petrocchi, *Il quietismo..., op. cit.*, p. 46 et suiv. Son ouvrage *Stati d'orazione mentale per arrivare in breve tempo a Dio*, Turin, 1674, fut mis à l'index en 1676.

(18) Ces régions de transition, Savoie, Piémont, Provence, sont pour les échanges spirituels d'aussi grande importance que les points de confluence comme Rome.

(19) [Phelipeaux], *Relation...*, t. I, p. 2-16.

(20) C'est l'interprétation qu'avec une certaine exagération donne M. Petrocchi du mouvement spirituel italien du XVIIe siècle.

(21) P. Dudon, *Le quiétiste espagnol, Michel Molinos, op. cit. ;* J. de Guibert, *Documenta ecclesiastica*, Rome, 1931, p. 252-310 ; *id., La spiri-*

comment l'opinion publique, principalement en France, était informée du débat, et comment elle réagissait : dans ce cadre, l'attitude de Bossuet se comprendra peut-être mieux.

Dès l'été 1685 (22), commence à se répandre à travers l'Europe la nouvelle de l'offensive romaine contre les « contemplatifs » : Leibniz reçoit des nouvelles de Rome qui l'en informent (23) ; les *Nouvelles ecclésiastiques* manuscrites de Louis Foucquet (24) apportent des renseignements aux fidèles du jansénisme : arrestations de personnes « qui ont d'étranges opinions », faveur du pape pour les partisans de l'oraison du quiétisme, soutien de Christine de Suède (25) et du cardinal Azolini, hostilité des jésuites, procès de Molinos ; c'est une nouvelle hérésie des Illuminés qui apparaît et Palafox, archevêque de Séville, est lui-même inquiété (26). En certains milieux, un phénomène de psychose antiquiétiste apparaît déjà (27) ; le P. Bouhours note en 1686, en projetant peut-être sur le passé des préoccupations du présent, que Mme de Bellefonds avait beaucoup d'éloignement pour la fausse dévotion mystique et les illusions dans la vie intérieure (28).

Les jansénistes qui résident à Rome sont des informateurs tout désignés : l'un d'eux, du Vaucel (29), écrit à Arnauld pour le tenir au courant et commence, au début de 1687, la rédaction de *Breves Considerationes* qui feront le point de l'affaire. Le docteur réfugié aux Pays-Bas est particulièrement intéressé par ces nouvelles : « La proposition des quiétistes est horrible, et la plus damnable conséquence du monde. Car qui est le prétendu spirituel qui étant tombé dans un désordre infâme, même avec un complice, ne pourra point dire que c'est le Diable qui le lui a fait faire, quoiqu'il

---

tualité de la Compagnie de Jésus, Rome, 1953, p. 402-407 ; M. Petrocchi, *Il quietismo..., op. cit.*

(22) Juillet : emprisonnement de Molinos.

(23) Leibniz, *Textes inédits,* éd. Grua, t. I, p. 76 ; cf. aussi p. 78-79 : du 30 novembre 1686.

(24) Cf. X. Azema, *Louis Foucquet, évêque et comte d'Agde,* Paris, 1963, p. 129-152.

(25) Elle protégea Malaval (cf. R.H.E., 1961, p. 49 et n. 3) et Molinos (cf. *infra,* p. 458).

(26) Références dans l'ordre chronologique : 1685 : B.N. fr. 10265, f° 42, 58, 59, 60, 61 ; fr. 23498, f° 40 ; 1686 : B.N. fr. 10265, f° 137, 162, 163.

(27) Dès qu'est connue l'arrestation de Molinos, on interroge l'évêque de Marseille, alors en séjour à Paris, sur la vie que mène Malaval : R.H.E., 1961, p. 57.

(28) D. Bouhours, *La Vie de Madame de Bellefont...,* Paris, 1686, p. 80 ; passage ainsi résumé dans la Table : « Mystique suspecte et dangereuse ».

(29) Sur lui : D.S., s.v. *Du Vaucel.*

ne le voulût pas, et que Dieu l'a permis pour le purifier... » (30). Amplification du thème des désordres moraux des quiétistes, rapprochement avec les calvinistes (31), dénonciation des livres du P. Guilloré (32) et de Malaval (33), et du *Chrétien intérieur* de Bernières, « le grand docteur des fanatiques de Caen » (34).

Et Arnauld approuve les *Breves Considerationes* que du Vaucel lui a envoyées en manuscrit (35).

En même temps se dessine une contre-offensive anti-mystique qui n'est peut-être pas dépourvue de toute arrière-pensée : l'appel à Nicole, celui qui passe dans les milieux jansénistes pour le spécialiste des questions spirituelles : dès février 1687, Arnauld souhaite que l'on traduise en italien le *Traité de l'oraison* (36) ; il connaît un extrait fait par Nicole des livres du P. Guilloré « où il y a d'horribles choses » (37) et il voit dans l'auteur des *Visionnaires* un des premiers adversaires du quiétisme : « Vous pourriez dire que Malavalle (*sic*) était un des disciples de Desmarets, qu'on peut dire avoir été le premier auteur en ce temps-ci de cette fausse spiritualité ;

(30) A. du Vaucel, 20 février 1687, *Œuvres,* Lausanne, t. II, p. 747.

(31) *Ibid.,* p. 750.

(32) 27 mars 1687, *ibid.,* p. 765-768 ; 10 avril 1687, *ibid.,* p. 771.

(33) Guilloré avait chaleureusement recommandé la *Pratique facile* de Malaval, dans ses *Progrès de la vie spirituelle* (1675, p. 599) : cf. L'Imprimeur au Lecteur, en tête de l'édition de 1687 du livre de Malaval. Voici ce que disaient les *Nouvelles ecclésiastiques* à la mort de Guilloré en 1684 : « Le P. Guilloré, jésuite fort grand directeur et, comme ses adversaires disaient, célèbre assassin des âmes conduites par les maximes de la Société, est mort. » (B.N. fr. 23510, f° 295 v°).

(34) Arnauld, *Œuvres,* Lausanne, t. II, p. 771.

(35) Arnauld, *Œuvres,* t. II, p. 770-771, avec une réserve, toutefois, que nous retrouverons chez Bossuet : « La seule chose que j'ai trouvé à retrancher dans les *Breves Considerationes* est ce que vous dites dans la vingt-septième contre les auteurs mystiques. Car je ne sais si ceux qui ont parlé si durement contre eux n'ont point excédé. Et ce qu'en dit Bellarmin dans son livre *De Scriptoribus Ecclesiasticis* me semble assez judicieux, qui est que ceux qui les ont condamnés ne les ont pas bien entendus ; dont il apporte pour exemple Rusbroch que Gerson a condamné et que Denis le Chartreux a défendu. Je n'ai pas ici le livre de Bellarmin. Voyez-le sur Taulère et sur Rusbroch. Et prenez garde s'il ne serait point bon de dire seulement, que ce que d'habiles gens et fort pieux ont dit contre les mystiques prouve au moins qu'ils s'expliquent obscurément, et qu'il est aisé de les mal entendre, et de tomber dans l'erreur en prenant mal ce qu'ils ont dit » (p. 771).

(36) « Rien ne saurait être plus capable de désinfatuer le monde de ces fausses spiritualités » (à du Vaucel, *Œuvres,* Lausanne, t. II, p. 752). Notons qu'une troisième édition du *Traité de l'oraison* venait de paraître à Lyon en 1686, revue et corrigée : beaucoup de corrections de détails, mais peu significatives sur le plan des idées. Sur les intentions de Nicole en 1688, cf. B. Neveu, *Sébastien* [...] *de Pontchâteau,* Paris, 1969, p. 647.

(37) A du Vaucel, 27 mars 1687, *Œuvres,* t. II, p. 766. Pontchâteau dénonce par ailleurs à Favoriti des extraits d'œuvres de Guilloré : B. Neveu, *Sébastien* [...] *de Pontchâteau, op. cit.,* p. 613, 639.

mais qu'elle a été si bien réfutée dans les lettres écrites contre ce fanatique, sous le nom de lettres Visionnaires, qu'on n'en a plus entendu parler à Paris ; et qu'outre cela tous les faux principes des quiétistes sont renversés dans le *Traité de l'oraison*. Je suppose que ce que je dis de Desmarets soit vrai ; c'est-à-dire qu'il eût liaison avec Malavalle. Car vous nous avez dit, ce me semble, que Malavalle avait écrit avant Molinos, et Molinos avant Petrucci » (38).

Du Vaucel tint compte de toutes ces remarques dans son livre *Breves Considerationes* publié en 1688 à Cologne (39). La préface en particulier n'est qu'un exact résumé des lettres d'Arnauld, jusqu'à l'appel à Nicole et au souhait d'une traduction italienne du *Traité de l'oraison ;* seule addition : parmi les ancêtres des quiétistes il ajoute Marie des Vallées et la Bonne Armelle.

Du Vaucel appuiera toute son argumentation sur la *Guida spirituale* de Molinos, la *Pratica della contemplatione* de Malaval et trois ouvrages de Petrucci (40). Ces 42 considérations de du Vaucel présentent avec clarté les principales thèses de l'antimysticisme et donnent une synthèse assez nerveuse des thèmes de Nicole : condamnation de la pure foi, de la contemplation confuse sans considération des perfections et des attributs divins (41), de la stabilité et de la perpétuité de l'état de repos des contemplatifs (42), du pur

---

(38) A du Vaucel, 10 avril 1687, *Œuvres,* t. II, p. 770-771. Du Vaucel est bien informé et ne commet pas la bévue que Bossuet (LT, XVIII, p. 390, 402, 403, 426-427, 438, 458) et Nicole lui-même (*Réfutation des principales erreurs...,* Préface) commettront au mépris de toute chronologie de faire de Malaval un disciple de Molinos. Il est vrai que dans la préface des *Breves Considerationes* il en commettra une autre (suivi cette fois par Grancolas, *Le Quiétisme...,* p. 8) en reprochant à Malaval, « *homo laïcus* », de faire le docteur : Malaval était clerc tonsuré... exactement comme Nicole. Sur le rôle de Nicole : H. Bremond, *Histoire littéraire...,* t. IV, p. 472 et suiv. ; *supra,* p. 425, et *infra,* p. 555 ; sur Desmarets de Saint-Sorlin, H. Bremond, *op. cit.,* t. VI, p. 445 et suiv. L'antijansénisme de Desmarets, son attitude de « dévot », ses tendances spirituelles poussent Arnauld à réveiller la querelle des *Visionnaires,* qui date de plus de vingt ans : nous voyons comment la problématique janséniste et le souvenir de divisions qui remontent au temps de la Compagnie du Saint-Sacrement contribuent à fausser le débat : les vrais problèmes, les problèmes de la spiritualité, seront-ils posés ? Arnauld continuera à s'entretenir avec du Vaucel des *Breves Considerationes* jusqu'à la publication du livre : *Œuvres,* t. III, p. 40-41 (5 décembre 1687), p. 52 (décembre 1687).

(39) Approbation donnée à Louvain le 5 avril 1688 par B. Pasmans, G. Huygens, J.-L. Hennebel. Voir le jugement de Pontchâteau sur ce livre : B. Neveu, *Sébastien* [...] *de Pontchâteau,* p. 639.

(40) Ce n'est pas un hasard si du Vaucel choisit des textes italiens ou traduits en italien : les *Breves Considerationes* doivent exercer leur action dans les milieux romains.

(41) P. 1, 5 et suiv., 11, 47.

(42) P. 2, 8, 50.

amour qui ne considère pas la gloire éternelle (43), n'a pas de reconnaissance envers Dieu (44) et pas de remords après les fautes (45), de l'oubli de l'Humanité du Christ (46) ; du Vaucel voit dans la contemplation acquise des mystiques (47) une contemplation purement intellectuelle qui méprise cette chaleur affective (48) que possèdent les vrais spirituels comme Hugues et Richard de Saint-Victor, saint Bonaventure, Gerson, Denys le Chartreux ou Louis de Blois ; par là même il juge que le caractère « naturel » de cette contemplation est un signe de pélagianisme (49) et même de stoïcisme (50) tandis que ce qu'il estime « intellectuel » dans cette contemplation lui rappelle les Platoniciens et les autres philosophes de l'Antiquité (51). Au fond le reproche essentiel est celui que Nicole adressait déjà aux mystiques dans le *Traité de l'oraison,* être hostiles à toute « pensée » (52) : voici comment du Vaucel décrit l'itinéraire de la véritable spiritualité :

« — *Intellectum illustret*

— nos in sui amorem rapiat

— hujus amoris *causas* eaque quibus maxime nobis amabilis *efficitur, menti nostræ objiciat*

— *cogitemus* ejus sapientiam, justitiam, bonitatem, misericordiam, omnipotentiam

— *memoria repetamus* summa ejus in nos beneficia, præsertimque Christi passionem et mortem alia denique omnia quæ tum in Scripturis sacris, tum in libris sanctorum ad excitandum divinum amorem afferuntur » (53).

Le schéma (54) est en parfait accord avec la doctrine de Nicole. Quelques autres thèmes sont aussi significatifs : le mépris des

(43) P. 2, 15 et suiv.

(44) P. 23.

(45) P. 47.

(46) P. 7, 38 et suiv.

(47) P. 3, 9 et suiv., 51, 57.

(48) P. 25-29.

(49) P. 26, 30, 31, 34.

(50) P. 31.

(51) P. 13, 16.

(52) Mot qui revient très souvent chez l'un et chez l'autre ; du Vaucel, *Breves Considerationes,* p. 36-37, 46, 48, etc. ; cf. *supra,* p. 428 pour Nicole.

(53) *Breves Considerationes,* p. 35.

(54) Dans lequel nous soulignons les termes intellectuels ; et c'est un paradoxe seulement en apparence de voir du Vaucel reprocher aux mystiques leur intellectualisme !

mystiques pour les autorités théologiques, Ecriture, Pères et théologiens (55), pour l'office de l'Eglise (56), pour les formes traditionnelles de prière du christianisme (57), pour le langage ordinaire (58), pour l'ordre hiérarchique (59). Les arguments les plus vulgaires sont développés : une allusion à des « *actiones pravas et inhonestas* » (60), le rapprochement attendu avec les Bégards et les Illuminés (61).

Les *Breves Considerationes* ne sont publiées qu'en 1688, mais entre temps bien des événements ont eu lieu. Le 27 août 1687, a été rendu le décret du Saint-Office contre Molinos, toutes les œuvres de ce dernier sont mises à l'Index le lendemain, la sentence de condamnation est affichée à la porte de Saint-Pierre ; le 20 novembre, le bref *Cœlestis Pastor* confirme solennellement la condamnation et sera changé en bulle au début de l'année suivante. Le cardinal Petrucci se rétracte le 17 décembre et ses œuvres sont mises à l'Index en février 1688. Entre temps, le *Moyen court* de Mme Guyon est condamné par l'évêque de Genève le 4 novembre 1687. De tous ces faits les jansénistes et leurs amis sont bien informés par les *Nouvelles ecclésiastiques :* elles apportent aussi nombre de détails sur les développements de l' « hérésie » en France, dans le Lyonnais, dans l'Autunois, à Dijon et dans le diocèse de Noyon (62) ; elles racontent avec précision les aventures du P. Lacombe et de Mme Guyon et, chaque fois qu'elles le peuvent, elles mêlent les jésuites à ces affaires : « les Molinos et les Molina sont funestes à cette triomphante société » (63). Bientôt elles développeront avec

---

(55) P. 14, 48-49, 56, 57.

(56) P. 52.

(57) P. 53.

(58) P. 58.

(59) P. 54 : « *dum quoscumque etiam e vulgo vitam pie instituentes, sive viros sive fœminas, a propriis pastoribus et confessariis seducit et ad directores mysticæ hujus artis gnaros, qui se iis ad sublimem hunc statum consequendum viæ duces præbeant, mittit* ».

(60) P. 7.

(61) P. 32.

(62) Affaire de Villery.

(63) B.N. fr. 23498, f° 208 v°. Voici les références dans l'ordre chronologique : 1687 : B.N. fr. 23498, f° 208 v°, 209, 214, 233 v°, 234, 235, 247 v°, 250 ; 1688 : B.N. n. a. fr. 1732, f° 24, 32 v°, 37 v°, 46, 48 ; 1689 : B.N. fr. 23499, f° 51, 66, 91, 96, 108 v° ; n. a. fr. 1732, f° 59 ; fr. 23499, f° 133 v°, 229 v°, 259 v°, 390 v° ; n. a. fr. 1732, f° 121 ; 1690 : B.N. fr. 23500, f° 20, 50, 137 ; 1691 : B.N. fr. 23501, f° 50, 158. Tous ces textes apportent beaucoup de lumières sur la diffusion du quiétisme en France, sur l'apostolat spirituel auquel se livrèrent un certain nombre de personnes et permettent de rattacher le cas particulier de Mme Guyon à un mouvement vaste et déjà profondément enraciné en plusieurs provinces. Comparer ces *Nouvelles ecclésiastiques* avec [Phelipeaux], *Relation...*, t. I, p. 1-33. Cf. aussi L. Cognet, *Crépuscule...*, p. 110.

complaisance les aventures du P. Vautier (64) ; la feuille janséniste nous paraît l'écho d'une véritable psychose qui possède la France en ces années 1687-1689 (65). Le sauveur de l'orthodoxie ne saurait être pour les *Nouvelles ecclésiastiques* que Nicole ; sans cesse on l'invite à conjurer le danger : « M. Nicole, écrivent-elles en novembre 1687, fait état de réfuter les ridicules propositions de Molinos et apparemment il confondra aussi bien les Molinos qu'il a fait d'autres sectaires, enfin personne n'est si propre à s'en mieux acquitter que ce savant ecclésiastique » (66).

Les particuliers aussi cherchent à être informés : ne citons que deux noms, de personnages proches de Bossuet (67) : Mabillon reçoit un récit détaillé de l'abjuration de Molinos (68) ; Rancé écrit à Nicaise le 11 septembre 1687 que les quiétistes commencent à faire du mal (69), et le 4 juillet 1688, s'adressant au même correspondant, il les juge ainsi : « Rien n'est plus digne de compassion que ces pauvres phanatiques qui se font une piété à leur mode, et qui, sous le prétexte d'être tout spirituels, trouvent le secret de faire des abstractions et des séparations qui n'ont jamais été imaginées que de ceux qui ont renoncé à la vie de l'esprit pour s'abandonner à celle des sens : personne n'est plus propre pour écrire sur cette matière que M. X s'il voulait s'en donner la peine, il en connaît parfaitement toute la malignité et les détours » (70).

Ceux qui n'ont pas de correspondant bien informé peuvent recourir aux imprimés qui paraissent de plus en plus nombreux

---

(64) B.N. fr. 23499, f° 49 v°, 339 v° ; fr. 23501, f° 158 ; fr. 23502, f° 9 v° ; fr. 23504, f° 117.

(65) B.N. fr. 23499, f° 102 v°, en 1689 : « Les ignorants et les malins sont si accoutumés à taxer de jansénisme autrefois et maintenant de quiétisme à tort et à travers tous ceux contre qui ils ne savent que dire en particulier... »

(66) B.N. fr. 23498, f° 243 ; cf. aussi en 1688 : B.N. n. a. fr. 1732, f° 46 ; en 1689 : B.N. fr. 23499, f° 51 ; n. a. fr. 1732, f° 59 ; fr. 23499, f° 229 v° ; n. a. fr. 1732, f° 112 v°.

(67) Nous pourrions aussi citer Arnauld : au landgrave de Hesse-Rheinfels, le 12 octobre 1687, *Œuvres,* Lausanne, t. III, p. 4.

(68) B.N. fr. 19653, f° 48 : « Breve estratto di una lunga lettera scritta mi di Roma. Roma li 3 settembre 1687 ». Notons que l'on fit une gravure de cette scène : « on vend à Paris chez Bonard rue Saint-Jacques le portrait de Michel Molinos une torche à la main faisant abjuration » (B.N. fr. 23498, f° 250 v°, le 7 décembre 1687).

(69) B.N. fr. 9363, f° 47 ; cf. aussi le 14 décembre 1687 : *ibid.* f° 49.

(70) B.N. fr. 9363, f° 61 ; M.X peut être Nicole : avant ce paragraphe nous lisons un jugement élogieux de M. X sur l'*Histoire des variations* de Bossuet : « Il n'y a rien de plus beau, de plus puissant, ni de plus capable de convertir ou au moins de convaincre les plus entêtés et les plus opiniâtres ; tous ces changements et ces variations étant des preuves évidentes de la fausseté de leur religion ». Voir un jugement de Nicole sur l'*Histoire des variations :* C.B., XIV, p. 291.

sur ces problèmes (71). Avant tout, les actes de la condamnation de Molinos sont publiés en petits opuscules qui durent être fort répandus car on les trouve fréquemment, soit isolés, soit reliés avec d'autres ouvrages : le texte italien d'abord (72), puis une traduction française remplie de grossières fautes d'impression (73). Les traductions latines aussi se répandent : l'une due sans doute à A.H. Francke (74), une autre qui sera imprimée en 1688 après les *Breves Considerationes* de du Vaucel et à laquelle fait allusion Arnauld en décembre 1687.

Parallèlement, des ouvrages plus ou moins originaux font pression sur l'opinion française. Le 7 décembre 1687, les *Nouvelles ecclésiastiques* notent : « Le livre de ce M. Malaval prêtre marseillais se vend aussi à cause de celui de son adversaire le père Ciceri composé en italien et traduit, intitulé : Le quiétiste ou les illusions de la nouvelle oraison de quiétude. Il fut d'abord mis à l'Index à Rome, et cela ne se publiait pas en ce pays-ci, mais on l'en a ôté et l'on y a mis celui du Sr Malaval » (75). Cet écho est plein d'inexactitudes : Malaval n'est pas prêtre, il s'agit du P. Segneri (et non Ciceri, qui est au contraire un disciple de Molinos !), le livre de Segneri qui fut mis à l'Index n'est pas celui qui est mentionné ici (76), mais la *Concordia tra la fatica e la quiete nell'oratione* (Florence 1680), et la *Pratique facile...* de Malaval ne sera mise à l'Index

---

(71) Il y avait dans la bibliothèque de Ch.-M. Le Tellier, archevêque de Reims et ami de Bossuet, une copie de la procédure contre Molinos, R.B., 1901, p. 43. De même fut envoyé au conseiller de Mazaugues un *Ristretto del processo e della sentenza contro Michele Molinos* (Carpentras, Bibl. Inguimbertine, ms. 1916, pièce 39 ; dans le même recueil, pièce 40, des vers sur la fausse doctrine de Molinos et sur son châtiment).

(72) B.N. imp. D 19029 (1) ; une autre édition (Rome et Florence, 1687) dans le recueil Carpentras, Inguimb., ms. 1916, pièce 37.

(73) B.N. imp. D 19029 (2) : « La condemnation du Docteur Molinos et de la secte des quiétistes. Decret de la sainte romaine et universelle Inquisition [...] contre la malice de l'hérésie, l'an 1687 » ; c'est sans doute à elle que fait allusion Arnauld en décembre 1687 : « il faut bien prendre garde que les propositions soient traduites d'Italien en Latin le plus littéralement qu'il se pourra, afin qu'il n'arrive pas (ce qui était arrivé dans la première traduction française qui a paru ici) que plusieurs propositions en paraissent bonnes et fort soutenables » (Arnauld, *Œuvres*, t. III, p. 52). Est-ce le même libelle que celui qui fut mis à l'Index le 5 février 1688 : « *Folium impressum gallice cujus titulus est :* Propositions tirées de livres et autres écrits du Docteur Molinos, chef des quiétistes condamnées par la sainte Inquisition de Rome » ?

(74) Imprimée à la fin de sa version de la *Guia* de Molinos, Leipzig, 1687. Cette traduction des propositions condamnées sera suivie par Mayer, *infra*, n. 110.

(75) B.N. fr. 23498, f° 250.

(76) Erreur que l'on retrouve C.B., VI, p. 64.

que le 24 mars 1688 ! Néanmoins la feuille janséniste signale un livre qui a son importance. Le P. Segneri, jésuite (77), avait publié contre les quiétistes sa *Concordia* en 1680. Elle fut mise à l'Index par suite de diverses intrigues en 1681, mais l'année suivante il publia, dirigé explicitement contre la *Pratica facile...* (Venise 1673) de Malaval, un autre ouvrage : *I sette Principii su cui si fonda la nuova orazione di quiete, riconoscuiti per Poco Saldi, nella Pratica facile che ne da un direttore moderno alla sua Filotea* (78). Une traduction française de ce dernier ouvrage, qui ne figura jamais à l'Index, n'impliquait aucun mépris des décisions romaines, quoi qu'en dise J. Cornand de la Croze dans un *Recueil de diverses Pièces...* que nous étudierons plus loin (79). La traduction française, publiée en 1687 chez la veuve de Sébastien Mabre-Cramoisy sous le titre *Le Quiétiste ou les illusions de la nouvelle oraison de quiétude*, est due à l'abbé du Mas (80). Le livre vient à son heure à cause du bruit fait autour des condamnations romaines et de la réédition de Malaval en France (81). Comme Bossuet possédait cette traduction dans sa bibliothèque (82), nous devons en dire quelques mots. Nous retrouverons beaucoup d'arguments déjà connus : du Vaucel

---

(77) Sur lui : J. de Guibert, *La spiritualité de la Compagnie de Jésus*, p. 403 ; M. Petrocchi, *Il quietismo...*, p. 92-99 ; H. Tüchle, etc., *Nouvelle Histoire de l'Eglise*, t. III, *Réforme et Contre-Réforme*, Paris, 1968, p. 379. Voir l'écrit de Cornand de la Croze, *Trois lettres...*, (p. 33 et suiv.) que nous analysons plus loin. L'œuvre pastorale de Segneri sera estimée en France : Arnauld à du Vaucel, 23 mars 1693, *Œuvres*, t. III, p. 615 ; *Journal des Savants*, 1694, p. 103 et suiv.

(78) Venise, 1682 ; rééd. dans les *Opere* de Segneri, Venise, 1773, t. IV, p. 367 et suiv.

(79) *infra*, p. 456 ; *Recueil...*, Amst., 1688, p. 35-37.

(80) Sur l'abbé Hilaire du Mas († 1742) connu surtout aujourd'hui par son *Histoire des cinq propositions* (1699), cf. [Picot], *Mémoires pour servir à l'histoire ecclésiastique pendant le dix-huitième siècle*, 2e éd., Paris, 1816, t. IV, p. 192-193 ; C.B., XII, p. 303, n. 5 ; XIV, p. 523 ; il votera la censure de Marie d'Agreda (C.B., VIII, p. 70), et semble avoir été en rapports avec Bossuet (C.B., XIV, p. 308). Voir aussi de H. du Mas la *Cinquième Lettre d'un docteur de Sorbonne à un homme de qualité touchant les hérésies du dix-septième siècle*, Paris, 1715, p. 156 et suiv. : sur le quiétisme, avec un éloge de la personne de Fénelon.

(81) Avertissement de la traduction du livre de Segneri : « ... Quoiqu'à cet égard on ait été plus retenu en France qu'en Italie, il est pourtant certain que cette oraison de quiétude y est en usage et n'y a même que trop d'approbateurs... » Le P. Bouhours prêta ce livre à Corbinelli dès le début de 1688 (Mme de Sévigné, *Lettres*, Bibl. de la Pléiade, 1957, t. III, p. 194), mais il n'en était pas le traducteur (contrairement à ce que croyait Corbinelli ; mais le traducteur n'est pas non plus le P. Buffier ; Mme de Sévigné, *ibid.*, p. 945).

(82) Dans le catalogue de 1742 nous lisons au n° 1223 : « Le Quiétisme, Paris, 1687 » : il ne peut s'agir à cette date que de « Le Quiétiste » de Segneri, dont le titre aura été mal lu.

s'est servi du livre de Segneri pour écrire ses *Breves Considerationes :* les mêmes citations reviennent et il se constitue une sorte de corpus de l'antiquiétisme laissant une place assez limitée à l'originalité de chaque auteur.

Quelques thèses sont sous-jacentes à l'ouvrage de Segneri : avant tout, la distinction qu'il reproche à Malaval de ne pas faire entre la contemplation infuse et les formes ordinaires de la vie spirituelle : c'est dans la première, pendant le temps de l'oraison (83), que Dieu lie les puissances (84) et élève tout à fait l'âme au-dessus de ses sens (85) ; ainsi c'est illusion de confondre la suspension des actes volontaires avec cette suspension dont l'âme n'est point la maîtresse (86). Selon Segneri, dans l'oraison commune les puissances agissent (87), mais avec facilité (88) : les « considérations de l'entendement » et les « affections de la volonté » apportent même à l'âme beaucoup d'avantage (89) à condition de distinguer « bonnes » et « mauvaises pensées » (90) et de laisser les « œuvres extérieures » pour s'attacher uniquement à jouir de Dieu par les « actes intérieurs » (91). Lorsque Malaval parle d'un regard simple et fixe avec lequel Philothée contemple Dieu tel qu'il est en lui-même (92), c'est confondre la foi et la vision béatifique : le reproche revient tout au long du livre (93) ; Dieu ne se fait pas connaître face à face (94), il est atteint à travers des « symboles » (95), des « comparaisons » (96), des attributs qui sont des « connaissances distinctes » (97) : la connaissance et l'amour ne sont nullement contradictoires, c'est par la connaissance que l'on va à l'amour (98), et en cherchant des raisons et des motifs on augmente sa foi et ses

---

(83) *Le Quiétiste...*, p. 38, 54, 95.
(84) p. 287.
(85) p. 212.
(86) p. 4.
(87) p. 2-4, 100, 102.
(88) p. 7.
(89) p. 11-13 ; c'est le schéma que reprend du Vaucel, *supra*, p. 448.
(90) p. 33.
(91) p. 35 ; cf. p. 46 : changement des raisonnements en un regard attentif plein d'admiration et en la jouissance de l'objet que l'on cherchait en raisonnant.
(92) p. 56-57.
(93) p. 69, 70, 75, 135, 216.
(94) p. 126.
(95) p. 131.
(96) p. 128.
(97) p. 82.
(98) p. 84-87 ; exemples de Thérèse, Catherine de Sienne, Marie-Madeleine de Pazzi, Bernard, François de Sales (*Traité de l'amour de Dieu,* l. VI, c. 4).

mérites (99). Autre erreur des quiétistes, liée à ce mépris des connaissances distinctes, la méconnaissance de l'Humanité du Christ (100) : sainte Thérèse avait évité cette illusion (101) ; c'est l'illusion qui écarte les nouveaux spirituels, comme les Bégards (102), les Hussites, les Vaudois, les Illuminés (103) et Wiclef (104), de toutes les dévotions, des pratiques, du culte des saints, de la Vierge, des images (105) : bien au contraire, les vrais maîtres, Cassien (106), François de Sales (107), Charles Borromée (108), enseignent une piété faite d'actes et de pratiques, d'un continuel effort vers la perfection. Et le livre se termine sur l'éloge de la méditation méthodique en usage dans la Compagnie de Jésus (109).

Des œuvres moins importantes contribuent à informer l'opinion française (110) ; citons pour sa violence et même une certaine

---

(99) p. 102-104.

(100) p. 139-163.

(101) La citation de *Château, Demeures,* VI, c. 7 (cit., p. 147), est reprise continuellement au XVIIe siècle : elle figure évidemment dans les *Breves Considerationes* de du Vaucel, p. 42. En ces années (peu après 1687), un *Discours sur la vie de sainte Thérèse écrite par elle-même de la traduction de M. Arnauld d'Andilly, nouvellement imprimée* (signalé dans A. Vermeylen, *Sainte Thérèse en France au* XVIIe *siècle,* Louvain, 1958, p. 198, n. 3) veut démontrer que la sainte n'est pas quiétiste même si elle prône l'oraison de quiétude (*Discours...,* p. 34 et suiv.) ; s'appuyant sur le ch. 22 de la *Vie,* l'auteur anonyme de ce petit livre s'oppose à ceux qui veulent « ôter la vue de Jésus-Christ et les détourner de l'application salutaire aux mystères qu'il a accomplis pour nous dans sa chair », à ces « faux contemplatifs qui sous prétexte de porter des âmes à une plus grande perfection voulaient qu'elles ne contemplassent que la seule Divinité sans s'arrêter à rien de corporel, non pas même à l'Humanité sainte du Sauveur » (p. 31 ; voir aussi p. 42).

(102) *Le Quiétiste...,* p. 145.

(103) p. 158.

(104) p. 189-190 : comparaison de la source que l'on néglige pour se tourner vers les ruisseaux.

(105) p. 158, 165 et suiv., 188, 212, 232.

(106) p. 224, 237, 254, 258.

(107) p. 244.

(108) p. 243, exemple repris par du Vaucel, *Breves Considerationes,* p. 43.

(109) p. 271 et suiv.

(110) La hantise antiquiétiste n'est pas un fait uniquement italien et français. Elle apparaît dans les pays germaniques au moment même où l'intérêt pour la mystique s'y développe : A. H. Francke, sur l'instigation du théologien J.-B. Carpzow (cf. J.-B. Neveux, *Vie spirituelle et vie sociale entre Rhin et Baltique...,* Paris, 1967, p. 195-196), traduit d'italien en latin la *Guide* de Molinos (Leipzig, 1687) ; il a lu Segneri (la *Concordia*), et, comme il ajoute dans la préface de sa traduction, la plupart des mystiques : Denys, saint Bonaventure, saint Thomas, Thomas a Kempis, Tauler, Suso, Gerson, et surtout la *Theologia mystica* de Sandaeus ; ce qui est d'assez bonne méthode pour acquérir une connaissance intime du style des mystiques. A sa traduction il joint une version latine du décret du 28 août 1687 contre Molinos. Un théologien de Kiel, pas-

vulgarité, une *Lettre curieuse qui répond au LXVIII Propositions de Molinos* (111) : nous y retrouvons tous les thèmes traditionnels, les quiétistes sont comparés aux Manichéens, aux Bégards et aux Alumbrados, et l'auteur en appelle aux évêques et aux princes chrétiens pour l'organisation d'une sainte ligue aussi utile au salut de l'Etat qu'à celui de la religion (112).

D'un ton beaucoup plus modéré et ne cachant pas une certaine sympathie pour les accusés, deux ouvrages dus au protestant Jean Cornand de la Croze : le premier a pour titre *Trois lettres touchant l'état présent d'Italie écrites en l'année* 1687. *La première regarde l'affaire de Molinos et des quiétistes* [...] *pour servir de supplément aux lettres du Dr Burnet* (113) : nous y lisons une histoire bien informée de l'affaire du quiétisme, les intrigues des « moines » et des jésuites qu'une pratique religieuse plus sobre et moins extérieure menaçait dans leurs privilèges (114), le rôle de Louis XIV par l'intermédiaire du cardinal d'Estrées (115) ; en même temps, l'auteur rapproche les tendances molinosistes de celles des

---

teur à Saint-Jacques de Hambourg, Johann-Friedrich Mayer (1650-1712. Sur lui : Wallenius, *De fama et meritis J.-F. Mayer,* 1795 ; [Picot], *Mémoires...,* t. I, p. CXII ; t. IV, p. 50 ; *Allgemeine Deutsche Biographie,* s.v. *Mayer ; Religion in Geschichte und Gegenwart,* 1960, t. IV, s.v. *Mayer ;* W. Nagel, dans *Festschrift zur 500. Jahrfeier der Univ. Greifswald,* t. II, 1956, p. 34-47 ; sur la controverse que mena Mayer contre Spener et le piétisme : Leibniz, *Textes inédits,* éd. Grua, t. I, p. 80-82) publie en 1688 une *De Quietistarum persecutionibus Dissertatio* (Hambourg, 1688), où il manifeste son hostilité à l'égard de la mystique qui menace aussi l'orthodoxie luthérienne et où il dévoile les divisions intérieures de l'Eglise romaine qui enfante en elle-même les hérésies. Un argument très développé : le platonisme et le déisme des quiétistes (*De Quietistarum...,* p. 64-65) ; et une remarque pertinente : beaucoup de thèmes quiétistes se retrouvent chez les mystiques les plus orthodoxes (p. 69 et suiv., beaucoup d'exemples, dus sans doute à la lecture de la *Theologia mystica* de Sandaeus).

(111) « A Orléans, 1688, de l'exprès commandement de sa Majesté », approb. de Berthier, à Dijon en décembre 1687, Bibl. Mazarine, impr. A 15375, pièce 27.

(112) Cette lettre, la même que la *Lettre curieuse à un ami dans laquelle on fait l'analyse de la nouvelle théologie mystique du docteur Molinos,* Dijon, 1688, est du capucin Nicolas de Dijon. Bossuet possédait dans sa bibliothèque (catal., 1742, n° 703) le *Pharaon réprouvé,* Lyon, 1685, du même auteur. Nous avons trouvé la *Lettre curieuse...* de Nicolas de Dijon, Dijon, 1688, dans le recueil, Mazarine, impr. A 11495, et à la B.N., dans le recueil, ms. fr. 13924.

(113) Cologne, 1688 ; à l'index le 19 mars 1692. L'exemplaire de P.-D. Huet est à la B.N.

(114) *Trois lettres...,* p. 14, 24, 32.

(115) *id.,* p. 47 et suiv. : il s'agissait de montrer que le roi était plus catholique que le pape Innocent XI qui tolérait et même favorisait de tels hérétiques à Rome.

prélats français éclairés et ennemis des superstitions (116). L'auteur publie ensuite la lettre adressée au cardinal Cibo pour qu'il l'envoie aux évêques d'Italie, et il y joint le texte de la censure des 19 opinions des quiétistes préparée par l'Inquisition (117) : Cornand de la Croze réfute la censure en justifiant les mystiques qui, au delà des quiétistes, lui paraissent visés. Le second ouvrage de Cornand de la Croze est encore moins équivoque : c'est un *Recueil de diverses pièces concernant le quiétisme et les quiétistes ou Molinos, ses sentiments et ses disciples* (118) : une traduction française de la *Guide* et du *Traité de la communion quotidienne* de Molinos, et des extraits de lettres (dont un extrait de la lettre sur les quiétistes que nous venons de signaler) ; avant ces textes une longue préface dévoile nettement les intentions de l'éditeur : il veut toucher de compassion le lecteur « en faveur de ces illustres persécutés » (119), essayer de convaincre les protestants que les mystiques ne sont pas des rêveurs, et les catholiques que les quiétistes ne sont pas des apostats des mystiques (120). Cornand de la Croze justifie donc les termes des mystiques (121), il compare ces derniers aux cartésiens qui luttent contre les préjugés (122), et il montre aux protestants que le papisme en est ébranlé (123) : aussi l'Eglise catholique censure-t-elle Ruysbroeck, sainte Thérèse, Jean de la Croix et Tauler qu'invoquait Luther (124), et accuse-t-elle Descartes de pyrrhonisme et Molinos d'athéisme (125) ; à ce propos l'auteur rapproche le quiétisme de la pensée de Confucius (126) : deux doctrines, l'une pour le peuple, l'autre intérieure ; le lecteur fera lui-même l'application (127).

---

(116) Sur l'éloge de Fénelon et de *l'Education des Filles* et sur l'utilisation qu'en fit Bossuet, cf. *infra,* p. 644.

(117) Cf. J. de Guibert, *Documenta...,* p. 261 et suiv.

(118) Amsterdam, 1688 ; à l'Index le 12 décembre 1690.

(119) *Recueil...,* p. 4.

(120) p. 5.

(121) p. 6.

(122) p. 15-18.

(123) p. 20, 35 et suiv. : sur les contradictions de l'Eglise : Segneri est condamné à Rome et imprimé en France (cf. *supra,* p. 452), donc le pape n'est pas infaillible, etc.

(124) p. 21.

(125) p. 23 ; la lettre étudiée plus haut montrait bien quel soupçon de « déisme » (*Trois lettres...,* p.99) pesait sur les quiétistes.

(126) *Recueil...,* p. 24. Mayer, *De Quietistarum...,* p. 65, fait le même rapprochement ; Cornand de la Croze doit avoir lu Mayer car beaucoup d'arguments leur sont communs. Sur *Confucius Sinarum Philosophus,* Paris, 1687, que Bossuet avait dans sa bibliothèque (catal. 1742, n° 568), cf. *Journal des Savants,* 1688, p. 5. Grancolas invoquera encore en 1695 le même argument, *Le Quiétisme...,* IIe partie, p. 64.

(127) *Recueil...,* p. 25.

Cette affaire du quiétisme a donc fait beaucoup de bruit dans les années 1687-1689 : nouvelles à la main, lettres, sermons (128), imprimés de tout genre ont créé un climat de vif intérêt à l'égard de la nouvelle spiritualité. M. de Meaux pouvait-il rester tout à fait à l'écart de cette agitation ?

II. Premières réactions de Bossuet.

Les réticences de Bossuet à l'égard de la mystique remontent fort loin : Fénelon avouera qu'avant 1688 il était « préoccupé comme M. de Meaux contre tous ceux qui en faisaient quelque cas » (129). Réticences, mais d'abord indifférence : c'est un aspect de la vie spirituelle qui intéresse peu Bossuet et pour lequel il renvoie aux spécialistes : il assimile implicitement mystique et phénomènes extraordinaires. Dès 1659, ou même avant (130), s'adressant aux visitandines de Chaillot et parlant des visites du Fils de Dieu, il refusait d'envisager les « visites mystiques » : « Je ne parle pas, mes très chères Sœurs, de ces communications particulières dont il

---

(128) Il faut noter ici le célèbre sermon de Bourdaloue sur la prière, pendant le carême de 1688, dirigé contre Malaval : Bourdaloue, *Œuvres complètes,* éd. Griselle, Paris, 1922, t. II, p. 325 et suiv. Sur la persécution antiquiétiste à Paris en 1688, voir B. Neveu, *Sébastien* [...] *de Pontchâteau,* p. 646.

(129) Fénelon, *Œuvres,* t. IX, p. 570. En revanche, un homme comme Claude Fleury, proche de Bossuet et de Fénelon, nous paraît beaucoup plus ouvert à la mystique ; parmi les livres qu'il achète, nous relevons : en 1674 les lettres de Bernières, en 1682 les œuvres du P. de Condren, celles de sainte Thérèse en espagnol, la *Vie* de Mme Acarie par du Val, la *Vie* de Mme de Chantal, celles du cardinal de Bérulle, de la Mère Madeleine de Saint-Joseph, de Mme Romanet, de François Le Picart, de Mme de Neuvillette (B.N. fr. 9511, *passim*). Voir aussi les conversations de Fleury et de M. de Gaumont sur les mystiques, Tauler, Bernières, Surin, etc., et les réserves de M. de Gaumont sur les prétendus spirituels qui détournent de penser à l'Humanité de J.-C. : fr. 9519, f° 223 et suiv., souvenirs écrits en 1707, publiés avec exactitude dans les *Nouveaux opuscules* de M. l'abbé Fleury, Paris, 1807, p. 231 et suiv. Dans les manuscrits de Fleury, voir des notes sur les spirituels, Blosius, Harphius (fr. 9519, p. 65 et suiv.), Condren (*id.,* p. 161), etc.

(130) R.B., 1903, p. 129. On notera aussi qu'en mai 1687, M. de Meaux distingue nettement ouvrages dogmatiques et livres de piété, ne demandant pas aux seconds la même exactitude qu'aux premiers : « Au surplus, il n'y a personne qui ne sache que, lorsqu'il s'agit d'entendre les dogmes, il faut considérer ce qu'on en écrit théologiquement et précisément, dans un ouvrage dogmatique, plutôt que quelques exagérations qui seront peut-être échappées dans des livres de piété » (C.B., III, p. 353, à propos du livre de Crasset, *La véritable dévotion envers la sainte Vierge établie et défendue,* 2e éd., Paris, 1687 ; cf. P. Hoffer, *La dévotion à Marie au déclin du* XVIIe *siècle,* Paris, 1938, p. 241-250, sur cette controverse à laquelle Bossuet fut mêlé) : ces considérations sur les différences de « style » reviendront au cours de la controverse du quiétisme.

honore quelquefois des âmes choisies, et je laisse à vos directeurs et aux livres spirituels de vous en instruire » (131). A vrai dire, dans les années qui suivirent il ne put ignorer complètement les développements de l'antimysticisme français et italien, la condamnation de Molinos et la mise à l'Index d'un certain nombre d'ouvrages spirituels suspects de quiétisme. Lui que les *Nouvelles ecclésiastiques* citent souvent avec estime (132) paraît s'être assez vite intéressé à ce grand mouvement : le 12 août 1685, il écrit à Mabillon qui séjournait à Rome : « Nous attendons l'événement de l'affaire de Molinos, qui n'a pas peu surpris tout le monde, et particulièrement ceux qui l'avaient connu à Rome. J'en connais de si zélés pour lui qu'ils veulent croire que tout ce qui se fait contre lui est l'effet de quelque secrète cabale, et qu'il en sortira à son honneur ; mais ce que nous voyons n'a pas cet air » (132).

Cet intérêt est encore sensible en 1687 : deux correspondants ne manquent pas d'envoyer à Bossuet détails ou documents sur l'affaire : le 7 juin, avant la condamnation de Molinos, Pirot écrit : « J'y aurais joint la copie de l'acte qui est venu de Rome au sujet des quiétistes, si je l'avais pu ; mais la personne de qui je le voulais emprunter, l'avait donné à M. l'archevêque, qui n'est pas présentement en état qu'on lui parle de cela. Je ne sais que M. l'Official qui lui parle, quoiqu'il se porte mieux... » (134) ; et le 13 octobre, après l'abjuration de Molinos, l'abbé Renaudot envoie à Bossuet des renseignements et développe la thèse qui en France est officielle, la « scélératesse » de Molinos (135).

---

(131) O.O., III, p. 2, cf. R.B., 1903, p. 130-131.

(132) R.B., 1905, p. 116 et suiv. ; 1906, p. 268 et suiv.

(133) C.B., III, p. 114 ; Molinos avait été emprisonné en juillet. Christine de Suède était une des personnes zélées qui intercédaient pour lui. C'est en cet été 1685 que les *Nouvelles ecclésiastiques* commencent à parler du quiétisme, cf. *supra*, p. 445.

(134) C.B., III, p. 380-381 ; la « personne » dont il s'agit ne serait-elle pas Nicole ? et l' « acte » une copie des *Breves Considerationes* de du Vaucel (D.S., t. III, col. 1864) ? Le mot « acte » convient cependant mal à ce livre, et il doit s'agir plutôt de la lettre circulaire du cardinal Cibo aux évêques d'Italie (15 février 1687) suivie d'une liste de 19 erreurs de la nouvelle contemplation : Bossuet donnera ces deux textes traduits en français dans les *Actes de la condamnation des quiétistes* à la fin de l'*Instruction sur les états d'oraison* (LT, XVIII, p. 676-680) ; textes italien et latin dans J. de Guibert, *Documenta...*, p. 259-266 ; c'est le texte qu'a publié Cornand de la Croze en 1688 avec une réfutation : *Trois lettres...*, p. 76 et suiv., cf. *supra*, p. 455.

(135) « Pour Molinos, je crois, Monseigneur, que vous avez vu le décret par lequel ses propositions sont censurées au nombre de soixante-huit, qui est imprimé. Il y a outre cela le procès entier qui tient plus d'une main de papier, que j'ai lu : mais on ne me l'a pas envoyé, et je n'ai osé prier mes amis de ce pays-là de me faire une si longue copie. Mais j'ai un extrait de tout ce long procès, fait de main de maître, avec

Or c'est le moment où la vague antiquiétiste commençait à déferler sur la France : Bossuet y prit-il une part active ? Il tenait à être informé et il semble l'avoir été, mais de façon unilatérale ; en tout cas, absorbé qu'il était par la composition de l'*Histoire des variations* et de l'*Explication de l'Apocalypse,* bientôt par celle des *Avertissements aux Protestants,* occupé à soutenir Rancé contre le P. Mège et à argumenter avec le P. Lamy (136), la condamnation à Rome de spirituels, les mesures de rigueur prises à l'égard d'un barnabite et d'une béate durent lui paraître des faits d'importance secondaire.

Le premier jugement porté par Bossuet sur la nouvelle oraison se trouve dans une lettre à Mme Cornuau du 17 septembre 1690 (137), et c'est une réaction contre « la dévotion d'à présent » où l'on parle trop de son oraison et de son état, des degrés d'oraison (138). Cette lettre est une réponse à des demandes de Mme Cornuau, qui était alors chez les Filles Charitables de La Ferté-sous-Jouarre, formulées après la lecture d'ouvrages dont on devine la nature. Critique d'un état stable et permanent, d'une voie d'oraison fixe, du rejet des considérations, de la distinction entre l'essence et les attributs de Dieu et de l'attachement exclusif à la première, critique aussi d'une oraison sans actes, critique renouvelée des retours sur soi et sur son état, ces reproches sont intéressants, moins par leur contenu que parce que nous voyons Bossuet, aux premières questions qui lui sont posées sur l'oraison, reprendre tous les thèmes les plus usés de l'antimysticisme. D'emblée il se place dans un système clos qui a ses principes, ses dogmes et ses anathèmes, et il juge en fonction de ce système. A vrai dire, nous soupçonnons comment Bossuet fut amené à examiner les problèmes spirituels dans cette perspective : il connaît bien Nicole qui depuis plus de dix ans fait figure de spécialiste des questions spirituelles (139), et justement il vient de

---

diverses lettres, tout à votre commandement. Il faut quelques jours pour copier tout cela. J'ai aussi le procès en extrait de ses deux disciples, dont les erreurs étaient encore plus grandes. J'attendrai vos ordres sur tout cela [...]. Molinos était un des plus grands scélérats qu'on puisse s'imaginer. Il est vrai qu'il dirigeait M. Favoriti, et qu'il l'a assisté à la mort. Il n'y a ordures exécrables qu'il n'ait commises pendant vingt-deux ans sans se confesser. Par le procès, il paraît qu'il a avoué toutes ces choses. On y marque celles qu'il a niées. J'aurai l'honneur de vous en mander plus de nouvelles dans quelques jours... » (C.B., III, p. 438-439).

(136) C.B., III, *passim.*

(137) C.B., IV, p. 111 et suiv.

(138) Il est à noter que Fénelon en 1691 écrira à peu près la même chose à Mme de Maintenon : Fénelon, *Pages nouvelles...,* éd. Langlois, p. 122.

(139) Nicole est au courant des questions mystiques et des affaires d'illuminisme, certaines, il faut avouer, assez suspectes : en 1680, il

le rencontrer quelques jours avant d'écrire à Mme Cornuau (140) : la conversation a roulé sur l'Ecriture sainte, sur la lecture de l'Ancien Testament par les religieuses, et Nicole s'est étonné de la permission que Rancé accordait aux religieuses des Clairets de lire le *Chrétien Intérieur* de Bernières (141) si fortement attaqué dès 1679 dans le *Traité de l'oraison* et réédité en 1689-1690. Or le *Chrétien Intérieur* a été mis à l'Index en 1689 et les *Œuvres spirituelles* de Bernières le seront à la fin de 1690 (142), épisode de l'antimysticisme romain : Bossuet ne connaît encore rien en septembre 1690 de la condamnation de 1689 ; Nicole, pourtant mieux renseigné, ne sait pas de quelle nature est cette condamnation. Le janséniste Nicole est ici un des intermédiaires par où passe en France cet antimysticisme romain qui correspond si bien à ses principes (143), mais un homme comme Bossuet ne nous paraît pas encore s'intéresser directement ni à cette littérature (144), ni à ces

---

s'occupe de Jeanne Malin (Goujet, *Vie...*, t. II, p. 132 ; [Phelipeaux], *Relation...*, t. I, p. 32 ; sur l'affaire de Catherine Fontaine, cf. J. Villery, *Abrégé de l'Histoire de la vie de Catherine Fontaine,* s.l., 1688, et *Apologie de Catherine Fontaine,* s.l., 1689), et en 1687 il a eu le *Moyen court* entre les mains et y a fait des objections (cf. L. Cognet, *Crépuscule,* p. 160), il a même souhaité alors avoir un entretien avec Mme Guyon (*ibid.*, d'après une lettre de Pontchâteau à du Vaucel du 5 mars 1688). D'ailleurs, en 1689-1690, il s'informe sur Mme Guyon et cherche si l'on peut rapprocher son cas de l'affaire du P. Vautier (Fénelon, *Œuvres,* t. IX, p. 38. Sur toutes ces questions, cf. aussi les *Nouvelles ecclésiastiques* manuscrites citées *supra,* p. 450). Notons encore que la curiosité que porte Nicole à la spiritualité et certains aspects de son apostolat spirituel ne sont pas sans inquiéter l'Archevêché (en 1691 : B.N., fr. 23501, f° 81 v° ; 84 v°).

(140) La lettre à Mme Cornuau est du 17 ; or le 19 il rend compte à Rancé d'une visite à Nicole à la suite de la mise en circulation de lettres de Nicole du 3 et du 14 : cf. C.B., IV, p. 116, n. 3 et Serrant, *L'abbé de Rancé...*, p. 316.

(141) Cf. lettre de Rancé à Nicaise du 11 septembre 1690 (*Lettres* de Rancé, éd. Gonod, 1846, p. 187) : « Pour ce qui est du *Chrétien Intérieur,* il n'y a point eu de livre qui ait eu une approbation plus générale jusqu'à ces derniers temps. Je n'ai point de correspondant à Rome qui me donne avis des livres que l'on y met à l'Index ; mais si celui-là y a été mis, je ferai savoir aux religieuses des Clairets, comme quoi elles doivent condamner tous les livres que Rome condamne, sans les examiner et sans les lire ».

(142) C.B., IV, p. 117, n. 5.

(143) En février 1690, les *Nouvelles ecclésiastiques* ont annoncé la mise à l'Index des livres du P. Lacombe et de sa disciple Mme Guyon, et du *Chrétien Intérieur* (B.N., fr. 23500, f° 50), preuve que Bossuet ne lisait pas ces feuilles clandestines ou y attachait peu d'attention.

(144) Mme Guyon prétendra que Bossuet lut son *Moyen court* et son *Cantique* bien longtemps avant 1693, huit ou dix ans avant. Rien ne prouve que Bossuet les ait lus avant d'examiner leur auteur (L. Cognet, *Crépuscule...*, p. 167).

condamnations romaines (145). Il semble que c'est dans la communauté des Filles Charitables de La Ferté-sous-Jouarre (146) que la « nouvelle spiritualité » dans le diocèse de Meaux s'est d'abord développée de la façon la plus visible : après la réponse aux questions de Mme Cornuau en septembre 1690, nous remarquons en novembre une lettre à la sœur Cheverry (147) tentée « d'adhérer à ces vues des âmes privées de Dieu », allusion à un état de déréliction et de nuit, peut-être au consentement conditionnel à la damnation, difficultés qui à cette date n'alarment nullement Bossuet et que son tranquille panhédonisme résout facilement sans craindre de se contredire, en permettant un abandon, une spiritualité très détachés des sentiments (148).

L'année suivante, en octobre 1691, Bossuet affirme très fortement la nécessité du renouvellement intérieur et souligne que la justification n'est pas acquise une fois pour toutes, mais donnée « à chaque moment » par la grâce (149) ; principe théologique dont le rappel n'est pas lié à l'actualité et aux débats renaissants du quiétisme, mais qui, malgré la différence des points de vue, pourra être transposé au plan de la spiritualité et servir d'argument contre la thèse d'une union permanente avec Dieu. Les grands thèmes de l'antiquiétisme de Bossuet se groupent peu à peu et, dans les années décisives qui précèdent l'explosion des passions, prennent une importance significative. Ainsi au même mois d'octobre 1691, quand Bossuet envoie à Mme d'Albert son *Discours sur l'acte d'abandon* si volontariste et si conceptuel, il prend soin de préciser que cet acte peut « paraître commun à tout chrétien dans le fond » (150), désirant éviter tout ce qui n'est pas la simple et commune voie de la spiritualité.

Quelques indices néanmoins laissent supposer que l'attention de Bossuet commence à être alertée, ou plutôt que c'est à l'automne de

---

(145) La rencontre avec Nicole ne fut d'ailleurs pas pour Bossuet l'occasion de lire le *Chrétien Intérieur ;* manque de temps ou manque d'intérêt, en 1695, il ne l'aura pas encore lu (C.B., VII, p. 86). Dom Claude Martin attachait peu d'importance à la condamnation du *Chrétien Intérieur* et fait encore l'éloge du livre en 1695, R.H.E.F., 1957, n° 140, p. 134.

(146) Bossuet est à ce moment aux prises avec l'abbesse de Jouarre : les questions de discipline ecclésiastique dans l'abbaye sont plus importantes aux yeux de Bossuet que celles de la spiritualité qui ne figurent alors qu'exceptionnellement dans les lettres à Mme d'Albert.

(147) C.B., IV, p. 143.

(148) Cf. *supra,* p. 381.

(149) C.B., IV, p. 329-330.

(150) C.B., IV, p. 339 et 365.

cette année 1691 (151) qu'il prend conscience du devoir qui est le sien de s'opposer aux excès des mystiques : il le fait toutefois avec bienveillance, ainsi les conseils pour les lectures qu'il donne aux religieuses sont marqués d'une grande largeur de vue : quelques restrictions seulement en septembre à propos des livres qu'on lit à Jouarre (152). Les réserves sont un peu plus sensibles pour les livres dont disposent les Filles Charitables de La Ferté-sous-Jouarre : un premier coup d'œil sur leur liste en juillet (153) n'avait rien révélé de suspect à Bossuet ; l'examen plus approfondi lui montre en novembre qu'il y en a un grand nombre qu'il reconnaît pour très bons et quelques-uns qu'il ne connaît pas mais « qu'on peut supposer bons à cause de l'approbation jusqu'à ce qu'on y ait reconnu quelque erreur ou quelque surprise » (154) ; l'évêque ajoute cependant : « Je vous avertis seulement de prendre garde, dans les écrits de certains mystiques, à des expressions un peu fortes, qui semblent dire qu'on n'agit pas dans la vie contemplative, qu'on y est parvenu à un parfait renouvellement, ou qu'il n'est pas permis de s'y exciter aux actes de piété. Tout cela serait fort mauvais, si on entendait autre chose, par ce qu'on appelle inaction, que l'exclusion des actes humains et empressés ; ou, par cette perfection de renouvellement intérieur, autre chose que la perfection selon qu'on la peut atteindre en cette vie ; ou enfin, par cette défense de s'exciter aux actes de piété, autre chose que l'exclusion des manières trop empressées de s'y exciter. Avec ces modérations, vous pouvez profiter de ces livres, s'ils vous tombent sous la main, ou qu'on vous les donne ; mais faites grande réflexion sur le peu que je viens de vous observer » (155). Bossuet (156) rejoint la doctrine de la justification continuée de l'écrit qu'il envoyait quelques jours plus tôt à Mme Cornuau et fait la transposition que nous jugions possible du

---

(151) Justement en septembre Bossuet a relu le *Traité de l'oraison* de Nicole à propos du problème de l'intention, cf. *supra*, p. 427 ; il écrira à Nicole le 7 décembre sur le socinianisme et sur R. Simon (C.B., IV, p. 372).

(152) C.B., IV, p. 292 : « Je n'ai défendu ni improuvé aucun livre ; il y en a seulement que je crois peu utiles à une religieuse, et quelques-uns qui ne sont pas assez nécessaires pour se faire des affaires sur cela ».

(153) C.B., IV, p. 253.

(154) C.B., IV, p. 353-354. Cf. LT, I, p. 7 : Bossuet n'exclut que les livres qui traitent des choses qui ont matière à de grandes contentions, c'est-à-dire ceux qui ont rapport avec les querelles du jansénisme.

(155) C.B., IV, p. 354. Dans une lettre à Mme Cornuau, Bossuet juge « importantes » ses recommandations (C.B., IV, p. 347).

(156) Les thèses que développe ici Bossuet sont classiques dans l'histoire de l'antimysticisme : avec l'intellectualisme, elles forment l'âme du *Traité de l'oraison* de Nicole (cf. entre autres, p. 417 et suiv.).

plan de la théologie au plan de la spiritualité. Mais cette condamnation de l'inaction mystique, de la perfection stable et définitive, du refus des actes de piété s'accompagne d'une mise hors de cause des mystiques : Bossuet les excuse (*certains* mystiques, expressions *un peu fortes, semblent* dire) en affaiblissant leur doctrine et en la ramenant à la voie commune, réduction qui sera un de ses principaux arguments dans la querelle. A cette date où en certains milieux, en particulier à Saint-Cyr (157) mais ailleurs aussi, se pose la question de la mystique, nous sommes frappés de voir Bossuet ne prononcer aucun anathème, être systématiquement favorable aux mystiques ; la question sera de savoir si cette bienveillance ne recouvre pas une ignorance et le désir de les sauver pour ainsi dire malgré eux. En tout cas, Bossuet n'imagine pas un instant d'appeler leurs écrits « galimatias spirituel » : ne s'élève-t-il pas en novembre contre les profanes et les mondains qui qualifient ainsi « le mystère de la piété et de la communication avec Dieu » (158) ?

La bienveillance reste sensible en mars 1692 mais les réserves de Bossuet semblent croître : il détourne Mme Cornuau de désirer et demander le pur amour : « quand on le sent ordinairement on ne l'a pas [...] quand on ne l'a pas on en raisonne comme les autres... » (159) ; de là à prétendre que toute expression mystique est inadéquate, que toute parole sur un état de pur amour est trahison, il n'y a qu'un pas : l'aspiration au silence et le désir de cacher à soi-même et aux autres ses états intérieurs sont désir de simplicité et aspiration à l'humilité, mais, poussés dans leurs ultimes conséquences, ils peuvent impliquer condamnation de tout langage mystique : Bossuet n'en est pas encore là, peut-être parce qu'il n'a pas eu à examiner en face le problème (160).

L'accent est différent à l'automne 1692, et nous voyons Bossuet prendre peu à peu conscience de l'antimysticisme foncier qu'impli-

---

(157) Cf. L. Cognet, *Crépuscule...*, p. 144.

(158) C.B., IV, p. 366. Sur l'expression galimatias appliquée plus tard par Bossuet aux écrits des mystiques, C.B., VIII, p. 532.

(159) C.B., V, p. 84.

(160) En avril de la même année 1692, dans le sermon pour l'ouverture de la Mission, Bossuet souligne que l'amour doit être toujours en marche, qu'il n'arrive jamais à sa perfection en cette vie (O.O., VI, p. 506-507), réfutation à l'avance de l'état permanent d'union à Dieu attribué aux mystiques. Cependant, ce sermon de 1692 adressé par Bossuet à ses diocésains reflète bien plus les tendances profondes de son caractère et de sa spiritualité que ses réticences devant les mystiques, d'autant plus intéressant qu'il nous paraît plus spontané ; il est vrai que largement répandu dans les maisons religieuses du diocèse, les avertissements que Bossuet y donne ont pu se charger d'un sens polémique qui n'y était pas précédemment.

quent ses principes spirituels. Mais c'est de l'extérieur que vient cette révélation (161) : l'année précédente c'était à l'occasion des livres lus à La Ferté-sous-Jouarre, cette fois c'est à l'occasion des réflexions de Mme d'Albert sur le pur amour : Bossuet s'oppose fortement à ceux qui font des abstractions et des précisions (162), qui décrient les larmes (163) et ne voient qu'amour-propre dans le goût de Jésus-Christ (164) ; il réaffirme la vocation de l'homme au bonheur (165) : désormais les deux grands thèmes de l'antimysticisme de Bossuet sont exposés : en 1691, l'opposition à la passivité et à la conception d'un état permanent, en 1692 au pur amour et au détachement du bonheur et des récompenses. En même temps il avoue : « J'ai bien envie, il y a longtemps, de dire quelque chose sur le pur amour et sur l'oraison ; et j'ai dans l'esprit un sermon que j'ai fait autrefois sur ces paroles de saint Jacques : *Approchez de Dieu, et il approchera de vous.* Mais je ne me souviens plus de ce que je dis alors, et après je n'ose entamer une matière dont il faut moins parler par son propre esprit que de toutes les autres de la vie spirituelle » (166) ; première idée de l'*Instruction sur les états d'oraison* ou plutôt des *Principes communs de l'oraison chrétienne ?* sans doute, en un projet moins ambitieux, comme en témoigne le rappel du sermon sur *Jacques* IV, 8, Bossuet aurait songé à un opuscule exposant les grands principes de sa spiritualité ; or, sous quelque forme que ce soit, ces principes sont les deux grandes thèses : panhédonisme et dynamisme, qui à cette date ont déjà été formulées ; il s'y ajoute une troisième, que l'on ne peut parler de spiritualité « par son propre esprit », principe qui, poussé à l'extrême, peut impliquer le mépris de l'expérience et la soumission aux enseignements de la théologie, à la lettre de l'Ecriture et de l'enseignement des Pères. Les grandes lignes du système sont donc tracées en novembre 1692 ; Bossuet sait à qui il s'oppose. Opposition encore bienveillante : aux yeux de Bossuet lui-même, différences d'écoles, ni hostilité systématique, ni anathèmes.

---

(161) Nous découvrons à cette époque chez les dirigées de Bossuet une préoccupation bien significative : celle de ne pas être dans une voie « suspecte » (C.B., V, p. 225, à Mme Cornuau le 27 août ; C.B., V, p. 258 à Mme d'Albert le 5 novembre) ; signe de malaise et d'inquiétude. Cf. aussi *supra,* p. 379-401, sur les difficultés pratiques du panhédonisme de Bossuet.

(162) C.B., V, p. 238-239.

(163) C.B., V, p. 255.

(164) C.B., V, p. 242.

(165) Cf. *supra,* p. 327.

(166) C.B., V, p. 242-243.

III. Les débuts de l'hostilité.

Au printemps de 1693, les positions semblent se préciser : le 24 mars, l'évêque de Meaux écrit à Mme Cornuau : « Demandez à Dieu ses lumières pour deux affaires d'une extrême conséquence, et ajoutez cette intention à celle que vous me marquez » (167) ; sur la nature de ces deux affaires nous sommes réduits aux hypothèses : « d'extrême conséquence » ne peut s'appliquer alors à la prise de possession de la nouvelle abbesse de Jouarre, Bossuet le 22 mars écrivait le contraire à Mme d'Albert (168) ; il est difficile aussi d'appliquer cette expression aux manœuvres de La Burie, le frère de ce La Vallée qui essaie toujours de se rapprocher de Jouarre. Les « lumières de Dieu » nécessaires en ces circonstances suggèrent plutôt des affaires théologiques et spirituelles : comme, au lendemain de la mort de Pellisson, la controverse avec Leibniz ne semble pas en une phase très active, il est plus vraisemblable de penser aux débats et aux remous soulevés autour du quiétisme, de Mme Guyon et de Saint-Cyr et déjà de Fénelon. Certes Bossuet n'est pas encore directement concerné, mais il est difficile de penser qu'il soit resté indifférent aux événements qui dès lors se précipitent (169) : c'est en mars 1693 que Mme Guyon est exclue de Saint-Cyr (170) et c'est à peu près au même moment que, cédant à des invitations renouvelées, elle rend visite à Nicole (171). Or, sans qu'il soit possible d'assigner une date précise à ce qui n'est qu'on-dit, bruits et conversations, c'est vers cette époque que de différents côtés l'on commença à dénoncer Fénelon à Bossuet : M. de Court, depuis longtemps ami de l'un et de l'autre (172), s'inquiète du prosélytisme spirituel de l'abbé de Fénelon : plus érudit que théologien, il comprend peu la nouvelle spiritualité et fait part de ses réserves à l'abbé Genest et à M. de Meaux (173). Il est vraisemblable que ce ne fut pas la seule

(167) C.B., V, p. 328.

(168) C.B., V, p. 324.

(169) Bossuet est à Versailles au début de mars, revient dans son diocèse pour les fêtes de Pâques et regagne Paris dans les premiers jours d'avril.

(170) L. Cognet, *Crépuscule...*, p. 155.

(171) Inutile entrevue, mais la réputation que Nicole s'est acquise comme adversaire du quiétisme et comme connaisseur des voies intérieures dut faire beaucoup espérer de cette rencontre (L. Cognet, *Crépuscule...*, p. 160-161).

(172) Cf. sur lui, Floquet, *Bossuet précepteur...*, p. 425-426 ; C.B., V, p. 57 ; XIV, p. 478, par son oncle Saumaise il est allié à la famille Bossuet.

(173) [Phelipeaux], *Relation...*, t. I, p. 68-69 ; R.B., 1903, p. 160-161 ;

dénonciation (174) ; dans le milieu fermé de la Cour, les événements de Saint-Cyr, les soupçons pesant sur tel ou tel pouvaient difficilement rester cachés, et, puisque nous savons où va naturellement la pente de l'esprit de Bossuet et quels sont ses principes spirituels, nous comprenons qu'il ait pu juger ces affaires « d'une extrême conséquence ».

Peut-on trouver un écho de cette crise dans la direction spirituelle de Bossuet ? Mme d'Albert est alors hantée par la crainte de suivre des voies suspectes (175) : est-ce simplement scrupules de son âme anxieuse ? Les scrupules ne sont-ils pas réveillés par d'actuelles controverses ? En tout cas le directeur refuse de juger de l'état de celle qu'il conduit : l'état est toujours obscur puisqu'il est au fond correspondance à la grâce (176), la voie seule est sûre : « Voilà tout ce que je sais dans les voies spirituelles » (177). Extrême prudence que justifient les troubles de Mme d'Albert, que peuvent aussi imposer les circonstances. Bientôt, en juillet 1693, les questions de Mme d'Albert relatives à la voie de la foi, que certaines estiment la seule désirable (178), montrent que l'on connaît bien à Jouarre les œuvres des mystiques : Malaval, Epiphane Louis, Laronde et d'autres (179) et que leurs disciples sont assez nombreuses et assez convaincues pour inquiéter la dirigée de M. de Meaux (180). Or, c'est au moment où Bossuet est ainsi averti des progrès de « la nouvelle spiritualité » dans cette abbaye de Jouarre à laquelle il vient à grand peine d'imposer son autorité, que Fénelon et ses amis lui demandent de rencontrer Mme Guyon (181). Il faut que les sollicitations soient vives et que la question lui paraisse importante pour que Bossuet accepte de retarder la préparation de sa *Défense de la Tradition et des Saints Pères* contre Richard Simon, entreprise à ses yeux de pre-

---

Mme de Maintenon, *Lettres,* t. IV, p. 130 : Langlois place cette dénonciation au printemps de 1693.

(174) Nous ne récuserons pas sur ce point le témoignage de Bossuet dans la *Relation sur le quiétisme* (LT, XX, p. 89) ; Fénelon dans sa *Réponse inédite à la Relation,* p. 10, prétend que Bossuet fut au contraire à l'origine de « certains bruits sourds ». Le fait est qu'il y eut soupçons, dénonciations et calomnies et que Bossuet dut en être plus ou moins informé.

(175) C.B., V, p. 380.

(176) Sur ce « glissement théologique », cf. *supra,* p. 396 et 432.

(177) C.B., V, p. 381.

(178) C.B., V, p. 398, et sur la voie de la foi, cf. *supra,* p. 387.

(179) Cf. *supra,* p. 390.

(180) Cf. aussi 18 juillet à Mme Dumans, C.B., V, p. 404 ; et en août, C.B., V, p. 423.

(181) L. Cognet, *Crépuscule...,* p. 165-167.

mière importance (182), qu'il essaiera de poursuivre même quand il sera engagé dans l'examen des œuvres de Mme Guyon (183).

Tel est donc Bossuet au moment où il connaîtra personnellement Mme Guyon : un système de spiritualité où la théologie l'emporte sur l'expérience, l'adhésion déjà ancienne aux grandes thèses de l'anti-mysticisme, la méfiance à l'égard des ouvrages de spiritualité modernes auxquels il refuse presque toute autorité : seule sainte Thérèse trouve grâce devant lui : « Je suis en tout et partout du sentiment de sainte Thérèse ; je croirais le contraire fort périlleux » (184), encore est-ce fidélité à une certaine interprétation de la doctrine de la sainte (185).

Nous n'avons pas à refaire en détail l'histoire de la querelle du quiétisme (186), nous voudrions seulement chercher comment, sous quelles influences et dans quel sens évolua ou se précisa la spiritualité de Bossuet, ce qu'il apprend ou ce qu'il oublie, ce que furent ses motivations profondes, exposer les principes essentiels élaborés peu à peu pendant six ans de controverse ; en un mot nous essaierons à partir de cette date, septembre 1693, où Bossuet rencontre Mme Guyon, d'emprunter pour ainsi dire les yeux de Bossuet pour le comprendre et déterminer comment il a compris et résolu les problèmes qui se sont présentés à lui.

Si d'un côté Bossuet est engagé dans l'examen de Mme Guyon et poursuit un dialogue difficile, d'un autre côté (187) les difficultés ne sont pas moindres dans la direction spirituelle, à Jouarre en particulier (188) ; moment de crise d'une direction spirituelle jusque-là spontanée et quotidienne, qui doit se définir par rapport à la « nouvelle spiritualité ». De Jouarre vient à Bossuet qui connaît à peine

---

(182) Cf. [Phelipeaux], *Relation...*, t. I, p. 70-71. Il y est encore occupé pendant tout l'été 1693 : en juin, on lui envoie une série de « fiches » sur les questions de la grâce (C.B., V, p. 387-388), en juillet, A. Arnauld l'encourage dans son entreprise (C.B., V, p. 405), en septembre, il fait part à Huet de quelques remarques sur R. Simon (et non pas sur Ellies du Pin, comme il est dit C.B., V, p. 452, n. 4 : on retrouve LT, IV, p. 146, les critiques auxquelles fait allusion la lettre) ; Pirot lui envoie des renseignements (C.B., V, p. 454-456, et cf. LT, IV, p. 141).

(183) « Il vient tous les jours tant de choses que je ne puis pas toujours tout ce que je veux ; le plus pressé l'emporte », C.B., V, p. 457, 11 septembre 1693 ; cf. C.B., VI, p. 85 : novembre 1693.

(184) C.B., V, p. 461, 12 septembre 1693 ; cf C.B., V, p. 465 : être fort souple sous la main de Dieu, allusion au trait de lance dans le cœur. Déjà en juillet 1692 (C.B., V, p. 211), Bossuet prônait fort les *Méditations* de sainte Thérèse sur le Pater.

(185) Sur l'interprétation de sainte Thérèse, cf. *supra*, p. 219.

(186) Cf. cette histoire dans L. Cognet, *Crépuscule...*, 165 et sv.

(187) Sans parler des interventions politiques fort bien mises en lumière par L. Cognet, *Crépuscule...*, p. 172.

(188) Cf. *supra*, p. 391 sur affectivité et foi nue.

les mystiques (189) toute une documentation rassemblée par Mme d'Albert (190) : cette compilation de textes mystiques nous renseigne sur les ouvrages lus alors à Jouarre, ces livres sans doute que deux ans auparavant, en septembre 1691, Bossuet jugeait, sans prononcer aucune condamnation, peu utiles à une religieuse. L'incapacité de Bossuet à comprendre la foi nue des mystiques, son attachement à des schèmes affectifs et à une anthropologie assez janséniste, son intellectualisme se manifestent autant dans la direction spirituelle que dans les traités : une action réciproque des principes de Bossuet sur ses jugements sur les mystiques et vice versa, contribue à donner à la querelle naissante ses dimensions vécues, nous permet d'atteindre à ce qu'il y a de plus profond dans la personnalité de Bossuet.

Vers le 20 août 1693, Bossuet rencontre donc Mme Guyon (191) : de l'entretien il ne pouvait résulter grand chose : la bienveillance naturelle de Bossuet pour ses interlocuteurs, sa souplesse dans le dialogue, sa facilité à accepter les idées d'autrui quand elles ne heurtent pas directement les quelques principes auxquels il tient, devaient rendre inutile ce premier contact, décevant car il laissait Mme Guyon persuadée qu'il serait facile de convaincre M. de Meaux. Retournant dans son diocèse en septembre, Bossuet emporte les manuscrits de Mme Guyon qu'il a l'intention d'étudier à loisir, qu'il voit de près en effet pendant quatre ou cinq mois (192). Du détail de cet examen et des réactions de Bossuet nous savons peu de choses ; quelques lettres seulement permettent de les reconstituer avec vraisemblance : le 5 octobre (193), Mme Guyon met l'évêque en garde contre les conseils de ceux qui n'auraient pas « l'expérience et la lumière des états intérieurs » ni le « caractère » requis pour cette recherche (194), ce qui ne pouvait que plaire à un homme qui a souvent dit que la direction spirituelle était une des missions de l'évêque. Elle met aussi sagement à leur place les phénomènes extraordinaires dont son autobiographie donne quelques exemples : « communications intérieures en silence », connaissance de « choses à venir », « choses miraculeuses » (195) : sur tous ces faits sur lesquels elle ne veut pas « fonder », elle sent bien que Bossuet achoppera ; risque de faire glisser la discussion sur un terrain qu'elle

---

(189) Cf. *supra*, p. 457.
(190) Cf. *supra*, p. 390-391.
(191) L. Cognet, *Crépuscule...*, p. 167-168.
(192) LT, XX, p. 90-91.
(193) C.B., VI, p. 5 et suiv., date et texte corrigés d'après l'original, B.N., n. a. fr. 16313, f° 46.
(194) C.B., VI, p. 7.
(195) C.B., VI, p. 8-9.

sait secondaire, à la limite du procès de doctrine et du procès des mœurs. Si l'examen s'y attache trop, Mme Guyon sent combien il sera difficile de justifier ce qui est le plus important, la doctrine. Aussi termine-t-elle sa lettre en souhaitant des objections et des réponses et en conseillant à M. de Meaux « de lire le Moyen facile de faire oraison » (196), moins engagé que l'autobiographie dans toutes les faiblesses de l'expérience.

Une seconde lettre, le 22 octobre (197), intervient pathétiquement au nom des âmes intérieures qui souffrent les tourments de la Nuit spirituelle et ne rencontrent qu'incompréhension chez les directeurs : depuis toujours il y eut deux voies, l'une active, l'autre contemplative (198) ; pourquoi l'une essaierait-elle de réduire l'autre ? Plaidoyer pour l'« expérience », plaidoyer pour toutes les âmes que l'antimysticisme triomphant opprime et persécute et jette dans le doute et les incertitudes. Et à l'appui de cette intervention Mme Guyon apporte une lettre (199) d'une de ces âmes désespérées qui ne trouve pas de secours humain, à qui la présence bienfaisante d'un directeur (le P. Alleaume), de sa « Mère », et les communications en silence avec elle (200) sont retirées, et qui va à Dieu « par une voie de ténèbre et d'abandon, dans une foi nue » (201).

Les réactions de Bossuet sont à ce moment assez vives (202) : il s'élève, par souci des bienséances sans doute, contre le passage de la *Vie* où Mme Guyon écrit « que Dieu lui donnait une abondance de grâces dont elle crevait au pied de la lettre : il la fallait délacer. [...] ce qui n'empêcha pas que, par la violence de la plénitude, mon corps ne crevât de deux côtés... » (203) ; dans la *Relation sur le quiétisme,* Bossuet rapporte au long les passages de la *Vie* où cette plénitude est évoquée ; ce « regorgement », ce « rejaillissement » pourraient aux profanes paraître scabreux (204). Tout cela parut à Bossuet, dira-t-il dans la *Relation,* « superbe, nouveau, inouï et dès là du moins fort

---

(196) C.B., VI, p. 9.
(197) C.B., VI, p. 25 et suiv., revue sur l'autographe, B.N., n. a. fr. 16313, f° 48.
(198) C.B., VI, p. 26.
(199) C.B., VI, p. 27, n. 11, revue sur l'autographe, B.N. n. a. fr. 16313, f° 50.
(200) Les « mouvements [...] que vous m'avez inspiré tant de fois par votre silence qui m'a tant parlé avec tant de force qu'il est impossible de ne le pas entendre étant auprès de vous... », C.B., VI, p. 27, n. 11, corrigé d'ap. l'autogr.
(201) *ibid.*
(202) L. Cognet, *Crépuscule...,* p. 177-178.
(203) LT, XX, p. 91 et 93 ; cf. C.B., VI, p. 49.
(204) Le phénomène en lui-même est connu des spécialistes et les médecins l'ont souvent constaté, cf. H. Thurston, *Les phénomènes physiques du mysticisme,* Paris, 1961, p. 232 et suiv.

suspect » (205), mais si ces faits deviennent dans la polémique de bons arguments de scandale, ils ne sont pas en octobre 1693 les plus importants : les réactions de Bossuet sont positives ; son intelligence résiste plus que son goût à admettre ce que Mme Guyon appelle les communications de grâces : ces communications en effet ont lieu sans intermédiaire conceptuel, ni prières, ni paroles, mais par une présence silencieuse : « Aussi cette communication s'appelle *la communication en silence,* sans parler et sans écrire ; c'est le langage des anges, celui du Verbe qui n'est qu'un silence éternel » (206). En rapport avec ces réticences de Bossuet devant les communications en silence, est sa critique du *consentement passif :* devant la motion divine, la créature ne fait-elle aucun acte ? Silence, passivité seraient-ils conditions de l'expérience spirituelle ? L'argument n'est pas neuf dans l'histoire de l'antimysticisme, mais cet antimysticisme lui-même est multiple et ici nous voyons Bossuet en reprendre les thèmes les plus intellectualistes : en ces jours, M. de Meaux écrit à Mme de Baradat, lectrice de Malaval et de ces mystiques dont il commence à suspecter l'influence à Jouarre, pour lui rappeler la nécessité des intermédiaires, des médiations dans la spiritualité : de l'Humanité du Christ et des attributs divins, des mystères et de la liturgie (207) ; il lui rappelle que « l'état où l'on reçoit l'impression d'une certaine vérité cachée, qui semble ne faire qu'effleurer l'esprit et qui fait taire cependant toute autre pensée, n'est pas oisif ; ou c'est de cette heureuse oisiveté où consiste le divin sabbat et le jour du repos du Seigneur » (208), enfin qu'entrer dans l'obscure profondeur de Dieu n'est pas se perdre mais se « nourrir » (209) ; tous ces conseils sont autant une réponse à Mme Guyon que des conseils à Mme de Baradat : nécessité des intermédiaires conceptuels, de l'activité. Les positions en ce point sont néanmoins plus proches qu'il ne paraît et le différend repose sur une nuance, capitale il est vrai : Bossuet accepte l'oisiveté à condition qu'elle soit « heureuse », l'obscurité à condition que l'âme spirituelle s'en « nourrisse », récupération de l'affectivité et du concept dans l'expérience même qui semble les nier.

Mme Guyon répondant à Bossuet (210) retourne pour ainsi dire la problématique bossuétiste, et dans cette façon différente de pré-

---

(205) LT, XX, p. 91.
(206) LT, XX, p. 92.
(207) C.B., VI, p. 42-44 et cf. *supra,* p. 411.
(208) C.B., VI, p. 44.
(209) *ibid.* Bossuet recommande aussi à Mme de Baradat « de recevoir les dons de Dieu ».
(210) Cette lettre est datée du 30 octobre par C.B., VI, p. 47 : sur l'autographe il a été écrit « septembre 1693 ». Il faut dissocier cette lettre

senter une expérience se révèle l'abîme qui sépare deux types d'esprits : « J'avais cru jusqu'à présent, que Dieu était également auteur d'un certain silence qu'il opère dans l'âme et de certains actes qu'il fait faire, où il paraît à la créature qu'elle n'a d'autre part que celle de se laisser mouvoir au gré de Dieu. Ils sont si simples que l'âme qui les fait ne les distingue pas » (211). Bossuet et Mme Guyon acceptent l'existence d'actes simples, mais M. de Meaux pense qu'exténuer les actes n'est pas en changer la nature, que pour simple qu'il soit, l'acte garde ses caractères, nourrit et occupe l'âme ; Mme Guyon au contraire se place sur le terrain de l'expérience et non pas de l'ontologie : « il paraît à la créature... » ; sur ce terrain *tout se passe comme si* l'âme était passive et *comme si* en elle il n'y avait qu'un acte très simple puisqu'elle n'en distingue pas plusieurs, et il ne faudrait pas beaucoup extrapoler, il suffirait de formuler en règles générales ce qui est chez elle jaillissement spontané, pour tirer de cette attitude très souple qu'un homme du XXe siècle appellerait phénoménologique la conviction que pour elle, à partir d'un certain seuil, une différence de degré se mue en une différence de nature. Cela l'ontologie bossuétiste ne l'accepterait jamais et telle est bien au fond la raison de l'hostilité de M. de Meaux aux communications en silence : erreur, illusion, imagination ? oui, mais bien plus *impossibilité, contradiction* dans les termes : communication pour lui implique « paroles ». Ainsi la justification qu'essaie d'en donner Mme Guyon, justification « expérimentale », ne peut tenir devant une objection de caractère non pas expérimental mais ontologique : les exemples des communications des hiérarchies célestes, de celles des saints comme saint Augustin et sainte Monique ne peuvent entamer la position de Bossuet (212).

Les mêmes tendances se manifestent dans la réponse que fait Bossuet le 31 octobre à des objections de Mme d'Albert relativement à la foi nue (213) : la réponse, qui au delà du livre de Laronde vise

---

et la note qui la suit : « La main du Seigneur... » (C.B., VI, p. 50), rien dans l'autographe (B.N., n. a. fr. 16313, f° 44) ne permet de penser qu'il s'agit de la même lettre, et Bossuet (LT, XX, p. 94) semble rattacher le texte « La main du Seigneur... » à la lettre du 5 octobre.

(211) C.B., VI, p. 48.

(212) Le texte autographe de cet opuscule de Mme Guyon est assez différent de celui que donne C.B., VI, p. 50, n. 5. Sur la communication de la lumière dans les Hiérarchies, Mme Guyon suit Denys, *Hiér. cél.*, III, 2, 165 A ; purification et simplicité sont prises par Mme Guyon au sens dionysien, cf. *Hiér. cél.*, III, 3, 165 D.

(213) Sur la foi nue et la sensibilité dans la vie spirituelle, cf. *supra*, p. 391. Nous examinons maintenant le problème de la foi nue dans ses rapports avec l'intelligence conceptuelle.

le texte transmis par Mme Guyon le 22 octobre (214), rassemble tous les grands thèmes de l'antimysticisme de Bossuet à cette époque et illustre fort bien ce que nous montrons relativement à son intellectualisme et, ce qui rejoint cet intellectualisme, à sa défense de l'activité dans la vie spirituelle. Bossuet donne de la foi nue une définition que ne récuseraient pas les mystiques : « J'appelle la foi nue, une foi qui demeure dans son obscurité et sans soutien... » (215), et il ne veut pas que dans cette obscurité l'âme fasse d'« efforts », lui conseillant de se conformer à la disposition de Jésus s'en remettant à son Père au Jardin des Oliviers : *non pas ma volonté mais la vôtre* (216). Ces conseils qui sont ceux de tous les spirituels prennent un sens très particulier quand Bossuet les explique : le langage révèle les oppositions que des attitudes pratiques identiques risquent de cacher ; le refus des « efforts » n'est refus que d'une certaine sorte d'actes empressés et naturels, fruit d'une tension de la volonté et de l'échauffement de l'imagination ; ce n'est pas refus de tous actes mais épuration de l'activité (217). La raison que donne Bossuet pour condamner la passivité dans la vie spirituelle n'est pas expérimentale mais ontologique : l'homme *doit* mériter, or pour qu'un état soit méritoire *il faut* qu'il y ait consentement, et pour qu'il y ait consentement *il faut* un acte de la volonté : que cet acte soit libre, paisible, intime... ne change pas sa nature profonde (218). Est-ce infliger à l'âme incapable d'agir une torture semblable à celle que subit l'âme désolée à qui l'on chante les joies de la vie chrétienne ? « Approchez-vous de Dieu, et il s'approchera de vous » (219), le conseil que Bossuet donne sans cesse semble à ces âmes impossible à appliquer : qu'est-ce que se tourner vers la vérité pour une âme dans l'obscurité ? Bossuet sent trop bien la profondeur de l'objection et sa correspondance à l'état de Mme d'Albert pour soutenir tel quel un système décourageant ; d'autre part il ne veut pas que cette approche de la vérité se fasse suivant le mode de « raisonnement exprès et méthodique » (220) : il a souvent affirmé que la multiplication des pensées et des raisonnements est un obstacle à la simplicité de l'union avec Dieu, et que la prière n'a

---

(214) C.B., VI, p. 27, n. 11.

(215) C.B., VI, p. 51. Cf. aussi C.B., VI, p. 59 : l'obscurité sainte, ne rien entendre...

(216) C.B., VI, p. 52.

(217) Cf. C.B., VI, p. 57 : « Ce qu'on appelle état permanent ne l'est qu'à comparaison d'un autre plus agité ou plus variable ».

(218) C.B., VI, p. 52.

(219) *Jac.*, IV, 8, C.B. VI, p. 52 et *supra*, p. 464.

(220) C.B., VI, p. 53.

pas besoin de beaucoup de paroles (221). Toutes ces réserves n'empêchent pas sa conception de l'acte simple d'être au fond une exaltation de l'activité bien loin d'en être la négation (222). De la multiplicité l'on passe à la simplicité, du raisonnement à l'attention admirative (223), la nature de l'acte n'est pas changée. On s'unira donc à Dieu selon les intermédiaires que sont les « vérités » (224), que sont les attributs divins : la présence de Dieu à laquelle les mystiques conseillent aux âmes peinées de revenir toujours n'est, dans ces perspectives purement théologiques, qu'un attribut et même « pas des plus touchants » (225) : la bonté, la vérité, la sainteté, la béatitude, la pureté... etc. voilà des attributs bien plus propres à nous ravir. Monologue de Bossuet ? négation de la réalité ? par une heureuse inconséquence il retrouve cette réalité en affirmant que ces vérités objet de l'union avec Dieu peuvent ne pas être aperçues distinctement (226), que la lumière que suppose la démarche de l'amour (227) est « une lumière sombre », association de termes contradictoires qui nous rappelle le pseudo-concept d'une sensibilité insensible ; Bossuet échappe alors aux contradictions en affirmant sa foi dans un progrès intérieur, dans une marche vers la lumière parfaite : « une lumière plus sombre est changée par l'amour en une lumière plus claire, une lumière plus variable en une lumière plus fixe, une lumière plus resserrée en une lumière plus étendue et ainsi du reste ; et cette nouvelle lumière qui vient par l'amour l'augmente encore, et ainsi jusqu'à l'infini » (228).

Les caractères de la spiritualité de Bossuet apparaissent semblables devant les objections de Mme Guyon et devant les angoisses de Mme d'Albert : spiritualité systématique, ou plus exactement manque de cette réduction à des principes et de cette cohérence interne qui définissent les véritables systèmes ; en théorie Bossuet affirme bien que l'union avec Dieu se réalise suivant le mode du discours et de

(221) LT, VI, p. 37-38 et cf. *supra*, p. 430.

(222) « Ne dites point que vous aimez et que vous admirez sans acte, car tout cela sont des actes : dites sans acte marqué et sans paroles expresses, et vous direz bien. » (C.B., VI, p. 67). Cf. C.B., VI, p. 70 : la charité envers le prochain n'a pas « besoin d'actes marqués ».

(223) C.B. VI, p. 66. Sur l'attention et le raisonnement, cf. *supra* p. 418. Voir aussi C.B., VI, p. 95.

(224) C.B., VI, p. 55.

(225) C.B., VI, p. 54, 68-69.

(226) C.B., VI, p. 55. Cf. C.B., VI, p. 67 cité *supra*, n. 222.

(227) Il n'y a pas d'amour sans connaissance, C.B. VI, p. 58 et cf. *supra*, p. 407.

(228) C.B., VI, p. 58 ; sur ce schème dynamique d'extension à l'infini déjà présent dans la Ire lettre à une demoiselle de Metz, C.B., I, p. 47-48, cf. *supra*, p. 216.

l'acte, mais ce n'est vrai que sur le plan ontologique : le plan de l'expérience n'est pas, *ne peut pas être* objet d'étude scientifique : Dieu s'approche de nous « sans règle » (229), « ni nos expériences, non plus que celles des personnes que nous connaissons ne font toutes les voies de Dieu, ni nos raisonnements ne font pas sa loi » (230). C'est cette impossibilité d'un discours cohérent appliqué à une expérience que Bossuet va soutenir contre tout essai de théologie mystique, en commençant par critiquer Malaval de faire « une méthode réglée de [ses] expériences » (231). L'expérience est contingente, participe à un ordre de réalités affectives et intellectuelles qui n'a pas à proprement parler de lien avec la liberté et la gratuité de la grâce (232). Si le système est ainsi banni de l'expérience, il se manifeste dans le domaine des « conditions *a priori* » de toute expérience possible : une anthropologie et une théologie. Au niveau de l'anthropologie essentielle, la voie de foi nue des mystiques n'est qu'expression maladroite pour traduire la réalité de pensées et d'actes non aperçus ; au niveau de la théologie elle s'éclaire pour Bossuet à la lumière d'une analyse de l'acte de foi : c'est dans ces deux perspectives que Bossuet écrirait « de l'oraison en général », « par principes [...] plutôt que par réfutation » (233), formule qui illustre à merveille sa position : il ne répondra pas aux mystiques sur leur terrain, mais, déplaçant la problématique, il écrira « par principes ».

Pendant que Bossuet poursuit l'examen des manuscrits de Mme Guyon à l'automne 1693, Mme d'Albert de son côté rassemble à l'intention de son évêque des dossiers de textes mystiques à partir des ouvrages qu'on possède et qu'on lit à Jouarre (234) : Laronde, Malaval, Guilloré, le *Traité de l'amour de Dieu* de saint François de Sales, Bona, sainte Thérèse (235). Les jugements de Bossuet sont encore assez modérés : il « estime » Malaval (236), il juge les textes du P. Guilloré « un peu extraordinaires » (237) ; l'hostilité n'est pas encore systématique et, si Bossuet possède déjà ses principes, son

---

(229) C.B., VI, p. 53.

(230) C.B., VI, p. 57.

(231) C.B., VI, p. 64, 95, cf. aussi 96 : critique des « livres d'oraison », mieux vaut écouter Dieu.

(232) Ce qui explique déjà que Bossuet soit obligé de donner à ce lien un caractère presque miraculeux : ravissement, invasion par le divin, sortie de soi par l'extase, cf. déjà en octobre 1693, C.B., VI, p. 54.

(233) C.B., VI, p. 69.

(234) Cf. *supra*, p. 390.

(235) Seule cette dernière contente tout à fait Bossuet, C.B., VI, p. 105.

(236) C.B., VI, p. 69.

(237) C.B., VI, p. 71.

examen n'est pas dénué de toute impartialité (238). Très significative est la bienveillance avec laquelle M. de Meaux le 17 décembre 1693 essaie, malgré son étonnement et ses préventions, de justifier les œuvres des mystiques dont Mme d'Albert vient de lui envoyer des extraits : « Il faut pourtant bien qu'elles soient bonnes dans un certain sens, et vous tâchez de le trouver » (239) ; l'humilité du docteur est semblable quand il cherche les raisons de ses réticences devant les mystiques : « Je vous avoue que je n'entends pas ces grandes défiances qu'on veut inspirer aux hommes de Dieu ; c'est peut-être par un défaut de lumières », et il ajoute un peu plus loin : « ... encore un coup, c'est ma faiblesse de ne pouvoir atteindre aux raffinements des autres ». Ces confidences sont accompagnées d'un réel effort de compréhension : Bossuet affirme la possibilité de « l'acte de contemplation sans s'appliquer aux images » (240) : malgré le rappel du caractère d'« acte » de la contemplation (241), malgré une interprétation peut-être restrictive des « images » (242), c'est une grande concession aux mystiques ; mais le rejet des images n'est pas aveu du caractère fondamentalement obscur et troublant de la rencontre avec Dieu : de même que l'on peut en tirer des consolations, de même l'on peut en tirer des connaissances comme l'assurance de la rémission des péchés (243) ; Dieu ne tend point de pièges (244). Comment se fait psychologiquement cette rencontre, Bossuet ne veut pas le chercher (245) ; il y aurait beaucoup de risque à le faire, risque de « réflexion » sur des états et des actes qu'il veut simples et spontanés : l'expérience, comme Bossuet le faisait remarquer le mois précédent et comme il le dira souvent, n'est pas matière à une science ou à une description systématique ; de là une certaine indifférence de Bossuet à la réalité

---

(238) C'est sans doute à cette époque qu'il s'intéresse avec bienveillance au cas assez extraordinaire d'une religieuse des Clairets qui avait atteint un très haut degré de désappropriation et fixa elle-même l'instant de sa mort, C.B., VI, p. 93, n. 2, et C.B., VI, p. 364.

(239) C.B., VI, p. 101. Le 7 décembre 1693, Bossuet fit à Jouarre un « discours sur la prière » qui n'est pas étranger à ces préoccupations, R.B., 1903, p. 108.

(240) C.B., VI, p. 104-105.

(241) Cf. quelques jours plus tard la distinction entre les actes formels et les vrais actes, C.B., VI, p. 117, et cf. C.B., VI, p. 135 : les actes non formés.

(242) Bossuet y voit le produit de l'imagination seule, cf. *supra*, p. 472.

(243) C.B., VI, p. 107.

(244) C.B., VI, p. 105.

(245) En tout cas les phénomènes extraordinaires, ravissements ou extases, ne doivent pas être recherchés (C.B., VI, p. 106). M. de Meaux, dans sa défiance, y réduit-il tous les états mystiques ?

psychologique de la vie spirituelle : si en principe (« le fond de la grâce ») il soutient avec rigueur que tout est acte, au plan des phénomènes et des attitudes, l'essentiel est à ses yeux la souplesse aux desseins de Dieu ; c'est en réalité la position des mystiques qu'il défend là, sinon qu'il attache une importance extrême aux principes de l'activité humaine et qu'il est toujours porté à croire que les descriptions des mystiques portent atteinte à ces principes. La théologie de l'action de Dieu en l'homme l'intéresse plus que sa « psychologie » : « Si Dieu vous veut sans action, soyez-y, et ne forcez rien. Active, passive, tout est bon, si Dieu le veut, disait saint François de Sales à la Mère de Chantal. Tout ce que Dieu a fait dans les saints n'est pas écrit ; ils n'ont pas toujours su eux-mêmes ce que Dieu opérait en eux. Le fond de la grâce est toujours le même. La manière de l'appliquer, et l'attention qu'on y a peuvent augmenter ou diminuer, s'expliquer ou plus ou moins. Il y a un mot de saint Antoine qui comprend bien des secrets : c'est que le moine, pour bien prier, ne doit songer ni à lui-même ni à sa prière. Je ne sais s'il n'est point dans votre écrit ; quoi qu'il en soit je l'ai dans Cassien » (246). Une des tendances les plus caractéristiques de la spiritualité de Bossuet se manifeste dans ce texte : c'est d'appliquer au « discours sur l'oraison » ce que les mystiques appliquent à l'oraison : en d'autres termes, le refus des réflexions dans l'oraison, le refus de toutes ces formes de retour sur soi que risquent d'être les lumières et les goûts, deviennent chez Bossuet le refus de toute tentative pour faire la synthèse d'une expérience. Tout écrit sur l'oraison est à ses yeux une des formes de l'amour-propre (247). A examiner au fond cette réaction, nous y voyons une manifestation de cette « déformation théologique » que nous avons souvent rencontrée : la spiritualité n'est que discours sur des « choses particulières » (248), la théologie atteint le « fond de la grâce » (249).

Cependant l'examen des manuscrits de Mme Guyon par Bossuet tirait à sa fin (250) et M. de Meaux étant à Paris et à Versailles en janvier 1694, Mme Guyon sollicita une entrevue avec son examinateur (251). Dans l'entretien qui eut lieu le 30 janvier, la question

---

(246) C.B., VI, p. 111 ; sur ce texte de Cassien, cf. aussi C.B., VI, p. 114. Bossuet rappellera encore les mots de saint François de Sales en août 1694, C.B., VI, p. 394-395, 397.

(247) Cf. C.B., VI, p. 114-115.

(248) C.B., VI, p. 114.

(249) C.B., VI, p. 111.

(250) Cf. L. Cognet, *Crépuscule...*, p. 183 et suiv.

(251) C.B., VI, 133 : lettre du 25 janvier 1694 : date vérifiée sur l'autographe, B.N. n. a. fr. 16313, f° 52 ; en tête de la lettre on lit d'une autre écriture : « ce 23 janvier 1694 ». Voir aussi C.B., VI, p. 142 : lettre du 29 janvier 1694.

centrale sur laquelle Bossuet critiqua Mme Guyon fut celle de la suppression des demandes intéressées, contraires selon elle « au pur amour et à la conformité avec la volonté de Dieu » (252) ; il l'accuse aussi de condamner « comme imparfaits les actes distincts, comme les demandes, les bons désirs, etc. » (253) ; les deux questions que nous distinguons : amour pur ou désintéressé, activité ou passivité, tels sont les deux pôles d'une problématique qui dominera toute la querelle (254).

L'entrevue fut décevante pour Mme Guyon : plus que l'incompétence de M. de Meaux (255), c'est sa façon d'aborder les problèmes spirituels qui cause les équivoques : ce qu'il découvre des mystiques ne renouvelle pas ses principes mais vient s'y organiser à titre de confirmation. C'est donc à un homme intellectuellement prévenu que Mme Guyon a recours. Or ses éclaircissements, en particulier dans la lettre du 10 février, ont déjà depuis longtemps été implicitement réfutés par Bossuet. Elle pose d'abord un principe auquel M. de Meaux souscrirait : « le désir suit naturellement l'amour », mais c'est pour distinguer l'amour en Dieu et pour Dieu seul de l'amour intéressé, donc les « désirs en Dieu seul » et les « désirs ordinaires » ; les premiers, excités par Dieu au milieu de l'état de satisfaction et de repos, sont « sans réflexion », « sans que l'âme réfléchisse sur soi », plus qu'un désir c'est une « faim » ; l'âme ne peut donc les « voir ». Allant plus loin, mais sans quitter la tradition volontariste des mystiques du XVIIe siècle, Mme Guyon montre que toute volonté propre est abîmée dans la volonté de Dieu, que la volonté de Dieu forme la prière dans sa créature, lui ôtant la liberté « de prier pour qui il lui plaît ni quand il lui plaît » (256). Ce n'est pas que « la pente », la distance entre l'âme et Dieu (257), cesse au point que l'âme disparaisse : la pente n'est pas aperçue, elle n'est pas sensible ; c'est un repos (258) qui ne peut ni être défini, ni à

(252) LT, XX, p. 99.

(253) Cité par L. Cognet, *Crépuscule...*, p. 186.

(254) La question des faits extraordinaires contenus dans la *Vie* de Mme Guyon est surtout importante dans la *Relation sur le quiétisme* et ces faits contribuent à irriter Bossuet, mais du point de vue de la spiritualité c'est une question secondaire (« Je n'ai point de peine sur cela », 4 mars, C.B., VI, p. 165) qui, à ce moment de la querelle, n'entraîne pas d'options théologiques et anthropologiques précises.

(255) Mme Guyon, *Vie*, IIIe partie, ch. XIV, § 5.

(256) C.B., VI, p. 147-149.

(257) « Une dissemblance qui empêche l'âme d'être unie à Dieu [...] rapport à soi très subtil [...] propre intérêt spirituel [...] répugnance que la nature a de se laisser détruire au point qu'il faut pour être unie à Dieu » C.B., VI, p. 158.

(258) Le 21 février elle comparera cette impuissance à faire des actes

proprement parler « senti » ; l'âme y possède une simplicité et une pureté qui fait qu'« elle n'a rien qu'elle puisse distinguer ni connaître en elle ou comme à elle » (259), telle l'eau susceptible de prendre tout goût, toute couleur, toute forme et toute qualité (260) bien qu'elle soit sans goût, sans couleur, sans forme et sans qualité. L'eau n'a pas de « consistance propre », de même les âmes mortes à elles-mêmes n'ont aucune consistance, sont détachées des dispositions variables pour ne s'attacher qu'« au fond de ce qu'elles sont », à « leur état toujours subsistant » (261). Cette « expérience » du néant et de la mort intérieure ne s'applique donc pour Mme Guyon qu'au niveau de l'âme où sensibilité et intelligence ont accès et ne se présente pas comme une révélation sur la nature profonde de cet état : qu'il soit essentiellement placé sous le signe de l'activité et de l'intelligence, elle ne le décide pas, dans la mesure où on ne peut atteindre ces éventuelles conditions *a priori* dans une expérience (262). Les difficultés seront nombreuses si un examinateur transpose sur le plan de l'ontologie ce qui est description psychologique, interprétant la perte du désir sensible dans la volonté de Dieu comme une substitution d'agent, supprimant toute liberté, et la perte de la consistance propre comme une réelle annihilation, et si inversement ce censeur fait de l'état subsistant, du « fond » de l'âme, du repos intérieur, des réalités psychologiques alors que toute l'expérience a montré qu'ils étaient au delà de la psychologie. La « seule expérience » donc permet de comprendre ce dont parle le spirituel car les mots eux-mêmes sont trompeurs : il le conçoit mieux qu'il ne l'explique ; les mots faisant passer l'expérience dans un moule qui est toujours peu ou prou intellectuel et sensible, le langage en tant que tel révèle toujours ou trahit une certaine option par rapport à la réalité profonde : il n'y a pas de phénoménologie de l'expérience spirituelle qui ne soit profondément significative : ainsi qu'à l'expérience disparaisse la « pente sensible » ou « aperçue », nous avons là plus qu'un simple phénomène, « il est vrai de dire en un sens qu'il n'y en a plus » (263) ; que les âmes dans l'union avec Dieu ne répondent au dessein divin qu'en perdant

---

à l'état d'un paralytique qui possède des jambes mais ne peut s'en servir, C.B., VI, p. 157.

(259) C.B., VI, p. 150.

(260) L'image sera reprise par Fénelon ; elle est classique dans la littérature spirituelle du XVIIe siècle.

(261) C.B., VI, p. 151.

(262) Quelques jours plus tard elle écrit à Bossuet qu'elle ne condamne pas les actes ni les bonnes pratiques mais essaie de donner des remèdes à ceux « qui ne peuvent faire ces actes distincts » C.B., VI, p. 157.

(263) C.B., VI, p. 149.

« tout ce qu'elles ont de propre », révèle sur la « nature » des âmes une option théologique qui seule permet de comprendre cette mort ; et suivant cette option la mort d'elles-mêmes apparaîtra comme une « abstraction » de qualités essentielles, provisoirement transfigurées ou mises entre parenthèses, ou au contraire comme la découverte du « fond de ce qu'elles sont » (264).

Devant ces problèmes, Bossuet devrait faire preuve d'une connaissance approfondie des voies intérieures (à défaut d'expériences personnelles, il peut à cette époque tirer parti de celles de Mme d'Albert) et en outre posséder une anthropologie et une théologie suffisamment souples et réalistes pour s'adapter à une problématique nouvelle pour lui. En fait il ne reprend pas Mme Guyon sur la question du pur amour et de l'insensibilité (265) ; il achoppe sur les problèmes de l'activité et de l'intelligence qui sont l'objet de la longue réponse du 4 mars 1694 (266).

« Ma seule difficulté est sur la voie et dans la déclaration que vous faites que vous ne pouvez rien demander pour vous, pas même de ne pécher pas et de persévérer dans le bien jusqu'à la fin de votre vie, qui est pourtant une chose qui manque aux états les plus parfaits, et que, selon saint Augustin, Dieu ne donne qu'à ceux qui la demandent » (267). Cette nécessité de la prière de demande, Bossuet la prouve par des arguments théologiques : l'Evangile, saint Augustin, le concile de Trente : Dieu ne commande rien d'impossible (268). Durcissant, ou plutôt traduisant en son propre langage, les paroles de Mme Guyon, Bossuet met en doute l'existence d'« un degré où permanemment et par état on ne puisse pas prier pour soi » (269), il accepte en revanche qu'en certains degrés d'oraison des personnes saintes ressentent certaines impuissances (270), et que le précepte de prier ne soit pas obligatoire « à chaque mo-

(264) C.B., VI, p. 151.

(265) Nous avons vu pourquoi, *supra*, p. 391.

(266) C.B., VI, p. 161 et suiv., corrigé sur la copie de Ledieu avec corrections autographes, B.N., n. a. fr. 16313, f° 23-30, qui fait connaître les additions et corrections de Bossuet ; les post-scriptum ne sont pas dans cette copie.

(267) C.B., VI, p. 165-166.

(268) Bossuet connaît l'argument depuis longtemps : cf. O.O., I, p. 8, en 1647, il le trouvait chez Jean de Lingendes (B.N., n. a. fr. 6460, 263) ; voir saint Augustin, *De Nat. et Grat.* c. XLIII, n. 50 ; saint Bernard, *In Cant.* L, 2 ; *Conc. Trid.* sess. VI. c. 11. L'argument sera repris dans l'*Instruction sur les états d'oraison,* LT, XVIII, p. 433.

(269) C.B., VI, p. 166-167.

(270) Bossuet a dit dans un entretien avec Mme Guyon qu'il n'y aurait à son avis que 4 ou 5 personnes au monde dans cette impuissance, C.B., VI, p. 157.

ment » (271) ; que cette cessation soit un état « extraordinaire » (272), Bossuet l'accepte volontiers ; c'est à la conception d'un degré ordinaire, « naturel au dernier état de la perfection » (273), qu'il s'oppose ainsi qu'à l'existence de « méthodes » pour parvenir à cet état d'entière cessation : selon lui ne pas demander en cet état ne peut s'interpréter qu'en un sens, c'est « qu'on n'a plus aucun besoin » (274) ; la conclusion dépasse manifestement les simples descriptions de Mme Guyon, c'est que Bossuet estime que le théologien doit tirer les ultimes implications des expériences spirituelles (275). Ainsi Bossuet reprend Mme Guyon de penser que Dieu fait en nous tout ce qu'il faut sans coopération de notre part (276) : forme d'abandon à la Providence qui ressemble à l'illuminisme (277) ; et Bossuet pose les principes d'une collaboration du libre arbitre et de la grâce (278) : la grâce ne supprime pas le libre arbitre, elle le prévient, elle l'élève sans le « changer » et il garde son exercice naturel et ordinaire, donc doit être « exhorté et excité » (279). Le meilleur exemple de ces dispositions n'est-il pas David qui d'un côté reconnaît le souverain empire de la grâce et de l'autre s'excite lui-même, exemple de cette « psychologie biblique » dont nous avons rencontré maints exemples (280) ? les expériences de David ont cette supériorité sur celles des mystiques de faire partie de l'Ecriture (281), d'être, si nous osons employer ainsi l'expression, canoniques, de faire partie du dépôt de la foi, de participer à l'inspiration des Ecritures. Ce sont les expériences auxquelles revient et reviendra toujours Bossuet, un peu courtes néanmoins dans la mesure où ces documents sont de genres littéraires, d'époques et d'auteurs différents, où ces auteurs ne disposaient pas d'un langage assez précis, et enfin dans la mesure où ce sont des traduc-

---

(271) C.B., VI, p. 166.

(272) C.B., VI, p. 168 et 174-175 : exemple d'Abraham sacrifiant son fils.

(273) C.B., VI, p. 168 ; Cf. C.B., VI, p. 178.

(274) C.B., VI, p. 168.

(275) Remarquons qu'ici encore Bossuet est en parfait accord avec la doctrine de Nicole : cf. *Traité de l'oraison*, 1679, p. 384 et suiv. ; en outre, il peut se souvenir des termes de la condamnation de Molinos en 1687, cf. *Denz.*, 1234-1235 (Bossuet rappelle cette censure, C.B., VI, p. 174 et 175).

(276) C.B., VI, p. 169, 181.

(277) Cf. le portrait de Luther en 1688 dans l'*Histoire des variations*.

(278). Cf. les deux thèses de Molinos (*Denz.*, 1232-1233) condamnées en 1687.

(279) C.B., VI, p. 169-170.

(280) Cf. *supra*, p. 225 sur la psychologie de Marie, p. 370 sur celle de saint Jean-Baptiste, p. 381 sur Job, etc.

(281) Bossuet le dit nettement, C.B., VI, p. 171.

tions qui servent de base aux déductions de Bossuet (282). Ainsi la théologie des rapports de la grâce et du libre arbitre qu'esquisse Bossuet peut être « selon l'Evangile » (283), elle est loin des expériences de Mme Guyon ; Bossuet répond pour ainsi dire à côté de la question : cette question était celle des conditions d'application de la grâce non pas d'un point de vue ontologique mais d'un point de vue existentiel (284).

L'objection que nous trouvons ensuite dans la lettre de Bossuet (285) présente les mêmes caractères ; il s'agit des réflexions qu'avec les mystiques Mme Guyon estime être des imperfections ; Bossuet pour la contredire s'appuie sur les exemples de saint Paul, saint Jean, saint Jacques, Job, Daniel, Ezéchiel, etc. (286).

Dire qu'il n'y a pas d'acte dans la contemplation paraît donc à Bossuet très faux : certes il ne demande pas des « actes exprès » (287), simples formules dans l'esprit ou dans la mémoire dont Nicole (288) après Arnauld (289) a dénoncé le caractère artificiel, mais, fidèle encore à la doctrine du *Traité de l'oraison* (290), il recommande ceux qui sont dans le cœur, se produisent dans le fond, viennent de la foi : dans ces perspectives le caractère aperçu ou non aperçu de ces actes n'est pas essentiel, n'affecte pas leur nature profonde (291). Et Bossuet affirme tranquillement l'existence distincte « des trois actes dont l'oraison, comme toute la vie chré-

---

(282) Cf. ses arguments reposant sur de pseudo-futurs hébraïques, futurs de la Vulgate traduisant les imparfaits hébreux, *infra*, p. 600.

(283) C.B., VI, p. 176.

(284) On comprend qu'en restant au point de vue ontologique Bossuet ne définisse pas « un état particulier », mais selon son expression celui « de tous les justes » (C.B., VI, p. 181) ; l'originalité de la mystique se dissout dans la voie la plus commune ; cf. C.B., VI, p. 182 : « la commune révélation », « le commandement commun fait à tous les chrétiens ».

(285) C.B., VI, p. 171.

(286) Cf. *Conc. Carth. Denz.*, 106-107 : Bossuet détourne le sens des canons du concile de Carthage : ils affirment seulement que tous les hommes, même les plus saints, sont pécheurs sans faire la transposition psychologique que nous trouvons chez Bossuet. Déjà en 1687, la constitution *Cœlestis Pastor* condamnant les erreurs de Molinos avait vivement condamné la suppression des « réflexions » dans la vie spirituelle (*Denz.*, 1229-1231, 1277-1278).

(287) C.B., VI, p. 172, 187.

(288) *Traité de l'oraison*, 1679, p. 22.

(289) *Fréquente Communion*, Part. II, ch. 12, p. 364-365.

(290) Cf. p. 10, 12, 30, 49, 55-56, etc.

(291) Cf. C.B., VI, p. 185 : « secrète intention [...] qui se développe plus ou moins [...] mais *qui ne peut pas n'être pas* dans le fond du chrétien, quoiqu'elle y puisse être plus ou moins cachée et quelquefois tellement qu'on ne l'y aperçoit pas distinctement » ; nous soulignons les mots par lesquels se marque si nettement l' « ontologisme » de Bossuet.

tienne, est nécessairement composée » (292) : les actes de foi, d'espérance et de charité. Qu'ils soient *pratiquement* inséparables dans l'âme du juste n'empêche pas que l'on puisse sans imperfection les voir distincts « puisque ce n'est que connaître une vérité » (293). Rarement l'orientation théologique (pour ne pas parler ici de « déformation théologique ») de la pensée de Bossuet s'était manifestée aussi nettement : il définit les principes généraux de toute vie chrétienne, donc *a fortiori* de l'oraison considérée comme une partie de cette vie chrétienne, mais il ne s'attache pas à définir la spécificité de la démarche spirituelle en ses aspects existentiels. Ainsi en restant sur le plan de l'ontologie, Bossuet voit la « propriété » d'un acte non dans l'accomplissement de l'acte mais dans le refus de reconnaître l'empire de Dieu et sa grâce prévenante : glissement du problème spirituel du désintéressement au problème théologique de la grâce (294). Bossuet reprend en les développant les principes sous-jacents à son *Discours sur l'acte d'abandon* de 1691 : l'abandon est un acte, mais c'est un acte composé de « trois actes distincts quoique unis » (295) : l'abandon, la foi et la confiance (296), et Bossuet, au nom de « la vérité en laquelle tous ces actes sont unis » se refuse à faire « abstraction » de l'un ou de l'autre (297) ; c'est curieusement dans son analyse une protestation pour une expérience globale contre d'artificielles dissociations, interprétation à contresens des écrits de Mme Guyon ; car si Bossuet accuse les mystiques de dissocier dans l'expérience des éléments unis en réalité, c'est que son analyse abstraite a d'abord distingué un certain nombre de conditions *a priori* de l'expérience (298) ; rarement l'orientation théologique de Bossuet a rendu le dialogue plus difficile (299).

Parmi tous les reproches que, pêle-mêle et avec bien des redites, Bossuet fait à Mme Guyon (300), l'argument essentiel est celui de l'autorité ultime en matière de spiritualité : les sources de la doctri-

(292) C.B., VI, p. 173.
(293) *Ibid.*
(294) C'est le sens de la citation de la *Vie* de Marguerite du Saint-Sacrement, C.B., VI, p. 178.
(295) C.B., VI, p. 173.
(296) Ce qui est assez proche des principes énoncés dès 1679 par Nicole dans le *Traité de l'oraison* (p. 106 et suiv.).
(297) Première version dans le manuscrit autographe du texte donné, C.B., VI, p. 173 *in fine*.
(298) Cf. C.B., VI, p. 185, cité plus haut, n. 291.
(299) Bossuet reconnaît bien C.B., VI, p. 185 qu'il s'agit à la fois de *principes* et de *langage*.
(300) On retiendra, en particulier, le reproche de favoriser l'erreur de Luther en refusant l'invocation aux saints, C.B., VI, p. 179-180.

ne, les « lieux » sommes-nous tentés de dire, sont différents : chaque témoignage est de poids pour Mme Guyon, Bossuet affirmera au contraire : « quelques mystiques, quelque âme pieuse, qui, dans l'ardeur de son amour ou de sa joie, aura dit qu'il n'y a plus de désir, en l'entendant des désirs vulgaires ou en tout cas des bons désirs pour certains moments, ne feront pas une loi... » (301). Les autorités sont, dans l'ordre décroissant : l'Ecriture, la tradition, la liturgie (302), les exemples, les personnes (303), et les exemples comme les personnes doivent être « approuvés » (304), doivent être en accord avec l'Ecriture et la tradition : tout cela est de bonne méthode dans l'établissement de lieux théologiques mais doit être appliqué avec infiniment de souplesse dans le domaine de la spiritualité. Les meilleurs exemples aux yeux de Bossuet sont les plus proches des origines : saint Paul type d'homme intérieur (305), saint Jean (306), saint Augustin (307), enfin sainte Thérèse dans la mesure où on ne trouve rien dans ses états que l'on ne trouve « aussi dans l'Ecriture, comme elle dit elle-même que les docteurs de son temps le reconnaissaient » (308). A travers cette recherche des autorités, ce sont toujours les mêmes tendances profondes de la spiritualité de Bossuet qui se manifestent dans la lettre de mars 1694 : orientation purement théologique allant jusqu'au mépris ou au moins la méconnaissance de l'expérience, conception intellectualiste de la vie spirituelle toujours formée d'actes distincts. Toutes ces tendances sont depuis longtemps perceptibles dans les écrits de Bossuet mais c'est la première fois qu'elles s'affirment avec autant de force et autant d'ampleur : dans une certaine mesure la contradiction a révélé Bossuet à lui-même.

La réponse, qui suivit de près la lettre du 4 mars, montre que Mme Guyon a bien compris la nature de l'opposition, et constitue une pertinente mise au point ; d'ailleurs la main de Fénelon ne dut pas y être étrangère (309). Mme Guyon y soutient qu'une « prière sans

---

(301) C.B., VI, p. 177.
(302) C.B., VI, p. 183-184 : *Sursum corda* et les prières de la Préface. L'argument joue à la même époque un grand rôle dans la *Défense de la Tradition et des Saints Pères*. Cf. *infra*, p. 601, sur son utilisation dans l'*Instruction sur les états d'oraison.*
(303) C.B., VI, p. 182.
(304) C.B., VI, p. 180.
(305) C.B., VI, p. 179, 186-187.
(306) C.B., VI, p. 186.
(307) C.B., VI, p. 179.
(308) C.B., VI, p. 180 ; cf. 181 : « toujours sur le fondement de l'Ecriture », et en octobre 1694, C.B., VI, p. 416.
(309) Cf. L. Cognet, *Crépuscule...*, p. 198-200. Nous avons utilisé, outre les documents qui ont servi de base au texte donné C.B., VI, p. 192 et suiv., une copie ancienne qui figure B.N. n. a. fr. 16313, f° 70-71.

réflexion », « prière substantielle », loin de ruiner toute demande, les renferme toutes ; elle rappelle justement que toutes les âmes ne sont pas appelées à cette totale perte, à être « comme des petits enfants qui se laissent porter à leurs pères » ; enfin elle aborde vraiment le fond du problème en se défendant d'avoir voulu « étouffer les actes distincts, comme les croyant imparfaits », car cette impuissance dont elle parle est purement expérimentale et n'ôte pas « la réalité de l'acte » (310) ; bien au contraire elle témoigne de l'existence d' « une manière d'acte direct et sans réflexion », et cela en partant d'une analyse de la réalité intérieure (311). Mme Guyon en apparence accorde tout à Bossuet (312) bien convaincue que ce dernier ne l'a pas véritablement comprise .

La longue lettre que Bossuet a écrite à Mme Guyon et la réponse très soumise qu'il en a reçue ne pouvaient marquer la fin de son intervention dans les questions de spiritualité ; plus que jamais, depuis qu'il a pris conscience de ce qu'il appellera les « principes communs de l'oraison chrétienne », il désire composer un grand ouvrage où comme il le disait naguère il écrirait par principes. Cet ouvrage qui dans son intention ne peut être que très ample, n'est pas encore mûr : « Il ne faut point me presser », écrit-il le 13 mars (313), « pour écrire sur l'oraison : il faut que l'Esprit me presse, et je n'y résisterai pas, s'il lui plaît ; du reste, j'ai tant à dire et à écrire, que si je me laissais aller, il y en aurait peut-être de quoi m'accabler » (314). Il ne faut pas croire que la sensibilité nouvelle de Bossuet aux problèmes de l'oraison, que son intellectualisme désormais conscient, que son opposition à la passivité et à la simplicité mystiques, aient changé d'emblée les caractères de sa direction spirituelle. Devant Mme d'Albert ou Mme Cornuau, Bossuet sait fort bien oublier certains de ses principes, atténuer ce qu'ils peuvent avoir de dur et d'arbitraire. C'est qu'à partir du moment où l'on ne

---

(310) C.B., VI, p. 194-195.

(311) « Je le connaissais par un exercice continuel... » etc. C.B. VI, p. 195.

(312) Et c'est ainsi que Bossuet a interprété cette lettre, LT, XX, p. 101.

(313) C.B., VI, p. 198. Voir aussi C.B., VI, p. 390 et 392 : « ... s'il faut entrer dans la discussion des passages de saint Chrysostome, de saint Basile, de saint Jean Climaque, vous voyez bien que pour cette seule question il faudrait un volume ; que si je ne dis que deux mots pour trancher seulement ce qu'il faut croire, il y a à craindre que je n'augmente plutôt la difficulté que de la résoudre ».

(314) A cette époque, Bossuet continue à demander à Mme d'Albert et à Mme Cornuau de rassembler des dossiers de textes mystiques (C.B., VI, p. 246, 247, 324, 382, 387, 396) et il dispose du *Traité de l'oraison* du P. Toquet (C.B., VI, p. 395, 397).

met pas ces principes en question, Bossuet sait se placer, dans les conseils qu'il donne au jour le jour, sur le terrain des faits sans ressentir la nécessité de recourir aux lois générales : « Faites le moins que vous pourrez de réflexions sur la nature des grâces que vous recevez. [...] recevez en grande simplicité ce qu'il vous donne par pure bonté » (315).

Cependant l'insistance sur certains thèmes plutôt que sur d'autres indique qu'à cette époque Bossuet est constamment préoccupé par les nouveaux spirituels et veut préserver ses dirigées de leurs erreurs. Ainsi s'explique l'importance donnée alors à la dévotion à Jésus-Christ, à l' « idée de Jésus-Christ » dans l'oraison (316) : depuis le mois de décembre 1693 (317) M. de Meaux songe à écrire quelque chose sur l'oraison en et par Jésus-Christ (318) ; cela correspond bien aux tendances les plus constantes de sa spiritualité, mais en ces mois l'affirmation de la médiation du Christ et du rôle de la « pensée » de Jésus-Christ dans l'oraison prend une signification particulière. Aussi significatif un passage d'une lettre à Mme Cornuau : « Prenez bien garde, ma Fille, que je ne vous défends pas l'action, ce n'est pas là mon esprit, mais je veux seulement que vous écoutiez Dieu plutôt que toute autre chose... » (319), où Bossuet essaie de distinguer l'abandon qu'il prêche, soumission à la volonté de Dieu, de l'inaction des mystiques (320).

Les réticences au demeurant sont peu nombreuses, mais les conseils de Bossuet qui présentent une apparente conformité avec l'enseignement des mystiques sont-ils foncièrement semblables à cet enseignement ? Les mêmes mots peuvent recouvrir des réalités très différentes. Les différences sont surtout sensibles sur deux points :

---

(315) C.B., VI, p. 202 : quelques jours après avoir soutenu contre Mme Guyon la nature réflexive de l'oraison et la réelle distinction en elle de plusieurs actes. Cf. aussi, C.B., VI, p. 65, 92, 205, 248, 387 (« Pour le repos et le silence, je n'en suis pas en peine »).

(316) C.B., VI, p. 202. L'expression « idée » de Jésus-Christ place Bossuet dans la tradition intellectualiste illustrée par Nicole. Voir aussi C.B., VI, p. 10-11 : les différentes idées proposées à Mme d'Albert pour ses méditations.

(317) C.B., VI, p. 95, 97-98.

(318) Cf. encore en mars 1694, C.B., VI, p. 198. Voir *supra* p. 408 pour les *Méditations sur l'Evangile* et les *Elévations sur les mystères* écrites dans les débuts de la querelle du quiétisme et dont la christologie répond dans une certaine mesure à des préoccupations polémiques.

(319) C.B., VI, p. 223.

(320) Cf. C.B., VI, p. 387 à Mme d'Albert : « vous me ferez plaisir de m'expliquer votre acte d'abandon : il y en a un qui approche fort de tenter Dieu ; ce n'est pas là le vôtre ni le mien ». Cf. aussi C.B., VI, p. 389, 395 (« s'exciter même dans la langueur à se remettre paisible entre ses bras »).

dans l'interprétation de l'état dit de foi nue et dans les mises en garde contre les réflexions dans la vie spirituelle. Apparemment fidèle à toute la tradition spirituelle, Bossuet affirme que dans une certaine mesure l'obscurité et le silence sont des conditions nécessaires, et il le prouve par la nature de la foi qui n'est ni discursive ni raisonnante (321) et par la transcendance divine qui rend inadéquat tout langage : « Tout n'est rien en effet : tout ce qu'on pense de Dieu est un songe à comparaison de ce qu'on voudrait et penser et faire pour célébrer sa grandeur. Offrez-lui le néant de vos pensées, qui se perdent et s'évanouissent devant la plénitude de sa perfection et de son être » (322) ; M. de Meaux accepterait même avec les mystiques de considérer la suppression de la méditation, du discours, de la réflexion et du raisonnement, comme une étape de l'itinéraire spirituel, la foi nue « qui proprement fait le passage de l'état considératif, ou méditatif, ou discursif à l'état contemplatif » (323) mais ce n'est que pour en faire vraiment une étape, la mettre très bas au-dessous de l'union parfaite avec Dieu, et pour réduire la foi nue à la foi vertu théologale : « l'homme, comme homme, s'appuie sur la raison, le chrétien sur la foi : ainsi il n'a pas besoin de raisonner ni de discourir, ni même de considérer, en tant que considérer est une espèce de discours, mais de croire ; et jusque-là, je suis d'accord avec ces mystiques qui excluent si soigneusement le discours. Je veux bien aussi qu'on l'exclue, mais par la foi, qui n'est ni raisonnante ni discursive, mais qui a son appui immédiatement sur Dieu » (324). Certes la foi s'ouvre sur l'intelligence, mais cet épanouissement n'en est pas en cette vie une condition nécessaire (325) : « la foi, dans son obscurité, suffit » (326). Ces apparentes concessions ne vont pas, on le sent, au delà de l'affirmation du caractère irrationnel ou au moins non discursif de l'acte de foi : c'est la sainte

---

(321) C.B., VII, p. 316, 340.

(322) C.B., VI, p. 70. Cf. C.B., IV, p. 163 : l'épouse de Jésus-Christ ne lui apporte pour dot que son néant, elle n'a ni corps, ni âme, ni volonté, ni pensée.

(323) C.B., VI, p. 425.

(324) C.B., VI, p. 444. Cf. C.B., VI, p. 396 : « La foi nue est la foi sans aucun soutien sensible, contente de son obscurité, et ne cherchant point d'autre certitude que la sienne, avec un simple abandon » : la *foi nue* est la *foi,* vertu théologale ; ces principes posés, Bossuet établit les caractères de la vertu de foi ; c'est sa démarche constante.

(325) Apologie de l'obscurité dans la connaissance des états intérieurs : « beaucoup de foi et d'abandon avec peu de vues distinctes... » C.B., VI, p. 103.

(326) C.B., VI, p. 445. Cf. C.B., VI, p. 139, 247, 315 (« la seule foi obscure et nue »), 396, 409, 429.

et divine obscurité de la foi et non pas l'obscurité dont les mystiques parlent sans la définir (327). De même Bossuet pourra affirmer que l'on doit s'unir à Jésus-Christ mais non pas imaginer Jésus-Christ ou raisonner sur lui (328), que l'on doit éviter les discours dans les troubles (329), ne pas multiplier les pensers superflus (330), ces conseils ne touchent en rien à la nature profonde des rapports de l'homme avec Dieu : au delà de l'impression, de la conscience que l'homme prend de ses actes, de son activité intellectuelle, il y a pour ainsi dire la substance de ces rapports, leur réalité ontologique, et à ce niveau la cessation du discours est en réalité, selon Bossuet, poursuite d'un discours secret et profond mais non aperçu. De même que Bossuet parlait de sensibilité insensible, il n'hésitera pas à forger des notions ambiguës comme celle d'un discours sans discours au delà du discours, et de paroles sans paroles au delà des paroles. Résolution des difficultés qui n'est pas seulement jeu verbal, mais option de toute une philosophie et d'une spiritualité ; le schème intellectualiste est condition *a priori* de tout rapport de l'homme avec Dieu, de toute démarche spirituelle, et se reproduit aux différents niveaux de cette démarche : celui de la conscience, celui de l'intention virtuelle, celui du fond du cœur. C'est un de ces principes auxquels Bossuet tient le plus, une de ces solutions forgées par la nécessité, ultime réponse de l'intellectualisme à la mystique. Les formules essaient de décrire ce qui est ineffable et les associations antithétiques permettent de cerner le mystère : « dites souvent sans rien dire, et dans cet intime silence et secret de l'âme » (331), « parlez peu de la bouche et beaucoup du cœur » (332), et à Mme de La Maisonfort qui lui expose ce qu'est son oraison Bossuet répond qu'on pense à Jésus-Christ sans songer qu'on y pense, que l'esprit a « une sorte d'attention à Dieu quoiqu'on ne s'en aperçoive pas » (333). Comment se fait-il, si Dieu est lumière et Père des lumières (334), que l'union se fasse avec lui selon le mode des ténèbres, que la rencontre avec Dieu ne soit pas rejaillissement de lumière mais plongée dans la nuit ? Bossuet ne peut pas plus nier cette nuit de l'intelligence qu'il n'a nié la nuit de la sensibilité ; seulement il l'interprète, il la réduit et finalement

---

(327) C.B., VI, p. 429-430.
(328) C.B., VII, p. 381, n., cf. E.M., p. 276-277.
(329) C.B., VII, p. 321-322.
(330) C.B., VII, p. 430.
(331) C.B., IV, p. 152.
(332) LT, VI, p. 38 : texte essentiel, cf. *supra* p. 423 sur l'attention.
(333) C.B., VII, p. 380-381, n.
(334) *Jacques* I, 17 ; III, 15, souvent cité par Bossuet, O.O., I, p. 313 ; O.O., VI, p. 329, 617 ; T.C., p. 102 ; C.B., VII, p. 29 ; C.B., XI, p. 311.

émousse le paradoxe. Déjà dans un texte que nous citions plus haut, Bossuet parlait de la sainte et divine obscurité de la foi, obscurité dans la genèse de la foi sinon dans ses conséquences, obscurité qui n'emporte pas l'incertitude mais qui s'accompagne « d'une certitude qui ne nous trompe jamais » (335), réhabilitation du sentiment, de l'évidence intérieure en face des preuves rationnelles et des motifs de crédibilité. Ces lumières sont sombres, confuses, mais néanmoins pénétrantes (336) : « les lumières de la loi éclairant une âme, elle commence à entrer en de salutaires ténèbres où Dieu s'unit à elle et, le possédant, elle ne peut contenir sa joie » (337) ; côté lumineux et joyeux de la rencontre avec Dieu, mais, comme l'étoile des Mages, la lumière peut se cacher « tout d'un coup dans les ténèbres ; l'âme éperdue ne sait plus où elle en est après avoir perdu son guide » (338). Bossuet affirme que l'étoile reparaîtra avec un nouvel éclat : espoir qui ne résout pas encore la contradiction qu'il y a entre l'obscurité de l'âme et la lumière divine. C'est le mystère de la vie spirituelle, et Bossuet pour le décrire multiplie les nuances : en apparence l'âme est dans les ténèbres et c'est alors que Dieu lui envoie une lumière incompréhensible : « qu'importe que vous soyez tantôt comme assoupie, et tantôt comme une bête devant Dieu ? c'est alors que sa profonde sagesse vous éclairera par quelque coin inespéré et par quelque petite lumière, qui, se replongeant tout à coup dans ces ténèbres immenses, vous laissera étonnée, éperdue, et néanmoins dans un fond très reculé invisiblement soutenue par un je ne sais quoi qui sera Dieu même » (339). Acte de foi au delà des apparences, au delà des pensées et des réflexions : Dieu est l'Incompréhensible (340) ; la rencontre avec lui ne peut être que mystérieuse, mais c'est une rencontre dans la lumière même non aperçue, selon le mode d'une pensée au delà de la pensée : si la vérité éternelle en cette vie ne se manifeste qu'à travers des ombres (341), c'est une suite de la condition de la créature : en face du divin l'homme ne voit qu'obscurité. Les mystiques n'ont pas dit autre chose, mais Bossuet, plutôt que de les suivre dans leur refus de l'intelligence discursive et de l'affectivité, rejette dans le futur une intelligence qui ici-bas

(335) C.B., VI, p. 430.
(336) C.B., V, p. 259. Cf. LT, VI, p. 607-608, cité *supra*, p. 409.
(337) O.O., VI, p. 472.
(338) E.M., p. 354.
(339) C.B., VI, p. 503.
(340) Cf. *supra*, p. 433.
(341) C.B., VI, p. 306. Cf. C.B., VI, p. 409 : l'Epoux « toujours présent à la foi est absent à la connaissance et n'est senti qu'à travers des ombres ». Cf. aussi C.B., VI, p. 309 et 467.

se dérobe, tension de l'espérance rendue nécessaire par l'impossibilité d'expliquer ou d'admettre la nuit et le silence de Dieu.

D'aussi grande conséquence sont les ambiguïtés présentées par les conseils de direction que donne Bossuet à propos des réflexions : devant les scrupules de Mme d'Albert, M. de Meaux ne cesse d'affirmer que les réflexions sont pernicieuses, source d'inquiétude et de tourments : il ne faut pas être trop « réfléchissante » (342), ne pas réfléchir sur son propre état et comparer son oraison à celle des autres (343), il ne faut pas se tourmenter à chasser les réflexions, ce qui aurait pour effet de les faire venir (344) ; l'attitude contraire est l'abandon qui va de moment en moment sans raisonner (345) sur sa marche, sur ses grâces et sur la conduite de Dieu (346). Cette attitude de simplicité, de vie au jour le jour est très évangélique et correspond fort bien à l'enseignement des mystiques : nous avons vu (347) qu'elle est chère à Mme Guyon. Cependant là encore, il faut voir plus loin : de même que la foi nue selon Bossuet se distingue de celle des mystiques, de même les réflexions contre lesquelles il met en garde sont assez différentes de celles que refusent Mme Guyon et les spirituels. Ces derniers constatent que le pur amour exclut toute réflexion et même tout caractère conceptuel ; Bossuet ne va pas jusque-là : il distingue « réflexions » et « retours sur soi » : il peut y avoir des réflexions sans retour sur soi (348) ; seuls les retours comportent une inquiétude fâcheuse (349) et sont une forme d'amour-propre ; sous l'influence de sa lutte contre le quiétisme, Bossuet en arrivera à affirmer que les réflexions et « le simple retour », en eux-mêmes, sont très bons : seul l'abus serait à rejeter (350). Cette distinction entre deux formes de réflexions, l'une qui consiste à se recourber sur soi-même par complaisance pour soi, l'autre où on se penche sur ses états pour s'humilier (351) ou pour obéir à son directeur (352), est néanmoins un moyen d'échapper à l'ultime problème posé par les mystiques, en déplaçant le point d'application de leur enseignement et en retournant contre eux leurs propres arguments. Bossuet se détache peu à peu du problème

(342) C.B., VIII, p. 264 ; cf. C.B., VI, p. 289, 508, C.B., VIII, p. 355.
(343) C.B., VI, p. 65.
(344) C.B., VI, p. 92.
(345) C.B., XIII, p. 277 ; cf. C.B., VII, p. 124.
(346) C.B., VI, p. 98, 466.
(347) Cf. *supra*, p. 470-471.
(348) C.B., V, p. 399.
(349) C.B., VI, p. 246.
(350) C.B., VII, p. 354.
(351) C.B., VI, p. 171.
(352) C.B., VII, p. 51 ; cf. C.B., VII, p. 151.

des « réflexions dans l'oraison » pour ne s'intéresser qu'à celui des « réflexions sur l'oraison » : nous avions senti dès 1693 l'amorce de ce mouvement, de cette grave déviation ; car ces réflexions que critique Bossuet sont essentiellement des réflexions de l'âme sur son propre état, sur les grâces qu'elle reçoit (353). Or, sous une forme ou sous une autre, qu'est-ce que la spiritualité et en particulier la théologie mystique sinon une « science » et donc une « réflexion » qui ont pour objet des états de l'âme et des grâces reçues ? La critique des réflexions devient critique de la mystique : tous les textes où Bossuet apaise les scrupules de ses dirigées prennent un sens nouveau, orienté contre les textes, les méthodes, les traités qui partent d'une description de l'expérience spirituelle. Tout discours qui s'applique à cette expérience, à cette vie, dans la mesure où il est autobiographique, devient suspect d'amour-propre : connaître distinctement ce que Dieu veut de nous n'est pas toujours nécessaire (354) : la rencontre n'est-elle pas accompagnée d'une certaine obscurité, condition habituelle de la foi ? L'âme détachée d'elle-même ne réfléchit plus sur ses états mais noie les réflexions dans le fonds de la vérité et de l'abandon (355) ; perte des réflexions, mais aussi démarche « théologique » que souligne cette plongée dans la « vérité ». L'attitude réflexive n'est mise en cause que dans ses manifestations les plus extérieures au point que Bossuet peut affirmer que plus on a le pur amour et moins on y pense (356) : la remarque est certes bien conforme aux expériences des mystiques, mais ils jugeraient que c'est une étrange restriction de voir là une condamnation de tout écrit sur les états d'oraison. Les conséquences de cette constante restriction chez Bossuet sont graves : M. de Meaux se méfiera *a priori* des témoignages mystiques parce que selon lui seuls le silence et cette forme de silence qu'est le cantique d'admiration, le chant lyrique, sont capables de traduire sans trop la trahir la rencontre de l'homme avec Dieu ; en outre tout discours sur cette rencontre se fera selon le mode de la « vérité », c'est-à-dire de la réalité ontologique cachée plus que dévoilée par les expériences : seule cette démarche ontologique peut, sans risque d'amour-propre et de retour sur soi, permettre de parler des états d'oraison. Ces postulats seront de lourdes hypothèques dans l'examen que Bossuet commence pendant l'été 1694 des écrits des mystiques à travers les textes de Mme Guyon et de Fénelon. Cet

---

(353) Cf. C.B., VI, p. 65, 202, 247, 248, 331 ; C.B., VII, p. 51, 155, 236, etc.
(354) C.B., VI, p. 103.
(355) C.B., VI, p. 249.
(356) C.B., VII, p. 51.

examen ouvre une nouvelle page dans l'histoire de la spiritualité de Bossuet : maintenant M. de Meaux va expliquer négativement et positivement sa propre conception de la vie spirituelle : la lettre adressée à Mme Guyon en mars 1694 était un premier essai, encore bien imparfait, de synthèse ; désormais Bossuet va donner à cette synthèse toute son ampleur, mais les grandes orientations de sa spiritualité, ses caractères affectif, intellectuel et volontaire, conditions premières nées de la rencontre d'un tempérament, d'une formation et d'une vie, ont bien des chances de reparaître inchangées, développées, explicitées seulement, dans les anathèmes qu'il lancera et dans les synthèses qu'il essaiera d'élaborer.

Chapitre 13

LA SPIRITUALITE DE BOSSUET A TRAVERS LA CONTROVERSE DU QUIETISME

I) Les entretiens d'Issy.

Les entretiens d'Issy (1) qui s'ouvrent en juillet 1694 (2) permettent à Bossuet de définir pour lui-même et pour ses interlocuteurs les principes de la spiritualité. Cette définition n'alla pas sans difficultés : c'est la première fois que Bossuet a entre les mains des écrits de Fénelon. En ce mois de juillet 1694, Fénelon commence en effet à constituer des dossiers de textes mystiques qui lui permettront d'établir ses théories de l'amour pur, de l'oraison passive par état et des épreuves de l'état passif (3), et de leur trouver des précédents (4) : ces dossiers (5) comprennent des textes extraits

---

(1) L'histoire proprement dite de la controverse n'est pas de notre propos ; on en trouvera les éléments dans R.B., 1906, p. 176-220 ; P. Dudon, Introduction à *Le Gnostique de saint Clément d'Alexandrie* [De Fénelon], Paris, 1930 ; L. Cognet, *Crépuscule des mystiques*, p. 221-302. C'est dans ce cadre historique qu'il faut replacer toutes les remarques que nous faisons du point de vue de la spiritualité de Bossuet.

(2) Bossuet demande à ses dirigées de prier le Ciel qu'il lui envoie ses lumières en ces circonstances, C.B., VI, p. 352 ; C.B., VI, p. 318-319 (cette dernière lettre doit sans doute être placée au 11 juillet et non au 11 juin malgré l'indication de Ledieu. Bossuet qui est à Meaux le 9 juin et à Germigny le 13 ne fit pas de voyage à Versailles dans l'intervalle (en revanche, nous savons qu'il fut à Versailles le 10 juillet, C.B., VI, p. 351, et à Paris le 11, C.B., XV, p. 486, où il est parrain à l'église Saint-Landry) ; mais il envisage un voyage à Paris dans la lettre C.B., VI, p. 318 : est-ce le voyage dont parle Fénelon le 14 juillet (C.B., VI, p. 353) ? Voir aussi P. Dudon, *Le Gnostique...*, p. 46, n. 5 : l'hypothèse du 11 juillet lève toutes les difficultés que pressent le P. Dudon dans la rapidité avec laquelle Bossuet aurait été informé. Si l'on garde quand même le 11 juin, il faut adopter Meaux ou Germigny comme lieu de rédaction de la lettre).

(3) C.B., VI, p. 378.

(4) Cf. P. Dudon, *Le Gnostique...*, p. 48-49.

(5) Cf. L. Cognet, *Crépuscule...*, p. 226-227.

de Clément d'Alexandrie (6), de saint Grégoire de Nazianze, de Cassien et du *Thesaurus Asceticus* du P. Poussines, ainsi que des mystiques modernes, Suso, Harphius, Ruysbroeck, Tauler, sainte Catherine de Gênes, sainte Thérèse, le bienheureux Jean de la Croix, Balthasar Alvarez, saint François de Sales et la Mère de Chantal (7). Dès la fin de juillet, il communique un certain nombre de ces extraits à Bossuet (8) ; c'est là une vaste documentation qui est mise à la disposition de M. de Meaux et qui s'ajoute à celle que Mme d'Albert et Mme Cornuau lui ont déjà apportée, complétant ses propres lectures de sainte Thérèse (9), de Cassien (10), de la *Vie* de la Mère de Chantal (11), de la *Vie* de Marguerite du Saint-Sacrement (12). Sans compter les conversations avec Fénelon pendant la seconde quinzaine de juillet, la documentation de Bossuet (13) s'enrichit donc beaucoup, mais il n'est pas sûr que cet enrichissement ait modifié ses perspectives et ses principes. La lecture qu'il fera des dossiers sera à cet égard significative. Dès le mois d'août (14), Bossuet dut avoir entre les mains le *Mémoire* de Fénelon *sur l'état passif* (15) ; peu après, Fénelon rédige et transmet aux consulteurs l'opuscule intitulé « Le Gnostique de saint Clément d'Alexandrie » (16) et le mémoire « De l'autorité de Cassien » (17). Outre ces

---

(6) Fénelon, comme Bossuet, écrit *saint* Clément d'Alexandrie bien que ce Père n'ait jamais été canonisé, cf. D.S., t. II, c. 951 sur l'opposition que rencontrèrent au XVIIe siècle les tentatives faites pour ouvrir le procès de canonisation. Cf. aussi H. Sanson, *Saint Jean de la Croix entre Bossuet et Fénelon,* p. 12, n. 1. En 1652, Bossuet écrivait simplement « Clément Alexandrin » (O.O., I, p. 121).

(7) P. Dudon, *Le Gnostique...*, p. 5, n. 3 ; cf. J.-L. Goré, *La notion d'indifférence...*, p. 293-294 : deux fragments de Fénelon sur sainte Catherine de Gênes et sur sainte Thérèse.

(8) C.B., VI, p. 377 : texte révisé d'ap. l'autographe, B.N. n. a. fr. 16313, f° 36, « je fais des extraits des livres et des espèces d'analyse sur les passages, pour vous éviter de la peine et pour ramasser les preuves ». La lettre telle que nous la conservons est incomplète d'au moins un feuillet ; l'amputation doit être ancienne, car Phelipeaux (*Relation...*, t. I, p. 122) l'a publiée sous cette forme.

(9) C.B., V, p. 461, 465 ; C.B., VI, p. 105, 178, 180.

(10) C.B., VI, p. 111, 114.

(11) C.B., VI, p. 111.

(12) C.B., VI, p. 178.

(13) Qui, au dire de Fénelon, n'avait encore lu, ni saint François de Sales, ni le bienheureux Jean de la Croix, ni les autres principaux auteurs mystiques, R.B., 1906, p. 208.

(14) L. Cognet, *Crépuscule...*, p. 228 et suiv.

(15) J.-L. Goré, *La notion d'indifférence...*, p. 187 et suiv. ; cf. L. Cognet, *Crépuscule...*, p. 229 et suiv.

(16) Publié en 1930 par le P. P. Dudon ; cf. aussi L. Cognet, *Crépuscule...*, p. 239 et suiv.

(17) J.-L. Goré, *La notion d'indifférence...*, p. 245 et suiv. ; cf. L. Cognet, *Crépuscule...*, p. 246.

textes de Fénelon, M. de Meaux lit les écrits de Mme Guyon : ceux qu'il examine depuis plusieurs mois et deux nouveaux ouvrages : les commentaires sur l'Ecriture (18), et en octobre les *Justifications* (19).

Venant après des conversations entre Bossuet et Fénelon (20), la controverse écrite s'engage sur des voies bien propres à satisfaire M. de Meaux : recherche des autorités, des sources de la doctrine des mystiques, et cela en remontant, s'il se peut, jusqu'à l'Ecriture (21) et aux Pères les plus anciens (22) : Clément d'Alexandrie, Cassien (23) que justement Bossuet a cité avec éloge en décembre 1693 sur la prière désintéressée (24) et qu'il a naguère relu pour répondre à Richard Simon (25), saint Grégoire de Nazianze ou saint Augustin (26). Parmi les saints et les docteurs des derniers siècles, l'on s'attache aux plus autorisés ; à ceux que Bossuet estime le plus et dont il ne récusera pas à la légère l'autorité : saint Bernard, sainte Thérèse, Gregorio Lopez (27), Marguerite de Beaune dont M. de Meaux citait à Mme Guyon la *Vie* par Amelote, le cardinal Bona (28), ou Bellarmin dont Bossuet connaissait bien les œuvres de contro-

(18) Cf. L. Cognet, *Crépuscule...*, p. 228.

(19) Cf. P. Dudon, *Le Gnostique...*, p. 53, 61. Cf. C.B., VI, p. 412.

(20) Sur ces conversations, P. Dudon, *Le Gnostique...*, p. 96 et suiv.

(21) Fénelon (J.-L. Goré, *La notion d'indifférence...*, p. 233) fait sans doute allusion à des remarques de Bossuet : « on demande des preuves tirées de la lettre de l'Ecriture sur cet état ? »

(22) Le *Mémoire sur l'état passif* a pour titre exact : « Etat passif. Preuve de cet état tirée de l'Ecriture, des Pères et des Saints des derniers siècles » (J.-L. Goré, *La notion d'indifférence...*, p. 194).

(23) Cf. J.-L. Goré, *La notion d'indifférence...*, p. 237-238, 245 et suiv.

(24) C.B., VI, p. 111 ; 114 ; Fénelon allègue le même passage, cf. J.-L. Goré, *La notion d'indifférence...*, p. 239.

(25) LT, IV, p. 396.

(26) J.-L. Goré, *La notion d'indifférence...*, p. 231.

(27) Cf. J.-L. Goré, *La notion d'indifférence...*, p. 241, 242, 277 ; P. Dudon, *Le Gnostique...*, p. 228 (sans instruction, il a fait une explication littérale de l'*Apocalypse*) ; Bossuet connaît son Explication de l'*Apocalypse* (LT, II, p. 317), appelle G. Lopez « une des merveilles de nos jours » ; c'est à l'occasion de son travail scripturaire que M. de Meaux dut être amené à lire sa vie et à la goûter (cf. aussi, en 1692, C.B., V, p. 86-87). Fénelon (J.-L. Goré, *La notion d'indifférence...*, p. 242) cite encore Jean de la Croix, Catherine de Gênes, Angèle de Foligno, Tauler, Surin, Thomas de Jésus (« carme déchaussé qui explique tout le système de la contemplation »), la vie de la Mère de Chantal, la vie du Père Laurent, les œuvres de Mr Joüe.

(28) Cf. J.-L. Goré, *La notion d'indifférence...*, p. 208-210, 242 ; sur les rapports entre Bossuet et Bona que beaucoup de choses rapprochent : une commune estime de l'érudition, de l'augustinisme..., cf. C.B., I, p. 325 ; II, p. 401 n. ; XIV, p. 442 ; *Lettres* de Bona, éd. Sala, 1755, p. 296-297 ; L. Ceyssens, *Le Cardinal Bona et le Jansénisme, Jansenistica Minora*, t. IV ; en décembre 1693, Mme d'Albert signale à Bossuet un texte de Bona sur les dons de Dieu, C.B., VI, p. 104.

verse (29). Une telle démarche rejoint en apparence la problématique bossuétiste qui cherche pour ainsi dire par la méthode des lieux théologiques à établir la vérité de la vie spirituelle. Plus profondément, le mouvement même de la pensée de Fénelon dans le *Mémoire sur l'état passif* n'est pas complètement étranger à Bossuet : Bossuet seulement, partant des mêmes postulats, ne tirerait pas les mêmes conclusions ; Fénelon en effet pense que toute forme de vie spirituelle qui semble se manifester seulement chez des mystiques de l'époque moderne représente en fait le point d'aboutissement d'une « tradition » qui remonte à l'Ecriture : si on ne discerne pas cette tradition au premier examen, c'est qu'elle est « secrète », et qu'on ne sait pas lire l'Ecriture (30). Bossuet donnerait à ces principes un autre développement et il refuserait de faire de l'état du spirituel un état incompréhensible, caché au vulgaire et aux docteurs, mais, comme Fénelon, il ne conçoit de tradition que comme filiation ininterrompue depuis les premiers temps (31) et il estime que l'état des prophètes, des apôtres et des premiers fidèles est un excellent exemple de vie spirituelle (32) : c'est chez l'un et chez l'autre une approche semblable du mystère de la spiritualité, ce que nous avons appelé la « psychologie biblique ».

Cette parenté entre les méthodes ne doit cependant pas masquer les profondes différences qui séparent la pensée de Bossuet de celle de Fénelon. Dès le début du *Mémoire sur l'état passif* (33), Fénelon lie les deux questions que nous avons jusqu'ici étudiées séparément parce que pour Bossuet elles étaient distinguées : l'amour pur ou abandon ou indifférence, et l'oraison simple et passive par état ; comme Bossuet est très éloigné d'accepter une telle systématisation, la défense de Fénelon risque d'être fort difficile : *pratiquement* la direction spirituelle de M. de Meaux n'est pas absolument incompatible avec l'idée d'un amour désintéressé (34), mais il est loin de voir dans cet amour désintéressé un « état » (35), et Fénelon définit

(29) P. Dudon, *Le Gnostique...*, p. 57, signale une note de Fénelon sur *Bellarmin et les mystiques*.

(30) Tel est le sens de la fameuse doctrine des « traditions secrètes », cf. J.-L. Goré, *La notion d'indifférence...*, p. 212-213.

(31) Cf. aussi Fénelon, à partir de Denys, dans J.-L. Goré, *La notion d'indifférence...*, p. 229.

(32) L'interprétation, néanmoins, peut être différente : Fénelon affirme que cet état du prophète ou de l'apôtre est continuellement passif, cf. J.-L. Goré, *La notion d'indifférence...*, p. 218-220.

(33) J.-L. Goré, *La notion d'indifférence...*, p. 194-195.

(34) C.B., VI, p. 378 ; R.B., 1906, p. 208 : « Je lui dois la justice de dire qu'après avoir tout vu, il n'a point tenu à son opinion particulière et qu'il a admis l'amour pur dans toute son étendue ».

(35) C.B., VI, p. 378.

et lie de la façon la plus abrupte les deux principes : amour pur (36) et passivité (37) contre lesquels, au moins implicitement, s'est orientée de longue date la spiritualité de Bossuet. L'indifférence en effet n'est pas selon Fénelon un acte mais un état (38), union à la volonté de Dieu sans « acte réfléchi et aperçu », par une véritable mort où la volonté humaine « ne peut presque être nommée d'aucuns termes », et Fénelon précise avec saint François de Sales que cette union « contient [...] éminemment tous les actes qu'elle exclut » (39) ; ces nuances n'empêchant pas Fénelon de développer, surtout à partir de textes de Denys, une doctrine de la contemplation sans ces opérations distinctes et réfléchies que sont les actes et la méditation, vue de Dieu « par foi pure sans rien voir et sans rien sentir » (40). Demander à Bossuet d'acquiescer à ce « système » (41) n'est pas lui demander un reniement, car il n'a pas encore, même dans la lettre de mars 1694 à Mme Guyon, à proprement parler élaboré un système, mais c'est lui imposer la remise en question d'une longue pratique et de ses réactions les plus spontanées.

Les principes de Fénelon se trouvaient encore plus largement développés dans son opuscule sur le Gnostique de Clément d'Alexandrie que Bossuet eut entre les mains à la fin de l'été 1694 (42) ; et ces principes, sous la forme d'un exposé du « système » de Clément d'Alexandrie et des mystiques (43), constituent déjà une réponse à Bossuet qui n'a pas caché à Mme Guyon (44) et à Fénelon les difficultés qu'il trouvait dans leurs idées. Fénelon essaie de convaincre un interlocuteur (45) qui ne peut être que M. de Meaux, le plus

---

(36) « L'occupation libre et volontaire de notre amour pour Dieu est une réflexion et un retour sur nous-mêmes » (dans J.-L. Goré, *La notion d'indifférence...*, p. 197).

(37) Les deux « termes sont véritablement synonymes » (dans J.-L. Goré, *La notion d'indifférence...*, p. 207) ; cf. p. 205 : « la sainte indifférence » selon saint François de Sales « emporte évidemment et essentiellement ce que l'on nomme état de contemplation », et inversement l'oraison passive selon Jean de la Croix emporte aussi la sainte indifférence.

(38) Dans J.-L. Goré, *La notion d'indifférence...*, p. 200.

(39) *Id.*, p. 203-204.

(40) *Id.*, p. 228.

(41) *Id.*, p. 207.

(42) L. Cognet, *Crépuscule...*, p. 239 et suiv.

(43) P. Dudon, *Le Gnostique...*, p. 256 : « un corps régulier de système » ; cf. aussi, p. 170.

(44) Il lui écrit en août une grande lettre contre le sacrifice de l'éternité, L. Cognet, *Crépuscule...*, p. 237.

(45) Le pronom *on* est fréquent dans l'opuscule : p. 166 : « on pourrait se prévenir... » ; p. 177 : « quand on lit ces choses... on les méprise... » ; p. 183 : « on subtilisera... » ; p. 187 : « on fait un crime... » ; p. 193 : « qu'on se mette à la place des gens qu'on veut

actif des commissaires d'Issy, et, à travers les objections qu'il rapporte, il faut voir les questions réellement posées par Bossuet (46). Certains arguments sont bien propres à convaincre l'évêque, comme celui qui, appuyé sur l'autorité de saint François de Sales, montre l'intérêt de la prédication du pur amour dans la controverse avec les réformés : plutôt que « se remplir la tête de questions subtiles, de faits et de passages pour montrer l'érudition » (47), ne faudrait-il pas lire simplement les Ecritures dans l'esprit selon lequel elles ont été composées ? Découvrir le sens profond des Ecritures (48) à la lumière d'une tradition, n'est-ce pas un des principes de M. de Meaux ? (49).

Cependant l'idée fondamentale de l'opuscule de Fénelon est que l'on retrouve chez Clément le même système que chez les grands mystiques, chez Jean de la Croix ou chez saint François de Sales (50) ; la doctrine des traditions secrètes permet, comme dans le *Mémoire sur l'état passif*, de justifier cette permanence (51), en marge de l'enseignement ordinaire de l'Eglise, d'un enseignement mystique destiné aux fidèles parvenus dès cette vie (52) à la perfection (53) ? Cette distinction entre celui qui a la foi commune et celui qui en a la perfection (54), entre l'Eglise des simples fidèles et l'Eglise spirituelle (55), ne peut que heurter Bossuet : il a toujours insisté sur les perpétuels recommencements de la vie spirituelle (56), sur l'éloignement inaccessible en cette vie du terme et du lieu de repos, et sur l'égalité de toutes les âmes devant la transcendance

---

juger... » ; cf. aussi la polémique de Fénelon contre « les docteurs spéculatifs » (p. 216, 219) et les « savants modernes » (p. 181), références à l'éd. du P. Dudon.

(46) Cf. P. Dudon, *Le Gnostique...*, p. 178 : « on me demandera sans doute : pourquoi cet état de perfection, où la gnose est la charité plutôt que les autres vertus ? La foi y est-elle éteinte ? L'espérance y est-elle détruite ?... » où l'on reconnaît l'idée chère à Bossuet de la présence explicite des actes des vertus chrétiennes dans la contemplation.

(47) P. Dudon, *Le Gnostique...*, p. 241.

(48) *Id.*, p. 227. Cf. *Sur l'autorité de Cassien*, dans J.-L. Goré, *La notion d'indifférence...*, p. 280.

(49) Chez Clément, toutefois (cf. L. Bouyer, *La spiritualité du Nouveau Testament et des Pères*, p. 331), la gnose repose sur une interprétation allégorique des Ecritures et Bossuet a toujours été assez méfiant à l'égard de l'exégèse allégorique.

(50) P. Dudon, *Le Gnostique...*, p. 165, 185-186, etc.

(51) *Id.*, p. 243 et suiv. et les commentaires du P. Dudon, p. 125 et suiv.

(52) *Id.*, p. 185.

(53) *Id.*, p. 201.

(54) *Id.*, p. 164, 172-173.

(55) *Id.*, p. 190.

(56) Encore en mars 1694, C.B., VI, p. 202.

divine. En outre, la façon dont Fénelon décrit cette perfection, « l'habitude du pur amour » (57), contredit tous les principes par lesquels à cette date s'est spontanément définie la spiritualité de Bossuet : la contemplation selon Fénelon exclut le raisonnement, les images et le discours, et s'oppose à « la méditation discursive par actes réfléchis » (58) ; dans cet état le mystique n'a ni actes, ni dispositions, ni objets (59), ce qui est dépasser d'emblée le conceptualisme que soutenait depuis longtemps Bossuet, et c'est aussi conclure que l'union à Dieu, puisqu'elle ne s'effectue pas selon le mode de l'acte et de l'objet, dépasse les dons de Dieu (60) et les pratiques extérieures, exercice des vertus, méditation des vérités (61). Cependant cette union qui est au delà des puissances de l'âme (62) n'est pas une espèce d'extase, de suspension de l'activité commune, de vision miraculeuse (63) : ce refus de l'extraordinaire Bossuet l'accepterait mais seulement pour ruiner les prétentions du gnostique ; Fénelon le fait au contraire pour souligner que le « système » des mystiques n'est fondé sur nulle « exagération » (64), représente seulement une purification continue (65) et un mouvement qui loin de nier la nature en est en quelque sorte le prolongement (66). Fénelon reste attaché au volontarisme des mystiques du début du XVIIe siècle (67) et même à une anthropologie spirituelle où le discontinu a peu de part : de l'admiration amoureuse on arrive à un état, non par l'extinction des actes mais par leur répétition qui crée des habitudes (68) : ainsi le fond de l'âme, la substance de l'âme, ne peut être distingué de ses opérations, penser et vouloir : « Ce que j'appelle le fond de l'âme, c'est un état que la nature ou l'habitude lui a donné ; c'est une opération uniforme, qui n'a plus besoin d'être excitée et qui se fait toujours sans réflexion » (69). Quels que soient les modes de formation de cette

---

(57) P. Dudon, *Le Gnostique...*, p. 170.
(58) *Id.*, p. 174, 183, 185, 187-188.
(59) *Id.*, p. 185.
(60) *Id.*, p. 221.
(61) *Id.*, p. 200, 221.
(62) *Id.*, p. 186.
(63) *Id.*, p. 186-187, 198, 224.
(64) *Id.*, p. 217.
(65) *Id.*, p. 224.
(66) Cf. P. Dudon, *Le Gnostique...*, p. 222-223 : le portrait de l'amour-propre et de l'amour divin. Cette continuité permet à Fénelon d'affirmer que l'ouvrage de la perfection est une « voie courte et facile » (expression répétée plusieurs fois p. 241, 242).
(67) P. Dudon, *Le Gnostique...*, p. 221.
(68) *Id.*, p. 175.
(69) *Id.*, p. 222. Cf. aussi la théorie des actes reçus de Dieu d'une manière passive, des désirs passifs (p. 205), qui rappelle, pour la forme

habitude, la fixité et l'immobilité de l'état où le gnostique est parvenu contredisent les schèmes dynamiques de la spiritualité de Bossuet : chaque page du *Gnostique* serait à citer, car Fénelon revient toujours sur la conformité de l'état du gnostique avec l'état passif des mystiques (70) : l'âme n'agit plus, elle est agie (71).

Le désintéressement que Fénelon met au sommet de la vie du gnostique ne contredit pas moins les tendances profondes de Bossuet et quand Fénelon s'oppose à ceux qui s'imaginent, après Platon, qu'aimer c'est « désirer le beau » (72), n'est-ce pas une réponse à M. de Meaux ? L'amour pur exclut tout désir de récompense (73), même éternelle (74), car l'on doit distinguer, et Fénelon en tirera un argument souvent repris, l'objet de l'amour et le motif de l'amour : la récompense n'étant pas motif, n'étant qu'objet de l'amour pur (75). On comprend que ce système, surtout dans la mesure où il est présenté par Fénelon comme un « système suivi » (76), ne pouvait que contredire aux yeux de Bossuet tous les principes du *Traité de l'oraison* de Nicole auquel M. de Meaux ne s'asservit pas mais qu'il estime, et il ne pouvait que lui rappeler dangereusement la plupart des propositions de Molinos condamnées en 1687 par la constitution *Cœlestis Pastor.* Pour habile qu'il fût, le plaidoyer de Fénelon pouvait difficilement convaincre M. de Meaux : ne risquait-il pas de le conduire à élaborer un autre système pour l'opposer à celui du gnostique ?

---

seulement, les pseudo-concepts que nous avons souvent rencontrés dans les textes de Bossuet : sensibilité insensible, pensées sans pensées...

(70) *Id.*, p. 175, 177, 188, 202, 214.

(71) *Id.*, p. 196-197 ; formule que Fénelon nuance un peu plus loin, p. 198. Dans son opuscule *De l'autorité de Cassien,* Fénelon revient longuement sur « la perpétuelle continuité de l'oraison sans interruption » (J.-L. Goré, *La notion d'indifférence...*, p. 254).

(72) P. Dudon, *Le Gnostique...*, p. 220.

(73) *Id.*, p. 179-180, 210.

(74) *Id.*, p. 181 : les suppositions impossibles « que les savants modernes regardent dans les mystiques comme des raffinements ridicules et des nouveautés inventées par des cerveaux creux » ; cf. la lettre de Bossuet à Mme Guyon sur ce sujet, *supra,* p. 479. Sur les suppositions impossibles, cf. aussi les notes de Fénelon sur sainte Catherine de Gênes, J.-L. Goré, *La notion d'indifférence...*, p. 293.

(75) P. Dudon, *Le Gnostique...*, p. 181-183, 192. Les mêmes thèmes sont développés par Fénelon avec la même netteté dans l'opuscule sur l'autorité de Cassien : contemplation fixe et habituelle (J.-L. Goré, *La notion d'indifférence...*, p. 256, 265) sans effort ni vue distincte (*id.*, p. 256), excluant les pratiques (*id.*, p. 258), les demandes (*id.*, p. 265) et l'attachement à la sensibilité (*id.*, p. 268), union sans moyen, au delà des dons de Dieu (*id.*, p. 275), dépassant même toute médiation des mystères de Jésus-Christ (*id.*, p. 273), oraison plus parfaite que l'oraison dominicale (*id.*, p. 283).

(76) P. Dudon, *Le Gnostique...*, p. 170.

Les réactions de Bossuet devant ces textes et ce système sont connues de deux façons : dès l'automne 1694, M. de Meaux écrit une réfutation détaillée des opuscules de Fénelon qui lui servira d'aide-mémoire dans la controverse. Le manuscrit de ces notes a disparu mais nous pouvons reconstituer un certain nombre d'entre elles, en particulier l'ensemble de la réfutation du *Gnostique* de Fénelon. Le P. Dudon a bien montré (77) que la *Tradition des nouveaux mystiques* publiée en 1753 contenait l'essentiel de cette réfutation (78) et que d'autres parties en avaient été utilisées dans les *Principes communs de l'oraison chrétienne,* restés inédits jusqu'en 1897 (79), et dans l'*Instruction sur les états d'oraison* (80).

---

(77) *Le Gnostique...,* p. 1-3.

(78) Bossuet y appelle l'opuscule de Fénelon parfois « le Gnostique, etc. » (LT, XIX, p. 1), et plus habituellement « les Remarques » (LT, XIX, p. 14, 15, etc.).

(79) Publiés par E. Levesque (sigle P.C.). Références des passages de la réfutation de Fénelon réutilisés dans P.C. : P.C., p. 107-124, 285-290.

(80) Le manuscrit que publia Leroi en 1753 présentait des lacunes correspondant aux passages que Bossuet en avait soustraits pour les utiliser ailleurs ; on peut reconstituer la plupart des passages rédigés dès 1694 et réutilisés :

— LT, XIX, p. 19 : une page enlevée, peut-être employée en LT, XVIII, p. 478, sur la nature de l'habitude.

— LT, XIX, p. 20 : une section enlevée ; allusion y est faite plus loin, LT, XIX, p. 27 (les objets de la contemplation invariables causent une science qui leur est semblable) ; utilisée en LT, XVIII, p. 514 : la science habitude immuable (et peut-être aussi en LT, XVIII, p. 513 : la prière perpétuelle).

— LT, XIX, p. 28 : un passage enlevé, utilisé en LT, XVIII, p. 515-516.

— LT, XIX, p. 32 : la fin de la première section et la seconde section enlevées. Allusion à ce passage, LT, XIX, p. 61, où on trouve le texte cité par Fénelon sur l'apathie (P. Dudon, *Le Gnostique...,* p. 191 et 212). Le texte a été utilisé et sans doute remanié, LT, XVIII, p. 498-502, et surtout dans P.C. fr. 9626, p. 67 et suiv. et 70 et suiv. Cf. aussi P.C., p. 108 et suiv., et fr. 9626, p. 102-103.

— LT, XIX, p. 41 : lacune de près de deux sections. Textes utilisés soit sans doute en LT, XVIII, p. 491 et suiv. : sur les demandes, soit plutôt LT, XVIII, p. 494 : sur les précautions et LT, XVIII, p. 498 : le combat spirituel ; et P.C. fr. 9626, p. 72 et suiv. : sur le pèlerinage.

— LT, XIX, p. 47 : un passage enlevé utilisé soit en LT, XVIII, p. 496 : sur les demandes des biens temporels, soit en LT, XVIII, p. 491 et suiv. : sur les biens spirituels (l'enchaînement se faisant entre la suite de LT, XIX, p. 47, et LT, XVIII, p. 493 : à propos du coryphée).

— LT, XIX, p. 49 : un passage enlevé utilisé peut-être en LT, XVIII, p. 492 ou 493, à propos du coryphée.

— LT, XIX, p. 64 : lacune de la fin d'une section, texte utilisé en LT, XVIII, p. 491-492 : sur les demandes des parfaits (ces pages de l'*Instr. s. les états d'oraison* nous paraissant venir de la fusion et du remaniement de plusieurs passages de l'originelle *Trad. des nouveaux mystiques :* cf. les références données plus haut dans

Comme Fénelon affirmait la conformité de l'enseignement des nouveaux mystiques avec celui de saint François de Sales, de saint Jean de la Croix, d'Alvarez, de Cassien et de Clément d'Alexandrie, Bossuet entreprend chapitre par chapitre (81) une réfutation de chaque élément de cette « chaîne de tradition » (82) : en bonne méthode, il commence par Clément d'Alexandrie, le plus ancien, l'origine de cette prétendue tradition, se réservant de parler plus tard de Cassien, de Denys (83) et de saint François de Sales (84), et de consacrer un autre ouvrage à l'examen des écrits des nouveaux mystiques (85).

La *Tradition des nouveaux mystiques,* avec les fragments passés dans les œuvres postérieures, est donc la première réponse doctrinale de Bossuet à Fénelon et constitue un arsenal de citations où il puisera suivant les besoins de la controverse. Bossuet s'y applique à rectifier, et plus souvent réfuter, les conclusions que Fénelon a tirées de la lecture des *Stromates ;* cette réfutation est menée avant tout au nom d'une exacte interprétation de Clément d'Alexandrie (86) ; il serait donc naturel de chercher si

---

cette note). Le texte peut avoir aussi été utilisé en P.C., p. 110 et suiv.

— LT, XIX, p. 92 : lacune de presque toute une section. Le texte utilisé en LT, XVIII, p. 476 et suiv. : l'amour-propre et l'amour. Bossuet, LT, XVIII, p. 477, répond à une citation textuelle de Fénelon (P. Dudon, *Le Gnostique...,* p. 223).

— LT, XIX, p. 115 : lacune d'une page et demie. Texte utilisé peut-être en LT, XVIII, p. 413 : passage de Clément sur la théologie négative, ou bien utilisé en P.C., p. 52-57, mais le texte primitif serait ici très développé.

Dans de courtes notes manuscrites (B.N. fr. 12841, f° 16-20 v°), Bossuet a rassemblé quelques idées de la *Tradition des nouveaux mystiques* (qu'il appelle « le gnostique Clem. Alex. ma réponse ») sans doute pour les utiliser dans un autre ouvrage.

(81) Chaque chapitre de la *Tradition des nouveaux mystiques* correspond à un chapitre de l'opuscule de Fénelon.

(82) LT, XIX, p. 1-2.

(83) LT, XIX, p. 15. Les notes sur Cassien sont entrées dans l'*Instruction sur les états d'oraison* (LT, XVIII, p. 504-513 ; cf. *infra,* p. 616), et celles sur Denys dans P.C.

(84) Cf. LT, XIX, p. 65.

(85) Plusieurs allusions, entre autres LT, XIX, p. 42 ; dès les mois où se poursuivent les entretiens d'Issy, Bossuet envisage donc la grande œuvre doctrinale dont les deux *Instructions sur les états d'oraison* seront des fragments.

(86) Vers 1675, Bossuet parlait ainsi de Clément d'Alexandrie : « ... très utile pour la prédication, pour les coutumes de l'Eglise, pour la doctrine reçue dans son temps et pour les mœurs des chrétiens. Ce Père était très instruit dans les auteurs des belles-lettres » (R.B., 1900, p. 15) : aucune allusion à la spiritualité ; une quinzaine d'années plus tard, il est encore appelé par Bossuet « un si sublime théologien » (LT, XV, p. 200), parce que Jurieu l'avait traité de « pauvre théologien » ! Tille-

l'une ou l'autre exégèse est plus fidèle au texte original ; l'une ou l'autre a-t-elle infléchi ce texte suivant une idée préconçue ? c'est la conclusion à laquelle aboutissait le P. Dudon en soulignant que les méprises commises par Fénelon étaient plus graves que celles que commettait Bossuet (87) ; à la lumière des travaux récents, le P. Bouyer (88) se montre beaucoup plus favorable à l'interprétation de Fénelon en remarquant que l'œuvre de Clément a « ouvert les voies à la spiritualité qu'on appellera bientôt mystique » (89).

A cette discussion sur la fidélité respective de Bossuet et de Fénelon aux intentions de Clément d'Alexandrie, nous préférons une étude plus directe des principes spirituels de Bossuet tels qu'ils se manifestent dans la primitive *Tradition des nouveaux mystiques* (90) ; en effet, nous l'avons souvent remarqué, une expérience a pour Bossuet moins d'importance que les principes théologiques qui s'expriment en elle : la spiritualité de Clément, en ce sens, ne représente pas pour Bossuet, comme pour Fénelon, un témoignage de valeur incomparable comme tout témoignage ; ce n'est qu'une illustration, une confirmation que l'on peut apporter à des thèses, à un portrait spirituel acquis par des voies différentes, non par la voie de l'expérience mais par celle des principes. Quels sont donc ces principes qui apparaissent dans ce premier traité de Bossuet ?

1. *La Mystique.*

La mystique est trop autorisée dans le catholicisme pour que Bossuet d'un trait de plume refuse d'en tenir compte, pour qu'il n'y voie que supercherie ou « fanatisme » (91) : les faux mystiques, selon lui, les Bégards ou Molinos, ne doivent pas faire mépriser les vrais, un Jean de la Croix par exemple. Simplement Bossuet veut réduire la mystique en la mettant à sa place et en en donnant une juste définition. Par cette réduction cependant, Bossuet n'annonce pas directement les théories psychophysiologiques qui essaient d'ex-

---

mont méprisait fort Clément : « livre couvert, obscur et enveloppé », sentiment « tout à fait mauvais et ridicule » (cité par B. Neveu, *Un historien à l'école de Port-Royal,* La Haye, 1966, p. 251).

(87) *Le Gnostique...,* p. 28 et suiv.

(88) *La spiritualité du Nouveau Testament et des Pères,* Paris, 1960, p. 323-337. Voir aussi c.r. dans R.A.M., avril-juin 1961, p. 227.

(89) *La spiritualité du Nouveau Testament...,* p. 337.

(90) Voir dans H. Sanson, *Saint Jean de la Croix entre Bossuet et Fénelon,* p. 12 et suiv., un exposé de ces principes fait du point de vue particulier de l'interprétation de saint Jean de la Croix.

(91) LT, XIX, p. 79.

pliquer le phénomène mystique : rien de moins « moderne » sur ce point que la pensée de Bossuet. Selon lui, l'état mystique est un « état extraordinaire » : cette conception qui naguère fut celle de Nicole apparaît à chaque tournant de la *Tradition des nouveaux mystiques :* c'est « un état extraordinaire et particulier d'oraison » (92), « un état extraordinaire et singulier même parmi les élus » (93). Ces « dons particuliers » (94) sont sans rapport avec la perfection du christianisme ; c'est une injustifiable et miraculeuse invasion de Dieu dans un homme, qui aboutit à une véritable destruction de sa personnalité et à la substitution de l'agir et de l'intelligence de Dieu à son agir et à son intelligence propres ; nulle perfection en cet état, mais, du point de vue de l'homme comme du point de vue de la vie chrétienne, une déficience, une « faiblesse » (95) qu'illustrent bien les phénomènes extraordinaires, extase et vision (96), qui en sont inséparables. L'homme ne peut que subir cette présence de Dieu, ses puissances sont liées (97) et il ne peut ni se servir de ses sens, ni faire des actes (98), ni demander, ni utiliser son intelligence (99), c'est véritablement une mort (100). Ainsi Bossuet reprendrait volontiers, mais en en changeant complètement le sens et la portée, l'idée fénelonienne et guyonienne de l'inspiration continuelle du Verbe (101) : le mystique ne peut discourir que si le Verbe discourt à sa place, il n'agit que si Dieu le pousse de façon extraordinaire (102), il attend tout de Dieu en un abandon total (103).

Ces caractères, les faux mystiques les présentent, très différents pourtant des véritables : ils n'y voient pas un miracle permanent de Dieu qui brise les lois de la nature et de la vie de la grâce, ils jugent possible de désirer cet état, d'en parler et de le décrire, ils ne rompent pas tout rapport entre lui et la vie spirituelle

---

(92) LT, XIX, p. 8.
(93) LT, XIX, p. 71
(94) LT, XIX, p. 95. C'est une opinion largement répandue au XVIIe siècle ; dom Claude Martin commença par juger ainsi, mais ensuite nuança et précisa sa position en se rapprochant beaucoup des mystiques, R.H.E.F., 1957, n° 140, p. 143.
(95) LT, XIX, p. 93.
(96) *Ibid.*
(97) LT, XIX, p. 130, 139.
(98) LT, XIX, p. 71, 74, 78, 116.
(99) LT, XIX, p. 10-11 : « impossibilité absolue de discourir, qui est le signal nécessaire pour passer à l'état contemplatif » ; cf. LT, XIX, p. 14.
(100) LT, XIX, p. 78.
(101) LT, XIX, p. 5.
(102) LT, XIX, p. 78, 79.
(103) LT, XIX, p. 27.

commune ; or selon Bossuet ce qui est miraculeux et irrationnel exclut tout discours, en parler n'est que prouver sa propre illusion, se croire parvenu à cet état n'est que « fanatisme » (104) ou présomption (105).

Pour bien comprendre la façon dont Bossuet conçoit l'état mystique, il faut en rapprocher les définitions qu'il donne de la prophétie et de l'inspiration : les modalités de la rencontre avec Dieu sont semblables dans l'un et l'autre cas. Fénelon d'ailleurs suggérait ce rapprochement en affirmant que le gnostique a le don de prophétie (106) et que la gnose « est le fond de l'inspiration des apôtres et des prophètes » (107) ; que ce rapprochement fût bien maladroit, et que, ne distinguant pas comme il le fera plus tard (108) le don prophétique et l'inspiration prophétique simplement intérieure, Fénelon créât une ambiguïté vite relevée par Bossuet, le fait a été justement remarqué (109) ; mais c'était aussi donner à Bossuet l'occasion de développer une théorie familière : celle de la prophétie et de l'inspiration conçues comme invasion miraculeuse de Dieu en l'homme analogue à celle que manifeste l'état mystique : « Le don de prophétie est une lumière particulière à quelqu'un pour connaître les choses futures, ou même les choses occultes qui se passent au dedans des cœurs, ou dans des endroits éloignés [...]. Ce don est une de ces grâces gratuites qui ne sont pas attachées à la perfection et qui ne demandent pas même la grâce sanctifiante » (110) ; et on ne doit pas oublier qu'extases et visions sont inséparables de cette expérience des prophètes et des apôtres (111). La prophétie, selon Bossuet, est donc une « connaissance » (112) miraculeusement élargie : Dieu substitue pour ainsi dire aux facultés limitées du prophète des facultés sans limites, mais Bossuet ne met pas en doute le caractère intellectuel de ces connaissances, même si ces connaissances dépassent la nature (113). C'est bien ainsi que

(104) LT, XIX, p. 79.
(105) LT, XIX, p. 92.
(106) P. Dudon, *Le Gnostique...*, p. 224 et suiv.
(107) *Id.*, p. 225.
(108) Fénelon, *Œuvres*, t. II, p. 224.
(109) H. Sanson, *Saint Jean de la Croix entre Bossuet et Fénelon*, p. 23-24.
(110) LT, XIX, p. 92.
(111) LT, XIX, p. 93.
(112) La définition assez restrictive de Bossuet est proche de celle de saint Thomas : « *divina inspiratio rerum eventus immobili veritate denuntians* » (cf. D.T.C., XIII, c. 708), mais saint Thomas ne développe pas sa définition dans le sens d'une psychologie du prophète.
(113) Dans la *Politique*, p. 2, Bossuet l'admet implicitement en montrant le caractère didactique de l'inspiration de Moïse. Voir aussi *Poli-*

le *Discours sur l'Histoire universelle* montre les prophètes : ils voient (114), ils écrivent par avance l'histoire du Fils de Dieu (115), la prophétie est surtout prédiction (116) et révélation (117). Rien encore là que de traditionnel ; plus personnelle est la façon dont Bossuet décrit leur expérience : les prophètes sont des « séparés » (118) : mode de vie, vêtement, demeures sont différents de ceux des autres hommes et « Dieu se communiquait à eux d'une façon particulière, et faisait éclater aux yeux du peuple cette merveilleuse communication » (119) ; miracles, merveilles, voies extraordinaires, telles apparaissent aux yeux de Bossuet les prophéties (120).

A ces lignes font écho les pages des *Méditations sur l'Evangile* que Bossuet vient d'achever et celles des *Elévations sur les mystères* qu'il écrira bientôt : la description du « ravissement » de l' « extase » (121) pendant lequel Adam « voit » Dieu former la femme (122) est à cet égard aussi significative que l'élévation sur la « prescience » de Dieu (123) et les mots par lesquels Bossuet rend compte de l'expérience prophétique : c'est à propos de Jérémie, le prophète dont les écrits se prêtent le mieux aux reconstitutions psychologiques, que Bossuet décrit le plus précisément le prophétisme ; cette vie est double, tantôt Jérémie est laissé à soi-même, peut agir,

---

tique, p. 116 : « Ce songe de Salomon était une extase, où l'esprit de ce grand roi, séparé des sens et uni à Dieu, jouissait de la véritable intelligence ».

(114) LT, XXIV, p. 409 et suiv. ; le verbe *voir* revient presque à chaque ligne. Cf. surtout LT, XXIV, p. 427-428 : « On dirait que le livre des décrets divins ait été ouvert à ce prophète, et qu'il y ait lu toute l'histoire du peuple de Dieu depuis la captivité » ; et *Politique*, p. 116, l'extase de Salomon : « Il vit... il vit... »

(115) LT., XXIV, p. 413 ; cf. aussi p. 424 et suiv.

(116) Cf. LT, XXIV, p. 425, 476, etc.

(117) Cf. LT, XXIV, p. 427, etc.

(118) LT, XXIV, p. 415.

(119) LT, XXIV, p. 416.

(120) LT, XXIV, p. 424 : « les voies extraordinaires, c'est-à-dire les prophéties » ; LT, XXIV, p. 429 : « merveilleuse vision de Zacharie » ; voir aussi les notes de Bossuet sur le *Timée* de Platon, 108 v° : « Nul ne prophétise en se possédant. *Nemo enim mentis compos vaticinatur*, ἐνθουσιασμός » (Th. Goyet, *Platon et Aristote...*, p. 132), et sur le *Ad Eudemum* d'Aristote : « Inspiration. Enthusiasmi, sine ratione » (*ibid.*, p. 238). Dans un poème (LT, XXVI, p. 89), Bossuet parle de « céleste transport » à propos d'une prophétie de David. En revanche, il n'y avait aucune allusion à la psychologie du prophète dans l'exposé de la doctrine d'Athénagore en 1691 (LT, XVI, p. 72 : l'esprit prophétique émanation de Dieu, qui en découlant de lui retourne à lui par réflexion comme le rayon du soleil).

(121) E.M., p. 159.

(122) E.M., p. 160.

(123) E.M., p. 81 et suiv.

souffrir et penser, tantôt il est « sous la main de Dieu » et reçoit « des impressions de sa vérité qui [lui] causent des mouvements que le reste des hommes ne connaît pas » (124), et alors « Dieu lui imprime cette [...] vérité d'une manière si vive qu'il ne peut dans ce moment être occupé d'une autre pensée. Car il imprime tout ce qu'il lui plaît, principalement dans les âmes qu'il s'est une fois soumises par des opérations toutes puissantes. A la vérité, quand il veut, il sait bien les ramener à lui et les tenir sous le joug ; mais dans le temps qu'il les veut pousser d'un côté, ils paraissent avoir tout oublié, excepté l'objet dont ils sont pleins. Car Dieu pour certains moments les laisse à eux-mêmes et aux grâces ordinaires pour tout autre objet ; et pour celui dont il lui plaît de les remplir, l'impression en est si forte, le caractère si vif et si enfoncé dans le cœur, qu'il semble n'y rester plus d'attention ni de mouvement pour les autres choses, ni aucune capacité de s'y appliquer » (125). Ce « transport » (126) donne au prophète pour ainsi dire « des forces contre lui-même », le contraint malgré lui à prophétiser, « à la fin le réduit, après des tourments inexplicables, à continuer ses funestes prédictions » (127). L'on a rarement marqué de façon aussi forte la rupture que crée dans l'intégrité du moi l'expérience surnaturelle : expérience de mort et de substitution, disions-nous, véritablement miraculeuse et exceptionnelle : aucun lien, chez le prophète comme chez le mystique, entre la grâce sanctifiante et ces grâces gratuites (128), rien qui vienne de l'homme (129).

---

(124) LT, VI, p. 306.
(125) LT, VI, p. 306.
(126) *Ibid.*
(127) LT, VI, p. 307.
(128) Bossuet revient dans les *Méditations* sur l'expérience prophétique : il parle encore de « transports » à propos de Jonas (LT, VI, p. 310), d'un « esprit prophétique qui le poussait au dedans avec une force invincible » (*ibid.*), de « la face que Dieu montrait intérieurement à ses prophètes » (LT, VI p. 311), et Bossuet interprète l'attitude détachée de Jonas pendant la tempête et dans le ventre de la baleine comme une suite de sa familiarité avec les secrets de Dieu : il n'est plus parmi les hommes, il voit miraculeusement en Dieu le sens de chaque événement (LT, VI, p. 311-313). Cf. encore sur les voies par lesquelles Dieu fait sentir ses vérités aux prophètes, sur les « expériences réelles » de ces derniers, LT, VI, p. 316. De même, c'est « par inspiration particulière » que saint Jude nous a conservé une prophétie d'Henoch, E.M., p. 202.
(129) Cf. E.M., p. 127 : le Saint-Esprit « dicte » à Moïse le récit de la création. Même analyse en 1703, C.B., XIV, p. 134-135 : « l'instinct du Saint-Esprit ». Fénelon parle aussi de l'inspiration « miraculeuse » des prophètes, mais il pense que le cas de l'homme passif, ou mystique, est très différent (*Œuvres,* t. II, p. 224, et *Explication des articles d'Issy,* publ. par A. Cherel, p. 41).

Une telle anthropologie dont les difficultés pèseront lourdement sur les débats du quiétisme n'était pas incontestée au XVIIe siècle : déjà certains esprits avaient su en dégager la faiblesse et les partis pris à propos de la question du prophétisme. Alors que la plupart des philosophes, plus ou moins disciples de Descartes, établissent d'infranchissables limites entre les réalités naturelles et les réalités surnaturelles et refoulent la connaissance révélée dans le domaine de la théologie où la raison n'a pas accès, un Richard Simon dès 1685 est conduit par la pratique de la philologie à remarquer que le matériel linguistique et les catégories intellectuelles des prophètes sont ceux d'hommes de leur temps et que l'inspiration divine n'aboutit pas en eux à une ruine de la personnalité, à une substitution miraculeuse de Dieu à l'homme : « Un homme qui est dirigé par l'Esprit de Dieu pour ne point tomber dans l'erreur cesse-t-il pour cela d'être homme et d'agir selon les voies ordinaires des hommes ? » (130). La critique s'adresse aux protestants, mais Richard Simon voit plus loin et comprend que les reproches qui lui sont faits par Bossuet et nombre de catholiques viennent d'une conception de l'inspiration semblable à celle des calvinistes : incapables de concevoir et de définir un mode d'expression qui ne soit ou purement humain et simplement naturel, ou divin et surnaturel, ils tiennent fermement le principe suivant lequel l'inspiration est une « dictée » divine. Plus lucide qu'eux, il sent la parenté de ce cartésianisme des divisions claires et rigoureuses (et d'un illuminisme fanatique qui en serait la contrepartie) avec les principes que dès 1670 Spinoza exposait dans le *Traité théologico-politique ;* définissant le prophétisme comme une connaissance reposant sur l'imagination (131), Spinoza sépare radicalement la révélation prophétique de la connaissance naturelle : ce n'est pas la science (132), ce ne sont pas des qualités supérieures d'esprit (133), ce n'est pas l'exercice de la raison (134) qui caractérisent le prophète mais la faculté de recevoir les signes divins : connaissance inférieure qui ne donne qu'une certitude morale (135) et qui bientôt sera décrite dans l'*Ethique* sous le nom de connaissance du premier genre. En un sens, Spinoza sauvegarde le caractère surnaturel de l'inspiration : pour lui, comme pour les

(130) *Réponse au livre intitulé Sentiments de quelques théologiens de Hollande*, p. 125, cité par J. Steinmann, *Richard Simon...*, p. 205.
(131) Spinoza, *Œuvres complètes,* Bibliothèque de la Pléiade, p. 681, 689.
(132) *Id.*, p. 691.
(133) *Id.*, p. 681.
(134) *Id.*, p. 835, 836.
(135) *Id.*, p. 692-693.

théologiens (136), Dieu parle directement au prophète sans que la raison, par laquelle le prophète est homme, ait à intervenir ; raisonne-t-il, c'est qu'il ne prophétise pas : « Les apôtres usent partout du raisonnement, si bien qu'ils semblent non prophétiser, mais discuter ; au contraire, les prophéties ne contiennent que des dogmes et des décrets, parce que c'est Dieu lui-même qui parle. [...] le plus grand des prophètes, Moïse, n'a jamais fait un raisonnement véritable » (137). On voit les conséquences que pourront en tirer rationalistes et libertins, mais il importait de définir l'anthropologie qui était à l'origine de cette doctrine de l'inspiration, car elle est aussi à l'origine de difficiles interprétations de la mystique.

Richard Simon essaie de dépasser ces difficultés et d'élaborer une doctrine de l'inspiration reposant sur une anthropologie plus souple : en 1687, dans sa lettre à l'abbé Pirot sur l'inspiration, il soutient : « Il ne faut pas sous prétexte de cette inspiration combattre la raison et l'expérience. Ce sont des hommes qui ont été les instruments de Dieu, et qui pour être prophètes n'ont pas cessé d'être hommes. Le Saint-Esprit les a conduits d'une manière qu'ils ne se sont jamais trompés dans ce qu'ils ont écrit ; mais on ne doit pas croire pour cela qu'il n'y ait rien dans leurs expressions que de divin et de surnaturel... » (138), et il distingue nettement l'inspiration des écrivains bibliques de la révélation de l'Alcoran à Mahomet ; puis, sapant aussi bien l'anthropologie de Bossuet que celle des protestants et celle de Spinoza, il continue : « Le mot de prophète ne se prend pas ici pour des hommes qui prédisent l'avenir, mais pour des écrivains dirigés par l'Esprit de Dieu [...]. Ce qui trompe quelques théologiens c'est qu'ils ne conçoivent dans cette affaire rien que de divin et de surnaturel ; au lieu qu'il y faut aussi reconnaître quelque chose d'humain... » (139). Enfin deux ans plus tard dans l'*Histoire critique du Texte du Nouveau Testament*, l'oratorien attaque vigoureusement Spinoza : « il s'est imaginé qu'un homme ne peut pas se servir de sa raison et être en même

(136) Le cordelier Frassen n'avait peut-être pas complètement tort de soutenir : « Mgr l'évêque de Meaux et M. Huet [...] sont des spinozistes qui ruinent l'Écriture Sainte » ; cf. Richard Simon, cité par P. Vernière, *Spinoza et la pensée française avant la Révolution*, t. I, p. 196.

(137) Spinoza, *Œuvres complètes*, p. 835-836. Sur la conception spinoziste de la prophétie, voir aussi C. Tresmontant, *Le problème de la Révélation*, Paris, 1969, p. 99-114.

(138) *Lettre à Monsieur l'Abbé P...*, p. 3, cité par J. Steinmann, *Richard Simon...*, p. 209.

(139) *Lettre à Monsieur l'Abbé P...*, p. 19-20, cité par J. Steinmann, *Richard Simon...*, p. 211-212.

temps dirigé par l'Esprit de Dieu : comme si en devenant l'interprète de Dieu on cessait d'être homme et qu'on fût un instrument purement passif [...]. Les prophètes de Spinoza sont des enthousiastes qui ressemblent plutôt à des hommes poussés par un esprit de fureur que par un esprit prophétique » (140). Ces affirmations de Richard Simon, Bossuet ne pouvait les admettre non seulement parce qu'elles contredisaient tout ce qu'avec une belle clarté il pensait depuis longtemps mais parce que, sans comprendre la portée réelle du débat, il sentait venir une apologétique qui était moins de progrès, comme chez Richard Simon, que de repli et qui s'efforçait de prouver que la Révélation est « raisonnable » (141).

Ce débat que Bossuet n'a quitté que pour prendre part à la querelle du quiétisme nous permet de mieux comprendre l'anthropologie qui détermine ses premières définitions de l'expérience mystique : c'est l'anthropologie de Nicole et de ceux que pour simplifier l'on peut appeler les Cartésiens. Elle allait rendre à Bossuet la véritable compréhension des mystiques aussi difficile qu'elle lui avait rendue celle des prophètes.

2. *La vie chrétienne.*

A côté des phénomènes extraordinaires et exceptionnels, il reste toute la vie chrétienne depuis ses premiers balbutiements jusqu'à la perfection, et c'est pour Bossuet l'essentiel : toute la *Tradition des nouveaux mystiques* décrit cette vie chrétienne « commune », ses caractères, son évolution, ses contrefaçons.

Ce qui frappe surtout dans la présentation qu'en fait Bossuet c'est l'unité entre les différentes étapes, l'unité des sources, des principes et des schèmes : nul « aristocratisme » spirituel, commençants, progressants et parfaits sont ontologiquement dans la même situation (142). Certes Bossuet développe cette idée pour faire pièce à l'hypothèse fénelonienne qui considère la gnose comme tradition secrète réservée parmi les chrétiens à quelques initiés (143) : la coupure, la division entre les hommes se situe selon

---

(140) Cité par J. Steinmann, *Richard Simon...*, p. 266.

(141) Cf. P. Vernière, *Spinoza et la pensée française...*, t. I, p. 202.

(142) Bossuet affirmait déjà la même chose 35 ans auparavant dans une des lettres à une demoiselle de Metz. A la fin de la querelle, il le redira à Fénelon qui l'accusait d'écrire pour le peuple : « Où il s'agit d'instruction, l'on ne connaît point de *populace*, toutes les âmes rachetées sont de même prix en Jésus-Christ, et la mesure de leur valeur est dans la commune rançon de son sang » (LT, XX, p. 465).

(143) LT, XIX, p. 102 et suiv.

Bossuet non entre parfaits et imparfaits, mais entre baptisés et non baptisés : encore une fois, c'est suivant la méthode qui lui est chère substituer une problématique théologique, celle du rapport fondamental de l'homme à Dieu par la grâce sanctifiante, à une problématique psychologique qui plus que de la substance du mystère chrétien tient compte de la façon dont la personne vit pratiquement son rapport à ce mystère, en un mot de la spiritualité. Ainsi, selon Bossuet, le secret de la gnose n'est que le secret de ce qu'on appelle l'initiation chrétienne, le secret des « vérités communes du christianisme » (144). Il n'y a qu'un seul Evangile, un seul christianisme pour les parfaits et pour les imparfaits (145) ; le gnostique, c'est-à-dire l'homme parfait n'est pas dans un état différent de celui de tous les saints (146), la seule différence est « du plus au moins », la « nature » est la même (147) : n'est-il pas « naturel et simple de se mettre avec tous les autres » (148) ? La foi s'exprime dans la conformité avec une tradition, celle de l'Eglise et dans l'union à la prière liturgique de cette Eglise (149). Il n'y a donc de tradition que « la tradition apostolique » au sens large (150), c'est-à-dire la « doctrine révélée de Dieu aux fidèles ou de vive voix ou par écrit » (151), les Ecritures et les traditions orales définies par le *quod ubique quod semper* de Vincent de Lérins (152). Lorsqu'il veut préciser, c'est un exposé des grandes vérités du christianisme que fait Bossuet : Clément, explicitement ou implicitement, les a enseignées, il a développé les unes, caché les autres aux païens pour qui elles n'auraient été qu'objet de scandale, tels les abaissements de Jésus-Christ, la corruption originelle, le dogme de la Trinité, la dévotion au Saint-Esprit et même les secrets de la génération du Verbe, le mystère de la grâce et de la prédestination, celui des sacrements... (153) ; de même pour ce qui est aux yeux de Bossuet l'essentiel de la vie

---

(144) LT, XIX, p. 2 ; cf. aussi p. 107-130.
(145) LT, XIX, p. 5, 8, 63, etc.
(146) LT, XIX, p. 30, 71.
(147) LT, XIX, p. 76.
(148) LT, XIX, p. 64.
(149) LT, XIX, p. 63-64 ; Bossuet avait très souvent invoqué contre Richard Simon l'argument liturgique montrant que par les prières s'exprimait la tradition de l'Eglise sous sa forme la plus vivante ; c'était une des parties les plus intéressantes de la *Défense de la Tradition et des Saints Pères ;* l'argument est maintenant utilisé contre la conception fénelonienne du gnostique.
(150) LT, XIX, p. 104.
(151) *Ibid.*
(152) LT, XIX, p. 104.
(153) LT, XIX, p. 134-135.

spirituelle, ce qui lui paraît le plus attirant et le plus mystérieux : « il ne faut pas non plus chercher dans saint Clément d'Alexandrie, dans toute son étendue, cette admirable familiarité et ces doux colloques de l'âme avec Dieu, comme d'égal à égal ; et ce Père se contente d'en poser les fondements certains, mais encore assez éloignés. C'est pourquoi on n'y trouve point ces douces idées des noces spirituelles, ni rien du *Cantique des Cantiques,* non plus que de l'*Apocalypse,* où ces secrètes caresses et correspondances sont expliquées » (154).

Cette vie spirituelle commune, Bossuet la traduit de façon intellectuelle : il affirme, sans doute moins brutalement que Nicole, que toute rencontre avec Dieu se fait selon le mode de la pensée, mais la raison en est qu'écrivant non un traité mais une réfutation précise il ne cherche pas à faire la théorie de la vie spirituelle. Pratiquement c'est bien la même anthropologie intellectualiste qui soutient la *Tradition des nouveaux mystiques* et le *Traité de l'oraison ;* ainsi la contemplation est conçue comme une disposition de l'âme à l'égard d' « objets » de contemplation qui sont aussi des « objets » de pensée ; ce commentaire de Clément l'explique clairement : « Ce que l'âme peut et ce qu'elle fait, c'est de conserver toujours, comme le dit saint Clément, à l'égard des mêmes objets, autant qu'il lui est possible, les mêmes dispositions, les mêmes pensées ; non pas qu'on puisse toujours y penser actuellement, mais parce que toutes les fois qu'on y pense on en juge toujours de même ; et c'est en ce sens qu'on conclut, non pas la succession, mais la diversité des pensées... » (155). Donc, mis à part le cas extraordinaire de la ligature des puissances, le discours caractérise toutes les étapes de la vie spirituelle : c'en est le « principe » (156), et c'est en ce sens que Bossuet interprète la « science » du gnostique (157) ; « nous venons de voir que la science de son gnostique ou contemplatif est "une ferme compréhension de la vérité, qui par des raisons certaines et invariables nous mène à la connaissance de la cause". Or cet état, où l'on procède par les vraies raisons à la connaissance de la cause, est un état discursif » (158). Le gnostique part de la connaissance de la nature du corps et passe à celle de la nature incorporelle et

---

(154) LT, XIX, p. 135-136. Cf. la suite de ce texte : Clément n'a pas développé la gloire des saints, les récompenses éternelles, la glorification de l'homme dans le paradis.

(155) LT, XIX, p. 14.

(156) LT, XIX, p. 20.

(157) Cf. toute la section IV du chap. VI, LT, XIX, p. 20 et suiv. : « Si le gnostique exclut tout raisonnement discursif ».

(158) LT, XIX, p. 20.

immuable, à celle de Dieu : de l'astronomie à la contemplation de l'harmonie du monde et à la connaissance du Dieu créateur, c'est un raisonnement, une « dialectique », qui conduit jusqu'à Dieu : « la science gnostique est la contemplation de la nature ; sans doute parce qu'elle élève le spirituel à la connaissance et à l'amour de Dieu » (159). Certes Bossuet ne soutient « ni que tout le monde soit obligé à tous ces discours, ni qu'il s'en faille toujours servir » (160), il veut seulement prouver qu'au delà de l'exercice actuel de l'activité discursive, l'état contemplatif ou gnostique n'est pas séparé de la méditation et du raisonnement (161). C'est de cette façon que Bossuet s'oppose à tout effacement dans l'oraison de la considération des attributs de Dieu absolus ou relatifs : cette considération des attributs, « idées distinctes » entraîne nécessairement une « succession de pensées » (162), et Bossuet appuie sur la nature de la connaissance de Dieu sa réfutation des « abstractions » des nouveaux mystiques. Il retrouve une conception qu'il a depuis longtemps élaborée de la théologie négative : elle n'est pas abstraction des attributs mais dépassement et sublimation du discours dans un discours « inconnu » qui reste néanmoins conceptuel ; Clément affirme : « nous nous servons de tous ces beaux noms à cause de notre disette... car aucun d'eux pris à part n'exprime Dieu, mais tous ensemble en indiquent la souveraine puissance » (163), ce que Bossuet commente ainsi : « Voilà comment on est contraint, pour connaître Dieu, de conduire son esprit sur plusieurs idées, étant impossible d'en trouver aucune dont on soit content ; de sorte que tout se termine à se perdre dans quelque chose de plus inconnu » (164). Ce mouvement de la spiritualité de Bossuet nous est familier, c'était celui de l'acte d'abandon ; il permet à Bossuet de concilier au moins verbalement les tendances authentiquement religieuses de sa spiritualité avec une anthropologie intellectualiste ; que l'on suive la voie négative ou la voie affirmative, on reconnaîtra dans l'état contemplatif « la succession des pensées » (165), le raisonnement (166).

---

(159) LT, XIX, p. 21.

(160) *Ibid.*

(161) Cf. LT, XIX, p. 22.

(162) LT, XIX, p. 22.

(163) LT, XIX, p. 23.

(164) *Ibid.* L'existence de Dieu est une « idée » parmi les autres, la plus grande et la plus simple, mais « idée » quand même : sa considération s'exerce suivant les mêmes modalités que celle des autres attributs de Dieu (*Ibid.*).

(165) LT, XIX, p. 23.

(166) « On vient par raisonnement à connaître qu'on ne peut rien

Il en est de même de l'image de l'Humanité du Christ que les nouveaux mystiques excluent de la contemplation : l'on ne saurait confondre les « images corporelles » de Dieu ou les « images sensibles qui se mettent entre Dieu et nous » (167), fruit de l'imagination ou de la sensibilité superficielle, avec « les idées distinctes » (168) dont l'Humanité du Christ est une des principales : « la considération [...] des paroles et des actions de l'Homme-Dieu pour s'exciter à lui ressembler » (169) est au contraire, selon Bossuet, un « raisonnement » que Clément ne fait jamais quitter à son gnostique. Qu'on ne prétende pas échapper à l'intellectualisme de ces idées distinctes en réduisant la vie spirituelle à une succession d'actes de l'intelligence « implicites et éminents » : ce serait supprimer toute obligation de « penser » aux attributs divins, de « penser » à la volonté de Dieu, à Jésus-Christ même ; cette « éminence » n'est en réalité qu'une « abstraction », or la pensée, dans la contemplation, doit être explicite, particulière, distincte (170).

Cette hostilité de Bossuet à une spiritualité qui ne serait pas conceptuelle, qui risquerait de négliger la considération des attributs de Dieu, des personnes de la Trinité et de l'Humanité du Christ, fait certainement écho au *Traité de l'oraison* de Nicole qui bientôt sera encore une fois réédité sous le titre de *Traité de la prière ;* elle fait aussi écho au texte qui représente pour ainsi dire la charte de l'antiquiétisme de la fin du XVIIe siècle, la constitution *Cœlestis Pastor* du 20 novembre 1687 condamnant les thèses de Molinos (171).

---

dire de Dieu qui soit digne de sa perfection, comme on vient par raisonnement à dire qu'il est parfait » LT, XIX, p. 23.

(167) LT, XIX, p. 23.

(168) LT, XIX, p. 24.

(169) LT, XIX, p. 22.

(170) LT, XIX, p. 62-63. Bossuet explique de la même façon conceptuelle les inspirations du Saint-Esprit, mais ce n'est qu'au détour d'un paragraphe et sans insister : si le Saint-Esprit nous inspire de demander la permanence, il nous inspire en même temps le « sentiment » qu'elle nous manque (LT, XIX, p. 50) ; Nicole va beaucoup plus loin dans cette voie.

(171) *Denz.*, 1221-1288. Bossuet, dans la *Tradition des nouveaux mystiques,* fait une rapide allusion aux Bégards (LT, XIX, p. 90) condamnés au concile de Vienne (*Denz.*, 471-478), mais cette condamnation était beaucoup moins précise que celle de Molinos : les 68 erreurs relevées par la constitution *Cœlestis Pastor* allaient reprendre tous les principes de l'antimysticisme et leur donner une nouvelle autorité ; voir pour la question de l'intellectualisme *Denz.*, 1238 (*qui in oratione utitur imaginibus, figuris, speciebus et propriis conceptibus, non adorat Deum in spiritu et veritate*), 1240 (*Asserere quod in oratione opus est sibi per discursum auxilium ferre et per cogitationes, quando Deus animam non alloquitur, ignorantia est...*), 1241 (à propos de la pensée particulière et distincte des attributs de Dieu et de la Trinité), etc.

Il est certain qu'une problématique s'est imposée à Bossuet au moment où il s'est mis à examiner les textes de Fénelon et à élaborer sa première synthèse spirituelle. Cependant cette problématique correspond trop bien aux tendances les plus profondes de la spiritualité de Bossuet, telle qu'elle s'est manifestée depuis longtemps, pour que l'on donne beaucoup d'importance aux éléments extérieurs dans la *Tradition des nouveaux mystiques.* Comme nous l'avons souvent remarqué, on peut définir une spiritualité à partir de ses fondements anthropologiques ; or l'anthropologie conceptualiste de Bossuet n'apparaît nulle part mieux que dans sa réfutation de la conception fénelonienne du fond de l'âme (172). Bossuet admet très volontiers la distinction en l'homme de pensées plus ou moins profondes : ces pensées restent « pensées » et ne font que confirmer le schéma intellectualiste ; en revanche il conteste « la distinction que les mystiques font si souvent de la substance et des puissances » et l'« union avec la substance de l'âme indépendamment de ses puissances et de ses opérations » (173) : on voit combien Bossuet tient à exprimer selon un mode conceptuel la rencontre de l'homme avec Dieu ; ce qui ne l'empêche pas de concevoir en philosophe la substance de l'âme indépendante des facultés, de la pensée et de la volonté, et de s'opposer à Fénelon qui pense que le fond de l'âme n'est que penser et vouloir (174) : Fénelon serait-il ici l'intellectualiste lorsqu'il afirme qu'« une union qui se fait par contemplation amoureuse ne peut se faire que par pensée et volonté » (175) ? Bossuet l'interprète bien ainsi et voit dans cette assimilation de la substance de l'âme et des puissances une exagération du cartésianisme (176) ; en réalité c'est ne pas se placer sur le terrain où se place Fénelon : Bossuet tire des conclusions abstraites sur la nature de l'âme de ce qui chez Fénelon n'est que « conjectures » (177) qui rendent compte de l'expérience. C'est traduire en termes d'ontologie une description que l'on appellerait aujourd'hui phénoménologique : il est alors facile à Bossuet de tirer des

---

(172) P. Dudon, *Le Gnostique...,* p. 221-222 ; Bossuet (cf. *supra,* p. 210 et 379) a souvent parlé du fond de l'âme, mais il n'en a pas encore donné une véritable définition. Voir aussi H. Sanson, *Saint Jean de la Croix entre Bossuet et Fénelon,* p. 83-84.

(173) LT, XIX, p. 91.

(174) LT, XIX, p. 91 ; cf. P. Dudon, *Le Gnostique...,* p. 222.

(175) P. Dudon, *Le Gnostique...,* p. 222.

(176) « Je ne veux pas entrer plus avant dans cette métaphysique. J'assurerai bien seulement qu'elle n'est point de Descartes, et que s'éloigner plus que lui de certains sentiments communs, c'est ouvrir la porte à beaucoup de mauvais raisonnements » LT, XIX, p. 91.

(177) P. Dudon, *Le Gnostique...,* p. 222.

conséquences « absurdes » (178) et contradictoires. La différence, selon Fénelon, entre la superficie et le fond n'est que celle qu'il y a entre l'effort ou l'excitation ou la réflexion et la spontanéité quel qu'ait été le mode d'acquisition de cette spontanéité (179). Or, avec ces remarques de Fénelon, se trouvent posées à Bossuet des questions bien plus importantes à ses yeux que celles de la structure de l'âme : l'activité et la réflexion sont-elles des conditions inséparables de toute vie spirituelle ? La réponse qu'il donne dans la *Tradition des nouveaux mystiques* est affirmative.

L'activité est liée à la conception intellectualiste de la vie spirituelle : affirmer ou sous-entendre que cette vie est constituée par une succession de pensées, c'est être conduit à concevoir une discontinuité et une multiplication d'actes par lesquels la volonté et la liberté de l'homme s'affirment. Reconnaître ainsi des actes explicites et distincts (180) ce n'est pas assujettir l'homme « à une certaine méthode d'actes arrangés et suivis », d' « actes réglés » (181), c'est de façon plus générale affirmer que la passivité est incompatible, sauf un miracle, avec la démarche spirituelle. C'est le principal reproche qu'adresse alors Bossuet aux nouveaux mystiques et à l'opuscule de Fénelon où il reconnaît leurs erreurs : le gnostique n'aurait « aucuns actes passagers ou interrompus » (182), l'homme passif n'aurait « qu'un seul acte continué de contemplation, qui ne se peut ni ne se doit renouveler ni réitérer » (183). Au contraire selon Bossuet la vie chrétienne réside dans la pratique des « vertus » (184), et comme dit Clément : « le gnostique "se crée et se fabrique lui-même" dans la pratique des vertus ; "et en opérant de bonnes œuvres" [...] ce qui montre la plus véritable action, et tout le contraire de l'état passif » (185). Rien de plus spécieux que le terme d' « abandon » si, avec l'idée d'un amour sans bornes et d'une entière et universelle soumission à la volonté de Dieu, l'on veut faire passer l'impossibilité de « se remuer ni faire aucun acte, même expressément commandé, qu'on n'y soit poussé de Dieu d'une façon extraordinaire » (186). L'effort dans lequel Fénelon ne voyait qu'un stade encore superficiel de la vie spirituelle constitue pour

(178) LT, XIX, p. 91.
(179) Cf. P. Dudon, *Le Gnostique...*, p. 222.
(180) LT, XIX, p. 62.
(181) LT, XIX, p. 58.
(182) LT, XIX, p. 4.
(183) LT, XIX, p. 11.
(184) LT, XIX, p. 42.
(185) LT, XIX, p. 42.
(186) LT, XIX, p. 78.

Bossuet un schème fondamental à toutes les étapes de cette vie (187) : si Clément parle d'apathie ce n'est que relativement à un terme jamais atteint, ce n'est que pour désigner « un effort pour y parvenir » (188). Le gnostique donc, selon Bossuet, agit, prévoit, se précautionne, combat, prie, pratique la tempérance, la justice, la piété et la charité (189) : les martyrs ne sont-ils pas de bons exemples de cette attitude ? Leur sainteté est éminente et on ne saurait trouver en eux une quelconque passivité (190).

Toutes ces remarques Bossuet les rassemble dans des raisons plus hautes et pour lui plus convaincantes, dans des raisons théologiques : le problème de l'activité dans la vie spirituelle est un des aspects du problème théologique des rapports de la grâce et du libre arbitre ; Bossuet qui vient de défendre contre Richard Simon la toute-puissance de la grâce (191), défend maintenant contre les mystiques la liberté humaine. Dès l'abord toutefois il dissipe une équivoque : dire que l'homme est « inspiré » de Dieu (192) n'est pas tomber dans l'erreur des mystiques, car il s'agit non de l'inspiration « prophétique » qui supprime toute liberté, mais de l' « inspiration commune et journalière par laquelle il est de foi que l'esprit de grâce agit et parle sans cesse au dedans de nous, pour nous faire accomplir sa volonté » (193). A ce titre l'âme est bien mue, agie, tirée, saint Paul l'affirme justement et Bossuet ne voit là que « l'état commun de la religion chrétienne » (194) : Dieu est en effet « le maître, le créateur et le moteur naturel du libre arbitre, qu'il incline où il lui plaît depuis le commencement jusqu'à la fin » (195) ; dire que le libre arbitre s'excite lui-même et fait des efforts n'est donc nullement empiéter sur la toute-puissance de Dieu, puisque c'est Dieu qui l'a préalablement excité (196), et saint Augustin qui n'est pas suspect de vouloir exalter l'homme aux dépens de Dieu n'a pas soutenu une autre doctrine (197).

---

(187) Cf. LT, XIX, p. 13-19.
(188) LT, XIX, p. 18.
(189) Cf. LT, XIX, p. 41.
(190) LT, XIX, p. 16.
(191) LT, IV, p. 357 et suiv.
(192) LT, XIX, p. 39.
(193) P. Dudon, *Le Gnostique...*, p. 198, repris par Bossuet, LT, XIX, p. 39 ; cf. LT, XIX, p. 75 : l'inspiration journalière enseignée par la foi, loin de supprimer les actes, « les fait exercer avec un plein usage du libre arbitre ».
(194) LT, XIX, p. 40.
(195) LT, XIX, p. 45.
(196) *Ibid.* Cf. LT, XIX, p. 74, 75.
(197) Cf. LT, XIX, p. 45-46, 68, 74.

Au nom de la foi, Bossuet condamne la passivité qu'il attribue aux mystiques ; au nom de la foi aussi, il soutient que le chrétien en tout état forme des désirs et des demandes. Tout homme en effet est pécheur et quel que soit son état de perfection il ne peut en cette vie être libéré des servitudes de sa condition (198) : jamais il ne pousse « l'imperturbabilité jusqu'à ne pouvoir déchoir en cette vie » (199), c'est un principe que saint Augustin et tous les docteurs catholiques ont soutenu contre les pélagiens (200) et qui donne à la spiritualité de Bossuet un caractère pénitentiel assez net (201). Le combat spirituel est un des éléments essentiels de la vie chrétienne (202), car la concupiscence (203) n'est pas supprimée par le baptême : s'il n'y a fondamentalement que deux classes d'hommes, les non-baptisés et les baptisés, si les prétendus parfaits ne sont que des baptisés, ils sont tous susceptibles de tentations (204), ils doivent donc tous pratiquer des « exercices actifs » (205), faire des efforts et lutter, se repentir des péchés véniels qu'ils commettent nécessairement (206). Fidèle à son option première, Bossuet s'en tient à cette justification théologique (207) et s'il fait appel à l'expérience ce n'est qu'à titre de preuve accessoire ou de confirmation : pousser trop loin la perfection en ôtant « le contrepoids de notre faiblesse » (208), c'est risquer d'exalter notre orgueil, mais Bossuet ajoute aussitôt : « Je ne veux pas, non plus que vous, qu'on entretienne les âmes pieuses dans une crainte perpétuelle de l'illusion. Il faut dilater le cœur par la confiance... » (209) : la concession est importante et explique que pratiquement, dans la direction spirituelle, les attitudes des deux hommes soient proches. C'est que

(198) Cf. LT, XIX, p. 4 : « nécessairement pécheur, selon la foi catholique ».

(199) LT, XIX, p. 6.

(200) LT, XIX, p. 38.

(201) Bossuet, LT, XIX, p. 38, cite saint Augustin : la justice de cette vie « consiste plus dans la rémission des péchés que dans la perfection des vertus » et « l'on n'approche de la perfection qu'autant qu'on s'en croit éloigné ».

(202) LT, XIX, p. 78, 100.

(203) LT, XIX, p. 100.

(204) LT, XIX, p. 35, 37, 41.

(205) LT, XIX, p. 41.

(206) LT, XIX, p. 82-83. Bossuet discute le retour de l'âme à la pureté originelle selon le Bx Jean de la Croix et rappelle que le Bx et les mystiques apportent des correctifs à cette doctrine : LT, XIX, p. 99.

(207) Apathie et inamissibilité de la justice sont pour lui signes de calvinisme, LT, XIX, p. 101. Cf. du Vaucel, *Breves considerationes*, p. 36.

(208) LT, XIX, p. 100.

(209) LT, XIX, p. 101.

pour Bossuet cette attitude est purement pratique et n'engage pas de choix doctrinaux. Pour Fénelon il en va tout autrement.

Le caractère toujours inaccompli de la justice humaine explique facilement la nécessité des désirs et des demandes, et les principes intellectualistes auxquels tient Bossuet permettent de comprendre le caractère explicite de ces désirs et de ces demandes : la spiritualité de Bossuet, au niveau des principes, est ainsi très cohérente, aussi cohérente que le dogme dont elle est l'expression. Puisque la vie présente est, par nature, imparfaite, tout homme doit désirer la vie future (210), doit demander l'accroissement de la grâce, l'avancement vers la perfection, car il n'est jamais en cette vie arrivé au terme de ses désirs (211) : « ce sont des actes et des actes très formels et très distincts, et des demandes très actives ; et de là si vous concluez que celui qui fait ces demandes n'est pas *entièrement dans la permanence,* mais qu'il y est comme on peut y être dans une vie mortelle et fragile, vous aurez dit la vérité » (212).

Que l'on doive bannir des prières l'inquiétude et l'incertitude (213), qu'il ne soit pas toujours nécessaire de prier « de la voix » (214), Bossuet qui a l'habitude de diriger des religieuses est tout prêt à l'admettre, mais, sans entrer dans la distinction fénelonienne entre désirs actifs et désirs passifs (215), il reprend encore une fois (216) la doctrine classique de l'intention : Dieu entend les prières « avant qu'elles se soient formées en termes exprès, intérieurs ou extérieurs » : même à ce niveau, en deçà du langage, la prière est libre, active, acte « exprès » et « formé » ; différence de degré et non de nature, l'intention que l'Ecole nomme virtuelle est un acte, est la suite d' « un acte formel qui subsiste dans son état et dans le branle qu'il a donné à la volonté tout ensemble, qui est de nature à être souvent renouvelé, et qui demande de l'être » (217) : la controverse naissante n'a pas conduit Bossuet à un assouplissement de sa doctrine : les vues intellectualistes qu'il développait naguère à la suite de Nicole se sont si bien assimilées à son esprit qu'elles constituent les schèmes fondamentaux de sa réponse à Fénelon ; et c'est la conviction très augustinienne que l'homme a toujours à demander en cette vie, qui le conduit à donner à la

(210) LT, XIX, p. 83 et suiv., cf. p. 64, 65.
(211) LT, XIX, p. 36, 46 et suiv.
(212) LT, XIX, p. 49.
(213) LT, XIX, p. 61.
(214) LT, XIX, p. 55.
(215) Critique de cette distinction, LT, XIX, p. 54-55.
(216) Cf. *supra,* p. 422.
(217) LT, XIX, p. 56.

prière et au désir une telle place dans la vie spirituelle : l'espérance dans ce premier traité tient donc déjà une place essentielle (218) : le mouvement de la spiritualité est ainsi selon Bossuet pratique d'actes explicites, plus qu'amour il est accroissement de l'amour (219), il est tension de caractère eschatologique vers un but qui se dérobe toujours : la formule que Bossuet voudrait ajouter à chacune des affirmations de Fénelon et des mystiques, « autant qu'il se peut », est plus qu'une prudente atténuation, c'est l'expression la meilleure de ce dynamisme (220). Dans ces perspectives l'amour pur et désintéressé auquel, à tort ou à raison, Fénelon ramène l'état mystique n'est qu'une chimère : les actes qui constituent la vie spirituelle sont, en cette vie, intéressés et réfléchis *par nature ;* réflexion et intérêt propre sont les conditions inséparables de tout acte humain. Faire des demandes distinctes, rendre grâces, c'est y réfléchir et en rapporter la gloire à Dieu (221) ; demander c'est demander pour soi, et rendre grâces c'est une autre sorte d'intérêt (222). L'objection essentielle qu'après saint François de Sales présente Fénelon et selon laquelle les âmes qui désirent la persévérance sont plus occupées de leur amour que du bien-aimé, donne lieu à Bossuet de faire une distinction entre deux sortes de réflexions : l'âme peut s'occuper de son amour soit pour s'y complaire, soit pour s'en conserver la pureté (223) : cette seconde façon de réfléchir est non seulement légitime mais commandée, c'est rechercher l'intérêt de Dieu (224). L'absence de réflexion ou de retour sur soi est donc chimérique : si l'on entend par là l'absence de tout amour-propre volontaire, c'est parler simplement de la vertu de charité (225), si l'on entend une exclusion absolue, c'est parler d'un état qui ne peut être de cette vie.

Tel est le tableau de la vie chrétienne qui est présenté dans la *Tradition des nouveaux mystiques :* ce que l'on trouve dans les œuvres des nouveaux mystiques est, selon Bossuet, ou bien la systématisation de phénomènes extraordinaires, miraculeux et irrationnels, ou bien la commune doctrine du christianisme. Bossuet n'est

---

(218) Cf. LT, XIX, p. 66 et suiv., 88.

(219) Cf. LT, XIX, p. 65.

(220) Cf. la permanence autant qu'il se peut, LT, XIX, p. 14, la divinisation de l'homme autant qu'il se peut, LT, XIX, p. 14, 36, 80, etc.

(221) LT, XIX, p. 63.

(222) *Ibid.* Sur les demandes intéressées, cf. LT, XIX, p. 63-66, et les passages réutilisés dans l'*Instruction sur les états d'oraison,* LT, XVIII, p. 496-497 et 491-492.

(223) LT, XIX, p. 65.

(224) LT, XIX, p. 66.

(225) Cf. LT, XIX, p. 10, 15.

cependant pas sans convenir que cette commune doctrine, tous les hommes ne la vivent pas de la même façon ; même si au plan ontologique on refuse d'introduire une distinction entre commençants et parfaits, on doit pratiquement établir une hiérarchie entre ceux qui vivent plus ou moins parfaitement l'unique Evangile : la facilité de cette vie, la perfection des formes qu'elle revêt, l'éloignement des tentations prouvent non pas que l'homme est entré dans un nouvel état (226) mais qu'il a acquis l'habitude de la vertu : il est *pratiquement* dans une nouvelle situation, mais *ontologiquement* dans le même état : la différence entre le gnostique ou le parfait et celui qui ne l'est pas n'est autre que la différence qu'il y a entre le commun des fidèles et ceux « que nous appelions naturellement les dévots, avant que ce mot eût été tourné en ridicule » (227). Seule « l'habitude déjà formée » des vertus (228) explique la stabilité de la contemplation et même la domination sur les puissances de l'imagination et sur les songes (229), mais cette habitude fixe est toujours relative à une situation plus changeante (230), ainsi on peut dire que l'habitude est « une seconde nature, à cause que par son secours ce qui était passager, changeant et accidentel, devient comme inséparable de notre être, et d'une certaine manière se tourne en notre substance » (231) ; « comme », « d'une certaine manière » (232), ces mots nous mettent en garde contre des conclusions tirées des seules apparences et en même temps ils rendent sensible la difficulté qu'il y a à adapter aux faits un système aussi rigide que celui de Bossuet : néanmoins les concessions que représentent ces formules vont peut-être plus loin que ne voudrait Bossuet : n'est-ce pas supposer une certaine cohérence à ce domaine de l'expérience où Bossuet ne

---

(226) Ce nouvel état, Bossuet pense le mettre avec le Bx Jean de la Croix dans la ligature des puissances, LT, XIX, p. 10, et cf. *supra,* p. 504.

(227) LT, XIX, p. 122.

(228) LT, XIX, p. 7, 9, 19-20, 44, 77, 133. Quelquefois, Bossuet ajoute à l'habitude « le don singulier de la persévérance » (LT, XIX, p. 71) : le caractère exceptionnel de ce don interdit d'en généraliser la présence chez les parfaits ; cependant, cette légère concession peut laisser supposer que l'insuffisance de sa théorie de l'habitude n'a pas toujours échappé à Bossuet. Cf. aussi LT, XIX, p. 72 : « Le don singulier de persévérance affecte les âmes et les détermine, si l'on veut, moralement ou physiquement, à persévérer dans la vertu ». Cf. aussi LT, XIX, p. 77.

(229) LT, XIX, p. 15.

(230) LT, XIX, p. 18 : Bossuet cite « les philosophes » qui attribuent de cette façon à l'habitude un état fixe et une certaine immobilité. Cf. aussi LT, XIX, p. 27.

(231) LT, XVIII, p. 515 : passage repris à la *Tradition des nouveaux mystiques,* LT, XIX, p. 28.

(232) Cf. aussi LT, XIX, p. 57 : « naturellement et comme sans s'en apercevoir ».

veut voir que le reflet de réalités ontologiques ? L'expérience « d'une certaine manière » n'a-t-elle pas une réalité propre que faute d'un langage approprié l'on ne peut définir et que l'on est contraint de traduire à l'aide de pseudo-concepts comme la sensibilité insensible, les actes au delà des actes, les pensées sans pensées, et à l'aide de « comme si » bien maladroits mais révélateurs ? Ces questions Bossuet ne se les pose pas : fasciné par la rigueur et la cohésion d'un système où il retrouve l'Ecriture, Clément d'Alexandrie, saint Augustin et toutes les vérités du christianisme, il n'a pas conscience des contradictions que les faits pourraient lui apporter : il ne mettra jamais en question cette première synthèse (233).

II) Bossuet et les Justifications de Mme Guyon.

Pendant l'automne et l'hiver 1694-1695, Bossuet lit et étudie de près les textes que Fénelon lui a transmis et le résultat de cette lecture c'est le gros traité intitulé *Tradition des nouveux mystiques.* En même temps, M. de Meaux reçoit de Mme Guyon, outre des lettres (234), les « quinze ou seize gros cahiers » (235) où elle avait fait « le parallèle de ses livres avec les saints Pères, les théologiens et les auteurs spirituels » (236). Elle envoie ces cahiers à Bossuet au début d'octobre 1694 (237), et il les lira soigneusement au cours de l'hiver, avant la fin des entretiens d'Issy (238).

---

(233) On a pu remarquer l'absence dans la *Tradition des nouveaux mystiques* de thèmes panhédonistes. Bossuet y fait par hasard allusion aux « douces émotions que Dieu fait en nous » (LT, XIX, p. 74), aux « douces idées des noces spirituelles » et aux « secrètes caresses » (LT, XIX, p. 136) que traduit le *Cantique des Cantiques ;* il y soutient comme dans ses lettres que les larmes sont pleines de douceur (LT, XIX, p. 40) ; ces allusions sont peu nombreuses et peu significatives. En un endroit, Bossuet dissocie très nettement le désir et le sentiment : « Dieu donne des sentiments plus ou moins vifs ; Dieu les donne, si vous voulez, à certains moments, ou ne les donne pas ; son esprit souffle où il veut » (LT, XIX, p. 58) ; ce qui est bien marquer les insuffisances d'une spiritualité panhédoniste et qui nous permet de comprendre que la spiritualité de Bossuet est beaucoup moins imprégnée de panhédonisme que d'intellectualisme.

(234) Bossuet avait déjà reçu en juin 1694 une copie d'une lettre à Mme de Maintenon et un mémoire justificatif dans lequel Mme Guyon demandait l'examen de sa vie (C.B., VI, p. 555 et suiv.) : texte revu sur l'autographe, B.N. n. a. fr. 16313, f° 54.

(235) LT, XX, p. 102. Ces *Justifications* (B.N. fr. 25092-25094) comprennent en effet plus de 1.700 pages de format in-4°.

(236) LT, XX, p. 102.

(237) C.B., VI, p. 412, 564.

(238) Cf. LT, XX, p. 106 : « après avoir lu tous les écrits tant de Mme Guyon que de M. l'abbé de Fénelon » : il est difficile de ne pas entendre par là : les imprimés et les manuscrits. Bossuet dit ailleurs qu'il lut tous les écrits « surtout ceux de M. l'abbé de Fénelon » (LT, XX, p. 103). Mme Guyon soutiendra qu'il ne lut pas ses *Justifications*

Cependant ces *Justifications* vont poser à Bossuet de tout autres problèmes que le *Gnostique* ou les opuscules de Fénelon : ces opuscules, malgré toutes leurs nuances, soutiennent une thèse et nous avons montré que les difficultés de cette thèse n'ont pas échappé à son auteur qui l'assouplira beaucoup dans la suite de la controverse ; mais à une thèse Bossuet peut répondre par une discussion rigoureuse, opposant argument à argument, raisonnement à raisonnement, et les opuscules de Fénelon, le *Gnostique* ou l'*Etat passif,* possèdent une unité de sujet ou de thème qui facilite cette discussion ; enfin Bossuet accorde à Fénelon une attention qu'il ne peut accorder à Mme Guyon, son effort principal étant de convaincre son ancien ami qu'il faisait erreur en soutenant les livres et l'oraison de cette dame (239).

Bien loin de présenter avant tout une synthèse liée par un esprit méthodique, les *Justifications* apportent des textes : seul l'examen rigoureux de ces textes permet de tirer des conclusions et comme ils embrassent toute la spiritualité chrétienne de l'Ancien Testament au XVIIe siècle (240), on conçoit que la méthode de travail de Bossuet telle qu'elle apparaît dans la *Tradition des nouveaux mystiques* ne soit pas adaptée à cette tâche. Car Mme Guyon, en envoyant à Bossuet ses *Justifications,* conteste dès l'abord tout jugement de caractère intellectuel : « le cœur seul peut juger des écrits auxquels le cœur seul a part. Ce que j'écris, ne passant point par la tête, ne peut être bien jugé par la tête » (241), « votre cœur entrera dans ce que votre esprit même paraît ne pas pénétrer, parce qu'il y a de certaines choses où l'expérience est au-dessus de la raison sans être contraire à la raison » (242).

Bossuet est-il capable d'entrer dans ces dispositions ? Dès le 5 octobre, en accusant réception des *Justifications,* il montre que cette démarche lui est étrangère et qu'il ne peut comprendre quel est ce jugement par le cœur : n'affirme-t-il pas qu'il tâche « de ne point apporter [son] propre esprit dans cette affaire » (243) alors que Mme Guyon parlait de l' « esprit », ce qui est fort différent du

---

(cf. L. Cognet, *Crépuscule des mystiques,* p. 249-250) : l'état du manuscrit prouve le contraire mais, comme nous allons l'établir, l'incompréhension évidente de la lecture de Bossuet pouvait faire douter Mme Guyon qu'il eût réellement lu ces textes.

(239) LT, XX, p. 102-106.

(240) A la fin de décembre 1694, Mme Guyon envoie encore à Bossuet un exemplaire de la *Vie* de sainte Catherine de Gênes : C.B., VI, p. 500.

(241) C.B., VI, p. 413 ; cf. *Justifications,* fr. 25092, f° 208 r°-v°.

(242) C.B., VI, p. 413 : Mme Guyon revient à plusieurs reprises sur ces conseils au cours de cette lettre : C.B., VI, p. 413-415.

(243) C.B., VI, p. 415.

« propre esprit » ? Ne rappelle-t-il pas encore une fois que « l'Ecriture et la tradition seront [sa] seule règle » (244), nouvelle affirmation de la réduction théologique qui lui est coutumière, au moment même où il se déclare prêt à « profiter des lumières et des expériences des saints » (245) ? N'est-ce pas en outre pendant ces semaines que M. de Meaux se montre incapable de comprendre vraiment ce qu'est la foi nue des mystiques dont lui parle Mme d'Albert (246) ?

L'examen du manuscrit (247) permet de déterminer comment Bossuet lut l'épais dossier que lui a remis Mme Guyon : la plupart des notes, des traits ou des signes qu'il y porta sont au crayon et l'on reconnaît fort bien son écriture, sa façon de souligner les choses importantes ou contestables, de barrer rageusement de traits verticaux les passages qui l'irritent. Une note nous donne sur le lieu où il lut ces pages une indication : au f° 97 v° du premier registre de la B.N. (248), donc dans les premières pages, nous lisons ces mots de Mme Guyon : « Avant que de mettre les réponses pour ne rien désirer, je crois devoir mettre ici l'explication que j'ai pris la liberté d'en donner à Monseigneur de M. il y a un an après qu'il eut bien voulu prendre la peine de me voir ». Bossuet a écrit en marge au crayon :

« rien
désirer
demandes
Meaux »

Mme Guyon fait allusion à la lettre qu'elle écrivit à M. de Meaux en février 1694 (249), et le sens de l'indication portée par Bossuet « *Meaux* » après le rappel du thème de la lettre est assez clair : la lettre de Mme Guyon doit se trouver à Meaux et il se propose de l'y consulter lors d'un prochain séjour. Lui-même se trouve alors à Germigny où il passe tout le mois d'octobre ; ce qui confirme que c'est dans le calme de Germigny que s'est faite sans délai après la réception du dossier la lecture attentive des *Justifications* (250). On peut préciser : les notes du manuscrit sont en général au crayon mais quelques traits et quelques mots à l'encre au milieu des signes

(244) C.B., VI, p. 416.
(245) C.B., VI, p. 415.
(246) C.B., VI, p. 424 et suiv., 443 et suiv., cf. *supra,* p. 396, 486 ; voir aussi C.B., VI, p. 456 sur le « dégoût des spirituels » que ressent alors Bossuet, en octobre 1694.
(247) B.N., fr. 25092-25094.
(248) Fr. 25092.
(249) C.B., VI, p. 146 et suiv.
(250) Cf. aussi C.B., VI, p. 415.

au crayon permettent de penser que M. de Meaux revint sur certains passages (251). L'examen extérieur du manuscrit révèle un autre fait : les notes sont beaucoup plus nombreuses dans les premiers cahiers (252) que dans les suivants (253) ; ensuite Bossuet se contente de souligner abondamment ou de barrer, mais dans les derniers cahiers (254) il donne de moins en moins de coups de crayon : des pages entières n'en contiennent aucun ; une question retient-elle son attention, il souligne, mais c'est exceptionnel, et les traits de crayon ne se maintiennent que pendant deux ou trois pages. La lecture semble donc devenir de plus en plus hâtive. Comme les sujets sont classés par Mme Guyon alphabétiquement, ce ne peut être la conséquence de l'importance décroissante des questions abordées. Il ne semble pas d'autre part que la rapidité de la lecture des 400 dernières pages ait pour origine la hâte de l'évêque de Meaux obligé de se rendre à Jouarre le jour des Morts (255), puis à Paris après un rapide passage à Meaux : il avait le temps à Germigny d'étudier de près tout le dossier se réservant de revenir ultérieurement sur des points qui lui auraient paru intéressants. Très vraisemblablement il a éprouvé une impression de lassitude en lisant ces pages : malgré la richesse de leur documentation, ce sont sans cesse les mêmes thèmes qu'il retrouve, les mêmes problèmes qui lui paraissent mal posés ; le nombre des autorités ne peut entamer ses convictions, et dès lors l'admirable travail de Mme Guyon lui paraît vain : il n'y trouve que des thèses qu'il croit avoir cent fois réfutées et qu'il est en train de réfuter dans la *Tradition des nouveaux mystiques* (256). Aussi il ne tire pas encore

---

(251) Ainsi fr. 25093, f° 172-173 v° sur l'interprétation que donne l'Aréopagite des cérémonies du baptême. Cf. aussi fr. 25092, f° 179 v°-180, 188 v°.

(252) Qui constituent à peu près le ms. fr. 25092. Le 5 octobre, Bossuet écrit à Mme Guyon qu'il lit et confère « tout avec attention » (C.B., VI, p. 415), ce qui est donc vrai au moins pour cette date-là.

(253) Signes de la minutie de cette lecture, notons fr. 25092, f° 102 v° la correction de « mil sept cents sept » en « mil six cents sept », fr. 25092, f° 107 v° la correction de « radiation » en « radication » par un c mis en interligne, fr. 25093, f° 323 celle d' « effective » en « affective » ; seule une lecture très attentive permettait de déceler ces lapsus du copiste. Ces corrections de détail sont plus nombreuses dans les premiers cahiers qu'à la fin du recueil.

(254) En gros le ms. fr. 25094.

(255) C.B., VI, p. 449, 452.

(256) Ces thèses en effet ont été suggérées à Mme Guyon par les critiques faites aux mystiques et en particulier les titres de ses chapitres, points sur lesquels elle est invitée à se justifier, nous renvoient soit aux articles de la constitution *Cœlestis Pastor* de 1687, soit aux vieilles accusations lancées contre les Bégards, les Alumbrados et tous les mystiques du XVIIe siècle, Guérinets, adversaires du carme Chéron, de Nicole,

de conclusions : c'est un peu plus tard, dans les deux *Instructions sur les états d'oraison* qu'il répondra en détail aux *Justifications* et à travers elles à toute la tradition mystique. Mais sa réaction spontanée, dans sa vivacité même, est intéressante et, à travers son irritation, Bossuet se découvre : on voit d'abord que c'est la démarche même que Mme Guyon demande à ses censeurs qui le heurte : ne dit-elle pas en écho à la lettre du 3 octobre 1694 (257) : « Ce n'est pas l'esprit qui doit juger de ces âmes car comme leur voie est fort au-dessus du propre esprit il faut que le cœur seul en juge » (258) et ne conteste-t-elle pas tout juge qui n'aurait pas l' « expérience » des états qu'elle essaie de décrire ? Bossuet souligne tous les passages où s'exprime cette contestation (259) mais il souligne aussi et marque de deux traits en marge ce texte du chapitre Ier des *Vèmes Demeures* de sainte Thérèse qui doit le satisfaire : « Je suis toute prête à suivre ce que me diront des personnes éminentes en

---

etc. La problématique n'est donc pas neuve et la reprise de ces thèmes usés ne pouvait que contribuer à enliser, dès le début, la controverse.

(257) C.B., VI, p. 413, cité *supra*, p. 523.

(258) Fr. 25092, f° 208 r°-v° : souligné et barré de deux traits par Bossuet. Cf. aussi fr. 25094, f° 228 : « ... la tête n'a nulle part à ce que nous écrivons... ».

(259) Fr. 25092, f° 146 : texte de Jean de Saint-Samson : « Je m'étonne beaucoup que de certains qui ne font état que de la doctrine et d'une vie morale nous attaquent sur nos termes » ; fr. 25092, f° 215 : « Il est difficile d'être entendu lorsqu'on parle et explique ces choses à moins que d'en avoir l'expérience » ; fr. 25093, f° 11 v° : texte de saint Jean de la Croix : « Si le maître n'a l'expérience des choses sublimes il n'y acheminera pas l'âme quand Dieu l'y attire, et il lui pourrait faire beaucoup de tort » ; fr. 25093, f° 12 v° : texte de Harphius : « Les personnes simples et ignorantes des sciences humaines sont plus propres que les savants à apprendre, pratiquer cette science mystique » ; fr. 25093, f° 14 : texte de Gerson : « Il faut cacher les paroles de la théologie mystique à plusieurs doctes et lettrés qui sont nommés sages, philosophes et théologiens, aussi la faut-il enseigner à plusieurs simples et sans doctrine ni étude pourvu qu'ils soient fidèles » ; fr. 25093, f° 24 : « Plût à Dieu que ceux qui combattent cet état en eussent fait l'expérience » : Bossuet note en marge : « *exper.* » ; fr. 25093, f° 202 v° : « Ceux qui n'ont jamais éprouvé la douce présence de Dieu dans leurs âmes et ses caresses ineffables ne comprenant point les insupportables rigueurs de cette absence et de ce rejet de Dieu, n'auront guère de compassion des douleurs de cette âme » ; fr. 25094, f° 63 : les « personnes intérieures [...] sont non seulement persécutées des gens du monde libertins, non seulement des honnêtes gens, mais beaucoup plus des dévots et spirituels qui ne sont pas intérieurs. Ceux-ci le font par zèle ne connaissant pas d'autre voie que celle qu'ils pratiquent ; mais ils reçoivent les derniers outrages des faux dévots et faux spirituels parce que comme Dieu les éclaire de sa vérité, ils connaissent leurs désordres, leur malice et leur hypocrisie »; fr. 25094, f° 232 v° : « O qu'un quart d'heure d'expérience ferait voir bien possible et bien réel ce qu'on regarde comme faux ou comme imaginé ! ». Autres textes du même genre soulignés aussi par Bossuet : fr. 25092, f° 190 v°, 229, 260 v°, 25093, f° 13 v°, 59 v°, 142 v°, 185 v°, 240, 314 v°, 317 v°, 25094; f° 231.

doctrine. Car encore qu'elles n'aient point d'expérience de ces choses, elles ont néanmoins un je ne sais quoi, d'autant que Dieu les tient pour illuminer son Eglise » (260).

Les mêmes réactions de Bossuet sont perceptibles devant les interprétations personnelles données par Mme Guyon de la doctrine des mystiques : il ne manque pas de prendre acte de sa dénonciation des erreurs de Molinos et il souligne ces phrases : « Je commençai à entendre parler de Molinos la première fois en écrivant les Epîtres de St Paul vers la moitié [...]. Je ne suis point dans leurs sentiments. L'original est signé » (261) ; mais ces déclarations ne sauraient le contenter : les réflexions dont Mme Guyon parsème les marges de son recueil sont le plus souvent barrées énergiquement ou soulignées par M. de Meaux : aveux d'impuissance du spirituel qui prêche dans le désert (262), renvois à d'autres œuvres où le lecteur des *Justifications* trouvera la démonstration des thèses que Mme Guyon tient pour acquises (263), rappel d'expériences personnelles qui justifient ses affirmations (264), rapides appréciations de textes mystiques (« admirable », « belle comparaison », « beaux

(260) Fr. 25092, f° 142. Bossuet, en sens inverse, souligne un passage où Mme Guyon définit un « état apostolique » au delà de la hiérarchie ecclésiastique : fr. 25092, f° 207 : « Les personnes qui ne sont pas appelées à cela par leur état (comme sont les laïques) ne le doivent faire que par une vocation particulière et en cet état ici ».

(261) Fr. 25092, f° 9 ; cf. aussi fr. 25093, f° 136, 163 v°.

(262) « Ste Thérèse traite des extases de faiblesse, ce sont celles des puissances et de la perte des sentiments. Si je pouvais faire comprendre combien il est dangereux de s'arrêter à ces choses et comme le diable par là s'insinue et se transfigure en ange de lumière, mais je ne serais pas crue » (fr. 25092, f° 148). Bossuet souligne et ajoute à la fin de la phrase « na » ; ces deux lettres distinctement écrites doivent être une abréviation de « nota » (cf. Th. Goyet, *L'humanisme...*, t. II, p. 558, n. 281. Ces lettres se retrouvent fr. 25092, f° 198, 221). Voir d'autres passages de même sens soulignés par Bossuet : fr. 25092, f° 215, fr. 25094, f° 256 v°.

(263) Fr. 25092, f° 193 : « J'en ai beaucoup écrit, l'on ne peut être en même temps et plus heureux et plus misérable », fr. 25093, f° 53 v°, 71, 130 v°, 146 v° : « Il faudrait mettre en parallèle les différentes voies pour voir combien les écrits que Dieu m'a fait faire sont opposés à ces illuminés qui se cherchent en tout », 163 v°, 232, fr. 25094, f° 54, 218.

(264) Fr. 25092, f° 189, 189 v°, 206, 207, 207 v°, 260 v°, fr. 25093, f° 10 v°, 205, 233 v°, 284 v° : « Il est certain que les hommes sont beaucoup plus droits que les filles et qu'ils se cherchent moins », 319 v°, fr. 25094, f° 227 v° : « ... du moins cela arrive à une petite femmelette comme moi qui, ne sachant rien, ne peut ajuster avec l'esprit ce qu'elle doit dire ni même ranger les matériaux pour l'édifice quand même elle les aurait tous... » ; deux pages sont ici énergiquement barrées par Bossuet, Mme Guyon y oppose ce que les spirituels écrivent sous la dictée du divin maître et l'enseignement des « lumières de l'Eglise », des « grands et des saints hommes » qui au contraire « voient et entendent ». Cf. aussi fr. 25094, f° 232, 253 v°, 257.

sentiments », « cet endroit est tout divin », « ceci est divin et d'un goût exquis ») que Mme Guyon jette en marge et que Bossuet souligne, irrité par ces exclamations (265), effusions du cœur qui prennent la forme de prières (266), protestations répétées de soumission à ses censeurs (267), et parfois même mouvements d'humeur devant l'incompréhension dont ils témoignent (268). On comprend déjà que c'est un certain ton des *Justifications* qui heurte Bossuet, ce plaidoyer chaleureux en faveur de l'expérience de toute une vie. De plus aux questions de doctrine, seul objet des entretiens d'Issy, se mêle la question des mœurs de Mme Guyon et cette question ne peut pas ne pas orienter l'examen de M. de Meaux comme elle a orienté l'apologie qu'il lit : nous avons noté les passages relevés par Bossuet où elle sépare énergiquement sa cause de celle des faux mystiques ; Bossuet souligne aussi les aveux de l'innocente liberté, scandale pour les profanes, dans laquelle vivent les âmes spirituelles : il ne les interprète pas nécessairement en mauvaise part mais il leur prête un intérêt particulier (269).

---

(265) Fr. 25092, f° 218 v° : « Belle comparaison des regorgements de l'épouse », 234 v° : « Comparaison admirable d'un musicien », 239 : « Beaux sentiments dignes non seulement d'un berger, mais d'un pasteur des pasteurs », fr. 25093, f° 82 v°, 141, fr. 25094, f° 83, 122 v°, 170, 192, 226 v°, 227.

(266) Fr. 25092, f° 238 : « Vengez-vous donc ô mon Dieu sur mon propre cœur s'il ne vous aime point assez », fr. 25093, f° 162 : « Je prie Dieu d'éclairer les yeux pour faire voir cette extrême différence et que la malice de l'ennemi qui a semé beaucoup d'ivraie avec le bon grain ne soit pas cause qu'on confonde l'un et l'autre », 234 v° : « Mais mon amour n'en dis-je point trop pour une personne qu'on examine comme coupable ? Mais qu'importe pourvu que vos droits soient conservés et que votre vérité ne soit ni trahie ni affaiblie. Si la crainte, ô mon amour, pouvait faire entrer en ce cœur un intérêt propre, il faudrait arracher ce cœur ingrat et le punir éternellement », fr. 25094, f° 22 : « Je fais la même prière à notre Seigneur. Plût à Dieu que tous ceux qui combattent ces voies et les décrient en eussent fait l'expérience, leur zèle changerait comme celui de St Paul. Ils deviendraient les prédicateurs des mêmes choses qu'ils combattent avec tant d'ardeur », 223 v° : « O mon Seigneur, vous m'aimez gratuitement et je ne vous aimerais pas de même ! et je pourrais chercher en vous autre chose que vous ! Cela fait horreur d'y penser ».

(267) Fr. 25093, f° 45 v° : « Si je dis mal, je soumets encore ceci » ; 55 v° : « C'est ma pensée que je soumets comme tout le reste de mes écrits, je ne mets ceci que pour éclaircir » ; 136 : « Je suis prête de sceller ma foi de mon sang ».

(268) Fr. 25093, f° 135 v° : « Si j'avais voulu parler d'une impureté corporelle et que j'eusse voulu dire ce qu'on me veut faire dire, comme Dieu m'a fait la grâce de savoir ma langue, j'aurais mis tout le contraire et j'aurais dit : elle s'est livrée à l'impureté pour se purifier de l'attache à sa pureté. Ce qui est absurde » : Bossuet souligne de deux traits « savoir ma langue » et donne plusieurs coups de crayon ailleurs.

(269) Fr. 25093, f° 121 v°-122 : « Il y a des défauts apparents et non réels qui ne viennent que de liberté, d'innocence et de simplicité, l'on

Au delà de ces considérations personnelles, la lecture de Bossuet est celle du théologien, du dialecticien qui découvre les textes des mystiques : déjà il a pu se heurter au système de Clément d'Alexandrie, aux textes de Cassien, mais la présentation systématique ou « littéraire » de ces textes suscitait de sa part une contestation plus intellectuelle qu'affective ; au contraire les passages invoqués par Mme Guyon présentent presque sans élaboration des documents où le style des mystiques apparaît dans ce qu'il a de plus abrupt et de plus déconcertant pour le théologien : il est peu étonnant de voir Bossuet souligner tous les passages les plus forts et les moins rigoureusement justifiables aux yeux de la théologie dogmatique. Bossuet est-il capable de dépasser la lettre de ces textes ? les traits de crayon dont il les marque ne permettent pas de répondre à cette question. Il relève les comparaisons dont se servent les mystiques : la cire passive sous le cachet (270), ou la statue (271), il souligne les expressions réalistes, ce qui paraît aux profanes exagérations et ce qui, pris au pied de la lettre, est non seulement une faute de goût ou de ton mais implique presque contradiction (272) ; de même l'attention de Bossuet se porte sur les lignes où Mme Guyon fait allusion à des phénomènes extraordinaires : tentations diabo-

---

fait sans peine ni scrupule des choses innocentes d'elles-mêmes, dont on aurait fait scrupule autrefois lorsque la nécessité de purifier les sens la tenait dans une extrême contrainte. Par exemple, se récréer avec une fleur, un oiseau, ne plus géhener la vue parce que les objets ne font plus d'impressions quoiqu'on l'ait fort contrainte dans les commencements, s'amuser avec des enfants, manger indifféremment de tout parce qu'on ne trouve de goût à rien, l'on aurait fait autrefois scrupule de toutes ces choses. Les personnes géhenées se scandalisent souvent de cette innocente liberté ». Dans le même sens f° 138, l'exégèse que Mme Guyon donne de *Cant.* V 7 : *Invenerunt me custodes qui circumeunt civitatem ; percusserunt me, et vulneraverunt me. Tulerunt pallium meum mihi custodes murorum,* en rejetant toute interprétation « infâme » ou « grossière » : le passage est souligné d'un ou deux traits par Bossuet. Cf. aussi fr. 25093, f° 161 v°.

(270) Fr. 25092, f° 11 d'après sainte Thérèse ; fr. 25093, f° 304 v° d'après Tauler.

(271) Fr. 25092, f° 35 v° d'après saint François de Sales ; Bossuet marque de plusieurs traits verticaux et note en marge : « statue ».

(272) Fr. 25093, f° 63 : Bossuet souligne de deux traits ces lignes de Jean de Saint-Samson : « Etre enterré comme mort, c'est encore un tout autre état, et puis être pourri et corrompu et de la pourriture être réduit en cendres, ce sont encore d'autres états plus proches du rien, mais le même rien n'est rien » ; fr. 25093, f° 104 v° : il souligne de même l'expression de sainte Thérèse : « L'âme n'avale pas cette divine viande » ; fr. 25093, f° 289 v°, les mots de Mme Guyon : « La prière n'est autre chose qu'une chaleur d'amour qui fond et dissout l'âme, la subtilise et la fait monter jusqu'à Dieu. A mesure qu'elle se fond elle rend son odeur, et cette odeur vient de la charité qui la brûle », cf. fr. 25093, f° 269, 320 (comparaisons médicales d'assez mauvais goût faites par Mme Guyon), 323.

liques (273) et extases (274), et où elle décrit l'état de fécondité du spirituel : il n'est pas certain que Bossuet ressente déjà à l'égard de cet état de plénitude toute l'ironique répulsion qui se manifestera dans la *Relation sur le quiétisme,* mais il ne manque pas de relever ces passages, de les souligner, et sans doute de les interpréter sans bienveillance comme les signes d'un illuminisme qui peut être malsain, et qui lui rappelle les communications en grâce dont Mme Guyon lui parlait dans une lettre d'octobre 1693 (275) ; de cette mystérieuse fécondité il doit rapprocher les passages qu'il souligne aussi où Mme Guyon définit l'état du spirituel comme un état apostolique (276), qui le rend mère et nourrice pour ceux qui lui sont liés.

Quoi qu'il en soit de ces réserves que Bossuet peut faire sur la forme et sur le ton de ces *Justifications,* sur l'aspect « moral » de certaines pages, ce sont les thèses explicitement soutenues par l'auteur du *Moyen court,* des commentaires du *Cantique des Cantiques* et de l'*Apocalypse* que relève Bossuet : ces thèses présentées selon le schéma alphabétique ne lui sont pas nouvelles : depuis plusieurs mois M. de Meaux les étudie ; les *Justifications* et leurs nombreuses citations l'obligeront seulement à apporter plus de nuances, pour ne pas condamner sans examen des auteurs ortho-

---

(273) Fr. 25093, f° 137 v°, 138 v° : « J'ai connu une sainte Fille bien éprouvée par un saint Evêque à qui le diable avait fait à la mamelle droite une plaie large de trois doigts qu'il lui fallait panser avec d'extrêmes douleurs. J'en ai connu plusieurs de cette sorte. Il y en avait une dans le diocèse de Sens, conduite par Monseigneur Octave de Bellegarde pour lors Archevêque de Sens ; le Diable lui cassa le bras. Monseignr l'Archevêque lui défendit de lui toucher davantage, il ne lui fit plus rien depuis. La vie de cette Religieuse est imprimée, et je l'ai su particulièrement d'une religieuse fort âgée qui était alors sa supérieure. Le Père Raveno, Jésuite, rapporte la même chose et de beaucoup plus étonnantes dans la vie de la mère St Augustin, religieuse en Canada » : Bossuet a souligné plusieurs lignes en cette page.

(274) Fr. 25092, f° 57 v° : « C'est un repos d'extase douce et continuelle ». Bossuet souligne et met en marge : « extase » ; fr. 25092, f° 148, 148 v° : « l'extase et l'admiration », d'après saint François de Sales : Bossuet met en marge : « admirat. » ; fr. 25092, f° 150, 150 v°, 151 : « Quatre manières d'appréhensions particulières qui se communiquent à l'esprit sans l'entremise d'aucuns sens corporels, à savoir les visions, révélations, les paroles et les sentiments » : Bossuet souligne et met en marge : « quatre » ; fr. 25092, f° 160, 165 : « Dans l'ancienne loi [...] la foi n'était pas tant fondée, ni la loi Evangélique établie, et ils avaient besoin que Dieu parlât à eux tantôt par des visions, tantôt par des paroles... » : Bossuet met en marge deux traits de crayon et écrit : « visions Anc. Test. » ; fr. 25093, f° 280 ; fr. 25094, f° 167.

(275) Fr. 25092, f° 89, 190 : « On éprouve ce que disait Jésus-Christ : « Je sens qu'une vertu secrète est sortie de moi », 213, 214, 214 v°, 218 v° : « Belle comparaison des regorgements de l'épouse », 239 v°.

(276) Fr. 25092, f° 205 v°, 207, 210 v°, 211.

doxes et fort autorisés dans l'Eglise. Un premier ordre de faits est à cet égard caractéristique : presque toujours Bossuet souligne le nom de l'auteur invoqué par Mme Guyon quand cet auteur est un Père de l'Eglise ou un docteur à l'autorité incontestable (277), ou, s'il s'agit d'un moderne, quand il l'estime pour des raisons qui ne sont pas uniquement spirituelles (278) ; les noms des autres spirituels, Harphius, Tauler, Benoît de Canfeld, Jean de Saint-Samson, etc. ne sont soulignés qu'exceptionnellement comme s'ils constituaient aux yeux de M. de Meaux une *turba magna* à l'autorité incertaine, où compte peu l'opinion d'un individu.

Les thèses qui arrêtent Bossuet sont déjà bien connues ; il importe néanmoins de les rappeler car nous verrons bientôt M. de Meaux élaborer contre elles les deux *Instructions sur les états d'oraison,* et il aura alors présents à l'esprit les nombreux textes invoqués par Mme Guyon.

Thèse fondamentale, la conception de la vie spirituelle comme un système dans lequel les états sont enchaînés nécessairement les uns aux autres est au cœur du commentaire fénelonien de Clément d'Alexandrie, et nous avons vu que Bossuet s'opposait fortement à ces vues systématiques. Analytique plus que synthétique, le recueil de Mme Guyon prêtait moins à la critique mais, s'il n'est pas développé, le système y est partout sous-entendu et chaque fois qu'il apparaît suscite une réaction de Bossuet : il souligne ainsi cette note de Mme Guyon en marge d'un texte de Ruysbroeck : « Il est à remarquer une chose de conséquence qui est que toutes ces propositions sont tellement mélangées l'une avec l'autre et si fort dépendantes les unes des autres que la vérité de l'une est une conséquence de l'autre, c'est comme une enchaînure de l'une à l'autre. Il faut ou nier tout à fait l'état intérieur ou les admettre toutes parce que les unes sont le commencement, les autres le milieu, d'autres la fin et la consommation du même état ; les unes sont comme les principes, et les autres comme la conséquence des mêmes principes » (279).

---

(277) Saint Augustin : fr. 25092, f° 14 v° (Bossuet barre énergiquement la référence car Mme Guyon cite ce saint de seconde main, d'après un passage des *Conférences mystiques* d'Epiphane Louis), 63, fr. 25093, f° 311 ; fr. 25094, f° 17, 24 v°, 127. Saint Ambroise : fr. 25092, f° 70. Saint Grégoire : fr. 25092, f° 134 v°. Saint Bernard : fr. 25092, f° 106 v°, 220 ; fr. 25093, f° 84, 123 v°. Saint Thomas : fr. 25092, f° 108 ; fr. 25094, f° 7.

(278) Avant tout, c'est le cas de sainte Thérèse : fr. 25092, f° 11, 142, 207 ; fr. 25093, f° 66, 221 v°, 234. C'est aussi le cas de Baltasar Alvarez : fr. 25094, f° 7, et de M. Olier : fr. 25092, f° 215 ; fr. 25093, f° 286 v°.

(279) Fr. 25093, f° 276 v°-277 ; cf. aussi fr. 25094, f° 123 v°, et surtout des pages importantes de Mme Guyon (fr. 25094, f° 132 v°-133 v°) dont Bossuet souligne plusieurs phrases d'un ou deux traits.

Ces principes impliquent, comme nous l'avons vu, la négation des schèmes dynamiques et le mépris des démarches intellectuelles (et accessoirement de l'affectivité) qui constituent alors essentiellement aux yeux de Bossuet la vie spirituelle : il ne lui est pas difficile de retrouver dans les *Justifications* ces « erreurs » car toute la défense de Mme Guyon est établie en fonction de la problématique de l'anti-mysticisme dont celle de Bossuet n'est qu'un avatar. Il suffisait, pour nourrir un réquisitoire, de relever au hasard des chapitres les passages les plus caractéristiques, les plus forts, ou au contraire ceux qui semblent contredire les thèses mystiques : c'est le double sens des notes et des traits de crayon de Bossuet.

Dans la contemplation cesse l'opération propre de l'homme dont les facultés et les puissances extérieures ou intérieures sont tirées hors d'elles-mêmes par l'opération de Dieu : moins l'homme a de part dans les œuvres de l'amour, plus ces œuvres sont parfaites : à la limite l'homme a l'être sans avoir l'opération (280) ; pour rendre sensible cet état, Mme Guyon parle beaucoup d' « action passive » : la logique vulgaire peut contester la formule et Bossuet la souligne, mais cette « action passive » est-elle différente de certaines formules ambiguës que M. de Meaux lui-même emploie volontiers ? La différence est une différence d'accent et Bossuet soupçonne les mystiques et Mme Guyon d'insister sur la passivité plus que sur l'action (281) : de nombreux textes rapportés dans les *Justifications* ne laissent aucun doute niant toute action humaine dans la contemplation, et

---

(280) Fr. 25092, f° 3, 5, 14 v°, 103 v° ; fr. 25093, f° 23 v°-24 : « C'est toute la méthode qu'on donne dans le moyen facile de laisser peu à peu surmonter son opération à celle de Dieu, ne quittant que peu à peu, à mesure qu'on éprouve ce goût divin ou attention amoureuse » : note marginale de Mme Guyon soulignée par Bossuet ; fr. 25093, f° 53 v°, 102, 103 v° : texte essentiel de sainte Catherine de Gênes souligné par Bossuet de deux traits ; 105 v°, 106 v°, 107 v° : nombreux textes de saint Jean de la Croix soulignés d'un ou deux traits, 109, 110 v° : texte de dom Barthélemy des Martyrs, 114 v° : texte de Ruysbroeck, 182 v°, 256, 264 : « ... Je ne prétends pas que ce soit une cessation d'être ni qu'il soit absolument impossible de sortir de là. Il y a une espèce d'impuissance morale et non physique. Cette impuissance vient de la forte habitude que l'âme a contractée, un vase tombé dans la mer est entièrement perdu à notre égard quoiqu'il ne le soit pas en effet [...], on ne se lasse pas de le regarder comme tel parce qu'il est moralement impossible de le ravoir... » : dans cette déclaration de Mme Guyon, Bossuet souligne « absolument impossible », « impuissance morale », « moralement impossible » ; fr. 25093, f° 269 v°, texte de sainte Catherine de Gênes : « une créature qui ait l'être sans l'opération », souligné par Bossuet, 270 v°.

(281) Fr. 25092, f° 5, 57 v°, 255 v°, 256, 258 v° ; fr. 25093, f° 229, 313 v° ; fr. 25094, f° 140 v°.

Bossuet ne manque pas de les relever (282), comme il souligne tous les passages où les mystiques constatent que dans l'état de contemplation le spirituel n'a plus de vouloir ni de désirs et n'adresse plus à Dieu de demandes (283) ; cependant, attentif au détail des textes, Bossuet découvre dans le dossier de Mme Guyon des lignes d'auteurs spirituels qui semblent contredire ces négations : recherche plus subtile, il dégage toutes les expressions qui impliquent la permanence sous une forme ou sous une autre des désirs et des demandes dans la contemplation : ces passages sont moins nombreux que les précédents, mais si le système de Mme Guyon peut en certains cas souffrir des exceptions, c'est qu'il est moins cohérent que ne le soutiennent les mystiques : Jean de Saint-Samson parle-t-il du « désiré retour » de celui qu'il aime, Bossuet souligne l'expression de deux traits (284), il souligne de même un passage où Jean de Saint-Samson écrit que les âmes du Purgatoire « désirent très ardemment » la gloire future (285), et quelques lignes où saint Augustin note que l'on doit travailler à acquérir le souverain bien (286) : il lit en outre de très près les pages essentielles où Mme Guyon distingue le désir senti et le désir non aperçu, la recherche de l'amour et le poids de l'amour (287). Ainsi pourraient s'esquisser dans la lecture de Bossuet les deux parties d'un dialogue dépassant la contradiction ; mais rien ne permet de supposer que Bossuet ait ici surmonté ses négations : il relève toutes les conséquences que Mme Guyon, à la suite des mystiques, tire de l'absence du désir dans la contemplation ; faute peut-être d'un langage approprié, la communication entre l'auteur des *Justifications* et leur censeur semble impossible : les traits et les notes de Bossuet sont-ils autre chose que la constatation de ces divergences ? est-ce reconnaissance des distinctions essentielles ? Oisiveté ou quiétude (288), cessation

(282) Fr. 25092, f° 4 v°, 19 v°, 32 et suiv. ; fr. 25093, f° 72 v°, 101 v°, 111 v°, 260.
(283) Fr. 25092, f° 96 v° et suiv., 105 v° et suiv., 115 (Bossuet écrit en marge d'un passage de saint François de Sales « demandes »), 235, 265 v°, fr. 25093, f° 38 : « L'on peut donc désirer sans connaître qu'on désire. Il demande sans demander, c'est-à-dire sans savoir qu'il demande, c'est pourquoi il dit qu'il ne demande point, il en est du désir comme de la demande... » : Bossuet barre ces lignes de Mme Guyon qui sont en marge d'un texte de dom Barthélemy des Martyrs ; fr. 25093, f° 43, 86 v°, 148, 239 v°, 259 v°, 262 v°, 282 v°, 288 v° (Bossuet souligne de deux traits un texte important de M. Olier sur le rassasiement de tous les désirs), 291 v°, 298, 303 ; fr. 25094, f° 4, 6, 10, 37 v°, 40, 156, 164, 224 v°, 232 v°.
(284) Fr. 25093, f° 230 v°.
(285) Fr. 25093, f° 246 v°-247.
(286) Fr. 25094, f° 132 ; voir dans le même sens fr. 25092, f° 200.
(287) Fr. 25094, f° 129-133 : Bossuet souligne de nombreuses phrases d'un ou deux traits.
(288) Fr. 25093, f° 117 v°-118 v° d'après Ruysbroeck.

d'actes ou formation d'habitudes (289), immobilité superficielle ou permanence essentielle (290), rapidité et facilité des voies spirituelles ou absence d'effort (291), universalité de l'appel à la contemplation ou vocation particulière (292), pour résoudre tous ces problèmes Mme Guyon apporte à Bossuet des textes qui méritent une discussion rigoureuse : il n'est pas sûr qu'il ait pu dépasser le sens immédiat que leur ont donné des décennies d'antimysticisme. C'est ainsi qu'il souligne les expressions qui, heurtant son sens de la transcendance, supposent une certaine « divinisation » du spirituel (293), sa transformation en Dieu (294), ou son unité avec lui (295), celles qui semblent dire que ce spirituel a atteint la perfection dès ici-bas (296), qu'il a la certitude de recevoir la grâce (297), qu'il est incapable de pécher (298), donc qu'il ne connaît plus le remords (299) et qu'il a pour ainsi dire retrouvé la justice originelle (300) ; M. de Meaux s'acharne aussi à relever chez le spirituel, tel qu'il apparaît à travers ces textes, une coupable indifférence au salut et au

---

(289) Fr. 25092, f° 20 et suiv., 107 v°, 231.

(290) Très nombreux textes soulignés par Bossuet : fr. 25092, f° 237 ; fr. 25093, f° 184 ; fr. 25094, f° 34 v°, 139 v°, 226 ; sur la permanence de l'état de contemplation : fr. 25092, f° 38, 178 v°, 205 v°, 226 v° (Bossuet écrit « éternel » en marge des mots de Jean de Saint-Samson : « pour être passivement et éternellement agi de Dieu sans humilité et sans autre vertu »), 232 v° ; fr. 25093, f° 79, 89, 173 v°, 174, 181 v° 229, 230; 264 v°, 279 v°, 281 v° ; fr. 25094, f° 16, 34 v°, 224 v°, 225 v°, 239 v°. Bossuet souligne aussi tous les passages rapportés par Mme Guyon qui laissent supposer que la permanence en cette vie est imparfaite et que la durée de la contemplation est limitée : fr. 25092, f° 68 ; fr. 25093, f° 116, 118 v° ; fr. 25094, f° 133.

(291) Fr. 25092, f° 44, 44 v° ; fr. 25093, f° 14 ; fr. 25094, f° 19 v°.

(292) Fr. 25093, f° 1, 3v°, 5, 9, 12, 14 v°.

(293) Fr. 25092, f° 246 ; fr. 25093, f° 76 ; fr. 25094, f° 168 v°.

(294) Fr. 25092, f° 99, 108 v° et suiv. ; fr. 25093, f° 2 v°, 80 v°, 83-85 v°, 101 v°, 160, 288 v° ; fr. 25094, f° 239 v°.

(295) Fr. 25093, f° 32 v°, 43, 67, 70 v°, 114 v°, 121 v°, 269, 279, 318 ; fr. 25094, f° 170, 171, 222 v°.

(296) Fr. 25092, f° 5 v° ; fr. 25093, f° 298 v° ; fr. 25094, f° 119, 120 v°, 133, 204 : « Qui goûterait le repos de l'union à la volonté de Dieu il lui semblerait dès cette vie présente être déjà en paradis » : dans cette phrase de sainte Catherine de Gênes, Bossuet souligne « il lui semblerait ».

(297) Fr. 25092, f° 5 v°, 178 v°, 237 v°.

(298) Les textes mystiques qu'invoque Mme Guyon sont sur ce point très nuancés : Bossuet qui souligne les passages extrêmes en un sens comme dans l'autre semble moins entrer dans ces nuances que grouper des arguments et mettre face à face des positions incompatibles. Voir 1° pour l'impossibilité *pratique* de pécher : fr. 25092, f° 27 v°, 56, 56 v°, 70 ; fr. 25093, f° 45, 54-55 v°, 83, 164 v° ; fr. 25094, f° 219. 2° pour la possibilité *fondamentale* de choir : fr. 25092, f° 6, 55 v°, 99 ; fr. 25093, f° 300.

(299) Fr. 25093, f° 144 v°, 145.

(300) Fr. 25092, f° 49 ; fr. 25094, f° 119.

bonheur éternels (301), l'acceptation de l'enfer (302) et le mépris des vertus chrétiennes (303).

Négation des schèmes dynamiques de la spiritualité, les textes des mystiques paraissent contredire aussi tout l'équilibre intellectuel et conceptuel que Bossuet croit être inséparable de toute démarche humaine : ce mépris lui paraît aussi grave que les précédents car les conséquences en sont non seulement morales mais aussi logiques : les mystiques, selon les textes des *Justifications,* ne tendent-ils pas à établir entre l'homme et Dieu des rapports illusoires ? Ces illusions sur l'homme et ces illusions sur Dieu sont, selon Bossuet, négation de toute religion personnelle.

Mme Guyon affirme et démontre que la démarche spirituelle exclut la réflexion : Bossuet souligne ces pages qui contredisent ses principes et son expérience (304) : toute connaissance de son action, tout retour sur soi est chez le mystique, selon Mme Guyon, une faiblesse ou une imperfection : la démarche spirituelle est donc négation de tout discours (305), de toute vue distincte (306), de tout sentiment (307), de toute pensée (308) ; la renonciation à toutes les

(301) Fr. 25092, f° 4, 6, 8, 62, 87 v°, 97, 106 v°, 112 ; fr. 25093, f° 43 v°, 124, 138, 250, 291 v°, 294 v°, 295 v°.

(302) Fr. 25092, f° 3, 14 v°, 265 ; fr. 25093 f° 141 v°, 181 v°, 225, 269 v°, 297 v°, 304.

(303) Fr. 25092, f° 113 v° (en marge des mots de saint François de Sales : « Le Seigneur m'avait donné beaucoup de désirs, le Seigneur me les a ôtés, son saint nom soit béni », Bossuet écrit le mot « vertus »), 117 (le mot « vertus » est écrit par Bossuet en marge d'un texte de Jean de Saint-Samson) ; fr. 25093, f° 56 v°, 128 v°, 129 v°, 135, 142, 159 v°, 177.

(304) Fr. 25092, f° 36 (en marge de ces mots de Jean de Saint-Samson : « son occupation actuelle et amoureuse en Dieu ne lui permet aucune réflection », Bossuet écrit : « reflect. »), 103 v°, 190, 227, 243, 244 v°, 245 v° ; fr. 25093, f° 104, 293, 319 v° ; fr. 25094, f° 54-55.

(305) Fr. 25092, f° 3, 3 v°, 177 (Bossuet écrit « discours » en marge d'un texte sur la privation de paroles et de pensées) ; fr. 25093, f° 260 v°, 271 ; fr. 25094, f° 14 v°, 23 v°.

(306) Fr. 25092, f° 4, 103 v°, 173 v°, 174, 186 v° (en marge de la phrase : « Mais, direz-vous, elle n'entend rien distinctement, au contraire je dis que si elle entendait pour lors distinctement, elle ne s'avancerait pas », Bossuet écrit : « entendre dist. croire dist. »), 200, 224 v° (Bossuet barre de deux traits énergiques une remarque marginale de Mme Guyon sur un texte de saint Jean de la Croix : « parlant des touches de la volonté qui sont sans espèces ni distinction. On ne doit pas les rejeter, mais bien les distinctes et avec espèces ») ; fr. 25093, f° 30, 321 (note de Mme Guyon soulignée de trois traits : « présence de Dieu confuse, générale, indistincte ») ; fr. 25094, f° 129 v°.

(307) Fr. 25092, f° 11 v°, 226 ; fr. 25093, f° 57, 148 v°, 152 v°, 171, 307 v°. Bossuet souligne de deux traits un texte de Jean de Saint-Samson qu'il doit interpréter comme un désaveu de ces négations : fr. 25093, f° 114 : « La jouissance l'occupe en plénitude de délices sensiblement et perceptiblement d'une manière très simple ». Voir dans le même sens fr. 25093, f° 296.

(308) Fr. 25092, f° 14 v°, fr. 25093, f° 25 v°, 29 v°, 40 v°, 105 et suiv., 111, 118 et suiv., 271.

formes de discours (309) entraîne chez les mystiques ce qu'après eux, mais pour le leur reprocher, Bossuet appelle contemplation éminente ou essentielle (310) ; dépassant toutes les déterminations, la créature s'unit à Dieu par le centre au delà des puissances (311) : cet amour paraît « abstrait » (312), s'applique à Dieu sans distinction d'attributs (313), dans la nuit de la foi (314) ; Dieu lui-même paraît alors être un néant (315) et la contemplation est une véritable « mort » (316). Bossuet souligne tous ces textes réservant pour plus tard une réfutation et une discussion étendues, mais au moins une fois son irritation s'est manifestée de façon vive et explicite : après les mots de Jean de Saint-Samson qu'il a soulignés : « ... si parfaitement humble qu'il ne sache plus ce que c'est qu'humilité ou autre vertu comme telle en sa pratique ; bien plus on peut ignorer ce que c'est qu'amour à force de l'avoir surpassé en Dieu d'une manière du tout ineffable... », M. de Meaux écrit rapidement : « à force d'alambiquer on ne sait plus que dire et il ne faudrait ni nommer Dieu, ni la foi, ni etc. » (317) ; les « abstractions » des mystiques lui paraissent des raffinements où risquent de se dissoudre tous les éléments qui constituent la religion chrétienne. On peut même à travers les rapides notes ou coups de crayon découvrir quelques traces de cette « déformation théologique » dont nous avons montré beaucoup d'exemples chez Bossuet : il relève des textes où les mystiques exaltent et essaient de définir la foi nue (318) et où cette

(309) En sens inverse, on remarquera le texte fr. 25092, f° 133 v°-134 : « Quand l'affection est purement spirituelle, à mesure qu'elle croît, celle de Dieu croît aussi, et tant plus ils se souviennent d'elle, tant plus aussi ils se souviennent de celle de Dieu ». Bossuet souligne et écrit en marge : « A noter ».

(310) Fr. 25092, f° 15 v°, 229, fr. 25093, f° 66 v°.

(311) Fr. 25092, f° 44 v°, 107 v°, 164, fr. 25093, f° 313 v°, 318, fr. 25094, f° 126 v°.

(312) Fr. 25093, f° 314. Bossuet souligne aussi les textes où les mystiques affirment aimer Dieu sans le connaître : fr. 25092, f° 242, fr. 25093, f° 185 v°, fr. 25094, f° 5 v°, 55.

(313) Fr. 25092, f° 174 v°, 177 v°.

(314) Fr. 25092, f° 181 v°-182 : en marge du texte de saint Jean de la Croix : « Le doute est pourquoi l'âme appelle ici la lumière divine une nuit obscure... » Bossuet écrit « nuit obscure ».

(315) Fr. 25092, f° 5 v°, fr. 25093, f° 278 v° et suiv.

(316) Fr. 25092, f° 14, fr. 25093, f° 40 v°, 60 v°, 101 v°, 263 v°.

(317) Fr. 25092, f° 226 v°.

(318) Fr. 25092, f° 173 v° et suiv., 185 v° (en face des mots : « elle a ces vérités infuses dans son âme par la foi : et d'autant que leur notice n'est point parfaite, elle dit crayonnées parce que comme un crayon et un dessein [*sic*] n'est pas parfois [*sic*, pour : parfaite] peinture, aussi la connaissance de la foi n'est point une notice parfaite... », Bossuet écrit :

foi nue est distinguée de la foi, vertu théologale donnée à l'homme par le baptême (319), mais il semble envisager ici seulement la foi du baptême et ses remarques tendent à ramener les textes des mystiques à cette interprétation théologique : de même qu'au moment où il s'agit de l'amour pur des mystiques M. de Meaux écrit « ces preuves sont de l'amour » (320) en réduisant à des faits connus des expériences qu'il ne peut comprendre, de même en marge de ces lignes sur l' « esprit de foi » : « celui qui est uni à la vérité est assuré par certaine science qu'il est bien, encore qu'on lui voulût remontrer le contraire et lui faire accroire qu'il eût perdu l'esprit et qu'il fût devenu fol et insensé » (321), il écrit : « ceux qui croient sont accusés d'être fols », ce qui n'est pas faux mais qui déplace l'accent de l'expérience mystique au thème paulinien de la folie de la foi (322).

La lecture par Bossuet des *Justifications* ne nous apporte donc pas d'éléments vraiment nouveaux qui permettent de définir sa doctrine spirituelle : elle confirme ce que la *Tradition des nouveaux mystiques,* rédigée en ces mois d'automne et d'hiver 1694-1695, nous apprenait. L'intérêt en est pourtant grand : cette lecture rend sensibles les irritations et les incompréhensions de M. de Meaux : son esprit semble de moins en moins posséder la souplesse qui lui rendrait possible l'entrée dans la pensée d'autrui ; d'autre part le gros recueil de Mme Guyon constitue pour lui un arsenal de citations de mystiques, un admirable fichier qu'il utilisera bientôt, et nous découvrirons l'influence de cette lecture sur les synthèses ulté-

---

« *infuses, foy,* toute vérité est infuse par la foy. conn. »), 186, 187, 190 v°, 223 v°, fr. 25093, f° 16 v°, 40 v°, fr. 25094, f° 130.

(319) Fr. 25092, f° 174 v°-175 (passage de Mme Guyon que Bossuet a souligné et marqué de plusieurs traits : « ... cette foi est donc très obscure parce que l'on ne distingue rien à sa faveur et qu'elle lui fait fermer les yeux, sa lumière leur étant insupportable. Il y a un très grand rapport entre cet état et celui de nudité et celui de purification. Je ne parle pas de la foi infuse au baptême, tout chrétien l'a, mais de cet esprit de foi qui fait l'intérieur, quoique ce soit la même foi en nature mais différente en ses effets, et en ce que celle-ci n'est jamais sans la charité, c'est cette foi fruit du Saint-Esprit que je crois »), 179 (« C'est la différence qui se rencontre entre la foi commune et l'esprit de foi [expression soulignée de deux traits] qu'avec la foi pure de la croyance commune, la volonté est souvent très déréglée, mais il n'en est pas de même de l'esprit de foi ou don de la foi [expressions soulignées] qui fait l'intérieur »), 198 v°.

(320) Fr. 25092, f° 92.

(321) Fr. 25092, f° 178 v°.

(322) Exactement de la même façon, il met à deux reprises les mots « par le baptême », « par le bapt. » (fr. 25093, f° 173, 173 v°) en face d'un texte de Denys qui présente une interprétation mystique des cérémonies baptismales.

rieures : peut-être est-ce parce qu'il pressent l'importance des *Justifications* qu'il ne les communique pas aux autres commissaires d'Issy, se jugeant seul capable de réfuter ce qu'il estime des erreurs, des illusions ou des sophismes.

III) L'interrogatoire de Mme Guyon.

La lecture des *Justifications* ne fut pas le seul moyen d'information de M. de Meaux sur la doctrine de Mme Guyon : certes la censure de Harlay reflétait trop bien, soit par hasard, soit à cause de l'influence de Nicole, la pensée de Bossuet pour lui apprendre quelque chose, mais la comparution de Mme Guyon devant les commissaires d'Issy aurait pu être le moyen d'éclaircir, grâce à une grande confrontation, bien des malentendus.

Il y eut deux entretiens : l'un le 6 décembre 1694 avec Bossuet et Noailles, l'autre le 12 décembre suivant avec M. Tronson (323). L'inutilité de ces rencontres, la vaine irritation de M. de Meaux, la déception de Mme Guyon sont bien connues (324) ; pour qui examine le fond des questions débattues ces entretiens paraissent aussi décevants : Mme Guyon racontant sa rencontre avec Bossuet rapporte que toutes les objections du prélat roulaient « sur vouloir prouver que tous les chrétiens, avec la foi commune, sans intérieur, peuvent arriver à la déification » (325) ; ce que nous savons des principes de M. de Meaux et de ses préoccupations pendant cet automne 1694, sa réfutation du *Gnostique* de Fénelon, sa lecture des *Justifications*, ses lettres à Mme d'Albert sur la foi nue nous permettent de comprendre qu'il soutint avec violence devant Mme Guyon l'interprétation « théologique » de la foi des mystiques.

Quelques documents nous font connaître plus précisément ces interrogatoires : Noailles rédigea un rapide procès-verbal des réponses données par Mme Guyon aux 32 questions que M. de Meaux et lui-même lui avaient posées (326), et ce procès-verbal fut envoyé à M. Tronson pour lui permettre de préparer son propre interrogatoire (327) ; le 13 décembre, lendemain de ce nouvel interrogatoire,

---

(323) L. Cognet, *Crépuscule...*, p. 274, écrit : « le 12 janvier » ; sans doute est-ce un lapsus pour : « le 12 décembre », date qu'imposent les lettres de Tronson (Tronson, *Lettres*, t. III, p. 474, etc.).

(324) LT, XX, p. 99 ; R.B., 1906, p. 182 et suiv. ; L. Cognet, *Crépuscule...*, p. 270 et suiv.

(325) Cité par L. Cognet, *Crépuscule...*, p. 271.

(326) Fénelon, *Œuvres*, t. IX, p. 43-44 : le 33e paragraphe est en réalité une note ajoutée à la suite du procès-verbal. La modération de ces pages doit être le fait de Noailles, ce qui expliquerait bien, comme nous le montrerons plus loin, que Bossuet les ait annotées et que ses annotations effacent toutes ces nuances.

(327) Tronson, *Lettres*, t. III, p. 471-472.

M. Tronson renvoya à Noailles le premier procès-verbal accompagné de celui que le duc de Chevreuse avait rédigé le 12 (328). Tout le dossier dut revenir très vite entre les mains de Bossuet. La part que ce dernier avait prise personnellement à l'élaboration de ces textes et à leur discussion est difficile à discerner, cependant nous avons retrouvé dans la collection Phillipps trois documents qui peuvent éclairer ce rôle :

1° Une copie faite par Noailles des 32 réponses de Mme Guyon avec de très rapides notes marginales de Bossuet, résumés sommaires, dans le style de ceux qu'il a portés çà et là sur sa copie des *Justifications* (329).

2° Une autre copie, faite par Ledieu (330), comprenant 34 articles (331) avec des notes marginales de Bossuet de même style que les précédentes, mais plus succinctes, limitées à un ou deux mots ; ces notes ont été écrites par Bossuet après une lecture du compte rendu de l'interrogatoire de Mme Guyon par M. Tronson (332) : elles résument ce compte rendu corrigeant souvent par allusion le texte des premières réponses en marge duquel elles se trouvent.

3° Un dossier, écrit par Noailles (333), comprenant des citations de Mme Guyon (*Moyen court, Cantique des Cantiques, Torrents, Purgatoire*) et des textes bibliques. Ce dossier présente selon un plan assez peu rigoureux toutes les idées que l'on trouve dans les 32 réponses de Mme Guyon : on peut ainsi penser que ces citations (ont-elles été tirées des œuvres elles-mêmes ou des *Justifications* ?) ont servi de base à l'interrogatoire, et que les 32 réponses sont une synthèse tirée de cet ensemble assez désordonné, et destinée à orienter le jugement de M. Tronson (334). Cette hypothèse est confirmée par le fait que le dossier est présenté sous forme de questions et d'objections ; les marges sont criblées de doubles ou quadruples traits horizontaux ou verticaux, il y a quelques très sommaires notes marginales, initiales ou fragments de mots, et plusieurs propositions sont barrées, comme si au fur et à mesure de l'interrogatoire l'un des examinateurs avait ainsi marqué les sujets abordés. Ces traits et ces notes se présentent comme ceux dont à la

---

(328) Tronson, *Lettres,* t. III, p. 474-479.

(329) B.N. n. a. fr. 16313, f° 7-10.

(330) B.N. n. a. fr. 16313, f° 11-12.

(331) La note finale de la copie précédente (l'article 33 des *Œuvres* de Fénelon, t. IX, p. 44) ayant formé un 33e et un 34e article.

(332) Interrogatoire en 34 articles, cf. Tronson, *Lettres,* t. III, p. 475-479.

(333) B.N. n. a. fr. 16313, f° 1-6.

(334) Cf. Fénelon, *Œuvres,* t. IX, p. 43-44.

même époque M. de Meaux criblait sa copie des *Justifications* ; en outre on peut reconnaître la main de Bossuet dans les hâtives notes marginales. Etait-ce l'aide-mémoire de M. de Meaux au moment où il interrogeait Mme Guyon ? Etait-ce un dossier recopié par Noailles mais rédigé par Bossuet ? Les deux hypothèses ne sont pas inconciliables (335) ; en tout cas, un fait est certain : tous ces documents ont été entre les mains de Bossuet, ils sont restés dans ses papiers et il les a lus de près. Nous permettent-ils de mieux connaître certaines grandes orientations de sa spiritualité ?

Le dossier préparatoire où nous pensons que s'expriment le plus nettement les idées de M. de Meaux comporte quelques questions de fait sur la composition des *Justifications* (336) et sur l'identification d'une référence (337) ; toutes les autres questions portent sur la doctrine : là nous reconnaissons facilement les grandes orientations de la pensée de Bossuet : conceptualisme et intellectualisme par l'affirmation d'une connaissance distincte et réfléchie dans la contemplation et la position d'actes et de pensées répétés (338), souci d'une attitude morale reposant sur la pratique de la mortification et des vertus, et la purification toujours nécessaire en cette vie où

---

(335) Ainsi, on lit dans le dossier : « ... dans sa réponse... », et dans la 7e réponse (Fénelon, *Œuvres*, t. IX, p. 43) : « ... dans la réponse à la lettre de M. de Meaux... », ce qui semble montrer que Bossuet lui-même a rédigé le dossier et que ce dossier a été transmis à Noailles qui en a tiré après l'interrogatoire ses 32 réponses. Autre argument, l'auteur du dossier fait allusion à des cahiers reçus de Mme Guyon : il ne peut s'agir que des *Justifications*, et l'on sait que selon Mme Guyon Bossuet aurait été le seul commissaire à lire ces *Justifications*, cf. L. Cognet, *Crépuscule...*, p. 249-250.

(336) N. a. fr. 16313, f° 3 v° : « Comment elle a composé les derniers cahiers qu'elle nous a envoyés » : question qui tend à découvrir les collaborations extérieures, Fénelon en l'occurrence.

(337) N. a. fr. 16313, f° 1 : « Quel est le Traité des phrases mystiques dont elle parle si souvent » : les évêques ne savaient donc pas encore que l'*Eclaircissement des phrases mystiques* est un écrit de Nicolas de Jésus-Marie qui figure après les œuvres de saint Jean de la Croix dans les éditions de Cyprien de la Nativité.

(338) « Il faut faire bien définir ce que c'est que la foi nue, la propriété, l'amour pur, la réflexion et le retour, se reprendre soi-même, connaissance générale confuse, quel mal il y aurait qu'elle fût nette ou du moins distincte : pourquoi perdre toute distinction. S'il faut perdre aussi celle du symbole... » (n. a. fr. 16313, f° 1). On rapprochera des premières pages de ce dossier les six premières Réponses de Mme Guyon (Fénelon, *Œuvres*, t. IX, p. 43) et les notes marginales de Bossuet (n. a. fr. 16313, f° 7) : « 1) *J.C.*, 2) *Demandes*, 3) *acte continuel. réfléchis, faux. action de grâces. exemple. etc. retours. reflex.*, 4) *saints, extases*, 5) *Trinité. La foi actuelle est une pensée. Le mot dont elle se sert est union. Cant. 5.6. et n'en parler point.* 6) *Pater.* »

menace la concupiscence et où l'on peut déchoir de la grâce (339), exigence du combat spirituel sans mépris des fautes (340), exaltation de l'espérance, vertu théologale, que, dans ses perspectives purement théologiques, Bossuet veut rappeler à côté de la foi et de la charité (341), ce qui lui permet de critiquer un amour pur et désintéressé qui ne serait pas tendu vers la béatitude (342), et de dénoncer une interprétation trop spirituelle du Purgatoire (343) et un certain mépris pour la dévotion aux saints. Conséquence de ces principes, l'union avec Dieu selon Bossuet ne peut en cette vie se réaliser « d'essence à essence » (344).

---

(339) « Pourquoi elle dit que la mortification met les sens en vigueur loin de les amortir » (n. a. fr. 16313, f° 2. Cf. Réponse 10 avec la note de Bossuet : « *Mortification* ») ; voir aussi la Réponse 11 avec la note de Bossuet qui ici rejoint l'interprétation minimisante qui sera celle de M. Tronson : « *ces paroles ne sont pas ainsi dans le livre. peu convenable à l'enf. 30* » (n. a. fr. 16313, f° 8), et la Réponse 14 avec les notes de Bossuet : « *combat. concup. faux qu'elle soit liée : oui dans l'acte. etc.* » (n. a. fr. 16313, f° 8 v°) et : « *Concup. attaques légères. peu de reflex.* » (n. a. fr. 16313, f° 11 v°).

(340) « Sur le péché. Cant. 19. Ne jugez pas de moi par la couleur brune. Comparaison de l'or dans le Moyen Court. Cant. 62. les petits renards que Dieu met dans l'âme, dégoût. Idem p. 76. la parole incréée couvre l'âme de misères, l'affaiblit, l'abaisse. Idem 113. 114. se revêtir de soi-même, de ses défauts, etc. il n'y a que cela qui puisse causer de l'abjection : mépris causés par ma faute. Idem p. 115. Les derniers renoncements, les plus extrêmes sacrifices ; l'Epoux permet cette faute. Dépouillement de sa pureté et de sa propre justice 117 » (n. a. fr. 16313, f° 3). Cf. Réponses 16-18 avec les notes de Bossuet : « 16 : *renards. ravages dans les commun.,* 17 : *renonct. sacrifice dernier. éternité,* 18 : *dépouillt de la justice. attache* » (n. a. fr. 16313, f° 8 v°-9). Voir aussi les textes où Mme Guyon envisage la nécessité « pratique » des fautes et des souillures : « Torr. p. 66 l'âme n'est pas plutôt nette qu'elle retombe dans un cloaque plus sale et plus infecte que celui dont elle est sortie, elle ne voit pas que c'est à force de courir qu'elle se crotte, qu'elle se laisse tomber. Ide. p. 62. la pente de la montagne est trouvée, il faut que cette âme tombe, elle fait son mieux de ses chutes, elle voit que c'est un faire le faut et p. 59 elle a dit, que l'âme voit que ses chutes, ses courses, le brisement de ses ondes contre les rochers n'ont servi qu'à la rendre plus claire » (n. a. fr. 16313, f° 6) : cf. la Réponse 30 et la note de Bossuet : « saleté » (n. a. fr. 16313, f° 10 v°).

(341) « D'où vient qu'elle ne parle point d'espérance mais seulement de foi et d'amour ? » (B.N. n. a. fr. 16313, f° 1 v°).

(342) « Béatitude 134. 135. Tous y sont appelés. Est-il défendu de suivre sa vocation à la béatitude à jouir de Dieu ? » (n. a. fr. 16313, f° 2), « Instinct béatifique. si c'est Dieu qui le donne est-ce un péché de le suivre ? » (n. a. fr. 16313, f° 4).

(343) Cf. Réponse 20 et les textes correspondant dans le dossier n. a. fr. 16313, f° 4.

(344) « Cant. p. 4 non plus personnellement mais d'essence à essence. p. 5-6. L'union à J.C. a précédé l'union essentielle » (n. a. fr. 16313, f° 4). Cf. Réponse 22 et les notes de Bossuet : « *union de personne, essence à essence* » (n. a. fr. 16313, f° 9 v°), « *essence à ess. personnes* » (n. a. fr. 16313, f° 12).

Outre quelques points particuliers (sur l'état apostolique, sur le songe où Mme Guyon vit deux lits dans la chambre de l'Epoux, sur le P. Paulin et sur le P. Vautier), les interrogatoires tournèrent surtout autour de la question du rôle de l'intelligence et de l'activité dans la contemplation et de ses conséquences pour la morale et pour la vie chrétienne : les tendances intellectualistes, « théologiques » et morales de Bossuet, son conceptualisme en un mot, se présentent sans nuances après l'examen des nombreux textes de Fénelon, de Mme Guyon et des mystiques : la rencontre des textes et des personnes n'a pu introduire quelque souplesse dans un système qui depuis longtemps ne fait qu'un avec son intelligence. On comprend que la rédaction des articles d'Issy dans les mêmes semaines dut être bien décevante : fausses solutions à des problèmes dont les partenaires ne lisent pas les données de la même façon. Bossuet à chaque fois lit les écrits des mystiques à travers une grille que son propre intellectualisme et plusieurs générations d'antimysticisme ont élaborée : il suffit de comparer avec la constitution *Cœlestis Pastor* de 1687 les principes qui ont présidé à sa lecture des *Justifications* et qui ont orienté l'interrogatoire de Mme Guyon pour retrouver les mêmes thèmes sans cesse repris, Bossuet n'ajoutant qu'un intellectualisme plus systématique et plus conscient de sa cohérence (345).

IV) Les articles d'Issy.

Pendant les trois premiers mois de 1695, se joue le dernier acte des conférences d'Issy ; l'histoire de ces rencontres a été écrite et on sait comment ont été élaborés les articles (346) ; comme nous le faisons à chaque étape de cette controverse, demandons-nous ce que ces articles nous apprennent sur la spiritualité de Bossuet (347).

---

(345) L'interrogatoire de Mme Guyon par M. Tronson est beaucoup moins systématique : sur les mêmes questions, le sulpicien sait accepter les distinctions auxquelles les deux évêques donnaient peu d'écho : ainsi, sur les désirs et les actes réfléchis (cf. Tronson, *Lettres,* t. III, p. 475-479), les rapides notes de Bossuet sur la copie Ledieu, n. a. fr. 16313, f° 11-12 sont l'écho des précisions apportées par M. Tronson ; mais Bossuet ne semble pas y être entré très avant ni avoir fait un grand effort pour corriger ses premières impressions ; la maladie de M. Tronson ne lui permit pas à ce moment de prendre une part active aux discussions et de faire prévaloir son avis modéré : cf. R.B., 1906, p. 183.

(346) R.B., 1906, p. 176-196 ; P. Dudon, *Le Gnostique...,* p. 70 et suiv., et surtout L. Cognet, *Crépuscule...,* p. 278 et suiv.

(347) Nous ne faisons pas une histoire de la querelle du quiétisme : seule nous occupe ici la spiritualité de Bossuet. Dans une histoire générale, il faudrait donner large place à l'*Explication* donnée par Fénelon des articles d'Issy (publ. par A. Cherel, Paris, 1915). Bossuet ne connut pas cette *Explication,* mais son auteur put de vive voix développer certains thèmes mis plus tard sur le papier.

L. Cognet (348) a montré combien le projet en 30 articles remis par les commissaires le 28 février 1695 était décevant : l'impression est fort juste ; elle devient moins vive, maintenant que nous avons étudié la réponse de Bossuet au *Gnostique* de Fénelon et que nous savons la façon dont il lut les *Justifications* et dont il interrogea Mme Guyon. La pensée de Bossuet apparaît d'une continuité et d'une rigueur surprenantes : l'incompréhension initiale n'a pu s'atténuer même par la lecture des textes et par la rencontre des personnes ; cette incompréhension qui avait sa source dans l'esprit même de Bossuet et dans sa sensibilité ne pouvait être modifiée par une « information » ou une « discussion » : reste d'illusions, différence absolue d'esprit et de tempérament, contact trop indirect avec Bossuet (Fénelon ne connaissait des réactions de Bossuet devant le *Gnostique* et les *Justifications* que ce que Bossuet lui-même pouvait lui en dire), Fénelon ne comprit pas assez tôt que M. de Meaux ne pouvait varier, et qu'en tout cas ce n'était pas la rencontre des expériences qui pourrait le faire varier.

Ainsi nous retrouvons dans les 30 articles du projet (349) tous les principes que Bossuet croit devoir tenir solidement devant les nouveaux mystiques : avant tout, les commissaires posent les affirmations théologiques chères à M. de Meaux (350) : exercice des trois vertus théologales demandé à tous les chrétiens « en tout état, quoique non à tout moment » (351), foi en un Dieu ayant les attributs que distingue la théologie (352), aux trois personnes de la Trinité (353), à Jésus-Christ Dieu et homme (354) : c'est encore une fois (355) ne pas entrer du tout dans la problématique des mystiques ; car nul ne conteste ce qu'affirme Bossuet : Fénelon demandera des corrections au premier article (356) non pour contredire la

---

(348) *Crépuscule...*, p. 287-290 ; notre analyse des articles d'Issy pourra être rapide, cet auteur les ayant fort bien expliqués.

(349) Voir le texte des projets successifs dans R.B., 1906, p. 198 et suiv., et P. Dudon, *Le Gnostique...*, p. 279 et suiv., et le texte définitif dans Fénelon, *Œuvres*, t. II, p. 226 et suiv.

(350) C'est une des différences par rapport aux propositions condamnées par la constitution *Cœlestis Pastor* de 1687 : peut-être cette différence vient-elle de la forme négative de la constitution et de l'impossibilité de trouver chez Molinos des propositions niant la foi en Dieu, en Jésus-Christ... (voir seulement l'article 21, *Denz.* 1241). A l'inverse du document romain, les articles d'Issy ne condamnent pas des erreurs mais posent des principes.

(351) Art. 1.

(352) Art. 2.

(353) Art. 3.

(354) Art. 4.

(355) Après l'interrogatoire de Mme Guyon qui commençait par les mêmes remarques théologiques, cf. *supra*, p. 540.

(356) Cf. R.B., 1906, p. 198.

thèse qui a la simplicité et l'évidence d'un article de catéchisme (357), mais pour nuancer à partir de l'expérience l'intellectualisme et le dynamisme dont Bossuet a tenu à marquer l'exercice de ces vertus (358) ; et plus tard il ne dépassera ce que les thèses bossuétistes ont de simpliste que pour élaborer une définition de l'espérance plus souple que celle qu'après saint Thomas adopte M. de Meaux (359).

Les présupposés de Bossuet apparaissent aussi clairement dans la suite du texte : les articles primitifs affirment la nécessité de désirer et de demander le salut éternel, de demander la rémission des péchés, de combattre la concupiscence et de se mortifier, et ils appuient ces affirmations sur le Symbole des Apôtres, l'Oraison Dominicale et les conciles de Carthage, d'Orange et de Trente (360) : pris en ce sens, les articles de Bossuet sont incontestables, mais est-il à proprement parler question de « spiritualité » dans ces définitions théologiques ? il s'agit de « la foi catholique » (361), des principes qui définissent la vie de « tout chrétien en tout état » (362) et dont le refus est un signe d'hérésie formelle (363). On comprend que Fénelon suggère aux commissaires des additions à chacun de ces articles qui en modifient profondément le sens, qui déplacent l'intérêt du principe théologique à la réalité spirituelle, en un mot qui tiennent compte de l'expérience : « une âme... certaines âmes... ceux qui... » (364), voilà ce sur quoi repose le raisonnement de Fénelon alors que celui de Bossuet repose sur la « foi catholique » : rarement l'incompréhension a été poussée plus loin, les deux hommes parlent des langages différents.

Avec l'article 9 nous voyons apparaître un des thèmes essentiels de la controverse : Bossuet affirme, ce qui est banal, qu'« il n'est pas permis à un chrétien d'être indifférent pour son salut » mais Fénelon (365) met l'accent sur une distinction qui sera ultérieure-

---

(357) Cf. l'opinion de Fénelon sur l'article 30 relatif à la Sainte Vierge : « Cet article n'a aucun besoin d'explication, tous les catholiques en conviennent également et ceux qui disputent sur l'oraison ne disputent point là-dessus. » (*Explication des articles d'Issy*, p. 117).

(358) « En produire les *actes* », « trois vertus *distinguées* ». Fénelon voudrait que l'on distingue l'excitation passagère, des moments où les âmes avancées n'ont qu'à *suivre* l'attrait de la grâce. Cf. aussi *Explication des articles d'Issy*, p. 1 et suiv.

(359) *Explication des articles d'Issy*, p. 3 et suiv.

(360) Art. 8. L'on trouve des remarques semblables faites à Mme Guyon lors de son interrogatoire. Cf. aussi Art. 24.

(361) Art. 8.

(362) Art. 1-7.

(363) Art. 8.

(364) R.B., 1906, p. 198-199.

(365) Voir son contre-projet et le mémoire envoyé à Noailles : *Œu-*

ment l'objet de longues discussions, distinction entre l'indifférence « pour cesser jamais d'aimer Dieu » et « l'intérêt propre dans le salut », c'est-à-dire « le motif de son propre bien en tant que son propre bien » : la distinction reste chez lui, quoique le langage ne soit pas encore bien établi, dans la ligne d'une spiritualité attentive à la réalité vécue des expériences. Ne disons pas que Bossuet méprise en général cette réalité : ne parle-t-il pas d'indifférence à l'égard des événements de cette vie, à l'égard des consolations et des sécheresses spirituelles (366) ? Nous avons certainement ici l'écho des confidences désolées de telle ou telle religieuse et des conseils d'abandon que lui donne M. de Meaux (367), mais s'il accepte cette indifférence pratique c'est, comme nous l'avons vu souvent, par une tension de tout l'être vers les biens futurs que Dieu réserve à ceux qu'il éprouve, actes de foi et d'espérance qui dépassent l'expérience de la désolation (368) ; au contraire Fénelon part de l'expérience des mystiques : s'ils ont dû, même par supposition impossible, faire abandon de leur salut dans un acte d'amour parfait, c'est que le désintéressement est de l'essence de l'amour ; l'indifférence est située plus haut que ne le dit Bossuet : les événements de la vie, les consolations « et délaissements ou épreuves intérieures » (on remarquera le changement du vocabulaire : Bossuet ne parlait que de « sécheresses ») « peuvent » participer de cette indifférence essentielle, ce n'est là que conséquence secondaire de la définition de l'amour révélée par les mystiques (369).

Bossuet, fidèle à lui-même, affirme encore une fois, après Nicole et après la constitution *Cœlestis Pastor* (370), le caractère réflexif de l'oraison (371) ; ce qui est aussi fort important, il précise en une

---

vres, t. II, p. 223. Sur les insuffisances de cet article, cf. Fénelon, *Explication des articles d'Issy,* p. 35.

(366) Art. 9.

(367) Cf. *supra,* chap. 10 ; sur ce point, Fénelon témoigne que Bossuet était prêt à aller pratiquement fort loin (R.B., 1906, p. 219).

(368) Cette attitude est très claire dans l'article 31 : Bossuet reprend les mots mêmes de saint François de Sales en leur donnant un autre sens : la « cime », la « plus haute partie de l'esprit », est selon M. de Meaux le lieu où le spirituel trouve les actes de foi, d'espérance et d'amour. C'est donner de la cime de l'esprit une interprétation bien intellectuelle : Bossuet ne conçoit qu'une différence de *degré* avec l'activité conceptuelle commune, il ne peut concevoir une différence de *nature* (cf. *supra,* chap. 11).

(369) La position de Fénelon est bien exprimée dans le mémoire qu'il adresse à Noailles, *Œuvres,* t. II, p. 223 et suiv.

(370) § 9 et 10, *Denz.* 1229 et 1230.

(371) Art. 16 et 17 ; Bossuet apporte des réserves à la fois extérieures et vagues reposant sur l'intention : « pour repaître son amour-propre,

synthèse de quelques lignes ce qu'est selon lui l'oraison perpétuelle : pluralité et succession d'« actes » (372) au moins sous forme de disposition à les produire mais non pas sous forme d'actes implicites ou éminents (373) : ce qui est pour Bossuet le point ultime, cette réduction de l'acte à une disposition continuelle à le produire, n'est pas le fait d'une oraison ordinaire : elle entre dans ce que la *Tradition des nouveaux mystiques* présente comme les formes « extraordinaires » et « miraculeuses » de l'oraison (374). A ce titre on ne peut refuser d'approuver avec « saint François de Sales et les autres spirituels reçus dans toute l'église » (375) les oraisons « de simple présence de Dieu, ou de remise et de quiétude, et les autres oraisons extraordinaires, même passives » ; mais si on les reçoit c'est pour en limiter l'importance (376) et pour souligner leur caractère exceptionnel. Par une apparente contradiction qui ne vient que des principes *a priori* qui dictent les formules de Bossuet, on soutiendra d'un côté le caractère conceptuel de la contemplation qui a toujours pour objet les vérités de la foi (377), et de l'autre on envisagera la possibilité purement abstraite d'états miraculeux de passivité complète et continue, mais on le fera sans s'appuyer sur l'expérience, en refusant même de poser la question, qui nous semble importante, de l'existence historique de ces états ; c'est que l'expérience est de peu de poids devant le jugement de la foi, devant « les règles immuables de l'Ecriture et de la tradition » (378).

---

se chercher un appui humain, ou s'occuper trop de soi-même » ; Fénelon précise en déplaçant l'accent : « se donner un appui inutile, quand l'esprit d'oraison attire à quelque autre occupation intérieure ou pieuse ».

(372) Art. 19.

(373) Art. 21 ; alors que Bossuet conteste au nom de ses principes intellectualistes la possibilité d'actes éminents et la disparition de tout acte formel, Fénelon dans son contre-projet aboutit à peu près aux mêmes conclusions, mais à partir de l'expérience, les principes étant différents : « ... il est néanmoins nécessaire de reconnaître que les actes formels se trouvent toujours, en tout état d'oraison même passive... » : ce n'est pas une nécessité mais une constatation. Voir aussi Fénelon, *Explication des articles d'Issy*, p. 72 et suiv.

(374) La conception d'un acte unique et toujours subsistant parut à Fénelon tout à fait extravagante et il n'y reconnut pas du tout ses idées (R.B., 1906, p. 208 et suiv.).

(375) Art. 21.

(376) Art. 22 et 23.

(377) Art. 24. En même temps, Bossuet présente trois articles qui ont pour objet de s'opposer à tout illuminisme : art. 25, 26, 27 : sur le don de prophétie, l'état apostolique, etc.

(378) Art. 28, ce qui a pour conséquence que les évêques, supérieurs ecclésiastiques et docteurs, sont les juges de ces états de contemplation, non pas du fait de leur propre expérience, mais du fait de leur autorité

Le projet de Bossuet dans sa rigidité apportait peu de nouveau et on voit mal que Fénelon ait pu souscrire à un texte qui reflétait si bien les principes et les préventions de son interlocuteur. Ce que fut sa réaction, le contre-projet qu'il établit, les discussions de dernière heure ont été bien présentés par L. Cognet (379) : ces discussions aboutirent les 8 et 10 mars 1695 à quelques corrections et à l'addition de quatre nouveaux articles qui semblent accorder à Fénelon quelques satisfactions : Bossuet aurait-il modifié son point de vue ? Jusqu'où vont ces concessions ? Jusqu'à quel point sa spiritualité peut-elle se plier à l'opinion d'autrui ?

Selon le désir de Fénelon (380), l'article 29 fut corrigé : le projet de Bossuet affirmait que l'état passif n'est appuyé sur le témoignage d'aucun des spirituels les plus éclairés ; le texte définitif tient compte des références au bienheureux Jean de la Croix et à saint François de Sales présentées par Fénelon et se contente de prescrire des règles pratiques pour éviter les dangers d'illusion.

Le 12e article, ajouté le 8 mars, précise ce que les commissaires entendent par les « actes » dont ils ont affirmé plus haut la présence nécessaire à tous les degrés de la vie spirituelle : « Par les actes d'obligation ci-dessus marqués, on ne doit pas entendre toujours des actes méthodiques et arrangés, encore moins des actes réduits en formules et sous certaines paroles, ou des actes inquiets et empressés ; mais des actes sincèrement formés dans le cœur, avec toute la sainte douceur et tranquillité qu'inspire l'Esprit de Dieu » (381). On perçoit, à la lecture de ce texte, l'écho de bien des pages de Bossuet : la méfiance pour les méthodes et les formules (382), le désir d'éviter l'inquiétude et l'empressement se sont souvent manifestés dans les lettres de direction, mais on trouve aussi dans l'article 12 les tendances « cordiales », « sensibles », de la spiritualité de Bossuet : « sincèrement », « le cœur », « la sainte douceur et tranquillité » : Fénelon donnerait-il à ces mots le sens que leur donne Bossuet ? L'article 12 ne manque-t-il pas son but ? La bonne volonté de M. de Meaux n'aboutit qu'à reprendre quelques thèmes de Nicole qui lui sont chers mais qui sont bien éloignés des perspectives féneloniennes (383).

---

dans le domaine de « la foi ». La spiritualité de Bossuet rejoint sa doctrine de l'épiscopat et de la direction spirituelle.

(379) *Crépuscule...*, p. 290 et suiv.

(380) C.B., VII, p. 37-40.

(381) Art. 12.

(382) Cf. *supra*, p. 429, où l'on a montré que Nicole avait pu confirmer Bossuet dans cette opinion.

(383) Ces perspectives sont présentées dans l'*Explication des articles d'Issy*, p. 46 et suiv.

En est-il de même de l'article 13 ajouté le même jour ? « Dans la vie et dans l'oraison la plus parfaite, tous ces actes sont unis dans la seule charité, en tant qu'elle anime toutes les vertus et en commande l'exercice (selon ce que dit saint Paul : *La charité souffre tout, elle croit tout, elle espère tout, elle soutient tout*). On en peut dire autant de tous les actes du chrétien, dont elle règle et prescrit les exercices distincts, quoiqu'ils ne soient pas toujours sensiblement et distinctement aperçus » (384). Les concessions de Bossuet sont ici plus grandes, et M. de Meaux admet le primat de la charité dans la vie chrétienne, mais toute équivoque n'est pas dissipée : selon quelle modalité se fait cette union (385) ? La formule « les exercices distincts, quoiqu'ils ne soient pas toujours sensiblement et distinctement aperçus » (386) ressemble aux formules contradictoires par lesquelles Bossuet essaie de dépasser les antinomies, et il est à craindre qu'il n'ait considéré l'exercice distinct des vertus, les actes distincts de la vie chrétienne, plus que la force unissante de la charité qui dépasse ces distinctions.

L'article 33, arrêté le 8 mars, est moins imprécis et même en un certain sens contredit l'article 9 qui condamnait l'indifférence sans souffler mot de la supposition impossible des mystiques qu'est l'acceptation conditionnelle de la damnation si Dieu y trouvait sa plus grande gloire (387) : l'article 33 envisage, en quelques cas exceptionnels, chez des « âmes vraiment parfaites », cette héroïque soumission à la volonté de Dieu ; certes il y a bien des restrictions, en particulier la phrase « sans déroger à l'obligation des autres [actes] ci-dessus marqués, qui sont essentiels au christianisme », phrase qui peut impliquer contradiction si parmi les actes obligatoires l'on met un acte d'espérance qui, selon la thèse intellec-

---

(384) Art. 13.

(385) La première version de cet article communiquée à Fénelon portait « sont réunis » (cf. P. Dudon, *Le Gnostique...*, p. 284), terme plus volontariste que celui qui a été retenu, « sont unis » ; en tout cas, il s'agit d'union et non pas d'éminence ou d'abstraction (cf. art. 21).

(386) La première version insiste encore plus sur la distinction essentielle de ces exercices : « les exercices distincts, quoique la distinction n'en soit toujours manifestement ou également aperçue » (P. Dudon, *Le Gnostique...*, p. 284) : la rédaction définitive de cet article 13 est une demi-victoire de Fénelon. Cf. aussi C.B., VII, p. 39 : lettre de Fénelon à Bossuet du 8 mars 1695 que nous avons revue sur l'autographe, B.N. n. a. fr. 16313, f° 38.

(387) Fénelon eut conscience de cette contradiction entre les deux articles, *Explication des articles d'Issy*, p. 35 et n. 1. Noailles tint à rester fidèle à saint François de Sales, au moins pour ne pas le mettre dans le parti des quiétistes ; c'est pourquoi il défendit l'article sur l'indifférence contre l'abbé Boileau, R.B., 1901, p. 40 (d'apr. B.N., ms. fr. 23215, f° 191 v°-192, 193 et v°).

tualiste de Bossuet, ne pourrait être que « distinct ». On comprend les difficultés que ressentent Bossuet et même Fénelon à articuler de façon satisfaisante le plan de la théologie (« qui sont essentiels au christianisme ») et celui de l'expérience : c'est sur ce dernier que se place la question des suppositions impossibles (388) ; mais, comme toute expérience spirituelle, celle-ci est significative et implique des conclusions théologiques : Bossuet et Fénelon en conviendraient sans pouvoir faire exactement la distinction des plans ni marquer les rapports qui les lient. Néanmoins, quelles que soient les équivoques et les restrictions, cet article 33 est une concession à Fénelon, et Bossuet, semble-t-il, ne l'accepta jamais vraiment (389).

La différence des points de vue éclate avant même la signature des articles, le 10 mars 1695 : pour expliquer l'article 29 Bossuet avait rédigé un « Projet d'addition sur l'état passif » en sept articles (390). H. Sanson, après A. Cherel, a bien montré comment ce texte et son commentaire par Fénelon illustrent l'opposition des thèses en présence : Bossuet affirme encore une fois que l'état passif « est un état de suspension ou ligature des puissances, où l'âme demeure impuissante à produire des actes discursifs, ou autres qu'il plaît à Dieu, durant le temps de l'oraison » (391). Le temps de l'oraison est ainsi nettement distingué du reste de la vie chrétienne : d'un côté des phénomènes miraculeux de passivité totale qui ne peuvent être ni libres ni méritoires, de l'autre l'activité, la pratique des vertus qui seules sont libres et méritoires : les liens entre ces deux états, Bossuet est incapable de les établir : la contemplation définie par l'état passif cesse de posséder sa réalité dès l'instant où cesse le phénomène miraculeux ; tout au plus Bossuet admet-il que de ce temps d'oraison passive puisse sortir une meilleure disposition de l'âme à se recueillir en Dieu, à produire des actes parfaits : donc une pure virtualité dont on ne peut

---

(388) Fénelon l'a compris nettement : « Il n'est pas question ici de théologie pour savoir ce qui est vrai selon la foi... » (*Explication des articles d'Issy*, p. 125).

(389) R.B., 1906, p. 193. Un 34ᵉ article fut ajouté au dernier moment ; il apporte aussi une demi-satisfaction à Fénelon : « les commençants et les parfaits doivent être conduits... par des règles différentes », « les derniers entendent plus hautement et plus à fond les vérités chrétiennes ». Règles pratiques et non pas différence essentielle ; en outre, les mots « entendent », « vérités » sont équivoques et susceptibles d'une interprétation bien intellectualiste.

(390) Dans les *Œuvres* de Fénelon, t. II, p. 229 ; sur cet épisode de la controverse : Fénelon, *Explication des articles d'Issy*, éd. Cherel, *passim* ; R.B., 1906, p. 207 et suiv. ; H. Sanson, *Saint Jean de la Croix...*, p. 39 et suiv. ; L. Cognet, *Crépuscule...*, p. 300-301.

(391) Dans *Œuvres* de Fénelon, t. II, p. 229.

nullement conclure que sous cette forme se prolonge l'état passif : cet état passif est limité au temps précis où s'est manifestée l'impuissance à produire des actes. Une conception rigide de l'acte et de la passivité, du volontaire et de l'involontaire, et surtout du mode de coopération de Dieu et de l'homme rend à Bossuet la compréhension des entre-deux bien difficile : il ne conçoit qu'un tout ou rien : exaltation par Dieu de l'agir humain ou bien démission de cet agir humain devant l'invasion divine (392). Rien là que Bossuet n'affirme depuis plusieurs années à partir d'une anthropologie qui s'est formée peu à peu sous des influences qui ne sont pas celles des spirituels. La nouveauté du *Projet d'addition sur l'état passif*, c'est que M. de Meaux estime nécessaire de s'appuyer explicitement sur le bienheureux Jean de la Croix (393) et qu'il parle à ce propos de « mystiques approuvés ». Cependant ce n'est là qu'une autorité secondaire : Jean de la Croix est invoqué parce que Mme Guyon et Fénelon y faisaient souvent appel ; en outre Bossuet utilise l'autorité du bienheureux pour confirmer ce qui dans son esprit est depuis longtemps établi. Sa lecture nous paraît aujourd'hui bien infidèle (394) ; elle pouvait difficilement être autre étant donnés les présupposés anthropologiques de sa spiritualité. Il reste qu'en cet appel à l'autorité de Jean de la Croix se situe le point extrême des concessions de Bossuet à ses interlocuteurs. Et même cette concession formelle s'accompagnera bientôt de regrets.

V) Après Issy. Ordonnance et Instruction pastorale sur les états d'oraison.

Bossuet considérait si peu la signature des 34 articles d'Issy comme la conclusion d'un long débat que dès les jours qui suivent il se met au travail pour tirer les conséquences de ces articles. Ce travail se développe sur plusieurs plans : d'abord la publication des articles eux-mêmes dans une *Ordonnance,* puis une information plus large sur les questions controversées, et très rapidement la

---

(392) La position de Fénelon est plus souple : il ne se contente pas de « raisonner suivant les idées philosophiques » (*Explication des articles d'Issy,* p. 139 et suiv.).

(393) « On peut voir sur les six premiers articles l'éclaircissement des *Phrases mystiques* du B.P. Jean de la Croix, 2e partie, ch. III, § VIII, p. 145. Ce livre se trouve avec les œuvres du Bienheureux » (R.B., 1906, p. 195, n. 4, et H. Sanson, *Saint Jean de la Croix...,* p. 39, n. 1) : la lecture de Bossuet doit dater des premiers mois de 1695 ; au moment de l'interrogatoire de Mme Guyon il ignorait encore ce texte, cf. *supra,* p. 540, n. 337.

(394) Celle de Fénelon ne satisfait pas beaucoup plus les historiens modernes, H. Sanson, *Saint Jean de la Croix...,* p. 44.

rédaction d'un grand ouvrage présentant de façon synthétique les principes de la spiritualité chrétienne (395).

La première chose qui devait suivre la signature des articles d'Issy était leur publication par les évêques : Bossuet donne donc dès le 16 avril 1695 une *Ordonnance et Instruction pastorale sur les états d'oraison* (396) : les articles y sont précédés d'un assez long commentaire et suivis de conclusions pratiques qui font de leur publication tout autre chose qu'une formalité. Sans parler explicitement des entretiens d'Issy, pour ne pas éveiller la susceptibilité de l'archevêque de Paris Harlay, M. de Meaux ne manque pas de souligner que les textes qu'il publie sont le résultat de la consultation de plusieurs docteurs en théologie, très grands prélats, graves personnages (397) ; et, souci de prudence autant que désir de donner du poids à ces textes, il rattache les condamnations aux condamnations romaines de 1687 (398) et à l'*Ordonnance* donnée par Harlay l'année précédente.

Ces précautions prises, M. de Meaux présente en 5 points son interprétation personnelle des articles d'Issy : alors les demi-concessions faites à Fénelon, les ambiguïtés verbales disparaissent et la synthèse bossuétiste que nous avons vu s'affirmer peu à peu est présentée en 4 pages énergiques. Correspondant aux 4 premiers articles (et au 24e), un paragraphe (399) reproche aux nouveaux spirituels d'exclure de la haute contemplation l'humanité de Jésus-Christ (400), les attributs divins, les trois personnes divines : il est facile à Bossuet de condamner cette exclusion au nom des « fondements les plus essentiels et les plus communs de notre foi » ; par le baptême nous sommes « expressément et distinctement consacrés » aux trois personnes divines, et on ne peut en « supprimer le souvenir explicite sans renoncer au nom de chrétien : de sorte qu'ils mettent la perfection de l'oraison chrétienne à s'élever au-dessus des idées qui appartiennent proprement au christianisme ; c'est-à-dire de celles de la Trinité et de l'Incarnation du Fils

---

(395) Pour l'histoire de ce moment de la controverse, cf. l'excellente mise au point de L. Cognet, *Crépuscule des mystiques*, p. 303 et suiv.

(396) LT, XVIII, p. 351 et suiv.

(397) LT, XVIII, p. 352.

(398) LT, XVIII, p. 351-352.

(399) LT, XVIII, p. 353.

(400) C'est sur ce point qu'en avril même Bossuet essaie d'obtenir de Mme Guyon chez les visitandines de Meaux un aveu compromettant (L. Cognet, *Crépuscule...*, p. 332-333) ; quel que soit le rôle de la politique dans ses efforts, on ne peut nier que ce soit pour Bossuet une question théologiquement très importante.

de Dieu » (401). Ces vues théologiques incontestables (402) restent assez loin des perspectives de la spiritualité : « souvenir explicite », foi explicite et distincte, ces formules définissent-elles une attitude spirituelle, expérimentale pour ainsi dire ? Sont-elles une réponse suffisante à Malaval (403) qui constate dans les états supérieurs un dépassement de la considération de Jésus-Christ selon son humanité ? (404) Il y a peu de nouveau dans ce préambule, sinon que les principes théologiques, qui dans les 4 premiers articles d'Issy pouvaient paraître simple rappel de vérités générales, sont ici explicitement présentés comme une solution des problèmes posés par la mystique : incontestables isolément, ils manifestent maintenant leur insuffisance en s'appliquant à l'expérience.

En second lieu, paraphrasant les articles 5 et 6, 8 et 9, 14 à 17, M. de Meaux condamne le désintéressement qui conduit les nouveaux spirituels à n'adresser à Dieu aucune demande, et l'illusion qui les porte à croire qu'ils ont atteint dès cette vie la perfection, le repos, « une sorte de béatitude qui rend inutiles les désirs et les demandes » (405). Puis il développe un point important à ses yeux : la place des actes dans la vie intérieure ; après les articles 10 à 12, et 19, mais de façon beaucoup plus appuyée, sans doute signe que ces articles ne le satisfaisaient pas complètement, il présente son idée de l' « acte universel » (406), acte produit une fois pour toutes, qui dure sans interruption, sans être renouvelé : tel

(401) LT, XVIII, p. 353. L'on ne donnera pas à « idées » le sens qu'il aurait de nos jours de « représentations purement intellectuelles » : le sens que ce mot a chez Bossuet est plus large, c'est celui d' « images », de « représentations » en général.

(402) C'est bien de ce point de vue théologique que Bossuet présente un peu plus loin le texte des 34 articles : « vérités fondamentales de la religion » (LT, XVIII, p. 357), « les règles de la plus commune théologie » (LT, XVIII, p. 364), « un corps de doctrine » (*ibid.*). Inversement, il voit dans les œuvres des mystiques une doctrine nouvelle, un « nouvel Evangile » (LT, XVIII, p. 366). On trouve dans la lettre du P. Lacombe à Mme Guyon en mai 1695 une réflexion beaucoup plus poussée sur les rapports de la « théologie mystique » et de la « théologie commune » ou scolastique : la théologie mystique n'est « que la suite, le progrès et le couronnement de l'autre, en ce que, sur les principes que celle-ci établit, celle-là tâche de s'élever par les degrés anagogiques jusqu'à l'union divine et à la jouissance de Dieu, telle qu'on la peut obtenir dans cette vie par un parfait amour, quoique sous le voile de la foi » (dans Fénelon, *Œuvres,* t. IX, p. 65).

(403) Bien qu'il ne soit pas nommé, il s'agit de Malaval quand Bossuet parle ici d' « un faux mystique de nos jours » ; cf. aussi C.B., t. VII, p. 85.

(404) On lira à ce propos le commentaire de l'*Ordonnance* de Bossuet par le P. Lacombe : lettre de mai 1695 à Mme Guyon, dans Fénelon, *Œuvres,* t. IX, p. 65.

(405) LT, XVIII, p. 354.

(406) LT, XVIII, p. 354-355.

serait selon lui le sens de la « simplicité », du « silence », de l' « anéantissement » (407) dont parlent les mystiques. Nous avons déjà montré que cette conception de l'acte était fort éloignée de la réalité des faits, ne venait que de l'incapacité de l'esprit de Bossuet de penser des rapports selon un autre mode que celui de la succession ponctuelle des affirmations explicites et libres (408). Quoi qu'il en soit, Bossuet, en une page éloquente, montre que les prières de la Bible, celles de David en particulier, ou l'Oraison Dominicale sont une suite d'actes, de demandes et de désirs, d'efforts, suscités certes par la grâce, mais libres et répétés pour obtenir les grâces divines (409).

Continuant sa présentation, Bossuet soutient que les nouveaux spirituels méprisent la mortification et les exercices particuliers et distincts des vertus (410) et louent exclusivement les oraisons extraordinaires en les recommandant à tous sans distinction (411) : avec cette insistance sur l'extraordinaire se précise l'interprétation bossuétiste de la mystique que n'ont pu infléchir ni la lecture des innombrables textes apportés par Mme Guyon, ni les opuscules de Fénelon, ni les conversations qu'il a eues avec l'un et avec l'autre : des quelques atténuations introduites au cours des discussions, ainsi que des articles 13, 33 et 34, aucune trace dans le préambule de l'*Ordonnance* : les principes apparaissent inchangés.

L'*Ordonnance* qui présente les articles d'Issy reste cependant ouverte sur l'avenir : non que l'on pressente une évolution de Bossuet, les assouplissements acceptés sont déjà reniés, mais M. de Meaux envisage un travail plus ample qui se développera sur deux terrains : un exposé des principes de l'oraison chrétienne, une réfutation des faux mystiques : « ... nous prendrons soin de

(407) Bossuet ajoute (LT, XVIII, p. 356) que certains donnent au « néant » et à l' « anéantissement » d' « autres pernicieuses significations » : allusion, par prétérition, aux conséquences morales de la nouvelle spiritualité (cf. aussi LT, XVIII, p. 365). Sur ces actes, cf. le commentaire du P. Lacombe dans une lettre à Mme Guyon de mai 1695, dans Fénelon, *Œuvres*, t. IX, p. 64-65 ; et dans une autre du 25 mai, *ibid.*, p. 66.

(408) *Supra*, p. 427.

(409) Cet argument des prières tenait une grande place dans la *Défense de la Tradition des Saints Pères* que Bossuet n'a quittée que pour s'occuper des nouveaux spirituels : c'était un des arguments les plus intéressants dont il se servait pour établir sa doctrine de la grâce. On remarquera aussi que Bossuet n'a pas toujours donné des *Psaumes* qu'il cite dans son *Ordonnance* une interprétation aussi antimystique : en 1690, il commentait ainsi *Ps.* XVII, 2 : « *Diligam te :* pro tot ac tantis beneficiis, unum munus Deo gratum, ipsa dilectio » (LT, I, p. 93). Nous reprendrons ces questions importantes à propos de l'*Instruction sur les états d'oraison*.

(410) LT, XVIII, p. 356, cf. articles 7 et 18.

(411) LT, XVIII, p. 356, cf. articles 21-23, 26-29.

vous procurer le plus tôt qu'il sera possible une instruction plus ample où paraîtra l'application avec les preuves des susdits articles, encore qu'ils se soutiennent assez par eux-mêmes ; et ensemble les principes solides de l'oraison chrétienne selon l'Ecriture sainte et la tradition des Pères : enfin en suivant les règles et les pratiques des saints docteurs, nous tâcherons de donner des bornes à la théologie peu correcte, et aux expressions et exagérations irrégulières de certains mystiques inconsidérés ou même présomptueux... » (412). Nous avons là le plan des travaux dans lesquels Bossuet se lance désormais : les *Principes communs de l'oraison chrétienne* (publiés en partie par E. Levesque en 1897), l'*Instruction sur les états d'oraison :* un exposé doctrinal, une œuvre polémique, l'un et l'autre inachevés. Les 34 articles d'Issy n'étaient que le point de départ de vastes développements (413).

VI) L'OFFENSIVE DE L'ARCHEVÊCHÉ.

Le 16 octobre 1694 paraissait une *Ordonnance* de l'archevêque de Paris, Harlay, condamnant l'*Analysis* du P. Lacombe, le *Moyen court* et le *Cantique des Cantiques* de Mme Guyon (sans que l'auteur de ces deux derniers livres soit nommé). Les circonstances de cet acte sont à peu près connues et nous ne les répéterons pas (414) ; il est possible que le rédacteur de l'*Ordonnance,* Harlay lui-même ou Pirot, se soit appuyé sur des manuscrits de Nicole (415) ; quoi qu'il en soit, l'argumentation est assez sommaire et on a l'impression de lire un catalogue d'accusations assez disparates : à cette date une sorte de vulgate de l'antiquiétisme s'est constituée, et l'*Ordonnance* de Harlay en est le reflet : l'Ecriture (et en particulier le *Pater*), l'Eglise, les Pères et les autres « Auteurs Ecclésiastiques si généralement approuvés qu'on peut sûrement les prendre pour guides » (416) sont la norme de toute oraison possible : que ce principe, sous cette forme, réponde mal aux problèmes posés par l'oraison des mystiques ne semble pas être alors perçu et l'archevêque est ici l'écho d'un très grand nombre de ses contemporains. L'*Ordonnance,* après avoir évoqué le concile de Vienne contre les Bégards,

---

(412) LT, XVIII, p. 365. Après avoir lu cette *Ordonnance,* dom Claude Martin attend « avec ardeur » le « plus long ouvrage » (R.A.M., 1953, p. 223).

(413) Les articles d'Issy sont accompagnés dans l'*Ordonnance* d'une énumération d'ouvrages condamnés : œuvres de Molinos, de Malaval, de Mme Guyon (qui n'est pas nommée), du P. Lacombe.

(414) B.N. fr. 23504, f° 168, 168 v°, 169 ; P. Dudon, *Le Gnostique...,* p. 61-64 ; L. Cognet, *Crépuscule...,* p. 250-260.

(415) B.N. fr. 23504, f° 212.

(416) *Ordonnance...,* p. 4.

et le concile de Trente, juxtapose les objections : contemplation commune à tout le monde, confusion des conseils et des préceptes, extinction de la liberté, mépris des mortifications et de toute ascèse, « léthargie spirituelle », indifférence à la sainteté et au salut, assurance de posséder Dieu « en lui-même et sans aucun milieu » dès cette vie, enfin prosélytisme spirituel (417). Rien dans tout cela de très nouveau par rapport à la bulle *Cœlestis Pastor*. La valeur doctrinale du document de l'archevêque est faible (418) : son importance est politique. Cependant des théologiens vont suivre son sillage.

Cédant enfin aux pressions de son entourage (419), Nicole, ce « bras droit théologique » de Harlay (420), va apporter indirectement son concours à l'œuvre de l'archevêque. Esprit fin et modéré en dépit de ses partis pris, Nicole ne nous paraît pas à l'aise en brandissant l'anathème ; aussi commence-t-il par rééditer son *Traité de l'oraison* sous le titre de *Traité de la prière :* l'achevé d'imprimer est du 4 janvier 1695, mais les approbations sont du 15 juin et du 17 novembre 1694, et le privilège du 7 août 1694, au moment même des entretiens d'Issy ; il ne paraît pas invraisemblable que cet ouvrage ait été destiné à préciser la doctrine traditionnelle de la prière qui était alors en discussion. Les différences par rapports aux éditions précédentes (1679 et même 1686) sont sensibles : le changement de titre indique que l'auteur envisage le problème de la prière dans toute son extension, et non pas seulement celui de l'oraison qui risque d'être comprise comme la forme « mystique » de cette prière. Le plan du livre est complètement changé (421) : les éditions antérieures se présentaient en 7 livres à partir du problème central (et légèrement polémique) de la place des « pensées » ; des pensées en général on passait à la pratique méthodique des « bonnes pensées », aux sujets généraux puis particuliers de la méditation, aux conditions extérieures de la prière, à son contenu (les demandes) ; puis un dernier livre analysait les divers états des âmes. Au contraire l'édition de 1695 est divisée en deux parties : l'ouvrage est plus didactique, à la fois plus et moins polémique : la

(417) *Id.*, p. 5-7.

(418) Louis-Antoine de Noailles, alors évêque de Châlons, en fait un éloge un peu réticent : « ... elle m'a fait un grand plaisir, elle est courte mais elle est bonne et forte, il y faudrait un peu plus d'instruction, mais comme le mal pressait on a voulu de la diligence et on a bien fait » (B.N., ms. fr. 23215, f° 175 v°, lettre du 2 novembre 1694 à son frère).

(419) Cf. B.N. fr. 23504, f° 117, 168 v°-169. Voir aussi la préface de la *Réfutation des principales erreurs des quiétistes* sur le rôle d' « une personne qui était à Rome » et qui doit être du Vaucel.

(420) H. Bremond. *Histoire littéraire...*, t. IX, p. 33.

(421) Cf. l'avertissement au t. I de l'éd. de 1695.

première partie veut être relativement sereine ; elle part des faits, des pratiques, de la méthode : les sujets, généraux et particuliers, et les conditions de la prière (422) ; une seconde partie est la réfutation des abus par les « principes » que l'on trouve chez les Pères, d'où : la place des pensées, les demandes, les divers états des âmes (423), enfin un dernier livre qui reprend l'ancien livre 2 mais le transforme complètement : il s'agit cette fois de défendre, contre ceux qui prétendent l'exclure, l'oraison mentale, en prouvant qu'elle est autorisée par les Pères : Nicole présente donc un exposé s'appuyant de façon claire sur l'Ecriture et les Pères jusqu'à saint Bernard et à l'*Echelle des Religieux* (424) ; puis il répond à une série d'objections précises qui figuraient déjà dans le livre de 1679-1686. Nicole se bat pour ainsi dire sur deux fronts : contre les nouveaux spirituels, évidemment, mais aussi contre les partisans d'une piété trop affective, trop sensible et trop humainement intéressée ; l'ensemble n'est donc pas exempt de contradictions. Les corrections et remaniements de détail sont innombrables et nous ne pouvons ici les énumérer ; indiquons seulement en quel sens sont orientés les principaux. Un grand nombre tendent à éviter tout reproche de quiétisme ; ainsi Nicole qui, à propos des solitaires d'Egypte, avait laissé passer la formule suivante : « ... ils tendaient tous à avoir Dieu continuellement présent, et [...] le moyen qu'ils y emploient (*sic*) était de penser continuellement à Dieu » (425), la corrige en 1695 : « ... le moyen qu'ils y employaient était de repasser continuellement dans leur esprit quelque parole de Dieu » (426). Çà et là Nicole ajoute des phrases hostiles aux nouveaux spirituels (427). Le ton assez philosophique et abstrait des premières éditions est parfois rectifié : un passage sur le désir de l'amour qui peut être commencement de l'amour, le désir de la charité, commencement de la charité, est remplacé par un début de chapitre assez « pessimiste » (428), plein de scepticisme sur la possibilité de connaître les degrés d'amour. Ailleurs Nicole semble même se rapprocher des

(422) Anciens livres 3, 4 et 5.

(423) Anciens livres 1, 6 et 7.

(424) Ainsi, au chapitre 1 du Ier livre de la 2e partie, le texte est remanié dans un sens plus patristique et ecclésiologique au détriment de l'argumentation purement intellectuelle.

(425) Ed. 1679, p. 80.

(426) Ed. 1695, t. II, p. 265.

(427) Ed. 1695, t. II, p. 70 : sur l'indifférence établie partout par Molinos.

(428) « Qui est-ce qui sait la mesure précise de son amour puisqu'on ne sait pas même s'il est dominant ou non dominant, justifiant ou non justifiant ? » (éd. 1695, t. II, p. 25).

mystiques : le début du chapitre 3 du livre I de la seconde partie (429) a été récrit complètement : à un texte abstrait sur l'esprit et le cœur est substituée une analyse précise de l'amour de Dieu et des rapports de la créance et de l'amour, et l'auteur va jusqu'à écrire : « comme l'amour de la justice de Dieu est toujours pur et désintéressé, l'amour des avantages que cet amour nous apporte peut être l'objet d'un amour de cupidité et d'intérêt c'est-à-dire d'amour-propre » (430) ; et enfin nous le voyons transformer le chapitre 8 du même livre (431) de façon significative : le titre de 1679 était « De quelle sorte l'imagination nous fait tomber en diverses illusions » et celui de 1695 est : « Qu'il ne faut pas juger du mérite de l'oraison par la ferveur sensible » ; le chapitre primitif qui était une analyse psychologique de l'imagination et des complaisances de l'âme pour l'extraordinaire et l'étrange (432), est remplacé par une dénonciation des mouvements sensibles, consolations, goûts et douceurs, de la sensibilité qui ne saurait se confondre avec la pente de l'âme vers Dieu, capable de résister aux sécheresses ; même si l'auteur, toujours modéré, demande de ne pas pousser ces remarques trop loin, il y a là un refus du panhédonisme qu'il fallait mettre en lumière.

Sous cette forme l'ouvrage fera son chemin au XVIIIe siècle. Mais ce n'était pas la réfutation que les amis de Nicole attendaient de lui et qu'ils l'invitaient, peut-être malgré lui, à écrire (433).

Ecrite en 1694 (434), la *Réfutation des principales erreurs des quiétistes* porte un achevé d'imprimer du 22 juillet 1695 (435) : le

---

(429) Ed. 1695, t. II, p. 18-22.
(430) Ed. 1695, t. II, p. 21.
(431) Ed. 1695, t. II, p. 54-58.
(432) Ed. 1679, p. 41-47.
(433) Sur la *Réfutation...*, cf. L. Cognet, *Crépuscule...*, p. 312 et suiv.
(434) Dans la préface nous lisons : « ... Monsieur l'abbé Nicaise par le zèle qui le porte à favoriser toute sorte de littérature eut la bonté de m'envoyer, il y a quelque temps, un livre espagnol, imprimé à Bruxelles l'an 1606, où l'on trouve diverses propositions conformes aux dogmes des quiétistes, qui y sont réfutées par le Père Jérôme Gratien Carme Déchaussé, assez connu par l'histoire de cet ordre. Mais comme on ne voit pas que Molinos en ait jamais rien cité, je ne sais si l'on peut dire avec vérité que c'est de là qu'il a tiré sa doctrine ». Sur ce livre, la *Vida de l'Alma,* suivie de l'*Apologie* de Gratien, qui date, semble-t-il, de 1609, cf. J. Orcibal, *La rencontre du Carmel thérésien avec les mystiques du Nord,* Paris, 1959, p. 30 et suiv. Deux lettres de Nicaise à Turretin du 8 octobre 1693 et du 28 mars 1694 (éd. de Budé, p. 11 et 14) parlent de cet envoi du livre à Nicole et des propositions quiétistes dénoncées par Gratien dans l'*Apologie.*
(435) Cf. *Journal des Savants,* 1695, p. 308 et 314. Voir B.N. ms. n. a. fr. 7490, f° 142 : « Le dernier ouvrage qu'il ait donné au public est le Traité contre les erreurs des quiétistes qu'il fit à la prière de M. de Meaux » (résumé de la vie de Nicole, dans le fonds Renaudot).

livre attendait depuis le mois d'octobre 1694 par suite des scrupules et de la mauvaise santé de l'auteur, puis de la crainte de devancer le grand ouvrage de M. de Meaux (436). Disons tout de suite que cette *Réfutation* est décevante et reste bien inférieure au *Traité de la prière ;* mais, comme elle vient de quelqu'un que Bossuet connaît bien, nous pourrons y découvrir des arguments semblables à ceux qu'il oppose aux mystiques : ressemblances et différences sont instructives (437). Les adversaires de Nicole ne sont plus, comme dans le *Traité de l'oraison,* Barcos, Guilloré et Bernières, mais les auteurs qui servent désormais de cibles à l'antiquiétisme : Molinos, Malaval (438) et sa *Pratique facile,* l'abbé d'Estival, Epiphane Louis et ses *Conférences mystiques* (439), et quatre livres de Mme Guyon (440) ; rien de bien original à cette date dans le choix de ces adversaires : le premier est depuis longtemps condamné, le second est à l'Index, la quatrième vient d'être condamnée par Harlay. Çà et là une allusion à « l'illuminé Taulère » (441) et à Ruysbroeck (442) mais Nicole n'a rien dû lire de ces auteurs. L'argumentation est d'ailleurs bien courte : pour compromettre ces adversaires, Nicole, comme Segneri, du Vaucel et bien d'autres antiquiétistes, les rapproche de Simon le Magicien (443), des Pélagiens (444), des gnostiques, Manichéens, Priscillianistes, Bogomiles et Hésychastes (445), des Bégards (446),

---

(436) B.N. fr. 23504, f° 168 v°-169, 172 v°-173, 179 v°, 212 ; fr. 23505, f° 30, 41 v°-42, 42 v°, 43 v°. Les *Nouvelles ecclésiastiques* notent en juillet 1695 (fr. 23505, f° 61) : « Le livre de l'oraison contre les quiétistes est un gros in quarto imprimé avec privilège et je ne m'en étonne pas, quand vous l'aurez lu vous vous en étonnerez encore moins » ; si, comme il semble bien, c'est une allusion à la *Réfutation...,* de Nicole, l'information (in quarto) est bien inexacte.

(437) Bossuet lui-même prend ses distances, si, comme il est vraisemblable, c'est bien à cette œuvre de Nicole qu'il fait allusion dans trois lettres de cette époque : C.B., VII, p. 211, 215, 267.

(438) Considéré comme un disciple de Molinos.

(439) Paris, 1676 ; 2e éd., Paris, 1684. Cf. une importante lettre de Nicole dans les *Essais de morale,* Paris, 1733, t. VIII, p. 19.

(440) Dont le manuscrit des *Torrents ;* l'auteur n'est pas nommé : « une personne assez connue et que ses autres qualités rendraient estimable, s'étant témérairement engagée dans cette nouvelle spiritualité... » (Préface de la *Réfutation...*). A l'occasion, la lettre de Falconi qui figure à la fin du *Moyen court* est aussi attaquée.

(441) *Réfutation...,* p. 256.

(442) *Id.,* p. 258 ; l'approbation de Pirot, de J. Boileau et de Le Feuvre cite en revanche Tauler et Ruysbroeck contre les quiétistes : cf. *infra,* p. 587.

(443) *Id.,* p. 222.

(444) *Id.,* p. 8, 50.

(445) *Id.,* préface.

(446) *Id.,* p. 4 et suiv., 19, 23, 24.

des calvinistes (447), des Juifs, des Mahométans et des Chinois dont le monothéisme n'est qu'une forme de déisme (448) ! Ces thèmes en 1695 sont peu originaux et, à vouloir tant prouver, Nicole donne de ses adversaires une image bien imprécise et contradictoire. Ce n'est pas qu'il n'ait des principes bien établis et qu'il ne s'y réfère sans cesse ; le plus évident est une certaine idée de la tradition : ces spirituels au langage si particulier (449) sont des modernes (450) ; ils suivent une voie nouvelle, suspecte, sans autorité (451), s'écartent des leçons de l'Ecriture (452) et de celles des Pères (453), de la voie de tous les saints, aussi bien des solitaires de l'Egypte que des religieux de saint Benoît ou de ceux de la Trappe (454) ; ils méprisent aussi cette tradition vivante de l'Eglise qui est représentée par les prières, l'office, la liturgie (455). La plupart de ces reproches ne sauraient atteindre les mystiques, c'est bien clair, mais ces chapitres de Nicole nous permettent de sentir quel point de développement a atteint la vulgate antiquiétiste à l'époque où Bossuet lui-même va prendre la plume.

Il en est de même des autres thèmes de la *Réfutation... :* distinction entre une oraison « ordinaire » et les phénomènes « extraordinaires », auxquels est assimilée toute mystique (456), insistance sur le rôle de la « pensée » et des « idées » dans la démarche spirituelle (457), et en conséquence insistance sur les attributs divins (458) et sur les mystères de Jésus-Christ (459), considérés comme des « pensées » auxquelles doit s'appliquer l' « esprit ». Quelques remarques sur la passivité affectée des nouveaux spirituels (460), sur leur prétendue impeccabilité (461) et leur indifférence, même à

---

(447) *Id.*, p. 8, 76 et suiv.
(448) *Id.*, p. 310, 311, 326.
(449) *Id.*, préface, p. 430.
(450) *Id.*, p. 27, 30, 40, 48, 93, 142.
(451) *Id.*, p. 231.
(452) *Id.*, p. 92, 94, 114, 203, 235, 320, 377.
(453) *Id.*, préface, p. 117.
(454) *Id.*, p. 44, 46, 108, 144, 192 et suiv., 231.
(455) *Id.*, p. 2, 21, 23, 32, 93, 339.
(456) *Id.*, p. 51 et suiv., 59, 65, 100, 150, 153 et suiv., 180, 215, 222, 224, 262, 280, 309 ; peu de thèmes reviendront aussi fréquemment dans ce livre.
(457) *Id.*, p. 37, 49, 72, 85, 91, 95, 96, 106, 140, 141, 162, 167, 203, 210, 211 (« La vie chrétienne est par elle-même une vie sage »), 217, 238, 244 et suiv., 310. Ces thèmes nous étonnent peu chez l'auteur du *Traité de l'oraison.*
(458) *Id.*, p. 168, 183, 205, 212, 241, 326.
(459) *Id.*, p. 136, 140, 278.
(460) *Id.*, p. 53 et suiv., 74 et suiv., 90, 95, 106, 117, 311, 354.
(461) *Id.*, p. 7, 12 et suiv.

l'égard du paradis (462), des allusions voilées à leurs « horribles désordres » (463), toutes ces accusations ne sont pas neuves ! Par une heureuse inconséquence Nicole tempère parfois ce que ces développements ont de systématique et, à la limite, de révoltant : ainsi il sait répudier, comme dans le *Traité de la prière,* son panhédonisme instinctif, pour souligner que la grâce n'est pas sensible (464) et pour consoler les âmes affligées : « ... s'il n'y avait rien de Dieu dans ces oraisons sèches et sans consolation, et si l'esprit de Dieu n'y agissait point, il n'y aurait pas de raison de consoler les âmes qui sont dans cet état, mais seulement de les porter à en gémir et à en faire pénitence. Cependant il [saint François de Sales] les en console et il a raison, parce qu'il n'y en a pas de conclure que cet état soit mauvais et qu'il n'ait rien de l'esprit de Dieu : car l'application volontaire de ces âmes à se mettre en état de prier est de Dieu » (465). Ailleurs, la prière où l'on se contente d'exposer son désir et son espérance, et cela sans paroles et par une simple vue, Dieu voyant dans le fond du cœur le sentiment d'abaissement et d'espérance (466), n'est-elle pas proche de la prière des mystiques ? Mais ces oasis sont bien rares et la *Réfutation* passe à côté de ce qui est l'essentiel de la spiritualité (467).

Un ouvrage qui a devancé de quelques mois celui de Nicole ne nous satisfait pas plus : il s'agit de *Le Quiétisme contraire à la doctrine des sacrements* du savant liturgiste Jean Grancolas, achevé d'imprimer le 15 février 1695 (468). Le livre est dédié à l'archevêque de Paris et se présente comme la première réfutation du quiétisme. L'auteur s'en prend essentiellement à Molinos, qu'il semble avoir lu de près, et à Malaval, accessoirement à l'*Analysis* du P. Lacombe ;

(462) *Id.,* p. 22, 23, 360.

(463) *Id.,* p. 412, 419.

(464) *Id.,* p. 51, 98.

(465) *Id.,* p. 104-105 ; notons, toutefois, que « application volontaire » reste équivoque.

(466) *Id.,* p. 341 et suiv.

(467) Cf. le P. Lacombe : « il a parlé indiscrètement de choses qui surpassent excessivement toute sa science » (C.B., VIII, p. 453) ; voir aussi du P. Lacombe deux lettres, dans : Fénelon, *Oeuvres,* t. IX, p. 70, 72. Sur les projets d'un *Traité de la contemplation* où dom Claude Martin aurait réfuté Nicole, cf. R.A.M., 1953, n° 115, p. 206-249 ; R.H.E.F., 1957, n° 140, p. 146-147. Voir aussi la critique faite par Malaval dans la *Lettre à M. de Foresta-Colongue,* Marseille, 1695, p. 239 et suiv.

(468) Sur l'auteur « docteur de Paris qui ne peut être soupçonné d'avoir écrit contre les quiétistes ni par jalousie, ni par haine, ni par aucune autre passion... » (*Journal des Savants,* 1696, p. 129), cf. D.S., s.v. *Grancolas* ; voir aussi B.N. fr. 23505, f° 44 v°. Il avait dédié à Bossuet son *Antiquité des cérémonies...* en 1692 (C.B., V, p. 231). Dans le *Journal des Savants,* 1696, p. 129, figure aussi un long texte inédit de Gerson sur la théologie mystique qui sera utilisé dans la querelle.

son information repose sur l'ensemble des ouvrages déjà publiés, en particulier sur celui de du Vaucel qui n'est pas cité mais sûrement utilisé, et sur ceux de Cornand de la Croze (469). Grancolas rapproche bien entendu les quiétistes de tous les hérétiques du passé ; la liste est longue, mais peu originale, et à chaque fois l'auteur se demande comment les Pères ont combattu ces hérétiques : d'où de bons dossiers patristiques sur le stoïcisme (470), le manichéisme, etc., qui prouvent la science de Grancolas, mais aussi son incapacité à penser un problème en termes neufs : rien ne change, la clef du présent est dans le passé : avec saint Bernard et saint Thomas le dynamisme de la pensée religieuse semble s'être arrêté ; Bossuet n'est pas loin de penser la même chose, comme nous le verrons. L'essentiel est donc de revenir à l'Ecriture et aux Pères : « C'est l'Ecriture et la Tradition qui doivent régler jusqu'aux termes dont il faut se servir pour parler des choses saintes » (471) ; la dernière phrase du livre est un aveu caractéristique et elle condamne toute théologie mystique : « Pour ce qui est du Bienheureux Jean de la Croix on peut dire que ses livres ne sont pas la Règle qu'on doit suivre dans la direction des âmes : cependant on peut le justifier comme l'a fait un Carme déchaussé [Nicolas de Jésus] : et ce serait un grand travail que de vouloir justifier toutes les expressions des mystiques qui ont écrit depuis deux ou trois siècles, et c'est ce que je n'ai pas le loisir de faire pour le présent, ne croyant pas même que cela fût d'une grande utilité pour l'Eglise, puisque ce n'est point de ces particuliers qu'il faut apprendre les règles de la morale chrétienne, ni de la manière de prier, mais de l'Ecriture Sainte et des Saints Pères, ainsi que je l'ai montré » (472).

Est-il nécessaire de reprendre le livre ? Des dizaines de citations nous sont offertes sur la connaissance de Dieu, sur ses attributs, sur le désir du salut... Le plus intéressant est sans doute ce que ce liturgiste tire des prières de l'Eglise (473), ce qu'il dit de certains modernes comme Eckhart (474), les Palamites (475), ou les Illuminés (476), encore que là sa science soit de seconde main (477). Quel-

---

(469) Quelques détails viennent aussi du *Museum Italicum* de Mabillon.

(470) *Le Quiétisme...*, p. 140 et suiv.

(471) IIe partie, p. 72.

(472) IIe partie, p. 75-76.

(473) *Le Quiétisme...*, p. 56, 91, 100 et toute la IIe partie.

(474) *Id.*, IIe partie, p. 59 et suiv.

(475) *Id.*, IIe partie, p. 60.

(476) *Id.*, IIe partie, p. 63-64.

(477) Tirée d'Alvarez Pelagius, de Bzovius, de Leo Allatius. Noter aussi l'utilisation du *Confucius Sinarum philosophus* de 1688, cf. *supra*, p. 456.

ques pages abordent les vrais problèmes et on se reprend à espérer : une confrontation mystiques—scolastiques (478) est assez bien menée, mais c'est un exposé des objections des quiétistes et leurs arguments sont balayés sans vraie discussion ! Que cet esprit honnête, que ce bon historien ne puisse juger la mystique que comme « abstraction », « spéculation », « métaphysique » (479) est inquiétant : qu'attendre de la foule ?

Un autre ouvrage va nous donner l'occasion de l'entrevoir : ce sont les *Marcelli Ancyrani Disquisitiones...*, publiées à Paris en 1695. Sous le pseudonyme se cache Jacques Boileau (480) ; l'une des *Disquisitiones* porte sur le sujet suivant : « *De tactibus impudicis an sint peccata mortalia vel venalia* » ; l'auteur soutient l'opinion qu'ils sont péchés mortels même sans intention directe et il l'appuie sur un grand nombre de références patristiques. Quel rapport avec le quiétisme ? Aucun rapport n'est établi dans le texte, mais les contemporains en voyaient un très clair et nous sentons ici à quel point, dans l'opinion générale, quiétisme et désordres moraux étaient devenus synonymes. Voici un extrait du compte rendu du livre dans le *Journal des Savants* (481) : « La troisième disquisition est faite contre une pernicieuse conséquence qui se tire naturellement des principes du quiétisme, et sans entrer à fond dans la réfutation de ce nouveau dogme, ni désigner personne qui le tienne, l'Auteur prouve avec beaucoup d'érudition que *tactus impudici* qui se terminent à la seule volupté des sens sans avoir la volonté ni l'intention d'une plus grande corruption sont des péchés mortels... ».

C'est au milieu de ces débats, souvent affligeants, que les œuvres de Bossuet sont composées : pour les apprécier à leur valeur, il était nécessaire de connaître les réfutations du quiétisme qui avaient déjà été publiées.

---

(478) *Le Quiétisme...*, IIe partie, p. 65 et suiv.

(479) *Id.*, p. 4, 35, 42, 55, etc.

(480) Sur lui, cf. D.S., s.v. *Boileau ;* frère de Despréaux, futur auteur de l'*Historia Flagellantium*, Paris, 1700 ; cf. aussi C.B., VII, p. 75-76. Les *Marcelli Ancyrani Disquisitiones* étaient dans la bibliothèque de Bossuet (catal. 1742, n° 1250).

(481) 1696, p. 26-27. Ces opuscules firent un certain bruit : en 1697, l'auteur d'un libelle en faveur du livre de Marie d'Agreda (*L'affaire de Marie d'Agreda...*, Cologne, 1697, p. 11) se montrera très sévère pour la *Disquisitio* de Boileau. Le 12 février 1700 (B.N. fr. 9360) Bourdelot écrira à Nicaise à propos de l'*Histoire des flagellants :* « il avait déjà donné *de tactibus impudicis ;* on prétend que ces livres contiennent beaucoup d'ordures qu'il aurait mieux valu ne pas remuer ».

Chapitre 14

LES GRANDS TRAITES DE BOSSUET

I. Les Principes communs de l'oraison chrétienne, « première » Instruction sur les états d'oraison.

Les étapes de la composition des *Instructions sur les états d'oraison* sont connues depuis qu'en 1897 E. Levesque publia d'après l'autographe une édition presque intégrale du « Second Traité », les *Principes communs de l'oraison chrétienne* (1) : nous nous contenterons de rappeler ces grandes étapes en apportant quelques précisions.

Au moment où M. de Meaux publie son *Ordonnance* (2), il pense sérieusement à une « plus ample instruction » (3) qu'il envisage comme une condamnation des nouveaux mystiques (4) et comme un exposé de principes. On peut même estimer que les premiers chapitres du traité publié par E. Levesque en 1897 datent de la fin d'avril ou du début de mai 1695 : le 28 avril, une lettre à Mme Cornuau (5) est un résumé ou une esquisse du chapitre VIII du *Traité :* « De la foi explicite de la Trinité » (6), et doit en être, à quelques semaines près, contemporaine.

---

(1) Voir sur cette histoire P.C., p. XI-XX et L. Cognet, *Crépuscule des mystiques,* p. 378 et suiv.

(2) Il l'envoie à M. Tronson, le 2 mai (C.B., VII, p. 77), à Mme de La Guillaumie et à Mme Cornuau, le 9 (C.B., VII, p. 79 et 81), à Mme d'Albert le même jour (C.B., VII, p. 83), à Mme de Harlay, le 1er juin (C.B., VII, p. 111, 113).

(3) C.B., VII, p. 85.

(4) De Malaval (C.B., VII, p. 68, 85), de Bernières et de Guilloré (C.B., VII, p. 86).

(5) C.B., VII, p. 70-73 ; et voir le texte publié en 1746 : Bossuet, *Lettres spirituelles,* p. 237. Ledieu a transcrit la partie de cette lettre qui est une réfutation des nouveaux mystiques (cf. C.B., VII, p. 70 n.). Bossuet revient sur le même sujet dans sa lettre du 6 mai à Mme Cornuau (C.B., VII, p. 80) et dans celle du 14 mai (C.B., VII, p. 89).

(6) P.C., p. 22 et suiv., et les variantes p. 322 et suiv.

Si le 24 mai Bossuet écrit à La Broue qu'il continue à travailler à son *Instruction* (7) et le 29 mai qu'il y travaille sans relâche (8), nous le voyons aussi le 14 envoyer à Mme Cornuau une longue lettre (9) qui commente les articles d'Issy et l'*Ordonnance* du 16 avril : on peut donc placer à partir du mois de mai 1695 la rédaction de la plus grande partie du texte publié par E. Levesque en 1897 (10) : ce texte comprend ce que Bossuet appelle de « hauts principes » (11) ; une *Introduction* aurait rappelé les circonstances du livre et aurait présenté une réfutation de quelques nouveaux mystiques (12), puis, après les « principes communs » ou « hauts principes », quatre autres parties auraient développé certains points particuliers : la 3e sur les oraisons extraordinaires, la 4e sur les épreuves (13), parties dont rien n'a été écrit et dans lesquelles, à partir sans doute d'une réfutation de Bernières et de Guilloré, Bossuet aurait pu faire passer ce que son expérience de la direction des âmes lui avait appris. Il commence donc par rédiger les *Principes communs ;* certaines autres pages auxquelles il songe déjà et qui plus tard seront publiées dans l'*Instruction sur les états d'oraison* restent à l'état de projets (14).

Cependant le bel élan qui dut permettre à M. de Meaux de rédiger en mai et juin 1695 (15) l'essentiel du traité qui sera publié

---

(7) C.B., VII, p. 102.
(8) C.B., VII, p. 111.
(9) C.B., VII, p. 87-94.
(10) L'interprétation de l'article 33 qui forme la matière de nombreuses consultations, en ces semaines, avec Mme d'Albert (C.B., VII, p. 83, 86), Lenain de Tillemont (C.B., VII, p. 59-60, date de cette lettre à rectifier d'après L. Cognet, *Crépuscule..., op. cit.*, p. 312 ; sur la lettre : B. Neveu, *Un historien à l'école de Port-Royal,* La Haye, 1966, p. 126 et suiv.), Mme Cornuau (C.B., VII, p. 91), La Broue (C.B., VII, p. 102, 110, 117), est au cœur des *Principes communs.* Cf. *supra,* p. 548.
(11) C.B., VII, p. 140.
(12) Cf. P.C., p. XIV.
(13) Une allusion LT, XVIII, p. 469.
(14) Le 1er juin 1695, il écrit à Mme Cornuau sur la prière, annonçant qu'il expliquera « quelque jour cela plus amplement » (C.B., VII, p. 115) : on trouvera cette explication dans l'*Instruction* de 1697 (LT, XVIII, p. 464-466) et non dans les *Principes communs.* Le 25 juin, Bossuet dit à Mme d'Albert qu'il examinera dans son traité tous les passages de saint Jean Climaque et de Cassien (C.B., VII, p. 140) : ces textes sur l'oraison (cf. C.B., VII, p. 112, 115) feront eux aussi l'objet d'analyses dans l'*Instruction sur les états d'oraison* de 1697, mais il n'en est pas encore là : « cela dépend de plus hauts principes, qu'il serait long de déduire. Tout ce que je puis faire, quand j'en serai là, sera de vous envoyer mes écrits à mesure que je les ferai » (C.B., VII, p. 140).
(15) On rapprochera la lettre à La Broue de juin 1695 (C.B., VII, p. 118) de P.C., p. 291 et suiv. : la lettre donne le schéma de ces chapitres du traité et doit en être contemporaine ; en revanche, Bossuet y dit ne pas avoir encore examiné saint François de Sales, sainte Thérèse et

en 1897, tombe assez vite : « La vraie raison, écrit-il à Mme d'Albert le 1er juillet (16), qui empêche mon Traité sur l'oraison d'aller aussi vite qu'on voudrait, c'est la délicatesse et l'étendue de la matière, et la multiplicité des occupations », et le 22 août il écrit à la même correspondante : « Je n'ai pas discontinué un seul moment de travailler à l'Instruction que j'ai promise, et que vous souhaitez sur l'oraison : c'est une ample et délicate matière autant qu'elle est importante. Nous étions convenus ensemble que les articles dressés par nos communs soins seraient publiés de même, sans nommer aucun auteur particulier » (17). C'est entre ces deux dates que doit se placer le changement d'orientation de l'œuvre de Bossuet : L. Cognet a bien vu que cet été 1695 était décisif (18) : que ce soit sous l'influence de Mme de Maintenon, ou par suite du dépit d'avoir laissé partir Mme Guyon (19), ou encore par un développement naturel de sa pensée, ce qui aurait pu être un exposé relativement serein devient une œuvre de polémique : s'il avait été convenu à Issy que Bossuet et Noailles publieraient les articles « sans nommer aucun auteur particulier » (et l'*Ordonnance* du 16 avril était assez discrète), M. de Meaux se sent maintenant, à tort ou à raison, libre de le faire, d'où la nouvelle forme que prend le grand ouvrage : l'*Introduction* primitive devient une Ire Partie polémique, c'est l'*Instruction sur les états d'oraison* qui sera publiée en 1697 ; la primitive 1re Partie devient un « second » Traité qui restera inédit jusqu'à sa publication partielle en 1897. C'est donc à la nouvelle Ire Partie que Bossuet maintenant, à l'automne 1695, travaille ardemment (20) si bien qu'il peut écrire à Mme d'Albert le 31 janvier

---

beaucoup d'autres âmes saintes : ces questions, en effet, seront étudiées dans l'*Instruction sur les états d'oraison* de 1697 (LT, XVIII, p. 577 et suiv.) et ne sont pas abordées dans les *Principes communs*. En revanche, nous savons qu'il a eu entre les mains un « petit manuscrit de Me de Chantal » (R.B., 1901, p. 38).

(16) C.B., VII, p. 148.

(17) C.B., VII, p. 193.

(18) *Crépuscule...*, p. 378 et suiv. Un lapsus fait écrire p. 379 : « été 1696 ». Le 18 février 1696, Bossuet écrira à La Broue : « L'ouvrage contre les quiétistes ne m'arrêtera que fort peu : outre la partie que vous avez vue, qui n'a dû être que la seconde [les *Principes communs* publiés en 1897], j'en ai fait une autre aussi grande [l'*Instruction sur les états d'oraison* publiée en 1697] depuis votre départ » (C.B., VII, p. 298-299) : La Broue était venu à Paris pour l'Assemblée du clergé à la fin de mai 1695 (cf. C.B., VII, p. 101, 109-111), ce qui place dans le courant de cet été 1695 le changement d'orientation du livre de Bossuet.

(19) L. Cognet, *Crépuscule...*, p. 320 et suiv. Notons aussi que Bossuet fit un voyage à La Trappe pendant la seconde quinzaine de juillet, interruption de son travail.

(20) 20 décembre 1695 : « Je travaille sans relâche ; c'est tout ce que je puis dire » (C.B., VII, p. 267).

1696 : « on décrit mon Traité de l'Oraison : je ne perds pas un moment de temps. Ne m'en demandez pas davantage, mais demandez tout à Dieu pour moi dans un ouvrage de cette importance » (21). D'après ces textes et en particulier d'après la lettre à La Broue du 18 février 1696 que nous citions plus haut, il semble bien que l'ouvrage comprenait encore les deux parties dont Bossuet n'envisageait pas une publication séparée ; ce n'est qu'ensuite que, pris par le temps et par les exigences de la polémique, il se serait contenté de publier la première.

Commençons donc par étudier la partie écrite dès mai-juin 1695, celle que Bossuet n'a pas publiée : pour cette étude nous suivrons le texte donné par E. Levesque en 1897 ; cependant cette édition est incomplète : un certain nombre de feuillets autographes manquaient aux Archives de Saint-Sulpice ; or nous sommes en mesure de compléter ces pages : nous avons en effet retrouvé à la B.N. une copie de cet ouvrage sous le titre « De l'oraison chrétienne » (22) ; cette copie nous donne le texte complet (23) : est-ce la copie que Bossuet fit faire en janvier 1696 (24) ? Ce n'est pas certain : en tête du manuscrit fr. 9626, après le titre, nous lisons : « Première Partie. Des principes communs de l'oraison chrétienne » (25) : cette copie dut être faite à une époque où ces *Principes communs* étaient encore une « première Partie », donc peu après la fin de l'été ou au plus tard le début de l'automne 1695 (26). Quoi qu'il en soit, nous disposons maintenant d'un texte complet qui nous permet d'étudier la doctrine spirituelle de Bossuet en l'été 1695.

⁂

Ce volume ne nous apprendra pas beaucoup de nouveau sur les tendances essentielles de cette spiritualité : présentés de façon plus systématique, ce sont les « principes » que nous avons dégagés des lettres de direction et des œuvres de piété personnelle comme les *Elévations* et les *Méditations*. En outre, ces *Principes communs* gardent une certaine hauteur de vue et même une tendance à

---

(21) C.B., VII, p. 290.
(22) B.N., fr. 9626 ; cette copie est en plusieurs cahiers reliés ultérieurement : en tête de chaque cahier est la mention : *2d Cayer sur l'oraison* (fr. 9626, p. 95), *3e Cayer sur l'oraison* (fr. 9626, p. 195).
(23) Nous publions par ailleurs (*Revue d'Histoire de la spiritualité*, 1972), les pages inédites qui permettent de compléter l'édition de 1897.
(24) C.B., VII, p. 290.
(25) Nous rétablissons le point sans lequel ce sous-titre serait inintelligible.
(26) Notons, cependant, que la mention « Première Partie » n'a pas été corrigée sur l'autographe, cf. P.C., p. 319.

l'épanchement lyrique qui seront presque complètement absentes des œuvres ultérieures.

Le titre du premier chapitre expose la thèse que soutiendra Bossuet et l'esprit dans lequel il écrira tout son livre : « Que les principes communs de la piété et de toute la vie chrétienne sont la foi, l'espérance et la charité » (27). Nous aurons donc un exposé de ce qui dans la vie chrétienne n'est pas « extraordinaire » : l'extraordinaire, ravissements et épreuves, aurait été l'objet d'autres traités qui semblent n'avoir même pas été ébauchés (28) ; ce qui est commun, c'est, une fois mis à l'écart ces états miraculeux, la vie de tout chrétien, sans distinction de parfait ou d'imparfait (29) : la piété est l'expression de cette vie, et l'oraison le principal exercice de la piété (30) : vision claire d'une continuité qui ne s'arrête qu'au seuil de l'extraordinaire ; resterait à nous demander si ce n'est pas, sans le vouloir, s'arrêter au seuil de cette intervention de la grâce qui constitue proprement la vie spirituelle et si ce n'est pas accorder à l'extraordinaire une autonomie et une valeur que pratiquement il n'aurait pas.

Ce qui soutient la conviction de Bossuet c'est que ces principes communs sont pour lui d'ordre purement théologique (31) : nous avons maintes fois trouvé cette interprétation théologique des faits de la vie spirituelle ; elle éclate ici plus qu'ailleurs : « les principes de la piété sont renfermés dans les trois vertus qu'on appelle théologales » (32). Le plan du livre est tout trouvé : après une rapide introduction sur les vertus en général et les rapports qu'elles ont entre elles (33), l'auteur étudie la foi (34), puis l'espérance (35). A

(27) P.C., p. 1.

(28) P.C., p. 1 n. 1, p. 233, 283.

(29) P.C., p. 41, 49, 55 (la théologie mystique de Denys ne révèle que le mystère de tous les fidèles), 57, 233 (distinction à propos de saint Bernard d'un instinct et une inspiration particulière et de la « grâce commune de tous les saints »).

(30) P.C., p. 1.

(31) Le 1er juillet 1695, donc au moment où il travaille encore à ses *Principes communs,* Bossuet révèle à Mme d'Albert ce qui fonde ses convictions : expérience ou enseignement théologique ? Une « bonne fille » (de Jouarre sans doute), « sainte et humble servante de Dieu » était allée trouver Bossuet (C.B., VII, p. 130, 148) à Meaux et lui avait, semble-t-il, donné quelques conseils ou fait quelques révélations personnelles ; il écrit alors à Mme d'Albert : « Votre zèle pour ma perfection, en y comprenant la pénitence, me plaît beaucoup. Cette bonne fille ne m'a rien dit là-dessus : l'Ecriture m'en dit assez, et pour le reste, ni je ne le dédaigne, ni je ne le demande » (C.B., VII, p. 148).

(32) P.C., p. 1.

(33) P.C., p. 1-16.

(34) P.C., p. 17-70.

(35) P.C., p. 70 et suiv.

vrai dire la charité est escamotée : çà et là à propos de la foi et de l'espérance nous verrons qu'il y est fait allusion, mais, même du point de vue de la théologie (et sans doute encore plus du point de vue de la spiritualité), c'est une très grave lacune (36).

La façon même dont Bossuet traite des vertus de foi et d'espérance confirme tout à fait l'analyse que jusqu'ici, à partir de textes moins clairs nous donnions de sa spiritualité. La foi est présentée comme la considération intellectuelle et affective d' « objets » de contemplation (37), et ces « objets » sont les « vérités » qui nous ont été révélées : il est facile de les énumérer puisque ce sont celles que contiennent le *Pater* (38), le *Credo* (39), les Béatitudes (40) et qui font la substance du catéchisme (41) et de la liturgie (42). Ce sont des vérités sur Dieu qui deviennent « motifs » d'aimer Dieu (43), et l'on voit comment ici la charité se rattache explicitement à la contemplation des vérités : il n'est pas d'amour sans connaissance (44), même si pratiquement, mais Bossuet ne précise pas assez, l'amour enrichit et détermine cette connaissance (45). Il nous est ainsi révélé que Dieu est Trinité car c'est en cette Trinité que le chrétien est baptisé (46), que Dieu n'est pas une essence indéterminée et inconnaissable mais un être doué d'attributs distincts (47) : perfection, bonheur, bonté, etc. qui sont des « notions particulières » (48), que Jésus-Christ enfin est à la fois Dieu et homme (49) et que c'est comme homme qu'il est médiateur (50) : Jésus-Christ crucifié et ressuscité est un « objet » ordinaire de la contemplation (51), l'infirmité de sa chair est elle-même un grand mystère (52).

---

(36) La charité n'est considérée que comme une sorte de complément de l'espérance, sa perfection (P.C., p. 77, 255), son accomplissement dans l'éternité (P.C., p. 116, 162, 180).

(37) P.C., p. 17, 31, 44.

(38) P.C., p. 11-12 : commentaire du *Pater* qui développe très bien ce point de vue : Bossuet y trouve un certain nombre de sentiments : confiance, volonté, admiration, etc., et des vérités : Jésus-Christ nous montre que..., nous avertit que...

(39) P.C., p. 12-14.

(40) P.C., p. 276 et suiv.

(41) P.C., p. 49.

(42) P.C., p. 26.

(43) P.C., p. 12, 13, 17, 19.

(44) P.C., p. 17 et cf. *supra*, p. 407.

(45) P.C., p. 8, 47, 57.

(46) P.C., p. 23, cf. C.B., VII, p. 71 (en avril 1695).

(47) P.C., p. 18, 19, 20.

(48) P.C., p. 21.

(49) P.C., p. 26 et suiv.

(50) P.C., p. 28 et suiv.

(51) P.C., p. 31.

(52) P.C., p. 37, cf. aussi fr. 9626, p. 32-36 : explication d'un texte de

Cet exposé des grandes vérités du christianisme ne nous enseigne pas comment ces vérités sont appréhendées par l'homme : or ce n'est que dans cette appréhension que consiste la spiritualité. Bossuet toutefois n'élude pas la question, il la traite selon ses tendances personnelles, un intellectualisme systématique tempéré par des restrictions qui s'accordent mal avec ce système. La foi à ces vérités doit, selon Bossuet, être « explicite » (53), c'est-à-dire : l'homme doit y « penser » (54) : on ira jusqu'à estimer que la seule différence qu'il y a entre cette « pensée » et la vision béatifique réside dans le fait qu'en cette vie cet exercice ne peut pas, même malgré nous, ne pas comporter distraction et interruption (55). Nicole lui-même se reconnaîtrait dans ces formules, mais Bossuet les nuance et les tempère : il sent combien sa description risque de devenir une caricature, mais ses nuances et ses tempéraments révèlent qu'il lui manque les schèmes et les mots qui lui permettraient d'échapper à un intellectualisme abusif. La foi s'exprime dans l'oraison (56), mais tout théologien, fût-il fort peu spirituel, sait que la foi est clarté et obscurité, lumières et ténèbres : Bossuet qui aime établir la foi sur les ruines de la raison le sait plus qu'un autre, mais, fidèle à ses perspectives théologiques, il va ramener les ténèbres de la vie spirituelle à l'obscurité de la foi et à une théologie négative, qui peut fonder une doctrine spirituelle, mais qui n'est pas elle-même cette doctrine spirituelle. Bossuet reprend donc systématiquement ce qu'il dit par ailleurs à ses correspondantes : la foi est obscure (57), elle n'est ni raisonnante ni discursive « puisqu'elle n'est qu'un simple et parfait acquiescement à la vérité révélée de Dieu » (58) ; la foi n'est pas le résultat d'un raisonnement,

---

Cassien qui semble exclure de la contemplation toute image de Jésus-Christ (Bossuet restreint la portée de ce texte en le jugant comme une simple réfutation des anthropomorphites), et d'un texte de sainte Thérèse qui préférait s'occuper de la gloire de Jésus plutôt que du souvenir désolant de sa passion. On notera que dans les *Elévations sur les mystères* Bossuet considère l'expérience de Jean-Baptiste de façon très « mystique » : « Pousser la retraite jusqu'à se priver de la vue et de la conversation de Jésus-Christ, c'est une sorte d'abstinence plus divine et plus admirable que toutes celles que nous avons vues dans saint Jean-Baptiste » (E.M., p. 326-327) ; mais M. de Meaux ne tire aucune conséquence de cette remarque faite en passant.

(53) P.C., p. 22, 26, etc.

(54) Le mot revient souvent : P.C., p. 25, 26, 28 (penser « actuellement » et non pas « confusément, excellemment ou éminemment »), 31, 35, 45.

(55) P.C., p. 6.

(56) P.C., p. 27, 39, 77.

(57) Cf. *Hebr.* IX, 1, P.C., p. 39.

(58) P.C., p. 40.

car le raisonnement est souvent humain (59), elle dépasse en simplicité les raisonnements parce qu'elle ne cherche pas de « preuves » : et Bossuet donne comme exemples d' « objets » de la foi et de l'oraison des vérités spéculatives, évidentes ou non évidentes (comme : Dieu est juste, Dieu est Père, etc.), et des vérités de pratique (aimer Dieu de tout son cœur, etc.) (60) : y a-t-il là raisonnement ? Uniquement dans la mesure où nous trouvons ces raisonnements en termes formels et précis dans l'Ecriture et dans l'enseignement de Jésus-Christ ; ce sont là raisonnements « inspirés » qui entrent tels quels dans l'objet de la foi ou de l'oraison (61) ; ailleurs tous les raisonnements que je ferai seront incertains, susceptibles de changer, incapables d'assurer solidement mon cœur : faut-il, et c'est un autre exemple d'oraison, « *me persuader* de la vanité de la vie humaine et de la nécessité de *penser* à la mort » (62), mon oraison ne sera pas appuyée sur l'expérience mais sur les vérités révélées de Dieu, par exemple les paroles de saint Jacques (63) : « Qu'est-ce que votre vie ?... » (64). Bossuet peut alors exposer ce qu'est la théologie négative selon Denys, les Pères et les théologiens tant mystiques que scolastiques (65) : derrière le « style assez embrouillé » de Denys (66), c'est la reconnaissance que Dieu est au-dessus de nos pensées et que l'homme est contraint de se réduire au silence : « la vraie connaissance sans avoir besoin de sentir ni de raisonner ni d'entendre qui est le propre de la foi qui ne discourt, ni n'entend, ni ne démontre, mais croit simplement ce que Dieu dit » (67) : rarement Bossuet a été aussi près de la compréhension véritable de la démarche spirituelle, mais tout de suite (« ce que Dieu dit ») le détour intellectuel, l'interprétation de la ténèbre mystique en termes de crédibilité et de motifs de foi,

---

(59) Par là, Bossuet s'oppose aussi à l'expérience spirituelle : « Il y a des raisonnements que chacun fait dans son esprit par son industrie et par son travail, tels que sont ceux que nous trouvons dans les ouvrages des saints, puissants, admirables et dignes d'être lus et considérés par les chrétiens ; mais non pas divins, ni révélés, quoique fondés sur les vérités divines et révélées, ou sur l'évidence de la raison ou des expériences naturelles » (P.C., p. 44).

(60) P.C., p. 42.

(61) P.C., p. 43-44.

(62) P.C., p. 45. Nous soulignons les termes intellectuels.

(63) *Jac.*, IV, 13-15.

(64) « Par la foi qu'on a, ces paroles expresses de l'Ecriture font, à tout prendre, une plus forte et plus utile impression dans le cœur du chrétien, que toutes les expériences des morts imprévues qui se présentent tous les jours » (P.C., p. 46) ; sur l'obscurité et le caractère non discursif de la foi, cf. encore P.C., p. 49.

(65) P.C., p. 50 et suiv., et fr. 9626, p. 49-50.

(66) Fr. 9626, p. 49.

(67) Fr. 9626, p. 50 et P.C., p. 54.

l'empêche d'aller au bout de son mouvement. Toutes les pages qu'il écrit alors sur le Dieu inconnu, sur la foi obscure, sur l'admiration et le silence d'après saint Grégoire de Nazianze et saint Augustin (68) sont très belles (69) : l'âme approchant de Dieu s'« exténue » elle-même selon le mot de Cassien (70), « ne se laisse plus qu'un je ne sais quoi, qu'elle ne peut ni exprimer, ni assez connaître » (71) ; Bossuet évoquant le je ne sais quoi, le « certain fond » de l'homme où se fait cette rencontre, a presque oublié les schèmes intellectualistes et panhédonistes qui faussaient ailleurs ses perspectives (72) : comme il acceptait de rejeter les raisonnements non inspirés, il rejette les images que Dieu ne formerait pas en nous (73). Ainsi Bossuet peut conclure son premier mouvement, sur la foi, par de belles pages sur la connaissance négative de nous-mêmes que réalise la démarche spirituelle : l'âme « se plaît à se recueillir en soi-même, pour y contempler l'image de Dieu ; [...] elle ne peut s'arrêter en elle-même, mais [...] elle est doucement attirée et élevée à Dieu, dont elle est la belle et vive ressemblance » (74), réduction et épurement de l'âme qui souhaite se « réduire à n'être plus qu'une pure capacité de posséder Dieu, ou plutôt d'en être possédé » (75) ; arrivé à ce sommet, Bossuet n'est-il pas très près des mystiques qu'il croit combattre ? et pourtant à l'instant il va se démentir et présenter cette réduction en termes de combat spirituel (76) et de séparation « de tout ce qui est corps et de tout ce qui est corporel » (77), tant il a de mal à se détacher des perspec-

---

(68) P.C., p. 58 et suiv. Sur l'hymne à Dieu attribuée à Grégoire de Nazianze dont Bossuet traduit une partie, cf. H. de Lubac, *Sur les chemins de Dieu,* Paris, 1956, p. 234-235, 345-346.

(69) « On peut tout dire de lui, et on ne peut rien dire dignement de lui : c'est un soleil, c'est un océan, c'est un rocher, c'est un lion, c'est un agneau, et ainsi du reste [...] on ne peut pas même expliquer combien il est ineffable, ni comprendre combien il est incompréhensible » P.C., p. 62-63.

(70) P.C., p. 64.

(71) *Ibid.,* cf. sur le je ne sais quoi, *supra,* p. 435.

(72) *Presque* disons-nous, car il est encore question d' « occulte douceur », de « sentiment », d'un fond « où Dieu parle », d'une « douce horreur » (P.C., p. 65), mais Bossuet est rarement allé aussi loin.

(73) Il y a bien des risques d'extrinsécisme dans ces distinctions et l'on y trouve encore cette exception « miraculeuse » et « extraordinaire » qu'est l'enseignement de Dieu contenu dans la Bible et insufflé en nous, qui vient projeter raisonnements et images explicites dans une démarche spirituelle de progressives négation et abstraction (cf. P.C., p. 66-67) : c'est le problème déjà évoqué de la conception bossuétiste de l'inspiration des livres saints : cf. *supra,* p. 505.

(74) P.C., p. 68.

(75) P.C., p. 69.

(76) *Ibid.*

(77) P.C., p. 70.

tives morales et intellectuelles. Cependant c'est moins cette abstraction qu'il reproche aux mystiques que ce qu'il croit être chez eux systématique : éloigner (78), séparer (79), repousser (80), exclure (81), séquestrer (82), détacher (83) : tous ces verbes actifs donnent de l'attitude des mystiques une traduction bien inexacte, mais c'est d'après ce schéma que jugera toujours Bossuet.

⁂

L'analyse de la vertu d'espérance repose directement sur celle de la foi. L'exposé est ici plus long, diffus, avec des redites, des retours en arrière : Bossuet accumule les arguments mais ils se ramènent finalement à quelques principes simples, d'ordre théologique ou philosophique. Le premier est déjà connu : Dieu n'est pas une essence indéterminée mais possède des attributs qui ont rapport avec nous ; sa gloire demande notre salut et notre béatification (84), sa bonté (85) est certes une des formes de son excellence (86) mais par elle Dieu se montre « béatifiant » et « communicatif » ; l'on ne peut donc pas abstraire ce caractère de notre amour : aimer Dieu, c'est l'aimer bon, heureux (87), beau (88), créateur, rédempteur et glorificateur (89), et Bossuet se laisse emporter par un beau mouvement lyrique quand il évoque cette condescendance divine pour la créature : « un Dieu si parfait, si excellent et si aimable en lui-même est bon encore, bienfaisant, communicatif, s'approche de nous et a bien voulu nous aimer tous et m'aimer en particulier ; c'est de quoi se fondre, se distiller, se perdre en amour » (90). La justification théologique est malheureusement peu approfondie : affirmer que la bonté de Dieu est « communicative » n'est pas démontrer que cette béatitude communiquée doive être l'objet de l'espérance et encore moins que pratiquement, dans la vie spirituelle, elle doive à chaque instant la susciter. Cette justification repose sur deux ultimes arguments qu'à travers saint Thomas et

---

(78) P.C., p. 24, 25, 26, 31, 35.
(79) P.C., p. 21, 87, fr. 9626, p. 28-29.
(80) P.C., p. 67.
(81) Fr. 9626, p. 33.
(82) Fr. 9626, p. 34.
(83) P.C., p. 37.
(84) P.C., p. 81 et suiv.
(85) P.C., p. 84 et suiv., 112, 136, 146, 182.
(86) P.C., p. 290.
(87) P.C., p. 105, 263.
(88) P.C., p. 126.
(89) P.C., p. 192 et suiv., 290 ; de même, aimer Jésus-Christ, c'est l'aimer Sauveur : P.C., p. 202 et suiv.
(90) P.C., p. 87, cf. p. 112, 242.

les théologiens retrouve souvent Bossuet, mais qu'il ne peut ordonner et approfondir en une véritable synthèse : le premier vient de Denys, selon lequel la divine bonté attire à soi toute intelligence : « tout est autour d'elle ; tout tend à elle », « le nom de bien est un nom parfait, qui manifeste la source de toutes les productions divines » (91) ; resterait à savoir si interpréter cet attrait comme mobile psychologique n'est pas affaiblir et déformer une thèse qui est avant tout du domaine de l'ontologie. Le second argument est plus précis : il n'est autre que cette théologie de l'image dont Bossuet malgré des tendances plus « modernes » ne s'est jamais complètement détaché (92) : c'est parce que Dieu est bienheureux que l'homme peut par participation aspirer à cette béatitude, et il est naturel qu'ici Bossuet invoque Grégoire de Nysse : « notre nature, faite à l'image de Dieu et capable de participer au bien divin, est heureuse, comme elle est bonne, au second rang ; et [...] elle est l'image et l'effigie de la béatitude. De même, continue-t-il, que dans la peinture la première beauté subsiste dans l'original vivant, qui n'est autre que l'idée du peintre, et qu'il y en a une seconde dans le tableau ; ainsi la nature humaine, qui est faite à l'imitation de Dieu, est l'image et l'effigie de la béatitude » (93).

Ainsi ancrée sur la béatitude divine, la béatitude de l'homme est prouvée, d'un point de vue philosophique, par l'exigence de bonheur qu'ont reconnue tous les philosophes, et par les définitions qu'ils ont données de sa nature et de son amour : l'homme ne peut s'empêcher de s'aimer soi-même et de désirer le bonheur, répète encore une fois Bossuet après saint Augustin (94) : « le fond en est de

---

(91) *Noms divins*, c. IV, P.C., p. 136, cf. p. 89.

(92) Cf. *supra*, p. 270.

(93) P.C., p. 236 ; cf. texte de saint Ambroise, P.C., p. 237 ; cf. aussi p. 242 un texte de saint Anselme : la bonté immuable de Dieu « *l'oblige* [souligné par Bossuet] à consommer son ouvrage et à rendre heureux celui qu'elle a formé à son image ». C'est sans doute pour la préparation des P.C. que Bossuet a pris des notes dans le Εἰς τοὺς μακαρισμοῦς de Grégoire de Nysse : la date que J. Porcher assigne à ces notes (« vers 1690 », J. Porcher, *Catalogue des manuscrits de Bossuet de la Collection Henri de Rothschild*, Paris, 1932, p. 57, n° 353) doit être abaissée de quelques années ; l'écriture paraît postérieure à 1690. Nous n'avons qu'un second feuillet et c'est dans le premier que se trouvaient les notes qui ont servi à rédiger la page des P.C. que nous étudions ; en tout cas, nous retrouvons dans le feuillet conservé (J. Porcher, *op. cit.*, p. 57-58 ; la transcription de J. Porcher n'est pas absolument fidèle et néglige toutes les variantes et premières rédactions de Bossuet) toutes les préoccupations de Bossuet vers 1695 : insistance sur le désir de Jésus-Christ, la soif de Dieu, la demande, la récompense, l'espérance du bien que se propose le martyr, la recherche des vrais biens, les biens éternels ; la théologie de l'image de Grégoire de Nysse a été notée par Bossuet en un long paragraphe à propos de la sixième béatitude.

(94) P.C., p. 94.

Dieu et de la nature : tous les Pères, tous les philosophes, tous les livres saints et profanes, inculquent également cette vérité. Personne ne l'a niée, ni n'a pu la nier ; et la révoquer en doute, ce serait vouloir étouffer le cri de toute la nature » (95). Car le désir du beau et du bon est au cœur de la nature, et Bossuet se souvient ici de ses lectures de Platon (96) et d'Aristote (97) même lorsqu'il cite Denys, saint Basile, saint Augustin, saint Ambroise, saint Thomas (98) et saint Bonaventure (99).

Il y a donc en l'homme un instinct de bonheur : « cet instinct invincible et inséparable de toutes les actions humaines, de vouloir la béatitude en général, est en effet, ainsi qu'on a dit, ce que Dieu a mis en nous pour nous rappeler incessamment à lui comme à notre fin dernière [...]. Et, comme en soi il n'y a rien de plus juste, ni de meilleur, ni aussi de plus puissant que cet instinct, Jésus-Christ aussi nous a pris par cet endroit » (100) ; Bossuet semble se rapprocher ici sur un autre plan de cette doctrine de la délectation victorieuse qu'il discutait vingt ans plus tôt (101), mais c'est pour lui opposer les mêmes objections et pour refuser le caractère « indélibéré » et « occulte » (102) de cet instinct : certes le Saint-Esprit infuse en l'homme cet instinct de béatitude qui correspond profondément à sa nature (103), mais « le chrétien s'y abandonne volontairement et par un consentement exprès » (104) : instinct et réflexion s'associent donc pour faire naître un « choix », une « bonne volonté, formée [...] par la comparaison de deux états, avec préférence de l'un sur une expresse connaissance et attention à l'un et l'autre » (105). Ce choix lucide est donc libre et ne révèle pas l'empire d'un amour-propre incontrôlé (106). De même que les

(95) P.C., p. 96 ; cf. encore p. 106, 127, 133 : « principe si évident qui est le premier principe de la morale », 135, 179, 223, 245 et suiv. : voir toutes ces pages qui commentent Duns Scot, P.C., p. 248 : « Même dans ces actions qu'on prétend si indifférentes pour notre bonheur, on fait du moins une épreuve de sa liberté, qui ne contribue pas peu à nous rendre heureux », et p. 251.

(96) Cf. P.C., p. 126 : texte de saint Basile à l'accent platonicien : « Le fond même de la nature, c'est de désirer les belles choses... »

(97) P.C., p. 235 : allusion à un passage de l'*Ethique à Nicomaque* que Bossuet annotait jadis : Th. Goyet, *Bossuet, Platon et Aristote,* p. 221.

(98) « Tout ce qui est intelligent désire d'être heureux... », P.C., p. 140.

(99) P.C., p. 169.

(100) P.C., p. 251.

(101) Cf. *supra,* p. 339.

(102) P.C., p. 73.

(103) P.C., p. 230.

(104) P.C., p. 73.

(105) P.C., p. 73-74.

(106) Bossuet vise ici Bernières, P.C., p. 72.

prophéties nous font posséder les choses futures en puissance, la certitude anticipe la possession de cette béatitude vers laquelle tend le désir : dans un cas comme dans l'autre, Bossuet interprète en claire vision une certitude instinctive (107).

Sur ces principes théologiques et philosophiques (108) pourrait s'élaborer une synthèse spirituelle : de quelle nature est cette béatitude ? Quel rapport a l'homme avec elle ? Comment psychologiquement sont vécus ce désir et ce choix de la béatitude et de la récompense éternelle ? Ce sont ici les questions essentielles posées par l'expérience des mystiques : aurons-nous chez Bossuet un panhédonisme spirituel ou un dépassement de l'affectivité ? Sa réflexion, avec bien des détours, s'attache à deux problèmes : du côté de l'homme une analyse de la « jouissance », du côté de la béatitude une réflexion sur la nature de la récompense espérée.

La récompense, montre Bossuet, peut être créée ou incréée, elle peut être soit dons de Dieu soit Dieu lui-même et en ce dernier cas, qui est celui de la béatitude attendue du chrétien, l'on ne peut plus parler d'intérêt propre ou d'amour coupable puisque Dieu est lui-même l'objet de l'espérance (109) ; la glorification de l'homme n'est autre que la démonstration de la gloire de Dieu (110), puisque par là l'homme atteint la perfection de sa nature (111) : l'homme n'attend donc ni des biens temporels, ni « la gloire des corps, le ravissement des sens, la science de la nature et les autres ornements accidentels considérés en eux-mêmes » (112), mais cette récompense incréée qui est Dieu lui-même. Ainsi, selon Bossuet, toute équivoque serait levée par la considération de l'objet de la récompense. Au niveau de la théologie, c'est une thèse qu'il appuie sur de nombreuses autorités et qui est peu contestable, mais toutes les difficultés demeurent intactes lorsque, pratiquement, l'on essaie de déterminer ce qu'est pour l'homme concret cette récompense incréée : Dieu ne se manifeste-t-il pas par ses dons ? Les dons peuvent voiler sa transcendance, ils restent, plus ou moins, la voie sur laquelle risque de s'attarder un reste d'amour-propre. Et l'on est ainsi ramené à l'étude de cet acte par lequel l'homme appréhende la faveur divine : la jouissance.

---

(107) Fr. 9626, p. 66 et suiv.

(108) Ledieu remarquera bien que Bossuet écrit contre le quiétisme à partir de la « doctrine » et des « principes » de saint Augustin (Ledieu, *Mémoires*, t. I, p. 51).

(109) P.C., p. 18, 90, 97, 114, 127 et suiv., 130, 139, 149, 150, 164 et suiv., 219, 240, 269, 275, 288.

(110) P.C., p. 83.

(111) P.C., p. 96, 103.

(112) P.C., p. 164-165.

La jouissance est-elle nécessairement intéressée et entachée d'amour-propre ? Elle le serait si l'on pouvait démontrer qu'elle ne possède qu'un caractère affectif qui réfléchit le sujet sur lui-même et sur son propre sentiment. Mais Bossuet ne cherche pas à argumenter à partir des faits : d'un côté, il démontre, pour ainsi dire abstraitement, par une étude de vocabulaire et par une analyse de la doctrine de saint Augustin, que la jouissance est l'acte d'amour pur par excellence ; d'un autre côté son lyrisme personnel déborde les cadres abstraits de la discussion et, oubliant la pointe de cette discussion, nous donne un bon exemple de spiritualité affective et même sensible. La « jouissance » c'est le mot par lequel Bossuet traduit le terme augustinien *frui :* la jouissance parfaite est réservée à la vie future (113) mais en cette vie déjà saint Augustin distingue toujours de *frui* de l'*uti* (114) : « Jouir, c'est s'attacher par l'amour à une chose pour elle-même ; user, c'est rapporter à ce qu'on aime toutes les choses dont vous vous servez, si elles sont dignes de quelque amour » (115) : le *frui* est donc la caractéristique de l'amour désintéressé (116), et au niveau de l'exégèse des textes augustiniens (117) il semble bien que Bossuet ait ici raison en éliminant tout panhédonisme de l'analyse du *frui* (118) ; mais la difficulté n'est pas là, elle est dans le sens exact que l'on donnera au mot *jouir* par lequel on traduit ce *frui :* Bossuet écrit « vouloir jouir, ou, ce qui est la même chose, vouloir être heureux » (119), voilà ce qui nous semble être le point de glissement d'un volontarisme à un panhédonisme, par suite de l'ambiguïté du vocabulaire (120). Déjà, à lire saint Thomas, Bossuet pouvait comprendre que c'est là confondre ontologie et psychologie, mais chaque fois qu'il cite, que ce soit Denys (121), saint Thomas (122), ou Scot (123), il infléchit légèrement le sens du texte et glisse du désir du bien au

---

(113) P.C., p. 70, 97 et suiv.
(114) Cf. *supra,* p. 340.
(115) P.C., p. 90.
(116) Cf. encore nombreux textes, P.C., p. 91 et suiv., 102, 160 et suiv., 181, 229, 253 et suiv., 261, 270, 311.
(117) Cf. *supra,* p. 339.
(118) Et c'est bien la valeur que le mot a chez les mystiques : « *Amor* [...] *fruitivus* quatenus nimirum Deum respicit in seipso, animumque ei potenter, ac firmiter unit, ut inhæreat Deo, propter ipsummet Deum, et non propter aliud quodcumque bonum » (M. Sandaeus, *Pro Theologia mystica clavis,* Cologne, 1640, p. 63 ; cf. aussi p. 219 *s.v. fruitio*).
(119) P.C., p. 93.
(120) Cf. encore P.C., p. 94 : « vouloir être heureux et mettre en Dieu sa félicité, c'est-à-dire en vouloir jouir... », et p. 102.
(121) P.C., p. 135.
(122) P.C., p. 147.
(123) P.C., p. 173, 190.

désir de la béatitude, puis au désir du bonheur ; non pas infidélité au vocabulaire mais à la portée des mots. Or ces perspectives interdisent à Bossuet de comprendre autrement que comme une contradiction ou un embarras (124) la différence des points de vue auxquels se place saint Thomas pour définir l'acte de jouir, et pour soutenir que « vouloir jouir de Dieu est chose appartenante à l'amour qu'on appelle de concupiscence » (125).

Bossuet comprend d'autant moins ces réserves qu'il est entraîné lui-même par un mouvement affectif et lyrique qui s'impose à lui avec l'évidence de l'expérience ; à chaque instant un aveu ou un chant ébauché viennent nous montrer ce qui fonde au delà des mots son analyse de la jouissance ; revanche de l'expérience chez ce théologien qui fait profession de la mépriser ? Les thèmes nuptiaux apparaissent sans cesse : « ... ce qui inspire dans l'oraison cette douceur, cette paix, ces tendres désirs, ces soupirs après la patrie, ces larmes pieuses, ces gémissements de l'épouse frustrée de la présence de l'époux et de sa face désirée » (126) ; Bossuet sent alors qu'il prend place dans toute une tradition qu'il fait remonter à Moïse, et qui donne à l'affectivité une grande place dans la vie spirituelle : à l'exemple de ces saints et de ces docteurs (127), Bossuet tourne son raisonnement en prière (128), mais c'est surtout l'œuvre de saint Bernard qui suscite son enthousiasme : de nombreuses pages (129) chantent après lui l'amour de l'Epouse et de l'Epoux, ouvert sur la perte de soi, l'anéantissement, la déification à l'image de la goutte d'eau perdue dans des vaisseaux de vin ou de l'objet illuminé qui devient lui-même lumière (130) ; mais ce n'est là que moment rapide (131) avant l'éternité.

---

(124) « Il n'est pas impossible que saint Thomas, très conforme à saint Augustin dans son tout, s'embarrasse un peu plus que lui dans quelque partie de ses explications, et que ce Père, qui donne toujours à la jouissance une seule et même idée inséparable de l'amour de Dieu, soit plus suivi et plus clair que son disciple » (P.C., p. 159-160).

(125) P.C., p. 158.

(126) P.C., p. 71 ; cf. de nombreux passages au vocabulaire affectif et nuptial : p. 77 (l'espérance et « ses saintes douceurs »), 104 (« abandonnez-vous à ce bienheureux enfantement »), 162, 198-199.

(127) P.C., p. 88 : David, saint Paul, Moïse, sainte Catherine de Sienne, sainte Catherine de Gênes, Harphius ; 118 : saint Augustin, saint François de Sales ; 270.

(128) P.C., p. 243, à la suite de saint Anselme.

(129) P.C., p. 207 et suiv. Selon Ledieu (*Mémoires*, t. I, p. 57), Bossuet relut plusieurs fois saint Bernard pour combattre le quiétisme.

(130) P.C., p. 222.

(131) *Raptim ad momentum*, P.C., p. 221. Sur ce *raptim*, voir Ledieu, *Mémoires*, t. I, p. 57 ; voir aussi LT, XVIII, p. 398. *Raptim* vient de saint Bernard et de saint Grégoire (l. 2 *in Job*, 27) ; l'argument sera repris par Leget, *Les véritables maximes des Saints*, Paris, 1699, p. 154.

Les réserves pratiques que fait Bossuet devant une conception aussi lumineuse de l'itinéraire spirituel sont les mêmes que celles qu'il présentait dans ses lettres de direction : il ne peut ignorer les scrupules d'âmes saintes, les épreuves de la vie spirituelle, les replis de l'amour-propre : les réponses qu'il y fait ne sont que concessions ou exceptions dans un système qui croit avoir sa cohérence : considération « virtuelle » de la récompense (132), refus de l'anxiété et de l'empressement (133), rejet, avec saint François de Sales et Clément d'Alexandrie, de la volupté « qui naît des objets sensibles » (134), et, avec saint Augustin, des « douceurs trop humaines, que les apôtres trouvaient dans la présence sensible et dans la conversation attirante de Jésus-Christ sur la terre » (135), conception même d'un amour « épuré » (136) ; Bossuet serait même prêt à admettre dans la sécheresse un amour privé « de goût, de délectation, d'agrément, de chastes délices » (137) : « Quand il plaira à Dieu de m'ôter le sentiment de ses dons célestes et de me réduire à la foi nue, content de sa sécheresse comme de son obscurité dans ce désert aride et dans l'exil de cette vie, au-dessus ou au-dessous de tout sentiment, je crois et je me tourne vers la vérité, que la foi me montre comme à travers d'un nuage... » (138) : M. de Meaux ne sent-il pas qu'il est plus près des mystiques qu'il ne le dit (139) ? Ne va-t-il pas juger acceptable, au grand scandale de ses amis, le renoncement conditionnel au salut que certains mystiques font, ne pouvant autrement manifester leur amour ? Certes Bossuet apporte bien des restrictions (140), mais le fait demeure qu'il a su en un cas précis reconnaître la légitimité d'une tradition spirituelle que n'autorise si saint Augustin, ni saint Thomas, ni saint Bonaventure (141) ; le fait est d'autant plus remarquable que l'argument

---

(132) P.C., p. 189, 248 ; cf. *supra,* p. 427, sur l'attention virtuelle.
(133) B.N. fr. 9626, p. 67-70.
(134) P.C., p. 119 ; l'on voit combien la portée d'une telle concession peut être, malgré Bossuet lui-même, considérable ; si l'homme en cette vie ne peut jamais se détacher de ces objets sensibles, et cela seule l'expérience des saints peut nous l'apprendre, ç'en est fait des distinctions de Bossuet.
(135) P.C., p. 36, cf. p. 37.
(136) P.C., p. 37 ; cf. P.C., p. 283 : « C'est pour faire cet épurement que Dieu sépare souvent la délectation, du moins sensible, d'avec le fond de l'amour, comme nous l'expliquerons lorsque nous traiterons des épreuves » : malheureusement ce traité des épreuves n'a pas été composé ; cf. LT, XVIII, p. 374.
(137) P.C., p. 47.
(138) P.C., p. 48.
(139) Cf. aussi fr. 9626, p. 50, une page assez compréhensive à l'égard de Denys.
(140) P.C., p. 285 et suiv.
(141) P.C., p. 286.

de tradition est, dans ces *Principes communs,* fort peu développé : pour dire que tous les martyrs et que tous les saints ont eu un vrai désir du salut (142), il se contente de citer les prières faites par saint Etienne et par saint Polycarpe, et de remarquer que saint François d'Assise récitait, lorsqu'il mourut, le psaume *Voce mea* (143) ! Il y a plus : la tradition selon Bossuet n'est pas démonstrative mais confirmative ; il montrera bientôt dans des lettres à Leibniz que pour lui la tradition est représentée essentiellement par les Pères latins et en particulier africains, vue bien courte que Leibniz n'aura pas de peine à contester en rappelant l'autorité des Pères grecs (144) ; en spiritualité il en est de même : Bossuet reprend saint Thomas de ne pas suivre d'assez près saint Augustin (145), il conteste l'autorité de Clément d'Alexandrie (146) et de Denys (147) ; du Moyen Age il ne retient guère que saint Bernard et, dans une certaine mesure, saint Thomas et saint Bonaventure, et il critique saint Anselme (148), rejette Scot (149), et parmi les modernes il fait des réserves sur l'autorité de Grégoire de Valence (150) ! Que ce choix corresponde aux tendances théologiques de Bossuet, la chose est évidente, il témoigne cependant d'un mépris du fait et de l'expérience spirituelle qui est grave : la vie spirituelle se définit non par autorité, mais par attention aux conditions concrètes de la rencontre de Dieu et de l'âme.

Ainsi ce gros traité, resté inconnu au XVIIe siècle, est décevant : il contient certaines des plus belles pages de Bossuet, les plus lyriques, les plus authentiquement religieuses, mais il ne pose pas les ques-

---

(142) L'argument, inutile de le souligner, ne prouve rien, présenté de façon aussi simpliste.

(143) P.C., p. 107, et fr. 9626, p. 98-99. L'anecdote a été rapportée par saint François de Sales, *Traité de l'amour de Dieu,* l. VII, ch. XI, éd. Annecy, t. V, p. 43.

(144) Cf. *Leibniz, aspects de l'homme et de l'œuvre,* Paris, 1968, p. 95.

(145) P.C., p. 159. Cette appréciation portée sur saint Thomas correspond assez bien à la façon dont Bossuet juge la scolastique : le fond n'en est « autre chose que le pur esprit de la tradition et des Pères », la méthode est une « manière contentieuse et dialectique de traiter les questions » (LT, IV, p. 110). Donc saint Thomas n'a de poids que dans la mesure où il exprime cet « esprit de la tradition et des Pères », il n'est « que saint Augustin réduit à la méthode scolastique » (LT, IV, p. 507). Sur Bossuet et le Moyen Age, voir un trop sommaire article de G. Neyron, *Recherches de science religieuse,* t. XII, 1922, p. 354-360 ; il y a un beau tableau de l'histoire de l'Eglise jusqu'à l'an 1000 dans *l'Apocalypse avec une explication* (LT, II, p. 567-569).

(146) Fr. 9626, p. 68 ; P.C., p. 124 : il n'a pas « cette exacte théologie que nous trouvons dans saint Augustin et quelques autres ».

(147) Fr. 9626, p. 49 ; P.C., p. 57.

(148) P.C., p. 239.

(149) P.C., p. 245 et suiv., 257 et suiv., 261 et suiv., 285.

(150) P.C., p. 263 et suiv.

tions sur le plan où elles auraient pu être résolues : une certaine largeur de vue montre que Bossuet n'est pas un des fanatiques de l'antimysticisme dont le XVIIe siècle vit un grand nombre, mais il est triste de constater qu'au moment où il semble le plus près des spirituels, la forme de son esprit, ses présupposés théologiques, intellectualistes et panhédonistes, interdisent toute vraie compréhension, l'empêchent même de définir nettement ce qu'il sent en lui et ce qu'il exprime, en s'oubliant lui-même, au détour d'un chapitre des *Principes communs* ou d'une lettre de direction. Mais ces pages restent dans les cartons de Bossuet : bientôt la polémique va balayer cette sympathie passagère et rendre radicalement impossible la compréhension de l'expérience spirituelle.

II. La « seconde » Instruction sur les états d'oraison, publiée en 1697.

C'est au cours de l'été 1695 que l' « ample traité » de Bossuet a changé de but et de signification : un exposé relativement serein des « principes » de l'oraison chrétienne deviendra une réfutation des nouveaux mystiques.

Nous avons estimé que le « Traité sur l'oraison », auquel il est fait allusion le 1er juillet et qui n'allait pas « aussi vite qu'on voudrait » (151), était encore le livre des *Principes communs*, qui sera publié par E. Levesque en 1897. Mais déjà, le 22 août 1695, l' « Instruction » dont parle Bossuet à Mme d'Albert, en disant qu'il n'a « pas discontinué un seul moment » d'y travailler (152), a des chances d'être l'*Instruction sur les états d'oraison* (publiée en 1697) : entre ces deux dates, pendant la seconde quinzaine de juillet 1695, se situe en effet un voyage de Bossuet à la Trappe pour revoir Rancé mourant. D'août 1695 à janvier 1696 nous pouvons suivre le travail de l'auteur qui se poursuit sans interruption importante (153) : le 25 septembre M. de Meaux se dit si occupé de la matière qu'il a à traiter qu'il ne peut trouver le temps d'écrire à Mme d'Albert (154) ; et, s'il écrit, c'est pour développer des thèmes plus ou moins panhédonistes qui prouvent qu'en ces mois la problématique antimystique a envahi sa direction spiri-

---

(151) C.B., VII, p. 148, cf. *supra*, p. 565.
(152) C.B., VII, p. 193.
(153) Rappelons que nous n'écrivons pas une histoire de la querelle du quiétisme et que nous n'étudions pas pour eux-mêmes les aspects politiques de cette affaire : cf. pour l'époque envisagée dans ce chapitre, R. Schmittlein, *L'aspect politique...*, livre second, *passim* ; et surtout L. Cognet, *Crépuscule...*, p. 303 et suiv.
(154) C.B., VII, p. 214.

tuelle (155). En décembre encore, peu de loisir (156), Bossuet travaille sans relâche (157), et le 31 janvier 1696 il peut annoncer à Mme d'Albert : « On décrit mon Traité de l'oraison : je ne perds pas un moment de temps. Ne m'en demandez pas davantage, mais demandez tout à Dieu pour moi dans un ouvrage de cette importance » (158). Le livre doit donc avoir à peu près la forme que nous lui connaissons. Cependant Bossuet a l'habitude de revoir ses écrits, de compléter les copies de ses secrétaires : l'*Instruction* ne sera imprimée qu'à partir de l'automne 1696 (159) et elle ne paraîtra qu'en mars 1697 (160) : il y a là de longs mois (161) pendant lesquels M. de Meaux a pu revoir et compléter son travail ; en l'absence des manuscrits, il est impossible de déterminer dans quelle mesure. En tout cas nous avons bien des preuves que l'attention de Bossuet, après janvier 1696, est toujours appliquée aux problèmes de la « nouvelle spiritualité » : consultation sur l'oraison de patience (162), conférences à Saint-Cyr (163), consultation de M. Tronson sur des lettres d'Olier (164), lettres à Mme de La Maisonfort qui sont de véritables petits traités spirituels (165) et qui reprennent des thèmes développés dans l'*Instruction sur les états d'oraison*.

La première édition du livre (166) est achevée d'imprimer le 30 mars 1697 (167) : à la page 472 figurent des *Additions et correc-*

(155) Cf. *supra*, p. 389-401, analyse de la direction spirituelle de Bossuet à l'époque du quiétisme.
(156) C.B., VII, p. 261.
(157) C.B., VII, p. 267.
(158) C.B., VII, p. 290.
(159) En septembre et en décembre 1696, il demande à son neveu, alors à Rome, de lui envoyer le texte de toutes les censures romaines contre le quiétisme (C.B., VIII, p. 68, 120), preuve qu'il ne connaissait alors ces textes qu'indirectement.
(160) En septembre 1696, Bossuet annonce à La Broue qu'on va imprimer le livre (C.B., VIII, p. 59, 69), et, en décembre 1696, il écrit à son neveu que l'impression en est au dernier livre (C.B., VIII, p. 120, cf. lettre de Vuillart à Préfontaine, 17 novembre 1696, éd. Clark, p. 80) ; en février 1697, il lui écrit que l'ouvrage va paraître (C.B., VIII, p. 142, et voir p. 509 des passages d'une lettre de Ledieu à l'abbé Bossuet dont le texte complet est à la B.N. n. a. fr. 16315, f° 96-97).
(161) Selon Ledieu, l'ouvrage s'imprimait « fort lentement », R.B., 1901, p. 47.
(162) 9 février 1696, cf. Mme de Maintenon, éd. Langlois, t. V, p. 21.
(163) 5 février et 7 mars 1696, cf. E. Griselle, *De munere pastorali...*, p. 97, 98 ; Mme de Maintenon, t. V, p. 34.
(164) 21 mars 1696, Tronson, *Lettres*, t. III, p. 505 et n. ; C.B., VII, p. 309.
(165) 21 mars, 5 mai, 15 juin 1696 : C.B., VII, p. 311 et suiv., 376 et suiv., 430 et suiv.
(166) B.N. imp. D. 19045 (1).
(167) Le 29 mars 1697 à La Broue : « Je vous envoie, en attendant, les derniers cahiers, qui, joints avec ce que vous avez, feront l'ouvrage complet », C.B., VIII, p. 206.

tions, c'est-à-dire quelques corrections de détails puis les pages qui constitueront, avec de légères modifications, les additions VI et VII (168) de l'édition définitive.

Le 25 mai 1697, le livre est achevé d'imprimé « pour la seconde fois » (169) : les corrections de détails sont incorporées au texte ; il y a maintenant VIII additions (170), la lettre de Bossuet au pape et le bref d'Innocent XII sont insérés après les approbations des évêques.

En même temps, pour servir de complément à la Ire édition, un petit fascicule est tiré à part (171) sous le titre : *Les additions et corrections à l'Instruction sur les états d'oraison, seconde édition, Avec la lettre de l'Auteur à Notre saint Père le Pape et le Bref de sa Sainteté en réponse, pour servir de supplément à la première édition* (172). Le texte est le même que celui qui est publié dans la seconde édition.

Un autre tirage de la seconde édition (173) dut ensuite être fait, mais l'on ne peut l'appeler troisième édition : il porte toujours « achevé d'imprimer pour la seconde fois le 25 mai 1697 », mais il y a des différences de détails avec la seconde édition : différences dans la pagination de l'approbation de Godet des Marais, dans celle de la lettre au pape et du bref du pape (174), correction de la phrase initiale des additions (175). Nous étudierons d'abord le texte imprimé le 30 mars, qui reflète un premier état de la pensée de Bossuet.

⁂

L'*Instruction sur les états d'oraison* n'est pas un livre pensé comme une unité, comme répondant à une nécessité interne : la composition, la conception d'ensemble se ressentent de son carac-

---

(168) LT, XVIII, p. 665-670. Le 23 février à La Broue : « On ajoutera quelques chapitres à l'ouvrage que vous avez » (C.B., VIII, p. 150-151).

(169) B.N. imp. D. 26664. Le 18 mai 1697 à La Broue : « La seconde édition de mon livre s'achève ; il y aura un petit supplément que vous ne jugerez pas inutile », C.B., VIII, p. 254.

(170) 2e éd., p. 472 et suiv. Ces additions commencent par la phrase : « On a corrigé dans cette seconde édition les fautes des citations qui étaient dans la première : mais... ». Les deux additions qui figuraient seules dans la 1re édition ont un texte légèrement remanié.

(171) B.N. imp. D. 19094.

(172) Cf. Ledieu à l'abbé Bossuet, 24 juin 1697, en lui décrivant cette seconde édition, C.B., VIII, p. 518. Vuillart à Préfontaine, 27 juin 1697, éd. Clark, p. 110, et 29 juin, p. 113.

(173) B.N. imp., D. 26665.

(174) Signé Spinola alors que les tirages précédents portaient Spinula.

(175) « On a corrigé dans cette édition les fautes des citations qui étaient dans l'autre : mais... »

tère improvisé : lorsqu'en février 1696 M. de Meaux écrit à La Broue, il s'étend longuement sur les affaires et les livres qui lui tiennent à cœur : affaire des bénédictins de Rebais, « défense de la doctrine de France », « défense de saint Augustin et de la grâce » ; à la fin de la lettre l'allusion au quiétisme est assez désinvolte, affaire d'intérêt secondaire : « L'ouvrage contre les quiétistes ne m'arrêtera que fort peu » (176).

Ce n'est que par un véritable retournement des perspectives qu'en juin, au même La Broue, il pourra écrire : « si je lâchais le pied, tout serait perdu [...] je ne crois pas qu'on gagne rien, tant que je serai en vie » (177), et qu'en janvier 1697 il parlera à son neveu de « la vérité à laquelle il faut que je sacrifie ma vie » (178). En tout cas ce nouveau travail sera moins aimé par son auteur que cette *Defensio Declarationis* ou cette *Défense de la Tradition et des Saints Pè*res qu'il regrettera toujours de ne pas avoir achevées. En outre l'*Instruction sur les états d'oraison* publiée en 1697 n'est pas la grande œuvre que M. de Meaux espérait publier contre les quiétistes ; la *Tradition des nouveaux mystiques,* puis les *Principes communs* ont été commencés et abandonnés devant l'urgence de la polémique (179) : le livre de 1697 est bâti sur les ruines de ces deux traités, que d'ailleurs Bossuet n'a pas renoncé à achever ; œuvre hâtive et provisoire, l'*Instruction sur les états d'oraison* reprend des pages de tous ces traités inachevés mais parvient mal à en faire un ensemble cohérent.

Les réemplois de fragments de la *Tradition des nouveaux mystiques* ont été étudiés plus haut (180) ; ceux de pages des *Principes communs* sont aussi manifestes : un certain nombre sont même indiqués dans le manuscrit des *Principes communs* par des expressions comme « Voir Introd. p. 87 » ou « transporté à l'Introd., 87 » (181), ou « mis ailleurs » (182).

---

(176) C.B., VII, p. 297-299.

(177) C.B., VII, p. 422.

(178) C.B., VIII, p. 127.

(179) C'est sans doute à ces *Principes communs* que fait allusion une lettre à La Broue du 18 mai 1697 (C.B., VIII, p. 251-252) : « Le livre que vous souhaitez que je donne était, comme vous l'avez vu, presque en état avant votre départ, et, en moins d'un mois, je pourrais y mettre la dernière main ; mais celui de M. de Cambrai oblige à bien d'autres choses qu'à montrer la fausse idée qu'il a de l'amour » ; voir aussi C.B., VIII, p. 236.

(180) p. 501, n. 80.

(181) P.C., p. 20, n. 1 ; n. 2.

(182) P.C., p. 22, n. 1. Voici la liste des réutilisations les plus significatives des P.C. : LT, XVIII, p. 411 : § XI : le passage sur les mahométans

L'exemple du livre VI de l'*Instruction sur les états d'oraison* nous permettra de mieux saisir cette méthode de composition (183) ; il comporte peu de pages vraiment originales : Bossuet commence par reprendre un dossier (citations groupées et développements rédigés) rassemblé pour la *Défense de la Tradition et des Saints Pères* (184) ; abordant le cas de Clément d'Alexandrie, il utilise deux pages de ce même ouvrage (185) et exploite largement son traité sur *la Tradition des nouveaux mystiques,* certains passages ayant d'ailleurs été déjà réutilisés dans les *Principes communs* (186) ; quant aux pages consacrées à Cassien, elles doivent reprendre la substance de notes rédigées jadis en réponse au traité *De l'autorité de Cassien* de Fénelon (187). Du rassemblement de tous ces éléments Bossuet a constitué son livre VI sur la tradition de l'Eglise ; cette méthode de composition explique le caractère assez disparate des auteurs étudiés et les limites de la notion bossuétiste de tradition.

1) *L'information de Bossuet.*

Au delà de ces détails de composition, c'est toute l'information de Bossuet et sa lecture des spirituels qui sont mises en cause. Ce

---

et les juifs : cf. P.C., p. 23 ; LT, XVIII, p. 411 ajoute les déistes. LT, XVIII, p. 411-412 : § XIII : sur les attributs divins : cf. P.C., p. 21. LT, XVIII, p. 413 : § XV : le passage de Clément d'Alex., *Strom.* l. V : cf. P.C., p. 22. LT, XVIII, p. 415-416 : § XVIII : sur le symbole des apôtres : cf. P.C., p. 20 et 322. LT, XVIII, p. 430-432 : reprend la substance de P.C., p. 73-74. LT, XVIII, p. 471-472 : § XX-XXII : sur l'« épurement » de l'âme : cf. P.C. p. 64-65. LT, XVIII, p. 508 : § XXXVI : cf. P.C. p. 122 et 308. LT, XVIII, p. 580-581 : cf. P.C., p. 291-305. LT, XVIII, p. 585-586 : § IV : cf. P.C., p. 304. LT, XVIII, p. 586 : § V : cf. P.C., p. 88. LT, XVIII, p. 630 (et 637) : sur les cantiques où l'on méprise l'enfer et la damnation (allusion vraisemblable aux *Cantiques spirituels* de Surin que Bossuet avait dans sa bibliothèque : sur ce « mépris » de l'enfer chez Surin, cf. *Cantiques spirituels,* Paris, 1692, p. 66-67, 90, 93, 125, 139, 146, 257-258) : cf. P.C., p. 312 (p. 313, on retrouve la citation de *Cantique des Cantiques,* VIII, 6, qui apparaît LT, XVIII, p. 630, au début de la page). LT, XVIII, p. 646 : cf. P.C., p. 137 et suiv. LT, XVIII, p. 647 : cf. P.C., p. 171, 195, 239-244. LT, XVIII, p. 648-649 : cf. P.C., p. 219, 166-170, 273-276, 121. LT, XVIII, p. 667, n. VII : cf. P.C., p. 306-307.

(183) Certaines pages de la *Politique* utilisent de la même façon des fragments d'œuvres antérieures ou inédites, *Defensio Declarationis,* sermon sur la justice, sermon sur l'Unité de l'Eglise.

(184) Passages parallèles : LT, XVIII, p. 486-488 : cf. LT, IV, p. 369-374 et 609. LT, XVIII, p. 489-491 : cf. LT, IV, p. 384-389.

(185) LT, XVIII, p. 491-492 : cf. LT, IV, p. 463-464.

(186) Voir le détail *supra,* p. 501.

(187) J.-L. Goré, *La notion d'indifférence...,* p. 245-284 ; cf. *supra,* p. 495, 502. Ces notes de Bossuet sont perdues, mais il est fort probable qu'avant 1695 il ait réfuté Fénelon sur Cassien comme il l'avait fait sur Clément d'Alexandrie.

premier ouvrage important que Bossuet fait imprimer sur la mystique semble refléter une connaissance assez vaste et personnelle des auteurs étudiés : Bible, Pères, auteurs du Moyen Age, auteurs modernes, presque tous les grands noms sont cités ; mais il y a loin d'une citation à la connaissance d'une œuvre et à cette fréquentation intime qui permet à travers l'écrit d'apprécier la qualité d'une expérience, sa valeur, la nature du contact qu'entretient avec Dieu tel spirituel. Mettons à part les textes dont cette *Instruction* est l'explicite réfutation : Malaval, Molinos, Falconi, le P. Lacombe, Mme Guyon, encore que l'on doive noter le caractère limité de l'information de Bossuet sur trois d'entre eux : de Malaval il ne connaît que la *Pratique facile* et il fait un disciple de Molinos (188), de Molinos il utilise une traduction de la *Guide spirituelle,* et de Falconi la traduction française d'une traduction italienne d'une seule lettre (189) ! Mettons aussi à part les nombreuses citations bibliques. Nous pouvons faire porter notre examen sur les autres textes (190), et d'abord sur les citations des « trois grands », selon la formule de Bremond : Ruysbroeck, Harphius et Tauler. Certes Bossuet possède leurs œuvres : du premier les *Opera* (191), du

---

(188) Cf. *supra,* p. 443, n. 12 ; LT, XVIII, p. 390, 402, 403, 426-427, 438, 458. Nicole adoptait le même schéma : Falconi-Molinos-Malaval-Mme Guyon. Il dut y avoir au moment de la préparation de l'*Instruction sur les états d'oraison,* plusieurs échanges de lettres entre Malaval et Bossuet : cf. lettre de Malaval au P. de la Chaize, du 9 mai 1698 (C.B., IX, p. 457) : « Comme je savais qu'il se préparait à écrire sur ces matières, je lui fis quelques lettres fort honnêtes dont il s'est loué, et il me répondit qu'*il rendrait à ma personne tout le témoignage qu'il pourrait.* Cependant, vous savez, mon Révérend Père, avec combien peu de charité il a parlé de moi et qu'il a poussé mon livre au delà des bornes. »

(189) Bossuet ne fait aucune allusion au fait que la Sorbonne avait condamné, le 2 mars 1696, la doctrine de Falconi en faveur de la communion fréquente et même quotidienne : cf. *Sentiment de Mrs les docteurs en Théologie de la Faculté de Paris touchant le livre du Père Falconi intitulé le Pain Quotidien ou le Pain des fidèles,* Paris, 1696, conservé dans les papiers du P. Léonard, B.N., fr. 22581, f° 228 et suiv.

(190) A propos de la diffusion des écrits mystiques, Bossuet semble se contredire : tantôt il affirme que le monde ne les goûte guère, s'en moque ou les ignore (LT, XVIII, p. 375, 376, 384-385, 413, 564), tantôt il tait le mépris que lui inspirent ces « petits livres de peu de mérite » (LT, XVIII, p. 389) et constate qu'ils sont entre les mains de tout le monde (LT, XVIII, p. 367-368, 390).

(191) *Rusbrochii opera,* sans doute Cologne, 1552 (cf. R.B., 1901, p. 152) ; c'est cette édition qu'il citera plus tard LT, XIX, p. 443. Voir aussi J. A. G. Tans, *Bossuet en Hollande,* p. 9-10, mais cet auteur interprète mal la phrase de l'inventaire : « Rusbrochii opera, Thomas a Jesu, 2 vol. » ne fait pas allusion à une édition de Ruysbroeck par Thomas de Jésus, mais d'une part aux *Opera* de Ruysbroeck, et d'autre part aux *Opera* de Thomas de Jésus, 2 vol. (in f° Cologne, 1684, cf. *infra,* p. 608), groupées en un même lot dans cet inventaire après décès.

second une édition in-4° du *De Theologia mystica* (192), du troisième l'édition in-4° de Paris, 1623, des *Sermones* (193).

La première citation de Ruysbroeck est donnée (194) à travers la critique de Gerson : Mgr A. Combes a bien montré toutes les faiblesses de l'argumentation de Bossuet et les fâcheuses conséquences qu'elle eut : M. de Meaux considère les deux lettres de Gerson au chartreux Barthélemy et la réponse de Jean de Schoenhoven (195) qu'il trouve rassemblées dans l'édition de Richer, 1606, comme un système clos (196) : antimystique-mystique, aucune nuance ne tempérera ce schéma, ni interprétation plus favorable de Ruysbroeck, ni essai pour apprécier la spiritualité de Gerson (197). Ce qui est grave, c'est que Bossuet traduit tel quel un paragraphe de Gerson, et, insérant la référence à Ruybroeck (198), donne l'impression de s'être référé à l'original ; plus grave encore, le fait que M. de Meaux supprime de la citation faite par Gerson un « *sicut scripta sonant* » qui réservait les intentions dernières de Ruysbroeck (199) ; il est difficile de ne pas souscrire au jugement de Mgr Combes : « précipitation ou légèreté » (200).

---

(192) Cf. R.B., 1901, p. 156 ; sans doute l'édition de Rome, 1586, qui sera citée LT, XIX, p. 444.

(193) Catal. 1742, n° 699, et R.B., 1901, p. 156. En outre, nous savons que Bossuet approuva une traduction des *Exercitia* pseudo-tauleriens (*supra*, p. 88) dont la 3e édition parut en 1694 (la 2e édition étant de 1682).

(194) LT, XVIII, p. 383-384.

(195) Dont Bossuet fait un chartreux en le confondant avec le personnage précédent, signe d'une lecture bien rapide : A. Combes, *Essai sur la critique de Ruysbroeck par Gerson,* Paris, 1945, t. I, p. 125. Dom Huijben avait déjà signalé les insuffisances de l'information de Bossuet (*Vie spirituelle,* mai 1922, p. 106).

(196) A. Combes, *op. cit.*, t. I, p. 19.

(197) C'est d'ailleurs l'attitude des adversaires des mystiques au XVIIe siècle, trop heureux de trouver « un jugement tout fait sur Ruysbroeck » (A. Combes, *op. cit.*, t. II, 1948, p. 144). Voir du Vaucel, *Breves Considerationes,* p. 59 ; Cornand de la Croze, *Recueil de diverses pièces...*, p. 21 ; Fénelon ira plus loin dans l'appréciation de la spiritualité de Gerson : cf. copie manuscrite de l'*Explication des Maximes des Saints,* éd. Cherel, p. 100, n. 9.

(198) LT, XVIII, p. 384.

(199) Encore une méprise de Bossuet relevée par dom Huijben (*Vie spirituelle,* mai 1922, p. 107) : lorsqu'il écrit : « comme si Dieu agissant en nous y pouvait opérer quelque chose de meilleur en soi, [...] que de se faire aimer et louer de nous par un éternel amour » (LT, XVIII, p. 386), il traduit Ruysbroeck en faisant un contresens, en lisant *deligere* de Surius (éd. Cologne, 1552, p. 227) comme *diligere !* D'où l'interprétation quiétiste. Il y a plus : la référence (donnée LT, XVIII, p. 385) « De Orn. spir. nupt., p. III » ne veut rien dire : le texte est tiré du *Livre des douze vertus ;* or, quand bien même le texte serait inquiétant (ce qu'il n'est pas), cela ne prouverait rien, car cette œuvre n'est pas de

Ensuite Bossuet se contente de relever chez Ruysbroeck des « absurdités [...] étranges », et de faire allusion à ses « vaines spéculations sur les planètes et leurs enfants, tirées des astrologues » (201). A la fin de l'*Instruction sur les états d'oraison* deux citations tirées de l'*Ornement des Noces spirituelles* sont invoquées (202) : le mystique de Groenendael (203) y critique les faux spirituels de son temps, les *otiosi,* et montre ce qu'est la véritable *quies ;* mais M. de Meaux n'eut pas de mal à trouver ce texte qui servait si bien sa thèse : c'est un des lieux communs de l'antimysticisme : Mme Guyon avait pris soin de l'expliquer dans ses *Justifications* (204), et, tout récemment, en juillet 1695, Boileau et Le Feuvre l'avaient encore cité dans l'approbation qu'ils mettaient en tête de la *Réfutation des principales erreurs des quiétistes* de Nicole ! Ces deux docteurs citaient aussi des passages où Tauler condamnait les faux mystiques (205) ; est-ce un hasard si le seul sermon de Tauler qu'invoque M. de Meaux et dont il donne une ample citation est cet « excellent sermon sur le premier dimanche de Carême » que citait leur approbation (206) ?

Ruysbroeck (cf. L. Cognet, *Introduction aux mystiques rhéno-flamands,* Paris, 1968, p. 248) : Surius déjà en contestait l'authenticité dans sa préface !

(200) A. Combes, *op. cit.,* t. II, 1948, p. 145 : Mgr Combes remarque que Noël Alexandre, dans ses *Selecta historiæ ecclesiasticæ capita...,* Paris, 1684, pars I, p. 626-629, avait déjà fixé cette position, mais que l'*Instruction sur les états d'oraison* dépasse de beaucoup cette source possible.

(201) LT, XVIII, p. 387 : allusion au *De vera contemplatione,* ch. XXXII et suiv., et LXVIII, éd. Cologne, 1609, p. 627 et suiv., 677 et suiv. Un autre faux sens est relevé par dom Huijben (*Vie spirituelle,* mai 1922, p. 112).

(202) LT, XVIII, p. 604, 606, citations approximatives, résumé en quelques lignes de toute une page : *De origine sectæ spiritualium otiosorum primo modo contrariam agentium vitam,* éd. Cologne, 1609, p. 497 et suiv., 503.

(203) Bossuet écrit « Vauvert » (LT, XVIII, p. 383), mais le terme est ambigu et risque d'introduire une confusion avec les chartreux de Paris : cf. A. Combes, *op. cit.,* t. I, p. 147, n. 5.

(204) B.N., fr. 25093, f° 117-118, 146 v°, passages soulignés par Bossuet.

(205) Sermon 2 *de dominica quadrages.,* p. 146 ; sermon 1 *de Nativit. S. Joannis Baptist.,* page 558 ; sermon 1 *dominic. 1 quadrages.,* p. 138 et 149.

(206) LT, XVIII, p. 604 ; cf. *Sermones,* Paris, 1623, p. 149-150 ; les critiques modernes ont contesté l'authenticité de ce sermon. Nous remarquerons en outre avec Mgr Combes que Bossuet fait bon marché de la chronologie et tranche, sans y penser, de délicats problèmes d'influences lorsqu'il affirme (LT, XVIII, p. 606) que Tauler a copié Ruysbroeck (A. Combes, *op. cit.,* t. I, p. 134-135 et n. 1). Sur la critique de Tauler par Bossuet et les difficultés de la doctrine taulérienne qui lui donneraient un semblant de justification, voir J. A. Bizet, *Jean Tauler,* Paris, 1968, p. 40 et suiv.

Par ailleurs, Bossuet, qui a mentionné l'*Apologie de Tauler* par Louis de Blois (207), l'opinion de Bellarmin sur ces mystiques (208), et le jugement assez sévère de Suarez (209), juge l'auteur présumé des *Institutions* compilées par Surius « un des plus solides et des plus corrects des mystiques » (210) et son livre « un des plus estimés » (211) ; ce jugement favorable ne l'empêche pas de rapporter une « histoire assez étrange » (212) tiré du Ier chapitre des *Institutions* et de la mettre au compte d' « une ardente imagination » qui jette l'auteur « dans des expressions absurbes » (213). Mais là s'arrête l'appréciation portée par Bossuet sur Tauler, une simple réflexion en passant. Il en est de même pour Harphius, « le bon Harphius » (214) ; la seule citation, de trois mots (215), que Bossuet en donne n'est pas très significative : Mme Guyon qui en citait tant de textes dans ses *Justifications* (216) n'a pas conduit M. de Meaux à une lecture et à une discussion approfondie de la *Théologie mystique :* c'est qu'il s'agit moins pour lui de s'informer ou de discuter que de condamner en accumulant sans les vérifier tous les arguments disponibles (217).

Quant à Suso, autre « grand » de la mystique germanique, souvent invoqué par Mme Guyon, il est aussi cité une fois (218) : selon lui les parfaits contemplatifs « ne ressentent plus aucune tentation » (219) : les intentions de Suso auraient été meilleures que ses

---

(207) LT, XVIII, p. 606 ; cf. L. Cognet, *La spiritualité moderne,* t. I, p. 48.

(208) LT, XVIII, p. 385 : *De Scriptoribus ecclesiasticis,* Paris, 1658, p. 379-380, 381, 405 ; sur la position de Bellarmin, cf. L. Cognet, *La spiritualité moderne,* t. I, p. 2f 3.

(209) LT, XVIII, p. 385 ; sur ces controverses autour de l'autorité de Tauler, cf. J.-J. Surin, *Guide spirituel,* éd. M. de Certeau, p. 178-179, 245.

(210) LT, XVIII, p. 385.

(211) LT, XVIII, p. 387. L'opinion de dom Claude Martin est analogue : R.H.E.F., 1957, n° 140, p. 130.

(212) LT, XVIII, p. 387.

(213) LT, XVIII, p. 388.

(214) LT, XVIII, p. 387.

(215) « Une entière inséparabilité » : cf. *Theologiæ mysticæ libri tres,* Cologne, 1611, p. 437 : « *omnimodam inseparabilitatem* ».

(216) Beaucoup sont soulignés par Bossuet, cf. surtout B.N. fr. 25094, f° 32 v°.

(217) Notons aussi que Bossuet semble ignorer une traduction partielle et remaniée de la *Théologie mystique* d'Harphius : *De la paix de l'âme et du bonheur d'un cœur qui meurt à lui-même pour vivre à Dieu,* Paris, 1687, rééd. Paris, 1691 : certains des reproches adressés par M. de Meaux à Mme Guyon s'appliqueraient tout à fait à cette traduction : insistance sur le repos, l'absence de désir, la douceur et la facilité, la quiétude, etc.

(218) LT, XVIII, p. 387 ; Bossuet écrit Suson.

(219) La référence : « Dial. cum Sap. Æt., p. 413 » est fausse, ou tout au moins elle prend la partie pour le tout : il ne s'agit pas du *Dialogue*

expressions. Aucune autre allusion au mystique souabe dans l'*Instruction* (220).

Une phrase, à la fin du livre VII de l'*Instruction,* énumère un certain nombre de noms, dont plusieurs apparaissaient dans les *Justifications* de Mme Guyon : « J'ajoute que ni les Angèles, ni les Catherines, celle de Sienne et celle de Gênes, les Avilas, les Alcantaras, ni les autres âmes de la plus pure et de la plus haute contemplation n'ont jamais cru être toujours passives, mais par intervalles » (221) ; affirmation que n'appuie ici aucune citation (222) ; mais Bossuet possède les *Œuvres* de Jean d'Avila (223), et les *Epîtres* de Catherine de Sienne (224), et il doit avoir lu Angèle de

---

de la Sagesse éternelle, mais d'un passage du *De IX Rupibus libellus* qui, dans l'édition de Cologne 1555 des *Opera,* est à la p. 413 ; Bossuet semble donc avoir utilisé cette édition. Dans l'édition de Cologne 1615, le chapitre *De nona Rupe* du *De IX Rupibus libellus* est aux pages 418 et suiv.

(220) En 1684, cependant, avait été dédiée à Bossuet une traduction du *Dialogue de la Sagesse éternelle* (Paris, André Cramoisy, 1684) par M. de Vienne, prêtre, chanoine de la Sainte Chapelle royale du Vivier-en-Brie ; cette chapelle était dans la paroisse de Fontenay-Trésigny, doyenné de Rozoy-en-Brie (Bossuet y fit la visite pastorale le 1er juin 1683, cf. R.B., 1900, p. 56. Sur cette Sainte Chapelle et sa réunion en 1694 à celle de Vincennes à cause de relâchements dans la discipline, cf. Toussaint du Plessis, *Histoire de l'Eglise de Meaux,* t. I, p. 260-261, t. II, p. 421-422). La dédicace à Bossuet, l'évêque du traducteur, est assez banale ; la traduction est elle-même assez édulcorée (« Si je n'ai pas entièrement suivi ses termes dans la traduction que je vous en donne, j'ai tâché de suivre fidèlement son esprit. [...] J'ai cru néanmoins que je n'étais pas obligé de m'assujettir à certaines comparaisons qui dans des endroits purement spirituels semblent tenir trop des sens, ni de m'attacher à quelques visions, qui dans ce temps n'auraient peut-être pas été reçues dans leur pur esprit »). Bossuet ne semble pas avoir lu le livre de près ; s'il l'a lu, il a pu n'en retenir que les passages relatifs à l'Humanité du Christ (p. 11-12) et à ses souffrances (p. 13 et suiv., 34 et suiv., 41 et suiv., 190 et suiv., 227 et suiv.), ceux où Suso affirme que la jouissance de Dieu n'est pas continuelle (p. 115, 286) et où il refuse de prétendre à la connaissance des choses qui sont de la suprême et dernière sagesse (p. 248-249) ; Bossuet a pu interpréter le renoncement à la propre volonté en un sens ascétique (p. 21-22) et minimiser le renoncement aux consolations divines (p. 102 et suiv.) ; les pages sur l'écoulement dans l'Un (p. 85-86) et sur l'exemplarisme divin (p. 123) perdent beaucoup de leur accent dans cette traduction. Sur cet ouvrage, voir J. A. Bizet, *Henri Suso et le déclin de la scolastique,* p. 397. Du même de Vienne, on publiera en 1701 une traduction posthume de Suso, *Dialogue de la vérité avec son disciple,* Paris, Cramoisy. Sur l'influence de Suso au XVIIe siècle, en particulier sur dom Claude Martin, cf. R.H.E.F., 1957, n° 140, p. 130-131.

(221) LT, XVIII, p. 577.

(222) Notons que Bossuet ne cite pas une fois dans l'*Instruction sur les états d'oraison* sainte Gertrude, qu'il admire pourtant (C.B., VI, p. 509) et n'hésite pas à recommander à ses dirigées (C.B., VII, p. 416).

(223) De la traduction d'Arnauld d'Andilly, Paris, 1673, catalogue 1742, n° 178.

(224) De la traduction de Balesdens, Paris, 1694, catal. 1742, n° 685.

Foligno (225). De cette dernière l'*Instruction* ne donne que deux citations caractéristiques sur l'acceptation de l'enfer (226). Sainte Catherine de Gênes tient une place plus importante (227) : depuis qu'en décembre 1694 Mme Guyon lui a envoyé la *Vie* de la sainte (228), M. de Meaux n'hésite pas à la recommander, à rapprocher son expérience de celle de sainte Thérèse et à la distinguer de celle des nouveaux mystiques (229). En outre il a pu lire le mémoire de Fénelon sur « l'état passif » (230) et les citations groupées sous le titre « Sainte Catherine de Gênes » (231) ; et cette sainte est une des principales autorités invoquées par Mme Guyon dans ses *Justifications*. Si la doctrine de sainte Catherine de Gênes est au cœur des problèmes agités alors, nous en attendons un examen approfondi. Or la façon dont Bossuet étudie le cas de sainte Catherine de Gênes est une bonne image de son approche des mystiques en général : Fénelon et Mme Guyon lui apportaient des dizaines de textes importants sur la transformation en Dieu, le renoncement total à soi, la parfaite mortification des désirs et des sentiments, l'anéantissement de toute propriété, l'impossibilité de désirer et d'opérer, le désintéressement de l'amour allant jusqu'à l'indifférence à la gloire du ciel ; Bossuet ne conteste pas ces textes, ne les discute pas un par un : deux citations (232) lui permettent d'affirmer que la sainte dans « un transport d'amour » a eu recours aux fameuses suppositions impossibles ; mais par là il ramène ces suppositions à un simple problème d'expression, les retirant à la réflexion critique pour les considérer comme le signe d'un excès de ferveur ; d'autre part il accumule des exclamations de sainte Catherine de Gênes (233) pour prouver qu'il lui arrivait de demander pour elle-même, de désirer l'amour pur et même béatifique, de tendre vers le rassasiement éternel : ainsi les passages où elle semble dire n'avoir rien à désirer, ne rien vouloir, sont annulés par

---

(225) En avril 1695, Noailles avait prêté des textes de la B. Angèle de Foligno à Bossuet qui semble les avoir conservés un certain temps : lettre de Noailles du 24 avril 1695, R.B., 1901, p. 38.

(226) LT, XVIII, p. 582-583, d'après l'éd. de Paris 1538.

(227) LT, XVIII, p. 583, 586-588.

(228) C.B., VI, p. 500 : Urbain et Levesque pensent qu'il s'agit de l'édition de Desmarets de Saint-Sorlin, Paris, 1667, mais c'est une des anciennes éditions françaises qui est citée dans l'*Instruction*.

(229) Allusions sans références précises entre août 1695 et juin 1696 : C.B., VII, p. 176, 213, 245, 251, 274, 279, 371, 449. Cf. *supra*, p. 523 ; voir aussi R.A.M., 1963, p. 22, 30-31.

(230) J.-L. Goré, *La notion d'indifférence...*, p. 207-208, 211, 213.

(231) J.-L. Goré, *ibid.*, p. 293.

(232) LT, XVIII, p. 583.

(233) LT, XVIII, p. 586-588.

ceux où elle montre qu'elle porte « dans le cœur un insatiable désir de le posséder davantage, comme la viande béatifique » (234), et qu'elle cherche à être éclairée par son confesseur, désirant soutien et réconfort. Dans toute l'œuvre de la sainte et dans la masse des textes invoqués par Mme Guyon, il était facile de trouver quelques lignes allant en ce sens ! Reste à savoir si relever dans l'œuvre d'une mystique ce qui correspond à la plus commune expérience chrétienne, et ce que la mystique n'a jamais voulu « rejeter », n'est pas méconnaître l'essentiel de son expérience profonde et originale : l'interprétation donnée ici de l'œuvre de sainte Catherine de Gênes, c'est une spiritualité commune poussée à son plus haut point et trahie dans son expression par des excès de langage.

Toujours au niveau de l'information de Bossuet et de sa lecture des mystiques dans l'*Instruction sur les états d'oraison,* quelques manques sont assez significatifs : avant tout, une série d'auteurs invoqués par Mme Guyon, dont souvent Bossuet avait souligné des citations dans la copie des *Justifications,* mystiques modernes qui ne sont ni des saints déclarés par l'Eglise qu'il serait téméraire de mépriser, ni des suspects ou des victimes de l'antiquiétisme des années 1680-1690 auxquels on peut s'attaquer sans scrupules, fort des condamnations romaines et de l'appui de l'opinion. Nous pensons à Denys le Chartreux (235), à Benoît de Canfeld, à Constantin de Barbanson (236), à Jean de Saint-Samson, à l'abbé d'Estival,

---

(234) LT, XVIII, p. 587.

(235) Dont pourtant Bossuet a les œuvres en 5 vol. dans sa bibliothèque, R.B., 1901, p. 152.

(236) Nous trouvons dans le catalogue de 1742 de la bibliothèque de Bossuet (n° 1199) mention du livre « *Veræ theologiæ mysticæ compendium* a P. Constantino a Barbanson, Amst., 1698, 12° ». Il s'agit d'une réédition, due sans doute à Pierre Poiret, de la traduction latine des *Secrets sentiers de l'amour divin* (sur l'auteur et sur le livre, voir l'édition Paris-Tournai-Rome, 1932, des *Secrets sentiers ;* D.S., t. II, col. 1634-1641 ; L. Cognet, *La spiritualité moderne,* t. I, p. 267-270). Bossuet eut donc connaissance de cette œuvre admirable de la tradition mystique du XVIIe siècle dans une traduction qui éteint la qualité littéraire du texte, et, s'il lut le livre, ce fut au plus tôt à la fin de la querelle du quiétisme ; le lieu d'édition ne pouvait que lui rendre suspect le livre du capucin, et il devait y retrouver bien des idées qu'il avait condamnées chez Mme Guyon et chez Fénelon, bien que l'œuvre de Constantin de Barbanson fût prudente et équilibrée. Il faut noter que dans la bibliothèque de Bossuet (inventaire de 1704, R.B., 1901, p. 156) figurait une œuvre de Gelenius, capucin mort en 1669 qui eut Constantin de Barbanson pour maître des novices (sur Gelenius, D.S., t. VI, col. 179-181) : il s'agit de la *Summa practica theologiæ mysticæ,* 2e éd., Cologne, 1652, gros volume où l'on retrouve la doctrine des *Secrets sentiers* et l'influence de Harphius et de Canfeld ; nous ne savons absolument pas si Bossuet lut ou parcourut ce livre ; aurait-il même dépassé les premières pages, celles où Gelenius citait saint Thomas (I *a,* II *ae,* q. 112, a.5, ad 4) définissant le fruit du Saint-Esprit comme « *fruitio* » et « *gaudium* » (cit.

Epiphane Louis, et à M. Olier (237) : Bossuet ne tient pas le moindre compte de toutes les citations qu'il en a lues ; il en est d'eux comme de Gregorio Lopez qu'il admire sincèrement (238) et dont il cite volontiers une anecdote, mais dont l'autorité lui paraît négligeable comparée à celle de l'Ecriture (239).

Bossuet ne *discutera* donc pas les textes de ces spirituels modernes : ce n'est pas sur des faits que porte son désaccord mais sur la façon de poser le problème des autorités en spiritualité.

Un autre « creux » du livre de Bossuet est représenté par tout ce qui concerne la spiritualité orientale. Mis à part Clément d'Alexandrie dont l'utilisation et l'interprétation posent au XVIIe siècle des problèmes particuliers, nous ne trouvons que deux pages consacrées à l'apathie ou l'imperturbabilité chez les anciens. Mme Guyon avait fait un recueil d'autorités des Pères grecs (240) ; comme Fénelon, elle utilisait le *Thesaurus Asceticus* du P. Poussines (241) qui lui révélait des textes importants en particulier de saint Macaire. Bossuet tire parti, mais assez rapidement, de ce *Thesaurus Asceticus* (242), au détour d'un chapitre de son *Instruction,* et, selon la

---

p. 3), où il distinguait nettement naturel et surnaturel (cit. p. 4-5), et les nombreuses pages où Gelenius réfutait ceux qui prônent un faux repos (p. 71) ou bien rappelait le texte de Ruysbroeck contre les faux mystiques (p. 84) ? Tant il est vrai qu'une œuvre aussi touffue et riche de références que celle de Gelenius peut se lire de diverses façons et servir d'arsenal à un adversaire comme à un partisan des mystiques !

(237) Bossuet estime M. Olier (C.B., VII, p. 46) mais ne semble pas l'avoir lu de près. Les *Lettres spirituelles* (Paris, 1672) sont citées à plusieurs reprises dans les *Justifications* de Mme Guyon, et Bossuet a souligné trois citations [B.N. fr. 25092, f° 215 sur la lettre CX (en particulier les mots de cette lettre, éd. 1672, p. 267 : « la divine Mère de charité me disant encore dernièrement, me parlant de vous, et me donnant une vue d'unité et de perte commune en la divine Charité : Vous ne serez jamais séparés », fr. 25092, f° 216), fr. 25093, f° 120 v° sur la lettre CXXIII, fr. 25093, f° 286 v° sur la lettre CXLVIII]. Le 21 mars 1696, il demande à M. Tronson des éclaircissements sur deux lettres : la 73 et la 90 (C.B., VII, p. 309 ; L. Tronson, *Lettres choisies,* t. III, p. 505, n. 3), et le même jour il écrit à Mme de La Maisonfort qu'il n'a pas vu les lettres CXXIII et CLVII de M. Olier, « ne les trouvant point sous [sa] main » (C.B., VII, p. 336-337). Quoi qu'il en soit, M. Olier n'est pas une autorité qu'invoque l'auteur de l'*Instruction.* Voir aussi Fénelon, *Œuvres,* t. IX, p. 123.

(238) Cf. *supra,* p. 495. Voir C.B., VII, p. 128, où Bossuet renvoie à la *Vie de Grégoire Lopez* par F. Losa, trad. Arnauld d'Andilly, Paris, 1674, p. 296.

(239) C.B., V, p. 86-87 ; XII, p. 189-191. Quoi qu'en dise Côme de Villiers, Bossuet ne s'est pas appuyé sur Jean de Saint-Samson dans la querelle du quiétisme ; il ne l'a sans doute jamais lu (S.-M. Bouchereaux, *La réforme des carmes...,* p. 316).

(240) Cf. J.-L. Goré, *La notion d'indifférence...,* p. 75-76.

(241) Toulouse-Paris, 1684.

(242) LT, XVIII, p. 503 ; dans sa bibliothèque, catal. 1742, n° 684.

méthode que nous avons signalée plus haut, il se contente de dire que les Pères orientaux n'ont pas du tout méprisé le combat spirituel ; qui disait le contraire ? S'il cite Evagre le Pontique, c'est à travers saint Jérôme traduit de façon légèrement infidèle (243) et en notant que les latins n'ont « jamais donné dans ces sentiments » (244). Quant à saint Jean Climaque dont nous attendons une analyse ou au moins un examen sérieux, Bossuet (245) se contente de remarquer qu'un des degrés de son *Echelle* porte le nom d'« apathie », et d'épingler une citation selon laquelle le spirituel ne manque jamais de demander à Dieu la rémission de ses péchés (246).

Même impression assez négative à propos de saint Jean Damascène (247) : M. de Meaux le citait avec éloges dans la *Défense de la Tradition et des Saints Pères* (248), il rapportait même un intéressant passage sur le délaissement dans lequel Dieu laisse quelquefois les justes pour les humilier (249) ; présentera-t-il un développement sur ce thème ? rattachera-t-il les problèmes de la spiritualité aux problèmes de la grâce ? Il se contente d'une bien banale définition de la prière comme « élévation de l'esprit à Dieu,

---

(243) LT, XVIII, p. 502-503 : le grief d'apathie fait par saint Jérôme à Evagre (Epist. CXXXIII à Ctésiphon) est encore un des lieux communs que Bossuet n'a eu que le mérite de reproduire ; en outre, Mgr Combes a montré que la traduction affaiblissait le sens du texte de saint Jérôme « par la subtile modification apportée aux relations grammaticales de *trouble* et de *vice* » (A. Combes, *Essai sur la critique de Ruysbroeck par Gerson,* t. II, 1948, p. 407, n. 3) : *nullo perturbationis vitio* — aucun trouble vicieux.

(244) Saint Nil utilisé dans les *Justifications* de Mme Guyon et cité par Fénelon dans son mémoire sur *l'état passif* (J.-L. Goré, *La notion d'indifférence...,* p. 240) n'est pas cité par Bossuet qui possédait néanmoins ses œuvres de l'édition du P. Poussines (Paris, 1638, catal. 1742, n° 619) et de l'édition de Leo Allatius (Rome, 1668, catal. 1742, n° 75).

(245) Qui souligne dans ses lettres (C.B., VII, p. 112, 140, en juin 1695) qu'il n'y a chez lui aucun vestige d'oraison passive.

(246) Les références données LT, XVIII, p. 503, sont fausses : la n. 2 doit être lue « Grad. 29 », mais l'erreur remonte à l'édition Rader, Paris, 1633 (utilisée par Bossuet, catal. 1742, n° 77, et R.B., 1901, p. 154 ; et cf. C.B., VII, p. 140), p. 445, qui porte par erreur « Gradus XXX » au lieu de XXIX ; la n. 4 doit être lue : « Grad. 28, de Orat. » : l'édition Rader, p. 432, porte par erreur « Gradus XXXVIII ». Notons qu'ici Bossuet trahit légèrement, au bénéfice de son argumentation, l'intention de Jean Climaque : voici la traduction Rader (p. 432) : « Quamvis jam omnes virtutum gradus enixus per scalam superaveris, pete tamen veniam peccatorum, audiasque Paulum de peccatoribus clamantem *quorum primus ego sum...* propria enim est mentis inconstantia. Sed qui omnia potest, potest et hanc stabilire et firmare ».

(247) Dans la bibliothèque de Bossuet, R.B., 1901, p. 152.

(248) LT, IV, p. 292, 459.

(249) LT, IV, p. 417-418.

ou la demande qu'on fait à Dieu des choses convenables » (250), espérant prouver par cette seule citation que « les saints » ont toujours lié la demande à la prière : ce texte de saint Jean Damascène était cité au début de la *Guide* de Molinos (251) où M. de Meaux l'a peut-être trouvé !

Toutes ces réserves faites, quelles sont les autorités sur lesquelles s'appuie Bossuet ? Outre la Bible et les Pères, nous trouvons trois groupes principaux : parmi les anciens, Clément d'Alexandrie et Cassien ; parmi les modernes, d'un côté sainte Thérèse, le bienheureux Jean de la Croix (252) et Baltasar Alvarez (253), de l'autre, saint François de Sales (254), la Mère de Chantal (255) et accessoirement Marie de l'Incarnation (256). Ajoutons seulement Gerson, Alvarez de Paz (257) et Suarez qui offrent çà et là quelques citations limitées. C'est une base assez étroite pour élaborer une synthèse, mais ce sont les seuls auteurs auxquels Bossuet accorde quelque autorité : il est vrai qu'il les a choisis de longue date pour des raisons qui ne tiennent pas essentiellement à la spiritualité (258).

---

(250) LT, XVIII, p. 456. La définition se trouvait déjà dans le *Petit catéchisme* de Canisius, cf. *supra*, p. 29.

(251) Trad. latine de Francke, Leipzig, 1687, p. 19.

(252) Et les *Phrases mystiques* de Nicolas de Jésus-Marie.

(253) A travers sa *Vie* par Dupont. Bossuet lut de près le dossier que Fénelon lui remit sur cette *Vie* de B. Alvarez (Arch. de Saint-Sulpice, fonds Fénelon, n° 6090) : ces pages sont criblées de notes : « St Denis, St Aug., St Thom., St Greg., St Jean Clim. », etc. Il le lut d'assez près pour corriger deux fois des lapsus du copiste qui avait écrit « Bernard Mercurian » et « Gerard Mercurian » au lieu d'« Everard Mercurian ». Outre ces noms propres, deux faits surtout l'ont frappé : les 16 ans que B. Alvarez passa avant d'atteindre l'oraison de quiétude (notes « 16 ans », « 1551-1567 » en marge des citations des p. 13, 126, 128 de la *Vie*), et l'image bien connue de sainte Thérèse comparant l'eau tirée du puits à grand peine et celle que la pluie fait tomber du ciel (en face d'une citation de la p. 150 de la *Vie,* Bossuet note : « puits. Ste Térèse. pluye »).

(254) Et sa *Vie* par Maupas du Tour ; cf. LT, XVIII, p. 582 ; C.B., VII, p. 68. Bossuet connaît cette *Vie* au moins depuis l'époque du panégyrique de saint François de Sales : cf. O.O., III, p. 585, et J. Truchet, *Bossuet panégyriste,* p. 129-130.

(255) Et sa *Vie* par Maupas du Tour ; outre les imprimés, Bossuet a eu entre les mains un petit manuscrit de Mme de Chantal prêté par Noailles, R.B., 1901, p. 38.

(256) A travers sa *Vie* par Claude Martin. Cf. R.H.E.F., 1957, n° 140, p. 131.

(257) LT, XVIII, p. 539 : citation de t. III, *de Perf.*, l. V, app. 2, cap. IX, p. 1291 ; la même unique citation reviendra LT, XIX, p. 596-597.

(258) Saint François de Sales et sainte Thérèse sont appréciés dès l'époque des panégyriques, mais de façon assez superficielle : *supra*, p. 217 et 219 ; de même l'autorité que Bossuet reconnaît à Gerson, cf. p. 586.

Tout dépendra maintenant de la façon dont M. de Meaux saura lire leurs œuvres ou leur vie.

Pour apprécier la fidélité de Bossuet à ses sources, il faut comparer les citations avec le texte des éditions qu'il suit (259) et avec les originaux connus de son temps ; une fois accompli cet examen, il serait possible de juger s'il respecte la lettre et l'esprit des textes. Il serait trop long de présenter ici tout cet inventaire, cependant les résultats, malgré leur caractère limité, sont instructifs. Limitons-nous à un texte facile, la *Vie de la Mère de Chantal* par Maupas du Tour ; dans un grand nombre de cas, Bossuet est fidèle au livre et les différences ne portent que sur des détails sans signification particulière : nous savons en effet que les hommes du XVIIe siècle n'avaient pas comme nous la superstition du mot et qu'en toute honnêteté ils se permettaient de légers changements dans les citations. La chose devient grave quand Bossuet infléchit le sens d'une citation pour qu'elle serve mieux la thèse qu'il soutient ; le cas est peut-être rare, il n'est pas exceptionnel ; la portée de chacune de ces trahisons est limitée, mais leur répétition montre au moins quelle était la pente plus ou moins consciente de son esprit quand il rédigeait ces pages.

Là où Mme de Chantal écrivait « mon abandonnement général, et totale remise de moi-même entre les bras de la divine Providence... » (260), Bossuet recopie « abandonnement général et la remise de soi-même » (261) supprimant le mot « totale ». La citation que fait ensuite Bossuet est à peu près exacte mais tronquée : la partie la plus forte est omise (262). A un endroit où l'original portait « jusqu'à ce qu'il se soit mis dans son Dieu et entre ses bras » (263), Bossuet cite : « jusqu'à ce qu'il se soit uni à Dieu et remis entre ses bras » (264). Ailleurs Maupas du Tour écrivait : « L'oraison de cette sainte amante était continuelle » (265), et Bos-

---

(259) Signalons ici une faute d'impression évidente dans les éditions de Bossuet : dans une citation des *Phrases mystiques* de Nicolas de Jésus-Marie donnée d'après la traduction de Cyprien de la Nativité (dans LT, XVIII, p. 524, ligne 28), il faut lire « utiles » au lieu de « inutiles ».

(260) *Vie*, Paris, 1644, p. 144 ; Bossuet s'arrête là, mais la fin de la phrase était importante ; ses citations sont très souvent tronquées.

(261) LT, XVIII, p. 564.

(262) « Demeurant en cette simple vue de lui et de son néant, toute abandonnée, contente, et tranquille sans se remuer nullement pour faire des actes sensibles de l'entendement, et de la volonté, non pas même pour la pratique des vertus ni détestation des fautes », *Vie*, p. 144-145.

(263) *Vie*, p. 246.

(264) LT, XVIII, p. 564 ; l'idée d'union qu'il ajoute est un léger affaiblissement.

(265) *Vie*, p. 297.

suet transcrit : « Il est vrai que son oraison était presque perpétuelle » (266), en ajoutant un « presque » qui est bien utile à sa thèse ! Ailleurs encore, la phrase : « Je ne sens plus cet abandonnement et douce confiance, ni n'en saurais faire aucun acte » (267) devient sous la plume de Bossuet : « Je ne sens plus cet abandonnement et douce confiance, ni n'en saurais faire aucun cas » (268) : le mot « acte » était bien gênant pour le système élaboré par M. de Meaux dans son *Instruction.* Au lieu de « sans aucun espoir de récompense ni jouissance » (269), Bossuet cite : « sans aucun désir de récompense et de jouissance » (270) ; enfin à propos de l'acceptation conditionnelle de l'enfer, la Mère de Chantal écrivait « que [...] j'en serais contente, que toujours il serait mon Dieu » (271) et M. de Meaux traduit : « qu'[...]elle en serait contente, et que toujours elle serait à son Dieu » (272), introduisant une note personnelle et volontariste qui n'est pas dans l'original. Ne majorons pas la signification de ces légères différences (273), elles prouvent au moins que la thèse que soutient M. de Meaux constitue une sorte d'écran devant lui lorsqu'il lit les auteurs spirituels (274).

2) *Problèmes de méthode. L'argument de tradition.*

La première phrase du livre premier de l'*Instruction sur les états d'oraison* nous en présente une des idées les plus importantes : « Il y a déjà quelques siècles que plusieurs de ceux qu'on appelle *mystiques* ou *contemplatifs,* ont introduit dans l'Eglise un nouveau langage qui leur attire des contradicteurs » (275) ; le reproche essentiel et primitif de Bossuet se situe au niveau du langage, de l'« expression » : expressions étranges (276), ni justesse ni précision (277), style extraordinaire (278), expressions exorbitantes (279),

---

(266) LT, XVIII, p. 566.
(267) *Vie,* p. 294.
(268) LT, XVIII, p. 569.
(269) *Vie.* p. 291.
(270) LT, XVIII, p. 574.
(271) *Vie,* p. 184.
(272) LT, XVIII, p. 582.
(273) Nous aurions pu ajouter la liste des passages d'autres œuvres que Bossuet cite inexactement ; les conclusions seraient semblables.
(274) H. Sanson a fort bien démontré cela à propos de la lecture que Bossuet fait de saint Jean de la Croix, *Saint Jean de la Croix...,* p. 60-61.
(275) LT, XVIII, p. 383.
(276) « Absurdités si étranges qu'on ne sait par où elles ont pu entrer dans l'esprit d'un homme » (LT, XVIII, p. 386).
(277) LT, XVIII, p. 384.
(278) *Ibid.*
(279) LT, XVIII, p. 385.

style enflé (280) ; ce n'est pas d'abord la doctrine des mystiques qui est condamnable, mais le fait « qu'on n'a pu rien conclure de précis de leurs exagérations » (281). Un des caractères de ces auteurs est de pousser à bout les « allégories » (282). Leur lecture exige donc toujours des « correctifs » (283), « de charitables adoucissements » (284), « de saintes interprétations » (285), une sorte de grille qui ramène leur discours « à de justes bornes » (286), aux limites du « supportable », « à un bon sens » (287) ; si l'on prend leurs expressions « à la rigueur » (288), on aboutit à des contradictions (289). La référence adoptée dans cette lecture est celle d'un « sage » lecteur, qui prend les choses « sainement et sans pointiller », « avec une sainte liberté » (290), en un mot avec bon sens ; cette réduction, cette façon d'émousser le tranchant de tout ce que les mystiques écrivent, permet à M. de Meaux d'accepter leurs textes sans les condamner *a priori* (291), mais il leur impose un système d'interprétation, le bon sens ou le « naturel » (292), qui leur est extérieur et qui représente au contraire une des formes les plus constantes de l'esprit

---

(280) *Ibid.* Cf. LT, XVIII, p. 388 : « expressions absurdes », « façons de parler excessives et alambiquées », « outrées », « insoutenable », « inintelligible » ; LT, XVIII, p. 403 : « absurdités » ; LT, XVIII, p. 402 : « il n'y a qu'à trouver un mot qui éblouisse le monde, c'en est assez pour dire sans preuve tout ce qu'on veut » ; LT, XVIII, p. 422 : « perpétuel égarement », « que ces raffineurs sont grossiers ! », « téméraire spéculatif » ; LT, XVIII, p. 578 : « extravagances », « chimère », etc. L'*Instruction* est remplie de telles manifestations d'irritation.

(281) LT, XVIII, p. 385.

(282) LT, XVIII, p. 387, 423 ; sur le sens péjoratif que Bossuet donne à ce mot en exégèse, cf. LT, IV, p. 113-115 : c'est un artifice de langage qui ne peut avoir valeur de preuve ; LT, IV, p. 150, où le mot est rapproché de « subtilités » ; LT, XXIV, p. 529, sur le paganisme qui « se tournait en allégories ». Voir une interprétation assez limitée et extrinsèque de l'allégorie mystique dans D.S., s.v. *Allégorie,* t. I, col. 310-314. Bossuet s'en prend aussi aux comparaisons des mystiques : LT, XVIII, p. 557, 558-559 : « Les écrivains qui, comme ce saint [François de Sales], sont pleins d'affections et de sentiments ne veulent pas être toujours pris au pied de la lettre. Il se faut saisir du gros de leur intention : et jamais homme ne voulut moins pousser ses comparaisons ni ses expressions à toute rigueur que celui-ci » ; voir aussi LT, XVIII, p. 456, 423 (une « similitude » de Malaval).

(283) LT, XVIII, p. 386.

(284) LT, XVIII, p. 387.

(285) LT, XVIII, p. 389.

(286) LT, XVIII, p. 387.

(287) LT, XVIII, p. 388.

(288) LT, XVIII, p. 515, 516, 555, 557.

(289) Exemple de raisonnement par l'absurde : LT, XVIII, p. 466.

(290) LT, XVIII, p. 562, cf. p. 594.

(291) LT, XVIII, p. 579, 591.

(292) LT, XVIII, p. 481, 553.

de Bossuet (293). L'expression qui traduit le plus souvent cette soumission à la nature des choses est : « autant qu'il se peut » (294) ; par là il semblerait que la méthode de Bossuet soit moins intellectuelle qu'il ne paraît et que l'argumentation exige un recours à l'expérience. La discussion des écrits des mystiques se fait-elle au nom d'une tradition, de principes théologiques, ou au nom d'une expérience personnelle, opposée à celle des mystiques ? Il faut reconnaître que l'expérience, celle de l'auteur (lorsqu'il parle à la première personne), ou celle des spirituels, tient une certaine place dans l'argumentation de Bossuet : s'il affirme l'« absurdité » de la doctrine de l'acte subsistant qu'il attribue aux mystiques, c'est que cette absurdité se fait sentir aux plus ignorants (295) avant toute démonstration, que l'« on sent par expérience » que les actes subsistent seulement en vertu (296), et que « c'est un principe constant par la raison et par l'expérience que tout acte est passager de soi » (297) ; sur la nature et les conditions de cette expérience, Bossuet n'en dit pas plus, mais il semble toujours subordonner les enseignements de cette expérience à ceux de l'Ecriture et des Pères (298), et nous constatons vite que pour lui l'expérience est rarement personnelle : la véritable expérience, la seule qui compte à ses yeux, c'est celle qui est authentifiée par l'Eglise ; s'agit-il de condamner l'état passif, à la raison théologique il adjoint une « raison tirée de l'expérience », et il explique immédiatement : « les plus grands saints de l'antiquité » (299) : c'est à saint Basile, à saint Grégoire de Nazianze, à saint Augustin qu'il se réfère, aux témoins de la tradition. Il n'y a donc pas contradiction à le voir si souvent condamner l'expérience au nom de la science et de la théo-

---

(293) Le schéma sage-insensé, raisonnable-extravagant : nous l'avons souvent rencontré, cf. *supra*, p. 146, sur les schèmes sapientiaux. La *Politique* en est une bonne illustration avec les conseils de sagesse, l'exaltation de la raison, de l'utile, du naturel : *Politique*, p. XXVII. Voir aussi dans le *Discours sur l'Histoire universelle* la critique du paganisme et en particulier de la philosophie de Porphyre (LT, XXIV, p. 519-535), critique construite sur ce schéma intellectuel.

(294) LT, XVIII, p. 472, 500, 504 ; cf. aussi p. 516, 550.

(295) LT, XVIII, p. 396.

(296) LT, XVIII, p. 397.

(297) LT, XVIII, p. 398.

(298) LI, XVIII, p. 373-374 : « Qu'on ne croie pas toutefois que je rejette le secours de l'expérience : ce serait manquer de sens et de raison : mais je dis que l'expérience, qui peut bien régler certaines choses, est subordonnée dans son tout à la science théologique, qui consulte la tradition et qui possède les principes ». LT, XVIII, p. 423 : « Qui n'a appris de saint Irénée [...] ou qui ne voit par expérience que... ? » Voir aussi LT, XVIII, p. 491, les raisons de l'autorité de Clément d'Alexandrie.

(299) LT, XVIII, p. 539, cf. aussi p. 643.

logie. En un temps où chacun « dogmatise » sur l'oraison (300), Bossuet voit dans la soumission à la vraie science et aux monuments de la tradition une attitude d'humilité, l'attitude qu'avait saint François de Sales (301) ; l'attitude de Molinos qui méprisait la science et les savants (302) est exactement opposée à celle de sainte Thérèse qui dans un directeur préférait la science seule à l'expérience seule (303). Une autre raison de cette méfiance de l'expérience est le désir de sauvegarder la gratuité de l'action divine en l'homme, « les secrets et pour ainsi dire les jeux merveilleux de la sagesse éternelle » (304) ; toute systématisation de l'expérience risque d'être arbitraire, risque de refléter l'esprit de l'homme ; la grâce en elle-même peut-elle être expérimentée (305) ? « On est expérimenté sans le savoir » (306). M. de Meaux voit une telle différence entre les réalités de la nature et celles de la grâce qu'il ne saurait comprendre que les premières puissent préparer les secondes ou en être l'image, que la réflexion sur des expériences religieuses soit une voie d'accès au mystère divin ineffable et intraduisible : la théologie de l'image d'origine platonicienne (307) à laquelle Bossuet revient de temps en temps ne saurait plus servir de schéma dynamique pour résoudre ces antinomies ; mais un des drames de la spiritualité de Bossuet est que cette théologie n'ait pas

---

(300) LT, XVIII, p. 368, cf. p. 535-536 ; Bossuet ironise avec lourdeur sur les prétentions d' « une femme » à présenter ainsi son expérience : LT, XVIII, p. 413, 435, 618, cf. p. 391 : Montan et ses prophétesses ; ce qui rejoint cet antiféminisme que Bossuet partage avec toute une tradition morale et sapientielle dont un certain esprit bourgeois et gaulois, du Moyen Age au XVIIe siècle, n'est qu'un avatar : cf. *Politique*, p. 58, n. 70. Voir aussi le P. Lacombe, *Analysis*, Verceil, 1686, p. 42, 114, 115, 120 : sur le don de contemplation qui est accordé aux enfants, aux femmes, aux gens du peuple, etc.

(301) LT, XVIII, p. 595-596.

(302) LT, XVIII, p. 368 et suiv. ; d'après les documents officiels : cf. J. de Guibert, *Documenta...*, n. 467, § 64, et n. 445, § 3.

(303) *Château*, 6e dem., ch. 8 ; LT, XVIII, p. 371. Bossuet cite aussi 1 *Cor.* II, 15 : *Spiritualis autem judicat omnia et ipse a nemine judicatur*, et il interprète ainsi ce verset : le spirituel juge de tout mais n'a pas tout expérimenté par lui-même ; en réalité, le verset de saint Paul n'a pas le sens que lui donne Bossuet : saint Paul soutient seulement qu'il n'a pas à être jugé par les Corinthiens charnels.

(304) LT, XVIII, p. 373 ; cf. *Ps.* L, 8.

(305) Bossuet n'est pas ici un initiateur : il y a près de 40 ans (1657) que le carme Jean Chéron opposait les mêmes principes aux mystiques (J.-J. Surin, *Guide spirituel*, éd. M. de Certeau, p. 47-48). L'antiquiétisme a une longue histoire : à propos de chaque affirmation de Bossuet, nous pouvons remonter la chaîne : Nicole et Grancolas, du Vaucel, l'antiquitisme italien et l'antimysticisme français.

(306) LT, XVIII, p. 372, cf. p. 599. Ensuite, citation de sainte Thérèse, *Chemin*, ch. 30.

(307) *Supra*, p. 270 et suiv.

été remplacée par une autre théologie des rapports de l'homme et de Dieu : les antinomies de l'être et du non-être, de Dieu et du néant, de la grâce et de la nature, peuvent difficilement fonder, sinon une spiritualité, du moins une réflexion sur la vie spirituelle (308).

Quels sont les « solides fondements » (309) du livre de Bossuet ? La préface les pose nettement ; ayant lu (310) la *Tradition des nouveaux mystiques* et les *Principes communs,* nous n'avons pas de surprise ; nous voyons Bossuet affirmer, plus qu'il n'a jamais fait, le caractère méthodique et théologique de son enquête : il possède, pour ainsi dire, une technique qui permet de résoudre *tous* les problèmes. Les mystiques modernes n'ont que de « faux principes » et une « mauvaise théologie » (311), or M. de Meaux sait « qu'il y a des règles certaines dans l'Eglise pour juger des bonnes et mauvaises oraisons » (312) ; ces règles ne sont autres que les « décisions du Saint-Esprit », « la doctrine révélée de Dieu » (313), c'est-à-dire l'Ecriture, la tradition (314), la théologie : ce n'est pas un hasard si la première page de la préface du livre fait appel à l'Evangile (315) ; ensuite les autorités spirituelles seront David (316), Job (317), Jésus (318), saint Paul (319), saint Jean (320), saint Pierre (321) ; le caractère extrinsèque de cette lecture de l'Ancien et du Nouveau Testament nous frappe plus que son littéralisme : même avec une exégèse plus solide Bossuet aurait adopté devant le texte la même

(308) Cf. des remarques suggestives de M. de Certeau, dans J.-J. Surin, *Guide spirituel,* p. 49 et n. 1.

(309) LT, XVIII, p. 374.

(310) A la différence des contemporains, mais ces derniers pouvaient facilement faire des rapprochements avec les principes affirmés par Nicole et par Grancolas (cf. *supra,* p. 555 et 560) que Bossuet rejoint souvent.

(311) LT, XVIII, p. 374, cf. p. 391.

(312) LT, XVIII, p. 369.

(313) LT, XVIII, p. 481, cf. p. 449 : les « règles invariables de la sagesse divine ».

(314) « Les Ecritures apostoliques et la tradition des Saints » (LT, XVIII, p. 373) ; « la vérité révélée par l'Ecriture et par les Pères » (*ibid.,* p. 376, cf. p. 453, 457).

(315) LT, XVIII, p. 367.

(316) LT, XVIII, p. 399 (à travers les pseudo-futurs hébraïques des *Psaumes : Diligam te,* etc., cf. *supra,* p. 481), 431, 432, 441, 442, 461, 468, 473, 479, 512.

(317) LT, XVIII, p. 462.

(318) LT, XVIII, p. 399, 433, 443, 444, 476.

(319) LT, XVIII, p. 399, 431, 439, 452, 462, 465, 479, 485, 546, 615.

(320) LT, XVIII, p. 516 : « un si grand apôtre et un spirituel si parfait ».

(321) LT, XVIII, p. 452, 467.

attitude : leçons, exemples (322), donc un rapport intellectuel. Invoquer l'Ecriture comme lieu où s'exprime la vérité de la vie spirituelle, revient pour Bossuet à se demander si David, si Jésus-Christ, si saint Paul ont désiré posséder Dieu, ont formulé des demandes, ont pu apercevoir leurs actes, ont pleuré, ont eu véritablement des affections, et ainsi de même pour tous les problèmes soulevés par les luttes du quiétisme. Il est vain de se demander alors si Bossuet connaissait bien la Bible, s'il a oublié ou méconnu tel texte ou trahi tel autre, c'est au niveau de la méthode que se situent nos réserves.

Un argument très intéressant (323) perd ainsi beaucoup de sa portée, c'est l'argument des prières de l'Eglise. Certes Bossuet suit ici une longue tradition : le P. Lacombe dans son *Analysis* (324) répondait déjà à ceux qui le lui opposaient, et Grancolas (325) avait développé l'argument avec un grand luxe de références ; mais ces prières, le *Pater* (326), le *Credo* (327), le symbole de saint Athanase (328), les prières de la liturgie (329), sont considérées de la même façon extrinsèque que les citations bibliques : que l'on ne trouve dans la liturgie ou chez les Pères aucune des affirmations des nouveaux mystiques, ne peut être probant que si les problèmes posés sont les mêmes. Or Bossuet glisse sans cesse des problèmes spirituels aux problèmes théologiques, du problème du désintéressement au problème de la grâce (330), de l'amour pur à l'extinction de la concupiscence (331), de l'oraison passive au problème de la liberté.

Une conséquence importante de cette « déformation » théologique est le durcissement de la polémique et son extension, et son caractère de plus en plus abstrait : dans les œuvres antérieures, ce mouvement d'abstraction était sensible, et même dès les œuvres oratoires (332).

---

(322) Cette attitude est particulièrement sensible dans la *Politique :* cf. *Politique,* p. XXVI.

(323) Argument déjà exposé à Mme Guyon en mars 1694, cf. *supra,* p. 483.

(324) Cité LT, XVIII, p. 441.

(325) *Supra,* p. 561.

(326) LT, XVIII, p. 425, 427, 441, 442, 445, 456, 489, 490, 496, 506, 507, 573.

(327) LT, XVIII, p. 415.

(328) LT, XVIII, p. 417.

(329) LT, XVIII, p. 486 et suiv.

(330) LT, XVIII, p. 538 et suiv.

(331) LT, XVIII, p. 477. Sur l'utilisation des Pères en spiritualité par dom Claude Martin, R.H.E.F., 1957, n° 140, p. 128, 129, 148.

(332) J. Truchet, *La prédication...,* t. II, p. 260-265.

Il ne s'agit donc pas d'établir une doctrine mais de « qualifier » un certain nombre de propositions (333) ; donc les nuances, les correctifs apportés à une thèse, importent peu (334) : il faut « regarder où va le principe, où portent les expressions, et quel est en un mot l'esprit du livre » (335), le « système » (336) ; les atténuations que peuvent apporter les mystiques pour pallier les conséquences fâcheuses de leurs affirmations ne sont que « les faux-fuyants de l'erreur » (337). Ainsi cette *Instruction sur les états d'oraison* devient la réfutation d'une « hérésie » (338) : cette notion abstraite, justifiée sans doute par la condamnation de Molinos (339), permet une schématisation des doctrines : il ne s'agit plus que du « quiétisme » ou des « quiétistes » (340). L'hérésie forme un tout condamnable, mais non discutable, qui s'oppose à une « vérité » conçue de façon aussi abstraite ; ainsi « il n'y a plus qu'à *leur répondre,* avec Salomon, *selon leur folie* (341), c'est-à-dire à condamner leur erreur » (342). Ne croyons pas cependant que ce mouvement soit propre à Bossuet : il y a une problématique de l'hérésie et de la vérité dans laquelle entrent tous ses contemporains ; seulement Bossuet dégage sous forme de « principes » explicites ce qui chez eux se fait naturellement et sans réflexion méthodologique.

Ces réductions et ces abstractions se poursuivent dans un argument constamment employé : celui des rapprochements ; la nouvelle hérésie *n'est que* la forme nouvelle d'une hérésie ancienne et condamnée. D'où le rapprochement avec les Bégards (343), avec les Alumbrados (344), avec les calvinistes (345), avec les libertins (346),

(333) Le livre X (LT, XVIII, p. 600 et suiv.) s'intitule « Sur les qualifications des propositions particulières ».

(334) De même dans les écrits des saints, il suffit de « prendre le gros », de « regarder à leur intention », LT, XVIII, p. 592.

(335) LT, XVIII, p. 403.

(336) LT, XVIII, p. 443.

(337) LT, XVIII, p. 432, 438-439, 455, 537, 602.

(338) LT, XVIII, p. 403, 444, 600 et suiv.

(339) Cf. J. de Guibert, *Documenta...*, n. 468, la qualification des propositions de Molinos.

(340) LT, XVIII, p. 393, 437, 462, 604, 607. Cf. les ouvrages de Segneri, Nicole, Grancolas, étudiés plus haut.

(341) *Prov.* XXVI, 5.

(342) LT, XVIII, p. 444.

(343) LT, XVIII, p. 391, 600 et suiv. ; aucun de ces rapprochements n'est original ; quelques références parmi d'autres : du Vaucel, *Breves Considerationes,* p. 32 ; Segneri, *Le Quiétiste,* p. 145 ; Grancolas, *Le Quiétisme...,* II, p. 57 et suiv. ; Nicole, *Réfutation...,* p. 4 et suiv., 23, 24.

(344) LT, XVIII, p. 607 ; cf. du Vaucel, *op. cit.,* p. 32 ; Segneri, *op. cit.,* p. 158 ; Grancolas, *op. cit.,* II, p. 63-64.

(345) LT, XVIII, p. 440, 494 ; cf. du Vaucel, *op. cit.,* p. 36 ; Cornand de La Croze, *Recueil de diverses pièces,* 1688, p. 10 et suiv. ; Nicole, *op. cit.,* p. 8, 76 ; Grancolas, *op. cit.,* p. 163, 180.

(346) LT, XVIII, p. 440.

avec les Mahométans, juifs et déistes (347), avec les Pélagiens (348). Ces réductions ne sont-elles pas au fond un moyen d'esquiver les vrais problèmes ?

3) *Le schéma fondamental. Ordinaire-extraordinaire.*

Nous avons déjà dégagé ce schéma à propos de la *Tradition des nouveaux mystiques* (349) : c'est encore en 1697 un des principes qui organisent toute la réflexion de Bossuet.

D'un côté nous trouvons les formes de prière qui sont celles du « commun des fidèles » (350), que la tradition et la liturgie nous ont transmises : par ces prières tous les fidèles demandent à Dieu la grâce efficace (351). C'est ainsi que Bossuet interprète les textes de Clément d'Alexandrie : le gnostique ou parfait est « au-dessus de l'état commun des fidèles » (352), cependant sa vie se définit comme le prolongement de celle des simples fidèles : prière, ascèse sont le « fondement commun à tous les états, et aux plus parfaits comme aux autres » (353) ; différence de degré mais non de nature entre ces parfaits et les autres : les prières des parfaits ne sont pas le résultat d'une « inspiration particulière » car ces choses « sont de l'état commun de la piété chrétienne » (354), « et nous répondons encore plus précisément sur saint Clément qu'en tant d'endroits où il parle de ces prières des parfaits, il n'a pas donné la moindre marque qu'il les attribue à une autre sorte d'inspiration qu'à celle qui est commune à toute prière chrétienne, ni il ne les fonde sur d'autres préceptes, ou sur d'autres promesses que sur celles qui sont données à tous les fidèles... » (355). Si l'état du gnostique semble différent, ce n'est que par opposition à la situation imparfaite des commençants : il faudra prendre les expressions qui marquent ces diffé-

---

(347) Cf. *supra,* p. 583 ; LT, XVIII, p. 411 ; cf. Cornand de la Croze, *Trois Lettres...,* p. 99 ; Nicole, *op. cit.,* p. 310, 311, 326 ; Grancolas, *op. cit.,* II, p. 64.

(348) LT, XVIII, p. 488 et suiv., 625 ; cf. du Vaucel, *op. cit.,* p. 26, 30, 31, 34 ; Nicole, *op. cit.,* p. 8, 14, 50 ; Grancolas, *op. cit.,* I, p. 151. D'autres rapprochements qui ne figurent pas dans l'*Instruction sur les états d'oraison* seraient aussi peu originaux : avec les Stoïciens (du Vaucel, *op. cit.,* p. 31 ; Grancolas, *op. cit.,* I, p. 140), les Platoniciens (du Vaucel, *op. cit.,* p. 13, 16 ; Mayer, *De quietistarum...,* p. 64-65), les Cartésiens (Malaval, *Pratique facile...,* 1673, p. 333 ; Cornand de La Croze, *Recueil...,* p. 22).

(349) *Supra,* p. 503 et suiv.

(350) LT, XVIII, p. 373.

(351) LT, XVIII, p. 445.

(352) LT, XVIII, p. 491.

(353) LT, XVIII, p. 492.

(354) LT, XVIII, p. 493.

(355) LT, XVIII, p. 493-494.

rences « non métaphysiquement mais moralement » (356). Dans le même sens, le parfait pourra être dit pur de tout péché, non parce qu'il sera sans péché, mais parce que les remèdes ne lui manquent pas pour en être purifié (357). Il y a donc des degrés dans cette piété commune et ordinaire : des justes peuvent remplir parfaitement, en cette voie, le précepte d'aimer Dieu (358).

A côté de cet itinéraire spirituel, qui, répétons-le, culmine dans la sainteté, Bossuet envisage, non pas une voie parallèle qui serait celle de la contemplation, mais des interventions isolées, injustifiées, de Dieu en l'homme : « impuissances », « purgations qu'on nomme passives », « purgatoire des mystiques anciens ou modernes » (359) : la grande erreur des nouveaux mystiques est, selon M. de Meaux, d'établir une équivalence entre la perfection et l'élévation aux « oraisons extraordinaires » (360). Le problème se pose pour lui en termes de discontinuité, d'irruptions miraculeuses et irrationnelles, surnaturelles, au sens où il entend ce mot (361) ; l'illusion de Bossuet est de croire que les mystiques lient à la perfection ces phénomènes extraordinaires (362) et qu'ils attribuent « à certains états extraordinaires et particuliers ce qui convient en général à l'état du chrétien » (363), d'où la critique faite aux mystiques de confondre la perfection de cette vie avec la vie future (364) et l'accusation d'illuminisme (365).

La caractéristique de ces oraisons extraordinaires est la ligature des puissances (366), cependant ne croyons pas que la position de Bossuet soit aussi simpliste qu'il peut paraître : l'opposition ordinaire — miraculeux est bien un schème essentiel de sa doctrine spirituelle, mais la façon dont il l'applique révèle une certaine souplesse : quels exemples pratiques donne-t-il ? Celui de la Vierge Marie que déjà saint Jean de la Croix présentait comme toujours mue par le Saint-Esprit (367). Outre cet exemple assez particu-

---

(356) LT, XVIII, p. 515.
(357) LT, XVIII, p. 540.
(358) LT, XVIII, p. 399.
(359) LT, XVIII, p. 540. Cf. LT, XVIII, p. 395 : « grâce extraordinaire et miraculeuse », 422, 432 : « inspiration particulière », 434, 435, 450 : « infusion extraordinaire », 493, 613.
(360) LT, XVIII, p. 399.
(361) O.O., I, p. 419.
(362) LT, XVIII, p. 535, 595.
(363) LT, XVIII, p. 428, cf. p. 437.
(364) Très nombreuses références : LT, XVIII, p. 397 et suiv., 426 et suiv., 481-484, 549, etc.
(365) LT, XVIII, p. 432-435, 459.
(366) LT, XVIII, p. 389, 523, 564 et suiv.
(367) LT, XVIII, p. 533, 642 ; C.B., VIII, p. 126. Cf. *Montée du Carmel*, l. III, ch. 2. Bossuet souligne les limites de cette suppression des formes

lier (368), Bossuet invoque le cas de l'inspiration prophétique (369) : Ezéchiel (370), Anne mère de Samuel, balbutiant comme une femme ivre (371), saint Pierre délivré de sa prison « sans s'apercevoir de ce qu'il fait » (372), saint Paul enlevé au troisième ciel (373), Jérémie prophétisant (374).

Cependant l'inspiration prophétique n'est pas exactement l'oraison passive, et Bossuet essaie de dégager les « principes de la foi » (375) sur lesquels est établie cette oraison passive : toute-puissance de Dieu sur sa créature (376), place de l'attrait divin dans tous les actes de piété (377), supériorité de la grâce sur le propre effort de l'homme. Principes et non définition, simples images, car l'oraison passive n'est ni l'extase ni la prophétie (378), ni inversement la motion ou grâce efficace (379), elle est suppression de tout acte discursif (380) : alors, comme le dit sainte Thérèse (381), l'eau tombe seule sur le jardin sans que l'on ait à tirer à force de bras pour l'arroser (382). Cette oraison est appelée « surnaturelle » non

---

intellectuelles, mais il le fait avec un passage de Jean de la Croix qui est interpolé (H. Sanson, *Saint Jean de la Croix...*, p. 60, n. 5). L'exemple de Marie est souvent repris par les spirituels du XVIIe siècle : cf. Grégoire Lopez, *Vie*, trad. Arnauld d'Andilly, p. 295-296. En 1700 Bossuet sera beaucoup moins tranchant (C.B., XII, p. 190) lorsque Mme de La Maisonfort lui présentera ce passage de la *Vie* de Grégoire Lopez.

(368) A son neveu, Bossuet parle aussi de saint Jean-Baptiste, C.B., VIII, p. 126.

(369) Cf. *supra*, p. 505, sur la *Tradition des nouveaux mystiques*.

(370) *Ez.* I, cité par Mme Guyon, *Moyen court*, p. 80 ; LT, XVIII, p. 463.

(371) LT, XVIII, p. 466-467 ; C.B., VII, p. 115. Bossuet donne une belle définition de cette oraison où nous sentons que malgré ses principes il est parfois assez proche des mystiques, mais il est incapable de relier cette expérience à sa théologie et à son anthropologie, d'où les nuances et les incertitudes théoriques de la définition, LT, XVIII, p. 467 (texte cité *infra*, p. 623).

(372) LT, XVIII, p. 467.

(373) *Ibid.*

(374) LT, XVIII, p. 522.

(375) LT, XVIII, p. 519. Bossuet s'inspire de saint Thomas et des théologiens thomistes : cf. de Broglie, *De Gratia, op. cit.*, p. 130.

(376) D'où les extases et ravissements, les inspirations prophétiques.

(377) D'où « les illustrations de l'entendement et les pieuses affections de la volonté », LT, XVIII, p. 520.

(378) Les mystiques authentiques n'y prétendent pas, cela Bossuet l'a bien vu sans en tirer des conséquences suffisantes. Bossuet suit ici saint Jean de la Croix (H. Sanson, *Saint Jean de la Croix...*, p. 69), mais il va le trahir très vite (H. Sanson, *ibid.*, p. 70).

(379) LT, XVIII, p. 520-521.

(380) Cf. sur cette analyse de l'acte, *infra*, p. 614.

(381) *Vie*, ch. XI.

(382) LT, XVIII, p. 522.

seulement par son objet, mais « dans sa manière » (383) : nous reconnaissons aisément ici la distinction des théologiens entre un surnaturel *quoad substantiam* (acte défini par son objet et en tirant sa « substance ») et un surnaturel modal ou *quoad modum* (Dieu insufflant à l'acte humain une certaine modalité extraordinaire) ; mais Bossuet superpose les deux explications et, en parlant d'« heureuse facilité » à propos de la seconde, risque dans une certaine mesure de la faire glisser du plan de l'ontologie à celui de la psychologie. Un exemple illustre cette double spécification surnaturelle : celui de Jérémie devant le faux prophète Hananias (384) : tant que Jérémie parle à Hananias avec douceur et simplicité, c'est un effet de la grâce (surnaturelle) mais selon une manière naturelle qui correspond à l'esprit bénin et modéré du prophète ; mais quand Jérémie revient sur ses pas avec colère, maudit son adversaire et le voue à la mort, c'est une inspiration surnaturelle dans la manière, et Jérémie est alors passif sous la main de Dieu (385). Jusqu'où Dieu pousse-t-il cette opération qui affranchit l'homme des manières d'agir ordinaires, c'est ce que Bossuet entreprend de montrer à partir de l'exemple des mystiques autorisés et que nous exposerons en étudiant plus loin la conception bossuétiste de l'acte humain (386).

A la fin du même livre VII une nouvelle démonstration théologique rejoint celle que nous venons d'exposer : l'oraison passive n'est pas nécessaire pour la purification et pour la perfection, en effet elle ne se spécifie ni par la perfection ni par la pureté de l'amour, mais par « la manière dont il est infus » (387) ; cette forme d'oraison n'appartient pas à la grâce sanctifiante *gratia gratum faciens*, mais à cette *gratia gratis data* à laquelle appartiennent aussi la prophétie, le don des langues ou les miracles (388) et

---

(383) LT, XVIII, p. 522 ; un peu plus loin nous lisons : « surnaturelle et dans son principe, et dans son objet, et dans sa manière » (LT, XVIII, p. 523).

(384) *Jer.*, XXVIII.

(385) LT, XVIII, p. 522-523.

(386) Soulignons dès maintenant l'opposition de Bossuet à tous ceux qui traitent d'illusion les états mystiques : le caractère surnaturel *quoad modum* que leur reconnaît Bossuet ne saurait, évidemment, lui inspirer le moindre doute sur leur réalité, LT, XVIII, p. 564, 579.

(387) LT, XVIII, p. 538-539.

(388) Bossuet invoque Gerson et Alvarez de Paz, ce dernier cité sans référence, allusion à *De Inquisitione Pacis*, Lyon, 1623, t. III, col. 1248, l. V, caput XII : *Quod his omnibus expletis adhuc gratia contemplationis est gratia Dei* (La contemplation y est définie comme « *donum* [...] *ad salutem æternam non necessarium* » ; « *ex munere et gratia dabitur contemplatio* »), ou bien à l. V, caput IX, t. III, p. 1291 (utilisé plus tard *Remarques sur le livre intitulé « Explication des Maximes des Saints »*,

qui est, selon une définition de grande portée (même si elle est bien contestable), « quelque chose que Dieu fait en nous sans nous », qui ne peut donc avoir de mérite (389). Cette doctrine (390) n'est pas exempte de contradiction : après avoir loué les mystiques autorisés de mépriser les phénomènes extraordinaires, Bossuet en toutes ces pages développe l'idée d'un surnaturel modal qui consiste

---

Meaux, Grand séminaire, fonds Bossuet, G 4, 2e partie, p. 18 ; LT, XIX, p. 596).

(389) LT, XVIII, p. 539 ; cf. p. 598, mais cette dernière page est assez approximative : Bossuet semble abandonner ses principes en demandant d'« entendre sainement et toutes choses égales » ce que disent les mystiques du mérite et en invoquant sur ce point l'autorité de Suarez : la liberté pourrait se conserver dans l'extase, par exemple, dans le songe mystique de Salomon (sur cette extase, 3 *Reg.*, III, 5-13, cf. *supra,* p. 505 et *infra,* p. 694). Bossuet ne fait qu'effleurer ici une question très importante, longuement traitée par Suarez (*Tractatus quartus de oratione, devotione et horis canonicis,* liber II, *De oratione mentali ac devotione,* ch. XIX : *Utrum contemplatio in raptu vel extasi prout est in intellectu, sit operatio humana et meriti capax ?* et ch. XX : *An contemplatio hujus vitæ quoad amorem qui in raptu vel extasi habetur, libera sit et meritoria ?* éd. Lyon, 1630, des *Opera omnia,* t. XI, *De religione,* t. II, p. 136 et suiv. ; éd. Vivès, Paris, 1859, t. XIV, p. 199 et suiv.) : Suarez montre que chez le Christ et la Vierge, sans doute chez Jean-Baptiste et Jérémie (et peut-être chez Adam), la contemplation n'excluait pas le parfait usage de la raison : dès l'instant de leur conception et même en dormant, ils acquéraient des mérites. A propos de Salomon, Suarez discute longuement l'opinion de saint Thomas (*S. Th.*, Ia, IIae, q. 113, art. 3 ad 2) selon laquelle l'acte de Salomon demandant la sagesse n'aurait pas été libre. Cependant (*Opera omnia,* éd. Vivès, 1859, t. XIV, p. 205), Suarez rapproche le songe prophétique de l'extase et les définit par la ligature des puissances : « *idem est quod extasis et in eo exteriores omnes sensus etiam ligati sunt* », mais il ajoute cette précision essentielle que Bossuet ne semble pas avoir approfondie (pas plus lorsqu'il parle de la prophétie que lorsqu'il parle de l'extase) : il peut y avoir « *perfectum judicium rationis absque novo miraculo* » ; et Suarez note : « *Atque hac ratione damnatum error Montani et Priscillæ dicentium Prophetas non intellexisse quæ prophetabant sed perturbata mente ea enunciasse atque accepisse* ». M. de Meaux ne se gardera pas toujours suffisamment de cette erreur de Montan et de Priscille ! Sur la question du mérite, voir aussi C.B., VII, p. 128, à partir de Grégoire Lopez, *Vie,* trad. d'Andilly, p. 296 (cf. *supra,* p. 604), de Jean de Dieu et de Clément d'Alexandrie.

(390) Les difficultés de cette négation de tout mérite sont grandes : R. Dalbiez a bien montré (*Technique et contemplation, Etudes carmélitaines,* 1949, p. 140) que cette opinion « est la subversion totale de la métaphysique thomiste de la grâce opérante et des dons du Saint-Esprit ». Le problème n'avait pas échappé à Thomas de Jésus : ce dernier admettait que, l'entendement étant nécessité et lié, la volonté continuait à s'exercer et à acquérir des mérites (J. Orcibal, *La rencontre du Carmel...*, p. 56). Fénelon remarquera très rapidement que M. de Meaux « autorise une oraison très dangereuse en ce qu'elle attaque la liberté d'une manière indéfinie » (Fénelon, *Œuvres,* t. IX, p. 157, cf. aussi p. 230 où Fénelon exprime une doctrine de l'inspiration des auteurs sacrés beaucoup plus satisfaisante que celle de Bossuet).

dans des interventions extraordinaires de Dieu (391). Pour résoudre la contradiction, faut-il faire intervenir ici la distinction qui tient une grande place chez les spirituels et chez leurs adversaires, entre la contemplation infuse et la contemplation acquise ? Les deux pages du § XXX du livre VII de l'*Instruction sur les états d'oraison* sont une élimination de cette distinction : les trois signes classiques par lesquels Jean de la Croix prouve que le spirituel doit laisser la méditation discursive (392) s'appliquent, selon M. de Meaux, à une contemplation acquise autant qu'à une contemplation infuse ; Bossuet définit à ce propos comme contemplation acquise « une sorte de contemplation qui résulte de l'habitude formée » (393), et remarque fort justement que la distinction n'est pas faite par le bienheureux (394). Il serait moins facile de balayer l'objection en étudiant les auteurs du XVIIe siècle car la distinction entre contemplation acquise et infuse eut à partir du début du siècle une fortune remarquable (395) : le carme Thomas de Jésus, un des premiers, la mit en lumière (396) ; Bossuet put connaître ses œuvres (397), toutefois il ne semble pas avoir approfondi sa doctrine : à la rigueur il aurait pu remarquer que Thomas de Jésus en arrive à ne pas mettre de différence *de nature* entre les deux sortes de contemplation (398), mais il n'aurait pu en tirer la conclusion qu'elles ont « les mêmes propriétés et les mêmes effets » (399) puisque le carme les oppose

---

(391) Nous verrons que Bossuet ne pourra pas tenir jusqu'au bout cette position vraiment paradoxale.

(392) *Montée,* l. II, ch. 13 et 14 ; LT, XVIII, p. 540.

(393) LT, XVIII, p. 541.

(394) Sur ce point, H. Sanson, *Saint Jean de la Croix...*, p. 64, n. 3. Il importe peu que la seconde citation de Jean de la Croix apportée par Bossuet (*Obsc. Nuit* l. I, ch. X, p. 257) soit un texte interpolé.

(395) Sur la contemplation acquise, voir l'article de R. Dalbiez dans *Technique et contemplation, Etudes carmélitaines,* 1949, p. 77-145 : article qui reste essentiel ; le jugement porté sur le quiétisme est néanmoins trop négatif : il est difficile de juger ces auteurs à partir des condamnations romaines qui souvent ne font que reprendre les thèmes les plus usés de l'antimysticisme. Voir aussi H. Sanson, *Saint Jean de la Croix...*, p. 64, n. 3 ; et sur la terminologie de Fénelon, Fénelon, *Explication des articles d'Issy,* pub. par A. Cherel, p. 169-170.

(396) Sur la spiritualité de Thomas de Jésus, J. Orcibal, *La rencontre du Carmel thérésien avec les mystiques du Nord,* p. 52 et suiv. Thomas de Jésus définit la contemplation acquise une « élévation de l'esprit à Dieu par notre travail et notre industrie, mais non sans l'aide de la grâce divine », définition reprise par la plupart des théoriciens du XVIIe siècle, Sandaeus (*Pro theologia mystica Clavis,* p. 156), Bona (*Voie Abrégée,* Bruxelles-Paris, 1688, p. 116-117), etc.

(397) Il possède ses *Opera,* Cologne, 1684, 2 vol. in-f°, cf. R.B., 1901, p. 152, et catal. 1742, n° 186.

(398) Différence de nature si l'une procède d'un habitus des vertus, l'autre d'un don du Saint-Esprit. Cf. J. Orcibal, *La rencontre...*, p. 53.

(399) LT, XVIII, p. 540.

au niveau du *mode :* l'une insensible (la contemplation acquise), l'autre expérimentale (la contemplation infuse).

La spiritualité de Molinos repose elle aussi sur la distinction entre contemplation acquise (et active) et contemplation infuse (et passive) : puisque la seconde est une faveur gratuite de Dieu (pour Molinos comme pour Thomas de Jésus), le docteur espagnol guidera l'âme dans la contemplation acquise : il donne des signes auxquels on reconnaît qu'on y entre, et ces signes sont assez voisins de ceux que donnait Jean de la Croix : M. de Meaux en conclut un peu vite (400) que la distinction « ne sert de rien en cette occasion qu'à embrouiller la matière » ; c'est qu'il n'a pas vu la portée de la notion de contemplation acquise (401) ; c'est aussi qu'il tend à réduire toute contemplation à la passivité, à l'impuissance absolue des actes, à la contemplation infuse : la distinction, très contestable selon la nature, s'estompe aussi chez lui selon le mode ; or, comme le remarquait encore R. Dalbiez (402), la contemplation acquise sauvegarde « cette vérité empirique très précieuse qu'il y a une contemplation dont le caractère passif est inconscient ». A la fin de son livre VII Bossuet répète des affirmations tranchantes dont il ne mesure pas les conséquences : la contemplation (acquise comme infuse) « se fait en nous sans nous » et se caractérise par « ces impuissances auxquelles l'homme ne contribue rien [...] la perfection de la contemplation acquise, aussi bien que celle de l'infuse, n'appartient en aucune sorte à la grâce justifiante (403), mais à ces dons gratuits qui de soi ne rendent pas l'homme meilleur, encore qu'ils puissent l'induire à le devenir » (404) : quelques mots qui laissent pendantes les questions de la liberté et du mérite (405), de l'opération de la grâce ; la réserve finale, qui n'est ni expliquée ni

(400) LT, XVIII, p. 541. Petrucci écrivit un *De Contemplatione mystica acquisita,* 1681 (texte italien, Venise, 1682) ; du Vaucel s'y opposa dans ses *Breves Considerationes,* p. 3 et suiv. Le P. Lacombe, dans son *Analysis,* Verceil, 1686, p. 82 et suiv., consacre de nombreuses et intéressantes pages au problème de la contemplation acquise. Tous les antimystiques n'abordent pas le problème délicat de la contemplation acquise avec la même désinvolture que Bossuet, ce qui ne veut pas dire qu'ils aillent loin dans l'interprétation de cette doctrine : Nicole, *Réfutation...,* p. 150 et suiv., Grancolas, *Le Quiétisme..., passim.*

(401) Même si cette expression est maladroite et aboutit, comme l'a vu R. Dalbiez, à des contradictions.

(402) Art. cit., p. 134.

(403) Thomas de Jésus n'aurait pas dit cela, de façon aussi peu nuancée, de la contemplation acquise ; le P. Lacombe non plus (*Analysis,* Verceil, 1686, p. 85-86).

(404) LT, XVIII, p. 541-542.

(405) Pour la façon assez large dont Bossuet aborde pratiquement cette question du mérite dans sa direction spirituelle, voir C.B., VIII, p. 219-220.

justifiée, ne suffit pas à pallier ces immenses conséquences théologiques. M. de Meaux n'a abordé la notion de contemplation acquise que pour l'écarter immédiatement et refuser les lumières qu'aurait pu en tirer son système.

4) *Les demandes.*

D'après l'*Instruction sur les états d'oraison,* la vie chrétienne repose essentiellement sur la pratique des vertus ; ces tendances ascétiques ne sont pas originales : tout un augustinisme moral insiste sur la rémission des péchés, sur le combat spirituel plus que sur la pureté et la perfection de l'amour (406), et depuis longtemps les adversaires des mystiques ont souligné les désordres moraux dont s'accompagnait l'erreur (407). Tout ce que Bossuet écrit sur la spiritualité suppose cet ascétisme exigeant dont l'affirmation répétée prend une valeur polémique (408). Dans ces conditions, lorsqu'il lit chez les mystiques des textes où ces derniers semblent dispenser les parfaits de faire à Dieu des demandes, il ne peut que craindre le renversement de toute la morale chrétienne. Les livres III et IV de l'*Instruction sur les états d'oraison* sont consacrés à ce problème, mais ce sont les plus faibles de l'ouvrage ; une raison de cette faiblesse est évidente : Bossuet reprend souvent la substance de développements des *Principes communs* (409) ; la justification théologique que nous attendons est remplacée par de rapides allusions, car l'auteur n'a pas perdu l'espoir de publier son autre traité (410).

L'argumentation de Bossuet repose sur la prétendue confusion entre la vie terrestre et la vie éternelle qu'il accuse les mystiques de commettre (411), sur leur mépris du salut et de la damnation (412),

---

(406) Saint Augustin, *De perfect. just.*, c. XV, n. 34, cité LT, XVIII, p. 501 et 540. Bossuet admet (LT, XVIII, p. 501) avec saint Augustin (*De Gen. ad litt.*, XII, 26, 54) que la grâce chrétienne contient l'impeccabilité même (cf. A. Combes, *Essai sur la critique de Ruysbroeck par Gerson,* t. II, 1948, p. 419 et n. 3) : il l'admet en théorie, mais pratiquement nul homme n'est fidèle à cette grâce.

(407) L. Cognet, *Introduction aux mystiques rhéno-flamands,* p. 18-20. Allusions assez discrètes dans l'*Instruction...* LT, XVIII, p. 591, 606 et suiv., 609.

(408) LT, XVIII, p. 452-454, 481 et suiv., 494, 498-501, 504 et suiv., 530, 540, 553, 614-615, 638.

(409) Cf. *supra,* p. 572 et suiv.

(410) Ainsi LT, XVIII, p. 430-431 sur la vertu d'espérance et sur l'amour de charité sans attention à l'éternelle béatitude.

(411) En d'autres termes, un retour à la première origine, avant la faute, LT, XVIII, p. 426-431.

(412) LT, XVIII, p. 437 et suiv.

leur sécheresse et leur inhumanité (413), l'affaiblissement de la pénitence (414) ; à défaut de l'analyse théologique de la vertu d'espérance et de la pureté de l'amour, ses affirmations paraissent rapides et tranchantes, et elles ne s'appuient que sur des arguments scripturaires et liturgiques dont nous avons mesuré la valeur et les limites.

Il y a cependant des pages plus intéressantes, celles où Bossuet évite une polémique trop facile (et bien usée en 1697 !) et où il se penche sur les textes des spirituels dont il accepte le témoignage (415) : ce sont les livres de l'*Instruction* consacrés à l'analyse des œuvres de saint François de Sales ; ces textes avaient été à maintes reprises invoqués par les mystiques ; Fénelon dans son opuscule *Sur l'état passif* et Mme Guyon dans ses *Justifications* les citaient souvent. Bossuet les étudie sérieusement mais il les ramène à ce qu'il estime être la vérité : ainsi le dernier *Entretien* du saint, intitulé *De ne rien demander* (416), n'invite qu'à l'indifférence aux choses *de la terre*. Le chapitre 5 du livre IX du *Traité de l'amour de Dieu, Que la sainte indifférence s'étend à toutes choses* (417) et les images bien connues de la statue (418), du musicien sourd (419), de la reine Marguerite et de saint Louis (420), de la fille du médecin (421), de l'Enfant Jésus entre les bras de sa mère (422), sont difficilement négligeables par l'exégète de saint François de Sales ; Bossuet ne les conteste pas mais réduit leur portée au prix d'une subtile interprétation : la fille du médecin est indifférente pour les remèdes particuliers, non pour la fin, etc. ; les comparaisons ne

---

(413) LT, XVIII, p. 445 et suiv.

(414) LT, XVIII, p. 450 et suiv.

(415) Une question se pose ici que n'ont pas manqué de poser les adversaires de Bossuet : Pourquoi accepter ces spirituels et récuser les autres ? Jurieu revient sans cesse sur cet argument : *tous* les mystiques, selon lui, tombent sous les coups de Bossuet, *Traité historique contenant le jugement d'un protestant...*, 1699, p. 17 et suiv., 39-40, 98, 116 et suiv., 158, 173, 196-204, 212-216, 235, 256 et suiv., 262 et suiv.

(416) LT, XVIII, p. 543. L'on sait aujourd'hui que cet entretien est apocryphe, composé de fragments de sermons : cf. *Entretiens,* Annecy, 1933, p. XXIII, n.

(417) Cf. LT, XVIII, p. 545.

(418) Rappelée par Malaval, *Pratique facile,* 1673, p. 322 et suiv. ; Mme Guyon, *Moyen court,* p. 87 ; *Justifications,* B.N. fr. 25092, f° 35 v°. Cf. LT, XVIII, p. 545, 554-556. Bossuet avait déjà cité l'exemple C.B., VII, p. 342, 378.

(419) Mme Guyon, fr. 25092, f° 234. Cf. LT, XVIII, p. 556-557.

(420) Mme Guyon, fr. 25092, f° 111 v°. Cf. LT, XVIII, p. 557-558.

(421) Mme Guyon, fr. 25093, f° 311 v° ; 25094, f° 3, 54 v°-55. Cf. LT, XVIII, p. 559-560.

(422) LT, XVIII, p. 558 ; cf. C.B., VII, p. 337.

sont vraies que *grosso modo* (423) et doivent toujours être éclairées par les textes les plus clairs, par exemple les allusions aux saints morts d'amour pour Dieu et morts en désirant jouir de Dieu, comme saint François d'Assise (424) ou le gentilhomme qui, selon saint Bernardin de Sienne, alla mourir sur le mont d'Olivet (425). Autres textes fort clairs, les lettres de François de Sales remplies du désir de la céleste patrie, d'aspirations à l'union au cœur de Jésus (426), ou le *Second Entretien* qui distingue les volontés de Dieu, la volonté signifiée et la volonté de bon plaisir (427) : résignation n'est pas indifférence (428), et c'est pour les faire acquiescer à l'événement que Dieu inspire souvent des desseins fort relevés dont il ne veut point le succès (429).

Ici se pose, difficilement évitable, la question capitale des suppositions impossibles, de l'acceptation conditionnelle de la damnation si un plus grand amour de Dieu pouvait s'y trouver (430) : les saints ne sont pas indifférents au salut, M. de Meaux pense l'avoir montré, et pourtant ces formules semblent affirmer le contraire (431) ; contre l'opinion de ses amis La Broue et Lenain de Tillemont (432), et contre celle de Malebranche (433), Bossuet continue à défendre

---

(423) LT, XVIII, p. 558. L'expression est fréquente chez François de Sales, entre autres, *Œuvres,* t. XIII, p. 374, 392 ; elle est devenue presque proverbiale, cf. J.-J. Surin, *Correspondance,* p. 1638. Pour Bossuet, voir encore, à une date ultérieure, LT, XIX, p. 400.

(424) LT, XVIII, p. 546. Cf. *supra,* p. 579.

(425) LT, XVIII, p. 546-547.

(426) LT, XVIII, p. 548, 560.

(427) LT, XVIII, p. 552.

(428) LT, XVIII, p. 561 et suiv.

(429) LT, XVIII, p. 562-563 ; sur l'importance de ce thème dans la spiritualité de Bossuet : C.B., V, p. 366 ; VI, p. 399 ; VII, p. 244, etc.

(430) Les *Justifications* de Mme Guyon apportaient beaucoup de citations soulignées par Bossuet : B.N., fr. 25092, f° 8, 14 v°, 15 ; fr. 25093, f° 124, 181 v°, 225, 294 v°, 304 ; de même les mémoires de Fénelon : J.-L. Goré, *La notion d'indifférence..., passim.* En 1653, Bossuet lui-même, au détour d'un sermon, laissait passer des expressions qui lui auraient paru inquiétantes quarante ans plus tard : « ... Si le péché et l'enfer pouvaient être choses séparées, il faudrait conclure nécessairement que le péché serait un mal sans aucune comparaison plus grand que l'enfer » (O.O., I, p. 463). Et vers 1656, il disait dans le panégyrique de sainte Catherine : « L'absence de son bien-aimé fait son enfer : il n'est donc plus en état de craindre l'enfer. C'est ainsi que fut sainte Catherine. Elle ne craint ni le martyre, ni la mort, ni l'enfer même » (O.O., II, p. 602).

(431) Sur ce problème au moment des entretiens d'Issy, *supra,* p. 548.

(432) LT, XVIII, p. 579 : « Plusieurs savants hommes, qui voient ces suppositions impossibles si fréquentes parmi les saints du dernier âge, sont portés à les mépriser ou à les blâmer comme de pieuses extravagances [...]. Mais la vérité ne me permet pas de consentir à leurs discours ». Cf. aussi lettre à La Broue, C.B., VIII, p. 185.

(433) Y. de Montcheuil, *Malebranche et le quiétisme,* p. 105-106.

l'article XXXIII d'Issy dont les *Principes communs* amorçaient une justification (434). Dans l'*Instruction sur les états d'oraison* nous ne trouvons que le résumé de cette justification dont le développement est remis à plus tard (435) : Bossuet se contente d'expliquer quelques textes ; les passages incontestables de Clément d'Alexandrie et de saint Paul, de saint Jean Chrysostome et de saint François de Sales, d'Angèle de Foligno, de Catherine de Gênes (436), de sainte Thérèse, de Marie de l'Incarnation (437) ou de Baltasar Alvarez (438) n'impliquent pas l'indifférence : n'est-il pas facile de citer bien d'autres pages où ces saints manifestent expressément leur désir, leur volonté de posséder le salut ? La conciliation de ces deux séries de textes est aisée : d'un côté une simple velléité, de l'autre une volonté fixe et absolue qui est orientée vers le paradis, la surface et la haute partie de l'âme (439), ou le cœur (440), la région sensible et le fond (441) : cette psychologie, à vrai dire un peu simpliste, des deux niveaux de l'âme (442) permet à Bossuet de laisser intacts les principes fondamentaux, la permanence des demandes en tout état ; en même temps elle sauvegarde une certaine fidélité à l'expérience ; certes cette dernière risque d'être présentée comme phénomène extraordinaire, et à ce titre M. de Meaux (443) ne saurait recommander la pratique de ces suppositions, mais, malgré toutes les réserves qu'il apporte, il a le mérite de reconnaître que sur ce point particulier l'enseignement des spirituels eux-mêmes l'emporte sur les principes *a priori*. Le danger le plus grand vient de la difficulté d'articuler la permanence fondamentale des demandes avec un certain consentement pratique, mais réel, à ne plus aimer Dieu : faute d'une anthropologie spirituelle assez souple, Bossuet n'évite pas la contradiction et risque (même sous la forme de phénomène extraordinaire) de donner un statut inadmissible pour un chrétien à un refus d'aimer Dieu : Fénelon (444) verra bien ce danger et il n'aura pas tort de montrer que M. de Meaux s'aventure beaucoup plus loin que lui-même ne l'a jamais fait.

---

(434) *Supra*, p. 578 ; voir C.B., VII, p. 59 et suiv., 83, 86, 102, 173.
(435) Comparer LT, XVIII, p. 579 et suiv., et P.C., p. 291 et suiv.
(436) Cf. *supra*, p. 590.
(437) LT, XVIII, p. 579-584. Sur Marie de l'Incarnation, voir aussi C.B., VII, p. 173.
(438) LT, XVIII, p. 594 ; cf. sa *Vie* par Dupont, ch. XLV.
(439) LT, XVIII, p. 582.
(440) LT, XVIII, p. 587.
(441) LT, XVIII, p. 589.
(442) Cf. *supra*, p. 392.
(443) LT, XVIII, p. 591 et suiv.
(444) *Œuvres*, t. II, p. 604-605 ; t. IX, p. 221.

5) *Les problèmes de l'acte humain.*

A) *L'acte continu.*

L'acte tient une place considérable dans la psychologie de Bossuet (445) ; c'est pour ainsi dire l'unité selon laquelle se définit l'exercice de la vie psychologique : d'un côté, comme l'enseignait clairement le *Traité de la connaissance de Dieu et de soi-même,* l'intelligence se manifeste par des actes particuliers (446), l'entendement, le souvenir, ou par les trois opérations de l'esprit, l'entendement, le jugement et le raisonnement (447) ; d'un autre côté la volonté se manifeste aussi par un acte, ou plutôt par des actes (448) : enchaînement d'une connaissance à un vouloir (449) ; poursuite d'un but, choix des moyens, décision sont des actes de la volonté posés lucidement et librement selon un enchaînement que le philosophe découvre et expose.

C'est selon la même méthode que Bossuet interprète la vie spirituelle dans l'*Instruction sur les états d'oraison.* La vie spirituelle est constituée par un certain type de rapports avec les vérités de la foi, donc par des actes de l'entendement, de la volonté, etc. Ce n'est pas un hasard si les premiers livres de ce traité parlent de l'acte : c'est sur ce point que se fait selon Bossuet la discrimination entre les doctrines (450).

Le livre premier s'oppose à ce que Bossuet juge le premier principe des quiétistes, l'acte continuel de contemplation. Qu'il ait mal compris le sens des écrits mystiques nous importe moins que de voir positivement ce que sa thèse nous apprend sur sa spiritualité. L'acte continu des mystiques subsisterait malgré les distractions, malgré le sommeil, irrévocable malgré les occupations ou les

---

(445) Sur le point de vue pratique, les méditations et les lettres de direction, cf. *supra,* ch. 11, p. 403 et suiv. : la place de l'intelligence, p. 403 et suiv., l'acte d'abandon, p. 414 et suiv., l'unité d'intention, p. 422 et suiv.

(446) LT, XXIII, p. 60.

(447) LT, XXIII, p. 61.

(448) LT, XXIII, p. 73.

(449) « On ne veut jamais qu'on ne connaisse auparavant », LT, XXIII, p. 73.

(450) Saint Thomas, *S. Th.,* II a, II ae, q. 180, a. 3, définit la contemplation comme une simple vue de la vérité divine, *simplex intuitus divinæ veritatis,* et le P. Lacombe ne manque pas de reprendre cette définition classique (*Analysis,* Verceil, 1686, p. 31), mais Bossuet transpose toujours, involontairement, cet acte sur le plan de la psychologie : la question se pose de savoir si Molinos qui emploie la même formulation fait la même transposition (*Guide spirituelle,* l. I, ch. 13) ; l'interprétation du quiétisme repose sur la nature que l'on attribue à cet acte, son caractère perpétuel est une question secondaire par rapport à sa nature.

péchés (451) : sauf expérience extraordinaire, il y a là pour Bossuet une contradiction : si l'on ne « songe » plus à Dieu, où est l'acte dans sa plénitude (452) ? Si l'on dort, comment dire que Dieu « opère », à moins de parler avec Mme Guyon d'un « demi-sommeil », ce qui n'est qu'une conciliation verbale (453) ? L'amour divin étant « un acte du libre arbitre » (454) cesse de s'exercer dès qu'il est interrompu par d'autres actes, par la distraction ou par le sommeil. La vie spirituelle est ainsi selon M. de Meaux constituée par une succession discontinue de manifestations de l'intelligence et de la volonté, remise en cause perpétuelle et dangereuse, risque de la liberté toujours flottante et soumise à la concupiscence (455), impossibilité de donner à l'acte « une perpétuelle consistance » (456). Ne reste-t-il donc rien de l'acte posé, et la vie spirituelle prend-elle l'aspect d'un pointillé incertain ? L'acte met dans l'âme une « disposition habituelle » (457) ; n'est-ce pas retrouver ici sous un autre mot l'acte continu ? Non, car cette disposition habituelle, ou « vertu », est purement théorique, n'a aucune réalité effective en dehors d'une actualisation par des actes, d'une « réduction » en acte de l'habitude (458) ; « l'acte et l'habitude sont choses distinctes », « comme l'enseigne la philosophie » (459), et Bossuet balaie ici l'argument du voyageur qu'il trouve chez Molinos et auquel il accordait plus d'attention quelques années auparavant en abordant le problème de l'intention virtuelle (460). Il est vrai

---

(451) LT, XVIII, p. 394-395.
(452) LT, XVIII, p. 395.
(453) LT, XVIII, p. 395.
(454) LT, XVIII, p. 396.
(455) LT, XVIII, p. 398 ; ici Bossuet commente encore le *raptim* de saint Grégoire et de saint Bernard (cf. *supra*, p. 577).
(456) LT, XVIII, p. 396.
(457) LT, XVIII, p. 396.
(458) LT, XVIII, p. 397. On comparera aisément cette doctrine de l'habitude avec celle de saint Jean de la Croix (*Montée du Carmel*, II, 14 ; cf. LT, XVIII, p. 541, et *supra*, p. 608, à propos de la contemplation acquise) ; tout le dépassement sanjuaniste de l'habitude est étranger à Bossuet : pour ce dernier, le rapport avec Dieu ne s'effectue pas sur un mode radicalement différent du rapport avec tout autre objet de pensée. On la comparera aussi avec celle de Fénelon (*Le Gnostique...*, p. 188) : l'habitude pour Fénelon n'est pas virtualité théorique, mais premier pas dans la contemplation, qui débouche sur la disparition des actes réfléchis et passagers.
(459) LT, XVIII, p. 401.
(460) LT, XVIII, p. 400 ; sur ce problème et l'image du voyageur, cf. *supra*, p. 424 et suiv. Voici les principales références : Malaval, *Pratique facile*, éd. 1673, p. 62-63 ; Molinos, *Guide spirituelle*, éd. 1675, p. 15, 65-66 ; Nicole, *Traité de l'oraison*, 1679, p. 32 ; Bossuet : C.B., IV, p. 307 ; LT, XIX, p. 56, P.C., p. 248. Sur le sommeil et l'interruption des actes, voir *supra*, p. 427 et C.B., IV, p. 309-310 ; LT, XVIII, p. 516-517.

que Malaval (461) juge que cette permanence n'est pas seulement intention virtuelle (462), mais aussi intention éminente, et par là il dépasse les plus grandes concessions de Bossuet ; mais le problème n'est pas aussi facilement réglé, car Bossuet, qui se souvient au détour d'un paragraphe qu'il est directeur d'âmes et qu'il a en soi quelque expérience d'amour de Dieu, avoue : « Otez-vous de l'esprit l'envie inquiète de vous tourmenter sans cesse à former de nouveaux actes, puisqu'après qu'ils ont été faits, on sent par expérience qu'ils subsistent longtemps en vertu » (463) ; en outre, quelque cent pages plus loin, l'examen des œuvres de Clément d'Alexandrie et de Cassien (464) l'oblige à reprendre à partir des textes ce problème de l'habitude. Cassien en effet établit que la vie monastique « doit avoir une intention et une destination fixe, et qui ne cesse jamais » (465), intention et non acte formel ; pour éviter la tension de l'esprit, des interruptions des actes paraissent nécessaires ; Cassien donc, selon Bossuet, admet non pas une continuité rigoureuse et *métaphysique* de l'oraison, mais une continuité *morale* (466), tendance à une oraison ininterrompue, « divine habitude », intention fixée en Dieu : nous ne sommes pas « toujours actuellement occupés de cette pensée » (467), « mais par une pente, une inclination et une tendance habituelle, ou même virtuelle, comme l'appelle la théologie, avec une bienheureuse facilité qui fait qu'en quelque état qu'on nous interroge, à qui dans le fond du cœur nous voulons être, nous soyons toujours disposés à répondre que

(461) Cf. *supra*, p. 424, ici LT, XVIII, p. 402.

(462) Molinos, *Guide spirituelle*, l. I, ch. 13, n. 88, parle d'« oraison virtuelle » ; s'agit-il de l'intention virtuelle des théologiens ? Dans ce cas, il n'y a rien là que d'orthodoxe ; s'agit-il de la permanence d'un acte irréitérable de contemplation au sens où l'entend Bossuet ? Problème toujours présent de la distinction à faire entre l'ontologie et la psychologie.

(463) LT, XVIII, p. 397.

(464) La position de Cassien dans les problèmes de la grâce a diminué son crédit aux yeux de Bossuet : « Je ne le cite qu'à regret dans de telles choses où le plus souvent il est outré dans ce qu'il dit le mieux » (C.B., VIII, p. 186).

(465) *Coll.*, I, 4 : LT, XVIII, p. 508. La traduction de N. Fontaine porte : « Un but fixe et arrêté où l'on tend par une attention continuelle de l'esprit » (*Conférences*, 2e éd., 1665, p. 5). Bossuet cite ensuite le début du chapitre 13 ; l'emploi du mot *intention* lui permet d'éviter le mot *attention :* on sait combien la doctrine bossuétiste de l'attention risque d'être intellectualiste et réflexive ; dans le cas du texte de Cassien, la traduction adoptée évite les équivoques et permet de contredire la thèse attribuée aux mystiques. Mais finalement tout repose sur le choix de ce mot dans la traduction.

(466) LT, XVIII, p. 510.

(467) *ibid.*

c'est à Dieu » (468) : n'était la présence de termes intellectuels ou volontaires, « pensée, interroger, répondre, vouloir », ne sommes-nous pas assez près de ce qu'affirment les mystiques ? La querelle n'est-elle qu'une querelle de mots et ne repose-t-elle que sur « cet acte continu et perpétuel » (469) dont M. de Meaux forge la chimère à partir de ses principes psychologiques ? S'il avait plutôt approfondi ce que l'on doit entendre par « le fond du cœur », il aurait peut-être trouvé une voie pour sortir de ces contradictions (470) : il établit au contraire que le spirituel fait des efforts, s'excite à l'amour, ce qui est une réponse à sa propre question mais non à celle des mystiques ; dans ces perspectives, M. de Meaux s'efforce de prouver que les règles de Cassien sur la prière « *frequenter sed breviter* » (471) sont générales, s'adressent à tous et même aux plus parfaits (472), là où Fénelon ne voyait que des conseils pour les commençants (473). Le progrès dans la simplicité prend selon Bossuet la forme d'une plus grande succession des actes sur le fond de bonne intention (474) : cette succession devenant de plus en plus suivie et uniforme, on peut dire avec Clément d'Alexandrie que le gnostique prie toujours : « en un certain sens, c'est-à-dire par une disposition habituelle du cœur » (475) : donc le fond de la thèse de Bossuet est bien un refus de définitions « métaphysiques » qui engageraient la nature de l'acte humain (476) : que *pratiquement* il se fasse un mystérieux échange entre la multiplicité et la continuité, Bossuet est prêt à l'admettre, soulignant avec Clément d'Alexandrie « la force de l'habitude, qu'on appelle une seconde nature, à cause que par son secours ce qui était passager, changeant et accidentel, devient *comme* inséparable de notre être, et *d'une certaine manière* se tourne en notre substance » (477). La solution de Bossuet n'est donc pas de déplacer de l'esprit dans le cœur le point d'application de l'acte d'amour, cœur et esprit selon lui obéissent aux mêmes lois, mais d'atténuer la portée et la valeur

---

(468) *ibid.*
(469) LT, XVIII, p. 511.
(470) Lorsqu'il analyse les textes de saint François de Sales, il distingue le fond des actes de leur sensibilité : l'indifférence ne s'applique qu'à cette dernière (LT, XVIII, p. 568). Dans la haute pointe de l'âme, partie supérieure et suprême, le sentiment subsiste (LT, XVIII, p. 569, 570, 582, 589, 597), moyen pour Bossuet de récupérer l'acte et le sentiment, sur un autre mode ; cf. *supra*, p. 394.
(471) *Coll.*, IX, c. 36.
(472) LT, XVIII, p. 512.
(473) J.-L. Goré, *La notion d'indifférence...*, p. 271.
(474) LT, XVIII, p. 513.
(475) LT, XVIII, p. 513.
(476) LT, XVIII, p. 515.
(477) LT, XVIII, p. 515, nous soulignons.

de cette continuité : continuité d'entendre, mais non pas « à toute rigueur », habitude qui passe en nature, impression qui demeure « en un certain sens » (478), « pente secrète » (479), réduction « à certains moments » de la passivité (480), les expressions de Bossuet sont assez imprécises et trahissent l'incertitude de sa pensée : comment être fidèle aux mystiques approuvés, aux Pères, à une certaine expérience personnelle et ne pas trahir des principes psychologiques *a priori* (481) ? Pour une explication plus approfondie, l'auteur de l'*Instruction sur les états d'oraison* se contente de renvoyer à un autre ouvrage où il définira avec rigueur l'intention actuelle, virtuelle et habituelle, c'est-à-dire aux *Principes communs* (482).

B) *Les vérités de la foi.*

Le second livre de l'*Instruction sur les états d'oraison* établit des principes qui dans les perspectives théologiques de Bossuet sont fort importants ; l'objet des actes dans la vie spirituelle, c'est *explicitement :* la Trinité, l'Incarnation, les attributs divins, les articles du *Credo,* les demandes du *Pater* (483). Il ne faut pas durcir ici dans un sens intellectualiste les thèses de Bossuet : il admet avec les mystiques que pour l'homme « absorbé dans la divinité, il y a de certains moments où la *pensé*e ne s'occupe pas d'un Dieu fait homme » (484) ; il conteste seulement qu'il y ait « un état où *l'on ne parle plus de Jésus-Christ,* où par état on l'oublie » (485), et que la vie spirituelle s'ordonne du début à la perfection en un premier état où l'on s'unisse à Jésus-Christ Homme-Dieu, un second état où l'on s'unisse à l'essence divine seule sans parler de personnes (486). Plusieurs choses sont à remarquer ici : d'abord la systématisation que fait Bossuet de l'expérience des mystiques, comme si la marche vers la perfection se faisait de façon consciente sous forme d'abstraction (487), de simplification (488), de réduc-

(478) LT, XVIII, p. 516.
(479) LT, XVIII, p. 517.
(480) LT, XVIII, p. 565 et suiv. ; cf. p. 523-525, 528-529, 532-533, 554, 571, 577 : selon ce que Dieu voudra et selon qu'il l'y portera, l'âme sera active ou passive (*Vie* de la Mère de Chantal par Maupas du Tour, IIIe partie, ch. 4, citée LT, XVIII, p. 567, 575 ; déjà citée C.B., VI, p. 111, 394, 397, 453 ; C.B., VIII, p. 228).
(481) Cf. aussi de semblables allusions à ce problème, LT, XVIII, p. 528-529.
(482) LT, XVIII, p. 517, et cf. P.C., p. 248, voir *supra*, p. 578.
(483) LT, XVIII, p. 404.
(484) LT, XVIII, p. 405, nous soulignons.
(485) LT, XVIII, p. 405, en italiques dans le texte.
(486) LT, XVIII, p. 406-407.
(487) LT, XVIII, p. 406.
(488) LT, XVIII, p. 407.

raculeux, une contemplation sans images dans la mémoire et traces dans le cerveau, sans idée dans l'esprit ni espèce intellectuelle (509). Une fois posé ce principe fort restrictif, Bossuet n'a plus aucun moyen pour rendre compte de l'expérience spirituelle qui lui est opposée : tantôt l'intellectualisme (510), tantôt une théorie de la réflexion viennent fausser sa lecture des mystiques : ce n'est que par hasard, presque malgré lui, qu'il entre dans les vrais problèmes de la spiritualité (511).

C) *L'acte réfléchi* (512).

Le « principe » des nouveaux mystiques est, selon Bossuet, de rejeter les réflexions de l'état des contemplatifs ou des parfaits (513), de ne leur permettre que les actes directs. Réfléchir, selon le *Moyen court,* est en effet reculer, se recourber sur soi, se reprendre soi-même (514) aux dépens de la simplicité. Cependant M. de Meaux découvre une réflexion dans l'acte même de *dire* qu'on ne réfléchit pas, et « une des réflexions les plus affectées sur soi-même et sur son état » (515) : il est vrai qu'il déplace ici le point d'application de la thèse de l'état lui-même au discours sur l'état ; mais tout état susceptible d'un discours est, par nature, réflexif. Est-ce à dire que la réflexion est une perfection ? Bossuet voit bien que la Divinité, les anges, les bienheureux ne réfléchissent pas, mais, puisque la réflexion est un des caractères de la nature humaine, il conseille

---

(509) LT, XVIII, p. 388. Que l'on puisse être uni à Dieu par la substance de l'âme et non par les puissances lui paraît une « chose reconnue impossible par toute la théologie » (LT, XVIII, p. 389), ce qui est inexact (cf. S. M. Bouchereaux, *La réforme des carmes...*, p. 280-281).

(510) Penser, ne pas oublier, concevoir : LT, XVIII, p. 416, 421, 422, 452, 458, 477, 518.

(511) Dans ses poésies, Bossuet laisse passer quelques expressions qu'il n'accepterait peut-être pas en prose ; ainsi pour la contemplation des solitaires :

« Brûlez d'un chaste amour pour l'immortelle essence
Voguez à l'abandon sur cette mer immense » (LT, XXVI, p. 80),

et à propos de Jésus-Christ :

« Et combien l'océan immense,
De sa sainte et parfaite essence
Contient-il de chastes plaisirs ? » (LT, XXVI, p. 85).

Cependant, il ne faut pas chercher en ces vers beaucoup de rigueur théologique, et l'on aura remarqué toutes les qualités que Bossuet attribue à cette essence : immortelle, immense, sainte, parfaite, plaisirs... Rien là qui ressemble à la contemplation de la pure essence divine.

(512) Pour les pages qui suivent, voir le très important ouvrage de R. Spaemann, *Reflexion und Spontaneität. Studien über Fénelon,* Stuttgart, 1963.

(513) LT, XVIII, p. 457.

(514) LT, XVIII, p. 458.

(515) LT, XVIII, p. 459-460, nous soulignons.

de l'utiliser pour se porter au bien, plutôt que de la dépasser : il peut ici accumuler les textes de la Bible et des Pères, assez peu convaincants : n'est-il pas banal d'en tirer des conseils invitant à prier, à veiller, à faire attention, à réfléchir, à rendre grâce pour les bienfaits, etc. (516) ?

Ce plaidoyer pour les réflexions change assez vite d'orientation : Bossuet est trop attentif aux ravages de l'amour-propre et aux scrupules des âmes inquiètes pour continuer à vanter les mérites de la réflexion (517), et les textes de saint François de Sales sur les tours les plus délicats de l'amour-propre, sur les replis ou retours perpétuels sur soi-même (518), sont trop clairs, marqués par l'expérience de la direction, pour être éludés ; un texte cher à M. de Meaux (519) est aussi invoqué : « Ce qu'au rapport de l'abbé Isaac chez Cassien, saint Antoine exprimait encore plus fortement, lorsqu'il disait que " l'oraison du solitaire n'est pas véritable, lorsqu'il se connaît lui-même et sa prière ", qui est, disait Cassien, une sentence céleste et plus divine qu'humaine » (520) : que Falconi (521), Mme Guyon (522) et le P. Lacombe (523) aient utilisé le même texte, ne gêne pas du tout Bossuet, car ce dernier estime que ce n'est pas *toute* réflexion qui est condamnée, mais seulement le retour de

---

(516) LT, XVIII, p. 460 et suiv. Bossuet fait allusion (LT, XVIII, p. 462) au commentaire sur *Job* d'« un des principaux » quiétistes : c'est une allusion à Mme Guyon : cf. *Les Livres de l'Ancien Testament*, Cologne, 1714, t. VII, p. 260, 267-269 ; voir aussi B.N. fr. 25093, f° 204, 232 ; Fénelon, *Œuvres,* t. IX, p. 66. Dans le cas présent l'exégèse de Bossuet est moins infidèle que celle de Mme Guyon, ce qui ne veut pas dire que sa thèse s'en trouve renforcée.

(517) Cf. en juin 1696, dans une lettre à Mme de La Maisonfort, la distinction entre réflexions et inquiétudes, C.B., VII, p. 433.

(518) *Traité de l'amour de Dieu,* 1 .VI, c. 1, c. 10 ; l. IX, c. 10, cité LT, XVIII, p. 463-464 ; texte cité aussi par Mme Guyon, B.N., fr. 25094, f° 54 v°.

(519) Cf. C.B., VI, p. 111, 114 ; VII, p. 115.

(520) LT, XVIII, p. 464 ; *Conférence IX, de Orat.* ch. 31 (dans la trad. Fontaine, Paris, 1665, ch. 30).

(521) *Lettre,* à la suite du *Moyen court* de Mme Guyon, Lyon, 1686, p. 153 ; Falconi le cite d'après le 8e *avis sur l'oraison* de Pierre d'Alcantara (cf. *Traité de l'oraison et méditation,* trad. R. Gaultier, 1643, p. 248 : Pierre d'Alcantara cite anonymement « comme disait un bon Père »). Fénelon reprendra le même texte de Cassien, *Explication des Maximes des Saints,* art. XIII Vrai, 1697, p. 119, et art. XXI Vrai, *id.*, p. 166. Ensuite la citation passe dans le domaine public : on la trouvera dans *Les Sources de la vraie et de la fausse dévotion où l'on découvre le fond de la nouvelle spiritualité...*, 1698, p. 255, dans [Ch. de la Grange], *L'idée véritable de l'oraison,* Paris, 1699, 2e partie, p. 131, et dans R. Chaponnel, *Examen des voies intérieures,* Paris, 1700, p. 39, ouvrages étudiés *infra,* p. 677 et suiv.

(522) B.N., fr. 25093, f° 29, passage souligné par Bossuet.

(523) *Analysis,* Verceil, 1686, p. 74.

l'amour-propre sur soi-même pour s'appuyer sur ses actes comme siens ; si la réflexion regarde les actes comme étant de Dieu et allant à Dieu, elle n'arrête pas l'homme en soi-même mais rend toute gloire à Dieu ; l'acte de réflexion n'est pas jugé en lui-même mais selon son principe et son objet (524) ; or c'est la possibilité d'une réflexion dégagée de ce retour sur soi que contestent les mystiques. M. de Meaux ne cessera d'approfondir sa doctrine, sans mettre en cause le fondement sur lequel elle repose : la référence au principe (la grâce sanctifiante, ce qui est l'orientation « théologique » de la spiritualité de Bossuet) et à l'objet (Dieu ou l'homme, ce qui suppose un discernement dont on voit mal la réalisation pratique) : donc, malgré les apparences, il n'y a pas chez Bossuet de doctrine de l'acte, de système philosophique ou psychologique, mais au contraire un empirisme animé non par l'expérience mais par la théologie, un empirisme théologique. Cela explique les apparentes contradictions qui séparent la théorie et la pratique : M. de Meaux apporte une liste d'autorités à l'appui de sa thèse, de saints authentiques chez qui l'on trouve des réflexions : saint Paul (525), sainte Thérèse, saint François de Sales, saint Antoine (526). Mais l'auteur de l'*Instruction sur les états d'oraison* introduit d'importantes nuances (527) : des amants transportés disent en secret bien des choses qui se passent dans le cœur, il y a de si délicates réflexions qu'elles échappent à l'esprit, « oraisons de transport où la réflexion a peu de part, et peut-être point. Tout se passe entre Dieu et l'âme avec tant de rapidité, et néanmoins (quand il plaît à Dieu) avec tant de tranquillité et de paix, que l'âme étonnée de se sentir mue par un esprit si puissant et si doux à la fois, ne se connaît plus elle-même » (528) ; dans les dix pages qui suivent, Bossuet se laisse conduire par ses tendances les meilleures : atteignons-nous enfin les sources vives de sa spiritualité ? « Quelquefois l'âme s'aperçoit de ses sentiments, et [...] quelquefois elle ne s'en aperçoit pas, ou ne s'en aperçoit que confusément » (529) : où est cette rigidité de l'affirmation que Bossuet un peu plus haut opposait aux mystiques ? Une fois sauvegardé le principe, il est prêt à tout admettre, car un principe ne saurait être contredit par une expérience : les deux choses lui paraissent

(524) LT, XVIII, p. 464.
(525) LT, XVIII, p. 465.
(526) LT, XVIII, p. 466.
(527) Toute cette page de l'*Instruction* est esquissée dans une lettre, C.B., VII, p. 115.
(528) LT, XVIII, p. 467.
(529) LT, XVIII, p. 467.

être d'ordres différents. Il y a en l'homme des sentiments qu'il n'aperçoit pas : sont-ils plus ou moins parfaits que ceux qu'il connaît ? Dieu s'est réservé cette connaissance (530) ; c'est que nous glissons du problème de la perfection de l'acte d'amour au problème théologique du « mérite » (531) : les circonstances et les effets ont autant de poids que la connaissance de l'acte ; qui peut connaître exactement ses actes ? actes si spirituels et si rapides qui ne laissent pas de traces dans le cerveau, invasion de pensées qui se dérobent dès qu'elles naissent, transport où l'âme ne se possède plus, épreuves (532), écran des sens qui masque nos actes intellectuels et spirituels : l'âme, essayant de se connaître, ou plutôt ayant « un secret sentiment », « une certaine conscience de sa spiritualité » (533), se dégage et se purifie peu à peu de ces imperfections : travail de la raison chez les philosophes, rôle plus efficace de la foi, et surtout discernement dans la contemplation des occupations intellectuelles d'avec celles des sens et de l'imagination : alors l'âme « ne croit plus opérer pendant qu'elle commence à exercer ses plus véritables et plus naturelles opérations » (534) : épuration de l'âme, exténuation peut-on dire avec Cassien (535), « on en vient [...] jusqu'à parler le pur langage du cœur » (536) ; certes ce langage est autre que le langage et les paroles humaines, mais M. de Meaux conçoit mal un rapport avec Dieu qui ne soit sur le mode du langage : « le cœur [...] *parle* à Dieu seul » (537) ; qu'images et paroles tendent à disparaître, c'est plus une tendance qu'une réalité actuelle (538) ; dans les mots qui traduisent cette expérience ultime, on remarquera l'effort d'épuration et la persistance des schèmes intellectuels (pensée, langage, discours, facultés, actes, vérité) au moment même où Bossuet affirme le dépassement de l'intelligence par la volonté : « La pensée donc ainsi épurée autant qu'il se peut de tout ce qui la grossit, des images, des expressions, du langage humain, de tous les retours que l'amour-propre nous inspire sur nous-mêmes ; sans raisonnement, sans discours, puisqu'il s'agit seulement de recueillir le fruit et la conséquence

---

(530) LT, XVIII, p. 468.
(531) LT, XVIII, p. 469.
(532) LT, XVIII, p. 469, 620 et suiv. : allusion à un traité non rédigé.
(533) LT, XVIII, p. 470 : « spiritulité » opposée à « corporalité » ou à « matérialité ».
(534) LT, XVIII, p. 471.
(535) LT, XVIII, p. 471 ; cf. P.C., p. 64.
(536) LT, XVIII, p. 471.
(537) LT, XVIII, p. 471, nous soulignons.
(538) « Je le laisse à décider aux parfaits spirituels » (LT, XVIII, p. 472) : pourquoi M. de Meaux n'a-t-il pas toujours appliqué cette résolution ?

de tous les discours précédents, goûte le plus pur de tous les êtres, qui est Dieu, non seulement par la plus pure de toutes les facultés intérieures, mais encore par le plus pur de tous ses actes, et s'unit intimement à la vérité, plus encore par la volonté que par l'intelligence » (539). Il est une autre étape, la « parfaite pauvreté d'esprit » (540), qui met dans l'Ecole du Saint-Esprit : là, plus de raisonnements, plus de discours, l'obscurité de la foi, « imperceptible vérité des actes intellectuels dans la sublime contemplation » (541), point ultime qu'atteint Bossuet : il serait capable de comprendre les mystiques ; seul l'instrument lui manque pour l'exprimer d'autre façon qu'en termes de vérités et d'actes intellectuels : au niveau du schème fondamental et du mot qui le traduit, ressurgissent les ambiguïtés. Mais ces réserves ne doivent pas nous faire oublier la beauté des pages qu'il écrit alors à la suite de Nicole (542) sur les actes du cœur (543), sur la prière du pauvre et du mendiant (544) ; les actes même imperceptibles restent présents, les réflexions sont épurées mais se joignent aux mouvements vers Dieu (545) ; M. de Meaux n'a pas pu franchir le pas : le langage trahit l'expérience, à ce moment reparaît la polémique (546). « En lisant le livre de M. de Meaux, on voit qu'il est savant, mais il n'y a point d'onction », dira quelqu'un à l'abbé de Chantérac (547) ; ce n'était que partiellement vrai.

6) *Les additions et corrections.*

A) *La première édition* (*30 mars 1697*)

Deux chapitres seulement sont ajoutés dans cette première édition (548), l'un sur les rapports des devoirs de la charité et de la justice selon saint Augustin, l'autre sur les suppositions par impossible.

---

(539) LT, XVIII, p. 472.
(540) LT, XVIII, p. 472, d'après Cassien, cf. P.C., p. 64.
(541) LT, XVIII, p. 473 ; voir aussi sur l'Ecole du cœur, LT, XVIII, p. 529.
(542) *Traité de l'oraison,* 1679, p. 141, 245 et suiv., 318 et suiv.
(543) LT, XVIII, p. 473.
(544) LT, XVIII, p. 474, voir aussi p. 505.
(545) Voir aussi LT, XVIII, p. 478.
(546) LT, XVIII, p. 476 et suiv. ; au § XXVIII Bossuet critique Fénelon sans le nommer : cf. Fénelon, *Le Gnostique...,* p. 223.
(547) Fénelon, *Œuvres,* t. IX, p. 325.
(548) LT, XVIII, p. 665-670 : ch. VI et VII ; un paragraphe a été remanié ensuite pour donner le texte que nous lisons LT, XVIII, p. 668. Dans une lettre à Rancé, Bossuet juge cette addition « considérable » (C.B., XIV, p. 318), il n'a pas tort, c'est le début d'un tournant dans la

Bossuet, dans le premier (549), s'appuie sur plusieurs passages du *De Doctrina Christiana* (550) pour démontrer que les devoirs de la justice envers Dieu comme Père, Créateur et Bienfaiteur se rapportent à la charité : aimer Dieu comme Créateur c'est une vérité de justice, c'est aussi un devoir de charité, l'amour de Dieu est une dette, l'œuvre de la charité une œuvre de justice : on ne peut donc, sinon par impossible, faire abstraction de tout motif d'aimer Dieu ; les textes sont sous la main de l'auteur : il les tire des *Principes communs* (551), démantelant, suivant les nécessités de la polémique et des circonstances, ses grandes œuvres inachevées, et en tirant arguments et citations.

Le second chapitre (552) affirme une nouvelle fois la réalité, dans les textes de certains auteurs, des suppositions par impossible (553) ; des extraits de saint Augustin complètent le dossier présenté dans le corps du livre ; mais c'est pour exalter, au-dessus de tous les biens, la vision de Dieu : « par le désir de jouir de cette vision, [...] elle se détache de tout le reste » (554). Or ce désir de jouir est amour désintéressé, pur amour, parce qu'il demande Dieu pour récompense, et cette récompense nous tire de nous-mêmes pour nous absorber tout à fait en Dieu (555). C'est là, affirme Bossuet, un motif de l'amour qui ne peut être ni rejeté ni exclu : en quelques lignes l'auteur de l'*Instruction sur les états d'oraison* résume ses *Principes communs ;* il en donne les conclusions ; le lecteur qui ne connaît pas toute l'argumentation du grand traité inédit attend des justifications, mais une œuvre de polémique n'est pas un traité de théologie.

B) *La seconde édition (25 mai 1697)*

Cédant aux conseils de son ami l'évêque de Mirepoix (556), Bossuet commence par supprimer une des nuances qu'il apportait dans sa condamnation des mystiques, et par souligner que ces derniers sont coupables de soutenir la 8e proposition reprochée aux Bégards : ils

---

controverse : passage des questions de la mystique à celles de l'amour pur.

(549) LT, XVIII, p. 665-666.

(550) Voir aussi C.B., VII, p. 173, et surtout 235 ; plusieurs lettres montrent que pratiquement c'est ainsi que Bossuet dirigeait les âmes : *supra*, p. 398.

(551) P.C., p. 92.

(552) LT, XVIII, p. 667-670.

(553) C'est une réponse à Fénelon qui invoquait cet exemple dans l'Avertissement de l'*Explication des Maximes des Saints* achevée d'imprimer le 25 janvier 1697.

(554) LT, XVIII, p. 668.

(555) LT, XVIII, p. 669.

(556) Lettres à La Broue, C.B., VIII, p. 185, 206.

croient que Jésus-Christ et les mystères de son Humanité dégradent la sublimité de leur oraison et lui sont un obstacle (557) ; ce qui durcit singulièrement les affirmations présentées auparavant (558).

Un second chapitre précise la doctrine de saint Augustin sur la nécessité et la suffisance des demandes contenues dans l'Oraison dominicale. Comment les demandes sont-elles toujours faites *pour nous* tout en étant désintéressées ? « *Pour nous* » Bossuet le prouve en distinguant avec saint Augustin la volonté de Dieu qui se fait dans les maudits malgré eux et celle qui se fait dans les justes par eux (559) : Dieu veut que nous l'aimions parce qu'il veut que cet amour *nous* tourne à bien, et non pas à lui qui possède la « plénitude infinie et surabondante de sa nature bienheureuse autant que parfaite » (560). La contradiction apparente entre ces demandes, ce bonheur attendu, et la charité pure et désintéressée se résout par un retour à saint Augustin : M. de Meaux reprend des éléments de ses *Principes communs* (561) et montre que la fruition, selon saint Augustin, est toujours désintéressée ; la demande s'appuie sur la bonté de Dieu qui est communicative par nature : Dieu se communique pour rendre l'homme heureux. Donc désirer voir Dieu comme Père ou le posséder comme Epoux, est un amour parfaitement désintéressé. Toute cette argumentation anticipe sur l'ouvrage que M. de Meaux espère encore publier ; elle nous paraît donc un peu sommaire : pourquoi nous limiter à saint Augustin, sinon parce que l'objection faite à Bossuet portait sur ce saint (562) ? En outre nous retrouvons clairement dans ces pages la confusion, que nous signalions à propos des *Principes communs,* entre le plan de l'ontologie et celui de la psychologie : prouver que Dieu est libéral et communicatif, désire le bonheur de l'homme et se donne lui-même, ne prouve pas que pratiquement l'homme soit capable d'un amour désintéressé ; les biens de Dieu ne sont certes pas ontologiquement distingués de Dieu lui-même, mais en est-il ainsi pour l'homme qui actuellement désire et demande ces dons de Dieu ou en jouit ?

Une longue citation de Hugues de Saint-Victor (563) termine ces additions ; Ledieu trouvait ce texte « très réjouissant parce que

---

(557) LT, XVIII, p. 654-655.
(558) *Supra,* p. 618.
(559) LT, XVIII, p. 657.
(560) LT, XVIII, p. 658.
(561) P.C., p. 90.
(562) LT, XVIII, p. 655.
(563) LT, XVIII, p. 670-673. Bossuet fait l'éloge de ses écrits sur le Nouveau Testament au début de la *Défense de la Tradition et des Saints Pères* (LT, IV, p. XI) ; il discute un passage du *De sacramentis fidei*

les faux mystiques y sont moqués comme ils le méritent » (564), mais nous avons du mal à partager le rire du secrétaire de Bossuet ! Cette page du *De sacramentis fidei christianæ* est dirigée contre ceux qui prétendent aimer Dieu sans désirer ses biens : l'argumentation de saint Augustin est reprise par Hugues de Saint-Victor : l'on ne désire pas autre chose que Dieu lui-même, et un amour est pur et gratuit quand l'on ne veut que Dieu pour récompense. Ici encore nous avons affaire, selon toute vraisemblance, à un chapitre détaché des *Principes communs :* nous n'en trouvons pas la trace dans le manuscrit autographe ni dans la copie, mais il dut avoir été rédigé après la réalisation de la copie et utilisé ensuite au début de 1697 alors qu'il devenait nécessaire et urgent de trouver des arguments frappants ; un fait confirme cette hypothèse ; à la fin de ces Additions nous lisons : « Elle [la doctrine de saint Augustin] est devenue si commune dans l'Eglise, *comme la suite le fera voir,* qu'elle a été embrassée par tous les docteurs anciens et nouveaux, qui tous, en ce point comme dans les autres, se sont glorifiés d'être humbles disciples d'un si grand maître » (565) ; l'allusion à « la suite » ne peut nous renvoyer qu'aux chapitres des *Principes communs* où Bossuet montre que saint Bernard, saint Thomas, saint Bonaventure et même Duns Scot sont au fond disciples de saint Augustin, et que, sous une autre forme, ils affirment qu'aimer c'est « désirer, vouloir avoir, posséder et jouir » (566). Peut-être M. de Meaux a-t-il laissé subsister par inadvertance l'allusion à « la suite », peut-être envisage-t-il au printemps 1697 de publier enfin ses *Principes communs* (567).

---

christianæ sur les deux pouvoirs dans la *Defensio Declarationis* (LT, XXI, p. 439-441). Hugues de Saint-Victor était une des autorités de Fénelon et de Mme Guyon. Vuillart commentant le passage de l'*Instruction* que nous présentons appelle Hugues de Saint-Victor « l'Augustin de son siècle » (à Préfontaine, 29 juin 1697, *Lettres,* éd. R. Clark, p. 114).

(564) C.B., VIII, p. 518.

(565) LT, XVIII, p. 673, nous soulignons.

(566) LT, XVIII, p. 672-673.

(567) En octobre 1697, il en aura l'intention : voir une lettre à Mme d'Albert, C.B., VIII, p. 395 ; et encore en 1698, voir *infra,* p. 695.

Chapitre 15

UN EPISODE, L'AFFAIRE MARIE D'AGREDA.

I. Les faits.

L'année 1696, pendant laquelle Bossuet met au point et fait imprimer son *Instruction sur les états d'oraison*, est marquée par une autre controverse, intéressante mais de moindre retentissement que celle du quiétisme ; les principes de M. de Meaux s'y manifestent encore une fois, bien que l'auteur de la *Mystique Cité de Dieu* appartienne à un univers presque étranger au sien. Mais pour des raisons politiques et spirituelles, l'affaire de Marie d'Agreda est liée à beaucoup d'autres affaires auxquelles s'intéressent Bossuet et ses amis (1).

Malgré les réticences romaines (2), le succès de la *Mistica Ciudad de Dios* de Marie d'Agreda avait assez vite conduit les dévots à Marie, les franciscains et plusieurs libraires à souhaiter une traduction française : Pierre Grenier, conseiller au Parlement de Bordeaux (3) entreprit une traduction, et publia, en attendant son

---

(1) Les développements français de cette affaire étant plus mal connus que ceux du quiétisme, nous serons obligé d'insister ici sur les faits plus que nous n'aurions voulu.

(2) Nous ne pouvons résumer l'importante histoire du livre de Marie d'Agreda ; notons seulement qu'en 1681, un décret du Saint-Office l'avait condamné, mais que, devant les instances du roi d'Espagne, Innocent XI en 1681, puis Innocent XII en 1692 avaient non pas révoqué le décret, mais différé sa publication dans les pays où il n'avait pas encore été publié, et ils avaient prescrit un nouvel examen qui ne semble pas avoir eu lieu (de Guibert, *Documenta...*, § 1037-1040). Voir D.T.C., s.v. *Agreda* (très insuffisant), et les références de C.B., VII, p. 406-407, VIII, p. 85-86. Le livre de Marie d'Agreda qui est une des très grandes œuvres spirituelles du XVIIe siècle n'a pas encore fait l'objet de travaux vraiment satisfaisants.

(3) Il s'était illustré par une *Apologie des dévots de la Sainte Vierge...* (Bruxelles, 1675), contre les *Avis salutaires de la B.V. Marie à ses dévots indiscrets* de A. Widenfeld (cf. P. Hoffer, *La dévotion à Marie...*, p. 184, 217 et suiv., 379-380), et par un traité *Du bon et fréquent usage de la*

achèvement, un *Abrégé et examen des premiers tomes du livre intitulé la Mystique Cité de Dieu...* (4), approuvé par des docteurs de l'université de Toulouse en novembre 1694 : c'était une défense de l'ouvrage et des « choses extraordinaires » qu'il expose (5) ; à travers l'apologie, les éventuelles objections apparaissent : n'est-ce pas un « supplément des livres sacrés » (6), la religieuse ne fait-elle pas Marie « très semblable à Jésus-Christ » (7), n'enseigne-t-elle pas l'Immaculée Conception qui n'est pas encore un dogme défini (8), et la doctrine de Scot qui ne représente que les opinions d'une école théologique (9) ? A ces questions, le futur traducteur répond, sans hésiter, affirmativement, et prouve que les faits qui composent cette histoire sont « révélés » : sinon ne faudrait-il pas regarder Marie d'Agreda « comme une trompeuse, une hypocrite, une orgueilleuse » (10) ? Grenier fait état des approbations dont a bénéficié le livre (11) et rapproche son auteur des Brigitte, Gertrude et Thérèse dont les œuvres jouissent d'une autorité peu contestable (12). A qui s'en offenserait, il suffirait de faire remarquer que « les vérités catholiques ont été successivement établies dans l'Eglise et que ce n'est que pour cela que les conciles ont été de temps en temps assemblés » (13) ; enfin, mais ce n'est qu'aux dernières pages du livre, Grenier, qui est persuadé qu'il y a une « très grande ressemblance » et une « espèce d'égalité de proportion entre Jésus comme Fils de Marie, et Marie comme Mère de Jésus », note qu'il y a « une différence essentielle et nécessaire dans les manières dont l'un et l'autre possédaient les vertus, les dons et les grâces surnaturelles » (14).

La traduction de Grenier ne vit pas le jour : entre temps une entreprise analogue avait été lançée par les récollets. Le P. Thomas Croset, récollet, avait traduit *la Mystique Cité* et commença par

---

communion (Bordeaux, 1681 ; cf. H. Bremond, *Histoire littéraire...*, t. IX, p. 117, n. 1 ; P. Hoffer, *op. cit.*, p. 217) où se manifestait une hostilité sans nuances au jansénisme et au protestantisme (P. Hoffer, *op. cit.*, p. 184, 213, 215).

(4) Perpignan et Bordeaux, 1695.

(5) « Ni dans ces nouveaux faits, ni dans ces révélations extraordinaires, nous ne voyons rien qui choque les principes de la Foi ou des bonnes mœurs » (Avertissement, non paginé).

(6) *Abrégé...*, p. 8.
(7) *id.*, p. 13.
(8) *id.*, p. 17, 59 et suiv.
(9) *id.*, p. 23, 43.
(10) *id.*, p. 35.
(11) *id.*, p. 2.
(12) *id.*, p. 24.
(13) *id.*, p. 38.
(14) *id.*, p. 481.

publier un premier tome comprenant le premier livre (15) : la permission de l'imprimer est donnée par J.I. de Foresta-Colongue, prévot, vicaire général et official de Marseille, le 10 mars 1694, patronage sans doute compromettant ,car jansénistes et antimystiques sont peu favorables au vicaire général (16) ; les récollets (17) avaient aussi en ces régions bien des ennemis et un de leurs adversaires les plus résolus est l'évêque de Saint-Pons, Percin de Montgaillard : en 1694, justement, commence entre eux une longue querelle, qui durera, à peine coupée de trèves, jusqu'aux premières années du XVIIIe siècle (18) ; l'évêque de Saint-Pons est lié avec Bossuet au moins depuis 1684 (19), il partage avec lui un solide augustinisme (20), et dans peu d'années il manifestera au quiétisme et à Fénelon, son parent, une hostilité mesurée mais décidée (21) en admirant l'*Instruction sur les états d'oraison* (22) ; nous devinons que dans la lutte de M. de Saint-Pons avec les récollets l'évêque de Meaux, peu favorable en général aux réguliers, devait partager les antipathies de son confrère.

Or parmi les adversaires de Percin de Montgaillard nous trouvons en bonne place le P. Séraphin Picot (23), le P. Blanc (24), et Chérubin de Sainte-Marie Ruppé (25) ; bien plus, l'évêque de Saint-

(15) *La Mystique Cité de Dieu,* Tome premier, Marseille, Henri Martel, 1695.

(16) Cet ami de Malaval (J. Bremond, dans R.A.M., 1955, p. 409-412) à qui le mystique aveugle adressa une *Lettre* (Marseille, 1695) pour se justifier des accusations de molinosisme (ce qui n'empêcha pas la *Lettre* d'être mise à l'Index en 1697 : de Guibert, *Documenta...,* § 1224), était fort mal vu des jansénistes (cf. *infra,* p. 633, n. 40) ; il deviendra évêque d'Apt [Ledieu, *Journal,* t. I, passim (en 1700), et voir sa censure du *Cas de conscience* en 1703, B.N. n. a. fr. 7490, f° 1 et suiv.].

(17) Non seulement le traducteur, mais plusieurs approbateurs sont récollets : Séraphin Picot, Joseph d'Inguimberty, Chérubin de Sainte-Marie Ruppé, Ange Blanc sont les plus en vue des récollets de la province : nous trouvons les trois derniers comme approbateurs de *Les Puissants attraits de l'amour divin* [...] *dans la vie* [...] *de Claire de Saint-François de Galon,* de Séraphin Picot (Marseille, Cl. Garcin, Béziers, Henri Martel, 1683).

(18) Sur Percin de Montgaillard, cf. Saint-Simon, *Mémoires,* XXIII, p. 358-359 ; sur ses démêlés avec les récollets, C.B., VIII, p. 150, 354-355 ; IX, p. 288-289 ; XII, p. 360-361, et les références ; et surtout le recueil B.N. impr. Lk³ 589. Sur ses liens avec les jansénistes : C.B., III, p. 4, n. 1, et avec l'ami de Bossuet, Pierre de La Broue : C.B., VI, p. 86 ; VIII, p. 252.

(19) C.B., III, p. 4-5 ; et en 1693 : C.B., VI, p. 86.

(20) C.B., II, p. 388.

(21) C.B., IX, p. 110, 433-440.

(22) C.B., IX, p. 435.

(23) B.N. impr. Lk³ 589, p. 615.

(24) *Id.,* p. 174.

(25) *Id.,* p. 564 et suiv. ; C.B., IX, p. 288.

Pons poursuivra de son hostilité un ouvrage de ce dernier, *La véritable dévotion à la Mère de Dieu* (26), et parviendra à en faire condamner trois propositions par la Sorbonne le 26 mai 1696 (27), avant de le faire mettre à l'Index deux ans plus tard (28). L'affaire de *La Mystique Cité de Dieu* en France est un des développements de l'affaire des récollets de Saint-Pons.

C'est aussi, et par la même raison, un des épisodes de l'affaire du quiétisme : le livre du P. Ruppé sera en effet considéré comme quiétiste (29), et les défenseurs des récollets seront parfois les mêmes que ceux de Fénelon (30). En tout cas, devant l'œuvre du P. Croset, les spirituels, non seulement la petite société de spirituels marseillais qui entoure le traducteur de sa sympathie (31), mais la célèbre Mère Mechtilde du Saint-Sacrement, sont très favorables (32) ; les jansénistes et les savants sont réticents (33) ou hostiles, et très vite M. de Meaux apparaît comme leur champion.

---

(26) 3e éd. très augmentée, Toulouse, 1691.

(27) B.N. impr. Lk3 589, p. 531 et suiv.

(28) C.B., X, p. 18 ; cf. C.B., XII, p. 360-361 ; de Guibert, *Documenta...*, § 1224.

(29) Voir surtout une lettre de Gaston de Noailles, év. de Châlons, à son frère Louis-Antoine, arch. de Paris, du 8 novembre 1697, au moment des perquisitions antiquiétistes dans les bibliothèques des couvents : il s'agit d'une visite aux ursulines de Saint-Dizier (B.N. fr. 23483, f° 109 v°) : « J'ai trouvé tous les livres du P. Guilloré, ceux de l'abbé d'Estival ; j'ai trouvé un livre *de la dévotion à la Mère de Dieu* en 2 tomes par f. Chérubin Rupé de M. de Saint-Pons, et *le paradis ouvert à Philagie par cent dévotions à la Sainte Vierge*, la *Lettre du serviteur de Dieu* Jean Falconi, les ouvrages du P. Pini, et *le chemin de la paix* par Desmarets ; ce dernier est extravagant. J'ai pris un exemplaire de chacun pour les faire examiner car tous ces livres tendent à établir la fausse spiritualité du temps, ou peut approcher des rêveries d'Agreda. Je vous avouerai franchement que je ne serais pas fâché de trouver occasion de mortifier le f. Rupé ». Et l'archevêque répond : « Tous ces livres sont bons à ôter, je ne perdrais pas non plus que vous l'occasion d'humilier le P. Rupé si j'en trouvais. » (Cf. aussi f° 133, des remarques hostiles au P. Ruppé).

(30) Ainsi le P. Alexis du Buc, théatin : voir une lettre très violente du P. du Buc contre M. de Saint-Pons, le 21 mars 1702, B.N. impr., Lk3 589, p. 980. Sur Alexis du Buc, C.B., IX, p. 450 et les références ; [Picot], *Essai historique...*, t. II, p. 21, 217, 247, 472. Sur sa traduction du *Combat spirituel* de Scupoli, C.B., XI, p. 36-37 ; Fénelon, *Œuvres,* IX, p. 606. Ajouter Fénelon, *Œuvres,* t. X, p. 25 ; B.N. n. a. fr. 7490, f° 133 v°, sur les activités du P. du Buc en 1685 ; et n. a. fr. 7493, f° 141, sur son hostilité au jansénisme en 1705.

(31) Cf. l'Avertissement de la traduction.

(32) Lettre de la Mère Mechtilde au P. Croset, 27 octobre 1695, publiée par D. Guéranger dans *L'Univers* du 16 janvier 1859 : elle est « ravie » de la lecture de ce livre, « ce qu'il contient est si divin... ». La Mère Mechtilde et ses œuvres ne seront pas épargnées par les soupçons de Bossuet : C.B., X, p. 309-310. Même un homme comme Legendre, qui a « peu de goût pour la mysticité » (*Mémoires,* p. 226) juge le livre attrayant et admire « le beau génie de cette fille » (*ibid.*).

Le 1er mars 1696, Bourdelot annonce à l'abbé Nicaise que « la traduction fait ici du bruit, on blâme fort le traducteur et l'approbateur et le livre est défendu et l'on travaille à le supprimer tout à fait » (34). Il semble bien que ce soit avant cette date que Bossuet ait lancé l'offensive (35). En 1700 le vieil évêque se félicitera devant Ledieu d'avoir été « l'unique promoteur » de la censure de la Sorbonne, « parce qu'il y avait à craindre que cette *Vie de la Vierge* ne courût parmi le peuple comme un cinquième Evangile, ainsi que l'auteur en avait dessein, et que les révélations dont elle est pleine le doivent faire croire » (36). Recherche du livre imprimé à Marseille, de l'original espagnol en 3 tomes (37), dénonciation auprès du chancelier Boucherat (38), suppression du tome paru, retrait du privilège, défense d'imprimer la suite,... c'est le processus qui réussit jadis à Bossuet avec l'*Histoire critique du Vieux Testament*. M. de Meaux instruit aussi Noailles des « illusions » du livre (39) et l'invite à s'associer à ses pressions sur la Faculté de théologie de Paris (40).

---

(33) Ainsi, le compte rendu donné par le *Journal des Savants* le 16 janvier 1696 (p. 29-30).

(34) B.N. fr. 9360, f° 173 v°-174.

(35) Bien que nous n'ayons pas de documents antérieurs à avril, la plupart des historiens et des pamphlétaires soulignent son rôle essentiel ; points obscurs : qui avertit Bossuet ? Quand exactement intervint-il pour la première fois ? Censura-t-il officiellement le livre avant d'avertir la Faculté ?

(36) Ledieu, *Journal*, I, p. 43 ; cf. *Mémoires*, éd. Guettée, I, p. 204 ; nuançons dès maintenant ces affirmations : à cette date le vieillard tend à se donner la gloire d'avoir seul deviné Richard Simon, Ellies du Pin, etc.

(37) Bibliothèque, catal. 1742, n° 185, et R.B., 1901, p. 152.

(38) « Il en parla aussitôt à M. Boucherat, chancelier, qui voulut lire dans l'espagnol, qu'il se piquait d'entendre, ce que M. de Meaux lui en avait rapporté, particulièrement ce qui regarde l'instant de la conception de la Vierge, sur quoi il se récria : " Que sait-elle de ces choses-là, elle, religieuse ? Ou c'est une coquine, ou c'est une menteuse. " » (Ledieu, *Journal*, I, p. 43. Cf. aussi *Abrégé des disputes causées à l'occasion du livre...* (cité *infra*, p. 637), p. 13-14.

(39) Ledieu, *Journal*, I, p. 43. L'archevêque était, moins que Bossuet, soulevé contre le livre : cf. Legendre, *Mémoires*, p. 225 ; *L'Affaire de Marie d'Agreda...*, Cologne, 1697, p. 14 ; d'après ce libelle anonyme, c'est aussi Bossuet qui alerta Ch.-M. Le Tellier, archevêque de Reims.

(40) Les *Nouvelles ecclésiastiques* manuscrites de mars-avril 1696 sont bien renseignées et confirment le témoignage tardif de Ledieu : « M. de Meaux est plus justement scandalisé d'un livre intitulé en espagnol la Vie de la Sainte Vierge en sept tomes par une religieuse cordelière nommée Marie d'Agreda. Ce livre est plein de fables et de visions et vient d'être traduit et imprimé à Marseille avec privilège et approbation, entre autres Mr. de Foresta que les Jésuites ont poussé de grand vicaire de Marseille jusqu'à être évêque d'Apt, il est vrai qu'il est parent de M. de Marseille : M. de Meaux pousuit vivement la condamnation de toutes ces folies en Sorbonne et auprès de M. de Paris, mais on ne sait s'il y réussira en cette conjoncture qui lui devrait être favorable, car ce livre est

A vrai dire, le zèle de certains docteurs de Sorbonne n'avait pas à être stimulé : hostiles en général aux ouvrages mystiques (41), ces docteurs ne devaient pas être fâchés de se venger de Rome qui naguère avait mis à l'Index *donec corrigatur* le livre *De la dévotion à la Vierge et du culte qui lui est dû* d'un des leurs, Adrien Baillet (42).

Cependant M. de Meaux trouve des adversaires, et pour des raisons qui tiennent peu à la spiritualité : l'auteur d'une *Lettre d'un colonel d'infanterie au R.P. Quesnel, prêtre de l'Oratoire, au sujet du livre de la S^r d'Agreda censuré par M. de Meaux* (43) est sans grande sympathie pour la doctrine du livre (44), mais il se montre très violent contre l' « inquisiteur général en France » (45), laissant supposer que Bossuet est animé par l'éditeur Anisson désireux de réparer les grosses pertes qu'il aurait faites sur le *Liber Psalmorum* de 1691 (46) ! Il est mieux inspiré lorsqu'il remarque que les révélations de sainte Brigitte et de sainte Thérèse, et même celles de saint Patrice sur le Purgatoire, s'impriment et sont entre

---

l'idole de ces ignorants espagnols et il y a même un bref du Pape écrit au roi d'Espagne... » (B.N. fr. 23505, f° 136 v°-137).

(41) Fénelon, *Œuvres,* IX, p. 70 : le P. Lacombe à Mme Guyon, 20 août 1695 : « Vous savez que la Sorbonne ne veut plus approuver aucun ouvrage mystique où il soit parlé de voie passive... »

(42) A l'Index le 4 août 1694 ; de Guibert, *Documenta...,* § 1224 ; P. Hoffer, *La dévotion à Marie...,* p. 261, simplifie un peu en ramenant l'affaire de la *Mystique Cité* à cette surenchère entre Rome et Paris, mais le lien entre les deux affaires était bien fait en 1696 : cf. B.N. n. a. fr. 22151, f° 188.

(43) Sans doute Faydit ; texte réédité dans *Documents d'Histoire,* 1910, p. 223-231, d'après le ms. Mazarine 1117 ; une autre copie, B.N. fr. 24980, f° 144 et suiv. Nous trouvons des jugements très sévères sur ce libelle dans une lettre de Clément à l'abbé de Louvois (dont Bossuet avait récemment présidé la tentative, C.B., XV, p. 488-489) du 18 avril 1696 (B.N. fr. 20052, f° 22) et dans une lettre de Nicaise à Turretin du 4 mai (Nicaise, *Lettres inédites,* éd. de Budé, Paris, 1886, p. 41) : Nicaise affirme aussi que dans la *Mystique Cité de Dieu* « il y a une infinité de folies et d'extravagances dignes des petites maisons ; ce sont des révélations continuelles sur des faits tout personnels. Le 1er tome est la vie de la Vierge dans le ventre de sainte Anne et dans le berceau. Il y a beaucoup de révélations sur les saints et les saintes dont on ne trouve point de reliques, comme sainte Anne, saint Joachim, saint Joseph, etc. ».

(44) *Documents d'Histoire,* 1910, p. 226.

(45) *Id.,* p. 225.

(46) *Id.,* p. 226. En fait, Anisson a pris un privilège en 1694 pour une traduction de la *Mystique Cité de Dieu :* aurait-il voulu abattre son concurrent avant de lancer sa propre traduction ? L'auteur du libelle justifie aussi Foresta-Colongue (*Documents d'Histoire,* 1910, p. 227), fait des allusions assez injustes à la non-résidence de M. de Meaux dans son diocèse (*id.,* p. 228-229). Sur le rôle d'Anisson, qui n'est pas clair et qui est important à cause de ses liens avec Bossuet, voir *Abrégé des disputes causées à l'occasion du livre...* (cité *infra,* p. 637), p. 10 et suiv., et l'*Affaire de Marie d'Agreda...* (cité *infra,* p. 636), p. 13-14.

les mains de tout le monde (47), et que Bossuet lui-même a répondu de l'orthodoxie des sentiments de Mme Guyon (48). Une apologétique se dessine donc depuis le livre de Pierre Grenier : elle consiste à assimiler le livre de Marie d'Agreda aux nombreux ouvrages mystiques incontestés ; mais le caractère « moderne » de *la Mystique Cité* risque au contraire de lui faire partager le sort des « nouveaux » mystiques ; sur la ligne de clivage entre mystique traditionnelle et « nouvelle » mystique, le livre de la religieuse espagnole sera signe de contradiction, d'autant plus que le décalage entre le monde espagnol et le monde français accroît les différences.

Bossuet se soucie peu d'un libelle injurieux (49) et explique à Ph. du Bois le 12 avril 1696 les motifs de ses démarches : « Ce que j'ai à faire de ma part, c'est de continuer de m'opposer, autant qu'il me sera possible, aux nouveautés, pour lesquelles ces gens-là ont un zèle si aveugle » (50) ; le livre, ajoute-t-il, « tourne si visiblement à l'opprobre et au scandale de la religion » (51). Le 20 mai il annonce à son neveu, à peine arrivé à Rome, que des commissaires ont été nommés pour examiner *la Mystique Cité* (52) : outre le doyen Guischard et le syndic Claude Le Feuvre, les quatre commissaires sont le P. Chaussemer, Jean Saussoy, Nicolas Gobillon et Thomas Roulland ; le choix d'hommes prévenus, de tendances thomistes, et hostiles *a priori* au livre (53) est sans doute le résultat de démarches de Bossuet avec qui cinq d'entre eux sont fort liés (54).

---

(47) *Documents d'Histoire,* 1910, p. 226.

(48) *Ibid.*

(49) C.B., VII, p. 365.

(50) *Ibid.*

(51) C.B., VII, p. 366.

(52) C.B., VII, p. 406 ; à la sollicitation de Bossuet, le syndic Le Feuvre a déféré le livre à la Sorbonne le 2 mai.

(53) Cf. Legendre, *Mémoires,* p. 226-227.

(54) P. Guischard avait été son professeur à Navarre (A.-G. Martimort, *Le gallicanisme...,* p. 148-153 ; C.B., IV, p. 285, n. 2 ; Ledieu, *Journal,* I, p. 40, 198) ; Bossuet l'a recommandé à Huet en 1691 (C.B., IV, p. 285-286) et le rencontrera justement le 9 juillet 1696 (C.B., VIII, p. 6) ; Guischard était jugé « fort souple » et « intéressé » (A.-G. Martimort, *Le gallicanisme...,* p. 151) ; il signera la censure des *Maximes des Saints* (C.B., XI, p. 469).

C. Le Feuvre, qui fut professeur à Navarre (A.-G. Martimort, *Le gallicanisme...,* p. 150, n. 3), était selon Legendre « l'âme de toute l'intrigue » (*Mémoires,* p. 228 ; sur lui, outre Legendre, lire Ledieu, *Journal,* I, p. 40 et n. 2, 204) ; il était en bons rapports avec Bossuet (C.B., III, p. 358, en 1687 ; Ledieu, *Journal,* I, p. 166, en 1700) et signera la censure des *Maximes des Saints* (C.B., XI, p. 469).

Jean Saussoy, aussi professeur à Navarre (A.-G. Martimort, *Le gallicanisme...,* p. 149 et suiv.), est un protégé de Bossuet (Ledieu, *Journal,* I, p. 42) ; il signera la censure des *Maximes des Saints* (C.B., XI, p. 469).

En même temps, Bossuet qui a entendu parler des condamnations romaines demande à son neveu de lui envoyer l'imprimé de la censure des cardinaux de l'Inquisition en 1681 (55). Les commissaires firent leur rapport le 2 juillet 1696 : « ils doivent qualifier dix ou douze propositions, le reste en gros » (56) ; en fait leur *sententia,* qui contrairement à l'usage fut imprimée (57), comprend 19 propositions : sauf une, la XVIIe, elles se retrouveront dans les 14 propositions de la *censura* trois mois plus tard. Mais les débats qui commencèrent le 14 juillet ne se déroulèrent pas dans une atmosphère sereine : débats précipités (58), pressions sur les docteurs, intrigues, nous n'avons pas à raconter en détail ces discussions et des scandales maintes fois dénoncés (59) ; rappelons toute-

---

Le P. Chaussemer, dominicain (sur lui, D.S., t. II, c. 810-811 ; Ledieu, *Journal,* I, p. 203-204, 265), dira quelques années plus tard que « M. de Meaux était son maître [...], qu'il avait droit de lui commander et qu'il était prêt de lui obéir » (Ledieu, *Journal,* I, p. 203) ; Bossuet en effet avait présidé sa tentative en 1666 (C.B., XV, p. 445). Lui aussi signera la censure des *Maximes des Saints* (C.B., XI, p. 469).

N. Gobillon, curé de Saint-Laurent, auteur d'une *Vie de Mademoiselle Le Gras,* Paris, 1676 (sur lui, J. Mesnard, *Pascal et les Roannez,* Paris, 1965, t. II, p. 938), avait approuvé la traduction d'Arnauld d'Andilly de la *Vie de Grégoire Lopez* (Paris, 1674 ; cf. C.B., XII, p. 191), mais ce n'est pas un signe de sympathie pour les mystiques ; il signera la censure des *Maximes des Saints* (C.B., XI, p. 469).

Th. Roulland la signera lui aussi (C.B., XI, p. 470), mais Bossuet le jugera partisan du jansénisme, tout en collaborant à l'occasion avec lui (Ledieu, *Journal,* I, p. 68, 142) ; en 1700, il le définira « une tête de fer, aheurté à son sens [...] au fond un ignorant qui n'a pas grand raisonnement » (Ledieu, *Journal,* I, p. 81) ; mais l'archevêque de Reims est tout-puissant sur Roulland qui d'ailleurs signera la censure des propositions de Chérubin de Sainte-Marie Ruppé (B.N. impr. Lk^3 589, p. 565).

(55) C.B., VII, p. 407 ; Bossuet n'était pas le seul à demander ces renseignements précis : devant les bruits répandus par les partisans du livre, il importait de savoir la portée exacte des censures et leur validité ; au même moment, un correspondant du conseiller de Mazaugues envoyait à ce dernier, de Rome (26 mai 1696), ces renseignements avec le texte du décret du 26 juin 1681, et concluait : « Je ne doute pas que la Sorbonne ne condamne ce livre particulièrement lorsqu'on saura qu'il a été condamné à Rome et que la publication du décret n'a pas été suspendue comme on a dit » (Carpentras, Inguimbertine, ms. 1916, pièce 35).

(56) C.B., VII, p. 445.

(57) Imprimé dans B.N. fr. 13924 ; copie manuscrite Mazarine, ms. 1117 ; cf. C.B., VIII, p. 3.

(58) Cf. C.B., VII, p. 445, n. 2.

(59) *L'Affaire de Marie d'Agreda et la manière dont on a cabalé en Sorbonne sa condamnation,* Cologne, 1697 ; *Avis sur la censure du livre composé par Marie de Jésus, abbesse d'Agreda,* s.l.n.d. (B.N. impr. D 18143 3) ; *Lettre sur la censure faite en Sorbonne du livre de Marie d'Agreda,* s.l., 1737 (impr. dans Mazarine, ms. 1914) ; Legendre, *Mémoires,* p. 225 et suiv. ; d'Avrigny, *Mémoires chronologiques,* au 20 mai 1696 (Nîmes, 1781, t. II, p. 233-235) ; D. Guéranger, dans *l'Univers,* du 23 mai

fois que des libelles pour ou contre le livre circulèrent en ces mois de l'été 1696 et vulgarisèrent les arguments des partisans et des adversaires (60). Ces arguments sont peu nombreux, vingt fois répétés ou réfutés : Marie d'Agreda aurait écrit un cinquième Evangile (61), présenté une nouvelle Révélation et fait la prophétesse (62), exalté Marie indépendamment de Jésus-Christ, parlé d' « adoration » de la Mère, ce qui est nier la divinité du Fils et renouveler l'arianisme (63) ; son livre est indécent et plus romanesque que dévot (64) ; il canonise la doctrine scotiste (65) et l'opinion de l'Immaculée Conception que les papes n'ont pas im-

1858 au 18 septembre 1859 (nombreuses inexactitudes). Voir aussi le jugement du P. Gouye dans une lettre du 14 juillet 1696, B.N. ms. Clair. 1055, f° 224, et celui de Vuillart du 25 octobre 1696 (à Préfontaine, éd. Clark, p. 69-70) ; Ledieu, *Journal*, I, p. 44. Le 11 août 1696, le P. Chaussemer prononça sa sentence (Rome, Casanate, ms. 2670, f° 5-26), ample et assez approfondie : c'est une défense de l'ordre dominicain et de saint Thomas sur la question de l'Immaculée Conception, et une attaque contre le livre de Marie d'Agreda rapprochée des quiétistes (nouvelles voies de prière et de perfection, recherche de Dieu seul, abandon des mystères de l'Incarnation, de la Passion, etc., laissés aux imparfaits) et des sociniens (négation de la divinité de Jésus-Christ), pour conclure en demandant une censure non pas *in globo*, mais par proposition.

(60) Voici les principaux : 1° Pour la censure : *Lettre à Messieurs les Doyen, Syndic et Docteurs en théologie de la Faculté de Paris*, s.d. (2 tirages, le premier, B.N. D 41648 *bis*, le second, B.N. D 41648 et 22652) ; *Mémoire touchant le livre de la Sœur Marie d'Agreda...* (ms. B.N. n. a. fr. 7490, f° 22 et suiv.) ; *Observations sur le mémoire envoyé depuis peu de Rome touchant l'affaire du livre...* (ms. B.N. n. a. fr. 22151, f° 196 et suiv.). 2° Contre la censure : *Mémoire présenté à Messieurs les Docteurs de la Faculté de Paris pour examiner la vie de la T.S. Vierge...* (ms. B.N. n. a. fr. 22151, f° 185 et suiv.) ; *Réponse à un libelle... intitulé Lettre à Messieurs les Doyen, Syndic et Docteurs...*, 1696 [par le P. Crouzeil ofm] (impr. B.N. D 18143 (2) et dans ms. fr. 13924). 3° Position nuancée : *Abrégé des disputes causées à l'occasion du livre qui a pour titre La Mystique Cité...*, s.l.n.d. (2 tirages, B.N. D 22651 et 22652). La plupart de ces pièces sont recopiées dans le ms. Mazarine 1914. Partisans et adversaires sont en correspondance avec l'Espagne et Rome : lettre du P. Mathieu de Jésus-Marie, carme déchaux de Madrid du 5 mars 1696, copiée par le P. Séverin de la Visitation, carme déch. de Paris, le 25 avril 1696 (B.N. n. a. fr. 22151, f° 193 et suiv.) ; interventions du nonce Delfini (C.B., VII, p. 445-446 ; et D. Guéranger, *l'Univers*, 29 mai 1859), du général des jésuites T. Gonzalez et du P. de la Chaize (H. Hillenaar, *Fénelon et les Jésuites*, La Haye, 1967, p. 146-147 (des erreurs de détail), 362), lettres adressées par un docteur de Paris à Rome (D. Guéranger, *l'Univers*, 15 mai 1859).

(61) *Lettre à Messieurs les Doyen, Syndic...*, p. 3 ; lettre du P. Gouye, *loc. cit.*

(62) *Lettre à Messieurs les Doyen, Syndic...*, p. 4, 5, 13 ; lettre du P. Gouye, *loc. cit.* ; B.N. n. a. fr. 7490, f° 26 ; Chaussemer, *Censorium suffragium..., secunda pars* (Casanate, ms. 2670).

(63) Chaussemer, *loc. cit.*

(64) *Lettre à Messieurs les Doyen, Syndic...*, p. 14.

(65) *Abrégé des disputes...*, p. 15.

posée (66). Au total, le grand reproche est celui de nouveauté (67).

Les défenseurs invoquent les nombreuses approbations que reçut le livre (68), et l'un (69), citant le cardinal Bona, dégage les caractères propres du langage mystique au-dessus de la sagesse humaine ; tous enfin rapprochent le cas de ces révélations de celles de sainte Brigitte, de sainte Catherine de Sienne, etc. et en tirent argument soit pour justifier *la Mystique Cité,* soit pour marquer les différences (70). Bossuet, dont la *Lettre à Messieurs les Doyen, Syndic...* (71) fait un grand éloge, est ménagé par le P. Crouzeil (72) qui semble ne pas vouloir le mettre directement en cause. Cependant son rôle est considérable et l'auteur d'un libelle publié en 1697 (73) fait de Bossuet, « prélat plus attaché aux sentiments de saint Thomas qu'un jeune jacobin » (74), le moteur de l'affaire, le montrant sollicitant les uns et les autres (75), démarches auxquelles doit faire allusion un autre libelle (76). Sa correspondance avec son neveu et avec Phelipeaux confirme le grand intérêt qu'il porte à l'affaire : le second lui envoie à la fin de juillet un véritable mémoire qui fait le point des condamnations romaines (77) et

---

(66) B.N. n. a. fr. 7490, f° 22 et suiv.

(67) *Abrégé des disputes...,* p. 14 ; n. a. fr. 22151, f° 197.

(68) B.N. n. a. fr. 22151, f° 185 et suiv. ; [Crouzeil] *Réponse à un libelle...,* p. 61 et suiv.

(69) Crouzeil, *op. cit.,* p. 52-53.

(70) B.N. n. a. fr. 22151, f° 187 v° ; [Crouzeil] *Réponse à un libelle...,* p. 10, 33, 74 ; Nicaise, dans Leibniz, *Textes inédits,* éd. Grua, t. I, p. 106 ; C.B., VIII, p. 23 ; voir aussi une réflexion méprisante de Le Feuvre sur ces saintes dans *Avis sur la censure du livre composé par Marie de Jésus...,* p. 13. Le P. Chaussemer en tire la conclusion que l'on ne peut se fier à des révélations contradictoires (*Censorium suffragium,* 1re partie).

(71) P. 17-18.

(72) *Réponse à un libelle...,* p. 15-16.

(73) *L'affaire de Marie d'Agreda et la manière dont on a cabalé en Sorbonne sa condamnation,* Cologne, 1697 (B.N. impr. D 18143, 1) ; le libelle a été attribué à La Morlière (C.B., XIV, p. 503), mais ce dernier s'en est justifié dans un petit libelle conservé à la Mazarine (impr. 42874, pièce 4) : *Justification de M. Henry de la Morlière...,* 1697, en faisant, en particulier, allusion aux calomnies contre M. de Meaux dont il ne saurait être l'auteur (p. 11).

(74) P. 13.

(75) Bossuet est à Paris, environ du 7 juillet au 3 août.

(76) *Avis sur la censure du livre composé par Marie de Jésus, abbesse d'Agreda :* « Il est inutile de dire ce qui se passa entre ce 2 juillet et le 14. Un grand Prélat eut soin de se rendre dans une des premières Maisons de la Faculté, comme pour y battre le tambour, s'il faut ainsi dire ou sonner le tocsin sur Marie d'Agreda, animant un chacun à la censure du livre... » (p. 5). En même temps, M. de Meaux ne se départit pas d'une certaine prudence : « Cette engeance [les moines] est enragée contre moi, parce qu'ils veulent croire que j'agis plus que je ne fais et ne veux faire dans cette affaire » (C.B., VIII, p. 34).

(77) C.B., VIII, p. 19-24.

affirme que le livre n'est pas examiné par des cardinaux (78). Pour s'assurer à Rome, M. de Meaux intervient auprès du cardinal d'Aguirre (79) qui jadis a approuvé le livre de Marie d'Agreda (80) : Bossuet en effet était entré en rapports avec cet ancien adversaire de la Déclaration du clergé de France (81) qui s'est montré d'une « grande prudence » (82) quand les bénédictines de Jouarre avaient fait appel à lui contre leur évêque (83), et qui est adversaire du probabilisme (84) ; puisque l'abbé Bossuet va à Rome, qu'il rende visite au cardinal et essaie d'en obtenir quelque explication (85), car d'Aguirre ne semble pas prendre nettement parti (86) : pour l'éclairer, Bossuet lui envoie par le cardinal de Bouillon un mémoire (87) qui le décide à se déclarer contre le livre (88).

Finalement la Faculté de théologie porte le 17 septembre sa censure, en 14 propositions (89), reprenant pour l'essentiel la *sententia* des examinateurs (90).

---

(78) Ce ne sera plus vrai un mois plus tard : le 9 septembre 1696, Innocent XII, dans une lettre à Charles II, annonce qu'il a donné le livre à examiner (de Guibert, *Documenta...*, § 1041), mais c'était trop tard pour paralyser les entreprises de la Sorbonne.

(79) Sur lui, C.B., VII, p. 180.

(80) Préclin-Jarry, *Histoire de l'Eglise*, Fliche et Martin, t. XIX, 1re partie, p. 81.

(81) A.-G. Martimort, *Le gallicanisme...*, p. 533, 534, 537, 655, 662-664, 673-674.

(82) C.B., IV, p. 490.

(83) C.B., IV, p. 482, 487, 490-491 ; V, p. 511, 512.

(84) C.B., VII, p. 180-182.

(85) C.B., VII, p. 305, 441.

(86) C.B., VIII, p. 5, 7-8, 31, 46-47, 52.

(87) LT, XX, p. 620-622.

(88) C.B., VIII, p. 61 ; d'Aguirre se repentira de cette faiblesse, si l'on en croit l'abbé de Chantérac, lettre du 21 janvier 1698, Fénelon, *Œuvres*, t. IX, p. 304 ; et il écrira à l'abbé de Pomponne en faveur du livre de Marie d'Agreda, C.B., IX, p. 201-202.

(89) *Censure faite par la Faculté de théologie de Paris, d'un livre qui a pour titre, La Mystique Cité de Dieu*, Paris, 1696 ; plusieurs éditions latines ou bilingues.

(90) Ce qui ne mit pas fin aux contestations, d'autant que l'affaire de Marie d'Agreda est de plus en plus liée avec celle de Fénelon ; le rôle du P. Diaz s'explique en partie par ces interférences. Cf. C.B., VIII, p. 85-86, 242, 431 ; IX, p. 175 ; *Extrait de la lettre de M***, avocat en Parlement, à M***, Docteur de Sorbonne en Touraine*, de Paris, le 20 octobre 1696 (impr. dans B.N. ms. fr. 13924) ; Saint-Simon, *Mémoires*, t. VI, p. 373-374 ; *Lettre sur la censure faite en Sorbonne du livre de Marie d'Agreda*, s.l. 1737 (dans Mazarine ms. 1914) : ce dernier libelle étudie le rôle de Bossuet, fait un grand éloge du personnage (p. 4-5), mais souligne qu'avant l'affaire du quiétisme « peu de personnes entendaient la mysticité » (p. 2), et ajoute, ce qui nous surprend, que Bossuet avait du respect pour le livre de Marie d'Agreda (p. 5-6 : en s'appuyant sur un témoignage que nous n'avons pu identifier : « un homme célèbre, M. l'abbé [...], lié d'amitié et d'études avec M. Bossuet, est caution dans un livre public de ce que nous avançons »).

II. La doctrine de Bossuet.

Nous trouvons cette doctrine dans quelques allusions des lettres et surtout dans le mémoire adressé au cardinal d'Aguirre (91) ; et pour l'exposer commodément nous reprendrons la traditionnelle distinction entre le fond et la forme qui est ici éclairante.

Sur le fond de *la Mystique Cité de Dieu,* Bossuet fait des réserves nombreuses qu'il n'est pas seul à faire : la nouveauté (92) avant tout ; *la Mystique Cité,* bien loin de s'appuyer sur les Evangiles, tend à substituer un nouvel Evangile au seul véritable (93), et cela en présentant une nouvelle Révélation : d'où l'ironie de M. de Meaux en citant les passages les plus messianiques du livre (94) ! Le livre est-il « inspiré et révélé » (95) ? Est-il, comme le prétend l'auteur, une « histoire divine » (96) ? « La prétention d'une nouvelle révélation de tant de secrets inconnus doit faire tenir le livre pour suspect et réprouvé dès l'entrée » (97).

Exemple de choix d'une opinion particulière au détriment de l'Evangile, les déclarations par lesquelles Marie d'Agreda développe les principes « scotistiques » (98). Bossuet ne méprise pas Scot : certes il trouve qu'il « chicane un peu » (99) à propos de l'amour désintéressé, mais il se plaisait naguère à souligner que sur la grâce il est d'accord avec saint Thomas (100), et il invoquait même

---

(91) LT, XX, p. 620-622, publié pour la première fois en 1753, au 3e tome des *Œuvres posthumes.* Le texte donné par LT, est souvent inexact : dans nos citations, nous le corrigeons d'après le brouillon autographe conservé à la bibliothèque de l'Assemblée nationale, ms. 1439.

(92) « Personne n'a jamais osé », « une chose inouïe » LT, XX, p. 620, 622, cf. C.B., VII, p. 365.

(93) Cf. Ledieu, cité *supra,* p. 633 ; LT, XX, p. 620-621.

(94) LT, XX, p. 620. Le messianisme politique est très souvent visible dans le livre et, comme Marie d'Agreda est espagnole et très liée avec le souverain de son pays, un « bon français » ne pouvait que s'irriter (cf. *La Mystique Cité...,* Marseille, 1695, p. 15, 20, 338, 340).

(95) LT, XX, p. 620. Sur ces révélations, sur cette connaissance particulière des mystères, voir *La Mystique Cité...,* éd. cit., p. 1-2, 16-17, 29, 32, 43, 45, 258 et suiv., etc. ; et voir sur ce point les art. I et II de la *Censure.*

(96) LT, XX, p. 620.

(97) LT, XX, p. 621.

(98) LT, XX, p. 621-622 ; cf. C.B., VII, p. 441. On trouverait de nombreux passages qui donnent raison à Bossuet dans *La Mystique Cité,* éd. cit., p. 48, 61, 64, 66, 70, 78 et suiv., 287, 288-289 ; mais au delà des points particuliers, la doctrine de Scot pénètre toute la théologie de l'auteur. La censure de Sorbonne (Paris, 1696, bilingue, B.N. impr. D 6926, p. 19) est beaucoup plus prudente et nuancée, et se garde bien de citer le nom de Scot.

(99) P.C., p. 246, cf. *supra,* p. 579.

(100) LT, IV, p. 511, 573.

en 1658 son témoignage pour expliquer la place de Marie dans le mystère de l'Incarnation (101) ; cependant il y a une grande différence entre éclairer de l'extérieur une doctrine ou une démonstration par le témoignage d'un théologien, et construire un système à partir d'« une scolastique raffinée » (102).

Bossuet insiste encore sur les nombreux miracles rapportés dans le livre, les discours que l'auteur fait tenir à sainte Anne, à saint Joachim, et aux anges (103) ; mais l'essentiel n'est peut-être pas là, il est dans les reproches que Bossuet fait à la forme du livre : un livre qui offense la pudeur (104), plein d'impertinences (105), qui tient plus du conte (106) ou du roman (107) que de l'esprit de l'Evangile : « On ne voit rien, dans la manière dont parlent à chaque page Dieu, la Sainte Vierge et les anges, qui ressente la majesté des paroles que l'Ecriture leur attribue. Tout y est d'une fade et languissante longueur ; et néanmoins cet ouvrage se fera lire par les esprits faibles, comme un roman d'ailleurs assez bien tissu, et assez élégamment écrit ; et ils en préféreront la lecture à celle de l'Evangile, parce qu'il contente la curiosité que l'Evangile veut au contraire amortir ; et l'histoire de l'Evangile ne leur paraîtra qu'un très petit abrégé de celle-ci » (108). C'est parce qu'il n'a pas reconnu dans *la Mystique Cité de Dieu* le style sublime de l'Ecriture, cette éloquence des livres sacrés dont il parlait en 1670 à l'Académie Lamoignon, et qu'il a en cent endroits essayé de définir, que Bossuet juge ce livre un « roman » et non une œuvre religieuse. Une certaine idée et une certaine expérience formelle s'imposent à lui pour l'empêcher de reconnaître entre les différences des styles et des spiritualités ce qu'il admire ailleurs.

Dans la Bible, bien des passages ont « en apparence un air fabuleux », comme la tentation d'Eve (109) : divine folie qui est plus sage que la sagesse ! L'ange de l'*Apocalypse* descendant une

---

(101) O.O., II, p. 520.

(102) LT, XX, p. 621.

(103) LT, XX, p. 621 ; cf. *La Mystique Cité,* éd. cit., p. 90 et suiv., 178 et suiv., 229, 348, 353 et suiv., 411 et suiv., etc. ; et la *Censure* de Sorbonne, art. XI et XIV. A propos des anges, Bossuet n'a pas toujours été aussi réticent, cf. le texte cité *supra,* p. 164, n. 469.

(104) LT, XX, p. 621 ; cf. le ch. XV de *La Mystique Cité* et plusieurs passages cités par Bossuet que l'on retrouve dans l'art. XIV de la *Censure* de Sorbonne.

(105) C.B., VIII, p. 5.

(106) LT, XX, p. 621.

(107) LT, XX, p. 622.

(108) LT, XX, p. 622.

(109) E.M., p. 167.

chaîne en sa main (110), quelle peinture « magnifique », mais « elle promet quelque chose de grand » (111) ! Le *Cantique des Cantiques* qui enchante M. de Meaux est « enlevant » (112). Dans l'Ecriture apparaît donc une « majesté », une magnificence et un sublime qui manquent à l'œuvre de Marie d'Agreda. Bossuet ne peut juger que « ridicule » (113) le style dans lequel il ne pénètre pas, drame d'une œuvre spirituelle conçue dans le monde espagnol si différent de la France intellectuelle, scientifique, éprise de beauté majestueuse et de solidité historique (114) de 1696 : Fléchier l'avait bien compris (115), qui, à un cordelier l'invitant à traduire le livre, représenta « que le livre n'aurait point en France tout le succès qu'il avait en Espagne à cause de la différence du génie de ces deux nations ».

Bossuet moins qu'un autre pouvait dépasser ces différences de cultures. S'il admire la Bible, c'est qu'il s'est d'abord acclimaté la Bible et que la Bible a formé la mentalité de son temps. Au delà des raisons théologiques, il y a l'abîme entre deux mentalités ; mais la condamnation de *la Mystique Cité de Dieu* ne risque-t-elle pas d'impliquer celle des œuvres « des saintes Hildegarde, Mechtilde, Brigitte, Catherine de Sienne, Gertrude, Elisabeth, Lutgarde, sainte Louise, sainte Marie-Madeleine de Pazzi, B. Angèle de Foligni, etc. » (116) ? L'épisode de 1696 nous apporte quelques lumières sur les réactions de Bossuet devant les œuvres spirituelles et nous aide à comprendre les anathèmes qu'il lance contre les quiétistes.

---

(110) *Apoc.*, XX, 1.
(111) LT, II, p. 556.
(112) C.B., VII, p. 176.
(113) C.B., VII, p. 441.
(114) « Les gens de bien et les vrais savants », C.B., VII, p. 406-407.
(115) Cf. *Abrégé des disputes causées à l'occasion du livre...*, p. 11-12.
(116) C.B., VIII, p. 23, rapport de Phelipeaux.

Chapitre 16

DEVANT L'EXPLICATION DES MAXIMES DES SAINTS
(*Février 1697-Février 1698*)

I. Les œuvres

Avant que l'*Instruction sur les états d'oraison* ne fût mise en vente, M. de Cambrai avait publié l'*Explication des Maximes des Saints* (1). Nous ne reprendrons pas l'analyse de ce livre qui ne nous intéresse pas ici pour lui-même, et dont A. Cherel a bien expliqué, du point de vue de Fénelon, la genèse et les prolongements (2). La lecture que fera Bossuet de cet ouvrage, ses réactions et ses réponses nous permettront de mieux définir sa spiritualité. Cependant nous abordons une étape qui risque de nous décevoir : M. de Meaux ne prend plus le temps ni la peine d'élaborer des ouvrages de la qualité de la *Tradition des nouveaux mystiques,* des *Principes communs* ou de l'*Instruction sur les états d'oraison :* la polémique a envahi tout le champ de la discussion et si les opuscules se multiplient, ils répètent souvent les mêmes arguments. En outre, à partir de septembre-octobre 1697, Bossuet, peut-être sur les conseils de son neveu (3), a tendance à changer de tactique ; la discussion des idées semblant aboutir à une impasse, il se livre à des attaques personnelles : le petit ouvrage *De Quietismo in Galliis refutato* (4) est envoyé manuscrit à Rome dès le 27 octobre (5),

---

(1) Achevée d'imprimer le 25 janvier 1697.

(2) A. Cherel, Fénelon, *Explication des Maximes des Saints...*, éd. crit., Paris, 1911. Nous ne reprendrons pas non plus l'histoire du procès du livre de Fénelon qui a fait l'objet d'une étude remarquable de J. Orcibal, *Le procès des « Maximes des Saints » devant le Saint Office, Archivio italiano per la storia della pietà,* vol. V, Rome, 1968, tiré à part avec pagination propre.

(3) C.B., VIII, p. 399 et n. 8.

(4) LT, XXVIII, p. 554 et suiv.

(5) C.B., VIII, p. 432.

et en décembre il est répandu largement dans cette ville (6) : six mois plus tard, la *Relation sur le quiétisme* orchestrera les attaques *ad hominem,* mais à ce niveau de la querelle il est question de tout sauf de spiritualité (7).

Même avec ces réserves, les œuvres de Bossuet, pendant les années 1697-1699, posent des problèmes ; nous avons dit que ces écrits fort nombreux (8) se répètent souvent ; nous ne les analyserons donc pas un par un dans la litanie des arguments que les grands traités de 1695-1696 ont déjà présentés. Nous ne pourrons respecter soigneusement la chronologie : à ce moment de la controverse il n'est pas nécessaire de fixer à quelques semaines près l'apparition de tel thème : la pensée de Bossuet s'enrichit peu ; de plus nous devrions choisir entre plusieurs systèmes chronologiques également valables : date de la composition des opuscules, de leur envoi à Rome, de leur diffusion en manuscrit, ou de leur impression ? Et les choses ne se présentent pas de la même façon pour chaque texte. Il y a d'abord les lettres : elles intéressent plus la politique et les intrigues romaines que la spiritualité, et les jugements qu'elles renferment sont bien sommaires. Quelques textes sont restés manuscrits au XVIIe siècle et ne furent découverts qu'au XVIIIe ou au XIXe siècle : ainsi les *Deux difficultés proposées à M. de Cambray* (9), les remarques inédites sur les *Maximes des Saints* (10), les *XX articles de M. de Cambrai avec les réponses de M. de*

---

(6) Fénelon, *Œuvres,* t. IX, p. 257, 273, 282, 284, 286 ; C.B., IX, p. 7, 28, 38, 41 ; R.B., 1901, p. 50 et n. 2. Une de ces copies se trouve à Rome, Biblioteca Angelica, ms. 179, 26, f° 130-136. Elle présente de très légères différences avec le texte imprimé ; quelques annotations marginales précisent, à l'intention des lecteurs romains, certains points : noms des personnages, condamnation à Rome des livres de Mme Guyon, fuite de Mme Guyon hors du diocèse de Meaux.

(7) Dans l'opuscule de 1697 apparaissent déjà les inélégantes allusions à Mme Guyon (« son corps s'enflait d'une manière si prodigieuse, qu'elle eût rompu ses habits si on ne l'eût promptement délacée », LT, XXVIII, p. 563-564) et à ses prétentions (elle se dit la femme de l'*Apocalypse,* « elle enfanterait un premier né, qui est l'esprit d'oraison », LT, XXVIII, p. 564) ; et Bossuet accuse calomnieusement Fénelon d'avoir les sympathies des protestants anglais : allusion au livre de Cornand de la Croze, *Recueil de diverses pièces...,* Amst., 1688 ; LT, XXVIII, p. 566 ; cf. R.B., 1901, p. 44 ; C.B., IX, p. 66, 125, 155, 171, 246, 445 ; Fénelon, *Œuvres,* t. III, p. 64 ; t. IX, p. 312, 319, 570, 580 ; H. Bremond, *Apologie pour Fénelon,* p. 286-290.

(8) « La multitude des divers écrits de M. de Meaux fatigue nos examinateurs » écrit Chantérac, Fénelon, *Œuvres,* t. IX, p. 284. L'abbé Bossuet écrivait d'ailleurs la même chose des écrits de Fénelon !

(9) R.B., 1901, p. 83-85.

(10) R.B., 1903, p. 193-212.

Meaux (11), et les *Quatre questions de M. de Meaux* (12) qui sont de peu postérieures ; de même est restée manuscrite l'anonyme *Lettre d'un docteur en théologie de la Faculté de Paris à M. l'abbé***, docteur de la même Faculté* (13) : elle sera reprise quelques mois plus tard dans le *Second Ecrit* sur le livre des *Maximes des Saints* dont elle constituera l'essentiel (14).

Bossuet avait préparé dès le mois d'août 1697, et envoyé à Rome le 2 septembre, un dossier (15) dans lequel il relevait et qualifiait un certain nombre de propositions de l'*Explication des Maximes des Saints* (16). Le manuscrit de ces qualifications semble perdu (17). Par ailleurs il avait rédigé un gros mémoire manuscrit à partir duquel fut élaborée la *Déclaration* des trois évêques (18) : ce mémoire est intitulé *Remarques sur le livre intitulé Explication des Maximes des Saints :* il resta inédit ; nous en avons cependant conservé plusieurs états :

1° un certain nombre de pages de brouillon autographe (19) avec de nombreuses corrections et des variantes importantes (20).

2° Une copie complète, avec de nombreuses corrections autographes, de toutes les *Remarques* (21) : cette copie comprend deux parties, respectivement numérotées de 1 à 20 et de 21 à 44, ce

---

(11) Fénelon, *Œuvres,* t. II, p. 275 ; C.B., VIII, p. 281 et suiv. Nous avons consulté le manuscrit (Grand Séminaire de Meaux, C 7) : C.B. donne un texte qui n'est pas exact dans le détail. Sur la genèse de ces notes écrites en juin 1697, voir Fénelon, *Œuvres,* t. IX, p. 159 et suiv.

(12) Fénelon, *Œuvres,* t. II, p. 276. Voir les réponses de Fénelon et quatre nouvelles demandes, avec annotations manuscrites de Bossuet, B.N., Rothschild, Bossuet, n° 365 et 366.

(13) C.B., VIII, p. 526 et suiv., et LT, XIX, p. 149 ; sur cette lettre, qui répond à la lettre de Fénelon à un ami, cf. Fénelon, *Œuvres,* t. IX, p. 206-207.

(14) Cf. Ledieu dans C.B., VIII, p. 526 n. ; voir LT, XIX, p. 373 et suiv. : reprise presque textuelle de cette lettre avec addition de quelques paragraphes. Un important fragment autographe de la lettre (correspondant à C.B., VIII, p. 528-529) a été récemment mis en vente (Charavay, n° 29467), il permet d'étudier la transformation du texte de l'autographe au *Second Ecrit* en passant par la copie de Ledieu.

(15) Qu'il appelle « quelques remarques », C.B., VIII, p. 335.

(16) C.B., VIII, p. 335, 339, 341, 344, 346, 374.

(17) C.B., VIII, p. 346, n. 6.

(18) C.B., VIII, p. 373.

(19) Grand Séminaire de Meaux, fonds Bossuet, B 2.

(20) On trouve dans ces pages le manuscrit de l'article I de la 5e *Remarque* (cf. R.B., 1903, p. 199), et des passages dispersés (par exemple, de la 12e *Remarque*).

(21) Grand Séminaire de Meaux, fonds Bossuet, G 4 ; le manuscrit B 2 du même fonds contient aussi une table des matières sommaire de la première partie des *Remarques.*

qui correspond bien au témoignage de Bossuet (22) ; la pagination des deux parties est séparée et forme les « deux gros cahiers » (au total plus de 350 pages en 16 liasses), qu'annonce le 7 octobre M. de Meaux à son neveu (23).

3° Une copie des huit premières *Remarques* (24) avait été faite par Ledieu : c'est elle qui fut publiée en 1903 par E. Levesque (25) ; mais cet historien croyait que Bossuet n'en avait pas écrit plus long.

4° A la fin de septembre 1697, Bossuet envoya à son neveu la première partie de ses *Remarques* (26) pour compléter la *Déclaration* des trois évêques et pour être montrée à des « gens instruits » (27). L'abbé envisagea de faire traduire ces *Remarques* en latin (28), Phelipeaux exécuta en partie ce projet (29), et même Bulifon, à Naples, fut pressenti pour faire imprimer cette traduction (30). C'est cette traduction qu'a publiée de façon remarquable J. Orcibal dans l'*Archivio Italiano per la Storia della Pietà* (31) : le texte primitif a subi de nombreux remaniements (32), mais, contrairement à ce que pense J. Orcibal, ce n'est pas la traduction de toutes les *Remarques* de Bossuet, mais seulement de leur première partie (33). Nous comprenons mieux, après avoir lu l'ensemble des deux parties, 350 pages denses, que l'abbé Bossuet, en recevant les 23 *Remarques* de la seconde partie en novembre, ait jugé

---

(22) C.B., VIII, p. 373 : Bossuet dit 20 et 23, mais la numérotation a été remaniée : p. 7 de la copie G 4, une seconde *Remarque* est annoncée, puis barrée ; l'on doit donc retirer une unité au total des 44 *Remarques* de cette copie.

(23) C.B., VIII, p. 385-386.

(24) La copie de la huitième est restée inachevée.

(25) R.B., 1903, p. 193-212.

(26) Les 19 premières, correspondant à peu près aux numéros 1 à 20 de la copie G 4, ainsi que, sans doute, la deuxième de la seconde partie (numéro 22 de la copie G 4).

(27) C.B., VIII, p. 386.

(28) C.B., VIII, p. 435.

(29) C.B., IX, p. 12, 18.

(30) C.B., IX, p. 12-13, 18.

(31) *Le procès des « Maximes des Saints » devant le Saint-Office*, Rome, 1968, p. 97-128.

(32) J. Orcibal compare la traduction avec la copie Ledieu ; il sera désormais nécessaire de la comparer avec le texte primitif car les remaniements sont importants ; l'*Observatio nona*, par exemple, publié par J. Orcibal (*op. cit.*, p. 109), ne figure pas dans la copie G 4, ce qui confirme l'intuition de cet historien. Nous espérons pouvoir préparer de l'ensemble de ces *Remarques* une édition critique tenant compte de tous les états du texte, de l'autographe (quand nous l'avons) jusqu'à la traduction latine.

(33) Avec à la fin une *Observatio in Contemplationem* qui dans la copie G 4 correspond à un passage de la seconde partie, *Remarque* 22 (avec des remaniements dans la traduction).

l'ouvrage trop long, trop subtil (34) : les Romains ne sont sensibles qu'à des listes d'erreurs marquées et démontrées ! M. de Meaux en convint, mais il ne cessa ultérieurement de puiser dans ces gros dossiers (35).

Il avait déjà rédigé son *Premier Ecrit sur les Maximes des Saints* (36), remis à Noailles pour Fénelon en manuscrit le 15 juillet 1697 (37), son *Troisième Ecrit* concernant saint François de Sales (38), et la *Summa doctrinæ* (39) ; quant à la *Déclaration* des trois

(34) C.B., IX, p. 19.

(35) C.B., IX, p. 28, 36.

(36) Cf. C.B., VIII, p. 346, n. 6. Texte LT, XIX, p. 351 et suiv. Le manuscrit de ce premier écrit se trouve en grande partie (de LT, XIX, p. 352 « Que notre conscience... », à LT, XIX, p. 371 « demander davantage ») aux archives de Saint-Sulpice (carton Bossuet II, liasse 1) ; il y a deux versions avec le titre *Remarques de M. de Meaux :* 1) une copie avec corrections autographes de Bossuet, qui porte en tête les mots « Pour Mgr l'archevêque de Cambray » de la main de Bossuet ; 2) une copie au net incorporant ces corrections. Deux alinéas primitifs n'ont pas été repris dans l'imprimé ; ils auraient pris place (LT, XIX, p. 352) après les mots « ... leur ministère » : « Un troisième prélat [Godet des Marais] qui s'est uni inséparablement avec eux, dès le commencement, pour la défense de la vérité, et l'a même soutenue par une ordonnance publique, ne peut pas s'en désunir à présent, ni se taire non plus qu'eux sur la doctrine qui leur est commune.

« S'étant donc unis en Notre Seigneur pour la défense de sa cause, ils ont dû s'unir aussi dans l'examen de la doctrine de ce livre, comme ils ont fait avec soin et avec toute la promptitude que pouvait permettre la matière et les occupations de leur ministère : surtout celles de M. l'archevêque de Paris chargé du plus grand diocèse qui soit au monde, et du gouvernement de la capitale d'un si grand royaume, dont il s'acquitte si dignement. »

Le texte donné par Lachat est ensuite à peu près conforme à la copie authentique ; on remarquera seulement que le 6e alinéa de LT, XIX, p. 354 relatif aux mémoires de Pirot est une addition ; de même LT, XIX, p. 359, § XXIII les mots « ne meut plus » ; enfin LT, XIX, p. 363 le 6e alinéa a été fort adouci : on lisait dans la version primitive cette phrase qui est une addition : « Que tous les passages de l'Ecriture allégués pour le prétendu amour pur sont pareillement pris à contresens sans qu'il y ait la moindre autorité ni la moindre vraisemblance dans l'usage qu'on en fait. »

(37) Imprimé une première fois le 12 octobre 1697 et diffusé confidentiellement (50 exemplaires à Rome, C.B., IX, p. 61 ; Fénelon, *Œuvres,* t. IX, p. 268), repris et publié en février 1698 dans les *Divers Ecrits...*

(38) Texte LT, XIX, p. 402 et suiv. ; écrit en août 1697 ; cf. C.B., VIII, p. 320, 336 ; imprimé en deux fois comme le précédent. Voir un fragment autographe au Grand Séminaire de Meaux, B 2 : il y a beaucoup de différences entre le ms. et l'imprimé (fragment correspondant à LT, XIX, p. 399-400).

(39) Texte : LT, XIX, p. 453 et suiv. ; écrit en août, daté du 20 août ; cf. C.B., VIII, p. 328, 330, 335 ; achevée d'imprimer le 19 octobre 1697, privilège du 25 septembre et, contrairement aux écrits dont nous venons de parler, largement répandue à Rome et à Paris : C.B., VIII, p. 368, 374, 384, 415, 420 ; IX, p. 9, 12, 17 ; Fénelon, *Œuvres,* t. IX, p. 209, 244.

évêques datée du 6 août 1697 (40), elle ne fut imprimée et officiellement répandue qu'en septembre (41), tactique qui permet d'agir d'une double façon, de masquer et de faire cheminer les arguments le plus longtemps possible sans que les adversaires les découvrent.

Ce n'est que le 22 février 1698 qu'est achevé d'imprimer définitivement un recueil des écrits de Bossuet pendant cette année de controverse : les *Divers Ecrits ou Mémoires sur le livre intitulé Explication des Maximes des Saints ;* le livre reprend les textes imprimés le 12 octobre (42), la *Summa doctrinæ* publiée le 19 octobre, la *Déclaration* publiée en septembre, et les fait précéder d'une *Préface sur l'Instruction pastorale donnée à Cambrai le quinzième de septembre* 1697 (43). Ce recueil, à condition que nous gardions présentes ces perspectives chronologiques, nous apporte donc l'essentiel des réflexions de Bossuet entre février 1697 et février 1698 (44).

Mme d'Albert (C.B., VIII, p. 396) et Huet (C.B., IX, p. 32) l'ont à cette époque entre les mains. Elle sera reprise en février 1698 à la fin de l'édition publique des *Divers Ecrits...*

(40) Texte : LT, XIX, p. 495.

(41) C.B., VIII, p. 347, 348, 361, 373, 420 ; Fénelon, *Œuvres,* t. IX, p. 209 ; Vuillart à Préfontaine, 8 août 1697, *Lettres,* éd. R. Clark, p. 121 ; alors La Broue (C.B., VIII, p. 366), Ch.-M. Le Tellier (C.B., VIII, p. 391), D. Estiennot (C.B., VIII, p. 391), l'abbé Berryer (C.B., VIII, p. 396), Mme d'Albert (C.B., VIII, p. 396) peuvent la lire.

(42) C.B., IX, p. 61, et voir p. 43, n. 1.

(43) Texte : LT, XIX, p. 179 ; sur cette publication : C.B., IX, p. 15, 26, 35, 44, 61, 109, 144, 172, 445 ; Fénelon, *Œuvres,* t. IX, p. 287, 337-338. Cette *Préface* utilise la documentation rassemblée dans les *Remarques* inédites.

(44) Notons que le 27 octobre 1697 Louis-Antoine de Noailles donnait son *Instruction pastorale sur la perfection chrétienne et sur la vie intérieure* (Fénelon, *Œuvres,* t. II, p. 420-466) que Bossuet étudiera de très près (C.B., IX, p. 489-496) : les archives de Saint-Sulpice conservent deux éditions de cette *Instruction pastorale :* la première était un tirage d'essai corrigé par un certain nombre de collaborateurs. Ces exemplaires sont annotés par Ledieu, le second porte aussi de rapides notes de Bossuet : en tête nous lisons de la main de M. de Meaux : « Na que l'auteur pour en venir à cette édition qui est la seule qu'il avoue en a fait une préparatoire dont il ne sert plus de rien de remarquer les différences ». Bossuet a souvent mis en marge : « St Fr. de Sales, Ste Ter., St Chrys., les martyrs » (pour Fénelon, *Œuvres,* t. II, p. 449), « Schol. » (pour *id.,* t. II, p. 450), « involont. » (pour *id.,* t. II, p. 440), « Cant. Cant. », etc. Ce sont les rapides notes de lecture dont il a l'habitude de parsemer ses livres. En un endroit, M. de Meaux écrit (Fénelon, *Œuvres,* t. II, p. 457) : « Océan » en marge de la comparaison dionysienne de Dieu avec un océan immense ; l'on sait combien dans ses lectures il est sensible aux comparaisons tirées du monde de la nature (cf. *supra,* p. 594 à propos de sainte Thérèse). Nous étudierons plus loin une ou deux annotations plus importantes. L'*Instruction pastorale* de Noailles est très faible : elle ignore totalement les vrais problèmes et s'attarde à de banales recommandations : l'ascèse, la pratique des vertus, les œuvres ;

II. Les préjugés.

Bossuet avait formé son opinion sur l'*Explication des Maximes des Saints* avant même d'avoir jeté les yeux sur le volume ; il pensait qu'une publication qui ne serait pas un désaveu de Mme Guyon « ferait le plus mauvais effet du monde » (45), et il écrivait à l'abbé de Maulevrier en exposant à l'avance à son correspondant ce que Fénelon « tendra à établir » : « la perpétuelle passivité » (46), et ce qu'il ne pourra s'empêcher de laisser dans le doute ou dans l'obscurité ; pourquoi lire le livre si le jugement est déjà formulé (47) ? Pourquoi lire la lettre d'explication (48) que Fénelon lui écrit le 9 février (49) ?

Dans les premières semaines qui suivent la publication des *Maximes des Saints,* les réactions de M. de Meaux sont celles de la mauvaise humeur : mépris pour le livre (50) et pour les mystiques (51). Laissons ces déplaisantes remarques, sachons néanmoins que la véhémence de M. de Meaux ne cesse de se manifester jusqu'à la fin de la querelle ; il ne se contient qu'avec peine : il y a des

---

ce n'est pas la courte addition sur l'amour pur (Fénelon, *Œuvres,* t. II, p. 463-466) qui changera notre opinion sur la théologie de Noailles ! Vuillart (à Préfontaine, 21 novembre 1697, *Lettres,* éd. R. Clark, p. 125) en fait un grand éloge qui n'est pas dépourvu de sous-entendus (cf. aussi 11 décembre 1697, *id.,* p. 127). L'appréciation enthousiaste de Gaston de Noailles sur l'œuvre de son frère (B.N., fr. 23483, f° 112) est négligeable.

(45) Fénelon, *Œuvres,* t. IX, p. 124 : La Chétardie rapporte un entretien avec Bossuet qui a eu lieu le 26 janvier 1697.

(46) 21 janvier 1697, C.B., VIII, p. 126 : à ce propos Bossuet rappelle un argument emprunté à un texte interpolé de saint Jean de la Croix sur la restriction de la passivité à la Sainte Vierge, à saint Jean-Baptiste ou à d'autres âmes « extraordinaires », cf. *supra,* p. 605.

(47) Le 3 février Bossuet a eu à peine le loisir de parcourir le livre (C.B., VIII, p. 129), néanmoins, il sait que tout tend à justifier Mme Guyon.

(48) C.B., VIII, p. 129 et suiv.

(49) Fénelon ne se reconnaît pas dans les critiques de Bossuet : les unes (abandon du culte de Jésus-Christ, de la foi explicite, des vertus, etc.) ne sont que des erreurs folles et monstrueuses et des extravagances (C.B., VIII, p. 132), les autres sont des méprises, car Bossuet se fait une idée de la contemplation extatique qui détruit la liberté et introduit une inspiration fanatique au lieu de donner une définition exacte de la passivité : à ce titre, Fénelon va beaucoup moins loin que lui et, refusant tous ces phénomènes miraculeux, ne veut qu'un état habituel de pure foi et de pur amour (C.B., VIII, p. 132-133, 139).

(50) « Le livre est fort peu de chose : ce n'est que propositions alambiquées, phrase et verbiage » (C.B., VIII, p. 143) ; livre « insoutenable et abandonné » (C.B., VIII, p. 198, le 24 mars 1697 !) ; même opinion chez Vuillart, à Préfontaine, 14 mars 1697, *Lettres,* éd. R. Clark, p. 99. Près d'un an plus tard, l'abbé Bossuet reconnaîtra qu'il « est entre les mains de tout le monde » (C.B., IX, p. 155).

(51) Le vrai mystique « si rare et si peu nécessaire » (C.B., VIII, p. 146) : expressions qui, malgré le style indirect, reflètent bien la pensée de M. de Meaux.

évidences, même injustes, qui se rattachent à sa personnalité profonde : « ceux qui ne voient pas le fond prennent ceci pour des pointilles » (52), et la mise en cause de ces évidences constitue un bouleversement qui empêche le jugement lucide. Une division de l'univers entre le bien et le mal, les défenseurs de l'Eglise et les « dévoyés » (53), l'erreur et la vérité (54), apparaît alors, mais la vérité est ici moins exprimée de façon théologique, rattachée au mystère du Christ vérité, de Dieu vérité des vérités et de l'Esprit de vérité (55), que conçue comme l'épanouissement du système de M. de Meaux, la règle extrinsèque selon laquelle sont jugés les hommes (56) ; alors, en toute conscience, le polémiste peut penser que c'est « l'affaire de Dieu » (57).

III. Les critiques de détail.

La lettre adressée le 24 mars 1697 (58) à l'abbé Bossuet énumérait un certain nombre de points qui avaient particulièrement irrité M. de Meaux : nous lisons dans l'*Explication des Maximes des Saints* (59) à propos de Jésus-Christ sur la Croix : « La partie inférieure ne communiquant à la supérieure ni son trouble involontaire ni ses défaillances sensibles » ; le mot « involontaire » qui nous étonne était sans doute une erreur fâcheuse de l'imprimeur (60),

---

(52) A La Broue, 21 septembre 1697, C.B., VIII, p. 367, cf. aussi p. 340.

(53) C.B., VIII, p. 206.

(54) Nous avons relevé plusieurs dizaines d'emplois du mot « vérité » dans les lettres de Bossuet à cette époque.

(55) Sur le sens de la vérité dans la spiritualité de Bossuet, cf. *supra*, p. 404 et suiv.

(56) On peut étudier de ce point de vue les appréciations portées sur les cardinaux et sur les personnages politiques ; un des textes les plus révélateurs : « Nous avons, pour la vérité et pour nous, Mme de Maintenon » (C.B., VIII, p. 188).

(57) C.B., VIII, p. 341.

(58) C.B., VIII, p. 198-200.

(59) Ed. 1697, p. 122.

(60) Fénelon a soutenu cette thèse, et Noailles a pu constater que le mot ne figurait pas sur le manuscrit (Fénelon, *Œuvres*, t. IX, p. 134-135) ; mais l'affaire n'est pas claire, car à la page 90 de l'éd. de 1697, nous lisons aussi : « C'est alors que l'âme est divisée d'avec elle-même, elle expire sur la croix avec Jésus-Christ, en disant, *O Dieu ! mon Dieu, pourquoi m'avez-vous abandonné ?* Dans cette impression involontaire de désespoir, elle fait le sacrifice absolu de son intérêt propre pour l'éternité... », et l'on retrouve le mot à la page 123. Il semble bien que Fénelon ait employé le terme « involontaire » en un sens approximatif et, avec des explications, il ne serait pas absolument indéfendable ; Fénelon le défend dans son *Instruction pastorale*, Fénelon, *Œuvres*, t. II, p. 294, 299 ; voir aussi t. II, p. 376 ; et C.B., IX, p. 69 ; X, p. 279, n. 4 ; XI, p. 135 ; Fénelon, *Œuvres*, t. IX, p. 134-135 ; J. Orcibal, *Le procès des « Maximes des Saints »*..., p. 25-27. Bossuet insiste longuement dans les

mais M. de Meaux en tire les dernières conséquences, affirmant que l'auteur soutient l'hérésie des monothélites, « sentiment abominable », condamné au 6e concile œcuménique (61).

C'est encore à partir des décisions d'un concile que Bossuet essaie de convaincre Fénelon d'hérésie : au chapitre 11 de la VIe session du concile de Trente, il est écrit : « ... ceux-là contredisent à la doctrine orthodoxe de la Religion [...] qui disent que les Justes péchent dans toutes leurs actions, si outre l'intérêt de la

---

Méditations sur l'Evangile sur le caractère volontaire du trouble de Jésus-Christ : LT, VI, p. 307, 340-348 ; cf. aussi LT, XXVI, p. 83 :

« Et son dernier soupir n'a rien d'involontaire [...]
[...] son âme désolée
Qui même en se troublant ne fut jamais troublée ».

Mais il y a déjà longtemps que Bossuet (à la suite de saint Jean Chrysostome)avait remarqué que Jésus-Christ rend son âme « avec une action si paisible, si libre, si préméditée, qu'il est aisé à juger que *personne ne la lui ravit, mais qu'il la donne lui-même* » (O.O., I, p. 73, en 1651), et il ajoutait : « Ce n'est pas que je veuille dire que la douleur ou l'appréhension de la mort aient jamais pu troubler tellement son esprit qu'elles lui empêchassent aucune de ses fonctions » [O.O., I, p. 74 ; cf. O.O., I, p. 288, 430-432 ; II, p. 547 ; III, p. 372, 378 (« volontairement »), 388-389 ; IV, p. 382-383]. Voir aussi de belles pages du sermon de 1658 (O.O., II, p. 478-480) pour la compassion de la Sainte Vierge, qui développent des textes de saint Jean Chrysostome et de saint Augustin (« il meurt plus doucement [...] que nous n'avons accoutumé de nous endormir », *Tract.* CXIX, *in Joan.*, n. 6) : le sacrifice est une action de respect qui demande une contenance remise et posée, aussi Bossuet notait-il après saint Augustin (*Tract.* IX, *in Joan.*) que Jésus « paraît ému au mont des Olives ; mais *c'est un trouble volontaire* » (O.O., II, p. 479) ; ensuite il n'y a plus « la moindre apparence de trouble » (O.O., II, p. 480), et Jésus s'immole « volontairement » (*ibid.*). Sur le sens de cette mort volontaire, voir G. Gargam, *L'amour et la mort,* Paris, 1959, p. 264.

(61) Troisième concile de Constantinople, *Denz.* 289-293 ; LT, XIX, p. 361, 521, 473, 164, 217, 228 : dans nos références, nous citons les textes de Bossuet dans l'ordre de leur composition. On trouvera des textes importants sur le cas impossible qui devient possible, sur les dernières épreuves, etc., dans les 13e, 14e et 15e *Remarques* inédites ; ainsi : « Il n'y a point d'erreur plus capitale contre la philosophie et contre la théologie tout ensemble.

« Toute la philosophie est d'accord que la réflexion appartient à la partie raisonnable et par conséquent à la supérieure. Toute la théologie attribue à la partie supérieure en Jésus-Christ cette prière : que votre volonté soit faite, et non pas la mienne : qui est pourtant un acte très réfléchi. C'était une réflexion très expresse. [...]

« L'auteur retombe par là dans les maximes du quiétisme qui ont été réfutées dans le livre 5 de l'*Instruction sur l'oraison* puisqu'encore qu'il n'ose pas rejeter universellement les réflexions, il les relègue à la partie basse. Il nie que ces actes soient *intimes.* [...] » (*Remarques...*, Gd Séminaire de Meaux, fonds Bossuet, G 4, 1re partie, p. 117-118). Bossuet s'appuie un peu plus loin (p. 128) sur l'autorité d'Isambert, « ce célèbre théologien. une des lumières de notre école », pour affirmer que « ce ne peut être un vrai acte de charité de vouloir être privé à jamais de la béatitude surnaturelle ».

gloire de Dieu, qu'ils ont principalement en vue en les faisant, ils jettent aussi les yeux sur la récompense éternelle, pour exciter leur langueur, et pour s'encourager eux-mêmes à courre dans la carrière ; puisqu'il est écrit : *J'ai porté mon cœur à l'accomplissement de vos commandements, à cause de la récompense* (*Ps.* 118). Et que l'Apôtre dit de Moïse, qu'*il envisageait la récompense* (*Hebr.* 11) » (62). En en déplaçant l'accent, en lui amalgamant un passage du chapitre 16 (63), et en l'utilisant de façon tout extrinsèque, M. de Meaux lui fait prouver que « les plus parfaits, comme David et Moïse, agissent en vue de la récompense » (64) : l'argument (65) ne serait solide que si les Pères du concile avaient eu en vue cette interprétation ; or ils voulaient seulement établir le mérite des œuvres (66) et prouver que les actions des justes ne sont pas nécessairement des péchés (67), ce que Fénelon ne songeait pas du tout à contester.

C'est par une semblable simplification que ce que Fénelon appelle dans l'*Explication des Maximes des Saints* (68) un sacrifice « absolu » de son intérêt propre pour l'éternité est interprété comme indifférence ou mépris du salut ; que le langage de Fénelon ne soit pas heureux, qu'il soit nécessaire de préciser les mots « impression », « intérêt propre » et « absolu » qu'il emploie, ce n'est pas ce que Bossuet veut dire : la thèse de son adversaire est présentée suivant un schéma déformant mais familier de longue date à

(62) Trad. Chanut, Paris, 1674, p. 49 ; *Denz.* 804.

(63) Après les citations d'*Hébr.* VI, 10, et X, 35, le concile écrit : « C'est ainsi qu'il faut parler de la vie éternelle à ceux qui travaillent utilement jusques à la fin de la carrière, et qui espèrent en Dieu ; en la leur faisant voir, et comme une grâce promise aux Enfants de Dieu par miséricorde, à cause de Jésus-Christ ; et comme une récompense, qui, selon la promesse de Dieu même, doit être fidèlement rendue à leurs bonnes œuvres et à leurs mérites. » (Trad. cit., p. 55 ; *Denz.* 809). Cf. LT, XIX, p. 522.

(64) LT, XIX, p. 359-360 ; C.B., VIII, p. 530, 532 ; LT, XIX, p. 484, 380, 421-422, 423, 429, 167, 241, 250. Remarquons que le groupement de citations et la discussion exégétique sur *Ps. CXVIII,* 112 (LT, XIX, p. 421-422) ne sont pas des arguments de circonstance ; dès 1691, nous lisons dans le *Liber Psalmorum : « Propter retributionem :* Hebr. *usque in finem.* Licet jam dixerit *in sæculum,* quod est vehementer affirmantis, potest etiam verti, ut Hier. et ut Vulg. *Propter retributionem :* propter te ipsum, qui es *merces* nostra *magna nimis,* Gen. XV, 1 : sic Paulus de Moyse : *Aspiciebat enim in remunerationem,* Hebr. XI, 26 : quæ vel maxima est ipse Deus ; a quo Moyses mercedis omnis loco petebat, ut faciem suam ostenderet, Exod. XXXIII, 13 : vide etiam Psal. XV, 5 ; LXXII, 26 » (LT, I, p. 330).

(65) Même argument utilisé par Noailles, Fénelon, *Œuvres,* t. II, p. 426-427.

(66) Ch. 16 : ... *de merito bonorum operum.*

(67) Ch. 11.

(68) Ed. 1697, p. 90.

M. de Meaux : mépris du salut, consentement à l'enfer et à la damnation ; par là l'adversaire est soumis aux rassurants anathèmes qui s'appliquent à l'hérésie (69). L'hérésie des monothélites est loin ; le quiétisme est présent à l'esprit de tous les lecteurs de Bossuet (70) : ce dernier va donc développer ce thème dans tous ses écrits : « Autour de la page 97, vous trouverez le quiétisme tout pur, c'est-à-dire l'attente oisive de la grâce sous prétexte qu'il ne la faut pas prévenir » (71), d'où l'accusation de « fanatisme », comme si la spiritualité de Fénelon conduisait à attendre à chaque instant motions divines et paroles intérieures pour agir (72), et l'accusation parallèle d'affaiblir la pratique des vertus (73). Si nous y ajoutons le soupçon de développer une doctrine secrète réservée à quelques initiés (74), et celui d'éliminer de la religion toute image sensible, toute idée de Jésus-Christ ou des attributs divins (75), nous pourrons rattacher la doctrine de Fénelon à celle des Bégards (76), à celle des alumbrados et à celle de Molinos (77) ou au déisme (78) : et ces simplifications (79) qui donnent un visage

---

(69) C.B., VIII, p. 198 ; LT, XIX, p. 360-361, 512, 513, 514, 520, 472, 475, 159, 189, 198, 312, 327.

(70) Sur le souci des romains de ramener chaque problème à un précédent, cf. J. Orcibal, *Le procès des « Maximes des Saints »*..., p. 72.

(71) C.B., VIII, p. 198 ; cf. LT, XIX, p. 360, 473, 222 ; voir surtout LT, XIX, p. 517, où Bossuet reproche à l'auteur de l'*Explication des Maximes des Saints* de mépriser les actes de propre effort et de propre excitation et de renverser « la célèbre et solennelle différence que font unanimement tous les spirituels, entre les actes de propre effort et de propre industrie, et entre les actes infus, ou les motions qui viennent de l'opération et de l'impulsion divine en nous, sans que nous y contribuions de notre part » : cette distinction est présentée par Bossuet de façon très rigide depuis le début de la querelle (cf. *supra*, p. 503 sur le prophétisme et la mystique), et lui permet de fonder sa doctrine d'un surnaturel étranger à la nature (*supra*, p. 603, et voir *infra*, p. 688).

(72) LT, XIX, p. 476, 477, 162, 225, 331. Voir la défense de Fénelon par Gerberon, R.H.E.F., 1957, n° 140, p. 179.

(73) LT, XIX, p. 515-516.

(74) LT, XIX, p. 355-356 ; C.B., VIII, p. 532 ; LT, XIX, p. 518.

(75) LT, XIX, p. 362, 473, 476, 163, 218, 223, 334 ; il est évident que Fénelon ne s'est jamais reconnu dans ces interprétations répétées sans cesse par Bossuet : voir toute sa *Réponse à la Déclaration des trois évêques* (*Œuvres*, t. II, p. 328-382). Les accusations de Bossuet étaient devenues un lieu commun, H. Monnier portait les mêmes contre l'*Explication des Maximes des Saints* (C.B., IX, p. 417-423), François de Clermont-Tonnerre aussi (*Lettre pastorale* du 18 mai 1697, p. 7-11), et Louis-Antoine de Noailles jugea bon de les orchestrer dans son *Instruction pastorale* (*passim*, et surtout Fénelon, *Œuvres*, t. II, p. 453-460).

(76) LT, XIX, p. 516, 519. Cf. *Remarques*, Gd Sém. Meaux G 4, p. 151-152.

(77) LT, XIX, p. 519, 474.

(78) LT, XIX, p. 516, 478. L'accusation de déisme était alors banale : l'évêque de Noyon, François de Clermont-Tonnerre, développait ce

et un nom aux hérésies (80) permettent d'évoquer en filigrane des conséquences affreuses (81) et horribles (82), des abominations (83), que développeront avec complaisance les écrits qui suivront cette phase de la controverse. Mais ce n'est pas parce qu'ils reprennent des thèmes usés ou parce qu'ils annoncent la *Relation sur le quiétisme* que les écrits de l'année 1697-1698 nous intéressent.

IV. Les principes et les thèses de M. de Meaux.

« Il n'est pas vrai toutefois que nous nous soyons contentés de condamner, comme le dit cet auteur [Fénelon], *quelques endroits de ces livres ;* mais nous avons voulu noter les livres entiers, et en attaquer non seulement la plus grande partie des passages, mais l'esprit et les principes » (84) ; au début de la *Déclaration* des trois évêques, cette phrase atteint l'essentiel, ce que nous avons essayé de démontrer : dans ce grand débat il ne s'agit pas d'opposition sur des détails, mais d' « esprit » et de « principes » (85). Il nous faut

---

thème dans sa *Lettre pastorale* du 18 mai 1697 « contre les Maximes pernicieuses du quiétisme » (cf. p. 7) ; le même prélat faisait aussi (p. 12-16) une énumération des hérésies, de l'arianisme au semi-quiétisme (sur cette *Lettre pastorale*, voir C.B., VIII, p. 294-295 ; IX, p. 424). Autre étiquette que Bossuet applique à Fénelon : « stoïcisme » (LT, XIX, p. 230) ; le rapprochement quiétisme-stoïcisme, avec la critique de l'apathie, est un lieu commun : cf. parmi d'autres un texte publié au début de la querelle : B. Carranza, *De la prière, du jeûne et de l'aumône...* (trad. Binet), Paris, 1694, p. 149.

(79) Voir sur tous ces points l'énergique argumentation de Gerberon : R.H.E.F., 1957, n° 140, p. 179-180 : selon l'ancien bénédictin, Bossuet ne fait qu'altérer des textes et commettre des paralogismes.

(80) « Autant hérétique que Luther » : R.B., 1903, p. 160, n. 1. En même temps, Bossuet suppose qu'une soumission de Fénelon ne sera pas sincère et fera renaître des discussions analogues à celles du jansénisme, C.B., VIII, p. 527. Fénelon est rapproché de Baïus : « L'auteur a plus abusé que Baïus du principe de saint Augustin, puisqu'il s'en est servi pour rapporter l'espérance vertu théologale à la racine vicieuse de la cupidité. » [*Remarques...*, Gd Séminaire de Meaux, fonds Bossuet G 4, 1re partie, p. 15 (sur Baïus, voir aussi LT, XIX, p. 295)]. Bossuet, un peu plus loin, accuse Fénelon d'induire « à croire que cette doctrine [le quiétisme] n'est qu'un fantôme » (Gd Séminaire de Meaux, fonds Bossuet, G 4, p. 156).

(81) LT, XIX, p. 361.

(82) LT, XIX, p. 329.

(83) LT, XIX, p. 475. Les mêmes thèmes sont à l'arrière-plan de toute l'*Instruction pastorale* de Noailles.

(84) LT, XIX, p. 508.

(85) Les adversaires de Bossuet s'en rendent bien compte : Chantérac écrit : « Il y a [...] bien du faux et dans les principes et dans les raisonnements » (Fénelon, *Œuvres*, t. IX, p. 354), et Fénelon parle du « système » de M. de Meaux (*Œuvres*, t. IX, p. 356).

étudier les « principes » de M. de Meaux tels qu'ils se manifestent alors (86).

A) *Espérance et charité* (87)

Selon Fénelon, l'*objet* de l'espérance est « mon intérêt », mais son *motif* peut ne pas être intéressé (88) : il y a là pour Bossuet une véritable contradiction car le motif, dans ce cas, ne serait plus motif ; sans intérêt il n'y aurait plus d'espérance. En effet M. de Meaux soutient que le motif de l'espérance est toujours le *bonum sibi* (89), la béatitude, notre bonheur (90) ; il reprend ici des affirmations qui correspondent à ses convictions les plus intimes (91) : l'homme ne peut pas ne pas chercher le bonheur : « De nécessité on s'aime *toujours :* on ne s'aime point sans se désirer la béatitude : on se la désire donc dans tout acte » (92) ; passons sur la rigueur plus apparente que profonde de ces déductions, il y a là pour Bossuet

---

(86) On pourrait comparer les textes de Bossuet avec les deux *Lettres* de l'abbé de Villiers *Sur l'oraison des quiétistes* (3 avril et 25 septembre 1697 ; achevé d'imprimer du 10 novembre 1697 ; sur l'auteur, voir Nicaise, lettre à Bonjour, 10 octobre 1697, *Lettres inédites...*, publ. par L.-G. Pélissier, Dijon, 1889, p. 56) : la médiocrité de ces lettres où apparaissent, accommodés aux gens du monde, tous les thèmes que développera Bossuet, fait ressortir les qualités de l'œuvre de M. de Meaux : mais cette œuvre en paraît, pour le fond, d'autant moins originale : la meilleure expression des thèmes usés de l'antiquiétisme.

(87) Sur ce problème capital, voir les ouvrages généraux suivants : A. Nygren, *Erôs et Agapê, la notion chrétienne de l'amour et ses transformations,* trad. française, Paris, 1962 et 1952, 3 vol. ; V. Warnach, *Agapè. Die Liebe als Grundmotiv der neutestamentlichen Theologie,* Düsseldorf, 1951 ; R. Holte, *Béatitude et sagesse. Saint Augustin et le problème de la fin de l'homme dans la philosophie ancienne,* trad. française, Paris, 1962 ; A. Becker, *De l'instinct du bonheur à l'extase de la béatitude. Théologie et pédagogie du bonheur dans la prédication de saint Augustin,* Paris, 1968. Plus directement sur la querelle du pur amour au XVIIe siècle, les importants articles de S. Harent, *A propos de Fénelon, La question de l'amour pur, Etudes,* 1911, p. 178-196, 319-363, 480-500, 745-768 ; et la très suggestive synthèse de J. Orcibal, R.H.E.F., 1957, n° 140, p. 207-222.

(88) LT, XIX, p. 511.

(89) C.B., VIII, p. 283.

(90) LT, XIX, p. 357.

(91) Cf. *supra,* p. 327. La même conviction se trouve chez beaucoup d'autres théologiens, par exemple D. Hilarion Monnier (C.B., IX, p. 411) qui comme Bossuet suit saint Augustin : « *Omnes beatos esse velle veritas clamat, natura compellit, cui summe bonus et immutabiliter beatus creator hoc indidit.* » (*De Trin.*, l. XIII, c. 48) ; les commentaires d'H. Monnier sur le *Trahit sua quemque voluptas* de Virgile sont plus franchement panhédonistes que les thèses de Bossuet (cf. C.B., IX, p. 412-414). Pour l'interprétation de saint Augustin, se reporter toujours aux ouvrages de R. Holte et de A. Becker cités *supra,* n. 87. Voir aussi ce que Ledieu (*Mémoires,* t. I, p. 52-53) écrit de l'utilisation de saint Augustin par Bossuet.

(92) LT, XIX, p. 161.

une vérité constante qu'imposent « les lumières naturelles et surnaturelles » (93) ; c'est « le fonds de la nature » (94). L'anthropologie de Bossuet comportant nécessairement l'aspiration au bonheur, toute espérance sera, dans une certaine mesure, intéressée (95) : la seule différence avec les autres convoitises sera de simple modalité et non pas de nature : l'amour d'espérance est convoitise sainte et bien ordonnée (96).

Quel est, selon Bossuet, le motif de la charité ? La charité est, semble-t-il, désintéressée puisqu'elle cherche le *bonum in se* (97), mais ce fait *augmente* l'intérêt propre (98), « et celui-là est le plus parfait, qui absolument aime le plus, par quelque motif que ce soit » (99). Ici intervient la distinction classique en théologie, depuis Scot et son école (100), entre l'objet *spécificatif* de la charité et son objet par rapport à nous : l'objet spécificatif (101) de la charité est l'excellence et perfection de la nature divine (102), mais ce n'est là qu'une distinction « spéculative » (103) qui n'a pas de portée « pratique » (104) ; bien plus, il serait dangereux de faire une

---

(93) LT, XIX, p. 213.
(94) LT, XIX, p. 279 ; R.B., 1903, p. 200.
(95) LT, XIX, p. 357 ; C.B., VIII, p. 533, 483, 327.
(96) LT, XIX, p. 208.
(97) C.B., VIII, p. 281.
(98) C.B., VIII, p. 284.
(99) C.B., VIII, p. 531.
(100) LT, XIX, p. 480.
(101) Ou le motif premier ou principal, comme écrit Bossuet (LT, XIX, p. 425), qui ne distingue pas objet et motif ; car « que me sert d'avoir un objet dont je ne suis plus touché ? » (LT, XIX, p. 380) ; sur objet et motif, voir aussi R.B., 1903, p. 209-211.
(102) « Dieu bon en soi, sans rapport à nous », LT, XIX, p. 444 ; cf. LT, XIX, p. 207.
(103) C.B., VIII, p. 531 ; LT, XIX, p. 480, 425. Une correction qui intervient entre la première et la seconde édition de l'*Instruction pastorale* de Noailles (Fénelon, *Œuvres*, t. II, p. 427, dernier alinéa du § 12) et qui est une précision indispensable, peut être due à Bossuet : Noailles avait écrit « métaphysiquement » et il remplaça ce mot par « spéculativement ». Par un même souci de précision, Bossuet écrit deux fois en marge de la 2e édition de cette *Instruction pastorale* (Archives de Saint-Sulpice ; pour Fénelon, *Œuvres*, t. II, p. 448, début du § 40, et p. 453, § 44, en face des mots : « Les divers objets comparés immédiatement entre eux... ») les mots « objet formel » ; le langage de Noailles n'a aucune rigueur théologique et Bossuet tient au mot propre sans atteindre d'ailleurs lui-même à cette rigueur qu'il recherche.
(104) S. Harent, *Etudes*, 1911, art. cit., p. 486, a interprété la définition de la charité qui « regarde Dieu en soi-même » (LT, XIX, p. 479) comme une « concession » de Bossuet : en réalité, la portée de cette concession est bien limitée puisqu'elle ne s'applique qu'au plan de la « spéculation » et que Bossuet n'accorde pas grande valeur à la « spéculation » théologique. Il n'y a donc pas lieu de s'étonner (comme le fait S. Harent, art. cit., p. 492) que Bossuet revienne plus tard à la thèse des deux motifs.

« exclusion » de ce qui n'est qu'une « abstraction » (105). La charité est indépendante de la béatitude et des autres bienfaits de Dieu, mais *en pratique* ces bienfaits sont un des motifs les plus pressants (106), et, toujours *en pratique,* l'espérance est le motif puissant de l'amour (107). On ne pourra donc dire, en un sens péjoratif, que l'amour où l'on cherche son bonheur pour la gloire de Dieu soit « intéressé » (108) ; non seulement le parfait amour ne bannit pas l'espérance (109), mais par l'espérance la charité jette de plus profondes racines, excitée par le motif pressant de la récompense (110).

Sur la nature de cette récompense, Bossuet est peu explicite : béatitude objective (Dieu) ou béatitude formelle (jouissance de Dieu) ? Les deux lui paraissent semblables puisqu'elles tendent à la même fin (111) ; d'ailleurs il n'essaie pas d'entrer dans le problème des modalités psychologiques du rapport de l'homme avec la récompense : s'il affirme que Clément d'Alexandrie « regarde Dieu comme celui qui donne la récompense, plutôt que comme celui qui est lui-même la récompense qu'il faut rechercher » (112), il pense avoir résolu toutes les difficultés qui peuvent ici se présenter (113).

B) *Tout ou rien*

Dès le 24 mars 1697, en écrivant à son neveu, M. de Meaux notait : « Un amour qui est appelé, page 3 et 17, impie et sacrilège, est marqué en la même page 17 comme une préparation à la justifica-

(105) LT, XIX, p. 481, 211.
(106) C.B., VIII, p. 532.
(107) LT, XIX, p. 358, 480-482.
(108) LT, XIX, p. 357, 473.
(109) LT, XIX, p. 358. Espérance et charité regardent la même jouissance de Dieu, mais différemment, l'une comme un bien absent, l'autre comme un bien déjà présent (LT, XIX, p. 446, à partir de saint Thomas, II a II ae, q.23, a.6, ad. 3).
(110) LT, XIX, p. 484, 380, 426, 442, 246, 260 ; en ce sens, Bossuet interprétera le « *amanter Deo serviunt* » du Catéchisme du concile de Trente en « servir pour la récompense » (LT, XIX, p. 176-177). Ces thèmes sont longuement développés dans les *Remarques* inédites, Gd Séminaire de Meaux, G 4, p. 6-48.
(111) LT, XIX, p. 177 ; l'essentiel est que cette récompense soit incréée (LT, XIX, p. 206), c'est-à-dire Dieu même (C.B., VIII, p. 283 ; LT, XIX, p. 439-443).
(112) LT, XIX, p. 439.
(113) Alors que les distinctions scolastiques entre l'appétit naturel et le désir ou mouvement délibéré de la volonté ne sont pas analysées ou sérieusement étudiées : voir Scot (*In IV Sent.*, d. XLIX, q. X) cité par S. Harent, dans *Etudes,* 1911, art. cit., p. 487 ; et Bossuet, qui connaît bien la doctrine de l'intention, ne profite pas de cette controverse pour la préciser et pour l'approfondir (sur l'intention selon saint Thomas et Suarez, cf. S. Harent, art. cit., p. 488-489).

tion » (114). Au cours de l'année suivante, il reprendra le grief à chaque occasion (115), n'ayant pas de mal à écraser sous un raisonnement théologique une thèse aussi simplifiée : chacun sait que de la nature à la grâce, de la concupiscence à la justice il n'y a pas continuité (116).

M. de Meaux relève l'ambiguïté théologique des notions de « cupidité soumise » et d' « amour naturel » qu'il trouve chez Fénelon (117). Or Fénelon, qui cite saint Bernard (118), ne veut pas se situer sur le plan de l'ontologie (119), il veut essayer de rendre compte d'une réalité expérimentale, celle d'un état qui n'est pas encore actuellement justification, mais qui est possibilité pratique de la justification : « cet amour ne vient point de pur zèle pour la gloire de Dieu, [...] il est tout au plus soumis à l'ordre » (120), cupidité qui tend à la béatitude où elle serait pleinement contente (121), amour naturel, désir naturel de la béatitude (122). Tout cela, dans les perspectives de Bossuet, est un pur non-sens : peut-il y avoir un « milieu » (123) entre la nature et la grâce (124) ? peut-il y avoir une « imperfection » qui ne soit ni bien ni mal, qui n'ait pas un statut ontologique clair (125) ? notion « d'un genre entièrement disparate » (126), « impertinente à la charité et à l'espérance » (127) ;

---

(114) C.B., VIII, p. 198. Fénelon ne dit pas tout à fait cela : « L'amour de pure concupiscence, ou purement mercenaire, est plutôt un amour de soi-même qu'un amour de Dieu. Il peut bien préparer à la justice, en ce qu'il fait le contrepoids de nos passions et nous rend prudents, pour connaître où est le véritable bien : mais il est contre l'ordre essentiel de la créature, et il ne peut être un commencement réel de véritable justice intérieure. » (*Explication des Maximes des Saints,* éd. 1697, p. 17-18). Simplifier comme le fait Bossuet, en supprimant toutes les nuances et la moitié du texte, est une évidente trahison. Voir la réponse de Fénelon dans ses *Œuvres,* t. II, p. 291-292.

(115) LT, XIX, p. 359, 520, 473, 164, 214.

(116) Bossuet s'irritera plus tard en voyant que Rome « oublie » de condamner cette doctrine de Fénelon : C.B., X, p. 6, 51, 65, 164.

(117) C.B., VIII, p. 282-288.

(118) *Cupiditas quæ a superveniente charitate ordinatur, Liber de diligendo Deo,* XIV, cit. C.B., VIII, p. 282.

(119) C'est le plan que Bossuet refuse de quitter, en annonçant qu'il entrera « au fond des choses » (Fénelon, *Œuvres,* t. II, p. 277).

(120) C.B., VIII, p. 282.

(121) C.B., VIII, p. 282.

(122) Explications précises de Fénelon, *Œuvres,* t. II, p. 277-278.

(123) Le terme est employé par Fénelon, *Œuvres,* t. II, p. 278.

(124) LT, XIX, p. 282, 348-349 ; cf. S. Harent, *Etudes,* 1911, art. cit. p. 195.

(125) LT, XIX, p. 487, 171, 182, 270.

(126) C.B., VIII, p. 288.

(127) C.B., VIII, p. 288.

ce qui n'est pas vertu théologale n'est que vice (128). A la rigueur, M. de Meaux accepterait de distinguer trois sortes d'amour : l'amour de charité qui est justifiant, l'amour de concupiscence où l'on veut avoir Dieu comme récompense, qui est amour d'espérance, bon en soi mais non justifiant, enfin l'amour de pure concupiscence, vicieux et désordonné ; mais, au fond, les deux derniers, n'étant pas justifiants, ont le même statut ontologique (129) ; toutefois, si Bossuet avait poussé plus loin son analyse de l'espérance, s'il avait accepté de mettre en cause, sur un plan autre que celui de l'ontologie, son dualisme, il aurait pu opposer au langage de Fénelon un autre langage, fidèle à l'expérience. Mais justement il refuse toujours d'accorder quelque valeur profonde à une expérience : une expérience pour lui ne signifie pas, un amour naturel pour lui ne signifie rien : « Si l'on n'a à sacrifier autre chose que l'amour naturel qu'on a volontairement pour soi-même, le mystère n'en est pas bien grand, puisqu'on a toujours tout son bien et tout son salut » (130).

C) *Principes et langages*

Bossuet affirme dans son *De Quietismo in Galliis refutato* qu'il a « puisé toute sa doctrine dans les Pères » (131). De fait, il se réclame partout de « la lumière de la tradition et de l'Evangile » (132), accusant Fénelon de « nouveauté » (133), et appliquant à la spiritualité la « règle de foi » de Vincent de Lérins : « *quod ubique, quod semper* » (134). La rigueur du langage théologique (135) donne à Bossuet un critère pour juger des œuvres de spiritualité, et un des grands reproches qu'il fait à Fénelon est de « renverser » ce langage (136) : « on croira que la religion n'a rien de fixe dans ses expressions ; en tout cas, que ses expressions et tout le langage théologique n'est qu'un jargon : que l'on peut dire tout ce que l'on

---

(128) LT, XIX, p. 510. Même évidence pour l'abbé de Villiers, *Seconde Lettre*, p. 3-8, qui conclut que les quiétistes ne peuvent répondre « que par un galimatias qui renverse la nature des choses » (p. 8).

(129) LT, XIX, p. 176 ; voir aussi p. 437 et suiv., et les *Remarques* inédites, Gd Séminaire de Meaux, G 4, 1re partie, p. 1-46.

(130) C.B., VIII, p. 287.

(131) LT, XXVIII, p. 568.

(132) LT, XIX, p. 171, et voir p. 510. Noailles affirme les mêmes principes (Fénelon, *Œuvres*, t. II, p. 420, 423-424).

(133) LT, XIX, p. 339 : « Toute doctrine de religion nouvelle, inconnue et inouïe dans l'Eglise, est mauvaise... »

(134) LT, XIX, p. 294, 340. Il est « toujours vrai, et dans cette occasion comme dans les autres, qu'avant le concile, dans le concile et après le concile, l'Eglise parle toujours le même langage » (LT, XIX, p. 254).

(135) LT, XIX, p. 357, 491, 439 ; R.B., 1903, p. 198.

(136) LT, XIX, p. 215.

veut, et que tout est bon ou mauvais *ad arbitrium* » (137). Certes à étudier l'Ecriture ou les monuments de la tradition, comme le fait Bossuet, de façon purement extrinsèque, on ne trouvera jamais les mots exacts employés par Fénelon ou par les mystiques (138) : « intérêt propre », « amour naturel » ne sont pas dans la Bible, ni en français, ni en latin (139) ; est-ce que la grille adoptée pour lire les mystiques est mauvaise ? M. de Meaux aborde, en passant et avec mauvaise humeur, la question essentielle de savoir s'il y a un langage mystique (140) parallèle à celui de la théologie ou dans son prolongement, et il renvoie à Fénelon l'obligation de faire la preuve : « En tout cas quatre ou cinq mystiques qu'on ne lit point ne feraient pas un usage dans la langue : et au fond pourquoi ne pas avertir de ce langage mystique ? Quelques lignes de plus ne devaient pas être épargnées, puisqu'elles eussent illuminé tout le discours » (141) ; mais ce que M. de Meaux demande, c'est l'établis-

---

(137) LT, XIX, p. 368 ; cf. p. 490-491 : « La foi ni la théologie n'y sont point, puisque la doctrine devient incertaine et douteuse, et qu'on en peut changer, s'il est permis de le dire, comme on change de chaussure. » Nous savons que selon Bossuet le langage théologique et « le fond de la foi » sont absolument indissociables : à Jurieu qui faisait cette distinction, M. de Meaux répondait naguère que les distinguer n'est qu'illusion et discours en l'air (LT, XV, p. 205-207) ; voir aussi J. Turmel, *La théologie de Bossuet,* dans *Revue du clergé français,* 1er mars 1906, t. 46, p. 23.

(138) Cf. LT, XIX, p. 359.

(139) LT, XIX, p. 212.

(140) Sur ce problème capital, cf. M. de Certeau, *Mystique au* XVIIe *siècle,* dans *L'homme devant Dieu,* t. II, Paris, 1964, p. 267-291. Ecrivant à Bossuet, le cardinal de Bouillon avoue son incompétence en « cette théologie mystique fort différente de celle de l'Ecole » (C.B., VIII, p. 208). A propos du *langage* mystique, voir la très lucide lettre de Deslyons (C.B., IX, p. 397-407) : « ... étant aussi ancienne que le christianisme, ç'a été une nouveauté d'en écrire avec art et méthode, d'en composer des traités par distinctions et par principes... » (C.B., IX, p. 402) ; c'est un des textes les plus équilibrés qu'inspira la querelle du quiétisme et un de ceux qui posent le mieux les véritables problèmes, ceux du langage et de l'expérience, et ceux d'une « théologie mystique ». On chercherait en vain une telle synthèse dans les écrits de Bossuet. L'*Instruction pastorale* de Noailles révèle une totale incompétence en ces questions : l'auteur ne se doute même pas qu'il y ait là des problèmes importants.

(141) LT, XIX, p. 212. C'est selon le schéma ordinaire-extraordinaire que se ferait pour Bossuet la discrimination : une contemplation extatique et extraordinaire [C.B., VIII, p. 132-133 ; LT, XIX, p. 518 (*gratia gratis data*), 523, 333 ; cf. *Remarques* inédites, Gd Sémin. Meaux, G 4, 2e partie, p. 18] n'est pas du tout ce que Fénelon entend par acte continuel (LT, XIX, p. 488, 517 ; actes simples, directs, paisibles, uniformes), et ce dernier n'a pas de mal à renvoyer à son adversaire l'accusation de fanatisme (C.B., VIII, p. 133 ; IX, p. 156 ; Fénelon, *Œuvres,* t. IX, p. 320) et à montrer que l'extase selon Bossuet, en détruisant la liberté, peut avoir les plus graves conséquences (Fénelon, *Œuvres,* t. IX, p. 137).

sement d'une traduction, donc une réduction des mots du langage mystique aux mots connus du langage théologique, et c'est justement ce qui est en question, et ce que Fénelon, en essayant de s'appuyer sur l'expérience, a voulu dépasser. Mais parler d' « expérience » est ambigu (142) : est-ce un nouveau système de référence qui se substituerait aux règles de la foi et dont l'évidence permettrait de juger de façon extrinsèque une spiritualité ? Bossuet a cru que Fénelon ne proposait que cette trompeuse solidité parce que lui-même ne pouvait en concevoir d'autre, et tout un chapitre de la *Préface* aux *Divers Ecrits* porte le titre : « L'illusion des expériences : il en faut juger par la règle de la foi » (143) ; reprenant les arguments déjà développés dans l'*Instruction sur les états d'oraison,* Bossuet ne voit de sécurité contre le risque d'illusion que dans le jugement des pasteurs « dépositaires de la saine doctrine » (144) : « Quoi qu'il en soit, et en avouant, comme incontestable, que l'expérience donne des secours qu'on ne peut guère tirer d'ailleurs dans la conduite, il demeurera pour certain que le discernement du point de foi est dans les docteurs indépendamment des expériences, puisqu'elles peuvent n'être autre chose que des illusions » (145).

Partant du présupposé d'une réduction du langage mystique au langage théologique, Bossuet se demande quelle est l'autorité du témoignage des saints canonisés : on ne saurait faire de leur conduite « une règle invariable de la foi » (146), car le saint n'est pas « un auteur inspiré de Dieu » (147). Ainsi ce serait une fausse règle que de n'oser « condamner ce qu'on trouve dans leurs écrits » (148) : quelques erreurs peuvent s'y trouver, « une tache dans le soleil n'en affaiblit pas la clarté » (149).

Les autorités de Bossuet ne seront donc, en définitive, que les règles de la foi : Bible, tradition, conciles, mais cette réduction de la spiritualité au langage théologique n'est jamais discutée. Et les exemples des saints et des auteurs spirituels tiennent fort peu de

---

(142) Cf. M. de Certeau, *Apologie de la différence, Etudes,* janvier 1968, p. 81-106.

(143) LT, XIX, p. 196-198.

(144) LT, XIX, p. 197, citation de l'*Instruction pastorale* de Fénelon.

(145) LT, XIX, p. 197. Même conviction chez F. de Clermont-Tonnerre, évêque de Noyon (*Lettre pastorale,* 1697, p. 17) et chez Louis-Antoine de Noailles (Fénelon, *Œuvres,* t. II, p. 423).

(146) LT, XIX, p. 292 ; resterait à nous demander si c'est l'objet de l'appel à l'expérience mystique.

(147) LT, XIX, p. 292 ; sur la conception de l'inspiration biblique que l'on trouve chez Bossuet, voir *supra,* p. 505.

(148) LT, XIX, p. 294.

(149) LT, XIX, p. 295.

place dans l'argumentation des *Divers Ecrits,* aussi bien les auteurs que Bossuet apprécie particulièrement, comme François de Sales, que ceux que Fénelon lui objecte. D'ailleurs M. de Meaux ne semble pas avoir ajouté beaucoup de lectures à celles qui lui ont permis de composer ses deux *Instructions sur les états d'oraison* (150).

Les auteurs que nous trouvons dans les écrits de cette année sont ceux que Fénelon invoquait naguère, et Bossuet n'a pas dépassé l'examen des citations proposées de Rodriguez (151), de Gregorio Lopez (152) et de Denys le Chartreux (153) ; de Catherine de Gênes, M. de Meaux se contente de reprendre des citations déjà insérées en partie dans l'*Instruction sur les états d'oraison* (154). S'il n'a presque pas parlé dans ses traités du livre du Frère Laurent de la Résurrec-

---

(150) Selon sa méthode habituelle, il utilise des pages inédites, et encore une fois les *Principes communs* lui servent d'arsenal, bien qu'il n'ait pas renoncé à publier ce traité (LT, XIX, p. 442 ; C.B., IX, p. 109, et encore plus tard C.B., X, p. 340-341), comme il n'a pas renoncé à écrire un traité sur les épreuves (LT, XIX, p. 451, 310). Voici la liste des passages parallèles les plus précis, en suivant toujours l'ordre de composition des *Divers Ecrits :*

— LT, XIX, p. 478 (repris p. 431, et cf. C.B., VIII, p. 252) = B.N. fr. 9626, p. 98.
— LT, XIX p. 482 (distinction augustinienne de l'*uti* et du *frui*) = allusion à l'argumentation de P.C.
— LT, XIX, p. 439-441 (sur la récompense) =
le § IV = P.C., p. 113 et 109 ;
le § V = fr. 9626, p. 102, et P.C., p. 117 ;
le § VI = P.C., p. 113 ;
le § VII = P.C., p. 128.
— LT, XIX, p. 444 : la citation de Harphius est celle qui devait se trouver en P.C., p. 88 ou p. 310, et celle de Ruysbroeck aurait dû se trouver en P.C., p. 310.
— LT, XIX, p. 203 (sur saint Anselme) = P.C., p. 171.
— LT, XIX, p. 264 (sur saint Bernard) = P.C., p. 219.
— LT, XIX, p. 265 (*id.*) = P.C., p. 213, 225.
— LT, XIX, p. 267 (*id.*) = P.C., p. 196, 219, 223.
— LT, XIX, p. 268 (*id.*) = P.C., p. 227, 220.
— LT, XIX, p. 269 (*id.*) = P.C., p. 196.
— LT, XIX, p. 315-316 (sur Cassien) = résumé de P.C., p. 307-309, en ne parlant que de la vie temporelle, mais P.C. était bien plus nuancé : « Il semble marquer qu'il se dévouait seulement à une mort temporelle sans qu'il paraisse qu'il ait porté plus loin ses pensées. »

(151) LT, XIX, p. 447-448, 307-308 ; cf. Fénelon, *Œuvres,* t. II, p. 317 ; le dialogue entre saint Ignace et Lainez, que Bossuet étudie (LT, XIX, p. 448) après Fénelon, était déjà rapporté par Surin, *Fondements de la vie spirituelle,* rééd. Cavallera, p. 171.

(152) LT, XIX, p. 488 ; cf. Fénelon, *Œuvres,* t. II, p. 314-315, 399.

(153) LT, XIX, p. 237 ; cf. Fénelon, *Œuvres,* t. II, p. 311-312. Pour Harphius et Ruysbroeck, voir *supra,* p. 586, et *infra,* p. 684.

(154) LT, XVIII, p. 586-587 ; citations appelées, mais omises, dans P.C., p. 88 et 310 ; l'une d'elles se trouve dans Surin, *Fondements...,* rééd. Cavallera, p. 169.

tion (155), c'est qu'il pouvait être gênant de mettre en cause M. de Paris qui l'approuva lorsqu'il était évêque de Châlons, et que l'abbé de Beaufort avait publié en novembre 1697 une *Lettre à Monseigneur le M. de* *** [Maréchal de Noailles] *pour servir à la justification du livre des Mœurs et entretiens du Frère Laurent de la Résurrection... :* Bossuet a-t-il lu les opuscules du Frère Laurent ? Il juge en tout cas suffisant de répandre à Rome la « si solide » (156) *Lettre* de l'abbé de Beaufort (157).

Restent deux spirituels que, pour des raisons différentes, Bossuet ne peut traiter avec une semblable désinvolture : Surin et François de Sales. Il a jadis approuvé du premier le *Catéchisme spirituel* et les *Fondements de la vie spirituelle* (158) ; or Fénelon cite des pages de ces deux ouvrages sur le retranchement des désirs, l'oubli de soi, de son éternité, de ses intérêts (159), en les interprétant comme l'exclusion de l'amour naturel de soi et de l'intérêt propre. Directement mis en cause, Bossuet doit répondre : pour son neveu, et pour Rome, il commence par mépriser l'argument (160), il minimise l'importance d'approbations si anciennes (161), et cite une page des *Fondements* où Surin parle de la bonté et de la libéralité de Dieu, désire Dieu, donc ne se désintéresse pas de la volonté de le posséder (162), comme si une citation annulait l'autre ; reprenant le problème dans sa *Préface,* Bossuet cite encore des textes où Surin affirme la persistance de l'acte d'espérance dans le plus parfait abandon (163), exalte les « pratiques vertueuses » et la lutte contre l'amour-propre (et non contre un amour naturel ni bon ni mauvais), et met en garde « contre les voies raffinées et métaphysiques » (164).

---

(155) LT, XIX, p. 311-312 ; cf. Fénelon, *Œuvres,* t. II, p. 320-321, 335, 346, 350 ; t. IX, p. 244, 267, 271.

(156) LT, XIX, p. 311.

(157) C.B., VIII, p. 386, 416, 432 ; IX, p. 26, 41, 45, 262.

(158) Voir *supra,* p. 77.

(159) Fénelon, *Œuvres,* t. II, p. 320, 334-335, 350. Antoine Bossuet se fait l'écho des démarches de Fénelon qui informe Rome de l'approbation par son adversaire du *Catéchisme spirituel* (C.B., IX, p. 31, n. 6) ; Fénelon envoya aussi à Rome les *Fondements* (C.B., VIII, p. 386). On trouve aux Archives de Saint-Sulpice le dossier rassemblé par Fénelon sur les *Fondements de la vie spirituelle* (fonds Fénelon n° 6035) ; en tête de ces pages, Fénelon a écrit : « Ce livre est imprimé chez M. Martin au Soleil d'or, rue Saint-Jacques, à Paris. Il est approuvé par M. de Meaux avant son épiscopat. Il faut savoir si le Catéchisme du p. Surin, qui est aussi approuvé par M. de Meaux, a été mis à l'Index. »

(160) C.B., VIII, p. 386-387.

(161) « Ce livre dont les traces presque effacées depuis tant d'années ne tenaient plus guère à mon cœur, non plus qu'à ma mémoire... » LT, XIX, p. 449, 308-309 ; cf. *supra,* p. 83.

(162) LT, XIX, p. 449-450 ; cf. rééd. Cavallera, p. 168 et suiv.

(163) LT, XIX, p. 310-311.

(164) LT, XIX, p. 309-310.

C'est toujours considérer ces « autorités » que sont les auteurs spirituels comme des recueils d'arguments et de textes, et non comme les témoins d'une expérience et les inventeurs d'un langage qui ne peut être compris que dans son ensemble : il n'est pas certain que la méthode de Fénelon soit ici très différente de celle de Bossuet.

Devant saint François de Sales, M. de Meaux est moins gêné, car deux livres de l'*Instruction sur les états d'oraison* étaient consacrés à étudier sa doctrine ; dès le 24 mars 1697, il dénonce à son neveu les passages du saint supposés, pris à contresens et tronqués dans l'*Explication des Maximes des Saints* (165). En reprochant à Fénelon de mal citer saint François de Sales (166), Bossuet a quelquefois raison : le passage cité aux pages 11 - 12 de l'*Explication* ne figure pas dans les œuvres du saint (167) ; plusieurs autres citations (168) sont fort approximatives. De plus grande conséquence est le cas du texte « Le désir de la vie éternelle est bon, mais il ne faut désirer que la volonté de Dieu » (169) : Fénelon ne suivait pas la même édition des *Entretiens* que Bossuet (170), mais le plus intéressant c'est que les historiens modernes estiment que l'édition des *Entretiens* (Lyon, 1628), désavouée par les visitandines et suivie par Fénelon, est préférable au texte officiel qui lui a été substitué (171) ; Bossuet certes ne pouvait s'en douter.

Ailleurs, cependant (172), il n'entre pas dans la pensée du saint en critiquant une citation faite par Fénelon à la page 5 de l'*Explication des Maximes des Saints* et en accusant M. de Cambrai d'omettre qu' « on aime Dieu souverainement » (173). Mais son

---

(165) C.B., VIII, p. 198-200 ; en août, ces accusations sont reprises sous la même forme : C.B., VIII, p. 320. Voir aussi R.B., 1901, p. 84-85 dans les *Deux difficultés proposées à M. de Cambray.*

(166) LT, XIX, p. 521.

(167) LT, XIX, p. 392.

(168) *Explication...,* éd. 1697, p. 22, 49, 51, 135 ; cf. LT, XIX, p. 392-393.

(169) *Explication...,* éd. 1697, p. 55, ce texte est sous une forme légèrement différente à la p. 226 : « le désir du salut est bon, mais il est encore plus parfait de ne rien désirer » ; cités l'un et l'autre, LT, XIX, p. 199.

(170) LT, XIX, p. 200-201, 301.

(171) C.B., VIII, p. 198, n. 3 ; L. Cognet, *La spiritualité moderne,* t. I, p. 292.

(172) LT, XIX, p. 391-392.

(173) Voir *Traité de l'amour de Dieu, Œuvres,* éd. Annecy, t. IV. p. 146. Bossuet oublie que la distinction de saint François de Sales est entre « aimer souverainement » et « aimer du souverain amour » et donc peut être rapprochée de celle de Fénelon. D'autre part, François de Sales indique bien que l'amour d'espérance ne permet pas d'observer les commandements ni d'avoir la vie éternelle, mais il n'en reste pas à

grand reproche est l'interprétation comme « possible » du « cas impossible », comme véritable désespoir de la tentation du désespoir (174) ; croire que Dieu peut condamner une âme à l'enfer sans perdre son amour est une « hérésie formelle » (175) : est-ce ce qui arriva à François de Sales dans l'église de Saint-Etienne des Grès (176) ? Lors de cette crise qui se dénoua devant la Vierge noire, peut-on dire qu'il avait une « invincible persuasion » d'être justement réprouvé de Dieu (177) ? Le fait doit être démontré par une enquête de caractère historique : M. de Meaux le reconnaît lui-même (178), cependant il commencera par prouver que l'état discuté est « contraire à la doctrine du saint », que ce dernier croit, avec le concile de Trente, que la grâce n'abandonne pas l'homme, ce qui est un « dogme précis » (179) ; et si ailleurs, parlant de sa propre expérience, François de Sales n'emploie pas les « paroles » de « persuasion invincible », « sacrifice absolu », « acquiescement simple à sa damnation » (180), c'est qu'il ne connaît pas ces états : « la tentation du désespoir n'est jamais invincible non plus que les autres » ; mais les âmes accablées se contenteront-elles d'une démonstration qui minimise à ce point leurs maux ? « On leur oppose comme aux autres la raison avec le dogme de la foi » (181) ! Nous ne reconnaissons plus le directeur de Mme d'Albert et de Mme Cornuau. Soupçonne-t-il les insuffisances de sa démonstration ? « Après tout, quand M. d'Evreux n'aurait pas assez expliqué cet endroit de la vie du saint, ce n'est pas de ces minuties que dépend la vérité... » (182) ! Et « quand il se trouverait quelque léger embarras dans quelque passage du saint évêque, il vaudrait mieux l'expliquer bénignement... » (183) ; M. de Meaux s'étonne que l'on considère l'évêque de Genève comme un théologien : un écrivain qui demande

---

la spécification théologique de cet amour d'espérance, il s'attache à ses manifestations : il produit plus d'affection que d'effet ; resterait à déterminer le statut théologique de cette « affection ».

(174) LT, XIX, p. 520, 402 et suiv.

(175) LT, XIX, p. 403.

(176) Sur cette expérience, Bremond, *Histoire littéraire...*, t. I, p. 84-91 ; E.-J. Lajeunie, *Saint François de Sales*, t. I, p. 140-144. Sur tous ces problèmes, on peut encore lire Baudry, *Le véritable esprit de saint François de Sales*, Lyon, 1846, t. IV, p. 181-205, et du même auteur une *Dissertation sur la controverse entre Fénelon et Bossuet* au t. IX (col. 494-788) des *Œuvres* de saint François de Sales de l'édition Migne.

(177) LT, XIX, p. 407.

(178) « Il faut montrer que le saint ait été en cet état, ou avouer qu'on ne prouve rien » (LT, XIX, p. 407).

(179) LT, XIX, p. 408.

(180) LT, XIX, p. 410 ; semblable littéralisme, p. 412.

(181) LT, XIX, p. 411.

(182) LT, XIX. p. 414.

(183) LT, XIX, p. 398.

que l'on ne pointille pas, que l'on aille franchement, rondement et simplement, à la vieille française, *grosso modo* (184), ne doit pas être jugé avec rigueur : « J'oserai dire avec la liberté d'un théologien, que si l'on suit ce saint pas à pas dans ce qu'il enseigne en divers endroits, on ne trouvera pas toujours sa doctrine si liée ni si exacte qu'il serait à désirer ; et on n'aura pas de peine à reconnaître que, selon l'esprit de son temps, il avait peut-être moins lu les Pères que les scolastiques modernes » (185) ; les historiens d'aujourd'hui ne sont pas de cet avis (186) !

V. Les mots et la spiritualité

Nous sommes frappés du caractère abstrait que prennent sous la plume de Bossuet ces longues discussions : n'y a-t-il pas au départ des hommes qui prient et qui souffrent ? L'expérience et le langage ne se répondent-ils pas en un dialogue sans fin ? Fénelon essaie de regarder la personne, Bossuet considère l'acte abstraitement, par rapport à un dogme, à une philosophie, à une anthropologie (187). L'abstraction (188), les syllogismes (189), ne sont coupés que par d'éloquents mouvements d'indignation : citations bibliques (190), confessions enflammées (191), affirmations de soumission à la vérité (192) ; et, aux plus mauvais moments, cette éloquence masque des défaites et le refus de répondre : « Par la grâce de Dieu, on ne m'accuse de rien ; et je n'ai point à me justifier, ni à expliquer ma

---

(184) LT, XIX, p. 400.

(185) LT, XIX, p. 297, et voir p. 303 : des expressions et non des pratiques, des transports et non des états. Voir ce que Fénelon dit de ce traitement indigne fait à saint François de Sales, *Œuvres,* t. II, p. 606-626 ; t. IX, p. 382. Cf. aussi sur ce problème des « autorités », J. Orcibal, *Le procès des « Maximes des Saints »...,* p. 72-74.

(186) L. Cognet, *La spiritualité moderne,* t. I, p. 289. Déjà en 1694, Bossuet s'était dérobé lorsque le P. Caffaro invoquait un passage de l'*Introduction à la vie dévote* assez libéral sur la question du théâtre : Ch. Urbain et E. Levesque. *L'Eglise et le théâtre,* p. 86-87, 135 n. 3.

(187) Cette remarque de Fénelon (*Œuvres,* t. II, p. 279) : « Mais il faut distinguer l'abstrait et le concret, l'acte et la personne qui le fait. »

(188) Par exemple, LT, XIX, p. 437, l'exposition purement abstraite des trois états.

(189) Par exemple, LT, XIX, p. 161, 339.

(190) « C'est ce que disait le Prophète : " Les œufs de l'aspic sont éclos, et de ce qui a été couvé, il en sortira une vipère. " » (LT, XIX, p. 475).

(191) « N'oserais-je plus me corriger, me repentir, avouer ma faute ? Qui suis-je pour mériter que mon approbation soit comptée pour quelque chose ?... » (LT, XIX, p. 309 ; voir aussi p. 449).

(192) « Je ne fais que prêter à la vérité les expressions qu'elle demande... » (LT, XIX, p. 193).

doctrine... » (193). Ce ne sont pas ces procédés de rhéteur qui nous touchent (194), mais les rares instants où M. de Meaux laisse parler son âme. Evoque-t-il les saints gémissements de l'Eglise, pressée du désir de posséder son Epoux, saint Paul, saint Ignace d'Antioche, les martyrs, saint François d'Assise (195), le saint et chaste amour de l'Epouse enflammée du désir de posséder Jésus-Christ (196), nous savons bien que M. de Meaux n'établit rien contre Fénelon, mais son lyrisme nous atteint. Toutes les réflexions sur la récompense attendue par Israël, sur l'Eglise « mise en mouvement vers le ciel » (197), sur Dieu « notre Dieu », « objet d'amour » (198), la belle paraphrase du P. Surin : « Voici donc le secret de l'abandon, qui est aussi celui du parfait amour : l'âme parfaite semble y perdre de vue tout intérêt... » (199), ces belles pages ne vont sans doute pas au cœur des problèmes débattus, mais elle sont en parfaite conformité avec l'expérience profonde de Bossuet : désir de purification sans cesse renaissant, marche d'un pas égal « au milieu des prospérités et des adversités du monde, ou même dans les sécheresses et dans les consolations de la vie spirituelle, et dans les vicissitudes d'une âme tantôt fervente et tantôt abattue et découragée » (200), voilà ce que pour lui représente le pur amour, et ce qui explique que sa direction n'ait pas la dureté de ses principes. Ainsi s'explique la beauté des pages (201) où Bossuet prend la défense du caractère surnaturel de la douceur sensible, douceur qui « prend et gagne le sens pour s'insinuer dans le fond », que Dieu ne retire que pour « donner lieu à quelque chose de plus intérieur » (202) ; la joie s'épure et se fortifie, devient plus foncière et plus dominante, et de là « regorge (203) sur le sens : les goûts renaissent, les larmes reviennent, les consolations surabondent, mais d'une manière plus

---

(193) LT, XIX, p. 370.

(194) Cf. le portrait que Deslyons fait de Bossuet sous le nom d'Apollo : « Apollo est éloquent et puissant à traiter et à prêcher les divines Ecritures, *vir eloquens, potens in Scripturis,* Act. XXVIII, 24 » (C.B., IX, p. 406), et celui que fait Jurieu, *Traité historique...*, p. 175 : « habile et savant... ».

(195) LT, XIX, p. 477-478, voir aussi p. 431.

(196) LT, XIX, p. 481 ; allusions au *Cantique des Cantiques,* R.B., 1903, p. 200.

(197) LT, XIX, p. 417.

(198) LT, XIX, p. 167.

(199) LT, XIX, p. 311.

(200) LT, XIX, p. 485.

(201) LT, XIX, p. 289-292.

(202) LT, XIX, p. 291.

(203) C'est un mot de la langue spirituelle : C.B., VI, p. 55 ; VII, p. 232 ; IX, p. 401 (« se dégorgeaient des vérités célestes » : Deslyons).

intime et plus sublime » (204), montée jusqu'à la mort, jusqu' « au total et continuel embrasement » (205) : rarement M. de Meaux a aussi bien parlé de ce mouvement sensible qui constitue pour lui la démarche spirituelle et qu'aucune expérience ne lui permit de renier.

---

(204) LT, XIX, p. 291.
(205) LT, XIX, p. 291.

CHAPITRE 17

LE DENOUEMENT

(*Printemps 1698-Printemps 1699*)

I. LES ŒUVRES

Nous abordons la dernière phase de la querelle du quiétisme, marquée essentiellement par le bref *Cum alias* du 12 mars 1699 qui condamne 23 propositions tirées de l'*Explication des Maximes des Saints*. On pourrait croire que cette décision romaine et les longues discussions qui l'ont précédée apportèrent une sorte de conclusion doctrinale à tous les problèmes agités depuis plusieurs années ; en réalité il n'en fut rien : les écrits, qui en 1698-1699 continuent à être fort nombreux, n'éclaircissent rien « pour le fond » et Rome en portant une condamnation assez mesurée n'a nullement entériné les thèses de Bossuet et de ses amis.

« M. de Meaux ne peut plus faire que des redites pour le fond », écrit lucidement Fénelon le 25 février 1698 (1) ; Phelipeaux, lui aussi, se rend compte que trop écrire ne mène à rien et ne peut que nuire à la cause de Bossuet (2) ; et ce dernier est décidé à ne plus écrire... « si ce n'est qu'il vienne quelque chose de bien nouveau » (3).

« Pour le fond » les écrits de cette année nous apprennent peu de chose car la querelle s'écarte de plus en plus des problèmes de la spiritualité : Bossuet entre dans la voie que lui indiquait son neveu, celle des « relations » ; plutôt que de discuter sur l'amour pur ou sur la passivité, écrire des « mémoires » (4) qui permettent

---

(1) Fénelon, *Œuvres,* t. IX, p. 336.

(2) C.B., X, p. 55 : « ... je pense que vous n'écrirez plus » ; cf. aussi p. 90.

(3) C.B., X, p. 92 ; et voir p. 55, n. 8.

(4) C.B., IX, p. 109.

de faire connaître le « nouveau saint » (5), une « histoire secrète » (6) qui révèle des « faits » (7) : la *Relation sur le quiétisme* (8) est le texte essentiel de cette époque, mais nous n'insisterons pas sur ce livre brillant et injuste que M. de Meaux aurait mieux fait de ne pas écrire (9).

Par ailleurs, M. de Meaux fait tous ses efforts pour convaincre les cardinaux qui doivent juger l'*Explication des Maximes des Saints* et les théologiens romains ou étrangers ; une condition est nécessaire : écrire en latin. Phelipeaux le remarqua très tôt : « votre style est pressé et trop sublime pour être facilement entendu par des *frates* et des cardinaux qui n'en savent pas tant » (10), et Bossuet, qui naguère reprochait à Richard Simon de ne pas écrire dans la « langue des savants » (11), compose de petits ouvrages latins (12) :

---

(5) C.B., IX, p. 129, expression de l'abbé Bossuet, piquante quand on sait que l' « *alter ego* » de M. de Meaux avait alors à Rome des aventures peu édifiantes : sur ces aventures, voir E. Griselle, *L'aventure de l'abbé Bossuet à Rome,* Mâcon, 1903. Pour connaître la bassesse de certains pamphlétaires, on peut lire *Les Adieux de Nicodème, solliciteur en Cour de Rome pour Madame G, à son compère Bonnefoy,* s.l.n.d. (un exemplaire dans le recueil Carpentras, Bibl. Inguimbertine, ms. 1916, pièce 51). Sur ce pamphlet, cf. Leibniz à Nicaise, 23 décembre 1698, *Lettres de divers savants à l'abbé Nicaise,* éd. Caillemer, p. 70. La *Relation sur le quiétisme* paraît, en comparaison, discrète et mesurée !

(6) Fénelon, *Œuvres,* t. IX, p. 324-325, Chantérac à Fénelon ; t. IX, p. 298, Chantérac à Langeron.

(7) Le mot revient sans cesse dans les lettres de l'abbé Bossuet : « il faut plus que jamais des faits » (C.B., IX, p. 265), « encore une fois des faits pour achever » (C.B., IX, p. 266, et voir p. 281, 291, 352 ; C.B., X, p. 185 : « ces gens-ci [les théologiens romains] qui sont touchés du matériel » écrit l'abbé Bossuet ! revu sur l'autographe).

(8) LT, XX, p. 85-170, achevé d'imprimer du 31 mai 1698.

(9) Pour étudier les étapes de la composition du livre, voir C.B., IX, p. 336 à la fin : X, p. 3, 7, 25 et suiv., etc. ; Ledieu, *Journal,* t. I, p. 241 ; nous utiliserons à l'occasion la réédition de Paris, 1901, avec préface de Mgr Sonnois, qui comporte en face de chaque page, la réponse inédite de Fénelon ; mais cette réponse est publiée là avec de très nombreuses fautes de lecture (quelques-unes relevées dans R.B., 1904, p. 60 et suiv.), et il est indispensable de consulter l'autographe de Fénelon au British Museum. De même caractère que la *Relation,* les *Remarques sur la réponse de M. l'archevêque de Cambray à la Relation sur le quiétisme* (LT, XX, p. 171-316, achevé d'imprimer du 18 octobre 1698), et de nombreuses pages des autres traités de cette époque.

(10) C.B., IX, p. 168 ; cf. p. 207 : style serré et sublime ; p. 192 : « l'écrit latin ferait à cette heure un bon effet ; ce qui est en français n'en fait pas tant, à beaucoup près ». Sur le style de Bossuet dans ces œuvres polémiques, cf. Vuillart à Préfontaine, *Lettres,* éd. R. Clark, p. 160 (« si supérieur en doctrine [...], [...] si inférieur en style »), et Jurieu, *Traité historique...,* p. 175.

(11) LT, IV, p. 87 ; il reprochait à R. Simon de mettre des blasphèmes « entre les mains du vulgaire et des femmes » ; Fénelon fait des reproches semblables à l'auteur de la *Relation sur le quiétisme.*

l'abbé Bossuet en attend « des principes pour répondre à tout » (13). Les deux premiers *Mystici in tuto* et *Schola in tuto* sont imprimés en mars 1698 (14) et aussitôt envoyés à Rome (15) ; quant au *Quietismus redivivus* il n'est envoyé qu'en août (16), car auparavant Bossuet a tenu à publier sa *Réponse* [...] *à quatre lettres de Monseigneur l'archevêque de Cambray* (17) et à adresser à Rome l'*Admonitio prævia* qui sert de préface au *Quietismus redivivus* (18) ; l'ensemble, groupé sous le titre *De nova quæstione tractatus tres,* n'est pas répandu dans le public avant août 1698 (19).

II. La béatitude (20)

« Non seulement [...] on veut être heureux, mais encore [...] on ne veut que cela, et [...] on veut tout pour cela » (21), ce « prin-

---

(12) « Seulement des livrets latins qui ne contiendront presque autre chose que ce que nous avons mis en français » (C.B., IX, p. 215) : *Mystici in tuto, Schola in tuto,* et *Quietismus redivivus ;* il fait lui-même à l'avance grand éloge de ces œuvres (« J'ai un écrit tout prêt, de la dernière force, en latin », C.B., IX, p. 201, sur *Mystici in tuto ;* « on imprime trois discours latins dont le premier sera *Mystici in tuto* en faveur du P. Carme, le second *Schola in tuto,* le troisième qui emportera la pièce *Quietismus redivivus* » C.B., IX, p. 228 ; cf. aussi sur les intentions de Bossuet dans ces trois ouvrages : C.B., IX, p. 277, 296, 338 ; X, p. 4).

(13) C.B., IX, p. 155.

(14) C.B., IX, p. 228.

(15) C.B., IX, p. 245, 460-461.

(16) C.B., X, p. 55, 92, 114, 121, 134, 183, 197.

(17) LT, XIX, p. 524-582 ; sur cet ouvrage : C.B., IX, p. 355, 379, 391, 460-461.

(18) LT, XX, p. 1 ; cf. C.B., X, p. 92.

(19) C.B., X, p. 154 : selon l'abbé Bossuet, il aurait été préférable de rendre publics ces opuscules séparément « car beaucoup de gens auraient lu volontiers ces traités l'un après l'autre, qui seront effrayés de la lecture des trois ensemble ». Le livre est présenté au pape par l'abbé Bossuet, le 22 septembre : C.B., X, p. 200-202. Beaucoup de pages des traités latins ne sont guère qu'une traduction de passages de l'*Instruction sur les états d'oraison* ou des *Divers Ecrits :* nous n'étudierons, dans ce chapitre, que les thèmes vraiment nouveaux ou ceux qui sont exprimés avec un accent particulier et nous nous contenterons de rapides allusions quand il ne s'agira que de redites, « ce qu'on a dit cent et cent fois » (LT, XIX, p. 541). Une bonne synthèse de tous ces thèmes se trouvait sans doute dans le panégyrique de sainte Thérèse du P. de La Rue : H. Hillenaar (*Fénelon et les Jésuites,* p. 111, n. 3) n'en connaît que le texte imprimé par le P. Bretonneau, texte très suspect ; Bossuet envoya des extraits de ce panégyrique à son neveu (C.B., X, p. 307) ; nous avons retrouvé un résumé de ce sermon (Carpentras, Inguimbertine, ms. 1916, pièce 50) où figurent tous les thèmes de l'antiquiétisme et qui ne doit pas être très différent de celui que Bossuet eut entre les mains.

(20) Voir les articles de S. Harent, *Etudes,* 1911, cités *supra,* p. 655, n. 87.

(21) LT, XIX, p. 543.

cipe inébranlable de saint Augustin » (22), Bossuet dès sa jeunesse le répète ; il sent que ces paroles éveillent en lui un écho, intime expérience, ligne de force de toute une spiritualité qu'aucune discussion ne peut non seulement ébranler mais même mettre en cause (23). C'est « la nature », « la vérité », « Dieu même » (24), qui sont les garants de cette intuition : même les anges ont cette tendance (25) qui est aussi naturelle que pour le feu de tendre vers le haut. Si l'on désire d'être heureux, c'est Dieu que l'on désire secrètement (26) ; et ne disons pas, avec Fénelon, qu'il s'agit d'un penchant indélibéré, d'une inclination naturelle qui n'a rien à voir avec la grâce (27), d'un consentement imparfait et passager (28) ; désirer d'être heureux c'est « savoir » ce qu'on veut, c'est « connaître » la vie bienheureuse (29). Ainsi la charité ne peut rien vouloir que pour jouir (*frui*) de Dieu (30) : aucune équivoque n'est levée sur la nature de ce *frui,* sur le caractère naturel ou surnaturel de la *fruitio,* sur les aspects psychologiques de cette expérience (31) ; c'est que Bossuet ne sent pas l'équivoque, ni les problèmes qui peuvent se poser ici. En tête de *Schola in tuto* ces affirmations sont présentées comme des principes qu'il faut soutenir « *pro Ecclesia catholica tuenda* » (32) :

« I. *Frui Deo finis est beatitudinis.*

II. *De beatitudine vero theologi, philosophi, docti indoctique pariter ita sentiunt : eam esse primum volitum, atque ultimum finem quem omnes homines volunt, et nolle non possunt* (*Augustinus, millies*) » (33), et nous trouverons cette doctrine développée dans le corps de la *Schola in tuto :* l'*indeclinabile pondus,* la *continua impulsio* à la béatitude ou à la fruition de Dieu, pour reprendre

(22) LT, XIX, p. 543, cf. *De Trinitate,* l. XIII, c. VIII, 11.

(23) Sur ce principe, chez saint Augustin, voir A. Becker, *De l'instinct du bonheur à l'extase de la béatitude,* p. 33 et suiv.

(24) LT, XIX, p. 543.

(25) LT, XIX, p. 664.

(26) LT, XIX, p. 559.

(27) Fénelon, *Œuvres,* t. II, p. 584.

(28) Fénelon, *Œuvres,* t. II, p. 598, 646-648.

(29) LT, XIX, p. 543.

(30) LT, XIX, p. 544.

(31) Bossuet reprend la distinction classique entre *frui* et *uti :* LT, XIX, p. 663 et suiv. L'ambiguïté du vocabulaire apparaît bien lorsqu'il donne *beatitudo* comme synonyme de « *totum hominis bonum* » de saint Thomas : LT, XIX, p. 669.

(32) LT, XIX, p. 657 ; l'abbé Bossuet dira au pape que cette « jouissance de Dieu », consommation de toutes les vertus, est « de foi » (C.B., X, p. 201).

(33) LT, XIX, p. 657-658.

les mots de saint Augustin, est une idée claire : *ratio et idea, cognitio clara, certa, appetitus elicitus,* un véritable acte de volonté, même si l'homme n'y pense pas toujours par un acte exprès et perçu (34). Dans ces conditions la fameuse supposition impossible devient une pure absurdité, « pieux excès », « sages folies » : Bossuet reprend l'explication qu'il donnait dans ses *Principes communs* de l'anathème de Moïse et de saint Paul, en suivant saint Grégoire de Nazianze et saint Jean Chrysostome (35) ; mais cette fois il durcit encore son interprétation (36) : l'âme ne peut qu'être « folle » (37) si elle fait le sacrifice absolu ; au fond elle est « dans une parfaite et entière sécurité » (38) ; n'est-ce pas mépriser des faits incontestables ? l'expérience de saint François de Sales n'est que le résultat d' « une imagination affectée et mélancolique », « car l'imagination peut être livrée à cette espèce de maladie » (39) ! Fénelon qui nie ces évidences a contre lui saint Augustin, saint Thomas, toute l'Ecole (40).

Rien de bien nouveau dans ces affirmations dont la rhétorique est souvent insupportable (41), sinon l'absence de toute justification : la controverse empêche maintenant M. de Meaux d'élaborer la moindre argumentation sérieuse (42).

---

(34) LT, XIX, p. 670-671 ; Bossuet fait encore une fois allusion à la doctrine de l'intention virtuelle, LT, XIX, p. 672.

(35) LT, XIX, p. 542, 546-548 ; cf. P.C., p. 291-300 sur les *Homélies* XV et XVI de saint Jean Chrysostome sur l'*Epître aux Romains.* Voir aussi, LT, XIX, p. 723 et suiv.

(36) Et Fénelon s'étonne que Bossuet ait accepté le 33e article d'Issy qu'il semble maintenant mépriser, Fénelon, *Œuvres,* t. II, p. 610.

(37) LT, XIX, p. 541.

(38) LT, XIX, p. 551.

(39) LT, XIX, p. 552. R. Chaponnel, *Examen des voies intérieures,* p. 198, juge aussi que ces épreuves ne sont que le signe d'une imagination blessée et d'hypocondrie ; Jurieu va plus loin encore et recommande « avant toute chose l'ellébore et la saignée » (*Traité historique...,* p. 87 ; voir aussi p. 281 : « en bon français une folie »).

(40) LT, XIX, p. 581. Bossuet écrit aussi : laissons aux métaphysiciens, à des impies comme Pomponazzi, à imaginer une âme mortelle capable de retourner au néant : Dieu ne peut réduire l'homme au néant, condamner le juste à l'enfer, toute supposition impossible est absurde (LT, XIX, p. 727-728).

(41) Fénelon constate-t-il que M. de Meaux portait naguère sur François de Sales un jugement plus nuancé, « quand je l'aurais dit cent fois, cent fois il faudrait me dédire et effacer ce blasphème avec un torrent de larmes » (LT, XIX, p. 553). Gerberon reprochera à Bossuet d'avoir « plus étudié l'art de déclamer que l'art de penser » (R.H.E.F., 1957, n° 140, p. 192-193).

(42) Bossuet qui parle souvent de la *delectatio* et de la *fruitio* augustiniennes n'essaie pas de définir ce qu'il faut entendre par ces mots du point de vue de l'augustinisme. Fénelon s'y essaie, en revanche, avec plus

Il est vrai qu'en cette fin du XVIIe siècle tout un courant augustinien, mais non janséniste, partait du principe que l'homme en tout cherche son bonheur et désire trouver la joie en s'unissant à un être parfait : en 1684 le P. Ameline, lié avec Malebranche, publiait un *Traité de la volonté, de ses principales actions, de ses passions et de ses égarements* (43) où il montrait que tout l'homme est mû par le désir du bonheur et de la perfection. Quelques années plus tard, juste au moment de la publication de l'*Explication des Maximes des Saints*, un bénédictin de Saint-Maur, le P. François Lamy, réédite sous le titre de *Sentiments de piétié sur la profession religieuse...* (44) sa paraphrase de trois versets des psaumes CXVIII et LXXII ; il va très loin dans l'affirmation d'un amour pur et désintéressé, et son livre est d'autant plus important pour nous que Bossuet le lut de près et marqua de sa main « toutes les fausses maximes de D. François Lamy » (45). Nous ne possédons plus cet exemplaire, mais il n'est pas difficile de deviner ce qui inquiétait M. de Meaux : ce ne sont certes pas la mention répétée des chastes délices et des célestes douceurs d'être à Dieu (46), ni l'affirmation de l'inclination invincible que nous avons au bonheur (47) ; c'est bien plutôt ce que dans cette 4e édition D. Lamy ajoute à son texte primitif, avec une certaine incohérence d'ailleurs : ces chastes délices doivent être dépassées ; il faut attendre Dieu uniquement et non pas des biens créés (48), s'élever au-dessus du ciel et de la terre (49), au-dessus du désir et de la crainte (50), aimer Dieu sans rapport à soi (51) : l'enfer avec Dieu n'est-il pas préférable au paradis sans lui (52) ? En même temps F. Lamy prêche l'amour, voie aisée et douce (53), et le parfait abandon (54) sur un ton

de bonheur en distinguant une *delectatio* pure passion ou εὐπάθεια et une *delectatio* de pure volonté (*delectari* = il me plaît, je choisis, je préfère par mon libre arbitre) : c'est aller plus loin dans l'interprétation de saint Augustin (Fénelon, *Œuvres*, t. III, p. 362-364).

(43) Sur Ameline, voir D.S., t. I, col. 471-472 ; et Mme de Maintenon, *Lettres*, t. IV, p. 453-454.

(44) 4e édition, considérablement augmentée, Paris, 1697.

(45) D'après Ledieu qui possédait cet exemplaire annoté, R.B., 1901, p. 56. Sur les rapports de Bossuet et de dom François Lamy à propos d'autres problèmes, C.B., III, p. 456-498, 560-563 ; C.B., VII, p. 409.

(46) *Sentiments de piété...*, p. 57-58, 92-94, 162.

(47) *Id.*, p. 107.

(48) *Id.*, p. 83-84, 113, 115, 196.

(49) *Id.*, p. 112, 123.

(50) *Id.*, p. 123, 138-139, 200.

(51) *Id.*, p. 119, 223, 224.

(52) *Id.*, p. 118, 188, 205.

(53) *Id.*, p. 166.

(54) *Id.*, p. 210.

guyonien : et quelle autorité invoque-t-il ? l'*Imitation de Jésus-Christ*, le chapitre 21 (55) du livre III, et du même livre ce chapitre 37 (56) que justement Mme Guyon avait envoyé à M. de Meaux en 1694 (57) et dont elle disait que c'était l'abrégé de tout ce qu'elle avait écrit ! Nous comprenons que Bossuet n'ait vu dans le livre de dom Lamy qu'une défense de la « mauvaise théologie » de Fénelon (58).

Cependant M. de Meaux s'intéresse plus aux œuvres de M. de Cambrai qu'à celles du bénédictin, et c'est Malebranche, avant Ameline, qui répondra à Lamy en 1697 : à cette date en effet le savant oratorien publie son *Traité de l'amour de Dieu* (59), après en avoir montré le manuscrit à Bossuet (60) : Malebranche définit la volonté comme le désir du bonheur, et la grâce comme une délectation, seul mode d'action capable de mouvoir la volonté ; il souligne fermement la « contradiction » qu'il y aurait à concevoir un amour indépendant du désir d'être heureux (61). Mais ces arguments sont insérés dans toute l'architecture d'une métaphysique, d'une conception de l'Ordre (62), de l'homme, de la volonté (63). Si l'on entre dans cette pensée difficile et exigeante, on s'aperçoit qu'il n'y a pas chez lui le moindre hédonisme spirituel (64), le moindre sensualisme (65) ; mais ces thèses forment un tout, et, comme les arguments démonstratifs en dehors de l'autorité de saint Augustin (66) sont assez rares, il est à craindre qu'un lecteur superficiel ne soit pas capable de saisir le sens et la portée du livre : il est au fond une apologie du théocentrisme (67), alors que l'absence de différence qualitative intrinsèque entre la délectation de la grâce et les autres plaisirs (68) risque d'être interprétée en un sens « humaniste » ou panhédoniste.

---

(55) *Id.*, p. 124.
(56) *Id.*, p. 210.
(57) C.B., VI, p. 370, en joignant à sa lettre les deux pages découpées dans son édition de l'*Imitation* : voir autographe, B.N., n. a. fr. 16313, f° 64-65, avec ces deux pages imprimées.
(58) R.B., 1901, p. 56.
(59) Voir l'édition de D. Roustan, Paris, 1923 et Y. de Montcheuil, *Malebranche et le quiétisme*, Paris, 1947.
(60) Y. de Montcheuil, *op. cit.*, p. 75-76 ; en août-septembre 1697.
(61) Y. de Montcheuil, *op. cit.*, p. 107.
(62) « L'Ordre immuable de la Justice » cit. Y. de Montcheuil, *op. cit.*, p. 291.
(63) Y. de Montcheuil, *op. cit.*, p. 116.
(64) Y. de Montcheuil, *op. cit.*, p. 102 ; contrairement à ce qu'affirmait bien légèrement S. Harent, *Etudes*, 1911, art. cit., p. 490.
(65) Y. de Montcheuil, *op. cit.*, p. 182.
(66) Et quelques formules vagues comme « les théologiens », citée par Y. de Montcheuil, *op. cit.*, p. 116.
(67) Y. de Montcheuil, *op. cit.*, p. 235.
(68) Y. de Montcheuil, *op. cit.*, p. 206.

En tout cas, Bossuet, qui a lu ce livre et qui à cette occasion s'est réconcilié avec l'oratorien, a pu se sentir encouragé dans ses affirmations. Il est difficile de prouver que M. de Meaux a emprunté à Malebranche tel argument de détail : ou bien il s'agit d'arguments qui à cette date sont des lieux communs, ou bien saint Augustin est une source commune à l'évêque et à l'oratorien : par exemple l'argument du suicide (69). Il put aussi se sentir encouragé par Leibniz qui depuis longtemps pense qu'aimer c'est « *delectari* », prendre du plaisir au bien d'autrui (70). Il est vrai que Bossuet n'a pas reçu une lettre du 16 octobre 1698 où le philosophe écrivait qu'« aimer n'est autre chose que trouver son plaisir (je dis plaisir, et non pas utilité ou intérêt) dans le bien, perfection, bonheur d'autrui... » (71), mais il connaissait son opinion par l'intermédiaire de l'abbé Nicaise, de Bourdelot et de Mlle de Scudéry (72) ; or, cette fois encore, la doctrine leibnizienne de l'harmonie et la philosophie à laquelle se rattachait cette opinion sur la nature de l'amour (73) devaient échapper à Bossuet. Pourquoi M. de Meaux aurait-il douté de ses propres évidences puisque, tout autour de lui, il les voyait partagées par les philosophes ?

Il nous faut aussi signaler le livre d'Ameline que le traité de son confrère Malebranche n'a pas découragé d'écrire : Ameline s'en prend cette fois à dom François Lamy (74) et élabore un ouvrage « composé particulièrement pour faire voir que l'amour qui regarde Dieu comme fin dernière, comme objet de béatitude, et comme récompense n'est point un amour impur ni mercenaire », le *Traité de l'amour du souverain bien...* (75). Dès la première page, nous lisons que « l'homme est né avec un amour naturel de la béatitude et avec l'envie d'être heureux », et tout le livre développe ce thème, distingue le bon et le mauvais amour de soi-même, la bonne et la

---

(69) LT, XIX, p. 558-559, et Y. de Montcheuil, *op. cit.*, p. 295 et suiv. Certes, Bossuet a le souci de montrer que le pur amour risque de rendre « la créature indépendante de Dieu » (LT, XIX, p. 566), mais il n'apporte pas la démonstration métaphysique que l'on attend.

(70) Cité par E. Naert, *Leibniz et la querelle du pur amour*, p. 58.

(71) C.B., X, p. 243 ; le plaisir selon lui entre « essentiellement » dans l'amour.

(72) Nicaise à Huet, 20 juin 1697, B.N., fr. 15189, f° 124 ; à Bonjour, 10 octobre 1697, dans *Lettres inédites à Huet et Cl. Bonjour...*, par L.-G. Pélissier, Dijon, 1889, p. 55-56 ; à Huet, 9 août 1698, éd. Pélissier, p. 42-43 ; à Huet, 14 septembre 1698, éd. Pélissier, p. 43-44.

(73) Cf. E. Naert, *Leibniz et la querelle du pur amour*, p. 55-85.

(74) [Ameline], *Traité de l'amour du souverain bien...*, préface et p. 124.

(75) Paris, 1699 ; dans la bibliothèque de Bossuet, catal. 1742, n° 1230. Voir la critique de Fénelon, *Œuvres*, t. IX, p. 707. Ledieu (R.B., 1901, p. 57) attribuait à tort ce livre à Malebranche.

mauvaise concupiscence, et démontre cela par la nature de la volonté et l'impression qu'ont reçue dans leur cœur les hommes « au moment de leur création » (76) ; ses arguments sont les textes de l'Ancien Testament, les Pères, surtout saint Augustin, et les prières de l'Eglise, mais considérés de façon assez extérieure : car Ameline, qui n'échappe pas aux dangers d'un certain panhédonisme (77), n'est pas un assez grand esprit pour dominer ces problèmes.

Trois autres livres, œuvres de « disciples » de Bossuet (78), apportent à ces thèses un renfort point négligeable et peuvent donner l'illusion de l'unanimité. Dans le premier, *Les Sources de la vraie et de la fausse dévotion où l'on découvre le fond de la nouvelle spiritualité et son opposition à celle de saint François de Sales* (79), nous pouvons lire des affirmations violentes ou rapides sur la stupidité de ceux qui ne sentent pas l'invincibilité du désir de la béatitude (80), sur la grâce délectation céleste et lumière consolante (81), sur le plaisir motif de tout amour (82), action du souverain bien en nous (83), sur le fond de la volonté qu'est l'amour invincible du bonheur et de la perfection (84).

Aussi médiocre, le livre de Louis-Geraud de Cordemoy, *Les désirs du ciel ou les témoignages de l'Ecriture Sainte contre le pur amour des nouveaux mystiques* (85), s'honore d'une lettre d'approbation de Bossuet (86) : il reprend les allusions scandaleuses de la *Relation sur le quiétisme* à la « prophétesse » (87) et à sa plénitude de grâces (88), mais sur le problème du désir et du bonheur il ne fait que répéter les banalités cent fois entendues : tous les hommes

---

(76) *Traité de l'amour du souverain bien...*, p. 30.
(77) *Id.*, p. 111, sur l'enivrement, les jouissances des saints opposées à la froideur de ceux qui contestent cette conception de l'amour.
(78) C'est le mot de Fénelon, à propos de ces livres, Fénelon, *Œuvres*, t. III, p. 354 : « vous avez lâché contre moi trois de vos disciples ». Bossuet ne reconnaîtra que Cordemoy pour son disciple, les deux autres lui sont, dit-il, inconnus : LT, XX, p. 378-379.
(79) S. l. 1698.
(80) *Les Sources...*, p. 101.
(81) *Id.*, p. 105.
(82) *Id.*, p. 180-181.
(83) *Id.*, p. 184.
(84) *Id.*, p. 288.
(85) Paris, 1698. Sur l'auteur, D.S., t. II, col. 2309-2310 ; cet ami de Ledieu (R.B., 1911, p. 134 ; Ledieu, *Journal*, t. I, p. IV) et du jeune Fénelon (B.N., fr. 23498, f° 44) était le fils de Geraud de Cordemoy, historien, philosophe cartésien et lecteur du Dauphin. Dans ses œuvres de controverse avec les protestants, les sociniens, les quiétistes, il paraît toujours dans l'ombre de Bossuet.
(86) Reproduite, C.B., X, p. 159.
(87) *Les désirs du ciel...*, p. XXXII.
(88) *Id.*, p. XXXI.

veulent être heureux (89), l'amour est un mouvement de l'âme qui la porte à se joindre de volonté à ce qui lui paraît convenable (90) ; saint Augustin exprime l'amour par le terme de « jouir » (91) ! Sur les suppositions impossibles, mêmes banalités, et toujours les mêmes citations bibliques sur le désir de la récompense et sur les promesses... Et ce n'est pas parce que le *Traité des Passions* (92) est cité une fois à côté de saint Augustin que Cordemoy a essayé d'appuyer sur la philosophie et la psychologie cartésiennes la doctrine qu'il répète après Bossuet !

L'*Apologie de l'amour qui nous fait désirer véritablement de posséder Dieu seul, par le motif de trouver notre bonheur dans sa connaissance et son amour...* (93), attribué à du Plessis d'Argentré (94) se propose de combattre l'opinion selon laquelle l'amour pur et désintéressé doit être entièrement indépendant de tout désir de notre bonheur (95), et dès la page 1 il définit l'amour comme un doux penchant de la volonté vers quelque objet qui nous plaît. Aux arguments traditionnels tirés de saint Augustin, il ajoute une longue démonstration du désir naturel d'être heureux, à partir des philosophes païens : avec quelque artifice il arrive à convaincre les quiétistes à la fois d'épicurisme dans leur conception de Dieu (96), et de stoïcisme sur l'amour de la vertu sans espérance de récompense (97). Or d'Argentré, en remontant aux philosophes de l'Antiquité, remarque que l'opinion de Fénelon est celle des théologiens scolastiques et de la plupart des mystiques des derniers siècles (98), en particulier de saint François de Sales (99) : il faut donc en

(89) *Id.*, p. 2.
(90) *Id.*, p. 9.
(91) *Id.*, p. 100.
(92) 2e partie, ch. 10, cité, *Les désirs du ciel...*, p. 9.
(93) Amsterdam, 1698.
(94) Dans la bibliothèque de Bossuet, catal. 1742, n° 1228 ; cf. R.B., 1901, p. 57 : Ledieu ignorait le nom de l'auteur.
(95) Dessein du livre, non paginé. D'Argentré a lu le *Traité de morale* de Malebranche (*L'Apologie...*, p. 44, 211) et utilise la *Théologie morale de saint Augustin...*, Paris, 1686, de Michel Bourdaille (sur ce personnage, L. Pérouas, *Le diocèse de La Rochelle...*, Paris, 1964, p. 260-264 ; sur sa thèse, en 1665, qu'examina et approuva Bossuet, A. Floquet, *Etudes...*, t. II, p. 435-438, C.B., XV, p. 444, A.-G. Martimort, *Le gallicanisme...*, p. 256, 266 ; sa *Théologie morale de saint Augustin* critiquée par Bossuet sur la question du péché originel, Ledieu, *Journal*, t. I, p. 77, 125-126. En mars 1659, Bossuet avait fait partie, avec N. Cornet, d'un jury d'examen de Michel Bourdaille : C.B., XV, p. 438, et A.N., MM 252, f° 245 v°).
(96) *Apologie...*, p. 12-13, 96.
(97) *Id.*, p. 160-165.
(98) *Id.*, p. 38-39, 105, 106.
(99) *Apologie...*, p. 217 et suiv., 296-297.

bonne philosophie faire peu de cas de ces spéculations, conseil qui s'adresse aussi à M. de Meaux, manifestement gêné quand il s'agit de rejeter l'autorité de l'évêque de Genève (100).

Mais comment, en dehors d'une métaphysique, celle de Malebranche ou celle de Leibniz (101), ou en dehors de ce retour à la sagesse antique et à la morale d'Aristote, pourrait-on justifier la doctrine de l'amour et du désir que Bossuet partage avec un grand nombre de ses contemporains ? C'est que sous le nom de saint Augustin cette philosophie antique de l'amour et du désir est alors estimée et suivie, et rien ne serait plus faux que de voir dans ces apologies de l'amour de désir des œuvres de circonstance : bien avant la querelle, les thèses, qui seront celles de Bossuet et de ses « disciples », sont courantes : n'en prenons pour preuve que cette *Théologie morale de saint Augustin* de Michel Bourdaille qui date de 1686 et que du Plessis d'Argentré suivra de près (102) : la problématique est la problématique aristotélicienne de la recherche du bien et de la fin, et de la détermination de l'« honnête » (103) : seule la « possession » du bien honnête cause le véritable plaisir, et, déjà à cette date de 1686, Bourdaille consacre de nombreuses pages à prouver que l'idée de bonté absolue n'est qu'une « idée abstraite

---

(100) « Saint François de Sales a suivi les faux préjugés de la plupart des scolastiques de son temps qui, ne sachant comment distinguer l'espérance d'avec la charité si l'amour de Dieu seul dont nous désirons la possession en tant qu'il est notre souverain bien était un véritable amour de charité, se sont avisés d'appeler amour d'espérance l'amour de Dieu comme notre souverain bien, et d'ajouter au motif de l'amour par lequel on aime Dieu comme l'Etre souverainement parfait en lui-même une exclusion formelle de tout rapport à notre bonheur pour en faire un amour de charité parfaite.

« Je ne sais quel parti M. l'évêque de Meaux prendra sur S. François de Sales, mais je l'avertis que tous les honnêtes gens attendent de sa sincérité qu'il déclare ingénuement le sentiment de S. François de Sales tel qu'il est sans le déguiser par des interprétations forcées et à contretemps qui donneraient occasion à ses envieux de publier partout, avec quelque apparence de raison, que ce n'est qu'une prévention aveugle qui le ferait écrire. Il faut donc tomber d'accord que saint François de Sales n'a pas reconnu pour un amour de véritable charité celui qui a pour motif le désir de posséder Dieu seul, parce qu'il est notre souverain bien » (*Apologie...*, p. 296-297).

(101) Il ne serait pas non plus impossible de rapprocher ces thèses de certaines idées de Spinoza, *Ethique*, IIIe partie, prop. IX, cf. S. Harent, dans *Etudes*, 1911, art. cit., p. 182.

(102) Nous aurions pu aussi bien analyser le *Traité de la volonté...*, d'Ameline qui date de 1684 ; cf. *supra*, p. 674.

(103) *Théologie morale...*, p. 19. Du Plessis d'Argentré, *Apologie...*, p. 8-9, 28, 53, et Cordemoy, *Les désirs du ciel...*, p. 9, se proposent de définir le « convenable » ; on reconnaît les catégories de la morale antique.

et métaphorique » (104) qui ne signifie rien, une « idée en l'air » (105), et il s'en prend à ceux qui ne regardent le désir de posséder Dieu que comme un amour imparfait (106) ; d'ailleurs Bourdaille avoue sans détour qu'il emprunte à « la Philosophie » (107) cette définition de la charité, désir de posséder Dieu comme souverain bien ou comme fin dernière. Les citations bibliques qu'il tient quand même à apporter comme confirmation de cette thèse sont justement celles que cent fois les adversaires de Fénelon opposeront à l'*Explication des Maximes des Saints* (108). Ce qu'affirmera M. de Meaux n'est donc pas très original (109) ; mais Bossuet ne voit pas clairement (ou ne veut pas voir) sur quelle philosophie il s'appuie implicitement (110) ; d'ailleurs, l'aurait-il reconnu, il aurait vu dans cette philosophie celle de saint Augustin et de saint Thomas : pour lui Cicéron n'est pas un philosophe païen, mais « un témoin de la voix commune du genre humain, et des chrétiens comme des philosophes » (111) ; la grâce est « fondée radicalement sur la nature » (112) : c'est là une problématique tout à fait classique en théologie, mais peut-on introduire telles quelles ces notions en spiritualité ? la vie chrétienne est-elle le prolongement d'une vie « naturelle » ? Fénelon sent ces choses et critique très violemment les trois ouvrages que nous avons cités plus haut (113) : il va jusqu'aux dernières conséquences, la réduction du christianisme aux principes de la philosophie (114), et il verrait volontiers dans les

---

(104) *Théologie morale...*, p. 36.
(105) *Id.*, p. 186.
(106) *Id.*, p. 235.
(107) *Id.*, p. 214.
(108) En particulier, *Ps.* CXVIII, 112 : « ... *propter retributionem* », cité *Théologie morale...*, p. 241, cf. Concile de Trente, sess. VI, cap. 11.
(109) Sur le rapprochement stoïcisme-amour pur, cf. *supra*, p. 653, n. 78, voir aussi [du Plessis d'Argentré], *Apologie de l'amour...*, p. 160 et suiv., 189 ; Ch. de la Grange, *Idée véritable de l'oraison*, t. II, p. 43-45 ; A. Massoulié, *Traité de l'amour de Dieu*, p. 319 et suiv.
(110) A la différence de A. Massoulié qui, en 1703, dans son *Traité de l'amour de Dieu* (p. 4) part explicitement de l'*Ethique* d'Aristote : le bien est ce que toutes choses désirent, etc.
(111) LT, XX, p. 379.
(112) LT, XX, p. 379.
(113) Sur *Les Sources...*, voir Fénelon, *Œuvres*, t. III, p. 129, 354 ; sur Cordemoy, voir Fénelon, *Œuvres*, t. III, p. 354-355, t. IX, p. 516, 603 ; sur d'Argentré, voir Fénelon, *Œuvres*, t. III, p. 129, 224, 355 et suiv., t. IX, p. 516, 603, 668 ; on verra aussi la critique de d'Argentré par Gerberon, *Lettre d'un théologien à Monseigneur l'évêque de Meaux où l'on réfute la fausse apologie du véritable amour de Dieu...*, Cologne, 1699 (signée R.A. [ngevin], 15 décembre 1698) : sur cette *Lettre*, voir R.H.E.F., 1957, n° 140, p. 172, 183 et suiv.
(114) Ne citons que pour mémoire d'autres ouvrages contemporains où l'on trouve les affirmations bien connues sur le désir d'être heureux,

arguments philosophiques de Bossuet et de ses alliés une véritable régression : ce que peu à peu la théologie a élaboré n'est-ce pas remis en cause (115) ? Bossuet lui-même, avant que la querelle n'ait durci les positions (116), n'a-t-il pas, comme Godet des Marais, soutenu dans ses thèses ce qui était la doctrine commune, l'amour indépendant du motif de la béatitude ? « Ce n'est pas M. Cornet, dont on dit tant que vous avez été le disciple, qui vous a enseigné cette unique *raison d'aimer,* sans laquelle Dieu ne serait pas aimable. Ce docteur n'a jamais cru que Dieu ne fût pas libre de produire des créatures intelligentes, sans leur devoir sa vision intuitive. Il ne croyait pas qu'un don si surnaturel fût essentiellement dû à la nature » (117). L'éloquence sert à Bossuet d'échappatoire :

---

la jouissance de Dieu, la grâce délectation, l'absurdité des suppositions impossibles : [Leget], *Les Véritables maximes des Saints sur l'amour de Dieu...,* Paris, 1699, p. 55, 160, 165, 169 et suiv., 202-203, 270, etc. ; A. Massoulié, *Traité de la véritable oraison où les erreurs des quiétistes sont réfutées...,* Paris, 1699, p. 142, 147 (sur ce livre qui n'est pas méprisable, mais a été amputé par prudence d'un certain nombre de choses, et que Malaval a lu : Fénelon, *Œuvres,* t. IX, p. 633, 660 ; H. Hillenaar, *Fénelon et les jésuites,* p. 163-164) ; [Faydit], *Le Télémaque spirituel ou le roman mystique,* 1699-1700, p. 65 et suiv. (Faydit reprend pour parler de la béatitude naturelle, après laquelle l'homme court, les métaphores classiques : « les rivières courent à la mer, le feu en haut et les pierres en bas par une impétuosité naturelle et aveugle au lieu que les justes le font par choix, par volonté et par charité » p. 71-72)) ; R. Chaponnel, *Examen des voies intérieures,* Paris, 1700, p. 141, 149, 159 et suiv. ; Louis Ellies du Pin, *Traité philosophique et théologique sur l'amour de Dieu,* Paris, 1717, p. 2, 3, 4, 54, 127, 136, 138 : celui que Bossuet critiqua jadis a adopté toute la philosophie de l'amour de son censeur.

(115) Il parle du « dangereux progrès de cette doctrine de M. de Meaux qui s'autorise tous les jours » (Fénelon, *Œuvres,* t. IX, p. 516 ; cf. aussi, *Réponse inédite à la Relation sur le quiétisme,* Paris, 1901, p. 85). Gerberon se tire de la difficulté en disant que le désir d'être heureux subsiste à l'état virtuel, mais n'intervient pas toujours actuellement : R.H.E.F., 1957, n° 140, p. 176.

(116) Un correspondant de Fénelon note, qu'autrefois, on enseignait le pur amour aux fidèles dès leur enfance (Fénelon, *Œuvres,* t. IX, p. 457) et il s'appuie sur un passage du panégyrique de saint Augustin par Fléchier (dans l'éd. de Ducreux, Nîmes, 1782, t. V, p. 164) ; rien n'illustre mieux que cette citation le caractère purement extrinsèque des « autorités » invoquées dans cette querelle : dix lignes plus loin Fléchier s'attaque fortement à l'oisiveté spirituelle, insiste sur les motifs d'aimer Dieu ! L'antimystique trouverait dans la même page de puissants arguments !

(117) Fénelon, *Œuvres,* t. III, p. 232. Faut-il que le P. d'Avrigny ait mal lu Fénelon pour affirmer : Mme Guyon « ne pouvait choisir de juge moins prévenu en sa faveur, car ce prélat [Bossuet] avait déclaré ses sentiments plus d'une fois en pleine Sorbonne, lorsque dans des thèses on défendait le pur amour qu'il regardait comme une chimère persuadé que dans tous nos actes il entre de l'intérêt propre » (*Mémoires chronologiques...,* 1781, t. II, p. 222) ?

« Mais quoi ! mes disputes de Sorbonne seront une preuve contre moi ; et si selon la coutume pour exercer un habile répondant, je m'avise de lui proposer avec force quelque argument contre de saines doctrines, M. de Cambray m'en fera un crime ? » (118).

Autre objection, l'approbation donnée jadis au *Dieu seul* de Boudon (119), et cette fois M. de Meaux ne tente même pas de répondre.

Imprudent autrefois, Bossuet n'a-t-il pas donné comme thème au Dauphin deux passages de l'*Abrégé de l'Histoire de France* (120), l'*Instruction de saint Louis à sa fille Isabelle* (121) et le portrait de cette femme « qui voulait brûler le paradis et éteindre l'enfer afin qu'on ne servît Dieu que par le seul amour » (122) ? Bossuet qui tire ces faits de Joinville (123) se récrie aussitôt et fait l'apologie de saint Louis (124), échappatoire encore ; mais peu familier avec les mystiques, M. de Meaux pouvait-il savoir qu'il y avait là un thème important de la littérature spirituelle et de l'art du XVIIe siècle ? Cette femme à la cruche d'eau et à la torche ardente, c'est la Caritée de J.-P. Camus (125), incarnation du pur amour qui dans les années 1640 souleva déjà une vive querelle (126) ; mais Bossuet méprise Camus : « C'est un auteur si confus et dont la théologie est si peu précise qu'il n'y a point à s'inquiéter de ce qu'il dit » (127) !

---

(118) LT, XX, p. 314-315.

(119) Fénelon, *Œuvres,* t. III, p. 232-233 ; cf. *supra,* p. 83 ; Fénelon commet une légère erreur : *Dieu seul* n'a pas été approuvé par M. Grandin ; ce docteur (sur lui, *supra,* p. 442) en revanche, approuva, en 1671, *Les saintes voies de la Croix* de Boudon. Chantérac (Fénelon, *Œuvres,* t. IX, p. 567) se trompe en plaçant en 1696 (au lieu de 1688) la mise à l'Index de *Dieu seul.*

(120) LT, XXV, p. 81.

(121) « Ayez toujours intention de faire purement la volonté de Dieu, par amour, quand vous n'attendriez ni punition ni récompense. »

(122) L'objection de Fénelon : *Œuvres,* t. II, p. 666 ; l'argument fut exploité à Rome : Fénelon, *Œuvres,* t. IX, p. 425 ; C.B., X, p. 224.

(123) Cf. J. Orcibal dans R.H.E.F., 1957, n° 140, p. 209.

(124) LT, XX, p. 316.

(125) Voir H. Bremond, *Histoire littéraire...,* t. I, p. 183 ; reproduction du frontispice emblématique de A. Bosse, avec la devise, « La vraie charité, c'est d'aimer Dieu pour Dieu », *id.,* t. I, en face de la p. 168. Bossuet n'avait-il jamais vu un tableau analogue ? On en connaît l'existence en de nombreux exemplaires chez des bourgeois parisiens (*Gazette des Beaux-Arts,* oct.-déc. 1950, p. 192-193).

(126) H. Bremond, *La querelle du Pur Amour au temps de Louis XIII,* Paris, 1932, voir pour l'emblème, p. 25.

(127) C.B., X, p. 230-231, en réponse à une demande de l'abbé Bossuet (C.B., X, p. 203). Dans un autre ordre d'idées, Bossuet n'a même pas lu *L'avoisinement des protestants vers l'Eglise romaine* de Camus : Ledieu, *Journal,* t. II, p. 7-8.

Il sera inutile ensuite que Fénelon se donne la peine de rassembler des citations de M. de Belley (128) !

III. Les deux motifs. Théologie et spiritualité.

Que Dieu soit parfait en lui-même, et qu'il soit un être communicatif et bienfaisant, cela constitue, avons-nous vu, deux motifs de l'aimer (129) ; mais Bossuet soutient plus fortement que jamais que ces motifs *ne peuvent pas* être séparés, sinon par une « fausse dialectique » (130) : que l'Ecole « arrange » (131) ces motifs entre eux, cela ne veut pas dire qu'elle les sépare. « Dans la pratique » (132), voilà les mots auxquels M. de Meaux ne cessera de revenir : il faut que l'on prouve (ou que Rome décide) que « dans la pratique » (133) les deux motifs ne sont pas séparables (134), tout le reste est opinion d'Ecole : bien entendu, en un sens, l'Ecole enseigne que tout acte de charité est absolu « *in se* », « *nulla reali relatione ad nos* » (135), mais cela n'exclut pas que le Dieu auquel il se rapporte ait des attributs qui sont en relation avec nous : mystérieuse mais inséparable relation ; l'objet spécifique et l'objet secondaire sont liés, et l'objet secondaire n'est pas moins vrai ni nécessaire que l'objet spécifique (136), il n'est pas « accidentel » (137).

Les preuves que M. de Meaux entreprend d'apporter, ce sont les théologiens qu'il a étudiés lorsqu'il a rédigé ses *Principes communs,* et encore une fois ce traité mort-né sert d'arsenal : saint Thomas (138), saint Bonaventure (139) et Scot (140) ; il y ajoute, cette

(128) Fénelon, *Œuvres,* t. III, p. 258, 267, 290-292. Dans son *Idée véritable de l'oraison,* Paris, 1699, qui soutient avec intelligence les mêmes thèses que Bossuet, le chanoine de Saint-Victor, Ch. de la Grange, prieur de Villiers le Bel (sur lui, voir J. Ferté, *La vie religieuse dans les campagnes parisiennes...,* p. 193), explique longuement l'emblème (t. II, p. 234-236) pour aboutir à la conclusion méprisante que ce n'est qu'un « jeu d'esprit » ; voir aussi R. Chaponnel, *Examen des voies intérieures,* p. 266.

(129) LT, XIX, p. 563.

(130) LT, XIX, p. 563.

(131) LT, XIX, p. 564.

(132) LT, XIX, p. 564.

(133) C.B., X, p. 272.

(134) Voir encore C.B., X, p. 306 : « L'*in praxi* doit être ici le mot sacramental » ; X, p. 330 ; XI, p. 180.

(135) LT, XIX, p. 659.

(136) LT, XIX, p. 662.

(137) LT, XIX, p. 689.

(138) LT, XIX, p. 673 et suiv., cf. P.C., p. 139, 147, 148 ; voir aussi sur saint Thomas : C.B., XI, p. 44-45.

(139) LT, XIX, p. 678 et suiv., cf. P.C., p. 166-167, 169-170, 275-276.

(140) LT, XIX, p. 684 et suiv.

fois plus longuement cités, deux passages de mystiques, dans un article VII au titre ambitieux *Praxis mysticorum* (141) : à vrai dire Bossuet connaissait le texte d'Harphius dès le temps où il écrivait les *Principes communs* (142), et celui de Ruysbroeck au moins dès l'année précédente (143) ; de plus ces phrases isolées de leur contexte ne prouvent pas grand chose : « *amante amorem æternaliter vos amantem* » (144) veut dire seulement chez Harphius que Dieu exige la réciprocité (*vicissitudinem*) de l'amour ; et les pages suivantes, qui définissent la bonté divine comme « *abyssalem quemdam et incomprehensibilem ardorem æterni amoris* » (145), n'ont peut-être même pas été lues par Bossuet. Quant au texte de Ruysbroeck cité approximativement (146), il n'est pas plus probant : l'essentiel, l'opération du Saint-Esprit en nous, la comparaison entre l'*amare* et l'*agere*, le *frui* et le *pati*, n'est même pas aperçu ; ce n'est pas la première fois que nous remarquons la difficulté qu'a Bossuet (faut-il dire : un homme du XVIIe siècle ?) à élaborer une exégèse satisfaisante : un texte est une autorité qui de l'extérieur vient appuyer une vérité acquise par d'autres moyens ; il n'y a jamais soumission au texte pour atteindre la vérité.

Cependant la thèse bossuétiste des deux motifs soulève des difficultés (147) et même un allié comme Godet des Marais (148) ne l'accepte pas sans nuances : sa *Lettre pastorale* du 10 juin 1698 avait été revue par Bossuet (149), mais il n'est pas impossible de voir où M. de Chartres se serait porté s'il avait été vraiment libre. En apparence il se rallie tout à fait aux thèses de son confrère : il ne s'agit pas, selon lui, « d'une opinion débattue dans les écoles de théologie touchant les motifs spécificatifs de l'espérance et de la charité... » ; Godet des Marais note qu'« un grand nombre de théo-

---

(141) LT, XIX, p. 688-689, voir aussi, p. 703.

(142) P.C., p. 88 ; voir aussi LT, XIX, p. 444, cf. *supra*, p. 570 et p. 662.

(143) LT, XIX, p. 443, cf. *supra*, p. 662.

(144) LT porte par erreur « nos » ; Harphius, *Theologiæ mysticæ...*, livre III, partie IV, ch. 28, Rome, 1586, p. 788.

(145) Harphius, éd. cit., p. 789.

(146) Ruysbroeck, *Opera omnia*, Cologne, 1552, p. 301, *De septem amoris gradibus libellus*, ch. XIV, *De septimo gradu amoris*.

(147) Gerberon s'y opposera résolument : R.H.E.F., 1957, n° 140, p. 175 et suiv., 181-187.

(148) Sur lui, notre article dans le *Bulletin de la Société archéologique d'Eure-et-Loir, Mémoires*, t. XXIII, 2e trimestre 1965, p. 47-78. Un exemplaire relié aux armes de Bossuet et annoté par lui de la *Lettre pastorale* (1698) de Godet faisait partie de la collection E. Levesque (C.B., IX, p. 341) ; il ne se trouve pas aujourd'hui aux archives de Saint-Sulpice où la plupart des documents possédés jadis par E. Levesque sont conservés.

(149) C.B., X, p. 71, n. 2.

logiens » font « consister le motif de la charité en la bonté infinie de Dieu prise en elle-même et celui de l'espérance en cette même bonté comme relative à nous », opinion commune et orthodoxe (150) ; il s'agit plutôt du motif de l'espérance chrétienne (151), problème non pas de théologie mais de spiritualité, non pas de théorie mais de pratique. Le reste de l'argumentation de Godet des Marais consiste à démontrer d'une part que c'est bien le motif surnaturel de l'espérance chrétienne qui est exclu par Fénelon de l'état des parfaits (avec toutes les conséquences que l'évêque de Chartres pense pouvoir en tirer), et d'autre part que Fénelon, devant les conséquences de l'exclusion de l'espérance, s'est rabattu sur l'exclusion d'une simple affection naturelle : l'argumentation dans ses grandes lignes rejoint celle de Bossuet. Mais l'intérêt de la *Lettre pastorale,* c'est que, malgré son intention, et en voulant l'écarter, Godet des Marais aborde le problème théologique du motif spécifique de la charité : « Si la charité, principale vertu théologale, est de sa nature un amour de Dieu indépendant du motif de la récompense » (152). Sur ce point, M. de Chartres reconnait quel est « le sentiment commun d'aujourd'hui » (153) : le « motif de l'espérance sert de motif excitatif à la charité » (154) ; resterait à définir ce que l'on doit entendre par « excitatif », dans quelle mesure ce motif incontestablement secondaire est aussi, comme le dit Bossuet, nécessaire : tous les textes de théologiens que cite Godet des Marais ne parlent que d'« autre » motif, de « secours », de motifs qui rendent la charité plus grande, etc. (155) ; il y a plus, Godet des Marais tranche le problème proprement théologique avec une netteté que Bossuet n'aurait certainement pas apportée, et, exposant l'objet des disputes théologiques sur cette question, il écrit : « la charité de sa nature, et considérée précisément dans l'acte qui lui est propre, n'a pour objet ou motif que la bonté infinie de Dieu en elle-même, sans aucun rapport au bonheur qui nous en doit revenir » (156) et il ajoute que c'est une opinion « très commune en théologie et très orthodoxe » ; « je l'ai soutenue moi-même » (157) ; la suite est de plus grande conséquence encore : l'amour excité par la seule bonté de Dieu en elle-même n'est pas seulement imaginable dans l'abstrait, comme une hypothèse théologique (ce que Bossuet

(150) Dans Fénelon, *Œuvres,* t. III, p. 89.
(151) Fénelon, *Œuvres,* t. III, p. 89.
(152) Fénelon, *Œuvres,* t. III, p. 92.
(153) Fénelon, *Œuvres,* t. III, p. 93.
(155) Fénelon, *Œuvres,* t. III, p. 93, n. 3.
(154) Fénelon, *Œuvres,* t. III, p. 93.
(156) Fénelon, *Œuvres,* t. III, p. 93.
(157) Fénelon, *Œuvres,* t. III, p. 93.

admettrait à la rigueur), mais un acte de ce genre est aussi possible : « je puis donc faire un acte d'amour de Dieu, n'y étant excité que par la vue de sa bonté infinie telle qu'elle est en elle-même » (158) : les deux motifs sont ici tout à fait séparés. Godet des Marais voit le danger lorsque l'on fait non pas *un* acte de ce genre, mais plusieurs, ce qui constituerait un état habituel ; mais en lui-même, pris comme unité, l'acte d'amour pur lui paraît possible, à condition d'ajouter que les actes des autres vertus suivent immédiatement et que dans le déroulement de l'action les deux motifs font une sorte de tissu que l'on ne doit pas défaire.

Les partisans de Bossuet s'inquiètent : les deux prélats ne parlent pas le même langage, M. de Chartres admet la séparation des deux motifs (159) ! M. de Meaux, sur son exemplaire de la lettre pastorale de son confrère écrit « Opinions d'école » en marge du passage que nous citions (160), et il minimise l'importance du désaccord : les deux motifs peuvent être séparés « *per mentem* et par abstraction, à l'égard de l'intention explicite, dans des actes passagers » (161) ; « il n'y a que moi proprement qui ait expliqué ceci par principes » (162), et M. de Meaux de citer sa *Schola in tuto* et ses autres œuvres. Les présupposés qui sont derrière ces principes nous paraissent cependant instructifs : Bossuet pense pouvoir accorder *per mentem* à peu près n'importe quoi ; les « disputes » de théologie sont pour lui sans rapport réel avec l'acte humain ; de là à mépriser une théologie inutile, impuissante et dangereuse, il n'y a qu'un pas. Il s'agit pour lui d'une question de spiritualité et il pense que la spiritualité n'a pas de rapports avec cette science abstraite qu'est la théologie spéculative. Il ne prendra pourtant pas pour règle l'expérience des mystiques qu'il continue à couvrir de sarcasmes : expressions outrées, sans rigueur, exagérations ; « on ne pourrait [les] citer dans la moindre école de théologie sans se faire siffler » (163) ; il se flatte presque de n'avoir jamais lu avant la querelle ni Ruysbroeck, ni Harphius, ni Tau-

---

(158) Fénelon, *Œuvres*, t. III, p. 94.

(159) C.B., X, p. 303 ; XI, p. 35 ; R.B., 1903, p. 164. Voir aussi sur la critique par Gerberon de la *Lettre pastorale* de Godet des Marais, R.H.E.F., 1957, n° 140, p. 181 : Gerberon souligne les différences qu'il y a entre l'opinion de M. de Chartres et celle de M. de Meaux.

(160) Cf. C.B., XI, p. 35, n. 5.

(161) C.B., X, p. 342.

(162) C.B., X, p. 342 ; cf. C.B., XI, p. 86 : « M. de Chartres n'est pas entré aussi avant que moi dans l'explication et dans les suites de ces beaux principes. »

(163) C.B., IX, p. 501 ; quelques références : LT, XX, p. 229, 399-400, C.B., X, p. 224, 266-267, 306 ; C.B., XI, p. 46, 72 (avec une allusion, peu favorable, à Louis de Blois), 88, 122.

ler (164), on peut sans cela « être instruit dans les principes de la vie intérieure et spirituelle » (165) ! C'est que les « règles certaines pour trancher ces difficultés » (166), ce sont l'Ecriture (167), la tradition, les Pères des premiers siècles, les prières de l'Eglise (168), ce que Bossuet appelle « la théologie de toute l'Eglise » (169) ou « la foi commune » (170) : en suivant ces règles, l'on ne saurait être accusé de « variation » (171) ; c'est prendre appui sur le dogme tel qu'il a été défini dans les premiers siècles, mais c'est aussi restreindre beaucoup la portée de la théologie que d'en faire pour ainsi dire une science auxiliaire et spéculative : et de cette théologie la mystique n'est qu'« une branche » (172). Le langage théologique possédera la « sainte rigueur » (173) qu'il doit avoir quand il sera réductible aux éléments du dogme primitif. Il y a dans l'évaluation de ces rapports entre théologie et spiritualité, entre dogme primitif et développement, quelque chose qui dépasse la personne de Bossuet : moins une option personnelle qu'une commune conviction des théologiens à la fin du XVIIe siècle (174), et peut-être une commune impuissance : et ce n'est pas seulement le cas d'épigones, d'un Phelipeaux (175), d'un Cordemoy, d'un Ch. de la Grange (176),

---

(164) LT, XX, p. 228-229, mais il est gêné et s'excuse un peu de ne pas avoir lu « beaucoup » François de Sales et Jean de la Croix.

(165) LT, XX, p. 228. Bossuet semble découvrir à cette époque la bulle de Jean XXII condamnant Eckhart : « Cet Ekard était pourtant un grand spirituel, très loué par Taulère... » (C.B., X, p. 266-267, cf. p. 280, 321), occasion de protester contre l'ambiguïté et les raffinements de dévotion des mystiques.

(166) LT, XX, p. 428.

(167) Sur l'exégèse bossuétiste, voir Jurieu, *Traité historique...*, p. 228-229.

(168) LT, XX, p. 428 ; C.B., IX, p. 501.

(169) *Relation sur le quiétisme*, éd., 1901, p. 115.

(170) *Id.*, p. 97.

(171) LT, XX, p. 299-300 ; cf. LT, XX, p. 460-461 : « Par une grâce que je ne puis assez reconnaître, je marche dès mon jeune âge dans le chemin battu par nos pères. Je n'outre point la métaphysique : je trouve ma scolastique dans les princes des deux écoles, et dans les auteurs les plus reçus, anciens et modernes, assuré de tous côtés par une doctrine visiblement orthodoxe et que M. de Cambray attaque seul. » Cf. C.B., X, p. 163 : opposition entre les « vaines dévotions » et l' « ancienne piété ». Voir l'opinion de Vuillart, à Préfontaine, 5 novembre 1698, *Lettres*, éd. R. Clark, p. 165.

(172) LT, XX, p. 229.

(173) LT, XIX, p. 574.

(174) Jurieu (*Traité historique...*, p. 78) souligne lui aussi que la théologie mystique est une science mal concertée, sans principes, sans système.

(175) C.B., IX, p. 500-502.

(176) *L'idée véritable de l'oraison...*, t. II, p. 96 : sur la critique de Ruysbroeck par Gerson.

d'un Massoulié (177) ; un grand esprit comme Malebranche (178), le pape Innocent XII (179) lui-même et les théologiens romains sentent qu'ils ne peuvent faire fonds sur la théologie spéculative quand il s'agit de problèmes spirituels ; ils se tournent vers l'Ecriture, les Pères, la tradition, mais ils ne peuvent, à cause d'une exégèse trop littérale ou au contraire allégorique, que juxtaposer des textes, juger de l'extérieur, comparer des doctrines ou des faits en s'appuyant sur des éléments extrinsèques (180).

IV. LE SURNATUREL (181).

Dès le temps de la *Tradition des nouveaux mystiques* (182), Bossuet définissait l'état mystique comme un état extraordinaire caractérisé par la suspension des facultés de l'âme ou des puissances : jusqu'à la fin du débat il s'en tiendra à ces schémas qui ne sont pas totalement faux mais qui restent bien sommaires (183). Le *Mystici in tuto* commence par « l'endroit sensible des spirituels » (184), et entreprend de démontrer que tous les mystiques les plus sûrs admettent cette suspension et ne l'admettent que pour un temps (185) : il s'appuie encore sur l'autorité de sainte Thérèse, et les citations tendent à établir le caractère « extraordinaire » (186) de la grâce de l'oraison d'union : c'est une oraison « surnaturelle » non pas comme les autres oraisons (187), mais de ce surnaturel qui est manière d'être extraordinaire (188) ; elle entraîne une « absolue

---

(177) *Traité de la véritable oraison...*, p. 107 : sur théologie mystique et théologie spéculative.

(178) Y. de Montcheuil, *Malebranche et le quiétisme*, p. 111-112.

(179) Au dire de l'abbé Bossuet, C.B., X, p. 224.

(180) Notons que dans la condamnation des 23 propositions de Fénelon, le problème théologique du pur amour n'est pas abordé : C.B., X, p. 181, n. 3.

(181) Sur ce problème, nous passerons assez vite ; beaucoup de textes de Bossuet ne sont maintenant que des redites ; d'autre part, H. Sanson (*Saint Jean de la Croix entre Bossuet et Fénelon*, p. 62-74) a analysé très finement les positions en présence relativement aux impuissances et à la grâce de contemplation : nous nous contenterons de renvoyer une fois pour toutes à ces pages.

(182) *Supra*, p. 503.

(183) Jurieu a bien relevé cette contradiction de Bossuet qui combat la mystique, mais est « mystique dans le fond, mais d'un mystique mal entendu et mal concerté » : *Traité historique contenant le jugement d'un protestant sur la théologie mystique...*, 1699, p. 12 ; voir aussi, p. 176, 198, 217, 219-221, 222-291.

(184) C.B., IX, p. 277.

(185) LT, XIX, p. 584 et suiv.

(186) LT, XIX, p. 585.

(187) « *Ex principio gratiæ supernaturalis ortæ et ad supernaturale objectum elevatæ* » : LT, XIX, p. 586.

(188) « *Secundum istam agendi rationem, sublato scilicet discursu,*

impossibilité » (189) d'exercer ses puissances : « Dieu agit seul » (190). Cette forme d'oraison supprime donc la liberté et le mérite (191) et un tel état ne peut être que passager. C'est le schéma naturel — surnaturel que Bossuet a depuis longtemps adopté comme la plupart de ses contemporains (192) ; cependant les carmes de Rome, devant cette interprétation un peu simpliste vont disant, selon Chantérac, que « M. de Meaux ignore profondément la doctrine de sainte Thérèse et des saints mystiques » (193) ; en effet la traduction d'Arnauld d'Andilly, qu'il suit faute de savoir l'espagnol, est moins exacte qu'il ne veut bien le dire (194), et les carmes de Rome font remarquer que « le traducteur lui fait dire *impossible* en français » quand « elle dit seulement en espagnol *mihi videbatur impossibile* » (195) : ils ont même depuis longtemps demandé au Saint-Office la correction ou la suppression de cette traduction (196) !

---

quem in reliquis actionibus, adeoque in vulgari oratione adhibere solemus » : LT, XIX, p. 586.

(189) LT, XX, p. 360. L'année précédente, nous trouvions déjà des phrases très fortes dans les *Remarques*... inédites : « Tous les auteurs qui ont écrit de cette voie de contemplation la mettent, comme on vient de voir, dans une opération entièrement extraordinaire et surnaturelle où Dieu agit seul sans que l'homme y contribue rien ni y puisse rien contribuer, avec les secours communs » (*Remarques*..., Grand Séminaire de Meaux, fonds Bossuet G 4, 2e partie, p. 17-18. Bossuet s'appuie sur Gerson et Alvarez de Paz et sur les textes de sainte Thérèse et de Jean de Jésus-Marie cités dans l'*Instruction sur les états d'oraison*). Bossuet citait aussi un texte important d'Alvarez de Paz sur l'exclusion des extases dans l'oraison de contemplation (*Remarques*..., *ibid.*, 2e partie, p. 37 ; cf. J. Orcibal, *Le procès des « Maximes des Saints »*..., p. 127) : « Quand on dit que les spirituels attribuent les ravissements et extases à imperfection, il faut les entendre sainement et le P. Jacques Alvarez de Paz attribue ces dispositions à la familiarité qu'on a avec Dieu qui fait qu'on ne perd plus le sentiment si fréquemment à cause que la surprise n'y est plus, mais tout cela n'a rien de commun avec la suspension de l'état passif dont il s'agit » (cf. Alvarez de Paz, *Opera*, Lyon, 1623, t. III, p. 1461).

(190) Sainte Thérèse, *Chemin*, ch. XXV, cité LT, XIX, p. 585.

(191) Voir LT, XIX, p. 610 et suiv., cf. *supra*, p. 504, 607.

(192) Cette équivalence (mystique — phénomènes extraordinaires — perte de toute liberté) est aussi une évidence pour les jésuites Bourdaloue et de La Rue : cf. H. Hillenaar, *Fénelon et les jésuites*, p. 112, à propos du panégyrique de sainte Thérèse par le P. de La Rue, le 15 octobre 1698 (cf. *supra*, p. 671).

(193) Fénelon, *Œuvres*, t. IX, p. 587.

(194) « *Antequam vero ulterius pergamus, admonemus, nos hic sequi accuratissimam habitam versionem viri illustrissimi Andillii, cujus nota probitas et eruditio : huic ergo inhæremus, eo quod non satis calleamus nobilissimam linguam hispanicam, qua sancta virgo præstat* » ; LT, XIX, p. 585-586.

(195) Fénelon, *Œuvres*, t. IX, p. 587, et voir la réponse de Fénelon, *Œuvres*, t. III, p. 195-197.

(196) Fénelon, *Œuvres*, t. IX, p. 587. Les carmes déchaussés reprochent aussi à Bossuet d'ignorer toute contemplation acquise, mais ils

La doctrine de saint Jean de la Croix (197) n'est pas mieux approfondie que celle de sainte Thérèse, et l'argumentation de Bossuet consiste à citer un certain nombre de textes, déjà invoqués antérieurement, pour démontrer que les grâces de la contemplation sont des « *gratiæ gratis datæ* » : ainsi Gerson (198), Alvarez de Paz (199), Jean de Jésus-Marie (200) ; et cette fois il ajoute trois passages des lettres de M. Olier sur lesquelles il demandait des renseignements deux ans plus tôt (201).

Cette forme d'oraison où Dieu agit en nous sans nous correspond exactement à la définition que Bossuet donnait (202), et donne encore une fois, de l'état des prophètes (203) ; chez eux nulle liberté : ni chez saint Paul lorsqu'il fut ravi jusqu'au troisième ciel, ni chez Jérémie qui se sent comme un homme ivre (204), ni chez Ezéchiel que Dieu oblige à porter les péchés d'Israël, ni chez Job accablé (205) ; tous ressentent une totale impuissance à résister : c'est bien ce que conteste Fénelon qui affirme que les prophètes sont

---

voudraient que Fénelon, de son côté, se soit expliqué plus nettement sur la contemplation infuse (Fénelon, *Œuvres*, t. IX, p. 586-587). Nous avons vu (*supra*, p. 608) que Bossuet refusait d'entrer dans cette distinction.

(197) H. Sanson, *loc. cit.*, *supra*, n. 181. L'année précédente, dans les *Remarques*... inédites (Grand Séminaire de Meaux, fonds Bossuet, G 4, 2e partie, p. 8), la *Montée du Carmel* servait de preuve pour soutenir que « l'impuissance de discourir venue d'un empêchement divin qui opère une suspension des puissances » est une des marques que le spirituel possède pour quitter la méditation discursive.

(198) LT, XIX, p. 596 ; voir l'intelligente réfutation par Fénelon (*Œuvres*, t. III, p. 201) qui analyse la conception de la mystique que l'on avait du temps de Gerson.

(199) LT, XIX, p. 596-597, cf. *supra*, p. 606 ; il s'agit du texte : *De vita spirituali ejusque perfectione*, dans les *Opera*, Lyon 1623, t. III, p. 1291, l. V *De perfecta contemplatione*, Partis I, Apparatus II, caput IX ; cependant, Bossuet omet la suite de ce passage où Alvarez de Paz insiste sur ce qui « prépare » l'homme à la contemplation ; voir aussi sur lui, Fénelon, *Œuvres*, t. III, p. 202 ; et *supra*, n. 189.

(200) LT, XIX, p. 598-599 ; le Calaguritain, que Malaval et Mme Guyon citaient. Les références et le texte donnés par Lachat sont peu compréhensibles ; lire : *Opera*, Cologne, 1650, t. II, cap. III de la *Theologia mystica*, p. 15-16 ; puis : t. II, p. 597, *Dubium VII, Quid est contemplatio divina?* Dans le texte LT, XIX, p. 598, lire « *gratiam gratum facientem* », et « IIa IIae q. 172, art. 4 » ; au demeurant Bossuet cite de façon très approximative et, à son habitude, supprime toutes les nuances qu'apportait Jean de Jésus-Marie ; en particulier ce dernier écrivait : « *cum quadam admiratione et animi suspensione* ».

(201) LT, XIX, p. 613-614. Cf. *supra*, p. 581. Il s'agit des lettres CXVIII (éd. 1672, p. 288-289), CXXIII (p. 302-303), et CLVII (p. 388).

(202) Cf. *supra*, p. 505, et suiv.

(203) LT, XIX, p. 611.

(204) Cf. *supra*, p. 506.

(205) LT, XIX, p. 616.

libres et peuvent arrêter l'impression divine (206). Encore une fois la discussion aboutit à une impasse : l'anthropologie de Bossuet est fixée dès le temps où il écrivait la *Tradition des nouveaux mystiques* (207) et les textes qu'il publie maintenant sont même moins explicites que les traités restés manuscrits ! C'est que Bossuet ne voit pas l'intérêt des questions anthropologiques pour résoudre les problèmes posés : que l'Ecole distingue ou non les puissances de l'âme, il juge cela « tout à fait indifférent » (208) pour l'analyse des grâces mystiques : il suffit d'affirmer sans nuances que le discours est suspendu par l'opération divine (209) ; inutile de parler du fond de l'âme, qui, selon lui, n'est autre chose que « *subtilis quædam operatio intellectus ac voluntatis, quæ, quia ab ordinario consuetoque usu longissime abest, ideo ab interiore et latentiore fundo profecta videatur, sive re distinctæ sint facultates, seu ratione ac virtualiter tantum* » (210) : la formule n'est pas claire, mais il faut en retenir l'impossibilité pour Bossuet de concevoir en l'homme un fond qui ne soit pas le lieu d'une opération intellectuelle ou volontaire ; anthropologie dualiste : partie inférieure (sens, imagination) — partie supérieure (intelligence réflexive, volonté), n'y ayant rien au-dessus de cette réflexion (211).

Dans ces conditions l'action de la grâce ne peut être qu'exercice du discours, de la réflexion, ou au contraire totale démission de l'homme devant l'invasion divine. Les dernières épreuves ne sont qu'apparence trompeuse de l'imagination, ou véritable et raisonné désespoir ; la contemplation est acte de l'intelligence et de la volonté : c'est la définition classique qui vient de saint Thomas (212), mais saint Thomas n'élaborait pas à partir de ce principe une psychologie de la contemplation ; or Bossuet en tire la conclusion que la contemplation des perfections et des attributs divins et de l'Humanité du Christ doit être « distincte », explicite, sinon il n'y a place que pour l'illusion des sens et de l'imagination ou un refus blasphématoire. Telles sont les apories auxquelles nous aboutissons en partant des principes de M. de Meaux.

---

(206) Fénelon, *Œuvres,* t. III, p. 206-208 ; voir aussi t. IX, p. 586-587 l'opinion des carmes sur la liberté du mystique. De nouveau, accusations de fanatisme lancées par Fénelon, *Œuvres,* t. III, p. 192 ; t. IX, p. 417.

(207) *Supra,* p. 503. Sur cette anthropologie, voir H. Sanson, *Saint Jean de la Croix...,* p. 83 et suiv.

(208) LT, XIX, p. 600.

(209) LT, XIX, p. 600.

(210) LT, XIX, p. 600.

(211) Pour l'application de ces théories au délaissement de Jésus-Christ, cf. *supra,* p. 650, n. 60.

(212) IIa IIae q. 180.

Pas plus qu'il ne possède une cohérente doctrine de l'amour, Bossuet ne possède une anthropologie proprement spirituelle : sur quoi aurait-il pu la construire ? La plupart de ses alliés ne font que répéter les mêmes arguments que lui sans élaborer eux non plus de synthèse originale : naturel et surnaturel, ordinaire et extraordinaire, structure de l'âme, nature et grâce, liberté et mérite, nous ne trouvons pas parmi les adversaires de Fénelon des théologiens qui aient repensé ces problèmes essentiels. Tous adoptent le schéma bossuétiste ordinaire — extraordinaire (213) avec les conséquences que cela implique pour l'oraison extraordinaire, privilège purement gratuit, qu'on ne peut ni mériter ni acquérir (214). Ils admettent aussi l'anthropologie dualiste qui est celle de Bossuet : il n'y a en l'âme que deux parties (215), la raison est la partie supérieure et gouverne l'imagination et les sens, au moins sous la forme de l'« intention », « racine de l'esprit » (216) : la perfection de l'amour est simplification des « idées » et du raisonnement, mais non pas

---

(213) A. Massoulié, *Traité de la véritable oraison,* p. 1 et suiv. ; R. Chaponnel, *Examen des voies intérieures,* p. 37-40. Voir Jurieu, *Traité historique...,* p. 31 : « Dieu fait tout et nous constitue une âme en sa propre présence... », et Jurieu combat la distinction entre *gratia gratum faciens* et *gratia gratis data* (*id.,* p. 35-37) ; Jurieu tire la mystique dans le sens de la théologie réformée pour embarrasser ses adversaires catholiques. Le livre anonyme de l'abbé de Chevremont, *Le christianisme éclairci sur les différends du temps en matière de quiétisme avec des remarques abrégées sur le livre intitulé Traité historique sur la théologie mystique,* Amsterdam, 1700, ne fait guère que développer ce schéma, parfois jusqu'à l'absurde : toute sorte de discours sur les phénomènes mystiques est une absurdité, sainte Thérèse « ridicule » (*Le christianisme éclairci...,* p. 108), la mystique n'a pas le moindre rapport avec la sainteté (*id.,* p. 7, 53, 55, 79-96, 214, 325), la théologie de l'Ecole et la théologie des cloîtres n'ont pu produire que des imaginations, des pointilles et de scabreuses distinctions (*id.,* p. 18), et il faudrait « interdire » tous les termes de spiritualité « qui font la juste raillerie des savants » (*id.,* p. 45) ; mais Bossuet, dans sa prétention à écrire sur la mystique, n'est pas épargné non plus : « Que ceux qui écrivent de la mystique *in tuto,* où les détails mystiques, scolastiques, métaphysiques, ou moraux soient à couvert de reproche et de censure, c'est ce que le véritable connaisseur ne passera jamais jusqu'à ce qu'on ait obligé S. Paul de changer de langage et de déclarer qu'il est devenu permis à des particuliers ce qu'il déclare si pieusement lui avoir été interdit après les plus divines expériences » (*id.,* p. 166-167 ; voir aussi p. 365-367 sur *Schola in tuto* et *Mystici in tuto*) ; toute « théologie mystique » est une entreprise vaine, sans rapport avec la « mystique » (*id.,* p. 327-329). Chevremont développe longuement aussi le schéma amour-propre-délectation. Sur le personnage remuant qui adopta le pseudonyme d'abbé de Chevremont, voir notes du P. Léonard, B.N., fr 22581, f° 59 ; sur la critique du livre par Poiret et par Gerberon, voir J. Orcibal dans R.H.E.F., 1957, n° 140, p. 198-201.

(214) A. Massoulié, *Traité de la véritable oraison,* p. 2.

(215) Cf. *Les Sources de la vraie et de la fausse dévotion...,* p. 111.

(216) [Leget], *Les Véritables maximes des Saints...,* p. 154-155.

dépassement de l'entendement (217). L'un de ces théologiens, R. Chaponnel, remarque même que la distinction de la raison et de la pointe de l'esprit est inutile (218). Et pourtant Chaponnel, nourri de Platon et des néo-platoniciens (219), est un de ceux qui ont le mieux décrit le mouvement d'introversion, réflexion sur le fond de soi-même, découverte de Dieu dans l'âme (220), et la chute (*illapsus*) de Dieu en l'âme (221), union par un poids d'amour (222) par laquelle l'homme devient *patiens divina,* pour reprendre les mots de Denys (223). Bossuet ne reste pas aussi fidèle que lui à la doctrine platonicienne de l'image, ou tout au moins il ne nous paraît jamais essayer de trouver une justification anthropologique ou métaphysique à ses affirmations : peut-être sent-il confusément que le platonisme n'est plus suffisant, mais que pourrait-il y substituer ?

V. Inachèvement.

Rien ne prouve mieux l'absence d'une justification métaphysique que la facilité avec laquelle on admet des « exceptions » ou des « correctifs » : quand il ne s'agit plus de contredire Fénelon, mais d'éclairer une âme qui se soumet avec docilité, Bossuet est prêt à faire des concessions (224). Ainsi à Mme de La Maisonfort qui avait posé quelques questions sur l'*Instruction sur les états d'oraison,* il répond de façon évasive sans paraître très sûr de ce qu'il affirme : diverses personnes sont-elles dans une actuelle et continuelle présence de Dieu ? « Cela se peut, mais je n'en sais rien » (225) ; l'acte perpétuel d'amour de Dieu est-il celui de Gregorio Lopez ? « On ne peut répondre de ce que Dieu a fait dans certaines âmes : il est le maître de ses dons... » (226) ; et la Sainte Vierge ? sa voie était passive, elle était continuellement unie à Dieu, mais elle pouvait mériter, n'est-ce pas contradictoire ? « Je suis bien persuadé que la Sainte Vierge a été unie à Dieu d'une manière très éminente ; mais on ne sait point au vrai comment Dieu l'a mue, et quelque passive qu'ait été sa voie, elle n'a [pas] laissé d'être méritoire ;

(217) A. Massoulié, *Traité de la véritable oraison,* p. 43, 51, 262.
(218) *Examen des voies intérieures,* p. 207-210 ; voir aussi p. 48, critique du « fond » de Tauler.
(219) Est-ce à l'Académie Lamoignon qu'il acquit cette admiration pour le platonisme ? R.H.L.F., avril-juin 1961, p, 172-173.
(220) *Examen des voies intérieures,* p. 1 et suiv.
(221) *Id.,* p. 48, 171.
(222) *Id.,* p. 170-174.
(223) *Id.,* p. 33, 37.
(224) Cf. H. Sanson, *Saint Jean de la Croix...,* p. 68.
(225) C.B., XII, p. 188.
(226) C.B., XII, p. 189.

car Dieu, quand il lui plaît, laisse la liberté dans les états passifs, comme il est croyable qu'il la laissa à Salomon dans ce ravissement où il choisit la sagesse, puisque Dieu le récompensa de ce choix.

« Quelquefois aussi Dieu y agit avec une pleine autorité ; et quoique l'âme alors ne mérite point, cela ne laisse pas de lui être très utile... » (227). Il y a longtemps que M. de Meaux jugeait l'extase méritoire de Salomon comme une sorte d'exception (228) ; et il s'en accommodait assez bien : Dieu est maître de ses dons ! Fénelon voyait là un exemple qui détruisait tout le système de son adversaire (229) ; mais il ne s'agit pas pour M. de Meaux, dans ce cas particulier, d'un « système » : pourquoi dicter à Dieu sa conduite ? Si des incohérences ne sont pas rares dans les affirmations de M. de Meaux, c'est que l'action de Dieu dans les âmes est une suite de surprises et de merveilles. L'homme lui-même ne peut être défini avec rigueur : un philosophe comme Malebranche pourra élaborer une doctrine de la volonté et de la grâce qui ne laisse pas place aux exceptions ou aux surprises ; Bossuet n'a pu prendre parti : l'homme (230) ? la grâce (231) ? il a des préférences, des choix implicites, des tendances, mais point de système lié.

Avons-nous remarqué les mots « souvent », « quelquefois », « il est vrai que », « il y a des occasions où », qui reviennent sans cesse sous sa plume ? « Cette impuissance n'est pas toujours absolue » (232), « cet état n'est pas méritoire, lorsqu'on n'y a pas l'usage de son libre arbitre ; mais quelquefois on y agit avec liberté » (233) ; l'âme « ne mérite point » mais « cela ne laisse pas de lui être très utile » (234). Le plus fuyant des interlocuteurs est certainement Bossuet qui échappe et ne semble pas tenir à ses propres affirmations : doit-on faire ou non des actes ? « Il suffit de ne point exclure » (235) ; et nous cherchons des critères pour définir cette impuissance, cette liberté, ce mérite ; tout semble possible, en dehors de quelques refus essentiels, en dehors des grandes affirmations de la foi, de la lettre de l'Ecriture et des Pères : en effet si on

---

(227) C.B., XII, p. 190.
(228) *Supra*, p. 505, n. 113, et p. 607, n. 389 ; LT, XVIII, p. 598 ; LT, XIX, p. 617.
(229) Fénelon, *Œuvres*, t. II, p. 415 ; t. III, p. 206.
(230) *Supra*, ch. 8, « L'homme à l'image ».
(231) *Supra*, ch. 10, « Une doctrine de la délectation ».
(232) C.B., XII, p. 192.
(233) C.B., XII, p. 194.
(234) C.B., XII, p. 190.
(235) C.B., XII, p. 191.

laisse entamer ces bases de la foi, tout risque de s'effondrer, aucune philosophie, aucune anthropologie, aucune réflexion cohérente ne viendraient secourir le croyant, et la peur est d'autant plus grande qu'en dehors du dogme presque rien n'a de valeur. Un discours cohérent sur l'expérience spirituelle est donc impossible, et nous comprenons mieux pourquoi Bossuet appréciait tellement les notions ambiguës d'action sans action et de sensibilité insensible ; la gratuité déconcertante de l'action divine apparaît, en pleine lumière, dans l'impuissance du raisonnement humain ; d'où l'âpreté de la lutte : l'on ne défend ainsi par tous les moyens que ce qu'on ne peut justifier.

M. de Meaux a-t-il confusément conscience que rien n'est encore dit ? Ne va-t-il pas reprendre et compléter le grand traité des *Principes communs de l'oraison chrétienne* dont il a déjà rédigé 848 pages, cette « suite des *Etats d'oraiso*n où il devait expliquer la nature de *l'amour* plus qu'il n'avait encore fait » (236) ? Le bref d'Innocent XII serait commenté, et, après la condamnation, viendraient les principes positifs. Mais l'heure est passée : la substance du grand traité, nous l'avons vu à plusieurs reprises, a été utilisée dans des écrits ultérieurs ; la belle ordonnance des principes (la foi, l'espérance, la charité), l'analyse des textes (saint Augustin, saint Thomas, saint Bonaventure, Scot, etc.) se sont pour ainsi dire évaporées dans les œuvres de polémique : tout a été dit, pourquoi répéter les mêmes arguments ? mais l'essentiel n'a pu être exprimé ; M. de Meaux essaie de se persuader que les problèmes sont résolus : « ce n'en est plus le temps, [...] voici mon affaire finie et du côté du pape et de la part du Roi [...]. Tout doit être tranquille, et il faut mettre fin à la dispute » (237). Lassitude de l'évêque de soixante douze ans ; sent-il qu'à propos de la charité se posaient les vrais problèmes de la vie chrétienne ? Sent-il qu'il n'était pas armé pour les résoudre ?

---

(236) Ledieu, cité R.B., 1909, p. 55.
(237) R.B., 1909, p. 55-56.

Sixième partie

LES DERNIÈRES ANNÉES DE BOSSUET

(1699-1704)

Chapitre 18

LA VIEILLESSE ET LA MORT

I. La personnalité.

La querelle du quiétisme nous a donné l'occasion de lire un grand nombre de pages consacrées par Bossuet aux problèmes de la spiritualité, pages quelquefois décevantes, pages utiles pour nous faire connaître les certitudes, les principes, les réactions spontanées où s'exprime sa personnalité : derrière les mots, les discussions, les arguments théologiques, un homme. Toutefois la controverse ne permet qu'une connaissance indirecte : Bossuet s'est peu à peu défini par rapport à des adversaires, à des erreurs ; ce n'est pas lui qui a choisi le terrain de l'affrontement, même s'il ramène souvent l'inconnu au connu, la spiritualité à des principes théologiques ou à des évidences philosophiques qu'il croit inébranlables. Au delà de la controverse trop bruyante, nous voudrions l'atteindre en lui-même, tel qu'il était, tel qu'il apparaissait à ses proches. La spiritualité en effet n'est pas seulement doctrine mais vie, pas seulement œuvre écrite mais attitudes concrètes, rapports avec autrui, pratiques religieuses, façon d'affronter les grands événements de l'existence. Tous les auteurs des biographies spirituelles si nombreuses au XVIIe siècles terminent leur livre par un ou plusieurs chapitres consacrés à la mort de leur héros : au delà des conventions d'un genre littéraire, il y a la conviction que la mort accomplit la vie et qu'elle dessine le dernier trait du portrait spirituel d'un homme.

⁂

Il semble que ce soit affirmer une évidence que de dire que Bossuet est évêque (1) ; cependant la conscience de sa dignité épiscopale, de son « autorité », est particulièrement vive : devant des

(1) Encore que nous manquions de travaux sur la conception de l'évêque selon Bossuet, sur Bossuet évêque, sur son rôle pastoral : sur

dirigées, il rappelle la grâce du ministère épiscopal (2) et il parle avec autorité, « comme évêque et comme pasteur sous le grand Pasteur des âmes » (3). De même s'il s'efforce d'établir cette autorité sur toutes les communautés de son diocèse, il ne fait en apparence que suivre l'exemple des évêques de la Contre-Réforme qui depuis un siècle ont méthodiquement repris en main toutes les activités de l'Eglise qui semblaient leur échapper : chapitres, couvents, confréries, mouvements de laïcs doivent s'insérer dans le même cadre institutionnel, au risque même de diminuer la spontanéité de leur action (4) ; l'autorité de l'évêque et ses prérogatives sont confirmées et définies ; cependant, dans l'Eglise post-tridentine et surtout en France, bien des nuances sont perceptibles qui tiennent souvent au tempérament des prélats. Or Bossuet fait constamment appel non seulement à ses prérogatives telles que le droit les définit, mais aussi à son autorité surnaturelle, spirituelle : c'est très consciemment qu'il se réfère à son caractère épiscopal pour vaincre les résistances (5) ; intimidation spirituelle, menaces de privation de la communion (6), menaces d'excommunication (7), menaces de damnation (8). C'est une attitude extrême, mais elle correspond assez bien à sa manière : il intimide de la même façon son confrère et allié Godet des Marais en le menaçant de damnation s'il ne lui remet pas le mémoire confidentiel adressé par Fénelon à Mme de Maintenon (9) !

Devant des religieuses qui ont fait leur soumission, comme les ursulines ou même les visitandines de Meaux qui lui sont particulièrement chères, l'évêque parle moins durement, mais à lire les notes prises par ces religieuses aux conférences et aux exhortations du prélat, nous sommes frappés par le ton autoritaire et ferme : l'évêque représente Jésus-Christ (10), vient de la part de Dieu (11),

---

tous ces points il y a place pour des recherches dont l'intérêt ne serait pas inactuel.

(2) C.B., IV, p. 343.

(3) C.B., VI, p. 320.

(4) *Nouvelle histoire de l'Eglise,* t. III, p. 233.

(5) Y. Chaussy, *Jouarre et Bossuet,* dans *L'abbaye royale Notre-Dame de Jouarre,* t. I, Paris, 1961, p. 247-293.

(6) *Id., L'abbaye royale...,* t. I, p. 265, 267.

(7) *Id., L'abbaye royale...,* t. I, p. 264, 271, 272.

(8) R.B., 1911, p. 115.

(9) Cf. notre article sur Godet des Marais, *Bulletin de la Société archéologique d'Eure-et-Loir, Mémoires,* t. XXIII, n° 17, 2e trim. 1965, p. 61, n. 129 : corriger la date et lire « 1698 » : cf. Mme de Maintenon, *Lettres,* t. V, p. 613 ; Ledieu, *Journal,* t. I, p. 241 ; C.B., X, p. 100-101 ; XIV, p. 514-515 ; R.B., 1903, p. 170, n. 3.

(10) O.O., VI, p. 217, 242, 243, 244, 250. Rapprocher de ces textes ce que nous disons sur la direction spirituelle, *supra,* p. 379.

il faut donc lui obéir en tout (12) : c'est son « caractère » (13) qui l'autorise à demander qu'on lui dise tout.

Il est jaloux du salut de leurs âmes (14) et a le droit d'imposer sa volonté : « Je vous déclare que je le veux et que je ne changerai point : je serai ferme et ne me laisserai point ébranler par tout ce que vous me pourriez dire [...]. Je veux vous voir dans une parfaite soumission à mes ordres ; à moins de cela, n'attendez rien autre chose de moi [...]. Je sais mieux ce qui vous est utile que vous-mêmes » (15).

Certitude de sa mission, intransigeance, affirmation répétée de l'autorité, tout cela ne va pas sans quelques sursauts de vanité : Bossuet n'est pas insensible au désir d'être archevêque de Paris (16), ni à celui d'être cardinal (17) ; il tient à des prérogatives, s'attache à des détails de préséance (18) ; et pourtant c'est le même homme qui tous les ans au synode fait sa confession publique (19) ; M. de Meaux semble dominer l'Eglise de France, faire pression sur le pape, imposer des décisions théologiques en des matières encore incertaines, à ce moment même il fait un retour sur soi-même et l'accent personnel de cette page est émouvant : « Vous vous mêlez dans les grandes choses, vous croyez que tout le monde vous admire et vous pensez devenir l'oracle de l'Eglise. Consultez Jésus et la sagesse éternelle ; examinez-vous sur ces grandes œuvres que vous aimez comme éclatantes plutôt que comme solides et utiles ; vous travaillez peut-être pour votre ambition sous prétexte de travailler pour la vérité. Hé bien donc, je quitterai tout et j'irai me

(11) O.O., VI, p. 277.
(12) O.O., VI, p. 282.
(13) O.O., VI, p. 221.
(14) O.O., VI, p. 281.
(15) O.O., VI, p. 284. Nous n'avons peut-être pas les mots mêmes de Bossuet, mais ces conférences prises à l'audition ne trahissent ni le fond ni le ton du discours. Certains arguments par lesquels on a contesté leur authenticité ne sont pas valables : ainsi le texte « *Si tacueritis salvi eritis* » de la méditation sur le silence de 1686 (O.O., VI, p. 365) doit être authentique ; le « grave auteur » que n'ont pas identifié Urbain et Levesque est saint Arsène, cf. *supra*, p. 195. Lorsque des intérêts qu'il estime essentiels sont en jeu, Bossuet peut être très dur : La Monnoye le lui reprochait vivement en 1691 : « *Illi robur et æs triplex circa pectus* » (C.B., III, p. 530, n. 5) ; et la querelle du quiétisme offre bien des exemples de cette attitude. Quelques références de jugements de contemporains sur Bossuet : Fénelon, *Œuvres*, t. IX, p. 202, 246, 290, 291, 303.
(16) C.B., VII, p. 184, 192, 303-304.
(17) C.B., VIII, p. 299, 302.
(18) Cf. C.B., IX, p. 132, n. 4.
(19) En 1683, R.B., 1904, p. 250 ; en 1685, *id.*, p. 258 ; en 1686, *id.*, p. 266 ; en 1687, *id.*, p. 268. N'exagérons pas la valeur de cette démarche ; elle est traditionnelle ; mais cela ne veut pas dire que Bossuet ne lui donne pas toute sa signification. Cf. aussi O.O., VI, p. 392 : « Le péché

cacher dans le désert... » (20). N'y a-t-il pas derrière les attitudes, derrière le personnage, d'émouvantes faiblesses dont parfois affleure la conviction : « Dieu mêle aux actions les plus éclatantes mille publiques contradictions ; et ce qui est encore plus humiliant, mille secrètes faiblesses que chacun ne sent que trop en soi-même, afin que laissant échapper la gloire humaine, nous n'ayons de joie ni de soutien, qu'à voir croître celle de Dieu » (21) ?

Ainsi les fréquents appels à l'humilité (22) ne sont pas seulement des lieux communs de la direction spirituelle : le directeur est lui-même engagé dans ses conseils. Certes il fait peu de confidences (23) et reste d'une extrême discrétion ; une fois pourtant une confidence s'esquisse : attrait de la sainteté, infidélité à cet attrait, « Je ne sais pourquoi vous voulez que je vous parle de mes dispositions sur le sujet des vues que Dieu vous a données. Il ne faut jamais me presser sur de telles choses, sur lesquelles je n'ai jamais rien à dire qu'il soit utile de savoir, et je devrais, suivant mes règles, garder un éternel silence. Et toutefois je veux bien vous dire qu'en parlant de l'attrait, vous avez raison ; car celui de la vertu dont vous parlez m'a été donné en un haut degré ; en sorte que je la vois toujours comme un fondement d'une sainteté éminente : mais autre chose d'en avoir l'attrait, autre chose d'y être fidèle autant que Dieu le demande. Tout est dit ; n'y pensez pas davantage » (24). Nous devinons derrière les attitudes et les mots un engagement

---

des chrétiens, plus grand ; des catholiques, des prêtres et, puisqu'il faut aussi prononcer ma condamnation de ma propre bouche, des évêques. »

(20) E.M., p. 415 ; sur la profondeur à laquelle Bossuet ressent cet appel du désert, cf. *supra,* p. 189.

(21) E.M., p. 456-457. Cf. aussi C.B., VIII, p. 302, Bossuet à Mme Cornuau en juillet 1697, alors qu'il est question de lui attribuer le chapeau : « Si vous voulez faire une prière digne d'un ministre de Jésus-Christ, qu'il daigne employer aux affaires de son Eglise d'une si haute imporance, demandez plutôt au cher Epoux qu'il éteigne en lui, jusqu'à la moindre étincelle, l'amour et la complaisance pour les dignités... » ; c'est aussi ce qu'il demande à la supérieure du prieuré bénédictin de Noëfort : « "Priez Dieu pour moi" ; et cette fille, pleine de mérite et de vertus, lui ayant dit à son tour : "Que lui demanderai-je ?" Il répliqua : "Que je n'aie point de complaisance pour le monde" » (Ledieu, *Mémoires,* t. I, p. 119), cf. J. Truchet, *Bossuet panégyriste,* p. 155.

(22) Cf. *supra,* p. 107 ; parmi beaucoup d'autres références : C.B., III, p. 56 ; IV, p. 108, 127, 164 ; V, p. 218, 293 ; VI, p. 162 ; VII, p. 64-66, 151-152, 170 ; IX, p. 247 ; O.O., VI, p. 545 ; E.M., p. 378, 380.

(23) Cf. *supra,* p. 258, 379.

(24) C.B., VI, p. 399, lettre annoncée par ces mots du 23 août 1694 : « Ne hésitez point à m'écrire ce qui vous a été donné par rapport à moi : ne croyez jamais que je reçoive rien en me moquant ; je ne déteste rien tant que l'esprit de moquerie » (C.B., VI, p. 396). Cf. dans le même sens C.B., VI, p. 454.

personnel et dramatique ; mais ces profondeurs entr'ouvertes, qui pourrait les sonder ? Nos documents et nos possibilités d'interprétation nous abandonnent quand il s'agit d'apprécier ce drame intime.

⁂

Bossuet, avons-nous montré (25), est un homme qui met très haut le « sérieux » de la vie chrétienne. Les témoignages sont nombreux du « sérieux », de la « gravité » (26) de la vie de M. de Meaux : le *Télémaque* lui paraît non pas un ouvrage politique dangereux mais un roman « peu sérieux pour un prêtre » (27), et tout le *Journal* de Ledieu (28) veut illustrer ce caractère dans la vieillesse de l'évêque (29) ; cependant ce sérieux n'est pas une froide impassibilité : comme chez tous les hommes de son temps, sensibilité, exigences nerveuses sont prêtes à se manifester sous les formes les plus vives (30) : le rire éclate (31), de façon un peu grasse, en certaines circonstances ; mœurs du temps, habitudes des milieux ecclésiastiques de toujours, tempérament de Bossuet (32) ? les trois choses à la fois. En 1686 « Le fils de M. Chabouiller, valet de chambre du duc d'Orléans, âgé de 6 à 7 ans, fit des singeries qui firent rire M. l'Evêque jusqu'aux larmes, c'est-à-dire à outrance » (33). Quelques années plus tard, les *Nouvelles ecclésiastiques* nous rapportent une anecdote « qui a bien fait rire M. de Reims et M. de Meaux » (34) : il s'agit de disciplinants sur qui Jacques Boileau pré-

---

(25) *Supra,* p. 169 et suiv.

(26) Bossuet recommande la « gravité » et la « douceur » aux prêtres qui font le catéchisme, LT, V, p. XIV. Cf. aussi l'interprétation des portraits de Bossuet par A. Virely, *Bossuet, essai d'iconographie,* Mâcon, 1938, surtout p. 107-108.

(27) C.B., XII, p. 6.

(28) Et *Mémoires,* t. I, p. 187 : « sérieux, gravité, constance, modestie, retenue ».

(29) Dans une certaine mesure, Ledieu défend une thèse et pour lui la vie de Bossuet est l'illustration d'un certain idéal ; d'où la nécessité d'une interprétation du *Journal,* comme de tout document biographique.

(30) R. Mandrou, *Introduction à la France moderne,* Paris, 1961, p. 77-85, 330-367, et *passim.*

(31) Mais non la moquerie (cf. *supra,* n. 24) ; sur la gaieté de Bossuet, voir aussi A. Virely, *Bossuet...,* p. 109 et suiv.

(32) Voir pour ces questions le livre charmant de Ph. Bertault, *Bossuet intime,* p. 13 et suiv. ; cet auteur note justement une certaine négligence, une certaine prodigalité dans le « domestique » de M. de Meaux (*id.,* p. 20).

(33) R.B., 1904, p. 163. Noter cette conception de l'enfance, enfants pleins de mauvais désirs, source de peines (cf. E.M., p. 197-198, 397), capables tout juste de servir de distraction aux adultes, comme un animal (E.M., p. 198) ; cf. *supra,* p. 185, et notre *Bossuet,* p. 90.

(34) B.N., fr. 23504, f° 216 v°, en décembre 1694.

pare un ouvrage (35), et l'anecdote assez gauloise concerne un mari et une femme qui veulent être fouettés ! Bossuet ne répugne pas aux plaisanteries même lestes (36). Il sait aussi, jusqu'en ses dernières années, fêter joyeusement avec sa famille et des amis la fête des Rois : en 1701 « lui-même a été fait roi, ce qu'il a soutenu avec sa douceur et son affabilité, sans rien perdre de son sérieux et de sa gravité » (37) ; un an plus tard « il a fait une assemblée pour donner à souper et faire les Rois avec une grande joie, et laissant à chacun une grande liberté » (38). Par ailleurs, nous savons que l'atmosphère que faisait régner au palais épiscopal de Meaux la famille de l'évêque n'était pas toujours austère ni même édifiante.

Rire, larmes (39), pâmoison (40), ces excès de sensibilité sont souvent littéraires, mais on aurait tort de penser que la littérature est étrangère aux mouvements les plus profonds qui animent l'homme. C'est entre les excès que se trouve ce juste milieu qui caractérise bien la personnalité de Bossuet, équilibre conquis et volontaire. M. de Meaux prêche toujours la modération (41) : des austérités, mais point trop, « ce qui est excessif est indiscret » (42), « fuyez les extrémités, demeurez dans un juste milieu ; c'est là

---

(35) Cf. *supra*, p. 562.

(36) Et il ne recule pas lors de la controverse du quiétisme devant les allusions et les calomnies les plus répugnantes : cf. les plaisanteries sur la plénitude de grâces de Mme Guyon rapportées par la duchesse d'Orléans : « C'est bien plus drôle d'entendre raconter ces histoires-là à M. de Meaux que de lire le livre [*Relation sur le quiétisme*]. Il m'a bien divertie pendant la promenade à Marly [...]. M. de Meaux a beaucoup d'esprit et d'entrain, et il est divertissant dans ses discours. » (Cité dans Ph. Bertault, *Bossuet intime*, p. 98).

(37) Ledieu, *Journal*, t. I, p. 176.

(38) *Id.*, t. I, p. 273.

(39) Nous avons noté (*supra*, p. 389, 522) quelle place tiennent les larmes dans la vie spirituelle des dirigées de Bossuet : larmes de conversion, larmes d'amour, larmes amères ou larmes douces. Il y a certes beaucoup de rhétorique dans les torrents de larmes que verse Bossuet sur les erreurs de Fénelon (LT, XIX, p. 553 ; XX, p. 173 ; Fénelon, *Réponse inédite à Bossuet*, Paris, 1901, p. 3, 31-32, 147) : Fénelon puis Jurieu (*Traité historique...*, p. 194, 205-206) insisteront sur leur caractère théâtral. Mais on pleure beaucoup au XVIIe siècle : le livre de J. Lair, *Louise de La Vallière*, montre bien les successives crises de larmes de Louis XIV, aussi vite séchées que répandues !

(40) Cf. E.M., p. 381 : « Je frémis, je sèche, [...] je suis saisi de frayeur et d'étonnement. Mon cœur se pâme, se flétrit... » ; E.M., p. 409, 410.

(41) Comme à propos du gallicanisme, ce qui est excessif n'est ni le plus solide ni le plus durable, O.O., VI, p. 199. Mêmes conseils de modération tout au long de la *Politique*. Voir aussi sur l'éloge de la « *mediocritas* », notre article *Bossuet et la pauvreté*, *Recherches et Débats*, n° 49, déc. 1964, p. 67-79.

(42) C.B., V, p. 384.

où consiste la vertu ; n'excédez ni à droit ni à gauche » (43).

Il est certain qu'en toutes ses démarches Bossuet « se ménage » beaucoup : c'est l'expression qui revient dans tous les documents et qui correspond assez bien à des manières fort précautionnées : combien d'affaires Bossuet veut suivre sans paraître en rien y être intéressé (44) ! le secret (45), les ménagements envers les personnes (46), la facilité à plier (47), le souci de conserver sa réputation de modestie (48), la dissimulation dans le succès comme dans l'échec (49), même des amis sont affligés de cette prudence qui paraît manque d'énergie ou peur de se compromettre (50).

La modération est rarement source d'héroïsme, aussi l'on peut se demander s'il est possible de tenir un juste milieu dans la vie spirituelle : choix de certaines dévotions et refus de certaines autres ? modération dans les pratiques ? Refus de l'héroïsme ? La modération ne risque-t-elle pas de n'être que faiblesse ?

⁂

Les pratiques religieuses de M. de Meaux, si nous les connaissions mieux, nous ouvriraient une voie d'accès à sa piété personnelle : récitation du bréviaire (51), célébration de la messe, cérémonies dans sa cathédrale ou à la Cour, prédications lors des visites des

---

(43) O.O., VI, p. 537 ; cf. O.O., VI, p. 88 : « il faut détester tous les excès » ; C.B., VII, p. 153 : « le milieu dans toutes choses est difficile à tenir ».

(44) C.B., VI, p. 116-117, 120 ; XIII, p. 31-32.

(45) Ledieu, *Journal*, t. I, p. 12, 200.

(46) Ledieu, *Journal*, t. I, p. 68, 74, 89, 251.

(47) *Id.*, t. I, p. 94-95, 139, 324, 330, 366.

(48) *Id.*, t. I, p. 189 ; t. II, p. 107, 236 ; C.B., VIII, p. 299. Il faut aussi noter chez Bossuet une sorte d'ennui devant les servitudes mondaines : « il avouait naïvement que le monde ne lui avait jamais plu, à cause de la désoccupation qui y régnait, et des bienséances qu'on était obligé de garder avec lui. Depuis plusieurs années, surtout, il s'ennuyait beaucoup de l'espèce de nécessité qu'on lui imposait d'aller et de paraître à la cour » (témoignage publié en 1757, cité par J. Lebarq, *Histoire critique...*, 2e éd., 1891, p. 348, n. 1). Se rappeler aussi l'indifférence du regard de Bossuet sur une estampe de l'almanach gravé pour 1696 : A. Virely, *Bossuet...*, p. 51 et Pl. VIII.

(49) Ledieu, *Journal*, t. I, p. 344-345.

(50) Cf. l'attitude d'Arnauld : Arnauld à du Vaucel, 20 octobre 1690, *Œuvres*, t. III, p. 310 ; à Dodart, 30 juillet 1691, *Œuvres*, t. III, p. 358 ; Sainte-Beuve, *Port-Royal*, Bibl. Pléiade, t. III, p. 416-417 et n. Voir aussi les jugements sévères de Morell, C.B., IX, p. 431 ; Leibniz, *Œuvres inédites*, éd. Grua, t. I, p. 129.

(51) R.B., 1901, p. 183 : « Il ne manquait point, quelque souffrant qu'il fût, à dire son Bréviaire et à remplir certains exercices spirituels qu'il ne négligea jamais, dans le temps même de sa meilleure santé, et de ses plus grandes occupations. »

paroisses. Mais ne confondons pas pastorale et spiritualité : les procès-verbaux des visites pastorales publiés dans la *Revue Bossuet* en 1900-1902 nous renseignent plus sur les préoccupations d'un évêque de l'époque de la Contre-Réforme que sur Bossuet lui-même : insistance sur les sacrements, pénitence (52), confirmation (53) et eucharistie (54), sur les « devoirs » des chrétiens et sur les commandements, sur l'Eglise enfin (55). Tous ces sermons reprennent des thèmes qui depuis au moins un siècle forment l'essentiel des statuts synodaux et des préoccupations des réformateurs de l'Eglise catholique, et c'est une image de l'Eglise post-tridentine qu'ils nous donnent.

Le *Journal* de Ledieu nous permet de préciser un peu, mais lui aussi nous fait connaître seulement la piété d'un évêque zélé, mais sans excès, à mi-chemin entre la sainteté et le relâchement, plutôt que la piété propre de Bossuet (56). Que l'évêque de Meaux ne dise pas sa messe tous les jours, qu'il ne l'entende même pas tous les jours, rien là qui doive nous étonner : la discipline ecclésiastique n'est pas du tout au XVIIe siècle ce qu'elle sera au XIXe. Ainsi en relevant toutes les indications du *Journal* de Ledieu (57), nous remarquons qu'en 1700 Bossuet a dit la messe au moins une soixantaine de fois et l'a entendue au moins une quinzaine de fois, qu'en 1701 il l'a dite environ 80 fois et l'a entendue environ 35 fois, qu'en 1702 il l'a dite environ 80 fois et l'a entendue plus de 20 fois, et qu'en 1703 enfin (58), il l'a dite moins de 50 fois et l'a entendue plus de 50 fois (59). Ces chiffres signifient que Bossuet se trouve dans la

---

(52) R.B., 1900, p. 54 ; 1901, p. 23, 25, 26, 27, 28, 240 ; 1902, p. 173.

(53) R.B., 1900, p. 54, 55, 109, 112 n. 5, 231, 232, 234, 237 ; 1901, p. 23, 24, 26, 28, 238, 240. 1902, p. 177, 178, 239, 245.

(54) R.B., 1900, p. 54, 232 ; 1901, p. 23, 24, 29 ; avec les exhortations pour la première communion des enfants, R.B., 1900, p. 229, 235, 237 ; 1901, p. 27, et les nombreuses bénédictions du Saint-Sacrement au cours des visites, R.B., 1900, p. 111, 230, 232-235, 239 ; 1901, p. 23, 25, 30, 237 ; 1902, p. 174, 175, 240, 244, 245.

(55) R.B., 1900, p. 230, 235 ; 1902, p. 173 ; 1904, p. 269.

(56) C'est ce que confirment les jugements des contemporains, même des adversaires, ainsi Spanheim en 1690 : « ... On ne peut lui refuser l'éloge d'une vie plus réglée et plus ecclésiastique, et ainsi d'une réputation plus établie du côté des mœurs que celle de ces deux autres archevêques de cour [Le Tellier et Harlay]... » (C.B., IV, p. 514).

(57) Et avec une certaine marge d'approximation : le secrétaire peut avoir fait des omissions ; les chiffres que nous donnons sont des *minima*, mais quelques dizaines ou quelques unités en plus ne changeraient pas l'ensemble du tableau.

(58) En cette année, l'état de santé de l'évêque explique les chiffres.

(59) Il faut donc corriger ce que dit Saint-André : « offrant presque tous les jours le Saint-Sacrifice de la messe dans la vue de se préparer à ce dernier passage et retranchant une partie de ses occupations, pour se remplir l'esprit des années éternelles » (R.B., 1901, p. 181) ; cette

catégorie des évêques et des prêtres qui sont attachés à leurs devoirs mais qui ne veulent pas accumuler les pratiques par un zèle outré.

Cependant le zèle que M. de Meaux n'a plus est le zèle que M. Vincent essayait autrefois de communiquer à ses disciples (60). Faut-il penser que les enthousiasmes du jeune homme n'ont pas résisté à l'épreuve de la vie ?

Le choix de telle fête pour dire la messe ou les motifs de s'abstenir de telle cérémonie seront peut-être plus significatifs. Outre les grandes fêtes de l'année liturgique, Bossuet tient à célébrer par la messe les jours des fêtes des apôtres et des évangélistes, saint Pierre (1703 (61)), saint Jean (1703), saint Jacques et saint Philippe (1703), saint Marc (1703), saint Luc (1702), saint Jacques (patron de Bossuet, 1701, 1703), saint Barthélemy (1702, 1703), saint André (1701), saint Mathieu (62) ; d'autres personnages du Nouveau Testament sont à ajouter : saint Joachim (1701), sainte Madeleine (1701), saint Etienne (1701, 1703). Citons encore saint Ambroise (1701), saint Denis (1703), saint Louis (1703), saint François de Sales (1704). Ce sont, à quelques exceptions près, les fêtes des saints qui au XVIIe siècle sont fêtes d'obligation chômées (63), nous ne pouvons donc tirer de cette liste des conclusions précises pour apprécier la piété personnelle de Bossuet. Tous les ans M. de Meaux a l'habitude de fêter la saint Michel, jour anniversaire de son baptême (64). Une forme de piété centrée sur l'Evangile et les

---

relation par Saint-André suit les règles du genre littéraire bien connu au XVIIe siècle de la « relation de la dernière maladie et de la mort » d'un saint personnage.

(60) Bossuet, en 1702, rendait ce témoignage sur la piété de M. Vincent : « Il célébrait, tous les jours, la sainte messe, excepté les trois premiers de sa Retraite annuelle ; il la célébrait avec tant de dévotion que ceux qui le voyaient à l'autel en étaient sensiblement touchés. Il a mis, par règle, les siens et Messieurs de la Conférence des Mardis dans la même pratique de célébrer tous les jours. » (*Témoignage...*, publié par A. Gasté, Paris, 1892, p. 32).

(61) Nous jugeons inutile de donner toutes les références ; il suffira de se reporter au *Journal* de Ledieu au jour de la fête de chaque saint.

(62) Sur cet anniversaire, *infra*, p. 714.

(63) Quelques rapides notions sur ces saints, LT, V, p. 192 et suiv., dans le *Catéchisme des fêtes ;* Bossuet est très sobre sur ce chapitre ; voir Ledieu, *Journal*, t. I, p. 314, sur la réforme du calendrier liturgique du diocèse de Meaux en 1702 : Bossuet approuve fort le rétablissement des trois fêtes des apôtres saints Barnabé, Barthélemy et Thomas ; cf. aussi Ledieu, *Journal*, t. II, p. 50. Sur la légende selon laquelle Bossuet n'aurait pas voulu invoquer les saints à son lit de mort, R.B., 1905, p. 151. Pour les fêtes des saints dans le diocèse de Paris, J. Ferté, *La vie religieuse...*, p. 267-268.

(64) 1700, 1701, 1702, 1703. Cf. *supra*, p. 20 sur cette date, et sur cette dévotion, C.B., VI, p. 403 ; VII, p. 81 ; O.O., VI, p. 164. Lors des visites pastorales, Bossuet insistait sur l'importance du baptême, R.B.,

sacrements se dessine à travers cette énumération : aucune concession à la superstition (65), aux dévotions qui risqueraient d'éloigner du Nouveau Testament, centre de la foi ; c'est l'esprit qui prévaut dans un grand nombre de milieux spirituels depuis Bérulle et ses disciples, et c'est le visage qu'a pris en France le mouvement de la réforme catholique.

Les motifs que donne M. de Meaux pour se dispenser de dire la messe témoignent d'une certaine largeur de vues : dire la messe paraît être dans sa vie une dévotion, capitale, mais facultative ; il ne semble pas que ce soit le centre de sa piété quotidienne. Ne parlons pas des raisons de santé, de plus en plus impérieuses à partir de 1701, mais des affaires qui l'occupent et qui souvent prennent le pas sur la messe (66) : en août 1700 se tient l'Assemblée du clergé ; le dimanche 22, M. de Meaux qui prend une part très active aux travaux de l'Assemblée se contente d'entendre la messe « pour ne pas se détourner » (67) ; le mercredi 25, même chose « pour ménager son temps » (68) ; le dimanche 29, de même, il « se contente d'entendre la messe à midi après avoir travaillé » (69). Deux ans plus tard il est occupé à réfuter la *Remontrance* de R. Simon au cardinal de Noailles : le dimanche 3 décembre 1702, il entend la messe dans sa chappelle « pour gagner du temps » (70) ; et rédigeant activement la *Défense de la Tradition et des Saints Pères* il a le même mouvement : le mardi 3 juillet 1703, il n'entend pas la messe « pour ménager son temps » (71) ; le jeudi 5 juillet 1703, même chose « pour ne pas se détourner » (72). Petits faits dont il ne faut pas exagérer l'importance mais qui permettent de deviner des attitudes.

En passant, une remarque de Ledieu corrige les traits de ce tableau : le secrétaire nous apprend que le 27 avril 1703 son maître

---

1900, p. 54, 112, 238 ; 1901, p. 29, 240. Voir sur la pénitence comme renouvellement du baptême, E.M., p. 430, 449 ; O.O., VI, p. 461. On connaît le beau chapitre que Bremond a écrit sur la dévotion au baptême, *Histoire littéraire...*, t. IX, p. 1-42, et pour Bossuet, p. 21.

(65) Critiques de superstitions : LT, V, p. 193 ; VI, p. 214 ; E.M., p. 371.

(66) N'attachons pas d'importance à une boutade qu'il lance à M. de La Loubère au temps où il écrit la *Relation sur le quiétisme* : « Ah ! que je suis en bon train, et que c'est dommage qu'on vienne me quérir pour vêpres ! », C.B., IX, p. 364.

(67) Ledieu, *Journal*, t. I, p. 99.

(68) *Ibid.*

(69) Ledieu, *Journal*, t. I, p. 118.

(70) Ledieu, *Journal*, t. I, p. 356.

(71) *Id.*, t. II, p. 106.

(72) *Id.*, t. II, p. 107.

dit la messe « avec une grande dévotion » (73), c'est le signe d'un renouveau de piété en ces jours où Bossuet apprend la gravité de sa maladie (74).

M. de Meaux est loin du scrupule ou de la minutie, il va « rondement » (75), dit sa messe rapidement (76), n'hésite pas, s'il le faut, à « se dispenser » d'un office, de matines, de vêpres, d'une messe de minuit ; facilité ? largeur de vues ? il ne s'embarrasse des petites choses.

Cependant, par un paradoxe qui tient à son temps et à son âge, il témoigne parfois d'un goût assez étonnant pour les petitesses de la dévotion : les rapports de Bossuet avec les religieuses qu'il dirige nous montrent bien comment il considère la direction spirituelle, combien il aime les petits cercles de dévotes, car, tout en restant très réservé, le directeur n'est « pas insensible, Dieu merci, à une certaine correspondance de sentiments ou de goûts » (77) : c'est en 1691 qu'il le remarquait déjà, en soulignant que l'indolence est tout à fait contraire à son humeur et risquerait d'introduire dans la direction sécheresse et froideur (78) ; il y a en lui des « mouvements » dont il n'est pas tout à fait le maître, qui excitent « un certain fond » (79) : rarement Bossuet a mieux défini l'attrait de la sensibilité et du lyrisme, les appels à la perfection, les désirs inconscients, tout ce qui apporte chaleur et vérité à ses conseils spirituels, et leur permet de ne pas être seulement pour autrui (80). Même s'il

---

(73) *Id.*, t. II, p. 71.

(74) On se souvient de l'accusation lancée par P. Frotté en 1690 : « Je vous y [à Germigny] ai vu assister à la célébration de la messe en un habit indécent et dans une posture indigne de votre profession de foi. Quoique vous fussiez en parfaite santé et sur le point de bien dîner, vous étiez pourtant à la messe en un déshabillé fort négligé, ou, pour dire plus justement, vous étiez tout débraillé... » (C.B., IV, p. 473-474 ; voir la réponse de Bossuet, LT, XVI, p. 114-115) ; la part faite à l'exagération, il est certain que Bossuet témoigne parfois d'un certain laisser-aller. L'austérité des attitudes ou la dévotion enflammée ne sont pas dans ses manières.

(75) Ledieu, *Mémoires,* t. I, p. 29-30.

(76) *Ibid.*

(77) C.B., IV, p. 384.

(78) C.B., IV, p. 384-385.

(79) C.B., IV, p. 385.

(80) Cf. Ledieu, *Mémoires,* t. I, p. 120-121 : « " Comment faites-vous donc, Monseigneur, pour vous rendre si touchant ? Vous nous tournez comme il vous plaît, et nous ne pouvons résister aux charmes de vos paroles " " Remerciez-en Dieu, mes filles, répondait-il en simplicité ; c'est l'onction que vous avez reçue du Fils de Dieu qui vous enseigne toutes choses et qui vous parle au cœur par ma bouche. Mais je veux bien aussi vous avouer qu'ayant à vous entretenir, je commence par me pénétrer moi-même des considérations dont je dois exciter en vous le sentiment " ».

se défend de céder à ces « correspondances » (81), il y est très sensible (82).

Ses « chères filles » seront sa joie, sa consolation, sa couronne (83), et c'est parmi elles qu'il aime parler, c'est pour elles qu'il écrit ses *Méditations sur l'Evangile* et qu'il compose des poèmes. Ces dispositions sont sans doute une des raisons de l'ascendant assez étonnant qu'a pris sur lui Mme Cornuau (84). Badinage dévot (85), petits cadeaux : un écran avec des sentences brodées (86), une belle reliure avec anges et dauphins pour l'*Exposition* (87), un corporal et une palle (88), un bouquet de pensées en broderie avec une devise (89), des images pieuses (90), d'autres objets pieux (91), ou même une tourte d'amandes (92) ! Mme Guyon elle aussi adresse à M. de Meaux un tableau représentant une Vierge tenant l'Enfant Jésus (93). Quoiqu'il s'en défende (94), le prélat accepte ces signes d'amitié : toutes ces petites choses qui peuvent paraître assez mièvres faisaient alors partie de la vie quotidienne des couvents et des milieux dévots ; point n'est besoin d'avoir beaucoup fréquenté les correspondances spirituelles du XVIIe siècle (95) pour voir la place qu'y tiennent les fleurs artificielles, les objets bénits, les confitures et le chocolat (96) !

---

(81) Ailleurs (C.B., V, p. 328), il parle dans le même sens de « communications » ; sur ce mot de Montaigne, repris par Bossuet, cf. Ph. Bertault, *Bossuet intime*, p. 105.

(82) Cf. *supra*, p. 567, n. 31.

(83) O.O., VI, p. 268 aux ursulines de Meaux ; il dit à peu près la même chose aux visitandines (O.O., VI, p. 272 ; cf. aussi, O.O., VI, p. 281).

(84) Jean Guitton note finement l'importance de l'inspiration féminine à la fin de la vie de Bossuet, *Œuvres complètes*, t. I, *Portraits*, Bruges-Paris, 1966, p. 697.

(85) C.B., IV, p. 170.

(86) C.B., IV, p. 169, 173-174 ; IX, p. 82, 256.

(87) C.B., IV, p. 248.

(88) C.B., VI, p. 100, 108.

(89) C.B., VII, p. 275.

(90) C.B., III, p. 85 : représentant la colombe du Saint-Esprit ; C.B., IV, p. 293, 339 ; V, p. 85, 294, 330-331, 354 ; VI, p. 325 ; VII, p. 44 : image de Jésus flagellé.

(91) C.B., VI, p. 117, 128 ; VII, p. 4 ; XIII, p. 1.

(92) C.B., VI, p. 510. Ce sont les signes de cette simplicité pleine de délicatesse qui règne souvent dans les rapports entre directeurs et dirigées : rappelons-nous les fromages que Tauler envoyait aux religieuses de Medingen (J. A. Bizet, *Jean Tauler*, Paris, 1968, p. 19).

(93) C.B., VII, p. 7.

(94) C.B., V, p. 186, 189.

(95) Au moins à partir des manuscrits, car des esprits chagrins ont généralement épuré les lettres pour l'impression : cf. C.B., IV, p. 339 ; V, p. 294.

(96) Exemples de ces mièvreries dans Béatrix de la Conception, *Lettres choisies*, prés. par P. Serouet, Paris, 1967 ; la personnalité de Béatrix

Bossuet dirige des religieuses qui ont la sensibilité de leur temps et de leur milieu ; il ne refuse pas ces manières d'exprimer les sentiments, bien qu'il s'efforce de toujours ramener la piété à l'essentiel. Avec l'âge cependant il paraît plus sensible à une certaine tendresse dans la piété : des thèmes anciens prennent un accent nouveau, à partir de 1696 environ, le thème de l'Enfance de Jésus en particulier ; il n'y a pas là l'influence de Mme Guyon, mais bien plutôt l'approche de la vieillesse et l'influence de Mme Cornuau : depuis longtemps Bossuet médite le *Cantique des Cantiques,* il prêche les mystères de la Sainte Enfance (97), mais il le faisait de façon très théologique, sous la forme d'une méditation sur le mystère de l'Incarnation ; désormais, commentant le *Cantique* (98), M. de Meaux parle des saintes libertés qu'on prend avec Jésus comme avec un frère (99) et du « cher petit frère, qui tous les jours s'apetisse pour s'unir à nous, et tous les jours aussi nous rend nous-mêmes plus petits » (100) ; quelques semaines plus tard (101),

---

de la Conception est au demeurant fort intéressante. L'on pourrait citer bien d'autres exemples !

(97) *Supra,* p. 142 ; O.O., IV, p. 513 ; C.B., IV, p. 381 ; V, p. 277, 281 ; VI, p. 107, 489, 502, 504 ; VII, p. 277, 337 ; IX, p. 83 ; E.M., p. 367 ; 414, 415 et suiv. On remarquera même que Bossuet affirme à Mme d'Albert qu'il vaut mieux s'attacher à la croix qu'aux mystères de la sainte Enfance : C.B., VI, p. 508.

(98) *Cant.* VIII, 1 : « *Quis mihi det te fratrem meum, sugentem ubera matris meæ, ut inveniam te foris, et deosculer te, et jam me nemo despiciat ?* ». On pourra comparer ce verset dans la Vulgate avec les interprétations qu'en a données Bossuet quelques années plus tôt (LT, I, p. 668-669) : Bossuet traduisait, selon l'hébreu, « comme mon jeune frère » ; voir aussi LT, XXVI, p. 66-67 ; les poésies spirituelles se rattachent à cette inspiration de la vieillesse. La présence dans la bibliothèque de Bossuet du livre de Pierre de Saint-Louis, *La Madeleine au désert de la Sainte Baume en Provence,* Lyon, 1694 (cf. catalogue 1742, n° 1318) nous semble avoir peu de rapports avec la spiritualité : la réédition de cette médiocre épopée (1re éd., 1668 ; cf. Côme de Villiers, *Bibliotheca Carmelitana,* 1752, col. 580-581 ; M. Allem, *Anthologie poétique française,* XVIIe *siècle,* t. II, p. 251-254 ; Sainte-Beuve, *Port-Royal,* t. II, p. 859, n. H. Bremond, *Histoire littéraire...,* t. I, p. 384) a sans doute été acquise par Bossuet en raison de son succès (encore une réédition en 1700), et parce qu'il s'est intéressé jadis au problème des « Trois Madeleine » [LT, XXVI, p. 114 et suiv. (16 avril 1675) ; et Cl. Fleury, *Nouveaux opuscules,* Paris, 1807, p. 182-195, d'après B.N., fr. 9518, f° 273 et suiv.], un des lieux communs de l'histoire évangélique depuis Lefèvre d'Etaples ; cependant, Bossuet dut lire les vers du P. de Saint-Louis avec d'autres yeux que nous, il y a quelques rapports entre ses poésies spirituelles (en particulier *Les trois amantes,* LT, XXVI, p. 72 et suiv., et *La parfaite amante,* id. p. 85 et suiv.) et les interminables alexandrins du carme provençal.

(99) C.B., VII, p. 123.

(100) C.B., VIII, p. 1-2.

(101) C.B., VIII, p. 44.

c'est un autre verset (102) qu'il commente, concernant « la petite sœur » de l'Epoux. Les *Elévations sur les mystères* nous introduisaient déjà dans ce climat : « Aimable Enfant ! Heureux ceux qui vous ont vu hors de vos langes développer vos bras, étendre vos petites mains, caresser votre sainte Mère et le saint vieillard qui vous avait adopté ou à qui plutôt, vous vous étiez donné pour fils ; faire, soutenu vos premiers pas, dénouer votre langue et bégayer les louanges de Dieu votre Père. Je vous adore, cher Enfant, dans tous les progrès de votre âge, soit que vous suciez la mamelle, soit que par vos cris enfantins vous appeliez celle qui vous nourrissait, soit que vous reposiez sur son sein et entre ses bras [...]. Encore un coup, faites-moi enfant en simplicité et en innocence » (103). Ce ne sont que des accents nouveaux, un climat qui est celui de la vieillesse ; l'évêque de Meaux n'ira jamais très loin en cette voie, gardant son équilibre hors de l'effusion sentimentale. Bien loin d'avoir pu l'influencer, le style des mystiques, du Père Surin aussi bien que de Mme Guyon, n'a pu que limiter cette tendance à un ton un peu mièvre que l'âge et la fréquentation de certaines religieuses favorisaient (104).

II. La mort.

Bossuet avait toujours joui d'une excellente santé (105) : ce que nous avons pu appeler le « panhédonisme » de Bossuet a certainement un rapport avec ce solide tempérament de bourguignon qui aime la vie, qui sait faire à son neveu l'éloge des huîtres en écailles, du Volney, du Saint-Laurent (106) et d'une caisse de Montalcino que le Grand Duc lui a envoyée (107). Ses intimes se souvenaient à peine de l'avoir vu malade : trois fois une fièvre tierce (108) avait vite cédé devant le quinquina. Et s'il parle de la maladie, c'est pour souligner l'« horreur » que nous en avons naturellement (109) : qu'ensuite le croyant découvre dans la maladie un souvenir de

---

(102) *Cant.,* VIII, 8.
(103) E.M., p. 402-403.
(104) Cf. *supra,* p. 74, sur les *Amoris divini emblemata* d'O. Vænius.
(105) Ledieu, *Mémoires,* t. I, p. 213.
(106) C.B., VIII, p. 211.
(107) C.B., X, p. 81. Tout en se privant de café les jours de jeûne, C.B., VI, p. 89. Cf. Ledieu, *Mémoires,* t. I, p. 131, et sur toutes ces questions, voir le chapitre du *Bossuet intime* de Ph. Bertault intitulé *A la table de M. de Meaux.*
(108) En 1677, 1678, 1679 : R.B., 1900, p. 101 ; cf. aussi A. Floquet, *Bossuet précepteur...,* p. 88.
(109) C.B., VII, p. 295.

notre mortalité (110), un réveil du goût de Dieu (111) et qu'il se montre plein de charité à l'égard des malades (112) ne prouve pas qu'il ait eu une expérience personnelle de la maladie (113) ; c'est seulement pour lui un abîme entrevu mais encore refusé, un abîme que toutes les exhortations ne peuvent combler, l'« horreur », horreur de la maladie, « horreur de la mort » (114) ; Bossuet reprend des thèmes déjà développés dans sa jeunesse : présence de la mort à travers la vie (115), fin de toute grandeur et de toute richesse (116) ; le but de la vie, répète-t-il, est l'anéantissement de nos corps (117), la fin de nos travaux est d'aller « pourrir » (118) dans le sein de la terre.

Depuis le temps de l'*Oraison funèbre* de Condé, les cheveux blancs de l'orateur (119) sont venus l'avertir : la mort a pris un visage, celui de *ma* mort ; c'est la mort des danses macabres qui pousse « Rois, empereurs, souverains, grands et petits de la terre » (120) ; c'est le squelette qui souvent figura représenté sous les yeux de l'orateur des grandes pompes funèbres et qui maintenant s'approche : « Mais maintenant, je vois la mort qui me poursuit et je ne puis éviter ses affreuses mains... » (121) ; horreur de ce moment de tentation qui est le temps de la faiblesse : « O Dieu ! Jamais je ne suis plus faible ; tout s'émousse dans la vieillesse et le courage plus que tout le reste ; [...] mes esprits sont offusqués, j'ai dans le cœur *une réponse de mort* et de désespoir. Mon Dieu ! Aidez-moi. Voici le temps dont saint Luc disait : *Il le quitta jusqu'au temps :* jusqu'au temps de défaillance et d'horreur ; jusqu'au temps où dans le dernier affaiblissement les moments sont les plus précieux » (122).

---

(110) E.M., p. 187.

(111) E.M., p. 362.

(112) Par exemple, C.B., VII, p. 285-287, 290, 295, 301, 400, 417, 438.

(113) La dédicace à Bossuet des *Exhortations aux malades...*, de Jean Pontas (C.B., IV, p. 55 ; biblioth. de Bossuet, catalogue 1742, n° 1243) est, de notre point de vue, sans importance.

(114) E.M., p. 187 ; cf. *supra,* p. 178.

(115) « Je meurs tous les jours, [...] mes jours se dissipent comme une fumée... », LT, VI, p. 430. « Que sommes-nous, sinon des mourants ? », C.B., VI, p. 56.

(116) E.M., p. 345.

(117) E.M., p. 184.

(118) E.M., p. 184.

(119) Cf. O.O., VI, p. 459.

(120) O.O., VI, p. 476, *Discours sur la mort,* 1689.

(121) E.M., p. 187-188, écho de la méditation de 1648 : « A la fin, il faut venir entre ses mains. » (O.O., I, p. 10).

(122) E.M., p. 444.

La préparation à la mort devient un des actes les plus importants de la vie chrétienne. Importantes ou médiocres, de très nombreuses pratiques pour la préparation à la mort ont été publiées au XVIIe siècle (123) et la plupart des vies édifiantes comportent en appendice les prières et les méditations par lesquelles le héros s'est préparé à cet ultime événement. M. de Meaux, au seuil de sa vieillesse, écrit aussi une *Préparation à la mort* pour ses dirigées (124). Il y développe les thèmes traditionnels sur l'égalité de tous les états devant la mort (125), sur le rôle qu'elle joue en faisant expier les fautes ou en en détournant l'homme inquiet (126) ; mais plus que sur la peur du jugement et sur l'abandon à la confiance (127) c'est sur le passage à l'immortalité (128) qu'insiste Bossuet : devant la mort, le reste de la vie paraît pure illusion (129) ; par la mort, l'homme sort « des ombres et des énigmes pour voir la vérité manifestée » (130), il quitte un monde où tout s'en va comme une fumée pour un lieu «où tout est», où est Dieu puissant et « Dieu heureux », où dans sa vérité apparaît l'Eglise (131). Les grandes tendances de la théologie de Bossuet trouvent encore à s'exprimer : désir de solidité et de bonheur, de pureté et de communauté. En un tissu de citations bibliques se déroulent alors les affirmations de la foi et de l'espérance (132), « Il est ainsi, je le crois, il est ainsi » (133).

Un autre moyen de se préparer à la mort est de créer une sorte de continuité entre l'avant et l'après, entre la vie et la mort : établissement d'un temps qui enjambe l'événement redouté ; en 1696, l'évêque de Meaux fait une fondation dans son église cathédrale (134) : « une messe solennelle qu'il célébrera lui-même le jour de saint Mathieu auquel il a été sacré et qui se célébrera tous les ans jusqu'à sa mort. Après quoi au lieu de la messe du sacre, le chapitre fera célébrer tous les ans une messe solennelle pour le repos de son âme... » (135).

---

(123) Cf. *supra*, p. 88, sur le P. Lalemant.

(124) LT, VII, p. 606-618 ; pour l'établissement de ce texte, voir des notes préliminaires dans nos *Opuscules spirituels de Bossuet*, p. 127-129.

(125) LT, VII, p. 607.

(126) LT, VII, p. 606, 607, 609.

(127) LT, VII, p. 610-611.

(128) LT, VII, p. 606.

(129) LT, VII, p. 607.

(130) LT, VII, p. 615.

(131) LT, VII, p. 612.

(132) LT, VII, p. 607-610.

(133) LT, VII, p. 608 et 609.

(134) J. Hubert, *Manuscrits de* [...] *Bossuet...*, Melun, 1955, p. 28.

(135) S. M. Treuvé, *Discours de piété...*, Lyon, 1697, avis non pag.

Ainsi, pour la première fois le 21 septembre 1696, Bossuet peut annoncer à son neveu qu'il va célébrer solennellement ses obsèques (136), cérémonie marquée par « un beau sermon » (137) de Treuvé, sur les devoirs des évêques et des fidèles, sermon où l'éloge est très discret, et où le sérieux, la rigueur un peu « janséniste » et le sens pastoral du théologal durent plaire à l'évêque. Ainsi l'existence de Bossuet à partir de 1696 est orientée vers l'au-delà : tous les ans, une sorte de préparation à la mort analogue aux préparations annuelles des spirituels entre dans la vie de M. de Meaux (138).

Une autre démarche est aussi significative : au début de 1698, Bossuet approuve la « Confrérie des agonisants érigée dans l'Eglise des religieux trinitaires de la ville de Meaux sous le titre de la Croix et sous l'invocation de Notre-Dame de Pitié » (139) et il se fait inscrire parmi les associés (140) : il y a sans doute là plus qu'un geste officiel de l'évêque témoignant sa bienveillance à une maison de religieux de sa ville épiscopale ; nous savons en effet que c'est chez les trinitaires qu'il avait choisi son confesseur le Père Jean Damascène Bonnet (141).

⁂

A la préparation à la mort que l'on pourrait appeler « imaginative » ou spirituelle (142), des événements graves vont donner une

---

(136) C.B., VIII, p. 70, 76.

(137) C.B., VIII, p. 76. Sur Treuvé, l'étude capitale est celle de E. Barbier dans le *Bulletin d'histoire, de littérature et d'art religieux du diocèse de Dijon,* 1903-1904.

(138) Le *Journal* de Ledieu permet de suivre cela de façon émouvante : 21 septembre 1701, Bossuet assiste à la grand messe de la cathédrale « qui s'est dite solennelle avec grande musique » (t. I, p. 219) ; 21 septembre 1702, il dit la messe dans sa chapelle (*id.,* t. I, p. 321) ; 21 septembre 1703, il a pu assister « sans aucune incommodité » à « la messe dans sa chapelle » (*id.,* t. II, p. 146).

(139) C.B., XI, p. 497.

(140) Il ne faut pas attacher une grande importance à l'affiliation le 14 août 1698 à l'ordre des chartreux qui permit à Bossuet de participer à tous les biens spirituels de l'ordre : c'est un hommage d'Innocent Le Masson au précepteur du Dauphin, et surtout au champion de la foi contre les quiétistes (« *eos qui prophanarum vocum novitate quasi novorum dæmoniorum annunciatores existunt, dum non tantum castitati mentis et corporis nova et exitialia venena componunt...* », *Bulletin d'histoire ecclésiastique du diocèse de Valence,* 1890, p. 143) et à l'auteur de l'*Instruction sur les états d'oraison.*

(141) Nous n'avons pas pu trouver de renseignements nouveaux sur ce religieux, cf. C.B., XIV, p. 67, 436 ; Ledieu, *Journal,* t. II, p. 60.

(142) A cette préparation imaginative, il faut rattacher la lecture des morts des personnages illustres, un genre littéraire très répandu au XVIIe siècle, la mort d'autrui, modèle de ma mort : en 1702, Mabillon envoie à son ami *La mort chrétienne sur le modèle de Notre Seigneur*

actualité nouvelle : c'est de la fin de l'épuisante querelle du quiétisme que nous pouvons dater le début de la vieillesse de Bossuet (143). Des deuils le touchent de très près, et d'abord la mort de son frère Antoine Bossuet survenue le 29 janvier 1699 (144) : Antoine est un des êtres avec qui l'évêque de Meaux était le plus lié, un des membres de sa famille à qui il pouvait le plus parler de ses préoccupations profondes (145) : la correspondance d'Antoine Bossuet et de son fils l'abbé Bossuet pendant l'affaire du quiétisme en fait foi ; la mort « d'un frère, d'un ami, d'un tout pour moi dans la vie » (146) fait éclater aux yeux de l'évêque de Meaux la transcendance, la solidité de Dieu : « Dieu est le maître » (147), « Dieu, Dieu, et c'est tout » (148).

Quatre jours après Antoine Bossuet, Mme d'Albert, celle que l'évêque de Meaux appelait sa « première fille », est morte subitement à Torcy, « très dure nouvelle » (149). Devant ces deuils répétés, Bossuet se tourne sur l'essentiel de la foi, mais il se sent seul, « si seul qu'à peine me puis-je soutenir » (150). Rançon de cette longue vieillesse, les morts se multiplient autour de l'évêque : le 3 novembre 1700, autre nouvelle « bien dure », la mort de Rancé, « un tel ami » (151) ; sous les terreurs, sous l'état de déréliction et

---

Jésus-Christ et de plusieurs saints et grands personnages de l'antiquité (Paris, 1702), livre qui juge avec une certaine sévérité et reprend avec plus de critique historique le dessein de *La mort des justes* du P. Pierre Lalemant (cf. *supra,* p. 88) : Bossuet a lu *La mort chrétienne* « avec agrément » (C.B., XIII, p. 295-296).

(143) En 1699, au lendemain de la condamnation des *Maximes des Saints,* un érysipèle frappe Bossuet (R.B., 1900, p. 102 et suiv. ; 1902, p. 184, 185 ; 1903, p. 165 ; 1909, p. 45), mais sa santé n'est pas gravement atteinte : une pièce de vers latins qu'il écrit sur sa maladie *Ad Christum sospitatorem* n'est qu'un exercice littéraire assez artificiel où le Christ est invoqué avec les mots de Catulle, de Virgile et d'Horace (LT, XXVI, p. 43-44).

(144) Décès précédé en novembre 1698 par celui de Claude de Simony, cousin de M. de Meaux, et pour lui et Antoine Bossuet « un second frère » (C.B., X, p. 308).

(145) Cf. Ph. Bertault, *Bossuet intime,* p. 78-79, 101.

(146) C.B., XI, p. 115.

(147) C.B., XI, p. 114.

(148) C.B., XI, p. 143 ; cf. C.B., XI, p. 127, 154, 165-166 ; XV, p. 495 ; comparer avec les réactions de l'évêque de Meaux la lettre plate et obséquieuse qu'écrit l'abbé Bossuet après la mort de son père : C.B., XI, p. 156 et suiv. M. de Meaux assiste aux Feuillants à l'inhumation de son frère le 30 janvier 1699 (C.B., XV, p. 495), et à son bout de l'an le 29 janvier 1700 (C.B., XV, p. 497).

(149) C.B., XI, p. 125, cf. 126, 153. Voir son épitaphe par Bossuet : C.B., XII, p. 372.

(150) C.B., XI, p. 166.

(151) C.B., XII, p. 356-357, mort survenue le 27 octobre. Cf. Ledieu, *Journal,* t. I, p. 165 : « M. de Meaux a témoigné une grande douleur de cette mort, comme de la perte du meilleur ami qu'il eût au monde. »

d'abandonnement qui entourèrent la mort de l'abbé, subsistent la confiance et la paix (152) : « Pars, mon âme ; eh ! que crains-tu ? » (153) ; rappel d'une condition mortelle, d'une mort pressentie, effacement des apparences terribles et angoissantes et paix dans le fond (154). Plus l'évêque de Meaux avance en âge, plus est grand le nombre des proches qui disparaissent : en mai 1702, c'est Henry Mondolot, official, puis un ami de toujours, Guillaume de La Brunetière (155) : « Toutes ces morts, écrit Ledieu (156), ont donné l'occasion à M. de Meaux de nous dire souvent, dans ce séjour de Germigny, qu'il fallait s'occuper de la pensée de la mort, et s'y préparer tout de bon... ».

⁂

Les quatre dernières années de la vie de Bossuet sont bien connues par le *Journal* de Ledieu : par étapes sa santé se dégrade et la mort devient de plus en plus actuelle. La crise essentielle, celle où l'issue fatale se dessine aux yeux du vieillard date du 5 avril 1703 : il apprend alors qu'il a la pierre. Sous le coup de cette nouvelle, de la perspective de se faire tailler avec les douleurs insupportables de cette opération, toute la nature de M. de Meaux cède, moment d'« aliénation » (157), « égarement » (158), son imagination se trouble (159), il ne peut que griffonner quelques mots à son confesseur le P. Jean Damascène Bonnet : « J'ai un extrême besoin, mon révérend Père, que vous veniez ici au plus tôt pour me déterminer à la taille qu'il faudra peut-être souffrir au premier jour » (160). La lettre n'est pas achevée, l'abbé Bossuet qui était chargé de la terminer et de l'envoyer n'en fit rien : « M. de

---

(152) C.B., XII, p. 378-380 ; voir la relation de la mort de Rancé que Mme Cornuau remit à Bossuet, dans Saint-Simon, *Mémoires,* t. VII, p. 598-601. Malgré l'opinion de Saint-André et celle de L. d'Aquin, cette relation semble authentique, dans la mesure où authenticité ne saurait être fidélité à une réalité inaccessible, mais expérience des témoins et expression dans un genre littéraire, la relation d'agonie, si fréquente dans les biographies spirituelles du XVIIe siècle ; d'ailleurs, le tableau de la faiblesse de Rancé et de ses terreurs reste d'une discrétion remarquable.

(153) C.B., XII, p. 379, citation de saint Hilarion tirée du récit que Mme Cornuau avait remis à Bossuet : Saint-Simon, *Mémoires,* t. VII, p. 599 ; citation classique en ces circonstances, cf. J.-J. Surin, *Guide spirituel,* éd. M. de Certeau, p. 147.

(154) C.B., XII, p. 380.

(155) Ledieu, *Journal,* t. I, p. 300.

(156) *Journal,* t. I, p. 300-301.

(157) Ledieu, *Journal,* t. II, p. 55, n. 1.

(158) *Id.,* t. II, p. 58.

(159) *Id.,* t. II, p. 59 ; cf. p. 63 : « Je ne sais où j'en suis. »

(160) Cardinal de Bausset, *Histoire de Bossuet,* 5e éd., Paris, 1830, t. IV, p. 149.

Meaux s'y déclarait trop » (161) ; et le neveu demande lui-même le confesseur et lui dicte « ce qu'il avait à dire » (162).

Le même jour, ou le 6 avril, l'évêque demande aussi le P. de Riberolles pour recevoir de lui les consolations spirituelles dont il a besoin dans la situation pénible où il se trouve (163) ; il mande encore l'abbé de Saint-André ; devant eux il envisage plus sereinement l'avenir : la pierre aura de mauvaises suites et le conduira au tombeau (164), mais la révolte fait place à la résignation.

Bien humain en ses faiblesses mêmes, Bossuet, résigné à la mort, ne perd pas le goût de la vie et d'un certain confort, le souci de sa santé : ni stoïcisme, ni mépris de la douleur ; la recherche des secours auprès des confesseurs est parallèle (sur un autre plan) à la confiance dans les médecins, au soin avec lequel il prend des remèdes auxquels il est seul à croire : « Il y a plaisir à l'entendre parler de sa santé en des termes qui expriment l'amour de la vie, et il est assez étonnant que la méditation continuelle de l'Evangile n'ôte pas ce sentiment » (165). Cette confiance dans les hommes, ce besoin « de secours et de consolation » (166) l'empêchent de regagner Germigny (167) ; dès qu'il est question de quitter Paris, il s'inquiète : « Quel remède, et à qui avoir recours s'il m'y survient des douleurs ? » (168), « demain nous n'aurons plus de médecins ; comment ferons-nous ? » (169).

Autant que le désir de solliciter pour assurer l'avenir de son neveu, cette peur intime de la solitude le retient et cet évêque si fidèle à la résidence ne peut se résigner à regagner son diocèse : « " il est vrai, a dit M. de Meaux, il y faudrait être ; mais... " et n'acheva pas, tant il a peu d'envie d'y aller » (170) ; il n'ira pas au

---

(161) Ledieu, *Journal,* t. II, p. 61.
(162) *Id.,* t. II, p. 61.
(163) C.B., XIV, p. 66-67.
(164) De Bausset, *op. cit.,* t. IV, p. 150 ; Saint-André, dans Ledieu, *Journal,* t. II, p. 363. Cf. le propos de Bossuet rapporté par Saint-André : « Dieu ne nous donne des lumières que pour les autres, il nous les ôte pour nous-mêmes et nous laisse souvent dans des ténèbres pour notre propre conduite. » (R.B., 1901, p. 183).
(165) Ledieu, *Journal,* t. II, p. 152. Cf. *Journal,* t. II, p. 45, 171 ; et C.B., XVI, p. 106 : sur cette confiance assez naïve dans les médecins et les remèdes. Voir aussi Ledieu, *Journal,* t. II, p. 150 sur sa joie après une bonne nuit : « Je vois bien que Dieu veut me conserver. »
(166) Ledieu, *Journal,* t. II, p. 134.
(167) Déjà pendant la querelle du quiétisme, l'évêque avait été obligé de quitter souvent son diocèse, cf. J. Calvet, *Bossuet,* Paris, 1968, p. 107-108.
(168) Ledieu, *Journal,* t. II, p. 134.
(169) *Id.,* t. II, p. 135.
(170) Ledieu, *Journal,* t. II, p. 128 ; ce qui est en contradiction avec le témoignage de Saint-André, mais ce dernier écrit ici sur ouï-dire et sa

synode (171) ; « ainsi, avec sa grande résignation à la mort, M. de Meaux est fort occupé de se bien porter, et ne veut manquer de rien, ni se faire aucune peine. Dieu soit sa consolation et sa joie ! » (172).

M. de Meaux se penche en ces mois sur son passé : le *Journal* de Ledieu rapporte des conversations où revivent les souvenirs d'une vie et de ses grandes dates : les souvenirs de l'Assemblée de 1682 (173), les efforts pour convaincre les libertins (174), la condamnation du livre de Marie d'Agreda (175), celle de l'*Histoire critique du Vieux Testament* (176), celle d'Ellies du Pin (177), la querelle du quiétisme (178), l'épiscopat à Condom (179), la lettre aux religieuses de Port-Royal (180) et le temps de la Paix de l'Eglise (181).

C'est le même regard ému sur sa jeunesse qui pousse le « vieux docteur » (182) à rendre un ultime hommage à celui qui guida ses premiers pas dans le sacerdoce (183) : à la demande des lazaristes, M. de Meaux écrit à Clément XI (184) pour dire ce que M. Vincent fut pour lui : conseils de piété chrétienne et de discipline ecclésiastique « *quorum recordatione in hac quoque ætate mirifice delectamur* » (185) ; Conférence des Mardis pour se former à la piété et au sens apostolique (186), mission de Metz (187), retraite d'ordination : « *licuit* [...] *nobis affatim eo frui in Domino, ejusque virtutes coram intueri, præsertim genuinam illam et apostolicam charitatem, gravitatem atque prudentiam cum admirabili simplicitate conjunctam, ecclesiasticæ rei studium, zelum animarum, et adversus omnigenas corruptelas invictissimum robur atque cons-*

---

relation suit les règles des vies édifiantes, et est moins sûre que le *Journal* du secrétaire, cf. Ledieu, *Journal,* t. II, p. 365.

(171) C.B., XIV, p. 105-106 ; Ledieu, *Journal,* t. II, p. 128, 136.

(172) Ledieu, *Journal,* t. II, p. 171-172.

(173) *Id.,* t. I, p. 10 et suiv.

(174) *Id.,* t. I, p. 37 ; t. II, p. 198.

(175) *Id.,* t. I, p. 43.

(176) *Id.,* t. I, p. 44.

(177) *Id.,* t. I, p. 45.

(178) *Id.,* t. I, p. 46, 223-230, 236-242, 250-251.

(179) *Id.,* t. I, p. 243-244.

(180) *Id.,* t. II, p. 17-18.

(181) *Id.,* t. II, p. 22.

(182) LT, IV, p. 163.

(183) Cf. *supra,* p. 46.

(184) Outre cette lettre à Clément XI (publiée C.B., XIII), voir Bossuet, *Témoignage sur la vie et les vertus éminentes de M. Vincent de Paul,* pub. par A. Gasté, Paris, 1892.

(185) C.B., XIII, p. 399.

(186) C.B., XIII, p. 399, et *Témoignage...,* p. 18, 20.

(187) C.B., XIII, p. 400.

tantiam » (188) : le vieil évêque projette sur son passé l'image de ce qu'il aurait voulu vivre : la charité apostolique, le sérieux et la simplicité, le sens de l'Eglise, le zèle des âmes, le souci de la doctrine contre toutes les erreurs.

Faim d'agir, d'écrire au moment où la vie lui échappe, Bossuet reprend ses anciens projets, la *Politique,* la *Défense de la Tradition et des Saints Pères,* les *Méditations sur l'Evangile,* les *Elévations sur les mystères* (189) : le *Journal* de Ledieu est plein des « volontés » ou plutôt des velléités de M. de Meaux, agitation fébrile qui aboutit de moins en moins à des résultats : seules quelques lignes ajoutées aux œuvres ébauchées (190), plaisir de se relire, de revoir des œuvres qui auraient pu être de grands livres.

⁂

Les seuls travaux importants qui aboutiront seront l'expression directe de la vie intérieure. L'essentiel de la vie spirituelle de Bossuet, avant comme après 1703, est la méditation de l'Ecriture, des Evangiles ; cent textes du *Journal* de Ledieu nous l'apprennent. C'est sa seule lecture lorsqu'il est malade (191), la seule conversation avec ses proches (192). S'il reprend ses œuvres inachevées, en particulier sa *Politique,* c'est aussi parce qu'il y trouve une occasion de revenir sur les textes de l'Ecriture qu'il aime. Il reprend ses *Psaumes* en vers, ajoute quelques nouvelles traductions à celles qu'il avait déjà faites (193) : le 4 juillet 1701, il travaille à sa traduction en vers français du *Psaume* CXVIII (194) qu'il relira en septembre (195) paraissant en être content ; « au milieu de son occupation ordinaire, il ouvrait quelquefois son portefeuille où sont ces traductions, pour les retoucher ; et c'est ainsi qu'il entretient sa piété » (196).

---

(188) C.B., XIII, p. 400-401.
(189) Ledieu, *Journal,* t. II, p. 159, 167.
(190) Ledieu, *Journal,* t. II, p. 171.
(191) *Id.,* t. I, p. 19, 172, 174 ; t. II, p. 71, 128, 364.
(192) *Id.,* t. I, p. 19.
(193) *Id.,* t. I, p. 169-178, 183.
(194) *Id.,* t. I, p. 198 ; cette traduction semble ne pas avoir été conservée :elle ne figure pas dans le ms. B.N., fr. 12811, ni dans LT, XXVI, qui ne fait que suivre cette copie, même dans les évidentes erreurs que la copiste invitait à corriger (cf. fr. 12811, p. 363 en bas). Le ms. fr. 12811 (et la liste de poésies dans la table des matières du ms. fr. 12842) ne comprend que les paraphrases écrites par Bossuet avant sa vieillesse. Les *Psaumes* en vers ont été mis entre les mains de l'abbé Genest « pour les voir à loisir » à l'automne 1701 : Ledieu, *Journal,* t. I, p. 282-283.
(195) Ledieu, *Journal,* t. I, p. 322.
(196) *Ibid...* Sur ce *Psaume* 118 que Bossuet voudrait mettre tous les

Trois textes essentiellement sont médités en ce temps : l'*Ecce virgo concipiet* d'*Isaïe* VII, le *Psaume* XXI et le Nouveau Testament, surtout les Evangiles. Les trois lettres adressées en octobre et novembre 1703 (197) à Valincour, sur le premier de ces textes, n'intéressent pas directement la spiritualité ; elles prolongent les *Supplenda in Psalmos* et la *Seconde instruction sur les passages particuliers de la version du Nouveau Testament imprimée à Trévoux* [...] *avec une dissertation* [...] *sur* [...] *Grotius,* présentant une réflexion sur les prophéties messianiques et sur leur valeur démonstrative, sur les rapports de la raison et de la foi, de la clarté et de l'obscurité dans l'Ecriture (198). Cependant l'argumentation sur la prophétie se transforme peu à peu en une méditation sur Jésus-Christ : à partir du milieu de la seconde lettre (199), Bossuet médite sur la naissance virginale et s'appuie sur « la convenance des conseils de Dieu et l'ordre de sa sagesse » (200) : comment établir cette convenance (201), sinon par une approche qui tient de la foi au mystère et de la prière ? Ainsi la naissance virginale du Christ est peu à peu en ces lettres méditée pour elle-même : la Vierge, saint Joseph, Elisabeth, Siméon (202), Jésus-Christ deviennent des témoins du mystère et un éloge de la virginité est ébauché (203). Bossuet entreprendra donc de « glorifier le fils d'une vierge dans la prédiction d'Isaïe » (204), ce qui est l'objet de la troisième lettre : à 45 ans de distance, nous retrouvons le ton des lettres à une demoiselle de Metz ; l'évêque de Meaux, presque à l'agonie, s'enchante à énumérer les caractères du Messie, à les développer à partir des noms que lui donne le chapitre IX d'*Isaïe* (205), à raconter

---

jours aux petites heures « tant il le jugeait nécessaire pour entretenir la piété », *id.,* t. I, p. 329.

(197) C.B., XIV, p. 109 et suiv.

(198) Sur ces lettres, cf. P. Vernière, *Spinoza et la pensée française avant la Révolution,* t. I, p. 200-202.

(199) C.B., XIV, p. 119 et suiv.

(200) C.B., XIV, p. 119.

(201) Cette notion très importante est utilisée encore C.B., XIV, p. 120, 125, 139, 140, 141.

(202) Dans les tout derniers jours, il médite encore sur *Luc,* II, 34 : Ledieu, *Journal,* t. II, p. 220.

(203) C.B., XIV, p. 123-124, 132, 139 ; à rapprocher de O.O., VI, p. 385, et E.M., p. 330 et suiv.

(204) C.B., XIV, p. 129.

(205) C.B., XIV, p. 136 et suiv. ; thème classique dans la littérature spirituelle et pratique fort répandue dans les couvents : ces invocations figurent dans les litanies du Saint Nom de Jésus admirées par Bossuet (LT, V, p. 321, reprise, avec quelques modifications de détail, des *Litanies en l'honneur de Jésus-Christ Notre Seigneur* de Bérulle : cf. *L'office de Jésus,* Paris, 1673, p. XVIII) ; à l'occasion de Noël, les religieuses tiraient au sort un de ces noms de Jésus, cf. C.B., V, p. 277. Voir aussi

les perfections de la vierge mère, à paraphraser le *Magnificat* (206), et il termine par un admirable poème plein de ces antithèses qui rythment son lyrisme et qui nous font penser au style de Bérulle ; le vocabulaire, il est vrai, est aussi bérullien que le ton : honorer, relation, adorer, mais de ce bérullisme diffus et inconscient qui imprègne en ces premières années du XVIIIe siècle toute la littérature spirituelle : « honorons ensemble, avec la distinction convenable, le fils de la vierge et la mère vierge, puisque le fils de la vierge est le fils de Dieu, et que la mère vierge est mère de Dieu : reconnaissons dans ces deux mots : *mère vierge* et *fils de la vierge,* la plus belle relation qui puisse jamais être conçue : adorons Jésus-Christ comme vrai Dieu, mais confessons à la fois que ce qu'il a le plus approché de lui, est celle qu'en se faisant homme, il a daigné choisir pour être sa mère » (207).

Le texte que M. de Meaux médite dès qu'il pense à la mort, celui qu'il porte en lui en s'endormant et en se réveillant, c'est le *Psaume* XXI : « C'était proprement le psaume de la mort, puisque le Sauveur l'y avait comme consacré, en le récitant lui-même à son agonie ; [...] l'on y trouvait toute la confiance en Dieu que l'on doit avoir à ce grand passage, et [...] il croit que cette confiance est la meilleure préparation à la mort, etc... » (208). Quelques jours après ces confidences, le dernier sermon prêché par l'évêque dans sa cathédrale, le 18 juin 1702, dimanche dans l'octave du Saint-Sacrement, est une admirable paraphrase du *Psaume* XXI, « le psaume du délaissement » (209) ; dans son délaissement Jésus-Christ institue l'Eucharistie : *Edent pauperes et saturabuntur* (210), il s'offre en qualité d'hostie et de victime, et Bossuet invite tous les fidèles à s'approcher souvent de la communion (211). Désormais la méditation du *Psaume* XXI est pour M. de Meaux « sa dévotion » (212) et le résultat de cette fréquentation assidue est l'opuscule achevé d'imprimer le 25 mars 1704 avec les lettres à Valincour : *Explication* [...] *du Psaume XXI sur la Passion et le délaisse-*

O.O., VI, p. 393, sermon pour le jour de Noël, et E.M., p. 335, 339, mais en ce dernier cas Bossuet suit les Septante et non pas la Vulgate. Sur ces noms de Jésus chez Luis de Léon et chez Bérulle, voir J. Orcibal, *Le cardinal de Bérulle,* Paris, 1965, p. 58.

(206) C.B., XIV, p. 139-140.

(207) C.B., XIV, p. 141.

(208) Ledieu, *Journal,* t. I, p. 301.

(209) Ledieu, *Journal,* t. I, p. 306 ; O.O., VI, p. 548 ; cf. aussi LT, II, p. 233, allusion à ce sermon.

(210) *Ps.* XXI, 27, texte du sermon.

(211) O.O., VI, p. 548-550 ; Ledieu, *Journal,* t. I, p. 306-307.

(212) Ledieu, *Journal,* t. II, p. 155.

ment de Notre Seigneur (213), relu et corrigé dans les dernières semaines de la vie de l'auteur, travail qui est vraiment, selon son expression rapportée par Ledieu, « une préparation à la mort » (214).

Les deux thèmes, mort et résurrection, sainte tristesse et divine joie (215), qui forment l'architecture du *Psaume* XXI, forment aussi le mouvement de la vie intérieure du vieillard en ces dernières semaines : entre les horreurs de la mort et la confiance en Dieu se situe alors l'expérience spirituelle. La mort « par une horreur naturelle faisait frémir en Jésus-Christ son humanité tout entière » (216), Dieu est « irrité », « offensé » (217), il est un juge qui sacrifie un sujet odieux à sa politique (218), et, à la Croix, Jésus-Christ « se sent tellement délaissé de Dieu, qu'il semble qu'il n'ose plus l'appeler son Père comme auparavant » (219). Il est plongé dans la tristesse, dans le trouble et l'irrésolution (220), « toutes les forces étant retirées dans le plus intime de l'âme, le reste fut livré à l'épouvante : *Cœpit pavere,* à la faiblesse, à cette étrange désolation que saint Marc appelle ἀδημονεῖν, c'est-à-dire à l'exprimer dans toute sa force, " se laisser abattre, se décourager "... » (221) : cette description, avec les termes « fut livré », « se laisser », ressemble bien au fameux « trouble involontaire » si fort reproché à Fénelon six ou sept ans plus tôt (222) ; mais Bossuet prend soin de distinguer le plus intime de l'âme de Jésus où les forces, c'est-à-dire la volonté, la liberté, la conscience de la divinité sont retirées, et « le reste » de son âme (223) : l'agitation des passions turbulentes n'a pas pénétré la haute partie de son âme (224), « il en a été à peu près comme de ces hautes montagnes qui sont battues de l'orage et des tempêtes dans leurs parties basses, pendant qu'au

---

(213) Ledieu, *Journal,* t. II, p. 160, 186, 191, 192, 193, 206 ; et Saint-André dans R.B., 1901, p. 183. Le texte de l'opuscule : LT, II, p. 264-299. L'article de S. Protin. *Le psaume XXI et le commentaire de Bossuet, Revue augustinienne,* 1903, p. 89 et suiv., n'est qu'une paraphrase du texte de Bossuet, sans aucun essai d'analyse ni du point de vue exégétique, ni du point de vue spirituel.

(214) Ledieu, *Journal,* t. II, p. 160.

(215) LT, II, p. 276.

(216) LT, II, p. 277.

(217) *Ibid.*

(218) LT, II, p. 278.

(219) LT, II, p. 277.

(220) LT, II, p. 281.

(221) *Ibid.*

(222) Cf. *supra,* p. 650.

(223) Fénelon, il est vrai (*Maximes des Saints,* Paris, 1697, p. 87 et 89), distinguait aussi, mais moins nettement, la persuasion réfléchie et « le fonds intime de la conscience ».

(224) LT, II, p. 296.

sommet elles jouissent d'un beau soleil et de la sérénité parfaite » (225). Et Bossuet rappelle le « commandement absolu de la partie haute » (226).

C'est d'une telle situation où le Christ a été « poussé à l'extrémité » (227) que sortent les merveilles de Dieu : deuxième moment du psaume, deuxième étape de la préparation à la mort, la résurrection est inséparable de la désolation. Par là la leçon de l'agonie du Christ s'adresse autant aux « âmes délaissées » malgré leurs sécheresses et leur abandon (228), qu'à celui qui regarde sa mort ; c'est la double orientation de la spiritualité de Bossuet en ce qu'elle a de meilleur. Nous retrouvons les ultimes conseils spirituels aux « âmes délaissées » : leur abandon débouche sur l'espérance parce que Jésus-Christ n'a pas été troublé dans la partie haute de l'âme, dans l'endroit intime et imperturbable (229), et parce que Bossuet, refusant tout docétisme, affirme que le Christ « a pris tout ce qui appartient à la nature humaine » (230) ; « lorsque notre âme sera troublée, et que nous serons poussés jusqu'à l'agonie, apprenons à dire avec lui la prière du sacré jardin, c'est-à-dire cette courageuse prière : " Que ma volonté ne se fasse pas, mais la vôtre ". » (231) : délaissements - gloire, deux états de Jésus-Christ, deux états de l'âme dans la vie spirituelle, deux états du mourant. Est-il possible de tenir les deux bouts de cette chaîne, pour reprendre une image de Bossuet (232) ? La direction spirituelle semblait sacrifier la réalité du délaissement à l'espérance de la gloire ; la proximité de la mort nous montre combien cette tendance tient à la personne même, à la plus profonde spiritualité de Bossuet. Et cette tendance, ici comme là, est toujours appuyée sur la contemplation de Jésus-Christ : cette explication du *Psaume* XXI n'est autre chose qu'une méditation sur Jésus-Christ, et c'est vers lui que l'agonisant se tourne en ses derniers jours : retour à l'Evangile (233), surtout à saint Jean (234),

---

(225) *Ibid.*

(226) LT, II, p. 282 ; cf. p. 296 : « Ce n'est [...] point par faiblesse qu'il a pris nos infirmités [...], c'est par puissance et par choix. »

(227) LT, II, p. 284.

(228) LT, II, p. 298.

(229) LT, II, p. 296.

(230) LT, II, p. 298.

(231) LT, II, p. 299.

(232) LT, XXIII, p. 451.

(233) Ledieu, *Journal,* t. II, p. 117, 145, 164, 199, 225.

(234) Le chap. III de saint Jean pour se préparer à la communion : Ledieu, *Journal,* t. II, p. 138 ; les chap. XIV-XV, discours avant la Cène, *id.,* t. II, p. 150-151 ; et R.B., 1901, p. 181-185 ; Ledieu, *Journal,* t. II, p. 202. Ce sont justement les textes de saint Jean longuement cités dans les *Méditations sur l'Evangile,* LT, VI, p. 321 et suiv. Sur l'utilisation

à la Passion selon saint Marc : « Il est charmé de ce grand mystère : un Dieu persécuté jusqu'à la mort pour la vérité » (235).

Cette contemplation de Jésus-Christ permet à Bossuet de résoudre le problème de la « confiance » (crainte ou résignation) qui est à cette époque le nœud même de la préparation à la mort, de le résoudre ou de le vivre. Ce n'est pas la prédestination (236) affirmée abstraitement qui donne à Bossuet la confiance ; il a une sorte de sursaut : « mon salut est infiniment mieux entre vos mains que dans les miennes » (237), un abandon sans retour sur soi-même, « *fiat voluntas tua* » (238), « *patior sed non confundor scio enim cui credidi* » (239). Bossuet reste « frappé de la crainte des jugements de Dieu » (240), mais la foi agit (241), et la crainte cède la place à la tranquillité et à la résignation (242). M. de Meaux expérimente la paix dans la partie supérieure de l'âme tandis que tout l'être ne peut que balbutier « Ah ! je n'en puis plus » (243).

---

de saint Jean dans ces *Méditations*, cf. G. Bacon, *Les dimensions du mystère de l'Eucharistie...*, p. 77-78.

(235) Ledieu, *Journal*, t. II, p. 227.

(236) R.B., 1901, p. 181.

(237) R.B., 1901, p. 182.

(238) R.B., 1901, p. 185, 186 ; Ledieu, *Journal*, t. II, p. 239.

(239) R.B., 1901, p. 186.

(240) Ledieu, *Journal*, t. II, p. 239 ; crainte aussi d'une irrévérence matérielle dans la réception du viatique : Bossuet fait un essai la veille en présence du vicaire de Saint-Roch : la crainte du jugement et la crainte de l'inconvenance s'associent (Ledieu, *ibid.*).

(241) Ledieu, *Journal*, t. II, p. 239.

(242) *Ibid.*

(243) Ledieu, *Journal*, t. II, p. 242.

CONCLUSION

Tout au long de son existence, Bossuet nous est apparu comme un homme qui possédait quelques évidences solides, qui ne les a jamais reniées, même au moment où il aurait fallu les discuter et les préciser. Il est certain que ces évidences sont d'ordre théologique et tiennent à la foi même de Bossuet : foi théocentrique, dévotion fervente à Jésus-Christ, croyance en l'Eglise ; mais notre étude nous a convaincu qu'une foi n'est jamais une démarche purement théologique, que c'est la démarche d'un homme qui a une personnalité, une intelligence et une sensibilité, qui a fait des expériences et subi des influences, qui vivait dans un milieu précis. Ainsi la spiritualité de Bossuet est en rapport avec une représentation du monde et un tempérament, une vie intellectuelle et affective, et une vie sociale.

Parmi les évidences les plus importantes lorsqu'un homme essaie de se représenter, de se dire et de dire aux autres ce qu'est l'action de la grâce en l'homme, il faut placer les évidences que nous appellerons anthropologiques. Aussi bien à l'époque des œuvres oratoires qu'au temps de la querelle du quiétisme, nous avons rencontré deux tendances dans la spiritualité de Bossuet. La première concerne les exigences de l'intelligence : Bossuet pense que la vérité a été dite, a été exprimée en des formules de foi, en des définitions, en un enseignement, et il estime que la foi doit être une adhésion à cet enseignement ; s'il ne va pas jusqu'à dire que cette démarche d'adhésion doit toujours être conceptuelle, il pense qu'il ne suffit pas qu'elle soit implicite, et qu'elle ne peut être ni exclue ni dépassée. Dans ces conditions, les livres où Dieu s'est exprimé tendent à apparaître comme des recueils de préceptes et d'exemples, et Jésus-Christ comme un maître à la divine pédagogie. Alors l'autorité qui fonde la légitimité d'une attitude, d'une pratique ou d'une doctrine spirituelle est la même que celle qui fonde la foi : les textes de l'Ecriture, les documents du magistère ecclésiastique, papes et conciles, les écrits des Pères et des saints reconnus par l'Eglise apportent de l'extérieur confirmation ou condamnation, donnent des réponses toujours valables à des questions qui sont de toujours.

Est-ce à dire que la spiritualité de Bossuet néglige tout ce qui dans la démarche de l'homme n'est pas conceptuel, ce qui n'est pas du ressort de la claire intelligence ? Certainement pas ; un second caractère, tout aussi remarquable, de la spiritualité de Bossuet, est l'importance qu'y tient l'affectivité : convaincu intellectuellement par sa lecture des philosophes et surtout par sa méditation de saint Augustin et des Pères, que le désir d'être heureux est une des plus profondes tendances de l'homme, et par ailleurs sentant en lui-même des pulsions vers l'infini, vers le bonheur, vers une réalité qui dépasse le temps et la mort, Bossuet associe la démarche de la spiritualité avec un mouvement sensible : association et non confusion. Le lyrisme de son âme et de son écriture devient signe de la prière et de la grâce. Comment récuser ce témoignage ?

Mais Bossuet sait que l'infini ne saurait avoir de commune mesure avec le fini, qu'entre l'être et le néant, entre le surnaturel et la nature il y a un fossé presque infranchissable ; et la vieille théologie de l'image et des hiérarchies, lointain héritage du platonisme, ne parvient plus à jouer chez lui le rôle dynamique qu'elle avait chez les théologiens du XVIe siècle et chez ceux du début du XVIIe. Aussi Bossuet va-t-il essayer d'affiner les schèmes intellectuels ou affectifs, trop humains, dont il ne peut se passer pour décrire et pour faire vivre en lui les mouvements de la grâce. Loin de les nier, il va essayer d'en garder la quintessence : d'où son recours à un concept comme le « je ne sais quoi » qui évoque cet au-delà des mots que les mots suggèrent sans le dire, d'où aussi l'emploi, qui paraît spontané chez lui, d'une tournure fréquemment utilisée chez les mystiques, les affirmations contradictoires, sensibilité insensible, discours sans discours : la négation permet de franchir l'écran du mot, de briser un langage insuffisant pour trouver dans l'ouverture du sens un langage nouveau, de dire l'indicible ; mais il s'agit toujours de dire ou de sentir, et nous avons dû remarquer qu'en ces tournures extrêmes Bossuet prête plus attention à l'aspect conceptuel qu'à l'aspect négatif des termes, double valeur d'un style commun aux mystiques et à l'évêque de Meaux, ayant chez les premiers et chez le second des accents différents.

Le lyrisme a les mêmes qualités ambiguës : tout discours s'y abolit, le sentiment s'y épure en une simple effusion ; les mots toutefois y sont exaltés et deviennent indispensable médiation de la prière, et les sentiments que suscite le chant prennent une rare intensité : victoire de la sensibilité et du discours dans l'acte même où l'homme croyait les oublier.

Bien que ces tendances intellectuelles et affectives soient en Bossuet profondément personnelles, nous ne pouvons nous empêcher d'y pressentir quelques-uns des aspects qui marqueront la spiritualité catholique (et aussi protestante) au XVIIIe siècle : d'une part le rationalisme, d'autre part une affectivité qui s'épanche dans l'aspiration au bonheur et à la paix de l'âme.

Il était inévitable qu'en présence des défenseurs d'une mystique de la nuit et de la foi nue Bossuet fût surpris et inquiet, qu'il cherchât à justifier ce qu'il sentait, qu'il prît pour la vérité ce qui lui paraissait évident : ce qui est relatif à un homme et à un langage tend à devenir absolu. Ne cédons pas ici à la tentation d'arbitrer une querelle qui nous touche encore aujourd'hui, et de dire « notre » vérité en tranchant entre les adversaires, M. de Meaux et M. de Cambrai. La vérité est solide en un fond que nous ne pouvons atteindre et chaque forme qu'elle prend historiquement, chaque langage qui la dit, sont des approximations de sa réalité profonde. Ces formes et ces langages se cherchent et doivent être dépassés, mais ils tirent leur valeur de la justesse de leur visée et de l'appel de la vérité dont ils témoignent ; comme le dit la Vérité dans les *Confessions* de saint Augustin « *Cibus sum grandium : cresce et manducabis me. Nec me in te mutabis, sicut cibum carnis tuæ, sed tu mutaberis in me* », « Je suis la nourriture des forts ; croîs et tu me mangeras. Tu ne m'assimileras pas à toi comme la nourriture de ta chair, c'est toi qui t'assimileras à moi » (VII, X, 16).

Nous pensons que la spiritualité de Bossuet, celle qu'il a vécue et prêchée, celle qu'il a soutenue non sans violence ou parti pris, est une des approximations de la vérité que depuis des siècles les hommes nous offrent : comme il n'est pas deux images semblables de l'unique visage du Christ, il n'y a pas deux démarches semblables dans le chemin de Dieu. Chacune est déficiente et chacune est d'un prix infini.

BIBLIOGRAPHIE

1) SOURCES.

a) *Manuscrits.*

BÂLE

Bibliothèque universitaire, ms. G2 $\frac{1}{36}$, Bossuet, « L'oraison », autographe.

CARPENTRAS

Bibliothèque Inguimbertine. ms. 1916, Recueil de pièces sur les questions religieuses et sur le quiétisme.

CHANTILLY

Archives de la Compagnie de Jésus. ms. Bossuet, lettres à Mme d'Albert (10 mai et 8 juin 1694), autographes. — ms. Tournemine (le P.), lettre à J.-B. Bossuet, év. de Troyes, 1731 [cf. R.B., 1900, p. 99].

DIJON

Archives départementales de la Côte-d'Or. D 26, Pièces relatives au collège des Godrans.

Bibliothèque publique. ms. 1011, Journal de Pierre Genreau. — ms. 1038, Abbé Joly, mélanges littéraires.

LONDRES

British Museum. Add. mss. 23102, Douze lettres adressées de Rome par l'abbé Bossuet et par Phelipeaux à Bossuet (1698). — Add. mss. 28105, 16, Lettre de L.-A. de Noailles à l'abbé Bossuet (26 janvier 1698). — Add. mss. 29760, Lettre de Mme de Maintenon à Bossuet (3 avril 1698). — Add. mss. 24421, Bossuet, lettres à Mme d'Albert (1690 et suiv.), autographes.

Meaux

Collection du Grand Séminaire, Fonds Bossuet. ms. B 2, Bossuet, brouillon de quelques pages des *Remarques sur le livre intitulé Explication des Maximes des Saints.* — Bossuet, fragment autographe du *Troisième écrit* sur saint François de Sales. — ms. C 2, Bossuet, Quatrième fragment relatif à l'*Exposition, Sur l'Eucharistie,* autographe. — ms. C 7, Bossuet, *Les XX articles de M. de Cambray avec les réponses de M. de Meaux.* — ms. G 4, Bossuet, *Remarques sur le livre intitulé Explication des Maximes des Saints.*

Melun

Archives de Seine-et-Marne [cf. le livre de J. Hubert, cité *infra* p. 778]. — 42 Z 2, Copie d'un fragment du commentaire latin du *Cantique des Cantiques* de Bossuet, avec corrections et additions autographes. — 42 Z 3, Lettres de l'abbé Bossuet à Bossuet, de Rome (1697-1699). — 42 Z 4, Lettres de l'abbé Bossuet (1698-1708). — 42 Z 5, Lettres adressées à l'abbé Bossuet (dont six lettres de Ch.-M. Le Tellier) (1697-1699). — 42 Z 6, Lettres d'Antoine Bossuet à son fils, l'abbé Bossuet (1696-1698). — 42 Z 7, Fragment d'un mémoire de l'abbé Bossuet contre Fénelon. — 42 Z 8, Vers latins de l'abbé Bossuet sur la condamnation de Fénelon. — 42 Z 11, Copie par Ledieu du mémoire de Bossuet « Traités des Pères les plus utiles pour commencer l'étude de la théologie ». — 42 Z 12, Copie, avec note autographe de Bossuet, de la lettre sur l'âme adressée à Mme Cornuau (cf. C.B., IV, p. 317 et suiv.). — 42 Z 13, Fragment d'une copie de la traduction française du commentaire du *Cantique des Cantiques* de Bossuet. — 42 Z 16, Hilarion Monnier, Mémoire contre l'*Explication des Maximes des Saints.* — 42 Z 19, Copie du *Discours sur la vie cachée en Dieu,* de Bossuet. — 42 Z 29, Ch.-Fr. Leroy, fragment d'une étude sur les ouvrages de Bossuet. — 42 Z 35, Copie d'un opuscule intitulé « Renouvellement des vœux le jour de la Toussaint 1682 ». — 42 Z 39, Ledieu, deux feuillets inédits d'une première rédaction des *Mémoires.* — 42 Z 40, Fragment d'une copie des lettres de Bossuet à Mme Cornuau. — 42 Z 74-75, Bossuet, Deux lettres autographes à Mme d'Albert (4 août et 16 déc. 1695). — 42 Z 80, Copie des lettres de Bossuet à Mme Cornuau, suivie des opuscules.

ORLÉANS

Bibliothèque municipale. ms. 688, L. Jacob, *Catalogus alphabeticus fundationum omnium conventuum Carmelitarum utriusque sexus observantiæ et excalceatorum.* — ms. 1430, *Abrégé de la vie et des œuvres* [...] *du vénérable Père Dominique de Saint-Albert.*

PARIS

Archives nationales. L 1056-37 : Vie d'Anne de Croze. — M 762 I et II, Notes du P. Léonard. — MM 252, *Conclusiones sacræ facultatis theologiæ Parisiensis* (1634-1661). — MM. 253, *id.* (1661-1683). — *Minutier central des notaires,* Etude XI, liasse 192, Testament et inventaire après décès de N. Cornet.

Bibliothèque de l'Arsenal. ms. 6492, Catalogue des manuscrits de la bibliothèque de l'Oratoire.

Bibliothèque de l'Assemblée nationale. ms. 1439, Bossuet, brouillon autographe de son jugement sur *La Mystique Cité de Dieu* de Marie d'Agreda.

Bibliothèque de la Sorbonne. ms. 758, Copie des lettres de Bossuet à Mme Cornuau et à Mme Dumans.

Bibliothèque du Séminaire des Missions Etrangères. ms. *Articles accordés entre Messieurs du Séminaire des Missions Etrangères.*

Bibliothèque du Séminaire de Saint-Sulpice. ms. M. Tronson, Correspondance. — Carton, Bossuet II, liasse 1 : Deux copies du *Premier écrit* de Bossuet *sur les Maximes des Saints,* l'une avec corrections autographes. — Fonds Fénelon, n° 6035, Dossier de Fénelon sur les *Fondements de la vie spirituelle* de Surin. — Fonds Fénelon, n° 6090, Dossier sur la *Vie de B. Alvarez.* — ms. *Suite des Lettres de Mgr l'évêque de Meaux, Second livre* d'une copie des lettres à Mme Cornuau (ex-libris de l'abbaye de Gomerfontaine). — ms. Bossuet, *Lettres de piété et de direction,* copie (acheté à Nancy par M. Levesque). — ms. Bossuet, *Sentiments de piété,* 2 vol., copie (ex-libris de la paroisse de Saint-Sulpice). — ms. Ledieu, Recueil sur le quiétisme.

Bibliothèque Mazarine. ms. 1117, *Lettre d'un colonel d'infanterie au R.P. Quesnel* [...], copie. — ms. 1222, Copie des lettres de Bossuet à Mme Cornuau. — ms. 1914-1915, Recueil de pièces sur Marie d'Agreda. — ms. 3334, Chroniques du monastère royal de Saint-Bernard des Feuillants. — ms.

4153-4155, Catalogue de la bibliothèque du collège de Navarre, Théologie, 1708.

Bibliothèque nationale.

1) *Département des imprimés.*

Lk3 589, Recueil de pièces manuscrites et imprimées relatives à l'affaire des récollets de Saint-Pons.

2) *Département des manuscrits.*

Fonds français. — 2786, « Institution et progrès de la Compagnie de l'Exaltation de la Sainte-Croix ». — 4191, Recueil de pièces, XVIIe siècle. — 9360-9363, Lettres adressées à l'abbé Nicaise. — 9511-9520, Manuscrits et papiers de Claude Fleury. — 9626, Bossuet, *Principes communs de l'oraison chrétienne,* copie complète. — 10265, *Nouvelles à la main* (20 févr. 1682-13 mars 1687, avec interruption 9 juil. 1682-13 juin 1685). — 11431, Vie de J.-B. Bossuet, évêque de Troyes. — 12451, Copie des lettres de Bossuet à Mme Cornuau et des opuscules. — 12452, Extraits des *Méditations sur l'Evangile* et de lettres de direction de Bossuet, copie. — 12811, Bossuet, *Le Cantique des Cantiques de Salomon,* et *Le saint Amour ou endroits choisis du Cantique des Cantiques en vers,* copies .— 12814-12815, Bossuet, *Elévations à Dieu sur tous les Mystères de la religion chrétienne,* autographe. — 12816-12819, Bossuet, *Méditations sur l'Evangile,* autographe. — 12820, Bossuet, *Discours sur la vie cachée en Dieu,* autographe. — 12841, Bossuet, Lettres spirituelles, copie. — 12842, Bossuet, Lettres à Mme Cornuau et opuscules, copie. — 12843, Bossuet, Lettres à Mme Cornuau, copie. — 13527, Histoire des carmes. — 13924, Recueil de pièces sur l'affaire de Marie d'Agreda et sur le quiétisme, formé par le P. Fr. Martin. — 15180, Bossuet, Lettres à Rancé, copie. — 15181, Bossuet, Extraits de lettres et opuscules, copie. — 15189, Lettres adressées à P.-D. Huet. — 15190, Lettres de P.-D. Huet. — 16869, Papiers d'Achille III de Harlay, sur le collège de Navarre, vers 1710. — 19649-19659, Correspondance de Jean Mabillon. — 20052, Correspondance de l'abbé de Louvois. — 22088, Libelles diffamatoires et livres prohibés, 1682-1716, Recueil de documents manuscrits et imprimés. — 22580-22585, Remarques critiques par le P. Léonard de Sainte-Catherine de Sienne, 1696-1698. — 22586-22591, Supplément des notes critiques et historiques du P. Léonard. — 22836-22860, Papiers de Philippe Drouyn, Dictionnaire des théologiens. — 23206-23229, Correspondance et papiers du cardinal de Noailles et lettres adressées à lui. Dont : 23206, Lettres de Gaston de Noailles év. de Châlons à son frère Louis-Antoine ; 23209 et 23215, Lettres de L.-A. de Noailles à son frère Gaston. — 23483-23484, Lettres du cardinal de Noailles et lettres adressées à lui (1695-1725). — 23498-23510, *Nouvelles ecclésiastiques :* 23498 : Janv. 1685-1687. — 23499 : 1689. — 23500 : 1690. — 23501 : 1691. — 23502 : 1692. — 23503 : 1693. — 23504 : 1694. — 23505 : 1695-1698. — 23506 : 1675-1678. — 23507 : 1675-1678. — 23508 : 1678-1679. — 23509 : 1679-1680. — 23510 : 1682-1684. — 24082-24083, Journal de Ph. Gourreau, chanoine de Saint-Victor. — 24652, Papiers de Mercier de Saint-Léger. — 24719, Recueil de diverses pièces pour l'histoire religieuse du XVIIe siècle. — 24980, Recueil formé par N. Petitpied. — 24998, Deslyons, Journaux. — 25092-25094 : *Justifications* de Mme Guyon annotées par Bossuet.

Nouvelles acquisitions françaises. — 274, Recueil de pièces relatives aux éditions des œuvres de Bossuet. — 1732, *Nouvelles ecclésiastiques* (mai 1688-avril 1692, avec des lacunes). — 4333, Recueil de choses diverses, composé vers 1675. — 5155, Bossuet, Sermon pour la Circoncision, autographe. — 5480, Liste des mss. de l'Oratoire entrés à la B.N. — 6460-6461, Sermons de Jean de Lingendes, pris à l'audition. — 7490, Fonds Renaudot, Pières et documents (dont : *Mémoire touchant le livre de la Sœur Marie d'Agreda,* et *Notice sur Pierre Nicole*). — 7493, Fonds Renaudot, Recueil sur différentes affaires religieuses. — 16313-16316, Papiers Bossuet. — Cette collection a été achetée en 1970 par la B.N. à la vente organisée par Sotheby & Co (Catalogue *Bibliotheca Phillippica,* cité *infra* p. 770, qui reproduit le classement provisoire que nous avions effectué à Londres en 1964). Elle comprend : — 16313, Autographes de Bossuet et documents le concernant, dont : f° 1-6 : Notes de Noailles en vue de l'interrogatoire de Mme Guyon (déc. 1694) ; en marge notes et coups de crayon, vraisemblablement de Bossuet. f° 7-10 : Annotations de Bossuet en marge des réponses de Mme Guyon aux questions qui lui furent posées le 6 déc. 1694 ; de la main de Noailles. f° 11-12 : Copie des réponses de Mme Guyon, de la main de Ledieu, annotée par Bossuet. f° 17 et suiv. : Lettres de Bossuet, dont lettres à Mme Dumans (18 juil. 1693), au M^al^ de Bellefonds (6 avr. 1674, copie), à Mme Guyon (4 mars

1694, copie par Ledieu). f° 32 et suiv. : Lettres adressées à Bossuet, dont 2 lettres de Fénelon (28 juil. 1694 et 8 mars 1695, autogr.), 8 lettres autogr. et 1 copie de Mme Guyon, 1 lettre de la Mère Le Picart (juil. 1695), 2 lettres de Godet des Marais (2 août [1698] et 27 nov. [année ?]). — 16314, Lettres de J.-B. Bossuet, neveu de l'év. de Meaux, dont : Lettres (1697-1707), dont 16 lettres à son oncle (1697-1698, f° 1-99), 1 lettre à son père (4 mars 1698, f° 27), 1 lettre à Ch.-M. Le Tellier (15 juil. 1698, f° 42). Projet présenté au cardl Spada pour abréger l'examen du livre de Fénelon : *Universa Cameracensis Archiepiscopi doctrina* (juin 1698, f° 106). — 16315, Lettres adressées à J.-B. Bossuet, neveu de l'év. de Meaux, dont lettre d'Antoine Bossuet (f° 6-7), du Cardl de Coislin (f° 20), de Mme Cornuau (8 lettres, f° 21-36), de J. Crozier (2 lettres, f° 38-40), de De Matha (f° 41), du Cardl de Janson (17 lettres, f° 53-81), de Ledieu (13 lettres, f° 92-114), de Ch.-M. Le Tellier (17 lettres, f° 116-142), de L.-A. de Noailles (f° 146). — 16316, Varia : Documents concernant les éditions des œuvres de Bossuet. Lettres diverses, dont 2 lettres de Fénelon (à Boileau, 6 déc. [1696], f° 57-59, autrogr. ; à une religieuse, f° 60, copie), lettres de Mme Guyon (à Mme de Maintenon, juin 1694, f° 62 ; au duc de Chevreuse, 1er oct. 1694, f° 64 ; à dom Grégoire Bouvier, 12 déc. 1689, f° 65-66, copie), 3 lettres du P. Lacombe à Mme Guyon (10 oct., 11 nov., 7 déc., f° 72-80, copies), de Pirot à Mme Guyon (9 juin 1696, f° 102-112, copie), de Rancé (à M. de Saint-André, f° 114-115 ; à Boileau, 26 mars, 1697, f° 116-118, copie), de Tronson à Noailles (13 déc. 1694, f° 126-127). — 22149-22154, Recueil de pièces relatives à l'histoire ecclésiastique.

Fonds latin. 5657 A, Documents sur la Faculté de théologie de Paris. — 5687, *Ordo Baccalaureorum qui disputaturi sunt in actibus Sorbonnæ* (1620-1621). — 9371, Catalogue de la bibliothèque du collège de Navarre, 1741. — 17680-17681, Documents relatifs à la *Justification des Réflexions morales,* autographes de Bossuet, et copies par Ledieu.

Nouvelles acquisitions latines. 2456-2458, Copie des registres de la Faculté de théologie.

Collection Clairambault. 1055, Correspondance du P. Gouye.

Collection des Cinq Cents de Colbert. 155, Jugements sur des théologiens, dans des documents sur les affaires de 1663-1664, et 1682.

Collection Rothschild, Bossuet. 308, Bossuet, cahier de notes tirées du *Supplementum* de saint Augustin. — 313, Sermon sur le jugement dernier du 29 nov. 1665, suivi de notes tirées d'Ezéchiel, de Jérémie et d'Isaïe et d'un sermon sur le jugement dernier qui peut être de Bossuet et dater de 1643. — 314, Bossuet, Extraits tirés de sermons de Grégoire de Nazianze. — 315, Bossuet, Notes extraites de Clément d'Alexandrie, Grégoire de Nysse, Grégoire de Nazianze, etc. — 330, Bossuet, Notes prises dans Denys l'Aréopagite. — 331, Bossuet, Notes prises dans les *Enarrationes in Psalmos* de saint Augustin. — 340, Bossuet, Notes prises dans Suarez, *Opusculum primum de concursu, motione et auxilio Dei.* — 353, Bossuet, Notes extraites du traité de Grégoire de Nysse intitulé Εἰς τοὺς μακαρισμοῦς. — 357, Fragment du commentaire latin du *Cantique des Cantiques* de Bossuet, de la main de Cl. Fleury, avec additions et corrections autographes de l'auteur (autre fragment, Melun, Arch. de Seine-et-Marne, 42 Z 2). — 365-366, Réponses de Fénelon aux *Quatre questions de M. de Meaux,* quatre nouvelles demandes, avec annotations autographes de Bossuet. — 367, Bossuet, Fragment autographe du chap. 60 de *Mystici in tuto.* — 391, Copie de l'attestation donnée par Bossuet à Mme Guyon, le 1er juillet 1695. — 407-451, Antoine Bossuet, lettres à son fils l'abbé Bossuet (1696-1699).

Bibliothèque Sainte-Geneviève. ms. 277-279, Œuvres du P. Lalemant. — ms. 960, Recueil de pièces manuscrites ou imprimées concernant la Faculté de théologie de l'Université de Paris ; surtout : f° 210 : *Piæ Congregationis exaltatæ Crucis pro fidei Propagatione Parisiis constitutæ* [...] *expostulatio,* Paris, s.d. ; f° 218-245 : *Antidotum ad Canones Concilii Dinvillani Auctore R.P. Andrea Pacifico ad RR PP hujusce concilii,* Coloniae Ubiorum, 1633. — ms. 1891, Journal du P. Lalemant.

ROME

Biblioteca Casanatense. ms. 2670, Sentence du P. Chaussemer sur la *Mystique Cité de Dieu,* copie.

Biblioteca Angelica. ms. 179, 26, Bossuet, *De Quietismo in Galliis refutato,* copie.

VERSAILLES

Bibliothèque municipale. ms. V. Davin, *Vie de Bossuet.*

b) *Imprimés.*

Les ouvrages dont la présence est attestée dans la bibliothèque de Bossuet sont suivis de l'indication [B].

I. *Œuvres de Bossuet, évêque de Meaux.*

Liber Psalmorum, additis canticis cum notis Jacobi Benigni Bossuet, Lyon, 1691, in-8°.

Libri Salomonis : Proverbia, Ecclesiastes, Canticum Canticorum, Sapientia, Ecclesiasticus, cum notis J.B. Bossuet. Accesserunt ejusdem supplenda in Psalmos, Paris, 1693, in-8°.

Ordonnance et instruction pastorale de Monseigneur l'Evesque de Meaux sur les Estats d'oraison, Paris, 1695, in-4° [B.N. E 2400].

Instruction sur les Estats d'oraison où sont exposées les erreurs des faux mystiques de nos jours, avec les actes de leur condamnation, Paris, 1697, in-8° [1re édition B.N. D 19045 (1)].

id., seconde édition, Paris, 1697, in-8° [B.N. D 26664].

id., [seconde édition, second tirage, B.N. D 26665].

Les additions et corrections à l'Instruction sur les Estats d'oraison, seconde édition. Avec la lettre de l'Auteur à Notre Saint Père le Pape et le Bref de Sa Sainteté en réponse, pour servir de supplément à la première édition [B.N. D 19094].

Declaratio Illustriss. et Reverendiss. Ecclesiæ Principum Ludovici-Antonii de Noailles, archiep. Parisiensis, Jacobi Benigni Bossuet, episcopi Meldensis et Pauli de Godet des Marais, episcopi Carnotensis, circa librum cui titulus est : Explication des Maximes des Saints sur la vie intérieure, par messire François de Salignac-Fénelon, archevêque Duc de Cambray [...], Paris, 1697, in-4° [B.N. D 5608 (2)].

Summa doctrinæ libri cui titulus : Explication des Maximes des Saints, etc., deque consequentibus ac defensionibus et explicationibus, Paris, 1697, in-4° [B.N. D 5608 (1)].

Divers Ecrits ou Mémoires sur le livre intitulé : Explication des Maximes des Saints, etc., sommaire de la doctrine de ce livre, en latin et en français, déclaration des sentiments de trois évesques [...], *avec une Préface sur l'instruction pastorale donnée à Cambray le 15 de Septembre 1697,* Paris, 1698, in-8° [B.N. D 19070].

Réponse de Monseigneur l'évesque de Meaux à quatre lettres de Monseigneur l'archevesque de Cambray, Paris, 1698, in-8° [B.N. D 26708].

Relation sur le Quiétisme, Paris, 1698, in-8° [B.N. D 19061 (2)].

id., Lyon et Paris, 1698, in 12 [B.N. D 26705].

Relazione intorno al Quietismo composta in francese da monsignor vescovo di Meaux [...] (*tradotta nella lingua italiana da Regnier-Desmarais*), Parigi, 1698, in-8° [B.N. D. 19093].

Oraison funèbre de Me *Nicolas Cornet, grand maître du Collège de Navarre, prononcée dans la chapelle du Collège, où il est inhumé, le 17 juin 1663* [...], Amsterdam, 1698, in 12 [B.N. Rés. Ln 27 4929].

Remarques sur la réponse de M. l'archevêque de Cambray à la Relation sur le Quiétisme, [...], Paris, 1698, in-8° [B.N. D. 19061 (3)].

id., Lyon et Paris, 1698, in 12 [B.N. D 26706].

id., Bruxelles, 1698, in 12 [B.N. D 26707].

De nova quæstione tractatus tres. I Mystici in tuto, II Schola in tuto, III Quietismus redivivus [...], Paris, 1698, in-8° [B.N. D 19073].

Quæstiuncula de actibus a charitate imperatis, Scholæ in tuto in calcem inserenda, Paris, s.d. [1698], in-8° [B.N. D 19092].

Réponse aux Préjugés décisifs pour M. l'archevêque de Cambray [...], Paris, 1699, in-8° [B.N. D 19061 (4)].

Réponse d'un théologien à la Première lettre de M. l'archevêque de Cambray à M. l'évêque de Chartres, Paris, 1699, in-4°, [B.N. D 5608 (4)].

Les Passages éclaircis ou Réponse au livre : Les principales propositions du livre des Maximes des Saints justifiées par des expressions plus fortes des saints auteurs. Avec un Avertissement sur la signature des Docteurs et sur les dernières lettres de M. l'archevesque de Cambray [...], Paris, 1699, in-8° [B.N. D 19061 (5)].

Mandement de Monseigneur l'évesque de Meaux pour la publication de la constitution de notre Saint Père le Pape Innocent XII du 12 mars 1699, portant condamnation et défense du livre intitulé : Explication des Maximes des Saints sur la vie intérieure, etc., Paris, 1699, in-4° [B.N. E 2400].

id., s.l.n.d., in-8° [B.N. D 19061 (5)].

Relation des actes et délibérations concernant la constitution en forme de bref de N.S.P. le Pape Innocent XII du douzième de mars 1699, portant condamnation et prohibition du livre intitulé : Explication des Maximes des Saints [...], *avec la délibération prise sur ce sujet le 23 juillet 1700 dans l'assemblée générale du clergé de France à Saint-Germain-en-Laye*, Paris, 1700, in-4° [B.N. D 5610].

Explication de la prophétie d'Isaïe sur l'enfantement de la Sainte Vierge [...] *et du Pseaume XXI sur la passion et le délaissement de Nostre Seigneur* [...], Paris, 1704, in 12.

Elévations à Dieu sur tous les Mystères de la religion chrétienne, Paris, 1727, 2 vol. in 12.

Méditations sur l'Evangile, Paris, 1730-1731, 4 vol. in 12.

Traités du libre arbitre et de la concupiscence, Paris, 1731, in 12.

Traité de l'amour de Dieu nécessaire dans le sacrement de pénitence, Paris, 1736, in 12.

Lettres spirituelles de messire Jacques-Bénigne Bossuet [...] *à une de ses pénitentes*, Paris, 1746, in 12.

Lettres et opuscules, Paris, 1748, 2 vol. in 12 [Paris, Arsenal 8° Bl 31822].

Œuvres posthumes, Amsterdam, 1753, 3 vol. in-4°.

Œuvres [...], *Nouvelle édition revue sur les manuscrits originaux et les éditions les plus correctes, enrichie d'un grand nombre d'ouvrages de l'illustre auteur non encore imprimés*, Paris, 1772-1788, 19 vol. in-4° [éd. Deforis].

Œuvres complètes publiées d'après les imprimés et les manuscrits originaux, purgées des interpollations et rendues à leur intégrité, par F. Lachat, Paris, 1862-1866, 31 vol. in-8° [cité LT, suivi de l'indication du tome et de la page].

Témoignage sur la vie et les vertus éminentes de monsieur Vincent de Paul (1702), opuscule inédit, publié avec une introduction par Armand Gasté, Paris, 1892, in 16.

id., Lille, 1892, in 16.

Œuvre inédite de Bossuet. Instruction sur les états d'oraison. Second Traité. Principes communs de l'oraison chrétienne, précédé d'une introduction par E. Levesque, Paris, 1897, in-8° [cité P.C., suivi de l'indication de la page].

Correspondance, publiée par Ch. Urbain et E. Levesque, « Les grands écrivains de la France », Paris, 1909-1925, 15 vol.

in-8° [cité C.B., suivi de l'indication du tome et de la page].

Bossuet, textes choisis et commentés par Henri Bremond, « Bibliothèque française », Paris, 1913, 3 vol. in 16.

Œuvres oratoires, édition critique de l'abbé J. Lebarq, revue et augmentée par Ch. Urbain et E. Levesque, Bruges-Paris, 1926-1927, 7 vol. in-8° [cité O.O., suivi de l'indication du tome et de la page].

Traité de la concupiscence, texte établi et présenté par Ch. Urbain et E. Levesque, « Les textes français », Paris, 1930, in-8° [cité T.C.].

L'Eglise et le théâtre, par Ch. Urbain et E. Levesque. Maximes et réflexions sur la Comédie, précédées d'une introduction historique et accompagnées de documents contemporains et de notes critiques, « La vie chrétienne », Paris, 1930, in 16 [cité M.R.C.].

Oraisons funèbres publiées avec une introduction, des notices historiques, des notes et un index grammatical par Alfred Rébelliau, Paris, 1946 [dernière éd.], in 16.

Sermons choisis, texte revu sur les manuscrits de la Bibliothèque Nationale, publié [...] par Alfred Rébelliau, Paris, 1947 [dernière éd.], in 16.

Oraisons funèbres, texte établi avec introduction, notices, notes, glossaire et relevé de variantes par Jacques Truchet, « Classiques Garnier », Paris, 1961, in 16.

Elévations sur les Mystères, édition critique avec introduction, texte et variantes par M. Dréano, Paris, 1962, in-8° [cité E.M. suivi de l'indication de la page].

Platon et Aristote, notes de lecture transcrites et publiées par Thérèse Goyet, Paris, 1964, in-8°.

Trois sermons du Carême des Minimes, texte établi et commenté par un groupe de chercheurs de troisième cycle, « Annales de l'Est [...] », *Mémoire n° 28,* Nancy, 1965, in-8°.

Méditations sur l'Evangile, édition critique avec introduction, texte et variantes, par M. Dréano, Paris, 1966, in-8°.

Politique tirée des propres paroles de l'Ecriture sainte, édition critique avec introduction et notes par Jacques Le Brun, « Les classiques de la pensée politique », Genève, 1967, in-8° [cité : *Politique* suivi de l'indication de la page].

II. *Autres auteurs.*

ABELLY (Louis), *La vie du vénérable serviteur de Dieu Vincent de Paul,* Paris, 1664, in-4° [B].

Abrégé des disputes causées à l'occasion du livre qui a pour titre La Mystique Cité [...], s.l.n.d. [Paris, 1698 ?], in 12 [1er tirage B.N. D 22651 ; 2e tirage D 22652].

Affaire (L') de Marie d'Agreda et la manière dont on a cabalé en Sorbonne sa condamnation, Cologne, 1697, in 12 [B.N. D. 18143 (1)].

Adieux (Les) de Nicodème, solliciteur en Cour de Rome pour Madame G, à son compère Bonnefoy, s.l.n.d, in-12.

ALVAREZ DE PAZ (Diego), *Opera,* Lyon, 1623, 3 vol. in-f° [B].

[AMELINE (Claude)], *Traité de l'amour du souverain bien qui donne le véritable caractère de l'amour de Dieu opposé aux fausses idées de ceux qui ne s'éloignent pas assez des erreurs de Molinos et de ses disciples,* Paris, 1699, in-12 [B].

ANGÉLIQUE D'ALÈGRE, *Le Chrétien parfait ou le portrait des perfections divines tiré en l'Homme sur son original, divisé en deux parties,* Paris, 1665, in-4°.

ANNAT (François), *Augustinus a Baianis vindicatus libri VIII,* Paris, 1652, in-4°.

Année sainte des religieuses de la Visitation Sainte-Marie, Annecy, 1867-1871, 12 vol. in-4°.

ANSELME (Saint), *Opera* [...] *labore ac studio D. Gabrielis Gerberon expurgata* [...], Paris, 1675, in-f° [B] [Exemplaire annoté par B. à la bibliothèque du séminaire de Saint-Sulpice].

[ARNAULD (Agnès)], *L'image d'une religieuse parfaite et d'une imparfaite, avec les occupations intérieures pour toute la journée,* Paris, 1665, in-12 [B].

ARNAULD (Antoine), *De la Fréquente Communion où les sentiments des Pères, des Papes et des Conciles touchant l'usage des sacrements de Pénitence et d'Eucharistie sont fidèlement exposés* [...], Paris, 1643, in-4° [B].

id., Œuvres, Paris-Lausanne, 1775-1783, 42 vol. in-4°.

ATHANASE (Saint), *Opera omnia,* Paris, 1698, 3 vol. in-f° [B]. [Exemplaire annoté par B. à la bibliothèque de l'Oratoire de Birmingham].

AUGUSTIN (Saint), *Opera [...] tomos decem comprehensa, per theologos Lovanienses [...] emendata*, Paris, 1586, 10 t. en 6 vol. in-f° [B].

id., *Œuvres*, « Bibliothèque augustinienne », Bruges-Paris, 1936-1969, vol. 1-17, 21, 24, 28-37 parus, in-16.

Avis sur la censure du livre composé par Marie de Jésus abbesse d'Agreda, s.l.n.d., in-12 [B.N. D 18143 (3)].

BAIL (Louis), *Théologie affective ou saint Thomas en méditations*, nouv. éd., Paris, 1654, in-f°.

[BAIOLE (Jean-Jérôme)], *Annales Congregationum beatissimæ Virginis Mariæ collecti ex annalibus Societatis Jesu*, Bordeaux, 1624, in-8°.

BÉATRIX DE LA CONCEPTION, *Lettres choisies, présentées par Pierre Serouet*, « Présence du Carmel, 9 », Bruges-Paris, 1967, in-16.

[BEAUGENDRE (Antoine)], *La vie de messire Bénigne Joly, prêtre, docteur de la Faculté de Paris, de la Maison et Société de Navarre [...] où l'on voit l'idée d'un saint Chanoine et le modèle d'un parfait Ecclésiastique*, Paris, 1700, in-8°.

BEAUVILLIER (Paul, duc de), *Pensées intimes [...] publiées d'après le manuscrit inédit avec une introduction et des notes par Marcel Langlois*, Paris, 1925, in-16.

BELLEFONDS (Laurence Gigault de), *Œuvres spirituelles*, Paris, 1688, in-8°.

BERNARD (Saint), *Traité de saint Bernard, premier abbé de Clairvaux, de l'Amour de Dieu, traduit en français par le R.P. Antoine de Saint-Gabriel*, Paris, 1667, in-12.

id., *Opera, Volumen I [...] secundis curis domini Johannis Mabillon*, Paris, 1690, 2 vol. in-f° [B].

id., *Œuvres mystiques, préface et traduction d'Albert Béguin*, Paris, 1953, in-16.

BERNIÈRES-LOUVIGNY (Jean de), *Le Chrestien intérieur ou la conformité intérieure que doivent avoir les chrétiens avec Jésus-Christ, divisé en huit livres, qui contiennent des sentiments tout divins, tirés des Ecrits d'un grand serviteur de Dieu de notre siècle*, 11e éd., Paris, 1668, in-12 [B].

id., tome I, 1re partie, 1690 ; 2e partie, 1689 ; tome II, par le R.P. Louis-François d'Argentan, dernière édition, 1690, in-12.

BÉRULLE (Pierre, cardinal de), *Les œuvres de l'éminentissime et révérendissime Pierre cardinal de Bérulle [...] augmentées de divers opuscules de controverse et de piété, avec plusieurs lettres, et enrichies de sommaires et de tables, par les soins du R.P. François Bourgoing,* Paris, 1644, in-f°.

id., L'office de Jésus pour le jour et l'octave de sa fête qui se célèbre dans la Congrégation de l'Oratoire de Jésus, le XXVIII Janvier, où la foi et la piété de l'Eglise envers Jésus-Christ Notre Seigneur se trouvent expliquées par l'Ecriture et par les Saints Pères [...], Paris, 1673, in-8°.

id., Correspondance, publiée par Jean Dagens, Paris-Louvain, 1937-1939, 3 vol., in-8°.

BEUVELET (Mathieu), *Instructions sur le manuel par forme de demandes et réponses,* 7e éd., Paris, 1667, 2 tomes en un vol. in 12 [B].

id., Méditations sur les principales vérités chrétiennes et ecclésiastiques, Paris, 1677, in-4° [B].

Boèce, *Anitii Manlii Severini Boethi opera omnia,* Bâle, 1570, in-f° [B, ou une autre éd. bâloise].

[BOILEAU (Jacques)], *Marcelli Ancyrani doctoris theologi disquisitiones II de residentia canonicorum quibus accessit tertia de tactibus impudicis an sint peccata mortalia vel venalia, cum colloquio critico de sphalmatis virorum in re litteraria illustrium,* Paris, 1695, in-8° [B.N. D 17865] [B].

BONA (Jean, cardinal), *Testament ou préparation à la mort,* Paris 1679, in-8° [B].

id., Voie abrégée pour aller à Dieu, par des mouvements affectifs et des oraisons jaculatoires, pour servir d'introduction à la théologie mystique, Bruxelles-Paris, 1688, in-12.

id., Le guide du chemin du ciel, contenant les plus utiles maximes des Saints Pères et des anciens Philosophes [...] *auquel on a ajouté son Eloge, ou un Abrégé de sa vie, et son Testament* [...], Paris, 1690, in-12.

id., Epistolæ selectæ [...] *collegit, digessit, ordinavit* [...] *D. Robertus Sala,* Turin, 1754, in-f°.

BOUDON (Henry-Marie), *Dieu seul ou l'association pour l'intérêt de Dieu seul,* Paris, 1663, in-24.

id., Paris, 1665, in-24.

BOUHOURS (Dominique), *La vie de madame de Bellefont, supérieure et fondatrice du monastère des religieuses bénédictines de Notre-Dame des Anges établi à Rouen,* Paris, 1686, in-8°.

id., *La vie de saint Ignace*, Paris, 1679, in-4° [B, 1674, par erreur pour 1679, éd. originale].

id., *La vie de saint François Xavier*, Paris, 1682, in-4° [B].

[BOURDAILLE (Michel)], *Théologie morale de saint Augustin où le précepte de l'amour de Dieu est traité à fond* [...] *par E.B.S.M.R.D.*, Paris, 1686, in-12.

BOURDALOUE (Louis), *Œuvres complètes, édition critique par Eugène Griselle*, Paris, 1919-1922, 2 vol. in-8° parus.

BOURGOING (François), *Les vérités et excellences de Jésus-Christ notre Seigneur recueillies de ses Mystères, cachées en ses états et grandeurs, prêchées par lui sur la terre et communiquées à ses saints*, 6e édition, Paris, 1647, 2 vol. in-4°.

BRÉBEUF (Georges de), *Les Œuvres* [...] *nouvellement mises au jour* [...], Paris, 1664, 2 vol. in-12.

id., *Entretiens solitaires ou prières et méditations pieuses en vers français*, nouvelle édition, Paris, 1670, in-12.

BRULART (Nicolas), *Choix de lettres inédites* [...] *avec un discours préliminaire, des sommaires et des notes explicatives par M. de Lacuisine*, Dijon, 1859, 2 vol. in-8°.

BRUNO (Giordano), *De umbris idearum implicantibus artem quærendi, inveniendi, judicandi* [...], Paris, 1582, 2 parties en 1 vol. in-8° [B].

CAMBRY (Jeanne de), *Œuvres spirituelles*, Tournai, 1665, in-4°.

CAMPANELLA (Tommaso), *Ludovico Justo XIII* [...] *tres hosce libellos videlicet : Atheismus triumphatus seu contra antichristianismum* [...], Paris, 1636, 2 tomes en 1 vol. in-4° [B].

Cantique (*Le*) *des Cantiques de Salomon traduit en Français avec une paraphrase selon le sens littéral faite sur les versions du texte hébreu, du grec des Septante et du latin de la Vulgate* [...], Paris, 1690, in-8° [B.N. A 6267].

[CARRANZA (Barthélemy)], *De la prière, du jeûne et de l'aumône, avec une explication de l'oraison dominicale* [trad. par N.J. Binet], Paris, 1694, in-12 [B.N. D 19021].

CASSIEN (Jean), *Opera omnia, cum commentario D. Alardi Gazaei* [...] *nova editio* [...], Paris, 1642, in-f° [B, 1628].

id., *Les Conférences* [...] *traduites en français par le sieur de Saligny* [N. Fontaine], seconde édition, Paris, 1665, in-8°.

id., *Les Institutions* [...] *traduites en français par le sieur de Saligny* [N. Fontaine], Paris, 1667, in-8°.

Catalogue des livres de la bibliothèque de Messieurs Bossuet, anciens évêques de Meaux et de Troyes qui se vendra à l'amiable le lundi 3 décembre 1742 [...], Paris, 1742, in-8° [B.N. Q 7804].

CATHERINE DE GÊNES (Sainte), *La vie et les œuvres spirituelles de S. Catherine d'Adorny de Gennes, revues et corrigées*, Lyon, 1616, in-12.

CATHERINE DE SIENNE (Sainte), *Les Epitres de la séraphique vierge sainte Catherine de Sienne, traduites de l'original italien en français* [par I. de Balesdens], Paris, 1644, in-4° [B, 1694].

CAUSSADE (Jean-Pierre de), *Bossuet maître d'oraison. Instructions spirituelles en forme de dialogues sur les divers états d'oraison suivant la doctrine de M. Bossuet* [...]. *Nouvelle édition* [...] *avec une introduction et des notes par Henri Bremond*, Paris, 1931, in-16.

CELLOT (Louis), *De hierarchia et hierarchis libri novem*, Rouen, 1641, in-f° [B].

Censura sacræ Facultatis Theologiæ parisiensis lata in librum qui inscribitur : La Mystique Cité de Dieu [...], Paris, s.d. in-4° [B.N. D 10766].

Censure faite par la Faculté de Théologie de Paris d'un livre qui a pour titre : La Mystique Cité de Dieu [...], Paris, 1696, in-4° [B.N. D 6926].

CHANTAL (Sainte Jeanne-Françoise Frémyot de), *Sa vie et ses œuvres*, Paris, 1876-1909, 8 vol. in-8°.

CHAPONNEL (Raymond), *Examen des voies intérieures*, Paris, 1700, in-12.

CHÉRON (Jean), *Examen de la théologie mystique*, Paris, 1657, in-12.

[CHEVREMONT (Jean-Baptiste de)], *Le Christianisme éclairci sur les différends du temps en matière de quiétisme, avec des remarques abrégées sur le livre intitulé : Traité historique sur la théologie mystique*, Amsterdam, 1700, in-12 [B].

Circulaires des religieuses de la Visitation, 152 vol. in-4° [B.N. Ld 173 2].

CLÉMENT D'ALEXANDRIE, *Opera* [...] *studio Frederici Sylburgi*, Paris, 1629, in-f° [B, ainsi que Leyde 1616 in-f°].

COLLIN [= Hyacinthe Colin], *Vie de la vénérable servante de Dieu Marie Lumague, veuve de M. Pollalion, gentilhomme ordinaire du Roy, institutrice des Filles de la Providence, sous la conduite de S. Vincent de Paul* [...], Paris, 1744, in-12.

Condemnation (La) du Docteur Molinos et de la secte des quiétistes, Décret de la sainte, romaine et universelle Inquisition [...] *contre la malice de l'hérésie*, s. l., 1687, in-12 [B.N. D 19029 (2)].

CONSTANTIN DE BARBANSON, *Les secrets sentiers de l'amour divin*, Paris-Tournai-Rome, 1932, in-8°.

id., *Veræ theologiæ mysticæ compendium sive amoris divini occultæ semitæ*, Amsterdam, 1698, in-12 [B].

Constitutions de la communauté des Filles de Sainte-Geneviève, Paris, 1683, in-16.

Constitutions et statuts des Filles de la Providence, Toulouse, 1717, in-12.

CONTENSON (Vincent), *Theologia mentis et cordis seu speculatio universæ sacræ doctrinæ pietate temperata* [...], Lyon, 1681, 9 vol. in-12.

id., 1687, 2 vol. in-f° [B].

CORDEMOY (Louis-Geraud de), *Les désirs du Ciel ou les témoignages de l'Ecriture sainte contre le pur amour des nouveaux mystiques*, Paris, 1698, in-12.

[CORNAND DE LA CROZE (Jean)], *Trois lettres touchant l'état présent de l'Italie écrites en l'année 1687*, Cologne, 1688, in-12 [B.N. D 19036].

COSPÉAN (Philippe), *Epitre apologétique de Révérend Père en Dieu Mre Philippe Cospéan, évêque de Nantes, au très illustre cardinal Bentivole, comprotecteur de France, pour le Révérend Père de Bérulle*, Paris, 1622, in-8°.

COSTER (François), *Libellus Sodalitatis hoc est christianarum institutionum*, Anvers, 1587, in-12.

id., *De vita et laudibus Deiparæ Mariæ virginis, Meditationes quinquaginta* [...], Anvers, 1587, in-12.

COUPLET (Philippe), *Confucius Sinarum philosophus sive scientia sinensis latine exposita studio et opera Prosperi Intorcetta, Christiani Herdtrich, Francisci Rougemont, Philippi Couplet*, Paris, 1686-1687, in-f° [B].

[CRASSET (Jean)], *Des Congrégations de Notre-Dame érigées dans les maisons des Pères de la Compagnie de Jésus par l'auto-*

rité du S. Siège, avec l'approbation de Nosseigneurs les Prélats, Paris, 1694, in-8° [B.N. E 4163].

[CROUZEIL (Séraphin)], *Réponse à un libelle contre la V.M. Marie de Jésus, intitulé Lettre à Messieurs les Doyen, Syndic et Docteurs en théologie de la Faculté de Paris,* s.l., 1696, in 12 [B.N. D 18143 (2)].

DAILLÉ (Jean), *De scriptis quæ sub Dionysio Areopagitæ et Ignatii Antiocheni nominibus circumferuntur libri duo,* Genève, 1666, in-4°.

Decretum feria Va die Augusti 1687 [...], s.l., 1687, in-12 [B.N. D 19029 (1)].

id., Rome et Florence, 1687, in-12 [un ex. dans : Carpentras, ms. 1916, pièce 37].

DENYS L'ARÉOPAGITE [Pseudo-], *S. Dionysii Areopagitæ cum scholiis S. Maximi et paraphrasi Pachymeræ a Balthasare Corderio* [...] *latine interpretata et notis theologicis illustrata,* Anvers, 1634, 2 vol. in-f° [B].

id., Œuvres complètes, Traduction, préface et notes par Maurice de Gandillac, Paris, 1943, in-16.

id., La Hiérarchie Céleste, Introduction par R. Roques, Etude et texte critique par G. Heil, Traduction et notes par M. de Gandillac, « Sources chrétiennes 58 », Paris, 1958, in-16.

DESCARTES (René), *Œuvres et lettres, textes présentés par André Bridoux,* « Bibliothèque de la Pléiade », Paris, 1952, in-16.

DESMARETS DE SAINT-SORLIN (Jean), *Le Cantique des Cantiques représentant le mystère des mystères, avec le cantique des degrés par lesquels l'Ame s'élève à Dieu, ensemble toutes les instructions nécessaires pour bien faire l'Oraison intérieure,* seconde édition, Paris, 1661, in-12.

Discours sur la vie de sainte Thérèse écrite par elle-même de la traduction de M. Arnauld d'Andilly, nouvellement imprimée, s.l.n.d. [après 1687], in-12 [B.N. Oo 598].

DONATIEN DE SAINT-NICOLAS, *La vie et les maximes et partie des œuvres du très excellent contemplatif, le Vénérable Fr. Jan de S. Samson,* Paris, 1651, in-4°.

DRELINCOURT (Charles), *Les consolations de l'âme fidèle contre les frayeurs de la mort* [...], *nouvelle édition, revue, corrigée et augmentée,* Amsterdam, 1699, in-8°.

DREXELIUS (Hieremias), *Heliotropium seu conformatio humanæ voluntatis cum divina* [...], Cologne, 1634, in-24.

id., *Opera omnia* [...] *studio ac labore R.P. Petri de Vos*, Anvers, 1643, 2 vol. in-f° [B].

DRUY (Claude Marion, comte de), *La beauté de la valeur et la lâcheté du duel*, Paris, 1658, in-4°.

DU BARTAS (Guillaume de Saluste, sieur), *Die Schöpfungswoche des du Bartas*, t. I *La Sepmaine ou Création du Monde, Kritischer Text der Genfer Ausgabe von 1581, hrsg. von Kurt Reichenberger*, t. II *Themen und Quellen der Sepmaine von K. Reichenberger*, « Beihefte zur Zeitschrift für romanische Philologie 107 & 108 », Tübingen, 1963, 2 vol. in-8°.

DU BOSC (Jacques), *L'Eglise outragée par les novateurs condamnés et opiniâtres, où l'on voit jusqu'où l'autorité du Pape et des Evêques est violée par ceux qui soutiennent encore, après la Censure de Jansenius, que les cinq Propositions censurées ne sont point dans le livre de cet Auteur* [...], Paris, 1657, in-4°.

DU MAS (Hilaire), [*Cinquième*] *Lettre* [...] *à un homme de qualité* [...] *touchant les hérésies du dix-septième siècle*, Paris, 1715, in-12.

DUGUET (Jacques-Joseph), *Institution d'un prince ou traité des qualités, des vertus et des devoirs d'un souverain* [...], *nouvelle édition avec la Vie de l'Auteur*, Londres, 1750, 4 vol. in-12.

DU PIN (Louis Ellies), *Traité philosophique et théologique sur l'amour de Dieu, dans lequel on établit et l'on explique les vérités catholiques contre les erreurs de quelques nouveaux théologiens*, Paris, 1717, in-8°.

[DU PLESSIS D'ARGENTRÉ (Charles)], *Apologie de l'amour qui nous fait désirer véritablement de posséder Dieu seul, par le motif de trouver notre bonheur dans sa connaissance et son amour*, Amsterdam, 1698, in-8° [B.N. D 19077] [B].

[DU VAUCEL (Paul-Louis)], *Breves considerationes in doctrinam M. Molinos*, Cologne, 1688, in-12 [B.N. D 19029].

*Extrait de la lettre de Monsieur *** avocat en Parlement à Monsieur *** Docteur de Sorbonne en Touraine, de Paris, le 20 octobre 1696*, s.l.n.d., in-12 [un exemplaire dans B.N. ms. fr. 13924, f° 97 et suiv.].

FALCONI (Juan), *Les œuvres spirituelles* [...], *traduit en langue française avec l'abrégé de la vie admirable du même auteur*, Aix, 1661, in-12 [B.N. D 34705].

id., *Nostre Pain quotidien, traduit de l'espagnol en français*, Rennes, 1663, in-8° [B.N. D 34702].

id., Paris, 1671, in-8° [B.N. D 19285].

id., Paris, 1672, in-8° [B.N. D 34703].

id., Paris, 1677, in-8° [B.N. D 34704].

id., *Lettre du serviteur de Dieu* [...] *à une de ses filles spirituelles, trad. de l'original imprimé à Madrid l'an 1657*, Paris, 1668 in-12 [B.N. D 34700].

id., Grenoble, 1685, in-12 [B.N. D 34701].

id., 4e édition, Paris, 1691, in-12 [B.N. H 15145 bis].

id., *Trois traités spirituels. I. Contenant l'Alphabet pour apprendre à lire dans le livre de la vie éternelle qui est Jésus-Christ. II. De la vie incompréhensible de Dieu. III. De l'Oraison* [...], *seconde édition augmentée des Règles importantes pour faire l'Oraison, par le P. Mathieu de Villaroel*, Paris, 1667, in-12 [B.N. D 18097].

[Faydit (Pierre) ?], *Lettre d'un colonel d'infanterie au R.P. Quesnel, prêtre de l'Oratoire, au sujet du livre de la Sr d'Agreda censuré par M. de Meaux* [réimpr. dans : *Documents d'histoire*, 1910, p. 223-231].

[*id* ?], *Le Télémaque spirituel ou le roman mystique*, s. l., 1699, in-12 [B.N. D 19037 (2)].

id., s.l., 1700, in-12 [Bibl. J.L.B.].

Fénelon (François de Salignac de la Motte-Fénelon), *Explication des Maximes des Saints sur la vie intérieure*, Paris, 1697, in-12 [2e tirage] [B].

id., *Œuvres complètes précédées de son Histoire littéraire par M.* ***, Paris-Lille-Besançon, 1851-1852, 10 vol. in-4° [cité : Fénelon, *Œuvres*].

id., *Réponse inédite à Bossuet*, Paris, 1901, in-16.

id., *Explication des Maximes des Saints sur la vie intérieure. Edition critique publiée d'après des documents inédits par Albert Cherel*, Paris, 1911, in-16.

id., *Explication des articles d'Issy, publiée pour la première fois avec une introduction, des notes et des appendices, par Albert Cherel*, Paris, 1915, in-8°.

id., *Le Gnostique de saint Clément d'Alexandrie, opuscule inédit de Fénelon, publié avec une introduction par le Père Paul Dudon*, « Etudes de théologie historique », Paris, 1930, in-8°.

id., *Pages nouvelles pour servir à l'étude des origines du quiétisme avant 1694, publiées par Marcel Langlois,* Paris, 1934, in-8°.

FEUILLET (Jean-Baptiste), *L'Année dominicaine, Janvier,* Amiens, 1678, in-4°.

id., *Mars,* Amiens, 1680, in-4°.

FICIN (Marsile), *Marsilii Ficini Florentini insignis philosophi Platonici* [...] *opera et quæ hactenus extitere et quæ in lucem nunc primum prodiere omnia* [...], Bâle, 1561, 2 vol. in-f°, [B].

id., Bâle, 1576, 2 vol. in-f°.

FLÉCHIER (Esprit), *Œuvres complètes* [publiées par Ducreux], Nîmes, 1782, 10 vol. in-8°.

FLEURY (Claude), *Les Mœurs des Israélites,* 2e édition, Paris, 1682, in-8° [B].

id., *Mœurs des Israélites et des Chrétiens, nouvelle édition,* Paris, 1822, in-12.

id., *Traité du choix et de la méthode des études, nouvelle édition, revue, corrigée et augmentée de plus d'un tiers, d'après un manuscrit de l'Auteur* [...] *avec un supplément, contenant une Lettre à M. l'évêque de Métellopolis* [...], Nîmes-Paris, 1784, in-12.

id., *Nouveaux opuscules,* Paris, 1807, in-12.

FRANÇOIS D'ASSISE (Saint) et ANTOINE DE PADOUE (Saint), *Sancti Francisci Assisiatis* [...] *nec non S. Antonii Paduani* [...] *opera omnia postillis illustrata* [...] *labore R.P. Joannis de la Haye* [...], Paris, 1641, in-f° [B].

FRANÇOIS DE SALES (Saint), *Les œuvres* [...] *recueillies dans un corps de volume* [...], Edition nouvelle, Toulouse, 1637, in-f° [B].

id., *Les œuvres* [...] *revues et très exactement corrigées* [...] *enrichies nouvellement de plusieurs emblêmes et figures symboliques* [...], Paris, 1652, in-f° [B].

id., *Œuvres complètes* [...]. *Edition* [...] *publiée par M. l'abbé Migne,* Paris, 1861-1864, 9 vol. gr. in-8°.

id., *Œuvres, édition complète d'après les autographes et les éditions originales, enrichie de nombreuses pièces inédites,* Annecy, 1892-1964, 27 vol. in-8°.

id., *Introduction à la vie dévote,* Paris, 1641, in-f° [B].

id., *Entretiens* [...] *d'après les anciens manuscrits publiés par la Visitation d'Annecy*, Paris-Lille, 1933, in-16.

FYOT DE LA MARCHE (Claude), *Histoire de l'église abbatiale et collégiale de Saint-Etienne de Dijon*, Dijon, 1696, in-f° [B].

GAMACHES (Philippe DE), *Summa theologica cum triplici indice*, Paris, 1627, in-f° [B].

GELEN (Victor) [Gelenius], *Summa practica theologiæ mysticæ*, 2e éd., Cologne, 1652, in-4° [B].

[GERBERON (Gabriel)], *Lettre d'un théologien à Monseigneur l'évêque de Meaux où l'on réfute la fausse apologie du véritable amour de Dieu*, Cologne, 1699, in-12.

GERHARDT (Paul), *Dichtungen und Schriften, Gesamtausgabe, herausgegeben und textkritisch durchgesehen von E. von Cranach-Sichart*, Zug, 1957, in-16.

GERSON (Jean), *Opera multo quam antehac auctiora et castigatiora*, Paris, 1606, 4 tomes en 2 vol. in-f° [B].

id., *De Imitatione Christi libri quatuor*, Paris, 1674, in-8° [B].

id., *De mystica theologia, edidit André Combes*, Lugano, 1958, in-8°.

GERTRUDE (Sainte), *Les Insinuations de la divine piété de sainte Gertrude nouvellement traduites* [...] *par dom Joseph Mège*, Paris, 1671, in-8° [B].

GIRARD DE VILLETHIERRY (Jean), *La vie des gens mariés ou les obligations de ceux qui s'engagent dans le mariage* [...], *quatrième édition, revue, corrigée et augmentée*, Paris, 1710, in-12.

GODEAU (Antoine), *Traité des séminaires*, Aix, 1660, in-8°.

GRANCOLAS (Jean), *Le Quiétisme contraire à la doctrine des sacrements*, Paris, 1695, in-12 [Bordeaux, Bibl. municipale].

[GRANDET (Joseph)], *La vie d'un solitaire inconnu, mort en Anjou, en odeur de sainteté, le 24 décembre 1691*, Paris, 1699, in-12.

id., *Les saints prêtres français du* XVIIe *siècle, publié par G. Letourneau*, Angers-Paris, 1897-1898, 3 vol., in-8°.

GRÉGOIRE DE NYSSE (Saint), *La création de l'homme. Introduction et traduction de Jean Laplace, notes de Jean Daniélou*, « Sources chrétiennes 6 », Paris, 1944, in-16.

GRENIER (Pierre), *Abrégé et examen des premiers tomes du livre intitulé la Mystique Cité de Dieu* [...] *traduit en français par M. Grenier*, Perpignan et Bordeaux, 1695, in-8° [B.N. D 36694].

[GUIJON (Jacques DE)], *Longueruana ou recueil de pensées, de discours et de conversations de M. Louis du Four de Longuerue*, Berlin, 1754, 2 vol. in-8°.

GUILLORÉ (François), *Maximes spirituelles pour la conduite des âmes*, Paris, 1670, in-12 [B].

id., *Les progrès de la vie spirituelle selon les différents états de l'âme*, Paris, 1675, in-12.

id., *Les œuvres spirituelles*, Paris, 1684, in-f°.

[GUYON (Jeanne Bouvier de la Mothe)], *Règle des associés à l'enfance de Jésus, modèle de perfection pour tous les états*, Lyon, 1685, in-12.

[*id.*], *Moyen court et très facile de faire oraison*, 2e édition revue et corrigée, Lyon, 1686, in-24 [B].

[*id.*], *Le Cantique des Cantiques interprété selon le sens mystique et la vraie représentation des états intérieurs*, Lyon, 1688, in-8° [B.N. A 6263 et 6920] [B].

[*id.*], *id.*, Lyon et Paris, 1688, in-8° [B.N. A 13160 et 13161].

[*id.*], *Les livres de l'Ancien Testament avec des explications et réflexions qui regardent la vie intérieure*, Cologne, 1714-1715, 12 tomes en 8 vol. in-8°.

id., *Les Justifications* [...] *avec un examen de la IXe et Xe Conférence de Cassien* [...], Cologne, 1720, 3 tomes en 1 vol. in-8°.

[*id.*], *Lettres chrétiennes et spirituelles sur divers sujets qui regardent la vie intérieure ou l'esprit du vrai christianisme, nouvelle édition, enrichie de la correspondance secrète de M. de Fénelon avec l'auteur*, Londres, 1767-1768, 5 vol. in-8°.

HARPHIUS [Herp] (Henri), *Theologiæ mysticæ libri tres*, Cologne, 1556, in-f°.

id., Rome, 1586, in-4° [B].

id., Cologne, 1611, in-4°.

id., *De la paix de l'âme et du bonheur d'un cœur qui meurt à lui-même pour vivre à Dieu*, Paris, 1687, in-12.

HÉBERT (François), *Mémoires du curé de Versailles* [...], *publiés avec une introduction par Georges Girard*, Paris, 1927, in-8°.

HÉLIODORE DE PARIS, *Discours sur les sujets les plus ordinaires des désordres du monde, Première partie, Des plaisirs,* Paris, 1689, in-8°.

HUGO (Hermann), *Pia desideria, editio novissima, recognita et emendata,* Lyon, 1679, in-24.

HUGUES DE SAINT-FRANÇOIS, *La véritable idée d'un supérieur religieux, formée sur la vie et les conduites du vénérable frère Philippe Thibault* [...], Angers, 1663-1665, 2 vol. in-4°.

id., Directoire spirituel des actions religieuses et exercices de dévotion qui se pratiquent dans les monastères et au monde en Esprit et en Vérité, Paris, 1667, in-8°.

IGNACE DE LOYOLA (Saint), *Exercitia spiritualia,* Paris, 1644, 2 parties en 1 vol. in-f° [B].

Imitatione (De) Christi libri IV, Paris, 1640, in-f° [B] [et voir : Gerson].

JANSENIUS (Cornelius), *Traduction d'un discours de la réformation de l'homme intérieur prononcé par Cornelius Jansenius* [...] [par R. Arnauld d'Andilly], Paris, 1642, in-12.

id., Paris, 1644, in-12.

id., Paris, 1659, in-12.

JEAN D'AVILA, *Les œuvres du bienheureux Jean d'Avila, docteur et prédicateur espagnol, surnommé l'apôtre de l'Andalousie, divisées en deux parties, de la traduction de M. Arnauld d'Andilly,* Paris, 1673, in-f° [B].

JEAN CHRYSOSTOME (Saint), *Sur l'incompréhensibilité de Dieu, Introduction de F. Cavallera et de J. Daniélou, Traduction et notes de R. Flacelière,* « Sources chrétiennes 28 », Paris, 1951, in-16.

JEAN CLIMAQUE (Saint), Τοῦ ἐν ἁγίοις πατρὸς ἡμῶν Ἰωάννου Σαολαστικοῦ [...] Ἅπαντα [...], *Opera omnia interprete Matthaeo Radero,* Paris, 1633, in-f° [B].

id., L'échelle sainte ou les degrés pour monter au ciel, composés par S. Jean Climaque, abbé du monastère du Mont Sinaï et Père de l'Eglise grecque, traduits du grec en français par M. Arnauld d'Andilly, Paris, 1688, in-12.

JEAN DE LA CROIX (Saint), *Opera mystica* [...] *ex hispanico idiomate in latinum nunc primum translata per R.P.F. Andream a Jesu,* Cologne, 1639, 2 parties en 1 vol. in-4° [B].

id., Les œuvres spirituelles du bienheureux Jean de la Croix, traduction nouvelle par le P. Jean Maillard, Paris, 1694, in-4° [B].

id., *Œuvres complètes, traduites de l'espagnol par le R.P. Cyprien de la Nativité de la Vierge* [...], *édition établie par le R.P. Lucien-Marie de Saint-Joseph,* « Bibliothèque européenne », Bruges-Paris, 1959, in-16.

JEAN DE JÉSUS-MARIE, *Opera,* Cologne, 1650, 2 vol. in-f°.

Journal des Savants, Paris, 1665-1733, in-4°.

[JURIEU (Pierre)], *Traité de la dévotion,* Quevilly, 1679, in-12 [B].

[*id.*], *Traité historique contenant le jugement d'un protestant sur la théologie mystique,* s.l., 1699, in-12 [B].

[*id.*], *id.*, 2e édition, 1700, in-12.

LA BRUYÈRE (Jean DE), *Dialogues posthumes du sieur de La Bruyère sur le quiétisme,* Paris, 1699, in-12 [B].

LACOMBE (François), *Orationis mentalis analysis, deque variis ejusdem speciebus judicium* [...], Verceil, 1686, in-8°.

LAFON (Jacques), *L'Année dominicaine, Octobre, 1re partie,* Amiens, 1712, in-4°.

LA GRANGE (Charles DE), *L'idée véritable de l'oraison,* Paris, 1699, 2 tomes en 1 vol. in-12.

LALEMANT (Pierre), *Testament spirituel ou Prière à Dieu pour se disposer à bien mourir,* Paris, 1669, in-12.

[LALEMANT (P.) et CHARTONNET (A.)], *La vie du Révérend Père Charles Faure, abbé de Sainte-Geneviève de Paris, où l'on voit l'histoire des chanoines réguliers de la Congrégation de France* [...], Paris, 1698, in-4° [B].

LALLEMANT (Louis), *La vie et la doctrine spirituelle du Père Louis Lallemant de la Compagnie de Jésus, Introduction et notes par François Courel,* « Christus 3 », Bruges-Paris, 1959, in-16.

LA MORLIÈRE (Henry DE), *Justification de M. Henry de la Morlière, prêtre, docteur en théologie de la Faculté de Paris, à l'occasion d'une lettre anonyme qui lui a été imputée contre la censure du livre de la Mystique Cité de Dieu composé par la Sœur Marie, Abbesse du Monastère d'Agreda,* s.l. 1697, in-12 [Bibl. Mazarine imp. 42874, pièce 4].

LAMY (Bernard), *Entretiens sur les sciences dans lesquels on apprend comment l'on doit étudier les sciences et s'en servir pour se faire l'esprit juste et le cœur droit, édition critique présentée par François Girbal et Pierre Clair,* « Le mouvement des idées au XVIIe siècle », Paris, 1966, in-8°.

LAMY (François), *Sentiments de piété sur la profession religieuse,* 4e édition, Paris, 1697, in-12.

LANEAU (Louis), *De deificatione Justorum par Jesum Christum,* Hongkong, 1887, in-16.

LANSPERGE LE CHARTREUX, *Discours en forme de lettre de N.S. Jésus-Christ à l'âme dévote ou entretiens sacrés dans lesquels l'âme dévote apprend à se bien connaître et à se rendre capable d'une parfaite et solide dévotion, huitième édition,* Paris, 1674, in-12.

LA PUENTE (Luis DE) [Dupont], *Très excellentes méditations sur tous les mystères de la foi, avec la pratique de l'oraison mentale* [...] *traduites de l'espagnol par M. R. Gaultier,* 2e édition revue, Paris, 1612, 2 tomes en 1 vol. in-4° [B, 1614].

id., Vie du Père Baltasar Alvarez, traduite de l'espagnol du P. Louys du Pont [...] *par Maistre René Gaultier* [...], Paris, 1628, in-8°.

L[A] R[ONDE] (M[ICHEL]), *Pratique de l'oraison de foi ou de la contemplation divine par une simple vue intellectuelle. En deux parties* [...], Paris, 1684, in-12 [B.N. D 18994].

[LARRIÈRE (Noël DE)], *Vie de Messire Antoine Arnauld,* Paris, 1783, 2 vol. in-8°.

LAUNOY (Jean), *Regii Navarræ Gymnasii parisiensis historia,* Paris, 1677, 2 vol. in-4° [B].

LA VALLIÈRE (Louise DE). *Réflexions sur la miséricorde de Dieu par la duchesse de La Vallière, suivies de ses lettres et des sermons pour sa vêture et sa profession* [...], *nouvelle édition revue, annotée et précédée d'une étude biographique par M. Pierre Clément,* Paris, 1860, 2 vol. in-18.

id., Prières et réflexions sur la miséricorde de Dieu et sur notre misère après une grave maladie [...], *manuscrit découvert et commenté par monsieur Ferdinand Daulnoy,* Paris, 1927, in-16.

LE CAMUS (Etienne, cardinal), *Lettres* [...] *publiées par le P. Ingold,* Paris, 1892, in-8°.

LEDIEU (François), *Mémoires et journal sur la vie et les ouvrages de Bossuet, publiés pour la première fois* [...] *par M. l'abbé Guettée,* Paris, 1856-1857, 4 vol. in-8° [cité : Ledieu, *Mémoires*].

id., *Les dernières années de Bossuet. Journal de Ledieu,* [*1699-1704*], *nouvelle édition revue sur le texte original et annotée par Ch. Urbain et E. Levesque,* Bruges-Paris, 1928-1929, 2 vol. in-8° [cité : Ledieu, *Journal*].

LEGENDRE (Louis), *Mémoires* [...] *publiés d'après un manuscrit authentique* [...] *par M. Roux,* Paris, 1863, in-8°.

LEGET (Antoine), *Les Véritables maximes des Saints sur l'amour de Dieu,* Paris, 1699, in-8°.

LEIBNIZ (Gottfried Wilhelm), *Textes inédits d'après les manuscrits de la Bibliothèque provinciale de Hanovre, publiés et annotés par Gaston Grua,* Paris, 1948, 2 vol. in-8°.

[LE MASSON (Innocent)], *Direction pour se former au saint exercice de l'oraison, et pour s'y bien gouverner avec ordre et tranquillité* [...], Grenoble, 1685, in-12.

[*id.*], *Le Cantique des Cantiques traduit en français avec une explication du sens littéral et spirituel tiré des Saints Pères et des auteurs ecclésiastiques,* Lyon, 1689, in-8° [B.N. A 6264].

[*id.*], *La vie de messire Jean d'Aranthon d'Alex, évêque et prince de Genève* [...], *Seconde édition, revue et beaucoup augmentée et particulièrement de quelques pièces originales, utiles et curieuses concernant le quiétisme,* Lyon, 1699, in-8°.

[*id.*], *Eclaircissements sur la vie de messire Jean d'Arenthon d'Alex* [...] *avec de nouvelles preuves incontestables de la vérité de son zèle contre le jansénisme et le quiétisme,* Chambéry, 1699, in-8° [B.N. 8° Ln 27 516] [B].

LE MÉE (René), *Le Prélat accompli représenté en la personne d'illustrissime Seigneur Philippe Cospéan, évêque et comte de Lisieux, Dédié à Nosseigneurs les Prélats de l'Assemblée générale du Clergé de France,* Saumur, 1647, in-4°.

LÉON DE SAINT-JEAN [Macé], *L'année royale, sermons prêchés devant leurs Majestés Très Chrétiennes* [...] *avec un traité de l'éloquence chrétienne* [...], Paris, 1655, 3 parties en 2 vol. in-8°.

id., *L'histoire de l'hostie miraculeuse arrivée au couvent des religieux Carmes des Billettes,* Paris, 1653, in-12.

id., *Méditations ferventes du Saint Amour de Dieu,* 5e édition, Paris, 1653, in-12 [Chantilly, Bibl. S.J.].

id., *Œconomie de la vraie religion chrétienne,* Paris, 1652, 2 vol. in-4°.

id., *Le portrait de la sagesse universelle avec l'idée générale des sciences et leur plan représenté en cent tables* [...], Paris, 1655, 3 parties en 1 vol. in-4°.

id., *La somme des sermons parénétiques et panégyriques*, Paris, 1671, in-f° [B].

LEPORCQ (Jean), *Les sentiments de saint Augustin sur la grâce opposés à ceux de Jansenius*, Paris, 1682, in-4° [B].

LEQUIEU (Antoine), *Œuvres choisies du V.P. Antoine du T.-S.-Sacrement de l'ordre des FF Prêcheurs, accompagnées d'introductions et de notes et publiées par le R.P. Fr. Marie-Ambroise Potton, Deuxième édition*, Paris, 1894, in-18.

id., *Discours sur les Grandeurs du Saint Nom de Jésus*, dans : *Vie dominicaine* (Fribourg), 1960, p. 18-24, 39-43, 64-77, 101-111, 132-136, 156-159.

Lettre à Messieurs les Doyen, Syndic et Docteurs en théologie de la Faculté de Paris, s.l.n.d. [1696], in-12 [par Lenglet - Dufresnoy ?], 1er tirage [B.N. D 41648 bis].
2e tirage [B.N. D 22652 et 41648].

Lettre sur la censure faite en Sorbonne du livre de Marie d'Agreda, s.l., 1737, in-8° [un exemplaire dans Bibl. Mazarine, ms. 1914].

LE VALOIS (Louis), *Œuvres spirituelles, nouvelle édition*, Paris, 1758, 3 vol., in-8°.

LOSA (Francisco DE), *La vie du bienheureux Grégoire Lopez écrite par François Losa* [...] *de la traduction de Mr. Arnauld d'Andilly sur l'exemplaire imprimé à Madrid en 1658*, Paris, 1674, in-12.

LOUIS DE BLOIS, *Venerabilis Patris D. Ludovici Blosii* [...] *opera, cura et studio R.D. Antonii de Winghe* [...] *aucta, ornata, illustrata*, Anvers, 1632, in-f° [B].

LOUIS DE GRENADE, *Doctrina christiana en la qual se enseña todo lo quel el Christiano deve hazer* [...], Barcelone, 1615, 4 tomes en 1 vol. in-f° [B].

LOUIS (Epiphane), *Conférences mystiques sur le recueillement de l'âme pour arriver à la contemplation de simple regard de Dieu par les lumières de la foi*, Paris, 1676, in-12.

id., 2e édition, Paris, 1684, in-12.

[MABILLON (Jean)], *La mort chrétienne sur le modèle de Notre Seigneur Jésus-Christ et de plusieurs saints et grands per-*

sonnages de l'antiquité, le tout extrait des originaux, Paris, 1702, in-12.

MAILLARD (Jean), *Vie de la Mère Bon de l'Incarnation, religieuse ursuline de Saint-Marcellin,* Paris, 1686, in-12.

MAINTENON ([Françoise d'Aubigné, marquise] DE), *Lettres, publiées par Marcel Langlois,* Paris, 1935-1939, 4 vol. in-16 parus.

MALAVAL (François), *La pratique facile pour élever l'âme à la contemplation,* Paris, 1664, in-12 [B.N. D 42636].

id., Paris, 1670, in-12 [B.N. D 17718 et 42637].

id., 2e édition, Paris, 1673, in-12 [B.N. D 17719].

id., Paris, 1687, in-12 [B.N. D 42639].

id., Lettre de M. Malaval à M. l'abbé de Foresta-Colongue [...] *vicaire général et official* [...] *de Marseille,* Marseille, 1695, in-12 [B.N. D 42635].

MALEBRANCHE (Nicolas), *Traité de l'amour de Dieu, en quel sens il doit être désintéressé, suivi des trois lettres au P. Lamy. Introduction et notes de Désiré Roustan,* « Collection des chefs d'œuvre méconnus », Paris, 1922, in-16.

id., Traité de la nature et de la grâce. Introduction philosophique. Notes et commentaire du texte de 1712. Texte de l'édition originale de 1680, Paris, 1958, in-8°.

[MARC DE LA NATIVITÉ], *Méthode claire et facile pour bien faire oraison mentale et pour s'exercer avec fruit à la présence de Dieu, faisant le quatrième traité de la Conduite spirituelle des novices,* Paris, 1658, in-12 [Chantilly, Bibl. S.J.].

MARIE DE JÉSUS D'AGREDA, *Mystica Ciudad de Dios,* en Amberes, 1696, 2 vol. in-f° [B, 1692].

id., La Mystique Cité de Dieu, miracle de sa toute-puissance, abîme de la grâce, traduite de l'espagnol par le P. Thomas Croset, tome I, Marseille, 1695, in-8°.

id., La Cité mystique de Dieu, miracle de sa toute-puissance, abîme de la grâce, [...], Bruxelles, 1715, 3 vol. in-4°.

MAROLLES (Michel DE), *Mémoires,* Amsterdam, 1755, 3 vol. in-12.

MARSOLLIER (Jacques), *La vie de saint François de Sales, évêque et prince de Genève* [...], Paris, 1701, 2 vol. in-12 [B].

[MARTIN (Claude)], *La vie de la vénérable Mère Marie de l'Incarnation, première supérieure des ursulines de la Nouvelle France,* Paris, 1677, in-4° [B].

MASSOULIÉ (Antonin), *Traité de la véritable oraison où les erreurs des quiétistes sont réfutées,* Paris, 1699, in-12.

id., Traité de l'amour de Dieu, Paris, 1703, in-12.

MATHIAS DE SAINT-JEAN, *La véritable dévotion du sacré Scapulaire,* Paris, 1656, in-12 [Chantilly, Bibl. S.J.].

MAUPAS DU TOUR (Henry DE), *La vie de la Mère de Chantal,* Paris, 1644, in-4°.

id., La vie du vénérable serviteur de Dieu [...] *François de Sales,* Paris, 1657, in-4° [B].

id., Abrégé de l'esprit intérieur des religieuses de la Visitation de S. Marie, expliqué par S. François de Sales [...], Rouen, 1696, in-12.

MAXIME LE CONFESSEUR (Saint), *Operum tomus primus* [— *secundus*] [...] *ex probatissimis quæque mss. codicibus* [...] *eruta opera et studio R.P. Francisci Combefis,* Paris, 1675, 2 vol. in-f° [B].

MAYER (Johann-Friedrich), *De quietistarum persecutionibus dissertatio,* Hambourg, 1688, in-12.

[MELICQUE (Nicolas DE)], *Le caractère des vrais chrétiens, nouvelle édition, revue, augmentée et corrigée sur les Mémoires de l'auteur,* Paris, 1714, in-12.

Mercure Galant, Paris, 1672-1674, 6 vol. in-12.

id., Paris, 1678-1714, 477 vol. in-12.

MIGNE (J.-P.), *Patrologiæ cursus completus. Series prima in qua prodeunt Patres, doctores scriptoresque Ecclesiæ latinæ a Tertulliano ad Gregorium Magnum, accurante J.-P. Migne,* Paris (Petit-Montrouge), 1844-1855, 217 vol. gr. in-8° [cité : P.L. suivi de l'indication du tome et de la colonne].

id., Patrologiæ cursus completus. Series græca, accurante J.-P. Migne, Paris (Petit-Montrouge), 1857-1866, 161 vol. gr. in-8° [cité : P.G. suivi de l'indication du tome et de la colonne].

MOLINOS (Miguel), *Guida spirituale che disinvolge l'anima* [...], Rome, 1677, in-24.

id., Manuductio spiritualis extricans animam [...] *una cum tractatu ejusdem de quotidiana communione* [...] *translata a M. Aug. Hermanno Franckio,* Leipzig, 1687, in-12.

MONTAIGNE (Michel DE), *Les Essais, édition* [...] *par Pierre Villey, réimprimée sous la direction et avec une préface de V.-L. Saulnier,* Paris, 1965, in-8°.

Moyen très facile pour faire l'oraison intérieurement, Paris, s.d. [après 1691], in-12 [B.N. D 18998].

NICAISE (Claude), *Lettres de divers savants à l'abbé Claude Nicaise*, éd. par Caillemer, Lyon, 1885, in-4°.

id., *Lettres inédites (1693-1696), publiées par E. de Budé*, Paris, 1886, in-8°.

id., *Lettres inédites de Claude Nicaise à Huet et à G. Bonjour, tirées des bibliothèques italiennes, par L.G. Pélissier*, Dijon, 1889, in-8°.

NICOLAS DE DIJON, *Pharaon réprouvé ou l'Avocat de la Providence de Dieu sur la réprobation des pécheurs*, Lyon, 1685, in-4° [B].

[*id.*], *Lettre curieuse qui répond aux LXVIII Propositions de Molinos*, Orléans, 1688, in-4° [Bibl. Mazarine imp. A 15375].

[*id.*], *Lettre curieuse à un ami dans laquelle ont fait l'analyse de la nouvelle théologie mystique du docteur Molinos*, Dijon, 1688, in-4° [Bibl. Mazarine imp. A 11495].

[NICOLE (Pierre)], *Traité de l'oraison, divisé en sept livres*, Paris, 1679, in-8° [B.N. D 18990].

[*id.*], 2e édition, Paris, 1680, in-8° [B.N. D 45889].

[*id.*], 2e édition, (*sic*), Paris, 1684, in-8° [B.N. D 45890] [B].

[*id.*], 3e édition, Lyon, 1686, in-8° [Bibl. J.L.B.].

[*id.*], *Traité de la prière, divisé en sept livres, nouvelle édition, revue, corrigée et augmentée par le même auteur*, Paris, 1695, 2 vol. in-12.

[*id.*], *Réfutation des principales erreurs des quiétistes*, Paris, 1695, in-12.

[*id.*], *Essais de morale*, suivis de : *Continuation des Essais de morale*, Paris, 1733-1741, 13 vol. in-12.

NOULLEAU (Jean-Baptiste), *Le modèle d'un grand évêque [...] en la personne de feu messire Etienne de Vilazel*, s.l., 1665, in-4°.

OLIER (Jean-Jacques), *Lettres spirituelles*, Paris, 1672, in-8°.

PALEOTTI (Alfonso), *Historia admiranda de Jesu Christi stigmatibus ab Alphonso Paleoto [...] explicata, figuris æneis [...] illustrata* [...], Douai, 1616, 2 tomes en 1 vol. in-4° [B].

PASCAL (Blaise), *Œuvres complètes, texte etabli et annoté par Jacques Chevalier*, « Bibliothèque de la Pléiade », Paris, 1954, in-16.

id., *Pensées et opuscules, publiés* [...] *par Léon Brunschvicg*, Paris, 1946, in-16.

[PASSAVANT (Jean)], *La vie de la Révérende Mère Madeleine Gautron, prieure du monastère de la Fidélité de Saumur* [...], Saumur, 1689, in-12.

PATIN (Guy), *Lettres, nouvelle édition augmentée de lettres inédites* [...] *par J. A. Reveillé-Parise*, Paris, 1846, 3 vol. in-8°.

[PHELIPEAUX (Jean)], *Relation de l'origine, du progrès et de la condamnation du quiétisme répandu en France, avec plusieurs anecdotes curieuses*, s.l. [Sainte-Menehould], 1732, 2 vol. in-12.

PIC DE LA MIRANDOLE, *Opera quæ exstant omnia*, Bâle, 1601, 2 vol. in-f° [B].

PICOT (Séraphin), *Les puissants attraits de l'amour divin par les communications et les douceurs ineffables de la grâce dans la vie sublime de la Sœur Claire de Saint-François de Galon*, Marseille-Béziers, 1683, in-8°.

PIERRE D'ALCANTARA (Saint), *Traité de l'oraison et méditation avec plusieurs beaux avis pour les âmes dévotes* [...] *composé en espagnol par le bienheureux Pierre d'Alcantara* [...] *et nouvellement traduit par R.G., A.G.* [*René Gaultier*], Paris, 1643, in-32 [B.N. D 87662].

PIERRE CANISIUS (Saint), *Petit catéchisme pour les catholiques très nécessaire au temps présent pour instruire la jeunesse, composé en latin* [...] *et depuis mis en grec et en français* [...], Paris, 1610, in-12.

PIERRE-JOSEPH D'ORLÉANS, *La vie du Père Pierre Coton de la Compagnie de Jésus*, Paris, 1688, in-4° [B].

PIERRE DE LA RÉSURRECTION, *La vie de l'esprit divisée en trois parties*, Rennes, 1668, in-12.

PIERRE DE SAINT-LOUIS, *La Madeleine au désert de la Sainte-Baume en Provence*, Lyon, 1694, in-12 [B].

PINY (Alexandre), *La clef du pur amour*, Lyon, 1685, in-12 [B].

POIRET (Pierre), *La paix des bonnes âmes*, Amsterdam, 1687, in-12 [B].

PONTAS (Jean), *Exhortations aux malades en leur administrant le saint Viatique, tirées de l'Ecriture et des Pères*, Paris, 1690, in-12.

id., *Exhortations aux malades en leur administrant le saint Viatique et l'Extrême Onction, tirées des évangiles des dimanches et des saints Pères de l'Eglise*, Paris, 1691, 2 vol. in-12 [B].

id., *Exhortations pour le baptême, les fiançailles, le mariage et la bénédiction du lit nuptial, tirées de l'Ecriture et des Pères de l'Eglise*, Paris, 1691, in-12 [B].

POSTEL (Pierre), *La vie, l'esprit, les sentiments de piété du vrai serviteur de Dieu, M. François Mathon* [...] *recueillis par le Père Postel*, Amiens, 1710, in-12.

POUSSINES (Pierre), *Thesaurus asceticus*, Toulouse-Paris, 1684, in-4° [B].

[RANCÉ (Armand-Jean le Bouthillier DE)], *De la sainteté et des devoirs de la vie monastique*, Paris, 1683, 2 vol. in-4° [B].

[*id.*], *La règle de saint Benoît nouvellement traduite et expliquée selon son véritable esprit, par l'auteur des « Devoirs de la vie monastique »*, Paris, 1689, 2 vol. in-4° [B].

[*id.*], *Relations de la mort de quelques religieux de l'abbaye de la Trappe*, Paris, 1696, 2 vol. in-12 [B].

[*id.*], *Lettres, recueillies et publiées par B. Gonod*, Paris, 1846, in-8°.

RAPIN (René), *Mémoires* [...] *sur l'église et la société, la cour, la ville et le jansénisme* [...] *publiés* [...] *par Léon Aubineau*, Paris, 1865, 3 vol. in-8°.

Recueil de diverses pièces concernant le quiétisme et les quiétistes ou Molinos, ses sentiments et ses disciples [par Jean Cornand de la Croze], Amsterdam, 1688, in-12 [B.N. D 19035].

Recueil de lettres tant en prose qu'en vers sur le livre intitulé : Explication des Maximes des Saints, s.l., 1699, in-8° [B.N. D 19091].

Règles et constitutions pour les Sœurs de l'Union chrétienne, Paris, 1704, in-12 [Bibl. des Dames de l'Union chrétienne, Poitiers].

RETZ (Jean-François-Paul de Gondi, cardinal de), *Œuvres, nouvelle édition* [...] *par A. Feillet, J. Gourdault et R. Chantelauze*, « Les grands écrivains de la France », Paris, 1870-1920, 11 vol. in-8°.

RIBERA (Francisco DE), *La vie et les œuvres spirituelles de la M. Térèse de Jésus, fondatrice des Carmes déchaussés* [trad. par J. de Brétigny], Lyon, 1620, in-8°.

RICHEÔME (Louis), *L'adieu de l'âme dévote laissant le corps*, Rouen, 1610, in-12.

RINALD (Jacques), *Lilia seu flores Galliæ sanctæ vitas aliquot complexa SS. Gallorum aut eorum qui sanctitate sua Galliam illustrarunt ex omnibus ferme ordinibus tam ecclesiasticis quam laïcis*, Dijon, 1643, in-12.

ROBERT BELLARMIN (Saint), *De æterna felicitate sanctorum libri quinque*, Lyon, 1616, in-12 [B, Cologne, 1628].

id., *De scriptoribus ecclesiasticis*, Paris, 1644, in-8°.

id., Paris, 1658, in-8° [B].

RONSARD (Pierre DE), *Œuvres complètes, texte établi et annoté par Gustave Cohen*, « Bibliothèque de la Pléiade », Paris, 1950, 2 vol. in-16.

[ROUEN (Jean DE) = ROENNIUS], *Philippi Cospeani viri multo probissimi atque honoratissimi, nupera in Urbem Reversio, Eiusdemque Aturensium episcopi facti inauguratio et consecratio, Sorbonnorum augustali in æde, die præpete Dominico XVIII Febr. MDCVII*, Paris, 1607, in-8°.

RUPPÉ (Chérubin de Sainte-Marie), *La véritable dévotion à la Mère de Dieu*, Paris, 1672, 2 vol. in-12.

id., 3e édition, Toulouse, 1691, 2 vol. in-12.

RUYSBROECK (Jean DE), *Opera*, Cologne, 1552, in-4° [B, ou le suivant].

id., Cologne, 1609, in-4°.

Saint (Le) concile de Trente, œcuménique et général, célébré sous Paul III, Jules III et Pie IV, souverains pontifes, nouvellement traduit par M. l'abbé Chanut, Paris, 1674, in-4°.

SAINT-JURE (Jean-Baptiste), *Vie de Monsieur de Renty*, Paris, 1651, in-4°.

SAINT-SIMON (Louis de Rouvroy, duc DE), *Mémoires, publiés par A. de Boislisle*, « Les grands écrivains de la France », Paris, 1879-1928, 41 vol. + tables in-8°.

id., *Ecrits inédits, publiés* [...] *par M. P. Faugère*, Paris, 1880-1882, 4 vol. in-8°.

SANDT (Maximilien VAN DER) [= Sandaeus], *Pro theologia mystica clavis elucidarium onomasticon vocabulorum et loquutionum obscurarum, quibus Doctores Mystici, tum veteres, tum recentiores utuntur ad proprium suæ Disciplinæ sensum paucis manifestum*, Cologne, 1640, in-4°.

SCUPOLI (Lorenzo), *Le combat spirituel, nouvellement traduit de l'italien par le R.P.D. Alexis du Buc* [...] *avec une dissertation sur le véritable auteur*, Paris, 1696, in-8°.

SÉBASTIEN DES ANGES, *Maximes ou sentences spirituelles tirées des œuvres et de la vie des Saints pour servir aux âmes qui aspirent à la perfection*, 4e édition, Paris, 1653, in-12 [Chantilly Bibl. S.J.].

SEGNERI (Paolo), *Concordia tra la fatica e la quiete nell'orazione espressa ad un religioso in una risposta da Paolo Segneri*, Florence, 1680, in-8° [B.N. D 19025].

id., Venise, 1680, in-8° [B.N. D 19026].

[*id.*], *Le Quiétiste ou les illusions de la nouvelle oraison de quiétude*, Paris, 1687, in-12 [B.N. D 19032] [B].

id., *Opere* [...] *distribuite in quattro tomi*, Venise, 1773, 4 vol. in-4°.

SENAULT (Jean-François), *L'homme criminel ou la corruption de la nature par le péché selon les sentiments de saint Augustin*, 4e édition, Paris, 1656, in-4°.

id., [voir : J. Talon].

Sentiment de Mrs les docteurs en théologie de la Faculté de Paris touchant le livre du Père Falconi intitulé le Pain quotidien ou le Pain des fidèles, Paris, 1696, in-8°, [B.N. D 58520].

SERVAIN (Charles), *Sacra mystarum hebdomada sive quotidiana pro sacerdotibus pie celebrandi, septenaria vero pro laïcis devote communicandi Formula sacris e Litteris, Patribusque collecta* [...], Châlons-sur-Marne, 1670, in-12 [Chantilly, Bibl. S.J.].

SÉVIGNÉ (Marie de Rabutin-Chantal, marquise DE), *Lettres, texte établi et annoté par Gérard-Gailly*, « Bibliothèque de la Pléiade », Paris, 1953-1957, 3 vol. in-16.

Sources (Les) de la vraie et de la fausse dévotion où l'on découvre le fond de la nouvelle spiritualité et son opposition à celle de saint François de Sales, s.l., 1698, in-12 [B.N. D 19076 et 52541].

id., s.l., 1698, in-12 [B.N. D 52542].

id., Mons, 1699, in-12 [B.N. D 52543].

SPINOZA (Baruch), *Tractatus theologico-politicus*, Hambourg, 1670, in-4° [B].

id., *Opera posthuma*, s.l., 1677, 2 parties en 1 vol. in-4° [B].

id., *Œuvres complètes, texte* [...] *traduit ou revu, présenté et annoté par Roland Caillois, Madeleine Francès et Robert Misrahi,* « Bibliothèque de la Pléiade », Paris, 1954, in-16.

SUÂREZ (Francesco), *De Religione,* Lyon, 1609-1610, 2 vol. in-f°.

id., *Opera omnia,* Lyon, 1613-1634, 20 vol. in f° [B, 1608, 10 vol. in-f° ?].

id., *Opera omnia,* Paris, 1856-1878, 28 vol. gr. in-4°.

[SURIN (Jean-Joseph)], *Catéchisme spirituel contenant les principaux moyens d'arriver à la perfection, composé par I.D.S. F.P.,* Paris, 1661-1663, 2 vol. in-12 [B. 1693].

[*id.*], *Les fondements de la vie spirituelle tirés du Livre de l'Imitation de Jésus-Christ, composé par I.D.S.F.P.,* Paris, 1667, in-12.

[*id.*], Lyon, 1682, in-12.

id., *Les Fondements de la vie spiritelle tirés de « l'Imitation de Jésus-Christ », publiés par F. Cavallera,* « Maîtres spirituels » (R.A.M.), Paris, 1930, in-16.

[*id.*], *Cantiques spirituels de l'amour divin pour l'instruction et la consolation des âmes dévotes,* 4e édition, Paris, 1692, in-8° [B, 1694].

id., *Lettres spirituelles, édition critique par Louis Michel et Ferdinand Cavallera,* Toulouse, 1926-1928, 2 vol. in-8°.

id., *Poésies spirituelles suivies des Contrats spirituels, par Etienne Catta,* Paris, 1957, in-8°.

id., *Guide spirituel, texte établi et présenté par Michel de Certeau,* « Christus 12 », Bruges-Paris, 1963, in-16.

id., *Correspondance, texte établi, présenté et annoté par Michel de Certeau,* « Bibliothèque européenne », Bruges-Paris, 1966, in-16.

SUSO (Bienheureux Henry), *Opera* [trad. de Surius], Cologne, 1555, in-8°.

id., Cologne, 1615, in-8°.

id., *Dialogue de la Sagesse éternelle avec son disciple, composé par B. Henry Suso* [...] *et traduit par M. de Vienne,* Paris, 1684, in-12.

id., *Dialogue de la vérité avec son disciple,* Paris, 1701, in-12.

TALLEMANT DES RÉAUX (Gédéon), *Historiettes, texte intégral établi et annoté par Antoine Adam,* « Bibliothèque de la Pléiade », Paris, 1960-1961, 2 vol. in-16.

TALON (Jacques), *Instruction chrétienne tirée du Catéchisme du Concile de Trente, qui comprend en abrégé les principaux points de notre religion, tant pour ce qui regarde la foi, que pour ce qui concerne les mœurs*, Paris, 1667, in-12.

id., J.-F. Senault, *La vie de la Mère Magdeleine de Saint-Joseph* [...] *Nouvelle édition par le P.J. Talon*, Paris, 1670, in-4°.

TAULER (Jean), *Les Exercices du très pieux dom Jean Thaulère sur la vie et sur la passion de N.S. Jésus-Christ. Mis de l'alleman en latin par le P. Laurent Surius* [...] *en faveur des âmes qui désirent de faire leur salut* [...]. *Traduit en français par le P. Jacques Talon, prêtre de l'Oratoire de Jésus-Christ nostre Seigneur*, Paris, 1669, in-12.

id., Paris, 1682, in-12.

id., *Troisième édition*, Paris, 1694, in-12.

id., *Les Institutions de Thaulère, religieux de l'ordre de Saint Dominique, Traduction nouvelle*, Paris, 1665, in-8°.

id., *Sermones de tempore et de sanctis totius anni* [...], Paris, 1623, in-4° [B].

id., *Sermons. Traduction sur les plus anciens manuscrits allemands par les RR. PP. Hugueny, Théry O.P., et A.L. Corin*, Paris, 1927-1935, 3 vol. in-8°.

THÉRÈSE D'AVILA (Sainte), *Les œuvres de sainte Thérèse d'Avila divisées en deux parties, de la traduction de Monsieur Arnauld d'Andilly*, Paris, 1676, in-4° [B].

id., Paris, 1687, in-4°.

id., *Lettres de la glorieuse Mère sainte Thérèse* (*III*e *Partie des Œuvres de sainte Thérèse de la traduction de M. Arnauld d'Andilly, nouvelle édition*), Paris, 1688, in-12 [B].

id., *Lettres de sainte Thérèse de Jésus*, Lille, 1698, 2 vol. in 12 [B].

id., [voir aussi *supra :* Ribera (Francisco de)].

THOMAS DE JÉSUS, *Opera*, Cologne, 1684, 2 vol. in-f° [B].

[TREUVÉ (Simon Michel)], *Le directeur spirituel pour ceux qui n'en ont point*, Paris, 1691, in-12 [B].

[*id.*], *seconde édition*, Paris, 1692, in-12.

id., *Discours de piété contenant l'explication des mystères et l'éloge des saints que l'Eglise honore pendant l'Avent. Pour servir de lecture spirituelle aux personnes qui ne peuvent entendre les instructions publiques*, Lyon, 1697, in-12.

TRONSON (Louis), *Correspondance, Lettres choisies, annotées et publiées par L. Bertrand*, Paris, 1904, 3 vol. in-8°.

VÆNIUS (Othon), *Amoris divini emblemata, studio et ære Othonis Væni concinnata*, Anvers, 1660, in-4° [B, 1615].

VÉRON (François), *Manuale Sodalitatis beatæ Mariæ Virginis in domibus et gymnasiis Societatis Jesu toto christianæ orbe institutæ, Miraculis dictæ Sodalitatis illustratum*, Lyon, 1622, in-12.

Vie (La) de dom Barthélemy des Martyrs, religieux de l'ordre de S. Dominique, archevêque de Brague en Portugal. Tirée de son Histoire écrite en Espagnol et en Portugais par cinq Auteurs dont le premier est le Père Louis de Grenade, troisième édition, Paris, 1663, in-8° [B].

Vie (La) du vénérable frère Sébastien Sicler, Hermite de l'Arbroye, diocèse de Noyon, Lyon, 1698, in-12.

VIGNIER (Jacques), *La pratique de la paix de l'âme dans la vie de Saint Louis*, Autun, 1642, in-12.

VILLIERS (abbé P. DE), *Lettre* [— *Seconde Lettre*] *sur l'oraison des quiétistes*, Paris, 1697, in-12 [B.N. D 19051].

VINCENT DE PAUL (Saint), *Correspondance, Entretiens, Documents*, Paris, 1920-1925, 14 vol. in-8° [cité : Vincent de Paul, *Œuvres*].

id., Entretiens spirituels aux missionnaires, textes réunis et présentés par André Dodin, Paris, 1960, in 16.

VOITURE (Vincent), *Les Œuvres de Monsieur de Voiture, nouvelle édition corrigée*, Paris, 1686, 2 vol. in-12.

VOYER D'ARGENSON (René de), *Annales de la Compagnie du Saint-Sacrement, publiées et annotées par le R.P. dom H. Beauchet-Filleau*, Marseille, 1900, in-8°.

VUILLART (Germain), *Lettres de Germain Vuillart, ami de Port-Royal à M. Louis de Préfontaine (1694-1700), introduction et notes de Ruth Clark*, Genève-Lille, 1951, in-8°.

ZAMET (Sébastien), *Conférences spirituelles sur divers sujets* [...], Dijon, 1705, in-12.

id., Lettres spirituelles [...] *publiées d'après les copies authentiques avec une introduction et des notes par Louis N. Prunel et précédées des Avis spirituels du même Prélat*, Paris, 1911, in-8°.

2) Etudes

La bibliographie des travaux consacrés à Bossuet jusqu'en 1960 a été dressée de façon remarquable par J. Truchet dans *La prédication de Bossuet,* Paris, 1960, tome II, p. 303-314 ; nous estimons inutile de reproduire cette liste presque exhaustive à laquelle nous renvoyons le lecteur. On trouvera dans la bibliographie ci-dessous l'indication des seuls livres importants, ceux qui nous ont servi pour étudier le sujet précis que nous nous étions fixé.

Abbaye (*L'*) *royale Notre-Dame de Jouarre,* « Bibliothèque d'histoire et d'archéologie chrétiennes », Paris, 1961, 2 vol. in-8°.

Achery (Dom Luc d'), *Asceticorum, vulgo spiritualium, opusculorum quæ inter patrum opera reperiuntur indiculus* [...], 2e édition, Paris, 1671, in-4°.

Adam (Antoine), *Histoire de la littérature française au* xviie *siècle,* Paris, 1953-1956, 5 vol., in-16.

id., Les libertins au xviie *siècle, textes choisis et présentés par A. Adam,* « Le vrai savoir », Paris, 1964, in 16.

Archange-Gabriel de l'Annonciation, *La vie du vénérable Père Antoine du Saint-Sacrement,* Avignon, 1682, 2 parties en 1 vol. in-8°.

Ariès (Philippe), *L'enfant et la vie familiale sous l'Ancien régime,* Paris, 1960, in-16.

Arnou (R.), *Platonisme des Pères,* dans : *Dictionnaire de théologie catholique,* tome XII, 2e partie, col. 2258-2392.

Augereau (Joseph), *Jeanne Absolu, une mystique du grand siècle,* Paris, 1960, in-8°.

Auguste (Alphonse), *Contribution à l'histoire de la Compagnie du Très saint Sacrement de l'Autel, Les sociétés secrètes catholiques au* xviie *siècle et H.-M. Boudon,* Paris, 1913, in-8°.

[Avrigny (Robillard d')]. *Mémoires chronologiques et dogmatiques pour servir à l'histoire ecclésiastique depuis 1600 jusqu'en 1716,* Nîmes, 1781, 2 vol. in-8°.

Azema (Xavier), *Un prélat janséniste, Louis Foucquet, évêque et comte d'Agde (1656-1702),* Paris, 1963, in-8°.

Bachelier (A.), *Philippe Cospeau (1571-1646),* dans : *Bulletin de la Société archéologique et historique de Nantes et de la Loire-Atlantique,* 1956, p. 54-70 ; 1957, p. 76-97.

Bacon (René), *Les dimensions du mystère de l'Eucharistie dans l'œuvre de Bossuet,* Université de Strasbourg, Faculté de théologie catholique, 1967, exemplaires polycopiés.

id., *Mystère de l'Eucharistie et ministère de la parole dans l'œuvre de Bossuet,* dans : *Revue des sciences religieuses,* janvier 1968, p. 39-61.

id., *La participation de l'Eglise à l'offrande eucharistique d'après Bossuet, ibid.*, juillet 1968, p. 231-260.

id., *La pensée de Bossuet sur l'Eucharistie, mystère d'unité, ibid.*, juillet 1971, p. 209-239.

BADY (René), *L'homme et son « institution » de Montaigne à Bérulle 1580-1625,* « Annales de l'Université de Lyon », Paris, 1964, in-8°.

BARBIER (E.), *Le théologal de Bossuet, Simon-Michel Treuvé (1651-1730),* dans : *Bulletin d'histoire, de littérature et d'art religieux du diocèse de Dijon,* 1903, p. 147-153, 178-186, 193-203, 246-256, 277-283 ; 1904, p. 45-56, 77-79.

BARONI (Victor), *La Contre réforme devant la Bible, La question biblique,* Lausanne, 1943, in-8°.

id., *La Bible dans la vie catholique depuis la Réforme,* Lausanne, 1955, in-8°.

BARTHÉLEMY (Edouard DE), *Etude sur la vie de Jeanne-Françoise Fremyot, baronne de Rabutin-Chantal, dame de Bourbilly, fondatrice de l'ordre de la Visitation Sainte-Marie,* Paris, 1860, in-8°.

BARUZI (Jean), *Saint Jean de la Croix et le problème de l'expérience mystique, deuxième édition revue et augmentée,* Paris, 1931, in-8°.

BATTEREL (Louis), *Mémoires domestiques pour servir à l'histoire de l'Oratoire. Les Pères de l'Oratoire recommandables par la piété ou par les lettres. Publiés par A.M.P. Ingold et E. Bonardet,* Paris, 1902-1911, 5 vol. in-8°.

BAUDRY (Louis-Joseph), *Le véritable esprit de saint François de Sales,* Lyon, 1846, 4 vol. in-8°.

BAUSSET (Louis-François, cardinal de), *Histoire de Bossuet, évêque de Meaux, composée sur les manuscrits originaux, cinquième édition,* Paris, 1830, 4 vol. in-8°.

B[AVARD] (E[tienne]), *La vie du vénérable Bénigne Joly, le père des pauvres, d'après les manuscrits et les auteurs contemporains,* Paris, 1878, in-16.

BECKER (Aimé), *De l'instinct du bonheur à l'extase de la béatitude. Théologie et pédagogie du bonheur dans la prédication de saint Augustin,* Paris, 1968, in-8°.

BELLEMARE (Rosaire), *Le sens de la créature dans la doctrine de Bérulle*, Bruges-Paris, 1959, in-16.

BELLON (abbé E.), *Bossuet directeur de conscience*, Paris, 1896, in-8°.

BERTAULT (Philippe), *Bossuet intime*, Paris-Bruges, 1927, in-8°.

BERTHELOT DU CHESNAY (Charles), *Les missions de saint Jean Eudes. Contribution à l'histoire des missions en France au* XVIIe *siècle*, Paris, 1967, in-8°.

Bibliotheca Phillippica. Catalogue of French, Spanish, Portuguese, Greek, Yugoslav and Slavonic manuscripts, From the celebrated collection formed by Sir Thomas Phillipps, BT. (1792-1872), New series : Sixth Part. The property of the Trustees of the Robinson Trust, Sotheby and C°, Londres, 1970, in-8°.

Bibliothèque de M.G.H. [*anotaux*], *Première série*, XVIIe *siècle, Littérature*, Paris, 1927, gr. in-8°.

BIZET (J. A.), *Henri Suso et le déclin de la scolastique*, Paris, 1946, in-8°.

id., *Jean Tauler*, Paris, 1968, in-16.

BLANCHARD (Pierre), *L'attention à Dieu selon Malebranche, méthode et doctrine*, Bruges-Paris, 1956, in-8°.

BLONDEAU (Georges), *Claude Bretagne, conseiller au parlement de Bourgogne. Son portrait et ceux de sa famille au Musée de Dijon*, dans : *Annales de Bourgogne*, 1933, p. 101-128.

Bossuet et l'histoire, notes par Charles Braibant, suivies du catalogue de l'exposition par Bernard Mahieu, Hôtel de Rohan, Paris, 1955, in-8°.

BOUCHARD (Marcel), *De l'humanisme à l'Encyclopédie. Essai sur l'évolution des esprits dans la bourgeoisie bourguignonne sous les règnes de Louis XIV et de Louis XV*, Paris, 1929, in-8°.

BOUCHEREAUX (Suzanne-Marie), *La réforme des carmes en France et Jean de Saint-Samson*, Paris, 1950, in-8°.

BOUGAUD (Louis-Emile), *Etude historique et critique sur la mission, les actes et le culte de saint Bénigne*, Paris, [1859].

BOURSEAUD (H.-M.), *Histoire et description des manuscrits et éditions originales des ouvrages de Bossuet, deuxième édition*, Paris-Saintes, 1898, in-8°.

BOURY (Pierre), *La preuve de Dieu chez Bossuet*, dans : *Nouvelle Revue théologique*, t. 64, juillet-août 1937, p. 755-773.

BOUYER (Louis), *Mysterion,* dans : *La Vie spirituelle, Supplément,* 1952, p. 397-412.

id., La spiritualité du Nouveau Testament et des Pères, dans : *Histoire de la spiritualité chrétienne,* tome I, Paris, 1960, in-8°.

id., Eucharistie, théologie et spiritualité de la prière eucharistique, Deuxième édition, Tournai-Paris, 1968, in-16.

BREMOND (Henri), *Apologie pour Fénelon,* Paris, 1910, in 16.

id., Histoire littéraire du sentiment religieux en France depuis la fin des guerres de religion jusqu'à nos jours, Paris, 1915-1933, 11 vol., et un index, Paris, 1936, in-8°.

id., Prière et poésie, Paris, 1926, in-16.

id., La querelle du Pur Amour au temps de Louis XIII. Antoine Sirmond et Jean-Pierre Camus, « Cahiers de la Nouvelle Journée 22 », Paris, 1932, in-8°.

id., Autour de l'humanisme, d'Erasme à Pascal, Paris, 1937, in-16.

BREMOND (Jean), *Le quiétisme de Malaval,* dans : *Revue d'ascétique et de mystique,* 1955, n° 124, p. 399-418.

BROGLIE (Guy DE), *De gratia,* « *Faculté de théologie, Institut catholique de Paris* », 1955-1956, exemplaires ronéotypés.

BROUTIN (Paul), *La réforme pastorale en France au* XVIIe *siècle. Recherches sur la tradition pastorale après le concile de Trente,* Paris-Tournai, 1956, 2 vol. in-8°.

BUSSON (Henri), *La religion des classiques (1660-1685),* Paris, 1948, in-8°.

id., Littérature et théologie, Montaigne, Bossuet, La Fontaine, Prévost, Paris, 1962, in-8°.

CALMET (Augustin), *Bibliothèque lorraine,* Nancy, 1751, in f°.

CALVET (Jean), *Saint Vincent de Paul,* Paris, 1948, in-8°.

id., Bossuet, nouvelle édition, illustrée, remise à jour par Jacques Truchet, « Connaissance des Lettres », Paris, 1968, in-16.

CARREZ (Louis), *Documenta ad historiam Societatis Jesu in Galliam concinnandam. Catalogi sociorum et officiorum provinciæ Campaniæ Societatis Jesu ab anno 1616 ad annum 1662,* Châlons, 1897-1903, 6 vol. in-8° [cité : L. Carrez, *Catalogi*].

Catalogue de livres anciens et modernes. Librairie de l'Art catholique, Paris, 1916, gr. in-8°.

CERTEAU (Michel DE), *Le Père Maur de l'Enfant-Jésus. Textes inédits*, dans : *Revue d'ascétique et de mystique*, 1959, n° 139, p. 266-303.

id., *Politique et mystique. René d'Argenson (1596-1651)*, dans : *Revue d'ascétique et de mystique*, 1963, n° 153, p. 45-82.

id., *Les œuvres de Jean-Joseph Surin*, dans : *Revue d'ascétique et de mystique*, 1964, n° 160, p. 467-476 ; 1965, n° 161, p. 55-64.

id., *Crise sociale et réformisme spirituel au début du* XVIIe *siècle : Une « Nouvelle Spiritualité » chez les Jésuites français*, dans : *Revue d'ascétique et de mystique*, 1965, n° 163, p. 339-386.

id., *Apologie de la différence*, dans : *Etudes*, janvier 1968, p. 81-106.

id., *L'illettré éclairé dans l'histoire de la lettre de Surin sur le jeune homme du coche (1630)*, dans : *Revue d'ascétique et de mystique*, 1968, n° 176, p. 369-412.

CEYSSENS (Lucien), *Le cardinal Bona et le jansénisme, autour d'une étude récente*, dans : *Benedictina*, t. 10 (1956), p. 70-120, 267-328 ; repris dans : *Jansenistica minora*, t. IV, n° 32.

CHÉROT (Henri), *Autour de Bossuet. Le quiétisme en Bourgogne et à Paris en 1698, d'après des correspondances inédites. Avec le panégyrique antiquiétiste de saint Bernard du P. de La Rue*, Paris, 1901, in-8° [extrait des *Etudes*, 5 décembre 1900, 5 et 20 janvier 1901].

CHESNEAU (Charles), *Le Père Yves de Paris et son temps (1590-1670)*, Paris, 1946, 2 vol. in-8°.

C[HEVALIER] (U[lysse]), *Affiliation de Bossuet à l'ordre des Chartreux*, dans : *Bulletin d'histoire ecclésiastique du diocèse de Valence*, 1890, p. 142-143.

COCHOIS (Paul), *Bérulle, hiérarque dionysien*, dans : *Revue d'ascétique et de mystique*, 1961, n° 147, p. 314-353.

Cœur (Le), « Les études carmélitaines », Bruges-Paris, 1950, in-8°.

COGNET (Louis), *La spiritualité française au* XVIIe *siècle*, « Culture catholique n° 4 », Paris, 1949, in-16.

id, *Dom Claude Martin (1619-1696) et le mysticisme français*, dans : *Revue d'histoire de l'Eglise de France*, 1957, n° 140, p. 125-149.

id., *De la Dévotion moderne à la Spiritualité française*, « Je sais - je crois, 41 », Paris, 1958, in-16.

id., *Crépuscule des mystiques. Le conflit Fénelon-Bossuet,* Tournai, 1958, in-16.

id., *La spiritualité moderne,* t. I, *L'essor : 1500-1650,* dans : *Histoire de la spritualité chrétienne,* III**, Paris, 1966, in-8°.

id., *Introduction aux mystiques rhéno-flamands,* « Spiritualité d'hier et d'aujourd'hui », Paris, 1968, in-16.

COLLAS (Georges), *La conversion du prince de Conti,* dans : *Revue d'ascétique et de mystique,* 1948, n° 94, p. 156-181.

COMBES (André), *Essai sur la critique de Ruysbroeck par Gerson,* Paris, 1945-1959, 3 vol. in-8°.

[CÔME DE VILLIERS], *Bibliotheca carmelitana, notis criticis et dissertationibus illustrata cura et labore unius e carmelitis provinciæ Turoniæ collecta,* Orléans, 1752, 2 vol. in-f° [reprod. Rome 1927].

CONGAR (Yves-Marie), *Théologie,* dans : *Dictionnaire de théologie catholique,* t. XV, 1re partie, col. 341-502.

COSTE (Pierre), *Le grand saint du grand siècle, Monsieur Vincent, Deuxième édition,* Paris, 1934, 3 vol. in-8°.

COUSIN (Victor), *La jeunesse de Mme de Longueville. Etudes sur les femmes illustres et la société du* XVIIe *siècle. Dixième édition,* Paris, 1883, in-8°.

CROUSLÉ (Léon), *Fénelon et Bossuet, études morales et littéraires,* Paris, 1894-1895, 2 vol. in-8°.

CURTIUS (Ernst Robert), *Europäische Literatur und lateinisches Mittelalter, zweite Auflage,* Berne, 1954, in-8°.

DAGENS (Jean), *Bérulle et les origines de la restauration catholique (1575-1611),* Bruges-Paris, 1952, in-8°.

id., *Bibliographie chronologique de la littérature de spiritualité et de ses sources (1501-1610),* Bruges-Paris, 1952, in-8°.

id., *Le* XVIIe *siècle, siècle de saint Augustin,* dans : *Cahiers de l'Association internationale des Etudes françaises,* 1953, nos 3-4-5, p. 31-38.

id., *L'écrivain et l'orateur chrétien suivant Jean-Pierre Camus,* dans : *Studi francesi,* 1958, p. 379-394.

id., *Hermétisme et cabale en France, de Lefèvre d'Etaples à Bossuet,* dans : *Revue de littérature comparée,* janvier-mars 1961, p. 5-16.

DAINVILLE (François DE), *La naissance de l'humanisme moderne, Les jésuites et l'éducation de la société française,* Paris, 1940, in-8°.

id., *La révision romaine du « Catéchisme spirituel »*, dans : *Revue d'ascétique et de mystique*, 1957, n° 129, p. 62-87.

DEBONGNIE (Pierre), *La grande dame du pur amour, Sainte Catherine de Gênes*, « Les études carmélitaines », Bruges-Paris, 1960, in-8°.

id., *Sainte Catherine de Gênes, Vie et doctrine, d'après des travaux récents*, dans : *Revue d'ascétique et de mystique*, 1962, n° 152, p. 409-446 ; 1963, n° 153, p. 3-31 ; n° 154, p. 152-171.

DELASSAULT (Geneviève), *Le Maistre de Sacy et son temps*, Paris, 1957, in-8°.

DELATTRE (Pierre), *Les établissements des jésuites en France depuis quatre siècles*, Enghien, 1940-1957, 5 tomes in-f°.

DELONDRE (Adrien), *Doctrine philosophique de Bossuet sur la connaissance de Dieu*, Paris, 1855, in-8°.

DENZINGER (Henri), *Enchiridion symbolorum, definitionum et declarationum de rebus fidei et morum, quod post Clementem Bannwart et Ioannem B. Umberg S.I. denuo edidit Carolus Rahner S.I.*, Editio 31, Barcelone-Fribourg-en-Br.-Rome, 1957, in-16 [cité : *Denz.*, suivi du N°].

DERMENGHEM (Emile), *L' « instant » chez les mystiques et chez quelques poètes*, dans : *Mesures*, 15 juillet 1938, p. 105-124.

DEVROYE (Jean), *Bossuet directeur d'âmes*, Paris-Tournai, 1937, in-8°.

DHÔTEL (Jean-Claude), *Les origines du catéchisme moderne, d'après les premiers manuels imprimés en France*, « Théologie, 71 », Paris, 1967, in-8°.

Dictionnaire d'histoire et de géographie ecclésiastiques, Paris, 1912 et suiv., 16 vol, [A-F] parus, in-4° [cité D.H.G.E.].

Dictionnaire des lettres françaises, publié sous la direction du cardinal G. Grente. Le dix-septième siècle, Paris, 1954, in-4°.

id., *Le dix-huitième siècle*, Paris, 1960, 2 vol. in-4°.

Dictionnaire de spiritualité ascétique et mystique, doctrine et histoire, fondé par M. Viller, F. Cavallera, J. de Guibert, [...], Paris, 1937-1971, 7 tomes [A-I] parus, in-4°, [cité : D.S.].

Dictionnaire de théologie catholique, commencé sous la direction de A. Vacant, E. Mangenot, continué sous celle de E.

Amann, Paris, 1903-1951, 15 tomes in-4° + tables (1 vol. paru) [cité : D.T.C.].

DODIN (André), *Saint Vincent de Paul et les illuminés*, dans : *Revue d'ascétique et de mystique*, 1949, n° 98-100, p. 445-456.

id., *Saint Vincent de Paul et la charité*, « Maîtres spirituels, 21 », Paris, 1960, in-16.

DUDON (Paul), *Le quiétiste espagnol Michel Molinos (1628-1696)*, Paris, 1921, in-8°.

DU PLESSIS (Toussaint), *Histoire de l'Eglise de Meaux*, Paris, 1731, 2 vol. in-4°.

DUPONT-FERRIER (Gustave), *Du collège de Clermont au lycée Louis-le-Grand*, Paris, 1921, 3 vol. in-8°.

DUPUY (Michel), *Bérulle, une spiritualité de l'adoration*, « Spiritualité d'hier et d'aujourd'hui », Tournai-Paris, 1964, in-16.

id., *Bérulle et le sacerdoce. Etude historique et doctrinale, Textes inédits*, « Bibliothèque d'histoire et d'archéologie chrétiennes, 7 », Paris, 1969, in-8°.

DURAND DE MAILLANE (Pierre-Toussaint), *Dictionnaire de droit canonique et de pratique bénéficiale, deuxième édition*, Lyon-Paris, 1770, 4 vol. in-4°.

ERIAU (Jean-Baptiste), *L'ancien Carmel du Faubourg Saint-Jacques, 1604-1792*, Paris, 1929, in-8°.

ESPINAS (A.), *Pour l'histoire du cartésianisme*, dans : *Revue de métaphysique et de morale*, 1906, p. 265-293.

FABRE (Antonin), *La jeunesse de Fléchier*, Paris, 1882, 2 vol. in-8°.

FAILLON (Etienne-Michel), *Vie de M. Olier, Fondateur du Séminaire de Saint-Sulpice, quatrième édition, revue et considérablement augmentée par l'auteur*, Paris, 1873, 3 vol. in-8°.

FERET (Pierre), *La Faculté de théologie de Paris et ses docteurs les plus célèbres : Epoque moderne*, Paris, 1900-1907, 5 vol. in-8°.

FERTÉ (Jeanne), *La vie religieuse dans les campagnes parisiennes (1622-1695)*, Paris, 1962, in-8°.

FLACHAIRE (Charles), *La dévotion à la Vierge dans la littérature catholique au commencement du* XVIIe *siècle* [...] *publié par Alfred Rébelliau*, Paris, 1916, in-8°.

FLASCHE (Hans), *Die Erfahrung des Herzens bei Le Maître de Sacy zur Einordnung der Erkenntnislehre Pascals*, dans : *Sacris erudiri*, 1949, p. 367-380.

FLOQUET (Amable), *Etudes sur la vie de Bossuet jusqu'à son entrée en fonctions en qualité de précepteur du Dauphin (1627-1670)*, Paris, 1855, 3 vol. in-8°.

id, *Bossuet précepteur du Dauphin, fils de Louis XIV, et évêque à la Cour (1670-1682)*, Paris, 1864, in-8°.

FORMEVILLE (Henri DE), *Histoire de l'ancien évêché-comté de Lisieux*, Lisieux, 1873, 2 vol. in-8°.

FOUQUERAY (Henri), *Histoire de la Compagnie de Jésus en France, des origines à la suppression (1528-1762)*, Paris, 1913-1925, 5 vol. in-8°.

FRAIN (Edouard), *Mémoire généalogique*, Vitré, 1884, in 16.

id., *Tableaux généalogiques, notices et documents inédits*, Vitré 1892, 2 vol. in-4°.

FRIEDRICH (Hugo), *Montaigne, traduit de l'allemand par R. Rovini*, « Bibliothèque des Idées », Paris, 1968, in-8°.

GALY (Jean), *Le sacrifice dans l'Ecole française de spiritualité*, Paris, 1951, in-8°.

GARGAM (Georges), *L'amour et la mort*, Paris, 1959, in-16.

GARIN (Eugenio), *Moyen Age et Renaissance, traduit de l'italien par C. Carme*, « Bibliothèque des Idées », Paris, 1969, in-8°.

GEBELIN (François), *L'époque Henri IV et Louis XIII*, « Le Lys d'or », Paris, 1969, in-8°.

GILSON (Etienne), *La liberté chez Descartes et la théologie*, Paris, 1913, in-8°.

id., *Introduction à l'étude de saint Augustin, 2e édition revue et augmentée*, Paris, 1943, in-8°.

id., *Théologie et histoire de la spiritualité. Leçon inaugurale [...] prononcée à l'Institut catholique de Paris le 15 novembre 1943*, Paris, 1943, in-8°.

id., *Le thomisme, 5e édition*, Paris, 1947, in-8°.

id., *La théologie mystique de saint Bernard*, Paris, 1947, in-8°.

GIRARD (Guillaume), *Histoire de la vie du duc d'Epernon*, Paris, 1730, 2 vol. in-12.

GOLDMANN (Lucien), *Le dieu caché. Etude sur la vision tragique dans les Pensées de Pascal et dans le théâtre de Racine*, « Bibliothèque des Idées », Paris, 1955, in-8°.

GOMEZ (Elias), *Teologo y asceta, fr. Juan Falconi de Bustamente*, Madrid, 1955, in-8°.

GORÉ (Jeanne-Lydie), *La notion d'indifférence chez Fénelon et ses sources,* « Université de Grenoble, Publications de la Faculté des Lettres, 16 », Paris, 1956, in-8°.

GOUHIER (Henri), *La crise de la théologie au temps de Descartes,* dans : *Revue de théologie et de philosophie* (Lausanne), t. LXXXVI, 1954, p. 19-54.

id., La philosophie de Malebranche et son expérience religieuse, Deuxième édition, Paris, 1948, in-8°.

[GOUJET (Claude-Pierre)], *La vie de messire Félix Vialart de Herse, Evêque et comte de Châlons en Champagne, Pair de France, nouvelle édition revue, corrigée, augmentée,* Utrecht, 1739, in-12.

GOYET (Thérèse), *L'humanisme de Bossuet,* t. I, *Le goût de Bossuet,* t. II, *L'humanisme philosophique,* Paris, 1965, 2 vol. in-8°.

GRAEFF (H.-C.), *L'image de Dieu et la structure de l'âme,* dans : *La Vie spirituelle, Supplément,* 1952, p. 331-339.

GRISELLE (Eugène), *De munere pastorali quod contionando adimplevit tempore præsertim meldensis episcopatus Iacobus-Benignus Bossuet,* Lille, 1901, in-8°.

id., Episodes de la campagne antiquiétiste (1696-1699) d'après la correspondance de Bossuet, de son frère et de son neveu, I. *L'aventure de l'abbé Bossuet à Rome,* Mâcon, 1903, in-8°.

id., Fénelon, Etudes historiques, Paris, 1911, in-16.

GUENNOU (Jean), *Les Missions Etrangères,* « Terre et Louange », Paris, 1963, in-16.

GUÉRANGER (Prosper), Articles sur Marie d'Agreda, dans : *L'Univers,* 23 mai 1858-18 septembre 1859.

GUEZ DE BALZAC (Jean-Louis), *Les premières lettres, 1618-1627, édition critique par H. Bibas et K. T. Butler,* « Société des textes français modernes », Paris, 1933-1934, 2 vol. in-8°.

GUIBERT (Joseph DE), *Etudes de théologie mystique,* Toulouse, 1930, in-8°.

id., Documenta ecclesiastica christianæ perfectionis studium spectantia, Rome, 1931, in-8°.

id., La spiritualité de la Compagnie de Jésus, esquisse historique, Rome, 1953, in-8°.

id., Leçons de théologie spirituelle, tome premier [seul paru], *nouvelle édition,* Toulouse, 1955, in-8°.

GUITTON (Jean), *Bossuet,* dans : *Œuvres complètes,* t. I, *Portraits,* « Bibliothèque européenne », Bruges-Paris, 1966, in-16, p. 679-702.

HAASE (Erich), *Zur Bedeutung von « Je ne sais quoi » im 17. Jahrhundert,* dans : *Zeitschrift für französische Sprache und Literatur,* LXVII, 1956, Heft 1, p. 47-68.

HARDY (Georges), *Le « De Civitate Dei » source principale du « Discours sur l'histoire universelle »,* « Bibliothèque de l'Ecole des Hautes Etudes, Sciences religieuses », Paris, 1913, in-8°.

HARENT (Stéphane), *A propos de Fénelon, La question de l'amour pur,* dans : *Etudes,* 1911, p. 178-196, 319-363, 480-500, 745-768.

HARMAND (René), *Essai sur la vie et les œuvres de Georges de Brébeuf,* Paris, 1897, in-8°.

HAZARD (Paul), *La crise de la conscience européenne,* Paris, s.d.. in 16.

HILLENAAR (Henk), *Fénelon et les Jésuites,* « Archives internationales d'histoire des idées, 21 », La Haye, 1967, in-8°.

Histoire spirituelle de la France. Spiritualité du catholicisme en France et dans les pays de langue française des origines à 1914, Paris, 1964, in-16.

HOFFER (Paul), *La dévotion à Marie au déclin du* XVIIe *siècle. Autour du Jansénisme et des « Avis Salutaires de la B.V. Marie à ses Dévots indiscrets »,* Paris, 1938, in-8°.

HOLTE (Ragnar), *Béatitude et sagesse. Saint Augustin et le problème de la fin de l'homme dans la philosophie ancienne,* Paris-Worcester (Mass.), 1962, in-8°.

Homme (L') devant Dieu, Mélanges offerts au Père Henri de Lubac, t. II, *Du Moyen Age au siècle des Lumières,* « Théologie, 57 », Paris, 1964, in-8°.

HUBERT (Jean), *Manuscrits de J.-B. Bossuet conservés aux Archives de Seine-et-Marne,* Melun, 1955, in-4°.

HUIJBEN (J.), *Le Bienheureux Jean Ruysbroeck, son rôle et sa doctrine,* dans : *La Vie spirituelle,* mai 1922, p. 100-114.

HÜPPI (Beda), *Versuch über den Stil Bossuets,* Fribourg (Suisse), 1950, in-8°.

[ISNARD (Albert)], *Bibliothèque nationale. Catalogue des ouvrages de Bossuet conservés au département des imprimés.* Extrait du tome XVI du *Catalogue général des livres imprimés de la bibliothèque nationale,* Paris, 1904, in-8°.

JANKÉLÉVITCH (Vladimir), *Le Je-ne-sais-quoi et le Presque rien,* Paris, 1957, in-8°.

JANSSENS (Edgar), *La doctrine mariale de Bossuet,* Liège, 1946, in-16.

JOPPIN (Gabriel), *Fénelon et la mystique du pur amour,* Paris, 1938, in-8°.

id., Une querelle autour de l'amour pur. Jean-Pierre Camus, évêque de Belley, Paris, 1938, in-8°.

JOURDAIN (Charles), *Histoire de l'Université de Paris au* XVIIe *et au* XVIIIe *siècle,* Paris, 1862-1866, in-f°.

JOVY (Ernest), *Etudes et recherches sur Jacques-Bénigne Bossuet, évêque de Meaux,* Vitry-le-François, 1903, in-8°.

KRAILSHEIMER (Alban John), *Studies in Self-interest, from Descartes to La Bruyère,* Oxford, 1962, in-8°.

KRYNEN (Jean), *La pratique et la théorie de l'amour sans connaissance dans le Viæ Sion Lugent d'Hugues de Balma,* dans : *Revue d'ascétique et de mystique,* 1964, n° 158, p. 161-183.

LA BROISE (René-Marie de), *Bossuet et la Bible, Etude d'après les documents originaux,* Paris, 1891, in-8°.

LAFUMA (Louis), *L'ordre de l'esprit et l'ordre du cœur selon Pascal,* dans : *Recherches de science religieuse,* 1958, p. 416-420.

LAHRKAMP (Helmut), *Ferdinand von Fürstenberg in seiner Bedeutung für die zeitgenössische Geschichtsforschung und Literatur,* Münster (Westf.), 1953, in-8°.

LAIR (Jules-Auguste), *Louise de La Vallière et la jeunesse de Louis XIV d'après des documents inédits, quatrième édition,* Paris, 1907, in-8°.

LAJEUNIE (Etienne-Jean), *Saint François de Sales. L'homme, la pensée, l'action,* Paris, 1966, 2 vol. in-8°.

LANGLOIS (Marcel), *Louis XIV et la cour, d'après trois témoins nouveaux, Bélise, Beauvillier, Chamillart,* Paris, 1926, in-8°.

LAPORTE (Jean), *La doctrine de Port-Royal,* t. I, *Essai sur la formation et le développement de la doctrine,* 1. *Saint-Cyran,* t. II, *Exposition de la doctrine* (*d'après Arnauld*), 1. *Les vérités de la grâce,* Paris, 1923, 2 vol. in-8°.

id., *La doctrine de Port-Royal, La morale (d'après Arnauld)*, Paris, 1951-1952, 2 vol. in-8°.

id., *Le cœur et la raison selon Pascal*, Paris, 1950, in-8°.

LA SERVIÈRE (Joseph DE), *La vie de collège chez les Jésuites d'Ancien Régime*, Paris, [1905] in-4°.

LEBARQ (Joseph), *Histoire critique de la prédication de Bossuet, d'après les manuscrits autographes et des documents inédits, seconde édition revue, corrigée, augmentée*, Lille-Paris, 1891, in-8°.

LEBRETON (Jules), *Les origines du dogme de la Trinité, quatrième édition entièrement refondue*, « Bibliothèque de théologie historique », Paris, 1919, in-8°.

LE BRUN (Jacques), *Claude-Joseph Fournet et son œuvre spirituelle*, dans : *Bulletin de la Société d'émulation du Bourbonnais*, 2e trimestre 1961, p. 405-418.

id., *Le Père Pierre Lalemant et les débuts de l'Académie Lamoignon*, dans : *Revue d'histoire littéraire de la France*, avril-juin 1961, p. 153-176.

id., *Paul Godet des Marais, évêque de Chartres (1648-1709)*, dans : *Bulletin de la Société archéologique d'Eure-et-Loir, Mémoires*, t. XXIII, 2e trimestre 1965, p. 47-78.

id., *Les opuscules spirituels de Bossuet. Recherches sur la tradition nancéienne, Annales de l'Est publiées par la Faculté des Lettres et des Sciences humaines de l'Université de Nancy, Mémoire n° 38*, Nancy, 1970, in-8°.

id., *Bossuet*, « Les écrivains devant Dieu », Bruges-Paris, 1970, in-16.

LECLERCQ (Joseph), *Jansénisme et doctrine de la prière chez Pierre Nicole*, dans : *Revue diocésaine de Tournai*, t. IV, 1951, p. 97-116.

LEHMANN (Nancy-), *Les Dames de l'Union Chrétienne de Saint-Chaumond (1630-1948)*, Niort, 1949, in-16.

Leibniz, aspects de l'homme et de l'œuvre. 1646-1716. Centre international de synthèse, Paris, 1968, in-8°.

LEMAIRE (Henri), *Les images chez saint François de Sales*, Paris, 1962, in-8°.

LÉPÉE (Marcel), *Bañez et sainte Thérèse*, « Bibliothèque de la Revue thomiste », Paris, 1947, in-8°.

id., *Sainte Thérèse d'Avila, le réalisme chrétien*, « Les études carmélitaines », Bruges-Paris, 1947, in-8°.

LEPIN (Marius), *L'idée du sacrifice de la messe d'après les théologiens depuis l'origine jusqu'à nos jours, troisième édition,* Paris, 1926, in-8°.

Lexikon für Theologie und Kirche, begründet von dr. Michael Buchberger. Zweite, völlig neu bearbeitete Auflage [...] *herausgegeben von Josef Höfer und Karl Rahner,* Freiburg-in-Br., 1957-1965, 10 vol. gr. in-8° + *Register,* Freiburg, 1967, gr. in-8°.

LEZAT (Adrien), *De la prédication sous Henri IV,* Paris, s.d. [1872], in-8°.

LHERMET (Jean), *Pascal et la Bible,* Paris, 1931, in-8°.

LIVET (Charles-Louis), *Philippe Cospeau, nommé en France Philippe de Cospéan, sa vie et ses œuvres, 1571-1646,* Paris, 1854, in-8°.

LUBAC (Henri de), *Sur les chemins de Dieu,* Paris, 1956, in-16.

id., Exégèse médiévale. Les quatre sens de l'Ecriture, « Théologie, 41, 42, 59 », Paris, 1959-1964, 2 parties en 4 vol. in-8°.

id., Augustinisme et théologie moderne, « Théologie, 63 », Paris, 1965, in-8°.

id., Le mystère du surnaturel, « Théologie, 64 », Paris, 1965, in-8°.

id., La Foi chrétienne. Essai sur la structure du Symbole des apôtres, Paris, 1969, in-16.

MÂLE (Emile), *L'art religieux après le concile de Trente,* Paris, 1932, in-4°.

MANDROU (Robert), *Introduction à la France moderne. Essai de psychologie historique. 1500-1640,* « L'Evolution de l'humanité », Paris, 1961, in-8°.

Maria, Etudes sur la Sainte Vierge, sous la direction d'Hubert du Manoir, tome III, Paris, 1954, in-8°.

MARTIMORT (Aimé-Georges), *Le gallicanisme de Bossuet,* « Unam sanctam, 24 », Paris, 1953, in-8°.

id., L'Eglise en prière. Introduction à la liturgie, Tournai-Paris, 1961, in-8°.

MASSAUT (Jean-Pierre), *Le carme Léon de Saint-Jean (1600-1671). Contribution à l'histoire des idées et du sentiment religieux en France au* XVIIe *siècle. Mémoire présenté à l'Ecole des Hautes Etudes, section des Sciences religieuses,* 1956 (exemplaires dactylographiés).

[MATTHIEU (Mgr.)], *Vie nouvelle de Henri-Marie Boudon, grand archidiacre d'Evreux,* Besançon-Paris, 1837, in-8°.

MERSCH (Emile), *Le corps mystique du Christ. Etudes de théologie historique, troisième édition revue et augmentée,* Bruxelles-Paris, 1951, 2 vol. in-8°.

MESNARD (Jean), *Pascal et les Roannez,* Bruges-Paris, 1965, 2 vol. in-8°.

MESSERER (Wilhelm). *Kinder ohne Alter, Putten in der Kunst der Barockzeit,* Ratisbonne, 1962, in-16.

MOISY (Pierre), *Les églises des jésuites de l'ancienne Assistance de France,* Rome, 1958, 2 vol. in-8°.

MONTCHEUIL (Yves DE), *Malebranche et le quiétisme,* « Théologie, 10 », Paris, 1946, in-8°.

MONTIS (Abbé de), *Vie de la vénérable Sœur de Foix de la Valette d'Epernon,* Paris, 1774, in-8°.

MORÉRI (Louis), *Le grand dictionnaire historique* [...] *Nouvelle édition dans laquelle on a refondu les suppléments de M. l'abbé Goujet, le tout revu, corrigé et augmenté par M. Drouet,* Paris, 1759, 10 vol. in-f°.

Musée des Beaux-Arts de Dijon, Catalogue des peintures françaises, Dijon, 1968, in-16.

MUTEAU (Charles), *Les Ecoles et collèges en province depuis les temps les plus reculés jusqu'en 1789,* Dijon, 1882, in-8°.

NAERT (Emilienne), *Leibniz et la querelle du pur amour,* Paris, 1959, in-8°.

NEVEU (Bruno), *Un historien à l'école de Port-Royal. Sébastien Le Nain de Tillemont, 1637-1698,* « Archives internationales d'histoire des idées, 15 », La Haye, 1966, in-8°.

id., Sébastien-Joseph du Cambout de Pontchâteau (1634-1690) et ses missions à Rome d'après sa correspondance et des documents inédits, « Ecole française de Rome. Mélanges d'archéologie et d'histoire, Suppléments. 7 », Paris, 1969, in-8°.

NEVEUX (Jean-Baptiste), *Vie spirituelle et vie sociale entre Rhin et Baltique au* XVIIe *siècle, de J. Arndt à P. J. Spener,* « Publications de la Faculté des Lettres et Sciences humaines de Paris-Nanterre », Paris, 1967, in-8°.

NEYRON (Gustave), *Bossuet et le Moyen Age,* dans : *Recherches de science religieuse,* t. XII, 1922, p. 354-360.

Nouvelle histoire de l'Eglise, t. III. *Réforme et Contre-Réforme*, (par H. Tüchle, C.A. Bouman et J. Le Brun), Paris, 1968, in-16.

NYGREN (Anders), *Erôs et Agapè, La notion chrétienne de l'amour et ses transformations, trad. de Pierre Jundt*, « Les religions, 2 », 1re partie, Paris, 1962 ; 2e partie, Paris, 1952 en 2 vol. in-16.

OECHSLIN (Raphaël-Louis), *Une aventure spirituelle. La vie du P. Antoine du Saint-Sacrement Le Quieu o.p.* (*1601-1676*), Paris-Fribourg, 1967, in-8°.

id., *Le message du P. Antoine du Saint-Sacrement*, dans : *La Vie spirituelle*, août-septembre 1959, p. 204-220.

ORCIBAL (Jean), *Jean Duvergier de Hauranne, abbé de Saint-Cyran et son temps* (*1581-1638*), *Les origines du jansénisme* t. II, Louvain-Paris, 1947 ; *Appendices, bibliographie et tables, Les origines du jansénisme* t. III, Paris, 1948, in-8°.

id., *Mademoiselle de Mauléon* (*Catherine Gary*) *et la famille de Bossuet*, dans : *Revue d'histoire littéraire de la France*, juillet-septembre 1956, p. 321-341.

id., *Port-Royal entre le miracle et l'obéissance. Flavie Passart et Angélique de St-Jean Arnauld d'Andilly*, Bruges-Paris, 1957, in-16.

id., *La spiritualité de dom Gabriel Gerberon, champion de Jansenius et de Fénelon*, dans : *Revue d'histoire de l'Eglise de France*, 1957, n° 140, p. 151-222.

id., *La rencontre du Carmel thérésien avec les mystiques du Nord*, « Bibliothèque de l'Ecole des Hautes Etudes », Paris, 1959, in-8°.

id., *Le cardinal de Bérulle, Evolution d'une spiritualité*, « Tradition et spiritualité, 9 », Paris, 1965, in-16.

id., *Saint Jean de la Croix et les mystiques rhéno-flamands*, « Présence du Carmel, 6 », Bruges-Paris, 1966, in-16.

id., *Le procès des « Maximes des Saints » devant le Saint Office*, dans : *Archivio italiano per la storia della pietà*, vol. V, Rome, 1968, in-f°.

PANOFSKY (Erwin), *Essais d'iconologie. Les thèmes humanistes dans l'art de la Renaissance. Traduit de l'anglais par C. Herbette et B. Teyssèdre*, « Bibliothèque des Sciences humaines », Paris, 1967, in-8°.

PAQUOT (Jean-Noël), *Mémoires pour servir à l'histoire littéraire des dix-sept Provinces des Pays-Bas,* Louvain, 1763-1770, 18 vol. in-8°.

PASCAL (Pierre), *L'abbé de Saint-Cyran, les Chartreux et les solitaires de Port-Royal,* dans : *Revue historique,* t. CXCI, 1941, p. 232-248.

Pauvreté (*La*), *Des sociétés de pénurie à la société d'abondance,* dans : *Recherches et Débats du C.C.I.F.*, Cahier n° 49, Paris, décembre 1964, in-16.

PENAUD (P. Gustave), *La vénérable Mère Jeanne de Matel, fondatrice de l'ordre du Verbe-Incarné et du Très Saint Sacrement. Sa vie, son esprit, ses œuvres,* Paris, 1883, 2 vol. in-8°.

PETROCCHI (Massimo), *Il quietismo italiano del Seicento,* Rome, 1948, in-8°.

[PICOT (Michel-Joseph-Pierre)], *Essai historique sur l'influence de la religion en France pendant le dix-septième siècle, ou tableau des établissements religieux formés à cette époque* [...], Paris, 1824, 2 vol. in-8°.

[*id.*]. *Mémoires pour servir à l'histoire ecclésiastique pendant le dix-huitième siècle, seconde édition considérablement augmentée,* Paris, 1815-1816, 4 vol. in-8°.

PORCHER (Jean), *Catalogue des manuscrits de Bossuet de la collection Henri de Rothschild, Préface de M. E. Levesque,* Paris, 1932, in-4°.

PORNBACHER (Karl), *Jeremias Drexel. Leben und Werk eines Barock-predigers,* « Beiträge zur altbayerischen Kirchengeschichte. Bd. XXIV, Heft 2 », Munich, 1965, in-8°.

POULET (Georges), *Mesure de l'instant. Etudes sur le temps humain IV,* Paris, 1968, in-16.

POURRAT (Pierre), *La spiritualité chrétienne,* Paris, 1926-1928, 4 vol. in-16.

PRAZ (Mario), *Studies in seventeenth-Century imagery, second edition considerably increased,* « Sussidi eruditi, 16 », Rome, 1964, in-8°.

PRÉCLIN (Edmond) et JARRY (Eugène), *Les luttes politiques et doctrinales aux* XVIIe *et* XVIIIe *siècles,* « Histoire de l'Eglise [...] fondée par A. Fliche et V. Martin, 19 », Paris, 1955-1956, 2 vol. in-8°.

PROTIN (Séraphin), *Le Psaume XXI et le commentaire de Bossuet,* dans : *Revue augustinienne,* 1903, p. 89-108.

PRUNEL (Louis-N.), *Sébastien Zamet, évêque duc de Langres, pair de France (1588-1655). Sa vie et ses œuvres. Les origines du jansénisme,* Paris, 1912, in-8°.

QUÉTIF (Jacques) et ECHARD (Jacques), *Scriptores ordinis Prædicatorum recensiti,* Paris, 1719-1721, 2 vol. in-f°.

RAYEZ (André), *Le « Traité de la contemplation » de dom Claude Martin,* dans : *Revue d'ascétique et de mystique,* 1953, n° 115, p. 206-249.

id., Spiritualité du vénérable César de Bus, dans : *Revue d'ascétique et de mystique,* 1958, n° 134, p. 185-203.

RÉBELLIAU (Alfred), *Bossuet,* « Les grands écrivains français », 2e édition, Paris, 1905, in-16.

id., Bossuet historien du protestantisme. Etude sur l'« Histoire des variations » et sur la controverse au dix-septième siècle. Troisième édition revue et augmentée d'un index, Paris, 1909, in-8°.

id., La préhistoire de Bossuet, dans : *Revue des Deux-Mondes,* 15 novembre 1922, p. 350-380.

Religiosissimi doctrinæque et eloquentiæ laude clarissimi viri Petri Lalemantii, prioris sanctæ Genovefæ, et Universitatis parisiensis cancellarii Memoria, disertis per amicos, virosque clarissimos Encomiis celebrata, Paris, 1679, in-4°.

RENAN (Ernest), *Œuvres complètes,* tome VII, Paris, 1955, in-16.

REUSS (Rodolphe), *Un écolier au dix-septième siècle, ou l'idéal de l'éducation jésuitique,* extrait de la *Revue chrétienne,* Dôle, 1901, in-8°.

Revue Bossuet, œuvres inédites, documents et bibliographie, publiée [...] sous la direction de M. Levesque, Paris, 5 années (1900-1904) et 8 suppléments (1905-1911), in-8° [cité : R. B.].

Revue des Jeunes, 17e année, n° 18, 10 novembre 1927 [n° spécial sur Bossuet, par L. Bérard, A. Bros, G. Goyau, H. Petitot, R. Garric, F. Strowski, A. Cherel, E. Levesque, F. Thomas, J. Hubert].

RIBBE (Charles DE), *Une famille au XVIe siècle, document original précédé d'une introduction,* Paris, 1867, in-16.

id., *Les familles et la société en France avant la Révolution, d'après des documents originaux,* 4e édition, Tours, 1879, 2 vol. in-16.

RICARD (Robert), *Bossuet et son « panégyrique de sainte Thérèse »,* dans : *Revue d'ascétique et de mystique,* 1964, n° 157, p. 31-44.

id., *La tradition dionysienne en Espagne après saint Jean de la Croix : Luis de la Puente, s.j.*, dans : *Revue d'ascétique et de mystique,* 1969, n° 180, p. 409-424.

RICHTER (Mario), *Due temi di Ph. du Plessis Mornay e due sonetti di J.-B. Chassignet,* dans : *Studi francesi,* 1962, n° 17, p. 276-279.

ROBINET DE CLÉRY, *Bénigne Bossuet à Ensisheim,* dans : *Bulletin du Musée historique de Mulhouse,* 1905, p. 72-118.

ROCHEMONTEIX (Camille DE), *Un collège de jésuites aux* XVIIe *et* XVIIIe *siècles, Le collège Henri IV de La Flèche,* Le Mans, 1889, 4 vol. in-8°.

ROGÉ (Joseph), *Le simple prêtre, sa formation, son expérience,* « Religion et sociétés », Tournai, 1965, in-16.

RONOT (Henry), *La vie des peintres provinciaux au* XVIIe *siècle. Les Tasset, de Langres,* dans : *Annales de Bourgogne,* 1954, p. 225-255.

id., *A la découverte d'un peintre langrois du* XVIIe *siècle : Jean Tassel,* dans : *Médecine de France,* 1964, n° 158, p. 17-32.

ROUPNEL (Gaston), *La ville et la campagne au* XVIIe *siècle. Etude sur les populations du Pays Dijonnais,* Paris, 1922, in-8°.

SAINTE-BEUVE (Charles-Augustin), *Port-Royal, texte présenté et annoté par Maxime Leroy,* « Bibliothèque de la Pléiade », Paris, 1953-1955, 3 vol. in-16.

Sainte Fare et Faremoutiers, Treize siècles de vie monastique, Faremoutiers, 1956, in-8°.

SANSON (Henri), *Saint Jean de la Croix entre Bossuet et Fénelon, Contribution à l'étude de la querelle du Pur Amour,* « Publications de la Faculté des Lettres d'Alger, XXIII », Paris, 1953, in-8°.

SAVARON (Jean), *Les origines de la ville de Clairmont, par feu M. le Prést Savaron, augmentées des remarques, notes et recherches* [...] *par Pierre Durand,* Paris, 1662, in-f°.

SCHIMBERG (André), *L'éducation morale dans les collèges de la Compagnie de Jésus sous l'Ancien Régime,* Paris, 1913, in-8°.

SCHMITT (Thérèse-Jean), *L'Organisation ecclésiastique et la pratique religieuse dans l'Archidiaconé d'Autun de 1650 à 1750,* Autun, 1957, in-8°.

SCHMITTLEIN (Raymond), *L'aspect politique du différend Bossuet-Fénelon,* Bade, 1954, in-8°.

SEROUET (Pierre), *De la vie dévote à la vie mystique,* « Les études carmélitaines », Bruges-Paris, 1958, in-8°.

SERRANT (Marie-Léon), *L'abbé de Rancé et Bossuet ou le grand moine et le grand évêque du grand siècle,* Paris, 1903, in-8°.

SIMON (Pierre-Henri), *Le « Je ne sais quoi » devant la raison classique,* dans : *Cahiers de l'Association internationale des études françaises,* n° 11, mai 1959, p. 104-117.

SOMMERVOGEL (Carlos), *Bibliothèque de la Compagnie de Jésus,* Bruxelles-Paris, 1890 et suiv., 11 vol. + supplément, gr. in-4°.

id., Le maréchal de Bellefonds, dans : *Etudes,* 1862, p. 480-509.

id., Le maréchal de Bellefonds et le Père le Valois, dans : *Etudes,* 1878, t. II, p. 161-180.

SOYEZ (Edmond), *Esquisse biographique, Nicolas Cornet Grand Maître du collège de Navarre,* Amiens, 1880, in-4°.

SPAEMANN (Robert), *Reflexion und Spontaneität, Studien über Fénelon,* Stuttgart, 1963, in-8°.

STEGMANN (André), *L'héroïsme cornélien, genèse et signification,* Paris, 1968, 2 vol. in-8°.

STEINMANN (Jean), *Richard Simon et les origines de l'exégèse biblique,* Bruges-Paris, 1960, in-8°.

TANS (Joseph Anna Guillaume), *Bossuet en Hollande,* Paris - Maastricht, s. d., in-8°.

TAVARD (Georges), *La Tradition au* XVIIe *siècle en France et en Angleterre,* Paris, 1969, in-8°.

Technique et contemplation, « Les études carmélitaines », Bruges-Paris, 1949, in-8°.

TERSTEGGE (Georgiana), *Providence as Idée-Maîtresse in the works of Bossuet (Theme and stylistic motif),* « Studies in Romance Languages and Literatures, XXXIV », Washington, 1948, in-8°.

TEYSSÈDRE (Bernard), *L'art français au siècle de Louis XIV*, Paris, 1967, in-16.

THOMAS (Jules), *Les Bossuet en Bourgogne*, Dijon-Paris, 1903, in-8°.

THURSTON (Herbert), *Les phénomènes physiques du mysticisme, traduit de l'anglais par M. Weill*, Paris, 1961, in-8°.

TINSLEY (Lucy), *The French Expressions for Spirituality and Devotion : A Semantic Study*, « The Catholic University of America. Studies in Romance Languages and Literatures, XLVII », Washington, 1953, in-8°.

TRESMONTANT (Claude), *Essai sur la pensée hébraïque*, 2e édition, Paris, 1956, in-8°.

id., *La métaphysique du christianisme et la naissance de la philosophie chrétienne. Problème de la création et de l'anthropologie des origines à saint Augustin*, Paris, 1961, in-8°.

id., *La métaphysique du christianisme et la crise du treizième siècle*, Paris, 1964, in-16.

id., *Le problème de la Révélation*, Paris, 1969, in-16.

TRUCHET (Jacques), *La doctrine de Bossuet sur la pénitence d'après les œuvres oratoires*, dans : *Revue d'histoire de la philosophie et d'histoire générale de la civilisation*, juillet-septembre 1943, p. 193-218.

id., *La prédication de Bossuet. Etude des thèmes*, Paris, 1960, 2 vol. in-8°.

id., *Bossuet panégyriste*, Paris, 1962, in-8°.

TURMEL (Joseph), *Bossuet*, dans : *Revue du clergé français*, 15 janvier et 15 avril 1904.

id., *La théologie de Bossuet*, dans : *Revue du clergé français*, 1er mars, 1er mai, 1er et 15 juillet 1906.

URBAIN (Charles), *Un cousin de Bossuet, Pierre Taisand, trésorier de France*, dans : *Bulletin du bibliophile*, 1905, p. 425-443, 491-517, 552-563 ; 1906, p. 21-28, 100-105.

VACHEZ (Antoine), *Les livres de raison dans le Lyonnais et les provinces voisines*, Lyon, 1892, in-8°.

VANDER PERRE (Adolphe), *L'œuvre de François Malaval*, dans : *Revue d'histoire ecclésiastique*, 1961, p. 44-62.

Vénérable (Le) Père Antoine Lequieu, les religieuses du T.-S. Sacrement et les confréries qui leur sont affiliées. Rapports pré-

sentés au Congrès eucharistique d'Avignon, Avignon, 1883, in-8°.

VERLAQUE (Victor), *Bibliographie raisonnée des œuvres de Bossuet,* Paris, 1908, in-8°.

VERMEYLEN (Alphonse), *Sainte Thérèse en France au* XVIIe *siècle, 1600-1660,* « Université de Louvain. Recueil de travaux d'histoire et de philologie », Louvain, 1958, in-8°.

VERNIÈRE (Paul), *Spinoza et la pensée française avant la Révolution,* « Publications de la Faculté des Lettres d'Alger, XX », Paris, 1954, 2 vol. in-8°.

Vertus (Les) chrétiennes selon saint Jean Eudes et ses disciples, « Cahiers eudistes de Notre Vie, 5 », Paris, 1960, in-8°.

VILLARET (Emile), *Les congrégations mariales.* t. I *Des origines à la suppression de la Compagnie de Jésus (1540-1773),* Paris, 1947, in-16.

VILNET (Jean), *Bible et mystique chez saint Jean de la Croix,* « Les études carmélitaines », Bruges-Paris, 1949, in-8°.

VIRELY (André), *Bossuet, essai d'iconographie,* Mâcon, 1938, in-4°.

WARNACH (Viktor), *Agapè. Die Liebe als Grundmotiv der neutestamentlichen Theologie,* Düsseldorf, 1951, in-8°.

WATRIGANT (Henri), *L'école de la spiritualité simplifiée et la formule le « laisser faire Dieu »,* Lille, 1903, in-8°.

WILDENSTEIN (Georges), *Le goût pour la peinture dans la bourgeoisie parisienne au début du règne de Louis XIII,* dans : *Gazette des Beaux-Arts,* 1950 [paru en 1959], 6e série, t. 37 *bis,* p. 153-274.

WILLAERT (Léopold), *Après le concile de Trente, La Restauration catholique, 1563-1648,* t. I « Histoire de l'Eglise [...] A. Fliche et V. Martin, 18 », Paris, 1960, in-8°.

ZOVATTO (Pietro), *Fénelon e il quietismo,* « Università degli studi di Trieste. Facoltà di Magistero », Udine, 1968, in-8°.

id., La polemica Bossuet-Fénelon. Introduzione critico-bibliografica, « Biblioteca di Scienze religiose, 1 », Padoue, 1968, in-8°.

id., Intorno ad alcuni studi recenti sul quietismo francese, dans : *La Scuola cattolica,* anno XCVII, gennaio-aprile 1969, 1, *Supplemento bibliografico,* p. 37* - 67*.

INDEX DES NOMS DE PERSONNES

Les noms BOSSUET (év. de Meaux), DIEU, JESUS-CHRIST, ne figurent pas à l'index.

Les pages les plus importantes sont indiquées par des italiques.

INDEX DES NOMS DE CHOSES

Les mots Mystique, Quiétisme, Spirituel et Spiritualité, qui apparaissent presque à chaque page de ce livre, ne figurent pas à l'index.

TABLE DES MATIERES

ACHEVÉ D'IMPRIMER SUR LES PRESSES DE L'IMPRIMERIE TARDY - QUERCY - AUVERGNE 46000 CAHORS — IV-1972
20195